The Art of Computer Programming 1

: 기초 알고리즘(개정 3판)

The Art of Computer Programming 1 : 기초 알고리즘 (개정 3판)

초판 1쇄 발행 2016년 9월 18일
초판 7쇄 발행 2019년 8월 12일

지은이 도널드 커누스 / **옮긴이** 류광 / **펴낸이** 김태헌
펴낸곳 한빛미디어(주) / **주소** 서울시 서대문구 연희로2길 62 한빛미디어(주) IT출판사업부
전화 02-325-5544 / **팩스** 02-336-7124
등록 1999년 6월 24일 제25100-2017-000058호 / **ISBN** 978-89-7914-430-7 93000

총괄 전태호 / **책임편집** 이상복 / **기획** 임성춘 / **편집** 김철수 / **진행** 이상복
영업 김형진, 김진불, 조유미 / **마케팅** 송경석, 조수현, 이행은, 홍혜은 / **제작** 박성우, 김정우

이 책에 대한 의견이나 오탈자 및 잘못된 내용에 대한 수정 정보는 한빛미디어(주)의 홈페이지나 아래 이메일로
알려주십시오. 잘못된 책은 구입하신 서점에서 교환해드립니다. 책값은 뒤표지에 표시되어 있습니다.

한빛미디어 홈페이지 www.hanbit.co.kr / 이메일 ask@hanbit.co.kr
이 책의 최신 정보 인터넷 페이지 www-cs-faculty.stanford.edu/~knuth/taocp.html

지금 하지 않으면 할 수 없는 일이 있습니다.
책으로 펴내고 싶은 아이디어나 원고를 메일(writer@hanbit.co.kr)로 보내주세요.
한빛미디어(주)는 여러분의 소중한 경험과 지식을 기다리고 있습니다.

The Art of Computer Programming

컴퓨터 프로그래밍의 예술

기초 알고리즘

1

도널드 커누스 저 | 류광 역

DONALD E. KNUTH

ADDISON-WESLEY

한빛미디어
Hanbit Media, Inc.

지은이 **도널드 커누스(Donald E. Knuth)**

커누스Donald E. Knuth는 알고리즘 및 프로그래밍 기법에 대한
선구자적 성과로, 컴퓨터 조판을 위한 TEX 및 METAFONT
시스템의 고안으로, 그리고 영향력 큰 다작으로(책 19권, 논문
160편) 전 세계적으로 유명한 학자이다. Stanford University
의 컴퓨터 프로그래밍의 예술 명예 교수(Emeritus of The
Art of Computer Programming)인 그는, California
Institute of Technology의 대학원생이었던 1962년에 시작
한 전통적 전산학에 대한 독창적인 7권짜리 이 시리즈의 완
성에 현재 그의 모든 시간을 투여하고 있다. 커누스 교수는
ACM Turing Award, 카터 전 미대통령이 수여한 Medal of
Science, AMS Steele Prize 해설문 부문 등 수많은 상과 표창
을 수상했다. 최근 1996년 11월에는 고등 기술에 대한 권위
있는 Kyoto Prize를 받았다. 그는 아내 질Jill과 함께 Stanford 교정에서 살고 있다.

이 훌륭한 학자이자 저자에 대한 좀 더 자세한 정보는 Addison-Wesley 웹사이트의 다음 주소에서 볼
수 있다.

www.aw.com/cseng/authors/knuth

이 책과 시리즈의 다른 책들에 대한 좀 더 자세한 정보는 커누스 교수의 개인 홈페이지에서 볼 수 있다.

www.cs-faculty.stanford.edu/~knuth

옮긴이 **류광**

『컴퓨터 프로그래밍의 예술』 시리즈 전권(1, 2, 3)을 번역한 류광은 1996년부터 활동해온 프로그래밍 서
적 전문 번역가로, 『Game Programming Gems』 시리즈를 비롯한 게임 프로그래밍 서적 다수와
『Beautiful Code: 38인의 코딩 명장들이 말하는 내 생애 가장 아름다운 코드』, 『C++표준 라이브러리 확
장: 튜토리얼 및 레퍼런스』, 『프로그램은 왜 실패하는가: 체계적인 디버깅 지침서』, 『서브버전을 이용한
실용적인 버전 관리』 등 다양한 분야의 프로그래밍 서적 다수를 번역했다. 번역과 프로그래밍 외에 소
프트웨어 문서화에도 많은 관심을 가지고 있으며, 수많은 오픈소스 프로젝트들의 표준 문서 형식으로
쓰이는 DocBook의 국내 사용자 모임인 닥북 한국(http://docbook.or.kr)의 일원이다.

현재 번역서 정보 사이트 "occam's Razor"(http://occam.com.ne.kr)와 Game Programming Gems
스터디 사이트 "GPGstudy.com"(http://gpgstudy.com)을 운영하고 있다.

수많은 유쾌한 저녁 시간들을 추억하며,
이 시리즈를
Case Institute of Technology에 한때 설치되었던
Type 650 컴퓨터에게
깊은 애정과 함께 헌정한다.

한국 독자에게

컴퓨터 프로그래밍을 사랑하는 한국의 모든 이에게 진심으로 인사드립니다!
전산학이 끊임없이 사람들을 맺어주는 전 세계적인 분야라는 점을 행복하게 생각합니다.
이 시리즈에 남아 있는 오류를 제거하는 데 수년간 많은 한국 독자들이 저를 도와주었습니다.
새 번역서가 더 많은 사람들을 신비에 싸인 이 분야에 발을 들여놓게 하는 데,
그리고 이 분야를 더욱 발전시키는 데
도움이 되길 희망합니다.

—— 도널드 커누스Donald E. Knuth, 高德納

저자서문

자, 여러분들이 수천 통의 편지로 요청했던 그 책이 드디어 나왔습니다!
수없이 많은 조리법들을 몇 년 간 점검하고 또 점검해서,
오직 최고의, 유익한, 그리고 완벽한 조리법들만 추렸습니다.
추호의 의심도 없이 단언컨데, 요리를 한 번도 안 해본 독자라도
이 책의 모든 조리법들을 그대로 따라하기만 하면
우리가 그랬던 것과 정확히 같은 결과를 얻을 수 있습니다.

— *McCall's Cookbook* (1963)

디지털 컴퓨터를 위해 프로그램을 준비하는 공정이 특히나 매력적인 것이 단지 경제적으로, 그리고 과학적으로 가치가 있기 때문만은 아니다. 시나 음악을 작곡하는 것과 마찬가지로 미학적 경험이기도 하기 때문이다. 이 책은 프로그래머의 기능(craft)에 속하는 다양한 기술들을 독자가 배우고 익힐 수 있도록 고안된 여러 권짜리 시리즈 중 첫 번째 책이다.

이 책의 장(chapter)들이 컴퓨터 프로그래밍 입문서 역할을 하는 것은 아니다. 이 책은 독자가 이미 어느 정도의 프로그래밍 경험을 가지고 있다고 가정한다. 이 책을 읽는 데 필요한 사전 조건은 매우 간단하나, 초보자가 디지털 컴퓨터의 개념을 이해하기 위해서는 시간과 연습이 필요하다. 독자는 다음과 같은 것들을 갖추고 있어야 한다.

a) 프로그램 저장식 디지털 컴퓨터의 작동 방식에 대해 어느 정도 이해하고 있어야 한다. 전기공학 수준으로까지 알 필요는 없지만, 명령들이 컴퓨터의 메모리 안에 저장되는 방식이나 연속적으로 수행되는 방식은 알고 있어야 한다.

b) 문제에 대한 해답을 컴퓨터가 "이해"할 수 있는 명시적인 형태로 표현하는 능력이 필요하다. (컴퓨터에는 상식이라는 것이 없다. 컴퓨터는 그냥 시킨 대로 작동할 뿐이다. 이 사실은 컴퓨터를 처음 사용하는 사람이 가장 이해하기 힘든 개념이다.)

c) 루프 반복(일단의 명령들을 반복해서 수행하는 것), 서브루틴 사용, 색인화된 변수의 사용 같은 가장 기본적인 컴퓨터 기법들에 대한 어느 정도의 지식.

d) "레지스터", "비트", "부동소수점", "넘침", "소프트웨어" 같은 일반적인 컴퓨터 용어들에 대한 약간의 지식. 본문에서 명시적으로 정의하지 않는 용어들은 대부분 각 권 끝의 색인에 간단하게나마 정의되어 있다.

이 네 가지 사전 조건들을 한 마디로 요약하자면, 독자는 적어도 하나의 컴퓨터에 대해 적어도 (이를테면) 네 개의 프로그램을 작성해 보았어야 한다.

나는 몇 가지 요구들을 동시에 만족하는 방식으로 이 시리즈의 책들을 쓰려고 노력했다. 무엇보다도 이 책들은 여러 주요 분야들에서 얻은 지식을 요약하는 참고물이 되어야 한다. 두 번째로, 이 책들은 독학자 또는 대학의 컴퓨터 강좌를 위한 교재로 쓰일 수 있어야 한다. 이 두 가지 목적을 만족하기 위해 본문에 많은 수의 연습문제들을 포함시켰으며 그들 대부분에 대해 해답들도 제공했다. 또한 애매하고 일반적인 논평보다는 사실들로 내용을 채우려고 노력했다.

이 시리즈의 책들은 일시적인 흥미 이상으로 컴퓨터를 대하는 사람들을 대상으로 하나, 그렇다고 오직 컴퓨터 전문가들을 위한 것은 아니다. 사실 필자의 주된 목표 중 하나는 다른 분야의 사람들, 특히 컴퓨터를 성과 있게 활용할 만하나 전문 간행물들에 묻혀 있는 필수적인 정보를 모두 찾아낼만한 시간이 없는 사람들도 이런 프로그래밍 기법들에 좀 더 쉽게 접근할 수 있게 하는 것이었다.

이 책들의 주제는 "비수치해석(nonnumerical analysis)"이라고 부를 만하다. 전통적으로 컴퓨터는 방정식 해 구하기, 수치적 보간 및 적분 등의 수치적 문제들의 해법에 관련이 있었다. 그러나 이 책들은 그런 주제들을 다루지 않는다(다른 주제의 논의 과정에서 필요하기 때문에 언급하는 것은 예외겠지만). 수치적 컴퓨터 프로그래밍은 매우 흥미롭고 빠르게 성장하는 분야이며, 그에 대한 책도 많이 나왔다. 그러나 1960년대 초반부터 컴퓨터는 수치들이 오직 우연하게만(비본질적으로만) 나타나는 문제들에 더 많이 쓰이고 있다. 이제는 컴퓨터의 산술 연산 능력보다 의사결정 능력이 주로 쓰이고 있다. 비수치적 문제들에서도 더하기나 빼기를 종종 사용하나, 곱하기나 나누기가 필요한 경우는 별로 없다. 주로 수치적 컴퓨터 프로그래밍에 관련된 사람이라도 비수치적 기법들을 공부해서 이득을 얻을 수 있음은 물론이다. 비수치적 프로그래밍 기법들은 수치적 프로그래밍의 경우에도 기본적인 기법들이기 때문이다.

비수치적 분석 연구의 성과들은 수많은 전문 간행물들에 흩어져 있다. 나는 가장 기본적인 기법들을 연구함으로써 그러한 방대한 문헌들의 정수를 뽑으려고 했다. 여기서 기본적이라는 것은 수많은 종류의 프로그래밍 상황들에 적용될 수 있다는 뜻이다. 나는 여러 가지 착상들을 하나의 "이론"이라고 할 만한 것으로 통합하려고 시도했으며, 또한 그 이론이 다양한 실제 문제들에 어떻게 적용되는지도 보이려고 했다.

물론 "비수치적 분석(nonnumerical analysis)"이라는 이름은 이런 연구 분야에 대한 이름으로 쓰기에는 너무 부정적이다. 이 분야를 특징지을 수 있는 좀 더 긍정적이고 서술적인 이름이 있으면 좋을 것이다. "정보 처리(information processing)"는 내가 고려하는 주제들을 규정하기에는 너무 광범위하고, "프로그래밍 기법"은 너무 좁다. 그래서 나는 이 책들이 다루는 주제에 대한 적당한 이름으로 알고리즘 분석(analysis of algorithms)이라는 용어를 제안하고자 한다. 이 이름은 "구체적인 컴퓨터 알고리즘들의 성질들에 대한 이론"을 의미한다.

이 책을 포함한 완전한 *컴퓨터 프로그래밍의 예술*(*The Art of Computer Programming*) 시리즈는 다음과 같이 구성된다.

4권은 상당히 방대한 주제를 다루기 때문에 실제로는 세 개의 개별적인 책들이 될 것이다(4A, 4B, 4C). 또한 좀 더 특화된 주제들을 다루는 추가적인 두 권의 책, 6권 *The Theory of Language*(언어 이론, 11장)과 7권 *Compiler*(컴파일러, 12장)도 준비 중이다.†

나는 1962년부터 이러한 장들을 한 권의 책으로 쓰기 시작했는데, 쓰다 보니 그 주제들을 간략하게 훑고 지나가는 것보다는 좀 더 깊이 파고드는 게 더 중요하다는 점을 곧 깨닫게 되었다. 원고의 크기를 보니, 각 장(chapter)이 대학의 한 학기 강좌에 필요한 분량보다 더 많았다. 그래서 이들을 여러 권의 책들로 된 시리즈로 만드는 게 합당하다는 결론을 내렸다. 책 한 권이 단 한두 개의 장들로만 구성된다는 게 좀 이상하다는 것은 알고 있지만, 교차 참조를 편하게 하기 위해서 원래의 장 번호들을 유지하기로 결정했다. 좀 더 일반적인 참고물 그리고/또는 학부 컴퓨터 강좌들을 위한 교재로 쓰이도록 특별히 고안된, 1권에서 5권을 한 권의 책으로 압축한 버전도 계획하고 있다. 그 축약판의 내용은 이 책들에 나오는 내용의 한 부분집합(좀 더 구체적인 정보가 생략된)이 될 것이다. 축약판의 장, 절 번호들은 완전한 버전들의 것과 동일하게 유지할 생각이다.

이 책(1권)은 전체 시리즈의 나머지 모든 책들에 쓰이는 기본적인 내용을 담고 있다는 점에서 하나의 "공통분모"로 간주할 수 있다. 반면 2권에서 5권까지는 각자 독립적으로 읽을 수 있다. 그러나 1권이 반드시 다른 권과 함께 읽어야 하는 참고서적은 아니다. 그 자체로도 대학 강좌나 독학을 위한, 자료구조(2장에서 중점적으로 다룬다)나 이산수학(1.1, 1.2, 1.3.3, 2.3.4절에서 중점적으로

---

† 〔옮긴이 주〕 2권과 3권 번역서는 현재 준비 중이며 특별한 문제가 없는 한 위에 제시된 제목들이 쓰일 것이다. 4, 5, 6, 7권의 번역에 대한 구체적인 계획은 아직 잡혀있지 않으며(사실 원서도 아직 나오지 않았다), 제시된 한글 책 제목과 장 제목들은 그냥 가제일 뿐이다.

다룬다), 또는 기계어 프로그래밍(1.3, 1.4절에서 중점적으로 다룬다)에 대한 교재로 사용할 수 있다.

이 장들을 쓰는 동안 내가 채용한 관점은 컴퓨터 프로그래밍에 대한 요즘 대부분의 책들에서와는 다르다. 요즘의 책들은 보통 다른 누군가가 만든 소프트웨어의 사용 방법을 가르치려고 하지만, 이 책은 독자 스스로가 더 나은 소프트웨어를 만들 수 있는 방법을 가르치려 한다.

원래의 목표는 책이 다루는 모든 주제에 대한 최신의 지식을 독자에게 제공하는 것이었다. 그러나 원래 경제적으로 이익이 되는 한 분야의 발전을 따라가기란 매우 힘든 일이며, 특히 전산학의 너무나도 빠른 성장은 그런 목표를 불가능한 것으로 만들어 놓았다. 이 책이 다루는 주제는 이제 전 세계 수만 명의 재능 있는 사람들이 기여한 수만 가지 정교한 결과들로 짜여진 커다란 직물이 되어버렸다. 그래서 앞으로 수십 년간 여전히 중요하게 남을만한 "고전적인" 기법들에 집중하되, 그런 것들을 최대한 잘 쓰는 것으로 목표가 바뀌었다. 특히, 나는 각 주제의 역사를 되짚는 데, 그리고 이후의 진전을 위한 견고한 기초를 제공하는 데 노력을 기울였다. 또한 간결하면서도 현재의 용법과 일치하는 용어를 선택하려고 했으며, 순차적 컴퓨터 프로그래밍에 대한 아름답고도 설명하기 쉬운 기존의 착상들 모두를 포함시키려고 노력했다.

이 시리즈의 수학적 내용에 대해 몇 마디 언급이 필요할 것 같다. 이 책의 내용은 고등학교 수준의 대수학(algebra, 代數學) 지식만 있는 사람도 읽을 수 있도록 짜여져 있다. 그런 최소한의 수학적 지식만 가진 독자라면 좀 더 수학적인 부분은 그냥 넘어가도 된다. 반면 수학에 재능이 있는 독자라면 이산수학에 관련된 여러 흥미로운 수학적 기법들을 배울 수 있다. 이러한 이중적인 구성을 위해서 두 가지 접근방식이 사용되었다. 하나는, 기본적으로 수학에 관련된 연습문제에는 그런 사실을 표시해 두는 것이고, 또 하나는 대부분의 절들에서 주된 수학적 결과를 그 증명 전에 제시하는 것이다. 증명들은 연습문제로 돌리거나(연습문제의 해답은 책 뒷부분의 개별적인 절에 있다) 해당 절 끝에 배치했다.

관련된 수학보다는 프로그래밍에 주된 관심을 가지고 있는 독자의 경우에는, 대부분의 절들에서, 수학적인 내용이 눈에 띄게 어려워진다 싶으면 거기서 읽기를 멈추고 다음 절로 넘어가도 된다. 반면, 수학에 익숙한 독자는 그런 부분에서 흥미로운 내용을 많이 발견할 수 있을 것이다. 컴퓨터 프로그래밍에 대한 수학 출판물들 중 많은 것들이 오류를 담고 있다는 점을 고려해서, 독자들에게 이 주제에 대한 적절한 수학적 접근방식을 알려주는 것을 이 책의 주요 목표 중 하나로 삼았다. 나는 수학을 가르치는 교수이기 때문에, 수학적 무결성을 최대한 유지하는 것은 나의 의무이다.

이 책의 수학 대부분은 기초적인 미적분 지식만 있으면 충분하다. 그 외의 이론 대부분은 이 책 안에서 직접 구축해 나가기 때문이다. 그러나 종종 좀 더 깊숙한 복소변수론, 확률론, 수론 등이 필요한 경우가 있으며, 그런 경우에는 해당 주제를 자세히 다루는 적절한 서적을 제시한다.

이 책들을 준비하는 동안 나는 다양한 기법들을 어떤 식으로 제시할 것인가에 대해 어려운 결정을 내려야 했다. 순서도의 장점이나 알고리즘의 비공식적 단계별 서술의 장점은 이미 잘 알려져 있다. 이 부분에 대해서는 ACM *Communications*, Vol. 6 (1963년 9월), 555-563을 볼 것. 그렇지만 그 어떤 컴퓨터 알고리즘이든 그것을 공식적이고 엄밀한 언어로 서술해야 할 필요가 있다는 것은 여전히 사실이며, 그래서 그런 목적으로 ALGOL이나 FORTRAN 같은 대수적 언어(algebraic language)를 사용할 것인지 아니면 기계 지향적(machine-oriented) 언어를 사용할 것인지를 결정해야 했다. 아마 오늘날의 여러 컴퓨터 전문가들은 기계 지향적 언어를 사용한다는 나의 결정에 동의하지 않겠지만, 다음과 같은 이유 때문에 그런 결정이 확실히 옳았다는 믿음을 가지게 되었다.

a) 프로그래머는 자신이 프로그램을 작성하는 데 사용하는 언어에 크게 영향을 받는다. 기계에 최적인 구조보다 해당 언어에서 가장 간단한 구조를 선호하는 경향이 엄청나게 강하다. 프로그래머가 기계 지향적 언어를 이해한다면 훨씬 더 효율적인 방법을 사용하는 경향이 생길 것이다. 이것이 현실에 훨씬 더 가깝다.

b) 이 책에 필요한 프로그램들은 몇 가지 예외를 제외하면 모두 상당히 짧으며, 따라서 적절한 컴퓨터를 갖추고 있다면 그 프로그램들을 이해하는 데 어려움이 없을 것이다.

c) 고수준 언어들은 코루틴 연계, 난수 발생, 다중 정밀도 산술, 그리고 메모리의 효율적인 사용에 관련된 여러 문제들을 논의하는 데 적합하지 않다.

d) 기계어는 컴퓨터의 근본적인 일부이기 때문에, 컴퓨터에 일시적인 관심 이상의 것을 가진 사람이라면 기계어에 익숙할 필요가 있다.

e) 어차피 여러 예제들에 서술된 소프트웨어 프로그램들이 기계어 프로그램을 출력하기 때문에 기계어는 필수적이다.

f) 새로운 대수적 언어들이 대략 5년마다 나타나고 사라진다. 그러나 나는 시간에 구애되지 않는 개념들을 강조하려 한다.

다른 관점에서 볼 때, 고수준 프로그래밍 언어로 프로그램을 작성하는 게 다소 더 쉬우며, 프로그램을 디버깅하는 것은 훨씬 더 쉽다고 인정하지 않을 수 없다. 사실 나도 1970년부터는 직접 프로그램을 작성할 때 저수준 기계어를 거의 사용하지 않는다. 이제는 컴퓨터가 훨씬 더 크고 빨라졌기 때문이다. 그러나 이 책에서 우리에게 중요한 여러 문제들은 프로그래머 자신의 기술이 가장 중요한 요인인 것들이다. 예를 들어 일부 조합 계산들은 수억 번 반복할 필요가 있는 것들로, 그 내부 루프에서 1 마이크로초를 절약한다면 계산 시간을 약 11.6일 줄일 수 있다. 비슷한 맥락에서, 소프트웨어는 한 번만 작성하면 되기 때문에, 수많은 컴퓨터 설비들에서 매일 여러 번 쓰일 소프트웨어를 작성할 때 추가적인 노력을 기울이는 것은 가치가 있는 일이다.

기계 지향적 언어를 사용하기로 결정하고 나서는 구체적으로 어떤 언어를 사용할 것인가를 결정해야 했다. 어떤 특정한 컴퓨터 X를 위한 언어를 선택할 수도 있었다. 그러나 그러면 그 X라는 컴퓨터를 가지고 있지 않은 독자는 이 책이 오직 X를 가진 사람들만을 위한 것이라고 생각할 것이다. 더 나아가서, 컴퓨터 X에는 이 책이 다루는 내용과는 완전히 무관하지만 그래도 반드시 설명을 해야 하는 수많은 고유한 특성들이 있을 것이다. 또한 2년이 지나면 컴퓨터 X의 제조사는 새로운 컴퓨터 $X+1$ 또는 $10X$를 내놓을 것이며, 그러면 컴퓨터 X는 아무도 관심을 가지지 않는 고물이 될 것이다.

이런 딜레마를 피하기 위해 나는 매우 간단한 연산 규칙들(이를테면 배우는 데 한 시간 이상은 걸리지 않아야 하는)을 가진, 그러면서도 실제 컴퓨터들과 매우 비슷한 "상상의" 컴퓨터를 설계하기로 했다. 공부를 하는 사람이 여러 가지 컴퓨터들의 특성을 배우는 것을 꺼릴 이유는 없다. 일단 한 컴퓨터 언어에 숙달되면 다른 것들에도 쉽게 적용할 수 있다. 사실, 본격적인 프로그래머라면 업무 경력을 쌓는 도중에 수많은 서로 다른 기계어들을 만나게 될 것이다. 따라서 가상의 컴퓨터에 대해 새로 배워야 한다는 것은 단점이 되지 않는다. 이제 가상의 컴퓨터를 사용하는 것에 대해 남은 유일한 단점은 그런 컴퓨터를 대상으로 작성할 프로그램을 실제로 실행해 볼 수가 없다는 것뿐이다. 다행히 그것은 문제가 되지 않는데, 많은 사람들이 자원해서 그 가상의 컴퓨터를 위한 시뮬레이터들을 작성했기 때문이다. 그런 시뮬레이터들은 실제 컴퓨터보다 더 사용하기 쉽다는 점에서 학습에 이상적이다.

나는 각 주제에 대한 알려진 최초의 논문들을 언급하는 데 노력을 기울였으며, 또한 최근 성과의 일부 주요 사례들도 언급하려고 노력했다. 문헌들을 언급할 때 정기 간행물들에 대해서는 표준적인 약어들을 사용하되, 대단히 자주 인용되는 간행물들에 대해서는 다음과 같은 약자를 사용했다.

CACM = Communications of the Association for Computing Machinery

JACM = Journal of the Association for Computing Machinery

Comp. J. = The Computer Journal (British Computer Society)

Math. Comp. = Mathematics of Computation

AMM = American Mathematical Monthly

SICOMP = SIAM Journal on Computing

FOCS = IEEE Symposium on Foundations of Computer Science

SODA = ACM- SIAM Symposium on Discrete Algorithms

STOC = ACM Symposium on Theory of Computing

Crelle = Journal für die reine und angewandte Mathematik

예를 들어 "*CACM* **6** (1963), 555-563"은 앞에서 순서도의 장점에 대해 말하면서 언급했던 그 문헌을 가리킨다. 또한 "*CMath*"는 1.2절의 도입부에서 인용된 책 *Concrete Mathematics*를 나타낸다.

이 책들의 기술적 내용들 중 많은 부분은 본문이 아니라 연습문제들에 나온다. 일부 사소하지 않은 연습문제에 깔린 착상이 내가 직접 고안한 것이 아닌 경우에는 그 착상을 처음으로 밝힌 사람의 이름을 명시했다. 그리고 그에 해당하는 문헌들이 존재하는 경우에는 본문의 해당 부분 또는 그 연습문제의 답에 명시했다. 다만, 그런 연습문제들은 아직 출판되지 않은 자료에 기반을 둔 경우가 많으며, 그런 경우에는 이름 이상의 참조 정보를 제시하지 못했다.

수년에 걸쳐 이 책들을 쓰면서 대단히 많은 사람들의 도움을 받았음은 물론이며, 이에 대해 매우 고맙게 생각한다. 감사의 뜻을 가장 먼저 전하고 싶은 사람은 물론 내 아내 질Jill이다. 아내의 무한한 인내심에, 여러 도안들을 준비해준 점에, 그리고 그 외의 모든 종류의 도움에 감사한다. 두 번째로는 1960년대에 이 책의 내용을 향상시키는 데 엄청나게 많은 시간을 기여한 플로이드Robert W. Floyd에게 감사한다. 그 외에도 수천 명의 사람들이 귀중한 도움을 주었다. 그들의 이름을 모두 나열하자면 책 한 권이 더 필요할 것이다! 그들 중 많은 사람들은 당시에 아직 출판되지 않은 연구 성과들을 내가 사용할 수 있도록 친절히 허락해 주었다. 미국국립과학재단(National Science Foundation)과

미국해군연구국(Office of Naval Research)은 칼테크(Caltech)와 스탠포드(Stanford)의 내 연구를 수년간 지원했다. 애디슨-웨슬리(Addison-Wesley)는 1962년에 이 프로젝트를 시작한 이후로 계속 내 작업을 훌륭하게 지원하고 협조했다. 아마도 그들 모두에게 감사의 뜻을 표하는 최선의 방법은, 그들이 내게 기대했던(내가 생각하기에) 책과 비슷한 책이 나올 수 있었던 것은 그들 도움 덕분이었음을 실제로 이 책으로 보여주는 것일 것이다.

제3판 서문

10년간 컴퓨터 조판을 위한 TₑX와 METAFONT 시스템을 개발한 후에야 드디어 이 작업을 시작했을 때 내가 꿈꿨던 것, 즉 그 시스템들로 이 *컴퓨터 프로그래밍의 예술*을 만드는 일을 이룰 수 있게 되었다. 드디어 이 책의 본문 전체가 내 개인용 컴퓨터 안에, 이후의 인쇄 및 표시 기술에서의 변화에 쉽게 적응시킬 수 있는 전자적 형태로 들어가게 된 것이다. 이 새로운 설정 덕분에 나는 오랫동안 적용하길 원했던, 문자 그대로 수천가지 개선들을 이룰 수 있게 되었다.

이 새 판(edition)을 위해 나는 책의 모든 단어를 검토했으며, 원래 문장이 가지고 있던 젊은 날의 충만함을 유지하려고 노력하면서도 좀 더 성숙한 판단을 종종 추가하기도 했다. 수십 개의 새로운 연습문제들을 추가했으며, 수십 개의 기존 연습문제들에 새롭고 개선된 해답을 부여하기도 했다.

그러나 *컴퓨터 프로그래밍의 예술*은 여전히 진행 중이다. 그래서 이 책의 몇몇 부분에는 해당 내용이 최신의 것이 아니라는 사실에 대한 변명으로 "공사중" 아이콘을 붙여 두었다. 내 파일들에는 마지막의, 영광스러운, 1권의 제4판에 포함시킬 계획인 중요한 자료들이 꽉 차 있다. 그러나 제4판은 아마 지금으로부터 15년 이후에나 나올 것이며, 그 전에 4권과 5권을 먼저 완성해야 한다. 그리고 그 출판들을 절대적으로 필요한 기간 이상으로 지연시키고 싶지는 않다.

새 판을 준비하는 데 가장 어려운 부분을 해낸 사람은 제2판을 전문적으로 입력, 편집한 윙클러 Phyllis Winkler와 레비Silvio Levy, 그리고 원래의 도표들 거의 대부분을 METAPOST 형식으로 변환한 올덤Jeffrey Oldham이다. 나는 빈틈없는 독자들이 제2판에서 발견한 모든 오류들(그리고 안타깝게도 누구도 눈치 채지 못한 몇 가지 실수들)을 수정했다. 또한 나는 새 원고에 새로운 오류가 끼어들지 않도록 하는 데에도 노력을 기울였다. 그러나 아마도 몇몇 결함들은 여전히 남아 있을 텐데, 그것들을 최대한 빨리 바로잡고 싶다. 그래서 각각의 기술상의, 조판 상의, 또는 역사적인 오류를 최초로 발견하는 분에게 기꺼이 2.56달러를 지불하고자 한다. 2쪽에 언급되어 있는 웹 페이지에는 나에게 보고된 모든 교정 사항들의 최신 목록이 들어 있다.

스탠포드, 캘리포니아   D. E. K.
1997년 4월

지난 20년 동안 많은 것들이 변했습니다.
— 빌 게이츠BILL GATES (1995)

역자서문

2002년, 제가 Game Programming Gems 시리즈 번역서와 관련해서 운영하고 있는 GpgStudy.com 의 포럼에 박준재(3DRicky) 님이 이런 글을 올리신 적이 있습니다.

> 평생의 작은 소원이 있다면…
>
> The Art of Computer Programming의 번역서를 보고 눈감는 것.
>
> 류광 님만 믿어요.

당시만 해도 제가 이 책을 번역하게 될 줄은 몰랐습니다. 그래서 "헉 평생소원이시라고요……. 아직 젊으시죠?"라는 농담 반의 답을 달았습니다. 그리고 "그 책 번역하려면 적어도 전산학 학사 정도는 따야 하지 않을까요?"라는 이야기를 했었습니다. 당시에 저는 이 책이 학술·연구 활동의 일환으로 대학이나 연구소에서 번역을 해야 마땅하지 않을까 생각했던 것입니다. 일개 번역자에게는 독이 든 성배라고 할 만한 책이니까요. 그런 만큼 한빛미디어에서 이 책의 번역을 제안했을 때 상당히 부담스러웠습니다. 그러나 이 책의 제1판이 나온 이후 수십 년이 흘렀고 최신 개정판인 제3판이 나온 이후로도 근 10여년이 흐른 만큼 누군가는 해야 할 일이고, 하필 그게 관련 학위도 없는 저라는 게 아쉽지만 어쩔 수 없는 일이라고 생각했습니다. 그리고 한번 해보자고 마음을 먹은 데에는 위에 인용한 글이 큰 힘이 되었습니다.

예상대로 번역하기가 상당히 어렵고 힘든 책이었습니다. 끝까지 포기하지 않고 마쳤다는 데 의의를 두고 싶을 정도입니다. 술이부작(述而不作)하는 자세로 윤문(潤文)보다는 정역(正譯)을 우선시한다는 원칙 하에서 제게 주어진 시간에 최선을 다했지만 돌아보면 아쉬운 부분이 많이 있습니다. 겸허히 독자의 평을 기다리겠습니다.

욕심이라면 이 책이 어렵긴 하지만 재미있는 책이라는 평을 받는 것입니다. 이 책의 원서는 원어민들에게도, 또 전산학 전공자들에게도 어렵고 난해하다는 평을 듣고 있지만, 사실 마음을 비우고(이를테면 학점이나 현실적인 응용 여부 등등을 고려하지 않고, 또는 모든 내용을 완벽하게 이해하려 들지 않고) 이 시대 최고의 지성 중 하나를 만난다는 생각으로 읽어 나간다면 얼마든지 재미있는 책이라고 생각합니다. 저는 이 책을 번역하면서, 이를테면 호프스태터^{Douglas R. Hofstadter}의 *Gödel, Escher, Bach: An Eternal Golden Braid* (Basic Books, 1976. 번역서는 *괴델, 에셔, 바흐 – 영원한 황금 노끈*, 박여성 옮김, 까치 펴냄, 1999)를 읽으면서 느꼈던 것과 비슷한 지적 즐거움을 맛보았습니다. 번역서의 독자들도 그런 재미를 느낄 수 있다면 좋겠습니다.

참고로 이 번역서는 Addison-Wesley에서 나온 *The Art of Computer Programming* 제1권

3판의 2004년 10월자 제17쇄를 기준으로 하되 저자의 홈페이지(2쪽 참고)에 있는 정오표와, 원서를 만드는 데 쓰인 최신 $T_{\!E}\!X$ 소스를 반영한 것입니다. 정오표를 마지막으로 참고한 것은 2006년 7월 말이었습니다.

글을 마무리 짓기 전에, 이 번역서의 탄생에 도움을 주신 분들에게 감사의 뜻을 표하고자 합니다. 우선 전반적인 불황 속에서 상업성이 심히 의심스러운 이 책 시리즈 전권의 번역서 출판을 추진한, 그리고 제게 기회를 주고 여러 모로 도와주신 한빛미디어의 유해룡 이사님과 임성춘 팀장님께 고마움을 전합니다. 또한 원서에 쓰인 $T_{\!E}\!X$ 시스템에 비해 제한적인 조판 시스템을 가지고도 훌륭한 모습의 책을 만들어낸 김철수 편집자님께 감사의 뜻과 함께 찬사를 보냅니다. 그리고 이 책을 감히 번역해 보겠다고 마음먹는 데 큰 힘이 된 글을 올려주신 박준재 님께 감사합니다. 번역 과정에서는 웹을 통해서 많은 이들의 도움을 받았습니다. 특히 TaocpHelp 위키(http://occam.n4gate.com/taocp. php/)에서 저의 염치없는 질문과 요청에 정성껏 답해주신 김민식, 김탁용, 남수진, 박부성, 윤지훈, 이행석, 전경호, 황의범(xevious7) (이상 가나다순) 님께 진심으로 감사드립니다. 많은 참고가 된 한국어 위키백과(http://ko.wikipedia.org/)의 기여자 여러분들도 무척 고맙습니다(일일이 이름을 나열하지 못한 점 죄송합니다). 끝으로, 일반 독자의 입장에서 중요한 오타와 오역, 어색한 문장을 무수히 잡아내 준 아내 오현숙에게 사랑과 감사의 마음을 보냅니다.

마지막으로 몇 가지 당부입니다. 우선, 본문을 읽기 전에 다음 쪽에 나오는 일러두기를 꼭 읽어 주시기 바랍니다. 번역서에 쓰인 용어나 어법에 관련된 몇 가지 사항을 적어 두었습니다. 책을 읽으면서 발견한 오타 및 오역은 제 홈페이지 occam's Razor(http://occam.com.ne.kr/ 또는 http:// occam.n4gate.com/)의 자유 게시판에 보고해 주세요. 홈페이지의 '번역서 정보' 페이지에서 도달할 수 있는 이 책의 정보 페이지에 정오표를 마련해서 부지런히 갱신하겠습니다. 단순한 오타, 오역 보고 외에 책에 대한 좀 더 깊은 논의는 앞에서 언급한 TaocpHelp 위키를 활용해 주셨으면 좋겠습니다. 제가 내용에 대한 질문에 권위 있는 답을 할 만한 능력은 되지 않음을 이해해 주시고, 함께 공부하는 독자의 입장에서 많은 이야기를 나누었으면 합니다.

재미있게 읽으시길!

— 류광

일러두기

다음은 번역서를 읽을 때 염두에 두어야 할 사항들이다.

글꼴

중요한 용어나 개념, 주목해야 할 문장 성분은 이런 글꼴로 표시한다. 책 제목이나 문맥 안에서 두드러진 의미를 가지는 문구 또는 문단은 *이런 글꼴*로 표시한다. 참고로 이들은 각각 원서의 italic과 slanted에 해당한다. 프로그램 코드나 컴퓨터 명령어는 CODE처럼 표시한다.

용어 및 인명 표기에 대해

대부분의 주요 용어에는 영문을 병기하되, 매번 병기하는 것은 글 읽기의 흐름을 깨뜨릴 수 있으므로 해당 용어가 처음 나온 곳에서만 영문을 병기했다. 책 끝의 '찾아보기 및 용어집'의 한글 항목에도 영문을 병기해 두었으므로 언제라도 쉽게 찾아볼 수 있을 것이다. 찾아보기에 관련된 세부적인 사항은 '찾아보기 및 용어집' 시작 부분에 따로 일러두었다.

    수학 용어들은 주로 대한 수학회의 용어 데이터베이스(http://www.mathnet.or.kr/API/)를 기준으로 했으며 부족한 부분은 한국어 위키백과(http://ko.wikipedia.org/)를 참고했다.

    전산, 프로그래밍 관련 용어들은 널리 통용되는 것들을 따르되 역자의 기존 번역서들에서 주로 썼던 용어들과 다르면 역자의 것을 우선시했다.

    인명의 한글 표기는 성(性)에만 적용했으며, 모든 인명에 일일이 한글 표기를 붙이는 것은 글의 흐름을 깨뜨릴 수 있으므로 필요하다고 판단되는 경우에만 적용했다. 대신 찾아보기에는 표나 그림에 나온 일부 이름을 제외한 거의 모든 인명의 성을 한글로 표기해 두었다.

    한글 표기 방법은 국어연구원(http://www.korean.go.kr/)의 어문규정:외래어 표기법을 기준으로 했는데 다소 생소한 부분도 있을 것이다(예를 들어 비교적 최근 바뀐 네덜란드어 표기 규정에 의거해서 '반 데르'를 '판데르'로 표기하거나 '다익스트라' 대신 '데이크스트라'라고 표기하는 등). 주로 인물의 국적을 가지고 표기법을 적용했을 뿐 해당 인명의 실제로 통용되는(본인이 활동하는 국가에서 실제로 불리는) 발음을 일일이 확인하지는 못했으며, 역자의 실수로 해당 인물의 국적을 잘못 알았거나 외래어 표기법의 조항들을 잘못 적용했을 수도 있음을 밝혀둔다.

문장 성분으로서의 수식

원서에서 거의 모든 수식은 그 수식을 둘러싼 문장에 완전히 포함되어 있다(줄바꿈이 되어 있다고 해도). 즉, 수식을 입으로 소리내어 읽었을 때 수식을 둘러싼 문장 전체와 문법적으로 잘 통합된다. 예를 들어 '(…) where integer $n > 0$.'은 '(…)where integer n is greater than zero.'가 되어서 where 앞의 문구와 통합되는 것을 의도한 것이다. (군이 이 점을 언급하는 것은, 수식을 문장과 분리해서 표기하는 저자들도 있기 때문이다.)

번역서에서도 최대한 그러한 방식을 따랐다. 독자는 수학 연산자를 적절한 서술어로 대체해서 읽는 습관을 들여야 할 것이다. 예를 들어 '여기서 정수 $n > 0$이다.'는 '여기서 정수 n은 0보다 크다' 또는 '여기서 n은 정수이며 0보다 크다.'로 해석해야 한다.

필요충분조건의 표현

"오직 P일 때에만"과 같은 표현은 if and only if P 형태의 문구를 번역한 것으로, "만일 P이면, 그리고 오직 그럴 때에만"을 줄인 것이다. "Q if and only if P" 또는 "if and only if Q, P"는 P와 Q가 서로의 필요충분조건임을 뜻한다. 이러한 표현은 단순히 P가 참이면 Q가 참("if P, Q" 또는 "Q if P")이라는 뜻을 넘어서, Q가 참이기 위해서는 반드시 P가 참이어야 하며, 거꾸로 Q가 참이면 P도 참이라는 좀 더 강력한 관계를 나타낸다(간단히 말해서 둘은 동치이다). 기호로는 $P \Leftrightarrow Q$로 표기한다. 좀 더 최근의 책들에서는 if and only if를 iif라는 약자로 표기하기도 한다.

본문에서 P와 Q는 매우 길고 복잡한 문장 그리고/또는 수식인 경우가 많다. 복잡한 수식과 문장 성분들 때문에 어디까지가 P이고 어디까지가 Q인지 명확하지 않을 때에는 영문 그대로 "만일 P이면, 그리고 오직 그럴 때에만"으로 표현하거나 또는 "P일 필요충분조건은 Q이다"로 표현하기도 한다.

함의관계의 표현

"A가 B를 함의한다"라는 표현은 "A가 참이면 B도 참이다", 또는 "A가 성립하면 B도 성립한다"는 뜻이다. 기호 $\Rightarrow$를 이용해서 A⇒B로 표기하는 경우도 있다.

"설정하다"의 해석

"A를 B로 설정한다"는 A가 B의 값을 가지게 된다는 뜻으로 해석할 수도 있고 B가 A의 값을 가지게 된다는 뜻으로 해석할 수도 있는데, 이 번역서에서는 항상 전자, 즉 A←B를 뜻한다. 변하는 것은 '~를'이 붙은 쪽이다.

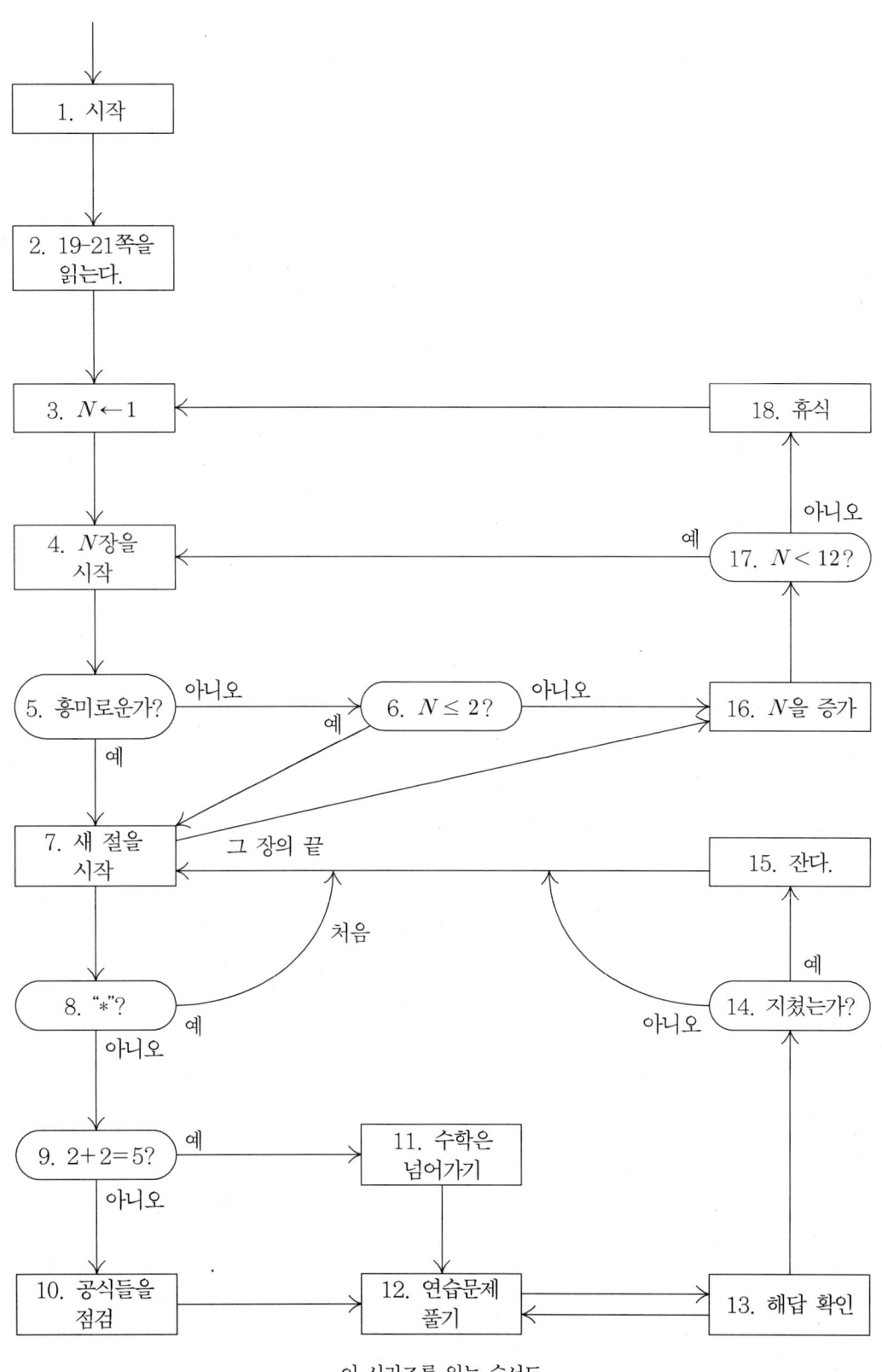

이 시리즈를 읽는 순서도

이 시리즈를 읽는 절차

1. 아직 읽지 않았다면, 이 절차부터 읽기 시작한다.† 다음 단계들을 충실히 따를 것. (이 절차와 이에 대한 순서도의 일반적인 형태는 이 책 전반에 쓰인다.)

2. 19-21쪽에 있는 연습문제에 대한 참고사항을 읽는다.

3. N을 1로 설정한다.

4. N장을 읽기 시작한다. 장 시작 부분의 인용구는 읽지 말 것.

5. 그 장의 주제가 흥미로운가? 그렇다면 단계 7로 가고 아니면 단계 6으로 간다.

6. $N \le 2$인가? 아니라면 단계 16으로 가고, 그렇다면 그 장을 어떻게든 훑어볼 것. (1장과 2장은 중요한 내용을 담고 있으며 기본적인 프로그래밍 기법들도 개괄한다. 적어도 표기법과 MIX에 대한 절들은 훑어보아야 한다.)

7. 그 장의 다음 절(section)을 읽기 시작한다. 만일 그 장의 끝에 도달했다면 단계 16으로 간다.

8. 그 절의 번호에 "*"가 표시되어 있는가? 그렇다면, 이 책을 처음 읽을 때에는 그 절을 읽지 않고 넘겨도 된다(그런 절은 흥미롭지만 필수적이지는 않은 다소 특화된 주제를 다룬다). 단계 7로 돌아간다.

9. 수학에 흥미가 있는가? 수식들을 전혀 이해할 수 없다면 단계 11로 가고, 그렇지 않으면 단계 10으로 전진한다.

10. 그 절에서 이루어진 수학 유도들을 점검한다(그리고 오류를 발견했다면 필자에게 보고한다). 단계 12로 간다.

11. 만일 지금 절이 수학 계산들로 가득 차 있다면 유도 과정은 읽지 않고 넘기는 것이 나을 것이다. 그러나 그 절의 기본적인 결과들에는 익숙해질 필요가 있다. 일반적으로 그런 것들은 그 절의 시작 부분에 나와 있거나 어려운 부분의 제일 끝에 있는 *기울인 글꼴*로 표기된 부분에 나와 있다.

12. 그 절의 추천 연습문제들을 "연습문제 참고 사항"(단계 2에서 읽었던 것)에 따라 풀어볼 것.

13. 연습문제들을 스스로 만족할 만큼 풀었다면, 그 답을 책 끝의 해당 해답 영역에 있는 답과 비교해서 확인한다(단, 일부 연습문제는 해답이 없다). 그리고 시간이 없어 풀지 못한 연습문제의 해답

---

† 〔옮긴이 주〕 이 절차에 따라 이 책을 읽기 전에, 역자서문 다음에 나오는 '일러두기'를 먼저 읽어 주시길!

도 읽어볼 것. 참고: 대부분의 경우에는 연습문제 $n+1$을 풀기 전에 연습문제 n의 해답을 보는 게 바람직하다. 따라서 일반적으로 단계 12-13은 동시에 진행된다.

14. 지쳤는가? 아니라면 단계 7로 돌아간다.

15. 잠을 잔다. 깨어서는 단계 7로 돌아간다.

16. N을 1 증가한다. 만일 N이 3, 5, 7, 9, 11, 12 중 하나이면 이 시리즈의 다음 권을 시작한다.

17. 만일 N이 12 이하이면 단계 4로 돌아간다.

18. 축하. 이제 친구들에게 이 1권을 사주고 읽게 한다. 또한 다시 단계 3으로 돌아간다.

단 한 권의 책만 읽은 자에게 재앙이 있으라!

── 조지 허버트 GEORGE HERBERT, *Jacula Prudentum*, 1144 (1640)

전(全) 작품들의 유일한 결점은 너무 오래 되었다는 점이다.

── 보브나르그 VAUVENARGUES, *Réflexions*, 628 (1746)

책은 시시한 것. 오직 삶만이 위대하다.

── 토마스 칼라일 THOMAS CARLYLE, *Journal* (1839)

연습문제 참고사항

이 시리즈의 연습문제들은 강의용뿐만 아니라 독학용으로도 고안된 것이다. 어떤 분야를 단지 그에 대한 책을 읽는 것만으로 배우기란 불가능하지는 않다고 해도 어려운 일이다. 제대로 배우려면 책에서 읽은 것을 특정 문제에 적용해보고, 그럼으로써 읽은 것에 대해 생각해 보는 기회를 가질 필요가 있다. 더 나아가서, 학습은 학습자가 스스로 뭔가를 발견할 때 가장 효과적이다. 그런 이유로, 연습문제들은 이 책의 주된 부분을 형성한다. 최대한 교육적인 의미를 가진 연습문제들이 되도록 하는 데 많은 노력을 기울였으며, 또한 교육적일뿐만 아니라 재미도 있는 문제들을 택하는 데 많은 노력을 기울였다.

쉬운 연습문제들과 대단히 어려운 연습문제들이 무작위하게 섞여 있는 책들이 많이 있다. 그런 연습문제 구성은 종종 바람직하지 않은데, 왜냐하면 주어진 연습문제를 푸는 데 시간이 얼마나 걸릴지 알 수 없다면 독자는 그냥 모든 문제들을 풀지 않고 넘어가 버릴 수도 있기 때문이다. 그런 전형적인 사례가 중요하고도 선구적인 저작인 벨먼Richard Bellman의 *Dynamic Programming*이다. 이 책의 일부 장들 끝에는 "Exercises and Research Problems"라는 제목 하에 일단의 문제들이 제시되어 있는데, 거기에는 아직 풀리지 않은 문제들 사이에 극도로 자명한 질문들이 섞여 있다. 누군가 벨먼 박사에게 그 문제들에서 연습문제와 연구 문제를 어떻게 구분하느냐고 물었을 때, 박사는 "풀 수 있으면 연습문제이고 그렇지 않으면 연구 문제"라고 대답했다는 풍문이 있을 정도이다.

이런 종류의 책에 연구 문제들과 매우 쉬운 연습문제를 함께 포함시키는 것 자체가 나쁜 일은 아닐 것이며, 그래서 나는 어떤 것이 연습문제이고 어떤 것이 연구 문제인지를 독자가 쉽게 판단할 수 있도록 각 연습문제의 난이도를 등급 수치로 표시했다. 여러 등급 수치들은 일반적으로 다음과 같은 의미를 가진다.

등급 의미

00 본문의 내용을 이해했다면 즉시 답을 할 수 있는 아주 쉬운 연습문제. 대부분 "머리 속에서" 바로 답을 구할 수 있다.

10 방금 읽은 내용을 좀 생각해 봐야 하나 그렇다고 어렵지는 않은 간단한 문제. 기껏해야 1분 안에 풀 수 있어야 한다. 종이와 연필을 동원하는 게 도움이 될 수도 있다.

20 본문 내용의 기본적인 이해를 시험하는 평균적인 문제. 완전한 답을 얻기 위해서는 15분에서 20분 정도가 걸릴 것이다.

30 적당한 난이도 그리고/또는 복잡도를 가진 문제. 만족스럽게 풀기 위해서는 두 시간 정도 노력해야 할 것이다. TV를 켜 두었다면 더 걸릴 수도 있다.

40 꽤 어려운 또는 시간이 걸리는 문제로, 강좌 상황이라면 학기말 과제(term project)에 적합할 수 있다. 비합리적이지 않은 시간 안에 문제를 풀 수 있을 것이나, 그 해답이 간단하지는 않다.

50 이 글을 쓰는 현재 필자가 알기로, 많은 사람들이 시도하긴 했지만 아직 만족스럽게 풀리지 않은 연구 문제이다. 만일 이런 문제의 답을 구했다면 출판용 논문을 써야 할 것이다. 또한 필자에게도 최대한 빨리 알려주었으면 좋겠다(물론 정확한 답이라고 할 때).

10 단위의 등급들만 이야기했는데, 다른 수치들의 의미는 위에 나온 것들을 "로그" 축척으로 보간한 것에 해당한다. 예를 들어 등급이 17인 연습문제는 평균보다 약간 더 간단한 연습문제이다. 어떤 50짜리 문제를 독자가 풀었다면, 이후 판들에서는, 그리고 웹의 정오표(2쪽 참고)에서는 그 문제가 45가 될 수도 있다.

등급 수치를 5로 나눈 나머지는 문제를 푸는 데 필요한 시간을 가리킨다. 예를 들어 등급 24 문제는 등급 25 문제보다 쉽게 풀 수 있겠지만, 시간은 더 걸린다.

필자는 정확한 등급 수치들을 배정하는 데 많은 노력을 기울였지만, 문제를 만드는 사람의 입장에서 다른 사람이 그 문제를 얼마나 쉽게 풀 수 있을지 파악하는 것은 어려운 일이다. 그리고 사람마다 특정 종류의 문제에 익숙한 정도가 다르기 마련이다. 이 등급 수치들로 문제의 난이도를 조금은 추측할 수 있길 바랄 뿐이며, 이들을 일반적인 지침으로만 받아 들여야지 어떤 절대적인 지표로 받아들여서는 안 될 것이다.

이 책은 다양한 수학적 숙련도와 교양을 가진 사람들을 위해 쓰여졌다. 그래서 수학에 좀 더 익숙한 독자들만을 염두에 둔 연습문제들도 포함시켰다. 등급 앞에 "M"자가 붙어 있는 연습문제들은 대부분 알고리즘의 프로그래밍 자체에만 흥미가 있는 사람들에게 필요한 것 이상의 수학적 개념들 또는 동기 부여가 필요한 것들이다. 그리고 "HM"이 붙은 연습문제들은 이 책에서 직접 설명되지는 않는 미적분이나 기타 고급 수학 지식이 있어야 풀 수 있는 것들이다. 단, "HM"이 붙은 문제가 그렇지 않은 같은 등급의 문제보다 반드시 더 어려운 것은 아니다.

일부 연습문제들에는 쐐기꼴 "▶" 기호가 붙어 있다. 이것은 특히 교육적이고 추천할만한 문제를 가리킨다. 독자나 학생이 반드시 모든 문제들을 풀어야 하는 것은 물론 아니므로, 풀어볼만한 가치가 크다고 할 만한 문제들을 따로 뽑아둔 것이다. (그렇다고 이 표시가 없는 문제들을 풀지 않아도 된다는 뜻은 아니다!) 독자는 적어도 등급이 10 이하인 문제들은 모두 풀려고 시도해야 한다. 그 이상의 문제들도 풀고자 한다면, 그것들을 어떤 순서로 풀 것인지를 결정하는 데 이 쐐기꼴 표시가 좋은 힌트가 될 것이다.

대부분의 연습문제들의 해답은 책 후반부의 해당 해답 절에 나온다. 그 해답들을 현명하게 사용할 것. 스스로 문제를 진지하게 풀어본 후에만, 또는 특정 문제를 푸는 데 절대적으로 시간이 모자라는 경우에만 해답을 보아야 한다. 독자가 스스로 문제를 푼 후에야, 또는 적어도 일정 수준 이상으로 시도를 한 후에야 해답 절에 있는 해답이 독자에게 도움이 되고 거기서 뭔가 배울 수 있을 것이다. 해답 절의 해답은 종종 상당히 짧으며, 독자가 문제를 스스로 열심히 풀려고 했다는 가정 하에서 세부사항을 개략적으로만 서술한다. 어떤 해답은 문제가 요구한 것보다 더 적은 정보를 제공하며, 또 어떤 것들은 요구된 것보다 더 많은 정보를 제공한다. 그리고 독자가 얻은 답이 책에 나온 해답보다 더 나은 경우도 얼마든지 가능하다. 그런 경우라면 자세한 내용을 필자에게 알려주기 바란다. 적당한 경우라면 이 책의 이후 판들에 개선된 해답을 그것을 제출한 사람의 이름과 함께 싣겠다.

일반적으로, 특별히 그러지 말라고 명시되어 있지 않은 한, 한 연습문제를 풀 때 그 이전 연습문제들의 답들을 사용해도 된다. 등급 수치들은 이 점을 염두에 두고 배정된 것이다. 따라서 연습문제 $n+1$이 연습문제 n의 한 특별한 경우에 해당하는 결과를 포함한다고 해도, 연습문제 $n+1$의 등급이 연습문제 n의 등급보다 더 낮을 수 있다.

등급 부호 요약:		*00*	즉시 풀 수 있음
		10	간단(1분)
		20	중간(15분)
▶	추천	*30*	비교적 어려움
M	수학 지향적	*40*	학기말 과제
HM	"고급 수학" 필요	*50*	연구 문제

연습문제

▶ **1.** [*00*] 등급 "M20"의 의미는?

2. [*10*] 교재에 수록된 연습문제들이 독자에게 어떤 가치가 있을까?

3. [*14*] $13^3 = 2197$임을 증명하라. 답을 일반화할 것. [이는 필자가 피하려고 했던 끔찍한 종류의 문제의 한 예이다.]

4. [*HM45*] n이 정수이고 $n > 2$일 때, 방정식 $x^n + y^n = z^n$을 만족하는 양의 정수 x, y, z가 존재하지 않음을 증명하라.

이제 우리는 우리의 문제를 직시할 수 있습니다.
우리가 가진 사실들을
순서대로, 체계적으로 배열할 수 있으니 말이지요.

— 에르큘 푸아로HERCULE POIROT, *Murder on the Orient Express* (1934)에서

차 례

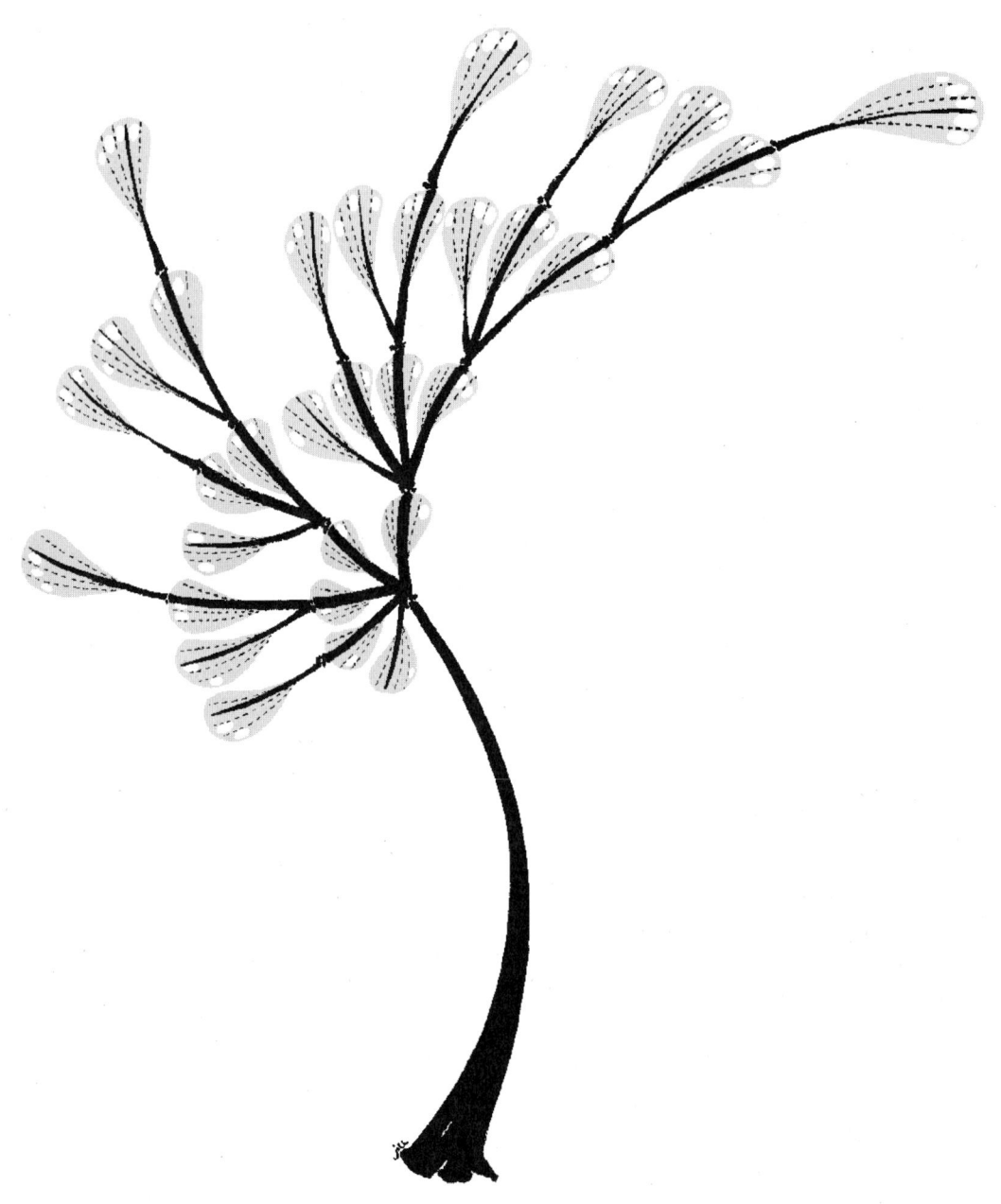

제 1 장

기본 개념

수학적 학문에 정통하지 못한 많은 사람들은
배비지의 해석기관이 내는 결과가 수치적인 표기법으로 되어 있기 때문에
그 공정들이 반드시 대수적이고 해석적이 아니라 산술적이고 수치적일 것이라고 상상한다.
이는 오류이다. 그 기관은 자신의 수치적 수량들을 글자나
기타 일반적 기호들의 경우와 정확히 동일한 방식으로 배치하고 결합한다.
그리고 사실, 적당한 장치들이 갖추어 진다면 그 기관은 결과를 대수적 표기법으로 출력할 것이다.

—— 오거스트 에이다 AUGUSTA ADA, 러블레이스 백작부인 (1844)

부디, 작은 것들을 몸소 익히고,
그런 후에 더 큰 것으로 나아가라.

—— 에픽테투스 EPICTETUS (*Discourses* IV.i)

1.1. 알고리즘

알고리즘은 모든 컴퓨터 프로그래밍에서 기본적인 개념으로, 이를 신중하게 분석하는 것에서부터 논의를 시작해야 할 것이다.

"알고리즘(algorithm)"이라는 단어는 그 자체로 상당히 흥미로운데, 언뜻 보면 로가리즘 (logarithm)의 처음 네 글자를 뒤섞어놓은 것 같다. 이 단어는 1957년이 되어서야 Webster's New World Dictionary에 올랐다. 그 전까지는 알고리즘의 예전 형태인 algorism밖에 없었다.† algorism 의 고전적인 의미는 '아라비아 숫자를 이용한 산술'이었다. 중세에는 계산판을 이용해서 계산을 하는 계산판 사용자들과 아라비아 숫자를 이용해서 계산을 하는 알고리스트들이 있었다.†† 이 algorism이

---

† 〔옮긴이 주〕algorithm을 '알고리즘'이라고 표기, 발음하는 것은 잘못이며 '알고리듬'이 더 타당하다는 입장이 존재하는데, 이에 대한 여러 가지 논거들 중에는 algorism과 algorithm을 혼동한 것이 아니냐는 지적이 포함된 다. 이러한 지적이 일견 타당하기도 하지만, 사실 원어 사용자들 역시 동일한 혼란을 겪은 바 있고(본문의 다음 문단 참고) 현대의 언어생활에서 '아라비아 숫자를 이용한 산술'이라는 의미의 algorism은 죽은 말이라고 보아도 무방하므로 둘의 혼동이 큰 문제가 되지는 않을 것이다. 발음 면에서는 알고리듬이 현대 미국 영어에 더 가깝다고 볼 수도 있지만 '앨거위썸' 등에 비하면 오십보백보이다. 그 외에 일본식 발음의 잔재라는 주장도 제기되고 있는데, 이것은 심각하게 생각해 볼 문제이지만 확실한 근거를 찾지는 못했다. 어쨌든 2006년 현재 일반적으로 쓰이는 용어인 알고리즘을 군이 바꿀 필요는 없다고 판단하고 이 책에서는 알고리즘을 계속 사용하기로 한다.

라는 단어의 어원은 문예부흥 시기에 이르기까지 명확하게 밝혀지지 못했으며, 초기 언어학자들은 algiros(고통스러운) + arithmos(수) 같은 합성어로부터 파생된 게 아닌가 추측하기도 했다. 그런 추측을 받아들이는 대신, 'King Algor of Castile'을 그 기원으로 생각한 사람들도 있었다. algorism의 진정한 어원은 결국 수학사가들이 밝혀내었다. 이 단어는 한 유명한 페르시아 수학교재(825년 경)의 저자인 알콰리즈미Abū `Abd Allāh Muḥammad ibn Mūsā al-Khwārizmī에서 온 것이다. 이 이름을 풀이하자면 "압둘라의 아버지, 모하메드, 모세스의 아들, 크와리즘 토박이"라는 뜻이다. 중앙아시아 아랄해를 크와리즘호(Lake Khwārizm)라고 불렀던 때가 있었는데, 크와리즘 지역은 그 바다의 남쪽 아무 강(Amu River) 유역이다. 알콰리즈미는 아라비아어로 "Kitāb al-jabr wa'l-muqābala"라는 유명한 책을 썼는데, 제목은 "복원과 등식화 규칙"이라는 뜻으로, 간단히 말하자면 대수학(代數學) 교과서인 셈이다. 대수학을 뜻하는 영어 단어 algebra 자체가 이 책의 제목에서 비롯되었다. 이 책은 기본적으로 1차, 2차 방정식의 해에 대한 체계적인 연구를 담고 있다. 〔al-Khwārizmī의 삶과 업적에 대해서는 H. Zemanek, *Lecture Notes in Computer Science* **122** (1981), 1-81을 보라.〕

algorism의 형태와 의미는 점차 변질되었다. *Oxford English Dictionary*는 이 단어가 식자들이 arithmetic의 그리스어 어원과 혼동함으로써 "최근의 algorithm을 포함한, 여러 유사어원학적 왜곡을 거쳤다"고 설명한다. 사람들이 이 단어의 기원을 이미 잊었다는 점을 생각한다면, "algorism"이 "algorithm"으로 변한 것이 그리 이해 못할 일이 아니다. 초기 독일어 수학 사전인 *Vollständiges mathematisches Lexicon*(Leipzig: 1747)은 단어 Algorithmus를 "이 명칭 하에서 사칙연산 개념, 즉 덧셈, 뺄셈, 곱셈, 나눗셈이 결합된다"라고 정의한다. 그 사전이 쓰인 당시 라틴어 문구 lgorithmus infinitesimalis는 "라이프니츠가 고안한, 무한히 작은 양을 가지고 계산을 하는 방법들"을 가리키는 용도로 쓰였다.

1950년까지 알고리즘이라는 단어는 유클리드 알고리즘(Euclid's Algorithm)이라는 용어에 붙어 다닌 경우가 가장 흔했다. 유클리드 알고리즘은 유클리드의 저서 원론(*Elements*)에 나와 있는 것으로(7권, 정리 1과 2), 두 수의 최대공약수를 찾는 과정이다. 여기서 유클리드 알고리즘을 제시해 보겠다.

알고리즘 E (유클리드 알고리즘). 두 양의 정수 m과 n이 주어졌을 때 그 두 수의 최대공약수, 즉 m과 n 모두 나누어 떨어지는 가장 큰 양의 정수를 찾는다.

E1. 〔나머지를 구한다.〕 m을 n으로 나누고 그 나머지를 r이라 한다(이러면 $0 \leq r < n$이 된다).

---

† † 〔옮긴이 주〕 동·서양을 막론하고, 아라비아 수 체계가 쓰이기 전까지는 수의 기록과 계산이 분리되어 있는 경우가 대부분이었다고 한다. 기록은 숫자로 하되 계산은 주판이나 산가지 같은 도구를 사용했던 것이다. 아라비아 수 체계를 사용한다는 것은 기록과 계산이 통합됨을, 간단히 말해서 필산(筆算)이 가능함을 뜻한다. 〔김용국, 김용운, *중국수학사*, 대우학술총서 자연과학 109, 민음사, 1996, 28쪽 참고.〕 또한, 현재는 아라비아 수 체계가 (특히 0의 개념이) 인도에서 비롯되었다는 점을 나타내기 위해서 인도-아라비아 수 체계라고 표기하는 경우가 많다.

E2. 〔나머지가 0인가?〕 만일 $r = 0$이면 알고리즘을 끝낸다. n이 답이다.

E3. 〔맞줄임.〕 $m \leftarrow n$, $n \leftarrow r$로 설정하고 단계 E1로 돌아간다. ∎

물론 유클리드가 위에 나온 그대로 그 알고리즘을 제시한 것은 아니다. 위에 나온 형태는 이 책 전반에 나오는 모든 알고리즘들의 스타일을 보여준다.

이 책에서 고려하는 모든 알고리즘에는 각각 고유한 영문자(이 경우 E)가 붙으며, 알고리즘의 각 단계에는 숫자가 붙는다(이 경우 E1, E2, E3). 각 장(章)은 번호가 붙은 절들로 구성되는데, 다른 절에 있는 알고리즘을 지칭하는 경우에는 알고리즘 영문자 앞에 해당 절 번호까지 붙인다. 예를 들어 지금 이 문단은 1.1절에 속하며 이 절 안에서는 위의 유클리드 알고리즘을 그냥 알고리즘 E라고 지칭한다. 그러나 다른 절들에서는 이 유클리드 알고리즘을 1.1E라고 지칭한다.

알고리즘의 각 단계(위의 E1 등)는 대괄호로 감싸인 문구로 시작한다. 이 문구는 해당 단계의 기본적인 내용을 최대한 간결하게 표현하는 것이다. 이 문구는 또한 알고리즘을 시각적으로 표현한 순서도(flow chart, 흐름도)에 쓰이기도 한다. 그림 1이 알고리즘 E에 대한 순서도이다.

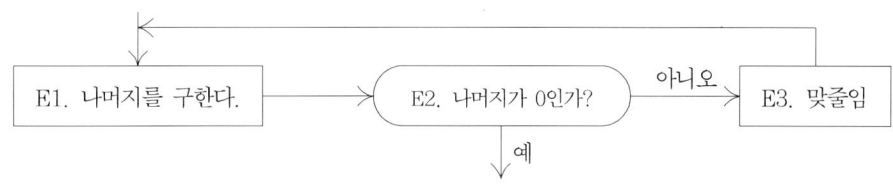

그림 1. 알고리즘 E의 순서도.

요약 문구 다음에는 해당 단계에서 수행할 행동 또는 결정을 설명하는, 단어들과 기호들로 된 문장이 나온다. 단계 E1에서 보듯이, 괄호로 주석을 추가하기도 한다. 주석은 해당 단계에 대한 보충 설명으로, 종종 변수들의 특정한 불변적 특성을 가리키거나 해당 단계의 현재 목표를 가리키기도 한다. 주석은 독자의 이해를 돕기 위한 것일 뿐, 알고리즘에 속한 특정한 행동을 지정하는 것이 아니다.

단계 E3의 화살표 "$\leftarrow$"는 극히 중요한 치환(replacement) 연산자로, 배정 또는 대입 연산자라고도 부른다. "$m \leftarrow n$"은 변수 m의 값을 변수 n의 현재 값으로 치환하라, 다른 말로 하면 변수 n의 현재 값을 변수 m에 대입하라는 뜻이다. 알고리즘 E가 시작되었을 때 m과 n은 원래 주어진 값들을 가지고 있다. 그러나 알고리즘이 끝났을 때 두 변수는 일반적으로 원래 주어진 값과는 다른 값들을 가지게 된다. 이러한 화살표는 치환 연산을 상등 관계와 구분하기 위한 것이다. 즉, 이 책에서 "$m = n$으로 설정한다" 같은 표현은 사용하지 않는다. 등호, 즉 "$=$" 기호는 "$m = n$인가?" 같은 표현에 쓰인다. "$=$" 기호는 판정할 조건을 가리키는 것이고 "$\leftarrow$"는 수행할 행동을 가리키는 것이다. 변수 n을 1 증가시키는 연산은 "$n \leftarrow n + 1$"로 표현한다(이것은 "n을 $n + 1$로 치환한다" 또는 "n의 값은 $n + 1$이 된다"로 읽는다). 요약하자면, "변수 $\leftarrow$ 수식"은 수식을 그에 속한 변수들의 현재 값을 이용해서 계산하고 그 결과로 화살표 왼쪽에 있는 변수의 이전 값을 치환하는 것이다. 컴퓨터 책에 익숙하지 않은 사람들은 n을 1 증가시키는 연산을 "n은 $n + 1$이 된다"로 말하고 "$n \rightarrow n + 1$"로 표기하는 경향이 있는데, 이런 표기법은 표준적인 관례와 배치되기 때문에 혼란을 가중시킬 뿐이며, 따라서 피해야한다.

단계 E3에 나온 행동들의 순서가 중요하다는 점에 주목하자. 즉, "$m \leftarrow n$, $n \leftarrow r$로 설정한다"와 "$n \leftarrow r$, $m \leftarrow n$으로 설정한다"는 상당히 다르다. 후자에서는 n의 이전 값이 그것을 m에 설정하는 데 사용하기 전에 사라져 버린다. 따라서 후자는 "$n \leftarrow r$, $m \leftarrow r$로 설정한다"와 동등하다. 여러 변수들에 모두 같은 값을 설정하는 경우 화살표를 여러 개 써서 표기할 수 있다. 즉, "$n \leftarrow r$, $m \leftarrow r$" 은 "$n \leftarrow m \leftarrow r$"로 표기할 수 있다. 두 변수를 교환할 때에는 "$m \leftrightarrow n$로 교환한다"라고 표기한다. 이 행동은 새로운 변수 t를 도입해서 "$t \leftarrow m$, $m \leftarrow n$, $n \leftarrow t$로 설정한다"로 표기할 수도 있다.

알고리즘은 가장 낮은 번호의 단계(보통은 단계 1)에서 시작하며, 특별한 지시가 없는 한 그 이후의 단계들을 번호순으로 수행한다. 여기서 특별한 지시란 단계 E3의 "단계 E1로 돌아간다."처럼 계산의 순서를 명백한 방식으로 지시하는 명령에 해당한다. 단계 E3을 보면 그 단계의 행동 앞에 "만일 $r = 0$이면"이라는 조건이 붙어 있다. 만일 $r \neq 0$이면 나머지 문장은 적용되지 않으며 어떠한 행동도 수행하지 않는다. "$r \neq 0$이면 단계 3으로 간다" 같은 여분의 문장을 추가할 수도 있을 것이다.

단계 E3 끝의 굵은 수직선 "▌"는 거기서 알고리즘이 끝나고 다시 본문으로 돌아감을 의미한다.

이상이 이 책의 알고리즘들에 쓰이는 거의 모든 표기법들이다. 추가로, 순서 있는 배열의 특정 요소를 가리키는 첨자, 색인 표기법이 있다. 예를 들어 n개의 양 $v1$, $v2$, ..., vn이 있다고 할 때, 이 책에서는 j번째 요소를 v_j로 표기하는 대신 $v[j]$로 표기하는 경우가 많다. 비슷하게, 이중 색인 요소의 경우에도 a_{ij} 대신 $a[i,j]$로 표기하는 쪽을 선호한다. 변수 이름이 여러 글자로 되어 있는 경우도 있는데, 그럴 때에는 변수 이름을 대문자로만 표기한다. 예를 들면 계산된 값을 임시로 담아두는 데 사용하는 변수 TEMP라든가 K번째 소수를 의미하는 PRIME[K] 등.

지금까지 알고리즘의 형태에 대해 많은 이야기를 했는데, 이제 알고리즘을 수행하는 것에 대해 살펴보자. 독자가 알고리즘을 마치 소설의 일부처럼 그냥 읽고 넘어가서는 안 된다. 그런 식으로 하면 알고리즘을 제대로 이해할 수 없다. 알고리즘은 반드시 확신할 수 있어야 하며, 알고리즘의 작동방식을 배우는 가장 좋은 방법은 실제로 수행해 보는 것이다. 본문에 새로운 알고리즘이 나올 때마다 독자는 항상 종이와 연필을 동원해서 특정한 사례를 가지고 그 알고리즘을 실제로 시험해 보아야 한다. 보통은 본문에 실제로 그런 예제가 간략하게 주어지나, 그렇지 않은 경우라도 독자 스스로가 예제를 만들어서 시험하는 것이 어렵지 않을 것이다. 이러한 접근방식이야말로 주어진 알고리즘을 이해하는 간단하고도 힘 안 드는 방법이며, 일반적으로 그 외의 접근방식들은 모두 그리 성공적이지 못하다.

그럼 알고리즘 E의 한 예를 실제로 따라가 보자. $m = 119$와 $n = 544$로 주어졌다고 하고 단계 E1부터 시작한다. (독자도 다음의 설명을 따라 실제로 각 단계를 수행해보시길.) m을 n으로 나누면 당연히 몫은 0이고 나머지는 119이다. 따라서 $r \leftarrow 119$를 수행한다. 다음으로, 단계 E2로 넘어간다. $r \neq 0$이므로 어떤 행동도 취하지 않고 바로 E3으로 넘어간다. E3에서는 $m \leftarrow 544$, $n \leftarrow 119$로 설정한다. 여기서 잠깐, $m < n$이면 단계 1의 몫은 항상 0이며 따라서 알고리즘은 항상 m과 n을

교환하게 된다. 그렇다면 번거롭게 단계 E3까지 와서 교환하는 대신 애초에 교환하고 시작하는 것이 좋을 것이다. 이를 위해 다음과 같은 새로운 단계를 알고리즘에 추가하자.

E0. 〔$m \geq n$임을 보장.〕 만일 $m < n$이면 $m \leftrightarrow n$으로 교환한다.

이 단계를 추가해도 알고리즘 자체에 본질적인 변화가 생기는 것은 아니다. 길이가 조금 길어진 것일 뿐이며, 대신 모든 경우의 대략 반 정도에서 실행 시간이 줄어든다.

다시 E1로 돌아가서, $544/119 = 4 + 68/119$이므로 $r \leftarrow 68$을 수행한다. 여전히 E2는 적용되지 않으므로 E3으로 가서 $m \leftarrow 119$, $n \leftarrow 68$을 수행한다. 다음 번 반복에서는 $r \leftarrow 51$로 설정하고 E3에서 $m \leftarrow 68$, $n \leftarrow 51$로 설정한다. 그 다음에서는 $r \leftarrow 17$, $m \leftarrow 51$, $n \leftarrow 17$이다. 마지막으로, 51이 17로 나누어지므로 $r \leftarrow 0$로 설정하게 되며, 그러면 단계 E2에서 알고리즘이 끝난다. 119와 544의 최대공약수는 17이다.

이상이 하나의 알고리즘이다. 알고리즘의 현대적인 의미는 조리법, 공정, 방법, 기법, 절차, 루틴 등과 상당히 비슷하다. 다만 "알고리즘"이라는 단어는 그런 것들과는 좀 다른 무언가를 내포한다. 특정한 종류의 문제를 풀기 위한 일련의 연산들을 제공하는 유한한 규칙 집합이라는 점 외에, 알고리즘은 다음과 같은 중요한 다섯 가지 특징을 가진다.

1) **유한성**(finiteness). 알고리즘은 단계들을 반드시 유한한 횟수로 거친 후에 종료해야 한다. 알고리즘 E는 이 조건을 만족한다. 이유는 이렇다. 단계 E1 이후 r의 값은 n보다 작으며, $r \neq 0$이면 n의 값은 다음 번의 단계 E1에서 줄어든다. 양의 정수를 무한히 감소할 수는 없으므로 E1은 주어진 n의 원래 값이 어떻든 반드시 유한한 횟수로만 수행된다. 그러나 단계들의 반복 횟수가 유한하긴 하지만 얼마든지 클 수 있다는 점은 주의해야 한다. m과 n으로 대단히 큰 수를 택한다면 E1을 백만 번 이상 수행해야 할 수도 있다.

(이 유한성만을 제외한 알고리즘의 모든 특징들을 가지고 있는 절차를 계산적 방법(computational method)이라고 부를 수 있다. 유클리드는 원래 두 수의 최대공약수를 구하는 알고리즘뿐만 아니라 그와 매우 비슷한, 두 선분 길이의 최대공약수에 대한 기하학적 구축법도 제시했는데, 그 방법은 두 길이를 서로 약분할 수 없을 때는 종료되지 않는다는 점에서 알고리즘이 아니라 계산적 방법이라 할 수 있다. 종료되지 않는 계산적 방법의 또 다른 예로는, 그 환경과 끊임없이 상호작용하는 반응 공정(reactive process)을 들 수 있다.)

2) **명확성**(definiteness). 알고리즘의 각 단계는 반드시 명확하게 정의되어야 한다. 수행할 행동은 모든 경우에 대해 모호함 없이 엄격하게 명시해야 한다. 필자 역시 이 책의 알고리즘들이 이 조건을 만족하도록 노력했지만, 일상 언어를 사용해서 서술한 탓에 필자의 의도를 독자가 정확히 이해하지 못할 가능성도 존재한다. 그래서 이러한 문제를 해결하기 위한 방편으로 필자는 알고리즘 서술을 위한 공식적인 프로그래밍 언어 또는 컴퓨터 언어를 하나 정의했다. 이 언어로 작성된 모든 문장은 매우 명확한 의미를 가지므로 일상 언어를 통한 서술의 문제를 극복할 수 있다. 이 책의 많은 알고리즘들은 일상 언어뿐만 아니라 컴퓨터 언어로도 명시되어 있다. 계산적 방법을 컴퓨터 언어로 표현한

것을 프로그램(program)이라고 부른다.

알고리즘 E의 단계 E1을 생각해 보자. 독자가 m을 n으로 나눈다는 것이 무엇이고 그 나머지라는 것이 무엇인지를 명확히 이해하고 있다면 단계 E1은 명확성 조건을 만족한다. 그런데 m과 n이 양의 정수가 아닌 경우에는 나누거나 나머지라는 것에 대한 보편적인 합의가 존재하지 않는다는 것이 사실이다. 예를 들어 -8을 $-\pi$로 나눈 나머지는 무엇일까? 59/13을 0으로 나눈 나머지는 또 무엇일까? 이에 대해 누구나 동의하는 보편적인 답은 없다. 따라서 단계 E1이 명확성을 만족하려면 단계 E1을 수행할 때마다 m과 n의 값이 항상 양의 정수가 되도록 보장해야 한다. 알고리즘의 전제에 의해, 알고리즘을 시작할 때 m과 n은 양의 정수이다. 그리고 단계 1 이후에는 r이 음이 아닌 정수이며, E3에 도달했다면 r은 0이 아니다. 결론적으로 알고리즘 수행 과정 전체에서 m과 n은 양의 정수라는 조건을 만족한다.

3) **입력**(input). 알고리즘은 0 또는 그 이상의 입력들을 가진다. 여기서 입력이란 알고리즘이 시작되기 전에 알고리즘에 주어진, 또는 알고리즘 수행 도중에 동적으로 주어진 수량들을 말한다. 이러한 입력들은 특정한 객체들의 집합으로부터 비롯된다. 예를 들어서 알고리즘 E의 경우에는 m과 n이라는 입력들이 주어지는데, 둘 다 양의 정수들의 집합에서 가져온 것이다.

4) **출력**(output). 알고리즘은 하나나 그 이상의 **출력**들을 가진다. 출력은 입력과 특정한 관계를 가지는 수량이다. 알고리즘 E는 하나의 출력을 가진다. 구체적으로 말하면 알고리즘 E의 출력은 단계 E2의 n이고 이것은 두 입력들의 최소공약수이다.

(이 출력이 실제로 최소공약수임은 쉽게 증명할 수 있다. 단계 E1 이후에, 어떠한 정수 q에 대해서 다음이 성립한다.

$$m = qn + r.$$

만일 $r = 0$이면 m은 n의 배수이며 그런 경우 n은 m과 n의 최소공약수임이 명백하다. $r \neq 0$이면 m과 n 모두를 나머지 없이 나누는(나누어 떨어지는) 수는 $m - qn = r$도 나머지 없이 나누며, n과 r 모두를 나머지 없이 나누는 수는 $qn + r = m$도 나머지 없이 나눈다. 따라서 $\{m, n\}$의 공약수 집합은 $\{n, r\}$의 공약수 집합과 같다. 특히 $\{m, n\}$의 최대공약수는 $\{n, r\}$의 최대공약수와 같다. 따라서 단계 E3은 원래 문제의 답을 변경하지 않는다.)

5) **효과성**(effectiveness). 또한, 일반적으로 알고리즘은 **효과적**(effective)이어야 한다고 간주된다. 여기서 효과적이라는 말은, 이론적으로 알고리즘의 모든 연산들이 사람이 종이와 연필을 이용해서 유한한 시간 안에 정확하게 수행할 수 있을 정도로 충분히 단순해야 한다는 차원의 이야기이다. 알고리즘 E는 양의 정수를 다른 양의 정수로 나누기, 어떠한 정수가 0인지 판정하기, 한 변수의 값을 다른 변수의 값으로 치환하기 등의 기본적인 연산들만 사용한다. 정수들을 종이에 쓰는 것은 분량이나 시간 면에서 유한한 일이므로, 그리고 한 정수를 다른 정수로 나누는 방법이 적어도 하나는 존재한다는 ("나누기 알고리즘") 점에서, 이러한 연산들은 효과적이다. 그러나 알고리즘에 쓰이는 값들이 소수부가 무한히 확장될 수 있는 실수이거나 정확히 측정할 수 없는 물리적인 선분의 길이라면 이러한

연산들은 효과적이지 않다. "만일 4가 양의 정수 w, x, y, z에 대한 방정식 $w^n + x^n + y^n = z^n$을 만족하는 가장 큰 n의 값이라면, 단계 E4로 간다" 같은 것도 효과적이지 않은 단계의 예이다. 이런 단계는 4가 그런 조건을 만족하는 가장 큰 정수인지 아닌지를 판정하는 알고리즘을 성공적으로 만들어 내지 않는 한, 효과적일 수 없다.

알고리즘이라는 개념을 요리책에 나오는 조리법(recipe)과 비교해 보자. 조리법의 경우 유한성 조건도 만족할 만하고(주전자를 지켜보고 있으면 절대 끓지 않는다는 속담도 있지만), 입력(달걀, 밀가루 등)과 출력(야식 등)도 존재한다. 그러나 명확성은 없다. "소금을 약간 치세요" 같은 문장을 생각해 보자. "약간"을 "1/4 작은 술 이하"라고 정의할 수도 있을 것이다. 그리고 소금 역시 적절하게 정의할 수 있다. 그러나 소금은 어디에 쳐야 할까? 옆에? 위에? 친구 머리에? 숙달된 요리사에게는 "반죽에 탄력이 생길 때까지 가볍게 치댄다"라던가 "청주를 작은 냄비로 약간 데운다" 같은 문장도 충분한 설명이 될 수 있겠지만, 알고리즘에 포함될 만한 수준은 아니다. 알고리즘은 컴퓨터도 따라할 수 있을 정도로 명확해야 한다. 그렇긴 하지만, 컴퓨터 프로그래머가 좋은 요리책에서 많은 것을 배울 수 있다는 것도 사실이다. (사실 필자는 이 책의 제목을 "프로그래머용 요리책(The Programmer's Cookbook)"이라고 붙이고 싶은 마음이 굴뚝같았다. 아마 언젠가는 "주방을 위한 알고리즘" 같은 책을 써보려 할지도 모르겠다.)

현실적인 용도로 본다면, 앞서 이야기한 수준의 유한성 조건도 그리 충분하지는 않다. 알고리즘이 유용하려면 그 단계 개수가 단지 유한하다는 것만으로는 부족하다. 단계 개수가 실제로 한정적이어야, 다시 말하면 적당한 수준의 작은 수이어야 할 필요가 있다. 예를 들어 체스 게임에서 플레이어가 실수를 하지 않는다고 할 때 항상 백이 이길 것인지 아닌지를 판정하는 알고리즘이 존재한다(연습문제 2.2.3-28을 보라). 그러한 알고리즘은 수많은 사람들이 매우 흥미로워하는 문제를 풀 수 있지만, 답이 나올 때까지의 실행 시간이 엄청나게 길어서 우리가 살아 있는 동안에는 답을 얻을 수 없다고 말해도 틀리지 않을 정도이다. 즉, 유한하긴 하지만 유용하지는 않은 알고리즘인 것이다. 또한 8장에 는 인간의 이해 능력을 넘어설 정도로 큰 몇 가지 유한수들에 대한 논의도 나온다.

현실적으로 우리가 원하는 것은 그냥 알고리즘이 아니라 다소 느슨한 미학적 정의를 가진 좋은 알고리즘이다. 이 "좋음"에 대한 한 가지 조건은 알고리즘의 수행 시간이다. 이 수행 시간은 각 단계의 수행 횟수로 표현할 수 있다. 또 다른 조건들로는 다양한 종류의 컴퓨터들에 대한 적응성이나 알고리즘 의 단순성, 우아함 등을 들 수 있다.

같은 프로그램에 대해 여러 가지 알고리즘들이 존재하는 경우가 있는데, 그런 경우 어떤 것이 가장 좋은지를 판단해야 한다. 이러한 문제는 매우 흥미롭고도 중요한 분야인 알고리즘적 분석 (algorithmic analysis)으로 이어진다. 알고리즘적 분석은 주어진 알고리즘의 성능 특성을 결정하는 것을 말한다.

예를 들어 유클리드 알고리즘을 이 수행 성능의 관점에서 살펴보자. 이를 위해, "n의 값은 주어졌 지만 m의 값으로는 모든 양의 정수가 가능하다고 할 때, 알고리즘 E의 단계 E1의 평균 수행 횟수

T_n은 몇인가"라는 질문을 던질 수 있다. 우선 점검해야 할 것은 이 질문에 의미 있는 답이 실제로 존재하는지의 여부이다. m으로 사용할 수 있는 값이 무한히 많은 상황에서 평균을 구하는 것이므로 의미 있는 답이 존재하지 않을 수도 있기 때문이다. 그러나 단계 E1을 처음 수행한 이후부터는 무한히 많은 m이 아니라 m을 n으로 나눈 나머지들만 고려하면 된다. 즉, $m = 1$, $m = 2$, ..., $m = n$이라는 유한한 집합에 대해 E1의 수행 횟수를 세고 그것을 n으로 나누면 T_n을 얻게 되는 것이다.

이제 중요한 것은 T_n의 성질을 결정하는 것이다. 예를 들면 T_n이 대략 $\frac{1}{3}n$이나 $\sqrt{n}$에 비슷할 것인가? 사실 이런 문제는 풀기가 매우 어려운, 매혹적인 수학 문제이며 아직 완전히 풀리지도 않았다. 이에 대해서는 4.5.3절에서 좀 더 자세히 논의하겠다. n의 값이 충분히 크다고 할 때 T_n이 약 $(12(\ln 2)/\pi^2)\ln n$이라는, 즉 n의 자연로그에 비례(그 비례 상수가 아무렇게나 추측할 수는 없는 수이긴 하지만)한다는 점은 증명이 가능하다. 유클리드 알고리즘과 최대공약수를 계산하는 다른 방법들에 대한 좀 더 자세한 사항은 4.5.2절을 볼 것.

이런 종류의 분석을 필자는 알고리즘 분석(analysis of algorithm)이라고 부르고자 한다. 대략적으로 정의하자면, 알고리즘 분석이라는 것은 특정한 알고리즘을 택하고 그것의 정량적 습성(behavior)을 결정하는 것이다. 또한, 알고리즘이 어떤 의미에서 최적인지 아닌지를 연구하기도 한다. 알고리즘 이론(theory of algorithm)은 이와는 완전히 다른 주제인데, 기본적으로는 특정 수량의 계산을 위한 효과적인 알고리즘 존재/부재를 다루는 것이다.

지금까지의 알고리즘 논의가 아주 명확한 것은 아니었다. 수학에 친숙한 독자라면 지금까지의 논의가 알고리즘에 대한 어떤 이론을 세우는 토대가 되기에는 너무나 허약하다고 여길 것이고, 사실 그렇게 생각하는 것도 당연한 일이다. 그런 차원에서, 이번 절을 마치기 전에 알고리즘 개념의 토대가 될, 수학 집합 이론에 근거한 한 가지 방법을 간략히 소개해보겠다. 계산적 방법이라는 것을 공식적으로 (Q, I, Ω, f)라는 하나의 4짝(quadruple)으로 정의하기로 하자. 여기서 Q는 부분집합 I와 Ω를 담은 하나의 집합이고 f는 Q에서 Q 자신으로의 사상인 하나의 함수이다. 더 나아가서, f는 Ω를 '점마다(pointwise)' 보존한다. 다른 식으로 표현하자면, Ω의 모든 원소 q에 대해 $f(q)$는 q와 같아야 한다. 네 수량 Q, I, Ω, f는 각각 계산 상태, 입력, 출력, 계산 규칙을 표현하기 위한 것이다. 집합 I의 각 입력 x는 하나의 계산열(computational sequence) $x0$, $x1$, $x2$, ...를 다음과 같이 정의한다.

$$x_0 = x \text{이며 } k \geq 0 \text{에 대해 } x_{k+1} = f(x_k). \tag{1}$$

k가 x_k가 Ω의 원소라는 조건을 만족하는 가장 작은 정수일 때, 이 계산열은 k 단계 안에서 종료된다. 그리고 이 경우 이 계산열을 "입력 x로부터 출력 x_k를 산출한다"고 칭한다. (이 경우 $x_{k+1} = x_k$이므로, 만일 x_k가 Ω에 속한다면 x_{k+1}도 Ω에 속한다는 점을 주목할 것.) 모든 계산열이 반드시 종료되는 것은 아니다. 알고리즘이라는 것은 I의 모든 x에 대해 유한한 단계들로 종료되는 계산적 방법이다.

한 예로, 알고리즘 E를 이러한 수단들로 공식화해보자. Q가 모든 단항체(singleton) (n), 모든 순서쌍 (m, n), 그리고 모든 순서 4짝 $(m, n, r, 1)$, $(m, n, r, 2)$, $(m, n, p, 3)$들의 집합이라고 하자. 여기서 m, n, p는 양의 정수이고 r은 음이 아닌 정수이다. I가 모든 (m, n)쌍들의 부분집합이고

Ω가 모든 단항체 (n)의 부분집합이라고 하자. 그리고 f가 다음과 같이 정의된다고 하자.

$$f((m,n)) = (m,n,0,1); \qquad f((n)) = (n);$$
$$f((m,n,r,1)) = (m,\,n,\,m \text{을 } n \text{으로 나눈 나머지}, 2);$$
$$\text{만일 } r = 0 \text{이면 } f((m,n,r,2)) = (n), \text{ 그렇지 않으면 } (m,n,r,3); \tag{2}$$
$$f((m,n,p,3)) = (n,p,p,1).$$

이러한 표기와 알고리즘 E의 대응 관계에 대해서는 더 이상의 설명이 필요하지 않을 것이다.

알고리즘 개념의 이러한 공식화에 앞서의 효과성 조건까지 포함되는 것은 아니다. 예를 들어 Q는 종이와 연필을 이용해서 계산하는 게 불가능한 무한 수열일 수도 있으며, f에는 사람이 평생 동안 수행해도 결과가 나오지 않을 정도로 복잡한 연산이 포함되어 있을 수도 있다. 만일 오직 기본적인 연산들만 관여하도록 알고리즘의 개념을 제한하고자 한다면, Q, I, Ω, f에 특정한 제한을 둘 수도 있다. 예를 들면 이렇다. A가 유한한 문자들의 집합이며 A^*가 A에 대한 모든 문자열들의 집합(즉, 모든 순차열 $x_1 x_2 \ldots x_n$들의 집합. 여기서 $n \geq 0$이며, $1 \leq j \leq n$일 때 x_j는 A의 원소)이라고 하자. 핵심은, 계산의 상태를 A^*의 문자열들로 표현할 수 있는 방식으로 부호화하는 것이다. N이 음이 아닌 정수이며 Q가 모든 (σ, j)의 집합이라고 하자. 여기서 σ는 A^*의 원소이고 j는 $0 \leq j \leq N$인 정수이다. I가 Q에서 $j = 0$인 원소들로만 이루어진 부분집합이고 Ω는 $j = N$인 원소들로만 이루어진 부분집합이라고 하자. θ와 σ가 A^*에 속한 문자열일 때, 문자열 α와 ω에 대해 만일 σ가 $\alpha \theta \omega$의 형태이면 θ는 σ 안에 출현한다(occurs)고 칭한다. 마지막으로, f가 다음과 같이 정의되는 함수라고 하자. 여기서 θ_j, ϕ_j는 문자열이고 a_j와 b_j는 정수이며 $0 \leq j < N$이다.

$$f((\sigma, j)) = (\sigma, a_j), \qquad \text{만일 } \theta_j \text{가 } \sigma \text{ 안에 출현하지 않으면;}$$
$$f((\sigma, j)) = (\alpha \phi_j \omega, b_j), \quad \text{만일 } \alpha \text{가 } \sigma = \alpha \theta_j \omega \text{를 만족하는 가장 짧은 문자열이면;}$$
$$f((\sigma, N)) = (\sigma, N). \tag{3}$$

이러한 계산적 방법은 확실히 효과적일 뿐만 아니라, 경험에 의하면 사람이 손으로 할 수 있는 것이라면 어떤 것이라도 수행할 수 있을 만큼 강력하기까지 하다. 효과적인 계산적 방법의 개념을 공식화하는 방법으로는 지금까지 이야기한 방법과 본질적으로 동등한 것들이 여럿 있다(예를 들면 튜링 기계(Turing machine) 등). 지금까지 살펴 본 공식화는 마르코프A. A. Markov가 그의 책 *The Theory of Algorithms* [*Trudy Mat. Inst. Akad. Nauk* **42** (1954), 1-376]에서 제시하고 이후에 나고르니N. M. Nagorny (Moscow: Nauka, 1984; 영문판, Dordrecht: Kluwer, 1988)가 개정, 확장시킨 공식화와 이론적으로 동일하다.

연습문제

1. [10] 본문에 변수 m과 n의 값들을 치환 표기를 이용해서, 구체적으로는 $t \leftarrow m$, $m \leftarrow n$, $n \leftarrow t$로 설정함으로써 교환하는 방법이 나왔었다. 치환을 이용해서 네 개의 변수 (a, b, c, d)를

(b, c, d, a)로 재배치하는 방법을 제시하라. 즉, b의 원래 값이 a의 새 값이 되게 하고 c의 원래 값이 b의 새 값이 되게 하는 등으로 변수 값들을 치환해야 한다. 치환 횟수를 최소화하도록 노력할 것.

2. [15] 단계 E1의 시작에서 항상 m이 n보다 크다는 점을 증명하라(단, 단계 E1을 최초로 실행하는 경우는 논외로 할 것).

3. [20] 알고리즘 E를, "$m \leftarrow n$" 같은 모든 자명한 치환들을 피하도록 수정하라(효율성을 위해). 수정한 새 알고리즘을 알고리즘 E와 같은 스타일로 작성해서 알고리즘 F라는 이름을 붙일 것.

4. [16] 2166과 6099의 최대공약수를 구하라.

▶ **5.** [12] 이 책의 도입부에 나오는 "독서 절차"가 알고리즘의 다섯 조건들 중 세 가지를 만족하지 못하기 때문에 진정한 알고리즘이 될 수 없음을 보여라. 또한 이 절차의 형태와 알고리즘 E의 형태의 차이점을 말하라.

6. [20] $n = 5$일 때 단계 E1의 평균 수행 횟수 T_5는 몇인가?

▶ **7.** [M21] m은 정해져 있지만 n은 그 범위가 모든 양의 정수라는 점만 알려져 있다고 하자. 알고리즘 E의 단계 E1의 평균 수행 횟수를 U_m이라고 할 때, U_m이 명확한 정의를 가짐을 보여라. U_m이 T_m과 어떤 방식으로든 관련이 있을까?

8. [M25] 양의 정수 m과 n의 최대공약수를 계산하는 "효과적인" 알고리즘을 식 (3)에서처럼 θ_j, ϕ_j, a_j, b_j를 명시해서 공식화하라. 입력은 문자열 $a^m b^m$, 즉 m개의 a들 다음에 n개의 b들이 나오는 형태로 표현하라. [힌트: 알고리즘 E를 사용하되, 단계 E1에서 나누기 대신 $r \leftarrow |m - n|$, $n \leftarrow \min(m, n)$ 설정을 수행할 것.]

▶ **9.** [M30] $C_1 = (Q_1, I_1, \Omega_1, f_1)$과 $C_2 = (Q_2, I_2, \Omega_2, f_2)$가 계산적 방법들이라고 하자. 예를 들어 C_1은 식 (2)에 나온 형태의 알고리즘 E를 뜻하는 것일 수 있고 C_2는 알고리즘 E를 컴퓨터 프로그램으로 구현한 것일 수 있다. (이 경우 Q_2는 컴퓨터의 모든 상태들, 즉 그 메모리와 레지스터들의 모든 가능한 구성들의 집합이 되고, f_2는 단일한 컴퓨터 작동들의 정의가 될 것이다. 그리고 I_2는 m과 n의 값뿐만 아니라 최대공약수를 구하는 프로그램도 포함한다.)

이제 "C_2는 C_1의 한 표현이다" 또는 "C_2는 C_1을 시뮬레이션한다"라는 개념에 대한 집합 이론적 정의를 공식화하라. 이 개념을 직관적으로 말하자면, C_2의 계산에 더 많은 단계들이 필요할 것이며 자신의 상태들에서 더 많은 정보를 유지해야 할 수는 있겠지만, C_1의 임의의 계산열을 C_2로 흉내낼 수 있다는 뜻이다. (이로부터, "프로그램 X는 알고리즘 Y의 한 구현(implementation)이다"라는 이 문장의 좀 더 엄밀한 해석이 나온다.)

1.2. 수학적 기초

이번 절에서는 이 *컴퓨터 프로그래밍의 예술* 시리즈 전체에서 쓰이는 수학 표기법들을 살펴보면서, 반복적으로 쓰이는 몇 가지 기본적인 공식들도 유도한다. 다소 복잡한 수학 유도에는 별 관심이 없는 독자라고 해도, 적어도 여러 공식들의 의미만큼은 익숙해져야 한다. 그래야 수학적 유도들의 결과를 사용할 수 있기 때문이다.

이 책에서 수학적인 표기는 두 가지 용도로 쓰인다. 하나는 알고리즘의 일부를 서술하는 용도이고 다른 하나는 알고리즘의 성능 특성을 분석하는 용도이다. 알고리즘 서술에 쓰인 수학 표기들은 이전 절에 나온 것처럼 비교적 간단하다. 성능 분석의 경우에는 좀 더 특화된 표기법을 사용한다.

이 책이 논의하는 대부분의 알고리즘에는 그 알고리즘의 예상 수행 속도를 결정하는 수학 계산이 함께 나온다. 그런 계산들에는 수학의 거의 모든 분야가 사용되기 때문에, 이 책 여기저기서 쓰이는 수학 개념들 모두를 자세히 설명하려면 책 한 권을 따로 써야 할 정도이다. 그러나 그 계산들 대부분은 대학 수준의 대수학으로 수행할 수 있으며, 책에 나오는 거의 모든 수학 내용들 역시 독자가 기초적인 수학 계산 지식만 가지고 있다면 이해할 수 있을 것이다. 가끔은 복소변수론, 군론, 수론, 확률론의 좀 더 깊숙한 성과들이 필요한 부분도 만나게 되겠지만, 그런 경우에도 가능한 한 해당 주제를 초보적인 방식으로 설명할 것이고, 그게 불가능할 때에는 관련 교재나 자료를 제시한다.

알고리즘 분석에는 각자 구별되는 독특한 수학 기법들이 쓰이곤 한다. 예를 들어서 알고리즘을 분석하다보면 유리수의 유한합을 다루어야 하는 경우도 있고, 점화관계에 대한 해를 다루게 되기도 한다. 그러나 전통적으로 수학 교과 과정에서는 그런 주제들을 간단하게만 살펴보고 넘어간다. 그런 만큼 다음의 소단원들은 표기법들의 정의와 그 용법을 면밀히 파고들 뿐만 아니라 우리가 매우 유용하게 사용할 계산 종류들과 기법들도 자세히 예시하도록 짜여져 있다.

주목: 다음에 나오는 소단원들은 컴퓨터 알고리즘의 연구와 관련해서 필요한 수학적 기술들을 비교적 상세하게 가르치나, 아마 대부분의 독자들은 그 소단원들을 처음 보았을 때에는 그 내용이 컴퓨터 프로그래밍과 그리 연관되지 않는다고 느낄 것이다(단 1.2.1절은 예외). 거기서 다루는 주제들이 실제로는 컴퓨터 프로그래밍과 깊이 관련되어 있다는 필자의 단언을 독자가 전적으로 믿고 상세히 읽어나간다면 좋겠지만, 처음에는 그냥 동기부여 차원에서 간단히 훑어만 보고, 나중에(이후의 장들에서 그 기법들의 다양한 응용을 살펴본 후에) 다시 돌아와서 좀 더 자세히 살펴보는 방법도 나쁘지는 않을 것이다. 만일 이 책을 처음 읽는 과정에서 그 부분을 공부하는 데 너무 많은 시간이 걸린다면, 안타깝지만 독자는 컴퓨터 프로그래밍 주제들에 쉽게 익숙해지기 힘든 사람일 수도 있다. 어쨌든 모든 독자는 적어도 다음 소단원들의 전반적인 내용에 익숙해져야 하며, 이 책을 처음 읽는다고 하더라도 연습문제 몇 개는 풀어보아야 한다. 특히 1.2.10절에 주목할 필요가 있다. 그 절은 이후에 전개할 이론적 내용의 출발점에 해당하기 때문이다. 1.2절 다음의 1.3절에서는 "순수 수학"의 영역에서 단번에 벗어나 "순수 컴퓨터 프로그래밍"의 세계로 진입한다.

다음에 나오는 내용을 좀 더 자세하게, 그리고 좀 더 읽기 쉽게 쓴 책으로는 Graham, Knuth,

Patashnik의 *Concrete Mathematics*(Reading, Mass.: Addison-Wesley, 1994)가 있는데, 이제 부터는 이 책을 그냥 CMath라고 칭하도록 하겠다.

1.2.1 수학적 귀납법

$P(n)$이 정수 n에 관한 어떤 명제(statement)라고 하자. 예를 들면 "n 곱하기 $(n+3)$은 짝수이다" 라든가 "만일 $n \geq 10$이면 $2^n > 3^n$이다" 같은 것이 $P(n)$이다. *모든 양의 정수 n에 대해 $P(n)$이 참임을 증명*한다고 하자. 이를 위한 한 가지 중요한 방법은 다음과 같다.

   a) $P(1)$이 참임을 증명한다.

   b) "만일 $P(1)$, $P(2)$, ..., $P(n)$이 모두 참이면 $P(n+1)$도 참이다"를 증명한다. 이 증명은 모든 양의 정수 n에 대해서 유효해야 한다.

   한 예로 다음과 같은 일련의 등식들을 생각해보자. 이것은 고래로부터 많은 사람들이 각자 독립적 으로 발견한 것이다.

$$1 = 1^2,$$
$$1 + 3 = 2^2,$$
$$1 + 3 + 5 = 3^2,$$
$$1 + 3 + 5 + 7 = 4^2,$$
$$1 + 3 + 5 + 7 + 9 = 5^2. \tag{1}$$

이러한 등식들의 일반적인 성질을 다음과 같이 공식화할 수 있다.

$$1 + 3 + \cdots + (2n - 1) = n^2. \tag{2}$$

잠시 이것을 방정식 $P(n)$이라고 부르기로 하자. 우리의 목표는 $P(n)$이 모든 양의 정수 n에 대해 참임을 증명하는 것이다. 위에서 언급한 증명 방법을 이 문제에 적용하면 다음이 된다.

   a) "$1 = 1^2$이므로 $P(1)$은 참이다."

   b) "만일 $P(1)$, ..., $P(n)$이 모두 참이면 당연히 $P(n)$은 참이며, 따라서 식 (2)가 성립한다. 이제 양변에 $2n + 1$을 더하면 다음을 얻을 수 있다.

   $$1 + 3 + \cdots + (2n - 1) + (2n + 1) = n^2 + 2n + 1 = (n + 1)^2.$$

   이에 의해 $P(n+1)$이 참임이 증명되었다."

   이런 방법을 하나의 알고리즘적인 증명 절차(algorithmic proof procedure)로 간주할 수 있다. 실제로, 다음의 알고리즘은 임의의 양의 정수 n에 대한 $P(n)$의 증명을 산출한다(알고리즘을 적용하는 과정 에서 위에 나온 단계 (a)와 (b)를 제대로 수행한다고 할 때).

알고리즘 I (증명의 구축). 양의 정수 n이 주어졌다고 할 때, 이 알고리즘은 $P(n)$이 참임을 보이는 증명을 출력한다.

I1. 〔$P(1)$을 증명.〕 $k \leftarrow 1$로 설정하고 (a)에 의거해서 $P(1)$의 증명을 출력한다.

I2. 〔$k = n$?〕 만일 $k = n$이면 알고리즘을 끝낸다. 요구된 증명은 이미 출력되었다.

I3. 〔$P(k+1)$을 증명.〕 (b)에 의거해서 "$P(1)$, ..., $P(k)$가 참이면 $P(k+1)$도 참이다."에 대한 증명을 출력한다. 또한 "이미 $P(1)$, ..., $P(k)$는 증명되었으며, 따라서 $P(k+1)$은 참이다."도 출력한다.

I4. 〔k를 증가.〕 k를 1 증가시키고 단계 I2로 간다.

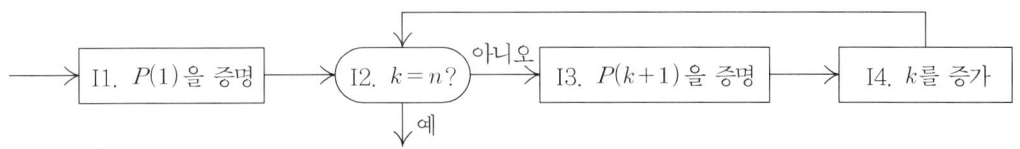

그림 2. 알고리즘 I : 수학적 귀납법.

이 알고리즘은 임의의 n에 대한 $P(n)$의 증명을 명확하게 제시하므로, 단계 (a)와 (b)로 구성된 증명 기법은 논리적으로 유효하다. 이러한 증명 기법을 수학적 귀납법에 의한 증명이라고 부른다.

수학적 귀납법(mathematical induction)이라는 개념을 과학에서 귀납추론(inductive reasoning)이라고 부르는 것과 명확히 구별할 필요가 있다. 과학자들은 구체적인 관찰을 취하고 그것으로부터 관찰 사실들을 설명하는 일반적인 이론 또는 가설을 "귀납"에 의거해서 만들어낸다. 예를 들어서 (1)의 다섯 관계식들은 관찰 사실이고, (2)는 그로부터 귀납을 통해 만들어낸 가설이라 할 수 있다. 이런 관점에서 볼 때 귀납법이라는 것은 상황에 대한 가장 나은 짐작일 뿐이다. 수학자들은 그런 것을 경험적 결과 또는 추측이라고 부른다.

도움이 될 만한 또 다른 예로, $p(n)$이 n의 분할(partition, 가름)들의 개수를 뜻한다고 하자. 여기서 n의 분할들이란 n을 양의 정수들로 합하는 서로 다른(순서는 무관) 방법들을 말한다. 예를 들어 값 5는 다음과 같이 총 7가지 방법으로 분할할 수 있다.

$$1+1+1+1+1 = 2+1+1+1 = 2+2+1 = 3+1+1 = 3+2 = 4+1 = 5$$

따라서 $p(5) = 7$이다. $p(n)$의 처음 몇 값들은 다음과 같다.

$$p(1) = 1, \; p(2) = 2, \; p(3) = 3, \; p(4) = 5, \; p(5) = 7$$

이 수치들을 보면, $p(2)$, $p(3)$, ...이 소수(素數, prime number)들의 열이 아닌가 하는 추측이 가능하다. 이 가설을 시험해 보기 위해 $p(6)$을 계산해보니 놀랍게도 $p(6) = 11$이 나왔다. 추측이 맞는 것 같다.

〔안타깝게도 $p(7)$은 15이고, 따라서 그 추측은 틀렸다. 다른 시도가 필요할 텐데, 사실 이 $p(n)$ 수열 문제는 상당히 복잡하다고 알려져 있다. 다만, 라마누잔S. Ramanujan은 이에 대한 여러 가지 주목할 만한 것들을 추측, 증명한 바 있는데, 이에 대한 좀 더 자세한 정보는 하디G. H. Hardy의 *Ramanujan*

(London: Cambridge University Press, 1940), 6장과 8장을 볼 것. 또한 7.2.1.4절도 보라.]

수학적 귀납법은 지금까지 이야기한 귀납법과는 상당히 다른 것이다. 수학적 귀납법은 짐작이나 추측이 아니라 명제에 대한 단호한 증명이다. 실제로 이것은 각각의 n에 대해 하나씩의, 무한히 많은 명제들에 대한 증명이다. 이를 "귀납법"이라고 부르는 것은 단지 우리가 무엇을 증명할 것인지를 먼저 결정한 다음에야 수학적 귀납법 기법을 적용할 수 있기 때문이다. 결론적으로, 이 책에서는 귀납법 이라는 용어를 수학적 귀납법에 의한 증명을 가리키는 경우에만 사용한다.

식 (2)를 기하학적으로 증명하는 방법도 있다. 그림 3은 $n = 6$에 n^2개의 칸들이 $1 + 3 + \cdots + (2n - 1)$개의 칸들의 집단으로 나누어짐을 보여준다. 그러나 이 그림은 단지 $n = 6$에 대한 증명일 뿐이다. 이것이 모든 n에 대한 증명이 되려면 그림이 모든 n에 대해 확장될 수 있음을 보여야 하는데, 그렇게 하자면 결국 귀납법에 의한 증명과 본질적으로 동일한 방법을 동원해야 한다.

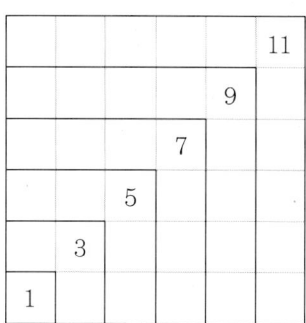

그림 3. 홀수들의 합은 제곱수이다.

앞에 나온 식 (2)의 증명은 (b)의 한 가지 특별한 사례일 뿐이다. 그 증명에서 우리는 $P(n)$이 참이면 $P(n+1)$도 참임을 보여주었을 뿐이다. 이것은 빈번하게 발생하긴 하지만 단순한 사례이다. 반면 다음 예는 이런 귀납법에 의한 증명의 위력을 좀 더 잘 보여준다. 피보나치 수열 F_0, F_1, F_2, $\ldots$는 $F_0 = 0$, $F_1 = 1$이고 그 이후의 항들은 그 전의 두 항들의 합이라는 규칙으로 정의된다. 즉 피보나치 수열은 0, 1, 1, 2, 3, 5, 8, 13, $\ldots$으로 전개된다. 이에 대해서는 1.2.8절에서 좀 더 자세히 이야기할 것이다. 여기서는 모든 양의 정수 n에 대해 만일 ϕ가 $(1 + \sqrt{5})/2$이면 다음이 성립함을 증명하고자 한다.

$$F_n \leq \phi^{n-1}. \tag{3}$$

이 식을 공식 $P(n)$이라고 하자.

$n = 1$이면 $F_1 = 1 = \phi^0 = \phi^{n-1}$이므로 단계 (a)는 해결이 되었다. 단계 (b)를 위해서는 우선 $P(2)$가 참임을 밝혀야 한다. $F_2 = 1 < 1.6 < \phi^1 = \phi^{2-1}$이므로 $P(2)$는 참이다. 다음으로, 만일 $P(1)$, $P(2)$, $\ldots$, $P(n)$이 모두 참이고 특히 $n > 1$이면 $P(n-1)$과 $P(n)$이 참이므로 $F_{n-1} \leq \phi^{n-2}$이고 $F_n \leq \phi^{n-1}$이다. 이 부등식들을 더하면 다음이 나온다.

$$F_{n+1} = F_{n-1} + F_n \leq \phi^{n-2} + \phi^{n-1} = \phi^{n-2}(1 + \phi). \tag{4}$$

수 ϕ는 다음과 같은 중요한 성질을 가지고 있다(사실 이것이 이 문제에서 이 수를 택한 이유이다).

$$1 + \phi = \phi^2. \tag{5}$$

(5)를 (4)에 대입하면 $F_{n+1} \leq \phi^n$이 나온다. 이것은 $P(n+1)$이다. 따라서 단계 (b)가 해결되었으며, 결론적으로 (3)을 수학적 귀납법으로 증명했다. 그런데 여기서 우리가 단계 (b)에 두 가지 방식으로 접근했음에 주목하자. $n = 1$일 때에는 $P(n+1)$을 직접 증명했고 $n > 1$일 때에는 귀납법을 사용

했는데, 이는 필요한 일이었다. 왜냐하면 $n = 1$일 때에는 $P(n-1) = P(0)$을 정당하게 언급할 수 없기 때문이다.

수학적 귀납법은 알고리즘에 대한 것들을 증명하는 데에도 사용할 수 있다. 다음에 나오는 유클리드 알고리즘에 대한 일반화를 생각해 보자.

알고리즘 E (확장된 유클리드 알고리즘). 두 양의 정수 m과 n이 주어졌을 때, 그 두 수의 최대공약수 d를 계산한다. 또한 $am + bn = d$가 되는 두 정수 a, b(이들이 반드시 양의 정수이어야 하는 것은 아님)를 계산한다.

E1. 〔초기화.〕 $a' \leftarrow b \leftarrow 1$, $a \leftarrow b' \leftarrow 0$, $c \leftarrow m$, $d \leftarrow n$으로 설정한다.

E2. 〔나누기.〕 c를 d로 나눈 몫과 나머지를 각각 q와 r이라고 하자. (그러면 $c = qd + r$이고 $0 \leq r < d$가 된다).

E3. 〔나머지가 0?〕 만일 $r = 0$이면 알고리즘이 종료된다. 이 경우 원래의 요구대로 $am + bn = d$가 성립한다.

E4. 〔순환.〕 $c \leftarrow d$, $d \leftarrow r$, $t \leftarrow a'$, $a' \leftarrow a$, $a \leftarrow t - qa$, $t \leftarrow b'$, $b' \leftarrow b$, $b \leftarrow t - qb$로 설정하고 단계 E2로 돌아간다. ▮

알고리즘에서 a, b, a', b'를 감추고 보조 변수 c와 d 대신 m과 n을 사용한다면 원래의 알고리즘 1.1E가 된다. 이 새 버전은 계수 a와 b를 결정해야 하기 때문에 할 일이 약간 더 많다. $m = 1769$이고 $n = 551$이라고 하면, 다음과 같은 값들이 나온다(단계 E2 이후의 값들이다).

a'	a	b'	b	c	d	q	r
1	0	0	1	1769	551	3	116
0	1	1	-3	551	116	4	87
1	-4	-3	13	116	87	1	29
-4	5	13	-16	87	29	3	0

답은 정확하다. $5 \times 1769 - 16 \times 551 = 8845 - 8816 = 29$이고 29는 1769와 551의 최대공약수이다.

문제는 이 알고리즘이 모든 m과 n에 대해 정확히 작동하는지를 증명하는 것이다. $P(n)$을 "알고리즘 E는 n과 모든 정수 m에 대해 작동한다."로 두고 수학적 귀납법을 적용할 수도 있다. 그러나 그런 접근방식으로는 일이 수월하게 풀리지 않으며, 몇 가지 추가적인 사실들도 증명해야 한다. 조금 검토해보면 a, b, a', b'에 대한 무언가도 증명해야 함을 알 수 있다. 좀 더 구체적으로는, 다음과 같은 등식들이

$$a'm + b'n = c, \quad am + bn = d \tag{6}$$

단계 E2를 수행할 때마다 항상 성립함을 밝혀야 하는데, 단계 E2에 처음 도달했을 때 이 등식들이

확실히 참이며 단계 E4 역시 이들의 유효성을 변경하지 않는다는 점을 이용하면 쉽게 증명할 수 있다. (연습문제 6 참고.)

이제 알고리즘 E가 유효함을 증명하기 위한 사전 준비가 끝났다. 그럼 알고리즘 E가 유효함을 귀납법으로 증명해 보자. 만일 m이 n의 배수이면 단계 E3에 처음 도달했을 때 즉시 알고리즘이 끝나므로 알고리즘이 제대로 작동함은 명백하다. $n = 1$이면 항상 그렇게 된다. 이제 $n > 1$이고 m이 n의 배수가 아닌 경우만 밝히면 된다. 그런 경우 알고리즘은 첫 번째 수행 이후에 $c \leftarrow n$, $d \leftarrow r$을 수행하게 되며, $r < n$이므로, d의 최종 값이 n과 r의 최대공약수(gcd)라고 귀납법에 의해 가정할 수 있다. 1.1절에 나온 논지에 의해 쌍 $\{m, n\}$과 $\{n, r\}$은 공통의 약수를, 좀 더 구체적으로는 동일한 최대공약수를 가진다. 따라서 d는 m과 n의 gcd이고 (6)에 의해 $am + bn = d$이다.

위의 증명에서 고딕 글꼴로 표기된 문구는 귀납 증명에서 자주 쓰이는 일상적인 어법을 보여준다. 즉, 증명 구축의 (b) 부분을 수행할 때 "이제 $P(1)$, $P(2)$, ..., $P(n)$이라 가정하고, 이러한 가정 하에서 $P(n+1)$을 증명하겠다"라고 말하는 대신 그냥 "이제 $P(n)$을 증명한다. $1 \leq k < n$일 때마다 $P(k)$가 참임을 귀납법에 의해 가정할 수 있다."라고 말하는 것이다.

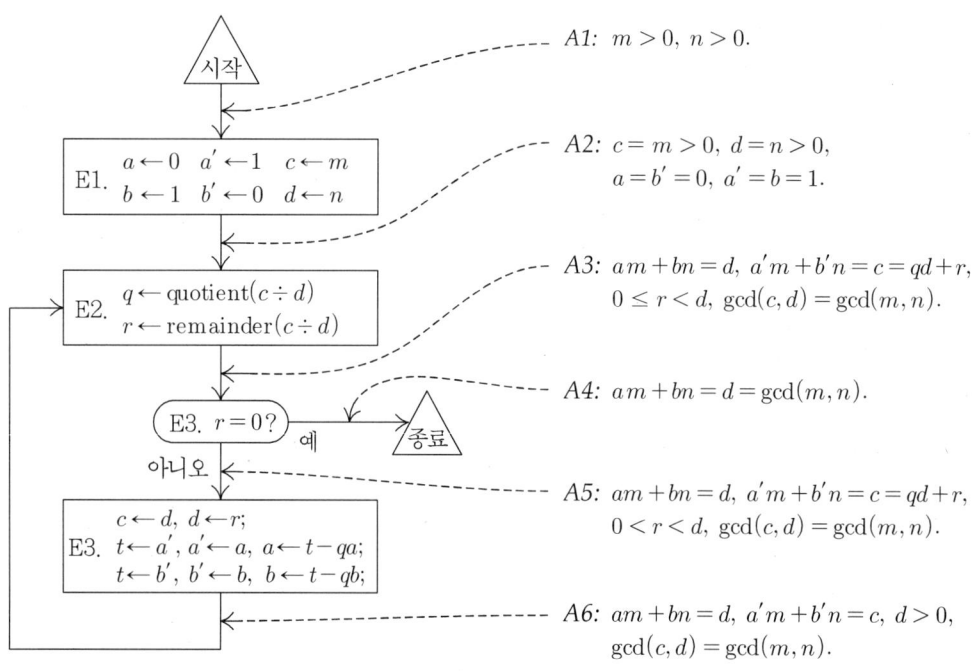

그림 4. 알고리즘 E의 순서도. 알고리즘의 유효성을 증명하는 단언들이 붙어 있다.[†]

이러한 논의를 자세히 살펴보면, 그리고 우리의 관점을 조금 바꾸면, 모든 알고리즘의 유효성을 증명하는 일반적인 방법을 고안해낼 수 있다. 핵심은, 알고리즘의 순서도를 만들고 순서도의 상자와 상자를 잇는 각 화살표마다 알고리즘이 해당 화살표를 거쳐 갈 당시의 주요 상태들에 대한 단언 (assertion)을 붙여두는 것이다. 그림 4의 경우에는 *A1*, *A2*, ..., *A6*이라는 표제를 가진 단언들이

---

† 〔옮긴이 주〕 그림에서 quotient는 몫, remainder는 나머지, gcd는 최대공약수를 뜻한다.

붙어 있다. (이 단언들은 모두 변수들이 정수라는 추가적인 조건을 달고 있다. 그림에서는 지면의 절약을 위해 이러한 조건을 생략했다.) $A1$은 알고리즘 진입 직전의 초기 가정에 해당하며 $A4$는 출력 a, b, d의 값에 대해 우리가 무엇을 증명하고자 하는지를 알려준다.

알고리즘 증명의 일반적 방법은 순서도의 각 상자에 대해 다음을 증명하는 것으로 이루어진다.

> *만일 한 상자로 진입하는 임의의 화살표에 붙은 단언이 그 상자의 행동을 수행하기*
> *전에 참이라면, 그 상자의 행동을 수행하고 난 후 그 상자에서 나가는 화살표에*　　　(7)
> *붙은 모든 단언이 참이다.*

따라서 알고리즘 E의 유효성을 입증하려면 우리는 예를 들어 E2 이전의 $A2$나 $A6$이 E2 이후의 $A3$을 함의함[†] 을 증명해야 한다. (이 경우 $A2$는 $A6$보다 더 강한 명제이다. 즉, $A2$는 $A6$을 함의한다. 따라서 E2 이전의 $A6$이 E2 이후의 $A3$을 함의한다는 것만 증명하면 된다. $A6$의 $d > 0$라는 조건은 단지 E2의 연산이 의미가 있음을 증명하기 위한 것일 뿐임을 주의할 것.) 또한 $A3$과 $r = 0$이 $A4$를 함의함도 보여야 하고, $A3$과 $r \neq 0$이 $A5$를 함의함도 보여야 한다. 이상의 각 증명들은 상당히 명백하므로, 자세한 설명은 생략하겠다.

모든 상자에 대해 명제 (7)을 증명했다면, 당연히 알고리즘 수행 전반에서 모든 단언들이 참이라는 결론이 나온다. 그러면 순서도 안에서 운행되는 화살표들의 개수를 가지고 계산 단계 횟수에 대해 귀납을 사용할 수 있다. "시작" 상자에서 나온 첫째 화살표를 운행할 때 단언 $A1$은 참이다. 왜냐하면 입력 값들은 항상 명세를 만족한다고 가정하기 때문이다. 따라서 첫째 화살표에 대한 단언은 옳다. n번째 화살표에 대한 단언이 참이라면, (7)에 의해 $(n+1)$번째 화살표에 대한 단언도 참이다.

이와 같은 일반적 방법을 이용할 때, 주어진 알고리즘이 유효함을 증명하는 문제는 결국 순서도에 집어넣을 적절한 단언들을 고안하는 문제가 된다. 일단 이러한 귀납적 도약을 단행했다면, 그 후부터는 각 상자로 들어가는 화살표의 단언이 나가는 화살표의 단언들을 논리적으로 함의하는지를 기계적으로 밝혀 나가기만 하면 된다. 그리고 사실 단언들 자체를 고안하는 작업 역시, 어려운 것 몇 개만 잘 해결한다면 나머지는 그냥 기계적으로 할 수 있는 일이다. 이 예의 경우 $A1$, $A4$, $A6$을 만들어 냈다면 나머지 $A2$와 $A3$, $A5$는 자연스럽게 도출된다. 이 예의 증명에서 가장 창조적인 부분은 단언 $A6$이다. 원칙적으로, 나머지는 그냥 기계적으로 만들어낼 수 있다. 따라서 이후부터는 더 이상 상세한 (그림 4에 나온 정도의) 공식적 알고리즘 증명들은 제시하지 않겠다. 그냥 핵심적인 귀납 단언들만 지적하는 것으로 충분할 것이며, 그런 단언들은 알고리즘 뒤에 나오는 논의에서 함께 이야기하거나 아니면 알고리즘 서술 자체에 포함된 괄호 주석으로 제시하도록 하겠다.

이런 식으로 알고리즘의 정확성을 증명하는 방법의 더욱 중요한 또 다른 측면이 있다. 무엇이냐 하면, *이러한 일반적 방법이 우리가 알고리즘을 이해하는 방식을 반영한다는* 점이다. 1.1절에서 필자는 유클리드 알고리즘을 그냥 소설처럼 눈으로 읽고 넘어가지 말고 실제 수치를 가지고 직접 수행해

---

† 〔옮긴이 주〕 "A가 B를 함의한다"라는 표현은 "A가 참이면 B도 참이다", 또는 "A가 성립하면 B도 성립한다"는 뜻이다.

보라고 권했었다. 예제 자료를 가지고 알고리즘을 수행해 보면 여러 가지 단언들을 머리 속에서 형성하는 데 도움이 되기 때문에 특별히 권했던 것이다. 필자가 말하고자 하는 요지는, 알고리즘의 모든 단언들(그림 4에 나온 것 같은)이 은연중에 우리 머리 속에 채워지는 지점에 도달해야만 알고리즘이 왜 유효한지를 진정으로 이해하게 된다는 것이다. 이러한 관점은 한 사람이 다른 사람에게 알고리즘을 제대로 전달하는 데 심리학적으로 중요한 영향을 미친다. 말하자면, 어떠한 알고리즘을 다른 누군가에게 설명할 때에는 기계적인 방식으로 도출할 수 없는 핵심 단언들을 반드시 명시적으로 알려주어야 한다는 것이다. 예를 들어 알고리즘 E를 설명할 때에는 단언 $A6$을 반드시 언급해야 한다.

그런데, 명민한 독자라면 방금 전의 알고리즘 E 증명에 커다란 구멍이 있음을 눈치챘을 것이다. 거기서 우리는 알고리즘이 종료한다는 점은 증명하지 않았다. 단지 만일 알고리즘이 종료된다면 정확한 답을 낸다는 것을 증명했을 뿐이다.

(예를 들어 알고리즘 E는 변수 m, n, c, d, r이 $u + v\sqrt{2}$ 형태의 값(u, v는 정수)이라고 해도 여전히 뜻이 통한다. 변수 q, a, b, a', b'는 여전히 정수이어야 한다. 예를 들어 $m = 12 - 6\sqrt{2}$, $n = 20 - 10\sqrt{2}$로 시작해도 알고리즘은 여전히 그 두 수의 "최대공약수" $d = 4 - 2\sqrt{2}$를 낸다(이 때 $a = +2$, $b = -1$). 이러한 확장된 가정 하에서도 단언 $A1$에서 $A6$까지의 증명은 여전히 유효하며, 따라서 알고리즘의 수행 전반에서 모든 단언들이 참이다. 그러나 $m = 1$, $n = \sqrt{2}$로 시작하면 알고리즘 계산은 결코 종료되지 않는다(연습문제 12 참고). 따라서 단언 $A1$에서 $A6$까지의 증명이 알고리즘이 유한함을 논리적으로 증명하지는 않는다.

종료 증명은 유효성 증명과는 개별적으로 처리하는 것이 일반적이다. 그러나 연습문제 13에서 보듯이 여러 주요한 경우들에 대해 유효성을 증명하는 과정에서 그 부산물로 종료 증명까지 이루어지도록 위의 방법을 확장하는 것이 가능하다.

지금까지 알고리즘 E의 유효성을 두 번 증명해 보았는데, 엄격하게 논리적이려면 이번 절의 첫 번째 알고리즘, 즉 알고리즘 I도 유효함을 증명해야 한다. 사실 지금까지 우리는 귀납법에 의한 임의의 증명의 정확함을 확립하는 데 알고리즘 I를 사용해 왔다. 그러나, 만일 I가 제대로 동작하는지를 증명하려고 들면 일종의 딜레마에 처한다. 즉, 귀납법 없이는 그것을 실제로 증명할 수가 없으므로 결국 순환 논리가 생기는 것이다.

좀 더 따지고 들면, 결국은 정수의 모든 성질을 귀납을 사용해서 증명해야 한다. 왜냐하면 기본 개념들로 내려가다보면 정수들은 궁극적으로 귀납에 의해 정의되기 때문이다. 따라서 우리는 임의의 양의 정수 n이 1과 같거나 아니면 1에서 출발해서 계속 1을 더함으로써 n에 도달할 수 있다는 것을 자명한 공리로 취해야 할 것이다. 이 공리에 기초한다면 알고리즘 I가 유효함을 충분히 증명할 수 있다. 〔정수의 근본 개념들에 관한 엄밀한 논의를 원한다면 Leon Henkin, "On Mathematical Induction", *AMM* **67** (1960), 323-338을 볼 것.〕

따라서 수학적 귀납법에 깔린 개념은 수 개념과 밀접히 관련되어 있다. 유럽인으로서 수학적 귀납법을 엄밀한 증명에 처음 적용한 사람은 이탈리아 과학자 마우롤리코Francesco Maurolico이다 (1575년). 17세기 초반에 이를 좀 더 개선한 페르마Pierre de Fermat는 이를 "무한 하강법"(method of infinite descent)이라고 불렀다. 이러한 개념은 파스칼Blaise Pascal의 후기 저작에도 명백히 나타 난다(1653년). "수학적 귀납법"이라는 문구 자체를 고안한 이는 19세기 초의 드모르강A. De Morgan인 것으로 보인다. 〔*The Penny Cyclopædia* **11** (1838), 465-466; *AMM* **24** (1917), 199-207; **25** (1918), 197-201; *Arch. Hist. Exact Sci.* **9** (1972), 1-21 참고.〕 수학적 귀납법에 대한 좀 더 자세한 논의는 폴랴G. Pólya의 책 *Induction and Analogy in Mathematics* (Princeton, N.J.: Princeton University Press, 1954), 7장에 나온다.

앞에서 이야기했던, 알고리즘 증명을 단언과 귀납을 통해서 공식화하는 방법은 궁극적으로 플로이드R. W. Floyd에서 기원한 것이다. 그는 프로그래밍 언어의 각 연산의 의미론적 정의를, 그 연산 이전에 참인 단언들에 근거해서 그 연산 이후에 정확히 어떤 단언들이 증명될 수 있는지를 알려주는 논리적 규칙들로 공식화할 수 있음을 지적했다 〔"Assigning Meanings to Programs," *Proc. Symp. Appl. Math.*, Amer. Math. Soc., **19** (1967), 19-32 참고.〕. 비슷한 아이디어를 나우어Peter Naur 도 *BIT* **6** (1966), 310-316에서 플로이드와는 독립적으로 이야기했다. 나우어는 단언을 "일반 스냅샷"(general snapshot)이라고 불렀다. 그리고 호어C. A. Hoare는 그에 대한 주요한 개선인 불변식 (invariant) 개념을 고안한다. 예를 들면 *CACM* **14** (1971) 39-45를 보라. 그 이후로 플로이드의 방향을 뒤집는 것, 즉 연산이 수행된 이후에 성립되는 증명으로부터 그 연산의 수행 이전에 성립되었어야 하는 "최약 전제조건(weakest precondition)을 되짚어 가는 것의 유용함을 발견하였다. 이러한 접근방식을 이용하면, 즉 원하는 출력의 명세에서 시작해 거꾸로 되짚어 감으로써, 정확함이 보장되는 새로운 알고리즘을 발견하는 것이 가능하다. 〔E. W. Dijkstra, *CACM* **18** (1975), 453-457; *A Discipline of Programming* (Prentice-Hall, 1976) 참고.〕

귀납적 단언 개념의 맹아적인 형태는 사실 1946년에 골드스타인H.H. Goldstine과 노이만J. von Neuman이 순서도를 도입했을 때 함께 나타났다. 그들의 원래의 순서도에는 그림 4에 나온 단언들과 매우 비슷한 "단언 상자"들이 포함되어 있었다. 〔John von Neumann, *Collected Works* **5**, 91-99를 볼 것. 또한 *Report of a Conference on High Speed Automatic Calculating Machines*와 그림들에 있는 검증에 대한 튜링A. M. Turing의 초기 논평도 참고할 것. 튜링의 그 논의는 모리스F. L. Morris와 존스C. B. Jones의 *Annals of the History of Computing* **6** (1984), 139-143에 주석과 함께 재인쇄 되어 있다.〕

> 루틴 이론에 대한 이해는 구축 시점에서, 잘 선택된 지점에서의 컴퓨터의 상태에 관한 하나나 두 개의 명제들이 제공되었을 때 크게 도움을 받을 수 있다.
> 이론적 방법의 극단적 형태에서는, 단언에 대해 정연한 수학적 증명이 주어진다.
> 실험적 방법의 극단적 형태에서는, 컴퓨터에서 루틴을 다양한 초기 조건들로 시험해 보고, 만일 모든 경우에서 단언이 참이면 루틴이 적합하다는 판정을 내린다.
> 두 방법 모두 약점들을 가지고 있다.
> — 튜링A. M. TURING, Ferranti Mark I Programming Manual (1950)

연습문제

1. [05] 수학적 귀납법에 의한 증명이라는 개념을, $P(n)$을 모든 음이 아닌 정수에 대해 증명하는 것으로, 즉 $n = 1, 2, 3, \ldots$이 아니라 $n = 0, 1, 2, \ldots$에 대해 증명하는 것으로 바꾸려면 어떻게 해야 할까?

▶ **2.** [15] 다음 증명에는 뭔가 잘못된 것이 있다. 무엇일까? **정리.** a가 임의의 양수라고 할 때, 모든 양의 정수 n에 대해 $a^{n-1} = 1$이다. 증명. 만일 $n = 1$이면 $a^{n-1} = a^{1-1} = a^0 = 1$이다. 그리고 귀납법에 의해, 이 정리가 $1, 2, \ldots, n$에 대해 참이라고 가정한다면 다음이 성립한다.

$$a^{(n+1)-1} = a^n = \frac{a^{n-1} \times a^{n-1}}{a^{(n-1)-1}} = \frac{1 \times 1}{1} = 1.$$

따라서 정리는 $n+1$에 대해서도 참이다."

3. [18] 다음의 귀납법에 의한 정리는 정확한 듯 보이지만, 어째서인지 $n = 6$일 때 좌변은 $\frac{1}{2} + \frac{1}{6} + \frac{1}{12} + \frac{1}{20} + \frac{1}{30} = \frac{5}{6}$가 되고 우변은 $\frac{3}{2} - \frac{1}{6} = \frac{4}{3}$가 된다. 어디에 실수가 있는지 찾아보라. "**정리.**

$$\frac{1}{1 \times 2} + \frac{1}{2 \times 3} + \cdots + \frac{1}{(n-1) \times n} = \frac{3}{2} - \frac{1}{n}.$$

증명. n에 대해 귀납법을 사용한다. $n = 1$일 때에는 확실히 $3/2 - 1/n = 1/(1 \times 2)$이다. 그리고 정리가 n에 대해 참이라고 하면:

$$\frac{1}{1 \times 2} + \cdots + \frac{1}{(n-1) \times n} + \frac{1}{n \times (n+1)}$$
$$= \frac{3}{2} - \frac{1}{n} + \frac{1}{n(n+1)} = \frac{3}{2} - \frac{1}{n} + \left(\frac{1}{n} - \frac{1}{n+1}\right) = \frac{3}{2} - \frac{1}{n+1}.\text{"}$$

4. [20] 식 (3)에 추가로, 피보나치 수열이 $F_n \geq \phi^{n-2}$을 만족함을 증명하라.

5. [21] 소수(prime number, 素數)는 1과 자기 자신으로만 나누어 떨어지는 1보다 큰 정수이다. 이 정의와 수학적 귀납법을 이용해서, 1보다 큰 모든 정수를 하나 이상의 소수들의 곱으로 표기할 수 있음을 증명하라. (소수는 하나의 소수, 즉 자기 자신의 "곱"으로 간주할 수 있다.)

6. [20] 식 (6)이 만일 단계 E4를 수행하기 직전에 성립한다면 수행한 후에도 식 (6)이 성립함을 증명하라.

7. [23] 1^2, $2^2 - 1^2$, $3^2 - 2^2 + 1^2$, $4^2 - 3^2 + 2^2 - 1^2$, $5^2 - 4^2 + 3^2 - 2^2 + 1^2$ 등의 합들에 대한 규칙을 공식화하고 수학적 귀납법으로 증명하라.

▶ **8.** [25] (a) 다음과 같은 노코마쿠스Nicomachus(A.D. c. 100)의 정리를 귀납법으로 증명하라: $1^3 = 1$, $2^3 = 3 + 5$, $3^3 = 7 + 9 + 11$, $4^3 = 13 + 15 + 17 + 19$ 등. (b) 이 결과를 이용해서 $1^3 + 2^3 + \cdots + n^3 = (1 + 2 + \cdots + n)^2$이라는 중요한 정리를 증명하라.

[참고: 그림 5는 이 공식의 한 가지 매력적인 기하학적 표현으로, 러시보Warren Lushbaugh가 제시한

것이다(*Math. Gazette* **49** (1965), 200 참고). 이것의 핵심은 니코마쿠스의 정리와 그림 3을 연관시키는 것이다. 또 다른 시각적 증명이 가드너Martin Gardner의 책 *Knotted Doughnuts* (New York: Freeman, 1986), 16장과 콘웨이J. H. Conway 및 가이R. K. Guy의 *The Book of Numbers* (New York: Copernicus, 1996) 2장에도 나온다.〕

$$
\begin{aligned}
\text{변} \;&= 5+5+5+5+5+5 \;= 5\cdot(5+1) \\
\text{변} \;&= 5+4+3+2+1+1+2+3+4+5 \\
&= 2\cdot(1+2+\cdots+5) \\
\text{넓이} \;&= 4\cdot1^2+4\cdot2\cdot2^2+4\cdot3\cdot3^2+4\cdot4\cdot4^2+4\cdot5\cdot5^2 \\
&= 4\cdot(1^3+2^3+\cdots+5^3)
\end{aligned}
$$

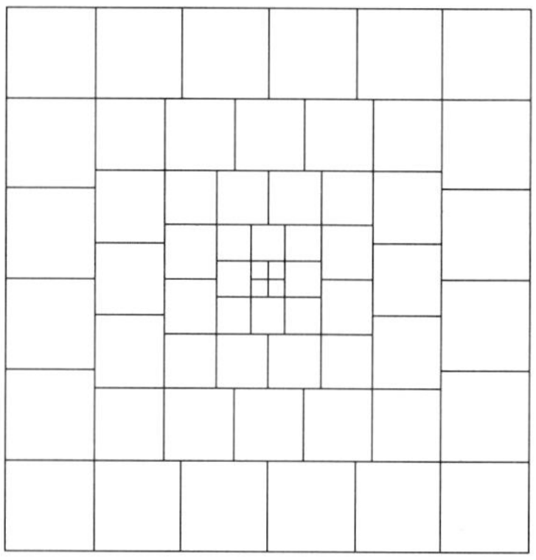

그림 5. 연습문제 8(b)의 기하학 버전.

9. [20] 만일 $0 < a < 1$이면 $(1-a)^n \ge 1 - na$임을 귀납법으로 증명하라.

10. [M22] 만일 $n \ge 10$이면 $2^n > n^3$임을 귀납법으로 증명하라.

11. [M30] 다음의 합에 대한 간단한 공식을 찾고 증명하라.

$$
\frac{1^3}{1^4+4} - \frac{3^3}{3^4+4} + \frac{5^3}{5^4+4} - \cdots + \frac{(-1)^n(2n+1)^3}{(2n+1)^4+4}.
$$

12. [M25] 본문에서 이야기한 알고리즘 E를, $u + v\sqrt{2}$ 형태(u와 v는 정수)의 입력 값들을 받는다고 해도 그 계산을 초보적인 방식으로(즉 $\sqrt{2}$의 소수부를 무한히 전개하지 않고도) 수행할 수 있도록 일반화하려면 어떻게 해야 하는지 보여라. 또한 $m = 1$이고 $n = \sqrt{2}$이면 계산이 종료되지 않음을 증명하라.

▸ **13.** [M23] 알고리즘 E를 다음과 같이 확장하라: 새로운 변수 T를 추가하고 각 단계의 시작에 "$T \leftarrow T+1$"을 추가한다. (따라서 T는 수행한 단계의 개수를 세는 일종의 카운터가 된다.) T가 처음에는 0이라고 가정한다. 따라서 그림 4의 단언 A1은 "$m > 0$, $n > 0$, $T = 0$"이 된다. 마찬가지로 A2에도 "$T = 1$"이라는 추가적인 조건을 덧붙여야 한다. A1, A2, …, A6의 어떤 것이든 $T \le 3n$을 함의하도록, 그리고 귀납적 증명이 여전히 가능하도록(따라서 계산이 최대 $3n$ 단계 안에 끝나야 한다) 단언들에 추가적인 조건들을 붙이려면 어떻게 해야 할까?

14. [50] (플로이드R. W. Floyd.) 다른 어떤 프로그래밍 언어로 작성된 프로그램과 추가적인 단언들(생략 가능)을 입력으로 받고, 그 프로그램이 유효함을 증명하는 데 필요한 나머지 단언들을 채워 넣는 컴퓨터 프로그램을 고안하라. (예를 들면 단언 A1, A2, …, A6만 주어져도 알고리즘 E의 유효성을 증명할 수 있는 프로그램을 만들어볼 것. 좀 더 자세한 논의는 *IFIP Congress Proceedings*, 1971 중 플로이드R. W. Floyd와 킹J. C. King의 논문들을 참고하라.)

15. [HM28] (일반화된 귀납법) 하나의 정수 n에 의존하는 명제 $P(n)$의 증명 방법은 본문에서 이야기

했지만, 두 정수에 의존하는 명제 $P(m,n)$의 증명에 대해서는 이야기하지 않았다. 그런 명제를 증명하기 위해서는 일종의 "이중 귀납(double induction)"이 필요한데, 이는 상당히 헷갈리는 개념일 수 있다. 사실 단순 귀납보다 좀 더 일반적인, 이런 경우뿐만 아니라 불가산 집합에 대한 명제들(예를 들면 모든 실수 x에 대한 $P(x)$ 등)을 증명하려는 경우에도 적용할 수 있는 중요한 원리가 하나 존재한다. 이러한 일반적 원리를 정렬순서(well-ordering)라고 부른다.

"$<$"을 집합 S에 대한, 다음과 같은 성질들을 만족하는 하나의 관계라고 하자.

i) S의 원소 x, y, z에 대해, 만일 $x < y$이고 $y < z$이면 $x < z$이다.

ii) S의 원소 x, y에 대해, $x < y$, $x = y$, $y < x$ 중 오직 하나만 참이 된다.

iii) A가 S의 공집합이 아닌 부분집합이며, A의 모든 y에 대해 $x \le y$(즉 $x < y$ 또는 $x = y$)가 되는 x가 A에 존재한다.

이러한 관계를 S의 정렬순서라고 말한다. 예를 들어 양의 정수들은 보통의 "미만" 관계, 즉 $<$에 의한 정렬순서임이 자명하다.

a) 모든 정수들의 집합은 $<$에 의한 정렬순서가 아님을 보여라.

b) 모든 정수들의 집합에 대한 하나의 정렬순서 관계를 정의하라.

c) 모든 음이 아닌 실수들의 집합이 $<$에 의한 정렬순서인가?

d) (사전식 순서(lexicographic order).) S가 $<$에 의한 정렬순서라고 하고, $n > 0$일 때 T_n이 모든 S의 모든 원소 x_j들의 n짝(n-tuple) $(x_1, x_2, ..., x_n)$들의 집합이라고 하자. 만일 $1 \le j < k$에 대해 $x_j = y_j$이지만 S 안에서 $x_k < y_k$인, $1 \le k \le n$인 k가 존재한다고 할 때, $(x_1, x_2, ..., x_n) < (y_1, y_2, ..., y_n)$을 정의하라. 그 $<$이 T_n의 정렬순서인가?

e) (d)의 상황을 계속 이어서, $T = \bigcup_{n \ge 1} T_n$이라고 하자. 어떠한 $k \le \min(m,n)$이 존재하며 $1 \le j < k$, $x_k < y_k$에 대해 $x_j = y_j$이라 할 때, 또는 $1 \le j \le m$에 대해 $m < n$이고 $x_j = y_j$이라 할 때 순서 관계 $(x_1, x_2, ..., x_m) < (y_1, y_2, ..., y_n)$을 정의하라. 관계 $<$이 T의 정렬순서인가?

f) $<$이 위에 나온 (i)과 (ii)를 만족하며 모든 $j \ge 1$에 대해 $x_{j+1} < x_j$인 무한 수열 $x_1, x_2, x_3, ...$이 존재하지 않는다면, 그리고 오직 그럴 때에만 $<$이 S의 정렬순서임을 보여라.

g) S가 $<$에 의한 정렬순서라고 하자. 그리고 $P(x)$가 S의 원소 x에 대한 명제라고 하자. 모든 $y < x$에 대해 $P(y)$가 참이면 S의 모든 x에 대해 $P(x)$가 참이라는 가정 하에서 $P(x)$를 증명할 수 있음을 보여라.

[참고: 부문제 (g)는 앞에서 귀띔했던, 단순 귀납법의 일반화이다. S가 양의 정수들의 집합인 단순한 경우는 본문이 다루었던 수학적 귀납법에 해당한다. 그런 경우 1보다 작은 모든 양의 정수 y에 대해 $P(y)$가 참이면 $P(1)$이 참임을 증명하는 문제가 된다. 이는 우리가 $P(1)$을 증명해야 한다는 것과 같은 말이다. 왜냐하면 그런 y에 대해 $P(y)$는 당연히 참이기 때문이다. 이런 이유로, $P(1)$을 특별한 논지를 동원해서 증명할 필요가 없는 상황들이 많이 생긴다.

부문제 (d)는(그리고 (g)와 연계하면) n개의 양의 정수 $m_1, ..., m_n$에 대한 명제 $P(m_1, ..., m_n)$의 증명을 위한 강력한 n짝 귀납법이 된다.

부문제 (f)는 컴퓨터 알고리즘에 또 다른 용도가 있다. 만일 계산의 각 상태 x를 정렬순서 집합 S에 속하는 원소 $f(x)$에 사상한다면(계산의 각 단계가 하나의 상태 x를 $f(y) < f(x)$를 통해서 상태 y로 만드는 식으로), 알고리즘은 반드시 종료된다. 이 원칙은 알고리즘 1.1E의 종료 증명에서 사용했던 'n 값의 엄격한 감소'에 대한 논증을 일반화한다.]

1.2.2. 수, 거듭제곱, 로그

우리가 다루는 수들을 자세히 살펴보는 것으로 수치 수학의 연구를 시작하자. 정수(integer, 整數)는 소수부가 없는 온전한 수(whole number)들이다(음수, 0, 양수 모두).

$$..., -3, -2, -1, 0, 1, 2, 3, ...$$

유리수(rational number, 有理數)는 두 정수의 비율(나누기) p/q이다.† 여기서 q는 양수이다. 실수 (real number, 實數)는 다음과 같은 소수 전개(decimal expansion)를 가진 수량 x이다.

$$x = n + 0.d_1 d_2 d_3.... \tag{1}$$

여기서 n은 정수이고, 각 d_i는 0에서 9사이의 숫자이다. 이 숫자들의 열은 끝나지 않고, 무한이 많은 9들로 이어진다. (1)의 표현은 다음을 의미한다.

$$n + \frac{d_1}{10} + \frac{d_2}{100} + \cdots + \frac{d_k}{10^k} \le x < n + \frac{d_1}{10} + \frac{d_2}{100} + \cdots + \frac{d_k}{10^k} + \frac{1}{10^k}. \tag{2}$$

여기서 k는 모든 양의 정수이다. 실수이지만 유리수는 아닌 예로는 다음과 같은 것들이 있다.

$\pi = 3.14159265358979...,$ 원 둘레와 지름의 비율.

$\phi = 1.61803398874989...,$ 황금비 $(1 + \sqrt{5})/2$ (1.2.8절 참고).

부록 A에는 주요 상수들을 소수점 40자리까지 표기한 표가 실려 있다. 실수의 더하기, 빼기, 곱하기, 나누기, 비교에는 이미 친숙할 테니 따로 이야기하지 않겠다.

정수로는 어려운 문제를 실수로는 쉽게 풀 수 있는 경우가 있는가 하면, 실수로 풀기 어려운 문제를 수의 좀 더 일반적인 부류인 복소수(complex number, 複素數)로는 풀 수 있는 경우도 있다. 복소수는 $z = x + iy$ 형태의 수 z이다. 여기서 x와 y는 실수이고 i는 식 $i^2 = -1$을 만족하는 특별한 값이다. x와 y를 각각 z의 실수부(real part), 허수부(imaginary part)라고 부른다. 그리고 z의 절대값을 다음과 같이 정의한다.

$$|z| = \sqrt{x^2 + y^2}. \tag{3}$$

---

† 〔옮긴이 주〕 rational number의 번역어로 널리 쓰이는 유리수라는 용어는 rational을 비율(比率)이 아니라 합리(合理)로 오해한 것이다. 따라서 유리수보다는 유비수(有比數)가 더 적합할 것이다. 그러나 이미 굳어진 용어라고 판단해서 그냥 유리수를 사용한다.

$\overline{z} = x - iy$를 z의 켤레복소수(complex conjugate, 또는 복소켤레)라고 부른다. 복소수와 그 켤레복소수는 $z\overline{z} = x^2 + y^2 = |z|^2$라는 관계를 가진다. 복소수 이론은 여러 측면에서 실수 이론보다 단순하고 아름답지만, 일반적으로는 고급 주제로 간주된다. 그런 이유로, 이 책에서는 실수에 초점을 둔다 (단, 실수가 불필요하게 난해해지는 경우는 예외).

u와 v가 실수이고 $u \le v$일 때 닫힌 구간(closed interval, 또는 폐구간) $[u..v]$는 $u \le x \le v$인 실수 x들의 집합이다. 비슷하게, 열린 구간(open interval, 또는 개구간) $(u..v)$는 $u < x < v$인 x들의 집합이다. 그리고 $[u..v)$ 또는 $(u..v]$를 반개구간(half-open interval)이라고 하는데, 마찬가지 방식으로 정의된다. 열린 하계(lower bound), 상계(upper bound)에서 u가 $-\infty$이거나 v가 ∞인 것도 가능하다. 그런 경우는 하계 또는 상계가 없다는 뜻이다. 따라서 $(-\infty..\infty)$는 모든 실수들의 집합을 뜻하며 $[0..\infty)$는 음이 아닌 실수들의 집합을 뜻한다.

이번 절 전체에서, 문자 b를 양의 실수라고 하자. n이 정수이면 b^n은 다음과 같은 친숙한 규칙으로 정의된다.

$$b^0 = 1, \quad \text{만일 } n > 0 \text{이면 } b^n = b^{n-1}b, \quad \text{만일 } n < 0 \text{이면 } b^n = b^{n+1}/b. \tag{4}$$

x와 y가 정수일 때에는 다음과 같은 지수 법칙들(laws of exponents)을 귀납법으로 쉽게 증명할 수 있다.

$$b^{x+y} = b^x b^y, \qquad (b^x)^y = b^{xy}. \tag{5}$$

u가 양의 실수이고 m이 양의 정수일 때 $v^m = u$가 되는 고유한 양의 실수 v가 존재한다. 이를 u의 m 제곱근이라고 부르며 $v = \sqrt[m]{u}$로 표기한다.

이제 유리수 $r = p/q$에 대해 b^r을 다음과 같이 정의한다.

$$b^{p/q} = \sqrt[q]{b^p}. \tag{6}$$

이 정의는 오렘Oresme(c. 1360)에 기인한 것으로, $b^{ap/aq} = b^{p/q}$이며 x와 y가 임의의 유리수일 때에도 지수 법칙이 여전히 성립한다는 점에서 유용하다(연습문제 9 참고).

마지막으로, 모든 실수 x에 대해 b^x를 정의하자. 우선 $b > 1$이라고 하자. x가 식 (1)로 주어졌을 때 다음이 성립해야 한다.

$$b^{n + d_1/10 + \cdots + d_k/10^k} \le b^x < b^{n + d_1/10 + \cdots + d_k/10^k + 1/10^k}. \tag{7}$$

이것은 b^x를 하나의 고유한 양의 실수로 정의한다. 왜냐하면 식 (7)의 왼쪽 하한과 오른쪽 상한 사이의 차이가 $b^{n + d_1/10 + \cdots + d_k/10^k}(b^{1/10^k} - 1)$이기 때문이다. 연습문제 13에 의해 이 차이는 $b^{n+1}(b-1)/10^k$보다 작으며, k를 충분히 크게 잡는다면 원하는 만큼의 정밀도로 b^x의 값을 얻을 수 있다.

예를 들어 우리는 다음과 같은 수들을 알 수 있다.

$$10^{0.30102999} = 1.9999999739..., \quad 10^{0.30103000} = 2.0000000199.... \tag{8}$$

따라서 만일 $b = 10$이고 $x = 0.30102999...$라면 우리는 10^x의 값을 천만분의 1보다 더 정확한 정밀도로 얻을 수 있다(10^x의 소수 전개가 $1.999\ldots$인지 $2.000\ldots$인지는 여전히 알 수 없지만).

$b < 1$일 때 $b^x = (1/b)^{-x}$라고 정의하고, $b = 1$일 때 $b^x = 1$로 정의한다. 이러한 정의를 이용하면 지수 법칙 (5)가 x와 y의 임의의 실수 값들에 대해 성립함을 증명할 수 있다. b^x을 이런 식으로 정의하는 방법은 월리스John Wallis(1655)와 뉴턴Issac Newton(1669)이 처음으로 공식화했다.

이제 중요한 질문 하나가 나온다. 양의 실수 y가 주어졌다고 할 때, $y = b^x$인 실수 x를 찾을 수 있을까? 답은 "그렇다"이다($b \neq 1$일 때). 그냥 식 (7)을 거꾸로 적용해서 $b^x = y$가 되는 n과 $d_1, d_2, \ldots$들을 구하면 된다. 그 결과로 얻은 x를 y의 기수 b 로그(logarithm, 대수(對數))라고 부르고 $x = \log_b y$로 표기한다. 이 정의에서 다음이 나온다.

$$x = b^{\log_b x} = \log_b(b^x). \tag{9}$$

한 예로, 식 (8)을 다음처럼 표현할 수 있다.

$$\log_{10} 2 = 0.30102999\ldots. \tag{10}$$

지수 법칙에 의해, 다음과

$$\log_b(xy) = \log_b x + \log_b y, \quad \text{단 } x > 0,\ y > 0 \text{일 때}. \tag{11}$$

다음이 성립한다.

$$\log_b(c^y) = y \log_b c, \quad \text{단 } c > 0 \text{일 때}. \tag{12}$$

식 (10)은 기수가 10인 로그를 보여주는데, 그런 로그를 소위 상용로그(common logarithms, 常用-)라고 부른다. 대부분의 컴퓨터가 2진 산술을 사용한다는 점에서, 컴퓨터 작업에서는 이진로그(기수가 2인 로그)가 더 유용하지 않을까 생각하는 독자도 있을 것이다. 실제로 이진로그가 컴퓨터 작업에서 유용하긴 하다. 그러나 그 이유가 2진 산술만은 아니다. 주된 이유는 컴퓨터 알고리즘이 두 갈래로 분기하는 경우가 많다는 것이다. 이진로그는 매우 자주 나오기 때문에 좀 더 간결한 표기법이 있다면 좋을 텐데, 실제로 이 책에서는 이제부터 이진로그를 다음과 같이 표기한다.

$$\lg x = \log_2 x. \tag{13}$$

이 표기법은 레인골드Edward M. Reingold의 제안을 따른 것이다.

$\lg x$와 $\log_{10} x$ 사이에 어떠한 관계가 과연 존재할 것인지의 여부가 궁금할 텐데, 다행히 관계가 존재한다. 식 (9)와 (12)에 의해 다음과 같은 관계를 얻을 수 있다.

$$\log_{10} x = \log_{10}(2^{\lg x}) = (\lg x)(\log_{10} 2).$$

즉, $\lg x = \log_{10} x / \log_{10} 2$이다. 이를 좀 더 일반화하면 다음과 같다.

$$\log_c x = \frac{\log_b x}{\log_b c}. \tag{14}$$

식 (11), (12), (14)는 로그를 다룰 때 필수적인 규칙들이다.

그런데 대부분의 경우에서 로그를 다루기가 가장 편리한 기수는 10도 아니고 2도 아니다. 기수가 $e = 2.718281828459045...$라는 실수일 때 로그는 좀 더 단순한 성질들을 가지게 된다. 기수 e 로그를 흔히 자연스러운 로그, 줄여서 자연로그(natural logarithms)라고 부르며 다음과 같이 표기 한다.

$$\ln x = \log_e x. \tag{15}$$

이러한 상당히 임의적인(사실 e를 제대로 정의하지도 않았다) 정의가 그리 "자연스럽게" 느껴지지 않는 독자가 많을 것이다. 그러나 이 자연로그를 다루면 다룰수록 점점 자연스러워질 것이다. 자연로 그를 실제로 발견한 사람은 네이피어^{John Napier}였다(그러나 지금과는 약간 다른 형태였고, 거듭제곱 과 연관시키지도 않았다). 네이피어는 1590년 이전에 자연로그를 발 견했는데, 당시는 다른 종류의 로그들이 알려지기 전이었다. 다음 두 가지 예는 모든 미적분학 책에 증명이 나오는 것인데, 네이피어의 로그 에 "자연(스러운)"이라는 말이 붙게 된 이유를 느낄 수 있을 것이다: (a) 그림 6의 색칠된 영역의 면적은 $\ln x$이다. (b) 은행이 이율 r로 반년마다 복리 이자를 지급한다고 할 때, 1원 당 이자는 $(1+r/2)^2$원 이다. 4분기(3개월)마다 복리로 지급한다면 이자는 $(1+r/4)^4$원이

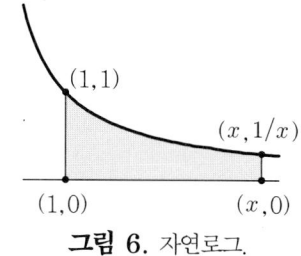

그림 6. 자연로그.

다. 그리고 매일 복리로 지급한다면 $(1+r/365)^{365}$가 된다. 만일 이자가 연속적인 복리, 즉 연속복리 라면 1원 당 정확히 e^r원이 된다(반올림 오차는 무시). 이 컴퓨터 시대에 와서 많은 은행가들이 실제로 궁극적인 연속복리를 적용할 수 있게 되었다.

캐조리^{F. Cajori}의 일련의 글들 *AMM* **20** (1913), 5-14, 35-47, 75-84, 107-117, 148-151, 173-182, 205-210에 로그와 지수의 개념에 대한 흥미로운 역사가 나와 있다.

로그를 계산하는 방법으로 이번 절을 끝맺겠다. 식 (7)에서 다음과 같은 로그 계산 방법을 바로 이끌어낼 수 있다: $b^x = y$로 두고 그 방정식의 모든 부분을 지수 10^k로 거듭제곱하면, 임의의 정수 m에 대해 다음이 성립함을 알 수 있다.

$$b^m \leq y^{10^k} < b^{m+1}. \tag{16}$$

이제 y를 그 커다란 지수로 거듭제곱하고, 그 결과를 이용해서 부등식을 만족하는 b의 두 지수 $(m, m+1)$을 구하기만 하면 된다. m을 구했다면 $m/10^k$가 바로 소수점 k자리까지의 답인 것이다.

그런데 그렇게 커다란 거듭제곱을 계산하는 것은 거의 불가능한 일이다. 다행히 위의 방법을 조금만 수정하면 간단하고도 합리적인 수준의 절차가 된다. 여기서는 $\log_{10} x$를 계산하고 그 결과를 2진수 체계로, 즉 다음과 같은 형태로 표현하는 방법을 이야기하겠다.

$$\log_{10} x = n + b_1/2 + b_2/4 + b_3/8 + \cdots . \tag{17}$$

우선, $1 \leq x/10^n < 10$이 되도록 x의 소수점을 오른쪽이나 왼쪽으로 이동한다. 이러면 정수부 n이 결정된다. 이제 $b_1, b_2, ...$를 얻기 위해 $x_0 = x/10^n$으로 두고, $k \geq 1$에 대해 다음과 같은 방식으 로 각 소수부를 얻는다.

$$x_{k-1}^2 < 10 \text{이면} \quad b_k = 0, \quad x_k = x_{k-1}^2,$$

$$x_{k-1}^2 \geq 10 \text{이면} \quad b_k = 1, \quad x_k = x_{k-1}^2/10. \tag{18}$$

이 절차의 유효성은 $k = 0, 1, 2, \ldots$에 대해 다음이 성립한다는 사실을 따른다.

$$1 \leq x_k = x^{2^k}/10^{2^k(n + b_1/2 + \cdots + b_k/2^k)} < 10. \tag{19}$$

이는 귀납법으로 쉽게 증명할 수 있다.

물론 우리가 실제로 로그 값을 다룰 때에는 오직 유한한 정밀도로만 다루게 된다. 따라서 정확히 $x_k = x_{k-1}^2$로 둘 수는 없다. 그 대신 x_{k-1}^2를 특정한 소수점 자리에서 반올림한 또는 내린 값을 x_k로 두어야 한다. 예를 들어 다음은 $\log_{10} 2$를 유효자릿수 4로 반올림한 것이다.

$$
\begin{aligned}
x_0 &= 2.000; \\
x_1 &= 4.000, & b_1 &= 0; & x_6 &= 1.845, & b_6 &= 1; \\
x_2 &= 1.600, & b_2 &= 1; & x_7 &= 3.404, & b_7 &= 0; \\
x_3 &= 2.560, & b_3 &= 0; & x_8 &= 1.159, & b_8 &= 1; \\
x_4 &= 6.554, & b_4 &= 0; & x_9 &= 1.343, & b_9 &= 0; \\
x_5 &= 4.295, & b_5 &= 1; & x_{10} &= 1.804, & b_{10} &= 0; \text{(기타 등등.)}
\end{aligned}
$$

계산 오차 때문에 오차가 전파되었다. x_{10}을 반올림한 실제 값은 1.798이다. 이런 오차 때문에 b_{19}는 부정확하게 계산될 것이며, 그래서 2진수 $(0.0100110100010000011\ldots)_2$라는 부정확한 결과가 나오게 된다. 이 2진수 값은 식 (10)에 나온 진짜 값과는 차이가 있는 10진수 0.301031...에 해당한다.

이런 종류의 방법들에서는 관련 한계들에 의한 계산 오차의 양을 조사할 필요가 있다. 연습문제 27은 그러한 오차의 상계를 유도한다. 거기서 네 수치들을 앞에서처럼 풀어보면 로그 값의 오차가 항상 0.00044보다 작음이 보장됨을 알 수 있다. 앞에서 얻은 답은 그보다 정확한데, 이는 기본적으로 x_0, x_1, x_2, x_3을 근사 없이 정확하게 구했기 때문이다.

이상의 방법은 단순하면서 상당히 흥미롭다. 그러나 이것이 컴퓨터에서 로그를 계산하는 최선의 방법은 아닐 것이다. 또 다른 방법이 연습문제 25에 나와 있다.

연습문제

1. [00] 가장 작은 양의 유리수는 무엇인가?

2. [00] $1 + 0.239999999\ldots$는 소수 전개인가?

3. [02] $(-3)^{-3}$은 얼마인가?

▶ 4. [05] $(0.125)^{-2/3}$은 얼마인가?

5. [05] 앞에서 실수를 소수 전개(10진 전개)의 관점에서 정의했다. 그 대신 2진 전개를 이용해서

실수를 정의하려면 어떻게 해야 하는지 논의하고, 식 (2)를 대신하는 정의를 제시하라.

6. [10] $x = m + 0.d_1 d_2 \ldots$와 $y = n + 0.e_1 e_2 \ldots$가 실수라고 하자. 소수 표현에 근거해서 x와 y의 관계($x = y$ 또는 $x < y$ 또는 $x > y$)를 결정하는 규칙을 고안하라.

7. [M23] x와 y가 정수라고 할 때, 식 (4)에 주어진 정의로 출발해서 지수 법칙을 증명하라.

8. [25] m이 양의 정수라고 하자. 모든 양의 실수 u에 고유한 양의 m제곱근이 존재함을, 그 제곱근의 소수 전개에 있는 값 n, d_1, d_2, $\ldots$들을 구축하는 방법을 부여해서 증명하라.

9. [M23] x와 y가 유리수라고 할 때, 지수 법칙들이 x와 y에 대해 성립한다는 가정 하에서 지수 법칙들을 증명하라.

10. [18] $\log_{10} 2$가 유리수가 아님을 증명하라.

▶ **11.** [10] $b = 10$이고 $x \approx \log_{10} 2$라 할 때, b^x의 소수 전개 처음 세 자리를 결정하는 데 필요한 x 값의 소수점 이하 유효 숫자는 몇 개일까? [참고: 연습문제 10의 결과를 이 논의에 사용할 수 있을 것이다.]

12. [02] 식 (10)이 식 (8)에서 나오는 이유를 설명하라.

▶ **13.** [M23] (a) x가 양의 실수이고 n이 양의 정수라 할 때, 부등식 $\sqrt[n]{1+x} - 1 \le x/n$를 증명하라. (b) 이 사실을 이용해서 식 (7) 다음에 나오는 설명을 정당화하라.

14. [15] 식 (12)를 증명하라.

15. [10] 다음을 증명 또는 반증하라:

$$\text{만일 } x, y > 0 \text{이면 } \log_b x/y = \log_b x - \log_b y \text{이다.}$$

16. [00] $\log_{10} x$를 $\ln x$와 $\ln 10$으로 표현하려면 어떻게 해야 할까?

▶ **17.** [05] $\lg 32$의 값은? $\log_\pi \pi$는? $\ln e$는? $\log_b 1$은? $\log_b(-1)$은?

18. [10] $\log_8 x = \frac{1}{2} \lg x$임을 증명 또는 반증하라.

▶ **19.** [20] n이 정수이며 그 소수점 표현이 14자리라고 할 때, n의 값이 비트 47개와 부호 비트 하나로 된 컴퓨터 워드에 들어갈 수 있을까?

20. [10] $\log_{10} 2$와 $\log_2 10$사이에 간단한 관계가 과연 존재하는가?

21. [15] (로그의 로그.) $\log_b \log_b x$를 $\ln \ln x$, $\ln \ln b$, $\ln b$ 항들로 표현하라.

▶ **22.** [20] (해밍 R. W. Hamming.) 다음을 오차 1% 미만으로 증명하라. (이 문제는 자연로그표와 상용로그표로 이진로그의 값도 근사할 수 있음을 의미한다.)

$$\lg x \approx \ln x + \log_{10} x.$$

23. [M25] 그림 6에 근거해서, $\ln xy = \ln x + \ln y$임을 기하학적으로 증명하라.

24. [15] 이번 절 끝에 나온 기수 10 로그 계산 방법을 기수 2 로그를 계산하도록 수정하려면 어떻게 해야 하는지 설명하라.

25. [22] 이진 컴퓨터와 하나의 수 x가 있다고 하자. $1 \leq x < 2$이다. 원하는 정밀도(유효자릿수)에 비례하는 횟수의 덧셈, 뺄셈 연산들만을 사용하는 다음과 같은 알고리즘이 있다. 이것을 $y = \log_b x$의 근사에도 사용할 수 있음을 보여라.

L1. [초기화.] $y \leftarrow 0$, $z \leftarrow x$ 오른쪽 1번 자리이동, $k \leftarrow 1$로 설정한다.

L2. [종료 판정.] 만일 $x = 1$이면 중단한다.

L3. [비교.] 만일 $x - z < 1$이면 $z \leftarrow z$ 오른쪽 1번 자리이동, $k \leftarrow k+1$로 설정하고 이 단계를 반복한다.

L4. [값 감소.] $x \leftarrow x - z$, $z \leftarrow x$ 오른쪽 k번 자리이동, $y \leftarrow y + \log_b(2^k/(2^k - 1))$로 설정하고 단계 L2로 간다. ▮

[참고: 이 방법은 컴퓨터 하드웨어에서 나누기를 수행하는 방법과 매우 비슷하다. 이 방법의 연원은 브리그스Henry Briggs로 거슬러 올라간다. 그는 이 방법을 1642년에 출판된 로그표 계산에 사용했다 (2진수 형태가 아니라 10진수 형태로). 우리의 경우에는 컴퓨터의 정밀도만큼이나 많은 $\log_b 2$, $\log_b(4/3)$, $\log_b(8/7)$ 등의 상수들의 값들을 담은 추가적인 표가 필요하다. 이 알고리즘은 수들이 오른쪽으로 자리이동함에 따라 의도적인 계산 오차가 생기도록, 그럼으로써 궁극적으로는 x가 1에 도달해서 알고리즘이 끝나도록 만들어진 것이다. 이 연습문제의 의도는 이 알고리즘이 왜 종료하는지, 그리고 왜 $\log_b x$의 근사값을 계산하는지를 설명하는 것이다.]

26. [M27] 문제 25의 알고리즘이 만들어내는 오차의 엄밀한 상계를 산술 연산에 쓰인 정밀도에 근거해서 구하라.

▶ **27.** [M25] 본문에서 논의한 $\log_{10} x$ 계산법을 생각해 보자. x'_k가 x_k의 계산된 근사값이고 $x(1 - \delta) \leq 10^n x'_0 \leq x(1 + \epsilon)$에 의해 결정된다고 하자. 그리고 식 (18)로 x'_k를 계산할 때 $(x'_{k-1})^2$ 대신 수 y_k를 사용한다고 하자. 여기서 $(x'_{k-1})^2(1 - \delta) \leq y_k \leq (x'_{k-1})^2(1 + \epsilon)$이고 $1 \leq y_k < 100$이다. 그리고 δ와 ϵ은 반올림 또는 절단(버림)에 의한 오차의 상, 하한을 반영하는 작은 상수들이다. $\log' x$가 계산 결과를 뜻한다고 할 때, k번의 단계 이후에

$$\log_{10} x + 2\log_{10}(1 - \delta) - 1/2^k < \log' x \leq \log_{10} x + 2\log_{10}(1 + \epsilon)$$

이 됨을 보여라.

28. [M30] (파인만R. Feynman.) $0 \leq x < 1$일 때 b^x를 계산하는 방법을 개발하라. 단, 자리이동, 덧셈, 뺄셈만 사용해야 한다(연습문제 25의 알고리즘처럼). 그리고 그 정밀도를 분석하라.

29. [HM20] x가 1보다 큰 실수라고 하자. (a) $b\log_b x$가 최소가 되는 1보다 큰 실수 b를 구하라. (b) $b \log_b x$가 최소가 되는 1보다 큰 정수 b는 무엇인가? (c) $(b+1)\log_b x$가 최소가 되는 1보다 큰 정수 b는 무엇인가?

30. [12] $n > 1$이라 가정하고 수식 $(\ln n)^{\ln n/\ln \ln n}$을 단순화하라.

1.2.3. 합과 곱

a_1, a_2, ...가 임의의 수열이라고 하자. 종종 $a_1 + a_2 + \cdots + a_n$ 같은 합을 다뤄야 하는 경우가 있는데, 이런 합을 다음과 같이 좀 더 간결하게 표기할 수 있다.

$$\sum_{j=1}^{n} a_j \qquad \text{또는} \qquad \sum_{1 \le j \le n} a_j. \qquad (1)$$

n이 0이면 이 합(sum 또는 summation)의 값은 0으로 정의된다. 일반적으로, $R(j)$가 j가 관여하는 어떠한 관계라고 할 때, 다음과 같은 기호는

$$\sum_{R(j)} a_j \qquad (2)$$

$R(j)$를 만족하는 모든 정수 j에 대한 모든 a_j들의 합을 뜻한다. 그런 정수가 존재하지 않으면 (2)는 0이 된다. (1)과 (2)의 글자 j를 무효첨수(dummy index) 또는 색인변수(index variable)라고 하는데, 이것은 그 표기의 목적으로 도입된 것일 뿐이다. 색인변수로 흔히 쓰이는 글자는 i, j, k, m, n, r, s, t이다(종종 첨자가 붙거나 악센트 표시가 붙기도 한다). (1), (2)에 나온 커다란 합 기호를 $\sum_{j=1}^{n} a_j$ 또는 $\sum_{R(j)} a_j$처럼 좀 더 압축해서 표기하기도 한다. 유한한 한계들을 가진 합을 $\sum$와 색인 변수로 표기하는 방법은 1820년에 푸리에J. Fourier가 고안했다.

엄밀히 말해서, $\sum_{1 \le j \le n} a_j$라는 표기는 모호하다. 왜냐하면 이 표기는 합산을 j에 대해 수행할 것인지 n에 대해 수행할 것인지를 명확하게 말해주지 않기 때문이다. 물론 $\sum_{1 \le j \le n} a_j$를 $n \ge j$인 n들에 대한 합으로 오해할리는 없겠지만, $\sum_{j \le k} \binom{j+k}{2j-k}$처럼 무엇이 색인변수인지 애매한 경우도 존재한다. 그런 경우에는 무엇이 색인변수이고 무엇이 합의 바깥에서도 의미를 가지는 실제 변수인지를 문맥으로 명확하게 밝혀야 한다. 아마도 $\sum_{j \le k} \binom{j+k}{2j-k}$ 같은 합은 j나 k 중 하나만이(둘 다가 아니라) 합산 외부에서 의미를 가지는 경우에만 써야 할 것이다.

대부분의 경우, 표기법 (2)는 합이 유한할 때에만, 즉 $R(j)$를 만족하는 j 값들의 개수가 유한하며 $a_j \ne 0$인 경우에만 사용하겠다. 예를 들어

$$\sum_{j=1}^{\infty} a_j = \sum_{j \ge 1} a_j = a_1 + a_2 + a_3 + \cdots$$

처럼 0이 아닌 항들이 무한히 많은 어떤 무한 합을 구해야 하는 경우에는 적분 기법이 필요하다. 이런 경우 (2)의 정확한 의미는 다음과 같다.

$$\sum_{R(j)} a_j = \left(\lim_{n \to \infty} \sum_{\substack{R(j) \\ 0 \le j < n}} a_j \right) + \left(\lim_{n \to \infty} \sum_{\substack{R(j) \\ -n \le j < 0}} a_j \right). \qquad (3)$$

이것은 두 극한들(우변의 두 항들)이 모두 존재하는 경우이다. 둘 중 하나라도 존재하지 않으면 그 무한 합은 발산한다(divergent)고 하며, 그런 경우 무한 합은 존재하지 않는다. 둘 다 존재한다면 그 무한 합은 수렴한다(convergent).

(3)에 나온 것들처럼 $\sum$ 아래에 둘 이상의 조건들이 놓이는 경우가 있는데, 그런 표기는 그 조건들을 모두 만족해야 한다는 뜻이다.

합에 대한 간단한 대수(代數, algebraic) 연산 네 가지가 있는데, 이들은 매우 중요하며, 이들에 익숙해지면 많은 문제들의 해를 구할 수 있게 된다. 그럼 네 연산들을 차례로 살펴보자.

a) 합들의 곱셈에 대한 배분법칙(配分法則):

$$\left(\sum_{R(i)} a_i\right)\left(\sum_{S(j)} b_j\right) = \sum_{R(i)}\left(\sum_{S(j)} a_i b_j\right). \tag{4}$$

다음과 같은 구체적인 예를 보면 이 법칙이 이해가 될 것이다.

$$\left(\sum_{i=1}^{2} a_i\right)\left(\sum_{j=1}^{3} b_j\right) = (a_1 + a_2)(b_1 + b_2 + b_3)$$
$$= (a_1 b_1 + a_1 b_2 + a_1 b_3) + (a_2 b_1 + a_2 b_2 + a_2 b_3)$$
$$= \sum_{i=1}^{2}\left(\sum_{j=1}^{3} a_i b_j\right).$$

(4)의 우변에 있는 괄호들은 생략하는 것이 관례이다. 즉, $\sum_{R(i)}\left(\sum_{S(j)} a_{ij}\right)$ 같은 이중 합산을 그냥 $\sum_{R(i)}\sum_{S(j)} a_{ij}$로 표기한다.

b) 변수 바꾸기:

$$\sum_{R(i)} a_i = \sum_{R(j)} a_j = \sum_{R(p(j))} a_{p(j)}. \tag{5}$$

이 등식은 두 종류의 변환을 보여준다. 첫째 경우에는 그냥 색인변수 이름을 i에서 j로 바꾼 것이다. 둘째 경우는 좀 더 흥미롭다. 여기서 $p(j)$는 해당 값들의 한 순열(permutation)을 뜻하는 하나의 함수이다. 좀 더 정확히 말하면, 관계 $R(i)$를 만족하는 각각의 정수 i에 대해, 관계 $p(j) = i$를 만족하는 정수 j가 정확히 하나 존재해야 한다. 이러한 조건은 $p(j) = c + j$와 $p(j) = c - j$라는 중요한 경우들에서는 항상 만족된다. 여기서 c는 j와 독립적인 정수이다. 대부분의 응용에서는 이 두 경우들이 가장 흔히 쓰인다. 다음이 그러한 예이다.

$$\sum_{1 \le j \le n} a_j = \sum_{1 \le j-1 \le n} a_{j-1} = \sum_{2 \le j \le n+1} a_{j-1}. \tag{6}$$

독자는 이 예를 세심하게 연구해야 한다.

모든 무한 합산에서 j를 $p(j)$로 대체할 수 있는 것은 아니다. 위에 나온 것처럼 $p(j) = c \pm j$인 경우에는 그러한 변환이 항상 유효하지만, 그 외의 경우에는 주의를 기울일 필요가 있다. 〔예를 들면 M. Apostol, *Mathematical Analysis* (Reading, Mass.: Addison-Wesley, 1957), 12장을 볼 것. 임의의 정수들의 순열 $p(j)$에 대해 (5)의 유효성을 보장하는 충분조건은 $\sum_{R(i)} |a_j|$가 존재한다는 것이다.〕

   c) 합의 교환법칙(순서 바꾸기):

$$\sum_{R(i)} \sum_{S(j)} a_{ij} = \sum_{S(j)} \sum_{R(i)} a_{ij}. \tag{7}$$

다음은 이 등식의 아주 간단한 사례이다.

$$\sum_{R(i)} \sum_{j=1}^{2} a_{ij} = \sum_{R(i)} (a_{i1} + a_{i2}),$$

$$\sum_{j=1}^{2} \sum_{R(i)} a_{ij} = \sum_{R(i)} a_{i1} + \sum_{R(i)} a_{i2}.$$

식 (7)에 따라 이 둘은 같다. $b_i = a_{i1}$, $c_i = a_{i2}$로 둔다면 결국 다음과 같은 관계가 나온다.

$$\sum_{R(i)} (b_i + c_i) = \sum_{R(i)} b_i + \sum_{R(i)} c_i. \tag{8}$$

   $\sum_{R(i)} a_{ij}$에 대한 간단한 형태는 알고 있지만 $\sum_{S(j)} a_{ij}$에 대한 간단한 형태는 알지 못하는 경우를 자주 만나게 된다는 점에서, 이러한 교환법칙은 매우 유용하다. 또한, 관계 $S(j)$가 j뿐만 아니라 i에도 의존하는 좀 더 일반적인 상황에서도 이러한 교환법칙이 필요한 경우가 많다. 그런 경우에는 합을 "$S(i,j)$"라는 관계를 이용해서 표기할 수 있다. 적어도 이론적으로는, 합의 교환법칙을 항상 다음과 같은 형태로 수행할 수 있다.

$$\sum_{R(i)} \sum_{S(i,j)} a_{ij} = \sum_{S'(j)} \sum_{R'(i,j)} a_{ij}. \tag{9}$$

여기서 $S'(j)$는 "$R(i)$와 $S(i,j)$가 모두 참인 정수 i가 존재한다"는 관계를 뜻한다. 그리고 $R'(i,j)$는 "$R(i)$와 $S(i,j)$가 모두 참이다"라는 관계이다. 예를 들어 합이 $\sum_{i=1}^{n} \sum_{j=1}^{i} a_{ij}$이면 $S'(j)$는 "$1 \le i \le n$이고 $1 \le j \le i$인 정수 i가 존재한다"는 관계이다. 즉, $1 \le j \le n$인 것이다. 그리고 $R'(i,j)$는 "$1 \le i \le n$이고 $1 \le j \le i$", 즉 $j \le i \le n$이다. 따라서:

$$\sum_{i=1}^{n} \sum_{j=1}^{i} a_{ij} = \sum_{j=1}^{n} \sum_{i=j}^{n} a_{ij}. \tag{10}$$

〔참고: (b)의 경우와 마찬가지로, 합의 교환법칙이 무한급수에 대해 항상 유효한 것은 아니다. 급수가 절대수렴일 경우, 즉 $\sum_{R(i)} \sum_{S(j)} |a_{ij}|$가 존재하는 경우에는 식 (7)과 (9)가 유효함을 보일 수 있다. 또한, 만일 $R(i)$와 $S(j)$중 하나가 식 (7) 안에서 하나의 유한 합을 지정한다면, 그리고 식에 나오는 각 무한 합이 수렴한다면, 교환법칙이 정당화된다. 특히, 식 (8)은 수렴하는 무한 합들에 대해 항상 참이다.〕

   d) 정의역 조작. $R(j)$와 $S(j)$가 임의의 관계일 때, 다음이 성립한다.

$$\sum_{R(j)} a_j + \sum_{S(j)} a_j = \sum_{R(j) \text{또는} S(j)} a_j + \sum_{R(j) \text{그리고} S(j)} a_j. \tag{11}$$

다음은 이러한 정의역 조작의 한 예이다($1 \le m \le n$이라고 가정).

$$\sum_{1 \le j \le m} a_j + \sum_{m \le j \le n} a_j = \left(\sum_{1 \le j \le n} a_j \right) + a_m. \tag{12}$$

이 경우 "$R(j)$ 그리고 $S(j)$"는 그냥 "$j = m$"이고, 그래서 둘째 합을 "a_m"으로 줄였다. 대부분의 응용에서 식 (11)은 두 가지 경우로 나뉘는데, 하나는 $R(j)$와 $S(j)$가 하나 또는 두 개의 j 값들만 동시에 만족하는 것이고 또 하나는 동일한 j에 대해 $R(j)$와 $S(j)$가 모두 만족하는 것이 불가능한 경우이다. 후자의 경우 식 (11) 우변에 있는 둘째 합은 그냥 사라진다.

이렇게 해서 합에 대한 네 가지 기본 연산들을 살펴보았다. 그럼 이 기법들을 적용하는 몇 가지 용례들을 보자.

예 1.

$$\begin{aligned}
\sum_{0 \le j \le n} a_j &= \sum_{\substack{0 \le j \le n \\ j \text{ even}}} a_j + \sum_{\substack{0 \le j \le n \\ j \text{ odd}}} a_j && \text{규칙 (d)에 의해} \\
&= \sum_{\substack{0 \le 2j \le n \\ 2j \text{ even}}} a_{2j} + \sum_{\substack{0 \le 2j+1 \le n \\ 2j+1 \text{ odd}}} a_{2j+1} && \text{규칙 (b)에 의해} \\
&= \sum_{0 \le j \le n/2} a_{2j} + \sum_{0 \le j < n/2} a_{2j+1}.
\end{aligned}$$

마지막 단계는 그냥 $\sum$ 기호 아래의 관계들을 단순화한 것일 뿐이다.

예 2. S_1이 다음과 같다고 하자.

$$\begin{aligned}
S_1 &= \sum_{i=0}^{n} \sum_{j=0}^{i} a_i a_j = \sum_{j=0}^{n} \sum_{i=j}^{n} a_i a_j && \text{규칙 (c)에 의해 〔식 (10) 참고.〕} \\
&= \sum_{i=0}^{n} \sum_{j=i}^{n} a_i a_j && \text{규칙 (b)에 의해.}
\end{aligned}$$

즉, 이것은 색인변수 이름 i와 j를 교환하고 $a_j a_i = a_i a_j$로 둔 것이다. 마지막에 나온 합을 S_2로 표기한다면, 다음과 같은 유도가 가능하다.

$$\begin{aligned}
2S_1 = S_1 + S_2 &= \sum_{i=0}^{n} \left(\sum_{j=0}^{i} a_i a_j + \sum_{j=i}^{n} a_i a_j \right) && \text{식 (8)에 의해} \\
&= \sum_{i=0}^{n} \left(\left(\sum_{j=0}^{n} a_i a_j \right) + a_i a_i \right) && \text{규칙 (d)에 의해 〔식 (12) 참고.〕} \\
&= \sum_{i=0}^{n} \sum_{j=0}^{n} a_i a_j + \sum_{i=0}^{n} a_i a_i && \text{식 (8)에 의해} \\
&= \left(\sum_{i=0}^{n} a_i \right) \left(\sum_{j=0}^{n} a_j \right) + \left(\sum_{i=0}^{n} a_i^2 \right) && \text{규칙 (a)에 의해} \\
&= \left(\sum_{i=0}^{n} a_i \right)^2 + \left(\sum_{i=0}^{n} a_i^2 \right) && \text{규칙 (b)에 의해.}
\end{aligned}$$

이는 결국 다음의 중요한 항등식을 유도한 것이다.

$$\sum_{i=0}^{n} \sum_{j=0}^{i} a_i a_j = \frac{1}{2}\left(\left(\sum_{i=0}^{n} a_i\right)^2 + \left(\sum_{i=0}^{n} a_i^2\right)\right). \tag{13}$$

예 3. (등비수열의 합.) $x \neq 1$이고 $n \geq 0$이라고 하자. 다음과 같은 관계를 얻을 수 있다.

$$a + ax + \cdots + ax^n = \sum_{0 \leq j \leq n} ax^j \qquad \text{정의 (2)에 의해}$$

$$= a + \sum_{1 \leq j \leq n} ax^j \qquad \text{규칙 (d)에 의해}$$

$$= a + x \sum_{1 \leq j \leq n} ax^{j-1} \qquad \text{(a)의 매우 특별한 경우에 의해}$$

$$= a + x \sum_{0 \leq j \leq n-1} ax^j \qquad \text{규칙 (b)에 의해 〔식 (6) 참고〕}$$

$$= a + x \sum_{0 \leq j \leq n} ax^j - ax^{n+1} \qquad \text{규칙 (d)에 의해.}$$

첫 번째 관계를 마지막 것과 비교하면 다음이 나온다.

$$(1-x) \sum_{0 \leq j \leq n} ax^j = a - ax^{n+1}.$$

이로부터 다음과 같은 기본 공식을 얻는다.

$$\sum_{0 \leq j \leq n} ax^j = a\left(\frac{1-x^{n+1}}{1-x}\right). \tag{14}$$

예 4. (등차수열의 합.) $n \geq 0$이라고 하자. 다음과 같은 관계를 얻을 수 있다.

$$a + (a+b) + \cdots + (a+nb)$$

$$= \sum_{0 \leq j \leq n} (a+bj) \qquad \text{정의 (2)에 의해}$$

$$= \sum_{0 \leq n-j \leq n} (a+b(n-j)) \qquad \text{규칙 (b)에 의해}$$

$$= \sum_{0 \leq j \leq n} (a+bn-bj) \qquad \text{단순화}$$

$$= \sum_{0 \leq j \leq n} (2a+bn) - \sum_{0 \leq j \leq n} (a+bj) \qquad \text{식 (8)에 의해}$$

$$= (n+1)(2a+bn) - \sum_{0 \leq j \leq n} (a+bj).$$

이는 첫째 합이 단지 j에 무관한 $(n+1)$개의 항들을 더하는 것일 뿐이기 때문이다. 이제 첫째 우변과 마지막 우변을 같다고 놓고 2로 나누면 다음을 얻는다.

$$\sum_{0 \leq j \leq n} (a+bj) = a(n+1) + \frac{1}{2}bn(n+1). \tag{15}$$

이것은 $n+1$ 곱하기 $\frac{1}{2}(a+(a+bn))$으로, 결국 첫째 항과 마지막 항의 평균에 항들의 개수를 곱한 것이라 할 수 있다.

중요한 공식인 식 (13), (14), (15)를 오직 합의 간단한 조작들만 사용해서 유도했음을 주목하자. 대부분의 수학 교재들은 이 공식을 그냥 제시하고 귀납법으로 증명하기만 할 뿐이다. 물론 귀납법은 완벽하게 유효한 절차이다. 그러나 그러한 귀납법은 다른 누군가가 만들어낸 결과로서의 공식을 증명할 뿐, 그런 공식을 애초에 어떻게 고안해 내는지에 대한 통찰을 제공하지는 않는다(운 좋은 추측을 제외할 때). 어떤 명백한 패턴을 따르지 않는, 수백 개의 합들을 가진 알고리즘을 분석해야 하는 경우, 위에서 말한 합 조작 연산들을 이용하면 어떤 천재적인 추측 없이도 답을 얻을 수 있는 경우가 많다.

다음과 같은 대괄호 표기법을 사용하면 합의 여러 조작들과 기타 공식들이 상당히 간단해진다.

$$[명제] = \begin{cases} 1, & 명제가 \ 참일 \ 때; \\ 0, & 명제가 \ 거짓일 \ 때. \end{cases} \tag{16}$$

이제 합을 예를 들어 이런 식으로 표기할 수 있다.

$$\sum_{R(j)} a_j = \sum_j a_j \, [R(j)]. \tag{17}$$

여기서 우변의 합은 모든 정수 j에 대한 것이다. 왜냐하면 무한 합의 항들은 $R(j)$가 거짓일 때 0이기 때문이다. (모든 j에 대해 a_j가 정의된다고 가정한다.)

대괄호 표기법을 이용하면 규칙 (b)를 규칙 (a)와 (c)로부터 다음과 같은 흥미로운 방식으로 도출할 수 있다.

$$\begin{aligned} \sum_{R(p(j))} a_{p(j)} &= \sum_j a_{p(j)} \, [R(p(j))] \\ &= \sum_j \sum_i a_i \, [R(i)] \, [i = p(j)] \\ &= \sum_i a_i \, [R(i)] \sum_j [i = p(j)]. \end{aligned} \tag{18}$$

(5)에서 요구한 바와 같이 p가 관련 값들에 대한 한 순열이라고 가정할 때, 마지막의 j에 대한 합은 $R(i)$가 참이면 1과 같다. 이제 남은 것은 $\sum_i a_j \, [R(i)]$인데, 이것은 $\sum_{R(i)} a_i$와 같다. 이에 의해 (5)가 증명된다. 만일 p가 그러한 순열이 아니라면 식 (18)은 $\sum_{R(p(j))} a_{p(j)}$의 진짜 값을 알려준다.

대괄호 표기법의 특별한 경우로 가장 유명한 것은 다음과 같은 소위 크로네커 델타 기호이다.

$$\delta_{ij} = [i = j] = \begin{cases} 1, & 만일 \ i = j이면; \\ 0, & 만일 \ i \neq j이면. \end{cases} \tag{19}$$

이 기호는 크로네커Leopold Kronecker가 1868년에 소개했다. (16)과 같은 좀 더 일반적인 형태는 1962년에 아이버슨K. E. Iverson이 소개한 것이다. 이 때문에 그런 형태를 종종 아이버슨 규약이라고

부른다. 〔D. E. Knuth, *AMM* **99** (1992), 403-422 참고.〕

합에 대한 것과 비견할 수 있는, 곱에 대한 표기법도 존재한다. 다음과 같은 기호는

$$\prod_{R(j)} a_j \tag{20}$$

$R(j)$를 만족하는 정수 j에 대한 모든 a_j들의 곱을 뜻한다. 그런 j가 존재하지 않으면 그 곱은 1을 가지는 것으로(0이 아님) 정의된다.

연산 (b), (c), (d)를 조금 수정하면 $\sum$ 표기가 아니라 $\prod$ 표기에 유효한 해당 연산들을 얻을 수 있다. 이번 절 끝에는 곱 표기법을 사용하는 연습문제들이 몇 개 나온다.

이번 절의 마지막 주제로, 여러 개의 합들에 대한 또 다른, 종종 편리한 표기법을 언급하겠다. 어떤 것이냐 하면, 하나의 $\sum$ 기호에 여러 개의 색인변수들을 가진 하나나 그 이상의 관계식들을 붙일 수 있다는 것이다. 그런 표기는 해당 조건을 만족하는 모든 변수 조합을 이용한 합을 의미한다. 예를 들면 다음과 같다.

$$\sum_{0 \le i \le n}\sum_{0 \le j \le n} a_{ij} = \sum_{0 \le i,j \le n} a_{ij}; \quad \sum_{0 \le i \le n}\sum_{0 \le j \le i} a_{ij} = \sum_{0 \le j \le i \le n} a_{ij}.$$

이 표기법이 합의 어떤 한 색인변수가 다른 색인보다 우선시됨을 규정하지는 않는다. 그 덕분에 (10)을 다음과 같은 새로운 방식으로 유도할 수 있다.

$$\sum_{i=1}^{n}\sum_{j=1}^{i} a_{ij} = \sum_{i,j} a_{ij}[1 \le i \le n][1 \le j \le i] = \sum_{i,j} a_{ij}[1 \le j \le n][j \le i \le n]$$
$$= \sum_{j=1}^{n}\sum_{i=j}^{n} a_{ij}.$$

이것은 $[1 \le i \le n][1 \le j \le i] = [1 \le j \le i \le n] = [1 \le j \le n][j \le i \le n]$이라는 사실을 이용한 것이다. 비슷한 방식을 이용해서, 좀 더 일반적인 식 (9)로부터 다음과 같은 항등식을 유도할 수 있다.

$$[R(i)][S(i,j)] = [R(i) \text{ 그리고 } S(i,j)] = [S'(j)][R'(i,j)]. \tag{21}$$

다음은 여러 개의 색인들을 가진 합의 유용함을 보여주는 또 다른 예이다.

$$\sum_{\substack{j_1+\cdots+j_n = n \\ j_1 \ge \cdots \ge j_n \ge 0}} a_{j_1\ldots j_n}. \tag{22}$$

여기서 a는 하나의 n짝(n-tuple)을 첨자로 가지는 변수이다. 예를 들어 만일 $n = 5$이면 이 식은 다음을 의미한다.

$$a_{11111} + a_{21110} + a_{22100} + a_{31100} + a_{32000} + a_{41000} + a_{50000}.$$

(1.2.1절에 있는 수의 분할에 대한 설명을 참고할 것.)

연습문제(제1부)

1. [01] $n = 3.14$일 때 $\sum_{1 \le j \le n} a_j$는 무엇을 뜻하는가?

2. [10] 다음 두 합을 각각 $\sum$ 표기법을 사용하지 않고 표현해 보라.

$$\sum_{0 \le n \le 5} \frac{1}{2n+1},$$

$$\sum_{0 \le n^2 \le 5} \frac{1}{2n^2+1}.$$

▶ **3.** [13] 규칙 (b)가 있는데도 연습문제 2의 두 결과는 서로 다르다. 그 이유를 설명하라.

4. [10] 식 (10)의 양변에 있는 각 합들의 합을, $n = 3$인 경우에 대해 $\sum$ 표기법을 사용하지 않고 표현하라.

▶ **5.** [HM20] 무한급수가 수렴한다는 가정 하에서, 규칙 (a)가 임의의 무한급수에 대해 유효함을 증명하라.

6. [HM20] 네 합들 중 임의의 셋이 존재한다는 가정 하에서, 규칙 (d)가 임의의 무한급수에 대해 유효함을 증명하라.

7. [HM23] c가 하나의 정수라고 할 때, 두 급수(수열) 모두 무한하다고 해도 $\sum_{R(j)} a_j = \sum_{R(c-j)} a_{c-j}$임을 증명하라.

8. [HM25] 식 (7)이 거짓이 되는 무한급수의 사례를 찾아보라.

▶ **9.** [05] $n = -1$인 경우에도 식 (14)의 유도가 유효할까?

10. [05] $n = -2$인 경우에도 식 (14)의 유도가 유효할까?

11. [03] 만일 $x = 1$이면 식 (14)의 우변은 무엇이 될까?

12. [10] $1 + \frac{1}{7} + \frac{1}{49} + \frac{1}{343} + \cdots + \left(\frac{1}{7}\right)^n$은 무엇인가?

13. [10] 식 (15)를 사용해서, $m \le n$이라고 가정하고 $\sum_{j=m}^{n} j$를 평가하라.†

14. [11] 연습문제 13의 결과를 이용해서 $\sum_{j=m}^{n} \sum_{k=r}^{s} jk$를 평가하라.

▶ **15.** [M22] 작은 값 n들에 대해 합 $1 \times 2 + 2 \times 2^2 + 3 \times 2^3 + \cdots + n \times 2^n$을 계산하라. 독자는 이 수들의 전개에서 어떠한 패턴을 인식할 수 있는가? 만일 패턴을 발견하지 못했다면 식 (14)에 도출하는 데 쓰인 것과 비슷한 방식으로 합 조작 연산들을 적용해서 발견해 볼 것.

16. [M22] $x \ne 1$일 때 다음이 성립함을 수학적 귀납법을 사용하지 말고 증명하라.

$$\sum_{j=0}^{n} j x^j = \frac{n x^{n+2} - (n+1) x^{n+1} + x}{(x-1)^2}.$$

---

† [옮긴이 주] '평가하라'(evaluate)는 구체적인 값을 계산하라는 뜻이거나 전개하고 축약해서 최종적인 형태로 만들라는 뜻이다. 이 문제의 경우는 후자이다.

▶ **17.** [*M00*] S가 정수들의 집합이라고 하자. $\sum_{j \in S} 1$은 무엇을 뜻할까?

18. [*M20*] $R(i)$가 관계 "n은 i의 배수"이고 $S(i, j)$가 관계 "$i \leq j < i$"일 때 식 (9)에서처럼 합의 순서를 교환하려면 어떻게 해야 하는지 보여라.

19. [*20*] $\sum_{j=m}^{n} (a_j - a_{j-1})$은 얼마인가?

▶ **20.** [*25*] 매트릭스 박사† 는 다음과 같은 놀라운 일련의 공식들을 발견했다.

$$9 \times 1 + 2 = 11, \quad 9 \times 12 + 3 = 111, \quad 9 \times 123 + 4 = 1111, \quad 9 \times 1234 + 5 = 11111.$$

  a) 박사의 이 멋진 발견을 $\sum$ 표기법을 이용해서 표현하라.

  b) 부문제 (a)의 답은 아마 기수가 10인 10진수 체계를 이용할 것이다. 이 공식을 일반화해서 임의의 기수 b에서도 작동할 수 있는 형태로 만들어 보라.

  c) 본문 또는 연습문제 16번에서 유도한 공식들을 이용해서, 부문제 (b)로 얻은 공식을 증명하라.

▶ **21.** [*M25*] 규칙 (a)와 (c)로부터 규칙 (d)를 유도하라.

▶ **22.** [*20*] 합의 식 (5), (7), (8), (11)에 해당하는 곱에 대한 식들을 만들어라.

23. [*10*] $R(j)$를 만족하는 정수가 없을 때 $\sum_{R(j)} a_j$와 $\prod_{R(j)} a_j$를 각각 0과 1로 정의하는 게 바람직한 이유를 설명하라.

24. [*20*] $R(j)$가 오직 유한한 개수의 j에 대해서만 참이라고 하자. $R(j)$를 만족하는 정수의 개수에 대한 귀납법을 이용해서 $\log_b \prod_{R(j)} a_j = \sum_{R(j)} (\log_b a_j)$임을 증명하라. 단, 모든 a_j는 0보다 크다 ($a_j > 0$)고 가정한다.

▶ **25.** [*15*] 다음의 유도를 살펴보고 혹시 실수한 부분이 있는지 찾아보아라.

$$\left(\sum_{i=1}^{n} a_i \right) \left(\sum_{j=1}^{n} \frac{1}{a_j} \right) = \sum_{1 \leq i \leq n} \sum_{1 \leq j \leq n} \frac{a_i}{a_j} = \sum_{1 \leq i \leq n} \sum_{1 \leq i \leq n} \frac{a_i}{a_i} = \sum_{i=1}^{n} 1 = n.$$

26. [*25*] 연습문제 22로 얻은 곱 표기 조작법들을 이용하면 $\prod_{i=0}^{n} \prod_{j=0}^{i} a_i a_j$를 $\prod_{i=0}^{n} a_i$를 이용해서 표현할 수 있음을 보여라.

27. [*M20*] $0 < a_j < 1$이라는 가정 하에서

$$\prod_{j=1}^{n} (1 - a_j) \geq 1 - \sum_{j=1}^{n} a_j$$

을 증명하고, 이를 이용해서 연습문제 1.2.1-9의 결과를 일반화하라.

28. [*M22*] $\prod_{j=2}^{n} (1 - 1/j^2)$에 대한 간단한 공식을 구하라.

▶ **29.** [*M30*] (a) 합 $\sum_{i=0}^{n} \sum_{j=0}^{i} \sum_{k=0}^{j} a_i a_j a_k$를 이번 절 끝에 나온 다중 색인 합 표기법을 이용해서 표현하라.

---

† [옮긴이 주] Dr. I. J. Matrix. 유명한 수학 저술가 마틴 가드너 Martin Gardner가 창조한 가상의 인물이다.

(b) 같은 합을 $\sum_{i=0}^{n} a_i$와 $\sum_{i=0}^{n} a_i^2$, $\sum_{i=0}^{n} a_i^3$을 이용해서 표현하라. 〔식 (13) 참고.〕

▶ **30.** 〔M23〕 (비네J. Binet, 1812) 다음 항등식을 귀납법을 사용하지 말고 증명하라.

$$\left(\sum_{j=1}^{n} a_j x_j\right)\left(\sum_{j=1}^{n} b_j y_j\right) = \left(\sum_{j=1}^{n} a_j y_j\right)\left(\sum_{j=1}^{n} b_j x_j\right) + \sum_{1 \le j < k \le n} (a_j b_k - a_k b_j)(x_j y_k - x_k y_j).$$

〔$w_1, \ldots, w_n$, $z_1, \ldots, z_n$이 임의의 복소수들이고 $a_j = w_j$, $b_j = \bar{z}_j$, $x_j = \bar{w}_j$, $y_j = z_j$로 두었을 때 다음과 같은 중요한 특수 경우가 나온다.

$$\left(\sum_{j=1}^{n} |w_j|^2\right)\left(\sum_{j=1}^{n} |z_j|^2\right) = \left|\sum_{j=1}^{n} w_j z_j\right|^2 + \sum_{1 \le j < k \le n} |w_j \bar{z}_k - w_k \bar{z}_j|^2.$$

$|w_j \bar{z}_k - w_k \bar{z}_j|^2$ 항은 음이 아니며, 따라서 다음과 같은 유명한 코시−슈바르츠 부등식(Cauchy-Schwarz inequality)

$$\left(\sum_{j=1}^{n} |w_j|^2\right)\left(\sum_{j=1}^{n} |z_j|^2\right) \ge \left|\sum_{j=1}^{n} w_j z_j\right|^2$$

은 이 비네 공식의 결과이다.〕

31. 〔M20〕 비네 공식을 이용해서 $\sum_{1 \le j < k \le n} (u_j - u_k)(v_j - v_k)$를 $\sum_{j=1}^{n} u_j v_j$와 $\sum_{j=1}^{n} u_j$, $\sum_{j=1}^{n} v_j$ 항들로 표현하라.

32. 〔M20〕 다음을 증명하라.

$$\prod_{j=1}^{n} \sum_{i=1}^{m} a_{ij} = \sum_{1 \le i_1, \ldots, i_n \le m} a_{i_1 1} \cdots a_{i_n n}.$$

▶ **33.** 〔M30〕 어느 날 저녁, 매트릭스 박사는 연습문제 20에 나온 것보다 더욱 놀랍다고 할만한 다음과 같은 공식들을 발견했다.

$$\frac{1}{(a-b)(a-c)} + \frac{1}{(b-a)(b-c)} + \frac{1}{(c-a)(c-b)} = 0,$$

$$\frac{a}{(a-b)(a-c)} + \frac{b}{(b-a)(b-c)} + \frac{c}{(c-a)(c-b)} = 0,$$

$$\frac{a^2}{(a-b)(a-c)} + \frac{b^2}{(b-a)(b-c)} + \frac{c^2}{(c-a)(c-b)} = 1,$$

$$\frac{a^3}{(a-b)(a-c)} + \frac{b^3}{(b-a)(b-c)} + \frac{c^3}{(c-a)(c-b)} = a+b+c.$$

이 공식들이 다음과 같은 하나의 일반적인 법칙의 특수한 사례임을 증명하라. 구체적으로 말하면, $x_1, x_2, \ldots, x_n$이 서로 다른 수들이라고 할 때

$$\sum_{j=1}^{n}\left(x_j^r \bigg/ \prod_{\substack{1 \le k \le n \\ k \ne j}}(x_j - x_k)\right) = \begin{cases} 0, & \text{만일 } 0 \le r < n-1\text{이면,} \\ 1, & \text{만일 } r = n-1\text{이면,} \\ \sum_{j=1}^{n} x_j, & \text{만일 } r = n\text{이면,} \end{cases}$$

임을 보여라.

34. [M25] $1 \le m \le n$이고 x가 임의의 수라고 가정할 때

$$\sum_{k=1}^{n} \frac{\prod_{1 \le r \le n,\, r \ne m}(x + k - r)}{\prod_{1 \le r \le n,\, r \ne k}(k - r)} = 1$$

임을 증명하라. 예를 들어서 만일 $n = 4$이고 $m = 2$이면

$$\frac{x(x-2)(x-3)}{(-1)(-2)(-3)} + \frac{(x+1)(x-1)(x-2)}{(1)(-1)(-2)} + \frac{(x+2)x(x-1)}{(2)(1)(-1)} + \frac{(x+3)(x+1)x}{(3)(2)(1)} = 1$$

이다.

35. [HM20] $\sup_{R(j)} a_j$라는 표기가 요소 a_j들의 최소 상계를($\sum$ 표기와 $\prod$ 표기에 정확히 대응되는 방식으로) 뜻한다고 하자. ($R(j)$가 오직 유한한 개수의 j들에 대해서만 만족한다고 할 때, 그러한 최소상계를 $\max_{R(j)} a(j)$로 표기하기도 한다.) 규칙 (a), (b), (c), (d)를 이러한 표기의 조작에 맞게 적용시킬 수 있음을 보여라. 특히, 규칙 (a)에 대응하는 다음과 같은 관계를 논의하고,

$$(\sup_{R(i)} a_i) + (\sup_{S(j)} b_j) = \sup_{R(i)}(\sup_{S(j)}(a_i + b_j))$$

$R(j)$를 만족하는 j가 존재하지 않을 때의 이러한 표기의 적절한 정의를 제시하라.

연습문제(제2부)

행렬과 행렬식. 아래에 나오는 흥미로운 문제들은 행렬식 및 기본적인 행렬 이론을 익히고 있는 독자들을 위한 것이다. 행렬의 행렬식(determinant)은 다음과 같은 연산들을 엄밀하게 결합해서 평가할 수 있다: (a) 하나의 행 또는 하나의 열에서 하나의 수량을 바깥으로 빼냄(인수분해), (b) 한 행 또는 한 열의 곱(스칼라를 곱한 결과)을 다른 행 또는 열에 더함, (c) 여인수 전개(餘因數-, cofactor expansion). 연산 (c)의 가장 단순하면서도 가장 자주 쓰이는 버전은, 행렬의 왼쪽 상단 모서리 성분이 +1이고 첫 번째 행 또는 열의 나머지 모든 성분들이 0일 때 그냥 첫째 행과 열 전체를 삭제하는 것이다. 그런 후 행렬의 나머지 부분에 대해 더 작은 행렬식을 구한다. 일반화하자면, $n \times n$ 행렬식의 한 성분 a_{ij}는 그 a_{ij}가 존재하는 행과 열을 제거한 후에 얻은 $(n-1) \times (n-1)$ 행렬식에 $(-1)^{i+j}$를 곱한 것이다. 행렬식의 값은 i나 j 중 하나를 상수로, 다른 하나를 1에서 n으로 변하는 값으로 두고 $\sum a_{ij} \cdot \mathrm{cofactor}(a_{ij})$† 를 계산한 결과이다.

　　(b_{ij})가 행렬 (a_{ij})의 역(inverse, 역행렬)이라고 할 때, b_{ij}는 a_{ji}(a_{ij}가 아님)의 여인수를 행렬

---

† [옮긴이 주] $\mathrm{cofactor}(x)$라는 표기는 성분 x의 여인수를 뜻하며, 2.3.4.2절 등에 나오는 $\mathrm{cofactor}_{ij}(A)$는 행렬 A의 (i,j) 성분의 여인수를 뜻한다.

전체의 행렬식으로 나눈 것과 같다.

다음과 같은 종류의 행렬들은 특히나 중요하다.

방데르몽드 행렬(Vandermonde's matrix)   조합 행렬(Combinatorial matrix)

$$a_{ij} = x_j^i$$ $$a_{ij} = y + \delta_{ij} x$$

$$\begin{pmatrix} x_1 & x_2 & \dots & x_n \\ x_1^2 & x_2^2 & \dots & x_n^2 \\ \vdots & & & \vdots \\ x_1^n & x_2^n & \dots & x_n^n \end{pmatrix}$$ $$\begin{pmatrix} x+y & y & \dots & y \\ y & x+y & \dots & y \\ \vdots & & & \vdots \\ y & y & \dots & x+y \end{pmatrix}$$

코시 행렬(Cauchy's matrix)

$$a_{ij} = 1/(x_i + y_j)$$

$$\begin{pmatrix} 1/(x_1+y_1) & 1/(x_1+y_2) & \dots & 1/(x_1+y_n) \\ 1/(x_2+y_1) & 1/(x_2+y_2) & \dots & 1/(x_2+y_n) \\ \vdots & & & \vdots \\ 1/(x_n+y_1) & 1/(x_n+y_2) & \dots & 1/(x_n+y_n) \end{pmatrix}$$

36. [*M23*] 조합 행렬의 행렬식이 $x^{n-1}(x+ny)$임을 보여라.

▶ **37.** [*M24*] 방데르몽드 행렬의 행렬식이

$$\prod_{1 \le j \le n} x_j \prod_{1 \le i < j \le n} (x_j - x_i)$$

임을 보여라.

▶ **38.** [*M25*] 코시 행렬의 행렬식이

$$\prod_{1 \le i < j \le n} (x_j - x_i)(y_j - y_i) \Big/ \prod_{1 \le i,j \le n} (x_i + y_j)$$

임을 보여라.

39. [*M23*] 조합 행렬의 역이, 성분들이 $b_{ij} = (-y + \delta_{ij}(x+ny))/x(x+ny)$인 조합 행렬임을 보여라.

40. [*M24*] 방데르몽드 행렬의 역이 다음과 같이 주어짐을 보여라.

$$b_{ij} = \left(\sum_{\substack{1 \le k_1 < \dots < k_{n-j} \le n \\ k_1, \dots, k_{n-j} \ne i}} (-1)^{j-1} x_{k_1} \cdots x_{k_{n-j}} \right) \Big/ x_i \prod_{\substack{1 \le k \le n \\ k \ne i}} (x_k - x_i).$$

분자의 난해한 합 표기에 당황하지 말 것 — 그 부분은 그냥 다항식 $(x_1-x)\dots(x_n-x)/(x_i-x)$의 x^{j-1}의 계수일 뿐이다.

41. [*M26*] 코시 행렬의 역이 다음과 같이 주어짐을 보여라.

$$b_{ij} = \left(\prod_{\substack{1 \le k \le n}} (x_j + y_k)(x_k + y_i) \right) \bigg/ (x_j + y_i) \left(\prod_{\substack{1 \le k \le n \\ k \ne j}} (x_j - x_k) \right) \left(\prod_{\substack{1 \le k \le n \\ k \ne i}} (y_i - y_k) \right)$$

42. [*M18*] 조합 행렬의 역의 모든(n^2개) 성분들의 합은 무엇인가?

43. [*M24*] 방데르몽드 행렬의 역의 모든(n^2개) 성분들의 합은 무엇인가? [힌트: 연습문제 33을 활용할 것.]

▸ **44.** [*M26*] 코시 행렬의 역의 모든(n^2개) 성분들의 합은 무엇인가?

▸ **45.** [*M25*] 힐베르트 행렬(Hilbert matrix)은 성분 $a_{ij} = 1/(i + j - 1)$들로 이루어지는 행렬이다. 힐베르트 행렬이라는 용어가 종종 무한 힐베르트 행렬의 한 $n \times n$ 조각을 뜻하기도 한다. 이러한 행렬이 코시 행렬의 특별한 경우임을 보이고, 그 역을 구하고, 역의 각 성분이 정수임을 보여라. 그리고 역행렬의 모든 성분들의 합이 n^2임을 보여라. [참고: 힐베르트 행렬은 여러 행렬 연산 알고리즘들을 검증하는 데 쓰인다. 이는 힐베르트 행렬들이 수치적으로 불안정하며 그 역들이 알려져 있기 때문이다. 그런데 힐베르트 행렬의 이 알려진(known) 역을 계산된(computed) 역과 비교하는 것은 일종의 실수이다. 왜냐하면 어떤 행렬의 역을 계산으로 구하기 위해서는 먼저 그 행렬을 반올림된 근사값으로 표현해야 하며, 그런 행렬을 가지고 계산한 역은 수치적 불안정 때문에 원래의 정확한 행렬의 역과는 조금 달라지기 때문이다. 힐베르트 행렬의 역의 성분들은 정수이므로, 그리고 역행렬은 원래의 행렬만큼이나 불안정하므로, 역을 정확하게 명시하는 것이 가능하며, 그 역을 다시 원래의 행렬로 역변환해볼 수도 있을 것이다. 그런데 역에 나타난 정수들은 상당히 크다.] 이 문제의 답을 얻으려면 계승과 이항계수에 대한 기본적인 지식이 필요한데, 이들에 대해서는 1.2.5절과 1.2.6절에서 이야기한다.

▸ **46.** [*M30*] A가 $m \times n$ 행렬이고 B가 $n \times m$ 행렬이라고 하자. $1 \le j_1, j_2, ..., j_m \le n$일 때 $A_{j_1 j_2 ... j_m}$이 A의 열 $j_1, ..., j_m$들로 된 $m \times m$ 행렬을 뜻하며 $B_{j_1 j_2 ... j_m}$이 B의 행 $j_1, ..., j_m$들로 된 $m \times m$ 행렬을 뜻한다고 하자. 이 때 다음과 같은 비네-코시 항등식(Binet-Cauchy identity)이 성립함을 증명하라.

$$\det(AB) = \sum_{1 \le j_1 < j_2 < \cdots < j_m \le n} \det(A_{j_1 j_2 ... j_m}) \det(B_{j_1 j_2 ... j_m}).$$

((i) $m = n$, (ii) $m = 1$, (iii) $B = A^T$, (iv) $m > n$, (v) $m = 2$인 특수한 경우들에 주목할 것.)

47. [*M27*] (크라텐탈러 C. Krattenthaler.) 다음을 증명하고,

$$\det \begin{pmatrix} (x+q_2)(x+q_3) & (x+p_1)(x+q_3) & (x+p_1)(x+p_2) \\ (y+q_2)(y+q_3) & (y+p_1)(y+q_3) & (y+p_1)(y+p_2) \\ (z+q_2)(z+q_3) & (z+p_1)(z+q_3) & (z+p_1)(z+p_2) \end{pmatrix}$$
$$= (x-y)(x-z)(y-z)(p_1 - q_2)(p_1 - q_3)(p_2 - q_3)$$

$3n - 2$개의 변수 $x_1, ..., x_n, p_1, ..., p_{n-1}, q_2, ..., q_n$을 사용해서 이 등식을 $n \times n$ 행렬식에 대한 하나의 항등식으로 일반화하라. 그 공식을 연습문제 38의 결과와 비교해 볼 것.

1.2.4. 정수 함수와 초등 수론

x가 임의의 실수일 때, x의 내림(floor)과 올림(ceiling)을 다음과 같이 표기한다.

$$\lfloor x \rfloor = \ x \text{보다 작거나 같은 가장 큰 정수}(x\text{의 내림}),$$
$$\lceil x \rceil = \ x \text{보다 크거나 같은 가장 작은 정수}(x\text{의 올림}).$$

1970년 이전에는 이 두 함수들 중 하나를(주로는 내림을) $[x]$로 표기하기도 했다. 그러나 실제 응용에서는 $\lfloor x \rfloor$과 $\lceil x \rceil$이 동등한 빈도로 나타나는 경우가 많다는 점에서, 아이버슨 K. E. Iverson이 1960년대에 고안한 위의 표기법이 더 유용하다. 함수 $\lfloor x \rfloor$를 앙티에(entier) 함수라고 하는데, 이 이름은 정수(integer)에 해당하는 프랑스어 단어에서 비롯된 것이다.

다음 공식들과 예들은 쉽게 검증할 수 있다.

$$\lfloor \sqrt{2} \rfloor = 1, \quad \lceil \sqrt{2} \rceil = 2, \quad \lfloor +\tfrac{1}{2} \rfloor = 0, \quad \lceil -\tfrac{1}{2} \rceil = 0, \quad \lfloor -\tfrac{1}{2} \rfloor = -1 \, (0\text{이 아님!}) ;$$

$$\lceil x \rceil = \lfloor x \rfloor \qquad \text{오직 } x\text{가 정수일 때에만,}^{\dagger}$$
$$\lceil x \rceil = \lfloor x \rfloor + 1 \qquad \text{오직 } x\text{가 정수일 때에만,}$$
$$\lfloor -x \rfloor = -\lceil x \rceil; \quad x - 1 < \lfloor x \rfloor \le x \le \lceil x \rceil < x + 1.$$

이번 절 끝의 연습문제들에는 내림, 올림 연산과 관련된 다른 중요한 공식들이 나온다.

x와 y가 임의의 실수라 할 때, 다음과 같이 이항 연산들을 정의한다:

$$x \bmod y = x - y\lfloor x/y \rfloor, \quad \text{단 } y \ne 0 \text{일 때}; \qquad x \bmod 0 = x. \tag{1}$$

이 정의로부터, $y \ne 0$일 때 다음이 성립함을 알 수 있다.

$$0 \le \frac{x}{y} - \left\lfloor \frac{x}{y} \right\rfloor = \frac{x \bmod y}{y} < 1. \tag{2}$$

따라서

  a) 만일 $y > 0$이면 $0 \le x \bmod y < y$,

  b) 만일 $y < 0$이면 $0 \ge x \bmod y > y$,

  c) 값 $x - (x \bmod y)$는 y의 정수배.

$x \bmod y$를 x를 y로 나눈 나머지라고 부른다. 마찬가지로, $\lfloor x/y \rfloor$는 x를 y로 나눈 몫이다.

x와 y가 정수일 때의 "mod" 연산은 이미 익숙할 것이다. 다음에 몇 가지 예가 있다.

$\dagger$ 〔옮긴이 주〕이 번역서에서 "오직 P일 때에만"과 같은 표현은 if and only if P 형태의 문구를 번역한 것으로, "만일 P이면, 그리고 오직 그럴 때에만"을 줄인 것이다. "Q if and only if P" 또는 "if and only if Q, P"는 P와 Q가 서로의 필요충분조건임을 뜻한다. 이러한 표현은 단순히 P가 참이면 Q가 참("if P, Q" 또는 "Q if P")이라는 뜻을 넘어서, Q가 참이기 위해서는 반드시 P가 참이어야 하며, 거꾸로 Q가 참이면 P도 참이라는 좀 더 강력한 관계를 나타낸다. 기호로는 $P \Leftrightarrow Q$로 표기한다. 또한, 좀 더 최근의 책들에서는 if and only if를 iif라는 약자로 표기하기도 한다.

$$5 \bmod 3 = 2, \quad 18 \bmod 3 = 0, \quad -2 \bmod 3 = 1. \tag{3}$$

$x \bmod y = 0$은 x가 y의 배수일 때에만 해당한다. 다른 말로는, 만일 x가 y로 나누어 떨어지면, 그리고 오직 그런 경우에만 $x \bmod y = 0$이다. x가 y로 나누어 떨어진다는 것을 "y가 x를 나눈다" 또는 "x를 y로 나눌 수 있다"라고 말하며 이를 $y \setminus x$로 표기한다. 이 표기는 y가 양의 정수이며 $x \bmod y = 0$임을 뜻한다.

"mod" 연산은 x와 y가 임의의 실수일 때에도 유용하다. 예를 들어 삼각함수에서 다음과 같은 관계가 성립한다.

$$\tan x = \tan (x \bmod \pi).$$

$x \bmod 1$은 x의 분수부분(fractional part)이다. 식 (1)에 의해 다음이 성립한다.

$$x = \lfloor x \rfloor + (x \bmod 1). \tag{4}$$

수론(數論)에 관한 글을 쓰는 저자들은 약자 "mod"를, 위에서 말한 것과 밀접한 관련이 있긴 하지만 조금 다른 의미로 사용한다. 이 책에서는 수론에서 이야기하는 해당 개념을 합동(congruent)으로 표현하기로 한다. 다음과 같은 명제는

$$x \equiv y \pmod{z} \tag{5}$$

$x \bmod z = y \bmod z$임을 의미하는데, 이는 결국 $x - y$가 z의 정수배라는 뜻이다. 수식 (5)를 "z를 법(modulus)으로 해서 x와 y가 합동"이라고 읽는다.

그럼 이 책의 수론적 논증들에 쓰이는 합동의 기본적인 속성들을 살펴보자. 다음에 나오는 수식들의 모든 변수들은 정수로 간주한다. 두 정수 x와 y에 공통의 약수가 존재하지 않을 때, 즉 최대공약수가 1일 때 그 둘은 서로 소(relatively prime)이다. 그런 경우 $x \perp y$로 표기한다. 기약분수(lowest terms)라는 용어를 들어본 적이 있을 텐데, 이것은 더 이상 약분할 수 없는, 즉 분모와 분자가 서로 소인 분수를 말한다.

법칙 A. 만일 $a \equiv b$이고 $x \equiv y$이면 $a \pm x \equiv b \pm y$이고 $ax \equiv by \pmod{m}$.

법칙 B. 만일 $ax \equiv by$이고 $a \equiv b$이며 $a \perp m$이면 $x \equiv y \pmod{m}$.

법칙 C. $n \neq 0$일 때, 오직 $an \equiv bn \pmod{mn}$일 때에만 $a \equiv b \pmod{m}$.

법칙 D. 만일 $r \perp s$이면, 오직 $a \equiv b \pmod{r}$이고 $a \equiv b \pmod{s}$일 때에만 $a \equiv b \pmod{rs}$.

법칙 A는 법이 m일 때의 덧셈, 뺄셈, 곱셈, 나눗셈을 보통의 덧셈, 뺄셈, 곱셈, 나눗셈에서와 동일한 방식으로 수행할 수 있다는 뜻이다. 법칙 B는 나눗셈에 대한 것으로, 제수(나누는 수)와 그 법이 서로 소이면 공약수들을 약분할 수 있다는 뜻이다. 법칙 C와 D는 법이 변했을 때를 고려하는 것이다. 이 법칙들은 이후 연습문제들에서 증명된다.

법칙 A와 B에서 다음과 같은 중요한 정리(定理, theorem)가 나온다.

정리 F. (페르마Fermat의 정리, 1640). *만일 p가 소수이면, 모든 정수 a에 대해 $a^p \equiv a$ (modulo p)이다.*

증명. a가 p의 배수라면 $a^p \equiv 0 \equiv a$ (modulo p)임은 명백하다. 따라서 고려해야 할 것은 $a \bmod p \neq 0$인 경우뿐이다. p는 소수이므로 $a \perp p$이다. 다음 수들을 생각해 보자.

$$0 \bmod p, \quad a \bmod p, \quad 2a \bmod p, \quad ..., \quad (p-1)a \bmod p. \tag{6}$$

이 p개의 수들은 모두 서로 다르다. 따라서 $ax \bmod p = ay \bmod p$이면 정의 (5)에 의해 $ax \equiv ay$ (modulo p)이다. 그러므로 법칙 B에 의해 $x \equiv y$ (modulo p)이다.

(6)에는 p개의 서로 다른 수들이 나와 있으며 이들 모두 음이 아니고 p보다 작으므로, 첫째 수는 0이고 나머지는 정수 1, 2, ..., $p-1$임을 알 수 있다(순서는 무관). 따라서 법칙 A에 의해

$$(a)(2a)...((p-1)a) \equiv 1 \cdot 2...(p-1) \pmod{p} \tag{7}$$

이다. 이 합동 관계의 양변에 a를 곱하면 다음을 얻는다.

$$a^p(1 \cdot 2...(p-1)) \equiv a(1 \cdot 2...(p-1)) \pmod{p}. \tag{8}$$

각각의 인수 1, 2, ..., $p-1$은 p와 서로 소(relatively prime)이며 법칙 B에 의해 지울 수 있으므로, 결국 정리가 증명된다. ∎

연습문제

1. [00] $\lfloor 1.1 \rfloor$, $\lfloor -1.1 \rfloor$, $\lceil -1.1 \rceil$, $\lfloor 0.99999 \rfloor$, $\lfloor \lg 35 \rfloor$는 각각 얼마인가?

▶ **2.** [01] $\lceil \lfloor x \rfloor \rceil$는 무엇인가?

3. [M10] n이 정수이며 x가 실수라고 하자. 다음을 증명하라.

a) 오직 $x < n$일 때에만 $\lfloor x \rfloor < n$.

b) 오직 $n \leq x$일 때에만 $n \leq \lfloor x \rfloor$.

c) 오직 $x \leq n$일 때에만 $\lceil x \rceil \leq n$.

d) 오직 $n < x$일 때에만 $n < \lceil x \rceil$.

e) 오직 $x-1 < n \leq x$일 때에만, 그리고 오직 $n \leq x < n+1$일 때에만 $\lfloor x \rfloor = n$.

f) 오직 $x \leq n < x+1$일 때에만, 그리고 오직 $n-1 < x \leq n$일 때에만 $\lceil x \rceil = n$.

[이 공식들은 $\lfloor x \rfloor$와 $\lceil x \rceil$에 관한 사실들을 증명할 때 가장 중요한 수단들이다.]

▶ **4.** [M10] 연습문제 4를 이용해서 $\lfloor -x \rfloor = -\lceil x \rceil$임을 증명하라.

5. [16] x가 0의 실수라 할 때, x를 가장 가까운 정수로 반올림한 결과를 표현하는 간단한 공식을 만들어라. 이 때 사용할 반올림 규칙은, $x \bmod 1 < \frac{1}{2}$이면 반올림 결과가 $\lfloor x \rfloor$가 되고 $x \bmod 1 \geq \frac{1}{2}$이면 반올림 결과가 $\lceil x \rceil$이 되는 것이다. 답은 두 경우 모두를 포괄하는 하나의 공식이어야 한다. 그 공식을 음수 x에 적용했을 때 얻은 반올림 결과에 대해 논의하라.

▸ **6.** [20] 다음 등식들 중에서 모든 실수 x에 대해 참인 것은 무엇일까?

$$(a)\ \lfloor\sqrt{\lfloor x\rfloor}\rfloor=\lfloor\sqrt{x}\rfloor,\quad (b)\ \lceil\sqrt{\lceil x\rceil}\rceil=\lceil\sqrt{x}\rceil,\quad (c)\ \lceil\sqrt{\lfloor x\rfloor}\rceil=\lceil\sqrt{x}\rceil.$$

7. [M15] $\lfloor x\rfloor+\lfloor y\rfloor\le\lfloor x+y\rfloor$임을 보이고, 오직 $x\bmod 1+y\bmod 1<1$일 때에만 상등이 성립함을 보여라. 올림에 대해서도 이에 해당하는 공식이 성립할까?

8. [00] $100\bmod 3$, $100\bmod 7$, $-100\bmod 7$, $-100\bmod 0$은 각각 얼마인가?

9. [05] $5\bmod -3$, $18\bmod -3$, $-2\bmod -3$은 각각 얼마인가?

▸ **10.** [10] $1.1\bmod 1$, $0.11\bmod .1$, $0.11\bmod -.1$은 각각 얼마인가?

11. [00] 이 책의 관례를 따를 때, "$x\equiv y\ (\text{modulo }0)$"은 무엇을 의미하는가?

12. [00] 1과 서로 소인 정수들은 무엇인가?

13. [M00] 관례상, 0과 n의 최대공약수는 $|n|$이라고 간주한다. 그렇다면, 0과 서로 소인 정수들은 무엇인가?

▸ **14.** [12] 만일 $x\bmod 3=2$이고 $x\bmod 5=3$이면 $x\bmod 15$는 얼마인가?

15. [10] $z(x\bmod y)=(zx)\bmod(zy)$임을 증명하라. 〔법칙 C는 이 분배법칙의 직접적인 결과이다.〕

16. [M10] $y>0$으로 가정한다. 만일 $(x-z)/y$가 정수이고 $0\le z<y$이면 $z=x\bmod y$임을 증명하라.

17. [M15] 법칙 A를 합동 정의로부터 직접 증명하라. 또한 법칙 D의 반, 즉 만일 $a\equiv b\ (\text{modulo }rs)$이면 $a\equiv b\ (\text{modulo }r)$이고 $a\equiv b\ (\text{modulo }s)$임을 증명하라. (여기서 r과 s는 임의의 정수.)

18. [M15] 법칙 B를 이용해서 법칙 D의 나머지 반, 즉 만일 $a\equiv b\ (\text{modulo }r)$이고 $a\equiv b\ (\text{modulo }s)$이면 $a\equiv b\ (\text{modulo }rs)$임을 $r\perp s$라는 가정 하에서 증명하라.

▸ **19.** [M10] (역원 법칙.) 만일 $n\perp m$이면 $nn'\equiv 1\ (\text{modulo }m)$이 되는 정수 n'가 존재한다. 이를 확장된 유클리드 알고리즘(알고리즘 1.2.1E)을 이용해서 증명하라.

20. [M15] 역원 법칙과 법칙 A를 이용해서 법칙 B를 증명하라.

21. [M22] (산술의 기본정리.†) 법칙 B와 연습문제 1.2.1-5를 이용해서, 모든 정수 $n>1$이 유한한 개수의 소수의 곱으로 고유하게 표현됨을 증명하라(곱하는 순서는 무관). 다른 말로 하면, 각 p_j가 소수이고 $p_1\le p_2\cdots\le p_k$라 할 때 n을 $p_1p_2\ldots p_k$로 표기하는 방법이 정확히 하나만 존재함을 보여라.

▸ **22.** [M10] a와 m이 서로 소가 아니면 법칙 B가 항상 참이 되지는 않음을 보여주는 사례를 하나 제시하라.

---

† 〔옮긴이 주〕 Fundamental theorem of arithmetic. 정수론의 기본정리라고도 한다.

23. 〔M10〕 r과 s가 서로 소가 아니면 법칙 D가 항상 참이 되지는 않음을 보여주는 사례를 하나 제시하라.

▶ **24.** 〔M20〕 법칙 A, B, C, D를 정수가 아니라 임의의 실수에 적용할 수 있도록 일반화한다면, 어느 정도까지 일반화할 수 있을까?

25. 〔M02〕 정리 F에 의해, p가 소수일 때 $a^{p-1} \bmod p = \lceil a$는 p의 배수가 아닌 수〕임을 증명하라.

26. 〔M15〕 p가 홀수이자 소수이고 a가 임의의 정수, 그리고 $b = a^{(p-1)/2}$라고 하자. $b \bmod p$가 0 또는 1 또는 $p-1$임을 보여라. 〔힌트: $(b+1)(b-1)$을 고려해 볼 것.〕

27. 〔M15〕 n이 양의 정수이고 $\varphi(n)$이 $\{0, 1, ..., n-1\}$의 수들 중 n과 서로 소인 수들의 개수를 뜻하는 함수라고 하자. 예를 들어 $\varphi(1) = 1$, $\varphi(2) = 1$, $\varphi(3) = 2$, $\varphi(4) = 2$ 등이다. p가 소수일 때 $\varphi(p) = p-1$임을 증명하라. 그리고 e가 양의 정수일 때 $\varphi(p^e)$를 평가하라.

▶ **28.** 〔M25〕 정리 F를 증명하는 데 쓰인 방법을, 그 정리의 다음과 같은 확장(오일러 정리라고 부른다)을 증명하는 데에도 사용할 수 있음을 보여라: 임의의 양의 정수 m에 대해, $a \perp m$일 때, $a^{\varphi(m)} \equiv 1$ (modulo m). (특히, 연습문제 9의 수 n'을 $n^{\varphi(m)-1} \bmod m$으로 둘 수 있다.)

29. 〔M22〕 양의 정수 n의 한 함수 $f(n)$이 있다. $r \perp s$일 때 반드시 $f(rs) = f(r)f(s)$가 성립한다면 그러한 함수 $f(n)$을 곱셈적(multiplicative)이라고 칭한다. 다음 함수들이 각각 곱셈적 함수임을 보여라.

  (a) $f(n) = n^c$, 여기서 c는 임의의 상수.
  (b) $f(n) = \lceil$임의의 정수 $k > 1$에 대해 n은 k^2로 나누어 떨어지지 않음〕.
  (c) $f(n) = c^k$, 여기서 k는 n을 나누어 떨어지게 하는 서로 다른 소수의 개수.
  (d) 임의의 두 곱셈적 함수의 곱.

30. 〔M30〕 연습문제 27의 $\varphi(n)$ 함수가 곱셈적임을 증명하라. 이 사실을 이용해서 $\varphi(1000000)$을 평가하고, 일단 n을 소인수분해하기만 하면 $\varphi(n)$을 평가할 수 있는 간단한 방법을 제시하라.

31. 〔M22〕 만일 $f(n)$이 곱셈적 함수이면 $g(n) = \sum_{d \backslash n} f(d)$도 곱셈적임을 증명하라.

32. 〔M18〕 임의의 함수 $f(x,y)$에 대한 다음의 이중 합 항등식을 증명하라.

$$\sum_{d \backslash n} \sum_{c \backslash d} f(c, d) = \sum_{c \backslash n} \sum_{d \backslash (n/c)} f(c, cd).$$

33. 〔M18〕 m과 n이 정수라 할 때 다음을 평가하라.

  (a) $\left\lfloor \frac{1}{2}(n+m) \right\rfloor + \left\lfloor \frac{1}{2}(n-m+1) \right\rfloor$,
  (b) $\left\lceil \frac{1}{2}(n+m) \right\rceil + \left\lceil \frac{1}{2}(n-m+1) \right\rceil$. ($m = 0$인 특수한 경우에 주목할만하다.)

▶ **34.** 〔M21〕 $x \geq 1$인 모든 실수 x에 대해 $\lfloor \log_b x \rfloor = \lfloor \log_b \lfloor x \rfloor \rfloor$일 필요충분조건이 되는, 1보다 큰 실수 b에 대한 조건은 무엇인가?

▶ **35.** [*M20*] m과 n이 정수이고 $n > 0$일 때, 모든 실수 x에 대해

$$\lfloor (x+m)/n \rfloor = \lfloor (\lfloor x \rfloor + m)/n \rfloor$$

임을 증명하라. ($m = 0$일 때 중요한 한 가지 특수 경우가 생긴다.) 내림 함수에 대해서도 이에 상응하는 결과가 성립할까?

36. [*M23*] $\sum_{k=1}^{n} \lfloor k/2 \rfloor = \lfloor n^2/4 \rfloor$임을 증명하라. 또한 $\sum_{k=1}^{n} \lceil k/2 \rceil$을 평가하라.

▶ **37.** [*M30*] m과 n이 정수이고 $n > 0$이라 하자. d가 m과 n의 최대공약수이고 x가 임의의 실수라 할 때 다음이 성립함을 보여라.

$$\sum_{0 \le k < n} \left\lfloor \frac{mk+x}{n} \right\rfloor = \frac{(m-1)(n-1)}{2} + \frac{d-1}{2} + d\lfloor x/d \rfloor .$$

38. [*M26*] (E. Busche, 1909.) 모든 실수 x와 y에 대해($y > 0$) 다음이 성립함을 증명하라.

$$\sum_{0 \le k < y} \left\lfloor x + \frac{k}{y} \right\rfloor = \lfloor xy + \lfloor x+1 \rfloor (\lceil y \rceil - y) \rfloor .$$

특히, y가 양의 정수 n일 때 다음과 같은 중요한 공식이 나온다.

$$\lfloor x \rfloor + \left\lfloor x + \frac{1}{n} \right\rfloor + \cdots + \left\lfloor x + \frac{n-1}{n} \right\rfloor = \lfloor nx \rfloor .$$

39. [*HM35*] $f(x) + f(x + \frac{1}{n}) + \cdots + f(x + \frac{n-1}{n}) = f(nx)$인(여기서 n은 항상 양의 정수) 함수 f를 복제적 함수(replicative function)라고 말한다. 연습문제 38은 $\lfloor x \rfloor$가 복제적임을 보여준다. 다음 함수들이 복제적임을 보여라.

   a) $f(x) = x - \frac{1}{2}$.
   b) $f(x) = [x$가 정수].
   c) $f(x) = [x$가 양의 정수].
   d) $f(x) = [x = r\pi + m$인 유리수 r과 정수 m이 존재함].
   e) 기본적으로 (d)와 동일하나 r이 양수, m이 양수, r과 m 모두 양수라는 제한이 있는 세 가지 함수.
   f) $f(x) = \log |2 \sin \pi x|$, 단 $f(x) = -\infty$가 허용된다고 할 때.
   g) 임의의 두 복제적 함수의 합.
   h) 복제적 함수 상수배(상수를 곱한 것).
   i) 함수 $g(x) = f(x - \lfloor x \rfloor)$, 여기서 $f(x)$는 복제적 함수.

40. [*HM46*] 복제적 함수들의 부류(class)를 연구하는 문제이다. 구체적인 함수 형식 하나를 취하고 그것의 모든 복제적 함수들을 결정하라. 예를 들어 연습문제 39의 (a)가 유일한 연속 복제적 함수인가? 다음과 같은 좀 더 일반적인 함수 부류를 연구해보는 일 역시 흥미로울 것이다.

$$f(x) + f\left(x + \frac{1}{n}\right) + \cdots + f\left(x + \frac{n-1}{n}\right) = a_n f(nx) + b_n.$$

여기서 a_n과 b_n은 n에 종속되나 x에는 종속되지 않는 수들이다. 이런 함수들의 도함수 및 적분 ($b_n = 0$일 때)도 이와 같은 부류이다. 만일 $b_n = 0$으로 둔다면 예를 들어 베르누이 다항식(Bernoulli polynomials), 삼각함수 $\cot \pi x$와 $\csc^2 \pi x$, 그리고 고정된 s에 대한 후르비츠Hurwitz의 일반화된 제타(zeta) 함수 $\zeta(s, x) = \sum_{k \geq 0} 1/(k+x)^s$ 같은 것들이 나온다. $b_n \neq 0$으로 두어도 프사이 (psi) 함수 같은 여러 잘 알려진 함수들을 얻게 된다.

41. [M23] $a_1, a_2, a_3, \ldots$가 수열 $1, 2, 2, 3, 3, 3, 4, 4, 4, 4, \ldots$이라고 하자. 내림 함수 또는 올림 함수(또는 둘 다)를 사용해서 이 a_n 수열을 n으로 표현하는 수식을 찾아라.

42. [M24] (a) 다음을 증명하라.

$$\sum_{k=1}^{n} a_k = n a_n - \sum_{k=1}^{n-1} k(a_{k+1} - a_k), \quad \text{단 } n > 0.$$

(b) 위의 공식은 내림 함수가 관여하는 특정한 합들을 평가할 때 유용하다. b가 2보다 크거나 같은 정수일 때 다음을 증명하라.

$$\sum_{k=1}^{n} \lfloor \log_b k \rfloor = (n+1)\lfloor \log_b n \rfloor - (b^{\lfloor \log_b n \rfloor + 1} - b)/(b-1).$$

43. [M23] $\sum_{k=1}^{n} \lfloor \sqrt{k} \rfloor$을 평가하라.

44. [M24] b와 n이 정수이고 $n \geq 0$, $b \geq 2$일 때 $\sum_{k \geq 0} \sum_{1 \leq j < b} \lfloor (n + jb^k)/b^{k+1} \rfloor = n$임을 보여라. $n < 0$일 때 이 합의 값은 무엇인가?

▶ **45.** [M28] 연습문제 37의 결과는 다음을 함의한다는 점에서 다소 놀랍다.

$$\sum_{0 \leq k < n} \left\lfloor \frac{mk+x}{n} \right\rfloor = \sum_{0 \leq k < m} \left\lfloor \frac{nk+x}{m} \right\rfloor.$$

이 "상반관계(reciprocity relationship)"는 비슷한 여러 공식들 중 하나이다(3.3.3절 참고). 임의의 함수 f에 대해 다음이 성립함을 보여라.

$$\sum_{0 \leq j < n} f\left(\left\lfloor \frac{mj}{n} \right\rfloor\right) = \sum_{0 \leq r < m} \left\lceil \frac{rn}{m} \right\rceil (f(r-1) - f(r)) + n f(m-1).$$

특히, 다음을 증명하라.

$$\sum_{0 \leq j < n} \binom{\lfloor mj/n \rfloor + 1}{k} + \sum_{0 \leq j < m} \left\lceil \frac{jn}{m} \right\rceil \binom{j}{k-1} = n \binom{m}{k}.$$

[힌트: 변수 $r = \lfloor mj/n \rfloor$의 변화를 고려할 것. 이항계수 $\binom{m}{k}$는 1.2.6절에서 이야기한다.]

46. [M29] (일반 상반법칙(general reciprocity law).) 연습문제 45의 공식을 $\sum_{0 \leq j < \alpha n} f(\lfloor mj/n \rfloor)$

에 대한 수식이 되도록 확장하라. 여기서 α는 임의의 양의 실수이다.

▶ **47.** [*M31*] p가 홀수 소수이고, 르장드르^{Legendre} 기호 $\left(\dfrac{q}{p}\right)$는 $q^{(p-1)/2} \bmod p$가 1, 0, $p-1$이냐에 따라(연습문제 26에서 그 외의 값들은 나오지 않음을 증명하게 된다) 각각 $+1$, 0, -1이 된다고 정의하자.

a) q가 p의 배수가 아닐 때 다음 수들이

$$(-1)^{\lfloor 2kq/p \rfloor}(2kq \bmod p), \qquad 0 < k < p/2,$$

수 2, 4, ..., $p-1$들에 대해 어떠한 순서로 합동(modulo p)임을, 따라서 $\left(\dfrac{q}{p}\right) = (-1)^\sigma$임을 보여라(여기서 $\sigma = \sum_{0 \le k < p/2} \lfloor 2kq/p \rfloor$).

b) (a)의 결과를 이용해서 $\left(\dfrac{2}{p}\right)$의 결과를 계산하라.

c) q가 홀수일 때 $\sum_{0 \le k < p/2} \lfloor 2kq/p \rfloor \equiv \sum_{0 \le k < p/2} \lfloor kq/p \rfloor$ (modulo 2)임을 보여라. [힌트: 수량 $\lfloor (p-1-2k)q/p \rfloor$를 고려할 것.]

d) 연습문제 46의 일반 상반법칙을 이용해서, p와 q가 서로 다른 홀수 소수라 할 때 제곱 상반법칙(law of quadratic reciprocity) $\left(\dfrac{q}{p}\right)\left(\dfrac{p}{q}\right) = (-1)^{(p-1)(q-1)/4}$를 도출하라.

48. [*M26*] 정수 m과 n에 대해 다음 항등식들을 증명 또는 반증하라.

$$\text{(a)} \quad \left\lfloor \frac{m+n-1}{n} \right\rfloor = \left\lceil \frac{m}{n} \right\rceil, \quad \text{(b)} \quad \left\lfloor \frac{n+2-\lfloor n/25 \rfloor}{3} \right\rfloor = \left\lfloor \frac{8n+24}{25} \right\rfloor.$$

49. [*M30*] 정수 값 함수 $f(x)$가 모든 양의 정수 n에 대해 (i) $f(x+1) = f(x)+1$, (ii) $f(x) = f(f(nx)/n)$이라는 간단한 두 가지 법칙을 만족한다고 하자. 모든 유리수 x에 대해 $f(x) = \lfloor x \rfloor$이거나 아니면 모든 유리수 x에 대해 $f(x) = \lceil x \rceil$임을 증명하라.

1.2.5. 순열과 계승

n 객체들의 순열(permutation)은 n개의 서로 다른 객체들을 한 줄로 늘어놓는 것을 말한다. 서로 다른 세 개의 객체 $\{a, b, c\}$에는 총 여섯 개의 서로 다른 순열들이 존재한다.

$$abc, \quad acb, \quad bac, \quad bca, \quad cab, \quad cba. \tag{1}$$

순열의 성질들은 알고리즘 분석에서 대단히 중요해서, 이 책 후반부에서는 순열에 대한 여러 가지 흥미로운 사실들을 이끌어낼 것이다.* 우리의 첫 번째 과제는 그냥 순열들의 개수를 세는 것, 즉 n개의 객체들에 대해 가능한 순열들의 개수는 몇 개인가를 밝히는 것이다. 제일 왼쪽의 객체를

---

* [주] 실제로, 순열은 너무나 중요하기 때문에 프라트^{Vaughan Pratt}는 permutation을 perm으로 짧게 줄여 부르자고 제안할 정도였다. 프라트의 제안이 널리 받아들여진다면 전산학 교재들이 좀 더 짧아질 것이다(따라서 좀 더 싸지기도 할 것이다).

선택하는 방법은 n가지이고 그 다음에 오는, 첫 번째와는 다른 객체를 택하는 방법은 $n-1$가지이다. 즉, 처음 두 위치를 결정하는 방법은 $n(n-1)$이다. 비슷하게, 처음 둘과 다른 셋째 객체를 택하는 방법은 $n-2$이고, 따라서 처음 세 객체들을 택하는 방법은 $n(n-1)(n-2)$가지이다. 일반화해서, n개의 객체들 중 k개를 일렬로 늘어놓는 방법의 개수를 p_{nk}라고 표기한다면, 다음과 같은 공식을 얻을 수 있다.

$$p_{nk} = n(n-1)\ldots(n-k+1). \tag{2}$$

따라서 순열의 전체 개수는 $p_{nn} = n(n-1)\ldots(1)$이다.

n개의 객체들로부터 모든 순열들을 구축하는 과정은 귀납적이다. 즉, n개의 객체들의 순열은 $n-1$개의 객체들의 순열로부터 얻는다. 이러한 개념은 우리의 응용에 아주 중요하다. (1)을 $\{a, b, c\}$라는 글자들 대신 수 $\{1, 2, 3\}$을 이용해서 다시 쓴다면:

$$123, \quad 132, \quad 213, \quad 231, \quad 312, \quad 321. \tag{3}$$

$\{1, 2, 3, 4\}$로부터 이러한 순열들을 만든다고 하자. $n-1$ 객체들의 순열로부터 n 객체들의 순열을 얻는 방법은 기본적으로 두 가지이다.

방법 1. $\{1, 2, \ldots, n-1\}$의 각 순열 $a_1 a_2 \ldots a_{n-1}$에 대해, 수 n을 모든 가능한 자리들에 삽입함으로써 다음과 같은 나머지 n개의 순열들을 얻는다.

$$n\,a_1 a_2 \ldots a_{n-1}, \quad a_1\,n\,a_2 \ldots a_{n-1}, \quad \ldots, \quad a_1 a_2 \ldots n\,a_{n-1}, \quad a_1 a_2 \ldots a_{n-1}\,n.$$

예를 들자면 (3)의 순열 2 3 1로부터 4 2 3 1, 2 4 3 1, 2 3 4 1, 2 3 1 4를 얻는다. 이런 방식으로 n 객체들의 모든 순열들을 얻을 수 있으며 또한 같은 순열이 한 번 이상 나타나지는 않음은 확실하다.

방법 2. $\{1, 2, \ldots, n-1\}$의 각 순열 $a_1 a_2 \ldots a_{n-1}$에 대해, 다음과 같은 방식으로 나머지 n개의 순열들을 얻는다. 우선 다음과 같은 배열을 만든다.

$$a_1 a_2 \ldots a_{n-1} \tfrac{1}{2}, \quad a_1 a_2 \ldots a_{n-1} \tfrac{3}{2}, \quad \ldots, \quad a_1 a_2 \ldots a_{n-1}\left(n - \tfrac{1}{2}\right).$$

그런 다음 순열의 요소들의 이름을, 수 $\{1, 2, \ldots, n\}$을 요소 크기 순으로 사용해서 바꾼다. 예를 들어서 (3)의 순열 2 3 1에 대해 다음과 같은 배열들을 얻고,

$$231\tfrac{1}{2}, \quad 231\tfrac{3}{2}, \quad 231\tfrac{5}{2}, \quad 231\tfrac{7}{2}$$

요소 이름들을 다음과 같이 바꾼다.

$$3421, \quad 3412, \quad 2413, \quad 2314.$$

이러한 절차는 다음과 같은 방식으로도 설명할 수 있다. 순열 $a_1 a_2 \ldots a_{n-1}$과 $1 \le k \le n$인 k가 있다고 하자. 그 값이 $\ge k$인 각 a_j에 1을 더한다. 이에 의해 $\{1, \ldots, k-1, k+1, \ldots, n\}$의 순열 $b_1 b_2 \ldots b_{n-1}$을 얻는다. 그러면 $b_1 b_2 \ldots b_{n-1}k$는 $\{1, \ldots, n\}$의 한 순열이다.

이전과 마찬가지로, 이런 방식에서도 n 요소들의 각 순열이 정확히 한 번만 나온다는 점은 명백하다. 이 방법은 k를 오른쪽이 아니라 왼쪽에 넣거나 또는 k를 다른 어떤 고정된 장소에 넣는다고 해도 제대로 작동한다.

p_n이 n 객체들의 순열 개수라 할 때, 두 방법 모두 $p_n = np_{n-1}$임을 보여준다. 이 두 방법은 또한 이미 식 (2)에서 입증된 $p_n = n(n-1)\ldots(1)$을 각자 다시 증명하는 것이기도 하다.

중요한 수량인 p_n을 n 계승(階乘, factorial, 차례곱)이라고 부르고 다음과 같이 표기한다.

$$n! = 1 \cdot 2 \cdot \ldots \cdot n = \prod_{k=1}^{n} k. \tag{4}$$

1.2.3절에서 언급했던 빈 곱(항이 없는 곱)에 대한 관례에 따라, 0의 계승은 다음과 같이 주어진다.

$$0! = 1. \tag{5}$$

그리고 이로부터 다음과 같은 기본적인 항등식이 나온다.

$$n! = (n-1)!n. \tag{6}$$

이 항등식은 모든 양의 정수 n에 대해 유효하다.

계승은 컴퓨터 연구저작물에서 꽤 자주 나오는 것이므로, 다음과 같은 처음 몇 계승들은 기억해 두는 것이 좋다.

$$0! = 1, \quad 1! = 1, \quad 2! = 2, \quad 3! = 6, \quad 4! = 24, \quad 5! = 120.$$

계승은 아주 급격하게 증가한다. 예를 들어서 1000!은 10진 자릿수가 2500개 이상인 정수이다.

10! = 3,628,800이라는 값도 기억해두면 도움이 된다. 정확한 수치까지는 아니더라도, 10!의 값이 대략 350만 정도라는 것은 기억해둘 필요가 있다. 어떤 의미에서 이 값은 현실적으로 계산이 가능한 것과 그렇지 않은 것을 대충이나마 가르는 기준이 된다. 알고리즘이 10!개 이상의 경우들을 판정해야 한다면, 실용적으로 사용하기에는 계산에 너무 많은 시간이 걸릴 수 있다. 한편, 10!가지 경우를 판정해야 하며 각 경우가 예를 들어 1밀리초의 컴퓨터 시간을 소비한다면 알고리즘 전체에 소요되는 시간은 약 한 시간 정도임을 예상할 수 있다. 물론 이러한 계산들은 아주 어림짐작일 뿐이지만, 그래도 알고리즘이 계산 수행 면에서 합당한가의 여부를 가늠할 때 유용할 때가 있다.

여기서 떠오르는 한 가지 자연스러운 의문은, $n!$이 수학의 다른 수량들과 어떤 관계를 가지는가이다. 예를 들어 식 (4)에서처럼 일일이 곱하지 않고도 1000!이 대략 어느 정도나 큰 값인지를 알 수 있는 방법이 있을까? 이에 대한 답은 스털링James Stirling의 유명한 저서 *Methodus Differentialis* (1730)의 137쪽에서 밝혔다. 다음과 같다.

$$n! \approx \sqrt{2\pi n}\left(\frac{n}{e}\right)^n. \tag{7}$$

여기 나온 "$\approx$" 기호는 "대략 같다"는 의미이고 "e"는 1.2.2절에서 소개한 자연로그의 기수(밑)이다. 연습문제 24에는 이보다는 덜 정확한 한 가지 공식에 대한 간단한 증명이 나온다.

다음은 이 공식을 적용해서 얻은 한 가지 예이다.

$$40320 = 8! \approx 4\sqrt{\pi}\left(\frac{8}{e}\right)^8 = 2^{26}\sqrt{\pi}\,e^{-8} \approx 67108864 \cdot 1.77245 \cdot 0.00033546 \approx 39902.$$

이 경우 오차는 약 1%이다. 이후에 상대오차가 대략 $1/(12n)$임을 보일 것이다.

식 (7)의 근사식과 더불어, $n!$의 정확한 값을 소수들로 소인수분해하는 간단한 방법이 있다. 다음과 같은 중복도(multiplicity)를 가진 소수 p는 $n!$을 나눌 수 있다.

$$\mu = \left\lfloor\frac{n}{p}\right\rfloor + \left\lfloor\frac{n}{p^2}\right\rfloor + \left\lfloor\frac{n}{p^3}\right\rfloor + \cdots = \sum_{k>0}\left\lfloor\frac{n}{p^k}\right\rfloor. \tag{8}$$

예를 들어서 $n = 1000$이고 $p = 3$이면:

$$\mu = \left\lfloor\frac{1000}{3}\right\rfloor + \left\lfloor\frac{1000}{9}\right\rfloor + \left\lfloor\frac{1000}{27}\right\rfloor + \left\lfloor\frac{1000}{81}\right\rfloor + \left\lfloor\frac{1000}{243}\right\rfloor + \left\lfloor\frac{1000}{729}\right\rfloor$$

$$= 333 + 111 + 37 + 12 + 4 + 1 = 498.$$

따라서 $1000!$은 3^{498}로 나누어지나 3^{499}로는 나누어지지 않는다. 공식 (8)이 무한 합의 형태로 표기되어 있긴 하지만, 실제로는 임의의 구체적인 값 n과 p에 대해 유한하다. 왜냐하면 모든 항들은 결국 0이 되기 때문이다. 연습문제 1.2.4-35로부터 $\lfloor n/p^{k+1}\rfloor = \lfloor\lfloor n/p^k\rfloor/p\rfloor$가 나온다. 이 사실 덕분에 식 (8)의 계산이 간단해진다. 그냥 이전 항의 값을 p로 나누고 그 나머지를 폐기할 수 있기 때문이다.

식 (8)은 $\lfloor n/p^k\rfloor$이 $\{1, 2, ..., n\}$의 수들 중 p^k의 배수인 것들의 개수라는 사실에서 비롯된다. 곱 (4)의 정수들을 연구해보면 p^j로 나눌 수 있지만 p^{j+1}로는 나눌 수 없는 임의의 정수들을 정확히 j번 셀 수 있음을 알 수 있다. $\lfloor n/p\rfloor$에서 한 번, $\lfloor n/p^2\rfloor$에서 한 번, ..., $\lfloor n/p^j\rfloor$에서 한 번이다. 이는 $n!$의 소인수(prime factor)로서의 p의 모든 출현들에 해당한다. 〔A. M. Legendre, *Essai sur la Théorie des Nombres*, 제2판, (Paris: 1808), 8쪽 참고.〕

또 하나의 자연스러운 의문은, 음이 아닌 정수 n에 대해 $n!$을 정의할 수 있다면, 유리수 n, 심지어 실수 n에 대해 의미를 가지는 계승 함수도 정의할 수 있지 않겠는가이다. 예를 들어 $\left(\frac{1}{2}\right)!$은 얼마일까? 이를 다음과 같이 정의되는 "계가" 함수(階加-, termial-, 차례합-)[†] 를 도입해서 살펴보자.

$$n? = 1 + 2 + \cdots + n = \sum_{k=1}^{n} k. \tag{9}$$

이 함수는 앞에서 말한 계승 함수와 비슷하나 곱하기 대신 더하기를 사용한다는 점이 다르다. 이러한 등차수열의 합은 이미 식 1.2.3-(15)에 나온 바 있다. 즉:

[†] 〔옮긴이 주〕 계가 함수라는 용어는 대한수학회 용어집에는 없는 용어로, factorial을 '계승'이라고 한다는 점에 착안해서 김민식이 제안한 용어이다(2006년).

$$n? = \frac{1}{2} n(n+1). \tag{10}$$

(9) 대신 (10)을 사용한다면 "계가" 함수를 임의의 n에 대해서 쉽게 일반화하게 된다. 예를 들어 $\left(\frac{1}{2}\right)? = \frac{3}{8}$임이 바로 나온다.

스털링은 비정수 n에 대해 $n!$을 일반화하기 위해서 여러 가지 시도를 해 보았다. 그는 근사식 (7)을 무한 합으로 확장했으나, 안타깝게도 그 합은 어떠한 n 값에 대해서도 수렴하지 않았다. 그의 방법은 매우 훌륭한 근사법을 제시했지만, 하나의 정확한 값을 낼 수 있을 정도로 확장할 수는 없었다. 〔이런 다소 흔치 않은 상황에 대한 논의가 K. Knopp, *Theory and Application of Infinite Series*, 제2판 (Glasgow: Blackie, 1951), 518-520, 527, 534에 있다.〕

또 다른 시도에서, 스털링은 다음과 같은 관계에 주목했다.

$$n! = 1 + \left(1 - \frac{1}{1!}\right)n + \left(1 - \frac{1}{1!} + \frac{1}{2!}\right)n(n-1)$$
$$+ \left(1 - \frac{1}{1!} + \frac{1}{2!} - \frac{1}{3!}\right)n(n-1)(n-2) + \cdots. \tag{11}$$

(이 공식은 다음 절에서 증명한다.) 이 식 (11)이 명백히 무한하게 보이긴 하지만, 실제로는 임의의 음이 아닌 정수 n에 대해 유한하다. 그러나 이것이 애초에 원했던 $n!$의 일반화는 아니다. 왜냐하면 n이 음이 아닌 정수가 아니면 무한 합이 존재하지 않기 때문이다. (연습문제 16 참고.)

여기서 포기하지 않고, 스털링은 다음과 같은 수열 $a_1, a_2, \ldots$를 찾아냈다.

$$\ln n! = a_1 n + a_2 n(n-1) + \cdots = \sum_{k \geq 0} a_{k+1} \prod_{0 \leq j \leq k} (n-j). \tag{12}$$

그가 이 합이 n의 모든 분수값들에 대해 $n!$을 정의함을 증명하지는 못했다. 그러나 그는 $\left(\frac{1}{2}\right)! = \sqrt{\pi}/2$라는 값을 이끌어 낼 수 있었다.

같은 시기에, 오일러Leonhard Euler 역시 동일한 문제를 고민했으며, 결국 그가 적절한 일반화를 최초로 발견했다. 일반화 공식은 다음과 같다.

$$n! = \lim_{m \to \infty} \frac{m^n m!}{(n+1)(n+2)\ldots(n+m)}. \tag{13}$$

오일러는 이러한 아이디어를 1729년 10월 13일 골드바흐Christian Goldbach에게 보내는 한 통의 편지에서 드러냈는데, 그의 공식은 n이 음의 정수가 아닌 한에서 $n!$을 정의한다. n이 음의 정수이면 분모가 0이 되어 버리고, 그러면 $n!$은 무한대가 된다. 연습문제 8과 22는 식 (13)이 왜 합당한 정의인지 설명한다.

거의 두 세기가 지난 1900년에 에르미트C. Hermite는 스털링의 아이디어 (12)가 실제로 비정수 n에 대해 $n!$을 성공적으로 정의하며, 사실 오일러와 스털링의 일반화들이 동일함을 증명했다.

초기에는 계승을 표기하는 방법이 여러 가지였다. 오일러는 $[n]$으로 표기했고 가우스Gauss는

$\Pi\, n$을 사용했으며, 영국과 이탈리아에서는 $\lfloor n$과 $n\rfloor$이라는 기호가 많이 쓰였다. 오늘날 정수 n의 계승에 보편적으로 쓰이는 $n!$이라는 표기는 비교적 알려지지 않은 수학자인 크랑Christian Kramp이 그의 대수 교과서 *Élémens d'Arithmétique Universelle* (Cologne: 1808)에서 소개한 것이다.

그런데 n이 정수가 아닐 때에는 $n!$이 그리 보편적으로 쓰이지 않는다. 이 책에서는 르장드르A. M. Legendre에서 기인한 다음과 같은 표기법을 사용하기로 한다.

$$n! = \Gamma(n+1) = n\Gamma(n). \tag{14}$$

이 함수 $\Gamma(x)$를 감마함수라고 부른다. 식 (13)에 의해 이 함수는 다음과 같이 정의된다.

$$\Gamma(x) = \frac{x!}{x} = \lim_{m\to\infty} \frac{m^x m!}{x(x+1)(x+2)\ldots(x+m)}. \tag{15}$$

그림 7은 $\Gamma(x)$의 그래프이다.

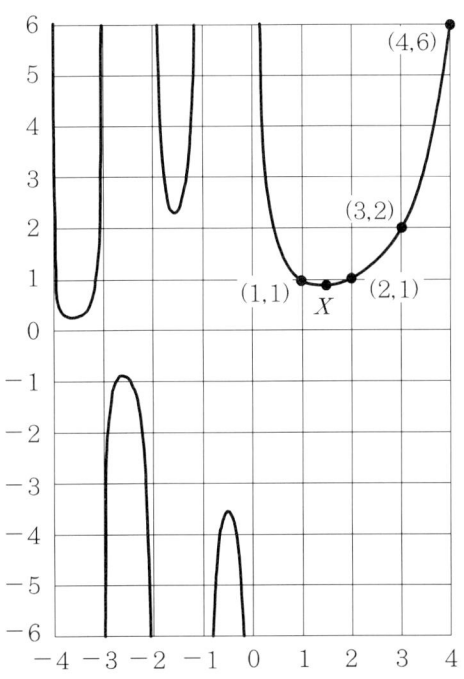

그림 7. 함수 $\Gamma(x) = (x-1)!$. 극소점(국소 최소) X의 좌표는
(1.46163214496836234126262595, 0.88560319441088870027788159)이다.

식 (13)과 (15)의 계승과 감마함수는 실수뿐만 아니라 복소수에 대해서도 유효하다. 그런데 복소수 변수, 즉 실수부와 허수부를 모두 가진 변수를 다룰 때에는 일반적으로 n이나 x 대신 z라는 글자를 사용한다. 복소수의 경우 계승과 감마함수에는 $z! = \Gamma(z+1)$이라는 규칙뿐만 아니라 다음과 같은 규칙도 관련된다.

$$(-z)!\Gamma(z) = \frac{\pi}{\sin\pi z}. \tag{16}$$

이것은 z가 정수가 아닌 모든 경우에 성립한다. (연습문제 23 참고.)

$\Gamma(z)$는 z가 0이나 음의 정수일 때 무한이 되는 반면, 함수 $1/\Gamma(z)$는 모든 복소수 z에 대해 유효한 정의를 가진다(well-defined). (연습문제 1.2.7-24 참고.) 감마함수의 고급 응용에서는 한켈 Hermann Hankel이 고안한 다음과 같은 중요한 경로적분(contour integral) 공식이 종종 쓰인다.

$$\frac{1}{\Gamma(z)} = \frac{1}{2\pi i} \oint \frac{e^t dt}{t^z}. \tag{17}$$

복소 적분의 경로는 $-\infty$에서 시작해서 원점을 반시계 방향으로 돌아 $-\infty$로 돌아온다. 〔*Zeitschrift für Math. und Physik* **9** (1864), 1-21.〕

이산수학(離散數學, discrete mathematics)의 많은 공식들은 차례거듭제곱(factorial powers)[†] 이라고 부르는 계승과 비슷한 곱들을 사용한다. k가 양의 정수일 때 수량 $x^{\underline{k}}$와 $x^{\overline{k}}$(각각 "x의 k 내림제곱", "x의 k올림제곱"[††] 이라고 읽는다)를 다음과 같이 정의한다.

$$x^{\underline{k}} = x(x-1)\dots(x-k+1) = \prod_{j=0}^{k-1}(x-j). \tag{18}$$

$$x^{\overline{k}} = x(x+1)\dots(x+k-1) = \prod_{j=0}^{k-1}(x+j). \tag{19}$$

따라서 예를 들어 (2)의 p_{nk}는 그냥 $n^{\underline{k}}$이다. 다음의 관계에 주목하자.

$$x^{\overline{k}} = (x+k-1)^{\underline{k}} = (-1)^k(-x)^{\underline{k}}. \tag{20}$$

다음과 같은 일반 공식들을

$$x^{\underline{k}} = \frac{x!}{(x-k)!}, \qquad x^{\overline{k}} = \frac{\Gamma(x+k)}{\Gamma(x)} \tag{21}$$

k의 다른 값들에 대한 차례거듭제곱을 정의하는 데 사용할 수 있다. 〔표기법 $x^{\overline{k}}$와 $x^{\underline{k}}$는 각각 카펠리 A. Capelli의 *Giornale di Mat. di Battaglini* **31** (1893), 291-313과 토스카노 L. Toscano의 *Comment. Accademia della Scienze* **3** (1939), 721-757에서 비롯되었다.〕

스털링에서부터 오늘날에 이르기까지 계승의 흥미로운 역사를 데이비스 P. J. Davis의 글 "Leonhard Euler's integral: A historical profile of the gamma function," *AMM* **66** (1959), 849-869에서 볼 수 있다. 또한 J. Dutka, *Archive for History of Exact Sciences* **31** (1984), 15-34도 보라.

[†] 〔옮긴이 주〕 대한수학회 용어집에 없는 용어로, 김민식이 제안했다(2006년).

[††] 〔옮긴이 주〕 원문은 각각 "x to the k falling", "x to the k rising"이다. 대한수학회 용어집에는 이들에 해당하는 용어들이 아직 없다. k내림제곱과 k올림제곱은 김민식이 제안했다(206년).

연습문제

1. 〔00〕 52장의 카드 한 벌을 섞는 방법은 모두 몇 가지인가?

2. 〔10〕 식 (2)의 표기법을 따른다고 할 때 $p_{n(n-1)} = p_{nn}$ 임을 증명하고 왜 이런 일이 생기는지를 설명하라.

3. 〔10〕 방법 1, 2를 각각 사용해서 순열 3 1 2 4로부터 만들어낼 수 있는 $\{1, 2, 3, 4, 5\}$의 순열들은 무엇인가?

▶ **4.** 〔13〕 $\log_{10} 1000! = 2567.60464...$ 라는 사실이 주어졌을 때, 수 1000!이 10진 몇 자리인지를 정확히 결정하라. 최상위 숫자(most significant digit)는 무엇인가? 최하위 숫자(least significant disit)† 는 무엇인가?

5. 〔15〕 다음은 스털링의 근사법에 좀 더 가까운 버전이다. 이것을 이용해서 8!의 근사값을 구하라.

$$n! \approx \sqrt{2\pi n} \left(\frac{n}{e}\right)^n \left(1 + \frac{1}{12n}\right).$$

▶ **6.** 〔17〕 식 (8)을 이용해서 20!을 소인수들의 곱으로 표현하라.

7. 〔M10〕 식 (10)에 나온 "일반화된 종료 함수"가 모든 실수 x에 대해 항등식 $x? = x + (x-1)?$ 를 만족함을 보여라.

8. 〔HM15〕 n이 음이 아닌 정수일 때 식 (13)의 극한이 실제로 $n!$과 같음을 보여라.

9. 〔M10〕 $\left(\frac{1}{2}\right)! = \sqrt{\pi/2}$ 로 주어졌을 때, $\Gamma\left(\frac{1}{2}\right)$의 값과 $\Gamma\left(-\frac{1}{2}\right)$의 값을 결정하라.

▶ **10.** 〔HM20〕 항등식 $\Gamma(x+1) = x\Gamma(x)$가 모든 실수 x에 성립하는가? (연습문제 7 참고.)

11. 〔M15〕 수 n을 2진수 체계에서 $n = 2^{e_1} + 2^{e_2} + \cdots + 2^{e_r}$ 으로 표현한다고 하자. 여기서 $e_1 > e_2 > \cdots > e_r \geq 0$이다. 이 때 $n!$을 2^{n-r} 으로는 나눌 수 있지만 2^{n-r+1} 으로는 나눌 수 없음을 보여라.

▶ **12.** 〔M22〕 (르장드르, 1808.) 연습문제 11의 결과를 일반화해서, p가 소수이고 p진수 체계에서 n을 $n = a_k p^k + a_{k-1} p^{k-1} + \cdots + a_1 p + a_0$ 로 표현한다고 하자. 식 (8)의 μ를 n, p, a들을 포함하는 간단한 공식으로 표현하라.

13. 〔M23〕 (윌슨 정리(Wilson's theorem), 그러나 실제로는 라이프니츠Leibniz, 1682에 기인한 것임.) 만일 p가 소수이면 $(p-1)! \bmod p = p - 1$이다. 이를 $\{1, 2, ..., p-1\}$의 수들 중 곱을 p로 나눈 나머지가 1인 두 수를 짝을 지어서 증명하라.

---

† 〔옮긴이 주〕 최상위, 최하위 숫자는 좀 더 정확하게 말하면 주어진 수의 값에 미치는 '의미'가 가장 큰 숫자와 가장 작은 숫자를 말하며, 이는 결국 유효자리가 가장 높은 숫자와 가장 낮은 숫자를 뜻한다. 여기에 쓰인 최상위, 최하위라는 번역어는 프로그래밍에서 most significant bit(MSB), least significant bit(LSB)를 흔히 최상위 비트, 최하위 비트라고 부르는 데에서 비롯된 것이다. 아주 정확하다고는 할 수 없지만 그렇다고 틀린 것도 아닌데, 왜냐하면 유효자릿수들 중 가장 높은 자리, 가장 낮은 자리라는 개념이 반영되어 있기 때문이다.

▶ **14.** [*M28*] (슈티켈베르거L. Stickelberger, 1890.) 연습문제 12의 표기를 따른다고 할 때, 임의의 양의 정수 n에 대해 $n! \bmod p$를 p진 표현을 통해서 결정할 수 있다. 이는 윌슨 정리의 일반화이다. 실제로 $n!/p^{\mu} \equiv (-1)^{\mu} a_0! \, a_1! \dots a_k! \pmod{p}$임을 증명하라.

15. [*HM15*] 정방행렬(正方-, square matrix)의 영구식(permanent)은 행렬식과 비슷한 전개 방식으로 정의된다. 행렬식에서는 각 항의 부호($+$, $-$)가 번갈아 나오지만, 영구식에서는 항상 플러스 기호가 주어진다. 즉, 다음 행렬과 같은 정방행렬의

$$\begin{pmatrix} a & b & c \\ d & e & f \\ g & h & i \end{pmatrix}$$

영구식은 $aei + bfg + cdh + gec + hfa + idb$이다. 그렇다면 다음 행렬의 영구식은 무엇인가?

$$\begin{pmatrix} 1 \times 1 & 1 \times 2 & \dots & 1 \times n \\ 2 \times 1 & 2 \times 2 & \dots & 2 \times n \\ \vdots & \vdots & \ddots & \vdots \\ n \times 1 & n \times 2 & \dots & n \times n \end{pmatrix}$$

16. [*HM15*] 식 (11)의 무한 합은 n이 음이 아닌 정수가 아니면 수렴하지 않음을 보여라.

17. [*HM20*] 만일 $\alpha_1 + \dots + \alpha_k = \beta_1 + \dots + \beta_k$이고 β들 중 어떤 것도 음의 정수가 아니면 무한곱

$$\cdot \prod_{n \geq 1} \frac{(n+\alpha_1)\dots(n+\alpha_k)}{(n+\beta_1)\dots(n+\beta_k)}$$

이 $\Gamma(1+\beta_1) \dots \Gamma(1+\beta_k) / \Gamma(1+\alpha_1) \dots \Gamma(1+\alpha_k)$와 같음을 증명하라.

18. [*M20*] $\pi/2 = \frac{2}{1} \cdot \frac{2}{3} \cdot \frac{4}{3} \cdot \frac{4}{5} \cdot \frac{6}{5} \cdot \frac{6}{7} \cdot \dots$이라 하자. (이것은 "월리스 곱"(Wallis's product)이라고 하는 것으로, 월리스J. Wallis가 1655년에 얻었다. 이 책에서는 연습문제 1.2.6-43에서 이 곱을 증명한다.) 연습문제 17을 이용해서 $\left(\frac{1}{2}\right)! = \sqrt{\pi}/2$를 증명하라.

19. [*HM22*] 식 (15)의 "$\lim_{m \to \infty}$" 뒤에 나오는 수량을 $\Gamma_m(x)$로 나타내기로 하자. 만일 $x > 0$이면

$$\Gamma_m(x) = \int_0^m \left(1 - \frac{t}{m}\right)^m t^{x-1} dt = m^x \int_0^1 (1-t)^m t^{x-1} dt$$

임을 보여라.

20. [*HM21*] $0 \leq t \leq m$일 때 $0 \leq e^{-t} - (1 - t/m)^m \leq t^2 e^{-t}/m$이라는 사실과 연습문제 19를 이용해서, 만일 $x > 0$이면 $\Gamma(x) = \int_0^{\infty} e^{-t} t^{x-1} dt$임을 보여라.

21. [*HM25*] (아르보가L. F. A. Arbogast, 1800.) $D_x^k u$가 함수 u의 x에 대한 k차 도함수(미분)를 뜻한다고 하자. 연쇄법칙(chain rule)에 의해 $D_x^1 w = D_u^1 w \, D_x^1 u$이다. 만일 이것을 2차 도함수에 적용하면 $D_x^2 w = D_u^2 w (D_x^1 u)^2 + D_u^1 w \, D_x^2 u$가 나온다. 이러한 것들의 일반적 형태가

$$D_x^n w = \sum_{j=0}^{n} \sum_{\substack{k_1+k_2+\cdots+k_n=j \\ k_1+2k_2+\cdots+nk_n=n \\ k_1,k_2,\ldots,k_n \geq 0}} D_u^j w \frac{n!}{k_1!(1!)^{k_1}\ldots k_n!(n!)^{k_n}} (D_x^1 u)^{k_1} \cdots (D_x^n u)^{k_n}$$

임을 보여라.

▶ **22.** 〔HM20〕 잠시 오일러의 입장이 되어, 정수가 아닌 n 값들에 대한 $n!$을 일반화하는 방법을 찾아 보자. $(n+\frac{1}{2})!/n! \times ((n+\frac{1}{2})+\frac{1}{2})!/(n+\frac{1}{2})!$은 $(n+1)!/n! = n+1$과 같으므로 $(n+\frac{1}{2})!/n!$ 이 $\sqrt{n}$ 으로 근사되어야 함이 마땅해 보인다. 마찬가지 논지에서 $(n+\frac{1}{3})!/n!$은 약 n의 3제곱근으로 근사되어야 할 것이다. n이 무한에 접근할 때의 비율 $(n+x)!/n!$에 대한 가설을 고안하라. 그 가설이 x가 정수가 아닐 때의 $x!$의 값을 근사하는 문제에 대해 뭔가 의미를 가지는가?

23. 〔HM20〕 $\pi z \prod_{n=1}^{\infty} (1-z^2/n^2) = \sin \pi z$ 라는 사실 하에서 (16)을 증명하라.

▶ **24.** 〔HM21〕 다음과 같은 편리한 부등식을 증명하라.

$$\frac{n^n}{e^{n-1}} \leq n! \leq \frac{n^{n+1}}{e^{n-1}}, \qquad \text{정수 } n \geq 1.$$

〔힌트: 모든 실수 x에 대해 $1+x \leq e^x$이며, 따라서 $(k+1)/k \leq e^{1/k} \leq k/(k-1)$이다.〕

25. 〔M20〕 보통의 지수 법칙 $x^{m+n} = x^m x^n$에 비견할 수 있는, 차례거듭제곱에 적용되는 지수 법칙(들)을 말하라.

1.2.6 이항계수

n개의 객체들 중 k개를 택해서 만든 조합(combination)이란 n개의 객체들로 된 모임에서 k개의 서로 다른 요소들을 순서와 무관하게 뽑을 때 나오는 것들을 말한다. 예를 들어 다섯 객체 $\{a,b,c,d,e\}$에서 한 번에 세 개를 뽑아 만들 수 있는 조합들은 다음과 같다.

$$abc, \ abd, \ abe, \ acd, \ ace, \ ade, \ bcd, \ bce, \ bde, \ cde \tag{1}$$

n 객체들의 k 조합들의 총 개수를 세는 문제는 간단하다. 1.2.5절의 식 (2)는 한 순열의 처음 k 객체들을 선택하는 방법이 $n(n-1)\ldots(n-k+1)$가지임을 말해준다. 이러한 배치에서 각 조합은 그 자신의 순열들 모두에서 나타나므로, 결국 모든 k 조합은 정확히 $k!$번 나타난다. 따라서 $\binom{n}{k}$로 표기하는 조합의 수는 다음과 같이 정의된다.

$$\binom{n}{k} = \frac{n(n-1)\ldots(n-k+1)}{k(k-1)\ldots(1)}. \tag{2}$$

예를 들어 (1)에 나온 조합들의 수를 이 공식으로 구하면 다음과 같다.

$$\binom{5}{3} = \frac{5 \cdot 4 \cdot 3}{3 \cdot 2 \cdot 1} = 10.$$

수량 $\binom{n}{k}$를 "n개에서 k개를 택한다"라고 읽으며 이항계수(二項係數, binomial coefficient)라고 부른다. 이 수들의 응용 범위는 엄청나게 넓어서, 아마도 알고리즘 분석에서 가장 중요한 수량이라 할 수 있을 것이다. 따라서 독자는 이 이항계수에 반드시 익숙해질 필요가 있다.

식 (2)는 n이 정수가 아닐 때에도 $\binom{n}{k}$를 정의하는 데 사용할 수 있다. 엄밀함을 위해, 모든 실수 r과 모든 정수 k에 대해 기호 $\binom{r}{k}$를 다음과 같이 정의한다.

$$\binom{r}{k} = \frac{r(r-1)\dots(r-k+1)}{k(k-1)\dots(1)} = \frac{r^{\underline{k}}}{k!} = \prod_{j=1}^{k} \frac{r+1-j}{j}, \qquad \text{정수 } k \geq 0 \text{일 때};$$
$$\binom{r}{k} = 0, \qquad\qquad\qquad \text{정수 } k < 0 \text{일 때}. \tag{3}$$

특히,

$$\binom{r}{0} = 1, \quad \binom{r}{1} = r, \quad \binom{r}{2} = \frac{r(r-1)}{2} \tag{4}$$

이다. 표 1은 r과 k의 몇 가지 작은 정수 값들에 대한 이항계수들을 정리한 것이다. $0 \leq r \leq 4$인 값들은 외워두어야 한다.

이항계수에는 길고 흥미로운 역사가 있다. 표 1을 "파스칼 삼각형"이라고 부르는데, 왜냐하면 이것이 파스칼Blaise Pascal의 *Traité du Triangle Arithmétique* (1653)에 나온 것이기 때문이다. 이 논문은 확률론에 대한 첫 번째 저작이라는 점에서 중요하나, 파스칼이 이항계수 자체를 창안한 것은 아니다(이항계수는 당시의 유럽에서 이미 잘 알려져 있었다). 표 1은 중국의 수학자 주세걸朱世傑이 1303년에 쓴 사원옥감(四元玉鑑)[†]에도 나온다. 그 책에는 이 표가 오래 전에 만들어진 것이라고 나와 있다. 또 1261년의 양휘楊輝의 글에는 이것이 가헌賈憲에 의해서 만들어진 것이라고 나와 있으나, 가헌의 저작은 유실된 상태이다. 이항계수에 대한 상세한 논의 중 가장 오랜 것으로 알려져 있는 것은 10세기 때의 고대 인도(힌두) 고전인 핑갈라Piṅgala의 *Chandaḥsūtra*에 나오는 언급인데, 그에 의하면 이항계수는 할라유다Halāyudha에 기인한다고 한다. 〔G. Chakravarti, *Bull. Calcutta Math. Soc.* **24** (1932), 79–88 참고.〕 그 전에는 또 다른 인도 수학자 마하비라Mahāvīra가 $\binom{r}{k}$의 계산 규칙 (3)을 그의 책 *Gaṇita Sāra Saṅgraha* 6장에서 설명한 바 있다(850년 경). 그리고 1150년에는 바스카라Bhāskara가 그의 유명한 책 *Līlāvatī*에서 마하비라의 규칙을 되풀이했다. 작은 k 값들에 대한 이항계수들은 그보다 훨씬 일찍부터 알려져 있었는데, 그리스와 로마의 저작들에서는 그 값들이 기하학적 형태로 나타난다(그림 8). $\binom{r}{k}$라는 표기법은 폰에팅스하우젠Andreas von Ettingshausen이 그의 책 *Die combinatorische Analysis* (Vienna: 1826)의 §31에서 소개한 것이다.

[†] 〔옮긴이 주〕 이 사원옥감의 '원'은 요즘 식으로 말하면 미지수(x 등)이며, 현재에도 '2원 1차 연립방정식' 같은 용어에 쓰이고 있다. 실제로 이 책은 다원 고차 연립방정식의 해법을 체계화한 책이라고 한다. 〔김용국, 김용운, *중국수학사*, 대우학술총서 자연과학 109, 민음사, 1996, 233쪽 참고.〕

표 1

이항계수표(파스칼 삼각형)

r	$\binom{r}{0}$	$\binom{r}{1}$	$\binom{r}{2}$	$\binom{r}{3}$	$\binom{r}{4}$	$\binom{r}{5}$	$\binom{r}{6}$	$\binom{r}{7}$	$\binom{r}{8}$	$\binom{r}{9}$
0	1	0	0	0	0	0	0	0	0	0
1	1	1	0	0	0	0	0	0	0	0
2	1	2	1	0	0	0	0	0	0	0
3	1	3	3	1	0	0	0	0	0	0
4	1	4	6	4	1	0	0	0	0	0
5	1	5	10	10	5	1	0	0	0	0
6	1	6	15	20	15	6	1	0	0	0
7	1	7	21	35	35	21	7	1	0	0
8	1	8	28	56	70	56	28	8	1	0
9	1	9	36	84	126	126	84	36	9	1

표 1에서 몇 가지 흥미로운 패턴들을 볼 수 있을 것이다. 이항계수는 글자 그대로 수천 개의 항등식들을 만족하며, 수세기 동안 이항계수의 놀라운 성질들이 계속 발견되었다. 이항계수에 관련된 항등 관계들은 너무나 많기 때문에 누군가 새로운 항등식을 발견한다고 해도 발견자 빼고는 새로운 발견에 흥분하는 사람이 없을 정도이다. 알고리즘 분석 도중에 나타나는 공식들을 조작하려면 이항계수를 다루는 수단이 반드시 필요하며, 그런 차원에서 이번 절에서는 이항계수들을 다루는 간단한 방법 하나를 설명해볼 것이다. 마크 트웨인Mark Twain은 모든 농담들을 열댓 개의 기본적인 농담들(농부의 딸, 계모 등)로 줄이려 시도한 적이 있다. 그와 비슷하게, 이번 절에서는 이항계수에 관한 수천 개의 항등식들을 알고리즘 분석 과정에서 만나게 될 이항계수에 관련된 거의 모든 문제들을 푸는 데 사용할 수 있는 일단의 기본적인 연산들로 압축해 보겠다.

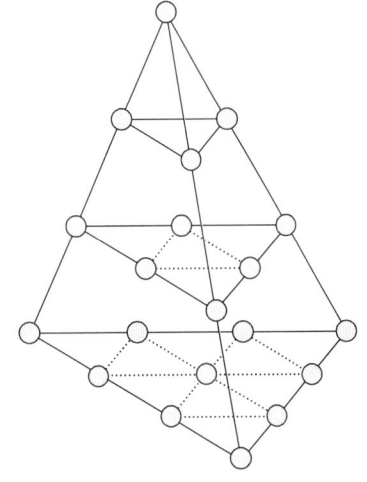

그림 8. $\binom{n+2}{3}$, $n=4$의 기하학적 표현.

대부분의 응용에서, $\binom{r}{k}$에 나타나는 수 r과 k는 정수이며, 여기서 설명하는 일부 기법들은 오직 그런 경우에만 적용할 수 있다. 따라서 적어도 오른쪽 끝에 번호가 붙는 수식들만이라도 수식에 쓰이는 변수들에 어떠한 제약조건이 존재하는지를 세심하게 살펴봐야 할 것이다. 예를 들어 식 (3)의 경우에는 k가 정수냐 아니냐에 관련된 제약이 존재한다. r에는 아무런 제약도 없다. 제약이 적을수록 더 유용한 항등식이다.

그럼 이항계수의 연산에 대한 기본적인 기법들을 살펴보자.

A. 계승을 이용한 표현. 식 (3)으로부터 다음이 직접 도출된다.

$$\binom{n}{k} = \frac{n!}{k!\,(n-k)!}, \quad \text{정수 } n \geq \text{정수 } k \geq 0. \tag{5}$$

이에 의해 계승들의 조합들을 이항계수들로 표현할 수 있다(그리고 그 역도 마찬가지).

B. 대칭조건. 식 (3)과 (5)로부터 다음이 나온다.

$$\binom{n}{k} = \binom{n}{n-k}, \quad \text{정수 } n \geq 0, \quad \text{정수 } k. \tag{6}$$

이 공식은 모든 정수 k에 대해 성립한다. *k가 음이거나 n보다 크면 이항계수는 0이다*(n이 음이 아닌 정수라 할 때).

C. 괄호 밖으로 빼기/안으로 넣기. 정의 (3)으로부터 다음이 나온다.

$$\binom{r}{k} = \frac{r}{k}\binom{r-1}{k-1}, \quad \text{정수 } k \neq 0. \tag{7}$$

이 공식은 이항계수를 수식의 다른 부분들과 결합할 때 매우 유용하다. 기본적인 변환에 의해 다음과 같은 규칙들을 얻을 수 있다.

$$k\binom{r}{k} = r\binom{r-1}{k-1}, \quad \frac{1}{r}\binom{r}{k} = \frac{1}{k}\binom{r-1}{k-1}.$$

처음 것은 모든 정수 k에 대해 유효하며 두 번째 것은 0으로 나누기가 일어나지 않는 경우에 유효하다. 그리고 이와 비슷한 다음과 같은 관계도 있다.

$$\binom{r}{k} = \frac{r}{r-k}\binom{r-1}{k}, \quad \text{정수 } k \neq r. \tag{8}$$

이러한 변환들을 응용하는 한 예로, 식 (6)과 (7)을 번갈아 사용해서 식 (8)을 증명해 보자.

$$\binom{r}{k} = \binom{r}{r-k} = \frac{r}{r-k}\binom{r-1}{r-1-k} = \frac{r}{r-k}\binom{r-1}{k}.$$

[참고: 식 (6)과 (7)에 있는 제한 때문에, 이 유도는 r이 양의 정수이고 $r \neq k$일 때에만 유효하다. 그러나 식 (8) 자체는 임의의 $r \neq k$에 대해 유효하다. 이를 지금부터 이야기하는 간단하고도 중요한 한 가지 방식으로 증명할 수 있다. 무한히 많은 r 값들에 대해

$$r\binom{r-1}{k} = (r-k)\binom{r}{k}$$

임은 이미 입증했었다. 이 등식의 양변은 r의 다항식(多項式, polynomial)이다. 0이 아닌 n차 다항식은 많아야 n개의 개별적인 0들을 가진다. 따라서 (빼기에 의해) *만일 n보다 작거나 같은 차수의 두 다항식이 $n+1$ 이상의 서로 다른 점들에서 만난다면, 그 다항식들은 항상 같다*(identically equal). 정수에 대해 성립하는 수많은 항등식들을 모든 실수에 대해서도 성립하도록 확장하는 데 이 원칙을 사용할 수 있다.]

D. 덧셈 공식. 다음과 같은 기본적인 관계식이 있다.

$$\binom{r}{k} = \binom{r-1}{k} + \binom{r-1}{k-1}, \quad \text{정수 } k. \tag{9}$$

표 1의 값들에 대해서 이것이 성립함은 명백하다. 그리고 식 (3)을 이용하면 일반적인 정수 k들에 대해서도 이를 쉽게 확인할 수 있다. 아니면, 식 (7)과 (8)로 다음을 얻음으로써 (9)를 확인할 수도 있다.

$$r\binom{r-1}{k} + r\binom{r-1}{k-1} = (r-k)\binom{r}{k} + k\binom{r}{k} = r\binom{r}{k}.$$

식 (9)는 정수인 r에 대한 귀납을 통해서 증명을 얻는 경우에 유용한 경우가 많다.

E. 합 공식. (9)를 반복해서 적용하면 다음을 얻는다.

$$\binom{r}{k} = \binom{r-1}{k} + \binom{r-1}{k-1} = \binom{r-1}{k} + \binom{r-2}{k-1} + \binom{r-2}{k-2} = \cdots;$$

또는

$$\binom{r}{k} = \binom{r-1}{k-1} + \binom{r-1}{k} = \binom{r-1}{k-1} + \binom{r-2}{k-1} + \binom{r-2}{k} = \cdots.$$

이로부터 다음과 같은 두 가지 중요한 합 공식들을 이끌어낼 수 있다.

$$\sum_{k=0}^{n}\binom{r+k}{k} = \binom{r}{0} + \binom{r+1}{1} + \cdots + \binom{r+n}{n} = \binom{r+n+1}{n}, \quad 정수\ n \geq 0; \qquad (10)$$

$$\sum_{k=0}^{n}\binom{k}{m} = \binom{0}{m} + \binom{1}{m} + \cdots + \binom{n}{m} = \binom{n+1}{m+1}, \quad 정수\ m \geq 0,\ 정수\ n \geq 0. \qquad (11)$$

식 (11)은 n에 대한 귀납법으로 쉽게 증명할 수 있다. 흥미로운 것은 (11)을 다음처럼 식 (10)으로부터 이끌어낼 수 있다는 점이다(식 (6)을 두 번 적용했다).

$$\sum_{0 \leq k \leq n}\binom{k}{m} = \sum_{0 \leq m+k \leq n}\binom{m+k}{m} = \sum_{-m \leq k < 0}\binom{m+k}{m} + \sum_{0 \leq k \leq n-m}\binom{m+k}{k}$$

$$= 0 + \binom{m+(n-m)+1}{n-m} = \binom{n+1}{m+1}.$$

이는 $n \geq m$이라고 가정한 것이다. 만일 $n < m$이면 식 (11)은 자명하다.

식 (11)은 실제 응용에서 매우 자주 나타난다. 사실 이것의 특별한 형태들을 이전 절들에서 이미 유도한 적이 있다. 예를 들어 $m = 1$이면 익히 알고 있는 등차수열의 합이 된다.

$$\binom{0}{1} + \binom{1}{1} + \cdots + \binom{n}{1} = 0 + 1 + \cdots + n = \binom{n+1}{2} = \frac{(n+1)n}{2}.$$

합 $1^2 + 2^2 + \cdots + n^2$에 대한 간단한 공식이 필요하다고 하자. $k^2 = 2\binom{k}{2} + \binom{k}{1}$라는 사실을 이용해서 그러한 공식을 만들 수 있다. 즉:

$$\sum_{k=0}^{n} k^2 = \sum_{k=0}^{n}\left(2\binom{k}{2} + \binom{k}{1}\right) = 2\binom{n+1}{3} + \binom{n+1}{2}.$$

이 답은 이항계수를 이용해서 표현한 것인데, 필요하다면 이를 다시 다항식 형태로 되돌리는 것도 가능하다.

$$1^2 + 2^2 + \cdots + n^2 = 2\frac{(n+1)n(n-1)}{6} + \frac{(n+1)n}{2} = \frac{1}{3}n\left(n+\frac{1}{2}\right)(n+1). \qquad (12)$$

합 $1^3 + 2^3 + \cdots + n^3$에 대한 공식도 비슷한 방식으로 얻을 수 있다. 좀 더 일반화하자면, 임의의 다항식 $a_0 + a_1 k + a_2 k^2 + \cdots + a_m k^m$을 적절히 선택된 계수 $b_0, \ldots, b_m$에 대한 $b_0\binom{k}{0} + b_1\binom{k}{1} + \cdots + b_m\binom{k}{m}$로 표현할 수 있다. 이 주제에 대해서는 이후 다시 이야기하겠다.

F. 이항정리. 당연한 말이겠지만, 다음과 같은 이항정리(二項定理, binomial theorem)도 우리의 기본적인 도구들 중 하나이다.

$$(x+y)^r = \sum_k \binom{r}{k}x^k y^{r-k}, \quad \text{정수 } r \geq 0. \qquad (13)$$

예를 들면 $(x+y)^4 = x^4 + 4x^3 y + 6x^2 y^2 + 4xy^3 + y^4$이다. (드디어 $\binom{r}{k}$라는 수들을 "이항계수"라고 부르는 이유를 보여주는 예가 나왔다).

식 (13)을 보면 예상과는 달리 $\sum_{k=0}^{r}$이 아니라 그냥 $\sum_k$로 되어 있다. k에 대한 제약이 없으므로, 이것은 모든 정수 $-\infty < k < +\infty$를 구간으로 하는 합에 해당한다. 그러나 어차피 $k < 0$이거나 $k > r$이면 식 (13)의 항들은 0이 되므로 두 표기는 같은 의미가 된다. 합에 가해진 조건이 단순할수록 합에 대한 모든 조작들 역시 단순해지므로, 보다 단순한 형태인 $\sum_k$를 사용하는 것이 바람직하다. 합의 상, 하한을 신경 쓰지 않아도 된다면 지루한 작업이 상당히 줄어들기 때문에, 가능한 한 그런 한계들을 생략할 필요가 있다. 단순한 형태 $\sum_k$에는 또 다른 장점이 존재한다. r이 음이 아닌 정수이면 식 (13)은 무한 합이 되며, 미적분의 이항정리는 만일 $|x/y| < 1$이면 *식 (13)이 모든 r에 대해 유효하다*는 것을 나타낸다.

식 (13)에서 다음과 같은 사실이 나옴을 주목할 필요가 있다.

$$0^0 = 1. \qquad (14)$$

이 책에서는 이 규칙을 일관되게 사용한다.

$y = 1$일 때의 식 (13)은 매우 중요한 특수 경우이기 때문에 구체적으로 언급할 필요가 있다.

$$\sum_k \binom{r}{k}x^k = (1+x)^r, \quad \text{정수 } r \geq 0 \text{ 또는 } |x| < 1. \qquad (15)$$

이항정리의 발견은 뉴턴Isaac Newton이 올던버그Oldenburg에게 보낸 1676년 6월 13일과 1676년 10월 24일자 편지들에 나타나 있다. 〔D. Struik, *Source Book in Mathematics* (Harvard Univ. Press, 1969), 284-291 참고.〕 그러나 뉴턴이 그 공식을 실질적으로 증명하지는 않았는데, 당시에는 그에 대한 엄격한 증명의 필요성이 충분히 인식되지 않았기 때문일 것이다. 증명을 처음으로 시도한 사람은 오일러L. Euler였다(1774). 그러나 완전히 성공하지는 못해서, 결국 실질적인 증명은 1812년 가우스C. F. Gauss에 의해 최초로 제시되었다. 사실, 무한 합에 대한 뭔가를 만족스럽게 증명한 것은 가우스의 그 성과가 최초였다.

아벨N. H. Abel은 19세기 초에 이항 공식 (13)의 놀랄만한 일반화를 발견해냈는데, 다음과 같다.

$$(x+y)^n = \sum_k \binom{n}{k} x(x-kz)^{k-1}(y+kz)^{n-k}, \quad 정수 \ n \geq 0, \ x \neq 0. \tag{16}$$

이것은 세 변수 x, y, z에 대한 항등식이다(연습문제 50~52 참고.) 아벨은 이 공식과 그 증명을 크렐A. L. Crelle의 곧 유명해질 저널 *Journal für die reine und angewandte Mathematik* (1826) 1권 159-160에 발표했다. 아벨이 같은 책 1권에 다른 여러 논문들(5차 이상의 대수 방정식은 추상근 (radical)으로는 풀 수 없다는 데에 대한 것과 이항정리에 대한 것을 비롯해서)도 기고했다는 점이 흥미롭다. 식 (16)에 관련된 여러 참고자료가 굴드H. W. Gould, *AMM* **69** (1962), 572에 나와 있다.

G. 〔윗 색인의 부정〕. 정의 (3)의 분자의 각 항을 부정[+] 하면 다음과 같은 기본적인 항등식이 나온다.

$$\binom{r}{k} = (-1)^k \binom{k-r-1}{k}, \quad 정수 \ k. \tag{17}$$

이 항등식은 윗 색인의 변환에 종종 유용하다.

식 (17)에서 쉽게 이끌어낼 수 있는 것들 중에 다음과 같은 합 공식이 있다.

$$\sum_{k \leq n} \binom{r}{k}(-1)^k = \binom{r}{0} - \binom{r}{1} + \cdots + (-1)^n \binom{r}{n} = (-1)^n \binom{r-1}{n}, \quad 정수 \ n. \tag{18}$$

이 항등식은 식 (9)를 이용해서 귀납법으로 증명할 수도 있지만, 다음처럼 식 (17)과 (10)을 직접 사용해서 증명하는 것도 가능하다.

$$\sum_{k \leq n} \binom{r}{k}(-1)^k = \sum_{k \leq n} \binom{k-r-1}{k} = \binom{-r+n}{n} = (-1)^n \binom{r-1}{n}.$$

다음은 r이 정수일 때의 식 (17)의 또 다른 중요한 응용이다.

$$\binom{n}{m} = (-1)^{n-m} \binom{-(m+1)}{n-m}, \quad 정수 \ n \geq 0, \quad 정수 \ m. \tag{19}$$

(식 (17)에서 $r = n$, $k = n - m$으로 두고 (6)을 적용한 것이다. 또한 n을 윗자리에서 아랫자리로 옮겼다.)

H. 〔곱의 단순화〕. 식에 이항계수들의 곱들이 나오는 경우, 식 (5)를 이용해서 이항계수 곱을 계승 형태로 전개하고 다시 이항계수 형태로 축약함으로써 그런 곱들을 다른 형태로 변환할 수 있는 경우가 많다. 예를 들면 다음과 같다.

$$\binom{r}{m}\binom{m}{k} = \binom{r}{k}\binom{r-k}{m-k}, \quad 정수 \ m, \quad 정수 \ k. \tag{20}$$

식 (20)은 r이 $\geq m$인 정수일 때(식 (8) 아래의 논증을 참고할 것), 그리고 $0 \leq k < m$일 때에 대해서 증명하는 것으로 충분하다. 그런 조건 하에서 증명은 다음과 같다.

[+] 〔옮긴이 주〕 negation, 부호를 반대로 하는 것.

$$\binom{r}{m}\binom{m}{k} = \frac{r!\,m!}{m!\,(r-m)!\,k!\,(m-k)!} = \frac{r!\,(r-k)!}{k!\,(r-k)!\,(m-k)!\,(r-m)!} = \binom{r}{k}\binom{r-k}{m-k}.$$

식 (20)은 한 색인(이 경우 m)이 위, 아래 모두에 나타날 때, 그리고 그것을 두 장소가 아니라 한 장소에만 나타나게 하고 싶은 경우에 매우 유용하다. 식 (7)은 식 (20)의 한 특수한 경우($k=1$일 때)임을 주목할 것.

I. 곱들의 합. 이항계수 조작 연산들의 마지막 항목으로, 매우 일반적인 항등식들을 제시해보겠다. 이들의 증명은 이번 절 끝의 연습문제로 다룬다. 다음의 공식들은 다양한(운행 변수 k가 나타날 수 있는 여러 위치에 따라) 두 이항계수들의 곱들에 대한 합을 계산하는 방법을 보여 준다.

$$\sum_k \binom{r}{k}\binom{s}{n-k} = \binom{r+s}{n}, \quad \text{정수 } n. \tag{21}$$

$$\sum_k \binom{r}{m+k}\binom{s}{n+k} = \binom{r+s}{r-m+n}, \quad \text{정수 } m, \text{ 정수 } n, \text{ 정수 } r \geq 0. \tag{22}$$

$$\sum_k \binom{r}{k}\binom{s+k}{n}(-1)^{r-k} = \binom{s}{n-r}, \quad \text{정수 } n, \text{ 정수 } r \geq 0. \tag{23}$$

$$\sum_{k=0}^{r} \binom{r-k}{m}\binom{s}{k-t}(-1)^{k-t} = \binom{r-t-s}{r-t-m},$$
$$\text{정수 } t \geq 0, \text{ 정수 } r \geq 0, \text{ 정수 } m \geq 0. \tag{24}$$

$$\sum_{k=0}^{r} \binom{r-k}{m}\binom{s+k}{n} = \binom{r+s+1}{m+n+1},$$
$$\text{정수 } n \geq \text{정수 } s \geq 0, \text{ 정수 } m \geq 0, \text{ 정수 } r \geq 0. \tag{25}$$

$$\sum_{k\geq 0} \binom{r-tk}{k}\binom{s-t(n-k)}{n-k}\frac{r}{r-tk} = \binom{r+s-tn}{n}, \quad \text{정수 } n. \tag{26}$$

이 항등식들 중 가장 중요한 것은 식 (21)이다. 이 식을 기억해 두어야 한다. 이 공식을 외우는 한 가지 방법은, 우변을 r명의 남자와 s명의 여자 중 n명을 택하는 경우의 수로 해석하고 좌변의 각 항을 k명의 남자와 $n-k$명의 여자를 택하는 경우의 수로 해석하는 것이다. 식 (21)을 흔히 방데르몽드 합성곱(Vandermonde's convolution)이라고 부르는데, 이는 이 식을 방데르몽드A. Vandermonde 가 *Mém. Acad. Roy. Sciences* (Paris, 1772), 1부, 489–498에 발표했기 때문이다. 그러나 이 공식은 사실 앞서 언급한 주세걸의 1303년 논문에 이미 나와 있던 것이다. 〔J. Needham, *Science and Civilization in China* **3** (Cambridge University Press, 1959), 138–139 참고.〕

식 (26)에서 만일 $r=tk$이면 분모를 분자의 한 인수와 약분함으로써 분모가 0이 되는 것을 피할 수 있다. 그러면 식 (26)은 변수 r, s, t의 한 다항 항등식이 된다. 식 (21)이 식 (26)의 $t=0$일 때의 특수한 경우임은 명백하다.

식 (23)과 (25)의 한 가지 명백하지 않은 용법을 지적할 필요가 있겠다. 어떤 것이냐 하면, 우변의 단순한 이항계수를 좌변의 좀 더 복잡한 표현으로 대체하고, 합의 순서를 바꾸고, 그것을 단순화하는 것이 유용한 경우가 있다는 점이다. 좌변들은

$$\binom{s}{n+a} \text{을} \binom{s+k}{n} \text{을 항으로 해서}$$

전개한 것이라고 간주할 수 있다.

공식 (23)은 음의 a에, 공식 (25)는 양의 a에 쓰인다.

이상으로 이항계수 조작에 대한 논의를 마치겠다. 특히 식 (5), (6), (7), (9), (13), (17), (20), (21)을 잘 익혀두기 바란다. 형광펜으로 표시해두면 좋을 것이다.

이러한 모든 방법들에 익숙하다면 이항계수와 관련된 거의 모든 문제를 적어도 세 가지 방식으로 풀 수 있다. 다음은 그러한 기법들을 보여주는 예이다.

예제 1. r이 양의 정수일 때 $\sum_k \binom{r}{k} \binom{s}{k} k$의 값은 무엇인가?

답. 공식 (7)을 이용해서 합 안의 k 하나를 제거한다.

$$\sum_k \binom{r}{k} \binom{s}{k} k = \sum_k \binom{r}{k} \binom{s-1}{k-1} s = s \sum_k \binom{r}{k} \binom{s-1}{k-1}.$$

이제 $m = 0$, $n = -1$로 두고 공식 (22)를 적용하면 다음과 같은 답이 나온다.

$$\sum_k \binom{r}{k} \binom{s}{k} k = \binom{r+s-1}{r-1} s, \quad \text{정수 } r \geq 0.$$

예제 2. n이 음이 아닌 정수일 때 $\sum_k \binom{n+k}{2k} \binom{2k}{k} \frac{(-1)^k}{k+1}$의 값은 무엇인가?

답. 이 문제는 조금 더 어렵다. 합의 색인변수 k가 무려 여섯 군데에 나온다. 우선 식 (20)을 적용해서 다음을 얻는다.

$$\sum_k \binom{n+k}{k} \binom{n}{k} \frac{(-1)^k}{k+1}.$$

원래 공식에 있던 까다로운 특성들이 많이 사라졌기 때문에 문제가 조금 쉬워졌다. 다음 단계는 명백하다. 식 (7)을 예제 1에서와 비슷한 방식으로 적용한다.

$$\sum_k \binom{n+k}{k} \binom{n+1}{k+1} \frac{(-1)^k}{n+1}. \tag{27}$$

k가 하나 더 사라졌다. 이제 두 가지 공략이 가능하다. 한 가지 방법은 이렇다. $k \geq 0$이라는 가정 하에서 $\binom{n+k}{k}$를 $\binom{n+k}{n}$로 대체하고 그 합을 식 (23)으로 평가한다.

$$\sum_{k \geq 0} \binom{n+k}{n} \binom{n+1}{k+1} \frac{(-1)^k}{n+1}$$

$$= -\frac{1}{n+1} \sum_{k \geq 1} \binom{n-1+k}{n} \binom{n+1}{k} (-1)^k$$

$$= -\frac{1}{n+1} \sum_{k \geq 0} \binom{n-1+k}{n} \binom{n+1}{k} (-1)^k + \frac{1}{n+1} \binom{n-1}{n}$$

$$= -\frac{1}{n+1}(-1)^{n+1}\binom{n-1}{-1} + \frac{1}{n+1}\binom{n-1}{n} = \frac{1}{n+1}\binom{n-1}{n}.$$

$n=0$인 경우를 제외할 때 이항계수 $\binom{n-1}{n}$는 0과 같으며, $n=0$이면 1과 같다. 따라서 아이버슨의 규약(식 1.2.3-(16))을 사용한다면 이 문제의 답을 $[n=0]$으로 표현할 수 있다. 크로네커 델타를 사용한다면 답은 δ_{n0}이 된다.

또 한 가지 방법은 이렇다. 식 (27)에서 시작해서, 그 식에 식 (17)을 적용해 다음을 얻는다.

$$\sum_k \binom{-(n+1)}{k}\binom{n+1}{k+1}\frac{1}{n+1}.$$

이제 식 (22)를 적용해서 다음과 같은 합을 얻는다.

$$\binom{n+1-(n+1)}{n+1-1+0}\frac{1}{n+1} = \binom{0}{n}\frac{1}{n+1}.$$

이번에도 원하는 답을 얻게 된다.

$$\sum_k \binom{n+k}{2k}\binom{2k}{k}\frac{(-1)^k}{k+1} = \delta_{n0}, \quad \text{정수 } n \ge 0. \tag{28}$$

예제 3. 양의 정수 m과 n에 대해, $\sum_k \binom{n+k}{m+2k}\binom{2k}{k}\frac{(-1)^k}{k+1}$의 값은 무엇인가?

답. m이 0이라면 예제 2와 같은 문제가 되겠지만, 여기서는 m이 양의 정수이다. 이 m 때문에 예제 2에서 사용했던 방법은 애초부터 불가능하다. 예제 2에서는 식 (20)을 적용하는 것으로 시작했는데, 이번 예제에서는 식 (20)이 더 이상 통하지 않기 때문이다. 이런 상황에서는 이 골치 아픈 $\binom{n+k}{m+2k}$를 $\binom{x+k}{2k}$ 형태의 합으로 대체해서 더욱 복잡하게 만드는 게 오히려 도움이 된다. 그렇게 대체하면 이미 해법을 알고 있는 합 문제가 되기 때문이다. 이를 위해 다음과 같이 설정하고

$$r = n+k-1, \quad m = 2k, \quad s = 0, \quad n = m-1,$$

식 (25)를 사용해서 다음을 얻는다.

$$\sum_k \sum_{0 \le j \le n+k-1} \binom{n+k-1-j}{2k}\binom{2k}{k}\binom{j}{m-1}\frac{(-1)^k}{k+1}. \tag{29}$$

k에 대한 합을 먼저 수행한다면 좋겠지만, 교환법칙으로 합의 순서를 바꾸기 위해서는 ≥ 0이고 $\ge j-n+1$인 k 값들에 대해 합을 구해야 한다. 안타깝게도, $k \ge j-n+1$이라는 조건이 문제를 일으킨다. 왜냐하면 $j \ge n$일 때에는 원하는 합을 알지 못하기 때문이다. 다행히, (29)의 항들이 $n \le j \le n+k-1$일 때 0이 된다는 사실로 이 난국을 극복할 수 있다. 이 조건은 $k \ge 1$임을, 따라서 $0 \le n+k-1-j \le k-1 < 2k$임을 의미한다. 이 덕분에 (29)의 첫 이항계수는 사라진다. 이제 둘째 합의 조건을 $0 \le j < n$으로 대체할 수 있으며, 그러면 합의 순서를 쉽게 바꿀 수 있다. 식 (28)로 k에 대해 합을 계산하면 다음이 나온다.

$$\sum_{0 \le j < n} \binom{j}{m-1} \delta_{(n-1-j)0}.$$

이 합의 항들은 $j = n-1$인 경우를 제외하고는 모두 0이다. 따라서 최종적인 답은:

$$\binom{n-1}{m-1}.$$

이 문제의 해법은 이렇듯 상당히 복잡하지만, 아주 불가사의할 정도는 아니다. 각 단계를 넘어갈 때마다 그럴만한 이유가 존재한다. 이러한 유도는 등식의 조건들에 대한 다소간의 미묘한 조작을 보여준다는 점에서 독자가 세심히 연구해 볼 필요가 있다. 주어진 합을 식 (26)이 적용되는 형태로 변환하는 것은 독자의 몫으로 남겨두겠다(연습문제 30).

예제 4. 다음을 증명하라.

$$\sum_k A_k(r,t) A_{n-k}(s,t) = A_n(r+s,t), \quad 정수 \ n \ge 0. \tag{30}$$

여기서 $A_n(x,t)$는 다음을 만족하는 x의 n차 다항식이다.

$$x \ne nt에 \ 대해, \quad A_n(x,t) = \binom{x-nt}{n} \frac{x}{x-nt}.$$

답. 식 (30)의 양변은 r, s, t의 다항식들이므로, $0 \le k \le n$에 대해 $r \ne kt \ne s$라고 가정할 수 있다. 이제 문제는 다음을 평가하는 것이 된다.

$$\sum_k \binom{r-kt}{k} \binom{s-(n-k)t}{n-k} \frac{r}{r-kt} \frac{s}{s-(n-k)t}.$$

언뜻 보기에도 이전의 예제들에 비해 훨씬 복잡해졌다. 그러나 식 (26)과의 유사성에 주목할 필요가 있으며, $t = 0$인 경우에도 주목해야 할 것이다.

아마

$$\binom{r-kt}{k} \frac{r}{r-kt} 를 \quad \binom{r-kt-1}{k-1} \frac{r}{k}$$

로 치환하면 어떨까 하는 생각도 들겠지만, 후자는 식 (26)과의 유사성을 느슨하게 만들며, $k = 0$일 때에는 성립하지 않는다는 문제점을 가지고 있다. 좀 더 나은 방법은 부분분수(partial fraction) 기법을 이용하는 것이다. 부분분수 기법을 이용하면 복잡한 분모를 가진 하나의 분수를 좀 더 간단한 분모를 가진 분수들의 합으로 바꿀 수 있는 경우가 생긴다. 실제로, 다음과 같은 변환이 가능하다.

$$\frac{1}{r-kt} \frac{1}{s-(n-k)t} = \frac{1}{r+s-nt} \left(\frac{1}{r-kt} + \frac{1}{s-(n-k)t} \right).$$

이것을 앞의 합에 대입하면

$$\frac{s}{r+s-nt}\sum_k \binom{r-kt}{k}\binom{s-(n-k)t}{n-k}\frac{r}{r-kt}$$

$$+\frac{r}{r+s-nt}\sum_k \binom{r-kt}{k}\binom{s-(n-k)t}{n-k}\frac{s}{s-(n-k)t}$$

가 나온다. 두 공식 모두 식 (26)으로 평가할 수 있다(단, 둘째 공식에서는 k를 $n-k$로 바꿔야 한다). 항등식 (26)과 (30)은 로테H. A. Rothe의 *Formulæ de Serierum Reversione* (Leipzig: 1793)에서 기인한다. 아직도 이 공식들의 특수 경우들이 빈번하게 "발견"되고 있다. 이 항등식들과 몇 가지 일반화들의 흥미로운 역사에 대해서는 H. W. Gould, J. Kaucký, *Journal of Combinatorial Theory* **1** (1966), 233-247을 볼 것.

예제 5. 모든 음이 아닌 정수 n에 대해 다음을 만족하는 $a_0, a_1, a_2, \dots$의 값들을 결정하라.

$$n! = a_0 + a_1 n + a_2 n(n-1) + a_3 n(n-1)(n-2) + \cdots . \tag{31}$$

답. 저번 절에서 증명 없이 제시했던 식 1.2.5-(11)로 답을 얻을 수 있다. 그 공식을 모른다고 가정하고 이 문제를 직접 풀어보자. $n=0$으로 두고 a_0을 구하고, $n=1$로 두고 a_1을 구하는 식으로 계속 진행할 수 있으므로 이 문제가 하나의 해를 가진다는 점은 명확하다.

우선, 식 (31)을 다음과 같이 이항계수의 형태로 다시 쓰자.

$$n! = \sum_k \binom{n}{k} k! a_k . \tag{32}$$

이런 음방정식(implicit equation)을 푸는 문제를 반전 문제(反轉-, inversion problem)라고 부른다. 그리고 여기서 사용할 기법은 그와 비슷한 다른 문제들에도 적용된다.

해법의 아이디어는 $s=0$일 때의 식 (23)의 다음과 같은 특수 경우에 기반을 둔다.

$$\sum_k \binom{r}{k}\binom{k}{n}(-1)^{r-k} = \binom{0}{n-r} = \delta_{nr}, \quad 정수\ n, \quad 정수\ r \geq 0. \tag{33}$$

이 공식에서 중요한 것은, $n \neq r$일 때 합이 0이 된다는 점이다. 이 점이 이 문제를 푸는 데 큰 도움이 된다. 이를 이용하면 예제 3에서처럼 수많은 항들을 소거할 수 있다.

$$\sum_n n! \binom{m}{n}(-1)^{m-n} = \sum_n \sum_k \binom{n}{k} k! a_k \binom{m}{n}(-1)^{m-n}$$

$$= \sum_k k! a_k \sum_n \binom{n}{k}\binom{m}{n}(-1)^{m-n}$$

$$= \sum_k k! a_k \delta_{km} = m! a_m .$$

$n = 0, 1, \dots$에 대해 식 (32)의 적절한 배수들을 함께 더함으로써 오직 하나의 값 a_m만 나오는 방정식을 만들어내었다. 이런 방식에 주목할 필요가 있다. 이제 다음과 같은 식을 얻는다.

$$a_m = \sum_{n \geq 0} (-1)^{m-n} \frac{n!}{m!} \binom{m}{n} = \sum_{0 \leq n \leq m} \frac{(-1)^{m-n}}{(m-n)!} = \sum_{0 \leq n \leq m} \frac{(-1)^n}{n!}.$$

여기까지가 예제 5의 해법이다. 그럼 식 (33)이 뜻하는 바를 좀 더 자세히 살펴보자. r과 m이 음이 아닌 정수이면 합산 후에는 다른 항들이 사라지므로,

$$\sum_k \binom{r}{k} (-1)^{r-k} \left(c_0 \binom{k}{0} + c_1 \binom{k}{1} + \cdots + c_m \binom{k}{m} \right) = c_r$$

이 된다. 계수 c_i들을 적절히 선택한다면 임의의 k의 다항식을 상위 색인이 k인 이항계수들의 합으로 표현할 수 있다. 따라서 다음을 알 수 있다.

$$\sum_k \binom{r}{k} (-1)^{r-k} (b_0 + b_1 k + \cdots + b_r k^r) = r!\, b_r, \quad 정수\ r \geq 0. \tag{34}$$

여기서 $b_0 + \cdots + b_r k^r$은 r차 또는 그 이하의 차수의 임의의 다항식을 나타낸다. (수치해석을 배운 독자라면 그리 놀라운 공식도 아닐 것이다. 왜냐하면 $\sum_k \binom{r}{k} (-1)^{r-k} f(x+k)$가 바로 함수 $f(x)$의 "r차 차분"이기 때문이다.)

식 (34)를 이용하면 처음에는 복잡해 보이는, 그리고 증명이 상당히 긴 여러 관계들을 즉시 얻을 수 있다. 예를 들면 이런 것이 있다.

$$\sum_k \binom{r}{k} \binom{s-kt}{r} (-1)^k = t^r, \quad 정수\ r \geq 0. \tag{35}$$

이 책 같은 교재들은 교묘한 요령들이 필요한 인상적인 예제들은 많이 제시하지만, 그런 기법들이 통하지 않는 간단해 보이는 문제들은 언급하지 않는 경향이 있다. 앞서 나온 예제들에서 모든 문제를 이항계수로 푸는 것이 가능하겠다는 느낌을 받았을지도 모르겠다. 그러나 언급해 두지만, 식 (10), (11), (18) 등을 동원한다고 해도 다음과 같은 비슷한 형태의 합에 대한 간단한 공식은 없는 것으로 보인다.

$$\sum_{k=0}^n \binom{m}{k} = \binom{m}{0} + \binom{m}{1} + \cdots + \binom{m}{n}, \tag{36}$$

단, $n < m$이다. ($n = m$일 때의 답은 간단하다. 무엇일까? 연습문제 36을 볼 것.)

한편, m이 명시적인 음의 정수일 때에는 이 합이 n의 함수로서의 닫힌 형식을 가진다. 예를 들면 다음과 같다.

$$\sum_{k=0}^n \binom{-2}{k} = (-1)^n \left\lceil \frac{n+1}{2} \right\rceil. \tag{37}$$

다음은 더 쉬운 게 아니라 더 어려워 보이는 합에 대한 간단한 공식의 또 다른 예이다.

$$\sum_{k=0}^n \binom{m}{k} \left(k - \frac{m}{2} \right) = -\frac{m}{2} \binom{m-1}{n}. \tag{38}$$

그렇다면, 단순화가 어려운 합을 단순화하는 시도를 언제 멈출 것인지 어떻게 알아낼 수 있을까? 다행히, 여러 주요 경우들에 대해 이 질문의 답을 얻을 수 있는 한 가지 좋은 방법이 존재한다. 고스퍼R. W. Gosper와 차일베르거D. Zeilberger가 고안한 한 알고리즘을 이용하면, 이항계수들의 닫힌 형식이 존재한다고 할 때 그런 닫힌 형식을 찾아낼 수 있으며, 존재하지 않을 때에는 그것을 찾지 못함을 증명할 수 있다. 이 고스퍼-차일베르거 알고리즘은 이 책의 범위를 넘어서는 주제로, 그에 대한 설명은 *CMath*의 §5.8에서 볼 수 있다. 또한 Petkovšek, Wilf, Zeilberger의 책 $A = B$ (Wellesley, Mass.: A. K. Peters, 1996)도 보라.

이항계수들의 합을 체계적이고 기계적인 방식으로 다루기 위한 기본적인 도구는 초기하함수(超幾何-, hypergeometric function)의 활용인데, 이것은 다음처럼 올라가는 차례거듭제곱으로 정의되는 무한급수이다.

$$F\left(\begin{array}{c} a_1,...,a_m \\ b_1,...,b_n \end{array} \middle| z\right) = \sum_{k \geq 0} \frac{a_1^{\overline{k}}...a_m^{\overline{k}}}{b_1^{\overline{k}}...b_n^{\overline{k}}} \frac{z^k}{k!}. \tag{39}$$

이런 중요한 함수들에 대한 기본적인 설명은 *CMath*의 5.5절과 5.6에 나온다. 또한, 관련된 역사적 사실들에 대해서는 J. Dutka, *Archive for History of Exact Sciences* **31** (1984), 15-34를 보라.

이항계수 개념에는 몇 가지 의미 있는 일반화들이 존재하는데, 여기서 간단히 요약해 보겠다. 첫째로, $\binom{r}{k}$의 아래 색인 k가 임의의 실수인 경우를 생각해 볼 수 있다. 이에 대해서는 연습문제 40~45를 볼 것. 또한 다음과 같은 일반화도 있다.

$$\binom{r}{k}_q = \frac{(1-q^r)(1-q^{r-1})...(1-q^{r-k+1})}{(1-q^k)(1-q^{k-1})...(1-q^1)}. \tag{40}$$

q가 극한값(limiting value) 1에 접근할 때에는 이것이 보통의 이항계수가 된다. 즉, $\binom{r}{k}_1 = \binom{r}{k}$이다. 이는 분자와 분모의 각 항을 $1-q$로 나누어 보면 쉽게 확인할 수 있다. "q항계수" 같은 기본적인 성질들에 대해서는 연습문제 58에서 이야기한다.

그러나 이 책에 한할 때 가장 중요한 일반화는 다음과 같은 다항계수(multinomial coefficient)이다.

$$\binom{k_1 + k_2 + \cdots + k_m}{k_1, k_2, ..., k_m} = \frac{(k_1 + k_2 + \cdots + k_m)!}{k_1! k_2! ... k_m!}, \quad \text{정수 } k_i \geq 0. \tag{41}$$

다음은 다항계수의 주된 속성으로, 이것은 식 (13)의 일반화이다.

$$(x_1 + x_2 + \cdots + x_m)^n = \sum_{k_1 + k_2 + \cdots + k_m = n} \binom{n}{k_1, k_2, ..., k_m} x_1^{k_1} x_2^{k_2} ... x_m^{k_m}. \tag{42}$$

그 어떤 다항계수라도·이항계수들을 항으로 해서 표현할 수 있음을 주목할 필요가 있다.

$$\binom{k_1 + k_2 + \cdots + k_m}{k_1, k_2, ..., k_m} = \binom{k_1 + k_2}{k_1}\binom{k_1 + k_2 + k_3}{k_1 + k_2} \cdots \binom{k_1 + \cdots + k_m}{k_1 + \cdots + k_{m-1}}. \tag{43}$$

이 덕분에, 이항계수를 조작하는 데 사용하는 기존의 기법들 어떤 것이라도 다항계수에 적용할 수 있는 것이다. 식 (20)의 양변은 다음과 같은 3항계수이다.

$$\binom{r}{k,\ m-k,\ r-m}.$$

표 2

두 종류의 스털링 수들

n	$\begin{bmatrix} n \\ 0 \end{bmatrix}$	$\begin{bmatrix} n \\ 1 \end{bmatrix}$	$\begin{bmatrix} n \\ 2 \end{bmatrix}$	$\begin{bmatrix} n \\ 3 \end{bmatrix}$	$\begin{bmatrix} n \\ 4 \end{bmatrix}$	$\begin{bmatrix} n \\ 5 \end{bmatrix}$	$\begin{bmatrix} n \\ 6 \end{bmatrix}$	$\begin{bmatrix} n \\ 7 \end{bmatrix}$	$\begin{bmatrix} n \\ 8 \end{bmatrix}$
0	1	0	0	0	0	0	0	0	0
1	0	1	0	0	0	0	0	0	0
2	0	1	1	0	0	0	0	0	0
3	0	2	3	1	0	0	0	0	0
4	0	6	11	6	1	0	0	0	0
5	0	24	50	35	10	1	0	0	0
6	0	120	274	225	85	15	1	0	0
7	0	720	1764	1624	735	175	21	1	0
8	0	5040	13068	13132	6769	1960	322	28	1

n	$\begin{Bmatrix} n \\ 0 \end{Bmatrix}$	$\begin{Bmatrix} n \\ 1 \end{Bmatrix}$	$\begin{Bmatrix} n \\ 2 \end{Bmatrix}$	$\begin{Bmatrix} n \\ 3 \end{Bmatrix}$	$\begin{Bmatrix} n \\ 4 \end{Bmatrix}$	$\begin{Bmatrix} n \\ 5 \end{Bmatrix}$	$\begin{Bmatrix} n \\ 6 \end{Bmatrix}$	$\begin{Bmatrix} n \\ 7 \end{Bmatrix}$	$\begin{Bmatrix} n \\ 8 \end{Bmatrix}$
0	1	0	0	0	0	0	0	0	0
1	0	1	0	0	0	0	0	0	0
2	0	1	1	0	0	0	0	0	0
3	0	1	3	1	0	0	0	0	0
4	0	1	7	6	1	0	0	0	0
5	0	1	15	25	10	1	0	0	0
6	0	1	31	90	65	15	1	0	0
7	0	1	63	301	350	140	21	1	0
8	0	1	127	966	1701	1050	266	28	1

큰 n에 대한 유효한 근사값들은 L. Moser, M. Wyman, *J. London Math. Soc.* **33** (1958), 133–146; *Duke Math. J.* **25** (1958), 29–43; D. E. Barton, F. N. David, M. Merrington, *Biometrika* **47** (1960), 439–445; **50** (1963), 169–176; N. M. Temme, *Studies in Applied Math.* **89** (1993), 233–243; H. S. Wilf, *J. Combinatorial Theory* **A64** (1993), 344–349; H.-K. Hwang, *J. Combinatorial Theory A71* (1995), 343–351를 볼 것.

이번 절의 마지막 주제로, x의 거듭제곱 형태로 표현된 다항식을 이항계수들로 표현된 다항식으로 변환하는 문제를 간략히 분석해 보겠다. 이러한 변환에 쓰이는 계수들을 스털링 수(Stirling numbers)라고 부르는데, 수많은 알고리즘들의 연구에서 이런 수들을 만나게 된다.

스털링 수에는 두 종류가 있다. 첫 번째 종류의 스털링 수(제1종)들은 $\begin{bmatrix} n \\ k \end{bmatrix}$로 표기하며, 두 번째 종류(제2종)는 $\begin{Bmatrix} n \\ k \end{Bmatrix}$로 표기한다. 카라마타 Jovan Karamata 〔*Mathematica* (Cluj) **9** (1935), 164–178〕에 기인한 이 표기법들은 다른 여러 기호들〔D. E. Knuth, *AMM* **99** (1992), 403–422를

볼 것]에 비해 강력한 장점들을 가지고 있다. 원래 꺾음괄호($\{\ \}$)가 집합을 표시하는 데 쓰이는 기호이며 $\left\{{n \atop k}\right\}$는 n개의 원소들로 이루어진 집합을 k개의 개별적인 부분집합들로 나누는 방법의 수라는 점을 생각하면 이 $\left\{{n \atop k}\right\}$의 꺾음괄호를 기억하기 쉬울 것이다. 또 다른 스털링 수 $\left[{n \atop k}\right]$ 역시 조합을 통한 해석이 존재하는데, $\left[{n \atop k}\right]$는 n개의 글자들에 대한 k 주기를 가지는 순열들의 수라는 것이다. 이에 대해서는 1.3.3절에서 살펴본다.

표 2는 스털링 삼각형으로, 어떤 측면에서는 파스칼 삼각형과 유사하다.

제1종 스털링 수들은 차례거듭제곱을 보통의 거듭제곱으로 변환하는 데 쓰인다.

$$
\begin{aligned}
x^{\underline{n}} &= x(x-1)\dots(x-n+1) \\
&= \left[{n \atop n}\right]x^n - \left[{n \atop n-1}\right]x^{n-1} + \cdots + (-1)^n\left[{n \atop 0}\right] \\
&= \sum_k (-1)^{n-k}\left[{n \atop k}\right]x^k.
\end{aligned}
\tag{44}
$$

다음은 이것과 표 2를 이용해서 얻은 한 가지 예이다.

$$
\binom{x}{5} = \frac{x^{\underline{5}}}{5!} = \frac{1}{120}(x^5 - 10x^4 + 35x^3 - 50x^2 + 24x).
$$

제2종 스털링 수들은 보통의 거듭제곱을 차례거듭제곱으로 변환하는 데 쓰인다.

$$
x^n = \left\{{n \atop n}\right\}x^{\underline{n}} + \cdots + \left\{{n \atop 1}\right\}x^{\underline{1}} + \left\{{n \atop 0}\right\}x^{\underline{0}} = \sum_k \left\{{n \atop k}\right\}x^{\underline{k}}.
\tag{45}
$$

사실 이 공식은 스털링이 그의 *Methodus Differentialis* (London: 1730)에서 $\left\{{n \atop k}\right\}$ 수들을 연구한 원래의 이유였다. 다음은 이것과 표 2를 이용해서 얻은 한 가지 예이다.

$$
\begin{aligned}
x^5 &= x^{\underline{5}} + 10x^{\underline{4}} + 25x^{\underline{3}} + 15x^{\underline{2}} + x^{\underline{1}} \\
&= 120\binom{x}{5} + 240\binom{x}{4} + 150\binom{x}{3} + 30\binom{x}{2} + \binom{x}{1}.
\end{aligned}
$$

이제 스털링 수에 관련된 가장 중요한 항등식들을 살펴보자. 이 항등식들에서 변수 m과 n은 항상 음이 아닌 정수이다.

덧셈 공식:

$$
\begin{aligned}
\left[{n+1 \atop m}\right] &= n\left[{n \atop m}\right] + \left[{n \atop m-1}\right], \\
\left\{{n+1 \atop m}\right\} &= m\left\{{n \atop m}\right\} + \left\{{n \atop m-1}\right\}.
\end{aligned}
\tag{46}
$$

반전 공식(식 (33)과 비교해 보라):

$$
\sum_k \left[{n \atop k}\right]\left\{{k \atop m}\right\}(-1)^{n-k} = \delta_{mn}, \quad \sum_k \left\{{n \atop k}\right\}\left[{k \atop m}\right](-1)^{n-k} = \delta_{mn}.
\tag{47}
$$

특별한 값들:

$$\binom{0}{n} = \begin{bmatrix} 0 \\ n \end{bmatrix} = \begin{Bmatrix} 0 \\ n \end{Bmatrix} = \delta_{n0}, \quad \binom{n}{n} = \begin{bmatrix} n \\ n \end{bmatrix} = \begin{Bmatrix} n \\ n \end{Bmatrix} = 1; \tag{48}$$

$$\begin{bmatrix} n \\ n-1 \end{bmatrix} = \begin{Bmatrix} n \\ n-1 \end{Bmatrix} = \binom{n}{2}; \tag{49}$$

$$\begin{bmatrix} n+1 \\ 0 \end{bmatrix} = \begin{Bmatrix} n+1 \\ 0 \end{Bmatrix} = 0, \quad \begin{bmatrix} n+1 \\ 1 \end{bmatrix} = n!, \quad \begin{Bmatrix} n+1 \\ 1 \end{Bmatrix} = 1, \quad \begin{Bmatrix} n+1 \\ 2 \end{Bmatrix} = 2^n - 1. \tag{50}$$

전개 공식들:

$$\sum_k \begin{bmatrix} n \\ k \end{bmatrix} \binom{k}{m} = \begin{bmatrix} n+1 \\ m+1 \end{bmatrix}, \quad \sum_k \begin{bmatrix} n+1 \\ k+1 \end{bmatrix} \binom{k}{m} (-1)^{k-m} = \begin{bmatrix} n \\ m \end{bmatrix}; \tag{51}$$

$$\sum_k \begin{Bmatrix} k \\ m \end{Bmatrix} \binom{n}{k} = \begin{Bmatrix} n+1 \\ m+1 \end{Bmatrix}, \quad \sum_k \begin{Bmatrix} k+1 \\ m+1 \end{Bmatrix} \binom{n}{k} (-1)^{n-k} = \begin{Bmatrix} n \\ m \end{Bmatrix}; \tag{52}$$

$$\sum_k \binom{m}{k} (-1)^{m-k} k^n = m! \begin{Bmatrix} n \\ m \end{Bmatrix}; \tag{53}$$

$$\sum_k \binom{m-n}{m+k} \binom{m+n}{n+k} \begin{Bmatrix} m+k \\ k \end{Bmatrix} = \begin{bmatrix} n \\ n-m \end{bmatrix},$$

$$\sum_k \binom{m-n}{m+k} \binom{m+n}{n+k} \begin{bmatrix} m+k \\ k \end{bmatrix} = \begin{Bmatrix} n \\ n-m \end{Bmatrix}; \tag{54}$$

$$\sum_k \begin{Bmatrix} n+1 \\ k+1 \end{Bmatrix} \begin{bmatrix} k \\ m \end{bmatrix} (-1)^{k-m} = \binom{n}{m}; \tag{55}$$

$$\sum_{k \le n} \begin{bmatrix} k \\ m \end{bmatrix} \frac{n!}{k!} = \begin{bmatrix} n+1 \\ m+1 \end{bmatrix}, \quad \sum_{k \le n} \begin{Bmatrix} k \\ m \end{Bmatrix} (m+1)^{n-k} = \begin{Bmatrix} n+1 \\ m+1 \end{Bmatrix}. \tag{56}$$

다른 몇몇 주요 스털링 수 항등식들이 연습문제 1.2.6-61과 1.2.7-6, 그리고 1.2.9절의 식 (23), (26), (27), (28)에 나온다.

식 (49)는 한 가지 일반적인 현상의 한 사례일 뿐이다. 어떤 현상이냐 하면, 스털링 수 $\begin{bmatrix} n \\ n-m \end{bmatrix}$ 과 $\begin{Bmatrix} n \\ n-m \end{Bmatrix}$ 은 m이 음이 아닌 정수일 때 항상 $2m$차의 n의 다항식이라는 것이다. 예를 들어 다음은 $m = 2$와 $m = 3$일 때의 공식들이다.

$$\begin{bmatrix} n \\ n-2 \end{bmatrix} = \binom{n}{4} + 2\binom{n+1}{4}, \qquad \begin{Bmatrix} n \\ n-2 \end{Bmatrix} = \binom{n+1}{4} + 2\binom{n}{4},$$

$$\begin{bmatrix} n \\ n-3 \end{bmatrix} = \binom{n}{6} + 8\binom{n+1}{6} + 6\binom{n+2}{6}; \qquad \begin{Bmatrix} n \\ n-3 \end{Bmatrix} = \binom{n+2}{6} + 8\binom{n+1}{6} + 6\binom{n}{6}. \tag{57}$$

따라서 임의의 실수(또는 복소수) r에 대해 $\begin{bmatrix} r \\ r-m \end{bmatrix}$ 과 $\begin{Bmatrix} r \\ r-m \end{Bmatrix}$ 들을 정의하는 게 합당하다. 이러한 일반화로 인해, 두 종류의 스털링 수들은 다음과 같은 흥미로운 쌍대법칙(雙對-, duality law)으로 통합된다.

$$\left\{ {n \atop m} \right\} = \left[{-m \atop -n} \right]. \tag{58}$$

스털링의 원래 논의에서 함의하는 바가 바로 이것이었다. 더 나아가서, z의 실수부가 양이면 항상 무한급수

$$z^r = \sum_k \left\{ {r \atop r-k} \right\} z^{\underline{r-k}} \tag{59}$$

가 수렴한다는 점에서, 식 (45)는 여전히 유효하다. 비슷한 방식으로, 이에 대응되는 식 (44) 역시 다음과 같은 하나의 점근(漸近, asymptotic) 수열(단, 수렴은 아님)로 일반화된다.

$$z^{\underline{r}} = \sum_{k=0}^{m} \left[{r \atop r-k} \right] (-1)^k z^{r-k} + O(z^{r-m-1}). \tag{60}$$

(연습문제 65 참고). *CMath*의 6.1, 6.2, 6.5절에는 스털링 수에 대한 추가적인 정보와 공식 안에서 그런 수들을 다루는 방법이 나와 있다. 또한 연습문제 4.7–21은 이런 스털링 수를 포함한 전반적인 수 삼각형들을 논의한다.

연습문제

1. [00] n개의 객체들을 한 번에 $n-1$개씩 택하는 방법은 총 몇 가지인가?

2. [00] $\binom{0}{0}$는 얼마인가?

3. [00] 가능한 브릿지 손패(52장의 카드 한 벌에서 13장을 뽑은 것)는 총 몇 가지인가?

4. [10] 연습문제 3의 답을 소수들의 곱으로 표현하라.

▶ 5. [05] 파스칼 삼각형을 이용해서 $11^4 = 14641$임을 설명하라.

▶ 6. [10] 파스칼 삼각형(표 1)은 추가적인 공식인 식 (9)를 이용해서 모든 방향들로 확장할 수 있다. 표 1의 첫 행으로부터 위로 세 행(즉 $r = -1, -2, 3$)을 구하라.

7. [12] n이 고정된 하나의 양의 정수라고 할 때, $\binom{n}{k}$가 최대값이 되는 k의 값은 무엇인가?

8. [00] "대칭 조건", 즉 식 (6)을 반영하는 파스칼 삼각형의 속성은 무엇인가?

9. [01] $\binom{n}{n}$의 값은 무엇인가? (모든 정수 n을 고려할 것.)

▶ 10. [M25] p가 소수일 때 다음을 보여라.

a) $\binom{n}{p} \equiv \left\lfloor \dfrac{n}{p} \right\rfloor$ (modulo p).

b) $\binom{p}{k} \equiv 0$ (modulo p),　단 $1 \le k \le p-1$.

c) $\binom{p-1}{k} \equiv (-1)^k$ (modulo p),　단 $0 \le k \le p-1$.

d) $\begin{pmatrix} p+1 \\ k \end{pmatrix} \equiv 0 \pmod{p}$, 단 $2 \le k \le p-1$.

e) (뤼카É. Lucas, 1877.)

$$\begin{pmatrix} n \\ k \end{pmatrix} \equiv \begin{pmatrix} \lfloor n/p \rfloor \\ \lfloor k/p \rfloor \end{pmatrix} \begin{pmatrix} n \bmod p \\ k \bmod p \end{pmatrix} \pmod{p}.$$

f) n과 k를 p진수 체계로 다음과 같이 표현한다고 할 때

$$n = a_r p^r + \cdots + a_1 p + a_0,$$
$$k = b_r p^r + \cdots + b_1 p + b_0,$$

다음이 성립한다.

$$\begin{pmatrix} n \\ k \end{pmatrix} \equiv \begin{pmatrix} a_r \\ b_r \end{pmatrix} \cdots \begin{pmatrix} a_1 \\ b_1 \end{pmatrix} \begin{pmatrix} a_0 \\ b_0 \end{pmatrix} \pmod{p}.$$

▶ **11.** [*M20*] (쿠머E. Kummer, 1852.) p가 소수라고 하자. 다음을

$$\begin{pmatrix} a+b \\ a \end{pmatrix}$$

p^n으로는 나눌 수 있지만 p^{n+1}으로는 나누지 못한다면, n은 p진수 체계에서 b에 a를 더했을 때 발생하는 자리 받아올림(carring)† 횟수와 같음을 보여라. [힌트: 연습문제 1.2.5-12를 볼 것.]

12. [*M22*] 파스칼 삼각형에서, n번째 행의 0이 아닌 모든 항목들이 홀수가 되는 양의 정수 n이 존재할까? 만일 그렇다면 그런 n들을 모두 구하라.

13. [*M13*] 식 (10)의 합 공식을 증명하라.

14. [*M21*] $\sum_{k=0}^{n} k^4$을 평가하라.

15. [*M15*] 식 (13)의 이항정리 공식을 증명하라.

16. [*M15*] n과 k가 양의 정수라 할 때, 다음의 대칭 항등식을 증명하라.

$$(-1)^n \begin{pmatrix} -n \\ k-1 \end{pmatrix} = (-1)^k \begin{pmatrix} -k \\ n-1 \end{pmatrix}.$$

▶ **17.** [*M18*] $(1+x)^{r+s} = (1+x)^r (1+x)^s$이라는 점을 이용해서, 식 (15)로부터 주세걸-방데르몽드 공식 (21)을 증명하라.

18. [*M15*] 식 (21)과 (6)을 이용해서 식 (22)을 증명하라.

19. [*M18*] 식 (23)을 귀납법으로 증명하라.

20. [*M20*] 식 (21)과 (19)를 이용해서 식 (24)를 증명하고, 식 (19)를 또 다른 방식으로 적용하면 식 (25)가 나옴을 보여라.

$\dagger$ [옮긴이 주] 혹여 받아올림이라는 용어 자체는 생소할지 몰라도, 그 의미는 익히 알고 있을 것이다. 예를 들어 15+6의 경우 일의 자리 5+6에서 받아올림이 발생한다.

▶ **21.** 〔*M05*〕 식 (25)의 양변은 s의 다항식이다. 그 등식이 s의 항등식이 아닌 이유는 무엇일까?

22. 〔*M20*〕 $s = n - 1 - r + nt$인 특별한 경우에 대해 식 (26)을 증명하라.

23. 〔*M13*〕 (r, s, t, n)과 $(r, s - t, t, n - 1)$에 대해 식 (26)이 성립한다고 가정하고, 그 식이 $(r, s + 1, t, n)$에 대해 성립함을 증명하라.

24. 〔*M15*〕 이전 두 연습문제의 결과를 결합한 것이 식 (26)의 증명이 되는 이유를 설명하라.

25. 〔*HM30*〕 다항식 $A_n(x, t)$가 식 (30)으로 정의된다고 하자. $z = x^{t+1} - x^t$이라고 하자. z가 충분히 작을 때 $\sum_k A_k(r, t) z^k = x^r$임을 증명하라. 〔참고: 만일 $t = 0$이면 이 결과는 본질적으로 이항정리이며, 이 수식은 이항정리의 한 가지 중요한 일반화이다. 증명 과정에서 이항정리 (15)를 가정해도 좋다.〕 힌트: 다음과 같은 항등식으로 시작해 볼 것.

$$\sum_j (-1)^j \binom{k}{j} \binom{r - jt}{k} \frac{r}{r - jt} = \delta_{k0}.$$

26. 〔*HM25*〕 연습문제 25에 나온 가정들 하에서

$$\sum_k \binom{r - tk}{k} z^k = \frac{x^{r+1}}{(t+1)x - t}$$

임을 증명하라.

27. 〔*HM21*〕 연습문제 25의 결과를 이용해서 본문의 예제 4를 풀어라. 그리고 이전 두 연습문제들을 이용해서 식 (26)을 증명하라. 〔힌트: 연습문제 17 참고.〕

28. 〔*M25*〕 다음을 증명하라.

$$\sum_k \binom{r + tk}{k} \binom{s - tk}{n - k} = \sum_{k \geq 0} \binom{r + s - k}{n - k} t^k.$$

단, n은 음이 아닌 정수이다.

29. 〔*M20*〕 식 (34)가 연습문제 1.2.3에서 증명한 일반적 항등식의 한 특별한 경우일 뿐임을 보여라.

▶ **30.** 〔*M24*〕 연습문제 3의 합을 식 (26)을 적용할 수 있는 형태로 변환한다면 본문에 나온 해법보다 더 나은 방식으로 풀 수 있음을 보여라.

▶ **31.** 〔*M20*〕 m과 n이 정수라 할 때, 다음을

$$\sum_k \binom{m - r + s}{k} \binom{n + r - s}{n - k} \binom{r + k}{m + n}$$

r, s, m을 항으로 해서 평가하라. 먼저

$$\binom{r + k}{m + n} \text{를} \quad \sum_j \binom{r}{m + n - j} \binom{k}{j} \text{로}$$

치환하는 것에서부터 시작해 볼 것.

32. [M20] $\sum_k \left[{n \atop k}\right] x^k = x^{\overline{n}}$ 임을 보여라. 여기서 $x^{\overline{n}}$ 은 식 1.2.5-(19)에 정의된, 올라가는 차례거듭제곱이다.

33. [M20] (방데르몽드A. Vandermonde, 1772.) 이항 공식이 보통의 거듭제곱이 아니라 차례거듭제곱에 대해서도 유효함을 보여라. 다시 말해서

$$(x+y)^{\underline{n}} = \sum_k \binom{n}{k} x^{\underline{k}} y^{\underline{n-k}}, \quad (x+y)^{\overline{n}} = \sum_k \binom{n}{k} x^{\overline{k}} y^{\overline{n-k}}$$

임을 증명하라.

34. [M23] (토렐리의 합(Torelli's sum)) 연습문제 33의 맥락에서, 이항 공식에 대한 아벨의 일반화, 즉 식(16)이 다음의 올림제곱에 대해서도 참임을 보여라.

$$(x+y)^{\overline{n}} = \sum_k \binom{n}{k} x(x-kz+1)^{\overline{k-1}} (y+kz)^{\overline{n-k}}.$$

35. [M23] 스털링 수의 덧셈 공식 (46)이 식 (44)와 (45)의 정의들로부터 직접 유도됨을 증명하라.

36. [M10] 파스칼 삼각형의 각 행의 수들에 대한 합 $\sum_k \binom{n}{k}$ 는 무엇인가? 그 수들의 부호를 번갈아 바꾸었을 때의 합 $\sum_k \binom{n}{k}(-1)^k$ 은 무엇인가?

37. [M10] 연습문제 36의 답들을 이용해서, 파스칼 삼각형의 한 행의 나머지 모든 항들의 합 $\binom{n}{0} + \binom{n}{2} + \binom{n}{4} + \cdots$ 를 구하라.

38. [HM30] (라뮈C. Ramus, 1834.) 연습문제 37의 결과를 일반화하여, $0 \le k < m$ 일 때

$$\binom{n}{k} + \binom{n}{m+k} + \binom{n}{2m+k} + \cdots = \frac{1}{m} \sum_{0 \le j < m} \left(2\cos\frac{j\pi}{m}\right)^n \cos\frac{j(n-2k)\pi}{m}$$

임을 보여라. 다음은 이 항등식의 한 예이다.

$$\binom{n}{1} + \binom{n}{4} + \binom{n}{7} + \cdots = \frac{1}{3}\left(2^n + 2\cos\frac{(n-2)\pi}{3}\right).$$

[힌트: 이 계수들에 단위원(unity)의 m 제곱근을 곱한 것들의 적절한 조합을 찾을 것.] 이 항등식은 $m \ge n$ 일 때 특히 주목할 만하다.

39. [M10] 제1종 스털링 수 삼각형의 각 행에 있는 수들의 합 $\sum_k \left[{n \atop k}\right]$ 는 무엇인가? 부호들을 번갈아 바꾸었을 때의 합은 무엇인가? (연습문제 36 참고.)

40. [HM17] 베타 함수(beta function) $B(x, y)$ 는 양의 실수 x, y 에 대해 공식 $B(x,y) = \int_0^1 t^{x-1}(1-t)^{y-1}dt$ 로 정의된다.

a) $B(x, 1) = B(1, x) = 1/x$ 임을 보여라.

b) $B(x+1, y) + B(x, y+1) = B(x, y)$ 임을 보여라.

c) $B(x, y) = ((x+y)/y)B(x, y+1)$ 임을 보여라.

41. [HM22] 식 1.2.5-19에서, m이 양의 정수일 때 $\Gamma_m(x) = m^x \mathrm{B}(x, m+1)$임을 보임으로써 감마 함수와 베타 함수의 관계를 증명하였다.

  a) 다음을 증명하라.

$$\mathrm{B}(x,y) = \frac{\Gamma_m(y)m^x}{\Gamma_m(x+y)}\mathrm{B}(x, y+m+1).$$

  b) 다음을 보여라.

$$\mathrm{B}(x,y) = \frac{\Gamma(x)\Gamma(y)}{\Gamma(x+y)}.$$

42. [HM10] 이항계수 $\binom{r}{k}$를 위에서 정의한 베타 함수를 통해서 표현하라. (이를 통해, 이항계수의 정의를 k의 모든 실수 값들에 대한 것으로 확장할 수 있다.)

43. [HM20] $\mathrm{B}(1/2, 1/2) = \pi$임을 보여라. (연습문제 41로부터 $\Gamma(1/2) = \sqrt{\pi}$ 라고 가정할 수 있다.)

44. [HM20] 연습문제 42에서 제시된 일반화된 이항계수를 이용해서

$$\binom{r}{1/2} = 2^{2r+1} \Big/ \binom{2r}{r}\pi$$

임을 보여라.

45. [HM21] 연습문제 42에서 제시된 일반화된 이항계수를 이용해서 $\lim_{r \to \infty} \binom{r}{k} \Big/ r^k$을 구하라.

▶ **46.** [M21] 스털링의 근사(식 1.2.5-(7))을 이용해서 $\binom{x+y}{y}$의 근사치를 구하라. 단, x와 y 모두 큰 값이라고 가정한다. 특히, n이 클 때 $\binom{2n}{n}$의 근사 크기를 구하라.

47. [M21] k가 정수라 할 때

$$\binom{r}{k}\binom{r-1/2}{k} = \binom{2r}{k}\binom{2r-k}{k}\Big/4^k = \binom{2r}{2k}\binom{2k}{k}\Big/4^k$$

임을 보여라. $r = -1/2$인 특별한 경우에 대한 좀 더 단순한 공식을 제시하라.

▶ **48.** [M25] 분모들이 0이 아니라고 할 때,

$$\sum_{k \ge 0}\binom{n}{k}\frac{(-1)^k}{k+x} = \frac{n!}{x(x+1)\dots(x+n)} = \frac{1}{x\binom{n+x}{n}}$$

임을 보여라. [이 공식은 이항계수의 역수에 해당함을 주목할 것. 또한 $1/x(x+1)\dots(x+n)$의 부분 분수 전개이기도 하다.]

49. [M20] 항등식 $(1+x)^r = (1-x^2)^r(1-x)^{-r}$이 이항계수에 대한 하나의 관계를 함의함을 보여라.

50. [M20] 아벨의 공식, 즉 식 (16)을 $x+y=0$인 특수한 경우에 대해 증명하라.

51. [*M21*] 아벨의 공식, 즉 식 (16)을 $y = (x+y) - x$로 두고, 우변의 $(x+y)$ 거듭제곱을 전개하고, 연습문제 50의 결과를 적용해서 증명하라.

52. [*HM11*] n이 음이 아닌 정수가 아닐 때에는 아벨의 이항 공식 (16)이 항상 유효하지는 않음을 증명하라. $n = x = -1$, $y = z = 1$로 두고 우변을 평가해서 증명하면 된다.

53. [*M25*] (a) m에 대한 귀납법으로 다음 항등식을 증명하라. m과 n은 정수이다.

$$\sum_{k=0}^{m} \binom{r}{k} \binom{s}{n-k} (nr - (r+s)k) = (m+1)(n-m) \binom{r}{m+1} \binom{s}{n-m}.$$

(b) 연습문제 47에서 얻은 다음과 같은 중요한 관계들을 활용해서,

$$\binom{-1/2}{n} = \frac{(-1)^n}{2^{2n}} \binom{2n}{n}, \quad \binom{1/2}{n} = \frac{(-1)^{n-1}}{2^{2n}(2n-1)} \binom{2n}{n} = \frac{(-1)^{n-1}}{2^{2n-1}(2n-1)} \binom{2n-1}{n} - \delta_{n0}$$

부문제 (a)에 나온 항등식에서 다음과 같은 한 가지 특별한 경우의 공식을 얻을 수 있음을 보여라.

$$\sum_{k=0}^{m} \binom{2k-1}{k} \binom{2n-2k}{n-k} \frac{-1}{2k-1} = \frac{n-m}{2n} \binom{2m}{m} \binom{2n-2m}{n-m} + \frac{1}{2} \binom{2n}{n}.$$

(이 결과는 $r = -1$, $s = 0$, $t = -2$일 때의 식 (26)보다 상당히 일반적이다.)

54. [*M21*] 파스칼 삼각형(표 1에 나온 형태)을 하나의 행렬이라고 생각하자. 그렇다면 그 행렬의 역(역행렬)은 무엇인가?

55. [*M21*] 두 스털링 삼각형(표 2)을 각각 행렬이라고 간주할 때, 각각의 역행렬을 구하라.

56. [*20*] (조합 수체계(combinatorial number system).) 각각의 정수 $n = 0, 1, 2, \ldots, 20$에 대해 $n = \binom{a}{3} + \binom{b}{2} + \binom{c}{1}$이고 $a > b > c \geq 0$가 되는 세 정수 a, b, c를 구하라. n이 큰 값들일 때 이 패턴이 어떤 식으로 이어질지 예상할 수 있는가?

▶ **57.** [*M22*] 계승 함수에 대한 스털링의 일반화 시도인 식 1.2.5-(12)에 나온 계수 a_m이 다음임을 보여라.

$$\frac{(-1)^m}{m!} \sum_{k \geq 1} (-1)^k \binom{m-1}{k-1} \ln k.$$

58. [*M23*] (H. A. Rothe, 1811.) 식 (40)의 표기법을 통해서, 다음과 같은 "q항정리"를 증명하라.

$$(1+x)(1+qx)\ldots(1+q^{n-1}x) = \sum_k \binom{n}{k}_q q^{k(k-1)/2} x^k.$$

또한 기본적인 항등식 (17)과 (18)의 q항 일반화들도 구하라.

59. [*M25*] 수열 A_{nk}, $n \geq 0$, $k \geq 0$가, 관계

$$A_{n0} = 1, \quad A_{0k} = \delta_{0k}, \quad A_{nk} = A_{(n-1)k} + A_{(n-1)(k-1)} + \binom{n}{k}$$를 만족한다(단, $nk > 0$).

A_{nk}를 구하라.

▶ **60.** [M23] $\binom{n}{k}$가 n개의 객체들에서 한 번에 k개를 택한 조합의 수, 다시 말해서 원소 n개의 집합에서 서로 다른 k개를 선택하는 방법의 수임은 이미 알고 있다. 그와 비슷하게, 반복조합(combinations with repetitions)은 각 객체를 임의의 횟수로 선택할 수 있는 조합이다. 예를 들어 반복조합의 경우에는 목록 (1)에 $aaa, aab, aac, aad, aae, abb$ 등도 포함된다. 이처럼 반복이 허용된다고 할 때 n개의 객체에서 k개를 택해 얻을 수 있는 있는 조합들의 개수는 무엇인가?

61. [M25] 다음 합을 평가하라.

$$\sum_k \begin{bmatrix} n+1 \\ k+1 \end{bmatrix} \begin{Bmatrix} k \\ m \end{Bmatrix} (-1)^{k-m}.$$

식 (55)에 상응하는 공식을 얻는 것이 목표이다.

▶ **62.** [M23] 본문에서는 두 이항계수의 곱에 관련된 합들의 공식이 나온다. 세 이항계수들의 곱에 관련된 합들 중에서는 다음 것과 연습문제 31의 항등식이 가장 유용해 보인다.

$$\sum_k (-1)^k \binom{l+m}{l+k}\binom{m+n}{m+k}\binom{n+l}{n+k} = \frac{(l+m+n)!}{l!m!n!}, \quad \text{정수 } l, m, n \geq 0.$$

(이 합은 k의 양의 값과 음의 값 모두를 포함한다.) 이 항등식을 증명하라.

[힌트: 연습문제 31의 결과를 적용하는 것으로 시작하는 매우 짧은 증명이 존재한다.]

63. [M30] l, m, n이 정수이며 $n \geq 0$일 때

$$\sum_{j,k} (-1)^{j+k} \binom{j+k}{k+l}\binom{r}{j}\binom{n}{k}\binom{s+n-j-k}{m-j} = (-1)^l \binom{n+r}{n+l}\binom{s-r}{m-n-l}$$

임을 증명하라.

▶ **64.** [M20] $\begin{Bmatrix} n \\ m \end{Bmatrix}$가 원소 n개의 집합을 m개의 공집합이 아닌 부분집합들로 분할하는 방법의 수임을 보여라. 예를 들어 $\{1,2,3,4\}$를 두 개의 부분집합으로 분할하는 방법은 $\begin{Bmatrix} 4 \\ 2 \end{Bmatrix} = 7$가지이다. 즉 $\{1,2,3\}\{4\}$; $\{1,2,4\}\{3\}$; $\{1,3,4\}\{2\}$; $\{2,3,4\}\{1\}$; $\{1,2\}\{3,4\}$; $\{1,3\}\{2,4\}$; $\{1,4\}\{2,3\}$. 힌트: 식 (46)을 사용할 것.

65. [HM35] (로건B. F. Logan.) 식 (59)와 (60)을 증명하라.

66. [HM30] x, y, z가 다음을 만족하는 실수들이라 하자.

$$\binom{x}{n} = \binom{y}{n} + \binom{z}{n-1}.$$

또한 $x \geq n-1, y \geq n-1, z > n-2$이고 n은 ≥ 2인 정수이다. 이 때 다음을 증명하라.

$$\binom{x}{n-1} \leq \binom{y}{n-1} + \binom{z}{n-2}, \quad \text{오직 } y \geq z \text{일 때에만;}$$

$$\binom{x}{n+1} \leq \binom{y}{n+1} + \binom{z}{n}, \quad \text{오직 } y \leq z \text{일 때에만.}$$

▶ **67.** [*M20*] 이항계수가 너무 크지는 않은지를 미리 판단해야 하는 경우가 있다. 다음의 외우기 쉬운 상계(upper bound)를 증명하라.

$$\binom{n}{k} \leq \left(\frac{ne}{k}\right)^k, \quad n \geq k \geq 0 \text{일 때.}$$

68. [*M25*] (드무아브르A. de Moivre.) n이 음이 아닌 정수일 때

$$\sum_k \binom{n}{k} p^k (1-p)^{n-k} |k - np| = 2 \lceil np \rceil \binom{n}{\lceil np \rceil} p^{\lceil np \rceil} (1-p)^{n+1-\lceil np \rceil}$$

임을 증명하라.

1.2.7 조화수

다음의 합은 이 책의 이후의 논의에서 매우 중요하다.

$$H_n = 1 + \frac{1}{2} + \frac{1}{3} + \cdots + \frac{1}{n} = \sum_{k=1}^{n} \frac{1}{k}, \ n \geq 0. \tag{1}$$

이 합은 전통적인 수학에서는 그리 자주 나타나지 않으며 어떤 표준적인 표기법도 없다. 그러나 알고리즘 분석에서는 이런 합이 거의 매번 나타난다. 이제부터는 이를 H_n이라 표기하기로 하겠다. (수학 문헌들에는 H_n 이외에 h_n이나 S_n, $\psi(n+1) + \gamma$ 같은 표기들도 쓰인다. (1)을 흔히 조화수열(調和數列, harmonic series)이라고 하며, 그래서 수 H_n을 조화수(harmonic number)라고 부른다. H는 harmonic에서 따온 것이다.)

H_n은 항상 점점 더 작은 수를 더하는 것이므로, n이 크다고 해도 H_n의 값은 그리 크지 않을 것 같아 보인다. 그러나 n을 충분히 크게 잡는다면 H_n을 원하는 만큼 키울 수 있음을 쉽게 보일 수 있다. 왜냐하면 다음과 같은 하계(lower bound)가 존재하기 때문이다.

$$H_{2^m} \geq 1 + \frac{m}{2}. \tag{2}$$

이 하계는 $m \geq 0$일 때 다음이 성립한다는 데에서 비롯된 것이다.

$$H_{2^{m+1}} = H_{2^m} + \frac{1}{2^m + 1} + \frac{1}{2^m + 2} + \cdots + \frac{1}{2^{m+1}}$$

$$\geq H_{2^m} + \frac{1}{2^{m+1}} + \frac{1}{2^{m+1}} + \cdots + \frac{1}{2^{m+1}} = H_{2^m} + \frac{1}{2}.$$

즉, m이 1씩 증가함에 따라 (2)의 좌변은 적어도 $\frac{1}{2}$씩 증가한다.

H_n의 값에 대해, 식 (2)에 나온 것보다는 더 자세한 정보를 가질 필요가 있다. 적어도 수학자들 사이에서는 H_n의 근사 크기가 잘 알려져 있는데, 다음과 같다.

$$H_n = \ln n + \gamma + \frac{1}{2n} - \frac{1}{12n^2} + \frac{1}{120n^4} - \epsilon, \ \ 0 < \epsilon < \frac{1}{252n^6}. \tag{3}$$

여기서 $\gamma = 0.5772156649\ldots$는 오일러 상수(Euler's constant)로, 오일러Leonhart Euler의 *Commentarii Acad. Sci. Imp. Pet.* **7** (1734), 150-161에 소개된 것이다. 작은 n에 대한 정확한 H_n 값들이 부록 A의 표들에 나와 있다. 식 (3)은 1.2.11.2절에서 유도할 것이다.

그런 까닭에, H_n은 n의 자연로그와 상당히 비슷하다. 연습문제 7(a)는 H_n이 로그와 다소 비슷한 성질을 가짐을 간단한 방식으로 보여준다.

어찌 보면 H_n은 n이 커짐에 따라 간신히 발산하는 셈이다. 왜냐하면 실수 지수 r이 단위원보다 큰 값일 때 다음과 같은 비슷한 형태의 합이

$$1 + \frac{1}{2^r} + \frac{1}{3^r} + \cdots + \frac{1}{n^r} \tag{4}$$

모든 n에 대해 유계[†] 이기 때문이다. 식 (4)의 합을 $H_n^{(r)}$로 표기한다.

식 (4)의 지수 r이 2 이상일 때 $H_n^{(r)}$의 값은 그 최대값 $H_\infty^{(r)}$과 매우 비슷하다(단, n이 매우 작은 경우는 예외). 수량 $H_\infty^{(r)}$은 수학계에서 리만 제타 함수(Riemann's zeta function)로 잘 알려져 있다.

$$H_\infty^{(r)} = \zeta(r) = \sum_{k \geq 1} \frac{1}{k^r}. \tag{5}$$

r이 짝수 정수일 때 $\zeta(r)$의 값은 다음과 같음이 알려져 있다.

$$H_\infty^{(r)} = \frac{1}{2}|B_r| \frac{(2\pi)^r}{r!}, \quad \text{정수 } r/2 \geq 1. \tag{6}$$

여기서 B_r은 베르누이 수(Bernoulli number)이다(1.2.11.2절과 부록 A 참고). 특히,

$$H_\infty^{(2)} = \frac{\pi^2}{6}, \quad H_\infty^{(4)} = \frac{\pi^4}{90}, \quad H_\infty^{(6)} = \frac{\pi^6}{945}, \quad H_\infty^{(8)} = \frac{\pi^8}{9450} \tag{7}$$

이다. 이 값들은 오일러가 밝힌 것이다. 이에 대한 논의와 증명은 *CMath*, §6.5에서 볼 것.

이제 조화수가 관여하는 몇 가지 중요한 합들을 살펴보자. 우선 다음이 있다.

$$\sum_{k=1}^{n} H_k = (n+1)H_n - n. \tag{8}$$

이것은 다음과 같은 간단한 합 순서 교환에서 비롯된 것이다.

$$\sum_{k=1}^{n} \sum_{j=1}^{k} \frac{1}{j} = \sum_{j=1}^{n} \sum_{k=j}^{n} \frac{1}{j} = \sum_{j=1}^{n} \frac{n+1-j}{j}.$$

공식 (8)은 합 $\sum_{k=1}^{n} \binom{k}{m} H_k$의 한 특수 사례인데, 이것은 부분합(summation by parts)이라고 하는 한 가지 중요한 기법으로 구할 수 있다(연습문제 10 참고). 부분합은 수량 $\sum a_k$와 $(b_{k+1} - b_k)$

[†] 〔옮긴이 주〕'유계(有界)'라는 표현은 값이 특정한 범위(하계와 상계 사이)를 벗어나지 않음을 뜻한다. 상계가 존재하는 경우를 '위로 유계', 하계가 존재하는 것을 '아래로 유계'라고 말하기도 한다.

가 간단한 형태일 때 $\sum a_k b_k$를 평가하는 데 유용한 방법이다. 이 경우 다음에 주목한다.

$$\binom{k}{m} = \binom{k+1}{m+1} - \binom{k}{m+1},$$

이로부터

$$\binom{k}{m}H_k = \binom{k+1}{m+1}\left(H_{k+1} - \frac{1}{k+1}\right) - \binom{k}{m+1}H_k$$

를 얻는다. 이제 합을 전개하면:

$$\sum_{k=1}^{n}\binom{k}{m}H_k = \left(\binom{2}{m+1}H_2 - \binom{1}{m+1}H_1\right) + \cdots$$

$$+ \left(\binom{n+1}{m+1}H_{n+1} - \binom{n}{m+1}H_n\right) - \sum_{k=1}^{n}\binom{k+1}{m+1}\frac{1}{k+1}$$

$$= \binom{n+1}{m+1}H_{n+1} - \binom{1}{m+1}H_1 - \frac{1}{m+1}\sum_{k=0}^{n}\binom{k}{m} + \frac{1}{m+1}\binom{0}{m}.$$

여기에 식 1.2.6-(11)을 적용하면 원했던 공식이 나온다.

$$\sum_{k=1}^{n}\binom{k}{m}H_k = \binom{n+1}{m+1}\left(H_{n+1} - \frac{1}{m+1}\right). \tag{9}$$

(이 유도와 최종 결과는 미적분 책들이 적분

$$\int_1^n x^m \ln x \, dx = \frac{n^{m+1}}{m+1}\left(\ln n - \frac{1}{m+1}\right) + \frac{1}{(m+1)^2}$$

을 부분적분(integration by parts)이라는 것을 이용해서 평가하는 것에 비유할 수 있다.)

또 다른 종류의 합 $\sum_k \binom{n}{k}x^k H_k$을 살펴보는 것으로 이번 절을 마무리하겠다. 간결함을 위해, 이 합을 임시로 S_n이라 표기하기로 하자. 다음에 주목한다.

$$S_{n+1} = \sum_k \left(\binom{n}{k} + \binom{n}{k-1}\right)x^k H_k = S_n + x\sum_{k\geq1}\binom{n}{k-1}x^{k-1}\left(H_{k-1} + \frac{1}{k}\right)$$

$$= S_n + xS_n + \frac{1}{n+1}\sum_{k\geq1}\binom{n+1}{k}x^k.$$

따라서 $S_{n+1} = (x+1)S_n + ((x+1)^{n+1} - 1)/(n+1)$이고,

$$\frac{S_{n+1}}{(x+1)^{n+1}} = \frac{S_n}{(x+1)^n} + \frac{1}{n+1} - \frac{1}{(n+1)(x+1)^{n+1}}$$

이다. 이 등식과 $S_1 = x$라는 사실을 결합하면 다음이 나온다.

$$\frac{S_n}{(x+1)^n} = H_n - \sum_{k=1}^{n}\frac{1}{k(x+1)^k}. \tag{10}$$

$\ln\left(1/(1-1/(x+1))\right) = \ln(1+1/x)$이므로, 이 새 합은 무한급수 1.2.9-(17)의 일부이다. 그리고 $x > 0$일 때 그 급수가 수렴한다. 차분은 다음과 같다.

$$\sum_{k>n} \frac{1}{k(x+1)^k} < \frac{1}{(n+1)(x+1)^{n+1}} \sum_{k \geq 0} \frac{1}{(x+1)^k} = \frac{1}{(n+1)(x+1)^n x}.$$

이는 다음과 같은 정리를 증명한다.

정리 A. 만일 $x > 0$이면,

$$\sum_{k=1}^{n} \binom{n}{k} x^k H_k = (x+1)^n \left(H_n - \ln\left(1 + \frac{1}{x}\right) \right) + \epsilon$$

이다. 여기서 $0 < \epsilon < 1/(x(n+1))$이다. ∎

연습문제

1. [01] H_0, H_1, H_2는 얼마인가?

2. [13] 본문에서 $H_{2^m} \geq 1 + m/2$을 증명하는 데 쓰인 논거를 조금 수정하면 $H_{2^m} \leq 1 + m$을 증명할 수 있음을 보여라.

3. [M21] 연습문제 2에 쓰인 논거를, $r > 1$일 때 합 $H_n^{(r)}$이 모든 n에 대해 유계임을 증명할 수 있도록 일반화하라. 그리고 상계를 구하라.

▶ **4.** [10] 다음 명제들 중 모든 양의 정수 n에 대해 참인 것(들)은?

(a) $H_n < \ln n$ (b) $H_n > \ln n$ (c) $H_n > \ln n + \gamma$

5. [15] 부록 A의 표들을 이용해서 H_{10000}의 값을 소수점 15자리까지 구하라.

6. [M15] 조화수가 1.2.6절에서 이야기한 스털링 수와 직접적으로 관련됨을 증명하라. 실제로,

$$H_n = \left[\begin{matrix} n+1 \\ 2 \end{matrix} \right] \Big/ n!$$

이다.

7. [M21] $T(m, n) = H_m + H_n - H_{mn}$이라고 하자. (a) m이나 n이 증가해도 $T(m, n)$은 결코 증가하지 않음을 보여라(m, n 모두 양이라고 가정). (b) $m, n > 0$일 때 $T(m, n)$의 최소, 최대값을 계산하라.

8. [HM18] 식 (8)을 $\sum_{k=1}^{n} \ln k$와 비교하라. 그 차이를 n의 함수로 추정하라.

▶ **9.** [M18] 정리 A는 $x > 0$일 때에만 적용된다. $x = -1$일 때 합의 값은 무엇으로 간주해야 할까?

10. [M20] (부분합.) 연습문제 1.2.4-42와 식 (9)에 쓰인 부분합 기법은 일반적인 부분합 기법의 특별한 경우들이다. 다음과 같은 부분합 일반 공식을 증명하라.

$$\sum_{1 \leq k < n} (a_{k+1} - a_k) b_k = a_n b_n - a_1 b_1 - \sum_{1 \leq k < n} a_{k+1} (b_{k+1} - b_k).$$

▶ **11.** [*M21*] 부분합을 이용해서 다음을 평가하라.

$$\sum_{1 < k \le n} \frac{1}{k(k-1)} H_k.$$

▶ **12.** [*M10*] $H_\infty^{(1000)}$을 적어도 소수점 100자리까지 정확하도록 평가하라.

13. [*M22*] 다음 항등식을 증명하라.

$$\sum_{k=1}^{n} \frac{x^k}{k} = H_n + \sum_{k=1}^{n} \binom{n}{k} \frac{(x-1)^k}{k}.$$

(특히, $x = 0$인 특수 사례에 주목할 것. 그런 경우 연습문제 1.2.6-48에 연관된 항등식이 나온다.)

14. [*M22*] $\sum_{k=1}^{n} H_k/k = \frac{1}{2}(H_n^2 + H_n^{(2)})$임을 보이고, $\sum_{k=1}^{n} H_k/(k+1)$을 평가하라.

▶ **15.** [*M23*] $\sum_{k=1}^{n} H_k^2$을 n과 H_n으로 표현하라.

16. [*18*] 합 $1 + \frac{1}{3} + \cdots + \frac{1}{2n-1}$을 조화수로 표현하라.

17. [*M24*] (워링E. Waring, 1782.) p가 홀수 소수라고 하자. H_{p-1}의 분자가 p로 나누어짐을 보여라.

18. [*M33*] (셀프리지J. Selfridge.) $1 + \frac{1}{3} + \cdots + \frac{1}{2n-1}$을 나눌 수 있는 가장 큰 2의 거듭제곱은 무엇인가?

▶ **19.** [*M30*] H_n이 정수가 되는 모든 음이 아닌 정수 n들을 나열하라. [힌트: H_n의 분자가 홀수이고 분모가 짝수이면 H_n은 정수가 될 수 없다.]

20. [*HM22*] 이번 절의 정리 A를 만들어낸 것과 같은 합 문제들에 대한 해석적 방법이 하나 존재한다. 만일 $f(x) = \sum_{k \ge 0} a_k x^k$이고 이 급수가 $x = x_0$에 대해 수렴할 때, 다음을 증명하라.

$$\sum_{k \ge 0} a_k x_0^k H_k = \int_0^1 \frac{f(x_0) - f(x_0 y)}{1-y} dy.$$

21. [*M24*] $\sum_{k=1}^{n} H_k/(n+1-k)$를 평가하라.

22. [*M28*] $\sum_{k=0}^{n} H_k H_{n-k}$를 평가하라.

▶ **23.** [*HM20*] 함수 $\Gamma'(x)/\Gamma(x)$를 고려해서, 비정수 값을 가진 n들에 대한 H_n의 자연스러운 일반화를 얻는 방법을 보여라. 다음 연습문제에 관련된 $\Gamma'(1) = -\gamma$를 미리 가정해도 좋다.

24. [*HM21*] 다음을 보여라.

$$xe^{\gamma x} \prod_{k \ge 1} \left(\left(1 + \frac{x}{k}\right) e^{-x/k} \right) = \frac{1}{\Gamma(x)}.$$

(이 무한 곱의 부분 곱들을 고려할 것.)

1.2.8. 피보나치 수

다음과 같은 수열이 있다.

$$0, \ 1, \ 1, \ 2, \ 3, \ 5, \ 8, \ 13, \ 21, \ 34, \ \dots \tag{1}$$

이 수열의 각 수는 그 이전 두 수의 합이다. 이러한 수열은 이후에 살펴볼 적어도 십여 개의 서로 무관해 보이는 알고리즘들에서 중요한 역할을 한다. 이 수열의 수들을 F_n이라 표기하며, 공식적으로 다음과 같이 정의한다.

$$F_0 = 0; \quad F_1 = 1; \quad F_{n+2} = F_{n+1} + F_n, \quad n \geq 0. \tag{2}$$

이 유명한 수열은 레오나르도 피사노Leonardo Pisano(피사의 레오나르도)가 발표한 것으로, 그를 레오나르도 피보나치Lenardo Fibonacci(Filius Bonaccii, Bonaccio의 아들)라고도 부른다. 그의 *Liber Abaci*(Book of the Abacus, 계산판의 책)† 에는 "1년간 한 쌍의 토끼에서 나올 수 있는 토끼 쌍은 몇인가?"라는 연습문제가 들어 있다. 이 문제를 풀기 위해, 토끼 각 쌍이 매 달 새로운 자식 쌍을 낳으며, 그 새로 태어난 쌍은 한 달 후부터 자식 쌍을 낳는다고 가정해보자. 토끼가 죽는 일은 없다고 하면 한 달 후에는 토끼가 두 쌍에 이를 것이고, 두 달 후에는 세 쌍에 이를 것이다. 그 다음 달에는 원래의 쌍과 첫 달에 난 쌍이 각각 새 쌍을 낳게 되므로 토끼는 총 5 쌍이 된다. 그런 식으로 나가면 요구된 답을 구할 수 있다.

피보나치는 당시 중세 최고의 유럽 수학자로, 알콰리즈미al-Khwārizmī(이 이름에서 "알고리즘"이 라는 용어가 비롯되었다. 1.1절 참고)의 저작을 연구했으며, 스스로도 산술과 기하에 많은 기여를 했다. 피보나치의 저작들은 1857년에 재출간되었다〔B. Boncompagni, *Scritti di Leonardo Pisano* (Rome, 1857-1862), 총2권; F_n은 1권의 283-285에 나온다〕. 그의 토끼 문제가 생물학과 인구 폭발에 대한 실용적인 응용문제를 제기한 것은 물론 아니다. 그것은 단지 덧셈에 대한 연습문제였 는데, 사실 지금도 덧셈에 대한 상당히 좋은 컴퓨터 연습문제이다(연습문제 3 참고). 피보나치는 "무한한 개월수에 대해 이런 순서로 (덧셈을) 할 수 있다"고 적고 있다.

피보나치가 그 책을 쓰기 전, 이미 인도 철학자들이 수열 $\langle F_n \rangle$을 논의한 바 있다. 그들은 한 박자와 두 박자 음표 또는 음절들로 형성되는 리듬 패턴들에 오랫동안 흥미를 가지고 있었다. n박자를 가진 그런 리듬들의 총 수는 F_{n+1}이다. 고팔라Gopāla(1135년 이전)와 헤마찬드라Hemacandra(c. 1150)가 수 1, 2, 3, 5, 8, 13, 21, 34, ...를 명시적으로 언급한 것 역시 그런 까닭에서였다.〔P. Singh, *Historia Math.* **12** (1985), 229-244 참고. 또한 연습문제 4.5.3-32도 볼 것.〕

같은 수열이, 자신의 주변에서 보이는 수들을 고민해왔던 케플러Johannes Kepler의 1611년 저작 에도 나타난다.〔J. Kepler, *The Six-Cornered Snowflake* (Oxford: Clarendon Press, 1966), 21〕. 케플러는 아마도 그 수열에 대한 피보나치의 간략한 언급을 알지 못했던 것으로 간주된다. 피보나치 수는 자연에서도 관찰되는데, 아마도 토끼 문제의 원래 가정과 비슷한 이유 때문일 것이다. 〔Conway, Guy, *The Book of Numbers* (New York: Copernicus, 1996), 113-126에 대단히 명료한 설명이 있다.〕

---

† 〔옮긴이 주〕 이 책이 바로 유럽에 처음으로 인도·아라비아 숫자를 소개한 책이다. 책 이름과는 달리 필산법을 다루고 있다고 한다. 김용국, 김용운, *중국수학사*, 대우학술총서 자연과학 109, 민음사, 1996, 29쪽 참고. 1.1절의 역주도 참고할 것.

F_n과 알고리즘 사이의 직접적인 연관 관계가 처음으로 드러난 것은 1837년에 이르러서이다. 당시 레제É. Léger는 피보나치 수열을 이용해서 유클리드 알고리즘의 효율성을 연구하고 있었다. 그는 알고리즘 1.1E의 수 m과 n이 F_k보다 크지 않으면 단계 E2는 많아야 $k+1$번 수행됨을 발견하게 되는데, 이것이 피보나치 수열의 최초의 실용적인 적용이었다. (정리 4.5.3F 참고.) 1870년대에는 수학자 뤼까É. Lucas가 피보나치 수에 대한 매우 심오한 결과들을 얻게 된다. 그는 특히 피보나치 수들을 이용해서 39자리 수 $2^{127} - 1$이 소수임을 증명하기도 했다. 뤼까는 수열 $\langle F_n \rangle$에 "피보나치 수"라는 이름을 붙인 주인공으로, 그 이름은 지금까지도 쓰이고 있다.

피보나치 수열은 1.2.1절에서 이미 간략히 살펴보았다(식 (3)과 연습문제 4). 거기서 n이 양의 정수이고 ϕ가 다음과 같을 때

$$\phi = \frac{1}{2}(1 + \sqrt{5}) \tag{3}$$

$\phi^{n-2} \le F_n \le \phi^{n-1}$임을 보았다. 이 ϕ라는 수가 피보나치 수와 어떻게 연결되는지는 잠시 후에 이야기한다.

수 ϕ 자체도 매우 흥미로운 역사를 지니고 있다. 유클리드는 만일 A와 B의 비율이 ϕ이면 $A + B$와 A의 비율도 ϕ라는 점에서 ϕ를 "외중비(extreme and mean ratio)"라고 불렀다. 르네상스 시대의 저자들은 이를 "신의 비율(divine proportion)"이라 불렀고, 지난 세기에는 "황금비(golden ratio, 또는 황금률)"라는 명칭이 주로 사용되었다. ϕ 이야기는 콕스터H. S. M. Coxeter의 훌륭한 글 "The Golden Section, Phyllotaxis, and Wythoff's Game," *Scripta Math.* **19** (1953), 135-143에서 볼 수 있다. 또한 가드너Martin Gardner의 *The 2nd Scientific American Book of Mathematical Puzzles and Diversions* (New York: Simon and Schuster, 1961) 8장도 볼 것. 마르코프스키George Markowsky의 *College Math. J.* **23** (1992), 2-19에는 ϕ에 대한 몇 가지 유명한 미신들이 폭로되어 있다. 비율 F_{n+1}/F_n이 ϕ에 접근한다는 사실은 초기 유럽의 계산 달인 제이콥Simon Jacob(1564년에 사망)이 알아냈다. 〔P. Schreiber, *Historia Math.* **22** (1995), 422-424 참고〕.

이번 절에서 사용하는 표기법들은 다소 품위가 떨어진다. 좀 더 정교한 수학 문헌들에서는 F_n 대신 u_n을 사용하며, ϕ는 τ로 표기한다. 이번 절의 표기법은 흥미용 수학에서(그리고 일부 괴짜 수학 문헌들에서!) 거의 보편적으로 쓰이는 것으로, 그 용례가 빠르게 넓어지고 있다. ϕ라는 명칭은 그리스 미술가 피디아스Phidias의 이름에서 비롯된 것인데, 그는 자신의 조각 작품에서 황금비를 자주 사용했다고 한다. F_n이라는 표기는 피보나치 수열에 대한 수많은 사실들을 싣고 있는 *Fibonacci Quarterly*라는 간행물의 관례를 따른 것이다. F_n에 대한 고전적인 저작으로는 딕슨L. E. Dickson의 *History of the Theory of Numbers* **1** (Carnegie Inst. of Washington, 1919), 17장이 있다.

피보나치 수열은 여러 흥미로운 항등식들을 만족하는데, 일부는 이번 절 끝의 연습문제들에도 나온다. 그 중 가장 자주 발견된 것으로는 다음이 있다. 이것은 케플러가 1608년에 쓴 한 통의 편지에서 언급된 것이지만, 출판되기로는 카시니J. D. Cassini 〔*Histoire Acad. Roy. Paris 1* (1680), 201〕

가 최초이다.

$$F_{n+1}F_{n-1} - F_n^2 = (-1)^n \tag{4}$$

이는 귀납법으로 쉽게 증명할 수 있다. 이를 좀 더 난해한 방법으로 증명할 수도 있는데, 다음과 같은 행렬 항등식을 간단한 귀납법으로 증명하고,

$$\begin{pmatrix} F_{n+1} & F_n \\ F_n & F_{n-1} \end{pmatrix} = \begin{pmatrix} 1 & 1 \\ 1 & 0 \end{pmatrix}^n \tag{5}$$

양변의 행렬식을 취하면 된다.

관계식 (4)는 F_n과 F_{n+1}이 서로 소임을 보여준다. 어떠한 공통분모(공약수)라도 $(-1)^n$을 나누는 수가 되어야 하기 때문이다.

정의 (2)로부터 즉시 다음을 알 수 있다.

$$F_{n+3} = F_{n+2} + F_{n+1} = 2F_{n+1} + F_n; \quad F_{n+4} = 3F_{n+1} + 2F_n.$$

그리고 귀납법을 통해서 일반화하면, 임의의 양의 정수 m에 대해

$$F_{n+m} = F_m F_{n+1} + F_{m-1} F_n \tag{6}$$

임을 알 수 있다.

식 (6)에서 m이 n의 배수이면, 귀납법을 통해서 다음을 알 수 있다.

$$F_{nk}\text{는 } F_n\text{의 배수이다.}$$

즉, 모든 셋째 수는 짝수이고 모든 넷째 수는 3의 배수이고 모든 다섯째 수는 5의 배수이다. 등등이다.

사실 이보다 더한 것도 참이다. m과 n의 최대공약수를 $\gcd(m, n)$으로 표기한다고 할 때, 다음과 같은 다소 놀라운 정리가 나온다.

정리 A (뤼카É. Lucas, 1876). *$d = \gcd(m, n)$이라고 할 때, 어떠한 수가 만일 F_d를 나눈다면, 그리고 오직 그럴 때에만 그 수는 F_m과 F_n 모두를 나눈다. 즉,*

$$\gcd(F_m, F_n) = F_{\gcd(m,n)}. \tag{7}$$

증명. 이 결과는 유클리드 알고리즘을 이용해서 증명할 수 있다. 식 (6)때문에 F_m과 F_n의 모든 공약수는 F_{n+m}의 약수이기도 하며, 반대로 F_{n+m}과 F_n의 모든 공약수 역시 $F_m F_{n+1}$의 약수이다. F_{n+1}은 F_n과 서로 소이므로, F_{n+m}과 F_n의 공약수는 F_m 역시 나눈다. 이로써, 그 어떤 수 d에 대해서도 다음이 성립함을 증명했다.

$$\text{오직 } d\text{가 } F_{m+n}\text{과 } F_n\text{을 나눌 때에만 } d\text{는 } F_m\text{과 } F_n\text{을 나눈다.} \tag{8}$$

이제 명제 (8)을 만족하며 $F_0 = 0$인 임의의 수열 $\langle F_n \rangle$이 정리 A를 만족함을 보이겠다.

우선, 명제 (8)을 k에 대한 귀납법을 통해서 다음과 같은 규칙으로 확장할 수 있음은 명백하다.

오직 d가 F_{m+kn}과 F_n을 나눌 때에만 d는 F_m과 F_n을 나눈다.

여기서 k는 음이 아닌 임의의 정수이다. 이 결과를 좀 더 간명하게 표현하면:

오직 d가 F_m과 F_n을 나눌 때에만 d는 $F_{m \bmod n}$과 F_n을 나눈다. (9)

만일 r이 m을 n으로 나눈 나머지이면, 즉 $r = m \bmod n$이면 $\{F_m, F_n\}$의 공약수들은 $\{F_n, F_r\}$의 공약수들이다. 이로부터 알고리즘 1.1E의 조작들이 가해지는 과정에서 m과 n이 변해도 $\{F_m, F_n\}$의 공약수 집합은 변하지 않음을 알 수 있다. 마지막으로, $r = 0$일 때 그 공약수들은 그냥 $F_0 = 0$과 $F_{\gcd(m,n)}$의 공약수들이다. ∎

피보나치 수가 관련된 가장 중요한 결과들 대부분은 F_n을 ϕ로 표현한 것으로부터 유도할 수 있다. 그럼 실제로 유도해 보자. 다음의 유도에서 사용할 방법은 엄청나게 중요한 것이어서, 수학에 익숙한 독자라면 신중히 연구해 보아야 할 부분이다. 이 방법은 다음 절에서 좀 더 자세히 논의하게 될 것이다.

먼저, 다음과 같은 무한급수를 설정한다.

$$G(z) = F_0 + F_1 z + F_2 z^2 + F_3 z^3 + F_4 z^4 + \cdots$$
$$= z + z^2 + 2z^3 + 3z^4 + \cdots. \tag{10}$$

이런 무한 합이 존재한다거나 함수 $G(z)$가 뭔가 흥미로운 성질을 가지고 있을 것이라 기대할만한 어떤 선험적인 이유가 있는 것은 아니다. 그저 낙관적인 생각에서, 함수 $G(z)$가 존재한다면 그로부터 어떤 결론을 이끌어낼 수 있는지를 시도해 보는 것일 뿐이다. 이런 접근방식이 지닌 장점은 $G(z)$가 피보나치 수열 전체를 표현하는 하나의 단일한 수량이라는 것이다. 그리고 만일 $G(z)$가 하나의 "알려진" 함수임을 밝혀낸다면 우리는 $G(z)$의 계수들을 결정할 수 있다. 이러한 $G(z)$를 수열 $\langle F_n \rangle$에 대한 생성함수(generating function)라고 부른다.

$G(z)$를 조금 조작해서 다음 두 식을 만들고,

$$z\,G(z) = F_0 z + F_1 z^2 + F_2 z^3 + F_3 z^4 + \cdots,$$
$$z^2 G(z) = \qquad F_0 z^2 + F_1 z^3 + F_2 z^4 + \cdots,$$

첫째 것에서 두 식을 빼서 다음과 같이 정리한다.

$$(1 - z - z^2)G(z) = F_0 + (F_1 - F_0)z + (F_2 - F_1 - F_0)z^2$$
$$+ (F_3 - F_2 - F_1)z^3 + (F_4 - F_3 - F_2)z^4 + \cdots.$$

F_n의 정의에 의해 둘째 항을 제외한 모든 항이 사라져서, 결국 이 표현은 z와 같게 된다. 따라서 만일 $G(z)$가 존재한다면 다음이 성립함을 알 수 있다.

$$G(z) = z/(1 - z - z^2). \tag{11}$$

사실 이 함수를 z의 무한급수로 전개하는 것이 가능하다(테일러 급수가 된다). 이 과정을 반대로 적용하면 식 (11)의 멱급수를 전개했을 때 그 계수들이 피보나치 수열이 됨을 알 수 있다.

이제 $G(z)$의 조작을 통해서 피보나치 수열에 대해 더 많은 것을 알아낼 수 있다. 분모 $1 - z - z^2$ 은 하나의 2차방정식이며, 그 두 실근은 $\frac{1}{2}(-1 \pm \sqrt{5})$이다. 약간의 계산을 거치면, $G(z)$를 부분분수 기법을 이용해서 다음과 같은 형태로 전개할 수 있다.

$$G(z) = \frac{1}{\sqrt{5}}\left(\frac{1}{1-\phi z} - \frac{1}{1-\hat{\phi} z}\right) \tag{12}$$

여기서

$$\hat{\phi} = 1 - \phi = \frac{1}{2}(1 - \sqrt{5}) \tag{13}$$

이다. 수량 $1/(1-\phi z)$은 무한 등비급수 $1 + \phi z + \phi^2 z^2 + \cdots$의 합이므로

$$G(z) = \frac{1}{\sqrt{5}}(1 + \phi z + \phi^2 z^2 + \cdots - 1 - \hat{\phi} z - \hat{\phi}^2 z^2 - \cdots)$$

이다. 이제 z^n의 계수들을 보자. 이들은 F_n의 것들과 같아야 하며, 따라서

$$F_n = \frac{1}{\sqrt{5}}(\phi^n - \hat{\phi}^n) \tag{14}$$

이다. 이것은 피보나치 수의 중요한 닫힌 형식 공식으로, 18세기 초에 처음 발견되었다. (D. Bernoulli, *Comment. Acad. Sci. Petrop.* **3** (1728), 85-100, §7 참고; 또한 드무아브르A. de Moivre, *Philos. Trans.* **32** (1722), 162-178도 볼 것. 드무아브르는 방금 (14)를 유도한 방식과 본질적으로 동일한 일반 1차 점화식 해법을 보였다.)

지금까지의 논의에서는 단지 식 (14)를 얻고 그것을 귀납법으로 증명했을 뿐이다. 그러나 그를 통해 보인 꽤나 긴 유도의 핵심은, 애초에 공식을 발견하는 것이 어떻게 가능한지를 생성함수들의 중요 방법을 이용해서 보이는 데 있다. 이는 매우 다양한 문제들을 푸는 데 있어서 유익한 한 가지 기법이다.

식 (14)로 여러 가지 것들을 증명할 수 있다. 첫째로, $\hat{\phi}$가 음수($-0.61803\ldots$)이고 그 절대값이 단위원보다 작으므로, n이 커짐에 따라 $\hat{\phi}^n$이 매우 작아진다는 점에 주목하자. 실제로, 수량 $\hat{\phi}^n/\sqrt{5}$는 항상 충분히 작은 값이며, 따라서 다음이 성립한다.

$$F_n = \phi^n/\sqrt{5} \text{ 를 가장 가까운 정수로 반올림한 것.} \tag{15}$$

$G(z)$로부터 또 다른 결과들을 직접 얻을 수 있다. 예를 들어

$$G(z)^2 = \frac{1}{5}\left(\frac{1}{(1-\phi z)^2} + \frac{1}{(1-\hat{\phi} z)^2} - \frac{2}{1-z-z^2}\right) \tag{16}$$

이다. 그리고 $G(z)^2$의 z^n항의 계수는 $\sum_{k=0}^{n} F_k F_{n-k}$이다. 이로부터 다음을 유도할 수 있다.

$$\sum_{k=0}^{n} F_k F_{n-k} = \frac{1}{5}\left((n+1)(\phi^n + \hat{\phi}^n) - 2F_{n+1}\right)$$

$$= \frac{1}{5}\left((n+1)(F_n + 2F_{n-1}) - 2F_{n+1}\right)$$

$$= \frac{1}{5}(n-1)F_n + \frac{2}{5}nF_{n-1}. \tag{17}$$

(이 유도의 둘째 단계는 연습문제 11의 결과에 의한 것이다.)

연습문제

1. [10] 피보나치Leonardo Fibonacci의 원래 문제의 답은 몇인가? 즉, 1년 후 토끼는 몇 쌍이 되는가?

▶ 2. [20] 식 (15)의 관점에서, F_{1000}의 근사값은 얼마인가? (부록 A의 로그표를 이용할 것).

3. [25] F_1에서 F_{1000}까지를 계산하고 10진수로 출력하는 컴퓨터 프로그램을 작성하라. (다루어야 할 수들의 크기는 연습문제 2로 알 수 있다.)

▶ 4. [14] $F_n = n$인 모든 n을 찾아라.

5. [20] $F_n = n^2$인 모든 n을 찾아라.

6. [HM10] 식 (5)를 증명하라.

▶ 7. [15] 만일 n이 소수가 아니면 F_n은 소수가 아니다(단, 한 가지 예외가 있다). 이를 증명하고 그 예외를 찾아라.

8. [15] 모든 정수 n에 대해 $F_{n+2} = F_{n+1} + F_n$이라는 가정 하에서 음의 n에 대해 F_n을 정의하는 것이 편리한 경우가 많다. 그런 정의의 가능성을 탐구해 볼 것: F_{-1}은 무엇인가? F_{-2}는 무엇인가? F_{-n}을 F_n을 항으로 해서 간단하게 표현하는 방법은?

9. [M20] 연습문제 8의 결과로 얻은 관례들을 이용해서, 식 (4), (6), (14), (15)가 그 첨자들이 임의의 정수일 때에도 여전히 성립하는지 판단하라.

10. [15] $\phi^n / \sqrt{5}$가 F_n보다 큰가, 작은가?

11. [M20] 모든 정수 n에 대해 $\phi^n = F_n\phi + F_{n-1}$와 $\hat{\phi}^n = F_n\hat{\phi} + F_{n-1}$임을 보여라.

▶ 12. [M26] "2차" 피보나치 수열은 다음과 같은 규칙으로 정의된다.

$$\mathcal{F}_0 = 0, \quad \mathcal{F}_1 = 1, \quad \mathcal{F}_{n+2} = \mathcal{F}_{n+1} + \mathcal{F}_n + F_n.$$

$\mathcal{F}_n$을 F_n과 F_{n+1}을 통해서 표현하라. [힌트: 생성함수를 사용할 것.]

▶ 13. [M22] 다음 수열들을 피보나치 수들로 표현하라. r, s, c는 상수이다.

a) $a_0 = r$, $a_1 = s$; $a_{n+2} = a_{n+1} + a_n$, 단, $n \geq 0$.

b) $b_0 = 0$, $b_1 = 1$; $b_{n+2} = b_{n+1} + b_n + c$, 단, $n \geq 0$.

14. [M28] m이 고정된 양의 정수라고 하자. 다음을 만족하는 a_n을 구하라.

$$a_0 = 0, \quad a_1 = 1; \quad a_{n+2} = a_{n+1} + a_n + \binom{n}{m}, \quad \text{단, } n \geq 0.$$

15. [M22] $f(n)$과 $g(n)$이 임의의 함수이며, $n \geq 0$라고 하자.

$$a_0 = 0, \quad a_1 = 1, \quad a_{n+2} = a_{n+1} + a_n + f(n);$$
$$b_0 = 0, \quad b_1 = 1, \quad b_{n+2} = b_{n+1} + b_n + g(n);$$
$$c_0 = 0, \quad c_1 = 1, \quad c_{n+2} = c_{n+1} + c_n + xf(n) + yg(n).$$

c_n을 x, y, a_n, b_n, F_n으로 표현하라.

▶ **16.** [M20] 파스칼 삼각형을 적절한 각도에서 바라보면 피보나치 수열을 발견할 수 있다. 다음의 이항계수 합이 피보나치 수임을 보여라.

$$\sum_{k=0}^{n} \binom{n-k}{k}.$$

17. [M24] 연습문제 8의 관례들을 이용해서, 식 (4)의 일반화 $F_{n+k}F_{m-k} - F_n F_m = (-1)^n F_{m-n-k}F_k$를 증명하라.

18. [20] $F_n^2 + F_{n+1}^2$이 항상 피보나치 수인가?

▶ **19.** [M27] $\cos 36°$는 얼마인가?

20. [M16] $\sum_{k=0}^{n} F_k$를 피보나치 수들로 표현하라.

21. [M25] $\sum_{k=0}^{n} F_k x^k$은 무엇인가?

▶ **22.** [M20] $\sum_k \binom{n}{k} F_{m+k}$가 피보나치 수임을 보여라.

23. [M23] 연습문제 22를 일반화해서, $\sum_k \binom{n}{k} F_t^k F_{t-1}^{n-k} F_{m+k}$가 항상 피보나치 수임을 보여라.

24. [HM20] 다음과 같은 $n \times n$ 행렬의 행렬식을 구하라.

$$\begin{pmatrix} 1 & -1 & 0 & 0 & \dots & 0 & 0 & 0 \\ 1 & 1 & -1 & 0 & \dots & 0 & 0 & 0 \\ 0 & 1 & 1 & -1 & \dots & 0 & 0 & 0 \\ \vdots & \vdots & \vdots & \vdots & \ddots & \vdots & \vdots & \vdots \\ 0 & 0 & 0 & 0 & \dots & 1 & 1 & -1 \\ 0 & 0 & 0 & 0 & \dots & 0 & 1 & 1 \end{pmatrix}.$$

25. [M21] 다음을 보여라.

$$2^n F_n = 2 \sum_{k \text{ odd}} \binom{n}{k} 5^{(k-1)/2}.$$

▶ **26.** [M20] 연습문제 25를 이용해서, p가 홀수 소수일 때 $F_p \equiv 5^{(p-1)/2} \pmod{p}$임을 보여라.

27. [M20] 연습문제 26을 이용해서, p가 5가 아닌 소수일 때 F_{p-1}와 F_{p+1} 중 하나가 p의 배수임을 보여라.

28. [M21] $F_{n+1} - \phi F_n$은 무엇인가?

▶ **29.** [M23] (피보나치 다항계수.) 뤼카Édouard Lucas는 이항계수와 비슷한 방식으로 다음과 같은 수량들을 정의했다.

$$\binom{n}{k}_{\mathcal{F}} = \frac{F_n F_{n-1} \cdots F_{n-k+1}}{F_k F_{k-1} \cdots F_1} = \prod_{j=1}^{k} \left(\frac{F_{n-k+j}}{F_j} \right).$$

(a) $0 \leq k \leq n \leq 6$일 때의 $\binom{n}{k}_{\mathcal{F}}$ 값들의 표를 만들어라. (b) $\binom{n}{k}_{\mathcal{F}}$가 항상 정수임을 증명하라. 다음 사실을 활용할 것.

$$\binom{n}{k}_{\mathcal{F}} = F_{k-1} \binom{n-1}{k}_{\mathcal{F}} + F_{n-k+1} \binom{n-1}{k-1}_{\mathcal{F}}.$$

▶ **30.** [M38] (야르덴D. Jarden, 모츠킨T. Motzkin.) 피보나치 수들의 m제곱으로 된 수열은 각 항이 그 전의 $m+1$개의 항들에 의존하는 어떤 점화관계(漸化-, recurrence relation)를 만족한다. 다음을 보여라.

$$\sum_k \binom{m}{k}_{\mathcal{F}} (-1)^{\lceil (m-k)/2 \rceil} F_{n+k}^{m-1} = 0, \quad \text{단 } m > 0.$$

예를 들어 $m = 3$이면 $F_n^2 - 2F_{n+1}^2 - 2F_{n+2}^2 + F_{n+3}^2 = 0$이라는 항등식이 된다.

31. [M20] $F_{2n} \phi \bmod 1 = 1 - \phi^{-2n}$이고 $F_{2n+1} \phi \bmod 1 = \phi^{-2n-1}$임을 보여라.

32. [M24] 한 피보나치 수를 다른 피보나치 수로 나눈 나머지는 $\pm$ 피보나치 수이다. 다음을 보여라 (합동의 법은 F_n).

$$F_{mn+r} \equiv \begin{cases} F_r, & m \bmod 4 = 0 \text{일 때;} \\ (-1)^{r+1} F_{n-r}, & m \bmod 4 = 1 \text{일 때;} \\ (-1)^n F_r, & m \bmod 4 = 2 \text{일 때;} \\ (-1)^{r+1+n} F_{n-r}, & m \bmod 4 = 3 \text{일 때.} \end{cases}$$

33. [HM24] $z = \pi/2 + i \ln \phi$라 할 때 $\sin nz / \sin z = i^{1-n} F_n$임을 보여라.

▶ **34.** [M24] (피보나치 수체계.) $k \gg m$이라는 표기가 $k \geq m + 2$를 뜻한다고 하자. 모든 양의 정수 n마다 고유한 $n = F_{k_1} + F_{k_2} + \cdots + F_{k_r}$ 표현이 하나씩 존재함을 보여라. 단, $k_1 \gg k_2 \gg \cdots \gg k_r \gg 0$이다.

35. [M24] (파이(phi) 수체계.) 기수를 ϕ로 해서 0과 1만으로 실수를 표기한다고 하자. 예를 들어 $(100.1)_\phi = \phi^2 + \phi^{-1}$이다. 1을 표현하는 방법이 예를 들면 $1 = (.11)_\phi = (.011111\ldots)_\phi$ 등으로 무한히 많음을 보여라. 단, 1이 연달아 두 번 이상 나와서는 안 되고 또한 표현의 마지막이 01010101...로 무한히 이어져도 안 된다고 하면, 음이 아닌 모든 수는 각자 하나의 고유한 표현을 가진다. 정수에 대한 표현은 어떤 것인가?

▶ **36.** [M32] (피보나치 문자열.) $S_1 = \text{``}a\text{''}$, $S_2 = \text{``}b\text{''}$, 그리고 $n > 0$에 대해 $S_{n+2} = S_{n+1}S_n$이라고 하자. 다른 말로 하면 S_{n+2}는 S_n 바로 다음에 S_{n+1}을 붙인 것이다. 예를 들면 $S_3 = \text{``}ba\text{''}$, $S_4 = \text{``}bab\text{''}$, $S_5 = \text{``}babba\text{''}$ 등이다. S_n이 F_n개의 글자들로 이루어짐은 명백하다. S_n의 성질들을 조사하라. (이중 글자(같은 글자가 두 번 연달아 있는 것)들은 어디에 나타나는가? S_n의 k번째 글자를 예측할 수 있는가? b의 밀도는 얼마인가? 등등.)

▶ **37.** [M35] (개스켈 R. E. Gaskell, 휘니헌 M. J. Whinihan.) 두 선수가 다음과 같은 게임으로 경쟁을 한다: n개의 칩으로 이루어진 더미가 있다. 첫째 선수가 그 더미에서 임의의 개수의 칩을 덜어낸다. 단, 더미 전체를 덜어낼 수는 없다. 그 후부터 각 선수는 번갈아서 하나 이상의 칩들을 덜어내는데, 직전에 상대방이 덜어낸 칩의 두 배까지만 덜어내는 것이 가능하다. 마지막 칩을 덜어낸 선수가 이긴다. (예를 들어 $n = 11$이라고 할 때, 선수 A가 3개를 덜어냈다면 선수 B는 6개까지만 덜어낼 수 있다. 선수 B가 1개만 덜어냈다면 나머지는 7개이다. 선수 A는 1 또는 2개를 덜어낼 수 있으며, 2개를 덜어냈다고 하자. 선수 B는 4개까지 덜어낼 수 있고, 1개를 덜어낸다. 그러면 4개가 남게 된다. 이제 선수 A가 1개를 덜어내면 3개가 남는다. B는 적어도 하나를 덜어내야 하므로, 그 다음 차례에서 선수 A가 이긴다.)

처음에 1000개의 칩으로 시작한다고 할 때, 첫째 선수가 취할 수 있는 최선의 수는 무엇인가?

38. [35] 연습문제 37에 나온 게임을 수행하는, 게다가 최적으로 수행하는 컴퓨터 프로그램을 작성하라.

39. [M24] $a_0 = 0$, $a_1 = 1$이고 $n \geq 0$에 대해 $a_{n+2} = a_{n+1} + 6a_n$인 a_n에 대한 닫힌 형식의 수식을 구하라.

40. [M25] 다음 점화식을 구하라.

$$f(1) = 0; \quad f(n) = \min_{0 < k < n} \max(1 + f(k), 2 + f(n-k)), \quad \text{단 } n > 1.$$

▶ **41.** [M25] (마티야세비치 Yuri Matiyasevich, 1990.) $f(x) = \lfloor x + \phi^{-1} \rfloor$이라고 하자. 만일 $n = F_{k_1} + \cdots + F_{k_r}$이 n을 연습문제 34의 피보나치 수체계로 표현한 것이면, $F_{k_1+1} + \cdots + F_{k_r+1} = f(\phi n)$임을 보여라. $F_{k_1-1} + \cdots + F_{k_r-1}$에 대한 비슷한 공식을 구하라.

42. [M26] (클라너 D. A. Klarner.) m과 n이 음이 아닌 정수일 때

$$m = F_{k_1} + F_{k_2} + \cdots + F_{k_r}, \quad n = F_{k_1+1} + F_{k_2+1} + \cdots + F_{k_r+1}$$

를 만족하는 고유한 색인들의 수열 $k_1 \gg k_2 \gg \cdots \gg k_r$이 존재함을 보여라. (연습문제 34를 참고할 것. k들은 음일 수 있으며, r은 0일 수 있다.)

1.2.9. 생성함수

수열 $\langle a_n \rangle = a_0, a_1, a_2, \ldots$에 대한 정보를 얻고자 할 때 언제라도 사용할 수 있는 한 가지 방법이 있다. 먼저, 다음과 같은 형태의 "매개변수(parameter)" z의 무한 합을 하나 설정한다.

$$G(z) = a_0 + a_1 z + a_2 z^2 + \cdots = \sum_{n \geq 0} a_n z^n. \tag{1}$$

그런 다음에는 이 G 함수에 대한 정보를 찾음으로써 원래의 수열에 대한 정보를 얻을 수 있다. 이 함수는 수열 전체를 하나의 수량으로 나타낸 것이다. 수열 $\langle a_n \rangle$ 을 귀납적(재귀적)으로 정의할 수 있다면(즉, a_n 을 a_0, a_1, ..., a_{n-1} 을 통해서 정의할 수 있다면), 그러한 재귀적인 정의는 중요한 이점으로 작용하게 된다. 더 나아가 0이 아닌 어떤 값 z에 대해 식 (1)의 무한 합이 존재한다는 가정 하에서, 미분을 이용해 함수 $G(z)$로부터 a_0, a_1, ...의 개별 값도 구할 수 있다.

G(z)를 수열 a_0, a_1, a_2, ...의 생성함수(generating function)라고 부른다. 생성함수를 이용하면 완전히 새로운 범위의 기법들이 가능해지게 되고, 따라서 우리의 문제 해결 능력도 크게 증가한다. 1.2.8절에서 언급했듯이, 일반 1차 점화 문제를 풀기 위해 생성함수를 도입한 사람은 드무아브르A. de Moivre이다. 이 드무아브르의 이론을 약간 더 복잡한 점화식으로 확장한 사람은 스털링James Stirling 으로, 스털링은 산술 연산뿐만 아니라 미분과 적분을 적용하는 방법도 보여주었다 [*Methodus Differentialis* (London: 1730), Proposition 15]. 몇 년 후 오일러L. Euler는 생성함수를 몇 가지 새로운 방식으로 사용하기 시작했는데, 그에 대한 예를 분할에 대한 오일러의 논문들에서 볼 수 있다 [*Commentarii Acad. Sci. Pet.* **13** (1741), 64-93; *Novi Comment. Acad. Sci. Pet.* **3** (1750), 125-169]. 그리고 라플라스Pierre S. Laplace는 그의 고전적인 저작 *Théorie Analytique des Probabilités* (Paris: 1812)에서 그런 기법들을 더욱 발전시켰다.

무한 합 (1)이 수렴하는지의 여부도 어느 정도 중요한 문제이다. 무한급수 이론에 대한 교재라면 어떤 것이든 다음에 대한 증명이 나온다.

a) 만일 그 급수가 특정한 값 $z = z_0$에 대해 수렴한다면, 그 급수는 $|z| < |z_0|$인 모든 z 값들에 대해서도 수렴한다.

b) 오직 수열 $\langle \sqrt[n]{|a_n|} \rangle$이 유계일 때에만, 급수는 0이 아닌 어떤 z에 대해 수렴한다. (만일 그 수열이 유계가 아니면, 수열 $\langle a_n/n! \rangle$이나 아니면 관련된 다른 수열에 대해 수렴하는 급수들을 얻을 수도 있다.)

한편, 어떤 문제의 해법에 대한 가능성 있는 접근방식을 탐색하는 차원에서 생성함수들을 다룰 때에는 급수의 수렴에 대해 굳이 신경을 쓰지 않아도 되는 경우가 종종 있다. 그 어떤 수단으로든 해법을 발견할 수만 있다면, 그 수단이 엉성하다고 해도 해법을 독립적으로 정당화할 수 있다. 예를 들어 1.2.8절에서는 생성함수를 이용해서 식 (14)를 유도했었는데, 일단 그런 수식을 찾기만 한다면 그것을 귀납법으로 증명하는 것은 어렵지 않은 일이며, 또 그런 수식을 생성함수로 찾았음을 굳이 언급할 필요도 없다. 더 나아가서, 생성함수를 가지고 수행하는 연산들 대부분을(전부는 아니더라도) 급수의 수렴과는 무관한 방식으로 엄밀하게 정당화할 수 있다. 예를 들면 E. T. Bell, *Trans. Amer. Math. Soc.* **25** (1923), 135-154; Ivan Niven, *AMM* **76** (1969), 871-889; Peter Henrici, *Applied and Computational Complex Analysis* **1** (Wiley, 1974), 1장을 보라.

그럼 생성함수를 이용한 기본적인 기법들을 살펴보자.

A. 더하기. 만일 $G(z)$가 $\langle a_n \rangle = a_0, a_1, \ldots$에 대한 생성함수이고 $H(z)$가 $\langle b_n \rangle = b_0, b_1, \ldots$에 대한 생성함수이면, $\alpha G(z) + \beta H(z)$는 $\langle \alpha a_n + \beta b_n \rangle = \alpha a_0 + \beta b_0, \ \alpha a_1 + \beta b_1, \ldots$에 대한 생성함수이다. 즉:

$$\alpha \sum_{n \geq 0} a_n z^n + \beta \sum_{n \geq 0} b_n z^n = \sum_{n \geq 0} (\alpha a_n + \beta b_n) z^n. \tag{2}$$

B. 자리이동. 만일 $G(z)$가 $\langle a_n \rangle = a_0, a_1, \ldots$에 대한 생성함수이면, $z^m G(z)$은 $\langle a_{n-m} \rangle = 0, \ldots, 0, a_0, a_1, \ldots$에 대한 생성함수이다. 즉:

$$z^m \sum_{n \geq 0} a_n z^n = \sum_{n \geq m} a_{n-m} z^n. \tag{3}$$

임의의 음의 n에 대해 $a_n = 0$이라고 간주한다면, 마지막 합은 모든 $n \geq 0$로 확장할 수 있다.

비슷하게, $(G(z) - a_0 - a_1 z - \cdots - a_{m-1} z^{m-1})/z^m$은 $\langle a_{n+m} \rangle = a_m, a_{m+1}, \ldots$에 대한 생성함수이다. 즉:

$$z^{-m} \sum_{n \geq m} a_n z^n = \sum_{n \geq 0} a_{n+m} z^n. \tag{4}$$

연산 A와 B를 결합하면 1.2.8절의 피보나치 문제를 풀 수 있다. 이 경우 $G(z)$는 $\langle F_n \rangle$에 대한 생성함수, $z G(z)$는 $\langle F_{n-1} \rangle$에 대한 생성함수, $z^2 G(z)$는 $\langle F_{n-2} \rangle$에 대한 생성함수, $(1 - z - z^2) G(z)$는 $\langle F_n - F_{n-1} - F_{n-2} \rangle$에 대한 생성함수이다. 그렇다면, $F_n - F_{n-1} - F_{n-2}$는 $n \geq 2$일 때 0이므로 $(1 - z - z^2) G(z)$가 하나의 다항식이 됨을 알 수 있다. 비슷하게, 임의의 1차 점화 수열, 즉 $a_n = c_1 a_{n-1} + \cdots + c_m a_{n-m}$인 수열이 주어졌을 때, 생성함수는 $(1 - c_1 z - \cdots - c_m z^m)$으로 나누어지는 다항식이 된다.

이 모든 것에 대한 가장 간단한 예제를 살펴보자. $G(z)$가 상수 수열 $1, 1, 1, \ldots$의 생성함수일 때 $z G(z)$는 $0, 1, 1, \ldots$을 생성하며, 따라서 $(1 - z) G(z) = 1$이다. 이로부터 다음과 같은, 간단하지만 중요한 공식이 나온다.

$$\frac{1}{1 - z} = 1 + z + z^2 + \cdots. \tag{5}$$

C. 곱하기. $G(z)$가 $a_0, a_1, \ldots$에 대한 생성함수이고 $H(z)$가 $b_0, b_1, \ldots$에 대한 생성함수라 할 때,

$$G(z) H(z) = (a_0 + a_1 z + a_2 z^2 + \cdots)(b_0 + b_1 z + b_2 z^2 + \cdots)$$
$$= (a_0 b_0) + (a_0 b_1 + a_1 b_0) z + (a_0 b_2 + a_1 b_1 + a_2 b_0) z^2 + \cdots$$

이며, 따라서 $G(z) H(z)$는 수열 $c_0, c_1, \ldots$에 대한 생성함수이다. 여기서

$$c_n = \sum_{k=0}^{n} a_k b_{n-k} \tag{6}$$

이다.

방정식 (3)은 이것의 매우 특별한 사례이다. 또 다른 특수 사례로는 b_n이 단위원과 같을 때에 발생한다. 다음과 같다.

$$\frac{1}{1-z}G(z) = a_0 + (a_0 + a_1)z + (a_0 + a_1 + a_2)z^2 + \cdots. \qquad (7)$$

이것은 원래 수열의 합들에 대한 생성함수이다.

세 생성함수들의 곱에 대한 규칙은 (6)으로부터 나온다. 즉, $F(z)G(z)H(z)$은 다음과 같이 정의되는 수열 $d_0, d_1, d_2, \ldots$를 생성한다.

$$d_n = \sum_{\substack{i,j,k \geq 0 \\ i+j+k=n}} a_i b_j c_k. \qquad (8)$$

임의의 개수의 생성함수들의 곱에 대한 일반적인 규칙은 다음과 같다(그러한 곱에 의미가 있다고 할 때).

$$\prod_{j \geq 0} \sum_{k \geq 0} a_{jk} z^k = \sum_{n \geq 0} z^n \sum_{\substack{k_0, k_1, \ldots \geq 0 \\ k_0 + k_1 + \cdots = n}} a_{0k_0} a_{1k_1} \cdots. \qquad (9)$$

어떠한 수열의 점화관계에 이항계수가 관련될 때에는, 다음과 같이 정의되는 수열 $c_0, c_1, \ldots$에 대한 생성함수가 필요할 때도 종종 있다.

$$c_n = \sum_k \binom{n}{k} a_k b_{n-k}. \qquad (10)$$

보통 이런 경우에는 $\langle a_n/n! \rangle$, $\langle b_n/n! \rangle$, $\langle c_n/n! \rangle$에 대한 생성함수들을 사용하는 게 더 나은데, 그 이유는 다음과 같은 관계에서 비롯된다.

$$\left(\frac{a_0}{0!} + \frac{a_1}{1!}z + \frac{a_2}{2!}z^2 + \cdots \right)\left(\frac{b_0}{0!} + \frac{b_1}{1!}z + \frac{b_2}{2!}z^2 + \cdots \right) = \left(\frac{c_0}{0!} + \frac{c_1}{1!}z + \frac{c_2}{2!}z^2 + \cdots \right). \quad (11)$$

여기서 c_n은 식 (10)으로 정의된 것이다.

D. z 바꾸기. $G(cz)$가 $a_0, ca_1, c^2 a_2, \ldots$에 대한 생성함수임은 자명하다. 구체적인 한 예로, $1, c, c^2, c^3, \ldots$에 대한 생성함수는 $1/(1-cz)$이다.

급수의 항들을 번갈아 추출하는 잘 알려진 요령이 하나 있는데, 다음과 같다:

$$\begin{aligned} \frac{1}{2}(G(z) + G(-z)) &= a_0 + a_2 z^2 + a_4 z^4 + \cdots, \\ \frac{1}{2}(G(z) - G(-z)) &= \quad a_1 z + a_3 z^3 + a_5 z^5 + \cdots. \end{aligned} \qquad (12)$$

단위원의 복소근(complex root)들을 이용하면 이를 매 m번째 항들만 뽑아내도록 확장할 수 있다. $\omega = e^{2\pi i/m} = \cos(2\pi/m) + i\sin(2\pi/m)$이라 할 때, 다음이 성립한다.

$$\sum_{n \bmod m = r} a_n z^n = \frac{1}{m} \sum_{0 \leq k < m} \omega^{-kr} G(\omega^k z), \quad 0 \leq r < m. \qquad (13)$$

(연습문제 14 참고.) 예를 들어 $m = 3$이고 $r = 1$이면 $\omega = -\dfrac{1}{2} + \dfrac{\sqrt{3}}{2} i$로, 이것은 단위원의 복소 세제곱근(complex cube root, 복소 입방근)이다. 이를 식 (13)에 대입하면:

$$a_1 z + a_4 z^4 + a_7 z^7 + \cdots = \frac{1}{3}\left(G(z) + \omega^{-1} G(\omega z) + \omega^{-2} G(\omega^2 z)\right).$$

E. 미분과 적분. 미적분 기법들에서 또 다른 생성함수 연산들을 얻을 수 있다. 식 (1)로 주어진 $G(z)$의 도함수는 다음과 같다.

$$G'(z) = a_1 + 2a_2 z + 3a_3 z^2 + \cdots = \sum_{k \geq 0} (k+1) a_{k+1} z^k. \tag{14}$$

수열 $\langle n a_n \rangle$에 대한 생성함수는 $z\,G'(z)$이다. 그러므로 생성함수를 조작함으로써 수열의 n차 항을 n의 다항식과 결합할 수 있다.

이번에는 과정을 반대 방향으로 적용해서, 적분으로부터 또 다른 유용한 연산을 얻는다.

$$\int_0^z G(t)\,dt = a_0 z + \frac{1}{2} a_1 z^2 + \frac{1}{3} a_2 z^3 + \cdots = \sum_{k \geq 1} \frac{1}{k} a_{k-1} z^k. \tag{15}$$

다음은 이들의 특별한 경우들로, (5)의 미분과 적분이다.

$$\frac{1}{(1-z)^2} = 1 + 2z + 3z^2 + \cdots = \sum_{k \geq 0} (k+1) z^k. \tag{16}$$

$$\ln\frac{1}{1-z} = z + \frac{1}{2} z^2 + \frac{1}{3} z^3 + \cdots = \sum_{k \geq 1} \frac{1}{k} z^k. \tag{17}$$

둘째 공식을 식 (7)에 결합하면 다음과 같은 조화수에 대한 생성함수를 얻는다.

$$\frac{1}{1-z} \ln\frac{1}{1-z} = z + \frac{3}{2} z^2 + \frac{11}{6} z^3 + \cdots = \sum_{k \geq 0} H_k z^k. \tag{18}$$

F. 알려진 생성함수들. 어떤 함수의 멱급수 전개(冪-, power series expansion)를 결정할 수 있다면, 그것은 어떤 특정 수열에 대한 생성함수를 찾았다는 뜻이다. 그런 특별한 함수들은 위에 나온 연산들과 함께 쓰일 때 상당히 유용할 수 있다. 다음은 가장 중요한 멱급수 전개 몇 가지이다.

  i) 이항정리.

$$(1+z)^r = 1 + rz + \frac{r(r-1)}{2} z^2 + \cdots = \sum_{k \geq 0} \binom{r}{k} z^k. \tag{19}$$

r이 음의 정수일 때는 다음과 같은 특별한 경우를 얻는다. 이것은 식 (5)와 (16)에도 이미 반영되어 있다.

$$\frac{1}{(1-z)^{n+1}} = \sum_{k \geq 0} \binom{-n-1}{k} (-z)^k = \sum_{k \geq 0} \binom{n+k}{n} z^k. \tag{20}$$

또한 다음과 같은 일반화도 있는데, 연습문제 1.2.6-25에서 증명했다.

$$x^r = 1 + rz + \frac{r(r-2t-1)}{2}z^2 + \cdots = \sum_{k \geq 0} \binom{r-kt}{k} \frac{r}{r-kt} z^k. \tag{21}$$

단, x가 방정식 $x^{t+1} = x^t + z$의 해인 z의 연속함수($z = 0$일 때 $x = 1$)일 때이다.

ii) 지수급수(exponential series).

$$\exp z = e^z = 1 + z + \frac{1}{2!}z^2 + \cdots = \sum_{k \geq 0} \frac{1}{k!} z^k. \tag{22}$$

일반화하면 스털링 수가 관련된 다음과 같은 공식이 된다.

$$(e^z - 1)^n = z^n + \frac{1}{n+1} \left\{ {n+1 \atop n} \right\} z^{n+1} + \cdots = n! \sum_k \left\{ {k \atop n} \right\} \frac{z^k}{k!}. \tag{23}$$

iii) 로그급수(logarithm series) (식 (17)과 (18) 참고).

$$\ln(1+z) = z - \frac{1}{2}z^2 + \frac{1}{3}z^3 - \cdots = \sum_{k \geq 1} \frac{(-1)^{k+1}}{k} z^k, \tag{24}$$

$$\frac{1}{(1-z)^{m+1}} \ln\left(\frac{1}{1-z}\right) = \sum_{k \geq 1} (H_{m+k} - H_m) \binom{m+k}{k} z^k. \tag{25}$$

(23)에서처럼, 스털링 수를 통해서 다음과 같이 좀 더 일반적인 방정식을 얻는다.

$$\left(\ln\frac{1}{1-z}\right)^n = z^n + \frac{1}{n+1} \left[{n+1 \atop n} \right] z^{n+1} + \cdots = n! \sum_k \left[{k \atop n} \right] \frac{z^k}{k!}. \tag{26}$$

조화수의 여러 합들을 포함한 그 외의 일반화들이 D. A. Zave, *Inf. Proc. Letters* **5** (1976), 75-77; J. Spieß, *Math. Comp.* **55** (1990), 839-863 등의 논문들에 나온다.

iv) 기타.

$$z(z+1)\ldots(z+n-1) = \sum_k \left[{n \atop k} \right] z^k, \tag{27}$$

$$\frac{z^n}{(1-z)(1-2z)\ldots(1-nz)} = \sum_k \left\{ {k \atop n} \right\} z^k, \tag{28}$$

$$\frac{z}{e^z - 1} = 1 - \frac{1}{2}z + \frac{1}{12}z^2 + \cdots = \sum_{k \geq 0} \frac{B_k z^k}{k!}. \tag{29}$$

마지막 공식의 계수 B_k들은 베르누이 수(Bernoulli numbers)이다. 이에 대해서는 1.2.11.2절에서 좀 더 살펴보겠다. 부록 A에는 베르누이 수들의 표가 나온다.

(21)과 비슷한 다음과 같은 항등식이 있다(연습문제 2.3.4.4-29에서 증명한다).

$$x^r = 1 + rz + \frac{r(r+2t)}{2}z^2 + \cdots = \sum_{k \geq 0} \frac{r(r+kt)^{k-1}}{k!} z^k. \tag{30}$$

단, x는 방정식 $x = e^{zx^t}$을 푸는 z의 연속 함수($z = 0$일 때 $x = 1$)이다. 연습문제 4.7-22에서는 이 (21)과 (30)의 중요한 일반화들을 논의한다.

G. 계수 빼내기. 편의상, $G(z)$의 z^n항의 계수를 다음과 같이 표기하기도 한다.

$$[z^n]\,G(z). \qquad (31)$$

예를 들어 $G(z)$가 (1)에 나온 생성함수라고 할 때 $[z^n]\,G(z) = a_n$이고 $[z^n]\,G(z)/(1-z) = \sum_{k=0}^{n} a_k$이다. 복소변수론 분야에서 가장 기본적인 성과의 하나로 코시A. L. Cauchy의 한 공식 〔*Exercices de Math.* **1** (1826), 95-113 = *Œuvres (2)* **6**, 124-145, 식 (11)〕을 꼽을 수 있는데, 그 공식과 경로적분(經路-, contour integral)을 이용하면 임의의 원하는 계수를 추출할 수 있다. 구체적으로 말하면 $G(z)$가 $z = z_0$에 대해 수렴하며 $0 < r < |z_0|$일 때,

$$[z^n]\,G(z) = \frac{1}{2\pi i} \oint_{|z|=r} \frac{G(z)dz}{z^{n+1}} \qquad (32)$$

이다. 기본적인 착상은, 적분이 다음과 같을 때, $m = -1$을 제외한 모든 정수 m에서 $\oint_{|z|=r} z^m dz$가 0이라는 것이다.

$$\int_{-\pi}^{\pi} (re^{i\theta})^{-1} d(re^{i\theta}) = i \int_{-\pi}^{\pi} d\theta = 2\pi i.$$

식 (32)는 계수의 근사값을 연구하고자 할 때 가장 중요하다.

이제 1.2.3절에서 부분적으로만 풀었던 문제로 돌아가자. 우리는 이미 식 1.2.3-(13)과 연습문제 1.2.3-29를 통해서 다음을 알고 있다.

$$\sum_{1 \le i \le j \le n} x_i x_j = \frac{1}{2}\left(\sum_{k=1}^{n} x_k\right)^2 + \frac{1}{2}\left(\sum_{k=1}^{n} x_k^2\right),$$

$$\sum_{1 \le i \le j \le k \le n} x_i x_j x_k = \frac{1}{6}\left(\sum_{k=1}^{n} x_k\right)^3 + \frac{1}{2}\left(\sum_{k=1}^{n} x_k\right)\left(\sum_{k=1}^{n} x_k^2\right) + \frac{1}{3}\left(\sum_{k=1}^{n} x_k^3\right).$$

일반화하면, n개의 수 $x_1, x_2, \ldots, x_n$이 있고 그 합

$$h_m = \sum_{1 \le j_1 \le \cdots \le j_m \le n} x_{j_1} \cdots x_{j_m} \qquad (33)$$

을 구하려 한다고 하자. 가능하다면 이 합을 $S_1, S_2, \ldots, S_m$으로 표현해야 한다. 여기서,

$$S_j = \sum_{k=1}^{n} x_k^j \qquad (34)$$

는 j차 거듭제곱들의 합이다. 이런 좀 더 간결한 표기법을 이용하면 위의 공식들을 $h_2 = \frac{1}{2} S_1^2 + \frac{1}{2} S_2$, $h_3 = \frac{1}{6} S_1^3 + \frac{1}{2} S_1 S_2 + \frac{1}{3} S_3$으로 쓸 수 있다.

이 문제를 풀기 위해 다음과 같은 생성함수를 설정한다.

$$G(z) = 1 + h_1 z + h_2 z^2 + \cdots = \sum_{k \geq 0} h_k z^k. \tag{35}$$

급수의 곱하기에 대한 규칙을 이용해서 다음을 얻는다.

$$G(z) = (1 + x_1 z + x_1^2 z^2 + \cdots)(1 + x_2 z + x_2^2 z^2 + \cdots)\ldots(1 + x_n z + x_n^2 z^2 + \cdots)$$

$$= \frac{1}{(1 - x_1 z)(1 - x_2 z)\ldots(1 - x_n z)}. \tag{36}$$

즉, $G(z)$는 다항식의 역수인 것이다. 종종 곱의 로그를 취하는 게 도움이 되는 경우가 있다. (17)로부터 다음을 얻는다.

$$\ln G(z) = \ln \frac{1}{1 - x_1 z} + \cdots + \ln \frac{1}{1 - x_n z}$$

$$= \left(\sum_{k \geq 1} \frac{x_1^k z^k}{k} \right) + \cdots + \left(\sum_{k \geq 1} \frac{x_n^k z^k}{k} \right) = \sum_{k \geq 1} \frac{S_k z^k}{k}. \tag{37}$$

이렇게 해서 $\ln G(z)$를 S들로 표현할 수 있게 되었다. 이제 문제의 답을 얻기 위해 해야 할 일은 $G(z)$의 멱급수 전개를 다시 계산하는 것뿐인데, 이 계산에는 식 (22)와 (9)가 도움이 된다.

$$G(z) = e^{\ln G(z)} = \exp\left(\sum_{k \geq 1} \frac{S_k z^k}{k} \right) = \prod_{k \geq 1} e^{S_k z^k / k}$$

$$= \left(1 + S_1 z + \frac{S_1^2 z^2}{2!} + \cdots \right)\left(1 + \frac{S_2 z^2}{2} + \frac{S_2^2 z^4}{2^2 \cdot 2!} + \cdots \right)\ldots$$

$$= \sum_{m \geq 0} \left(\sum_{\substack{k_1, k_2, \ldots, k_m \geq 0 \\ k_1 + 2k_2 + \cdots + m k_m = m}} \frac{S_1^{k_1}}{1^{k_1} k_1!} \frac{S_2^{k_2}}{2^{k_2} k_2!} \cdots \frac{S_m^{k_m}}{m^{k_m} k_m!} \right) z^m. \tag{38}$$

괄호 안의 수량이 h_m 이다. 다소 거창해 보이긴 하지만 자세히 조사해보면 그리 복잡한 것은 아니다. 특정한 m 값에 대한 항들의 개수는 $p(m)$, 즉 m의 분할들(1.2.1절 참고)의 개수이다. 예를 들어서 다음은 12의 한 분할인데,

$$12 = 5 + 2 + 2 + 2 + 1$$

이것은 방정식 $k_1 + 2k_2 + \cdots + 12k_{12} = 12$ (여기서 k_j는 분할 안의 j의 개수)의 한 해에 해당한다. 지금 문제에서는 $k_1 = 1$, $k_2 = 3$, $k_5 = 1$이고 나머지 k들은 모두 0이므로, h_{12}에 대한 표현식의 일부로 다음과 같은 항이 나오게 된다.

$$\frac{S_1}{1^1 1!} \frac{S_2^3}{2^3 3!} \frac{S_5}{5^1 1!} = \frac{1}{240} S_1 S_2^3 S_5.$$

이제 (37)을 미분해 보면, 다음과 같은 점화식을 어렵지 않게 유도할 수 있을 것이다.

$$h_n = \frac{1}{n}(S_1 h_{n-1} + S_2 h_{n-2} + \cdots + S_n h_0), \quad n \geq 1. \tag{39}$$

생성함수의 응용에 대한 재미있는 입문으로는 폴랴G. Pólya의 "On picture writing," *AMM* **63** (1956), 689–697이 있다. 그의 접근방식은 *CMath*, 7장에서도 이어진다. 또한 윌프H. S. Wilf의 책 *generatingfunctionology*, second edition (Academic Press, 1994)도 볼 것.

생성함수는 우리가 수열을 전시하기 위해 수열을 걸어놓는 빨랫줄이다.

— 윌프H. S. WILF (1989)

연습문제

1. [*M12*] 수열 $2, 5, 13, 35, \ldots = \langle 2^n + 3^n \rangle$에 대한 생성함수는 무엇인가?

▶ 2. [*M13*] 식 (11)을 증명하라.

3. [*HM21*] $\langle H_n \rangle$에 대한 생성함수 (18)을 미분하고 그것을 $\langle \sum_{k=0}^{n} H_k \rangle$에 대한 생성함수와 비교하라. 둘에서 어떤 연관관계를 도출할 수 있는가?

4. [*M01*] 식 (19)가 식 (21)의 한 특수 경우인 이유를 설명하라.

5. [*M20*] 식 (23)을 n에 대한 귀납법으로 증명하라.

▶ 6. [*HM15*] 다음 수열에 대한 생성함수를 찾고,

$$\left\langle \sum_{0 < k < n} \frac{1}{k(n-k)} \right\rangle$$

그것을 미분한 후 그 계수들을 조화수들로 표현하라.

7. [*M15*] 식 (38)을 이끌어 낸 모든 단계들을 검증하라.

8. [*M23*] n의 분할 개수 $p(n)$에 대한 생성함수를 구하라.

9. [*M11*] 식 (34), (35)의 표기법을 따라, h_4를 S_1, S_2, S_3, S_4 항들로 표현하라.

▶ 10. [*M25*] 기본대칭함수(elementary symmetric function)는 다음과 같은 공식으로 정의된다.

$$e_m = \sum_{1 \leq j_1 < \cdots < j_m \leq n} x_{j_1} \cdots x_{j_m}.$$

(이것은 식 (33)의 h_m과 비슷하나 합의 색인변수 조건에서 등호들이 빠져 있다.) e_m에 대한 생성함수를 찾고 e_m을 식 (34)의 S_j로 표현하라. 그리고 e_1, e_2, e_3, e_4에 대한 공식을 작성하라.

▶ 11. [*M25*] 방정식 (39)는 h들로 S들을 표현하는 데 사용될 수도 있다. $S_1 = h_1$, $S_2 = 2h_2 - h_1^2$, $S_3 = 3h_3 - 3h_1 h_2 + h_1^3$ 등이다. 이러한 S_m 표현에서, $k_1 + 2k_2 + \cdots + mk_m = m$일 때 $h_1^{k_1} h_2^{k_2} \cdots h_m^{k_m}$의 계수는 무엇인가?

▶ **12.** [M20] $m, n = 0, 1, \ldots$에 대한 이중 첨자 수열 $\langle a_{mn} \rangle$이 있다고 하자. 이 이중 수열을 두 변수의 생성함수 하나로 표현하려면 어떻게 해야 하는지 보이고, $\left\langle \binom{n}{m} \right\rangle$에 대한 생성함수를 구하라.

13. [HM22] 함수 $f(x)$의 라플라스 변환(Laplace transform)은 다음과 같은 함수이다.

$$\mathbf{L}f(s) = \int_0^\infty e^{-st} f(t) dt.$$

$a_0, a_1, a_2, \ldots$이 수렴하는 생성함수를 가지는 하나의 무한 수열이며 $f(x)$가 계단함수(step function) $\sum_k a_k [0 \le k \le x]$라고 하자. $f(x)$의 라플라스 변환을 이러한 수열에 대한 생성함수 G를 통해서 표현하라.

14. [HM21] 식 (13)을 증명하라.

15. [M28] $H(w) = \sum_{n \ge 0} G_n(z) w^n$임을 고려해서, 다음의 생성함수에 대한 닫힌 형식을 구하라.

$$G_n(z) = \sum_{k=0}^n \binom{n-k}{k} z^k = \sum_{k=0}^n \binom{2k-n-1}{k} (-z)^k.$$

16. [M22] 생성함수 $G_{nr}(z) = \sum_k a_{nkr} z^k$에 대한 간단한 공식을 제시하라. 여기서 a_{nkr}은 n개의 객체들에서 k개를 택하는 방법의 개수인데, 각 객체를 최대 r번만 택할 수 있다는 제약이 따른다. $r = 1$이면 $\binom{n}{k}$개가 되고 $r \ge k$이면 연습문제 1.2.6-60에서처럼 반복이 허용되는 조합의 개수이다.)

17. [M25] 함수 $1/(1-z)^w$을 z와 w 모두의 이중(double) 멱급수로 전개한다고 할 때, 이 함수의 계수들은 무엇인가?

▶ **18.** [M25] 양의 정수 n과 r이 주어졌을 때, 다음 합들의 값에 대한 간단한 공식을 구하라: (a) $\sum_{1 \le k_1 < k_2 < \cdots < k_r \le n} k_1 k_2 \ldots k_r$, (b) $\sum_{1 \le k_1 \le k_2 \le \cdots \le k_r \le n} k_1 k_2 \ldots k_r$ (예를 들어 $n=3$이고 $r=2$이면 이 합들은 각각 $1 \cdot 2 + 1 \cdot 3 + 2 \cdot 3$과 $1 \cdot 1 + 1 \cdot 2 + 1 \cdot 3 + 2 \cdot 2 + 2 \cdot 3 + 3 \cdot 3$이다.)

19. [HM32] (가우스C. F. Gauss, 1812.) 다음 무한급수들의 합은 잘 알려져 있다.

$$1 - \frac{1}{2} + \frac{1}{3} - \frac{1}{4} + \cdots = \ln 2; \quad 1 - \frac{1}{3} + \frac{1}{5} - \frac{1}{7} + \cdots = \frac{\pi}{4};$$

$$1 - \frac{1}{4} + \frac{1}{7} - \frac{1}{10} + \cdots = \frac{\pi \sqrt{3}}{9} + \frac{1}{3} \ln 2.$$

연습문제 1.2.7-24의 답에 나오는 정의

$$H_x = \sum_{n \ge 1} \left(\frac{1}{n} - \frac{1}{n+x} \right)$$

을 이용해서 위에 나온 급수들을 각각 다음과 같이 표기할 수 있다.

$$1 - \frac{1}{2}H_{1/2}; \quad \frac{2}{3} - \frac{1}{4}H_{1/4} + \frac{1}{4}H_{3/4}; \quad \frac{3}{4} - \frac{1}{6}H_{1/6} + \frac{1}{6}H_{2/3}.$$

p와 q가 $0 < p < q$인 정수들이라 할 때, 일반적으로 $H_{p/q}$가 다음과 같은 값을 가짐을 증명하라.

$$\frac{q}{p} - \frac{\pi}{2}\cot\frac{p}{q}\pi - \ln 2q + 2\sum_{0 < k < q/2}\cos\frac{2pk}{q}\pi \cdot \ln\sin\frac{k}{q}\pi.$$

〔힌트: 아벨의 극한 정리에 의해, 그 합은

$$\lim_{x \to 1-}\sum_{n \geq 1}\left(\frac{1}{n} - \frac{1}{n+p/q}\right)x^{p+nq}$$

이다. 식 (13)을 이용해서 이 멱급수를 극한이 평가될 수 있는 형태로 나타내 볼 것.〕

20. 〔M21〕 $\sum_{n \geq 0}n^m z^n = \sum_{k=0}^{m}c_{mk}z^k/(1-z)^{k+1}$이 되는 계수 c_{mk}들은 무엇인가?

21. 〔HM30〕 수열 $\langle n! \rangle$에 대한 생성함수를 설정하고, 그 함수의 성질을 연구하라.

22. 〔M21〕 다음을 만족하는 생성함수 $G(z)$를 구하라.

$$[z^n]\,G(z) = \sum_{k_0+2k_1+4k_2+8k_3+\cdots=n}\binom{r}{k_0}\binom{r}{k_1}\binom{r}{k_2}\binom{r}{k_3}\cdots.$$

23. 〔M33〕 (칼리츠L. Carlitz.) (a) $m \geq 1$인 모든 정수 m에 대해 다음과 같은 조건을 만족하는 다항식 $f_m(z_1,...,z_m)$과 $g_m(z_1,...,z_m)$이 존재함을 증명하라. 조건: $n \geq r \geq 0$인 모든 정수 n에 대해 다음은 항등식이다.

$$\sum_{k_1,...,k_m \geq 0}\binom{r}{n-k_1}\binom{k_1}{n-k_2}\cdots\binom{k_{m-1}}{n-k_m}z_1^{k_1}\cdots z_m^{k_m}$$
$$= f_m(z_1,...,z_m)^{n-r}g_m(z_1,...,z_m)^r.$$

(b) 연습문제 15를 일반화해서, 다음 합에 대한 닫힌 형식을

$$S_n(z_1,...,z_m) = \sum_{k_1,...,k_m \geq 0}\binom{k_1}{n-k_2}\binom{k_2}{n-k_3}\cdots\binom{k_m}{n-k_1}z_1^{k_1}\cdots z_m^{k_m}$$

부문제 (a)의 함수 f_m과 g_m을 이용해 표현하라.

(c) $z_1 = \cdots = z_m = z$일 때, $S_n(z_1,...,z_m)$에 대한 간단한 표현을 구하라.

24. 〔M22〕 $G(z)$가 임의의 생성함수일 때, 다음이 성립함을 증명하라.

$$\sum_k\binom{m}{k}[z^{n-k}]\,G(z)^k = [z^n](1+z\,G(z))^m.$$

$G(z)$이 각각 (a) $1/(1-z)$, (b) $(e^z-1)/z$일 때의 이 항등식의 양변을 평가하라.

▶ **25.** 〔M23〕 합 $\sum_k\binom{n}{k}\binom{2n-2k}{n-k}(-2)^k$을, 이와 동치인 공식 $\sum_k[w^k](1-2w)^n[z^{n-k}](1+z)^{2n-2k}$의 단순화를 통해서 평가하라.

26. 〔M40〕표기법 (31)의 일반화를 찾아보라. 예를 들어서 $G(z)$가 (1)로 주어졌을 때 $[z^2 - 2z^5]$ $G(z) = a_2 - 2a_5$ 라고 표기할 수 있어야 한다.

1.2.10. 알고리즘 분석

그럼 지금까지 배운 수학적 기법들 중 일부를 다음과 같은 한 가지 전형적인 알고리즘의 연구에 적용해 보자.

알고리즘 M (최대값 찾기). n개의 원소 $X[1], X[2], ..., X[n]$이 주어졌을 때, $m = X[j] = \max_{1 \le i \le n} X[i]$(여기서 j는 이 관계를 만족하는 최대 색인)이 되는 m과 j를 찾고자 한다.

M1. 〔초기화.〕$j \leftarrow n$, $k \leftarrow n-1$, $m \leftarrow X[n]$으로 설정한다. (이 알고리즘이 수행되는 동안 항상 $m = X[j] = \max_{k < i \le n} X[i]$이다.)

M2. 〔모두 검사했는가?〕만일 $k = 0$이면 알고리즘을 종료한다.

M3. 〔비교.〕만일 $X[k] \le m$이면 M5로 간다.

M4. 〔m 변경.〕$j \leftarrow k$, $m \leftarrow X[k]$로 설정한다. (이 m 값은 새로운 현재 최대값이다.)

M5. 〔k 감소.〕k를 1 감소시키고 M2로 돌아간다. ∎

　　당연하고도 명백한 알고리즘이라서 굳이 자세히 분석할 필요도 없어 보인다. 그러나 그렇지 않다. 이 알고리즘의 분석을 통해서 보다 난해한 알고리즘들의 연구에 적용되는 방법을 살펴볼 수 있기 때문이다. 알고리즘 분석은 컴퓨터 프로그래밍에서 상당히 중요한 주제이다. 왜냐하면 하나의 응용문제에 사용할 수 있는 알고리즘은 일반적으로 하나가 아니라 여러 개일 수 있으며, 그런 경우 프로그래머는 최선의 것을 택하기를 원하기 때문이다.

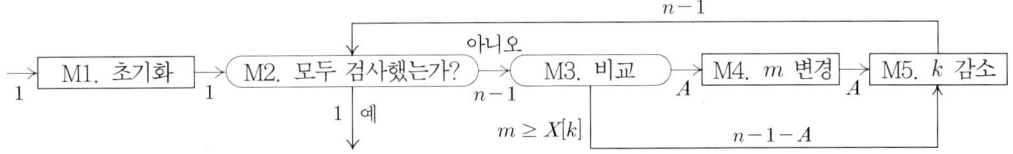

그림 9. 알고리즘 M. 화살표에 붙은 레이블들은 해당 경로가 취해지는 횟수를 나타낸다. 이 때 "키르히호프의 제1법칙"(Kirchhoff's first law)을 만족해야 함을 주의할 것. 즉, 각 노드로 들어가는 흐름의 양은 노드에서 나오는 흐름의 양과 반드시 같아야 한다.

　　알고리즘 M이 요구하는 저장소 공간은 일정하므로, 알고리즘을 수행하는 데 소요되는 시간만 분석하면 된다. 이를 위해, 각 단계의 수행 횟수를 세어보자(그림 9 참고).

단계 번호	수행 횟수
M1	1
M2	n
M3	$n-1$
M4	A
M5	$n-1$

각 단계의 수행 횟수는 특정한 컴퓨터에서의 알고리즘 실행 시간을 판단하는 데 필수적인 정보에 해당한다.

위에 나온 표에서 우리가 아직 알지 못하는 것은 수량 A로, 이것은 현재의 최대값을 변경하는 횟수이다. 분석을 완성하기 위해서는 이 흥미로운 수량 A를 연구해야 한다.

보통, 알고리즘 분석은 이러한 A의 최소값(낙관적 관점), 최대값(비관적 관점), 평균(확률적 관점), 그리고 표준편차(평균이 실제 값에 얼마나 근접하는지를 가리키는 수량)를 구하는 것으로 이루어진다.

A의 최소값은 0이다. 이는 다음 조건을 만족할 때 발생한다.

$$X[n] = \max_{1 \le k \le n} X[k].$$

최대값은 $n-1$로, 다음 조건일 때이다.

$$X[1] > X[2] > \cdots > X[n].$$

평균값은 0과 $n-1$ 사이이다. 그게 $\frac{1}{2}n$일까? 아니면 $\sqrt{n}$일까? 이 질문에 답하려면 평균(average, 또는 mean)이라는 것이 무엇인지 정의해야 하고, 평균을 적절히 정의하려면 입력 자료 $X[1]$, $X[2]$, ..., $X[n]$의 성질에 관한 몇 가지 가정이 필요하다. 여기서는 $X[k]$들이 *각기 다른 값이며 그 값들의 $n!$개의 순열들이 모두 같은 확률로 발생한다*고 가정한다. (이러한 가정은 합리적이며 대부분의 경우에 유효하다. 그러나 이번 절 끝의 연습문제들에서도 볼 수 있듯이, 다른 가정들 하에서 알고리즘을 분석하는 것도 가능하다.)

알고리즘 M의 성능은 $X[k]$의 구체적인 값들에는 의존하지 않는다. 단지 그 상대 순서만이 중요할 뿐이다. 만일 $n=3$이면 다음의 여섯 경우들이 동일한 확률로 존재한다고 가정한다.

경우	A의 값	경우	A의 값
$X[1] < X[2] < X[3]$	0	$X[2] < X[3] < X[1]$	1
$X[1] < X[3] < X[2]$	1	$X[3] < X[1] < X[2]$	1
$X[2] < X[1] < X[3]$	0	$X[3] < X[2] < X[1]$	2

따라서 $n=3$일 때 A의 평균값은 $(0+1+0+1+1+2)/6 = 5/6$이다.

$n!$ 순열들 각각이 동일한 확률로 존재한다는 가정 하에서, $X[1]$, $X[2]$, ..., $X[n]$을 어떤 순서를 가진 수 1, 2, ..., n들로 표기해도 무방함은 명백하다. 그렇다고 할 때 A가 값 k를 가질 확률은 다음과 같다.

$$p_{nk} = (A = k\text{인 } n\text{개의 객체들의 순열의 수})/n!. \tag{1}$$

예를 들어, 위의 표를 따를 때 $p_{30} = \frac{1}{3}$, $p_{31} = \frac{1}{2}$, $p_{32} = \frac{1}{6}$이다.

평균값(또는 기대치(expected value))은 다음과 같이 정의된다.

$$A_n = \sum_k k p_{nk}. \tag{2}$$

분산(分散, variance) V_n은 $(A - A_n)^2$의 평균이다. 즉:

$$V_n = \sum_k (k - A_n)^2 p_{nk} = \sum_k k^2 p_{nk} - 2A_n \sum_k k p_{nk} + A_n^2 \sum_k p_{nk}$$

$$= \sum_k k^2 p_{nk} - 2A_n A_n + A_n^2 = \sum_k k^2 p_{nk} - A_n^2. \tag{3}$$

마지막으로, 표준편차(標準偏差, standard deviation) σ_n은 분산의 제곱근, 즉 $\sqrt{V_n}$ 으로 정의된다.

σ_n의 중요성은 모든 $r \geq 1$에 대해, A가 그 평균의 $r\sigma_n$ 안에 놓이지 않을 확률이 $1/r^2$보다 작다는 점을 주목할 때 가장 잘 이해할 수 있을 것이다. 예를 들어 $|A - A_n| > 2\sigma_n$인 확률은 $< 1/4$이다. (증명: p가 그러한 확률이라고 하자. 만일 $p > 0$이면 $(A - A_n)^2$의 평균값은 $p \cdot (r\sigma_n)^2 + (1 - p) \cdot 0$보다 크다. 즉 $V_n > pr^2 V_n$이다.) 이를 흔히 체비셰프 부등식(Chebyshev's inequality)이라고 부르지만, 실제로는 비에나메J. Bienaymé, [*Comptes Rendus Acad. Sci.* **37** (Paris, 1853), 320–321]가 처음 발견한 것이다.

A의 성질은 확률 p_{nk}들을 결정함으로써 알아낼 수 있다. 귀납법을 이용하면 어렵지 않다. 식 (1)에서 보듯이, 이 확률을 얻으려면 $A = k$인 n 원소들의 순열의 수를 알아야 한다. 이 순열 개수를 $P_{nk} = n!\,p_{nk}$라고 하자.

1.2.5절에서처럼 $\{1, 2, ..., n\}$에 대한 순열 $x_1 x_2 ... x_n$들을 생각해보자. 만일 $x_1 = n$이면 A의 값은 $x_2 ... x_n$에 대해 얻은 값보다 하나 크다. 만일 $x_1 \neq n$이면 A의 값은 $x_2 ... x_n$에 대한 값과 정확히 같다. 따라서 $P_{nk} = P_{(n-1)(k-1)} + (n-1)P_{(n-1)k}$이며, p_{nk}는 다음이 된다.

$$p_{nk} = \frac{1}{n} p_{(n-1)(k-1)} + \frac{n-1}{n} p_{(n-1)k}. \tag{4}$$

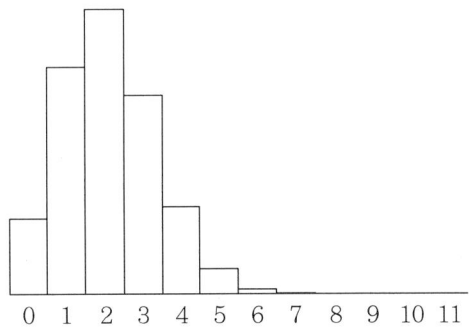

그림 10. 단계 4의 $n = 12$일 때의 확률분포. 평균은 58301/27720, 즉 약 2.10이다. 분산은 약 1.54이다.

이 등식 (4)로 p_{nk}를 얻을 수 있는데, 단 다음과 같은 조건이 붙는다.

$$p_{1k} = \delta_{0k}, \quad \text{만일 } k < 0 \text{이면 } p_{nk} = 0. \tag{5}$$

수량 p_{nk}들에 대한 정보를 얻기 위해 다음과 같은 생성함수를 도입한다.

$$G_n(z) = p_{n0} + p_{n1}z + \cdots = \sum_k p_{nk} z^k. \tag{6}$$

$A \le n-1$임은 알고 있으므로, 큰 k 값들에 대해 $p_{nk} = 0$이다. 따라서 위에서는 편의를 위해 무한합을 사용하긴 했지만, 실제로 $G_n(z)$은 하나의 다항식이다.

식 (5)에 의해 $G_1(z) = 1$이며, 식 (4)에 의해

$$G_n(z) = \frac{z}{n}G_{n-1}(z) + \frac{n-1}{n}G_{n-1}(z) = \frac{z+n-1}{n}G_{n-1}(z) \tag{7}$$

이다. (독자는 식 (4)와 (7)의 관계를 세심히 연구해볼 필요가 있다.) 이제 다음을 얻을 수 있다.

$$\begin{aligned}
G_n(z) &= \frac{z+n-1}{n}G_{n-1}(z) = \frac{z+n-1}{n}\frac{z+n-2}{n-1}G_{n-2}(z) = \cdots \\
&= \frac{1}{n!}(z+n-1)(z+n-2)\ldots(z+1) \\
&= \frac{1}{z+n}\binom{z+n}{n}.
\end{aligned} \tag{8}$$

그러니까 $G_n(z)$는 본질적으로 하나의 이항계수인 것이다!

이 함수는 1.2.9절의 식 (27)에서도 나왔었다. 정리하자면:

$$G_n(z) = \frac{1}{n!}\sum_k \begin{bmatrix} n \\ k \end{bmatrix} z^{k-1}$$

이며, 따라서 p_{nk}를 다음과 같이 스털링 수를 통해 표현할 수 있다.

$$p_{nk} = \begin{bmatrix} n \\ k+1 \end{bmatrix}\bigg/ n!. \tag{9}$$

그림 10에 $n = 12$일 때의 p_{nk}의 근사 크기들이 나와 있다.

이제 이 p_{nk} 값을 식 (2)와 (3)에 대입하면 원하던 평균값들이 나온다. 그런데 실제로 해보면 말처럼 쉽지 않음을 알 수 있다. 사실, 확률 p_{nk}들의 정확한 값을 구할 수 있는 경우는 흔치 않다. 대부분의 문제들에서, 생성함수 $G_n(z)$를 알 수 있다고 해도 우리가 실제 확률들에 대한 어떤 특별한 지식을 가지고 있는 경우는 드물기 때문이다. 그러나 중요한 것은 *생성함수 자체로부터 평균과 분산을 쉽게 구할 수 있다*는 사실이다.

그럼 실제로 확인해보자. 우선, 확률들에 해당하는 계수들을 가진 생성함수가 있다고 하자.

$$G(z) = p_0 + p_1 z + p_2 z^2 + \cdots.$$

여기서 p_k는 k라는 값을 가진 어떤 사건의 확률이다. 이제 다음과 같은 수량을 계산하고자 한다.

$$\text{mean}(G) = \sum_k kp_k, \quad \text{var}(G) = \sum_k k^2 p_k - (\text{mean}(G))^2. \tag{10}$$

미분을 이용하면 이를 계산하는 방법을 쉽게 알아낼 수 있을 것이다. 특히, $G(1) = p_0 + p_1 + p_2 + \cdots$가 모든 가능한 확률들의 합이므로

$$G(1) = 1 \tag{11}$$

임에 주목해야 할 것이다. 그와 비슷하게, $G'(z) = \sum_k k p_k z^{k-1}$ 이므로

$$\text{mean}(G) = \sum_k k p_k = G'(1) \tag{12}$$

이다.

마지막으로, 다시 미분을 적용하면 다음을 얻는다(연습문제 2 참고).

$$\text{var}(G) = G''(1) + G'(1) - G'(1)^2. \tag{13}$$

이렇게 해서 평균과 분산을 생성함수를 통해 표현할 수 있음을 확인해 보았다. 식 (12)와 (13)이 바로 그것이다.

이제 $G_n'(1) = A_n$ 을 계산해야 한다. 식 (7)에 의해

$$G_n'(z) = \frac{1}{n} G_{n-1}(z) + \frac{z+n-1}{n} G_{n-1}'(z),$$

$$G_n'(1) = \frac{1}{n} + G_{n-1}'(1)$$

이다. 초기 조건 $G_1'(1) = 0$ 으로부터 다음을 얻는다.

$$A_n = G_n'(1) = H_n - 1. \tag{14}$$

이것이 우리가 원하던, 단계 M4의 평균 수행 횟수이다. n 이 큰 값일 때 이것은 대략 $\ln n$ 이 된다. 〔참고: $A+1$ 의 r 차 적률(moment), 즉 수량 $\sum_k (k+1)^r p_{nk}$ 는 $[z^n](1-z)^{-1} \sum_k \left\{ {r \atop k} \right\} (\ln \frac{1}{1-z})^k$ 이며, 그 근사값은 $(\ln n)^r$ 이다. P. B. M. Roes *CACM* **9** (1966), 342 참고. A 의 분포를 최초로 연구한 것은 F. G. Foster, A. Stuart, *J. Roy. Stat. Soc.* **B16** (1954), 1-22이다.〕

분산 V_n 역시 이와 비슷한 방법으로 구할 수 있다. 그 전에, 다음과 같은 중요한 단순화부터 살펴보도록 하자.

정리 A. G 와 H 가 $G(1) = H(1) = 1$ 인 두 생성함수라고 하자. 수량 $\text{mean}(G)$ 와 $\text{var}(G)$ 가 식 (12)와 (13)으로 정의된다고 할 때, 다음이 성립한다.

$$\text{mean}(GH) = \text{mean}(G) + \text{mean}(H), \quad \text{var}(GH) = \text{var}(G) + \text{var}(H). \tag{15}$$

이 정리는 잠시 후에 증명한다. 이 정리는, 생성함수들의 곱의 평균과 분산을 합으로 줄일 수 있음을 말해준다. ▮

$Q_n(z) = (z+n-1)/n$ 로 두면 $Q_n'(1) = 1/n$, $Q_n''(1) = 0$ 이며 따라서

$$\text{mean}(Q_n) = \frac{1}{n}, \quad \text{var}(Q_n) = \frac{1}{n} - \frac{1}{n^2}.$$

이다.

마지막으로, $G_n(z) = \prod_{k=2}^{n} Q_k(z)$ 이므로, 다음이 성립한다.

$$\operatorname{mean}(G_n) = \sum_{k=2}^{n} \operatorname{mean}(Q_k) = \sum_{k=2}^{n} \frac{1}{k} = H_n - 1,$$

$$\operatorname{var}(G_n) = \sum_{k=2}^{n} \operatorname{var}(Q_k) = \sum_{k=1}^{n} \left(\frac{1}{k} - \frac{1}{k^2} \right) = H_n - H_n^{(2)}.$$

이렇게 해서, 수량 A에 관해 우리가 원했던 통계 수치들을 모두 얻었다.

$$A = \left(\min 0, \quad \operatorname{ave} H_n - 1, \quad \max n - 1, \quad \operatorname{dev} \sqrt{H_n - H_n^{(2)}} \right). \tag{16}$$

식 (16)에 쓰인 표기법은 이 책 전반에서 다른 확률적 수량들의 통계적 특성을 서술할 때에도 쓰이게 된다.

이제 알고리즘 M의 분석이 완성된 셈이다. 이 분석에서는 확률론이 새롭게 도입되었다. 이 책의 대부분의 응용에서는 기초적인 수준의 확률론으로 충분한데, 여기서 기초적인 수준이라 함은 경우의 수 세기와 평균, 분산, 표준편차 정의 등을 가리키는 것으로, 이미 앞에서 언급한 것들이다. 그 정도의 확률론이면 우리가 알고자 하는 대부분의 질문에 대한 답을 얻을 수 있다. 이후 좀 더 복잡한 알고리즘들을 분석하다보면 확률에 대한 추론을 막힘없이 진행할 수 있는 능력도 점차 갖출 수 있을 것이다.

이러한 방법들을 좀 더 연습해 보는 차원에서, 몇 가지 간단한 확률 문제들을 생각해 보자. 확률에 대해 이야기할 때 가장 먼저 떠오르는 예는 아마 동전 던지기일 것이다. 예를 들어 동전을 n번 던진다고 할 때, 그리고 특정한 횟수 이후에서 동전의 앞면이 나오는 확률 p가 존재한다고 할 때, 앞면이 나오는 평균 횟수는 얼마인가? 그 표준편차는 무엇인가?

여기서는 동전 앞, 뒷면이 완전히 균등하지는 않다고, 즉 그 확률이 $p = \frac{1}{2}$이 아니라고 가정한다. 이런 가정은 문제를 좀 더 흥미롭게 만드는데, 사실 현실의 모든 동전은 실제로도 균등하지 않다(앞, 뒷면이 완전히 같다면 어느 쪽이 앞인지도 모르게 된다.)

이전의 논의에서와 마찬가지로, 앞면이 k번 나올 확률을 p_{nk}라고 하고 $G_n(z)$가 그에 대한 생성함수라고 하자. 그러면 당연히

$$p_{nk} = p p_{(n-1)(k-1)} + q p_{(n-1)k} \tag{17}$$

이다. 여기서 $q = 1 - p$는 동전 뒷면이 나올 확률이다. 이전과 마찬가지로, (17)로부터 $G_{n(z)} = (q + pz) G_{n-1}(z)$임을 알 수 있다. 그리고 명백한 초기 조건 $G_1(z) = q + pz$로부터 다음이 나온다.

$$G_n(z) = (q + pz)^n. \tag{18}$$

정리 A에 의해

$$\operatorname{mean}(G_n) = n \operatorname{mean}(G_1) = pn,$$

$$\operatorname{var}(G_n) = n \operatorname{var}(G_1) = (p - p^2)n = pqn$$

이다. 결론적으로, 앞면이 나오는 사건에 대한 통계치들은 다음과 같다.

$$(\min 0, \quad \operatorname{ave} pn, \quad \max n, \quad \operatorname{dev} \sqrt{pqn}). \tag{19}$$

그림 11은 $p = \frac{3}{5}$, $n = 12$일 때의 p_{nk} 값들이다. 표준편차가 $\sqrt{n}$ 에 비례하며 최소값과 최대값의 차이가 n에 비례할 때, 그런 상황을 평균에 대해 "안정적"(stable)이라고 간주한다.

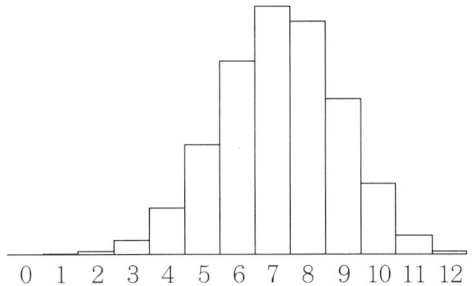

그림 11. 동전 던지기의 확률분포. 원하는 면이 나올 확률이 3/5이고 독립적으로 12번 던졌을 때이다.

좀 더 간단한 문제 하나를 보자. 어떤 절차에서, 값 $1, 2, ..., n$들을 같은 확률로 얻는다고 하자. 이런 상황, 즉 균등분포(uniform distribution, 또는 고른 분포)에 대한 생성함수는 다음과 같다.

$$G(z) = \frac{1}{n} z + \frac{1}{n} z^2 + \cdots + \frac{1}{n} z^n = \frac{1}{n} \frac{z^{n+1} - z}{z - 1}. \qquad (20)$$

다소 고생스런 계산을 거치고 나면 다음을 얻게 된다.

$$G'(z) = \frac{nz^{n+1} - (n+1)z^n + 1}{n(z-1)^2},$$

$$G''(z) = \frac{n(n-1)z^{n+1} - 2(n+1)(n-1)z^n + n(n+1)z^{n-1} - 2}{n(z-1)^3}.$$

평균과 분산을 계산하려면 $G'(1)$과 $G''(1)$을 알아야 하는데, 문제는 $z = 1$로 치환하면 이 공식들이 모두 0/0이 되어버린다는 점이다. 따라서 z가 단위원에 접근할 때의 극한을 구해야 하는데, 이는 간단한 일이 아니다.

다행히, 훨씬 수월한 방법이 존재한다. 테일러 정리(Taylor's theorem)를 이용하면 다음을 얻을 수 있다.

$$G(1 + z) = G(1) + G'(1)z + \frac{G''(1)}{2!} z^2 + \cdots . \qquad (21)$$

따라서 식 (20)에서 z를 $z + 1$로 치환하고,

$$G(1 + z) = \frac{1}{n} \frac{(1+z)^{n+1} - 1 - z}{z} = 1 + \frac{n+1}{2} z + \frac{(n+1)(n-1)}{6} z^2 + \cdots$$

그 계수들을 읽으면 된다.

이로부터 $G'(1) = \frac{1}{2}(n+1)$, $G''(1) = \frac{1}{3}(n+1)(n-1)$이 나오며, 결론적으로 균등분포에 대한 통계치들은 다음과 같다.

$$\left(\min 1, \quad \text{ave} \; \frac{n+1}{2}, \quad \max n, \quad \text{dev} \sqrt{\frac{(n+1)(n-1)}{12}} \right). \tag{22}$$

이 경우 표준편차는 약 $0.289n$인데, 이는 현저히 불안정한(unstable) 상황이다.

이제 정리 A를 증명하고, 앞서 나온 개념들을 전통적인 확률론에 연관시키는 것으로 이번 절을 마무리하겠다. X가 오직 음이 아닌 정수 값만을 취하는 확률 변수이며, $X = k$인 확률을 p_k라고 하자. 이 때 $G(z) = p_0 + p_1 z + p_2 z^2 + \cdots$ 를 X에 대한 확률 생성함수라고 부르며, 수량 $G(e^{it}) = p_0 + p_1 e^{it} + p_2 e^{2it} + \cdots$ 는 이 분포의 특성함수(characteristic function, 또는 고유함수)라고 부르곤 한다. 이것은 해당 분포에 속한 두 독립 확률 변수들의 합을 나타낸다.

무작위 수량 X의 평균을 종종 X의 기대값(expected value)이라고 부르고 $\text{E}\, X$로 표기한다. X의 분산은 $\text{E}\, X^2 - (\text{E}\, X)^2$이다. 이러한 표기법에서 X에 대한 확률 생성함수는 $G(z) = \text{E}\, z^X$, 즉 z^X의 기대값이다(단, X가 오직 음이 아닌 정수 값만을 취한다고 할 때). 비슷하게, X가 참 또는 거짓인 하나의 명제라고 하면, X가 참일 확률은 $\Pr(X) = \text{E}\,[X]$이다. 여기서 대괄호 표기는 아이버슨의 관례를 따른 것이다(식 1.2.3-(16)).

평균과 분산은 틸레T. N. thiele가 1889년에 소개한 소위 준불변량(semi-invariant)들 또는 누적률(cumulant)들 중 두 가지일 뿐이다 〔A. Hald, *International Statistical Review* **68** (2000), 137-153 참고〕. 준불변량 κ_1, κ_2, κ_3은 다음과 같은 규칙으로 정의된다.

$$\frac{\kappa_1 t}{1!} + \frac{\kappa_2 t^2}{2!} + \frac{\kappa_3 t^3}{3!} + \cdots = \ln G(e^t) \tag{23}$$

정리하면

$$\kappa_n = \frac{d^n}{dt^n} \ln G(e^t) \Big|_{t=0}$$

이 나온다. 특히

$$\kappa_1 = \frac{e^t G'(e^t)}{G(e^t)} \Big|_{t=0} = G'(1)$$

이다. 왜냐하면 $G(1) = \sum_k p_k = 1$이고

$$\kappa_2 = \frac{e^{2t} G''(e^t)}{G(e^t)} + \frac{e^t G'(e^t)}{G(e^t)} - \frac{e^{2t} G'(e^t)^2}{G(e^t)^2} \Big|_{t=0} = G''(1) + G'(1) - G'(1)^2$$

이기 때문이다.

이러한 준불변량들은 생성함수의 로그를 통해서 정의되므로, 이들에 대해 정리 A가 적용됨은 명백하다. 사실 정리 A를 모든 종류의 준불변량들에 적용되도록 일반화하는 것도 가능하다.

정규분포(正規分布, normal distribution)는 평균과 분산을 제외한 모든 준불변량들이 0인 분포이다. 정규분포에서는 체비셰프 부등식이 상당히 개선된다. 즉, 한 정규분포 무작위 값과 그 평균의 차이가 표준편차보다 작을 확률은

$$\frac{1}{\sqrt{2\pi}} \int_{-1}^{+1} e^{-t^2/2} dt$$

이며, 이는 약 68.268949213709%이다. 그 차이가 표준편차의 두 배보다 작을 확률은 95.449973 610364%, 표준편차의 세 배보다 작을 확률은 99.730020393674%이다. 식 (8)과 (18)로 지정된 분포들은 n이 클 때 근사적으로 정규분포이다(연습문제 13과 14 참고).

어떤 확률 변수가 그 평균값보다 훨씬 크지 않을 확률이나 훨씬 작지 않을 확률을 알아야 할 때가 종종 있다. 그런 확률들을 편하게 추정할 수 있는, 꼬리 부등식(tail inequality)이라고 부르는 매우 단순하지만 강력한 공식이 두 개 있다. X가 확률 변수이고 그에 대한 확률 생성함수 $G(z)$가 있다고 할 때, 다음과 같은 두 가지 꼬리 부등식들이 성립한다.

$$\Pr(X \le r) \le x^{-r} G(x), \quad 0 < x \le 1 \text{일 때}; \tag{24}$$

$$\Pr(X \ge r) \le x^{-r} G(x), \quad rx \ge 1 \text{일 때}. \tag{25}$$

증명은 간단하다. 만일 $G(z) = p_0 + p_1 z + p_2 z^2 + \cdots$이면, $0 < x \le 1$에 대해

$$\Pr(X \le r) = p_0 + p_1 + \cdots + p_{\lfloor r \rfloor} \le x^{-r} p_0 + x^{1-r} p_1 + \cdots + x^{\lfloor r \rfloor - r} p_{\lfloor r \rfloor} \le x^{-r} G(x)$$

이며 $x \ge 1$에 대해

$$\Pr(X \ge r) = p_{\lceil r \rceil} + p_{\lceil r \rceil + 1} + \cdots \le x^{\lceil r \rceil - r} p_{\lceil r \rceil} + x^{\lceil r \rceil + 1 - r} p_{\lceil r \rceil + 1} + \cdots \le x^{-r} G(x)$$

이다. 식 (24)와 (25)의 우변을 최소화하는(또는 근사적으로 최소화하는) x 값들을 택함으로써 좌변의 진정한 꼬리 확률들에 상당히 근접한 상계들을 얻을 수 있는 경우가 자주 있다.

연습문제 21-23은 몇 가지 중요한 경우들에서의 꼬리 부등식들을 보여준다. 이 부등식들은 콜모고로프A. N. Kolmogorov가 그의 책 *Grundbegriffe der Wahrscheinlichkeitsrechnung* (Springer, 1933)에서 최초로 지적한 좀 더 일반적인 원칙의 특수 사례들이다. 그리고 그 일반적인 원칙이란, 만일 모든 $t \ge r$에 대해 $f(t) \ge s > 0$이면, $\mathrm{E} f(X)$가 존재하는 경우 $\Pr(X \ge r) \le s^{-1} \mathrm{E} f(X)$라는 것이다. 식 (25)는 $f(t) = x^t$이고 $s = x^r$인 경우에 해당한다.

연습문제

1. [10] 식 (4)와 (5)의 p_{n0} 값을 구하고 이 결과를 알고리즘 M의 관점에서 해석하라.

2. [HM16] 식 (10)으로부터 식 (13)을 유도하라.

3. [M15] 알고리즘 M으로 1000개의 서로 다른, 순서가 무작위인 항목들의 최대값을 찾는다고 할 때, 그 최대값, 최소값, 평균, 표준편차를 구하라. (그 값들을 10진 소수 근사값들로 제시할 것.)

4. [M10] 동전 던지기 실험에서의 p_{nk} 값들(식 (17))에 대한 명시적인, 닫힌 공식을 제시하라.

5. [M13] 그림 11에 나온 분포의 평균과 표준편차는 얼마인가?

6. [HM27] 본문에서 중요한 확률분포 (8), (18), (20)의 평균과 분산을 계산한 바 있다. 각 경우에서, 세 번째 준불변량 κ_3은 무엇인가?

▶ **7.** [M27] 앞선 알고리즘 M의 분석에서는 모든 $X[k]$가 서로 다르다고 가정했었는데, 이번에는 가정을 조금 느슨하게 주어서, $X[1], X[2], \ldots, X[n]$에 정확히 m개의 서로 다른 값들이 존재한다고 하자. 그 조건만 제외한다면 값들은 무작위다. 이 경우 A의 확률분포는 무엇인가?

▶ **8.** [M20] M개의 서로 다른 원소들의 집합에서 무작위로 각각의 $X[k]$를 취하되, $X[1], X[2], \ldots,$ $X[n]$을 뽑는 M^n가지 경우들 모두 확률이 같다고 하자. 이 때 모든 $X[k]$가 서로 다를 확률은 얼마인가?

9. [M25] 연습문제 8의 결과를 일반화해서, X들 중에서 정확히 m개의 서로 다른 값들을 뽑는 확률에 대한 공식을 구하라. 그 답을 스털링 수를 통해서 표현하라.

10. [M20] 이전 세 연습문제의 결과들을 결합해서, M개의 객체들로 이루어진 집합에서 무작위로 각 X를 선택한다는 가정 하에 $A = k$일 확률에 대한 공식을 구하라.

▶ **11.** [M15] $G(z)$를 $F(z) = z^n G(z)$로 바꾼다면, 확률분포의 준불변량들은 어떻게 변할까?

12. [HM21] $G(z) = p_0 + p_1 z + p_2 z^2 + \cdots$이 어떠한 확률분포를 나타낸다고 할 때, 수량 $M_n = \sum_k k^n p_k$와 $m_n = \sum_k (k - M_1)^n p_k$를 각각 "$n$차 적률(的率, moment)", "$n$차 중심적률(central moment)"이라고 부른다. 아르보가 공식(연습문제 1.2.5-21)을 사용해서 다음을 보여라.

$$\kappa_n = \sum_{\substack{k_1, k_2, \ldots, k_n \geq 0 \\ k_1 + 2k_2 + \cdots = n}} \frac{(-1)^{k_1 + k_2 + \cdots + k_n - 1} n! (k_1 + k_2 + \cdots + k_n - 1)!}{k_1! 1!^{k_1} k_2! 2!^{k_2} \ldots k_n! n!^{k_n}} M_1^{k_1} M_2^{k_2} \ldots M_n^{k_n}$$

처음 몇 항을 나열하자면, $\kappa_1 = M_1$, $\kappa_2 = M_2 - M_1^2$(이미 알고 있던 것이다), $\kappa_3 = M_3 - 3M_1 M_2 + 2M_1^3$, $\kappa_4 = M_4 - 4M_1 M_3 + 12M_1^2 M_2 - 3M_2^2 - 6M_1^4$이다. 또한, $n \geq 2$일 때, κ_n을 중심적률 m_2, m_3, $\ldots$들로 표현해 볼 것.

13. [HM38] 평균이 μ_n이고 편차가 σ_n인 확률 생성함수 $G_n(z)$가 있다고 하자. t의 모든 실수 값들에 대해 만일

$$\lim_{n \to \infty} e^{-it\mu_n / \sigma_n} G_n(e^{it/\sigma_n}) = e^{-t^2/2}$$

이면 $G_n(z)$의 수열은 *정규분포에 접근한다*고 말한다. 식 (8)로 주어진 $G_n(z)$가 정규분포에 접근함을 보여라.

　　참고: 여기서 말하는 "정규분포에 접근한다"를 증명한다는 것은, 다음 사실을 증명하는 것과 동등하다.

$$\lim_{n \to \infty} 확률\left(\frac{X_n - \mu_n}{\sigma_n} \leq x\right) = \frac{1}{\sqrt{2\pi}} \int_{-\infty}^{x} e^{-t^2/2} dt$$

여기서 X_n은 그 확률들이 $G_n(z)$로 주어지는 무작위 수량이다. 이것은 수학적 확률론의 기초적인

성과인, 레비P. Lévy의 중요한 "연속성 정리"(continuity theorem)의 한 특수 사례이다. 레비의 정리의 증명은 이 책에서 다루기에는 다소 복잡하지만 그렇다고 아주 어려운 것은 아니다(예를 들면 B. V. Gnedenko 및 A. N. Kolmogorov가 쓰고 K. L. Chung이 옮긴 *Limit Distributions for Sums of Independent Random Variables*(Reading, Mass.: Addison-Wesley, 1954)를 볼 것).

14. 〔HM30〕(드무아브르.) 연습문제 13의 관례들을 이용해서, 식 (18)로 주어진 이항분포 $G_n(z)$이 정규분포에 접근함을 보여라.

15. 〔HM23〕어떠한 수량이 값 k를 가질 확률이 $e^{-\mu}(\mu^k/k!)$일 때, 이를 평균이 μ인 푸아송 분포 (Poisson distribution)라고 말한다.

　a) 이러한 확률 집합에 대한 생성함수는 무엇인가?

　b) 준불변량들의 값은 무엇인가?

　c) n이 무한대에 접근할 때($n \to \infty$), 평균이 np인 푸아송 분포가 정규분포에 접근(연습문제 13에서 말하는 의미로)을 보여라.

16. 〔M25〕X가 혼합(mixture) 확률분포 $g_1(z)$, $g_2(z)$, ..., $g_r(z)$를 따르는 확률 변수이며, $g_k(z)$가 쓰일 확률이 p_k라고 하자. $p_1 + p_2 + \cdots + p_r = 1$이다. X의 평균과 분산을 $g_1, g_2, ..., g_r$의 평균과 분산으로 표현하라.

▶ **17.** 〔M27〕$f(z)$와 $g(z)$가 확률분포들을 나타내는 생성함수들이라고 하자.

　a) $h(z) = g(f(z))$ 역시 확률분포를 나타내는 생성함수임을 보여라.

　b) $h(z)$의 의의를 $f(z)$와 $g(z)$를 통해서 해석하라. ($h(z)$의 계수들이 나타내는 확률들의 의미는 무엇인가?)

　c) h의 평균과 분산을 f와 g의 평균, 분산으로 표현하는 공식을 제시하라.

18. 〔M28〕알고리즘 M의 $X[1]$, $X[2]$, ..., $X[n]$에서 서로 다른 값들을 취하되, 정확히 k_1이 하나, k_2가 둘, ..., k_n이 n개이고 그것들이 무작위 순으로 배열된 결과가 되도록 한다고 하자. (이 때

$$k_1 + k_2 + \cdots + k_n = n$$

이다. 본문에서는 $k_1 = k_2 = \cdots = k_n = 1$로 가정했었다.) 이런 일반화된 상황에서는 생성함수가 (8)이 아니라 다음과 같은 것이어야 함을 보여라.

$$\left(\frac{k_{n-1}z + k_n}{k_{n-1} + k_n} \right)\left(\frac{k_{n-2}z + k_{n-1} + k_n}{k_{n-2} + k_{n-1} + k_n} \right) \cdots \left(\frac{k_1 z + k_2 + \cdots + k_n}{k_1 + k_2 + \cdots + k_n} \right).$$

단, 이는 $0/0 = 1$로 간주한 것이다.

19. 〔M21〕$1 \le j < k$에 대해 $a_k > a_j$일 때, a_k를 수열 $a_1 a_2 \ldots a_n$의 좌에서 우로 최대값(left-to-right maximum)이라고 부른다. $a_1 a_2 \ldots a_n$이 $\{1, 2, ..., n\}$의 한 순열이고 $b_1 b_2 \ldots b_n$이 그것의 역순열(逆-, inverse permutation)이라고 하자. 따라서 오직 $b_l = k$일 때에만 $a_k = l$이다. 이때 오직

k가 $b_1 b_2 \ldots b_n$의 우에서 좌로 최대값(right-to-left maximum)일 때에만 a_k가 $a_1 a_2 \ldots a_n$의 좌에서 우로 최대값임을 보여라.

▶ **20.** [M22] $b_1 \leq b_2 \leq \cdots \leq b_n$일 때 $\max\{|a_1 - b_1|, |a_2 - b_2|, \ldots, |a_n - b_n|\}$을 계산하고자 한다고 하자. 이를 위해서는 $\max\{m_L, m_R\}$만을 계산하는 것으로 충분함을 보여라. 여기서

$$m_L = \max\{a_k - b_k \mid a_k 는 \ a_1 a_2 \ldots a_n 의 \ 좌에서 \ 우로 \ 최대값\},$$
$$m_R = \max\{b_k - a_k \mid a_k 는 \ a_1 a_2 \ldots a_n 의 \ 우에서 \ 좌로 \ 최소값\}$$

이다. [따라서, 만일 a들이 무작위 순이면, 뺄셈을 수행해야 할 k의 개수는 오직 $2 \ln n$ 정도이다.]

▶ **21.** [HM21] X가 어떠한 무작위 동전을 n번 던졌을 때 앞면이 나온 횟수이며 그에 대한 생성함수는 (18)이라고 하자. 식 (25)를 이용해서, $\epsilon \geq 0$일 때 다음이 성립함을 증명하고,

$$\Pr(X \geq n(p + \epsilon)) \leq e^{-\epsilon^2 n/(2q)}$$

$\Pr(X \leq n(p - \epsilon))$에 대해서도 이와 비슷한 추정(부등식)을 구하라.

▶ **22.** [HM22] X의 생성함수가 $(q_1 + p_1 z)(q_2 + p_2 z) \ldots (q_n + p_n z)$이라고 하자. 여기서 $1 \leq k \leq n$에 대해 $p_k + q_k = 1$이다. $\mu = EX = p_1 + p_2 + \cdots + p_n$이라고 하자. (a) 다음을 증명하라.

$$\Pr(X \leq \mu r) \leq (r^{-r} e^{r-1})^{\mu}, \quad 0 < r \leq 1 일 \ 때;$$
$$\Pr(X \geq \mu r) \leq (r^{-r} e^{r-1})^{\mu}, \quad r \geq 1 일 \ 때.$$

(b) $r \approx 1$일 때, 이 추정의 우변들을 간편한 형식으로 표현하라.

(c) r이 충분히 크면 $\Pr(X \geq \mu r) \leq 2^{-\mu r}$이 됨을 보여라.

23. [HM23] $(q - pz)^{-n}$으로 생성되는(여기서 $q = p + 1$), 음의 이항분포를 가지는 확률 변수에 대한 꼬리 확률들을 추정하라.

*1.2.11. 점근적 표현

어떠한 수량을 다른 것과 비교하기 위해, 그 수량을 정확하게가 아니라 근사적으로 알고 싶은 경우가 있다. 예를 들어 계승들을 비교할 때에는 $n!$에 대한 스털링의 근사가 유용하다(n이 크다고 할 때). 또, H_n이 $\ln n + \gamma$에 접근한다는 사실도 유용하게 쓰인다. 이러한 점근 공식(漸近-, asymptotic formula)들에는 보다 고수준의 수학이 관여된 경우가 많지만, 이하의 소절들에서는 원하는 결과를 얻는 데에 기초적인 미적분만을 사용하게 된다.

*1.2.11.1. O 표기법

바흐만Paul Bachmann은 그의 책 *Analytische Zahlentheorie* (1894)에서 근사에 관한 매우 편리한 표기법 하나를 소개했는데, 그것이 바로 이번 소절에서 이야기할 O 표기법(O-notation)이다. 이것을 이용하면 "$\approx$" 기호를 "="로 바꾸고 근사의 정확도를 수량화할 수 있다. 예를 들면:

$$H_n = \ln n + \gamma + O\left(\frac{1}{n}\right). \tag{1}$$

("에이치 아래첨자 엔은 자연로그 엔 더하기 오일러 상수 더하기 대문자 오 엔 분의 일과 같다"로 읽는다.)

일반적으로, $O(f(n))$이라는 표기는 $f(n)$이 양의 정수 n의 함수이면 언제라도 사용할 수 있다. 이 표기법은 그 크기가 아주 크지는 않다는 점을 제외하고는 정확히 알려지지 않은 수량을 나타낸다. 모든 $O(f(n))$ 출현(appearance)들의 정확한 의미는 "$O(f(n))$이 나타내는 수를 x_n이라고 할 때, 모든 정수 $n \geq n_0$에 대해 $|x_n| \leq M|f(n)|$을 만족하는 양의 정수 M과 n_0이 존재한다"이다. 그런데 상수 M과 n_0이 구체적으로 얼마인지를 언급하지는 않는다. 사실 그 상수들은 각각의 O 출현마다 다른 것이 일반적이다.

예를 들어 식 (1)은 $n \geq n_0$일 때 $|H_n - \ln n - \gamma| \leq M/n$이라는 뜻이다. 상수 M과 n_0을 밝히지 않아도 n이 충분히 크다면 수량 $O(1/n)$이 임의의 작은 값임은 확신할 수 있다.

그럼 예들을 좀 더 보자. 다음은 우리가 알고 있는 것이다.

$$1^2 + 2^2 + \cdots + n^2 = \frac{1}{3}n(n+\frac{1}{2})(n+1) = \frac{1}{3}n^3 + \frac{1}{2}n^2 + \frac{1}{6}n.$$

이로부터 다음을 얻는다.

$$1^2 + 2^2 + \cdots + n^2 = O(n^4), \tag{2}$$

$$1^2 + 2^2 + \cdots + n^2 = O(n^3), \tag{3}$$

$$1^2 + 2^2 + \cdots + n^2 = \frac{1}{3}n^3 + O(n^2). \tag{4}$$

식 (2)가 상당히 대략적이긴 하지만, 그렇다고 부정확한 것은 아니다. 식 (3)은 좀 더 엄정한 서술이다. 그리고 식 (4)는 더욱 엄정하다. 이 등식들을 정당화하려면, 만일 $P(n) = a_0 + a_1 n + \cdots + a_m n^m$이 m 이하 차수의 임의의 다항식이면 $P(n) = O(n^m)$임을 증명해야 한다. 이 명제는 $n \geq 1$일 때

$$|P(n)| \leq |a_0| + |a_1|n + \cdots + |a_m|n^m = (|a_0|/n^m + |a_1|/n^{m-1} + \cdots + |a_m|)n^m$$

$$\leq (|a_0| + |a_1| + \cdots + |a_m|)n^m$$

이라는 점에서 비롯된 것이다. 이제 $M = |a_0| + |a_1| + \cdots + |a_m|$, $n_0 = 1$로 둘 수도 있고, 아니면 예를 들어 $M = |a_0|/2^m + |a_1|/2^{m-1} + \cdots + |a_m|$, $n_0 = 2$로 둘 수도 있다.

O 표기법은 자주 나타나는 개념을 간략히 서술하고 대체로 별 상관이 없는 세부 정보를 숨긴다는 점에서 근사를 다룰 때 큰 도움이 된다. 더 나아가서, 이 O들을 익숙한 대수적 방법으로 조작하는 것이 가능하다. 단, 몇 가지 중요한 차이들은 염두에 두어야 하는데, 가장 중요한 것이 단방향 상등 (one-way equality)이라는 개념이다. 즉, $\frac{1}{2}n^2 + n = O(n^2)$이라고 쓸 수는 있지만 $O(n^2) = \frac{1}{2}n^2 + n$이라고는 절대 쓸 수 없다. (만일 그런 표기가 허용된다면, $\frac{1}{4}n^2 = O(n^2)$이므로 $\frac{1}{4}n^2 = \frac{1}{2}n^2 + n$이라는 터무니없는 결과가 나온다.) 이 표기법이 관련된 등식에서는 항상 등식의 우변이 좌변보다 더 자세한 정보를 제공하지 않는다는 관례를 사용한다. 즉, 우변은 항상 좌변보다 조악한 버

전인 것이다.

"="의 용법에 대한 이러한 관례를 좀 더 정밀하게 이야기하자면 다음과 같다: $O(f(n))$ 표기법이 관련된 공식은 n의 함수들의 집합으로 간주할 수 있다. 기호 $O(f(n))$은 모든 정수 $n \geq n_0$에 대해 $|g(n)| \leq M|f(n)|$인 상수 M과 n_0이 존재한다는 조건을 만족하는 모든 정수 함수 g들의 집합을 나타낸다. S와 T가 함수들의 집합이라 할 때, $S + T$는 집합 $\{g + h \mid g \in S$ 그리고 $h \in T\}$이다. $S + c$, $S - T$, $S \cdot T$, $\log S$ 등도 그와 비슷한 방식으로 정의한다. $\alpha(n)$과 $\beta(n)$이 O 표기를 포함하는 공식들일 때, $\alpha(n) = \beta(n)$이라는 표기는 $\alpha(n)$이 뜻하는 함수 집합이 $\beta(n)$이 뜻하는 함수 집합에 포함됨을 의미한다.

이러한 정의와 관례 하에서, "=" 기호에 대해 이미 익숙한 연산들 대부분을 그대로 사용할 수 있다. 만일 $\alpha(n) = \beta(n)$이고 $\beta(n) = \gamma(n)$이면 $\alpha(n) = \gamma(n)$이다. 또한, 만일 $\alpha(n) = \beta(n)$이고 $\delta(n)$이 공식 $\gamma(n)$에 있는 일부 $\alpha(n)$ 출현들을 $\beta(n)$으로 치환해서 얻은 공식이면 $\gamma(n) = \delta(n)$이다. 이 두 명제들은, 예를 들어 $g(x_1, x_2, ..., x_m)$이 어떠한 실수 함수이고 $1 \leq k \leq m$일 때 $\alpha_k(n) = \beta_k(n)$이면 $g(\alpha_1(n), \alpha_2(n), ..., \alpha_m(n)) = g(\beta_1(n), \beta_2(n), ..., \beta_m(n))$을 의미한다.

다음은 O 표기법을 사용할 때 가능한 몇 가지 간단한 연산들이다.

$$f(n) = O(f(n)), \tag{5}$$
$$c \cdot O(f(n)) = O(f(n)), \quad \text{만일 } c\text{가 상수이면,} \tag{6}$$
$$O(f(n)) + O(f(n)) = O(f(n)), \tag{7}$$
$$O(O(f(n))) = O(f(n)), \tag{8}$$
$$O(f(n))O(g(n)) = O(f(n)g(n)), \tag{9}$$
$$O(f(n)g(n)) = f(n)O(g(n)). \tag{10}$$

O 표기는 복소변수 z의 함수들에서, $z = 0$ 근방에서 자주 쓰인다. $O(f(z))$는 $|z| < r$일 때 $|g(z)| \leq M|f(z)|$를 만족하는 임의의 수량 $g(z)$를 나타낸다. (이전과 마찬가지로 M과 r은 지정되지 않은 상수들이다. 단, 원한다면 지정할 수도 있다.) O 표기법을 사용할 때에는 항상 그에 관련된 변수와 그 변수의 범위가 맥락을 통해서 제시되어야 한다. 암묵적으로, 변수를 n이라고 할 때에는 $O(f(n))$이 큰 정수 n의 함수를 뜻하는 것으로 간주하고, z라고 할 때에는 $O(f(z))$가 작은 복소변수 z의 함수를 가리킨다고 간주한다.

$g(z)$가 $z = z_0$에 수렴하는 어떤 무한 멱급수로 주어지는 함수라고 하자.

$$g(z) = \sum_{k \geq 0} a_k z^k.$$

그렇다면, $|z| < |z_0|$일 때에는 절대값들의 합 $\sum_{k \geq 0} |a_k z^k|$도 항상 수렴한다. 따라서 $z_0 \neq 0$이면 항상 다음과 같이 쓸 수 있다.

$$g(z) = a_0 + a_1 z + \cdots + a_m z^m + O(z^{m+1}). \tag{11}$$

이로부터 $g(z) = a_0 + a_1 z + \cdots + a_m z^m + z^{m+1}(a_{m+1} + a_{m+2}z + \cdots)$이 나온다. 이제, 괄호 안

의 수량이 어떤 양의 r에 대해 $|z| \le r$일 때 유계임을 보이기만 하면 된다. $|z| \le r < |z_0|$이면 그 상계가 $|a_{m+1}| + |a_{m+2}|r + |a_{m+3}|r^2 + \cdots$임을 보이는 것은 어렵지 않다.

예를 들어 1.2.9에 나온 생성함수들로부터 z가 충분히 작을 때 유효한, 중요한 점근 공식들을 여럿 얻을 수 있다. 몇 가지를 들자면(m은 모든 음이 아닌 정수이다) 다음과 같다.

$$e^z = 1 + z + \frac{1}{2!}z^2 + \cdots + \frac{1}{m!}z^m + O(z^{m+1}), \tag{12}$$

$$\ln(1+z) = z - \frac{1}{2}z^2 + \cdots + \frac{(-1)^{m+1}}{m}z^m + O(z^{m+1}), \tag{13}$$

$$(1+z)^\alpha = 1 + \alpha z + \binom{\alpha}{2}z^2 + \cdots + \binom{\alpha}{m}z^m + O(z^{m+1}), \tag{14}$$

$$\frac{1}{1-z}\ln\frac{1}{1-z} = z + H_2 z^2 + \cdots + H_m z^m + O(z^{m+1}). \tag{15}$$

특정 O에 관련된 숨겨진 상수들 M과 r이 서로 연관되어 있음을 주목할 필요가 있다. 예를 들어 $|e^z| \le e^{|z|}$이므로, r이 고정된 임의의 실수이고 $|z| \le r$일 때 함수 e^z가 $O(1)$임은 명백하다. 그러나 모든 z 값들에 대해 $|e^z| \le M$인 상수 M은 존재하지 않는다. 따라서 범위 r이 증가함에 따라 점점 더 큰 경계 M들을 사용해야 한다.

종종 점근 급수가 수렴하는 무한급수에 해당하지 않는다고 해도 정확한 경우가 있다. 예를 들어 차례거듭제곱을 보통의 거듭제곱으로 표현하는 다음과 같은 기본적인 공식들은

$$n^{\overline{r}} = \sum_{k=0}^{m} \begin{bmatrix} r \\ r-k \end{bmatrix} n^{r-k} + O(n^{r-m-1}), \tag{16}$$

$$n^{\underline{r}} = \sum_{k=0}^{m} (-1)^k \begin{bmatrix} r \\ r-k \end{bmatrix} n^{r-k} + O(n^{r-m-1}) \tag{17}$$

임의의 실수 r과 임의의 고정된 정수 $m \ge 0$에 대해 점근적으로 유효하다. 그러나 다음 합은 모든 n에 대해 발산한다. (연습문제 12 참고.)

$$\sum_{k=0}^{\infty} \begin{bmatrix} 1/2 \\ 1/2-k \end{bmatrix} n^{1/2-k}.$$

물론 r이 음이 아닌 정수일 때 $n^{\overline{r}}$과 $n^{\underline{r}}$은 그냥 r차 다항식이고, (17)은 1.2.6-(44)와 본질적으로 동일하다. r이 음의 정수이고 $|n| > |r|$일 때 무한 합 $\sum_{k=0}^{\infty} \begin{bmatrix} r \\ r-k \end{bmatrix} n^{r-k}$은 $n^{\overline{r}} = 1/(n-1)^{\underline{-r}}$에 실제로 수렴한다. 식 1.2.6-(58)을 이용하면 이 식을 좀 더 자연스러운 형태 $\sum_{k=0}^{\infty} \begin{Bmatrix} k-r \\ -r \end{Bmatrix} n^{r-k}$로 쓸 수 있다.

지금까지 소개한 개념들의 한 가지 간단한 예로 $\sqrt[n]{n}$ 이라는 수량을 생각해보자. n이 커짐에 따라, n차 제곱근을 취하는 연산은 그 값을 감소시키는 경향이 있다. 그러나 그렇다고 $\sqrt[n]{n}$ 이 증가할지 아니면 감소할지가 자명한 것은 아니다. 사실 $\sqrt[n]{n}$ 은 단위원으로 감소한다. 좀 더 복잡한 수량

$n(\sqrt[n]{n}-1)$을 생각해보자. n이 커지면 $(\sqrt[n]{n}-1)$은 작아진다. 그러면 $n(\sqrt[n]{n}-1)$은 어떻게 될까? 이 문제는 앞서 나온 공식들을 적용하면 쉽게 풀린다. $n \to \infty$ 에 따라 $\ln n / n \to 0$이므로

$$\sqrt[n]{n} = e^{\ln n / n} = 1 + (\ln n / n) + O((\ln n / n)^2) \tag{18}$$

이다. 연습문제 8과 11을 볼 것. 이 등식은 앞에서 이야기한 $\sqrt[n]{n} \to 1$이라는 논거를 증명한다. 더 나아가서, 이로부터

$$n(\sqrt[n]{n}-1) = n(\ln n / n + O((\ln n / n)^2)) = \ln n + O((\ln n)^2 / n) \tag{19}$$

이 나온다. 즉, $n(\sqrt[n]{n}-1)$을 대략 $\ln n$과 같다. 차이는 $O((\ln n)^2 / n)$인데, 이것은 n이 무한대로 접근함에 따라 0에 접근한다.

사람들은 종종 O 표기가 정확한 증가차수(order of growth, 성장차수)를 말해준다고 가정하고는 O 표기를 남용한다. 그런 사람들은 O 표기법이 상계는 물론 하계까지도 명시하는 것처럼 사용한다. 예를 들어서 n개의 수들을 정렬하는 어떤 알고리즘의 "실행 시간이 $O(n^2)$"이라는 이유로 그 알고리즘이 비효율적이라고 말하기도 한다. 그러나 어떤 알고리즘의 실행 시간이 $O(n^2)$이라는 것이 반드시, 그 알고리즘의 실행 시간이 또한 $O(n)$일 수도 있음을 완전히 배제하는 것은 아니다. 즉, O가 하계를 의미하지는 않는 것이다. 하계에 대해서는 또 다른 표기법인 대문자 오메가(Big-Omega)가 있다. 명제

$$g(n) = \Omega(f(n)) \tag{20}$$

는 다음 조건을 만족하는 양의 상수 L과 n_0이 존재한다는 뜻이다.

$$\text{모든 } n \geq n_0 \text{에 대해 } |g(n)| \geq L|f(n)|.$$

이 표기법에서는, n이 충분히 크다고 할 때 실행 시간이 $\Omega(n^2)$인 정렬 알고리즘은 실행 시간이 $O(n \log n)$인 알고리즘보다 효율적이지 않다고 옳게 결론지을 수 있다. 그러나 O와 Ω에 관련된 상수 계수들을 알지 못한다면, $O(n \log n)$이 더 효율적이 되기 시작하려면 n이 얼마나 커야 하는지에 대해서는 말할 수 없다.

마지막으로, 만일 상수 계수들을 구체적으로 알지 못하는 상태에서 정확한 성장 차수를 명시하고 싶다면 다음과 같이 대문자 세타(Θ)를 사용하면 된다.

$$g(n) = \Theta(f(n)) \quad \Leftrightarrow \quad g(n) = O(f(n)) \text{이고 } g(n) = \Omega(f(n)). \tag{21}$$

연습문제

1. [*HM01*] $\lim_{n \to \infty} O(n^{-1/3})$은 무엇인가?

▶ 2. [*M10*] 둔감 씨† 는 그의 "명명백백한" 공식 $O(f(n)) - O(f(n)) = 0$을 이용해서 놀라운 결과

---

† [옮긴이 주] 원문은 Mr. B. C. Dull로, 가상의 인물이다. 전체 이름은 Brutus Cyclops Dull로, 단순하고 둔감하다는 뉘앙스를 주고 있다.

들을 얻었다. 그의 실수는 무엇이며, 그 공식의 우변이 실제로는 무엇이 되어야 하는가?

3. [*M15*] $(\ln n + \gamma + O(1/n))$에 $(n + O(\sqrt{n}))$을 곱하고, 그 답을 O 표기법으로 표현하라.

▸ **4.** [*M15*] $a > 0$이라 할 때 $n(\sqrt[n]{a} - 1)$을 $O(1/n^3)$ 항까지 접근적으로 전개하라.

5. [*M20*] 다음을 증명 또는 반증하라: 만일 모든 n에 대해 $f(n)$과 $g(n)$이 양이면, $O(f(n) + g(n)) = f(n) + O(g(n))$이다. (이를 (10)과 비교해 볼 것.)

▸ **6.** [*M20*] 다음 주장의 오류를 지적하라: "$n = O(n)$, $2n = O(n)$, ... 이므로

$$\sum_{k=1}^{n} kn = \sum_{k=1}^{n} O(n) = O(n^2)$$

이다."

7. [*HM15*] m이 임의의 정수일 때, 임의적으로 큰 x 값들에 대해 $e^x \le Mx^m$이 되는 M은 존재하지 않음을 증명하라.

8. [*HM20*] $n \to \infty$에 따라 $(\ln n)^m / n \to 0$임을 증명하라.

9. [*HM20*] 모든 고정된 $m \ge 0$에 대해 $e^{O(z^m)} = 1 + O(z^m)$임을 보여라.

10. [*HM22*] $\ln(1 + O(z^m))$에 관해 연습문제 9와 비슷한 명제를 만들어 보라.

▸ **11.** [*M11*] 식 (18)이 참인 이유를 설명하라.

12. [*HM25*] 임의의 정수 n에 대해, $k \to \infty$로 접근할 때 $\begin{bmatrix} 1/2 \\ 1/2 - k \end{bmatrix} n^{-k}$가 0에 접근하지 않음을 $\begin{bmatrix} 1/2 \\ 1/2 - k \end{bmatrix} = (-\frac{1}{2})^k [z^k] (ze^z/(e^z - 1))^{1/2}$이라는 사실을 이용해서 증명하라.

▸ **13.** [*M10*] 다음을 증명 또는 반증하라: 오직 $f(n) = O(g(n))$일 때에만 $g(n) = \Omega(f(n))$이다.

*1.2.11.2. 오일러의 합 공식

어떠한 합에 대한 쓸모 있는 근사를 얻는 유용한 방법들 중 하나로, 오일러Leonhard Euler가 고안한 접근방식이 하나 있다. 그의 방법은 유한한 합을 적분으로 근사하는 것인데, 많은 경우 이 방법은 필요에 따라 점점 더 나은 근사들을 얻을 수 있는 수단이 된다. [*Commentarii Academiæ Scientiarum Petropolitanæ* **6** (1732), 68-97.]

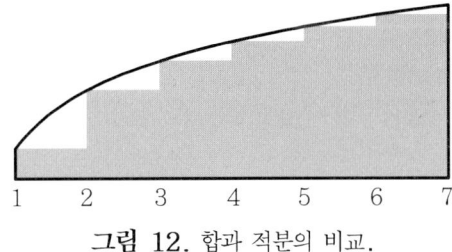

그림 12. 합과 적분의 비교.

그림 12는 $n = 7$일 때의 $\int_1^n f(x)\,dx$와 $\sum_{k=1}^{n-1} f(k)$의 비교이다. $f(x)$가 미분가능 함수라고 할 때, 오일러의 접근방식을 통해서 그 합과 적분 사이의 차이에 관한 유용한 공식을 얻을 수 있다.

편의를 위해 다음과 같은 표기법을 사용하기로 한다.

$$\{x\} = x \bmod 1 = x - \lfloor x \rfloor. \tag{1}$$

합과 적분 사이의 차이에 관한 유용한 공식을 얻는 과정은 다음과 같은 항등식으로 시작한다.

$$\int_k^{k+1} \left(\{x\} - \frac{1}{2}\right) f'(x)\,dx = \left(x - k - \frac{1}{2}\right) f(x)\big|_k^{k+1} - \int_k^{k+1} f(x)\,dx$$

$$= \frac{1}{2}(f(k+1) + f(k)) - \int_k^{k+1} f(x)\,dx. \tag{2}$$

(이는 부분적분에 의한 것이다.) $1 \le k < n$에 대해 이 등식의 양변을 더해서 다음을 얻는다.

$$\int_1^n \left(\{x\} - \frac{1}{2}\right) f'(x)\,dx = \sum_{1 \le k < n} f(k) + \frac{1}{2}(f(n) - f(1)) - \int_1^n f(x)\,dx.$$

즉,

$$\sum_{1 \le k < n} f(k) = \int_1^n f(x)\,dx - \frac{1}{2}(f(n) - f(1)) + \int_1^n B_1(\{x\})f'(x)\,dx \tag{3}$$

이다(여기서 $B_1(x)$는 다항식 $x - \frac{1}{2}$). 이것이 우리가 얻고자 했던 합과 적분 사이의 관계이다.

부분적분을 더 적용하면 좀 더 정확한 근사가 된다. 그러나 그 전에, 베르누이 수(Bernoulli numbers)를 먼저 논의할 필요가 있다. 다음 무한급수의 계수들을 베르누이 수라고 부른다.

$$\frac{z}{e^z - 1} = B_0 + B_1 z + \frac{B_2 z^2}{2!} + \cdots = \sum_{k \ge 0} \frac{B_k z^k}{k!}. \tag{4}$$

이 급수의 계수들은 매우 다양한 문제들에서 나타나는데, 베르누이 James Bernoulli가 죽은 후인 1713 년에 나온 그의 *Ars Conjectandi*에서 소개된 것이다. 흥미롭게도, 거의 동시에 일본의 세키 Takakazu Seki 역시 이 수들을 발견했으며, 그가 죽은 지 얼마 안 된 1712년에 처음 발표되었다. 〔*Takakazu Seki's Collected Works* (Osaka: 1974), 39-42 참고.〕

처음 몇 수들을 다음과 같다.

$$B_0 = 1, \quad B_1 = -\frac{1}{2}, \quad B_2 = \frac{1}{6}, \quad B_3 = 0, \quad B_4 = -\frac{1}{30}. \tag{5}$$

부록 A에 더 많은 수들이 나와 있다. 다음은

$$\frac{z}{e^z - 1} + \frac{z}{2} = \frac{z}{2} \frac{e^z + 1}{e^z - 1} = -\frac{z}{2} \frac{e^{-z} + 1}{e^{-z} - 1}$$

짝함수이므로

$$B_3 = B_5 = B_7 = B_9 = \cdots = 0 \tag{6}$$

이다.

베르누이 수들을 정의하는 등식 (4)의 양변에 $e^z - 1$을 곱하고 같은 z 거듭제곱 항의 계수들을 등호로 연결하면 다음 공식이 나온다.

$$\sum_k \binom{n}{k} B_k = B_n + \delta_{n1}. \tag{7}$$

(연습문제 1 참고.) 이제 베르누이 다항식을 다음과 같이 정의한다.

$$B_m(x) = \sum_k \binom{m}{k} B_k x^{m-k}. \tag{8}$$

만일 $m = 1$이면 $B_1(x) = B_0 x + B_1 = x - \frac{1}{2}$이다. 이는 식 (3)에서 사용한 다항식에 해당한다. 만일 $m > 1$이면 식 (7)에 의해 $B_m(1) = B_m = B_m(0)$이 된다. 다른 말로 하면, $B_m(\{x\})$는 정수 점 x들에서 불연속성을 가지지 않는다.

베르누이 다항식과 베르누이 수가 우리의 문제와 어떻게 연관되는지는 잠시 후에 밝혀질 것이다. 식 (8)을 미분하면

$$\begin{aligned} B_m'(x) &= \sum_k \binom{m}{k}(m-k) B_k x^{m-k-1} \\ &= m \sum_k \binom{m-1}{k} B_k x^{m-1-k} \\ &= m B_{m-1}(x) \end{aligned} \tag{9}$$

임을 알 수 있다. 그러므로 $m \geq 1$일 때 다음과 같이 부분적분할 수 있다.

$$\frac{1}{m!} \int_1^n B_m(\{x\}) f^{(m)}(x)\, dx = \frac{1}{(m+1)!}\left(B_{m+1}(1) f^{(m)}(n) - B_{m+1}(0) f^{(m)}(1)\right)$$
$$- \frac{1}{(m+1)!} \int_1^n B_{m+1}(\{x\}) f^{(m+1)}(x)\, dx.$$

이 결과로부터 식 (3)의 근사를 계속 개선할 수 있으며, 결국 다음과 같은 오일러의 일반 공식을 얻는다.

$$\begin{aligned} \sum_{1 \leq k < n} f(k) &= \int_1^n f(x)\, dx - \frac{1}{2}(f(n) - f(1)) + \frac{B_2}{2!}(f'(n) - f'(1)) + \cdots \\ &\quad + \frac{(-1)^m B_m}{m!}(f^{(m-1)}(n) - f^{(m-1)}(1)) + R_{mn} \\ &= \int_1^n f(x)\, dx + \sum_{k=1}^m \frac{B_k}{k!}(f^{(k-1)}(n) - f^{(k-1)}(1)) + R_{mn}. \end{aligned} \tag{10}$$

여기서

$$R_{mn} = \frac{(-1)^{m+1}}{m!} \int_1^n B_m(\{x\}) f^{(m)}(x)\, dx \tag{11}$$

이다. 나머지 R_{mn}은 $B_m(\{x\}) f^{(m)}(x)/m!$이 아주 작을 때 작은 값이 되며, 사실 m이 짝수일 때

$$\left| \frac{B_m(\{x\})}{m!} \right| \leq \frac{|B_m|}{m!} < \frac{4}{(2\pi)^m} \tag{12}$$

임을 증명할 수 있다. [CMath, §9.5 참고.] 한편, m이 증가함에 따라 $f^{(m)}(x)$의 크기가 점점 커지게 되는 경우가 보통이며, 따라서 n이 주어졌을 때 $|R_{mn}|$이 최소값을 가지는 "최적의" m 값이 존재한다.

m이 짝수일 때 다음을 만족하는 수 θ가 존재함이 알려져 있다.

$$R_{mn} = \theta \frac{B_{m+2}}{(m+2)!}(f^{(m+1)}(n) - f^{(m+1)}(1)), \quad 0 < \theta < 1. \tag{13}$$

단, 이는 $1 < x < n$에 대해 $f^{(m+2)}(x)f^{(m+4)}(x) > 0$이라고 했을 때이다. 이런 상황들에서 나머지의 부호는 처음으로 소거된 항의 부호와 같으며, 나머지의 값은 처음으로 소거된 항보다 작다. 이 결과의 좀 더 간단한 버전이 연습문제 3에 나온다.

오일러의 공식을 몇 가지 중요한 사례들에 적용해보자. 우선, $f(x) = 1/x$로 둔다. 미분(도함수)들은 $f^{(m)}(x) = (-1)^m m!/x^{m+1}$이며, 따라서 식 (10)에 의해

$$H_{n-1} = \ln n + \sum_{k=1}^{m} \frac{B_k}{k}(-1)^{k-1}\left(\frac{1}{n^k} - 1\right) + R_{mn} \tag{14}$$

이다. 이제 다음을 알 수 있다.

$$\gamma = \lim_{n \to \infty}(H_{n-1} - \ln n) = \sum_{k=1}^{m} \frac{B_k}{k}(-1)^k + \lim_{n \to \infty} R_{mn}. \tag{15}$$

극한 $\lim_{n \to \infty} R_{mn} = -\int_1^{\infty} B_m(\{x\})dx/x^{m+1}$이 존재한다는 사실은 상수 γ가 실제로 존재함을 증명한다. 따라서 식 (14)와 (15)를 함께 두고 조화수에 대한 다음과 같은 일반적 근사를 도출할 수 있다.

$$\begin{aligned}
H_{n-1} &= \ln n + \gamma + \sum_{k=1}^{m} \frac{(-1)^{k-1}B_k}{kn^k} + \int_n^{\infty} \frac{B_m(\{x\})dx}{x^{m+1}} \\
&= \ln n + \gamma + \sum_{k=1}^{m-1} \frac{(-1)^{k-1}B_k}{kn^k} + O\left(\frac{1}{n^m}\right).
\end{aligned}$$

m을 $m+1$로 치환하면:

$$H_{n-1} = \ln n + \gamma + \sum_{k=1}^{m} \frac{(-1)^{k-1}B_k}{kn^k} + O\left(\frac{1}{n^{m+1}}\right). \tag{16}$$

더 나아가서, 식 (13)에 의해 오차가 처음으로 소거된 항보다 작음을 알 수 있다. 한 가지 특별한 경우로, 다음이 있다(양변에 $1/n$을 더한다).

$$H_n = \ln n + \gamma + \frac{1}{2n} - \frac{1}{12n^2} + \frac{1}{120n^4} - \epsilon, \quad 0 < \epsilon < \frac{B_6}{6n^6} = \frac{1}{252n^6}.$$

이것은 식 1.2.7-(3)이다. 큰 k에 대해 베르누이 수 B_k들은 매우 커진다(k가 짝수이면 약 $(-1)^{1+k/2}2(k!/(2\pi)^k)$. 따라서 식 (16)을 임의의 고정된 n 값에 대한 수렴하는 무한급수로 확장할 수는 없다.

같은 기법으로 스털링 수의 근사를 유도하는 것도 가능하다. 이번 경우에는 $f(x) = \ln x$로 두고 시작한다. 식 (10)에서 다음이 나온다.

$$\ln(n-1)! = n\ln n - n + 1 - \frac{1}{2}\ln n + \sum_{1 < k \le m} \frac{B_k(-1)^k}{k(k-1)}\left(\frac{1}{n^{k-1}} - 1\right) + R_{mn}. \quad (17)$$

이전과 마찬가지로 진행하면, 다음과 같은 극한이 존재함을 알게 된다.

$$\lim_{n \to \infty}\left(\ln n! - n\ln n + n - \frac{1}{2}\ln n\right) = 1 + \sum_{1 < k \le m} \frac{B_k(-1)^{k+1}}{k(k-1)} + \lim_{n \to \infty} R_{mn}.$$

이것을 임시로 σ ("스털링 상수")라 부르기로 하자. 이제 스털링의 결과를 얻는다.

$$\ln n! = \left(n + \frac{1}{2}\right)\ln n - n + \sigma + \sum_{1 < k \le m} \frac{B_k(-1)^k}{k(k-1)n^{k-1}} + O\left(\frac{1}{n^m}\right). \quad (18)$$

특히, $m = 5$일 때

$$\ln n! = \left(n + \frac{1}{2}\right)\ln n - n + \sigma + \frac{1}{12n} - \frac{1}{360n^3} + O\left(\frac{1}{n^5}\right)$$

이다. 이제 양변의 지수(exponential)를 취하면

$$n! = e^\sigma \sqrt{n}\left(\frac{n}{e}\right)^n \exp\left(\frac{1}{12n} - \frac{1}{360n^3} + O\left(\frac{1}{n^5}\right)\right).$$

$e^\sigma = \sqrt{2\pi}$ 라는 사실(연습문제 5 참고)을 이용해서 지수를 전개하면 다음과 같은 최종적인 결과를 얻는다.

$$n! = \sqrt{2\pi n}\left(\frac{n}{e}\right)^n\left(1 + \frac{1}{12n} + \frac{1}{288n^2} - \frac{139}{51840n^3} - \frac{571}{2488320n^4} + O\left(\frac{1}{n^5}\right)\right). \quad (19)$$

연습문제

1. [*M18*] 식 (7)을 증명하라.

2. [*HM20*] 식 (4)로 정의된 수열뿐만 아니라 그 어떤 수열 B_n에 대해서도 식 (8)에서 식 (9)를 도출할 수 있다는 점에 주목하자. 그러나 식 (10)까지 유효하려면 후자의 수열(식 (4)에 의한 것)이 필수적이다. 그 이유를 설명하라.

3. [*HM20*] $C_{mn} = ((-1)^m B_m/m!)(f^{(m-1)}(n) - f^{(m-1)}(1))$이 오일러의 합 공식의 m차 보정항(correction term)이라고 하자. $1 \le x \le n$에서 $f^{(m)}(x)$의 부호가 일정하다는 가정 하에서, $m = 2k > 0$일 때 $|R_{mn}| \le |C_{mn}|$임을 증명하라. 다른 말로 하면, 나머지가 마지막으로 계산된 항의 절대값보다 크지 않음을 보여라.

▶ **4.** [*HM20*] (거듭제곱의 합.) $f(x) = x^m$일 때, f의 고차 도함수들은 모두 0이다. 따라서 오일러의 합 공식으로 합

$$S_m(n) = \sum_{0 \le k < n} k^m$$

의 정확한 값(베르누이 수들로 표현된)을 얻을 수 있다. (원래 베르누이와 세키 역시 $m = 1, 2, 3, \ldots$ 에 대한 $S_m(n)$을 연구하다가 베르누이 수들을 발견하게 된 것이었다.) $S_m(n)$을 베르누이 다항식들을 통해서 표현하라. 그 답을 $m = 0, 1, 2$에 대해 점검하라. (원하는 합은 $1 \le k < n$이 아니라 $0 \le k < n$에 대해 수행해야 함을 주의할 것. 오일러의 합 공식에서 해당 1들을 0으로 바꿔 적용해도 된다.)

5. 〔*HM30*〕 다음이 주어졌을 때,

$$n! = \kappa \sqrt{n} \left(\frac{n}{e}\right)^n \left(1 + O\left(\frac{1}{n}\right)\right)$$

$\kappa = \sqrt{2\pi}$ 임을 월리스 곱(연습문제 1.2.5-18)을 이용해서 보여라. 〔힌트: 큰 n 값들에 대한 $\binom{2n}{n}$을 고려할 것.〕

▶ **6.** 〔*HM30*〕 스털링의 근사가 정수가 아닌 n에 대해서도 성립함을 보여라.

$$\Gamma(x+1) = \sqrt{2\pi x} \left(\frac{x}{e}\right)^x \left(1 + O\left(\frac{1}{x}\right)\right), \quad x \ge a > 0.$$

〔힌트: 오일러의 합 공식에서 $f(x) = \ln(x+c)$라고 두고 1.2.5절에 나온 $\Gamma(x)$의 정의를 적용해 볼 것.〕

▶ **7.** 〔*HM32*〕 $1^1 2^2 3^3 \ldots n^n$의 근사값은 무엇인가?

8. 〔*M23*〕 절대오차 $O(n^{-2})$로 $\ln(an^2 + bn)!$의 접근값을 구하라. 그 결과를 이용해서, 상대오차 $O(n^{-2})$으로 $\binom{cn^2}{n} \Big/ c^n \binom{n^2}{n}$의 접근값을 구하라. 여기서 c는 양의 상수이다. 절대오차 ϵ은 (참값) = (근사값) + ϵ을 의미한다. 그리고 상대오차 ϵ은 (참값) = (근사값)$(1 + \epsilon)$을 의미한다.

▶ **9.** 〔*M25*〕 상대오차 $O(n^{-3})$으로 $\binom{2n}{n}$의 접근값을, 각각 (a) 스털링의 근사를 이용해서, 그리고 (b) 연습문제 1.2.6-47과 식 1.2.11.1-(16)을 이용해서 구하라.

*1.2.11.3. 몇 가지 점근 계산

이번 절에서는 다음 세 가지 합들을 조사하고 그 근사값을 유도해 본다.

$$P(n) = 1 + \frac{n-1}{n} + \frac{n-2}{n}\frac{n-2}{n-1} + \cdots = \sum_{k=0}^{n} \frac{(n-k)^k (n-k)!}{n!}, \tag{1}$$

$$Q(n) = 1 + \frac{n-1}{n} + \frac{n-1}{n}\frac{n-2}{n} + \cdots = \sum_{k=1}^{n} \frac{n!}{(n-k)! n^k}, \tag{2}$$

$$R(n) = 1 + \frac{n}{n+1} + \frac{n}{n+1}\frac{n}{n+2} + \cdots = \sum_{k \ge 0} \frac{n! n^k}{(n+k)!}. \tag{3}$$

이 함수들은 비슷해 보이긴 하지만 본질적으로는 서로 다른 것들이다. 이들은 이후 만나게 될 여러 알고리즘들에서 나타난다. $P(n)$과 $Q(n)$은 유한한 합이며, $R(n)$은 무한 합이다. n이 클 때 세 합이 거의 같아질 것임은 짐작할 수 있지만, 근사값이 정확히 어떤 것인지는 세 합 모두 아직 명백하지 않다. 이 함수들의 근사값을 구하는 과정에서는 쓸만한 부수적인 결과들도 여럿 나오게 된다. (다음의 설명을 보기 전에 잠시 책 읽기를 멈추고 이 함수들을 독자가 직접 연구해 보는 것도 좋을 것이다.) 우선, $Q(n)$과 $R(n)$에 다음과 같은 중요한 연관 관계가 있음에 주목하자.

$$Q(n) + R(n) = \frac{n!}{n^n}\left(\left(1 + n + \cdots + \frac{n^{n-1}}{(n-1)!}\right) + \left(\frac{n^n}{n!} + \frac{n^{n+1}}{(n+1)!} + \cdots\right)\right)$$

$$= \frac{n!e^n}{n^n}. \tag{4}$$

스털링 공식에 따라 $n!\,e^n/n^n$은 대략 $\sqrt{2\pi n}$이며, 따라서 $Q(n)$과 $R(n)$이 각각 대략 $\sqrt{\pi n/2}$이 될 것임을 추측할 수 있다.

더 정확한 근사를 얻기 위해서는 e^n에 대한 급수들의 부분합을 고려해야 한다. 다음과 같은 테일러 공식을 나머지와 함께 사용해서,

$$f(x) = f(0) + f'(0)x + \cdots + \frac{f^{(n)}(0)x^n}{n!} + \int_0^x \frac{t^n}{n!}f^{(n+1)}(x-t)\,dt \tag{5}$$

다음과 같은 불완전 감마함수(incomplete gamma function)라고 하는 중요한 함수를 얻는다.

$$\gamma(a,x) = \int_0^x e^{-t}t^{a-1}\,dt. \tag{6}$$

여기서 $a > 0$이라고 가정해야 한다. 연습문제 1.2.5-20에 의해 $\gamma(a,\infty) = \Gamma(a)$이다. "불완전 감마함수"라는 이름이 붙은 이유를 알 수 있을 것이다. 이 불완전 감마함수에는 다음과 같은 유용한 x 거듭제곱 급수 전개가 두 가지 있다.

$$\gamma(a,x) = \frac{x^a}{a} - \frac{x^{a+1}}{a+1} + \frac{x^{a+2}}{2!(a+2)} - \cdots = \sum_{k \geq 0} \frac{(-1)^k x^{k+a}}{k!(k+a)}, \tag{7}$$

$$e^x\gamma(a,x) = \frac{x^a}{a} + \frac{x^{a+1}}{a(a+1)} + \frac{x^{a+2}}{a(a+1)(a+2)} + \cdots = \sum_{k \geq 0} \frac{x^{k+a}}{a(a+1)\ldots(a+k)}. \tag{8}$$

둘째 공식에서 $R(n)$과의 관계를 얻을 수 있다.

$$R(n) = \frac{n!e^n}{n^n}\left(\frac{\gamma(n,n)}{(n-1)!}\right). \tag{9}$$

이 등식은 일부러 필요 이상으로 복잡하게 표현한 것인데, 그 이유는 $\gamma(n,n)$이 $\gamma(n,\infty) = \Gamma(n) = (n-1)!$의 일부이고 $n!e^n/n^n$이 (4)에 나오는 수량이라는 점을 나타내기 위해서이다.

이제 과제는 $\gamma(n,n)/(n-1)!$의 쓸만한 근사를 얻는 문제로 줄어들었다. y가 고정된 값이고 x가 큰 값일 때의 $\gamma(x+1, x+y)/\Gamma(x+1)$의 근사값을 결정해야 한다. 그런데 여기서는 그 결과보다 결과를 얻는 방법이 중요하므로, 독자는 다음의 유도 과정을 신중히 살펴봐야 할 것이다.

정의에 의해,

$$\frac{\gamma(x+1,\,x+y)}{\Gamma(x+1)} = \frac{1}{\Gamma(x+1)}\int_0^{x+y} e^{-t}t^x dt$$

$$= 1 - \frac{1}{\Gamma(x+1)}\int_x^\infty e^{-t}t^x dt + \frac{1}{\Gamma(x+1)}\int_x^{x+y} e^{-t}t^x dt \tag{10}$$

이다. 이제 다음과 같이 두고,

$$I_1 = \int_x^\infty e^{-t}t^x dt,$$

$$I_2 = \int_x^{x+y} e^{-t}t^x dt$$

각 적분을 차례로 살펴보자.

I_1의 추정: $t = x(1+u)$로 치환해서 I_1을 0에서 무한대로의 적분으로 변환한다. 더 나아가서 $v = u - \ln(1+u)$, $dv = (1 - 1/(1+u))du$로 치환하는데, v가 u의 단조함수(單調-, monotone function)이므로 이는 적법한 치환이다.

$$I_1 = e^{-x}x^x\int_0^\infty xe^{-xu}(1+u)^x\,du = e^{-x}x^x\int_0^\infty xe^{-xv}\left(1+\frac{1}{u}\right)dv. \tag{11}$$

마지막 적분의 $1+1/u$를 v의 멱급수로 치환한다.

$$v = \frac{1}{2}u^2 - \frac{1}{3}u^3 + \frac{1}{4}u^4 - \frac{1}{5}u^5 + \cdots = (u^2/2)(1 - \frac{2}{3}u + \frac{1}{2}u^2 - \frac{2}{5}u^3 + \cdots)$$

이다. $w = \sqrt{2v}$로 놓으면,

$$w = u\left(1 - \frac{2}{3}u + \frac{1}{2}u^2 - \frac{2}{5}u^3 + \cdots\right)^{1/2} = u - \frac{1}{3}u^2 + \frac{7}{36}u^3 - \frac{73}{540}u^4 + \frac{1331}{12960}u^5 + O(u^6)$$

이 된다. (이항정리로도 이 전개를 얻을 수 있다. 4.7절에서는 이런 변환들이나 아래에 나오는 다른 멱급수 조작을 위한 효율적인 방법들을 논의한다.) 이제 u를 w의 멱급수로 풀 수 있다.

$$u = w + \frac{1}{3}w^2 + \frac{1}{36}w^3 - \frac{1}{270}w^4 + \frac{1}{4320}w^5 + O(w^6),$$

$$1 + \frac{1}{u} = 1 + \frac{1}{w} - \frac{1}{3} + \frac{1}{12}w - \frac{2}{135}w^2 + \frac{1}{864}w^3 + O(w^4)$$

$$= \frac{1}{\sqrt{2}}v^{-1/2} + \frac{2}{3} + \frac{\sqrt{2}}{12}v^{1/2} - \frac{4}{135}v + \frac{\sqrt{2}}{432}v^{3/2} + O(v^2). \tag{12}$$

이 모든 공식들에서 O 표기는 해당 인수의 작은 값들을 지칭한다. 즉, 충분히 작은 양의 값 r에 대해 $|u| \le r$, $|v| \le r$, $|w| \le r$이다. 이것으로 충분할까? 식 (11)에서 $1+1/u$를 v로 치환한 것은 $|v| \le r$뿐만 아니라 $0 \le v < \infty$에 대해서도 유효하다고 간주할 수 있다. 다행히 0에서 ∞의

적분 값은 거의 전적으로 적분될 함수(integrand)의 0 근처에서의 값들에만 의존한다. 실제로, 고정된 임의의 $r > 0$과 큰 x에 대해 다음이 성립한다(연습문제 4 참고).

$$\int_r^\infty xe^{-xv}\left(1 + \frac{1}{u}\right)dv = O(e^{-rx}). \tag{13}$$

우리가 원하는 것은 $O(x^{-m})$ 항들까지의 근사값이고, 임의의 양의 r과 m에 대해 $O((1/e^r)^x)$는 $O(x^{-m})$보다 훨씬 작으므로, 0에서 r까지만 적분하면 된다(r은 임의의 고정된 양의 값). 이런 이유로, r은 위에 나온 모든 멱급수 법들을 정당화할 수 있을 정도로 충분히 작은 값이라고 간주한다. (연습문제 1.2.11.1-(11)과 1.2.11.3-(13) 참고.)

이제

만일 $\alpha > -1$이면, $\displaystyle\int_0^\infty xe^{-xv}v^\alpha dv = \frac{1}{x^\alpha}\int_0^\infty e^{-q}q^\alpha dq = \frac{1}{x^\alpha}\Gamma(\alpha+1)$ (14)

이며, 따라서 급수 (12)를 적분 (11)에 대입하면 최종적으로 다음과 같은 근사를 얻는다.

$$I_1 = e^{-x}x^x\left(\sqrt{\frac{\pi}{2}}\,x^{1/2} + \frac{2}{3} + \frac{\sqrt{2\pi}}{24}x^{-1/2} - \frac{4}{135}x^{-1} + \frac{\sqrt{2\pi}}{576}x^{-3/2} + O(x^{-2})\right). \tag{15}$$

I_2의 추정: 적분 I_2에서 $t = u + x$로 치환해서 다음을 얻는다.

$$I_2 = e^{-x}x^x\int_0^y e^{-u}\left(1 + \frac{u}{x}\right)^x du. \tag{16}$$

이제, $0 \le u \le y$와 큰 x에 대해

$$e^{-u}\left(1 + \frac{u}{x}\right)^x = \exp\left(-u + x\ln\left(1 + \frac{u}{x}\right)\right) = \exp\left(\frac{-u^2}{2x} + \frac{u^3}{3x^2} + O(x^{-3})\right)$$

$$= 1 - \frac{u^2}{2x} + \frac{u^4}{8x^2} + \frac{u^3}{3x^2} + O(x^{-3})$$

이다. 이로부터 다음을 얻는다.

$$I_2 = e^{-x}x^x\left(y - \frac{y^3}{6}x^{-1} + \left(\frac{y^4}{12} + \frac{y^5}{40}\right)x^{-2} + O(x^{-3})\right). \tag{17}$$

마지막으로, 식 (15)와 (17)에 (10)의 계수 $1/\Gamma(x+1)$을 곱했을 때 얻게 되는 계수들을 분석해 보자. 스털링 근사에 의해서(스털링 근사가 감마함수에 대해서도 유효함은 연습문제 1.2.11.2-(6)을 통해 알 수 있다),

$$\frac{e^{-x}x^x}{\Gamma(x+1)} = \frac{e^{-1/12x + O(x^{-3})}}{\sqrt{2\pi x}}$$

$$= \frac{1}{\sqrt{2\pi}}x^{-1/2} - \frac{1}{12\sqrt{2\pi}}x^{-3/2} + \frac{1}{288\sqrt{2\pi}}x^{-5/2} + O(x^{-7/2}) \tag{18}$$

이다. 이상을 총정리하자면, 식 (10), (15), (17), (18)에서 다음과 같은 정리가 나온다.

정리 A. *큰 x 값과 고정된 y 에 대해*

$$\frac{\gamma(x+1,\, x+y)}{\Gamma(x+1)} = \frac{1}{2} + \left(\frac{y-2/3}{\sqrt{2\pi}}\right)x^{-1/2} + \frac{1}{\sqrt{2\pi}}\left(\frac{23}{270} - \frac{y}{12} - \frac{y^3}{6}\right)x^{-3/2}$$

$$+ O(x^{-5/2}). \quad \blacksquare \tag{19}$$

앞서 이야기한 방법을 이용하면 이 근사를 필요한 만큼의 더 많은 x 거듭제곱들로 전개할 수 있다.

정리 A와 식 (4), (9)를 이용해서 $R(n)$과 $Q(n)$의 근사값들을 얻는 것도 가능하나, 그에 대한 계산은 나중으로 미루고, 일단 지금은 $P(n)$에 초점을 맞추도록 하자. 이것을 근사하려면 지금까지와는 조금 다른 방법들이 필요하다. $P(n)$은 다음과 같이 쓸 수 있으며,

$$P(n) = \sum_{k=0}^{n} \frac{k^{n-k}k!}{n!} = \frac{\sqrt{2\pi}}{n!}\sum_{k=0}^{n} k^{n+1/2}e^{-k}\left(1 + \frac{1}{12k} + O(k^{-2})\right) \tag{20}$$

따라서 $P(n)$의 값을 구하기 위해서는 다음과 같은 형태의 합을 연구해야 한다.

$$\sum_{k=0}^{n} k^{n+1/2}e^{-k}.$$

$f(x) = x^{n+1/2}e^{-x}$라고 두고 오일러의 합 공식을 적용하면:

$$\sum_{k=0}^{n} k^{n+1/2}e^{-k} = \int_0^n x^{n+1/2}e^{-x}dx + \frac{1}{2}n^{n+1/2}e^{-n} + \frac{1}{24}n^{n-1/2}e^{-n} - R. \tag{21}$$

나머지를 대략적으로 분석해 보면(연습문제 5 참고) $R = O(n^n e^{-n})$임을 알 수 있다. 적분이 불완전 감마함수이므로,

$$\sum_{k=0}^{n} k^{n+1/2}e^{-k} = \gamma\left(n+\frac{3}{2},\, n\right) + \frac{1}{2}n^{n+1/2}e^{-n} + O(n^n e^{-n}) \tag{22}$$

이다. 식 (20)도

$$\sum_{k=0}^{n} k^{n-1/2}e^{-k} = \sum_{0 \le k \le n-1} k^{(n-1)+1/2}e^{-k} + n^{n-1/2}e^{-n}$$

의 근사가 필요하며, 이 근사 역시 식 (22)로 구할 수 있다.

이제 $P(n)$, $Q(n)$, $R(n)$의 근사값을 결정하는 데 충분한 공식들을 얻었으니, 남은 것은 치환과 곱하기 등을 적절히 적용하는 일뿐이다. 그 과정에서 다음과 같은 전개를 사용해야 할 필요가 생기기도 한다.

$$(n+\alpha)^{n+\beta} = n^{n+\beta}e^{\alpha}\left(1 + \alpha\left(\beta - \frac{\alpha}{2}\right)\frac{1}{n} + O(n^{-2})\right). \tag{23}$$

이것에 대한 증명은 연습문제 6에 나온다. (21)로는 $P(n)$의 점근 급수의 처음 두 항만을 얻을 수

있다. 그 이후의 항들은 연습문제 14에 나온 유익한 기법으로 구할 수 있다.

이 모든 계산들의 결과로, 우리가 원했던 다음과 같은 점근 공식들이 나온다.

$$P(n) = \sqrt{\frac{\pi n}{2}} - \frac{2}{3} + \frac{11}{24}\sqrt{\frac{\pi}{2n}} + \frac{4}{135n} - \frac{71}{1152}\sqrt{\frac{\pi}{2n^3}} + O(n^{-2}), \tag{24}$$

$$Q(n) = \sqrt{\frac{\pi n}{2}} - \frac{1}{3} + \frac{1}{12}\sqrt{\frac{\pi}{2n}} - \frac{4}{135n} + \frac{1}{288}\sqrt{\frac{\pi}{2n^3}} + O(n^{-2}), \tag{25}$$

$$R(n) = \sqrt{\frac{\pi n}{2}} + \frac{1}{3} + \frac{1}{12}\sqrt{\frac{\pi}{2n}} + \frac{4}{135n} + \frac{1}{288}\sqrt{\frac{\pi}{2n^3}} + O(n^{-2}). \tag{26}$$

기존의 수학 출판물들은 여기서 이야기하는 함수들을 아주 간단하게만 다루어왔다. $P(n)$ 전개의 첫째 항 $\sqrt{\pi n/2}$ 는 H. B. Demuth 〔Ph.D. thesis (Stanford University, October 1956), 67-68〕 에 의해서 제시된 것이다. 1963년에 저자는 이 결과와 $n \leq 2000$에 대한 $P(n)$ 값들의 표, 그리고 좋은 계산척을 이용해서 경험적인 추정치 $P(n) \approx \sqrt{\pi n/2} - 0.6667 + 0.575/\sqrt{n}$ 을 유도했는데, 0.6667이 사실은 2/3의 근사값이며 0.575가 아마도 $\gamma = 0.57721...$의 근사값일 것이라고 추측하는 게 억지는 아닐 것이다(낙관적으로 추측하지 못할 이유도 없지 않은가?). 이후 이 절을 쓰는 동안 $P(n)$의 정확한 전개가 밝혀지고, 또 2/3에 대한 추측도 맞는 것으로 확인되었다. 그러나 0.575는 γ가 아니라 $\frac{11}{24}\sqrt{\pi/2} \approx 0.5744$이었다. 어쨌든 이에 의해서 이론적 추정과 실험적 추정 모두가 확인된 셈이다.

$Q(n)$과 $R(n)$의 접근값에 대한 해당 공식들은 인도의 천재적인 독학 수학자 라마누잔S. Ramanujan이 처음으로 구했다. 그는 *J. Indian Math. Soc.* **3** (1911), 128과 **4** (1912), 151-152에 서 $n!e^n/2n^n - Q(n)$을 추정하는 문제를 제기했었다. 그리고 그 문제에 대한 그의 답에 점근 급수 $\frac{1}{3} + \frac{4}{135}n^{-1} - \frac{8}{2835}n^{-2} - \frac{16}{8505}n^{-3} + \cdots$ 이 나오는데, 이는 식 (25)를 훨씬 능가하는 것이다. 그의 유도는 앞서 이야기된 방법보다 약간 더 우아하다. 라마누잔은 I_1을 추정하기 위해 $t = x + u\sqrt{2x}$ 로 치환하고, 적분될 함수를 $c_{jk}\int_0^\infty \exp(-u^2)u^j x^{-k/2}du$ 형태의 항들의 합으로 표현했었다. 적분 I_2는 완전히 무시할 수 있는데, 왜냐하면 $a > 0$일 때 $a\gamma(a, x) = x^a e^{-x} + \gamma(a+1, x)$이기 때문이다. 이에 대해서는 (8)을 볼 것. 연습문제 20에는 $Q(n)$의 접근값에 대한 훨씬 더 간단한(어쩌면 가장 간단할 수도 있겠다) 접근방식이 나온다. 이번 소절에서는 복잡하긴 해도 배울 점이 많은 유도 방법을 사용했는데, 그 유도는 원래 퍼치R. Furch가 제시한 것이다 〔*Zeitschrift für Physik* **112** (1939), 92-95〕. 퍼치의 일차적인 관심은 $\gamma(x+1, x+y) = \Gamma(x+1)/2$가 되는 y 값이었다. 불완전 감마함수의 점근적 성질은 이후 트리코미F. G. Tricomi에 의해서 복소 인수들에까지 확장되었다 〔*Math. Zeitschrift* **53** (1950), 136-148〕. N. M. Temme, *Math. Comp.* **29** (1975), 1109-1114; *SIAM J. Math. Anal.* **10** (1979), 757-766도 볼 것. 굴드H. W. Gould는 다른 여러 $Q(n)$ 연구 참고문헌들을 *AMM* **75** (1968), 1019-1021에 나열해 놓았다.

이번 소절에 나온 점근 급수 $P(n)$, $Q(n)$, $R(n)$의 유도에는 초급 미적분 수준의 간단한 기법들만 사용했다. 각 함수마다 다른 방법이 쓰였음을 주목하자. 사실 세 문제 모두 연습문제 14의 기법들로 풀 수 있다. 이에 대해서는 5.1.4절과 5.2.2절에서 좀 더 설명할 텐데, 그 방법들의 경우 더 우아하긴 하지만 부수적으로 얻을 수 있는 것들은 적다.

이 분야에 관심이 있는 독자라면 브라윈N. G. de Bruijn의 뛰어난 저서 *Asymptotic Methods in Analysis* (Amsterdam: North-Holland, 1958)를 꼭 보기 바란다. 또한 오들리츠코A. M. Odlyzko의 좀 더 최근의 조사도 볼 것 [*Handbook of Combinatorics* **2** (MIT Press, 1995), 1063-1229]. 거기에는 65개의 상세한 예제들과 방대한 문헌정보가 있다.

연습문제

1. [*HM20*] 식 (5)를 n에 대한 귀납법으로 증명하라.

2. [*HM20*] 식 (6)에서 식 (7)을 유도하라.

3. [*M20*] 식 (7)에서 식 (8)을 유도하라.

▸ **4.** [*HM10*] 식 (13)을 증명하라.

5. [*HM24*] 식 (21)의 R이 $O(n^n e^{-n})$임을 보여라.

▸ **6.** [*HM20*] 식 (23)을 증명하라.

▸ **7.** [*HM30*] I_2의 추정 과정에서 $\int_0^y e^{-u}\left(1+\dfrac{u}{x}\right)^x du$를 고려해야 했다. 적분

$$\int_0^{yx^{1/4}} e^{-u}\left(1+\frac{u}{x}\right)^x du$$

의 점근 표현을 $O(x^{-2})$차항까지 제시하라. 여기서 y는 고정된 값이고 x는 큰 값이다.

8. [*HM30*] $x \to \infty$에 따라 $f(x) = O(x^r)$이며 $0 \le r < 1$일 때, 만일 $m = \lceil (s+2r)/(1-r) \rceil$이면

$$\int_0^{f(x)} e^{-u}\left(1+\frac{u}{x}\right)^x du = \int_0^{f(x)} \exp\left(\frac{-u^2}{2x} + \frac{u^3}{3x^2} - \cdots + \frac{(-1)^{m-1}u^m}{mx^{m-1}}\right) du + O(x^{-s})$$

임을 보여라. [이를 통해서 트리코미가 밝힌 다음과 같은 결과를 증명할 수 있다: 만일 $f(x) = O(\sqrt{x})$이면

$$\int_0^{f(x)} e^{-u}\left(1+\frac{u}{x}\right)^x du = \sqrt{2x}\int_0^{f(x)/\sqrt{2x}} e^{-t^2} dt + O(1)$$

이다.]

▸ **9.** [*HM36*] 큰 x에 대한 $\gamma(x+1, px)/\Gamma(x+1)$의 성질은 어떠한가? (여기서 p는 실수 상수이다.

그리고 t^x가 음의 t에 대해 의미 있는 정의를 가질 수 있도록, 만일 $p < 0$이면 x가 정수라고 가정한다.) 점근 전개에서 O 항 전에 적어도 두 개의 항을 얻을 것.

10. 〔HM34〕 연습문제 9의 가정과 $p \neq 1$이라는 추가적인 가정 하에서, 고정된 y에 대한 $\gamma(x+1, px+py/(p-1)) - \gamma(x+1, px)$의 점근 전개를 연습문제 9에서 얻은 것과 같은 차수의 항들까지 구하라.

▶ **11.** 〔HM35〕 매개변수 x를 도입해서 함수 $Q(n)$과 $R(n)$을 다음과 같이 일반화하자.

$$Q_x(n) = 1 + \frac{n-1}{n}x + \frac{n-1}{n}\frac{n-2}{n}x^2 + \cdots,$$

$$R_x(n) = 1 + \frac{n}{n+1}x + \frac{n}{n+1}\frac{n}{n+2}x^2 + \cdots.$$

이러한 상황을 조사해 보고, $x \neq 1$일 때의 점근 공식들을 구하라.

12. 〔HM20〕 정규분포(1.2.10절 참고)와 관련해서 나오는 함수 $\int_0^x e^{-t^2/2}dt$는 불완전 감마함수의 한 특별한 경우로 나타낼 수 있다. $b\gamma(a,y)$가 $\int_0^x e^{-t^2/2}dt$와 같아지는 a, b, y 값을 구하라.

13. 〔HM42〕 (라마누잔S. Ramanujan.) $R(n) - Q(n) = \frac{2}{3} + 8/(135(n + \theta(n)))$임을 증명하라. 단, $\frac{2}{21} \leq \theta(n) \leq \frac{8}{45}$이다. (이것은 훨씬 더 약한 결과인 $R(n+1) - Q(n+1) < R(n) - Q(n)$을 함의한다.)

▶ **14.** 〔HM39〕 (더브라윈N. G. de Bruijn.) 이 연습문제의 목적은 $n \to \infty$일 때 고정된 α에 대한 $\sum_{k=0}^{n} k^{n+\alpha}e^{-k}$의 점근 전개를 구하는 것이다.

a) 이 합에서 k를 $n - k$로 치환하면 $n^{n+\alpha}e^{-n}\sum_{k=0}^{n}e^{-k^2/2n}f(k,n)$과 같아짐을 보여라. 여기서,

$$f(k, n) = \left(1 - \frac{k}{n}\right)^\alpha \exp\left(-\frac{k^3}{3n^2} - \frac{k^4}{4n^3} - \cdots\right)$$

이다.

b) 모든 $m \geq 0$과 $\epsilon > 0$에 대해 수량 $f(k,n)$을 다음과 같은 형태로 쓸 수 있음을 보여라.

$$\sum_{0 \leq i \leq j \leq m} c_{ij}k^{2i+j}n^{-i-j} + O(n^{(m+1)(-1/2+3\epsilon)}), \quad \text{만일 } 0 \leq k \leq n^{1/2+\epsilon}\text{이면.}$$

c) (b)에 의해, 모든 $\delta > 0$에 대해

$$\sum_{k=0}^{n}e^{-k^2/2n}f(k,n) = \sum_{0 \leq i \leq j \leq m}c_{ij}n^{-i-j}\sum_{k \geq 0}k^{2i+j}e^{-k^2/2n} + O(n^{-m/2+\delta})$$

임을 증명하라. 〔힌트: 구간이 $n^{1/2+\epsilon} < k < \infty$일 때 이 합들은 모든 r에 대해 $O(n^{-r})$이다.〕

d) 고정된 $t \geq 0$에 대한 $\sum_{k \geq 0}k^t e^{-k^2/2n}$의 점근 전개를 오일러의 합 공식을 이용해서 얻을 수 있음을 보여라.

e) 마지막으로, 따라서

$$\sum_{k=0}^{n} k^{n+\alpha} e^{-k} = n^{n+\alpha} e^{-n}\left(\sqrt{\frac{\pi n}{2}} - \frac{1}{6} - \alpha + \left(\frac{1}{12} + \frac{1}{2}\alpha + \frac{1}{2}\alpha^2\right)\sqrt{\frac{\pi}{2n}} + O(n^{-1})\right)$$

이다. 원칙적으로 이 계산은 임의의 원하는 r에 대해 $O(n^{-r})$까지 전개할 수 있다.

15. [*HM20*] 다음 적분이 $Q(n)$과 관련되어 있음을 보여라.

$$\int_0^\infty \left(1 + \frac{z}{n}\right)^n e^{-z}\, dz.$$

16. [*M24*] 다음 항등식을 증명하라.

$$\sum_k (-1)^k \binom{n}{k} k^{n-1} Q(k) = (-1)^n (n-1)!, \ 단\ n > 0일\ 때.$$

17. [*HM29*] (밀러K. W. Miller.) 대칭성을 위해서는 다음과 같은 네 번째 급수도 고려해야 한다.

$$S(n) = 1 + \frac{n}{n+1} + \frac{n}{n+2}\frac{n+1}{n+2} + \cdots = \sum_{k \geq 0} \frac{(n+k-1)!}{(n-1)!(n+k)^k}.$$

$S(n)$과 $P(n)$의 관계는 $Q(n)$과 $R(n)$의 관계에 비견할 수 있다. 이 함수의 점근적 특징을 밝혀라.

18. [*M25*] $\sum \binom{n}{k} k^k (n-k)^{n-k}$과 $\sum \binom{n}{k}(k+1)^k(n-k)^{n-k}$을 Q 함수를 항으로 해서 매우 간단하게 표현할 수 있음을 보여라.

19. [*HM30*] (왓슨의 보조 정리.) 만일 모든 큰 n에 대해 적분 $C_n = \int_0^\infty e^{-nx} f(x)\,dx$가 존재하며 모든 $0 \leq x \leq r$에 대해 $f(x) = O(x^\alpha)$일 때(단 $r > 0$, $\alpha > -1$), $C_n = O(n^{-1-\alpha})$임을 보여라.

▶**20.** [*HM30*] (12)에서처럼 $u = w + \frac{1}{3}w^2 + \frac{1}{36}w^3 - \frac{1}{270}w^4 + \cdots = \sum_{k=1}^\infty c_k w^k$을 방정식 $w = (u^2 - \frac{2}{3}u^3 + \frac{2}{4}u^4 - \frac{2}{5}u^5 + \cdots)^{1/2}$에 대한 멱급수 해라고 하자. 이 때 모든 $m \geq 1$에 대해

$$Q(n) + 1 = \sum_{k=1}^{m-1} k c_k \Gamma(k/2)\left(\frac{n}{2}\right)^{1-k/2} + O(n^{1-m/2})$$

임을 보여라. [힌트: 왓슨의 보조정리를 연습문제 15의 항등식에 적용해 볼 것.]

수학적인 뭔가를 이루어 내야 할 것 같다는 생각이 들어요
그게 왜 그리 중요한지는 모르겠지만요

—— 헬렌 켈러HELEN KELLER (1898)

1.3. MIX

이 책 전반에서, 컴퓨터 내부의 기계어를 언급하는 경우가 많이 나온다. 이 책에서 사용할 기계(컴퓨터)는 "MIX"라는 가상의 컴퓨터이다. MIX는 1960년대와 1970년대의 거의 모든 컴퓨터와 매우 비슷하며, 어쩌면 더 나을 수도 있겠다. MIX의 기계어는 대부분의 알고리즘을 간단한 프로그램으로 작성할 수 있을 정도로 강력하면서도 그 연산들이 독자가 쉽게 배울 수 있을 정도로 단순하다.

MIX 언어는 이 책의 매우 많은 부분에서 나오기 때문에, 독자는 이번 절을 세심히 공부해야 한다. 기계어를 배우는 데 주저할 필요는 없다. 사실 필자는 한 주(week)에 대여섯 가지의 서로 다른 기계어들로 프로그램을 짜는 것도 그리 보기 드문 일은 아니라는 사실을 깨달은 적이 있다. 컴퓨터에 일시적 흥미 이상의 관심을 가지고 있는 사람이라면 누구나, 언젠가는 적어도 하나의 기계어를 배우게 될 것이다. MIX는 역사적인 컴퓨터들의 가장 단순한 측면들을 유지하도록 특별히 설계된 것이므로, 어렵지 않게 그 특성을 이해할 수 있을 것이다.

그러나 MIX가 이제는 상당히 시대에 뒤떨어졌음을 고백하지 않을 수 없다. 따라서 이 책 이후의 판본들에서는 MMIX 2009라는 새로운 컴퓨터가 MIX를 대신하게 될 것이다. MMIX⁺ 는 소위 축소 명령집합 컴퓨터(reduced instruction set computer, RISC)가 될 것이고 또 산술 연산은 64비트 워드로 수행하게 될 텐데, 이것은 MIX보다 훨씬 더 나은, 1990년대의 주도적 컴퓨터들과 비슷한 형태라 할 수 있다.

이 책의 모든 부분을 MIX에서 MMIX로 바꾸는 데에는 상당한 시간이 소요될 것이다. 그런 변환 작업을 도울 자원봉사자들이 절실히 필요하다. 변환이 끝날 때까지 몇 년간은 구식 MIX 아키텍처로 만족해 주시길 바랄 뿐이다. 그렇긴 해도, 이후의 개발에 대한 맥락을 이해하는 데 도움이 된다는 점에서, MIX를 배우는 것은 여전히 가치 있는 일이다.

1.3.1. MIX 설명

MIX는 세계 최초의 고도불포화지방성 컴퓨터이다. 다른 대부분의 기계들처럼 이 컴퓨터에도 식별 번호가 있다. 이 숫자는 MIX와 매우 비슷한, 또는 MIX를 쉽게 시뮬레이션할 수 있는 실제 컴퓨터의 번호를 동일한 가중치로 평균해서 얻은 것이다.

$$\lfloor (360 + 650 + 709 + 7070 + U3 + SS80 + 1107 + 1604 + G20 + B220$$
$$+ S2000 + 920 + 601 + H800 + PDP\text{-}4 + II)/16 \rfloor = 1009. \qquad (1)$$

로마 숫자들을 이용한다면 좀 더 간단한 방식으로 같은 수를 얻을 수도 있다.

MIX는 2진인 동시에 10진이기도 하다는 특이한 성질을 가지고 있다. *MIX 프로그래머는 자신이 기수 2 산술로 프로그래밍을 하는지 아니면 기수 10 산술로 프로그래밍을 하는지 알지 못한다.* 따라서 MIX로 작성된 알고리즘들을 거의 수정하지 않고도 2진 컴퓨터와 10진 컴퓨터 모두에서 사용할 수 있으며, 마찬가지로 2진 컴퓨터와 10진 컴퓨터 모두에서 MIX를 시뮬레이션할 수 있다. 2진 컴퓨터에

⁺ 〔옮긴이 주〕참고로 **MMIX**는 엠믹스라고 읽는다.

익숙한 사람은 MIX를 2진이라고 생각하면 되고, 10진에 익숙한 사람이라면 MIX를 10진이라고 생각하면 된다. 다른 행성에서 온 프로그래머라면 MIX를 3진 컴퓨터라고 간주해도 무방하다.

워드. MIX 자료의 기본 단위는 바이트(byte)이다. 각 바이트는 하나의 명시되지 않은 양의 정보를 담으나, 적어도 64개의 구별되는 값을 담을 수 있어야 한다. 즉, 하나의 바이트에는 0에서 63 사이의 임의의 수를 담을 수 있다. 또한 각 바이트는 많아야 100개의 서로 구별되는 값만을 담을 수 있다. 따라서 2진 컴퓨터라면 하나의 바이트는 6비트로 구성된다. 10진 컴퓨터라면 바이트 당 두 자리이다.*

MIX 기계어로 프로그램을 작성할 때에는 한 바이트에 64개보다 많은 값들이 존재하지 않는다는 가정을 깔아야 한다. 예를 들어 실제 10진 컴퓨터라면 80이라는 수를 표현하는 데 바이트 하나로 충분하지만, MIX에서는 적어도 두 개의 인접한 바이트들이 필요하다. *MIX로 작성된 알고리즘은 하나의 바이트가 얼마나 큰지와 무관하게 제대로 작동해야 한다.* 바이트 크기에 의존하는 프로그램의 작성도 불가능하지는 않지만, 그런 것은 이 책의 정신에 위배된다. 모든 바이트 크기에 대해 정확한 결과를 내는 프로그램들만이 유효한 프로그램이다. 대체로, 이런 기본 원칙을 지키는 게 어려운 일은 아니며, 2진 컴퓨터를 프로그래밍하는 것과 10진 컴퓨터를 프로그래밍하는 것이 그리 다른 일도 아니라는 점 역시 차차 알게 될 것이다.

두 개의 인접한 바이트들은 0에서 4,095까지의 수들을 표현할 수 있다.

세 개의 인접한 바이트들은 0에서 262,143까지의 수들을 표현할 수 있다.

네 개의 인접한 바이트들은 0에서 16,777,215까지의 수들을 표현할 수 있다.

다섯 개의 인접한 바이트들은 0에서 1,073,741,823까지의 수들을 표현할 수 있다.

하나의 컴퓨터 워드(word)는 다섯 바이트와 하나의 부호로 구성된다. 부호 부분이 가질 수 있는 값은 단 두 가지로, +와 −이다.

레지스터. MIX에는 레지스터(register)가 아홉 개 있다(그림 13 참고).

A 레지스터(Accumulator, 누산기)는 다섯 바이트와 하나의 부호로 구성된다.

X 레지스터(eXtension, 확장)도 다섯 바이트와 하나의 부호로 구성된다.

I 레지스터(Index register, 색인 레지스터)들은 I1, I2, I3, I4, I5, I6이며 각각 두 바이트와 부호 하나를 담는다.

J 레지스터(Jump address, 점프 주소)는 두 바이트를 담는다. 이 레지스터는 부호가 항상 +인 것처럼 행동한다.

MIX 레지스터를 지칭할 때에는 해당 레지스터 문자 앞에 소문자 "r"을 앞에 붙인다. 예를 들어 "rA"는 "레지스터 A"를 뜻한다.

---

* 〔주〕 1975년쯤부터 "바이트"라는 단어는 0에서 255의 수를 표현하는, 정확히 8개의 이진 자릿수(bit)들의 열을 의미하게 되었다. 따라서 현실의 바이트는 가상의 MIX의 바이트보다 크다. 사실 MIX의 구식 바이트는 니블(nybble: 현실의 바이트의 반, 즉 4비트 – 옮긴이)보다 아주 조금 클 뿐이다. 이 책에서 MIX와 관련해 언급되는 바이트는 바이트가 아직 표준화되기 전 상황의, 본문에서 말하는 의미의 바이트이다.

A 레지스터는 다양한 용도를 가지고 있으며, 특히 산술 및 자료 연산에 쓰인다. X 레지스터는 rA의 "우변"의 한 확장으로, rA와 함께 10바이트 크기의 어떤 곱 또는 피제수를 담는 데 쓰이고, rA에서 오른쪽으로 이동되어 나온 정보를 담는 데 쓰이기도 한다. 색인 레지스터 rI1, rI2, rI3, rI4, rI5, rI6은 기본적으로 횟수 세기 및 변수 메모리 주소 참조에 쓰인다. J 레지스터는 항상 가장 최근에 수행된 "점프" 연산 바로 다음 명령의 주소를 담으며, 기본적으로 서브루틴에 관련되어 쓰인다.

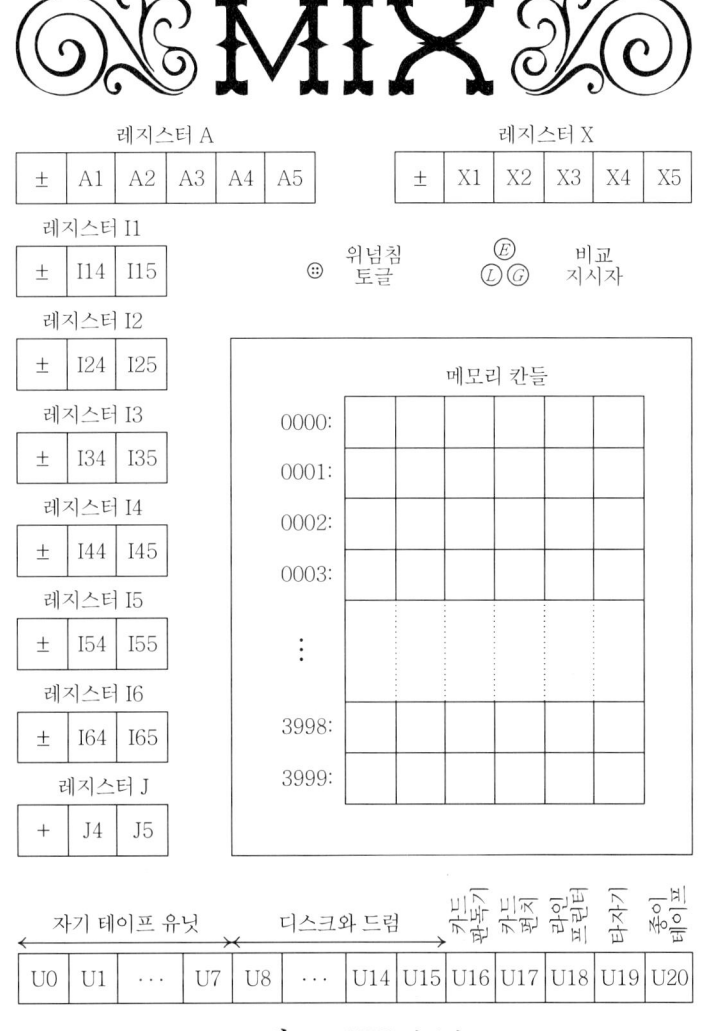

그림 13. MIX 컴퓨터.

레지스터들 외에, MIX에는 다음과 같은 것들이 있다.

위넘침 토글(overflow toggle) : "켜짐" 또는 "꺼짐"인 하나의 비트이다.

비교 지시자(comparison indicator) : 가질 수 있는 값은 LESS, EQUAL, GREATER 세 가지이다.

기억장치(memory, 메모리) : 단어 4000개의 저장소로, 각 단어는 다섯 바이트와 부호 하나로 구성된다.

입출력 장치 : 카드, 테이프, 디스크 등.

워드의 부분 필드들. 컴퓨터 워드를 구성하는 다섯 바이트와 부호 하나에는 다음과 같은 번호들이 붙는다.

0	1	2	3	4	5
±	바이트	바이트	바이트	바이트	바이트

(2)

대부분의 명령들에서, 프로그래머가 원한다면 워드 중 일부만을 사용할 수 있다. 그런 경우 프로그래머는 비표준적인 "필드 명세"(field specification)를 지정한다. 필드 명세는 (L:R) 형태로, L은 원하는 부분의 제일 왼쪽 필드의 번호이고 R은 제일 오른쪽 필드의 번호이다. 따라서 한 워드 안에서 연속적인 필드들만 지정할 수 있다. 다음은 몇 가지 필드 명세 예들이다.

(0:0) - 부호만.

(0:2) - 부호와 처음 두 바이트.

(0:5) - 워드 전체. 이것이 가장 흔한 필드 명세이다.

(1:5) - 부호를 제외한 모든 바이트.

(4:4) - 넷째 바이트만.

(4:5) - 최하위 두 바이트.

필드 명세의 구체적인 용법은 명령마다 조금 다를 수 있다. 자세한 사항은 각 명령을 설명할 때 이야기하겠다. 컴퓨터 안에서는 이러한 필드 명세 (L:R)이 실제로는 $8L + R$이라는 하나의 수로 표현된다. 이 수를 하나의 바이트에 담는 데 별 어려움이 없음을 주목할 것.

명령 형식. 명령으로 쓰이는 컴퓨터 워드는 다음과 같은 형태이다.

0	1	2	3	4	5
±	A	A	I	F	C

(3)

제일 오른쪽 바이트 C는 명령이 수행하는 연산의 기본 종류를 뜻하는 연산 코드(operation code)이다. 예를 들어 C = 8은 "A 레지스터 적재(load)"를 의미하는 연산 LDA에 해당한다.

F 바이트는 연산 코드의 한 수정 값을 담는다. 일반적으로는 필드 명세 (L:R) = $8L + R$이다. 예를 들어 C = 8이고 F = 11이면 "A 레지스터 (1:3) 필드 적재"라는 뜻이다. F가 필드 명세 이외의 용도로 쓰이는 경우도 있다. 예를 들어 입출력 명령의 경우 F는 관련 입력 또는 출력 단위의 번호이다.

명령의 왼쪽 부분인 ±AA는 주소(address)이다. (주소에 부호가 포함됨을 주목할 것.) 주소 다음의 I 필드는 색인 지정으로, 이를 통해서 실제 연산이 일어나는 주소를 수정할 수 있다. I = 0이면 주소는 변경되지 않은 ±AA이다. 만일 I가 1에서 6의 값이면 해당 색인 레지스터 I_i의 내용을 ±AA에 대수적으로 더한 결과가 연산의 실제 주소로 쓰인다. 이러한 색인 처리 공정은 모든 명령에서 일어난다. 이제부터는 색인 처리가 끝난 후의 주소를 M으로 표기한다. (만일 색인 레지스터와 ±AA를 더한 결과가 두 바이트에 맞지 않는 값이면 M의 값은 정의되지 않는다.)

　대부분의 명령들에서 M은 하나의 메모리 칸을 가리킨다. 거의 대부분의 경우, 이 책에서 "메모리 칸(memory cell)"이라는 용어와 "메모리 장소(memory location)"라는 용어는 동일한 의미로 쓰인다. MIX에는 4000개의 메모리 칸들이 존재하는 것으로 가정한다. 각 칸에는 0에서 3999까지의 번호가 붙는다. 따라서 모든 메모리 장소를 2바이트로 나타낼 수 있다. M이 하나의 메모리 칸을 가리키는 모든 명령에서 반드시 $0 \le M \le 3999$임이 성립해야 하며, 그런 경우 메모리 장소 M에 담긴 값을 CONTENTS(M)으로 표기한다.

　어떤 명령들에서는 "주소" M이 다른 의미를 가지며, 그 값이 음수일 수도 있다. M을 색인 레지스터에 더하는 명령들이 있으며, 그런 연산은 M의 부호를 고려한다.

표기법. 명령들을 읽기 쉬운 방식으로 논의하기 위해, (3)과 같은 형태의 명령을 다음과 같이 표기한다.

$$\text{OP} \qquad \text{ADRESS,I(F)} \tag{4}$$

여기서 OP는 명령의 연산 코드(C 부분)에 주어진 기호 이름이다. ADDRESS는 ±AA 부분이다. I와 F는 각각 I 필드와 F 필드를 나타낸다.

　I가 0일 때에는 ",I" 부분을 생략한다. F가 해당 명령의 정규(normal) F 명세일 때에는 "(F)"를 생략할 수 있다. 거의 모든 명령에서 정규 F 명세는 워드 전체를 의미하는 (0:5)이다. 그 밖의 경우들은 해당 명령을 설명할 때 구체적으로 이야기하겠다.

　예를 들어 어떠한 수를 누산기(A 레지스터)에 적재하는 명령은 LDA라고 부르며, 그 연산 코드는 8이다. 다음은 LDA의 여러 형태들이다.

편의용 표기	실제 수치 명령			
LDA　2000,2(0:3)	+ 2000	2	3	8
LDA　2000,2(1:3)	+ 2000	2	11	8
LDA　2000(1:3)	+ 2000	0	11	8
LDA　2000	+ 2000	0	5	8
LDA　-2000,4	− 2000	4	5	8

$$\tag{5}$$

명령 "LDA　2000,2(0:3)"은 "메모리 장소 2000에 색인 2를 적용한 주소의 내용 0–3 필드를 A에 적재하라"로 읽을 수 있다.

　MIX 단어의 수치적 내용을 표현할 때에는 위에 나온 것 같이 상자를 사용한다. 다음과 같은 워드에서,

+	2000	2	3	8

수 +2000이 하나의 부호와 인접한 두 바이트에 걸쳐 있음을 주목하자. 바이트의 크기가 가변적이므로, 바이트 (1:1)과 바이트 (2:2)의 실제 내용은 구체적인 MIX 컴퓨터마다 다를 수 있다. 또 다른 예로, 다음은

−	10000	3000

−10000을 담은 '세 바이트 + 부호' 필드와 3000을 담은 '두 바이트' 필드로 구성된 워드이다. 하나의 워드가 둘 이상의 필드들로 나뉘어질 때, 그 워드를 "묶음" 워드(packed word)라고 말한다.

각 명령의 규칙. 하나의 명령으로 쓰이는 모든 워드에 대한 수량 M, F, C는 앞서 나온 (3) 다음의 설명에서 정의했다. 그럼 각 명령에 해당하는 실제 행동들을 정의해보자.

적재 연산자.

- LDA (load A; A에 적재). C = 8; F = 필드.
CONTENTS(M)의 지정된 필드로 레지스터 A의 이전 내용을 대체한다.

부분 필드가 입력으로 쓰이는 모든 명령에서, 필드 자체에 부호가 포함되어 있으면 그 부호가 쓰이고, 그렇지 않으면 부호는 + 로 간주된다. 레지스터에 적재될 때, 필드는 그 오른쪽 끝이 레지스터의 오른쪽 끝에 일치하도록 적절히 자리이동된다.

예: F가 정규 필드 명세 (0:5)이면 장소 M의 모든 내용이 rA에 복사된다. F가 (1:5)이면 CONTENTS(M)의 절대값이 부호 + 와 함께 적재된다. M에 어떤 명령 워드가 들어 있으며 F가 (0:2)이면 그 "±AA 필드"가 A에 다음과 같이 적재된다.

$$\boxed{\pm \;|\; 0 \;|\; 0 \;|\; 0 \;|\; \text{A} \;|\; \text{A}}$$

장소 2000에 다음과 같은 워드가 들어 있다고 하자.

$$\boxed{- \;|\; 80 \;|\; 3 \;|\; 5 \;|\; 4} \qquad\qquad (6)$$

다음은 여러 가지 부분 필드 적재 명령과 그 결과이다.

명령	명령 수행 이후 rA의 내용
LDA 2000	− 80 3 5 4
LDA 2000(1:5)	+ 80 3 5 4
LDA 2000(3:5)	+ 0 0 3 5 4
LDA 2000(0:3)	− 0 0 80 3
LDA 2000(4:4)	+ 0 0 0 0 5
LDA 2000(0:0)	− 0 0 0 0 0
LDA 2000(1:1)	+ 0 0 0 0 ?

(마지막 예는 부분적으로 알 수 없는 효과를 가진다. 이는 근본적으로 MIX의 바이트 크기가 가변적이기 때문이다.)

- LDX (load X; X에 적재). C = 15; F = 필드.
rA가 아니라 rX에 적재된다는 점을 제외한다면 LDA와 같다.

- LDi (load i; i에 적재). C = 8 + i; F = 필드.
rA 대신 rIi에 적재된다는 점만 제외한다면 LDA와 같다. 색인 레지스터는 부호 하나와 오직 두 바이트만(다섯 바이트가 아님)을 담는다. 바이트 1, 2, 3은 항상 0이다. LDi 명령에 의해 바이트 1이나 2, 3이 0이 아닌 값이 되는 경우 그 결과는 정의되지 않는다.

모든 명령의 설명에서 "i"는 $1 \leq i \leq 6$인 정수이다. 따라서 LDi는 여섯 개의 서로 다른 명령 LD1, LD2, ..., LD6을 대표한다.

- LDAN (load A negative; A에 부호 반대 적재). C = 16; F = 필드.
- LDXN (load X negative; X에 부호 반대 적재). C = 23; F = 필드.
- LDiN (load i negative; i에 부호 반대 적재). C = 16 + i; F = 필드.

이 여덟 명령들은 지정된 필드의 부호와 반대되는 부호가 적재된다는 점만 제외하고는 각각 LDA, LDX, LDi와 같다.

저장 연산자.
- STA (store A; A를 저장). C = 24; F = 필드.

CONTENTS(M)의 F로 지정된 필드를 rA 내용의 일부로 대체한다. CONTENTS(M)의 다른 부분은 변하지 않는다.

저장(store) 연산에서 필드 F의 의미는 적재(load) 연산의 것과 반대이다. 저장의 경우 지정된 필드의 바이트 개수만큼의 바이트들이 레지스터의 오른쪽 끝부터 취해지며, 그 바이트들이 적절히 왼쪽으로 자동 이동되어서 CONTENTS(M)의 해당 필드 자리에 삽입된다. 대상의 부호는 필드 자체에 부호가 포함되어 있으면 그것으로 변하고, 포함되어 있지 않으면 변하지 않는다. 이 연산은 레지스터의 내용에는 영향을 미치지 않는다.

예: 장소 2000에 다음이 들어 있다고 하자.

–	1	2	3	4	5

그리고 레지스터 A에는 다음이 들어 있다고 하자.

+	6	7	8	9	0

다음은 여러 STA 명령들과 그 결과이다.

명령		명령 수행 후 장소 2000의 내용

STA	2000	+ 6 7 8 9 0
STA	2000(1:5)	– 6 7 8 9 0
STA	2000(5:5)	– 1 2 3 4 0
STA	2000(2:2)	– 1 0 3 4 5
STA	2000(2:3)	– 1 9 0 4 5
STA	2000(0:1)	+ 0 2 3 4 5

- STX (store X; X를 저장). C = 31; F = 필드.

rA 대신 rX를 저장한다는 점만 제외하고는 STA와 같다.

- ST*i* (store *i*; *i*를 저장). C = 24 + *i*; F = 필드.

rA 대신 r*I i*를 저장한다는 점만 제외한다면 STA와 같다. 색인 레지스터의 바이트 1, 2, 3은 항상 0이다. 따라서 만일 rI1에 다음이 들어 있다고 하면,

$$\boxed{\pm} \ \boxed{m} \ \boxed{n}$$

이 명령에서 rI1은 마치 다음인 것처럼 행동한다.

$$\boxed{\pm} \ \boxed{0} \ \boxed{0} \ \boxed{0} \ \boxed{m} \ \boxed{n}$$

- STJ (store J; J를 저장). C = 32; F = 필드.

rJ를 저장하며 그 부호가 항상 +라는 점만 제외하고는 ST*i*와 같다.

    STJ의 경우 F의 정규 필드 명세는 (0:5)가 아니라 (0:2)이다. STJ가 거의 항상 한 명령의 주소 필드 안에 값을 저장한다는 점을 생각하면 당연한 일이다.

- STZ (store zero; 0을 저장). C = 33; F = 필드.

0이 저장된다는 점만 제외하고는 STA와 같다. 다른 말로 한다면, 이 명령은 CONTENST(M)의 지정된 필드를 0으로 채운다.

산술 연산자. 더하기, 빼기, 곱하기, 나누기 연산들에서도 필드 명세가 허용된다. "(0:6)"이라는 필드 명세를 "부동소수점" 연산을 가리키는 용도로 사용할 수도 있지만, 이 책은 기본적으로 정수에 대한 알고리즘과 관련된 것이기 때문에 부동소수점 연산을 이용하는 MIX 프로그램은 작성할 일이 별로 없다.

    표준(정규) 필드 명세는 이전 예들과 마찬가지로 (0:5)이다. 그 외의 명세들은 LDA와 같은 방식이다. 지금부터는 CONTENTS(M)의 지정된 필드를 글자 V로 표기하는데, V는 연산 코드가 LDA였다면 레지스터 A에 적재되었을 값을 가리킨다.

- ADD(더하기). C = 1; F = 필드.

V를 rA에 더한다. 만일 그 결과의 크기가 레지스터 A에 담기에는 너무 크면 위넘침 토글이 켜지고, rA에는 넘치고 남은 값이 저장된다(마치 하나의 "1"이 rA 왼쪽에 있는 다른 레지스터로 넘어간 것처럼). 그렇지 않으면 위넘침 토글은 변하지 않는다. 결과가 0이면 rA의 부호는 변하지 않는다.

    예: 다음 명령열은 레지스터 A의 다섯 바이트들의 합을 계산한다.

```
STA    2000
LDA    2000(5:5)
ADD    2000(4:4)
```

$$\begin{array}{ll} \text{ADD} & 2000\,(3{:}3) \\ \text{ADD} & 2000\,(2{:}2) \\ \text{ADD} & 2000\,(1{:}1) \end{array}$$

이를 "옆쪽 덧셈(sideways addition)"이라고 부르기도 한다.

바이트 크기가 가변적이기 때문에, 어떤 특정한 MIX 컴퓨터에서는 위넘침을 일으키는 연산이 다른 MIX에서는 위넘침을 일으키지 않을 수도 있다. 값이 1073741825보다 크다고 해서 반드시 위넘침이 일어난다고 확실하게 이야기할 수 있는 것은 아니다. 위넘침은 결과의 크기가 다섯 바이트의 내용보다 크면 일어나는데, 그 구체적인 경계는 바이트 크기에 따라 다르다. 이런 조건에서도, 바이트 크기와 무관하게 적절히 작동하며 동일한 최종 결과를 내는 프로그램을 작성하는 것이 여전히 가능하다.

- SUB (subtract; 빼기). C = 2; F = 필드.

rA에서 V를 뺀다. (V 대신 −V를 ADD에 적용한 것과 동등하다.)

- MUL (multiply; 곱하기). C = 3; F = 필드.

V와 rA를 곱한 10바이트 값으로 레지스터 A와 X를 대체한다. rA와 rX의 부호 모두 그 곱의 대수적 부호로 바뀐다(즉, V와 rA의 부호가 같으면 + 가 되고 다르면 − 가 된다).

- DIV (divide; 나누기). C = 4; F = 필드.

rA와 rX의 값(부호가 rA의 부호와 같은 10바이트 rAX 수로 간주)을 값 V로 나눈다. V = 0이거나 몫의 크기가 5바이트보다 크면(이는 |rA| ≥ |V|라는 조건과 동등하다) 레지스터 A와 X는 정의되지 않은 정보로 채워지고 위넘침 토글이 켜짐으로 설정된다. 그렇지 않으면 몫 ±⌊|rAX/V|⌋가 rA에, 나머지 ±(|rAX| mod |V|)가 rX에 저장된다. 명령 수행 이후의 rA의 부호는 몫의 대수적 부호(즉, V와 rA의 부호가 같으면 + , 다르면 −)이다. 명령 수행 이후의 rX의 부호는 rA의 명령 이전 부호이다.

산술 명령의 예: 대부분의 경우 산술은 단일한 5바이트 수로 된 MIX 워드(여러 필드들이 묶인 MIX 워드가 아닌 것)들만으로 수행된다. 그러나 주의를 기울인다면 묶음 MIX 워드들에 대한 산술 연산도 가능하다. 다음의 예들을 신중히 공부할 것. (이전과 마찬가지로 ?는 알 수 없는 값을 가리킨다.)

+	1234	1	150	이전 rA
+	100	5	50	칸 1000
+	1334	6	200	이후 rA

ADD   1000 (위 표의 마지막 행에 해당)

−	1234	0	0	9	이전 rA
−	2000	150	0		칸 1000
+	766	149	?		이후 rA

SUB   1000

MUL 1000						
+	1	1	1	1	1	이전 rA
+	1	1	1	1	1	칸 1000
+	0	1	2	3	4	이후 rA
+	5	4	3	2	1	이후 rX

MUL 1000(1:1)						
−					112	이전 rA
?	2	?	?	?	?	칸 1000
−					0	이후 rA
−					224	이후 rX

MUL 1000					
−	50	0	112	4	이전 rA
−	2	0	0	0	0	칸 1000
+	100		224		이후 rA
+	8	0	0	0	0	이후 rX

DIV 1000		
+	0	이전 rA
?	17	이전 rX
+	3	칸 1000
+	5	이후 rA
+	2	이후 rX

DIV 1000						
−					0	이전 rA
+	1235	0		3	1	이전 rX
−	0	0	0	2	0	칸 1000
+	0	617		?	?	이후 rA
−	0	0	0	?	1	이후 rX

(이 예들은 이해하기 쉬워도 불완전한 설명보다는 어려워도 완전한 설명이 더 낫다는 원칙 하에서 만든 것이다.)

주소 전달 연산자. 다음 연산들에서 "주소" M(색인이 적용될 수도 있음)은 메모리 칸의 주소가 아니라 하나의 부호 있는 수로 쓰인다.

● ENTA (enter A; A에 입력). C = 48; F = 2.

수량 M을 rA에 적재한다. 이것은 부호 있는 값 M을 담은 메모리 워드로 "LDA"를 수행하는 것과 동등하다. M = 0이면 명령의 부호가 적재된다.

예: "ENTA 0"은 rA를 0들로 설정한다. rA의 부호는 +가 된다. "ENTA 0,1"은 rA를 색인 레지스터 1의 현재 내용으로 설정하되 −0을 +0으로 바꾼다. "ENTA −0,1"은 그와 비슷하지만 +0을 −0으로

바꾼다는 점에서는 차이를 보인다.

- ENTX (enter X; X에 입력). C = 55; F = 2.
- ENTi (enter i; i에 입력). C = 48 + i; F = 2.

A가 아니라 각각 X, i 레지스터라는 점만 제외하고는 ENTA와 같다.

- ENNA (enter negative A; A에 부호 반대 입력). C = 48; F = 3.
- ENNX (enter negative X; X에 부호 반대 입력). C = 55; F = 3.
- ENNi (enter negative i; i에 부호 반대 입력). C = 48 + i; F = 3.

반대의 부호가 적재된다는 점만 제외하고는 ENTA, ENTX, ENTi와 같다.

  예: "ENN3 0,3"은 rI3을 그 부정(negation)으로 대체한다. 단, -0은 그대로(-0으로) 유지된다.

- INCA (increase A; A를 증가). C = 48; F = 0.

수량 M을 rA에 더한다. 이것은 부호 있는 값 M을 담은 메모리 워드로 "ADD"를 수행하는 것과 동등하다. 위넘침이 일어날 수 있으며 그런 경우 ADD에서와 같게 처리된다.

  예: "INCA 1"은 rA의 값을 1 증가시킨다.

- INCX (increase X; X를 증가). C = 55; F = 0.

수량 M을 rX에 더한다. 위넘침이 발생했을 때의 처리가 rA 대신 rX가 쓰인다는 점만 제외하고는 ADD에서와 동등하다. 이 연산은 레지스터 A에는 아무런 영향도 미치지 않는다.

- INCi (increase i; i를 증가). C = 48 + i; F = 0.

M을 rIi에 더한다. 위넘침은 일어나지 않아야 한다. 만일 M + rIi가 두 바이트에 들어가지 않으면, 이 명령의 결과는 정의되지 않는다.

- DECA (decrease A; A를 감소). C = 48; F = 1.
- DECX (decrease X; X를 감소). C = 55; F = 1.
- DECi (decrease i; i를 감소). C = 48 + i; F = 1.

이 여덟 명령들은 M을 레지스터에 더하는 것이 아니라 레지스터에서 뺀다는 점 외에는 각각 INCA, INCX, INCi와 동등하다.

  ENTA, ENNA, INCA, DECA의 연산 코드 C가 모두 같음을 주목하자. 이들은 F 필드로 구분한다.

비교 연산자. MIX의 비교 연산자들은 모두 한 레지스터에 담긴 값을 메모리에 담긴 값과 비교한다. 비교의 결과에 따라 비교 지시자가 LESS나 EQUAL, GREATER(순서대로 레지스터 값이 메모리의 값보다 작을 때, 같을 때, 클 때)로 설정된다. 마이너스 0은 플러스 0과 같다.

- CMPA (compare A; A와 비교). C = 56; F = 필드.

rA의 지정된 필드와 CONTENTS(M)의 같은 필드를 비교한다. F에 부호가 포함되지 않으면 두 필드들 모두 음이 아닌 것으로 간주한다. 포함되면 비교 시 그 부호도 고려한다. (마이너스 0이 플러스 0과 같으므로 F가 (0:0)일 때에는 비교 결과가 항상 EQUAL이다.)

- **CMPX** (compare X; X와 비교). C = 63; F = 필드.

A가 아니라 X가 쓰인다는 점만 제외하고는 **CMPA**와 같다.

- **CMPi** (compare i; i와 비교). C = 56 + i; F = 필드.

A가 아니라 색인 레지스터가 쓰인다는 점만 제외하고는 **CMPA**와 같다. 색인 변수의 바이트 1, 2, 3은 항상 0으로 간주된다. (따라서 F=(1:2)이면 GREATER는 결코 나오지 않는다.)

점프 연산자. 보통은 명령들이 순차적으로, 즉 장소 P에 있는 명령이 수행된 후에 P + 1에 있는 명령이 수행되는 식으로 수행된다. 이런 순차적인 흐름을 바꾸는 것이 지금 이야기하는 "점프" 명령들이다. 통상의 점프가 일어나면 J 레지스터는 그 다음 명령(즉, 점프가 일어나지 않았다면 실행되었을 명령)의 주소로 설정된다. 필요에 따라서는 그 주소를 프로그래머가 "J를 저장" 명령(STJ)을 사용해서 어떤 장소에 저장해 두고, 이후 그것을 다른 어떤 명령의 주소 필드로 사용함으로써 프로그램의 원래 장소로 되돌아갈 수 있다. J 레지스터는 프로그램 안에서 점프가 실제로 일어날 때마다 변한다. 단, 점프 명령이 JSJ인 경우는 예외이다. 그리고 점프 명령 이외의 명령으로 J가 변하는 일은 절대 없다.

- **JMP** (jump; 점프). C = 39; F = 0.

무조건 점프: 다음 실행할 명령은 장소 M에서 취해진다.

- **JSJ** (jump, save J; 점프, J를 보존). C = 39; F = 1.

JMP와 같으나 rJ의 내용이 변하지 않는다는 점이 다르다.

- **JOV** (jump on overflow; 위넘침 시 점프). C = 39; F = 2.

위넘침 토글이 켜져 있으면 그것을 끄고 **JMP**를 수행한다. 켜져 있지 않으면 아무런 일도 일어나지 않는다.

- **JNOV** (jump on no overflow; 위넘침 아닐 시 점프). C = 39; F = 3.

위넘침 토글이 꺼져 있으면 **JMP**를 수행한다. 그렇지 않으면 위넘침 토글을 끈다.

- **JL, JE, JG, JGE, JNE, JLE** (jump on less, equal, greater, greater-or-equal, unequal, less-or-equal; 미만, 상등, 초과, 이상, 부등, 이하 시 점프) C = 39; F는 각각 4, 5, 6, 7, 8, 9. 비교 지시자가 주어진 조건에 해당하면 점프한다. 예를 들어 **JNE**는 비교 지시자가 LESS이거나 GREATER이면 점프를 한다. 이 명령들이 비교 지시자를 변경하지는 않는다.

- **JAN, JAZ, JAP, JANN, JANZ, JANP** (jump A negative, zero, positive, nonnegative, nonzero, nonpositive; A가 음, 0, 양, 음 아님, 0 아님, 양 아님일 시 점프). C = 40; F는 각각 0, 1, 2, 3, 4, 5.

rA의 내용이 주어진 조건에 해당하면 **JMP**를 수행한다. 그렇지 않으면 아무 일도 일어나지 않는다. "양(positive)"은 0보다 큼을 의미한다(0은 양이 아님). "양 아님"은 그 반대로, 0 또는 음이다.

- **JXN, JXZ, JXP, JXNN, JXNZ, JXNP** (jump X negative, zero, positive, nonnegative, nonzero, nonpositive; X가 음, 0, 양, 음 아님, 0 아님, 양 아님일 시 점프). C = 47; F는 각각 0, 1, 2, 3, 4, 5.

• JiN, JiZ, JiP, JiNN, JiNZ, JiNP (jump i negative, zero, positive, nonnegative, nonzero, nonpositive; i가 음, 0, 양, 음 아님, 0 아님, 양 아님일 시 점프). C = 40 + i; F는 각각 0, 1, 2, 3, 4, 5.

이들은 X, i에 대한 것이라는 점만 제외한다면 rA의 해당 명령들과 같다.

기타 연산자.

• SLA, SRA, SLAX, SRAX, SLC, SRC (shift left A, shift right A, shift left AX, shift right AX, shift left AX circularly, shift right AX circularly; A를 왼쪽 자리이동, A를 오른쪽 자리이동, AX를 왼쪽 자리이동, AX를 오른쪽 자리이동, AX를 왼쪽 순환 자리이동, AX를 오른쪽 순환 자리이동). C = 6; F는 각각 0, 1, 2, 3, 4, 5.

이들은 "자리이동"(shift) 명령들로, M은 왼쪽 또는 오른쪽으로 자리이동할 MIX 바이트 개수를 지정한다. M은 반드시 음이 아니어야 한다. SLA와 SRA는 rX에는 영향을 미치지 않는다. 나머지 것들은 A와 X를 하나의 10바이트 레지스터로 취급하며, 따라서 두 레지스터 모두에 영향을 미친다. SLA, SRA, SLAX, SRAX에서는 한 쪽에서 0들이 밀려들어 오고 다른 쪽으로는 원래의 바이트들이 밀려나가서 사라진다. SLC와 SRC는 "순환"(circulating) 자리이동 명령들로, 한 쪽에서 밀려 나간 바이트들이 반대쪽으로 밀려 들어온다. 순환 자리이동에는 rA와 rX 모두가 참여한다. 이 순환 명령들 모두 레지스터 A와 X의 부호는 전혀 변경하지 않는다.

예:

	레지스터 A					레지스터 X				
초기 내용	+	1	2	3	4	5	−	6	7	8	9	10
SRAX 1	+	0	1	2	3	4	−	5	6	7	8	9
SLA 2	+	2	3	4	0	0	−	5	6	7	8	9
SRC 4	+	6	7	8	9	2	−	3	4	0	0	5
SRA 2	+	0	0	6	7	8	−	3	4	0	0	5
SLC 501	+	0	6	7	8	3	−	4	0	0	5	0

• MOVE(이동). C = 7; F = 수, 보통은 1.

장소 M으로부터 F로 지정된 개수의 워드들을 색인 레지스터 1이 가리키는 장소로 이동한다.[†] 이동은 한 번에 한 워드씩 이루어지며, 이동이 모두 끝난 후 rI1은 F만큼 증가한다. 만일 F = 0이면 아무 일도 일어나지 않는다.

원본 장소와 대상 장소가 겹치는 경우에는 주의를 해야 한다. 예를 들어 F = 3, M = 1000이라고 하자. 만일 rI1이 999라면 CONTENTS(1000)이 CONTENTS(999)로, CONTENTS(1001)이 CONTENTS(1000)으로, CONTENTS(1002)가 CONTENTS(1001)로 전송되므로 문제가 되지 않는다. 그러나 rI1이 1001이라면 CONTENTS(1000)이 CONTENTS(1001)로, 그 CONTENTS(1001)이 CONTENTS

[†] 〔옮긴이 주〕 노파심에서 언급하자면, 여기서 이동은 복사 또는 전송을 의미한다. 파일 시스템의 '이동(mv, move 등)'처럼 원본이 파괴되는 것은 아니다.

(1002)로, 다시 그 CONTENTS(1002)가 CONTENTS(1003)으로 이동되며, 결과적으로 동일한 워드 CONTENTS(1000)이 세 장소 모두에 들어가 버린다.

- **NOP** (no operation; 무연산). C = 0.

무연산(無-)이 일어난다. 즉, 아무 일도 일어나지 않으며 컴퓨터는 이 명령을 그냥 지나친다. F와 M은 무시된다.

- **HLT** (halt; 중단). C = 5; F = 2.

컴퓨터가 멈춘다. 컴퓨터 운영자가 여기서 컴퓨터를 다시 시작하면, 전체적으로는 NOP와 동등한 효과가 된다.

입출력 연산자. MIX에는 꽤 많은 입출력 장치들이 있다(이들 모두 추가적인 비용을 만들어낸다). 각 장치에는 다음과 같은 번호가 부여된다.

유닛 번호	주변장치	블록 크기
t	t번 자기 테이프 유닛($0 \le t \le 7$)	100워드
d	d번 디스크 또는 드럼 유닛($8 \le d \le 15$)	100워드
16	카드 판독기	16워드
17	카드 펀치	16워드
18	라인 프린터	24워드
19	타자기 터미널	14워드
20	종이 테이프	14워드

모든 **MIX** 설비[+]가 이 모든 장치들을 가지고 있다고 가정하지는 않는다. 이후 논의에서는 특정 장치의 존재 여부에 대해 적절한 가정을 깔기도 한다. 일부 장치는 입력과 출력 중 한 가지에만 해당한다. 위의 표에 나온 워드 개수는 각 개별 단위에 연관된 고정된 블록 크기이다.

자기 테이프나 디스크, 드럼 유닛은 워드 전체(부호 하나와 다섯 바이트)를 단위로 입출력을 수행한다. 그러나 16번에서 20번까지의 유닛들은 문자 코드(character code) 단위로 입출력을 수행한다. 문자 코드는 하나의 영수문자(alphameric character)[++]를 하나의 바이트로 나타낸다. 따라서 **MIX** 워드 하나 당 다섯 문자가 전송된다. MIX에 쓰이는 문자 코드들은 이번 절 끝의 표 1의 윗부분에 나와 있으며, 이 책의 맨 뒤에도 나와 있다. 코드 00은 "␣"에 해당하는데, 이것은 하나의 빈칸을 뜻한다. 코드 01-29는 그리스 글자 몇 개를 포함한 A에서 Z의 글자들이고 30-39는 숫자 0, 1, …, 9이다. 그 이후의 코드 40, 41, …은 문장부호와 기타 특수문자들이다. (MIX의 문자 집합은 컴퓨터가 소문자를 다룰 수 있기 전의 시절을 상기시킨다.) 정의되지 않은 조합들이 일부 존재하기 때문에, 한 바이트로 표현할 수 있는 모든 값들을 이런 문자 코드로 읽고 쓸 수는 없다. 더 나아가서, 이 문자 집합의 모든 기호들을 처리하는 것이 불가능한 입출력 장치들도 존재할 수 있다. 예를 들어 카드 판독기는

[+] 〔옮긴이 주〕 installation을 옮긴 것으로, 컴퓨터 자체뿐만 아니라 응용에 필요한 주변장치들, 운영체제, 라이브러리, 프로그램들을 모두 아우르는 용어로 쓰인다.

[++] 〔옮긴이 주〕 영문자들과 숫자들, 즉 A-Z, a-z, 0-9.

영문자들에 포함된 기호 Σ와 Π를 받아들이지 않을 수 있다. 문자 코드 입력이 수행될 때, 관련된 모든 워드들의 부호는 +로 설정된다. 출력 시에는 부호가 무시된다. 입력에 타자기를 사용하는 경우, 각 줄 끝에서 "캐리지 리턴(carriage return)"을 입력하면 그 줄의 나머지 부분은 모두 빈칸으로 채워진다.

디스크와 드럼은 외부 기억장치로, 각각 블록 크기는 100워드이다. 아래에 정의된 모든 IN, OUT, IOC 명령들에서, 명령은 rX의 현재 내용이 지정하는 100워드 블록을 사용한다. rX의 현재 내용이 해당 디스크나 드럼의 용량을 넘어서는 안 된다.

● **IN** (input; 입력). C = 36; F = 유닛 번호.

이 명령은 지정된 입력 유닛으로부터 M에서 시작하는 일련의 장소들로 정보의 전송을 시작한다. 전송되는 장소들의 개수는 해당 유닛의 블록 크기(앞의 표 참고)와 같다. 이 시점에서, 만일 같은 유닛에 대한 이전의 입출력 명령이 아직 끝나지 않았다면 컴퓨터는 그것이 끝날 때까지 기다린다. 이 명령으로 시작된 정보 전송이 이후 언제 끝나게 될지는 알 수 없다. 완료 시점은 입력 장치의 빠르기에 따라 다를 것이며, 따라서 완료가 되었음을 확인하기 전까지는 프로그램이 메모리 안의 정보를 참조해선 안 된다. 자기 테이프의 경우, 테이프에 마지막으로 기록된 블록 이후의 어떤 블록을 읽으려 하는 것은 부적절한 시도이다.

● **OUT** (output; 출력). C = 37; F = 유닛 번호.

이 명령은 M에서 시작하는 메모리 장소들로부터 지정된 출력 유닛으로 정보의 전송을 시작한다. 만일 그 유닛이 아직 준비된 상태가 아니라면 컴퓨터는 준비될 때까지 기다린다. 이 명령으로 시작된 정보 전송이 이후 언제 끝나게 될지는 알 수 없다. 완료 시점은 출력 장치의 빠르기에 따라 다를 것이며, 따라서 완료가 되었음을 확인하기 전까지는 프로그램이 메모리 안의 정보를 변경해선 안 된다.

● **IOC** (input-output control; 입출력 제어). C = 35; F = 유닛 번호.

지정된 유닛이 준비된 상태가 아니면 컴퓨터는 그 때까지 기다린다. 그런 후 제어 명령을 수행하는데, 구체적인 방식은 장치에 따라 다르다. 다음의 예들은 이 책의 여러 부분에서 쓰인다.

자기 테이프: 만일 M = 0이면 테이프가 다시 감긴다. M < 0이면 테이프를 −M 블록만큼 이전 방향으로 건너뛴다. 단, 그 전에 테이프의 시작에 도달하면 거기서 멈춘다. M > 0이면 테이프를 M 블록만큼 이후 방향으로 건너뛴다.[†] 테이프에 마지막으로 기록한 블록 이후의 블록들로 건너뛰는 것은 부적절한 시도이다.

예를 들어 명령열 "OUT 1000(3); IOC −1(3); IN 2000(3)"은 100개의 워드들을 테이프 3에 기록하고, 그것을 다시 읽어 들인다. 테이프의 신뢰성에 문제가 없다면, 마지막 두 명령은 장소 1000-1099의 워드들을 2000-2099로 전송하는 것과 동등하다(물론 메모리에서 직접 이동하는 것보다는 느리다). 명령열 "OUT 1000(3); IOC +1(3)"은 부적절하다.

---

† 〔옮긴이 주〕 여기서(그리고 이후에도) '이전'은 테이프의 시작 지점을 향한 방향, '이후'는 테이프의 끝을 향한 방향을 의미한다. 그리고 이전 방향으로 가는 것을 '후진', 이후 방향으로 가는 것을 '전진'이라고 표현하기도 하는데, 이전/이후와 전진/후진에서 '전'과 '후'가 반대 의미임을 주의할 것.

디스크나 드럼: M은 0이어야 한다. 효과는 장치의 읽기/쓰기 위치를 rX에 따라 이동해서 다음번에 같은 rX로 IN이나 OUT을 수행한다고 할 때 읽기/쓰기 위치를 적절히 옮기는 시간이 짧아지도록 하는 것이다.

라인 프린터: M은 0이어야 한다. "IOC 0(18)"은 프린터를 다음 페이지 최상위로 넘긴다.

종이 테이프: M은 0이어야 한다. "IOC 0(20)"은 테이프를 되감는다.

• **JRED** (jump ready; 준비 시 점프). C = 38; F = 유닛 번호.
지정된 유닛이 준비되면, 즉 이전의 IN나 OUT, IOC로 시작된 작업이 완료되면 점프가 일어난다.

• **JBUS** (jump busy; 사용 중이면 점프). C = 34; F = 유닛 번호.
JRED와 비슷하나, 지정된 유닛이 사용 중이면, 즉 준비되지 않았으면 점프가 일어난다.

예: 장소 1000에서 명령 "JBUS 1000(16)"은 유닛 16이 준비될 때까지 반복해서 수행된다.

이상의 간단한 연산들이 MIX의 입출력 명령들 전부이다. 주변장치의 예외적 조건을 다루기 위한 "테이프 점검" 지시자 같은 것들은 없다. 그런 조건들(용지 걸림, 유닛이 켜져 있지 않음, 테이프 모자람 등)이 발생하면 유닛이 계속 사용중(busy) 상태로 남거나 벨이 울릴 것이며, 경험 있는 컴퓨터 운영자라면 일반적인 유지보수 절차를 통해서 문제를 직접 해결하게 될 것이다. 좀 더 복잡한 주변장치들, 즉 여기서 말한 고정 블록 크기 테이프나 드럼, 디스크보다 비싸고 좀 더 현대적인 장치에 해당하는 것들 몇 가지를 5.4.6절과 5.4.9절에서 이야기한다.

변환 연산자.

• **NUM** (convert to numeric; 수치로 변환). C = 5; F = 0.
이 연산은 문자 코드를 수치 코드로 변환하는 데 쓰인다. M은 무시된다. 레지스터 A와 X는 문자 코드들로 구성된 10바이트 수를 담고 있는 것으로 간주한다. NUM 명령은 rA의 크기를 그 수의 수치적 값(10진수로 취급함)으로 설정한다. rX의 값과 rA의 부호는 변하지 않는다. 바이트 00, 10, 20, 30, 40, …들은 숫자 0이 되고 01, 11, 21, …은 숫자 1이 되는 식이다. 위넘침이 일어날 수 있으며, 그런 경우 b^5로 나눈 나머지가 보존된다. 여기서 b는 바이트 크기이다.

• **CHAR** (convert to characters; 문자 코드로 변환). C = 5; F = 1.
이 연산은 수치 코드를 펀치 카드나 테이프, 라인 프린터 출력에 적합한 문자 코드로 바꾸는 데 쓰인다. 이 명령은 rA의 값을 문자 코드들로 변환하고 그것을 레지스터 A와 X에 10바이트짜리 10진수로 저장한다. rA와 rX의 부호는 변하지 않는다. M은 무시된다.

예:

		레지스터 A							레지스터 X				
초기 내용	−	00	00	31	32	39		+	37	57	47	30	30
NUM 0	−			12977700				+	37	57	47	30	30
INCA 1	−			12977699				+	37	57	47	30	30
CHAR 0	−	30	30	31	32	39		+	37	37	36	39	39

수행 시간. MIX 프로그래밍의 효율성에 대한 수치적 정보를 제공하기 위해 (1970년대의 컴퓨터들이 흔히 그렇듯이) 각 MIX 연산마다 수행 시간이 부여되어 있다.

ADD와 SUB, 그리고 모든 LOAD 연산들과 모든 STORE 연산들(STZ도 포함), 모든 자리이동 명령들, 그리고 모든 비교 연산들은 두 단위의 시간을 소비한다. MOVE의 수행 시간은 1단위 시간에 이동된 단어 개수 곱하기 1단위 시간을 더한 것이다. MUL, NUM, CHAR는 10단위, DIV는 12단위이다. 부동소수점 연산의 수행 시간은 4.2.1에서 명시하겠다. 나머지 모든 연산들은 한 단위의 시간 더하기 컴퓨터가 IN, OUT, IOC, HLT 명령들에 대기하는 시간을 소비한다.

ENTA는 1단위 시간이지만 LDA는 2단위 시간임을 주목하자. 자리이동과 변환 명령들, MUL, DIV를 제외한 명령들의 수행 시간은 모두 메모리 참조 횟수(명령 자신에 대한 참조도 포함)와 같다는 점에 착안한다면 이상의 규칙들을 조금 수월하게 외울 수 있을 것이다.

MIX의 기본 시간 단위는 상대적인 수치로, 이제부터는 그냥 u로 표시한다. 구체적인 수치는 10마이크로초일 수도 있고(비교적 싼 컴퓨터) 10나노초일 수도 있다(비교적 고가의 컴퓨터).

예: 명령열 LDA 1000; INCA 1; STA 1000은 정확히 $5u$를 소비한다.

> 이제 나는 고요한 눈으로
> 기계의 참된 맥박을 보네.
>
> —— 윌리엄 워즈워스 WILLIAM WORDSWORTH,
> *She Was a Phantom of Delight* (1804)

요약. 지금까지 MIX의 모든 특징을 살펴보았다. 하나 빠진 것은 "GO 버튼"인데, 이것은 연습문제 26에서 이야기한다. MIX에는 약 150개의 연산들이 있지만 몇 가지 간단한 패턴들에 들어맞기 때문에 기억하기가 어렵지는 않을 것이다. 표 1에 각 C 코드에 따른 연산들이 요약되어 있다. 각 연산자 이름 뒤의 괄호 안에 있는 것은 해당 연산의 기본 F 설정(정규 F 명세)이다.

다음 연습문제들을 통해서 이번 절의 내용을 간략히 정리할 수 있을 것이다. 대부분 상당히 간단하며, 독자는 이들 거의 모두를 직접 풀어보도록 노력해야 할 것이다.

연습문제

1. [00] MIX가 3진(기수 3) 컴퓨터라면, 한 바이트는 몇 "트리트(trit)"[+] 인가?

2. [02] MIX에서 하나의 값이 99999999까지 클 수 있다면, 이를 나타내는 데에는 몇 개의 연속된 바이트들이 필요한가?

3. [02] 다음에 대한 부분 필드 명세 L:R을 말하라: (a) 주소 필드, (b) 색인 필드, (c) 필드 필드, (d) MIX 명령의 연산 코드 필드.

[+] [옮긴이 주] 2진수의 bit와 비슷하게, 3진수 체계의 한 자리 숫자(값은 0, 1, 2)를 말한다.

표 1

문자 코드:

00 01 02 03 04 05 06 07 08 09 10 11 12 13 14 15 16 17 18 19 20 21 22 23 24
␣ A B C D E F G H I Δ J K L M N O P Q R Σ Π S T U

00	1	01	2	02	2	03	10
연산 없음		$rA \leftarrow rA + V$		$rA \leftarrow rA - V$		$rAX \leftarrow rA \times V$	
NOP(0)		ADD(0:5) FADD(6)		SUB(0:5) FSUB(6)		MUL(0:5) FMUL(6)	
08	2	**09**	2	**10**	2	**11**	2
$rA \leftarrow V$		$rI1 \leftarrow V$		$rI2 \leftarrow V$		$rI3 \leftarrow V$	
LDA(0:5)		LD1(0:5)		LD2(0:5)		LD3(0:5)	
16	2	**17**	2	**18**	2	**19**	2
$rA \leftarrow -V$		$rI1 \leftarrow -V$		$rI2 \leftarrow -V$		$rI3 \leftarrow -V$	
LDAN(0:5)		LD1N(0:5)		LD2N(0:5)		LD3N(0:5)	
24	2	**25**	2	**26**	2	**27**	2
$M(F) \leftarrow rA$		$M(F) \leftarrow rI1$		$M(F) \leftarrow rI2$		$M(F) \leftarrow rI3$	
STA(0:5)		ST1(0:5)		ST2(0:5)		ST3(0:5)	
32	2	**33**	2	**34**	1	**35**	1 + T
$M(F) \leftarrow rJ$		$M(F) \leftarrow 0$		유닛 F 사용중?		유닛 F 제어	
STJ(0:2)		STZ(0:5)		JBUS(0)		IOC(0)	
40	1	**41**	1	**42**	1	**43**	1
$rA:0$, 점프		$rI1:0$, 점프		$rI2:0$, 점프		$rI3:0$, 점프	
JA[+]		J1[+]		J2[+]		J3[+]	
48	1	**49**	1	**50**	1	**51**	1
$rA \leftarrow [rA]? \pm M$		$rI1 \leftarrow [rI1]? \pm M$		$rI2 \leftarrow [rI2]? \pm M$		$rI3 \leftarrow [rI3]? \pm M$	
INCA(0) DECA(1) ENTA(2) ENNA(3)		INC1(0) DEC1(1) ENT1(2) ENN1(3)		INC2(0) DEC2(1) ENT2(2) ENN2(3)		INC3(0) DEC3(1) ENT3(2) ENN3(3)	
56	2	**57**	2	**58**	2	**59**	2
$CI \leftarrow rA(F):V$		$CI \leftarrow rI1(F):V$		$CI \leftarrow rI2(F):V$		$CI \leftarrow rI3(F):V$	
CMPA(0:5) FCMP(6)		CMP1(0:5)		CMP2(0:5)		CMP3(0:5)	

일반적 형태:

C	t
설명	
OP(F)	

C = 연산 코드, 명령의 (5:5) 필드
F = 연산 변종, 명령의 (4:4) 필드
M = 색인 적용 후의 명령 주소
V = M(F) = 장소 M의 필드 F의 내용
OP = 연산의 기호 이름
(F) = 정규 F 설정
t = 수행 시간, T = 대기 시간

25	26	27	28	29	30	31	32	33	34	35	36	37	38	39	40	41	42	43	44	45	46	47	48	49	50	51	52	53	54	55
V	W	X	Y	Z	0	1	2	3	4	5	6	7	8	9	.	,	(	)	+	-	*	/	=	$	<	>	@	;	:	'

04	12	05	10	06	2	07	1 + 2F
$rA \leftarrow rAX/V$ $rA \leftarrow$ 나머지 DIV(0:5) FDIV(6)		특수 NUM(0) CHAR(1) HLT(2)		M 바이트 자리이동 SLA(0) SRA(1) SLAX(2) SRAX(3) SLC(4) SRC(5)		M에서 F개 워드를 rI1로 이동 MOVE(1)	
12	2	**13**	2	**14**	2	**15**	2
$rI4 \leftarrow V$ LD4(0:5)		$rI5 \leftarrow V$ LD5(0:5)		$rI6 \leftarrow V$ LD6(0:5)		$rX \leftarrow V$ LDX(0:5)	
20	2	**21**	2	**22**	2	**23**	2
$rI4 \leftarrow -V$ LD4N(0:5)		$rI5 \leftarrow -V$ LD5N(0:5)		$rI6 \leftarrow -V$ LD6N(0:5)		$rX \leftarrow -V$ LDXN(0:5)	
28	2	**29**	2	**30**	2	**31**	2
$M(F) \leftarrow rI4$ ST4(0:5)		$M(F) \leftarrow rI5$ ST5(0:5)		$M(F) \leftarrow rI6$ ST6(0:5)		$M(F) \leftarrow rX$ STX(0:5)	
36	1 + T	**37**	1 + T	**38**	1	**39**	1
유닛 F 입력 IN(0)		유닛 F 출력 OUT(0)		유닛 F 사용중? JRED(0)		점프 JMP(0) JSJ(1) JOV(2) JNOV(3) 아래 [*]도 해당	
44	1	**45**	1	**46**	1	**47**	1
$rI4 : 0$, 점프 J4[+]		$rI5 : 0$, 점프 J5[+]		$rI6 : 0$, 점프 J6[+]		$rX : 0$, 점프 JX[+]	
52	1	**53**	1	**54**	1	**55**	1
$rI4 \leftarrow [rI4]? \pm M$ INC4(0) DEC4(1) ENT4(2) ENN4(3)		$rI5 \leftarrow [rI5]? \pm M$ INC5(0) DEC5(1) ENT5(2) ENN5(3)		$rI6 \leftarrow [rI6]? \pm M$ INC6(0) DEC6(1) ENT6(2) ENN6(3)		$rX \leftarrow [rX]? \pm M$ INCX(0) DECX(1) ENTX(2) ENNX(3)	
60	2	**61**	2	**62**	2	**63**	2
$CI \leftarrow rI4(F) : V$ CMP4(0:5)		$CI \leftarrow rI5(F) : V$ CMP5(0:5)		$CI \leftarrow rI6(F) : V$ CMP6(0:5)		$CI \leftarrow rX(F) : V$ CMPX(0:5)	

rA = 레지스터 A
rX = 레지스터 X
rAX = 레지스터 A와 레지스터 X로 된 하나의 단위
rIi = 색인 레지스터 i, $1 \le i \le 6$
rJ = 레지스터 J
CI = 비교 지시자

[*]:		[+]:	
JL(4)	<	N(0)	
JE(5)	=	Z(1)	
JG(6)	>	P(2)	
JGE(7)	≥	NN(3)	
JNE(8)	≠	NZ(4)	
JLE(9)	≤	NP(5)	

4. [00] 본문의 (5)의 마지막 예는 "LDA -2000,4"이다. 메모리 주소가 음이 될 수 없는 상황에서 이런 명령이 어떻게 유효할까?

5. [10] 본문의 (6)이 하나의 MIX 명령이라고 할 때, (4)를 (6)처럼 표현해 보라.

▶ **6.** [10] 장소 3000이 다음을 담고 있다고 하자.

+	5	1	200	15

다음 명령의 결과는 무엇인가? (결과가 정의되지 않거나 부분적으로만 정의되는 경우에는 그 사실을 밝힐 것.) (a) LDAN 3000 (b) LD2N 3000(3:4) (c) LDX 3000(1:3) (d) LD6 3000 (e) LDXN 3000(0:0)

7. [M15] 위넘침이 발생하지 않는 모든 경우들에서, DIV 명령의 결과를 대수 연산 $X \bmod Y$와 $\lfloor X/Y \rfloor$를 이용해서 정확히 정의하라.

8. [15] 170쪽에 나온 DIV 명령의 마지막 예에서 "이전 rX"는 | + | 1235 | 0 | 3 | 1 | 이다. 만일 이것이 | - | 1234 | 0 | 3 | 1 | 이었다면(다른 부분은 변함없음) DIV 명령이 수행된 후의 레지스터 A와 X의 내용은 무엇이 될까?

▶ **9.** [15] 위넘침 토글에 영향을 줄 수 있는 모든 MIX 연산자들을 나열하라. (부동소수점 연산자들은 포함시키지 말 것.)

10. [15] 비교 지시자에 영향을 줄 수 있는 모든 MIX 연산자들을 나열하라.

▶ **11.** [15] rI1의 설정에 영향을 줄 수 있는 모든 MIX 연산자들을 나열하라.

12. [10] rI3의 현재 내용에 2를 곱하고 그 결과를 rI3에 남겨두는 효과를 내는 하나의 명령을 찾아라.

▶ **13.** [10] 장소 1000에 명령 "JOV 1001"이 들어 있다고 하자. 이 명령은 위넘침 토글이 켜져 있으면 그것을 끈다(그리고 다음에 실행될 명령은 위넘침 토글과 무관하게 장소 1001의 것이다). 만일 이 명령이 "JNOV 1001"로 바뀌었다면, 달라지는 것이 있을까?(또는 어떻게 달라질까?) 그리고 "JOV 1000"이나 "JNOV 1000"으로 바꾼다면 어떨까?

14. [20] 각 MIX 연산에 대해, 그 명령의 결과가 NOP와 정확히 동일하게(단, 수행 시간이 더 긴 것은 예외) 되도록 하려면 ±AA, I, F를 어떻게 설정해야 할지 생각해 보라. 모든 레지스터나 메모리 장소의 내용에 대해 어떤 것도 알지 못한다고 가정할 것. NOP 효과를 낼 수 있는 경우는 그 구체적인 방법을 말하라. 예: INCA의 경우 주소와 색인 부분이 0이면 무연산이다. JMP는 rJ에 영향을 미치므로 결코 무연산이 될 수 없다.

15. [10] 타자기 또는 종이 테이프 블록 하나에 들어가는 영수문자 개수는 몇인가? 카드 판독기 블록이나 카드 펀치 블록 하나의 경우에는 몇인가? 라인 프린터 블록 하나에서는?

16. [20] 메모리의 0000–0099칸들을 모두 0으로 설정하는 (a) 최대한 짧은 프로그램과 (b) 최대한 빠른 프로그램을 작성하라. [힌트: MOVE 명령을 고려할 것.]

17. [26] 연습문제 16과 같으나, 0000–0099가 아니라 0000에서 N까지의 장소들을 0으로 채우는

(a)와 (b)를 작성하라. 여기서 N은 rI2의 현재 내용이다. (a)와 (b)는 $0 \le N \le 2999$인 임의의 N에 대해 작동해야 한다. 프로그램 자체는 장소 3000부터 시작해야 한다.

▶ **18.** 〔22〕 다음의 "넘버 원" 프로그램을 수행했을 때 레지스터들과 토글, 지시자, 메모리에 생기는 변화를 예측하라. (예를 들어 rI1의 최종 설정은 무엇인가? rX의 최종 설정은? 위넘침과 비교 지시자는 어떠한가?)

```
STZ    1
ENNX   1
STX    1(0:1)
SLAX   1
ENNA   1
INCX   1
ENT1   1
SRC    1
ADD    1
DEC1  -1
STZ    1
CMPA   1
MOVE  -1,1(1)
NUM    1
CHAR   1
HLT    1
```

▶ **19.** 〔14〕 연습문제 18에 나온 프로그램의 수행 시간은 얼마인가? (단, HLT 명령은 제외할 것.)

20. 〔20〕 4000개의 메모리 칸 전체를 "HLT" 명령에 해당하는 값으로 설정하고 실행을 멈추는 프로그램을 작성하라.

▶ **21.** 〔24〕 (a) J 레지스터가 0이 되는 일이 과연 있을까? (b) rI4에 N이라는 수가 들어 있다고 할 때(단 $0 < N \le 3000$으로 가정한다), 레지스터 J를 N과 같게 설정하는 프로그램을 작성하라. 프로그램의 수행이 끝났을 때, 모든 메모리 칸의 내용이 수행 전과 비교해 변하지 않았어야 한다.

▶ **22.** 〔28〕 장소 2000에 어떤 정수 X가 들어 있다. X^{13}을 계산하고 그 결과를 레지스터 A에 남겨둔 채로 종료하는 프로그램을 두 개 작성하라. 하나는 사용하는 MIX 메모리 장소들의 수가 최소이어야 하며, 또 하나는 수행 시간이 가능한 한 최소이어야 한다. X^{13} 값은 하나의 워드를 넘지 않는다고 가정한다.

23. 〔27〕 장소 0200에 다음과 같은 워드가 들어 있다.

$$+ \boxed{a} \boxed{b} \boxed{c} \boxed{d} \boxed{e} \, .$$

이로부터 다음과 같은 "뒤집힌" 워드를 계산하고,

$$+ \boxed{e} \boxed{d} \boxed{c} \boxed{b} \boxed{a}$$

그것을 레지스터 A에 남겨둔 채로 종료하는 프로그램을 두 개 작성하라. 한 프로그램은 MIX의 단어 부분 필드 적재, 저장 능력을 사용하지 말아야 한다. 두 프로그램 모두, 주어진 조건 하에서 사용하는 메모리 장소 개수(프로그램이 사용하는 장소들과 중간 결과를 위한 임시 장소까지 모두 포함해서)를 최소로 해야 한다.

24. [21] 레지스터 A와 X에 각각

$$\boxed{+\;0\;a\;b\;c\;d}\quad\text{와}\quad\boxed{+\;e\;f\;g\;h\;i}$$

가 들어 있다고 가정하고, 이 레지스터들의 내용을 각각

$$\boxed{+\;a\;b\;c\;d\;e}\quad\text{와}\quad\boxed{+\;0\;f\;g\;h\;i}$$

로 변경하는 프로그램 두 개를 작성하라. 각각 (a) 최소의 메모리 공간과 (b) 최소의 수행 시간을 사용해야 한다.

▶ **25.** [30] MIX의 제조사가 좀 더 강력한 컴퓨터("Mixmaster"?)를 내놓기로 했다. 투자를 유치하기 위해서는 새 컴퓨터가 현재 MIX 컴퓨터를 가진 사람들을 최대한 만족시킬 수 있어야 한다. 그래서 새 컴퓨터를 MIX의 한 확장(extension)이 되도록 설계하고자 한다. 여기서 MIX의 확장이라는 것은, MIX에서 제대로 돌아가도록 작성된 모든 프로그램이 코드를 고치지 않고도 새 컴퓨터에서 돌아가야 한다는 의미이다. 이런 조건을 만족하는 확장에 집어넣으면 좋을 것들을 제시하라. (예를 들어 한 명령의 I 필드를 좀 더 잘 활용할 수 있게 만들 수 있을까?)

▶ **26.** [32] 이 문제는 카드 적재 루틴을 작성하는 것이다. 모든 컴퓨터는 각자 독특한 "부트스트래핑"(bootstrapping)[†] 문제, 즉 정보를 최초로 컴퓨터 안에 집어넣고 작업이 제대로 시작되도록 하는 문제를 가지고 있다. MIX의 경우 카드에서는 오직 문자 코드만을 읽을 수 있고, 적재 프로그램 자체를 담고 있는 카드 역시 그런 제약을 만족해야 한다. 카드로부터 모든 가능한 바이트 값들을 읽을 수는 없으며, 카드로부터 읽은 각 워드의 부호는 양(+)이다.

   MIX에는 본문에서 설명하지 않은 한 가지 기능이 있는데, 바로 "GO 버튼"이다. 이것은 컴퓨터를 맨 처음부터 시작하는 데 쓰이는 것으로, 시작 시 메모리에는 정의되지 않은 임의의 정보가 들어 있다. 컴퓨터 운영자가 이 버튼을 누르면 다음과 같은 행동들이 일어난다.

   1) 하나의 카드를 장소 0000-0015로 읽어 들인다. 이것은 본질적으로 명령 "IN 0(16)"과 동등하다.
   2) 카드 읽기가 완료되고 카드가 더 이상 사용중 상태가 아니면, 장소 0000으로의 JMP가 일어난다. J 레지스터 역시 0으로 설정된다.

[†] [옮긴이 주] bootstrap은 말 그대로 구두끈(좀 더 정확하게는 장화의 끈)이다. 아무 것도 들어 있지 않은 컴퓨터가 최초로 뭔가 의미 있는 일을 시작하게 하는 것이 마치 물에 빠진 사람이 자기의 구두끈을 잡아 올려서 몸을 위로 끌어올리려는 시도와 비슷하다는 점에서 이런 용어가 생겼다고 한다("Bootstrapping," *Wikipedia, The Free Encyclopedia*, 2006년 1월, 〈http://en.wikipedia.org/wiki/Bootstrapping〉.) 요즘은 끈은 사라지고 장화만 남아서 부트, 부팅으로만 쓰이는 경우가 많다.

3) 이제 컴퓨터는 카드로부터 읽은 프로그램을 수행한다.

참고: 카드 판독기가 없는 MIX 컴퓨터의 경우에는 다른 입력장치에 GO 버튼이 달려 있다. 그러나 이 문제에서는 카드 판독기(유닛 16)가 존재한다고 가정한다.

작성할 적재 루틴은 다음과 같은 조건들을 만족해야 한다.

i) 입력 카드 더미의 최초의 카드는 적재 루틴을 담은 것이어야 하며, 그 다음 카드들은 적재할 수치들을 담은 정보 카드들이어야 한다. 그 다음은 적재 루틴을 종료하고 프로그램의 시작으로 점프하는 "전송 카드"이어야 한다. 적재 루틴은 카드 두 장에 들어갈 수 있어야 한다.

ii) 정보 카드들은 다음과 같은 형태이다.

> 1-5열: 적재 루틴은 이 열들을 무시한다.
>
> 6열: 이 카드에서 읽어 들일 연속된 워드들의 개수(1에서 7까지).
>
> 7-10열: 워드 1의 장소. 항상 100보다 크다(적재 루틴과 겹치지 않도록).
>
> 11-20: 워드 1.
>
> 21-30: 워드 2(6열 $\geq$ 2일 때).
>
> ...
>
> 71-80: 워드 7(6열 = 7일 때).

워드 1, 2, ...는 10진수 형태로 수치적으로 편칭되어 있다. 워드가 음수이면 최하위 자릿수(즉 20열) 위에 마이너스("11편치")가 겹쳐서 편칭된다. 이 때문에 문자 코드 입력은 30, 31, 32, ..., 39가 아니라 10, 11, 12, ..., 19가 된다. 예를 들어 카드 1-40열에 다음이 편칭되어 있다고 하면,

$$\text{ABCDE310000123456789000000000100000001}\overline{0}$$

다음과 같은 자료가 적재되어야 한다.

$$1000: \ +0123456789; \quad 1001: \ +0000000001; \quad 1002: \ -0000000100.$$

iii) 전송 카드의 1-10열은 TRANS0nnnn 형태로, 여기서 nnnn은 수행이 시작될 장소이다.

iv) 적재 루틴은 적재 루틴을 담은 카드를 변경하지 않고도 모든 바이트 크기에서 작동할 수 있어야 한다. 모든 카드는 바이트 20, 21, 48, 49, 50, ...에 해당하는 문자들(즉 Σ, Π, =, $\$$, <, ...) 중 그 어떤 것도 담고 있으면 안 된다. 모든 카드 판독기는 이런 문자들을 읽을 수 없기 때문이다. 좀 더 구체적으로 말하자면, 적재 루틴에서 ENT, INC, CMP 명령은 사용할 수 없다. 그 명령들을 카드에 제대로 편칭할 수 있다는 보장이 없다.

1.3.2. MIX 어셈블리 언어

기호적인 언어를 이용하면 MIX 프로그램을 읽고 쓰기가 훨씬 더 쉬워진다. 프로그래머는 종종 불필요한 실수의 근원이 되는, 지루한 단순노동적 세부사항에 신경을 쓰지 않아도 된다. 이번 절에서 이야기할 MIXAL("MIX Assembly Language")가 바로 그러한 언어이다. 이것은 1.3.1절에서 사용한 표기법

의 한 확장에 해당한다. 주된 특징은 수치나 장소 필드에 알파벳 이름을 부여하고 명령에서 그런 기호적 이름을 사용할 수 있다는 점이다.

그럼 MIXAL을 이해하는 데 도움이 될 만한 간단한 예를 먼저 살펴보자. 다음 코드는 좀 더 큰 프로그램의 일부로, n개의 원소 $X[1], ..., X[n]$에서 최대값을 찾는 서브루틴이다. 알고리즘 1.2.10을 MIX 프로그램으로 구현한 것에 해당한다.

프로그램 M (최대값 찾기). 레지스터 배정: rA $\equiv m$, rI1 $\equiv n$, rI2 $\equiv j$, rI3 $\equiv k$, X[i] $\equiv$ CONTENTS$(X+i)$.

어셈블된 명령						줄번호	LOC	OP	ADDRESS	횟수	설명
						01	X	EQU	1000		
						02		ORIG	3000		
3000:	+	3009	0	2	32	03	MAXIMUM	STJ	EXIT	1	서브루틴 연결.
3001:	+	0	1	2	51	04	INIT	ENT3	0,1	1	*M1. 초기화.* $k \leftarrow n$.
3002:	+	3005	0	0	39	05		JMP	CHANGEM	1	$j \leftarrow n$, $m \leftarrow X[n]$, $k \leftarrow n-1$.
3003:	+	1000	3	5	56	06	LOOP	CMPA	X,3	$n-1$	*M3. 비교*
3004:	+	3007	0	7	39	07		JGE	*+3	$n-1$	만일 $m \geq X[k]$이면 M5로.
3005:	+	0	3	2	50	08	CHANGEM	ENT2	0,3	$A+1$	*M4. m을 변경.* $j \leftarrow k$.
3006:	+	1000	3	5	08	09		LDA	X,3	$A+1$	$m \leftarrow X[k]$.
3007:	+	1	0	1	51	10		DEC3	1	n	*M5. k를 감소.*
3008:	+	3003	0	2	43	11		J3P	LOOP	n	*M2. 모두 검사했는가?* $k > 0$이면 M3으로.
3009:	+	3009	0	0	39	12	EXIT	JMP	*	1	주 프로그램으로 복귀. ∎

이 프로그램은 다음의 여러 사항들을 잘 보여준다.

a) 주되게 살펴볼 것은 "LOC", "OP", "ADDRESS" 열들이다. 이들은 MIXAL 기호적 기계어들로 된 하나의 어셈블리 프로그램을 구성한다. 이들에 대해서는 잠시 후에 본격적으로 이야기하겠다.

b) "어셈블된 명령" 열은 MIXAL 프로그램에 해당하는 실제 수치적 기계어이다. MIXAL은 그 어떤 MIXAL 프로그램이라도 수치 기계어로 쉽게 번역(translation)할 수 있도록 설계된 언어이다. 일반적으로 그러한 번역은 어셈블리 프로그램(assembly program) 또는 어셈블러(assembler)라고 하는 또 다른 컴퓨터 프로그램이 수행한다. 따라서 프로그래머는 그냥 MIXAL로 기계어 프로그래밍만 하고, 그것을 수치 코드로 바꾸는 일은 손으로 직접 해줄 필요 없이 프로그램에게 맡기면 된다. 이 책의 거의 모든 MIX 프로그램들은 이 MIXAL로 작성한 것이다.

c) "줄번호" 열은 MIXAL 프로그램에 실제로 속하는 것이 아니고, 단지 MIXAL 예제의 설명에서 프로그램의 일부를 수월하게 언급하기 위한 것일 뿐이다.

d) "설명" 열은 프로그램에 대한 설명 정보를 제공하는 것으로, 위의 경우 알고리즘 1.2.10M의 단계들이 참조되어 있다. 독자는 이 프로그램과 그 알고리즘(131쪽)을 비교해 보아야 한다. 알고리즘을 MIX 코드로 옮기는 과정에서 약간의 "프로그래머 자격증"† 이 쓰였음을 주목하자. 예를 들면 단계

---

† 〔옮긴이 주〕 어떠한 알고리즘을 구현할 때, 프로그래머가 알고리즘의 세부 사항을 필요에 따라 변경할 수 있는 여지를 의미하는 것이다.

M2가 마지막 부분으로 옮겨졌다. 프로그램 M 시작 부분의 "레지스터 배정"은 알고리즘의 변수들이
MIX의 어떤 레지스터들에 해당하는지를 알려준다.

e) "횟수" 열은 이 책에서 살펴볼 많은 MIX 프로그램들에서 중요한 정보이다. 이 열에 나온 것은
프로그램이 실행되는 전반적인 과정에서 해당 줄이 몇 번이나 실행되었는지를 의미한다. 이런 정보를
프로파일(profile)이라고도 한다. 예를 들어 줄 6은 $n-1$번 수행된다. 이 정보로부터 프로그램을
수행하는 데 필요한 시간을 결정할 수 있다. 이 서브루틴의 경우는 $(5+5n+3A)u$로, A는 1.2.10에
서 세세히 분석했던 수량이다.

그럼 프로그램 M의 MIXAL 부분을 좀 더 자세히 살펴보자. 줄 01의

X EQU 1000

은 기호 X와 수 1000이 동치(equivalent)임을 뜻한다. 이것은 줄 06의 "CMPA X,3"에서 실제로 쓰인
다. 이 명령의 수치적 표현은 다음과 같으며,

+	1000	3	5	56

이는 곧 "CMPA 1000,3"이다.

줄 02는 이후의 줄들이 3000부터 차례로 증가함을 의미한다. 따라서 줄 03의 LOC 필드에 있는
기호 MIXIMUM은 수 3000과 동치가 되고, INIT은 3001, LOOP는 3003이 된다.

줄 03에서 12까지의 OP 열에는 MIX 명령의 기호 이름들이 있다. STJ, ENT3 등이 바로 그것이다.
그런데 줄 01과 02의 OP 열에 있는 EQU와 ORIG는 좀 다르다. EQU와 ORIG는 MIX에는 없는 MIXAL만
의 연산자들로, 이런 것들을 유사연산(pseudo-operation)이라고 부른다. 유사연산은 기호적 프로그
램에 대한 특별한 정보를 제공하며, 프로그램 자체의 명령이 되지는 않는다. 예를 들어 줄 01의

X EQU 1000

은 프로그램 M에 관한 정보일 뿐, 프로그램이 실행될 때 어떤 변수에 1000을 설정하라는 명령은
아니다. 줄 01과 02에 대해서는 어떠한 명령도 어셈블되지 않음을 주의할 것.

줄 03의 STJ는 "J 저장(store J)"에 해당한다. 줄 03의 명령 전체는 레지스터 J의 내용을 장소
EXIT의 (0:2) 필드에 저장한다. 다른 말로 하면, rJ를 줄 12에 있는 명령의 주소 부분에 저장하는
것이다.

앞에서 언급했듯이, 프로그램 M은 좀 더 큰 프로그램의 일부로 작성된 것이다. 그 프로그램의
어딘가에는 예를 들어 다음과 같은 명령열이 존재할 것이다.

```
ENT1    100
JMP     MAXIMUM
STA     MAX
```

이것은 n을 100으로 설정하고 프로그램 M으로 점프하는 것에 해당한다. 그러면 프로그램 M은
$X[1]$, ..., $X[100]$의 최대값을 찾고, 그 최대값을 rA에, 최대값 위치 j를 rI2에 저장해 둔 상태로

"STA MAX" 명령으로 돌아온다. (연습문제 3 참고.)

줄 05는 제어의 흐름을 줄 08로 점프시킨다. 줄 04, 05, 06에 대해서는 더 이상의 설명이 필요 없을 것이다. 줄 07에 새로운 표기법이 나오는데, 별표(*, asterisk)는 자신(self)이라고 읽으며 현재 명령이 있는 메모리 장소를 의미한다. "*+3"("자신 더하기 3")은 현재 줄에서 세 장소를 지난 위치이다. 줄 07은 장소 3004에 해당하고, 따라서 줄 07의 "*+3"은 장소 3007을 의미한다.

나머지 기호 코드들은 자명하다. 별표는 줄 12에 또 나온다(연습문제 2 참고).

다음은 어셈블리 언어의 특징을 좀 더 보여주는 또 다른 예이다. 이번 프로그램의 목표는 처음 500개의 소수들을 계산하고 그것을 한 열에 50개씩 표 형태로 출력하는 것이다. 라인 프린터로 출력한 소수표는 다음과 같은 모습이다.

```
FIRST FIVE HUNDRED PRIMES
    0002 0233 0547 0877 1229 1597 1993 2371 2749 3187
    0003 0239 0557 0881 1231 1601 1997 2377 2753 3191
    0005 0241 0563 0883 1237 1607 1999 2381 2767 3203
    0007 0251 0569 0887 1249 1609 2003 2383 2777 3209
    0011 0257 0571 0907 1259 1613 2011 2389 2789 3217
     ⋮
    0229 0541 0863 1223 1583 1987 2357 2741 3181 3571
```

사용할 알고리즘은 다음과 같다.

알고리즘 P (소수 500개짜리 표를 출력한다). 이 알고리즘은 두 부분으로 나뉜다. 단계 P1–P8은 소수 500개를 찾고 그것들을 내부 표(테이블)에 저장한다. 단계 P9–P11은 소수들을 위에 나온 표 형태로 출력한다. 후반부에서는 표의 각 행을 출력하기 위해 두 개의 "버퍼(buffer)"를 번갈아 사용한다. 하나는 출력할 소수들을 담으며, 또 하나는 그것들을 적절한 서식으로 포매팅한 결과를 담는다.

P1. 〔표를 시작.〕 PRIME[1] ← 2, N ← 3, J ← 1로 설정한다. (다음 단계들에서 N은 소수의 후보가 될 홀수들을 차례로 거친다. J는 그때까지 발견한 소수의 개수를 담게 된다.)

P2. 〔N은 소수.〕 J ← J + 1, PRIME[J] ← N으로 설정한다.

P3. 〔500개를 찾았는가?〕 만일 J = 500이면 단계 P9로 간다.

P4. 〔다음 N으로 넘어간다.〕 N ← N + 2로 설정한다.

P5. 〔K ← 2.〕 K ← 2로 설정한다. (PRIME[K]는 가망 있는 N의 소인수들을 차례로 거친다.)

P6. 〔PRIME[K]\N?〕 N을 PRIME[K]로 나눈다. 그 몫을 Q, 나머지를 R로 둔다. 만일 R = 0이면(따라서 N이 소수가 아니면) P4로 간다.)

P7. 〔PRIME[K]가 큰가?〕 만일 Q ≤ PRIME[K]이면 P2로 간다. (그런 경우 N은 반드시 소수이다. 이 사실에 대한 증명은 흥미로우면서도 다소 유별나다. 연습문제 6 참고.)

P8. 〔다음 K로 넘어간다.〕 K를 1 증가하고 P6으로 간다.

P9. 〔제목 출력.〕이제 표를 출력할 준비가 되었다. 프린터를 다음 페이지로 넘긴다. BUFFER[0]을 제목줄로 설정하고 그 줄을 출력한다. B ← 1, M ← 1로 설정한다.

P10. 〔행 설정.〕PRIME[M], PRIME[50 + M], ..., PRIME[450 + M]을 BUFFER[B]에 적절한 서식으로 집어넣는다.

P11. 〔행 출력.〕BUFFER[B]를 출력한다; B ← 1 − B로 설정한다(따라서 다른 버퍼로 전환된다). M을 1 증가시킨다. 만일 M ≤ 50이면 P10으로 돌아간다. 그렇지 않으면 알고리즘을 종료한다. ∎

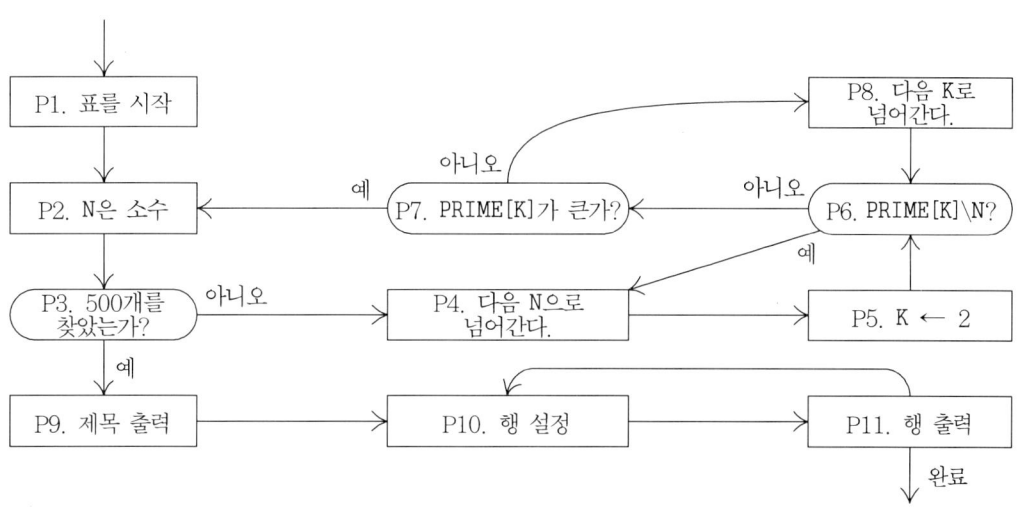

그림 14. 알고리즘 P.

프로그램 P (소수 500개짜리 표를 출력한다). 이 프로그램은 약간 지저분한 형태인데, MIXAL의 기능들 대부분을 하나의 프로그램으로 보여주기 위해서 일부러 그렇게 한 것이다. 이 프로그램에서 rI1 ≡ J − 500, rI2 ≡ N, rI3 ≡ K이고 rI4는 B를 가리킨다. rI5는 M 더하기 50의 배수이다.

```
01    * EXAMPLE PROGRAM  ...  TABLE OF PRIMES
02    *
03    L        EQU   500              찾을 소수 개수
04    PRINTER  EQU   18               라인 프린터의 유닛 번호
05    PRIME    EQU   -1               소수 테이블을 위한 메모리 영역
06    BUF0     EQU   2000             BUFFER[0]을 위한 메모리 영역
07    BUF1     EQU   BUF0+25          BUFFER[1]을 위한 메모리 영역
08             ORIG  3000
09    START    IOC   0(PRINTER)       새 페이지로 넘긴다.
10             LD1   =1-L=            P1. 표 시작. J ← 1.
11             LD2   =3=                N ← 3.
12    2H       INC1  1                P2. N은 소수. J ← J + 1.
13             ST2   PRIME+L,1          PRIME[J] ← N.
```

14		J1Z	2F	*P3. 500개를 찾았는가?*
15	4H	INC2	2	*P4. 다음 N으로 넘어간다.*
16		ENT3	2	*P5. K ← 2.*
17	6H	ENTA	0	*P6. PRIME[K]\N?*
18		ENTX	0,2	rAX ← N.
19		DIV	PRIME,3	rA ← Q. rX ← R.
20		JXZ	4B	만일 R = 0이면 P4로.
21		CMPA	PRIME,3	*P7. PRIME[K]가 큰가?*
22		INC3	1	*P8. 다음 K로 넘어간다.*
23		JG	6B	만일 Q > PRIME[K]이면 P6으로.
24		JMP	2B	그렇지 않으면 N은 소수이다.
25	2H	OUT	TITLE(PRINTER)	*P9. 제목 출력.*
26		ENT4	BUF1+10	B ← 1로 설정.
27		ENT5	-50	M ← 0으로 설정.
28	2H	INC5	L+1	M 증가.
29	4H	LDA	PRIME,5	*P10. 행 설정.* (오른쪽에서 왼쪽으로)
30		CHAR		PRIME[M]을 10진수로 변환.
31		STX	0,4(1:4)	
32		DEC4	1	
33		DEC5	50	(rI5는 양이 아니게 될 때까지
34		J5P	4B	50씩 감소한다.)
35		OUT	0,4(PRINTER)	*P11. 행 출력.*
36		LD4	24,4	버퍼 교환.
37		J5N	2B	만일 rI5 = 0이면 다 끝난 것이다.
38		HLT		
39		* INITIAL CONTENTS OF TABLES AND BUFFERS		
40		ORIG	PRIME+1	
41		CON	2	첫째 소수는 2.
42		ORIG	BUF0-5	
43	TITLE	ALF	FIRST	제목 줄의
44		ALF	⎵FIVE	알파벳 정보
45		ALF	⎵HUND	
46		ALF	RED⎵P	
47		ALF	RIMES	
48		ORIG	BUF0+24	
49		CON	BUF1+10	두 버퍼는 각자 상대 버퍼를 가리킨다.
50		ORIG	BUF1+24	
51		CON	BUF0+10	
52		END	START	루틴의 끝. ∎

이 프로그램에서 주목할 점은 다음과 같다.

1. 줄 01, 02, 39는 별표로 시작한다. 이는 그 줄이 단지 설명을 위한 "주석(comment)" 줄임을 의미한다. 주석 줄은 어셈블된 프로그램에 실질적인 영향을 전혀 미치지 않는다.†

2. 프로그램 M에서처럼, 줄 03의 유사연산 EQU는 해당 기호와 동치인 값을 설정한다. 이 경우 L은 500과 같은 것이 된다. (줄 10–24에서 L은 계산할 소수들의 개수를 나타낸다.) 줄 05에서 기호 PRIME을 음의 값으로 설정함에 주목하자. 기호의 동치로는 그 어떤 있는 5바이트 값이라도 허용된다. 줄 07의 경우에는 BUF1의 값을 설정하는 데 BUF0+25라는 계산식(결국 2025)이 쓰였다. MIXAL은 제한된 종류의 수치 산술 기능을 제공한다. 줄 13에도 PRIME+L(이 경우 499)이 있다. 이런 것들은 어셈블리 프로그램이 계산한다.

3. 기호 PRINTER는 줄 25와 35의 F 부분에 쓰였다. F 부분은 괄호로 감싸는데, 그 안에는 수치나 기호 모두 사용할 수 있다. ADDRESS 필드의 다른 부분들 역시 마찬가지이다. 필드 명세는 괄호와 콜론(:)을 사용해서 지정한다. 줄 31의 "(1:4)"가 그런 예이다.

4. MIXAL은 비 명령 워드를 지정하는 여러 가지 방법을 제공한다. 줄 41은 유사연산 CON을 이용해서 보통의 상수 "2"를 지정한다. 줄 41은 다음과 같은 워드를 어셈블하는 결과를 낸다.

줄 49는 좀 더 복잡한 상수 "BUF1+10"을 보여주는데, 이것은 다음과 같은 워드로 어셈블된다.

상수를 등호(＝)로 감싸기도 하는데, 그런 상수를 리터럴 상수(literal constant)라고 부른다(줄 10과 11 참고). 그런 리터럴 상수에 대해 어셈블러는 자동적으로 내부적인 이름을 생성하고 적절한 "CON" 줄을 삽입한다. 예를 들어 어셈블러는 어셈블리 과정에서 프로그램 P의 줄 10과 11을 다음과 같은 줄들로 변환하고,

10		LD1	con1
11		LD2	con2

프로그램 끝의 줄 51과 52 사이에 다음과 같은 줄들을 삽입한다.

51a	con1	CON	1−L
51b	con2	CON	3

줄 51a는 다음과 같은 워드로 어셈블된다.

−				499

리터럴 상수는 매우 편리한 기능으로, 이것이 없다면 프로그래머는 사소한 상수들에 대해 매번 기호 이름을 만들어내야 하며 매 프로그램 끝에 상수들을 삽입해야 한다. 리터럴 상수를 이용하면 프로그래

---

† 〔옮긴이 주〕 프로그램 옆에 자세한 설명이 붙어 있으므로 주석은 굳이 번역하지 않았다.

머는 그런 반복적인 일에 신경 쓰지 않고 중심적인 문제에 집중할 수 있다. (그러나 프로그램 P의 리터럴 상수들이 특별히 좋은 용례인 것은 아니다. 왜냐하면, 줄 10과 11을 좀 더 효율적인 명령인 "ENT1 1-L"과 "ENT2 3"으로 바꿔서 약간 더 나은 프로그램을 만들 수 있기 때문이다.)

5. 좋은 어셈블리 언어는 프로그래머가 기계 프로그램을 생각하는 방식을 흉내내어야 한다. 이러한 원칙의 한 예가 위에서 언급한 리터럴 상수의 사용이다. 또 다른 예는 프로그램 M에서 설명한 "*"의 사용이다. 셋째 예는 줄 12, 25, 28의 장소 필드에 나오는 기호 2H 같은 지역 기호(local symbol)라는 개념이다.

지역 기호는 그와 동치인 값을 원하는 만큼 여러 번 재정의할 수 있는 특별한 기호이다. PRIME 같은 전역 기호(global symbol)는 프로그램 전체에서 하나의 의미만을 가지며, 만일 그것이 여러 줄의 장소 필드에 나타난다면 어셈블러가 오류를 보고한다. 그러나 지역 기호는 그 성질이 다르다. 예를 들어 장소 필드에서 2H("2 here; 여기가 2")라고 쓰고 어떤 MIXAL 줄의 주소 필드에 2F("2 forward; 이후 2로")나 2B("2 backward; 이전 2로")라고 쓸 수 있다. 이 때,

$$2B는 가장 가까운 이전 장소 2H,$$
$$2F는 가장 가까운 이후 장소 2H$$

를 의미한다.

따라서 줄 14의 "2F"는 줄 25를 가리키고, 줄 24의 "2B"는 줄 12를 가리킨다. 또한 줄 37의 "2B"는 줄 28을 가리킨다. 2F나 2B라는 주소가 자기 자신이 있는 줄을 가리키는 경우는 절대로 없다. 예를 들어서 다음과 같은 세 줄의 MIXAL 코드는,

```
2H      EQU    10
2H      MOVE   2F(2B)
2H      EQU    2B-3
```

본질적으로 하나의 줄 MOVE *-3(10)과 동등하다.

기호 2F나 2B를 장소 필드에 사용해선 안 된다. 기호 2H를 주소 필드에 사용해서도 안 된다. 이러한 지역 기호는 총 10개로, H(그리고 B, F) 앞에 0에서 9까지의 임의의 숫자를 사용해서 지칭하면 된다.

지역 기호 개념은 콘웨이가 1958년에 UNIVAC I용 어셈블리 프로그램과 관련해서 도입한 것이다. 지역 기호는 프로그래머가 단지 몇 줄 이전이나 이후에 있는 명령을 지칭하려 할 때에도 매번 해당 주소에 기호 이름을 붙여야 하는 번거로움을 피하게 해준다. 근처의 장소들에 붙일만한 적당한 이름이 없는 경우가 종종 생기며, 그러면 프로그래머들은 X1, X2, X3 같은 무의미한 기호들을 끌어들인다. 그러다 보면 본의 아니게 이름이 겹칠 위험도 생겨난다. 이런 점에서, 기호 이름은 어셈블리 언어에 상당히 유용하며 자연스럽다.

6. 줄 30과 38의 주소 부분이 비어 있다. 이는 어셈블된 주소가 0이 됨을 의미한다. 줄 17의 주소도 비워둘 수 있었지만, 여분의 0이 없었다면 프로그램이 좀 더 읽기 어려웠을 것이다.

7. 줄 43-47은 "ALF" 연산을 사용한다. 이 연산은 MIX 영수문자 코드로 된 5바이트짜리 상수를 만든다. 예를 들어 어셈블러는 줄 45에 대해 다음과 같은 워드를 만들어낸다.

$$+ \boxed{00}\boxed{08}\boxed{24}\boxed{15}\boxed{04}$$

이것은 프로그램 P 출력의 제목줄의 일부인 "␣HUND"에 해당한다.

그 내용을 MIXAL 프로그램이 지정하지 않은 모든 장소들은 보통 0으로 설정된다(단, 적재 루틴에 쓰이는 장소는 예외. 그 장소는 보통 3700-3999이다.) 따라서 제목 줄의 나머지 워드들(줄 47 이후의)을 일일이 설정할 필요는 없다.

8. ORIG에도 산술 계산을 사용할 수 있다. 줄 40, 42, 48에 그런 예가 나온다.

9. 완전한 MIXAL 프로그램의 마지막 줄에는 항상 OP 코드 "END"가 있다. 이 줄의 주소 필드는 프로그램이 일단 메모리에 적재된 후 수행을 시작할 장소이다.

10. 프로그램 P에 대한 마지막 사항으로, 색인 레지스터들이 0으로 감소하도록, 그리고 필요할 때마다 그것을 0과 비교하도록 명령들이 배치되어 있음에 주목하자. 예를 들어 rI1은 수량 J가 아니라 J-500을 유지한다. 줄 26-34는 특히 주목할 만하다(좀 까다롭긴 하지만).

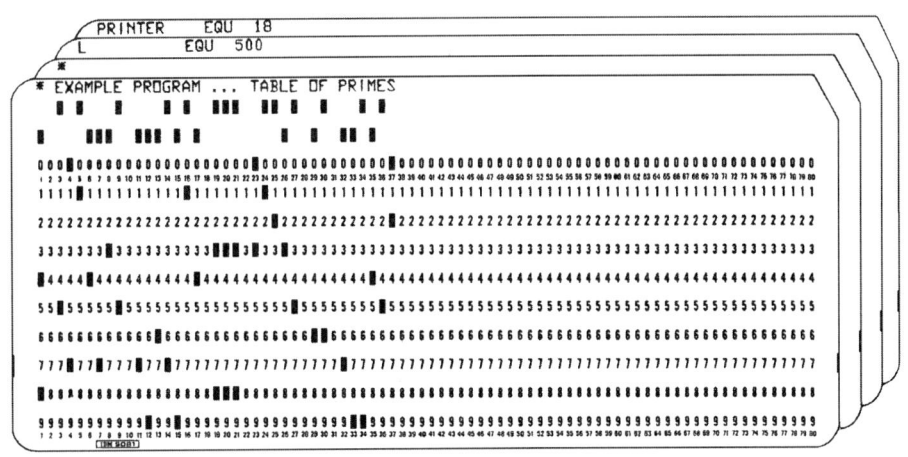

```
* EXAMPLE PROGRAM ...   TABLE OF PRIMES
*
L EQU 500
PRINTER EQU 18
PRIME EQU -1
BUF0 EQU 2000
BUF1 EQU BUF0+25
 ORIG 3000
START IOC 0(PRINTER)
 LD1 =1-L=
```

그림 15. 위는 프로그램 P의 처음 몇 행들을 펀칭한 카드들, 아래는 터미널에 입력한 코드.

프로그램 P를 실제로 실행했을 때 관찰된 몇 가지 통계치들에 주목하는 것도 흥미로울 것이다. 줄 19의 나누기 명령은 9538번 실행되었다. 줄 10-24의 수행 시간은 $182144u$였다.

그림 15에 나온 것처럼, MIXAL 프로그램은 카드에 펀칭해서 입력할 수도 있고 컴퓨터 터미널에서 입력할 수도 있다. 카드 펀칭의 경우에는 다음과 같은 형식이 쓰인다.

> 1-10열:　　LOC (location: 장소) 필드
> 12-15열:　　OP 필드
> 17-80열:　　ADDRESS 필드와 추가적인 설명
> 11,16열:　　공백

단, 1열이 별표인 경우에는 그 카드 전체가 하나의 주석으로 간주된다. ADDRESS 필드는 16열의 첫 번째 공백에서 끝나며, 그 공백 열의 오른쪽 열들에는 임의의 설명을 위한 정보를 펀칭해 넣을 수 있다. 그런 정보는 어셈블된 프로그램에 어떠한 영향도 미치지 않는다. (예외: OP 필드가 ALF인 경우 주석은 항상 22열부터 시작한다.)

터미널로 입력하는 경우는 그 형식의 제약이 좀 더 느슨하다. 한 줄에서 첫 번째 빈칸까지가 LOC 필드이고, 그 후 빈칸이 아닌 첫 번째 문자부터 다음 번 빈칸까지가 OP와 ADDRESS 필드이다(있는 경우). 그 이후부터 줄 끝까지는 추가적인 주석으로 간주된다. 한 가지 특별한 사례로, OP 코드가 ALF인 경우에는 그 다음에 빈칸 두 개가 오고 그 뒤에 다섯 자로 된 영수문자 자료가 오거나 빈칸 하나 다음에 다섯 개의 빈칸이 아닌 영수문자들이 온다. 그 이후부터 줄 끝까지는 역시 추가적인 주석으로 간주된다.

MIX 어셈블리 프로그램(어셈블러)은 이런 식으로 만들어진 입력 파일을 받고 그것을 MIX가 적재할 수 있는 형태의 기계어 프로그램으로 변환한다. 독자가 이 책의 여러 연습문제들을 풀기 위해서는 적절한 MIXAL 어셈블러와 MIX 시뮬레이터를 구할 필요가 있을 것이다.[†]

지금까지 MIXAL로 무엇을 할 수 있는지 이야기해 보았다. 그럼 규칙들을 좀 더 세심히 살펴보는 것으로 이번 절을 마무리하자. 특히 MIXAL에서 무엇이 허용되지 않는지를 살펴볼 것이다. 다음은 MIXAL 언어를 정의하는 비교적 소수의 규칙들이다.

1. 기호(symbol)는 하나에서 열 개의 영문자들과 숫자들로 이루어진 하나의 문자열로, 문자열에 영문자가 적어도 하나는 존재해야 하며 숫자는 하나도 없어도 된다. 예: PRIME, TEMP, 20BY20. 단, dH, dF, dB(여기서 d는 한 자리 숫자)는 특수한 기호들로, 앞에서 말한 "지역 기호" 관례에 따라 다른 고유한 기호들로 치환된다.

2. 수(number)는 하나에서 열 개의 숫자들로 이루어진다. 예: 00052.

3. 한 MIXAL 프로그램에서 한 기호의 각각의 출현(appearance)[††]은 "정의된 기호(defined

---

[†]〔옮긴이 주〕http://www-cs-faculty.stanford.edu/~knuth/taocp.html의 "MIXware" 부분에 몇 가지가 나열되어 있다.

symbol)"이거나 "향후 참조(future reference)"이다. 정의된 기호는 해당 **MIXAL** 프로그램의 이전 줄의 LOC 필드에 이미 나타난 적이 있는 기호를 말한다. 향후 참조는 그런 식으로 정의된 적이 없는 기호이다.

　　4. **단위 표현식**(atomic expression)은 다음 중 하나이다.

a) 하나의 수.

b) 하나의 정의된 기호(그 기호와 동치인 값을 의미한다. 규칙 13 참고).

c) 별표(⊛ 값을 의미한다. 규칙 10과 11 참고).

　　5. **표현식**(expression)은 다음 중 하나이다.

a) 하나의 단위 표현식.

b) 플러스 기호 또는 마이너스 기호 다음에 하나의 단위 표현식이 붙은 것.

c) 하나의 표현식 다음에 이항 연산자가 오고 그 다음에 하나의 단위 표현식이 붙은 것.

　　사용할 수 있는 이항 연산자는 +, -, *, /, //, :이다. 수치 **MIX** 워드에 대해 이들은 다음과 같이 정의된다.

```
C = A+B      LDA AA; ADD BB; STA CC.
C = A-B      LDA AA; SUB BB; STA CC.
C = A*B      LDA AA; MUL BB; STX CC.
C = A/B      LDA AA; SRAX 5; DIV BB; STA CC.
C = A//B     LDA AA; ENTX 0; DIV BB; STA CC.
C = A:B      LDA AA; MUL =8=; SLAX 5; ADD BB; STA CC.
```

여기서 AA, BB, CC는 해당 기호 A, B, C의 값을 담은 장소이다. 한 표현식 안의 연산들은 왼쪽에서 오른쪽 순서로 수행된다. 예:

-1+5	4와 같다.
-1+5*20/6	4*20/6과 같으며, 이는 80/6과 같으며, 이는 13과 같다(왼쪽에서 오른쪽으로 계산).
1//3	그 값이 대략 $b^5/3$인 하나의 MIX 워드와 같다. 여기서 b는 바이트 크기이다. 즉, 이것은 왼쪽에 소수점이 있다는 가정 하에서 분수 $\frac{1}{3}$을 나타내는 워드이다.
1:3	11과 같다(일반적으로 부분 필드 명세에서 쓰인다).
*-3	⊛ 빼기 3과 같다.
***	⊛ 곱하기 ⊛와 같다.

---

†† 〔옮긴이 주〕 같은 기호가 여러 번 나올 때 각각을 '출현'이라고 칭한다. 예를 들어 프로그램에서 PRIME이 1번 줄과 3번 줄에 쓰인다고 할 때, 1번 줄에 나타난 것과 3번 줄에 나타난 것은 각각 개별적인 PRIME의 '출현'들이다. 프로그램뿐만 아니라 수열, 문자열 등의 다른 경우에도 마찬가지이다. 예를 들어 문자열 HELLO에서 O 바로 앞의 L은 L의 두 번째 출현이다.

6. 하나의 A 부분(한 MIX 명령의 주소 필드를 명시하는 데 쓰인다)은 다음 중 하나이다.

a) 없음(값 0을 의미).

b) 하나의 표현식.

c) 하나의 향후 참조(결과적으로 해당 기호와 동치인 값을 의미한다. 규칙 13 참고).

d) 하나의 리터럴 상수(내부적으로 생성된 기호에 대한 참조를 의미한다. 규칙 12 참고).

7. 하나의 색인 부분(한 MIX 명령의 색인 필드를 명시하는 데 쓰인다)은 다음 중 하나이다.

a) 없음(값 0을 의미).

b) 쉼표 다음에 표현식 하나(그 표현식의 값을 의미한다).

8. 하나의 F 부분(한 MIX 명령의 F 필드를 명시하는 데 쓰인다)은 다음 중 하나이다.

a) 없음(해당 OP의 정규 F 설정을 의미한다. 표 1.3.1-1 참고).

b) 왼쪽 괄호 다음에 표현식 하나, 그 다음에 오른쪽 괄호(그 표현식의 값을 의미한다).

9. 하나의 W 값(하나의 전체 워드 MIX 상수를 명시하는 데 쓰인다)은 다음 중 하나이다.

a) 표현식 하나 다음에 하나의 F 부분(F 부분이 없는 경우에는 (0:5)를 의미).

b) 하나의 W 값 다음에 쉼표, 그 다음에 (a) 형태의 W 값 하나.

W 값은 수치적 MIX 워드의 값을 의미하는데, 그 값은 이렇게 결정된다. W 값이 "$E_1(F_1)$, $E_2(F_2)$, ..., $E_n(F_n)$" 형태라고 하자. 여기서 $n \geq 1$이며, E는 표현식, F는 필드이다. 이러한 설정 하에서, 최종적인 W 값은 다음과 같은 가상의 프로그램이 실행되었다면 메모리 장소 WVAL에 나타났을 값이다.

STZ WVAL; LDA C_1; STA WVAL(F_1); ...; LDA C_n; STA WVAL(F_n).

여기서 C_1, ..., C_n은 표현식 E_1, ..., E_n의 값들을 담고 있는 메모리 장소들이다. 각 F_i는 $8L_i + R_i$ 형태이어야 한다(여기서 $0 \leq L_i \leq R_i \leq 5$). 예:

1	은 워드	+				1
1,-1000(0:2)	는 워드	-	1000			1
-1000(0:2),1	은 워드	+				1

10. 어셈블리 공정은 ⊛(장소 카운터(location counter)라고 부른다)가 의미하는 값을 사용한다. 이 장소 카운터는 초기에는 0이며, 항상 두 바이트 안에 들어갈 수 있는 음이 아닌 값을 가져야 한다. 어떤 한 줄의 장소 필드(LOC)가 비어 있지 않은 경우, 그 필드 부분에는 이전에 정의된 적이 없는 하나의 기호가 있어야 한다. 그 기호와 동치인 값이 ⊛의 현재 값으로 정의된다.

11. 규칙 10으로 LOC 필드를 처리한 후의 어셈블리 공정은 OP 필드의 값에 따라 달라진다. 다음 여섯 가지 경우 중 하나이다.

a) OP가 하나의 기호 MIX 연산자(MIX 연산자에 대해서는 1.3.1절의 표 1 참고. 그 표에는 각

MIX 연산자의 정규 C 값과 F 설정이 정의되어 있다)인 경우 ADDRESS는 하나의 A 부분(규칙 6), 그 다음에 하나의 색인 부분(규칙 7), 그 다음에 하나의 F 부분(규칙 8)으로 이루어진다. 이제 어셈블리 공정은 C, F, A, I라는 네 가지 값을 가지게 되고, 이것들로 "LDA C; STA WORD; LDA F; STA WORD(4:4); LDA I; STA WORD(3:3); LDA A; STA WORD(0:2)"라는 명령열에 의해 결정되는 하나의 워드를 조립해서 그 워드를 ⊛가 가리키는 장소에 넣는다. 그리고 ⊛를 1 증가한다.

b) OP가 "EQU"인 경우 ADDRESS는 하나의 W 값(규칙 9)이어야 한다. LOC 필드가 비어 있지 않은 경우, 그 필드에 나온 기호는 ADDRESS에 지정된 값과 동일하게 설정된다. 이 규칙은 규칙 10보다 우선시된다. ⊛의 값은 변하지 않는다. (한 가지 자명하지 않은 예로, 다음 줄을 생각해 보자.

BYTESIZE   EQU   1(4:4)

이것은 그 값이 바이트 크기에 의존하는 기호를 정의하는 예이다. 이런 줄이 포함된 프로그램이 모든 가능한 바이트 크기에 대해 의미를 가지기만 한다면 이런 방식도 받아들일 만하다.)

c) OP가 "ORIG"인 경우 ADDRESS는 하나의 W 값(규칙 9)이어야 하며, 장소 카운터 ⊛는 그 값으로 설정된다. (규칙 10 때문에, ORIG 줄의 LOC 필드에 나온 기호와 동치인 값은 변경되기 전의 ⊛ 값임을 주의할 것. 예를 들어 다음은

TABLE   ORIG   *+100

100개의 장소들의 첫 장소를 TABLE의 동치로 설정한다.)

d) OP가 "CON"인 경우 ADDRESS는 하나의 W 값이어야 한다. 어셈블리 공정은 그 값을 가진 하나의 워드를 조립해서 ⊛가 가리키는 장소에 집어넣고 ⊛를 1 증가시킨다.

e) OP가 "ALF"인 경우 어셈블리 공정이 주소 필드의 처음 다섯 글자로 형성되는 문자 코드들로 된 워드를 조립하고, CON에서처럼 그것을 ⊛가 가리키는 장소에 집어넣고 ⊛를 1 증가시킨다.

f) OP가 "END"인 경우 ADDRESS는 하나의 W 값이어야 한다. 그 값의 (4:5) 필드는 프로그램이 시작할 명령의 위치를 가리켜야 한다. END 줄은 하나의 MIXAL 프로그램의 끝을 의미한다. 어셈블러는 모든 정의되지 않은 기호들과 리터럴 상수들에 해당하는 추가적인 줄들을 END 전에 임의의 순서로 삽입한다(규칙 12, 13 참고). 따라서 END 줄의 LOC 필드에 있는 기호는 삽입된 워드들 다음의 첫 번째 장소를 의미하게 된다.

12. 리터럴 상수: 10개 미만의 문자들로 된 W 값의 경우 두 "=" 기호로 감싸서 지정할 수 있다. 그런 값은 향후 참조로 쓰인다. 어셈블러는 내부적으로 새 기호를 만들고, 그 기호를 정의하는 하나의 CON 줄을 END 줄 바로 전에 삽입한다(프로그램 P 다음의 4번 항목 참고).

13. 모든 기호는 각자 고유하고 유일한 하나의 동치 값을 가진다. 그 동치 값은 하나의 전체 워드 MIX 수이며 보통은 LOC 줄에 나타난 기호에 의해 결정된다(규칙 10 또는 규칙 11(b)에 따라).

만일 LOC에 나타난 적이 없는 기호라면 어셈블러는 OP가 "CON", ADDRESS가 "0", 그리고 LOC가 해당 기호 이름인 줄을 END 줄 직전에 삽입한다.

참고: 이 규칙들의 가장 의미 있는 결과는 향후 참조들에 대한 제약이다. 이전의 어떤 줄의 LOC 필드에서 정의된 적이 없는 기호는 한 명령의 A 부분에서만 쓰일 수 있다. 특히, 그런 기호를 (a) 산술 연산에 관여해서 사용하거나 (b) EQU, ORIG, CON의 ADDRESS 필드에서 사용할 수는 없다. 예를 들어 다음과

```
           LDA   2F+1
```

다음은

```
           CON   3F
```

둘 다 위법이다. 이러한 제약은 프로그램의 좀 더 효율적인 조립(어셈블리)을 위해 존재하는 것이다. 이 책 시리즈를 쓰는 동안 얻은 경험에 의하면, 이는 과하지 않은 제약이어서 이 때문에 어떤 커다란 차이가 생기는 경우는 거의 거의 없다.

사실 MIX는 저수준 프로그래밍을 위한 두 가지 기호적 언어를 가지고 있다. 하나는 아주 단순한 어셈블리 프로그램이 단일 패스로 번역할 수 있도록 하는 것을 염두에 두고 설계한 기계 지향적 언어 MIXAL*이고, 또 하나는 자료와 제어 구조를 좀 더 충분하게 반영한, 그리고 오히려 MIXAL 프로그램의 설명 필드와 비슷한 형태의 PL/MIX이다. PL/MIX는 10장에서 설명한다.

연습문제(제1부)

1. [*00*] 본문에서 "X EQU 1000"이 변수의 값을 설정하는 명령을 만들어내지는 않는다고 말했다. 어떤 특정한 메모리 칸(기호 이름은 X)의 값이 100이 되도록 설정하는 MIX 프로그램을 작성한다고 하자. 그런 프로그램을 MIXAL로 어떻게 작성해야 할까?

▶ **2.** [*10*] 프로그램 M의 줄 12는 "JMP *"인데, 여기서 *는 그 줄의 장소를 뜻한다. 이 자체로 보면 자신으로 점프하는 명령이므로 무한루프가 될 것 같지만, 프로그램 M은 무한루프에 빠지지 않는다. 왜 그럴까?

▶ **3.** [*23*] 프로그램 M과 함께 쓰인다고 할 때, 다음 프로그램의 효과는 무엇인가?

```
START   IN    X+1(0)
        JBUS  *(0)
        ENT1  100
1H      JMP   MAXIMUM
        LDX   X,1
        STA   X,1
```

---

* [주] 필자는 1971년에 MIXAL이 유고슬라비아(1971년 당시의 유고슬라비아. 지금은 세르비아, 몬테네그로, 크로아티아 등 몇 개의 국가로 분할된 상태이다 - 옮긴이)의 한 세제 이름이기도 하다는 사실을 알고 깜짝 놀란 적이 있다. 그 세제는 avtomate[automatics, 즉 자동차]용으로 개발된 것이었다.

```
        STX    X,2
        DEC1   1
        J1P    1B
        OUT    X+1(1)
        HLT
        END    START
```

▶ **4.** [25] 프로그램 P를 손으로 직접 어셈블해 볼 것. (생각보다는 오래 걸리지 않을 것이다.) 기호적 프로그램에 해당하는 실제의 수치적 메모리 내용은 무엇인가?

5. [11] 프로그램 P는 라인 프린터를 사용하지만, 그 준비 여부를 점검하기 위해 JBUS 명령을 사용하지는 않는다. 그 이유는?

6. [HM20] (a) n이 소수가 아닐 때 n은 $1 < d \le \sqrt{n}$ 인 약수 d를 가짐을 보여라. (b) 이 사실을 이용해서, 알고리즘 P의 단계 P7에 있는 조건 판정이 N이 소수임을 증명함을 보여라.

7. [10] (a) 프로그램 P의 줄 34에 있는 "4B"의 의미는 무엇인가? (b) 줄 15의 장소를 "2H"로 바꾸고 줄 20의 주소를 "2B"로 바꾼다면 어떤 효과가 나타날까(만일 효과가 있다면)?

▶ **8.** [24] 다음 프로그램이 하는 일은 무엇인가? (컴퓨터로 실행하지 말고 직접 손으로 풀어볼 것!)

```
     * MYSTERY PROGRAM
     BUF  ORIG   *+3000
     1H   ENT1   1
          ENT2   0
          LDX    4F
     2H   ENT3   0,1
     3H   STZ    BUF,2
          INC2   1
          DEC3   1
          J3P    3B
          STX    BUF,2
          INC2   1
          INC1   1
          CMP1   =75=
          JL     2B
          ENN2   2400
          OUT    BUF+2400,2(18)
          INC2   24
          J2N    *-2
          HLT
     4H   ALF    AAAAA
          END    1B
```

연습문제(제2부)

이번에 연습해볼 것들은 짧은 프로그래밍 문제들로, 전형적인 컴퓨터 응용을 나타내며 다양한 기법들을 포괄하고 있다. 기본적인 프로그래밍 기술에 대한 훌륭한 개요와 함께 MIX 사용에 관련된 경험도 어느 정도 얻을 수 있으므로, 이들 중 일부를 선택해서 풀어보길 모든 독자들에게 권한다. 필요하다면 1장의 나머지 부분을 읽어나가면서 함께 풀어 봐도 좋다.

다음 목록은 이 문제들과 관련된 프로그래밍 기법의 종류들이다.

다중 결정을 위한 전환표: 연습문제 9, 13, 23.

2차원 배열에 색인 레지스터들을 사용하는 방법: 연습문제 10, 21, 23.

문자 묶음 풀기(unpacking): 연습문제 13, 23.

정수 및 비례 소수점 산술: 연습문제 14, 16, 18.

서브루틴 사용: 연습문제 14, 20.

입력 버퍼링: 연습문제 13.

출력 버퍼링: 연습문제 21, 23.

목록 처리: 연습문제 22.

실시간 제어: 연습문제 20.

그래픽 표시: 연습문제 23.

이 책의 연습문제들에서 "MIX 프로그램을 작성하라", "MIX 서브루틴을 작성하라" 같은 요구가 나올 때에는 기호적인 MIXAL 코드만 작성하면 된다. 그런 연습문제들이 요구하는 것이 그 자체로 완전한 코드는 아니다. 단지 (가상의) 완전한 프로그램의 일부일 뿐이다. 자료가 외부에서 주어진다고 해도, 그런 코드 조각에서 입, 출력을 수행해야 하는 것은 아니다. 작성해야 하는 것은 MIXAL 코드 줄들의 LOC, OP, ADDRESS 필드들뿐이다(적절한 설명과 함께). 연습문제에서 명시적으로 요구하지 않는 한, 수치적인 기계어나 줄 번호, "횟수" 열(프로그램 M 참고)은 작성하지 않아도 된다. 또한 END 줄 역시 생략할 수 있다.

그러나 연습문제에서 "완전한 MIX 프로그램을 작성하라"고 요구했다면, 그것은 MIXAL로 된 실행 가능한 프로그램을 만들어야 함을 의미한다. 특히, 프로그램 끝의 END 줄을 포함해야 한다. 그런 완전한 프로그램을 시험할 수 있는 어셈블러와 MIX 시뮬레이터들은 쉽게 구할 수 있을 것이다.

▶ **9.** [25] 장소 INST에는 하나의 MIX 명령에 해당하는 하나의 MIX 워드가 들어 있다. 그 워드가 표 1.3.1-1에 의거해서 유효한 C 필드, 유효한 ±AA 필드, 유효한 I 필드, 유효한 F 필드를 가지고 있다면 장소 GOOD으로 점프하고, 그렇지 않으면 장소 BAD로 점프하는 MIX 프로그램을 작성하라. F 필드 유효성 판정은 C 필드에 의존함을 기억할 것. 예를 들어 만일 C = 7(MOVE)이면 F 필드는 어떠한 것도 가능하나, C = 8(LDA)이면 F 필드는 $8L + R$ 형태이어야 한다(여기서 $0 \leq L \leq R \leq 5$). "±AA" 필드는 C가 메모리 주소를 요구하는 명령이고 I = 0이고 ±AA가 유효하지 않은 메모리 주소일 때에만 유효하지 않으며, 그 외에는 모두 유효하다.

참고: 비숙련 프로그래머들은 C 필드에 대한 수많은 판정들을 작성하는 식으로 이런 문제를 공략하는 경향이 있다. 예를 들면 "LDA C; JAZ 1F; DECA 5; JAN 2F; JAZ 3F; DECA 2; JAN 4F; ..." 등인데, 이는 좋은 관행이 아니다. 이런 다중 결정(multiway decision)을 수행하는 가장 좋은 방법은 필요한 논리를 캡슐화한 정보를 담은 보조적인 표(테이블)를 준비하는 것이다. 예를 들어 64개의 항목들로 이루어진 표가 있다면 "LD1 C; LD1 TABLE,1; JMP 0,1" 같은 코드를 작성해서 프로그램이 바람직한 루틴으로 빠르게 점프하도록 만들 수 있다. 이러한 표 접근방식을 이용하는 경우 프로그램이 약간 길어지긴 하지만(표까지 포함해서), 그 빠르기와 유연성은 크게 증가한다.

▶ **10.** [*31*] 다음과 같은 9×8 행렬이 있으며,

$$\begin{pmatrix} a_{11} & a_{12} & a_{13} & \dots & a_{18} \\ a_{21} & a_{22} & a_{23} & \dots & a_{28} \\ \vdots & & & & \vdots \\ a_{91} & a_{92} & a_{93} & \dots & a_{98} \end{pmatrix}$$

각각의 성분 a_{ij}가 장소 $1000 + 8i + j$에 저장되어 있다고 하자. 즉, 각 성분의 메모리 장소는 다음과 같다.

$$\begin{pmatrix} (1009) & (1010) & (1011) & \dots & (1016) \\ (1017) & (1018) & (1019) & \dots & (1024) \\ \vdots & & & & \vdots \\ (1073) & (1074) & (1075) & \dots & (1080) \end{pmatrix}.$$

자신이 속한 행에서는 최소값이고 자신이 속한 열에서는 최대값인 성분이 행렬에 존재할 때, 그러한 성분을 "안장점(saddle point)"이라고 부르며 그런 행렬을 "안장점을 가진다"라고 칭한다. 기호로 나타내자면, 만일

$$a_{ij} = \min_{1 \le k \le 8} a_{ik} = \max_{1 \le k \le 9} a_{kj}.$$

이면 a_{ij}는 안장점이다.

안장점이 하나라도 존재하면 그 장소, 그렇지 않으면 0을 rI1에 남겨두고 종료되는 MIX 프로그램을 작성하라.

11. [*M29*] 연습문제 10의 행렬에 안장점이 존재할 확률은 얼마인가? 단, 행렬의 72개의 성분들은 모두 서로 다르며, 전체 72!가지의 성분 배치들이 모두 동일한 확률을 가진다고 가정한다. 또한, 만일 성분들이 0 또는 1이며 그러한 모든 2^{72}가지의 행렬들이 동일하게 가능할 때 안장점이 존재할 확률은 얼마인가?

12. [*HM42*] 연습문제 10의 해답(598쪽)에는 두 가지 답과 함께 셋째 답에 대한 제안이 나와 있는데, 그것들 중 어떤 것이 더 나은지는 명확하지 않다. 그 알고리즘들을 연습문제 11의 각 가정들을 이용해서 분석하고, 어떤 것이 더 나은 방법인지 결정하라.

13. [*28*] 어떤 암호해독가가 특정 암호 안의 글자들의 빈도수를 세려고 한다. 암호는 종이 테이프에

편칭되어 있다. 암호의 끝은 별표로 표시된다. 그 테이프를 읽어 들이고, 첫 번째 별표가 나오기 전까지의 각 문자의 빈도를 세고, 그 결과를 출력하는 완전한 MIX 프로그램을 작성하라. 단, 출력은 다음과 같은 형태이어야 한다.

```
A     0010257
B     0000179
D     0794301
```

즉, 각 문자마다 한 줄씩 문자와 빈도수를 표시하되, 개수가 0인(즉, 나타나지 않은) 문자는 출력하지 않는다(위의 경우 C). 그리고 빈칸의 개수는 셀 필요 없다. 효율을 위해 입력을 "버퍼링"(buffering)할 것. 즉, 한 블록의 암호를 읽는 동안 다른 블록의 빈도수를 센다. 입력 테이프에 추가적인 블록(종료 별표를 담은 것 다음의)이 존재한다고 가정해야 할 것이다.

▶ **14.** *[31]* 다음은 대부분의 서구 교회들이 1582년 이후의 임의의 부활절 일요일 날짜를 결정하는 데 사용하는 알고리즘으로, 나폴리의 천문학자 릴리우스Aloysius Lilius와 독일 예수회 수학자 클라비우스Christopher Clavius가 16세기 후반에 고안한 것이다.

알고리즘 E (부활절 날짜). Y가 날짜를 알고자 하는 부활절의 연도라고 하자.

E1. 〔황금의 수.〕 $G \leftarrow (Y \bmod 19) + 1$로 설정한다. ($G$는 소위 "황금의 수(golden number)"로, 해당 연도가 19년의 메톤 주기(Metonic cycle)[†] 의 몇 번째 해인지를 의미한다.)

E2. 〔세기.〕 $C \leftarrow \lfloor Y/100 \rfloor + 1$로 설정한다. ($Y$가 100의 배수가 아니면 C가 세기(世紀, century) 값이다. 예를 들어 1984는 20세기이다.

E3. 〔보정.〕 $X \leftarrow \lfloor 3C/4 \rfloor - 12$, $Z \leftarrow \lfloor (8C+5)/25 \rfloor - 5$로 설정한다. (여기서 X는 1900 같은 연도 수이다. 태양과 보조를 맞추기 위해 윤년은 누락시킨다. Z는 부활절을 달의 궤도와 동기화하기 위한 특별한 보정 값이다.)

E4. 〔일요일 찾기.〕 $D \leftarrow \lfloor 5Y/4 \rfloor - X - 10$으로 설정한다. (3월 $((-D) \bmod 7)$일은 실제로 일요일이 된다.)

E5. 〔세수월령.〕 $E \leftarrow (11G + 20 + Z - X) \bmod 30$으로 설정한다. 만일 $E = 25$이고 황금의 수 G가 11보다 크면, 또는 만일 $E = 24$이면, E를 1 증가시킨다. (이 수 E는 음양력 연차(epact)로, 보름달의 날짜를 구하는 데 쓰인다.

E6. 〔보름달 날짜 찾기.〕 $N \leftarrow 44 - E$로 설정한다. 만일 $N < 21$이면 $N \leftarrow N + 30$으로 설정한다. (부활절은 3월 21 또는 그 이후의 첫 번째 보름달 이후의 첫 번째 일요일로 가정한다. 달 궤도의 섭동 때문에 이것이 엄밀하게 정확한 규칙인 것은 아니지만, 여기서 고려하는 것은 실제의 달이 아니라 "달력상의 달"이다. 3월 N일은 달력상의 보름달 날짜가 된다.)

E7. 〔일요일로 나아감.〕 $N \leftarrow N + 7 - ((D+N) \bmod 7)$로 설정한다.

---

† 〔옮긴이 주〕 메톤 주기는 달이 같은 위상을 반복하는 주기이다.

E8. 〔월 결정.〕$N > 31$이면 날짜는 APRIL $(N-31)$일이다. 그렇지 않으면 MARCH N일[+] 이
다. ∎

　　주어진 연도의 부활절 날짜를 계산하고 출력하는 서브루틴을 작성하라. 단, 연도는 100000 이하
라고 가정한다. 출력은 "dd MONTH, $yyyy$" 형태이어야 한다. 여기서 dd는 일, $yyyy$는 연도, MONTH
는 월 이름(문자열)이다. 또한, 이 서브루틴을 이용해서 1950년부터 2000년까지의 부활절 날짜들의
표를 준비하는 완전한 MIX 프로그램을 작성하라.

15. 〔M30〕 연습문제 14를 코딩할 때, 단계 E5의 수량 $(11G + 20 + Z - X)$가 음이 될 수도 있다는
점을 깨닫지 못하는 실수를 범하는 경우가 상당히 많다. 그런 경우 30으로 나눈 양의 나머지를 제대로
얻지 못하게 된다. (*CACM* **5** (1962), 556 참고.) 예를 들어서 14250년의 경우 $G = 1$이고 $X = 95$,
$Z = 40$이다. 따라서 만일 $E = +6$이 아니라 $E = -24$를 얻게 되면 "42 APRIL"이라는 황당한 답이
나온다. 이런 실수 때문에 잘못된 부활절 날짜가 나오는 가장 이른 연도를 찾는 완전한 MIX 프로그램을
작성하라.

16. 〔31〕 1.2.7절에서 합 $1 + \frac{1}{2} + \frac{1}{3} + \cdots$ 이 무한히 커짐을 보였다. 그러나 컴퓨터를 이용해서 그
합을 유한한 정밀도로 계산하는 경우, 어떤 의미로는 그러한 합이 실제로 존재한다고도 할 수 있다.
항들을 계속 더하다 보면 최종 결과에 영향을 미치지 않을 정도로 항이 작아지기 때문이다. 예를
들어 각 항을 소수점 첫째 자리로 반올림해서 합을 계산한다고 하자. 그러면 $1 + 0.5 + 0.3 + 0.3$
$+ 0.2 + 0.2 + 0.1 + 0.1 + 0.1 + 0.1 + 0.1 + 0.1 + 0.1 + 0.1 + 0.1 + 0.1 + 0.1 + 0.1$
$+ 0.1 = 3.9$라는 결과가 나온다.

　　좀 더 정확하게 표현해 보겠다. $r_n(x)$가 x를 소수점 n자리로 반올림한 것이라고 하자. 즉,
$r_n(x) = \lfloor 10^n x + \frac{1}{2} \rfloor / 10^n$이다. 이제 특정한 자리로 반올림된 항들의 합을 다음과 같이 정의할
수 있다.
$$S_n = r_n(1) + r_n\left(\frac{1}{2}\right) + r_n\left(\frac{1}{3}\right) + \cdots.$$

$S_1 = 3.9$임은 알고 있다. $n = 2, 3, 4, 5$일 때의 S_n을 계산하고 출력하는 완전한 MIX 프로그램을
작성하라.

　　참고: $r_n(1/m)$이 0이 될 때까지 그냥 $r_n(1/m)$ 항을 한 번에 하나씩 더하는 것보다 더 빠른
방법이 있다. 예를 들어 66667에서 200000까지의 모든 m 값들에 대해 $r_5(1/m) = 0.00001$인데,
이 사실을 이용하면 $1/m$의 계산 횟수를 133334번 줄일 수 있다! 항들을 일일이 더하기보다는
다음의 알고리즘을 사용할 것.

　　A. $m_h = 1$, $S = 1$로 시작한다.

　　B. $m_e = m_h + 1$로 설정하고 $r_n(1/m_e) = r$을 계산한다.

　　C. $r_n(1/m) = r$인 가장 큰 m인 m_h를 찾는다.

[+] 〔옮긴이 주〕 노파심에서 언급하자면, APRIL은 4월, MARCH는 3월을 뜻한다. 이들은 해답 프로그램에서
동치인 값이 각각 4와 3인 기호 이름으로 쓰이기 때문에 번역하지 않고 그대로 표기했다.

D. $(m_h - m_e + 1)r$을 S에 더하고 단계 B로 돌아간다.

17. [*HM30*] 연습문제 16의 표기법을 사용해서, 다음 공식을 증명 또는 반증하라.

$$\lim_{n \to \infty} (\mathrm{S}_{n+1} - \mathrm{S}_n) = \ln 10.$$

18. [*25*] 분모가 $\leq n$인 0에서 1까지의 모든 기약분수(더 이상 통분할 수 없는 분수)의 오름차순 수열을 "n차 파레이 급수(Farey series of order n)"라고 부른다. 예를 들어서 7차 파레이 급수는 다음과 같다.

$$\frac{0}{1}, \frac{1}{7}, \frac{1}{6}, \frac{1}{5}, \frac{1}{4}, \frac{2}{7}, \frac{1}{3}, \frac{2}{5}, \frac{3}{7}, \frac{1}{2}, \frac{4}{7}, \frac{3}{5}, \frac{2}{3}, \frac{5}{7}, \frac{3}{4}, \frac{4}{5}, \frac{5}{6}, \frac{6}{7}, \frac{1}{1}.$$

이 급수를 x_0/y_0, x_1/y_1, x_2/y_2, ...으로 표기한다고 할 때, 연습문제 19는 다음을 증명한다.

$$x_0 = 0, \quad y_0 = 1; \quad x_1 = 1, \quad y_1 = n;$$
$$x_{k+2} = \lfloor (y_k + n)/y_{k+1} \rfloor x_{k+1} - x_k;$$
$$y_{k+2} = \lfloor (y_k + n)/y_{k+1} \rfloor y_{k+1} - y_k.$$

n차 파레이 급수를 계산하고 x_k 값과 y_k 값을 각각 장소 X + k, Y + k에 저장하는 MIX 서브루틴을 작성하라. (급수의 모든 항들의 개수는 대략 $3n^2/\pi^2$이므로, n은 상당히 작다고 가정해야 할 것이다.)

19. [*M30*] (a) 연습문제 18의 점화식으로 정의된 수들 x_k와 y_k가 관계 $x_{k+1}y_k - x_k y_{k+1} = 1$을 만족함을 보여라. (b) (a)의 사실을 이용해서, 분수 x_k/y_k들이 실제로 n차 파레이 급수임을 보여라.

▶ **20.** [*33*] MIX의 위넘침 토글과 X 레지스터가 델마로(Del Mar Boulevard)와 버클리가(Berkeley Avenue)가 교차하는 네거리[†]의 신호등들에 다음과 같이 연결되어 있다고 하자.

rX(2:2) = 델마 차량 신호등 ⎫
rX(3:3) = 버클리 차량 신호등 ⎬ 0 꺼짐, 1 녹색, 2 주황색, 3 빨간색;
⎭

rX(4:4) = 델마 보행 신호등 ⎫
rX(5:5) = 버클리 보행 신호등 ⎬ 0 꺼짐, 1 "WALK", 2 "DON'T WALK".
⎭

버클리가를 따라 델마로를 가로지르는 차들이나 보행자들은 어떤 스위치를 건드리게 되고, 그러면 MIX의 위넘침 토글이 변경된다. 그런 사건이 일어나지 않으면 델마의 차량 신호등은 계속 녹색으로 남는다. 순환 주기 시간들은 다음과 같다.

델마 차량 신호등: 녹색 $\geq$ 30초, 주황색 8초;

버클리 차량 신호등: 녹색 20초, 주황색 5초.

[†] 〔옮긴이 주〕 문제와 큰 관련은 없지만 참고로 말하자면, 델마로(路)는 동서방향이고 버클리가(街)는 남북 방향이다. 구글맵스(http://maps.google.com/)에서 "pasadena city college"를 검색하고, Pasadena City College에서 오른쪽으로 조금 살펴보면 실제로 이 네거리를 찾을 수 있다(E Del Mar Blvd와 S Berkeley Ave의 교차점).

한 방향의 차량 신호등이 녹색이거나 주황색이면 다른 방향은 빨간색이다. 차량 신호등이 녹색이면 그에 해당하는 WALK등이 켜진다. 녹색이 아니면 DON'T WALK이고, 녹색에서 주황색으로 바뀌기 직전에 DON'T WALK가 12초간 다음과 같은 방식으로 깜박인다.

DON'T WALK $\frac{1}{2}$ 초   ⎫

꺼짐 $\frac{1}{2}$ 초   ⎬ 8회 반복,

DON'T WALK   4 초 (그리고 주황색과 빨간색 주기 동안 유지됨).

버클리 신호등이 녹색인 상태에서 위넘침이 발동된 경우 차나 보행자는 그 주기에서 네거리를 건너게 되지만, 주황색이나 빨간색일 때 그런 일이 일어나면 델마로의 차들이 지나간 후의 주기까지 기다려야 한다.

1 MIX 단위 시간이 10μ초라고 가정한다. 위넘침 토글에 의해 주어진 입력에 따라 rX를 조작함으로써 이 신호등들을 제어하는 완전한 MIX 프로그램을 작성하라. 위에서 말한 시간들을 정확히 따라야 한다(그것이 불가능하지 않은 한). 참고: rX 설정은 정확히 LDX나 INCX 명령의 완료 시점에서 변한다.

21. [28] n차 마방진(magic square of order n)은 1에서 n^2까지의 수들을 가로 합과 세로 합, 그리고 두 주된 대각선의 합이 모두 $n(n^2 + 1)/2$가 되도록 격자 형태로 배치한 것이다. 이런 마방진을 만드는 규칙은 쉽게 설명할 수 있다. 중앙의 칸 바로 밑 칸에 1을 넣고, 거기서 오른쪽 아래 대각선 방향으로 한 칸씩 가면서 수를 증가시킨다. 만일 가장자리를 넘으면, 마치 위, 아래 줄과 좌, 우 줄이 서로 붙어 있는 것처럼 반대편의 칸으로 넘어간다. 만일 다음 번 칸에 이미 수가 들어가 있다면 지금 칸에서 아래로 두 칸 가서 시작한다. n이 홀수이면 이 방법은 항상 통한다.

연습문제 10과 같은 방식으로 메모리가 할당되어 있다고 할 때, 위에서 이야기한 방법으로 23×23 마방진을 생성하고 그 결과를 출력하는 완전한 MIX 프로그램을 작성하라. [이 마방진 알고리즘은 알하이탐Ibn al-Haytham에서 비롯된 것이다. 알하이탐은 965년경 바스라(Basra)에서 태어나 1040년 경 카이로(Cairo)에서 죽었다. 다른 여러 마방진 구조들 역시 좋은 프로그래밍 연습 과제가 될 것이다. 볼W. W. Rouse Ball이 쓰고 콕스터H. S. M. Coxeter가 개정한 *Mathematical Recreations and Essays* (New York: Macmillan, 1939), 7장을 볼 것.]

22	47	16	41	10	35	04
05	23	48	17	42	11	29
30	06	24	49	18	36	12
13	31	07	25	43	19	37
38	14	32	01	26	44	20
21	39	08	33	02	27	45
46	15	40	09	34	03	28

그림 16. 마방진.

22. [*31*] (요세푸스 문제(Josephus Problem)[†] .) n명의 사람이 원형으로 배치되어 있다. 특정 위치에서 출발해서 원을 따라 사람을 세어 m번째 사람을 무자비하게 처형한다. 사람이 죽어나갈 때마다 원은 줄어든다. 예를 들어 $n = 8$이고 $m = 4$일 때의 처형순서는 54613872이다(그림 17). 즉, 첫째 사람은 다섯 번째로 처형되고 둘째 사람은 네 번째로 처형되는 식이다. $n = 24$, $m = 11$일 때의 처형 순서를 출력하는 완전한 MIX 프로그램을 작성하라. n과 m이 클 때 빠르게 실행되는 영리한 알고리즘을 고안해 볼 것(그러면 독자의 목은 간직할 수 있을지도 모른다). 참조: W. Ahrens, *Mathematische Unterhaltungen und Spiele* **2** (Leipzig: Teubner, 1918), 15장.

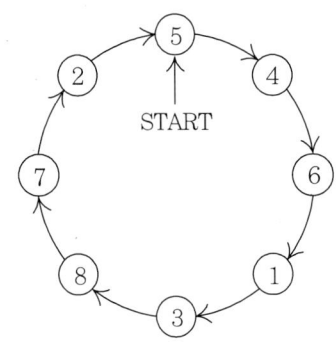

그림 17. 요세푸스 문제, $n = 8$, $m = 4$.

23. [*37*] 이번 문제는 결과를 일반적인 표 형식이 아니라 그래픽적인 형태로 출력하는 여러 컴퓨터 응용들을 어느 정도 경험해볼 수 있도록 고안된 것이다. 목표는 십자말풀이 도표를 "그리는" 것이다.

0과 1들의 행렬이 입력으로 주어진다. 0인 성분은 흰 칸이고 1인 성분은 검은 칸이다. 출력은 세로, 가로 낱말이 시작되는 칸에 적절한 번호가 붙은 형태의 십자말풀이 도표이어야 한다.

예를 들어 그림 18과 같은 도표의 경우 다음과 같은 행렬이 주어진다.

$$\begin{pmatrix} 1 & 0 & 0 & 0 & 0 & 1 \\ 0 & 0 & 1 & 0 & 0 & 0 \\ 0 & 0 & 0 & 0 & 1 & 0 \\ 0 & 1 & 0 & 0 & 0 & 0 \\ 0 & 0 & 0 & 1 & 0 & 0 \\ 1 & 0 & 0 & 0 & 0 & 1 \end{pmatrix}$$

그림 18. 연습문제 23에 해당하는 도표.

번호가 들어갈 칸은 (a) 바로 아래 칸이 흰 칸이고 바로 위 칸이 흰 칸이 아닌 흰 칸, 또는 (b) 바로 왼쪽 칸이 흰 칸이 아니고 오른쪽 칸이 흰 칸인 흰 칸이다. 도표 가장자리의 검은 칸들은 표시하지 않는다. 그림 18을 보면 네 모퉁이의 검은 칸은 그려져 있지 않다. 가장자리 검은 칸을 처리하는 한 가지 간단한 방법은, 주어진 입력 행렬의 위, 아래, 좌, 우에 −1로 된 행들과 열들을 임의로 삽입하고, −1에 인접한 모든 +1을 −1로 바꾼 후 그런 과정을 −1에 인접한 +1이 남지 않을

[†] [옮긴이 주] 원탁의 기사 문제라고 부르기도 한다.

때까지 반복하는 것이다.

도표를 준비했다면, 다음과 같은 방법에 따라 결과를 라인 프린터로 출력해야 한다. 퍼즐의 각 칸은 출력 페이지의 5열, 3행 크기이다. 칸의 구체적인 모습은 그 종류에 따라 다음 형태 중 하나를 취한다.

번호 없는 흰 칸: ⎵⎵⎵⎵+   번호 nn이 있는 흰 칸: nn⎵⎵+   검은 칸: +++++
                ⎵⎵⎵⎵+   ⎵⎵⎵⎵+   +++++
                +++++   +++++   +++++

"−1" 칸들. −1들이 오른쪽에 있느냐 아니면 아래쪽에 있느냐에 따라:

    ⎵⎵⎵⎵+   ⎵⎵⎵⎵+   ⎵⎵⎵⎵+   ⎵⎵⎵⎵+   ⎵⎵⎵⎵⎵
    ⎵⎵⎵⎵+   ⎵⎵⎵⎵+   ⎵⎵⎵⎵⎵   ⎵⎵⎵⎵⎵   ⎵⎵⎵⎵⎵
    +++++   ⎵⎵⎵⎵+   +++++   ⎵⎵⎵⎵+   ⎵⎵⎵⎵⎵

그림 18에 나온 도표를 라인 프린터로 출력하면 그림 19와 같은 모습이 된다.

프린터 한 줄의 너비는 120자로, 따라서 가로 23칸짜리 십자말풀이까지 출력할 수 있다. 입력으로 주어지는 자료는 23 ×23 크기의 1과 0으로 된 행렬로, 각 행이 입력 카드의 1-23열에 펀칭되어 있다. 예를 들어 위에 나온 행렬의 첫 행에 해당하는 카드는 "10000111111111111111111"로 펀칭되어 있다. 도표가 반드시 그림 18처럼 대칭적이어야 하는 것은 아니며, 검은 칸들의 긴 경로가 이상한 방식으로 바깥쪽으로 연결되어 있을 수도 있다.

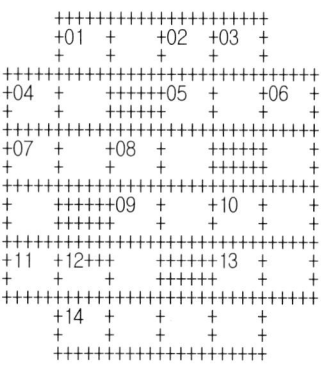

그림 19. 그림 18의 십자말풀이 도표를 라인 프린터로 출력한 모습.

1.3.3. 순열 응용

이번 절에서는 MIX 프로그램 예제를 몇 개 더 제시하고, 그와 함께 순열의 몇 가지 중요한 성질들도 소개한다. 이런 논의를 통해서 컴퓨터 프로그래밍 전반의 다소 흥미로운 측면들도 살펴보게 될 것이다.

순열은 1.2.5절에서 논의한 바 있는데, 그 때에는 순열 $c\,d\,f\,b\,e\,a$를 여섯 객체 a, b, c, d, e, f를 직선으로 나열한 하나의 배치(arrangement)로 취급했다. 다른 관점도 가능하다. 순열을 나머지 객체들의 재배치(rearrangement)로 볼 수도 있는 것이다. 이런 해석에서는 다음과 같은 두 줄짜리 표기법을 쓰는 것이 관례이다.

$$\begin{pmatrix} a & b & c & d & e & f \\ c & d & f & b & e & a \end{pmatrix} \tag{1}$$

이것은 "a는 c가 되고, b는 d가 되고, c는 f가 되고, d는 b가 되고, e는 e가 되고, f는 a가 된다"라는 뜻이다. 재배치라는 관점에서 해석한다면, 이는 객체 c가 원래 객체 a가 있던 자리로 가는 것이라고 생각할 수도 있다. 또 이름 바꾸기라는 관점에서 해석한다면 객체 a가 c로 이름을 바꾼 것이라고 볼 수도 있다. 두 줄 표기법은 그 열들의 순서가 바뀌어도 의미를 유지한다. 예를 들어 순열 (1)을 다음과 같이 표기할 수 있으며,

$$\begin{pmatrix} c & d & f & b & a & e \\ f & b & a & d & c & e \end{pmatrix}$$

그 외에 718가지의 방식으로도 표기할 수 있다.

이러한 해석에 연관해서 순환마디 표기(cycle notation)라는 것을 사용하기도 한다. 순열 (1)을 순환마디 표기로 쓴다면

$$(a \ c \ f) \ (b \ d) \tag{2}$$

이다. 이것은 "a는 c가 되고, c는 f가 되고, f는 a가 되고, b는 d가 되고, d는 b가 된다"라는 뜻이다. 순환마디 $(x_1 \ x_2 \dots x_n)$은 "x_1은 x_2가 되고, ..., x_{n-1}은 x_n이 되고, x_n은 x_1이 된다"라는 뜻이다. 이 수열에서 e는 고정되어 있으므로 순환마디 표기에서 생략한다. 즉, "(e)" 같은 단일 순환은 생략하는 것이 관례이다. 어떠한 수열에 모든 원소들이 고정되어 있는 경우, 즉 순열에 단일 순환들만 존재하는 경우, 그런 순열을 항등 순열(identity permutation)이라고 부르고 "$()$"로 표기한다.

순환마디 표기는 유일하지 않다. 예를 들어

$$(b \ d) \ (a \ c \ f), \quad (c \ f \ a) \ (b \ d), \quad (d \ b) \ (f \ a \ c) \tag{3}$$

등은 모두 (2)와 동치이다. 그러나 "$(a \ f \ c) \ (b \ d)$"는 a가 f가 되는 것이므로 (2)와 같지 않다.

순환마디 표기가 항상 가능한 이유는 쉽게 알 수 있다. 임의의 원소 x_1로 시작해서, 예를 들어 x_1이 x_2로 가고 x_2가 x_3으로 가는 식으로 나아가다보면 궁극적으로는 (원소들의 개수가 유한하므로) 이미 $x_1, \dots, x_n$에 나타난 적이 있는 어떠한 원소 x_{n+1}에 도달하게 된다. 그러면 x_{n+1}은 반드시 x_1과 같다. 만일 그것이 예를 들어 x_3과 같다면, x_2가 x_3으로 간 것이다. 그러나 가정에 의해 $x_n \neq x_2$는 x_{n+1}로 간다. 따라서 $x_{n+1} = x_1$이고, 그러면 어떠한 $n \geq 1$에 대해 순열의 일부인 순환마디 $(x_1 \ x_2 \dots x_n)$을 얻은 것이다. 만일 그것이 순열 전체에 해당하지 않는다면 또 다른 원소 y_1을 찾고 같은 방식으로 또 다른 순환마디 $(y_1 \ y_2 \dots y_m)$을 얻는다. y들 중 어떤 것도 x들 중 하나와 같을 수 없다. 왜냐하면 $x_i = y_j$는 $x_{i+1} = y_{j+1}$ 등을 함의하기 때문이다. 만일 y들 중 어떤 것이 x들 중 어떤 것과 같다면 궁극적으로는 어떠한 k에 대해 $x_k = y_1$을 발견하게 되는데, 그러면 애초에 선택한 y_1과 모순된다. 따라서 언젠가는 모든 순환마디들을 발견하게 된다.

이러한 개념들은 프로그래밍에서 n개의 객체들로 이루어진 집합을 다른 순서로 집어넣어야 할 때 응용할 수 있다. 객체들을 재배치하되 실제로 그것들을 이동하지는 않는다고 하면, 본질적으로 순환마디 구조를 따라야 한다. 예를 들어 재배치 (1)을 수행하려고 한다면, 즉 다음과 같이 설정하려면,

$$(a, \ b, \ c, \ d, \ e, \ f) \leftarrow (c, \ d, \ f, \ b, \ e, \ a)$$

결국은 순환마디 구조 (2)를 따라 다음과 같은 설정들을 수행하게 된다.

$$t \leftarrow a, \quad a \leftarrow c, \quad c \leftarrow f, \quad f \leftarrow t; \quad t \leftarrow b, \quad b \leftarrow d, \quad d \leftarrow t.$$

이런 종류의 모든 변환들이 서로 소인(disjoint, 공통의 요소가 없는) 순환마디들 안에서 일어난다는 점을 알아두면 도움이 되는 경우가 많다.

순열들의 곱. 두 순열들을 곱하는 것이 가능하다. 이 때 곱셈은 한 순열에 다른 순열을 적용하는 것을 의미한다. 예를 들어 순열 (1)에 다음 순열을 적용하면

$$\begin{pmatrix} a & b & c & d & e & f \\ b & d & c & a & f & e \end{pmatrix}$$

그 결과는 a가 c가 되었다가 다시 c가 되고, b가 d가 되었다가 다시 a가 되는 식이다. 즉:

$$\begin{pmatrix} a & b & c & d & e & f \\ c & d & f & b & e & a \end{pmatrix} \times \begin{pmatrix} a & b & c & d & e & f \\ b & d & c & a & f & e \end{pmatrix}$$

$$= \begin{pmatrix} a & b & c & d & e & f \\ c & d & f & b & e & a \end{pmatrix} \times \begin{pmatrix} c & d & f & b & e & a \\ c & a & e & d & f & b \end{pmatrix}$$

$$= \begin{pmatrix} a & b & c & d & e & f \\ c & a & e & d & f & b \end{pmatrix}. \tag{4}$$

순열들의 곱셈에 교환법칙이 성립하지 않음은 명백하다. 다른 말로 하면, π_1과 π_2가 순열들일 때, $\pi_1 \times \pi_2$가 반드시 $\pi_2 \times \pi_1$과 같다는 보장이 없다. (4)에서 두 계수들을 서로 교환한다면 다른 결과가 나옴을 확인해 보기 바란다(연습문제 3 참고).

어떤 사람들은 순열들을 곱할 때 (4)에 나온 것처럼 왼쪽에서 오른쪽의 자연스러운 순서를 따르지 않고 오른쪽에서 왼쪽으로 곱하기도 한다. 변환 T_1을 적용한 결과에 다시 T_2를 적용한 것에 대해, 이를 $T_1 T_2$로 표기할 것인가, 아니면 $T_2 T_1$로 표기할 것인가에 대해 단일한 합의는 없다. 이 부분에 대해 수학자들은 두 진영으로 갈라져 있는 셈인데, 이 책에서는 $T_1 T_2$를 사용한다.

등식 (4)를 순환마디 표기로 쓰면 다음과 같다.

$$(a\,c\,f)\,(b\,d)\,(a\,b\,d)\,(e\,f) = (a\,c\,e\,f\,b). \tag{5}$$

일반적으로 곱하기 기호 "$\times$"는 생략하는 것이 관례인데, 이는 순환마디 표기에서도 마찬가지이다. 곱하기 기호를 생략하는 것이 순환마디 표기와 충돌하지는 않는다. 예를 들어 (5)에서 순열 $(a\,c\,f)$ $(b\,d)$가 실제로 순열 $(a\,c\,f)$와 $(b\,d)$의 곱임은 쉽게 알 수 있다.

순열들의 곱을 순환마디 표기들로 직접 수행하는 것도 가능하다. 예를 들어 다음과 같은 여러 순열들의 곱을 계산한다고 하자.

$$(a\,c\,f\,g)\,(b\,c\,d)\,(a\,e\,d)\,(f\,a\,d\,e)\,(b\,g\,f\,a\,e). \tag{6}$$

왼쪽에서 오른쪽으로 a의 변환들을 찾아나가면, "a는 c로 가고, c는 d로 가고, d는 a로 가고, a는 d로 가고, d는 고정"임을 알 수 있다. (6)에 의해 a는 결국 d가 되는 것이므로 "$(a\,d$"라는 부분적인 답을 써 둔다. 이제 같은 방식으로 d의 변환을 찾아보면 "d는 b로 가고 b는 g로 감"을 알 수 있다. 이제 부분적인 답은 "$(a\,d\,g$"가 된다. g의 변환은 "g는 a로, e로, f로, a로"이다. a가 다시 나왔으므로 첫째 순환마디가 완성되었고, 부분적인 답은 "$(a\,d\,g)$"이다. 이제 아직 나타난 적이 없는 새로운 문자

를 택한다. 이 경우는 c이다. c는 결과적으로 e가 된다. 이런 과정을 반복하면 (6)의 곱셈의 결과 "$(a\,d\,g)(c\,e\,b)$"를 얻게 된다.

그럼 이러한 과정을 컴퓨터로 수행해 보자. 다음은 앞 문단에서 설명한 방법을 컴퓨터 계산에 적합한 형태의 알고리즘으로 공식화한 것이다.

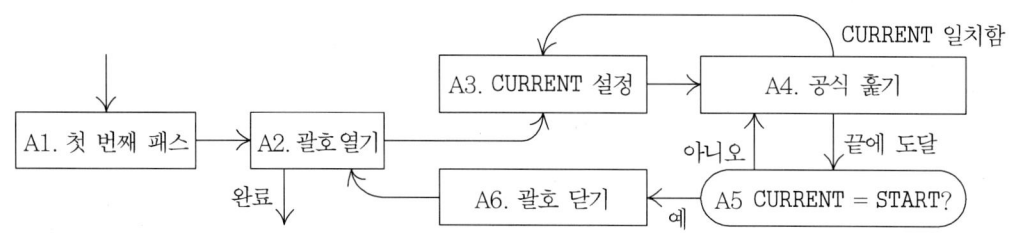

그림 20. 순열 곱셈을 위한 알고리즘 A.

알고리즘 A (순환마디 표기에서 순열 곱하기). 이 알고리즘은 (6)과 같은 순환마디들의 곱을 계산해서 서로 소인 순환마디들의 곱 형태의 순열을 결과로 낸다. 단순함을 위해 단일 순환마디(singleton cycle)의 제거는 서술하지 않는다. 그 처리까지 포함하도록 이 알고리즘을 확장하는 것은 쉬운 일일 것이다. 이 알고리즘이 수행되는 과정에서는 입력 공식의 요소들에 연속적으로 "꼬리표(tag)"를 달아 둔다. 즉, 입력 공식에서 이미 처리한 기호들에 어떠한 표시를 해두는 것이다.

A1. 〔첫 번째 패스.〕 모든 왼쪽 괄호들에 꼬리표를 달고, 각각의 오른쪽 괄호는 그에 해당하는 꼬리표 달린 왼쪽 괄호 바로 다음에 오는 입력 기호의 복사본으로 치환한다. (표 1의 예 참고.)

A2. 〔괄호 열기.〕 입력을 왼쪽에서 오른쪽으로 탐색하면서, 꼬리표가 달리지 않은 첫째 요소를 찾는다. (모든 요소들에 꼬리표가 달려 있다면 알고리즘을 종료한다.) 그 요소를 START로 설정하고, 왼쪽 괄호 하나를 출력하고, 그 요소를 출력하고, 그 요소에 꼬리표를 달아둔다.

A3. 〔CURRENT 설정.〕 CURRENT를 공식의 다음 요소로 설정한다.

A4. 〔공식 훑기.〕 공식의 끝에 도달하거나 CURRENT와 같은 요소를 찾을 때까지 오른쪽으로 나아간다. CURRENT와 같은 요소를 찾았다면 그것에 꼬리표를 달고 단계 A3으로 돌아간다.

A5. 〔CURRENT = START?〕 만일 CURRENT ≠ START이면 CURRENT를 출력하고 단계 A4로 돌아가서 공식의 왼쪽에서부터 다시 시작한다(즉, 출력의 한 순환마디의 전개를 계속 진행한다).

A6. 〔괄호 닫기.〕 (출력 순환마디 하나가 완성되었다.) 오른쪽 괄호 하나를 출력하고 단계 A2로 돌아간다. ▌

공식 (6)을 예로 들어보자. 표 1은 (6)을 처리하는 일련의 단계들을 나타낸 것이다. 표의 첫째 행은 오른쪽 괄호들이 해당 순환마디의 앞쪽 요소들로 치환된 후의 공식이다. 그 이후의 줄들에서, 알고리즘 처리가 진행됨에 따라 점점 더 많은 요소들에 꼬리표가 달린 모습을 볼 수 있다. 커서는 공식의 현재 처리 지점을 표시하고 있다. 출력은 "$(a\,d\,g)(c\,e\,b)(f)$"로, 단일 순환마디가 제거되지 않고 출력에 남아 있다.

표 1
알고리즘 A를 (6)에 적용

단계 (수행 이후)	START	CURRENT	(a c f g)	(b c d)	(a e d)	(f a d e)	(b g f a e)	출력
A1			(a c f g a	(b c d b	(a e d a	(f a d e f	(b g f a e b	
A2	a		(a c f g a	(b c d b	(a e d a	(f a d e f	(b g f a e b	(a
A3	a	c	(a c f g a	(b c d b	(a e d a	(f a d e f	(b g f a e b	
A4 ...	a	c	(a c f g a	(b c d b	(a e d a	(f a d e f	(b g f a e b	
A4 ...	a	d	(a c f g a	(b c d b	(a e d a	(f a d e f	(b g f a e b	
A4 ...	a	a	(a c f g a	(b c d b	(a e d a	(f a d e f	(b g f a e b	
A5 ...	a	d	(a c f g a	(b c d b	(a e d a	(f a d e f	(b g f a e b	d
A5 ...	a	g	(a c f g a	(b c d b	(a e d a	(f a d e f	(b g f a e b	g
A5 ...	a	a	(a c f g a	(b c d b	(a e d a	(f a d e f	(b g f a e b	
A6	a	a	(a c f g a	(b c d b	(a e d a	(f a d e f	(b g f a e b	)
A2 ...	c	a	(a c f g a	(b c d b	(a e d a	(f a d e f	(b g f a e b	(c
A5 ...	c	e	(a c f g a	(b c d b	(a e d a	(f a d e f	(b g f a e b	e
A5 ...	c	b	(a c f g a	(b c d b	(a e d a	(f a d e f	(b g f a e b	b
A6 ...	c	c	(a c f g a	(b c d b	(a e d a	(f a d e f	(b g f a e b	)
A6	f	f	(a c f g a	(b c d b	(a e d a	(f a d e f	(b g f a e b	(f)

여기서 는 방금 훑은 요소 바로 다음에 위치한 커서이다. 옅은 회색은 꼬리표가 달린 요소들이다.

MIX 프로그램. 이 알고리즘을 MIX로 구현해 보자. "꼬리표"는 워드의 부호를 이용해서 단다. 공식은 카드로부터 입력받는데, 카드의 펀칭 방식은 이렇다. 80열 카드를 16개의 다섯 글자 필드들로 분할한다. 각 필드는 (a) 한 순환마디를 시작하는 왼쪽 괄호를 나타내는 "␣␣␣␣("이거나, (b) 한 순환마디를 끝내는 오른쪽 괄호를 나타내는 ")␣␣␣␣"이거나, (c) 모두 빈칸인 "␣␣␣␣␣"(공간을 채우기 위해 어디에나 삽입될 수 있다), 나머지는 (d) 순환마디의 실제 요소들이다. 그리고 마지막 입력 카드는 76-80열이 "␣␣␣␣="이어야 한다. 예를 들어 (6)은 두 장의 카드에 다음과 같이 펀칭된다.

(	A	C	F	G	)		(	B	C	D	)		(	A	E	D	)
(	F	A	D	E	)		(	B	G	F	A	E	)				=

프로그램은 이러한 입력을 그대로 복사한 것을 출력하고, 그 다음에 알고리즘의 결과를 입력과 본질적으로 동일한 형식으로 출력한다.

프로그램 A (순환마디 형태의 순열 곱셈). 이 프로그램은 알고리즘 A를 구현하며, 또한 입력과 출력, 그리고 단일 순환마디의 제거 기능도 구현한다. 그러나 입력의 오류를 잡아내지는 않는다.

```
01   MAXWDS    EQU    1200              입력 최대 길이
02   PERM      ORIG   *+MAXWDS          입력 순열
03   ANS       ORIG   *+MAXWDS          답을 저장할 장소
04   OUTBUF    ORIG   *+24              출력을 위한 장소
05   CARDS     EQU    16                카드 판독기 유닛 번호
06   PRINTER   EQU    18                프린터 유닛 번호
07   BEGIN     IN     PERM(CARDS)       첫 번째 카드를 읽는다.
08             ENT2   0
09             LDA    EQUALS
10   1H        JBUS   *(CARDS)          순환마디가 완성되길 기다린다.
11             CMPA   PERM+15,2
12             JE     *+2               이것이 마지막 카드인가?
13             IN     PERM+16,2(CARDS)  아니면 다음 카드를 읽는다.
14             ENT1   OUTBUF
15             JBUS   *(PRINTER)        입력 카드의 복사본을
16             MOVE   PERM,2(16)           출력한다.
17             OUT    OUTBUF(PRINTER)
18             JE     1F
19             INC2   16
20             CMP2   =MAXWDS-16=
21             JLE    1B                입력이 완료될 때까지 반복한다.
22             HLT    666               입력이 너무 많음!
```

23	1H	INC2	15	1
24		ST2	SIZE	1
25		ENT3	0	1
26	2H	LDAN	PERM,3	A
27		CMPA	LPREN(1:5)	A
28		JNE	1F	A
29		STA	PERM,3	B
30		INC3	1	B
31		LDXN	PERM,3	B
32		JXZ	*-2	B
33	1H	CMPA	RPREN(1:5)	C
34		JNE	*+2	C
35		STX	PERM,3	D
36		INC3	1	C
37		CMP3	SIZE	C
38		JL	2B	C
39		LDA	LPREN	1
40		ENT1	ANS	1
41	OPEN	ENT3	0	E

23   여기까지 왔다면, 입력의 rI2개의 워드들이
24   PERM, PERM+1, …에 들어가 있다.
25   *A1. 첫 번째 패스.*
26   입력의 다음 요소를 얻는다.
27   그것이 "("인가?
29   그렇다면 그 요소에 꼬리표를 단다.
30   다음번의 공백이 아닌 입력 기호를
31   rX에 넣는다.
35   ")"를 꼬리표를 단 rX로 치환한다.
37   모든 요소들을 처리했는가?
39   메인 프로그램 준비.
40   rI1 = 다음 번 답을 넣을 장소
41   *A2. 괄호 열기.*

42	1H	LDXN	PERM,3	*F*	꼬리표를 달지 않은 요소를 찾는다.
43		JXN	GO	*F*	
44		INC3	1	*G*	
45		CMP3	SIZE	*G*	
46		JL	1B	*G*	
47	*				모든 요소에 꼬리표가 달렸다. 이제 출력을 수행.
48	DONE	CMP1	=ANS=		
49		JNE	*+2		답이 항등 순열인가?
50		MOVE	LPREN(2)		그렇다면 "()"로 변경.
51		MOVE	=0=		답 다음에 23개의 빈칸 워드들을 출력.
52		MOVE	-1,1(22)		
53		ENT3	0		
54		OUT	ANS,3(PRINTER)		
55		INC3	24		
56		LDX	ANS,3		필요한 만큼의 줄들을 출력.
57		JXNZ	*-3		
58		HLT			
59	*				
60	LPREN	ALF	(		프로그램이 사용하는 상수들
61	RPREN	ALF	)		
62	EQUALS	ALF	=		
63	*				
64	GO	MOVE	LPREN	*H*	출력할 한 순환마디의 괄호를 연다.
65		MOVE	PERM,3	*H*	
66		STX	START	*H*	
67	SUCC	STX	PERM,3	*J*	한 요소에 꼬리표를 단다.
68		INC3	1	*J*	오른쪽으로 한 요소 이동.
69		LDXN	PERM,3(1:5)	*J*	*A3. CURRENT*를 설정(구체적으로는 rX).
70		JXN	1F	*J*	빈칸들을 건너뛴다.
71		JMP	*-3	*0*	
72	5H	STX	0,1	*Q*	CURRENT를 출력한다.
73		INC1	1	*Q*	
74		ENT3	0	*Q*	공식을 다시 훑는다.
75	4H	CMPX	PERM,3(1:5)	*K*	*A4. 공식 훑기.*
76		JE	SUCC	*K*	요소 = CURRENT?
77	1H	INC3	1	*L*	오른쪽으로 이동.
78		CMP3	SIZE	*L*	공식의 끝인가?
79		JL	4B	*L*	
80		CMPX	START(1:5)	*P*	*A5. CURRENT = START?*
81		JNE	5B	*P*	
82	CLOSE	MOVE	RPREN	*R*	*A6. 괄호 닫기.*

83	CMPA	-3,1	R	참고: rA = "(".
84	JNE	OPEN	R	
85	INC1	-3	S	단일 순환마디는 출력하지 않는다.
86	JMP	OPEN	S	
87	END	BEGIN	∎	

이 프로그램은 약 75개의 명령들로 이루어져 있다. 1.3.2절의 프로그램들보다 상당히 길며, 사실 이 책에 나오는 대부분의 프로그램들보다도 길다. 그러나 상당히 독립적인 여러 부분들로 나뉘어져 있기 때문에 길어도 이해하기가 어렵지는 않을 것이다. 줄 07-22는 입력 카드들을 읽어 들이고 각 카드의 복사본을 출력한다. 줄 23-38은 알고리즘의 단계 A1에 해당하는 것으로, 입력의 전처리를 수행한다. 줄 39-46과 64-86은 알고리즘 A의 주된 단계들에 해당하고, 줄 48-57은 답을 출력하는 부분이다. 이 책에 나오는 MIX 프로그램들을 최대한 많이 연구해 본다면 큰 도움을 얻을 수 있을 것이다. 자신이 작성하지 않은 컴퓨터 프로그램을 읽고 이해하는 능력은 엄청나게 중요하다. 그러나 안타깝게도 너무나 많은 컴퓨터 교과과정들이 그러한 훈련을 무시해 왔고, 그 결과로 컴퓨팅 장비들을 대단히 비효율적으로 사용한 몇몇 사례들이 발생했다.

수행 시간. 프로그램 1.3.2M에서처럼, 프로그램 A에서 입출력과 무관한 부분들에는 그 빈도 횟수가 표시되어 있다. 예를 들어 줄 30은 B번 수행되는 것으로 나와 있다. 편의상 입력 카드에서 제일 오른쪽 끝 외에는 빈칸 워드들이 나타나지 않는다고 가정한다. 이런 가정 하에서 줄 71은 결코 수행되지 않으며 줄 32의 점프도 결코 일어나지 않는다.

프로그램의 총 수행 시간은 다음과 같은 간단한 덧셈의 결과에

$$(7 + 5A + 6B + 7C + 2D + E + 3F + 4G + 8H + 6J$$
$$+ 3K + 4L + 3P + 4Q + 6R + 2S)u \qquad (7)$$

입출력에 걸린 시간을 더한 것이다. 공식 (7)의 의미를 이해하기 위해서는 15개의 미지수 A, B, C, D, E, F, G, H, J, K, L, P, Q, R, S를 조사해야 하며, 이들을 입력의 적절한 특성들에 연관시켜야 한다. 그럼 이런 종류의 문제를 공략할 때 유용한 몇 가지 일반적인 원칙들부터 살펴보자.

우선, 전기회로 이론의 "키르히호프의 제1법칙(Kirchhoff's first law)"이라는 것을 적용할 수 있다. 지금 맥락에서 이 법칙이 의미하는 바는, 한 명령의 수행 횟수는 그 명령으로의 이동 횟수와 같아야 한다는 것이다. 당연한 규칙으로 보이지만, 이 규칙은 그리 당연하지 않은 방식으로 많은 수량들에 연관된다. 프로그램 A의 흐름을 분석해 보면 다음과 같은 방정식들을 얻게 된다.

이 줄들에서	이것을 유도했음
26, 38	$A = 1 + (C - 1)$
33, 28	$C = B + (A - B)$
41, 84, 86	$E = 1 + R$
42, 46	$F = E + (G - 1)$
64, 43	$H = F - G$

$$67,\ 70,\ 76 \qquad J = H + (K - (L - J))$$
$$75,\ 79 \qquad K = Q + (L - P)$$
$$82,\ 72 \qquad R = P - Q$$

키르히호프 법칙으로 얻는 방정식들은 서로 독립적이지 않다. 예를 들어 지금 경우 첫째 방정식과 둘째 방정식이 동등함은 명백하다. 그리고 마지막 방정식은 다른 방정식들로부터 유도할 수 있다. 왜냐하면 셋째, 넷째, 다섯째는 $H = R$이라는 뜻이기 때문이다. 따라서 여섯째는 $K = L - R$임을 뜻한다. 이러한 사실들을 이용하면 열다섯 미지수들 중 여섯을 제거할 수 있다.

$$A = C,\quad E = R + 1,\quad F = R + G,\quad H = R,\quad K = L - R,\quad Q = P - R. \tag{8}$$

키르히호프 제1법칙은 하나의 효과적인 도구로, 이에 대해서는 2.3.4.1절에서 좀 더 자세히 분석한다.

다음 단계는 이 미지 변수들을 자료의 중요한 성질들과 부합시키는 것이다. 줄 24, 25, 30, 36에서 다음을 알 수 있다.

$$B + C = \text{입력의 워드 개수} = 16X - 1. \tag{9}$$

여기서 X는 입력 카드 개수이다. 줄 28에서 다음을 알 수 있다.

$$B = \text{입력의 "(" 개수} = \text{입력의 순환마디 개수.} \tag{10}$$

비슷하게, 줄 34에서 다음을 알 수 있다.

$$D = \text{입력의 ")" 개수} = \text{입력의 순환마디 개수.} \tag{11}$$

(10)과 (11)로부터 키르히호프의 법칙으로는 유도할 수 없는 다음과 같은 사실이 나온다.

$$B = D. \tag{12}$$

줄 64에서 다음을 알 수 있다.

$$H = \text{출력의 순환마디 개수(단일 순환마디도 포함).} \tag{13}$$

줄 82는 R도 바로 이 개수임을 알려준다. 이 경우 $H = R$이라는 사실은 키르히호프의 법칙으로도 유도할 수 있었다. 이미 (8)에 나왔었다

빈칸이 아닌 워드는 결국 꼬리표가 달린다는 사실과 줄 29, 35, 67로부터

$$J = Y - 2B \tag{14}$$

임을 알 수 있다. 여기서 Y는 입력 순열에 나타난, 빈칸이 아닌 워드들의 개수이다. 입력 순열에 나타난 서로 다른 모든 요소들은 출력에 한 번씩만(줄 65 또는 72에서) 기록된다는 사실로부터 다음이 나온다(식 (8) 참고).

$$P = H + Q = \text{입력의 서로 다른 요소들의 개수.} \tag{15}$$

잠시 줄 80을 조사해보면 이 점이 명백해진다. 마지막으로, 줄 85에서 다음을 알 수 있다.

$$S = \text{출력의 단일 순환마디 개수.} \tag{16}$$

지금까지 파악한 수량 B, C, H, J, P, S가 프로그램 A의 시간 계산에 들어갈 만한, 본질적으로 독립적인 매개변수들임은 명백하다.

이제 미지수 G와 L만 분석하면 된다. 이들을 위해서는 약간의 재주를 피울 필요가 있다. 입력의 기호들을 훑는 과정은 줄 41과 74에서 시작한다. 그리고 항상 줄 47(이 경우 입력 전체의 끝) 아니면 줄 80에서 끝난다. 이 $P+1$회 루프의 각 반복에서 명령 "INC3 1"은 $B+C$번 수행된다. 그 명령이 수행되는 줄은 44, 68, 77뿐이다. 이러한 사실로부터 미지수 G와 L을 연결하는 다음과 같은 자명하지 않은 관계를 얻을 수 있다.

$$G + J + L = (B + C)(P + 1) \tag{17}$$

다행히 수행 시간 (7)은 $G+L$의 함수이고($\cdots + 3F + 4G + \cdots + 3K + 4L + \cdots = \cdots + 7G + 7L + \cdots$의 형태가 됨을 주목), 따라서 G와 L을 더 이상 개별적인 수량들로 분석할 필요가 없다.

이상의 결과를 종합할 때, 입출력 시간을 제외한 총 수행 시간은 다음과 같다.

$$(112NX + 304X - 2M - Y + 11U + 2V - 11)u. \tag{18}$$

이 공식에서 쓰인 자료 특성들에 대한 새 이름들의 의미는 다음과 같다.

X = 입력 카드 개수,
Y = 입력의 빈칸이 아닌 필드들의 개수(마지막의 "="는 제외),
M = 입력의 순환마디 개수,   (19)
N = 입력의 서로 다른 요소 이름들의 개수,
U = 출력의 순환마디 개수(단일 순환마디 포함),
V = 출력의 단일 순환마디 개수.

이상에서 보듯이, 프로그램 A와 같은 프로그램의 분석은 여러 면에서 마치 재미있는 퍼즐을 푸는 것과 비슷하다.

다음으로 보일 것은, 출력 순열이 무작위라고 가정할 때 수량 U와 V가 평균적으로 각각 H_N과 1이라는 것이다.

또 다른 접근방식. 알고리즘 A는 순열들을 마치 보통의 수들을 곱하듯이 곱한다. 컴퓨터로 푸는 문제들이 사실은 사람들이 수년간 직면해왔던 문제들과 매우 비슷함을 알게 되는 경우가 많은데, 이는 사람들이 오랫동안 사용하고 진화시켜온, 시간에 의해 검증된 문제 해법들이 컴퓨터 알고리즘을 위한 적절한 절차이기도 하다는 뜻이다.

반면, 사람이 사용하기에는 별로 적합하지 않아도 컴퓨터에 대해서는 적합하다고 판명되는 새로운 방법들이 발견되기도 한다. 그렇게 되는 주된 이유는 컴퓨터가 사람과는 다른 방식으로 "생각하기" 때문이다. 컴퓨터는 사실 관계에 대해 사람과는 다른 종류의 기억(메모리)을 가지고 있다. 이 순열 곱하기 문제에서도 이러한 차이의 예를 볼 수 있다. 아래의 알고리즘을 사용할 때, 순열의 순환마디들을 곱하는 과정에서 컴퓨터는 순열의 현재 상태 전체를 기억하며, 그래서 공식을 단 한 번만 훑어서 결과를 얻을 수 있다. 인간지향적인 알고리즘 A는 공식을 여러 번(출력할 요소 하나 당 한 번씩) 훑지만 새 알고리즘은 모든 것을 한 번의 탐색에서 처리한다. 이는 호모사피엔스(Homo sapiens), 즉 우리 인간으로서는 신뢰성 있게 수행하기 힘든 방식이다.

그럼 순열 곱셈을 위한 컴퓨터 지향적 방법을 구체적으로 살펴보자. 표 2에 기본적인 아이디어가 나와 있다. 표에서 순환마디의 각 문자 아래의 열은 그 오른쪽의 부분적인 순환마디가 나타내는 순열이다. 예를 들어 표의 첫줄에 있는 순열 곱의 제일 오른쪽 d에서부터 시작하는 부분적인 공식 "$\dots d\ e)(b\ g\ f\ a\ e)$"는 다음과 같은 순열을 나타낸다.

$$\begin{pmatrix} a & b & c & d & e & f & g \\ e & g & c & b & ? & a & f \end{pmatrix}.$$

표 2

한 패스로 순열 곱하기

	$(\ a\ c\ f\ g\ )$	$(\ b\ c\ d\ )$	$(\ a\ e\ d\ )$	$(\ f\ a\ d\ e\ )$	$(\ b\ g\ f\ a\ e\ )$
$a \rightarrow$	$d\ d\ a\ a\ a$	$a\ a\ a\ a\ a$	$a\ a\ a\ a\ d$	$d\ d\ d\ d\ e$	$e\ e\ e\ e\ e\ a\ a$
$b \rightarrow$	$c\ c\ c\ c\ c$	$c\ c\ g\ g\ g$	$g\ g\ g\ g\ g$	$g\ g\ g\ g\ g$	$g\ g\ b\ b\ b\ b\ b$
$c \rightarrow$	$e\ e\ e\ d\ d$	$d\ d\ d\ c\ c$	$c\ c\ c\ c\ c$	$c\ c\ c\ c\ c$	$c\ c\ c\ c\ c\ c\ c$
$d \rightarrow$	$g\ g\ g\ g\ g$	$g\ g\ )\ )\ )$	$d\ d\ )\ )\ )$	$b\ b\ b\ b\ b$	$d\ d\ d\ d\ d\ d\ d$
$e \rightarrow$	$b\ b\ b\ b\ b$	$b\ b\ b\ b\ b$	$b\ b\ a\ a\ a$	$)\ )\ )\ )\ b$	$b\ )\ )\ )\ )\ )\ e$
$f \rightarrow$	$f\ f\ f\ e\ e$	$e\ e\ e\ e\ e$	$e\ e\ e\ e\ e$	$e\ a\ a\ a\ a$	$a\ a\ a\ f\ f\ f$
$g \rightarrow$	$a\ )\ )\ )\ )$	$f\ f\ f\ f\ f$	$f\ f\ f\ f\ f$	$f\ f\ f\ f\ f$	$f\ f\ f\ f\ g\ g\ g\ g$

표 2를 조사해보면, 만일 우리가 오른쪽의 항등 순열로 시작해서 오른쪽에서 왼쪽 방향으로 처리해 나간다면 이 표를 체계적으로 만들어낼 수 있음을 알 수 있다. 글자 x 아래의 열은 그 오른쪽의 열과 행 x에서만 다를 뿐이다. 그리고 행 x의 새 값은 이전의 변화에서 사라진 값이다. 다음은 이를 정확한 알고리즘으로 표현한 것이다.

알고리즘 B (순환마디 형태의 순열 곱셈). 이 알고리즘은 알고리즘 A와 본질적으로 동일한 결과를 낸다. 순열로 치환되는 요소들의 이름을 $x_1, x_2, \dots, x_n$이라고 하자. 우리는 보조 표 $T[1], T[2], \dots, T[n]$을 사용한다. 이 알고리즘은 입력 순열 하에서 오직 $T[i] = j$일 때에만 x_i가 x_j로 가게 하는 결과를 내고 종료한다.

B1. 〔초기화.〕 $1 \le k \le n$에 대해 $T[k] \leftarrow k$로 설정한다. 또한, 입력을 오른쪽에서 왼쪽으로 훑을 준비를 한다.

B2. 〔다음 요소.〕 입력의 다음(오른쪽에서 왼쪽으로) 요소를 조사한다. 만일 입력을 다 훑었으면 알고리즘을 종료한다. 만일 다음 요소가 ")"이면 $Z \leftarrow 0$으로 설정하고 단계 B2를 반복한다. 만일 "("이면 B4로 간다. 그렇지 않으면 요소는 어떠한 i에 대한 x_i이다. B3으로 간다.

B3. 〔$T[i]$를 변경.〕 $Z \leftrightarrow T[i]$로 교환한다. 이에 의해 만일 $T[i] = 0$이 되면 $j \leftarrow i$로 설정한다. 단계 B2로 돌아간다.

B4. 〔$T[j]$를 변경.〕 $T[j] \leftarrow Z$로 설정한다. (표 2와 같은 표시를 가정할 때, 이 시점에서 j는 방금 조사한 왼쪽 괄호에 부합하는 오른쪽 괄호에 해당하는 ")" 항목이 있는 행이다.) 단계 B2로 돌아간다. ∎

물론 이 알고리즘을 수행한 후에는 표 T의 내용을 순환마디 형태로 출력해야 한다. 이는 잠시 후 살펴볼 "꼬리표" 방법으로 쉽게 처리할 수 있다.

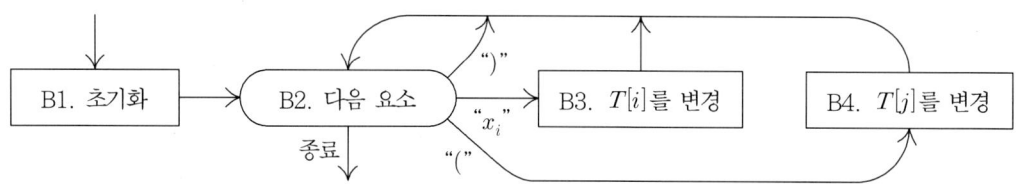

그림 21. 순열 곱셈을 위한 알고리즘 B.

그럼 새 알고리즘에 기반을 둔 MIX 프로그램을 작성해 보자. 기본적인 규칙은 프로그램 A와 동일하다. 입력과 출력의 형태도 같다. 그런데 약간의 문제가 존재한다. 말하자면, 요소 x_1, x_2, …, x_n들이 무엇인지 미리 알지 못하는 상태에서 알고리즘 B를 어떻게 구현할 것인가? n이 몇인지 미리 알 수 없으며 b라는 이름의 요소가 x_1인지 아니면 x_2인지(또는 그 외의 것인지)도 알지 못한다. 이 문제를 푸는 한 가지 간단한 방법은, 알고리즘을 수행하면서 지금까지 발견한 요소 이름들을 어떤 표에 저장해 두고 매번 그 표에서 현재의 이름을 찾게 하는 것이다(아래 프로그램의 줄 35-44를 볼 것).

프로그램 B (프로그램 A와 같은 결과를 낸다.) $rX \equiv Z$; $rI4 \equiv i$; $rI1 \equiv j$; $rI3 \equiv n$, 단 n은 지금까지 발견한 서로 다른 이름들의 개수.

01	MAXWDS	EQU	1200		입력 최대 길이
02	X	ORIG	*+MAXWDS		이름들의 표
03	T	ORIG	*+MAXWDS		보조 상태표
04	PERM	ORIG	*+MAXWDS		입력 순열
05	ANS	EQU	PERM		답을 저장할 장소
06	OUTBUF	ORIG	*+24		출력을 위한 장소
07	CARDS	EQU	16		프로그램 A의 줄 05-22와 동일
	…				
24		HLT	666		이 시점에서 rI2개의 입력 워드들이
25	1H	INC2	15	1	PERM, PERM+1, …에 들어 있다.
26		ENT3	0	1	그리고 아직 어떤 이름도 나오지 않았다.
27	RIGHT	ENTX	0	A	$Z \leftarrow 0$으로 설정.

28	SCAN	DEC2	1	B	*B2. 다음 요소.*
29		LDA	PERM,2	B	
30		JAZ	CYCLE	B	빈칸들을 넘어간다.
31		CMPA	RPREN	C	
32		JE	RIGHT	C	다음 요소가 ")"인가?
33		CMPA	LPREN	D	
34		JE	LEFT	D	아니면 "("인가?
35		ENT4	1,3	E	검색을 준비한다.
36		STA	X	E	표의 시작에 저장.
37	2H	DEC4	1	F	이름들의 표를 검색한다.
38		CMPA	X,4	F	
39		JNE	2B	F	일치하는 것을 찾을 때까지 반복.
40		J4P	FOUND	G	이전에 나타난 적이 있는 이름인가?
41		INC3	1	H	아니면 표 크기를 키운다.
42		STA	X,3	H	새 이름 x_n을 표에 삽입.
43		ST3	T,3	H	$T[n] \leftarrow n$으로 설정하고,
44		ENT4	0,3	H	$\quad i \leftarrow n$으로 설정.
45	FOUND	LDA	T,4	J	*B3. $T[i]$를 변경.*
46		STX	T,4	J	Z를 저장.
47		SRC	5	J	Z를 설정.
48		JANZ	SCAN	J	
49		ENT1	0,4	K	만일 Z가 0이었으면, $j \leftarrow i$로 설정한다.
50		JMP	SCAN	K	
51	LEFT	STX	T,1	L	*B4. $T[j]$를 변경.*
52	CYCLE	J2P	SCAN	P	완료되지 않았다면 B2로 돌아간다.
53	*				
54	OUTPUT	ENT1	ANS	1	모든 입력을 처리했다.
55		J3Z	DONE	1	x와 표 T에 답이 들어 있다.
56	1H	LDAN	X,3	Q	이제 출력을 위한 순환마디 표기를 구축한다.
57		JAP	SKIP	Q	꼬리표가 달린 이름인가?
58		CMP3	T,3	R	단일 순환마디가 있는가?
59		JE	SKIP	R	
60		MOVE	LPREN	S	순환마디를 연다.
61	2H	MOVE	X,3	T	
62		STA	X,3	T	이름에 꼬리표를 단다.
63		LD3	T,3	T	요소의 다음(순열 치환 차원에서) 요소를 찾는다.
64		LDAN	X,3	T	
65		JAN	2B	T	그 요소에 이미 꼬리표가 달려 있는가?
66		MOVE	RPREN	W	그렇다면 순환마디를 닫는다.
67	SKIP	DEC3	1	Z	다음 이름으로 넘어간다.
68		J3P	1B	Z	

```
69    *
70    DONE     CMP1   =ANS=
      ...
84    EQUALS   ALF      =
85             END    BEGIN
```
} 프로그램 A의 줄 48-62와 동일

줄 54-68은 T 표와 이름들의 표로 순환마디 표기를 구축하는데, 이 부분은 그 자체로 연구해볼만한 작은 알고리즘이다. 이 프로그램의 수행 시간을 계산하는 데 쓰이는 수량 A, B, ..., R, S, T, W, Z 는 물론 프로그램 A의 분석에 쓰였던 같은 이름의 수량들과는 다르다. 이 시간들을 분석해보는 것도 재미있는 연습이 될 것이다(연습문제 10 참고).

시험해 보면 알겠지만, 프로그램 P의 수행 시간에서 주된 부분은 이름들의 표를 검색하는 데 소비되는 시간이다. 이는 수행 시간 계산의 F에 해당한다. 이름들의 사전을 구축하고 검색하는 데에는 훨씬 더 나은 알고리즘들이 존재한다. 그런 것들을 기호표 알고리즘(symbol table algorithm)이라고 부르는데, 컴퓨터 응용에서 매우 중요한 분야이다. 6장에 효율적인 기호 표 알고리즘에 대한 논의가 나온다.

역 순열. 순열 π의 역 π^-는 π의 효과를 취소하는 재배치이다. 즉, π가 i를 j로 바꾼다면 π^-는 j를 i로 바꾼다. 따라서 곱 $\pi\pi^-$는 항등 순열과 같으며, 곱 $\pi^-\pi$ 역시 마찬가지이다. 역을 π^- 대신 π^{-1}로 표기하는 사람들도 있지만, 첨자 1은 불필요하다($x^1 = x$인 것과 마찬가지 이유로).

모든 순열에는 그 역 순열이 존재한다. 예를 들어 순열

$$\begin{pmatrix} a & b & c & d & e & f \\ c & d & f & b & e & a \end{pmatrix} \text{의 역은} \begin{pmatrix} c & d & f & b & e & a \\ a & b & c & d & e & f \end{pmatrix} = \begin{pmatrix} a & b & c & d & e & f \\ f & d & a & b & e & c \end{pmatrix}$$

이다.

이제부터는 순열의 역을 계산하는 몇 가지 간단한 알고리즘들을 논의하겠다.

이번 절 나머지에서는 수 $\{1, 2, ..., n\}$들의 순열을 다룬다고 가정한다. $X[1]\ X[2]\ ...\ X[n]$이 그러한 순열이라고 할 때 그 역을 계산하는 간단한 방법이 있는데, 다음과 같다. $1 \le k \le n$에 대해 $Y[X[k]] \leftarrow k$로 설정한다. 그러면 $Y[1]\ Y[2]\ ...\ Y[n]$이 원하던 순열이다. 이 방법은 $2n$개의 메모리 칸들을 소비한다. 구체적으로는, X에 대해 n개, Y에 대해 n개이다.

그러나, 재미 삼아 n이 매우 크며 $X[1]\ X[2]\ ...\ X[n]$의 역을 커다란 추가적인 메모리 공간을 사용하지 않고 계산하고 싶다고 하자. 역을 "그 자리에서"(in place) 계산하고자 한다. 즉, 알고리즘이 끝나면 배열 $X[1]\ X[2]\ ...\ X[n]$에 원래 순열의 역이 들어 있어야 한다. 단순히 $1 \le k \le n$에 대해 $X[X[k]] \leftarrow k$로 설정하는 것으로는 정확한 답이 나오지 않음은 당연하다. 순환마디 구조를 곰곰이 생각해 보면, 다음과 같은 간단한 알고리즘을 이끌어낼 수 있다.

알고리즘 I (그 자리에서 역 계산). $\{1, 2, ..., n\}$의 한 순열 $X[1]\ X[2]\ ...\ X[n]$을 그 역으로 치환한다. 이 알고리즘은 황빙차오黃秉超 [*Inf. Proc. Letters* **12** (1981), 237-238]에서 비롯된 것이다.

I1. 〔초기화.〕 $m \leftarrow n, \ j \leftarrow -1$ 로 설정한다.

I2. 〔다음 요소.〕 $i \leftarrow X[m]$ 으로 설정한다. 만일 $i < 0$ 이면 단계 I5로 간다(이미 처리된 요소인 경우이다).

I3. 〔한 요소 뒤집기.〕 (이 시점에서 $j < 0$ 이고 $i = X[m]$ 이다. 만일 m 이 해당 순환마디의 가장 큰 요소가 아니면, 원래의 순열에 $X[-j] = m$ 이 있었던 것이다.) $X[m] \leftarrow j, \ j \leftarrow -m,$ $m \leftarrow i, \ i \leftarrow X[m]$ 으로 설정한다.

I4. 〔순환마디의 끝?〕 만일 $i > 0$ 이면 I3으로 돌아간다(순환마디가 아직 끝나지 않은 것이다). 그렇지 않으면 $i \leftarrow j$ 로 설정한다. (후자의 경우 원래 순열에 $X[-j] = m$ 이 있었던 것이며, m 이 해당 순환마디의 가장 큰 요소이다.)

I5. 〔최종 값을 저장.〕 $X[m] \leftarrow -i$ 로 설정한다. (원래 $X[-1]$ 은 m 과 같았다.)

I6. 〔m 에 대해 반복.〕 m 을 1 감소한다. 만일 $m > 0$ 이면 I2로 돌아간다. 그렇지 않으면 알고리즘을 끝낸다. ∎

표 3에 이 알고리즘의 실행 예가 나와 있다. 이 알고리즘은 기본적으로 순열의 연속적인 순환마디들을 뒤집고(역을 구하고), 뒤집은 요소들의 부호를 음으로 설정해서 꼬리표를 달고, 이후에 부호를 다시 복원하는 것이다.

  알고리즘 I는 알고리즘 A의 여러 부분들과 비슷하며, 프로그램 B의 순환마디 찾기 알고리즘(줄 54-68)과는 매우 비슷하다. 재배치와 관련된 여러 알고리즘들 사이에서는 이런 관계를 흔히 볼 수 있다. 이 알고리즘을 MIX로 구현할 때에는 i 값을 그 자체로 레지스터에 저장하기보다는 $-i$ 값을 저장하는 것이 훨씬 편하다.

표 3
알고리즘 I로 6 2 1 5 4 3의 역을 계산

단계(수행 이후):	I2	I3	I3	I3	I5*	I2	I3	I3	I5	I2	I5	I5	I3	I5	I5
$X[1]$	6	6	6	-3	-3	-3	-3	-3	-3	-3	-3	-3	-3	-3	3
$X[2]$	2	2	2	2	2	2	2	2	2	2	2	2	-4	2	2
$X[3]$	1	1	-6	-6	-6	-6	-6	-6	-6	-6	-6	6	6	6	6
$X[4]$	5	5	5	5	5	5	5	-5	-5	-5	5	5	5	5	5
$X[5]$	4	4	4	4	4	4	-1	-1	4	4	4	4	4	4	4
$X[6]$	3	-1	-1	-1	1	1	1	1	1	1	1	1	1	1	1
m	6	3	1	6	6	5	4	5	5	4	4	3	2	2	1
j	-1	-6	-3	-1	-1	-1	-5	-4	-4	-4	-4	-4	-2	-2	-2
i	3	1	6	-1	-1	4	5	-1	-4	-5	-5	-6	-4	-2	-3

열들은 왼쪽에서 오른쪽으로 읽는다. *이 있는 지점에서 순환마디 (1 6 3)의 역이 완성되었다.

프로그램 I (그 자리에서 역 구하기). rI1 ≡ m, rI2 ≡ $-i$, rI3 ≡ j, 그리고 $n = N$인데, N은 이 프로그램이 더 큰 루틴의 일부로 어셈블될 때 정의될 기호이다.

01	INVERT	ENT1	N	1	*I1. 초기화.* $m \leftarrow n$.
02		ENT3	-1	1	$j \leftarrow -1$.
03	2H	LD2N	X,1	N	*I2. 다음 요소.* $i \leftarrow X[m]$.
04		J2P	5F	N	만일 $i < 0$이면 I5로.
05	3H	ST3	X,1	N	*I3. 한 요소 뒤집기.* $X[m] \leftarrow j$.
06		ENN3	0,1	N	$j \leftarrow -m$.
07		ENN1	0,2	N	$m \leftarrow i$.
08		LD2N	X,1	N	$i \leftarrow X[m]$.
09	4H	J2N	3B	N	*I4. 순환마디의 끝?* 만일 $i > 0$이면 I3으로.
10		ENN2	0,3	C	아니면 $i \leftarrow j$로 설정.
11	5H	ST2	X,1	N	*I5. 최종 값 저장.* $X[m] \leftarrow -i$.
12	6H	DEC1	1	N	*I6. m에 대해 반복.*
13		J1P	2B	N	만일 $m > 0$이면 I2로. ∎

이 프로그램의 수행 시간은 이전에 나왔던 방식으로 쉽게 파악할 수 있다. 초기에 모든 요소 $X[m]$은 단계 I3에서 음의 값으로 설정되며, 이후 단계 I5에서 양의 값으로 복구된다. 총 수행 시간은 $(14N + C + 2)u$로, 여기서 N은 배열의 크기이고 C는 순환마디 전체 개수이다. 무작위 순열에서의 C의 성질은 나중에 분석할 것이다.

어떤 과제이든, 그것을 수행하는 알고리즘은 여러 개인 경우가 대부분이다. 실제로, 그 자리에서 순열의 역을 구하는 또 다른 알고리즘이 존재한다. 다음은 부스로이드J. Boothroyd가 고안한 교묘한 알고리즘이다.

알고리즘 J (그 자리에서 역 구하기). 이 알고리즘은 알고리즘 I와 같은 효과를 내지만, 그 방법은 다르다.

J1. 〔모든 요소 부정.〕 $1 \leq k \leq n$에 대해 $X[k] \leftarrow -X[k]$로 설정한다. 또한 $m \leftarrow n$으로 설정한다.

J2. 〔j를 초기화.〕 $j \leftarrow m$으로 설정한다.

J3. 〔음인 요소를 찾는다.〕 $i \leftarrow X[j]$로 설정한다. 만일 $i > 0$이면 $j \leftarrow i$로 설정하고 이 단계를 반복한다.

J4. 〔뒤집기.〕 $X[j] \leftarrow X[-i]$, $X[-i] \leftarrow m$으로 설정한다.

J5. 〔m에 대해 반복.〕 m을 1 감소한다. 만일 $m > 0$이면 J2로 돌아간다. 그렇지 않으면 알고리즘을 끝낸다. ∎

표 4

알고리즘 J로 6 2 1 5 4 3의 역을 계산

단계(수행 이후):	J2	J3	J5	J3	J5	J3	J5	J3	J5	J3	J5	J3	J5
$X[1]$	-6	-6	-6	-6	-6	-6	-6	-6	3	3	3	3	3
$X[2]$	-2	-2	-2	-2	-2	-2	-2	-2	-2	-2	2	2	2
$X[3]$	-1	-1	6	6	6	6	6	6	6	6	6	6	6
$X[4]$	-5	-5	-5	-5	5	5	5	5	5	5	5	5	5
$X[5]$	-4	-4	-4	-4	-5	-5	4	4	4	4	4	4	4
$X[6]$	-3	-3	-1	-1	-1	-1	-1	-1	-6	-6	-6	-6	1
m	6	6	5	5	4	4	3	3	2	2	1	1	0
i		-3	-3	-4	-4	-5	-5	-1	-1	-2	-2	-6	-6
j		6	6	6	5	5	5	5	6	6	2	2	6

표 4에 부스로이드 알고리즘의 적용 예가 나와 있다. 이 방법 역시 본질적으로는 순환마디 구조에 기반을 두나, 알고리즘이 실제로 작동하는지를 파악하기가 알고리즘 I에 비해서는 덜 명확하다. 검증은 독자의 몫으로 남겨두겠다(연습문제 13).

프로그램 J (프로그램 I와 비슷하게 알고리즘 J를 구현). $rI1 \equiv m$, $rI2 \equiv j$, $rI3 \equiv -i$.

01	INVERT	ENN1	N		1	_J1. 모든 요소 부정._
02		ST1	X+N+1,1(0:0)		N	부호를 음으로 설정.
03		INC1	1		N	
04		J1N	*-2		N	요소가 더 있는가?
05		ENT1	N		1	$m \leftarrow n$.
06	2H	ENN3	0,1		N	_J2. j를 초기화. $i \leftarrow m$으로 설정._
07		ENN2	0,3		A	$j \leftarrow i$.
08		LD3N	X,2		A	_J3. 음의 요소를 찾는다._
09		J3N	*-2		A	$i > 0$?
10		LDA	X,3		N	_J4. 뒤집기._
11		STA	X,2		N	$X[j] \leftarrow X[-i]$.
12		ST1	X,3		N	$X[-i] \leftarrow m$.
13		DEC1	1		N	_J5. m에 대해 반복._
14		J1P	2B		N	만일 $m > 0$이면 J2로. ∎

이 프로그램의 수행 시간을 얻으려면 수량 A를 알아야 한다. 이 수량을 구하는 문제는 흥미로우면서도 배울 점 또한 많으므로 독자의 숙제로 남겨둔다(연습문제 14 참고).

알고리즘 J가 매우 교묘하긴 하지만, 분석해 보면 알고리즘 I가 훨씬 우월함을 알 수 있다. 실제로 알고리즘 J의 평균 실행 시간은 본질적으로 $n \ln n$에 비례하는 반면 알고리즘 I는 n에 비례한다. 그러나 언젠가는 누군가가 알고리즘 J(또는 그와 관련된 수정된 알고리즘)의 용도를 찾아낼지도 모른다. 완전히 무시하기에는 너무나 멋진 알고리즘이기 때문이다.

색다른 대응 관계. 순열의 순환마디 표기가 유일하지 않다는 점은 이미 언급했었다. 예를 들어 요소 여섯 개짜리 순열 (1 6 3)(4 5)는 (5 4)(3 1 6) 등으로도 표기할 수 있다. 그런 차원에서, 순환마디 표기의 표준형(canonical form)을 고려해보는 것이 유용할 것이다. 그러한 표준형은 유일하다 (unique). 다음은 표준형을 얻는 절차이다.

a) 모든 단일 순환마디들을 명시적으로 표기한다.

b) 각 순환마디마다, 가장 작은 수가 첫째 자리가 되도록 순환마디를 변경한다.

c) 그 첫째 자리 숫자를 기준으로 해서 순환마디들을 내림차순으로 정렬한다.

순열 (3 1 6)(5 4)를 예로 들어보자.

$$\text{(a): } (3\ 1\ 6)(5\ 4)(2), \quad \text{(b): } (1\ 6\ 3)(4\ 5)(2), \quad \text{(c): } (4\ 5)(2)(1\ 6\ 3) \qquad (20)$$

이러한 표준형이 지닌 중요한 성질은, 괄호들을 생략할 수 있으며 그것으로부터 원래의 표준형을 고유하게 다시 구축할 수 있다는 점이다. 즉, 표준형을 얻기 위해서 "4 5 2 1 6 3"에 괄호를 치는 방법은 단 한 가지뿐이다. 어떤 경우이든 좌에서 우로 최소값 바로 앞에(말하자면, 자기 이전의 요소가 자신보다 작지 않은 요소 바로 앞) 왼쪽 괄호를 넣을 수밖에 없는 것이다.

이러한 괄호 삽입, 삭제 절차로부터 순환마디 형태로 표현한 모든 순열들의 집합과 직선적인 형태로 표현한 모든 순열들의 집합 사이에 한 가지 색다른 일대일 대응 관계가 나타난다. 예를 들어 순열 6 2 1 5 4 3의 순환마디 표준형은 (4 5)(2)(1 6 3)이며, 괄호들을 제거하면 4 5 2 1 6 3이 된다. 이것의 순환마디 형태는 (2 5 6 3)(1 4)이고 괄호들을 제거하면 2 5 6 3 1 4이다. 이것의 순환마디 형태는 (3 6 4)(1 2 5)이 되는 등이다.

이러한 대응 관계는 다른 종류의 순열들을 연구할 때 여러 가지 방식으로 응용할 수 있다. 예를 들어 "n 요소들의 한 순열에 평균적으로 몇 개의 순환마디들이 있는가?"를 알고 싶다고 하자. 이 질문에 답을 하기 위해, 표준형으로 표현된 $n!$개의 모든 순열들의 집합을 취하고 괄호들을 제거한다. 그러면 $n!$의 모든 순열들이 어떠한 순서로 나열된 집합이 남는다. 이제 원래의 질문은 "n 요소들의 한 순열에 좌에서 우로 최소값이 평균적으로 몇 개나 있는가?"가 된다. 이 질문에 대한 답은 이미 1.2.10절에서 밝힌 바 있는데, 그 개수는 알고리즘 1.2.10M의 분석에서 살펴본 수량 $(A + 1)$이다. 그 때 얻은 통계치들은 다음과 같다.

$$\min 1, \quad \text{ave } H_n, \quad \max n, \quad \text{dev} \sqrt{H_n - H_n^{(2)}} \qquad (21)$$

(사실 앞서 논의했던 것은 우에서 좌로 최대값들의 평균 개수였지만, 그 개수는 당연히 좌에서 우로 최소값들의 평균 개수와 같다.) 더 나아가서, 이는 n 객체들의 한 순열의 좌에서 우로 최소값이 k일 확률이 $\left[{n \atop k}\right] \big/ n!$ 임을 증명한다. *따라서 n 객체들의 한 순열이 k개의 순환마디들을 가질 확률은* $\left[{n \atop k}\right] \big/ n!$ *이다.*

또한 좌에서 우로 최소값들 사이의 평균 거리도 구할 수 있다. 그 거리는 한 주기의 평균 길이와 동치가 된다. (21)에 의해, 모든 $n!$개의 순열들 사이의 순환마디의 전체 개수는 $n! \, H_n$이다. 왜냐하면 이것은 $n!$ 곱하기 순환마디들의 평균 개수이기 때문이다. 그 순환마디들 중 하나를 무작위로 선택한다고 할 때, 그 순환마디의 평균 길이는 얼마일까?

　$\{1, 2, ..., n\}$ 요소들의 모든 순열 $n!$개를 순환마디 형태로 표기한다고 하자. 그 중 3-순환마디(요소가 세 개인 순환마디)는 몇 개나 될까? 이 질문에 답하기 위해, 어떤 특정한 3-순환마디 $(x \, y \, z)$가 몇 번이나 나타나는지 생각해 보자. 그런 순환마디가 정확히 $(n-3)!$번 나타남은 의심할 여지가 없다. 이 점은 그 값이 나머지 $n-3$개의 요소들의 순열 개수임을 생각한다면 이해할 수 있을 것이다. 이제 서로 다른 3-순환마디 $(x \, y \, z)$들의 개수는 $n(n-1)(n-2)/3$임을 알 수 있다. 이는, x로 선택할 수 있는 것이 n개, y는 $(n-1)$개, z는 $(n-2)$개이고 $n(n-1)(n-2)$개의 3-순환마디들 중 각각의 서로 다른 3-순환마디는 $(x \, y \, z)$, $(y \, z \, x)$, $(z \, x \, y)$ 세 가지 형태라는 점에서 비롯된 것이다. 따라서 모든 $n!$개의 순열들 중 3-순환마디의 총 개수는 $n(n-1)(n-2)/3 \times (n-3)!$, 즉 $n!/3$이다. 그와 비슷하게, m-순환마디의 전체 개수는 $n!/m$이다(단, $1 \leq m \leq n$). (이것으로도 순환마디 전체 개수가 $n! \, H_n$이라는 사실을 간단히 증명할 수 있다. 더 나아가서, 그로부터 한 무작위 순열의 순환마디의 평균 개수가 이미 알고 있는 것처럼 H_n임을 재차 확인할 수 있다.) 연습문제 17은 무작위로 선택한 순환마디의 평균 길이가 n/H_n임을 보인다. 이는 $n! \, H_n$개의 순환마디들이 같은 확률로 나타난다고 할 때의 이야기이다. 그러나 만일 무작위 순열의 한 요소를 무작위로 선택하는 경우에는 그 요소를 담은 순환마디의 평균 길이가 n/H_n보다 조금 더 크다.

　알고리즘 A, B의 분석을 완성하기 위해서 한 무작위 순열의 단일 순환마디의 평균 개수를 알아보자. 이것은 흥미로운 문제이다. $n!$개의 순열들을 단일 순환마디가 없는 것들부터 나열하고 그 다음에 하나 있는 것들, 둘 있는 것들 등의 순서로 나열한다고 하자. 예를 들어 $n = 4$일 때,

고정 요소 없음:	2143	2341	2413	3142	3412	3421	4123	4312	4321
고정 요소 하나:	1̲342	1̲423	32̲41	42̲13	243̲1	413̲2	2314̲	3124̲	
고정 요소 두 개:	1̲2̲43	1̲43̲2	1̲32̲4̲	42̲3̲1	32̲1̲4̲	21̲34̲			
고정 요소 세 개:									
고정 요소 네 개:	1̲2̲3̲4̲								

(이 목록에서 위, 아래에 줄을 친 요소는 단일 순환마디, 즉 순열 치환을 적용해도 원래 자리를 지키는 요소를 뜻한다.) 고정 요소가 없는 순열들을 교란(derangement)이라고 부른다. 교란들의 개수는 n개의 글자들을 n개의 봉투들에 모두 틀리게[†] 집어넣는 방법의 수이다.

　P_{nk}가 n 객체 순열들 중 고정 요소가 정확히 k개인 것들의 개수라고 하자. 지금 예의 경우는

$$P_{40} = 9, \quad P_{41} = 8, \quad P_{42} = 6, \quad P_{43} = 0, \quad P_{44} = 1$$

이다. 위에 나온 목록을 조사해 보면 이 수들 사이의 주된 관계를 발견할 수 있다. 먼저 고정될 k개의

[†] 〔옮긴이 주〕 예를 들어 A자를 A봉투에 넣으면 안 된다.

요소들을 택하고(이 선택의 개수는 $\binom{n}{k}$이다), 나머지 $n-k$개의 요소들을 더 이상 고정된 요소가 남지 않도록 순열 치환하면, 결국 고정 요소가 k개인 모든 순열들을 얻게 되며 따라서 다음과 같은 관계가 나온다.

$$P_{nk} = \binom{n}{k} P_{(n-k)0}. \tag{22}$$

또한 "전체는 부분의 합"이므로,

$$n! = P_{nn} + P_{n(n-1)} + P_{n(n-2)} + P_{n(n-3)} + \cdots \tag{23}$$

이다. 식 (22)와 (23)을 결합하고 그 결과를 약간 정리하면 다음이 나온다.

$$n! = \frac{P_{00}}{0!} + n\frac{P_{10}}{1!} + n(n-1)\frac{P_{20}}{2!} + n(n-1)(n-2)\frac{P_{30}}{3!} + \cdots . \tag{24}$$

이 등식은 모든 양의 정수 n에 대해서 반드시 참이어야 한다. 이 등식은 앞에서도 본 적이 있는 것으로, 1.2.5절에서는 스털링의 계승 함수 일반화 시도와 관련해서 나왔었고 1.2.6절(연습문제 5)에서는 그 계수들을 간단히 유도해 보기도 했었다. 이제 결론을 내리자면:

$$\frac{P_{m0}}{m!} = 1 - \frac{1}{1!} + \frac{1}{2!} - \cdots + (-1)^m \frac{1}{m!}. \tag{25}$$

p_{nk}가 n 객체들의 한 순열이 정확히 k개의 단일 순환마디들을 가질 확률이라고 하자. $p_{nk} = P_{nk}/n!$이므로, 식 (22)와 (25)로부터 다음을 얻는다.

$$p_{nk} = \frac{1}{k!}\left(1 - \frac{1}{1!} + \frac{1}{2!} - \cdots + (-1)^{n-k}\frac{1}{(n-k)!}\right). \tag{26}$$

따라서 생성함수 $G_n(z) = p_{n0} + p_{n1}z + p_{n2}z^2 + \cdots$는

$$G_n(z) = 1 + \frac{1}{1!}(z-1) + \cdots + \frac{1}{n!}(z-1)^n = \sum_{0 \le j \le n} \frac{1}{j!}(z-1)^j \tag{27}$$

이다. 이 공식에서 $G_n'(z) = G_{n-1}(z)$이 나오며, 1.2.10절의 방법들을 이용하면 단일 순환마디 개수에 대한 다음과 같은 통계치들을 나온다.

$$(\min 0, \ \text{ave } 1, \ \max n, \ \text{dev } 1), \ \text{단 } n \ge 2\text{일 때}. \tag{28}$$

여러 나열 문제들에서 중요한 한 가지 방법인 포함 및 배제 원칙(principle of inclusion and exclusion)을 이용하면 단일 순환마디가 없는 순열들의 개수를 좀 더 직접적으로 셀 수 있다. 일반적인 포함 및 배제 원칙은 이렇게 공식화할 수 있다. N개의 요소들이 있으며 그 요소들의 부분집합들이 $S_1, S_2, ..., S_M$이라고 하자(총 M개). 목표는 그 부분집합들 어디에도 없는 요소(원소)들을 세는 것이다. 집합 S의 원소 개수를 $|S|$로 표기한다고 할 때, 집합 S_j들에는 없는 객체들의 개수는

$$N - \sum_{1 \le j \le M} |S_j| + \sum_{1 \le j < k \le M} |S_j \cap S_k| - \sum_{1 \le i < j < k \le M} |S_i \cap S_j \cap S_k| + \cdots$$
$$+ (-1)^M |S_1 \cap \cdots \cap S_M| \tag{29}$$

이다. (풀어 말하자면, 우선 전체 개수 N에서 S_1, ..., S_M에 있는 원소들의 개수를 뺀다. 그러나 이것은 원하는 결과보다 작다. 그래서 각각의 쌍 S_j와 S_k에 공통인 요소들의 개수, 즉 $S_j \cap S_k$의 원소 개수를 다시 더한다. 그러나 이러면 원하는 결과보다도 커진다. 그래서 이번에는 세 부분집합들의 교집합의 개수를 뺀다. 이런 과정을 부분집합 개수를 증가시키면서 반복한다.) 이 공식을 증명하는 방법은 여러 가지인데, 독자도 그 중 하나를 직접 발견하게 된다(연습문제 25).

n개의 요소들의 단일 순환마디가 없는 순열 개수를 세기 위해서는 $N = n!$ 순열들을 고려해야 한다. 요소 j가 단일 순환마디를 형성하는 순열들의 집합을 S_j라고 하자. 만일 $1 \le j_1 < j_2 < \cdots < j_k \le n$이면 $S_{j_1} \cap S_{j_2} \cap \cdots \cap S_{j_k}$의 원소 개수는 j_1, ..., j_k가 단일 순환마디들인 순열들의 개수이며, 이것이 $(n-k)!$임은 명백하다. 따라서 공식 (29)는 식 (25)에 따라

$$n! - \binom{n}{1}(n-1)! + \binom{n}{2}(n-2)! - \binom{n}{3}(n-3)! + \cdots + (-1)^n \binom{n}{n} 0!$$

가 된다.

포함 및 배제 원칙은 드무아브르 A. de Moivre에서 기인한다. [그의 *Doctrine of Chances* (London: 1718), 61-63; 3rd ed. (1756 Chelsea 재발행, 1957), 110-112를 볼 것]. 그러나 그 진가가 널리 인정된 것은 토드헌터 I. Todhunter의 *Algebra* (second edition, 1860), §762와 휘트워스 W. A. Whitworth의 유명한 책 *Choice and Chance* (Cambridge: 1867)에 의해서 더욱 발전되고 대중화된 후의 일이다.

순열들의 조합적 특징들은 5.1절에서 좀 더 살펴본다.

연습문제

1. [02] x를 $2x \bmod 7$로 치환하는 변환 $\{0, 1, 2, 3, 4, 5, 6\}$이 있다. 이 변환이 하나의 순열임을 보이고, 그 순열을 순환마디 형태로 표현하라.

2. [10] 본문에서는 일련의 치환 연산$(x \leftarrow y)$들과 하나의 보조 변수 t를 이용해서 설정 $(a, b, c, d, e, f) \leftarrow (c, d, f, b, e, a)$를 수행하는 방법을 말했다. 그런 설정을 일련의 교환(exchange), 즉 $(x \leftrightarrow y)$들을 이용해서 어떠한 보조 변수 없이도 수행할 수 있음을 보여라.

3. [03] 곱 $\begin{pmatrix} a & b & c & d & e & f \\ b & d & c & a & f & e \end{pmatrix} \times \begin{pmatrix} a & b & c & d & e & f \\ c & d & f & b & e & a \end{pmatrix}$를 계산하고 그 답을 두 줄 표기법으로 표현하라. (식 (4)와 비교해 볼 것.)

4. [10] $(a\,b\,d)(e\,f)(a\,c\,f)(b\,d)$를 서로 소인 순환마디들의 곱으로 표현하라.

▶ **5.** [M10] 식 (3)은 한 순열을 순환마디 형태로 표현하는 방법이 여러 가지임을 보여준다. 모든 단일 순환마디들을 생략한다고 할 때, 식 (3)의 순열을 표현하는 서로 다른 방법은 총 몇 가지인가?

6. 〔M28〕 모든 빈칸 워드들이 입력의 제일 오른쪽에만 나타난다는 가정을 제거한다면 프로그램 A의 실행 시간 특성은 어떻게 변할까?

7. 〔10〕 프로그램 A에 입력 (6)이 주어진다면, (19)의 수량 X, Y, M, N, U, V는 무엇인가? 그리고 입출력 시간을 제외한 프로그램 A의 수행 시간은 얼마인가?

▶ **8.** 〔23〕 알고리즘 B를, 입력을 오른쪽에서 왼쪽으로 훑는 것이 아니라 왼쪽에서 오른쪽으로 훑도록 수정하는 게 바람직할까?

9. 〔10〕 프로그램 A와 B 모두 같은 형태의 입력을 받으며 본질적으로 동일한 형태의 답을 낸다. 그런데 두 프로그램의 출력이 정확히 동일할까?

▶ **10.** 〔M28〕 프로그램 B의 수행 시간 특성들(즉, 거기에 나온 수량 A, B, ..., Z)을 조사하라. 총 수행 시간을 (19)에 정의된 수량 X, Y, M, N, U, V와 F를 이용해서 표현하라. 입력 (6)에 대한 프로그램 B의 총 수행 시간을 연습문제 7에서 계산한 입력 (6)에 대한 프로그램 A의 총 수행 시간과 비교해 볼 것.

11. 〔15〕 순열 π가 순환마디 형태로 주어졌을 때, π^-를 순환마디 형태로 표기하는 간단한 규칙을 찾아라.

12. 〔M27〕 (직사각행렬의 전치.) $m \neq n$인 $m \times n$ 행렬 (a_{ij})가 연습문제 1.3.2-10과 같은 방식으로 메모리에 저장되어 있다고 하자. 즉, 성분 a_{ij}의 값은 장소 $L + n(i-1) + (j-i)$에 저장된다. 여기서 L은 a_{11}의 장소이다. 이 행렬을 전치행렬, 즉 $b_{ij} = a_{ji}$인 $n \times m$ 행렬(b_{ij})로 바꾸는 것이 문제이다. 단, b_{ij}는 장소 $L + m(i-1) + (j-1)$에 들어가야 한다. 말하자면 행렬을 "그 자신에 대해" 전치시키는 것이다. (a) 이러한 전치 변환이 칸 $L+x$에 있는 값을 칸 $L + (mx \bmod N)$으로 이동함을 보여라. 단, x는 $0 \leq x < N = mn - 1$ 범위의 모든 값들이다. (b) 이러한 전치를 컴퓨터로 수행하는 방법을 논하라.

▶ **13.** 〔M24〕 알고리즘 J가 유효함을 증명하라.

▶ **14.** 〔M34〕 알고리즘 J의 타이밍에 관련된 수량 A의 평균값을 구하라.

15. 〔M12〕 순열을 괄호를 뺀 순환마디 표준형과 직선적 형태로 표현한다고 할 때, 그 둘이 동일한 변환을 의미하는 순열이 존재하는가?

16. 〔M15〕 순열 1324의 직선적 형태로 시작해서, 그것을 순환마디 표준형으로 변환하고 괄호를 제거한다. 그리고 이러한 과정을 그 결과가 원래의 순열이 될 때까지 반복한다. 이 과정에서 어떤 순열들이 나오는가?

17. 〔M24〕 (a) 본문에서는 n개의 요소들에 대한 모든 순열들에 총 $n!\,H_n$개의 순환마디들이 존재함을 보였다. 그 순환마디들(단일 순환마디도 포함)을 $n!\,H_n$개의 개별적인 종이쪽지에 적고 그 중 하나를 무작위로 선택한다고 할 때, 선택된 순환마디의 평균 길이는 얼마일까? (b) $n!$개의 순열들을 $n!$개의 종이쪽지들에 적는다. 무작위로 수 k를 택하고 종이쪽지들 중 하나를 무작위로 택한다고

할 때, 그 종이쪽지에서 k를 포함하는 순환마디가 m-순환마디일 확률은 얼마인가? k를 포함하는 순환마디의 평균 길이는 얼마인가?

▶ **18.** 〔M27〕 n개의 객체들의 한 순열이 정확히 k개의 m-순환마디들을 가질 확률 p_{nkm}은 얼마인가? 그에 해당하는 생성함수 $G_{nm}(z)$는 무엇인가? m-순환마디의 평균 개수는 무엇이고 표준편차는 무엇인가? (본문에서는 $m = 1$인 경우만 다루었다.)

19. 〔HM21〕 식 (25)의 표기법 하에서, 모든 $n \geq 1$에 대해 교란들의 개수 P_{n0}은 $n!/e$를 가장 가까운 정수로 반올림한 것과 정확히 동일함을 보여라.

20. 〔M20〕 모든 단일 순환마디들을 명시적으로 표시한다고 할 때, 1-순환마디 α_1개, 2-순환마디 α_2개, ...를 가진 순열을 순환마디 형태로 표현하는 서로 다른 방법들은 총 몇 가지일까? (연습문제 5 참고.)

21. 〔M22〕 n개의 객체들의 한 순열이 정확히 1-순환마디 α_1개, 2-순환마디 α_2개, ...를 가질 확률 $P(n; \alpha_1, \alpha_2, ...)$는 무엇인가?

▶ **22.** 〔HM34〕 (다음 접근방식은 셰프L. Shepp와 로이드S. P. Lloyd에서 기인한 것으로, 무작위 순열의 순환마디 구조와 관련된 문제들을 풀 때 간편하고도 강력한 방법이 된다.) 고정된 객체들의 개수이자 순열 변수인 수 n이 고정되어 있다고 간주하는 대신, 연습문제 20과 21에 나온 수량 α_1, α_2, α_3, ...들을 어떠한 확률분포에 따라 독립적으로 선택한다고 가정하자. 그리고 w가 0에서 1까지의 임의의 실수라고 하자.

a) 무작위 변수 α_1, α_2, α_3, ...들을 어떠한 함수 $f(w, m, k)$에 대해 "$\alpha_m = k$인 확률은 $f(w, m, k)$"라는 규칙에 따라 선택한다고 하자. 다음 두 조건을 만족하는 $f(w, m, k)$의 값을 구하라: (i) $0 < w < 1$이고 $m \geq 1$에 대해 $\sum_{k \geq 0} f(w, m, k) = 1$이다. (ii) $\alpha_1 + 2\alpha_2 + 3\alpha_3 + \cdots = n$이고 $\alpha_1 = k_1$, $\alpha_2 = k_2$, $\alpha_3 = k_3$, ...일 확률이 $(1-w)w^n P(n; k_1, k_2, k_3, ...)$와 같다. 여기서 $P(n; k_1, k_2, k_3, ...)$은 연습문제 21에 나온 정의를 따른다.

b) 순환마디 구조가 $\alpha_1, \alpha_2, \alpha_3, ...$인 순열이 정확히 $\alpha_1 + 2\alpha_2 + 3\alpha_3 + \cdots$개의 객체들을 순열치환함은 명백하다. 만일 α들을 부문제 (a)의 확률분포에 따라 무작위로 선택한다고 할 때, $\alpha_1 + 2\alpha_2 + 3\alpha_3 + \cdots = n$인 확률이 $(1-w)w^n$임을 보여라. $\alpha_1 + 2\alpha_2 + 3\alpha_3 + \cdots$이 무한대일 확률은 0이다.

c) $\phi(\alpha_1, \alpha_2, ...)$가 무한히 많은 수 $\alpha_1, \alpha_2, ...$들의 임의의 함수라고 하자. α들을 (a)의 확률분포에 따라 선택한다고 할 때, ϕ의 평균값이 $(1-w) \sum_{n \geq 0} w^n \phi_n$임을 보여라. 여기서 ϕ_n은 n개의 객체들의 모든 순열들에 대해 얻은 ϕ의 평균값이며, α_j는 한 순열의 j-순환마디 개수를 나타낸다. 〔예를 들어 만일 $\phi(\alpha_1, \alpha_2, ...) = \alpha_1$이면 ϕ_n의 값은 n 객체들의 한 무작위 순열에 있는 단일 순환마디들의 평균 개수이다. 모든 n에 대해 $\phi_n = 1$임은 (28)에서 보였다.〕

d) 이 방법을 이용해서 n 객체들의 한 무작위 순열에 있는 짝수 길이 순환마디들의 평균 개수를 구하라.

e) 이 방법을 이용해서 연습문제 18을 풀어라.

23. [HM42] (골롬브Golomb, 셰프Shepp, 로이드Lloyd.) l_n이 n 객체들의 한 순열의 가장 긴 순환마디의 평균 길이를 뜻한다고 할 때, $l_n \approx \lambda n + \frac{1}{2}\lambda$임을 보여라. 여기서 $\lambda \approx 0.62433$은 하나의 상수이다. 그리고 실제로 $\lim_{n \to \infty}(l_n - \lambda n - \frac{1}{2}\lambda) = 0$임을 증명하라.

24. [M41] 알고리즘 J의 타이밍에 포함되는 수량 A의 분산을 구하라. (연습문제 14 참고.)

25. [M22] 식 (29)를 증명하라.

▶ **26.** [M24] 포함 및 배제 원칙을 확장해서 부분집합 $S_1, S_2, ..., S_M$들에 정확히 r번 속하는 요소들의 개수에 대한 공식을 구하라. (본문에서는 $r = 0$인 경우만 고려했다.)

27. [M20] 구간 $0 \le n < am_1m_2...m_t$의 정수 n들 중에서 $m_1, m_2, ..., m_t$ 중 어떤 것으로도 나누어지지 않는 것들을 포함 및 배제 원칙을 이용해서 계산하라. 여기서 $m_1, m_2, ..., m_t$와 a는 양의 정수들이며 $j \ne k$일 때 $m_j \perp m_k$이다.

28. [M21] (카플란스키I. Kaplansky.) 연습문제 1.3.2-22에서 정의한 "요세푸스 순열"을 순환마디 표기로 표현한다고 할 때, $n = 8$이고 $m = 4$이면 (1 5 3 6 8 2 4)(7)이 된다. 일반적인 경우에서 이러한 순열이 곱 $(n\ n-1\ ...\ 2\ 1)^{m-1} \times (n\ n-1\ ...\ 2)^{m-1}...(n\ n-1)^{m-1}$임을 보여라.

29. [M25] $m = 2$일 때의 요세푸스 순열의 순환마디 형태는 순열 $\{1, 2, ..., 2n\}$을 "배증(doubling)"해서(j를 $(2j) \bmod (2n+1)$로 바꾸는 것이다) 순환마디 형태로 표현하고, 그 좌우를 뒤집고 n보다 큰 모든 수를 제거해서 얻을 수 있다. 예를 들어서 $n = 11$일 때 배증 순열은 (1 2 4 8 16 9 18 13 3 6 12)(5 10 20 17 11 22 21 19 15 7 14)이며 요세푸스 순열은 (7 11 10 5)(6 3 9 8 4 2 1)이다. 이러한 방법이 유효함을 증명하라.

30. [M24] 연습문제 29를 이용해서 $m = 2$일 때의 요세푸스 순열의 고정된 요소들이 정확히 $(2^{d-1}-1)(2n+1)/(2^d-1)$개임을 보여라. 여기서 d는 $(2^{d-1}-1)(2n+1)/(2^d-1)$가 정수가 되는 모든 양의 정수이다.

31. [HM33] 연습문제 29와 30을 일반화해서, 일반적인 m과 n에 대해 k번째로 처형될 사람의 위치가 x라 할 때 x를 다음과 같이 계산할 수 있음을 증명하라: $x \leftarrow km$으로 설정하고, 만일 $x > n$이면 $x \le n$이 될 때까지 설정 $x \leftarrow \lfloor (m(x-n)-1)/(m-1) \rfloor$을 반복한다. 따라서 $1 \le n \le N$이고 m이 고정되어 있을 때 고정된 요소들의 평균 개수는 $N \to \infty$에 따라 $\sum_{k \ge 1}(m-1)^k/(m^{k+1}-(m-1))^k$에 접근한다. [이 합의 값이 $(m-1)/m$과 1 사이에 있기 때문에, 요세푸스 순열의 고정된 요소 개수는 무작위 순열의 것보다 조금 작다.]

32. [M25] (a) 임의의 순열 $\pi = \pi_1\pi_2...\pi_{2m+1}$이 다음과 같은 형태라고 할 때($e_k$는 0 또는 1),

$$\pi = (2\ 3)^{e_2}(4\ 5)^{e_4}...(2m\ 2m+1)^{e_{2m}}(1\ 2)^{e_1}(3\ 4)^{e_3}...(2m-1\ 2m)^{e_{2m-1}}$$

$1 \le k \le 2m+1$에 대해 $|\pi_k - k| \le 2$임을 증명하라.

(b) $\{1, 2, ..., n\}$의 임의의 순열 ρ가 주어졌을 때, 곱 $\rho\pi$가 단일 순환마디임을(따라서 모든 순열이 "거의" 하나의 순환마디임을) 보여라. 단, π는 부문제 (a)에 나온 형태의 순열이다.

33. [M33] $m = 2^{2^l}$이고 $n = 2^{2l+1}$일 때, $0 \le j < m$에 대해 "직교(orthogonality)" 성질을 따르는 순열들의 열 $(\alpha_{j1}, \alpha_{j2}, ..., \alpha_{jn}; \beta_{j1}, \beta_{j2}, ..., \beta_{jn})$을 구축하는 방법을 보여라. 앞에서 언급한 직교 성질은 다음과 같다.

$$\alpha_{i1}\beta_{j1}\alpha_{i2}\beta_{j2}...\alpha_{in}\beta_{jn} = \begin{cases} (1\ 2\ 3\ 4\ 5), & i = j \text{일 때}; \\ (), & i \ne j \text{일 때}. \end{cases}$$

α_{jk}와 β_{jk}는 각각 $\{1, 2, 3, 4, 5\}$의 한 순열이어야 한다.

▶ **34.** [M25] (자료 블록의 전치.) 실제 응용에서 대단히 자주 쓰이는 순열로, α와 β가 어떤 배열의 부분문자열들일 때 $\alpha\beta$를 $\beta\alpha$로 바꾸는 순열이 있다. 다른 말로 하면, $x_0 x_1 ... x_{m-1} = \alpha$이고 $x_m x_{m+1} ... x_{m+n-1} = \beta$일 때 배열 $x_0 x_1 ... x_{m+n-1} = \alpha\beta$를 배열 $x_m x_{m+1} ... x_{m+n-1} x_0 x_1 ... x_{m-1} = \beta\alpha$로 바꾸는 것이다. 이것은 $p(k) = (k+m) \bmod (m+n)$이라 할 때 $0 \le k < m + n$에 대해 각 요소 x_k를 $x_{p(k)}$로 바꾸는 것에 해당한다. 이러한 모든 "순환 이동(cyclic-shift)" 순열마다 하나의 간단한 순환마디 구조가 존재함을 보이고, 그 구조를 이용해서 원하는 재배치를 얻는 간단한 알고리즘을 고안하라.

35. [M30] 연습문제 34에 이어서, $x_0 x_1 ... x_{l+m+n-1} = \alpha\beta\gamma$라고 하자. α, β, γ는 각각 길이가 l, m, n인 문자열이다. $\alpha\beta\gamma$를 $\gamma\beta\alpha$로 바꾸고자 한다. 그에 해당하는 순열에 대해 간결한(그리고 효율적인 알고리즘을 이끌어낼 수 있는) 순환마디 구조를 구할 수 있음을 보여라. [연습문제 34는 $m = 0$인 특수한 경우로 생각할 수 있다.] 힌트: $(\alpha\beta)(\gamma\beta)$를 $(\gamma\beta)(\alpha\beta)$로 바꾸는 것을 고려할 것.

36. [27] 연습문제 35의 답으로 나온 알고리즘에 대한 MIX 서브루틴을 작성하고, 그 실행 시간을 분석하라. 그것을 $\alpha\beta\gamma$에서 $(\alpha\beta\gamma)^R = \gamma^R\beta^R\alpha^R$을 거쳐 $\gamma\beta\alpha$로 가는 좀 더 간단한 방법과 비교하라. 여기서 σ^R은 문자열 σ의 좌우를 뒤집은 것을 뜻한다.

1.4. 몇 가지 기본적인 프로그래밍 기법들

1.4.1. 서브루틴

어떤 특정한 작업을 한 프로그램의 여러 장소에서 수행하는 경우, 일반적으로 각 장소마다 해당 코드를 반복하는 것은 바람직하지 않다. 이런 상황을 피하기 위한 방법으로, 해당 코드 조각을 단 한 장소에만 넣어 두고(이를 서브루틴(subroutine, 하위루틴)이라고 부른다), 그 서브루틴이 완료된 후에 외부의 프로그램(주 프로그램)이 적절하게 다시 시작되도록 만드는 약간의 추가적인 명령들을 집어넣는 방식을 생각할 수 있다. 이 때 서브루틴과 주 프로그램 사이의 제어권 전송을 서브루틴 연계(subroutine linkage)라고 부른다.

효율적인 서브루틴 연계를 달성하는 방식은 컴퓨터마다 다르기 마련인데, 보통은 몇 가지 특별한 명령들을 사용한다. MIX의 경우에는 그런 목적으로 J 레지스터들을 사용한다. 이 책의 논의는 MIX 기계어를 기반으로 하나, 다른 컴퓨터의 서브루틴 연계에 대해서도 비슷한 논의가 적용될 수 있을 것이다.

서브루틴은 프로그램의 공간을 절약하는 데 쓰인다. 서브루틴이 시간을 절약해주지는 않는다. 물론 프로그램이 더 적은 공간을 차지함으로써 암묵적으로 생겨나는 시간 절약은 예외로 한다. 그런 시간 절약으로는 프로그램을 적재하는 데 더 적은 시간이 걸린다거나, 프로그램이 더 적은 패스들로 실행되거나, 또는 여러 등급의 메모리를 가진 컴퓨터에서 고속 메모리를 활용함으로써 생기는 절약 등을 들 수 있다. 서브루틴에 들어오고 나가는 데 걸리는 추가적인 시간은 일반적으로 무시할 수 있는 수준이다.

공간 절약 외에도 서브루틴의 장점은 여러 가지가 있다. 서브루틴은 크고 복잡한 프로그램의 구조를 시각화하기 쉽게 만든다. 서브루틴들은 전체 문제의 논리적인 분할 구조를 형성하며, 그러면 프로그램을 디버깅하기도 더 쉬워지는 경우가 많다. 또한 많은 서브루틴들은 그것을 작성한 프로그래머 이외의 사람들도 사용할 수 있다는 추가적인 가치를 지니고 있다:

설치된 대부분의 컴퓨터들은 유용한 서브루틴들의 커다란 라이브러리를 구축해 놓고 있으며, 그런 라이브러리는 현실에서 발생하는 표준적인 컴퓨터 응용을 위한 프로그래밍에 큰 도움이 된다. 그러나 프로그래머는 이러한 장점들이 서브루틴의 유일한 목적이라고 생각해서는 안 된다. 서브루틴을 항상 공동체가 사용하게 될 범용적인 프로그램으로 간주할 수는 없다. 특수 목적의 서브루틴들, 심지어는 단 하나의 프로그램에서만 사용될 의도로 만들어진 것들 역시 범용적인 것들만큼이나 중요하다. 1.4.3.1절에 그런 서브루틴의 전형적인 예들이 몇 가지 나온다.

가장 간단한 서브루틴은 오직 하나의 진입점(entry)과 하나의 출구(exit)† 를 가진 것으로, 이전에 살펴본 MAXIMUM 서브루틴(1.3.2절 프로그램 M)이 그러한 예이다. 설명을 위해 그 프로그램을 여기서 다시 한 번 제시한다(단, 최대값을 찾을 메모리 칸들의 개수를 상수 100으로 고정시켰다는

---

† 〔옮긴이 주〕 이후, enter/entry는 진입하다, 들어오다, 들어옴, 진입, 진입점, 입구 등으로, exit는 퇴장하다, 나가다, 나감, 출구, 복귀 등으로 문맥에 맞게 적절히 사용하겠다.

점이 이전의 프로그램과 다르다).

```
* MAXIMUM OF X[1..100]
MAX100   STJ   EXIT      서브루틴 연계
         ENT3  100       M1. 초기화.
         JMP   2F
1H       CMPA  X,3       M3. 비교.
         JGE   *+3                                        (1)
2H       ENT2  0,3       M4. m 을 변경.
         LDA   X,3       새 최대값을 찾았음
         DEC3  1         M5. k 를 감소.
         J3P   1B        M2. 모두 판정했는가?
EXIT     JMP   *         주 프로그램으로 돌아간다. ▮
```

이러한 코드를 하나의 서브루틴으로 포함하는 좀 더 큰 프로그램에서는, "JMP MAX100"이라는 하나의 명령만 수행하면 장소 X + 1에서 X + 100까지의 값들 중 가장 큰 값이 레지스터 A에 저장되고 그 값의 위치는 rI2에 저장된다. 이 경우 서브루틴 연계는 명령 "MAX100 STJ EXIT"와 그 이후의 "EXIT JMP *"에 의해 이루어진다. J 레지스터의 작동 방식 때문에, 마지막의 나감 명령은 MAX100을 지칭(호출)했던 곳 바로 다음의 장소로 점프하는 효과를 낸다.

⚠ *MIX를 대체할 MMIX 같은 좀 더 새로운 컴퓨터들은 반환(복귀) 주소를 보다 나은 방식으로 기억해 둔다. 주된 차이는 더 이상 메모리 안에서 프로그램 명령들을 수정하지 않는다는 데 있다. 즉, 복귀에 관련된 정보를 프로그램 자체가 아니라 레지스터들이나 어떤 특별한 배열에 저장하는 것이다. (연습문제 7 참고.) 이 책의 다음 판에서는 이러한 현대적 관점을 채용하겠지만, 일단 지금은 프로그램이 스스로 코드를 수정하는 구식 방법을 사용하기로 한다.*

서브루틴을 사용해서 절약하는 코드의 양과 손실되는 시간의 양에 관한 정량적인(quantitative) 명제들을 얻는 것이 어렵지는 않다. 어떤 코드 조각이 k개의 메모리 장소들을 차지하며, 또 그런 코드 조각들이 프로그램에서 m 군데에 나타난다고 하자. 이를 서브루틴으로 다시 작성한다면 하나의 STJ 명령과 서브루틴 끝의 하나의 나감 명령이 필요하며, 서브루틴을 호출하는 곳마다 하나의 JMP 명령이 필요하다. 전체적으로는 $m + k + 2$개의 메모리 장소가 요구된다. 서브루틴을 사용하지 않을 때의 메모리 장소 개수는 mk이므로, 결국 서브루틴으로 절약할 수 있는 양은

$$(m-1)(k-1)-3 \tag{2}$$

이다. 만일 k가 1이거나 m이 1이면 서브루틴을 사용한다고 해서 공간이 절약되지는 않을 것임이 명백하다. 그리고 k가 2이면 m이 4보다 커야 이득이 생긴다. 이후의 k 값들에 대해서도 마찬가지의 분석이 가능하다.

서브루틴에 의해 손실되는 시간의 양은 추가적인 JMP와 STJ 명령, 그리고 서브루틴 호출을 위한 JMP 명령들이 소비하는 시간의 합이다. 이 손실은 서브루틴이 쓰이지 않으면 발생하지 않는다.

따라서 프로그램의 한 실행에서 서브루틴이 t번 쓰인다면 추가적으로 $4t$의 시간 주기(cycle)들이 필요하다.

이러한 추정치들은 이상적인 상황에 해당하는 것이므로 조금은 에누리해서 받아들여야 한다. 그냥 JMP 명령 하나로는 호출할 수 없는 서브루틴들도 많다. 또한, 어떤 코드 조각이 프로그램의 여러 부분에서 반복되는(즉, 서브루틴을 사용하지 않는) 경우에는 각 조각을 해당 부분의 특별한 특성에 맞게 커스텀화할 여지가 있는 반면, 서브루틴을 사용할 때에는 특정한 하나의 경우가 아닌 가장 일반적인 경우에 맞게 코딩을 해야 하기 때문에 종종 여러 개의 추가적인 명령들이 필요할 수 있다.

일반적인 경우를 처리하도록 서브루틴을 작성할 때에는 매개변수(parameter)들을 이용하게 된다. 매개변수는 서브루틴의 행동을 관장하는 값으로, 서브루틴을 호출할 때마다 다를 수 있다.

제어를 서브루틴으로 옮기고 서브루틴이 적절히 시작하게 만드는 서브루틴 외부의 코드를 호출 명령열(calling sequence)라고 부른다. 서브루틴을 호출할 때 제공된 매개변수의 구체적인 값을 인수(argument)라고 한다. MAX100 서브루틴의 경우 호출 명령열은 그냥 "JMP MAX100"이지만, 인수를 지정해야 하는 서브루틴에는 좀 더 긴 호출 명령열이 필요할 때가 많다. 예를 들어 프로그램 1.3.2M은 MAX100의 일반화된 형태로, 표의 처음 n 요소들 중에서 최대값을 찾는다. 그러한 n은 색인 레지스터 1로 주어지며, 호출 명령열은 다음과 같이 두 단계가 필요하다.

```
LD1     =n=                 ENT1    n
                    또는
JMP     MAXIMUM             JMP     MAXIMUM
```

호출 명령열이 c개의 메모리 장소를 차지한다고 할 때, 공간 절약량에 대한 공식 (2)는 다음과 같이 변한다.

$$(m-1)(k-c) - 상수. \tag{3}$$

그리고 서브루틴 연계의 시간 손실도 조금 늘어난다.

서브루틴 호출을 위해 특정 레지스터들을 저장, 복원해야 한다면 위의 공식을 좀 더 보정할 필요가 있다. 예를 들어 MAX100 서브루틴의 경우, "JMP MAX100"을 수행한 결과가 단지 레지스터 A에 최대값이 들어가고 레지스터 I2에 그 최대값의 위치가 들어가는 것만은 아니다. 레지스터 I3이 0으로 설정되기도 한다. 서브루틴이라는 것은 레지스터의 내용을 파괴할 수 있으며, 그러한 사실을 반드시 염두에 두어야 한다. MAX100이 rI3의 설정을 바꾸지 못하게 하려면 추가적인 명령들을 끼워 넣을 필요가 있다. MIX에서 이를 달성하는 가장 짧고도 빠른 방법은 MAX100 바로 다음에 명령 "ST3 3F(0:2)"를 삽입하고 EXIT 직전에 "3H ENT3 *"를 삽입하는 것이다. 이에 의한 전체적인 비용은 추가적인 코드 두 줄과 매 서브루틴 호출에서의 추가적인 3 컴퓨터 주기(cycle)이다.

서브루틴을 컴퓨터 기계어의 한 확장(extension)으로 간주할 수도 있다. MAX100 서브루틴이 메모리 안에 들어있다면, 컴퓨터에 하나의 최대값 찾기 명령(구체적으로는 "JMP MAX100")이 생긴 것으로 볼 수도 있는 것이다. 각 서브루틴의 효과를 실제 기계어 연산자의 효과를 정의하듯이 정확하게 정의하는 것이 중요하다. 따라서 프로그래머는 각 서브루틴의 특성을 확실히 적어 두어야 한다. 이는 서브루틴이나 그 명세를 작성자 이외의 그 누구도 사용하지 않는다고 해도 마찬가지이다. 1.3.2절에 나온 MAXIMUM의 경우 그 특성들의 명세를 다음과 같이 서술할 수 있다.

$$
\left.\begin{array}{l}
\text{호출 명령열: JMP MAXIMUM} \\[4pt]
\text{들어올 때 조건: } rI1 = n; \quad n \geq 1 \text{이라고 가정.} \\[4pt]
\text{나갈 때 조건: } rA = \max_{1 \leq k \leq n} \text{CONTENTS}(X + k) = \text{CONTENTS}(X + rI2); \\[4pt]
\qquad\qquad\qquad rI3 = 0; \; rJ \text{와 CI도 영향을 받음.}
\end{array}\right\} \tag{4}
$$

(이후부터는 서브루틴이 레지스터 J와 비교 지시자에 영향을 미친다는 사실을 언급하지 않는다. 위의 경우는 완전함을 위한 것일 뿐이다.) 서브루틴의 행동이 rX와 rI1에는 영향을 미치지 않음을 주목하자. 만일 영향을 미친다면 나갈 때의 조건에 그러한 사실을 언급해야 한다. 서브루틴 명세는 서브루틴이 영향을 미칠 수 있는 서브루틴 외부의 메모리 장소들도 모두 언급해야 한다. 명세 (4)에는 메모리의 변경에 대한 어떤 언급도 없으므로, 명세에 근거해서 MAXIMUM 서브루틴을 파악한다면 이 서브루틴이 어떤 것도 저장하지 않는다는 결론을 내릴 수 있다.

이번에는 다중 진입점(multiple entries)이 있는 서브루틴을 살펴보도록 하겠다. 일반적 서브루틴 MAXIMUM을 필요로 하는 프로그램이 있는데, 그 프로그램이 평소에는 $n = 100$일 때의 특별한 경우인 MAX100을 사용하고자 한다고 하자. 두 서브루틴은 다음과 같이 하나로 합칠 수 있다.

```
MAX100  ENT3  100     첫째 진입점
MAXN    STJ   EXIT    둘째 진입점
        JMP   2F      (1)에서와 마찬가지로 진행.                    (5)
...
EXIT    JMP   *       주 프로그램으로 돌아간다.  ∎
```

서브루틴 (5)는 본질적으로 (1)과 동일하지만, 처음 두 명령들은 서로 바뀌었다. 이는 "ENT3"이 J 레지스터의 설정을 변경하지 않는다는 점을 활용한 것이다. 만일 셋째 진입점 MAX50을 이 서브루틴에 추가한다면 다음 코드를

```
MAX50   ENT3  50                                                   (6)
        JSJ   MAXN
```

서브루틴 시작에 삽입하면 된다. ("JSJ"는 J 레지스터를 변경하지 않는 점프임을 기억할 것.)

매개변수가 적을 때에는 매개변수들을 적당한 레지스터들에 넣어서 서브루틴에 전달하거나(예를 들어 MAXN에서는 매개변수 n을 rI3에, MAXIMUM에서는 매개변수 n을 rI1에 담아서 전달했다) 고정된 메모리 칸들에 저장하는 게 바람직한 경우가 많이 있다.

인수를 제공하는 또 다른 편리한 방법은 JMP 명령 다음에 그냥 매개변수들을 나열하는 것이다. 서브루틴은 J 레지스터 설정을 알고 있으므로 얼마든지 그 매개변수들을 참조할 수 있다. 예를 들어 MAXN의 호출 명령열을 다음과 같이 만들고 싶다면,

```
        JMP     MAXN
        CON     n
```
(7)

서브루틴을 이렇게 고치면 된다.

```
   MAXN    STJ     *+1
           ENT1    *       rI1 ← rJ.
           LD3     0,1     rI3 ← n.
           JMP     2F      (1)과 마찬가지로 진행.
   ...
           J3P     1B
           JMP     1,1     복귀. ▮
```
(8)

나가는 위치를 한 색인 레지스터에 집어넣는 방식으로 서브루틴 연계를 수행하는 System/360 같은 컴퓨터에서는 이런 관례가 특히나 편리하다. 또, 서브루틴에 많은 수의 인수들이 쓰이거나 프로그램을 컴파일러가 작성하는 경우에도 유용하다. 그러나 위에서 사용한 다중 진입점 기법과는 잘 맞지 않는다. 다음처럼 비슷하게 "꾸미는" 것은 가능하지만,

```
   MAX100  STJ     1F
           JMP     MAXN
           CON     100
   1H      JMP     *       ▮
```

(5)만큼 매력적이지는 않다.

다중 출구(multiple exits)를 가진 서브루틴에서는 점프 명령 다음에 인수들을 나열하는 것과 비슷한 기법이 하나 쓰인다. 다중 종료점을 가진다는 것은 서브루틴이 특정한 조건에 따라 서로 다른 여러 장소들 중 하나로 복귀한다는 뜻이다. 엄격히 이야기하면, 서브루틴이 나가는 지점(복귀 목표 지점)은 하나의 매개변수이다. 즉, 서브루틴이 상황에 따라 여러 장소들에서 나간다면 주 프로그램은 그 장소들을 인수들로 서브루틴에 제공해야 하는 것이다. 그럼 "최대값" 서브루틴의 마지막 예로, 두 개의 진입점과 두 개의 출구를 가진 서브루틴을 살펴보자. 이 서브루틴의 호출 명령열은 다음과 같다.

일반적인 n의 경우:	$n = 100$인 경우:
`ENT3  n`	
`JMP   MAXN`	`JMP   MAX100`
만일 최대값 ≤ 0 또는 최대값 $\geq$ rX이면 여기로 복귀.	만일 최대값 ≤ 0 또는 최대값 $\geq$ rX이면 여기로 복귀.
만일 $0 <$ 최대값 $<$ rX이면 여기로 복귀.	만일 $0 <$ 최대값 $<$ rX이면 여기로 복귀.

(달리 말하자면, 최대값이 양수이고 레지스터 X의 내용보다 작으면 점프 명령에서 두 장소 다음의 곳으로 복귀하게 되는 것이다.) 이런 조건을 만족하는 서브루틴을 작성하는 것은 어렵지 않다. 다음과 같다.

```
MAX100 ENT3  100         n = 100일 때의 진입점
MAXN   STJ   EXIT        일반적인 n일 때의 진입점
       JMP   2F          (1)과 마찬가지로 진행.
...
       J3P   1B
       JANP  EXIT        최대값 ≤ 0이면 정상적인 출구를 취한다.          (9)
       STX   TEMP
       CMPA  TEMP
       JGE   EXIT        최대값 ≥ rX이면 정상적인 출구를 취한다.
       ENT3  1           아니면 둘째 출구를 취한다.
EXIT   JMP   *,3         적절한 장소로 돌아간다.  ▮
```

서브루틴이 다른 서브루틴을 호출할 수도 있다. 복잡한 프로그램에서는 중첩된 서브루틴 호출들의 깊이가 5 이상인 경우도 드물지 않다. 여기서 설명하는 서브루틴 연계를 사용한다고 할 때 지켜야 할 유일한 제약은, 어떠한 서브루틴도 자기 자신을 호출하는(간접적으로든 직접적으로든) 다른 서브루틴을 호출해서는 안 된다는 것이다. 예를 들어 다음과 같은 시나리오를 생각해 보자.

```
〔주 프로그램〕│ 〔서브루틴 A〕    │ 〔서브루틴 B〕    │ 〔서브루틴 C〕
              │ A    STJ EXITA   │ B    STJ EXITB   │ C    STJ EXITC
    ⋮         │      ⋮           │      ⋮           │      ⋮
  JMP A       │      JMP B       │      JMP C       │      JMP A
    ⋮         │      ⋮           │      ⋮           │      ⋮
              │ EXITA JMP *      │ EXITB JMP *      │ EXITC JMP *      (10)
```

주 프로그램이 A를 호출하고, A는 B를 호출하고, B는 C를 호출하고, C는 A를 호출하면 EXITA에 있는 주소(즉, 주 프로그램 안의 지점)가 깨지게 되고, 따라서 그 프로그램으로 다시 돌아갈 길이 없어진다. 각 서브루틴이 사용하는 임시 저장용 메모리 칸들과 레지스터들에 대해서도 이와 같은 차원의 주의가 적용된다. 이런 재귀적인 상황을 적절히 처리하는 서브루틴 연계 규약을 고안하는 것이 어려운 일은 아니다. 재귀는 8장에서 자세히 이야기한다.

복잡하고 긴 프로그램의 작성에서 취해야 할 접근방식에 대해 간단히 논하는 것으로 이번 절을 마무리 짓겠다. 어떤 종류의 서브루틴들이 필요한지, 또 어떤 호출 명령열을 사용할 것인지 결정하려면 어떻게 해야 할까? 한 가지 좋은 방법은 다음과 같은 반복적인(iterative) 절차를 사용하는 것이다.

단계 0 (초기 아이디어). 우선, 프로그램이 사용할 일반적인 공략 계획을 어렴풋하게나마 결정한다.

단계 1 (프로그램의 대략적인 스케치). 프로그램의 "바깥 수준들"을 아무 언어나 편한 것으로

적어나간다. 이 부분을 어느 정도 체계적으로 수행할 수 있는 방법이 데이크스트라E. W. Dijkstra의 *Structured Programming* (Academic Press, 1972), 1장과 비르트N. Wirth의 *CACM* **14** (1971), 221-227에 잘 나와 있다. 전체 프로그램을 좀 더 작은 조각들로 나누는 것에서부터 일이 시작될 텐데, 일단은 각 조각을 서브루틴으로 간주해도 좋다(단 한 번만 호출되는 것이라고 해도). 그런 조각들을 보다 더 간단한 작업에 해당되는 더욱 작은 부분으로 계속 분할해 나간다. 그러다가 다른 어떤 곳에 나타날만한, 또는 이미 다른 곳에 나타난 적이 있는 계산 과제를 발견하면 그 과제를 수행하는 하나의 서브루틴(진짜 서브루틴)을 정의한다. 이 시점에서 서브루틴을 실제로 작성하는 것은 아니지만, 일단은 서브루틴이 해당 과제를 제대로 수행했다고 가정하고 주 프로그램을 계속 적어 나간다. 이렇게 주 프로그램의 스케치를 완성한 후에는 서브루틴들을 같은 방식으로 공략하되, 가장 복잡한 것부터 먼저 처리하고 그것의 서브-서브루틴들로 나아간다. 이런 식으로 진행하다보면 서브루틴들의 목록이 생기게 되는데, 어쩌면 각 서브루틴의 실제 기능이 이미 여러 번 변했을 수도 있고, 그렇다면 스케치의 처음 부분과는 맞지 않을 수도 있다. 그러나 어차피 스케치이니 문제가 될 것은 없다. 이제는 각 서브루틴을 어떻게 호출할 것이며 그 일반적인 용도는 무엇인지가 어느 정도 확실해졌을 것이다. 일반적으로, 각 서브루틴의 일반성을 조금 확장해두면 노력한 만큼의 이득이 생긴다.

단계 2 (최초의 실제 작동 가능 프로그램). 이 단계는 단계 1과는 반대 방향으로 진행된다. 먼저 컴퓨터 언어(MIXAL이나 고수준 언어 PL/MIX 등)로 저수준 서브루틴들부터 작성한 후 주 프로그램을 마지막으로 작성하는 것이다. 가능한 한, 서브루틴 자체를 완성하기 전에는 서브루틴을 호출하는 명령을 절대 작성하지 않도록 노력한다. (이와는 반대로 단계 1에서는 호출들을 다 작성한 후에야 서브루틴을 고려했다).

이 과정에서 작성하는 서브루틴 수가 늘어남에 따라 우리의 확신도 점차 커진다. 왜냐하면 이는 우리가 프로그래밍하는 기계의 능력을 계속 확장시키는 것이기 때문이다. 서브루틴 하나의 코딩을 완료할 때마다, 그 서브루틴이 어떤 일을 하며 그 호출 명령열은 무엇인지를 (4)처럼 작성한다. 또한 서브루틴들이 사용하는 임시적인 저장 칸들이 서로 겹치는 일이 없도록 하는 것도 중요하다. 만일 모든 서브루틴이 장소 **TEMP**를 지칭한다면 상당히 큰 문제가 발생할 것이다. 다만, 단계 1에서 스케치를 준비할 때에는 이런 문제에 너무 신경 쓰지 않는 게 편하다. 겹치는 문제를 걱정하기 싫다면 각 서브루틴마다 고유한 임시 저장소를 사용하면 되겠지만 그러면 공간 낭비가 너무 심할 것이다. 상당히 괜찮은 또 다른 해결책은 저장 칸들에 **TEMP1**, **TEMP2** 같은 식으로 이름을 붙이고 한 서브루틴 안에서는 **TEMP**j부터 사용하는 것이다. 여기서 j는 그 서브루틴의 서브-서브루틴들이 사용하는 것보다 하나 큰 수이다.

단계 3 (재조사). 단계 2의 결과는 잘 작동하는 프로그램에 매우 가까워야 하지만, 더 개선할 여지도 있을 것이다. 한 가지 효과적인 개선 방식은, 다시 방향을 바꿔서 각 서브루틴을 그것을 호출한 모든 지점들과 비교해 연구해보는 것이다. 그러다보면 외부 루틴이 그 서브루틴을 사용하기 전이나 후에 항상 수행하는 일들을 서브루틴 자체에 포함시키는 형태로 서브루틴을 좀 더 일반화할 여지를 발견할 수 있다. 또한 여러 서브루틴들을 하나로 합칠 수도 있다. 아니면 한 번만 호출되는, 즉 서브루틴으로 만들 필요가 없는 서브루틴을 발견할 수도 있다. (또는 전혀 호출되지 않는, 따라서 완전히 제거해도 되는 서브루틴도 발견할 수 있다.)

이 지점에서 모든 것을 갈아엎고 단계 1부터 다시 시작하는 게 좋은 경우도 있다! 이게 괜한 농담만은 아니다. 프로그램 자체에 대해 상당히 많은 것을 알게 된 상태이므로 그렇게 갈아엎는다고 해서 시간 낭비인 것은 아니다. 프로그램을 다시 생각해 봄으로써 프로그램의 전반적인 조직화에 가할 수 있는 여러 가지 개선 사항들을 발견할 수 있다. 단계 1로 돌아가길 주저할 필요는 없다. 비슷한 문제를 이미 처리해 보았기 때문에, 단계 2와 3을 다시 수행하는 게 이전보다 훨씬 쉬울 것이다. 더 나아가서, 모든 것을 다시 작성하는 데 시간을 조금 소비하는 게 오히려 나중에 디버깅하는 시간을 크게 줄여줄 가능성도 크다. 지금까지 작성된 최고의 컴퓨터 프로그램들 중에는 이 단계에서 의도하지 않게 모든 작업을 날려버려서 작성자가 처음부터 다시 시작한 게 오히려 성공의 요인이 된 것들도 있다.

한편으로는, 복잡한 컴퓨터 프로그램을 어떤 식으로든 더 이상 개선할 수 없는 지점에 도달하기도 한다. 그런 경우에는 단계 1과 2를 언제까지나 반복하는 일이 무의미하다. 상당한 개선을 이룰 수 있음이 확실하다면 시간을 들여서 처음부터 다시 시작할만한 가치가 있지만, 언젠가는 그래서 얻는 이득이 줄어드는 지점에 도달하게 된다.

단계 4 (디버깅). 프로그램을 최종적으로 다듬은(저장소의 할당이나 기타 최종적인 세부 마무리 등을 포함해서) 후에는 단계 1, 2, 3에서 사용한 세 가지 방향과는 또 다른 방향에서 프로그램을 살펴봐야 한다. 즉, 컴퓨터가 프로그램을 수행하는 순서로 프로그램을 연구하는 것이다. 이런 작업은 손으로 직접 할 수도 있지만, 당연히 컴퓨터로도 가능하다. 필자는 이 단계에서 각 명령의 처음 두 수행을 추적하는 시스템 루틴들을 활용하는 게 상당히 도움이 됨을 확인했던 적이 있다. 프로그램에 깔린 아이디어를 다시 생각하고, 모든 것이 실제로 기대했던 대로 일어나는지를 점검하는 것이 중요하다.

디버깅은 그 자체로 훨씬 더 자세히 연구해볼만한 기예(art)이며, 디버깅에 대한 접근방식은 설치된 각 컴퓨터에서 사용할 수 있는 도구들에 크게 의존한다. 효과적인 디버깅을 위한 좋은 출발점으로 종종 유효한 것은 적절한 검사 자료(test data)를 준비하는 것이다. 가장 효과적인 디버깅 기법은 아마도 프로그램 자체에 설계, 내장된 것들인 것 같다. 오늘날 최고의 프로그래머들 중에는 자신의 프로그램의 거의 절반을 나머지 절반에 대한 디버깅 공정(process)으로 사용하는 사람들이 많다. 첫째 부분은 관련 정보를 표시하는 상당히 간단한 루틴들로 이루어지곤 한다. 프로그램이 완성된 후에는 그런 루틴들을 제거하므로 낭비일 것 같지만, 전체적으로는 생산성이 놀랄 만큼 향상된다.

효과적인 또 다른 디버깅 관행 한 가지는 자신이 범한 실수들을 모두 기록해 두는 것이다. 실수를 기록해 두려니 상당히 창피할 수도 있겠지만, 그런 기록은 디버깅 문제를 연구하는 사람이라면 그 누구에게도 값을 헤아릴 수 없을 만큼 귀중한 정보일 뿐만 아니라 기록자 스스로가 이후에 오류 개수를 줄이는 방법을 배우는 데에도 도움이 된다.

참고: 앞선 논의의 대부분은 필자가 1964년에 작성한 것이다. 그 당시는 필자가 중간 규모의

소프트웨어 프로젝트들을 여러 개 성공적으로 완수한 경험을 가지고 있긴 했지만 아직 하나의 성숙한 프로그래밍 스타일을 개발하는 데까지 이르지는 못했던 시기였다. 나중에, 1980년대에 이르러 필자는 구조적 문서화(structured documentation) 또는 문학적 프로그래밍(literate programming)이라고 하는 또 다른, 그리고 아마 더욱 중요한 한 가지 기법을 배우게 되었다. 모든 종류의 프로그램을 작성하는 데 있어 최선의 방법에 대한 필자의 최근 신념이 *Literate Programming* (Cambridge Univ. Press, 초판 1992년 발행)에 요약되어 있다. 첨언하자면, 그 책의 11장에는 1978-1991년 사이에 TEX 프로그램에서 제거한 모든 버그들의 상세한 기록이 들어 있다.

> 어느 지점까지는 스내그[버그]들이 전혀 없는 설계를 위해
> 시간을 들이는 것보다(몇십년이 걸릴지도 모를 일이다)
> 스내그들을 그냥 남겨두는 편이 더 낫다.
>
> —— 튜링A. M. TURING, Proposals for ACE (1945)

연습문제

1. [*10*] (4)는 서브루틴 1.3.2M의 특성들을 서술한 것이다. 그것을 참고해서 서브루틴 (5)의 특성들을 서술하라.

2. [*10*] JSJ 명령을 사용하지 않고 (6)과 같은 일을 하는 코드를 제시하라.

3. [*M15*] 서브루틴 수행의 결과로 레지스터 J와 비교 지시자에 어떤 일이 생기는지를 명시적으로 밝힘으로써 (4)의 정보를 완성하라. 또한 레지스터 I1이 양의 값이 아닐 때 어떤 일이 생기는지도 말하라.

▶ **4.** [*21*] r과 n이 매개변수이고 a가 $a \equiv n \pmod{r}$인, 다시 말해서 $a = 1 + (n - 1) \bmod r$인 양수라고 할 때, X[a], X[$a + r$], X[$a + 2r$], ..., X[n]의 최대값을 구하는 서브루틴이 되도록 MAXN을 일반화하라. $r = 1$인 경우에 대한 특별한 진입점도 제공할 것. 또한, 일반화한 서브루틴의 특성을 (4)처럼 서술하라.

5. [*21*] MIX에 J 레지스터가 없다고 가정하고, 레지스터 J를 사용하지 않는 서브루틴 연계를 위한 수단을 고안하라. 그리고 그러한 고안의 실용 사례로, (1)과 사실상 동등한 MAX100 서브루틴을 작성하라. 그 서브루틴의 특성을 (4)처럼 서술하라. (MIX의 자기 수정 코드 방식은 유지할 것.)

▶ **6.** [*26*] MIX에 MOVE 연산자가 없다고 가정하고, 호출 명령열 "JMP MOVE; NOP A,I(F)"가 "MOVE A,I(F)"(MOVE 명령이 허용된다고 할 때)와 같은 효과가 되는 서브루틴 MOVE를 작성하라. 레지스터 J에 대한 영향과 서브루틴이 하드웨어 명령보다 당연히 더 많은 시간과 공간을 차지한다는 사실에서만 차이가 나야 한다.

▶ **7.** [*20*] 오늘날의 관점에서 자기 수정 코드가 문제가 되는 이유는 무엇인가?

1.4.2. 코루틴

서브루틴은 코루틴(coroutine, 협동루틴)이라고 하는 좀 더 일반적인 프로그램 구성요소의 특별한 사례이다. 주 루틴과 서브루틴은 서로 비대칭적인 관계이지만, 코루틴들은 완전히 대칭적인, 즉 서로가 서로를 호출하는 관계이다.

코루틴이라는 개념에 대한 이해를 위해 서브루틴을 다른 방식으로 생각해 보자. 1.4.1절에서는 서브루틴이 단지 코드 줄 수를 줄이기 위해 도입된, 컴퓨터 하드웨어의 한 확장으로 다루어졌다. 이것도 틀린 생각은 아니지만, 다음과 같은 다른 관점도 가능하다. 즉, 주 프로그램과 서브루틴들이 프로그램들의 하나의 팀(team)을 이루며, 각각은 특정한 작업을 담당하는 팀원들이라는 것이다. 주 프로그램은 자신의 작업을 수행하는 과정에서 서브프로그램을 발동(activation)시킨다. 그리고 발동된 서브프로그램은 자신의 기능을 수행하고 주 프로그램을 발동시킨다. 서브루틴의 관점에서 본다면, 서브루틴에서 나간다는 것은 곧 주 루틴을 호출하는 것과 같다. 그렇게 되면 다시 주 루틴이 실행되고, 주 루틴은 다른 서브루틴으로 "나가게" 된다. 그러면 서브루틴이 작동하며, 다시 주 루틴이 호출된다.

이런 다소 억지스러운 원리가 코루틴들에서는 실제로 일어난다. 코루틴들에서는 무엇이 무엇의 서브루틴인지를 구분하는 것이 불가능하다. 코루틴 A와 B가 있다고 하자. 우리가 A를 프로그래밍할 때에는 B를 A의 서브루틴으로 생각한다. 그러나 B를 프로그래밍할 때에는 A가 B의 서브루틴이라고 생각한다. 즉, 코루틴 A에서는 명령 "JMP B"로 코루틴 B를 발동시키게 되고, 코루틴 B에서는 다시 명령 "JMP A"로 코루틴 A를 발동시킨다. 어떠한 코루틴이 발동될 때마다 그 코루틴은 이전에 자신의 행동이 일시 정지되었던 지점에서 실행을 재개한다.

코루틴 A와 B의 예로 체스를 두는 두 프로그램을 생각할 수 있다. 그 둘은 서로를 적수로 해서 체스를 두는 하나의 프로그램으로 결합할 수 있다.

MIX에서는 다음과 같은 네 명령을 프로그램에 삽입함으로써 코루틴 A와 B의 그와 같은 연계를 얻을 수 있다.

$$
\begin{array}{llll}
\text{A} & \text{STJ} & \text{BX} & \qquad \text{B} \quad \text{STJ} \quad \text{AX} \\
\text{AX} & \text{JMP} & \text{A1} & \qquad \text{BX} \quad \text{JMP} \quad \text{B1}
\end{array} \qquad (1)
$$

이를 위해서는 한 번의 제어권 전송(어느 쪽으로든)마다 네 컴퓨터 사이클이 필요하다. 초기에 AX와 BX는 각 코루틴의 시작 장소(A1과 B1)로 점프하도록 설정된다. 먼저 코루틴 A가 A1에서부터 실행된다고 하자. 장소 A2에서 "JMP B"를 수행하면 장소 B의 명령은 rJ를 AX에 저장한다. 그러면 그것은 "JMP A2+1"에 해당하는 명령이 된다. BX에 있는 명령이 실행되면 제어는 장소 A2+1로 점프하며, 이에 의해 A의 실행이 재개된다. A 안에서 다시 B로의 점프 명령을 만나면 그 명령은 rJ를 AX에 저장하고 B2+1로 점프한다. 이런 과정이 반복되는 것이다.

위의 예를 살펴보면 알겠지만, 루틴–서브루틴 연계와 코루틴–코루틴 연계 사이의 본질적인 차이는, 서브루틴은 항상 그 시작 지점에서부터 실행을 시작한다는 것이다. 그 시작 지점은 일반적으로 고정된 장소이다. 반면, 주 루틴이나 코루틴은 항상 자신의 실행이 마지막으로 중단되었던 지점 다음의 장소에서 실행을 재개하게 된다.

실제 응용에서 코루틴들은 그것들이 입력과 출력에 대한 알고리즘들에 연관되어 있을 때 가장 자연스럽게 나타난다. 예를 들어 코루틴 A의 임무는 카드를 읽어 들이고 그 입력에 어떠한 변환을 가해서 항목들의 순차열로 만들어내는 것이며 또 다른 코루틴 B의 임무는 그 항목들을 더 처리하고 그 결과를 출력하는 것이라고 하자. 그렇다면 B는 A를 주기적으로 호출해서 A가 만들어낸 입력 항목들을 얻어야 한다. 이를 위해 코루틴 B는 다음 입력 항목이 필요할 때마다 A로 점프하고 코루틴 A는 입력 항목을 만들어낼 때마다 B로 점프한다. 이를 "B가 주 프로그램이고 A는 단지 입력을 수행하는 하나의 서브루틴이다"라고 말할 수도 있겠지만, 만일 공정 A가 매우 복잡하다면 그런 구분이 좀 애매해진다. 실제로 A를 주 루틴, B를 출력을 담당하는 한 서브루틴으로 봐도 위에서 말한 설명과 잘 부합한다. 코루틴 개념의 유용함은 그 두 극단 사이의 중간쯤에서, 즉 A와 B 모두 복잡하며 여러 곳에서 서로를 호출하는 경우에 두드러진다. 이 개념의 중요함을 잘 보여줄 수 있는 간단하고 짧은 코루틴의 예들은 찾기가 상당히 어려운데, 이유는 유용한 코루틴 응용 프로그램들의 대부분이 상당히 길다는 데 있다.

한 가지 작위적인 예로 코루틴의 실제 작동 방식을 살펴보도록 하자. 어떤 부호를 다른 부호로 번역하는 프로그램을 작성한다고 하자. 번역할 입력 부호는 영수문자의 열인데, 마침표로 끝난다. 다음이 그러한 부호의 예이다.

$$\text{A2B5E3426FG0ZYW3210PQ89R.} \tag{2}$$

이런 부호가 카드에 펀칭되어 있다고 하겠다. 카드의 공백 열들은 무시한다. 번역 규칙은 이렇다. 왼쪽에서 오른쪽으로 읽어 나가되, 만일 현재 문자가 숫자 0, 1, ..., 9 중 하나이면(이 숫자를 n이라고 하자) 그 다음 문자를 영문자이든 숫자이든 상관없이 $(n+1)$번 반복한다. 현재 문자가 숫자가 아니면 그냥 그 문자를 그대로 출력한다. 이 번역 프로그램은 앞서 말한 입력 문자들을 마침표가 나올 때까지 읽고 번역하면서 번역 결과를 세 글자 단위로 출력한다. 마지막 단위의 글자 개수는 셋보다 작을 수 있다. 예를 들어 (2)가 입력이라면 출력은 다음과 같다.

$$\text{ABB BEE EEE E44 446 66F GZY W22 220 0PQ 999 999 999 R.} \tag{3}$$

입력의 3426F가 F를 3427번 반복하는 것은 아님을 주의할 것. 이는 4 네 개, 6 세 개 다음에 F 하나를 뜻한다. 또 하나 주의할 것은, 출력이 첫 번째 마침표에서 끝나므로, 입력 문자열이 '1.'이면 출력은 '..'이 아니라 '.'이어야 한다는 것이다. 이 프로그램은 그러한 출력을 카드들에 펀칭한다. 각 카드 당 세 글자 단위들을 16개 펀칭하는데, 물론 마지막 카드는 그보다 더 적을 수 있다.

이러한 번역 과제를 완수하기 위해서 두 개의 코루틴과 하나의 서브루틴을 작성해 보겠다. 서브루틴의 이름은 NEXTCHAR로, 입력에서 공백이 아닌 문자를 찾고 그 다음 문자를 레지스터 A에 넣는 역할을 한다.

```
01   * SUBROUTINE FOR CHARACTER INPUT
02   READER    EQU    16              카드 판독기의 유닛 번호
03   INPUT     ORIG   *+16            입력 카드들을 위한 장소
```

04	NEXTCHAR	STJ	9F	서브루틴 진입점
05		JXNZ	3F	초기에는 rX = 0
06	1H	J6N	2F	초기에는 rI6 = 0
07		IN	INPUT(READER)	다음 카드를 읽는다.
08		JBUS	*(READER)	읽기가 완료될 때까지 기다린다.
09		ENN6	16	rI6이 첫 번째 워드를 가리키게 한다.
10	2H	LDX	INPUT+16,6	입력의 다음 워드를 가져온다.
11		INC6	1	포인터를 전진시킨다.
12	3H	ENTA	0	
13		SLAX	1	다음 문자 → rA.
14	9H	JANZ	*	공백은 건너뛴다.
15		JMP	NEXTCHAR+1	∎

이 서브루틴은 다음과 같은 특성들을 가진다.

호출 명령열: JMP NEXTCHAR.

들어올 때 조건: rX = 아직 처리되지 않은 문자들. rI6은 다음 워드를 가리키거나 0이다. 0인 경우는 새 카드를 읽어야 함을 뜻한다.

나갈 때 조건: rA = 입력에서 빈칸이 아닌 다음 문자. rX와 rI6은 NEXTCHAR의 다음 항목을 위해(위의 들어올 때 조건에 맞게) 설정된다.

첫째 코루틴 IN은 입력 부호에서 적절한 반복 숫자가 있는 문자들을 찾는다. 초기에는 장소 IN1에서 시작 한다.

16	* FIRST COROUTINE			
17	2H	INCA	30	비숫자 발견
18		JMP	OUT	그것을 OUT 코루틴으로 보낸다.
19	IN1	JMP	NEXTCHAR	다음 문자를 얻는다.
20		DECA	30	
21		JAN	2B	영문자인가?
22		CMPA	=10=	
23		JGE	2B	특수 문자인가?
24		STA	*+1(0:2)	숫자 n 발견
25		ENT5	*	rI5 ← n.
26		JMP	NEXTCHAR	다음 문자를 얻는다.
27		JMP	OUT	그것을 OUT 코루틴으로 보낸다.
28		DEC5	1	n을 1 감소한다.
29		J5NN	*-2	필요에 따라 반복.
30		JMP	IN1	새 주기를 시작한다. ∎

(MIX의 문자 코드에서 숫자 0–9에 해당하는 코드들은 30–39임을 기억할 것.) 이 코루틴은 다음과 같은 특성들을 가진다.

호출 명령열: JMP IN.

나갈 때 조건(OUT으로 점프할 때): rA = 적절한 반복 숫자를 가진, 입력의 다음 문자. rI4의 값은
진입 당시의 값에서 변하지 않았음.

들어올 때 조건(복귀할 때):   rA, rX, rI5, rI6의 값들은 마지막 퇴장 당시의 값들에서 변하
지 않았어야 한다.

또 다른 코루틴 OUT은 부호를 3문자 단위로 잘라서 카드에 편칭한다. 초기에는 OUT1에서 시작한다.

```
31   * SECOND COROUTINE
32            ALF                        공백을 위한 상수
33   OUTPUT   ORIG   *+16                결과를 위한 버퍼
34   PUNCH    EQU    17                  카드 편칭기의 유닛 번호
35   OUT1     ENT4   -16                 새 출력 카드를 시작한다.
36            ENT1   OUTPUT
37            MOVE   -1,1(16)            출력 영역들을 공백들로 설정한다.
38   1H       JMP    IN                  다음번 번역된 문자를 얻는다.
39            STA    OUTPUT+16,4(1:1)    그 문자를 (1:1) 필드에 저장한다.
40            CMPA   PERIOD              그 문자가 "."인가?
41            JE     9F
42            JMP    IN                  아니면 다음 문자를 얻는다.
43            STA    OUTPUT+16,4(2:2)    그 문자를 (2:2) 필드에 저장한다.
44            CMPA   PERIOD              그 문자가 "."인가?
45            JE     9F
46            JMP    IN                  아니면 다음 문자를 얻는다.
47            STA    OUTPUT+16,4(3:3)    그 문자를 (3:3) 필드에 저장한다.
48            CMPA   PERIOD              그 문자가 "."인가?
49            JE     9F
50            INC4   1                   출력 버퍼의 다음 단어로 이동한다.
51            J4N    1B                  카드의 끝인가?
52   9H       OUT    OUTPUT(PUNCH)       그렇다면 편칭한다.
53            JBUS   *(PUNCH)            완료할 때까지 기다린다.
54            JNE    OUT1                다음 출력을 위해 복귀, 단
55            HLT                         "."가 나왔다면 중단.
56   PERIOD   ALF    ⌴⌴⌴⌴.
```

이 코루틴은 다음과 같은 특성들을 가진다.

호출 명령열: JMP OUT.

나갈 때 조건(IN으로 점프할 때): rA, rX, rI5, rI6의 값들은 진입 당시의 값들에서 변하지 않았음.
rI1은 변했을 수 있음. 이전 문자가 출력에 기록되었음.

들어올 때 조건(복귀할 때):   rA = 적절히 중복된, 입력의 다음 문자. rI4의 값은 진입 당시의
값에서 변하지 않았음.

프로그램을 완성하기 위해서는 코루틴 연계((1) 참고)를 작성해야 하며 적절한 초기화도 수행해야 한다. 코루틴들의 초기화는 좀 까다로운 경향이 있는데, 아주 어려운 것은 아니다.

```
57    * INITIALIZATION AND LINKAGE
58    START    ENT6   0      rI6을 NEXTCHAR를 위해 초기화한다.
59             ENTX   0      rX를 NEXTCHAR를 위해 초기화한다.
60             JMP    OUT1   OUT부터 시작한다(연습문제 2를 볼 것).
61    OUT      STJ    INX    코루틴 연계
62    OUTX     JMP    OUT1
63    IN       STJ    OUTX
64    INX      JMP    IN1
65             END    START      ∎
```

이렇게 해서 부호 번역 프로그램이 완성되었다. 독자는 이 프로그램을 세심히 공부해야 할 것이다. 특히, 코루틴들을 작성할 때 다른 코루틴을 마치 서브루틴처럼 간주해서 각 루틴을 개별적으로 작성하는 부분에 주목할 필요가 있다.

위의 프로그램에는 IN과 OUT의 들어올 때, 나갈 때 조건들이 완벽하게 짜여 들어가 있다. 그러나 일반적으로는 이렇게 간단히 해결되지 않아서, 코루틴 연계를 위해 적절한 레지스터를 적재, 복원하는 명령들을 추가해야 할 수도 있다. 예를 들어 만일 OUT이 레지스터 A의 내용을 덮어쓴다면 코루틴 연계는 다음과 같은 모습이 될 것이다.

```
OUT    STJ    INX
       STA    HOLDA    IN에서 나갈 때 A를 저장.
OUTX   JMP    OUT1                                        (4)
IN     STJ    OUTX
       LDA    HOLDA    OUT에서 나갈 때 A를 복원.
INX    JMP    IN1          ∎
```

코루틴과 다중패스 알고리즘(multipass algorithm) 사이에는 중요한 관계가 있다. 예를 들어 방금 이야기한 번역 공정을 다음과 같은 개별적인 두 패스로 수행할 수도 있다. 첫째 패스에서는 IN 코루틴과 같은 일을 하되, 입력 전체를 처리하고 적절히 중복된 각 문자들을 자기 테이프에 기록해 둔다. 둘째 패스에서는 OUT 코루틴과 같은 일을 하되, 그 테이프에서 세 문자 단위로 문자들을 읽어 들여 출력한다. 이를 "2패스" 공정이라고 할 수도 있을 것이다. (직관적으로, 하나의 "패스(pass)"란 입력 전체를 완전히 한 번 훑는 것을 의미한다. 그러나 이러한 정의는 정밀한 것이 아니어서, 알고리즘이 취하는 패스의 수가 항상 명확하지는 않은 알고리즘들도 많다. 그러나 애매하긴 해도 "패스"를 이렇게 직관적으로 정의해 놓는 것이 유용하다.)

그림 22(a)는 하나의 4패스 공정이다. 같은 공정을 그냥 하나의 패스로 수행할 수 있음을 깨닫게 되는 경우도 꽤 자주 있는데, 그림 (b)가 그러한 경우이다. 그림 (b)는 그림 (a)의 네 패스 A, B, C, D를 그에 해당하는 코루틴 A, B, C, D로 대체한 것이다. 코루틴 A는 패스 A가 한 항목을 테이프

1에 출력했을 시점에서 코루틴 B로 점프한다. 코루틴 B는 패스 B가 테이프 1에서 입력 항목 하나를 읽었을 시점에서 코루틴 A로 점프하고, 패스 B가 항목 하나를 출력했을 시점에서는 코루틴 C로 점프한다. 그런 식으로 대응이 되는 것이다. UNIX® 사용자라면 이를 "패스A | 패스B | 패스C | 패스D" 형태의 "파이프(pipe)" 적용에 비견할 수 있을 것이다. 패스 B, C, D에 해당하는 프로그램을 "필터(filter)"라고 부르기도 한다.

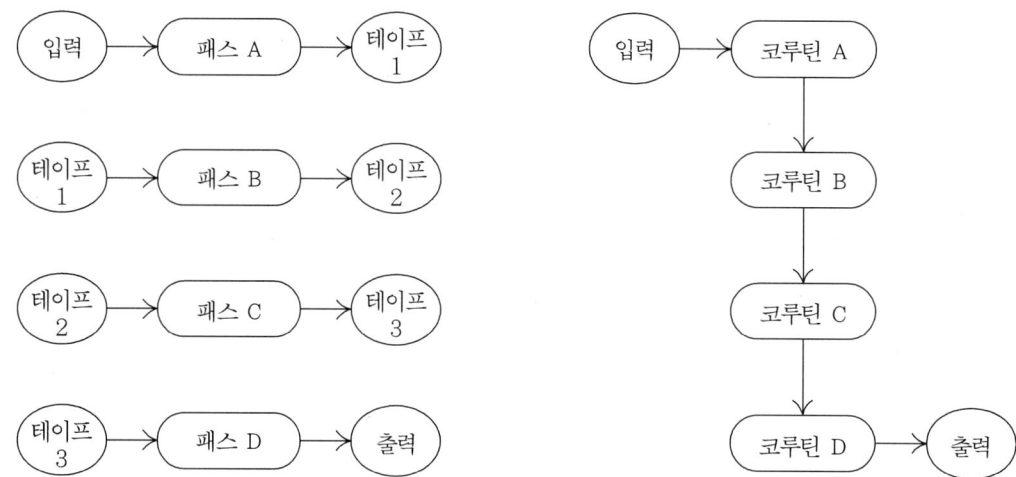

그림 22. 패스들: (a) 4패스 알고리즘, (b) 단일패스 알고리즘.

반대로, n개의 코루틴들로 이루어진 하나의 공정을 n패스 공정으로 변환할 수 있는 경우 역시 많다. 이러한 대응 관계 때문에 다중패스 알고리즘과 단일패스 알고리즘을 비교해 볼 필요가 있다.

a) 심리적 차이. 일반적으로 다중패스 알고리즘은 단일패스 알고리즘보다 쉽게 작성, 이해할 수 있다. 하나의 공정을 차례로 수행되는 일련의 작은 단계들로 나누면 여러 변환들이 동시에 일어나는 뒤엉킨 공정에 비해 이해하기가 쉬워진다.

또한, 아주 큰 문제를 공략해야 하며 그 문제를 위한 컴퓨터 프로그램을 여러 사람들이 협동해서 작성하는 경우, 다중패스 알고리즘을 이용하면 작업을 자연스럽게 분할할 수 있다.

그런데 다중패스 알고리즘의 이러한 장점들은 코루틴들에서도 나타난다. 왜냐하면 코루틴 방식에서도 본질적으로는 각 코루틴을 다른 것들과 독립적으로 작성할 수 있으며, 그것들을 연결함으로써 명백한 다중패스 알고리즘을 하나의 단일패스 공정으로 바꿀 수 있기 때문이다.

b) 시간 차이. 단일패스 알고리즘에서는 패스들을 거쳐 흘러가는 자료(예를 들면 그림 22의 테이프 상의 정보)를 묶고, 쓰고, 읽고, 푸는 데 걸리는 시간이 없다. 이 때문에 단일패스 알고리즘이 더 빠르다.

c) 공간 차이. 단일패스 알고리즘에서는 모든 프로그램들이 동시에 메모리에 들어 있어야 하지만, 다중패스 알고리즘에서는 한 번에 한 프로그램만 메모리에 들어 있어도 된다. 이러한 요구사항은 실행 빠르기에 영향을 미칠 수 있는데, 그 영향은 (b)에서 언급한 것보다 훨씬 더 클 수 있다. 예를

들어 많은 컴퓨터들에서 "빠른 메모리"의 양은 제한되어 있는 반면 느린 메모리는 그보다 더 크다. 만일 각 패스가 빠른 메모리에 딱 들어맞는다면, 그 결과는 단일패스에서 코루틴들을 사용할 때보다 훨씬 더 빠를 것이다(코루틴들을 사용한다면 프로그램을 더 느린 메모리에 집어넣어야 하거나, 또는 빠른 메모리에서 반복적으로 코루틴들을 교체해야 할 것이므로).

종종 여러 종류의 컴퓨터 구성들에서 실행될 알고리즘들을 한 번만 설계해야 할 필요가 생기기도 한다. 그 컴퓨터들 중에는 다른 것보다 더 큰 메모리 용량을 가진 것도 있다. 그런 경우에는 코루틴들을 이용하되, 메모리 크기에 따라 패스 수가 변하도록 프로그램을 작성하는 것이 가능하다. 즉, 메모리에 맞게 최대한 많은 코루틴들을 적재하고, 빠진 것들은 입력, 출력 서브루틴들로 연결하는 것이다.

코루틴과 패스 사이의 이러한 관계가 중요하긴 하지만, 코루틴 응용 프로그램을 다중패스 알고리즘으로 변환하는 게 항상 가능하지는 않다는 점도 염두에 두어야 한다. 만일 코루틴 B가 A로부터 입력을 얻음과 동시에 중요한 정보를 다시 A로 보내야 한다면(앞에서 언급한 체스 플레이가 그런 예이다), 패스 A 다음에 패스 B를 수행하는 식으로는 그와 같은 순차적인 행동들을 제대로 담아낼 수가 없다.

마찬가지로, 다중패스 알고리즘을 코루틴들로 변환할 수 없는 경우도 당연히 있다. 어떤 알고리즘은 원래부터 다중패스적이다. 예를 들어서 둘째 패스가 어떤 누적된 정보(예를 들면 입력에서 특정 단어의 출현 개수 등)를 첫째 패스에서 받아야 할 수도 있다. 이와 관련된 농담 하나를 들어보는 것도 좋을 것이다.

할머니 한 분이 버스에 올랐다. "꼬마야, 파사데나 거리로 가는데, 언제 내려야 하니?"

꼬마. "저를 보고 계시다가요, 저보다 두 정거장 전에서 내리세요."

(지금 논의에 비추어볼 때, 꼬마는 2패스 알고리즘을 제공한 것이다.)

3 이상의 다중패스 알고리즘들에서도 마찬가지 이야기가 가능하다. 코루틴 예제들은 이 책 여러 곳에서 다시 나온다. 예를 들어 1.4.4절의 버퍼링 스킴의 일부로 코루틴들이 나온다. 코루틴은 이산 (離散, discreet) 시스템 시뮬레이션에서도 중요한 역할을 한다. 2.2.5절을 볼 것. 8장에서는 복제된 코루틴(replicated coroutine)이라는 중요한 개념을 논의하며, 10장에서는 그에 대한 몇 가지 흥미로운 응용들이 나온다.

연습문제

1. [10] 교재를 저술하는 저자가 짧고 간단한 코루틴 예제를 찾기 힘들어하는 이유는 무엇인지 설명하라.

▶ **2.** [20] 본문의 프로그램은 OUT 코루틴부터 시작한다. 만일 IN부터 시작한다면, 즉 줄 60을 "JMP OUT1"에서 "JMP IN1"로 바꾼다면 어떻게 될까?

3. [20] 참 또는 거짓을 말하라: OUT 코루틴 안의 세 "CMPA PERIOD" 명령들을 모두 제거할 수 있으며, 그래도 프로그램이 제대로 작동한다. (세심히 살펴볼 것.)

4. [20] 독자에게 익숙한 실제 컴퓨터에서 (1)에 비견할 수 있는 코루틴 연계를 달성하려면 어떻게 해야 하는지 말하라.

5. [15] 코루틴 IN과 OUT 모두, 그 들어옴과 나감 사이에서 레지스터 A의 내용이 변하지 않아야 한다고 하자. 달리 표현하자면, OUT 안에서 언제 "JMP IN" 명령이 수행된다 하더라도 나중에 그 다음 줄로 돌아왔을 때 레지스터 A의 내용이 그 전과 변함없어야 하는 것이다. IN 안에서 "JMP OUT"이 수행되었을 때에도 마찬가지이다. 이를 위해서는 어떤 코루틴 연계가 필요한가? (그것을 (4)의 것과 비교해 볼 것.)

▶ **6.** [22] 세 코루틴 A, B, C가 각각 다른 둘 중 하나로 점프할 수 있는 경우에 대한, (1)과 비슷한 형태의 코루틴 연계를 제시하라. (한 코루틴이 발동될 때마다 그 코루틴은 이전에 마지막으로 자신을 떠났던 곳에서 시작해야 한다.)

▶ **7.** [30] 본문에 나온 프로그램이 수행한 번역을 뒤집는 MIX 프로그램을 작성하라. 즉, 그 프로그램은 (3)처럼 펀칭된 카드를 (2)처럼 펀칭된 카드로 변환해야 한다. 또한 출력은 최대한 짧은 문자열이어야 한다. 즉, (3)이 입력이라고 할 때 (2)에서처럼 Z 앞의 0을 실제로 만들어내지는 말아야 한다.

1.4.3. 해석 루틴

이번 절에서는 일반적인 컴퓨터 프로그램 종류의 하나인 해석 루틴(interpretive routine)을 살펴본다. 해석 루틴을 줄여서 부를 때에는 해석기(interpreter, 인터프리터)라고 한다. 해석 루틴은 다른 프로그램의 명령들을 수행하는 컴퓨터 프로그램이다. 그 다른 프로그램은 유사 기계어(machine-like language)로 작성된다. 유사 기계어는 어떠한 명령을 표현하는 한 가지 방식으로, 보통 연산 코드, 주소 등으로 구성된다. (오늘날 대부분의 컴퓨터 용어 정의들이 그렇듯이, 이 정의 역시 그리 엄밀한 것은 아니며 사실 엄밀할 필요도 없다. 어떤 것이 해석기이고 어떤 것이 아닌지에 대해서 딱 선을 그어 말하기란 불가능하다.)

역사적으로, 초창기 해석기들은 단순한 프로그래밍을 위해 특별히 설계된 유사 기계어들을 기반으로 만들어졌는데, 그런 언어들은 실제의 기계어보다 사용하기가 쉬웠다. 이후 프로그래밍에서 기호적 언어들이 부상하면서 그런 종류의 해석기들에 대한 요구들도 사그라졌지만, 해석기라는 것이 도태되었던 것은 결코 아니다. 오히려 그 용도가 계속 늘어나서 이제는 해석 루틴의 효과적인 활용이 현대적인 프로그래밍의 필수 특징 중 하나로 간주될 정도이다. 해석기가 새롭게 응용되는 까닭은 주로 다음의 두 가지에서 기인한다.

a) 유사 기계어는 복잡한 의사결정 및 행동 절차를 간결하고 효율적인 방식으로 표현할 수 있다.

b) 그리고 그런 표현은 다중패스 공정에서 패스들 사이의 훌륭한 의사소통 수단이 된다.

이런 경우에는 어떤 특정 프로그램에 사용하기 위한 특수 목적의 유사 기계어를 개발하며, 그런 언어의 프로그램은 오직 컴퓨터로만 생성하는 경우가 많다. (오늘날의 전문 프로그래머들은 훌륭한 컴퓨터 설계자이기도 해서, 해석 루틴을 만들어낼 뿐만 아니라 해석되는 언어를 가진 가상 기계(virtual machine)까지도 정의한다.)

해석 기법은 비교적 기계에 독립적이라는 또 다른 장점을 가진다. 즉, 컴퓨터가 바뀐다고 해도 해석기만 다시 작성하면 되는 것이다. 더 나아가서, 해석 시스템 안에 유용한 디버깅 보조 기능을 쉽게 내장시킬 수 있다는 장점도 있다.

종류 (a)의 해석기에 해당하는 예들이 이 시리즈의 이후 책의 여러 곳에 나온다. 예를 들어 8장에는 "재귀적 해석기"가, 10장에는 "파싱 머신"이 나온다. 일반적으로 우리는 모두 비슷하지만 정말로 간단한 패턴들은 없는 특수 사례들이 대단히 많이 발생하는 상황을 다루어야 한다.

예를 들어 두 수량들을 함께 더하는 효율적인 기계어 명령들을 생성하기 위해 어떤 대수적(algebraic) 컴파일러를 작성한다고 하자. 수량이 10개의 부류(상수, 단순 변수, 임시 저장 장소, 색인화된 변수, 누산기나 색인 레지스터의 내용, 고정 또는 부동소수점 등)로 나뉜다고 하면 그런 수량 두 개의 쌍들을 조합할 때 총 100개의 서로 다른 경우들이 생긴다. 각 경우마다 적절한 처리를 수행하는 프로그램을 만든다면 길이가 매우 길어질 것이다. 이 문제를 해석 루틴으로 푼다면, 그 "명령"들이 각각 하나의 바이트에 들어맞는 임시방편적인 언어를 만들고, 그 언어로 된 100개의 "프로그램"들로 구성된 하나의 표를 준비한다. 이상적으로, 각 프로그램은 하나의 워드에 들어맞아야 할 것이다. 그런 후에는 주어진 두 수량에 해당하는 적절한 표 항목을 택하고 그 프로그램을 수행하면 된다. 이러한 기법은 간단하고도 효율적이다.

종류 (b)의 해석기의 한 예가 커누스D. E. Knuth의 논문 "Computer-Drawn Flowcharts", *CACM* **6** (1963), 555-563에 나온다. 다중패스 프로그램에서 이전의 패스들은 이후의 패스들로 정보를 전달해야 한다. 이러한 정보는 어떠한 기계 비슷한 언어로 전달할 때, 즉 일련의 명령들의 형태로 이후 패스에 전달할 때 가장 효율적인 경우가 종종 있다. 이 경우 이후 패스는 특수 목적의 해석 루틴에 해당하며, 이전 패스는 특수 목적의 "컴파일러"에 해당한다. 이러한 다중패스 연산 원리를 말로 풀어서 한다면, 이전 패스가 단순히 수많은 사실들을 이후 패스에게 제공하고 그것을 어떻게 다루어야 할지 이후 패스가 알아내게 만드는 것이 아니라, 무엇을 해야 할지를 이후 패스에게 직접적으로 알려주는 것이라 할 수 있다.

종류 (b)의 해석기의 또 다른 예는 특수 언어의 컴파일러에 관련해서도 나타난다. 만일 그런 언어에 서브루틴 이외의 수단으로는 컴퓨터가 쉽게 해낼 수 없는 기능들이 많이 있다면, 컴파일 결과로 생긴 목적 프로그램(object program)은 서브루틴 호출들이 매우 길게 나열된 형태가 될 것이다. 예를 들어 주로 다중 정밀도(multiple precision) 산술을 다루는 언어라면 그런 일이 생긴다. 그런 경우, 만일 프로그램을 하나의 해석 언어로 표현한다면 목적 프로그램은 상당히 짧아질 것이다. 예를 들어 랜델B. Randell 및 러셀L. J. Russell의 책 *ALGOL 60 Implementation* (New York: Academic Press, 1964)을 볼 것. 그 책에는 ALGOL 60을 하나의 해석 언어로 번역하는 컴파일러가 설명되어 있다. 또한 그 해석 언어에 대한 해석기도 설명되어 있다. 또한 에반스Arthur Evans, Jr.의 ALGOL 60 Compiler, *Ann. Rev. Auto. Programming* **4** (1964), 87-124에는 컴파일러 내부에서 쓰이는 해석 루틴의 예가 나온다. 마이크로프로그래밍 방식 컴퓨터(microprogrammed machine)와 특수 목적의 집적회로 칩의 등장 덕분에 이러한 해석적 접근방식의 가치가 더욱 커졌다.

지금 읽고 있는 이 책[†]의 페이지들을 만들어낸 T_EX 프로그램은 이 섹션의 본문을 담은 한 파일을 DVI 형식이라고 하는 하나의 해석 언어로 변환한다. DVI 형식은 1979년에 푸크스D. R. Fuchs 가 고안한 것이다. 〔D. E. Knuth, T_EX: *The Program* (Reading, Mass.: Addison-Wesley, 1986), 31부 참고.〕 T_EX가 생성한 DVI 파일은 로키키T. G. Rokicki가 작성한 **dvips**라는 해석기가 PostScript®〔Adobe Systems Inc., *PostScript Language Reference Manual*, 제2판 (Reading, Mass.: Addison-Wesley, 1990)〕라는 또 다른 해석 언어의 명령들을 담은 파일로 변환한다. PostScript 파일을 출판사에 보내면 출판사는 그것을 전문 인쇄소에 보내며, 인쇄소는 PostScript 해석기를 이용해서 인쇄판을 만든다. 이러한 3패스 작업은 (b) 종류의 해석기의 좋은 예이다. T_EX 자체에도 (a) 종류의 작은 해석기가 들어 있어서 각 서체의 문자들을 위한 소위 합자(合字, ligature) 와 커닝(kerning) 정보를 처리한다〔T_EX: *The Program*, §545〕.

해석 언어로 작성된 프로그램을 한 번에 하나씩 호출되는 일련의 서브루틴 호출들로 간주할 수도 있다. 실제로, 해석 언어로 작성된 프로그램을 긴 서브루틴 호출열로 확장하는 것이 가능하며, 반대로 그런 호출열을 해석기가 쉽게 해석할 수 있는 형태의 코드로 꾸리는 것 역시 가능하다. 해석 기법의 장점은 표현의 간결함, 기계 독립성, 그리고 진단 능력(diagnostic capability)의 향상에 있다. 코드 자체의 해석 및 적절한 루틴으로의 분기에 소요되는 시간이 무시할 수 있는 수준인 해석기의 작성도 가능한 경우가 종종 있다.

1.4.3.1. MIX 시뮬레이터

해석 루틴에 제공된 언어가 다른 컴퓨터의 기계어인 경우, 그런 해석기를 종종 시뮬레이터(simulator, 모의실행기)라고 부른다(에뮬레이터(emulator)라고 부르기도 한다).

필자의 의견으로는, 프로그래머들이 단지 그런 시뮬레이터를 작성하는 데 너무나 많은 시간을 소비하고 있으며, 또 그것을 사용하는 데 너무나 많은 컴퓨터 시간이 낭비되고 있다. 시뮬레이터를 사용하고자 하는 동기는 간단하다. 컴퓨터 사용자가 새로운 컴퓨터를 구매했는데, 예전 컴퓨터를 위해 작성된 프로그램들도 그대로(새 컴퓨터에 맞게 다시 작성하지 않고) 실행하고 싶다는 것이다. 그러나 그런 목적으로 시뮬레이터를 사용하는 것이 임시적으로 프로그래머 팀을 꾸려서 프로그램들을 다시 작성하는 것보다 비용도 더 들고 수행 결과도 더 나쁜 경우가 많다. 한 예로, 필자는 그런 재프로그 래밍 프로젝트에 참여한 적이 있으며, 그 과정에서 수년간 쓰여 온 원래 프로그램의 심각한 오류 하나를 발견했다. 새 프로그램은 정확한 결과를 냈을 뿐만 아니라, 원래 것보다 다섯 배나 빨랐다. (물론 모든 시뮬레이터가 나쁘다는 것은 아니다. 예를 들어 컴퓨터 제조사는 새 컴퓨터를 실제로 만들기 전에 시뮬레이터를 사용함으로써 새 컴퓨터를 위한 소프트웨어를 최대한 일찍 개발할 수 있다. 그러나 이는 매우 특수한 응용이다.) 컴퓨터 시뮬레이터를 비효율적으로 사용하는 한 가지 극단적인 사례는, 컴퓨터 C를 모의실행하는 프로그램을 실행하는 컴퓨터 B를 컴퓨터 A에서 모의실행 하는 것이다. 이는 크고 비싼 컴퓨터가 그보다 싼 컴퓨터보다 나쁜 결과를 내게 만드는 일이다.

[†] 〔옮긴이 주〕 원서에만 해당한다. 번역서는 다른 방식으로 조판되었다.

이런 단점들이 있는 데도 이 책에서 굳이 시뮬레이터를 이야기하는 이유는 다음의 두 가지이다.

a) 여기서 설명할 시뮬레이터는 전형적인 해석 루틴의 좋은 예이다. 이번 절에서는 해석기에 쓰이는 기본적인 기법들을 보여준다. 또한 비교적 긴 프로그램에서 서브루틴을 어떻게 사용하는지도 보여준다.

b) 여기서 설명할 것은 MIX 컴퓨터의 한 시뮬레이터로, (무엇보다도) MIX 언어로 작성한다. 이것은 이후 누군가가 MIX와 비슷한 컴퓨터 대부분을 위한 MIX 시뮬레이터를 작성하는 데 기반이 될 것이다. 이 프로그램은 MIX에 특화된 기능을 많이 사용하지 않도록 의도적으로 노력했다. MIX 시뮬레이터가 하나 있으면 이 책(그리고 아마도 다른 책들)에 관련된 교육, 강의에 도움이 될 것이다.

이번 절에서 설명하는 컴퓨터 시뮬레이터가 이산 시스템 시뮬레이터와는 다른 것임을 주의할 것. 이산 시스템 시뮬레이터는 중요한 프로그램이며, 2.2.5절에서 이야기한다.

그럼 MIX 시뮬레이터를 작성하는 과제로 들어가 보자. 시뮬레이터 프로그램의 입력은 MIX 명령과 자료의 순차열로, 장소 0000-3499에 저장되어 있다고 가정한다. 이 시뮬레이터는 MIX 하드웨어의 행동을 정확하게 흉내 내어서 마치 MIX 자체가 그 명령들을 해석한 것과 같은 결과를 낸다. 따라서 1.3.1절에 나온 명세를 충실히 구현해야 한다. 이 프로그램은, 예를 들어 AREG라는 변수에 시뮬레이션되는 A 레지스터의 크기(절대값)를 담고 유지한다. 또 다른 변수 SIGA는 해당 부호를 담는다. CLOCK이라는 변수는 시뮬레이션되는 프로그램이 지금까지 실행된 시간을 담는데, 단위는 MIX 시간이다.

MIX 명령 LDA, LD1, ..., LDX와 기타 명령들의 OP 코드 번호들을 고려해서, 시뮬레이션되는 레지스터들의 내용을 다음과 같은 인접한 장소들에 담아두기로 한다.

AREG, I1REG, I2REG, I3REG, I4REG, I5REG, I6REG, XREG, JREG, ZERO.

여기서 ZERO는 항상 0으로 채워져 있는 특별한 "레지스터"이다. JREG와 ZERO를 제일 끝에 둔 것은 명령 STJ와 STZ의 OP 코드 번호를 고려한 것이다.

이 시뮬레이터로 실제 MIX 하드웨어를 그대로 흉내내려 하는 것은 아니라는 애초의 원칙에 따라, 부호를 레지스터와는 독립적인 부분으로 취급하기로 한다. 예를 들어 MIX는 "마이너스 0"이라는 수를 표현할 수 있지만, 그렇지 못한 컴퓨터들도 많이 있다. 따라서 이 프로그램에서는 항상 부호를 특별하게 취급해야 한다. 장소 AREG, I1REG, ..., ZERO들은 항상 해당 레지스터 내용의 절대값을 담는다. 부호들은 SIGNA, SIGN1, ..., SIGNZ라는 개별적인 장소들에 담아두는데, 이들은 해당 레지스터의 부호가 양이냐 음이냐에 따라 +1 또는 -1을 담는다.

일반적으로 해석 루틴에는 명령이 해석될 때마다 호출되는 하나의 중앙 제어 영역이 존재한다. 지금의 경우 프로그램의 제어는 각 명령의 시뮬레이션이 끝날 때마다 장소 CYCLE로 이동한다.

그 제어 루틴은 모든 명령들에 공통인 작업을 수행한다. 구체적으로 말하면 명령을 여러 부분들로 풀고, 각 부분을 이후의 용도를 위해 적절한 장소들에 집어넣는다. 아래의 프로그램은 다음과 같은 설정을 따른다.

rI6 = 다음 명령의 장소,

rI5 = M (현재 명령의 주소에 색인을 적용한 것),

rI4 = 현재 명령의 연산 코드,

rI3 = 현재 명령의 F 필드,

INST = 현재 명령.

프로그램 M.

```
001   * MIX SIMULATOR
002              ORIG   3500          장소 0000부터 여기까지는 시뮬레이션되는 메모리이다.
003   BEGIN      STZ    TIME(0:2)
004              STZ    OVTOG         OVTOG는 시뮬레이션되는 위넘침 토글.
005              STZ    COMPI         ±1 또는 0인 COMPI는 비교 지시자.
006              ENT6   0             장소 0에서 첫 번째 명령을 가져온다.
007   CYCLE      LDA    CLOCK         제어 루틴의 시작:
008   TIME       INCA   0             이 주소는 이전 명령의 수행 시간으로
009              STA    CLOCK            설정된다(줄 033 참고).
010              LDA    0,6           rA ← 시뮬레이션할 명령.
011              STA    INST
012              INC6   1             장소 카운터를 증가한다.
013              LDX    INST(1:2)     그 주소의 절대값을 얻는다.
014              SLAX   5             부호를 주소에 붙인다.
015              STA    M
016              LD2    INST(3:3)     색인 필드를 조사한다.
017              J2Z    1F            0인가?
018              DEC2   6
019              J2P    INDEXERROR    유효하지 않은 색인이 지정되었는가?
020              LDA    SIGN6,2       색인 레지스터의 부호를 얻는다.
021              LDX    I6REG,2       색인 레지스터의 크기를 얻는다.
022              SLAX   5             부호를 붙인다.
023              ADD    M             색인을 위한 부호 있는 덧셈을 수행.
024              CMPA   ZERO(1:3)     결과가 너무 큰가?
025              JNE    ADDRERROR     너무 크다면 오류를 시뮬레이션한다.
026              STA    M             아니면 주소를 찾은 것이다.
027   1H         LD3    INST(4:4)     rI3 ← F 필드.
028              LD5    M             r5 ← M.
029              LD4    INST(5:5)     r4 ← C 필드.
030              DEC4   63
031              J4P    OPERROR       OP 코드 ≥ 64인가?
032              LDA    OPTABLE,4(4:4) 표에서 수행 시간을 얻는다.
033              STA    TIME(0:2)
```

034		LD2	OPTABLE,4(0:2)	적절한 루틴의 주소를 얻는다.
035		JNOV	0,2	그 연산자 루틴으로 점프한다.
036		JMP	0,2	(위넘침을 방어.) ▮

독자가 특히 주목해서 봐야 할 부분은 줄 034-036이다. 이 시뮬레이터에는 64개의 연산자들을 담은 "전환표(switching table)"가 있는데, 이 표를 이용하면 현재 명령에 해당하는 루틴으로 빠르게 점프할 수 있다. 이는 중요한 시간 절약 기법의 하나이다(연습문제 1.3.2-9 참고).

이 전환표의 이름은 OPTABLE이며 64워드로 되어 있다. 또한 이 표는 여러 연산자들에 대한 수행 시간도 제공한다. 다음 줄들은 전환표의 내용이다.

037		NOP	CYCLE(1)	연산 코드 표;
038		ADD	ADD(2)	일반적인 항목은
039		SUB	SUB(2)	"OP 루틴(시간)" 형태이다.
040		MUL	MUL(10)	
041		DIV	DIV(12)	
042		HLT	SPEC(1)	
043		SLA	SHIFT(2)	
044		MOVE	MOVE(1)	
045		LDA	LOAD(2)	
046		LD1	LOAD,1(2)	
		...		
051		LD6	LOAD,1(2)	
052		LDX	LOAD(2)	
053		LDAN	LOADN(2)	
054		LD1N	LOADN,1(2)	
		...		
060		LDXN	LOADN(2)	
061		STA	STORE(2)	
		...		
069		STJ	STORE(2)	
070		STZ	STORE(2)	
071		JBUS	JBUS(1)	
072		IOC	IOC(1)	
073		IN	IN(1)	
074		OUT	OUT(1)	
075		JRED	JRED(1)	
076		JMP	JUMP(1)	
077		JAP	REGJUMP(1)	
		...		
084		JXP	REGJUMP(1)	
085		INCA	ADDROP(1)	

```
086              INC1  ADDROP,1(1)
                 ...
092              INCX  ADDROP(1)
093              CMPA  COMPARE(2)
                 ...
100  OPTABLE     CMPX  COMPARE(2)   ▌
```

(LD*i*, LD*i*N, INC*i* 연산자에 대한 항목들에는 (3:3) 필드를 0이 아닌 값으로 설정하는 추가적인 ",1"이 있다. 이것은 아래의 줄 289-290에서 해당 연산자를 시뮬레이션한 후에 해당 색인 레지스터 내용의 크기를 점검해야 함을 알려주는 역할을 한다.)

시뮬레이터 프로그램의 다음 부분은 단지 시뮬레이션되는 레지스터들의 내용을 담을 장소들을 나열하는 것일 뿐이다.

```
101  AREG      CON   0       A 레지스터의 크기
102  I1REG     CON   0       색인 레지스터들의 크기
               ...
107  I6REG     CON   0
108  XREG      CON   0       X 레지스터의 크기
109  JREG      CON   0       J 레지스터의 크기
110  ZERO      CON   0       "STZ"를 위한 상수 0
111  SIGNA     CON   1       A 레지스터의 부호
112  SIGN1     CON   1       색인 레지스터들의 부호
               ...
117  SIGN6     CON   1
118  SIGNX     CON   1       X 레지스터의 부호
119  SIGNJ     CON   1       J 레지스터의 부호
120  SIGNZ     CON   1       "STZ"에서 저장되는 부호
121  INST      CON   0       시뮬레이션되는 명령
122  COMPI     CON   0       비교 지시자
123  OVTOG     CON   0       위넘침 토글
124  CLOCK     CON   0       시뮬레이션되는 수행 시간   ▌
```

이제 시뮬레이터가 사용하는 세 서브루틴을 살펴보자. 처음은 MEMORY 서브루틴이다.

호출 명령열: JMP MEMORY.

들어올 때 조건: rI5 = 유효한 메모리 주소(유효하지 않으면 서브루틴은 MEMERROR로 점프한다).

나갈 때 조건: rX = 메모리 장소 rI5에 있는 워드의 부호,

　　　　　　　 rA = 메모리 장소 rI5에 있는 워드의 크기.

```
125  * SUBROUTINES
126  MEMORY    STJ   9F           메모리 가져오기 서브루틴:
```

```
127              J5N     MEMERROR
128              CMP5    =BEGIN=         시뮬레이션되는 메모리는
129              JGE     MEMERROR         장소 0000에서 BEGIN − 1까지이다.
130              LDX     0,5
131              ENTA    1
132              SRAX    5               rX ← 워드의 부호.
133              LDA     0,5(1:5)        rA ← 워드의 크기.
134  9H          JMP     *               나감. ∎
```

FCHECK 서브루틴은 부분 필드 명세를 처리해서 그것이 8L + R 형태인지 확인한다(L ≤ R ≤ 5).

호출 명령열:　JMP FCHECK.

들어올 때 조건: rI3 = 유효한 필드 명세(유효하지 않으면 서브루틴은 FERROR로 점프한다).

나갈 때 조건:　rA = rI1 = L, rX = R.

```
135  FCHECK      STJ     9F              필드 점검 서브루틴
136              ENTA    0
137              ENTX    0,3             rAX ← 필드 명세.
138              DIV     =8=             r ← L, r ← R.
139              CMPX    =5=             R > 5인가?
140              JG      FERROR
141              STX     R
142              STA     L
143              LD1     L               rI1 ← L.
144              CMPA    R
145  9H          JLE     *               L > R이 아니면 나감.
146              JMP     FERROR          ∎
```

마지막 서브루틴 GETV는 1.3.1에 정의된 여러 MIX 연산자들에 쓰이는 수량 V(말하자면 장소 M의 해당 필드)를 찾는다.

호출 명령열:　JMP GETV.

들어올 때 조건: rI5 = 유효한 메모리 주소.

　　　　　　　rI3 = 유효한 필드. (유효하지 않으면 위에서와 마찬가지로 오류를 발생한다.)

나갈 때 조건:　rA = V의 크기, rX = V의 부호, rI1 = L, rI2 = − R.

둘째 진입점:　JMP GETAV. 비교 연산자들에서 레지스터로부터 필드를 추출할 때에만 쓰인다.

```
147  GETAV       STJ     9F              특별한 진입점. 줄 300을 볼 것.
148              JMP     1F
149  GETV        STJ     9F              V를 찾는 서브루틴:
150              JMP     FCHECK          필드를 점검하고 rI1 ← L로 설정.
```

151		JMP	MEMORY	rA ← 메모리 크기, rX ← 부호.
152	1H	J1Z	2F	필드에 부호가 포함되어 있는가?
153		ENTX	1	아니면 부호를 양으로 설정한다.
154		SLA	-1,1	필드의 오른쪽 전부를
155		SRA	-1,1	0으로 채운다.
156	2H	LD2N	R	적절한 위치가 되도록
157		SRA	5,2	오른쪽으로 자리이동.
158	9H	JMP	★	나감. ∎

이제 개별 연산자에 대한 루틴들을 살펴보자. 완전함을 위해 모든 루틴들을 나열하지만, 특별한 이유가 없는 한 독자는 이들 중 몇 개만 살펴봐도 좋다. 연구해 볼 전형적인 예로 추천할 만한 것은 SUB와 JUMP 명령들이다. 비슷한 연산들에 대한 루틴들이 깔끔하게 결합되어 있는 방식에 주목할 것. 그리고 JUMP 루틴이 다른 전환표를 이용해서 점프의 종류를 결정하는 부분 역시 유심히 살펴보아야 할 것이다.

159	★ INDIVIDUAL OPERATORS			
160	ADD	JMP	GETV	rA와 rX에 담긴 V의 값을 얻는다.
161		ENT1	0	rI1 ← 시뮬레이션되는 rA의 색인.
162		JMP	INC	"증가" 루틴으로 간다.
163	SUB	JMP	GETV	rA와 rX에 담긴 V의 값을 얻는다.
164		ENT1	0	rI1 ← 시뮬레이션되는 rA의 색인.
165		JMP	DEC	"감소" 루틴으로 간다.
166	★			
167	MUL	JMP	GETV	rA와 rX에 담긴 V의 값을 얻는다.
168		CMPX	SIGNA	부호들이 같은가?
169		ENTX	1	
170		JE	★+2	rX에 결과 부호를 설정한다.
171		ENNX	1	
172		STX	SIGNA	그 부호를 시뮬레이션되는 rA, rX에 넣는다.
173		STX	SIGNX	
174		MUL	AREG	피연산자들을 곱한다.
175		JMP	STOREAX	그 크기를 저장한다.
176	★			
177	DIV	LDA	SIGNA	나머지의 부호를 설정한다.
178		STA	SIGNX	
179		JMP	GETV	rA와 rX에 담긴 V의 값을 얻는다.
180		CMPX	SIGNA	부호들이 같은가?
181		ENTX	1	
182		JE	★+2	rX에 결과 부호를 설정한다.
183		ENNX	1	
184		STX	SIGNA	그 부호를 시뮬레이션되는 rA에 넣는다.

185		STA	TEMP	
186		LDA	AREG	피연산자들을 나눈다.
187		LDX	XREG	
188		DIV	TEMP	
189	STOREAX	STA	AREG	그 크기를 저장한다.
190		STX	XREG	
191	OVCHECK	JNOV	CYCLE	방금 위넘침이 일어났는가?
192		ENTX	1	그렇다면 시뮬레이션되는 위넘침 토글을 켠다.
193		STX	OVTOG	
194		JMP	CYCLE	제어 루틴으로 돌아간다.
195	*			
196	LOADN	JMP	GETV	rA와 rX에 담긴 V의 값을 얻는다.
197		ENT1	47,4	rI1 ← C − 16; 레지스터를 가리킨다.
198	LOADN1	STX	TEMP	부호를 부정한다(반대로 바꾼다).
199		LDXN	TEMP	
200		JMP	LOAD1	LOADN에서 LOAD로 바꾼다.
201	LOAD	JMP	GETV	rA와 rX에 담긴 V의 값을 얻는다.
202		ENT1	55,4	rI1 ← C − 8, 레지스터를 가리킨다.
203	LOAD1	STA	AREG,1	크기를 저장한다.
204		STX	SIGNA,1	부호를 저장한다.
205		JMP	SIZECHK	크기가 너무 큰지 점검한다.
206	*			
207	STORE	JMP	FCHECK	rI1 ← L.
208		JMP	MEMORY	메모리 장소의 내용을 얻는다.
209		J1P	1F	필드에 부호가 포함되어 있는가?
210		ENT1	1	그렇다면 L을 1로 바꾸고
211		LDX	SIGNA+39,4	레지스터의 부호를 "저장"한다.
212	1H	LD2N	R	rI2 ← −R.
213		SRAX	5,2	그 영역을 필드의 오른쪽에 저장한다.
214		LDA	AREG+39,4	레지스터를 필드에 삽입한다.
215		SLAX	5,2	
216		ENN2	0,1	rI2 ← −L.
217		SRAX	6,2	
218		LDA	0,5	그 영역을 필드 왼쪽에 복원한다.
219		SRA	6,2	
220		SRAX	−1,1	부호를 붙인다.
221		STX	0,5	메모리에 저장한다.
222		JMP	CYCLE	제어 루틴으로 돌아간다.
223	*			
224	JUMP	DEC3	9	점프 연산자:
225		J3P	FERROR	F가 너무 큰가?

226		LDA	COMPI	rA ← 비교 지시자.
227		JMP	JTABLE,3	적절한 루틴으로 점프한다.
228	JMP	ST6	JREG	시뮬레이션되는 J 레지스터를 설정한다.
229		JMP	JSJ	
230		JMP	JOV	
231		JMP	JNOV	
232		JMP	LS	
233		JMP	EQ	
234		JMP	GR	
235		JMP	GE	
236		JMP	NE	
237	JTABLE	JMP	LE	점프 표의 끝.
238	JOV	LDX	OVTOG	위넘침 시 점프할 것인지
239		JMP	*+3	점검한다.
240	JNOV	LDX	OVTOG	
241		DECX	1	위넘침 토글의 보수(complement)를 얻는다.
242		STZ	OVTOG	위넘침 토글을 끈다.
243		JXNZ	JMP	점프한다.
244		JMP	CYCLE	점프하지 않는다.
245	LE	JAZ	JMP	rA가 0이나 음이면 점프한다.
246	LS	JAN	JMP	rA가 음이면 점프한다.
247		JMP	CYCLE	점프하지 않는다.
248	NE	JAN	JMP	rA가 음이나 양이면 점프한다.
249	GR	JAP	JMP	rA가 양이면 점프한다.
250		JMP	CYCLE	점프하지 않는다.
251	GE	JAP	JMP	rA가 양이나 0이면 점프한다.
252	EQ	JAZ	JMP	rA가 0이면 점프한다.
253		JMP	CYCLE	점프하지 않는다.
254	JSJ	JMP	MEMORY	유효한 메모리 주소인지 점검한다.
255		ENT6	0,5	하나의 점프를 시뮬레이션한다.
256		JMP	CYCLE	주 제어 루틴으로 돌아간다.
257	*			
258	REGJUMP	LDA	AREG+23,4	레지스터 점프들:
259		JAZ	*+2	레지스터가 0인가?
260		LDA	SIGNA+23,4	아니면 부호를 rA에 넣는다.
261		DEC3	5	
262		J3NP	JTABLE,3	조건부 JMP로 변경.
263		JMP	FERROR	단, F 명세가 너무 크면 오류.
264	*			
265	ADDROP	DEC3	3	주소 전송 연산자들:
266		J3P	FERROR	F가 너무 큰가?

267		ENTX	0,5	
268		JXNZ	*+2	M의 부호를 구한다.
269		LDX	INST	
270		ENTA	1	
271		SRAX	5	rX ← M의 부호.
272		LDA	M(1:5)	rA ← M의 크기.
273		ENT1	15,4	rI1은 레지스터를 가리킨다.
274		JMP	1F,3	4방향 점프.
275		JMP	INC	증가.
276		JMP	DEC	감소.
277		JMP	LOAD1	입력.
278	1H	JMP	LOADN1	음의 입력.
279	DEC	STX	TEMP	부호를 반대로.
280		LDXN	TEMP	DEC를 INC로 축약.
281	INC	CMPX	SIGNA,1	더하기 루틴:
282		JE	1F	부호가 같은가?
283		SUB	AREG,1	아니오, 크기들을 뺀다.
284		JANP	2F	부호를 바꿔야 하는가?
285		STX	SIGNA,1	레지스터의 부호를 바꾼다.
286		JMP	2F	
287	1H	ADD	AREG,1	크기들을 더한다.
288	2H	STA	AREG,1(1:5)	결과의 크기를 저장한다.
289	SIZECHK	LD1	OPTABLE,4(3:3)	방금 적재한 것이
290		J1Z	OVCHECK	색인 레지스터인가?
291		CMPA	ZERO(1:3)	그렇다면 결과가 두 바이트에
292		JE	CYCLE	들어맞도록 한다.
293		JMP	SIZEERROR	
294	*			
295	COMPARE	JMP	GETV	rA와 rX에 있는 V의 값을 얻는다.
296		SRAX	5	부호를 붙인다.
297		STX	V	
298		LDA	XREG,4	해당 레지스터의 F 필드를 얻는다.
299		LDX	SIGNX,4	
300		JMP	GETAV	
301		SRAX	5	부호를 붙인다.
302		CMPX	V	비교(−0 = +0임을 주의).
303		STZ	COMPI	비교 지시자를
304		JE	CYCLE	0 또는 +1
305		ENTA	1	또는 −1로 설정한다.
306		JG	*+2	
307		ENNA	1	

```
308             STA     COMPI
309             JMP     CYCLE              제어 루틴으로 돌아간다.
310     *
311             END     BEGIN    ▌
```

위의 코드는 1.3.1절에서 이야기한 한 가지 미묘한 규칙을 잘 따르고 있다. 그 규칙이란, 명령 "ENTA -0"은 마이너스 0을 레지스터 A에 넣으며, 색인 레지스터 1이 +5를 담고 있을 때 명령 "ENTA -5, 1" 역시 그렇다는 것이다. 일반화하자면, M이 0이면 ENTA는 그 명령의 부호를 적재하며, ENNA는 그 반대 부호를 적재한다. 필자가 1.3.1절의 첫 번째 초안을 준비할 때에는 이 조건을 명시해야 할 필요성을 간과했었다. 보통, 프로그램을 규칙들을 따라 작성해 봐야 명확한 조건들을 명시해야 할 필요성을 깨닫게 된다.

지금까지 살펴본 시뮬레이터 프로그램은 길긴 하지만 아직도 다음과 같은 여러 측면에서 불완전하다.

a) 부동소수점 연산들을 인식하지 않는다.

b) 연산 코드 5, 6, 7에 대한 코딩이 빠져 있는데, 이 부분은 연습문제로 남겨 두었다.

c) 입출력 연산들에 대한 코딩 역시 연습문제로 남겨두었다.

d) 시뮬레이션되는 프로그램을 적재하는 수단이 없다(연습문제 4 참고).

e) 시뮬레이션되는 프로그램에서 검출된 오류 조건들을 처리할 오류 루틴들을 포함시키지 않았다. 그 루틴들의 이름은 다음과 같다.

INDEXERROR, ADDRERROR, OPERROR, MEMERROR, FERROR, SIZEERROR

f) 진단을 돕기 위한 수단이 없다. (유용한 시뮬레이터라면 예를 들어 프로그램을 수행하는 도중에 레지스터의 내용을 출력할 수 있어야 할 것이다.)

연습문제

1. [14] 시뮬레이터 프로그램에 있는 FCHECK 서브루틴의 모든 쓰임새를 연구하라. 코드를 좀 더 잘 조직화하는 방법을 제시할 수 있는가? (1.4.1절 끝부분 논의에 나오는 단계 3을 볼 것.)

2. [20] 본문의 프로그램에는 나오지 않은 SHIFT(연산 코드 6) 루틴을 작성하라.

▶ **3.** [22] 본문의 프로그램에는 나오지 않은 MOVE(연산 코드 7) 루틴을 작성하라.

4. [14] 본문의 프로그램을, 마치 MIX의 "GO 버튼"이 눌려서 시작되는 것처럼 행동하도록 수정하라 (연습문제 1.3.1-26 참고).

▶ **5.** [24] LDA와 ENTA 연산자들을 시뮬레이션하는 데 필요한 시간을 구하고, 그것들을 MIX에서 직접 수행할 때 걸리는 실제 시간과 비교하라.

6. [28] 본문의 프로그램에는 나오지 않은, 입출력 연산자 JBUS, IOC, IN, OUT, JRED를 위한

프로그램들을 작성하라. 단, 입출력 장치 유닛은 16과 18만 사용하도록 한다. "카드 읽기"와 "새 페이지로 넘어감" 연산들은 $T = 10000u$의 시간을 소비하는 반면, "한 줄 인쇄"는 $T = 7500u$의 시간을 소비하는 것으로 가정할 것. 〔참고: 경험에 따르면, JBUS 명령을 시뮬레이션할 때에는 "JBUS *"를 하나의 특별한 경우로 취급해야 한다. 그렇지 않으면 시뮬레이션이 멈춘 것처럼 보이게 된다.〕

▶ **7.** 〔32〕 연습문제 6의 답들을, IN이나 OUT의 수행이 그 즉시 I/O 전송을 일으키지는 않는 방식으로 수정하라. 전송은 시뮬레이션되는 장치가 만료되는 데 필요한 시간의 약 반 정도가 지난 후에 일어나야 한다. (이는 학생들이 흔히 저지르는, IN과 OUT을 부적절하게 사용하는 실수를 방지하기 위한 것이다.)

8. 〔20〕 참 또는 거짓을 밝혀라: 시뮬레이터 프로그램의 줄 010이 실행될 때 항상 $0 \le$ rI6 $<$ BEGIN 이다.

*1.4.3.2. 추적 루틴

어떤 컴퓨터를 그 자신이 시뮬레이션한다면(이전 절에서 MIX에서 MIX를 시뮬레이션하는 것처럼), 그것은 추적(trace) 루틴 또는 감시(monitor) 루틴이라고 하는 특별한 경우의 시뮬레이터에 해당한다. 그런 프로그램은 디버깅에 도움이 되는 경우가 많은데, 왜냐하면 시뮬레이션되는 프로그램의 작동 현황을 단계별로 출력할 수 있기 때문이다.

이전 소절의 프로그램은 MIX를 다른 어떤 컴퓨터에서 시뮬레이션한다는 가정 하에서 작성한 것이다. 추적 루틴의 경우에는 상당히 다른 접근방식을 취한다. 추적 프로그램에서는 레지스터들을 그 자체로 표현하며 연산자들도 그 자체로 수행하는 것이 일반적이다. 그런 프로그램을 만들 때에는 실제로 컴퓨터가 대부분의 명령들을 그 자체로 실행하게 만든다. 단, 점프 또는 조건부 점프 명령은 예외인데, 그런 것들을 그대로 실행하면 시뮬레이션되는 프로그램이 추적 프로그램의 제어에서 벗어나버리므로 적절한 수정이 필요하다. 또한 컴퓨터마다 추적 루틴 작성을 어렵게 하는 색다른 특징들이 있기 마련이다. MIX의 경우 J 레지스터를 어떻게 다룰 것이냐가 가장 큰 난제이다.

아래의 추적 루틴은 주 프로그램이 레지스터 J를 추적이 시작될 주소로 설정하고 레지스터 X를 추적이 끝나는 주소로 설정한 상태에서 장소 ENTER로 점프하면 발동된다. 흥미로운 프로그램이며, 세심히 연구해보면 얻는 것이 많을 것이다.

```
01   * TRACE ROUTINE
02   ENTER  STX   TEST(0:2)       복귀 장소(출구)를 설정한다.
03          STX   LEAVEX(0:2)
04          STA   AREG            rA의 내용을 저장해 둔다.
05          STJ   JREG            rJ의 내용을 저장해 둔다.
06          LDA   JREG(0:2)       추적을 시작할 장소를 얻는다.
07   CYCLE  STA   PREG(0:2)       다음 명령의 장소를 저장한다.
08   TEST   DECA  *               그것이 복귀 장소인가?
09          JAZ   LEAVE
```

10	PREG	LDA	*	다음 명령을 얻는다.
11		STA	INST	그것을 복사한다.
12		SRA	2	
13		STA	INST1(0:3)	주소와 색인 부분을 저장한다.
14		LDA	INST(5:5)	연산 코드 C를 얻는다.
15		DECA	38	
16		JANN	1F	$C \geq 38$ (JRED)인가?
17		INCA	6	
18		JANZ	2F	$C \neq 32$ (STJ)인가?
19		LDA	INST(0:4)	
20		STA	*+2(0:4)	STJ를 STA로 바꾼다.
21	JREG	ENTA	*	rA ← 시뮬레이션되는 rJ의 내용.
22		STA	*	
23		JMP	INCP	
24	2H	DECA	2	
25		JANZ	2F	$C \neq 34$ (JBUS)인가?
26		JMP	3F	
27	1H	DECA	9	점프 명령 판정.
28		JAP	2F	$C > 47$ (JXNP)인가?
29	3H	LDA	8F(0:3)	점프 명령을 발견한 것이다.
30		STA	INST(0:3)	그 주소를 "JUMP"로 변경한다.
31	2H	LDA	AREG	레지스터 A를 복원한다.
32	*			이제 J를 제외한 모든 레지스터는 외부 프로그램의
33	*			맥락에 맞는 적절한 값들을 가지고 있다.
34	INST	NOP	*	현재 명령을 실행.
35		STA	AREG	레지스터 A를 다시 저장한다.
36	INCP	LDA	PREG(0:2)	다음 명령으로 간다.
37		INCA	1	
38		JMP	CYCLE	
39	8H	JSJ	JUMP	줄 29와 40에 쓰이는 상수.
40	JUMP	LDA	8B(4:5)	점프가 발생했다.
41		SUB	INST(4:5)	그것이 JSJ인가?
42		JAZ	*+4	
43		LDA	PREG(0:2)	아니면 시뮬레이션되는 J 레지스터를
44		INCA	1	갱신한다.
45		STA	JREG(0:2)	
46	INST1	ENTA	*	
47		JMP	CYCLE	점프의 주소로 간다.
48	LEAVE	LDA	AREG	레지스터 A를 복원한다.
49	LEAVEX	JMP	*	추적을 멈춘다.
50	AREG	CON	0	시뮬레이션되는 rA의 내용 ∎

다음은 일반적으로 추적 루틴에서, 그리고 특히 이 추적 루틴에 대해 주목할 것들이다.

1) 위에서는 하나의 추적 프로그램에서 가장 흥미로운 부분, 즉 다른 프로그램을 실행하면서도 제어권을 잃지 않도록 하는 부분만 제시했다. 추적 루틴이 유용하려면 레지스터들의 내용을 출력하는 루틴도 있어야 하는데 위에는 빠져 있다. 위에서는 추적 루틴의 난해한 부분에 집중하기 위해서 그런 출력 루틴을 생략했지만, 그렇다고 그런 출력 루틴이 중요하지 않은 것은 아니다. 그런 출력 루틴의 작성은 독자의 숙제로 남기겠다(연습문제 2).

2) 추적 프로그램에서는 일반적으로 공간이 시간보다 더 중요하다. 즉, 프로그램은 최대한 짧게 작성해야 한다. 그래야 추적 루틴이 아주 큰 프로그램과 공존할 수 있다. 어차피 수행 시간을 주로 잡아먹는 것은 출력이다.

3) 대부분의 레지스터들의 내용을 파괴하지 않도록 주의해야 한다. 실제로, 이 추적 프로그램은 MIX의 A 레지스터만 사용한다. 비교 지시자나 위넘침 토글도 건드리지 않는다. (사용하는 게 적을수록 복원해야 할 것도 적어진다.)

4) 장소 JUMP로의 점프가 발생했을 때에는 "STA AREG"를 해줄 필요가 없다. rA가 변할 리는 없기 때문이다.

5) 추적 루틴을 떠난 후에는 J 레지스터가 적절히 재설정되지 않는다. 연습문제 1은 이를 해결하는 방법을 묻는다.

6) 추적되는 프로그램에 가해지는 제약은 다음 세 가지뿐이다.

  a) 프로그램은 추적 프로그램이 사용하는 장소들에는 어떠한 것도 저장하지 말아야 한다.

  b) 추적 루틴이 추적 정보를 기록하는 출력 장치를 사용해선 안 된다(예를 들어 JBUS는 부적절한 상태를 보고할 것이다).

  c) 추적이 진행되는 동안에는 평소보다 느리게 실행된다.

연습문제

1. [22] 본문의 추적 루틴을, 나갈 때 레지스터 J를 복원하도록 수정하라. (레지스터 J가 0이 아니라고 가정해도 좋다.)

2. [26] 본문의 추적 루틴을, 추적되는 프로그램의 각 단계를 시작하기 전에 테이프 유닛 0에 다음과 같은 정보를 기록하도록 수정하라.

  워드 1, (0:2) 필드: 장소.

  워드 1, (4:5) 필드: 레지스터 J(수행 이전).

  워드 1, (3:3) 필드: 비교가 초과이면 2, 상등이면 1, 미만이면 0. 그리고 수행 이전에 위넘침 토글이 켜져 있지 않으면 거기에 8을 더할 것.

  워드 2: 명령.

  워드 3: 레지스터 A(수행 이전).

워드 4-9: 레지스터 I1-I6(수행 이전).

워드 10: 레지스터 X(수행 이전).

각 100워드 테이프 블록의 워드 11-100에 위와 같은 형식의 10워드 단위 정보를 아홉 개 더 기록해야 한다.

3. [10] 연습문제 2에서는 추적 프로그램이 자신의 출력을 테이프에 기록하라고 했다. 라인 프린터 등에 직접 인쇄하는 것보다 테이프에 기록하는 것이 더 나은 이유를 논하라.

▶ **4.** [25] 만일 추적 루틴이 자기 자신을 추적한다면 어떻게 될까? 구체적으로는, 만일 두 명령 ENTX LEAVEX; JMP *+1이 ENTER 직전에 놓여 있을 때의 행동을 생각해 볼 것.

5. [28] 연습문제 4를 푼 방식과 비슷한 방식으로, 추적 루틴의 두 복사본이 메모리의 서로 다른 장소들에 들어 있으며 각각이 상대를 추적하도록 설정되어 있는 상황을 생각해 보라. 어떤 일이 일어 날까?

▶ **6.** [40] 연습문제 4에서와 같은 의미의, 자기 자신을 추적할 수 있는 추적 루틴을 작성하라. 그 루틴은 프로그램 자신의 단계들을 더 느린 빠르기로 출력해야 하며, 그 프로그램(추적되는 프로그램) 역시 자신을 추적하는 프로그램을 더 느린 빠르기로 추적해야 한다. 이런 물고 물리는 관계가 메모리 용량을 넘을 때까지 무한히 반복되어야 한다.

▶ **7.** [25] 보통의 추적보다 훨씬 적은 출력을 내는 효율적인 점프 추적 루틴을 작성하는 방법을 논하라. 그 루틴은 레지스터 내용을 표시하는 대신 그냥 발생한 점프의 정보만 출력한다. 출력의 형태는 $(x_1, y_1), (x_2, y_2), \ldots$ 와 같은 일련의 쌍들로, 이들은 프로그램이 장소 x_1에서 y_1로 점프했으며, 그런 다음(장소 $y_1, y_1 + 1, \ldots, x_2$들에 있는 명령들을 수행한 후) x_2에서 y_2로 점프했으며, 등등을 의미한다. [이 정보로부터 프로그램의 흐름을 재구축하고 각 명령이 얼마나 자주 수행되었는지를 추론하는 또 다른 루틴을 작성하는 것도 가능하다.]

1.4.4. 입력과 출력

서로 다른 컴퓨터들 사이의 가장 두드러지는 차이는 아마도 입력(input)과 출력(output)에 쓰이는 장치들과 그 주변 장치들을 제어하는 컴퓨터 명령들일 것이다. 한 권의 책으로 이 입출력 분야에서 발생하는 모든 문제와 기법들을 이야기할 수는 없으므로, 대부분의 컴퓨터에 적용되는 전형적인 입출력(input-output) 방법들만 연구하는 것으로 만족하자. MIX의 입력, 출력 연산자들은 실제의 컴퓨터들이라면 서로 상당히 다른 입출력 수단들을 적절히 절충한 것이라고 할 수 있다. 입출력을 어떻게 다루어야 하는지에 대한 한 예로, 이번 절에서는 MIX에서 최선의 입출력을 얻는 문제를 논의하겠다.

이번에도 독자는 펀치 카드 등을 사용하는 구시대적 MIX 컴퓨터를 참고 사용해야 한다. 요즘에 는 그런 구식 장치들을 거의 찾아볼 수 없지만, 그래도 중요한 교훈들을 배울 수 있다. 물론, MMIX 컴퓨터가 나온다면 그런 교훈들을 더 잘 가르칠 수 있을 것이다.

입력과 출력이 "진짜" 프로그래밍의 일부가 아니라고 느끼는 컴퓨터 사용자들이 많다. 그런 사람들은 입력과 출력을 단지 컴퓨터에 정보를 넣고 뽑아야 하기 때문에 수행해야 하는 지루한 작업이라고 여긴다. 이런 이유로, 컴퓨터의 나머지 모든 기능을 조사한 후에야 입출력 수단들을 살펴보게 되며, 그래서 특정한 컴퓨터를 다루는 프로그래머들 중에서 그 입력과 출력의 세부 사항들을 자세히 아는 사람은 극히 일부인 경우가 많다. 이런 태도를 이해하지 못할 것도 없는데, 왜냐하면 컴퓨터의 입출력 장비들이 아주 매력적인 경우는 없었기 때문이다. 그러나 더 많은 사람이 입출력 분야를 진지하게 생각하지 않는 한 상황이 나아지길 기대하긴 힘들 것이다. 이번 절과 다른 곳(예를 들면 5.4.6절)에서 입력, 출력에 관련해서 매우 흥미로운 논점들이 생기며 몇 가지 유쾌한 알고리즘들도 존재함을 알게 될 것이다.

여기서 잠깐 몇 가지 용어들을 짚고 넘어갈 필요가 있겠다. 예전에는 영어 사전에 "input"과 "output"이 명사로만 나왔다("What kind of input are we getting?"). 이제는 그 둘이 형용사로도 쓰이고("Don't drop the input tape."), 타동사로도 쓰인다("Why did the program output this garbage?"). 둘을 합친 용어 "input-output"를 흔히 "I/O"로 줄여서 쓴다.✝ 입력을 하는 것을 종종 읽기(reading)라고 부르며, 마찬가지로 출력을 하는 것을 쓰기(writing)라고 부른다. 입력하거나 출력할 무언가를 흔히 "data(자료)"라고 부르는데, 엄밀히 말해서 이것은 "datum"의 복수형이지만 집합명사로 보고 그냥 단수형으로 간주한다("The data has not been read."). "information"이 단수로도, 복수로도 쓰이는 것과 마찬가지이다. 오늘 영어수업은 여기까지.

자기 테이프에서 자료를 읽으려 한다고 하자. MIX의 IN 연산자(1.3.1의 정의를 볼 것)는 단지 입력 공정을 시작할 뿐이다. 컴퓨터는 입력이 진행되는 동안 IN 이후의 명령들을 계속 수행한다. "IN 1000(5)"는 5번 테이프 유닛에서 100개의 워드들을 읽어서 메모리 칸 1000-1099에 넣는 과정을 시작하는데, 그 이후의 프로그램이 그 즉시 그 메모리 칸들을 참조해서는 안 된다. 프로그램은 오직 (a) 5번 유닛을 참조하는 다른 I/O 연산(IN, OUT, IOC) 이후에만 또는 (b) 조건부 점프 명령 JBUS(5) 나 JRED(5)에 의해 유닛 5가 더 이상 "사용중(busy)"이 아님이 확실해졌을 때에만 애초의 입력이 완료되었다고 가정해야 한다.

따라서, 테이프의 한 블록을 장소 1000-1099에 읽어 들이고 프로그램이 거기에 있는 정보를 참조해도 되는 상태로 만드는 가장 간단한 방법은 다음 두 명령의 열을 사용하는 것이다.

$$\text{IN } 1000(5); \text{ JBUS } *(5). \tag{1}$$

이러한 기본적인 방법을 1.4.2절의 프로그램(줄 07-08과 52-53)에서 이미 사용했었다. 그런데 이

✝ 〔옮긴이 주〕 한국어에서 입력, 출력은 항상 명사이고 적절한 말이 붙어서 관형어나 서술어로 쓰이게 된다. 예를 들어 동사 '입력하다' 등. '입력 테이프'는 '입력을 위한/입력에 쓰이는 테이프'의 줄인 말로 볼 수 있으며 따라서 '입력'을 테이프를 꾸미는 관형어로 볼 수 있다(물론 그냥 복합 명사의 한 요소라고 보는 게 정확할 것이다). 단, 입력, 출력이 그 자체로 동사처럼 쓰이는 경우도 있는데(적어도 이 번역서에서), "A를 출력."이 그런 예이다. 이는 '출력한다'의 '~한다'를 생략한 것이며 저장, 수행 등 동사화할 수 있는 다른 여러 명사들도 마찬가지이다. 오늘 국어 수업은 여기까지.

방법은 일반적으로 컴퓨터의 시간을 낭비한다. 왜냐하면 잠재적으로 유용할만한 상당한 계산 시간(예를 들면 $1000u$ 나 심지어는 $10000u$ 정도)를 "JBUS" 명령을 반복해서 실행하는 데 소비해야 하기 때문이다. 만일 그러한 시간을 계산에 활용할 수만 있다면 프로그램의 실행 속도를 두 배 정도 높일 수 있다. (연습문제 4와 5 참고.)

이러한 "사용중 대기"를 피하는 한 가지 방법은 입력에 두 개의 메모리 영역을 사용하는 것이다. 즉, 자료를 읽어 들일 영역과 계산에 사용할 자료를 담을 영역을 구분하는 것이다. 예를 들어 다음과 같은 명령으로 프로그램을 시작하고,

IN	2000(5)	첫 번째 블록을 읽기 시작한다.	(2)

이후에 테이프 한 블록이 필요할 때마다 다음과 같은 다섯 개의 명령들을 수행하면 된다.

ENT1	1000	MOVE 연산자를 준비한다.	
JBUS	*(5)	유닛 5가 준비될 때까지 기다린다.	
MOVE	2000(50)	(2000-2049) → (1000-1049)	(3)
MOVE	2050(50)	(2050-2099) → (1050-1099)	
IN	2000(5)	다음 블록을 읽기 시작한다.	

전반적인 효과는 (1)과 동일하나, 프로그램이 장소 1000-1099의 자료로 작업을 하는 동안에도 입력 테이프가 계속 돌아가게 만든다는 장점이 있다.

(3)의 마지막 명령은 하나의 테이프 블록을, 그 이전 블록이 처리되기 전에 장소 2000-2099로 읽어들인다. 이를 "미리 읽기(reading ahead)" 또는 선행 입력(anticipated input)이라고 부른다. 이것은 읽을 블록이 언젠가는 필요하게 될 것이라는 믿음에 기반을 둔 것이다. 그러나 실제로는, 프로그램이 1000-1099의 블록을 조사해보고 더 이상의 입력이 필요가 없다고 판단할 수도 있다. 예를 들어 1.4.2절의 코루틴 프로그램과 같은 상황을 생각해보자. 거기서는 테이프가 아니라 펀치 카드에서 입력을 받았다. 만일 카드 어딘가에 "."이 있다면 그것은 그 카드가 입력 카드 더미의 마지막 카드라는 뜻이다. 이런 상황에서 (a) 빈 카드 또는 어떤 특별한 꼬리(trailer) 카드가 입력 더미 다음에 들어오거나, 또는 (b) 어떤 종료 표시(예를 들면 ".")가 더미의 마지막 카드의 80열에 나타는 등의 조건이 붙지 않는다면 선행 입력이 불가능하다. 선행 입력을 사용하는 경우에는 프로그램의 끝에서 입력을 적절히 종료하는 수단을 반드시 제공해야 한다.

계산 시간과 I/O 시간을 중첩시키는 기법을 버퍼링(buffering)이라고 부른다. 그리고 (1)과 같은 기본적인 방법은 버퍼링되지 않은(unbuffered) 입력이라고 칭한다. (3)에서 선행 입력을 담는 메모리 영역 2000-2099나 그 입력이 옮겨오는 영역 1000-1099를 버퍼(buffer)라고 한다. 웹스터 뉴월드 영영사전(Webster's New World Dictionary)은 "buffer"를 "any person or thing that serves to lessen shock"(충격을 줄이는 역할을 하는 사람 또는 사물)라고 정의하는데, 이것은 지금 맥락에서도 유효한 정의이다. 왜냐하면 버퍼링은 I/O 장치들이 매끄럽게 돌아가도록 만드는 경향이 있기 때문이다. (컴퓨터 기술자들은 전송 도중에 일부 정보를 잠시 담아두는 I/O 장치의 한 부품을 뜻하는 용도로 이 "버퍼"라는 단어를 사용하기도 한다. 그러나 이 책에서 "버퍼"는 프로그래머가 I/O 자료를

담는 데 사용하는 메모리 영역을 의미한다.)

명령열 (3)이 항상 (1)보다 우월한 것은 아니지만, 우월하지 않은 경우는 드물다. 그럼 수행 시간을 비교해 보자. T가 100개의 워드를 입력받는 데 걸리는 시간이고 C가 입력 요청들 사이에서 계산을 수행하는 데 걸리는 시간이라고 하자. 방법 (1)은 테이프 블록 하나 당 궁극적으로 $T + C$를 소비하는 반면, 방법 (3)은 본질적으로 $\max(C, T) + 202u$이다. (수량 $202u$는 MOVE 명령들에 필요한 시간이다.)

이 실행 시간을 "임계 경로 시간(critical path time)"이라는 관점에서 바라볼 수도 있다. 지금 예에서 임계 경로 시간은 I/O 유닛이 작동하는 사이의 유휴 시간이다. 방법 (1)의 유닛 유휴 시간은 C 단위 시간이지만, (3)은 202 단위이다($C < T$라고 가정).

(3)의 비교적 느린 MOVE 명령들은 바람직하지 않다. 구체적인 이유는, 그 명령들은 테이프 유닛이 반드시 비활성이어야 할 때 임계 경로 시간을 소비한다는 것이다. 그런 MOVE 명령들의 사용을 피할 수 있는 대체로 명백한 한 가지 개선 방법은 외부 프로그램이 장소 1000-1099와 2000-2099를 번갈아 참조하게 만드는 것이다. 즉, 한 버퍼 영역을 읽는 동안 프로그램은 다른 버퍼 영역에서 작업을 진행하고, 다음번에는 읽기용 버퍼를 작업용 버퍼로, 작업용 버퍼를 읽기용 버퍼로 사용하는 것이다. 이것이 버퍼 교환(buffer swapping)이라고 불리는 중요한 기법이다. 현재 버퍼의 위치는 색인 레지스터(또는 사용할 색인 버퍼가 없다면 어떤 메모리 장소)에 저장, 갱신한다. 알고리즘 1.3.2P(단계 P9-P11)와 그에 해당하는 프로그램에 이런 버퍼 교환의 실제 적용 사례가 나왔다.

입력에 대한 버퍼 교환의 한 예로, 100개의 개별적인 한 워드 항목들로 구성된 테이프 블록들을 다루는 응용 프로그램을 생각해보자. 다음 프로그램은 입력에서 다음 워드를 얻되, 만일 현재 블록을 다 소비했다면 새 블록을 읽기 시작하는 서브루틴이다.

```
01   WORDIN  STJ   1F            복귀 장소(출구)를 저장한다.
02           INC6  1             다음 워드로 넘어간다.
03   2H      LDA   0,6           버퍼의 끝에
04           CMPA  =SENTINEL=      도달했는가?
05   1H      JNE   *             아니라면 나간다.
06           IN    -100,6(U)     이 버퍼를 다시 채운다.
07           LD6   1,6           다른 버퍼로 교환하고                    (4)
08           JMP   2B              돌아간다.
09   INBUF1  ORIG  *+100         첫째 버퍼
10           CON   SENTINEL      버퍼 끝을 의미하는 경계값
11           CON   *+1           다른 버퍼의 주소
12   INBUF2  ORIG  *+100         둘째 버퍼
13           CON   SENTINEL      버퍼 끝을 의미하는 경계값
14           CON   INBUF1        다른 버퍼의 주소
```

이 루틴은 색인 레지스터 6을 이용해서 입력의 마지막 워드에 접근한다. 그리고 이 루틴은 자신을 호출한 프로그램이 이 레지스터를 변경하지 않는다고 가정한다. 기호 U는 테이프 유닛을 지칭하며,

기호 SENTINEL은 그 어떤 테이프 블록에도 존재하지 않는다고 알려진 어떤 경계값(프로그램의 명세에 의해 정의된다)이다.

이 루틴에서 주목할 것들은 다음과 같다.

1) 경계 상수는 각 버퍼의 101번째 단어에 나타난다. 이런 경계값을 이용하면 버퍼의 끝을 간편하게 점검할 수 있다. 그러나 테이프에 어떤 단어라도 나올 수 있기 때문에 이런 경계값 기법을 완전하게 신뢰할 수 없는 응용 상황들도 많다. 카드로 입력을 받는다면 비슷한 방법(버퍼의 17번째 워드가 경계값)을 실패할 위험 없이 언제나 사용할 수 있다. MIX의 카드 입력은 항상 음이 아닌 단어이므로, 음인 단어는 어떤 것이라도 경계값으로 사용할 수 있다.

2) 각 버퍼는 다른 버퍼의 주소를 담고 있다(줄 07, 11, 14를 볼 것). 이런 "서로 연결하는" 장치는 버퍼 교환 공정을 손쉽게 만들어 준다.

3) 이전 블록의 어떤 단어에 접근하기 전에 다음번 입력이 시작되므로 JBUS 명령을 사용하지 않아도 된다. 앞에서처럼 계산 시간과 테이프 시간을 각각 수량 C와 T라고 할 때, 이번 경우 테이프 블록 하나 당 수행 시간은 $\max(C, T)$이다. 따라서 만일 $C \leq T$이면 테이프를 쉬지 않고 돌리는 게 가능하다. (참고: 프로그램이 I/O 오류를 처리하지 않아도 된다는 점에서, MIX는 이상화된 컴퓨터라 할 수 있다. 대부분의 실제 컴퓨터들에서는 이전의 연산이 성공적으로 완수되었는지를 "IN" 명령 직전에서 몇 개의 명령들로 판정해야 할 것이다.)

4) 서브루틴 (4)가 제대로 작동하려면, 프로그램 시작 시점에서 모든 것이 제대로 갖추어지게 만들 필요가 있다. 구체적인 방법은 독자의 숙제로 남겨둔다(연습문제 6 참고).

5) WORDIN 서브루틴을 사용하는 프로그램의 입장에서는 테이프 유닛의 한 블록의 길이가 100워드가 아니라 1워드로 보이게 된다. 하나의 실제 테이프 블록을 여러 개의 프로그램 지향적 레코드들로 채우는 것을 가리켜 레코드 블록화(blocking of records)라고 부른다.

지금까지 입력에 대한 기법들을 살펴보았는데, 이들을 약간만 수정한다면 출력에도 적용할 수 있다(연습문제 2, 3 참고).

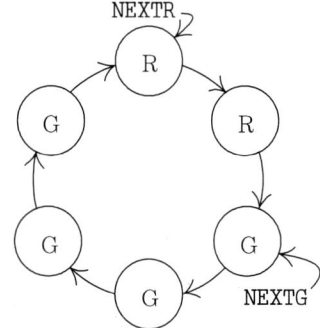

그림 23. 버퍼 순환 고리($N=6$).

다중 버퍼. 버퍼 교환은 N개의 버퍼들이 쓰이는 일반적인 방법에서 $N = 2$인 특별한 경우에 해당한다. 일부 응용에서는 셋 이상의 버퍼들이 바람직하다. 예를 들어 다음과 같은 종류의 알고리즘을 생각해 보자.

단계 1. 블록 다섯 개를 연달아 빠르게 읽는다.

단계 2. 그 자료를 기반으로 상당히 긴 계산을 수행한다.

단계 3. 단계 1로 돌아간다.

이 경우에는 다섯 개 또는 여섯 개의 버퍼가 바람직하다. 그러면 단계 2를 수행하는 도중에 다음번의 다섯 블록들을 일괄적으로 읽을 수 있다. I/O 작업을 이렇게 "한 다발로" 수행하는 것이 바람직한 경우 다중 버퍼링은 버퍼 순환에 비해 우월한 하나의 개선 방법이 된다.

하나의 I/O 장치에 대한 입력 또는 출력 공정에 N개의 버퍼들을 사용한다고 가정한다. 그리고 그 버퍼들이 하나의 고리를 이루도록 배치되어 있다고 상상해 보자(그림 23). 버퍼링 공정 외부의 프로그램은 해당 I/O 유닛에 대해 다음과 같은 일반적인 절차를 따르게 된다.

$$\vdots$$
$$\text{ASSIGN}$$
$$\vdots$$
$$\text{RELEASE}$$
$$\vdots$$
$$\text{ASSIGN}$$
$$\vdots$$
$$\text{RELEASE}$$
$$\vdots$$

다른 말로 하면, 프로그램은 "ASSIGN"이라는 행동(배정)과 "RELEASE"라는 행동(해제)을 번갈아 수행하면서, 그 사이에서 버퍼 할당에 영향을 주지 않는 다른 계산을 처리하는 것이다. 여기서,

ASSIGN은 프로그램이 다음 버퍼 영역의 주소를 얻는 것을 의미한다.

그 주소는 어떤 프로그램 변수의 값으로 배정된다.

RELEASE는 프로그램이 현재 버퍼 영역을 다 사용했음을 의미한다.

ASSIGN과 RELEASE 사이에서 프로그램은 버퍼들 중 하나(현재 버퍼 영역이라고 부른다)를 사용해서 작업을 수행한다. ASSIGN과 RELEASE 사이에서 프로그램이 현재 버퍼 이외의 버퍼를 참조하는 일은 없다.

언뜻 생각하면 RELEASE 다음에 바로 ASSIGN을 수행해도 될 것 같다. 그리고 버퍼링에 대한 논의는 종종 그러한 가정 하에서 이루어졌었다. 그러나 RELEASE를 최대한 빨리(ASSIGN할 때가 되기 전에라도) 끝낸다면 버퍼링 공정이 좀 더 자유로워지며, 더 효율적이 된다. ASSIGN과 RELEASE 라는 본질적으로 다른 두 연산을 분리시켜야 버퍼링 기법이 필요 이상으로 이해하기 어려워지지 않으며, 또 $N = 1$인 경우에도 버퍼링에 대한 논의가 의미를 지니게 된다.

좀 더 구체적으로, 입력과 출력의 경우를 분리해서 생각해보자. 입력에 대해서는 카드 판독기를 다룬다고 가정한다. ASSIGN 행동은 프로그램이 새 카드에서 정보를 읽어야 함을 의미한다. 이 경우 색인 레지스터를 다음번 카드 이미지가 위치한 메모리 주소로 설정해야 할 것이다. RELEASE 행동은

현재 카드 이미지의 정보가 더 이상 필요하지 않을 때(프로그램이 그 정보를 다 처리했거나, 다른 어떤 메모리 영역으로 복사했거나 등) 일어난다. 따라서 현재의 버퍼 영역을 이후의 선행 입력으로 채워도 된다.

출력으로는 라인 프린터를 생각해 보자. 이 때 ASSIGN 행동은 인쇄를 위해 한 줄의 이미지를 집어넣을 자유로운 버퍼 영역이 필요해졌을 때 일어난다. 이 경우 색인 레지스터를 그 영역의 메모리 주소와 같게 설정해야 할 것이다. RELEASE 행동은 그 줄 이미지가 인쇄에 적합한 형태로 버퍼 영역에 다 채워진 후에 일어난다.

예: 다음은 장소 0800-0823의 내용을 인쇄하는 명령이다.

```
JMP    ASSIGNP      (rI5를 버퍼 장소로 설정한다)
ENT1   0,5
MOVE   800(24)      24개의 워드들을 출력 버퍼로 이동한다.          (5)
JMP    RELEASEP
```

여기서 ASSIGNP와 RELEASEP는 라인 프린터에 대한 두 버퍼링 함수들을 수행하는 서브루틴들이다.

컴퓨터의 입장에서 본 최적의 상황에서, ASSIGN 행동에 필요한 수행 시간은 이론적으로 0이다. 이는 입력의 경우 각 카드 이미지가 선행 입력되었으며 따라서 프로그램이 사용할 자료가 이미 준비되어 있음을 뜻한다. 출력의 경우에는 줄 이미지를 기록할 빈 메모리 영역이 항상 존재함을 뜻한다. 두 경우 모두 I/O 장치를 기다리는 데 어떠한 시간도 소비하지 않는다.

버퍼링 알고리즘의 이해를 돕기 위해, 그리고 그것을 좀 더 다채롭게 만들기 위해, 각 버퍼 영역이 그 상태에 따라 녹색, 노란색, 빨간색 중 하나가 된다고 하자(그림 24에서 G는 녹색, Y는 노란색, R은 빨간색이다).

녹색은 그 영역이 ASSIGN될 준비가 되었음을 뜻한다. 즉, 영역이 선행 정보로 채워져 있거나(입력의 경우) 자유로운 영역(출력의 경우)이다.

노란색은 영역이 이미 ASSIGN되었고 아직 RELEASE되지는 않았음을 뜻한다. 즉, 영역이 현재 버퍼이며 프로그램이 사용하고 있는 중인 것이다.

빨간색은 영역이 RELEASE되었음을 뜻한다. 따라서 영역은 자유 영역이거나(입력의 경우) 정보로 채워져 있다(출력의 경우).

버퍼 고리에는 "포인터"(pointer)들이 연관되어 있다. 개념적으로 이들은 프로그램의 색인 레지스터들이다. 포인터 NEXTG와 NEXTR은 각각 "다음 녹색" 버퍼와 "다음 빨간색" 버퍼를 가리킨다. 셋째 포인터 CURRENT는 노란색 버퍼, 즉 현재 버퍼를 가리킨다(존재하는 경우).

아래에 나오는 알고리즘은 입력과 출력 모두에 잘 작동하나, 명확함을 위해 일단 카드 판독기를 읽는 입력의 경우를 먼저 살펴보기로 하겠다. 프로그램이 그림 23과 같은 상태에 도달했다고 하자. 버퍼링 공정에 의해 네 개의 카드 이미지들은 미리 입력되었으며 모두 녹색 버퍼에 들어 있는 상태이다. 이 시점에서 다음 두 가지 일이 동시에 일어난다: (a) 프로그램은 계산을 수행하며, 그 후 RELEASE

연산을 수행한다. (b) 카드의 내용을 NEXTR이 가리키는 버퍼로 읽어들인다. 이러한 일들이 입력 주기가 완료될 때까지(그러면 입력 유닛은 "사용중"에서 "준비"로 전이한다) 또는 프로그램이 하나의 ASSIGN 연산을 수행할 때까지 계속된다. 후자가 먼저 일어났다고 하자. 그러면 NEXTG가 가리키던 버퍼가 노란색으로 변하며, NEXTG는 시계방향으로 움직여서 버퍼 고리는 그림 24의 (a)와 같은 상태가 된다. 이 때 만일 입력 주기가 완료되었다면 또 다른 블록 선행 입력이 수행되며, 따라서 버퍼는 빨간색에서 녹색으로 바뀌고 NEXTR이 움직여서 그림 24의 (b)와 같은 상태가 된다. 이후 RELEASE 연산이 뒤따르면 그림 24의 (c)가 된다.

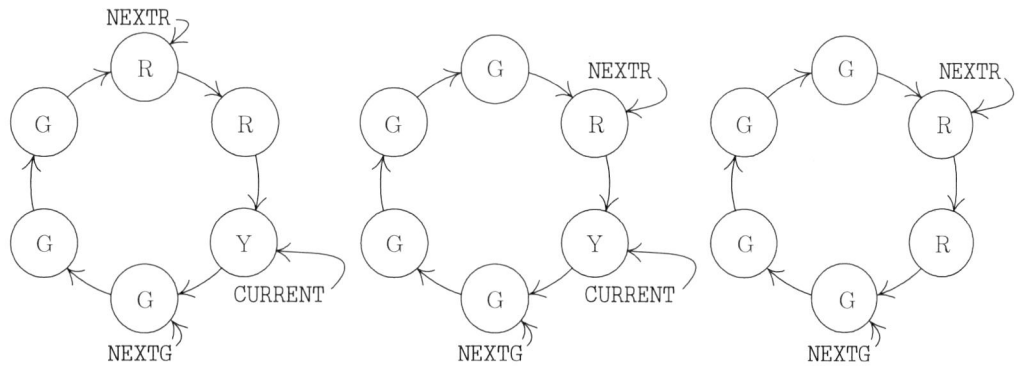

그림 24. 버퍼 전이. (a)는 ASSIGN 이후, (b)는 I/O 작업 완료 이후, (c)는 RELEASE 이후.

출력의 예로는 연습문제 9와 관련된 275쪽의 그림 27을 볼 것. 그 그림은 버퍼 영역의 "색"을 시간의 함수로 표현한다. 해당 프로그램은 시작에서 출력 4회를 연달아 빠르게 수행하고, 그 다음에는 느린 보조로 2회 수행하고, 프로그램 끝에서 다시 연달아 빠르게 2회 수행한다. 세 개의 버퍼들이 그림에 나와 있다.

포인터 NEXTR과 NEXTG는 고리를 시계방향으로 움직이는데, 그 빠르기는 서로 독립적이다. 이것은 프로그램(버퍼들을 녹색에서 빨간색으로 바꾼다)과 I/O 버퍼링 공정(버퍼들을 빨간색에서 녹색으로 바꾼다) 사이의 경주이다. 충돌은 다음 두 가지 상황에서 발생한다.

a) 만일 NEXTG가 NEXTR을 지나치려고 한다면 프로그램이 I/O 장치를 앞지른 것이며, 따라서 프로그램은 장치가 준비될 때까지 기다려야 한다.

b) 만일 NEXTR이 NEXTG를 지나치려고 한다면 I/O 장치가 프로그램을 앞지른 것이며, 따라서 다음번 RELEASE가 주어질 때까지 장치를 정지시켜야 한다.

두 상황 모두 그림 27에 나타나 있다. (연습문제 9 참고.)

버퍼 고리에 깔린 개념을 꽤나 길게 설명했는데, 다행히 그 상황을 처리하는 실제 알고리즘은 상당히 간단하다. 다음의 알고리즘 설명에서,

$$N = \text{버퍼 전체 개수,}$$
$$n = \text{현재의 빨간색 버퍼 개수} \tag{6}$$

이다. 아래 알고리즘에서 변수 n은 NEXTG와 NEXTR 사이의 간섭을 피하는 용도로 쓰인다.

알고리즘 A (ASSIGN). 이 알고리즘은 위에서 설명한, 한 계산 프로그램 안에서의 ASSIGN에 해당하는 단계들을 포함한다.

A1. 〔$n < N$이 될 때까지 대기.〕 만일 $n = N$이면 $n < N$이 될 때까지 프로그램을 대기시킨다. (만일 $n = N$이면 배정할 준비가 된 버퍼가 없는 것이다. 그러나 이 알고리즘과 병렬적으로 실행되는 아래의 알고리즘 B는, 결국에는 하나의 녹색 버퍼를 성공적으로 만들어낸다.)

A2. 〔CURRENT ← NEXTG.〕 CURRENT ← NEXTG로 설정한다(이를 통해서 현재 버퍼가 배정된다).

A3. 〔NEXTG를 전진.〕 NEXTG를 시계 방향의 다음 버퍼로 옮긴다. ▮

알고리즘 R (RELEASE). 이 알고리즘은 위에서 설명한, 한 계산 프로그램 안에서의 RELEASE에 해당하는 단계들을 포함한다.

R1. 〔n을 증가.〕 n을 1 증가한다. ▮

알고리즘 B (버퍼 제어). 이 알고리즘은 컴퓨터 안에서의 실제 I/O 연산 작동을 수행한다. 이 알고리즘은 주 프로그램과 "동시에"(아래에 설명한 의미로) 수행되도록 만들어진 것이다.

B1. 〔계산.〕 주 프로그램이 짧은 시간동안 계산을 수행하게 한다. 단계 B2는 특정한 시간 지연 이후에, I/O 장치가 다른 연산을 할 준비가 되었을 때 실행된다.

B2. 〔$n = 0$?〕 만일 $n = 0$이면 B1로 간다. (따라서, 만일 빨간색 버퍼가 하나도 없으면 I/O 작업은 일어나지 않는다.)

B3. 〔I/O를 시작.〕 NEXTR이 가리키는 버퍼 영역과 I/O 장치 사이의 전송을 시작시킨다.

B4. 〔계산.〕 주 프로그램이 일정 시간동안 계산을 수행하게 한다. 그 후 I/O 연산이 완료되면 단계 B5로 간다.

B5. 〔NEXTR을 전진.〕 NEXTR을 시계 방향의 다음 버퍼로 이동한다.

B6. 〔n을 감소.〕 n을 1 감소하고 B2로 간다. ▮

이 알고리즘들에서는 두 개의 독립적인 공정들, 즉 버퍼 제어 프로그램과 계산 프로그램이 "동시에" 진행된다. 이 공정들은 사실 코루틴들로, 이름은 각각 CONTROL과 COMPUTE이다. 코루틴 CONTROL은 단계 B1과 B4에서 COMPUTE로 점프한다. 코루틴 COMPUTE는 자신의 코드 여기저기에 일정 간격으로 끼어 있는 "준비 시 점프"(JRED) 명령에서 CONTROL로 점프한다.

이 알고리즘을 MIX에 대해 코딩하는 것은 매우 간단하다. 편의상, 각 버퍼마다 버퍼 시작 이전의 한 워드에 다음 버퍼의 주소가 들어 있다고 하자. 예를 들어 $N = 3$일 때 CONTENTS(BUF1−1) = BUF2, CONTENTS(BUF2−1) = BUF3, CONTENTS(BUF3−1) = BUF1이다.

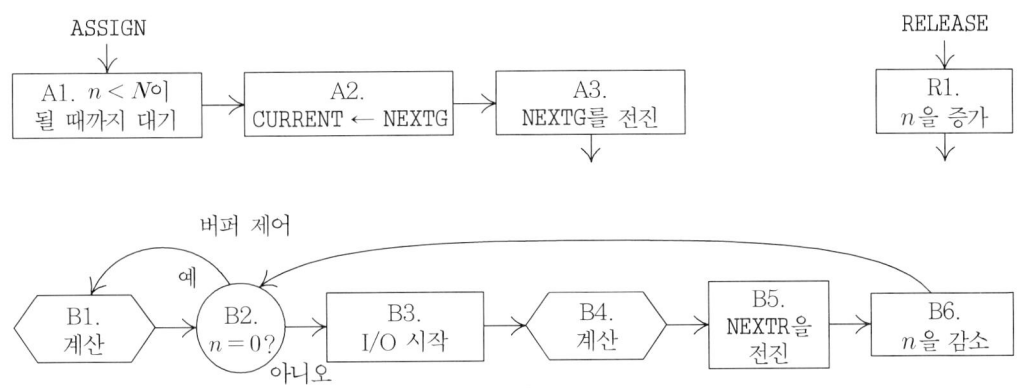

그림 25. 다중 버퍼링을 위한 알고리즘들.

프로그램 A (ASSIGN. COMPUTE 코루틴 안의 서브루틴). rI4 ≡ CURRENT; I6 ≡ n; 호출 명령열은 JMP ASSIGN; 나갈 때 rX는 NEXTG를 담고 있다.

```
     ASSIGN  STJ   9F          서브루틴 연계
     1H      JRED  CONTROL(U)  A1. n < N이 될 때까지 기다린다.
             CMP6  =N=
             JE    1B
             LD4   NEXTG       A2. CURRENT ← NEXTG.
             LDX   -1,4        A3. NEXTG를 전진.
             STX   NEXTG
     9H      JMP   *           나감. ∎
```

프로그램 R (RELEASE. COMPUTE 코루틴 안에서 쓰이는 코드). rI6 ≡ n. RELEASE가 필요한 부분마다 이 짧은 코드를 삽입한다.

```
             INC6  1           R1. n을 증가한다.
             JRED  CONTROL(U)  조건이 맞으면 CONTROL 코루틴으로 점프 ∎
```

프로그램 B (CONTROL 코루틴). rI6 ≡ n, rI5 ≡ NEXTR.

```
     CONT1   JMP   COMPUTE     B1. 계산.
     1H      J6Z   *-1         B2. n = 0?
             IN    0,5(U)      B3. I/O 시작.
             JMP   COMPUTE     B4. 계산.
             LD5   -1,5        B5. NEXTR을 전진.
             DEC6  1           B6. n을 감소.
             JMP   1B          ∎
```

위 코드 외에, 이전과 마찬가지로 다음과 같은 코루틴 연계들도 필요하다.

```
     CONTROL   STJ  COMPUTEX        COMPUTE   STJ  CONTROLX
     CONTROLX  JMP  CONT1           COMPUTEX  JMP  COMP1
```

그리고 COMPUTE에서 매 50 명령마다 한 번씩 "JRED CONTROL(U)"를 끼워 넣어야 한다.

따라서 다중 버퍼링을 위한 프로그램에 필요한 코드는 본질적으로 CONTROL을 위한 명령 일곱 개, ASSIGN을 위한 명령 여덟 개, RELEASE를 위한 명령 두 개 뿐이다.

입력과 출력 모두에 정확히 같은 알고리즘이 적용된다는 사실을 주목할 필요가 있을 것이다. 차이는 무엇일까? 즉, 제어 루틴이 앞서나갈지(입력의 경우) 아니면 뒤처질지(출력의 경우)를 어떻게 판단하는 것일까? 답은 초기 조건에 들어 있다. 입력의 경우에는 $n = N$(즉 모든 버퍼가 빨간색)에서 시작하고 출력은 $n = 0$(모든 버퍼가 녹색)에서 시작한다. 루틴이 일단 적절히 시작되기만 한다면, 이후 계속해서 루틴은 주어진 조건에 맞게 각각 입력 공정으로 또는 출력 공정으로 행동한다. 나머지 초기 조건은 NEXTR = NEXTG라는 것인데, 둘 다 버퍼들 중 하나를 가리킨다.

프로그램 말미에서는 I/O 공정을 중지시키거나(입력의 경우) I/O가 완료될 때까지 기다려야 한다(출력의 경우). 세부적인 사항은 숙제로 남겨두겠다(연습문제 12와 13).

최선의 버퍼 개수 N이 몇인지를 파악하는 게 중요하다. N이 커진다고 프로그램의 속도가 느려지지는 않음은 확실하다. 그러나 무한정 빨라지는 것도 아니어서, 언젠가는 이득이 감소되는 지점에 도달하게 된다. 다시 수량 C와 T를 고려할 필요가 있다. C는 I/O 연산들 사이의 계산 시간이고 T는 I/O 시간 자체임을 기억할 것이다. 좀 더 정확하게는, C가 일련의 ASSIGN들 사이의 시간이고 T가 한 블록을 전송하는 데 걸리는 시간이라고 하자. 만일 C가 항상 T보다 크면 $N = 2$가 적합하다. 그런 경우 두 버퍼가 항상 사용 중인 상태를 유지할 것임은 쉽게 알 수 있을 것이다. C가 T보다 항상 작다면, 이번에도 $N = 2$가 적합하다. 이 경우에도 I/O 장치는 쉬지 않고 작동된다(단, 연습문제 19처럼 I/O 장치에 특별한 시간 제약이 존재하는 경우는 예외). 따라서 큰 N은 주로 C가 작은 값들과 큰 값들 사이에서 계속 변할 때 유용하다. 큰 C 값들이 T보다 긴 것이 확실하다면, N으로는 연속적인 작은 값들의 평균 개수 더하기 1이 적합할 것이다. (그러나 모든 입력이 프로그램의 시작에서 일어나고 모든 출력이 프로그램의 끝에서 일어난다면 이론적으로 버퍼링의 이득은 사라진다.) ASSIGN과 RELEASE 사이의 시간 간격이 항상 상당히 작다면, 위의 논의에서 N을 1 감소해도 실행 시간에는 별로 영향이 미치지 않을 것이다.

이러한 버퍼링 접근방식을 다양한 형태로 적용할 수 있는데, 그 중 몇 가지를 간단히 언급해 보겠다. 지금까지는 하나의 I/O 장치만 사용한다고 가정했는데, 물론 실제 응용에서는 여러 장치들을 동시에 사용하게 된다.

다중 I/O 유닛 문제에 접근하는 방식은 여러 가지이다. 가장 간단한 방식은 각 장치마다 개별적인 버퍼 고리를 두는 것이다. 각 유닛마다 고유한 n, N, NEXTR, NEXTG, CURRENT와 고유한 CONTROL 루틴을 둔다. 이러면 모든 I/O 장치에서 효율적인 버퍼링을 동시에 수행할 수 있다.

또한 같은 크기의 버퍼 영역들로 된 공통의 버퍼 목록(즉, 풀(pool))을 마련하고, 둘 이상의 장치들이 거기의 버퍼들을 공유하게 만드는 "풀링"(pooling)을 사용할 수도 있다. 이는 2장의 연결된 메모리 기법을 이용해서 처리할 수 있다. 모든 빨간색 입력 버퍼들을 하나의 목록으로 연결해 두고, 모든 녹색 출력 버퍼들을 또 다른 목록으로 연결해 두는 것이다. 이 경우에는 입력과 출력을 구별할 필요가 있으며, 알고리즘들을 n과 N을 사용하지 않는 형태로 다시 작성해야 한다. 그런데 풀의 모든 버퍼들이 선행 입력으로 채워지면 알고리즘이 더 이상 어쩔 수 없게 막혀버릴 수 있다. 따라서 녹색 입력 버퍼가 아닌 버퍼가 적어도 하나는(되도록이면 각 장치마다 하나씩) 존재하는지를 항상 점검해야 한다. 어떤 입력 장치에 대해 COMPUTE 루틴이 단계 A1에서 막힌 경우에만 그 장치에서 풀의 마지막 버퍼로의 입력을 허용해야 한다.

입력, 출력 유닛들의 사용에 관해 추가적인 제약을 가진 컴퓨터들이 있다. 특히, 특정한 장치 쌍들의 경우 그 장치들로 자료를 동시에 전송하는 게 불가능할 수 있다. (예를 들어 여러 유닛들이 단일한 "채널"로 컴퓨터에 연결되어 있는 등.) 이러한 제약은 우리의 버퍼링 루틴에도 영향을 미친다. 즉, 다음번에 전송을 시작할 I/O 유닛을 어떻게 선택할 것인가를 고민하게 된다. 이를 "예상 (forecasting)" 문제라고 부른다. 일반적인 경우에서 최적의 예상 규칙은, 버퍼 고리의 n/N 값이 가장 큰 유닛을 우선시하는 것이다(고리의 버퍼 개수를 현명하게 선택해 두었다는 가정 하에서).

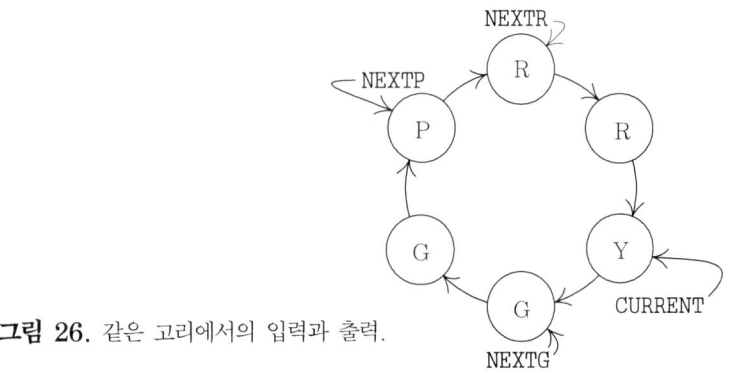

그림 26. 같은 고리에서의 입력과 출력.

특정한 조건 하에서 같은 버퍼 고리에서 입력과 출력을 수행하는 데 유용한 한 가지 방법을 언급하는 것으로 이상의 논의를 마무리하겠다. 그림 26에는 새로운 종류의 버퍼인 보라색(P) 버퍼가 나와 있다. 이 상황에서 녹색 버퍼는 선행 입력을 나타낸다. 프로그램 ASSIGN에 의해 녹색 버퍼는 노란색이 되며, RELEASE에 의해 빨간색이 된다. 이 빨간색 버퍼는 **출력**할 블록을 나타낸다. 입력과 출력 공정은 이전과 마찬가지로 독립적으로 고리를 따라 도는데, 단 출력이 수행된 후에 빨간색 버퍼를 보라색으로 바꾸고 입력이 수행된 후에 보라색을 녹색으로 바꾼다는 점이 다르다. 포인터 NEXTG, NEXTR, NEXTP 중 어떤 것도 다른 것을 지나치지 못하게 할 필요가 있다. 그림 26의 상황에서 프로그램은 ASSIGN과 RELEASE 사이에서 계산을 수행하며, 그 동안 노란색 버퍼에 접근한다. 그와 동시에, NEXTP가 가리키는 버퍼로 입력이 들어가며 NEXTR이 가리키는 버퍼의 내용이 출력된다.

연습문제

1. [*05*] (a) MOVE 명령들을 JBUS 뒤가 아니라 앞에 놓는다고 해도 명령열 (3)이 여전히 정확할까? (b) MOVE 명령들을 IN 명령 다음에 놓는다면 어떨까?

2. [*10*] 버퍼링되지 않는 입력을 위해 (1) 명령들을 사용할 수 있듯이, 버퍼링되지 않는 출력을

위해 "OUT 1000(6); JBUS *(6)" 명령들을 사용할 수 있다. MOVE 명령들과 장소 2000-2099에 있는 보조 버퍼를 이용해서 이 출력을 버퍼링하는, (2)와 (3)에 비견할 수 있는 방법을 제시하라.

▶ **3.** [22] (4)의 출력 버전에 해당하는 버퍼 교환 출력 서브루틴을 작성하라. 서브루틴 이름은 WORDOUT으로 한다. 그 서브루틴은 다음에 출력할 워드를 rA에 저장해야 하며, 만일 버퍼가 차 있다면 100개의 워드들을 테이프 유닛 V에 기록해야 한다. 현재 버퍼 위치는 색인 레지스터 5로 지칭하도록 한다. 버퍼 영역들의 배치를 제시하고, 첫 블록과 마지막 블록을 제대로 기록하기 위해서는 프로그램의 시작과 끝에서 어떤 명령들이 필요한지를 설명하라(명령들이 필요하다면). 필요하다면 마지막 블록에 0들을 채워야 한다.

4. [M20] 만일 어떤 프로그램이 단일한 I/O 장치를 참조할 때, 여건이 맞아 떨어진다면 그 I/O를 버퍼링함으로써 버퍼링하지 않을 때에 비해 실행 시간을 반으로 줄일 수 있지만, 그보다 더 줄이는 것은, 즉 두 배 이상 빠르게 만드는 것은 불가능함을 보여라.

▶ **5.** [M21] 연습문제 4의 상황을 프로그램이 단 하나가 아니라 n개의 I/O 장치들을 참조할 때의 경우로 일반화하라.

6. [12] WORDIN 서브루틴 (4)가 제대로 시작할 수 있으려면(예를 들어 색인 레지스터 6을 무언가로 설정해야 한다) 프로그램 시작 부분에 어떤 명령들을 넣어야 할까?

7. [22] 본질적으로 (4)와 동일하나 경계값을 사용하지 않는 서브루틴 WORDIN을 작성하라.

8. [11] 본문에서 그림 23에서부터 그림 24의 (a), (b), (c)를 거치는 가상의 입력 시나리오를 말했다. 카드에서 입력을 받는 것이 아니라 라인 프린터로 출력한다는 가정 하에서 그와 동일한 시나리오를 해석하라. (예를 들어 그림 23과 같은 상황에서 어떤 일이 일어날까?)

▶ **9.** [21] 그림 27의 버퍼 내용들은 프로그램이 다음과 같은 시간들로 수행될 때에 해당한다.

A, 1000, R, 1000, A, 1000, R, 1000, A, 1000, R, 1000, A, 1000, R, 1000,
A, 7000, R, 5000, A, 7000, R, 5000, A, 7000, R, 5000, A, 7000, R, 5000,
A, 1000, R, 1000, A, 2000, R, 1000

이 목록은 "배정, $1000u$간 계산, 해제, $1000u$간 계산, ..., $2000u$간 계산, 해제, $1000u$간 계산"을 의미한다. 주어진 계산 시간들에는 출력 장치가 컴퓨터를 따라잡을 때까지 컴퓨터가 기다리는(그림 27의 네 번째 "배정"에서처럼) 시간이 포함되어 있지 않다. 출력 장치는 블록 당 $7500u$의 빠르기로 작동한다.

다음 표는 그림 27에서 시간이 흐름에 따라 수행되는 행동들을 정리한 것이다.

시간	행동	시간	행동
0	ASSIGN(BUF1)	38500	OUT BUF3
1000	RELEASE, OUT BUF1	40000	ASSIGN(BUF1)
2000	ASSIGN(BUF2)	46000	출력 멈춤.
3000	RELEASE	47000	RELEASE, OUT BUF1

4000	ASSIGN(BUF3)	52000	ASSIGN(BUF2)
5000	RELEASE	54500	출력 멈춤.
6000	ASSIGN (대기)	59000	RELEASE, OUT BUF2
8500	BUF1 배정됨, OUT BUF2	64000	ASSIGN(BUF3)
9500	RELEASE	65000	RELEASE
10500	ASSIGN (대기)	66000	ASSIGN(BUF1)
16000	BUF2 배정됨, OUT BUF3	66500	OUT BUF3
23000	RELEASE	68000	RELEASE
23500	OUT BUF1	69000	계산 멈춤.
28000	ASSIGN(BUF3)	74000	OUT BUF1
31000	OUT BUF2	81500	출력 멈춤.
35000	RELEASE		

총 시간은 81500u이다. 컴퓨터는 6000–8500, 10500–16000, 69000–81500에서 쉬게 되며, 총 유휴 시간은 20500u이다. 출력 유닛은 0–1000, 46000–47000, 54500–59000에서 쉬고 총 유휴 시간은 6500u이다.

같은 프로그램이 단 두 개의 버퍼를 사용한다고 가정하고 위와 같은 시간-행동 표를 작성하라.

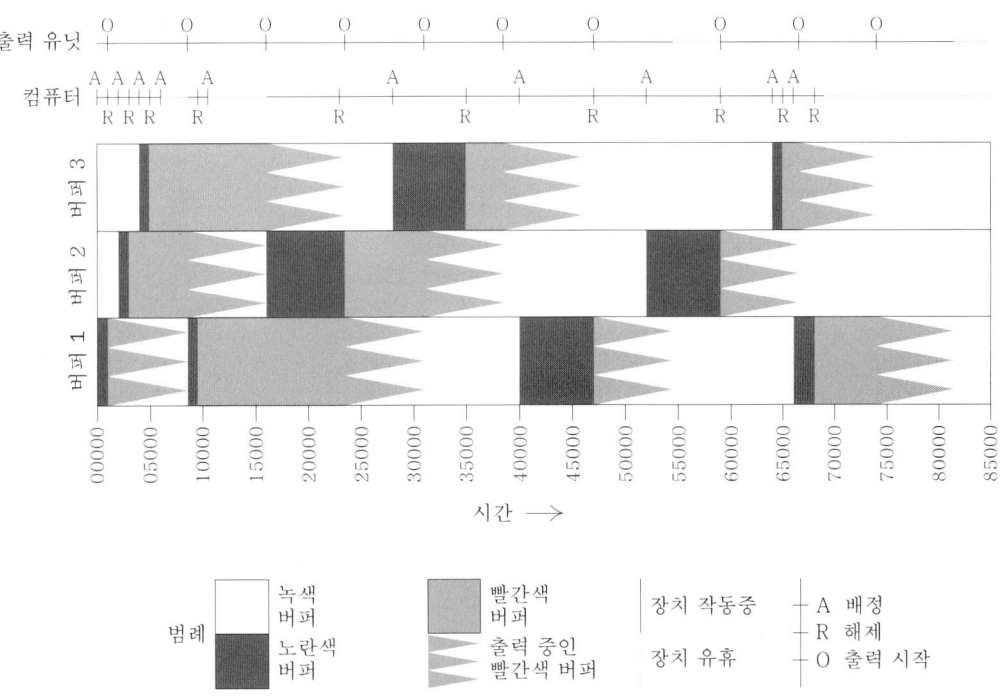

그림 27. 3버퍼 출력(연습문제 9).

10. [*21*] 버퍼 네 개를 사용한다고 가정하고 연습문제 9를 반복하라.

11. [*21*] 버퍼를 하나만 사용한다고 가정하고 연습문제 9를 반복하라.

12. [24] 본문의 다중 버퍼링 알고리즘을 카드 입력에 사용한다고 가정한다. 그리고 80열에 "."가 있는 카드를 읽은 즉시 입력을 종료한다고 가정한다. 그런 방식으로 입력을 종료하려면 CONTROL 코루틴(알고리즘 B와 프로그램 B)을 어떻게 고쳐야 하는지 보여라.

13. [20] 버퍼링 알고리즘을 출력에 적용한다. 버퍼의 모든 정보가 출력되도록 보장하기 위해서는 COMPUTE 코루틴 끝에 어떤 명령들을 포함시켜야 할까?

▶ **14.** [20] 계산 프로그램이 ASSIGN과 RELEASE를 번갈아 수행하는 대신 ...ASSIGN...ASSIGN... RELEASE...RELEASE 형태로 수행한다고 하자. 이것이 본문에 나온 알고리즘들에 어떤 영향을 미치는 가? 이런 방식이 유용할 수 있을까?

▶ **15.** [22] 단 세 개의 버퍼를 사용해서 0번 테이프 유닛에서 1번 테이프 유닛으로 100 블록을 전송하 는 완전한 MIX 프로그램을 작성하라. 프로그램은 최대한 빨라야 한다.

16. [29] 그림 26에 나온 "녹색-노란색-빨간색-보라색" 알고리즘을, 본문에 나온 다중 버퍼링 알고리 즘과 같은 방식으로 공식화하라. 세 개의 코루틴(하나는 입력 장치를 제어하는 것, 하나는 출력 장치를 제어하는 것, 또 하나는 계산을 제어하는 것)을 사용해야 한다.

17. [40] 다중 버퍼 알고리즘을 버퍼 풀링에 맞게 변형하라. 너무 많은 선행 입력 때문에 공정이 느려지는 일은 생기지 않도록 방법을 구축할 것. 알고리즘을 최대한 우아하게 만들도록 노력하라. 그리고 독자의 방법을 현실의 실제 문제에 적용해서 비풀링 방법들과 비교해 볼 것.

▶ **18.** [30] 계산을 중간에 가로채는 아래와 같은 인터럽트(interrupt) 기능을 MIX에 추가한다고 하 자. 아래의 설명을 기반으로 해서, "JRED" 명령 대신 인터럽트 기능을 이용하도록 본문의 알고리즘/프 로그램 A, R, B를 수정하라.

새로운 MIX는 추가적인 3999개의 메모리 칸들을 포함하는데, 그것들의 주소는 − 3999에서 − 0001까지이다. 새 기계는 정상 상태와 제어 상태라는 두 가지 내부 "상태"들을 가진다. 정상 상태에서 는 − 3999에서 − 0001까지의 장소들을 메모리 장소로 사용할 수 없으며, MIX 컴퓨터는 평상시와 동일하게 행동한다. 잠시 후 설명할 조건에 의해 "인터럽트"가 발생하면 − 0009에서 − 0001까지의 장소들이 MIX 레지스터들의 내용으로 설정된다. 구체적으로 말하면, rA는 − 0009에, rI1에서 rI6까 지는 − 0008에서 − 0003까지에, rX는 − 0002에 저장되고 rJ와 위넘침 토글, 비교 지시자, 다음 명령의 주소는 − 0001에 다음과 같은 형태로 저장된다.

+	다음 명령	OV, CI	rJ

컴퓨터가 제어 상태로 들어가는 장소는 해당 인터럽트의 종류에 따라 달라진다.

장소 − 0010은 "클록(clock)"처럼 행동한다. 매 $1000u$ 시간마다 이 장소에 있는 수가 1 감소하 며, 그 결과가 0이 되면 장소 − 0011로의 인터럽트가 발생한다.

새 MIX 명령 "INT"(C = 5, F = 9)는 다음과 같이 작동한다: (a) 정상 상태에서는 장소 − 0012로 의 인터럽트가 발생한다. (따라서 프로그래머는 제어 루틴과의 연동을 위해 인터럽트를 강제할 수 있다. 이 때 INT의 주소는 아무런 영향도 미치지 않는다. 그러나 제어 루틴이 그 주소를 인터럽트의 종류를 구분하는 데 사용할 수는 있다.) (b) 제어 상태에서는 −0009에서 −0001의 값들이 해당 MIX 레지스터에 적재되며, 컴퓨터는 정상 상태로 돌아가서 실행을 재개한다. 두 경우 모두 INT의 수행 시간은 $2u$이다.

제어 상태에서 IN이나 OUT, IOC 명령을 수행하면, 해당 I/O 연산이 종료되자마자 인터럽트가 발생한다. 그 인터럽트는 장소 −(0020 + 유닛 번호)로 간다.

제어 상태에서는 어떠한 인터럽트도 발생하지 않는다. 제어 상태에서 모든 인터럽트 상황들은 다음 번 INT 연산 이후까지 "보존"되며, 인터럽트는 정상 상태 프로그램의 한 명령이 수행된 후에 일어난다.

▶ **19.** [*M28*] 자기 디스크 같은 회전하는 장치의 짧은 블록들로 입력이나 출력을 수행할 때에는 특별히 고려해야 할 사항들이 있다. 프로그램이 $n \geq 2$개의 연속적인 정보 블록들을 다음과 같은 방식으로 다룬다고 하자. 블록 k는 시간 t_k에서 입력되기 시작한다. 여기서 $t_1 = 0$이다. 그 블록은 시간 $u_k \geq t_k + T$에서 처리를 위해 배정되며 시간 $v_k = u_k + C$에서 버퍼로부터 해제된다. 디스크는 P 단위 시간 당 1회전을 하고, 읽기 헤드는 매 L 단위마다 새 블록의 출발점을 지난다. 따라서 반드시 $t_k \equiv (k-1)L \pmod{P}$이다. 또한 처리가 순차적이므로, $1 < k \leq n$에 대해 $u_k \geq v_{k-1}$이다. 버퍼는 N개이며 따라서 $N < k \leq n$에 대해 $t_k \geq v_{k-N}$이다.

완료 시간 v_n의 가능한 가장 작은 값은 $T + C + (n-1)\max(L, C)$이다. 그 값이 되려면 N은 얼마이어야 할까? 그러한 N의 최소값을 결정하는 일반적인 규칙을 제시하라. 그리고 $L = 1$, $P = 100$, $T = .5$, $n = 100$이고 (a) $C = .5$, (b) $C = 1.0$, (c) $C = 1.01$, (d) $C = 1.5$, (e) $C = 2.0$, (f) $C = 2.5$, (g) $C = 10.0$, (h) $C = 50.0$, (i) $C = 200.0$일 때 각각 그 규칙을 적용해 보라.

1.4.5. 역사 및 문헌 정보

1.4절에 나온 대부분의 기본 기법들은 여러 사람들이 각자 독립적으로 개발한 것으로, 그 착상들의 정확한 역사를 알아내기란 아마도 불가능할 것이다. 다음은 이 분야의 역사에 가장 중요한 기여들을 기록하고 그 연원을 정당하게 밝히기 위해서 최대한 노력한 결과이다.

서브루틴은 프로그래머를 위해 고안된 최초의 노동 절약 수단이다. 19세기에 배비지Charles Babbage는 그의 해석기관(Analytical Engine)을 위한 루틴들의 라이브러리를 구상했다 [*Charles Babbage and His Calculating Engines*, Philip 및 Emily Morrison 편집(Dover, 1961), 56을 볼 것]. 그의 꿈은 1944년에 호퍼Grace M. Hopper가 Harvard Mark I에서 $\sin x$를 계산하는 서브루틴 을 작성했을 때 실현되었다고 할 수 있다 [*Mechanization of Thought Processes* (London: Nat. Phys. Lab., 1959), 164 참고]. 그러나 본질적으로 그런 것들은 동적으로 연결되는 것이 아니라 필요할 때마다 프로그램에 삽입하도록 만들어진 "열린 서브루틴"이었다. 배비지가 계획한 기계는 자카드식 직조기(Jacquard loom)처럼 일련의 펀치 카드들로 제어하는 것이었다. 그리고 Mark I는 여러 종이 테이프로 제어했다. 이들은 오늘날의 프로그램 저장식 컴퓨터와는 상당히 달랐다.

골드스타인Herman H. Goldstine과 폰노이만John von Neumann은 1946년과 1947년에 작성한, 그리고 이후 널리 읽힌 전공 논문(monograph)에서 프로그램 저장식 컴퓨터에 적합한, 반환 주소를 매개변수로 제공받는 서브루틴 연계를 논의했다. 폰노이만의 *Collected Works* **5** (New York: Macmillan, 1963), 215-235를 볼 것. 그들의 프로그램들에서 주 루틴은 필요한 정보를 레지스터들에 담아 전달하는 대신, 매개변수들을 서브루틴의 본문에 저장해야 했다. 영국에서는 튜링A. M. Turing이 적어도 1945년에 서브루틴 연계를 위한 하드웨어와 소프트웨어를 설계했다. *Proceedings of a Second Symposium on Large-Scale Digital Calculating Machinery* (Cambridge, Mass.: Harvard University, 1949), 87-90과 B. E. Carpenter 및 R. W. Doran 편집, *A. M. Turing's ACE Report of 1946 and Other Papers* (Cambridge, Mass.: MIT Press, 1986), 35-36, 76, 78-79를 볼 것. 컴퓨터 프로그래밍에 대한 최초의 교재 *The Preparation of Programs for an Electronic Digital Computer*, M. V. Wilkes, D. J. Wheeler, S. Gill 저, 제1판 (Reading, Mass.: Addison-Wesley, 1951)는 매우 범용적인 서브루틴 라이브러리의 사용과 구축을 주요 주제로 다루었다.

"코루틴"이라는 단어는 1958년에 콘웨이M. E. Conway가 고안한 것으로, 그 개념을 고안한 후 그는 그것을 어셈블리 프로그램의 구축에 최초로 적용했다. 그와는 독립적으로, 비슷한 시기에 에르트윈J. Erdwinn과 머너J. Merner도 코루틴을 연구했다. 그들은 "Bilateral Linkage"라는 논문을 썼는데, 당시에는 그 분야에 대한 관심이 충분하지 못했기 때문에 출판되지 못했으며, 안타깝게도 현재 그 논문의 복사본은 전혀 남아 있지 않은 것으로 보인다. 코루틴 개념을 설명하는 최초의 출판물은 그보다 훨씬 뒤에 나온 콘웨이의 글 "Design of a Separable Transition-Diagram Compiler," **6** (1963), 396-408이다. 사실, 코루틴 연계의 원시적인 형태가 초기 UNIVAC 출판물의 한 "프로그래밍 팁"으로 간략히 언급된 적이 있다 [*The Programmer* 1, (February 1954), 4]. 다알Dahl과 뉘고르Nygaard의 SIMULA I [*CACM* **9** (1966), 671-678]에서는 ALGOL류의 언어로 코루틴을 적절히 표기하는 방법을 제시했다. 그리고 책 *Structured Programming*, O. J. Dahl, E. W. Dijkstra, C. A. R. Hoare 저, 3장에서는 훌륭한 코루틴 예들(복제된 코루틴도 포함해서)이 나온다.

"보편 튜링 기계(Universal Turing Machine)", 즉 다른 어떤 튜링 기계도 시뮬레이션할 수 있는 튜링 기계를 최초의 해석 루틴으로 볼 수도 있을 것이다. 튜링 기계가 실제 컴퓨터는 아니다. 튜링 기계는 알고리즘으로는 풀 수 없는 특정 문제들을 증명하는 데 쓰이는 이론적 구축물이다. 우리가 말하는 일반적 의미로서의 해석 루틴은 모클리John Mauchly가 1946년에 Moore School에서 한 강연에서 언급된 바 있다. 가장 주목할 만한 초기 해석기들로는 Whirlwind I를 위한 것들(애덤스C. W. Adams 외 작성)과 Illiac I를 위한 것들(휠러D. J. Wheeler 외 작성)을 들 수 있는데, 이들은 주로 부동소수점 산술을 간편히 수행하기 위한 수단으로 만들어진 것이다. 이 부분의 발전에는 튜링도 한몫했다. 그는 Pilot ACE 컴퓨터를 위한 해석 시스템의 개발을 이끌었다. 50년대 초반 해석기들의 상황에 대해서는 J. M. Bennett, D. G. Prinz, M. L. Woods가 쓴 "Interpretative Sub-routines", *Proc. ACM* (Toronto: 1952), 81-87을 볼 것. 또한 Office of Naval Research, Washington, D.C가 출판한 *Proceedings of the Symposium on Automatic Programming for Digital Computers* (1954)의 여러 논문들도 참고하라.

초기 해석 루틴으로 가장 광범위하게 쓰인 것은 아마도 배커스John Backus의 "IBM 701 Speedcoding System"일 것이다. [*JACM* **1** (1954), 4-6 참고]. 이후 Bell Telephone Laboratories 의 볼론티스V. M. Wolontis 등이 이를 IBM 650을 위해 약간 수정하고 능숙하게 다시 작성했다. 그들이 작성한 루틴("Bell Interpretive System")은 매우 유명해졌다. 1956년 초부터 뉴웰A. Newell, 쇼J. C. Shaw, 사이먼H. A. Simon이 상당히 다른 문제들(2.6절을 볼 것)에 응용하기 위해서 설계한 IPL 해석 시스템은 목록(list) 처리에 광범위하게 쓰였다. 1.4.3절 서두에서 언급한 바 있는, 해석기의 현대적인 용법들은 한때 컴퓨터 문헌들에서 유행처럼 언급되었다. 해석기들을 좀 더 자세히 논하는 문헌들은 이미 1.4.3절에 나열해 놓았으니 참고하시기 바란다.

최초의 추적 루틴은 1950년에 길Stanley Gill이 개발했다. *Proceedings of the Royal Society of London*, series A, **206** (1951), 538-554에 실린 그의 흥미로운 글을 보라. 앞에서 언급한 윌크스와 휠러, 길의 교재에는 추적에 관한 몇 가지 프로그램들이 포함되어 있다. 그들 중 아마도 가장 흥미로운 것은 휠러가 작성한 서브루틴 C-10일 것이다. 그 루틴에는 라이브러리 서브루틴에 진입할 때에는 추적을 중지하고, 그 서브루틴을 완전한 속도로 수행하고, 그런 후에 추적을 재개하는 수단이 포함되어 있다. 일반적인 컴퓨터 문헌들에서 추적 루틴에 대한 출판물은 상당히 드문데, 아마도 주로는 그 방법들이 본질적으로 구체적인 컴퓨터에 특화되는 경향이 있기 때문일 것이다. 필자가 알고 있는 유일한 초기 참고문헌은 H. V. Meek, "An Experimental Monitoring Routine for the IBM 705," *Proc. Western Joint Computer Conf.* (1956), 68-70으로, 특별히 어려운 문제를 수행하는 컴퓨터를 위한 추적 루틴을 논의한다. 또한 *A Compiler Generator*, W. M. McKeeman, J. J. Horning, D. B. Wortman 저, (Prentice-Hall, 1970), 305-363에 나온 IBM System/360 아키텍처를 위한 추적 루틴도 참고할 것. 요즘은 추적 루틴에 대한 강조가 선택적 기호 출력과 프로그램 성능 측정을 제공하는 소프트웨어로 옮아갔다. 그런 시스템으로 최상의 것 하나를 새터스웨이트E. Satterthwaite가 개발했는데, *Software Practice & Experience* **2** (1972), 197−217에 서술되어 있다.

원래는 버퍼링을 컴퓨터 하드웨어가 1.4.4-(3)의 명령들과 비슷한 방식으로 수행했다. 프로그래머가 접근할 수 없는 어떤 내부 버퍼 영역이 장소 2000-2099의 역할을 했으며, 1.4.4-(3)의 명령들은 입력 명령이 주어졌을 때 하드웨어에서 암묵적으로 수행되었다. 1940년대 후반에는, 정렬에 특히 유용한 소프트웨어 버퍼링 기법을 초기 UNIVAC 프로그래머들이 개발했다(5.5절 참고). 1952년에 열린 Eastern Joint Computer Conference의 강의록에는 그 해에 주도적이었던 I/O에 대한 원리가 잘 요약되어 있다.

DYSEAC 컴퓨터[Alan L. Leiner, *JACM* **1** (1954), 57-81]는 프로그램이 실행되는 동안 입출

력 장치들이 메모리와 직접 소통하다가 입출력이 끝나면 프로그램을 인터럽트한다는 개념을 도입했다. 그런 시스템은 버퍼링 알고리즘을 갖추고 있었겠지만, 그에 대한 세부적인 사항은 출판되지 않았다. 이 책에서 말한 의미로서의 버퍼링 기법에 대한 최초의 출판물은 고도로 정교한 접근방식을 제시했다. O. Mock, C. J. Swift, "Programmed Input-Output Buffering," *Proc. ACM Nat. Meeting* **13** (1958), paper 19와 *JACM* **6** (1959), 145-151을 볼 것. (두 논문 모두 특수 용어들을 매우 많이 담고 있어서 이해하기가 힘들 수 있다. *JACM* **6**의 다른 관련 논문들이 도움이 될 것이다.) 그와는 독립적으로, 1957년과 1958년에 데이크스트라E. W. Dijkstra가 입력과 출력의 버퍼링을 가능하게 하는 인터럽트 시스템을 루프스트라B. J. Loopstra와 숄튼C. S. Scholten의 X-1 컴퓨터와 연계해서 개발했다 〔*Comp. J.* **2** (1959), 39-43 참고〕. 데이크스트라의 박사학위 논문 "Communication with an Automatic Computer" (1958)는 버퍼링 기법들을 논의하는데, 그 루틴들이 주로 종이 테이프와 타자기 I/O에 관한 것이었으며 각 버퍼가 하나의 문자 또는 하나의 수를 담았기 때문에 매우 긴 버퍼 고리가 쓰였다. 이후 그는 그 아이디어를 세마포(semaphore)라는 중요한 일반적 개념으로 발전시켰다. 세마포는 입출력뿐만이 아니라 모든 종류의 동시적인 공정들의 제어에 기본적인 수단이다 〔*Programming Languages*, F. Genuys 편집 (Academic Press, 1968), 43-112와 *BIT* **8** (1968), 174-186, *Acta Informatica* **1** (1971), 115-138 참고〕. 퍼거슨David E. Ferguson의 논문 "Input-Output Buffering and FORTRAN", *JACM* **7** (1960), 1-9는 버퍼 고리를 설명하고 있으며 여러 유닛들을 한 번에 버퍼링하는 간단한 방법도 상세히 서술하고 있다.

> 지금 구상하는 문제들의 복잡도에서 합리적인 상한은
> 명령 1000개이다.
>
> —— 골드스타인HERMAN GOLDSTINE과 폰노이만JOHN VON NEUMANN (1946)

제 2 장

정보 구조

내 결코 보지 못하리, 나무만큼 사랑스런 시를.

—— 킬머 JOYCE KILMER (1913)

그렇고말고, 이제 내 기억의 표에서 사소한 기록들은 모두 지워버리리라.

—— 햄릿 HAMLET (1막 5장, 98줄)

2.1. 소개

컴퓨터 프로그램은 대체로 정보를 담은 표(table, 테이블)들에 대해 작동한다. 대부분의 경우, 이런 표가 단지 수치 값들을 아무 형태 없이 무작정 모아둔 것은 아니다. 표는 자료 요소들 사이의 중요한 구조적 관계를 포함한다.

가장 간단한 형태의 표는 요소들의 선형적인 목록인데, 이 때 목록의 구조적 속성들은 이를테면 목록의 제일 첫 요소는 무엇인가, 마지막은 무엇인가, 주어진 요소 앞 또는 뒤에 있는 요소는 무엇인가, 목록에 몇 개의 요소가 있는가, 따위의 질문들에 대한 답을 포함하고 있을 수 있다. 선형 목록(2.2절 참고)이라는 명백히 간단한 정보 구조도 이처럼 많은 것들을 알려줄 수 있는 것이다.

좀 더 복잡한 상황에서는 표가 2차원 배열(열과 행 구조를 가지는 행렬 또는 격자)이거나 또는 보다 큰 n값을 가진 n차원 배열일 수 있다. 아니면 계통적 관계 또는 분기 관계를 나타내는 트리 구조이거나, 사람의 뇌에서 볼 수 있는 것처럼 대단히 많은 수의 상호 연결을 담은 복잡한 다중 연결 구조일 수도 있다.

컴퓨터를 적절하게 사용하려면 자료 안에 나타나 있는 구조적 관계를 이해해야 하며, 또한 그런 구조를 컴퓨터 안에서 나타내고 다루는 데 필요한 기본적인 기법들도 알아야 한다.

이번 장은 여러 종류의 구조들의 정적, 동적 속성들, 구조적 자료의 저장소 할당과 표현을 위한 수단들, 구조적 정보의 생성, 수정, 접근, 파괴를 위한 효율적인 알고리즘 등 정보 구조에 관한 가장 중요한 사실들을 개괄한다. 그 과정에서 해당 방법들을 다양한 문제들에 적용하는 것과 관련해서 몇 가지 중요한 예들도 다룬다. 예로는 위상적 정렬, 다항식 산술, 이산 시스템 시뮬레이션, 희소행렬 변환, 대수 공식 조작, 그리고 컴파일러 및 운영체제 작성으로의 응용 등이 나온다. 이들은 거의 전적으로 컴퓨터 내부에서 자료구조를 표현하는 데 대한 것이다. 외부적 표현을 내부적 표현으로 변환하는 문제는 9장과 10장에서 다룬다.

여기서 논의할 내용 중 많은 것들은 종종 "리스트 처리(List processing)"라고 부르는 경우가 많다. 그런 관례는 리스트(List)† 라고 하는 일반적 종류의 구조를 편하게 다룰 수 있도록 고안된 LISP 같은 여러 프로그래밍 시스템들에서 비롯되었다. 리스트 처리 시스템이 유용한 상황들도 많이 있긴 하지만, 종종 불필요한 제약을 프로그래머에게 가하기도 한다. 그런 상황이라면 보통은 이번 장에 나온 방법들을 프로그래머 자신의 프로그램에 직접 적용하는, 즉 주어진 특정 문제에 맞게 자료 형식과 알고리즘을 세밀히 조율하는 편이 더 나을 때가 많다. 그러나 안타깝게도 리스트 처리 기법들이 상당히 난해하다고 느끼는(따라서 다른 누군가가 세심히 작성한 해석 시스템이나 미리 만들어진 서브루틴 집합을 사용하는 것이 필수적이라고 생각하는), 그래서 리스트 처리를 반드시 특정하게 고정된 방식으로만 적용해야 한다고 생각하는 사람들이 많다. 이번 장을 통해서 독자는 복잡한 구조를 다루는 기법들에 딱히 마법적이거나 신비하거나 어려운 무언가가 있는 것은 아니라는 점을 깨닫게 될 것이다. 그러한 기법들은 모든 프로그래머들의 레퍼토리에서 중요한 일부로, 프로그램을 어셈블리 언어로 만들든 아니면 FORTRAN이나 C, Java 같은 대수적 언어로 만들든 쉽게 사용할 수 있다.

이번 장에서는 MIX 컴퓨터로 정보 구조를 다루는 방법에 대해서 살펴본다. MIX 프로그램을 상세히 살펴보는 것에 별 흥미를 느끼지 않는 독자라고 하더라도, 구조적 정보가 MIX 메모리 안에서 어떻게 표현되는지는 공부해야 할 것이다.

이 시점에서, 이후에 자주 사용할 몇 가지 용어와 표기법을 정의하는 게 중요하겠다. 표 안의 정보는 일단의 노드(node)(다른 책에서는 "레코드(record)", "개체(entity)", "비드(bead)"라고도 한다)들로 구성된다. 종종 노드 대신 "항목(item)"이나 "요소(element)"라고도 표현될 수 있다. 각 노드는 하나 이상의 연속적인 컴퓨터 메모리 워드들로 구성된다. 그러한 워드들은 필드라는, 이름이 붙은 부분들로 나뉘어진다. 가장 간단한 경우 하나의 노드는 메모리의 한 워드인데, 이 때의 노드는 그 워드 전체로 된 하나의 필드를 가진다. 좀 더 흥미로운 예로, 표의 요소들이 놀이용 카드(트럼프 카드)들을 나타낸다고 하자. 그렇다면 각 노드는 다음과 같이 TAG, SUIT, RANK, NEXT, TITLE이라는 다섯 필드로 나뉘어진 워드 두 개로 정의할 수 있을 것이다.

+	TAG	SUIT	RANK	NEXT	
+			TITLE			(1)

---

† 〔옮긴이 주〕 원문에는 대문자 L로 시작하는 List가 2.3.5절에서 주되게 이야기하는 특정한 종류의 자료구조를 가리킨다고 되어 있다. 한글에는 대·소문자라는 것이 없으므로, 번역서에서는 그런 List를 '리스트'라고 부르고 일반적인 의미의 list를 '목록'이라고 부르도록 하겠다.

(이 형식은 두 MIX 워드의 내용을 반영한다. 하나의 MIX 워드는 바이트 다섯 개와 부호 하나로 이루어짐을 기억할 것. 1.3.1절 참고. 이 예에서는 두 워드 모두 부호가 + 라고 가정한다.) 노드의 주소는 그 첫째 워드의 메모리 장소이다. 노드의 주소를 노드의 링크(link), 포인터(pointer), 참조(reference)라고도 한다. 주소를 어떤 기준 장소에 대한 상대적인 값으로 표현하기도 하지만, 이번 장에서는 단순함을 위해 주소가 항상 절대적인 메모리 장소를 가리키도록 한다.

한 노드의 임의의 필드의 내용은 수, 알파벳 문자, 링크 등 프로그래머가 원하는 것이라면 어떤 것도 나타낼 수 있다. 놀이용 카드의 예에서는 이러한 노드들이 솔리테어 게임에 쓰이는 카드 더미를 나타낸다고 하겠다. TAG = 1은 카드가 엎어져 있는 것이고 TAG = 0은 카드가 펼쳐져 있는 것이다. SUIT = 1, 2, 3, 4는 각각 클럽(클로버), 다이아몬드, 하트, 스페이드이다. RANK = 1, 2, ..., 13은 에이스, 2, ..., 킹이다. NEXT는 카드 더미에서 이 카드 아래에 깔린 카드로의 링크이고 TITLE은 이 카드의 다섯 글자짜리 알파벳 이름이다(출력용). 전형적인 카드 더미는 다음과 같은 모습이다.

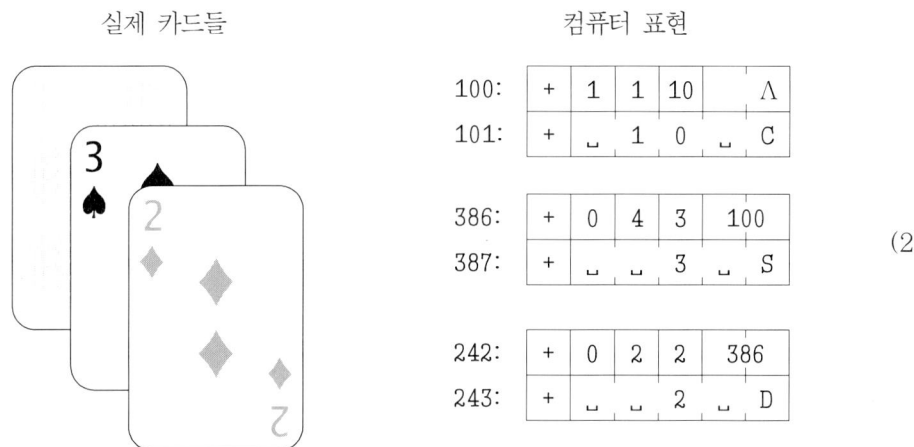

(2)

이 그림의 경우 컴퓨터 표현의 메모리 장소들은 100, 386, 242이다. 이 예에 한할 때 이와는 다른 수치들도 얼마든지 가능하다. 어차피 각 카드는 자기 아래에 있는 카드와 링크로 연결되기 때문이다. 노드 100은 "Λ"라는 특별한 링크를 가짐을 주목할 것. *공링크(null link)는 이처럼 그리스 문자 Λ로 표시한다.* 노드 100의 링크가 공링크 Λ인 것은, 클럽 10이 더미 제일 아래에 깔린 카드이기 때문이다. 컴퓨터 안에서 이 Λ는 한 노드의 주소가 될 수는 없는, 쉽게 인식할 수 있는 어떠한 값으로 표현한다. 일반적으로 장소 0에는 노드가 놓이지 않는다고 가정하므로, MIX 프로그램에서 Λ는 거의 항상 링크 값 0으로 표현한다.

다른 자료 요소로의 링크라는 개념은 컴퓨터 프로그래밍에서 대단히 중요하다. 링크는 복합적인 구조를 표현하는 데 핵심적인 아이디어이다. 노드들의 컴퓨터 표현을 표시할 때에는 링크를 화살표로 나타내는 게 편리하다. 예 (2)를 화살표 표기법으로 표현한다면 다음과 같다.

(3)

표현 (3)에는 실제 장소 242, 386, 100이 나타나지 않는다(사실 별 상관없다). 그림 제일 오른쪽에 있는, 전기 회로에서 "접지선"을 뜻하는 표시는 여기서 공링크를 의미한다. 또한 (3)에서는 "TOP"에서 부터 링크가 시작되는데, TOP은 최상위 카드를 의미한다. 이런 TOP은 그 값이 링크인 변수, 즉 링크 변수로, 종종 포인터 변수라고도 한다. 한 프로그램 안의 모든 노드들은 링크 변수(또는 링크 상수)로 직접 참조할 수도 있고 다른 노드의 링크 필드를 통해서 간접적으로 참조할 수도 있다.

이제 노드 표기법에서 가장 중요한 부분인, 노드 안의 필드들을 참조하는 방법을 살펴보자. 필드를 참조할 때에는 해당 필드 이름 다음에 원하는 노드로의 링크를 괄호로 감싸면 된다. 다음은 (1)의 필드들을 (2)와 (3)의 노드들에 대해 표현한 예이다.

$$
\begin{aligned}
&\text{RANK}(100) = 10,\\
&\text{SUIT}(\text{TOP}) = 2,\\
&\text{TITLE}(\text{TOP}) = \text{"}\_\_2\_D\text{"},\\
&\text{RANK}(\text{NEXT}(\text{TOP})) = 3.
\end{aligned}
\tag{4}
$$

이런 필드 표기법은 이번 장과 이후 장들의 여러 알고리즘들에서 계속 쓰이므로, 독자는 이 예를 세심히 공부해야 한다. 이해를 돕기 위해 카드 더미 제일 위에 새 카드를 펼쳐진 채로 얹는 알고리즘을 살펴보자. NEWCARD는 그 값이 새 카드로의 링크인 링크 변수라고 가정한다.

A1. NEXT(NEWCARD) ← TOP으로 설정한다. (새 카드 노드로의 적절한 링크를 설정한다.)

A2. TOP ← NEWCARD로 설정한다. (TOP이 더미 최상위를 가리키게 한다.)

A3. TAG(TOP) ← 0으로 설정한다. (카드를 "펼쳐진" 상태로 만든다.) ▮

다음 알고리즘은 또 다른 예로, 현재 더미에 있는 카드의 개수를 센다.

B1. N ← 0, X ← TOP으로 설정한다. (여기서 N은 정수 변수, X는 링크 변수이다.)

B2. 만일 X = Λ이면 중단한다. N은 더미에 있는 카드 개수이다.

B3. N ← N + 1, X ← NEXT(X)로 설정하고 단계 B2로 돌아간다. ▮

이 알고리즘들에서, 기호 이름들을 서로 상당히 다른 것들, 즉 변수 이름(TOP, NEWCARD, N, X)과 필드 이름(TAG, NEXT)에 사용했음을 주목하자. 이런 두 가지 용법을 혼동해서는 안 된다. F가 필드 이름이고 L ≠ Λ가 링크일 때, F(L)은 하나의 변수이다. 그러나 F 자체는 변수가 아니다. F는 오직 공링크가 아닌 링크를 통해서 구체적으로 한정될 때에만 값을 가진다.

저수준 컴퓨터의 세부사항을 논의할 때 쓰이는 것으로, 주소와 거기에 담긴 값을 서로 변환하는 표기법들이 있다.

a) CONTENTS는 항상 1워드 노드의 전체 워드 필드를 나타낸다. 예를 들어 CONTENTS(1000)은 메모리 장소 1000에 담긴 워드 전체의 값을 나타내는 것으로, 그러한 값을 가진 하나의 변수로 취급된다. 만일 V가 링크 변수일 때 CONTENTS(V)는 V가 가리키는 값을 나타낸다(V 자체의 값이 아니라).

b) V가 메모리 칸에 담긴 어떤 값의 이름일 때, LOC(V)는 그 메모리 칸의 주소를 의미한다. 따라서 V가 그 값이 메모리의 한 전체 워드에 담겨 있는 변수일 때, CONTENTS(LOC(V)) = V이다.

MIXAL 어셈블리 언어의 표기법은 이와는 좀 반대 방향이긴 하지만, 그래도 이런 표현들을 MIXAL 어셈블리 언어 코드로 쉽게 변환할 수 있다. 링크 변수의 값을 색인 레지스터에 넣고, MIX의 부분 필드 기능을 이용해서 해당 필드를 참조하면 된다. 예를 들어 알고리즘 A를 MIXAL로 구현한다면:

```
NEXT  EQU  4:5           어셈블러를 위한 NEXT와
TAG   EQU  1:1           TAG 필드들의 정의
      LD1  NEWCARD       A1. rI1 ← NEWCARD.
      LDA  TOP               rA ← TOP.                      (5)
      STA  0,1(NEXT)         NEXT(rI1) ← rA.
      ST1  TOP           A2. TOP ← rI1.
      STZ  0,1(TAG)      A3. TAG(rI1) ← 0.  ∎
```

이런 연산들을 컴퓨터 안에서 쉽고 효율적으로 수행할 수 있다는 점이 바로 "연결된 메모리"(linked memory)가 중요한 기본적인 이유이다.

하나의 노드 전체를 하나의 변수로 지칭해야 할 때도 있다. 그런 변수의 값은 하나의 필드가 아니라 일련의 필드들이다. 이 경우에는 다음의 표기를 사용한다.

$$\text{CARD} \leftarrow \text{NODE}(\text{TOP}). \qquad (6)$$

여기서 NODE는 하나의 노드 전체를 가리킨다는 점만 빼고는 CONTENTS와 같은 필드 명세이고, CARD 는 (1)에 나온 것과 같은 구조의 값들을 가진다고 가정한 하나의 변수이다. 만일 한 노드에 c개의 워드들이 있다고 하면, 표기법 (6)은 다음과 같은 c개의 저수준 배정들을 줄여서 쓴 것이라고 할 수 있다.

$$\text{CONTENTS}(\text{LOC}(\text{CARD}) + j) \leftarrow \text{CONTENTS}(\text{TOP} + j), \qquad 0 \le j < c. \qquad (7)$$

어셈블리 언어와 알고리즘에 쓰이는 표기법 사이에는 중요한 차이가 있다. 어셈블리 언어는 기계의 내부 언어와 가깝기 때문에 MIXAL 프로그램 안에서 쓰이는 기호들은 값이 아니라 주소를 대표한다. 따라서 (5)의 제일 왼쪽 열에서 기호 TOP은 사실 최상위 카드에 대한 포인터가 들어 있는 메모리 장소의 주소이다. 그러나 (6)과 (7) 그리고 (5)의 오른쪽 설명 열에 나오는 기호 TOP은 자신의 값, 즉 최상위 카드 노드의 주소이다. 초보 프로그래머들은 어셈블리 언어와 고수준 언어의 이러한 차이 때문에 혼란을 겪는 경우가 많다. 그런 이유에서, 독자는 연습문제 7을 반드시 풀어보기 바란다. 다른 연습문제들도 이번 절에서 소개한 표기 관례들에 익숙해지는 데 도움이 된다.

연습문제

1. [04] (3)과 같은 상황에서, (a) SUIT(NEXT(TOP))의 값과 (b) NEXT(NEXT(NEXT(TOP)))의 값은 얼마인가?

2. [10] 본문에서는 많은 경우 CONTENTS(LOC(V)) = V라고 했다. 그럼 LOC(CONTENTS(V)) = V가 되는 조건은 무엇인가?

3. [11] 본질적으로 알고리즘 A의 효과를 취소시키는, 즉 카드 더미의 최상위 카드를 제거하고(더미가 비어 있지 않은 경우) NEWCARD에 그 카드의 주소를 설정하는 알고리즘을 제시하라.

4. [18] 알고리즘 A와 비슷하되 새 카드를 더미의 최하위에 엎어진 채로 집어넣는 알고리즘을 제시하라. (더미는 비어 있을 수 있다.)

▶ **5.** [21] 본질적으로 연습문제 4의 효과를 취소시키는 알고리즘을 제시하라. 즉, 알고리즘은 파일이 비어 있지 않으며 그 최하위 카드가 엎어져 있다는 가정 하에서 최상위 카드를 제거하고 NEWCARD가 그 카드를 가리키도록 설정해야 한다. (이 알고리즘은 솔리테어 게임에서 종종 "속임수(cheating)"라고 부르는 것에 해당한다.)

6. [06] 놀이용 카드의 예에서, CARD가 그 값이 (6)에서처럼 하나의 노드 전체인 변수의 이름이라고 하자. 연산 CARD ← NODE(TOP)은 CARD의 필드들을 더미 최상위 카드의 해당 필드들과 같아지도록 설정한다. 다음 표기법들 중에서, 이 연산 이후의 최상위 카드의 종류(suit)를 나타내는 것은 무엇(들)인가?

  (a) SUIT(CARD), (b) SUIT(LOC(CARD)), (c) SUIT(CONTENTS(CARD)), (d) SUIT(TOP).

▶ **7.** [04] 본문에 나온 예제 MIX 프로그램 (5)에서 링크 변수 TOP은 MIX 컴퓨터의 한 워드에 저장된다. 그 워드의 어셈블리 언어 이름은 TOP이다. (1)과 같은 필드 구조에서, 다음 두 명령열들 중 수량 NEXT(TOP)을 레지스터 A로 적재하는 것은 어떤 것인가? 그렇지 않은 것은 왜 틀렸는지도 설명하라.

```
        a) LDA    TOP(NEXT)              b) LD1    TOP
                                            LDA    0,1(NEXT)
```

▶ **8.** [18] 단계 B1-B3에 해당하는 MIX 프로그램을 작성하라.

9. [23] 카드 더미에 있는 카드들의 알파벳 이름을 출력하는 MIX 프로그램을 작성하라. 최상위 카드부터 시작해서 카드 한 장 당 한 줄을 인쇄해야 하며, 엎어진 카드의 이름은 괄호로 감싸서 인쇄해야 한다.

2.2. 선형 목록

2.2.1. 스택, 대기열, 데크

일반적으로, 자료에는 컴퓨터 안에서 직접적으로 나타내고자 하는 것보다 훨씬 많은 구조적 정보가 있다. 예를 들어 이번 2.2절에서 말하는 각 "놀이용 카드" 노드에는 더미에서 자기 바로 아래에 있는 카드를 가리키는 NEXT라는 필드가 있으므로, 어떤 카드 바로 아래에 있는 카드는 즉시 알 수 있다. 그러나 어떤 카드 위에 있는 카드를 직접적으로 알아내는 방법은 없다. 또한 어떤 주어진 카드가 어떤 더미에 들어 있는지를 직접 알아낼 수도 없다. 물론 그러한 표현에 실제 놀이용 카드의 특징들 대부분은 빠져 있다. 예를 들어 카드 뒷면의 디자인, 카드와 게임을 하는 방에 있는 다른 사물들과의 관계, 카드를 이루는 개별 분자들 등은 생략되어 있다. 어떤 응용이냐에 따라서는 그런 구조적 정보가 중요할 수도 있겠지만, 어쨌든 우리가 모든 상황에서의 모든 구조를 저장하고자 하는 것이 아님은 명백하다. 사실 대부분의 카드놀이 상황에서 이전의 예제에서 사용했던 사실들 모두가 필요하지는 않다. 예를 들어 카드가 펼쳐졌는지 엎어졌는지를 가리키는 TAG 필드는 종종 없어도 된다.

각각의 경우들에서, 우리는 표로 구조를 어느 정도나 표현할 것인지, 또 각 정보 항목에 어떤 방식으로 접근할 것인지를 결정해야 한다. 그리고 결정을 내리기 위해서는 자료에 대해 어떤 연산들을 수행할 것인지를 알아야 한다. 그런 이유로, 이번 장에서는 각 문제에 대해 *자료구조뿐만 아니라 자료에 대해 수행하는 연산 종류도 고려한다.* 컴퓨터 표현의 설계는 자료의 고유한 성질뿐만 아니라 그 자료의 바람직한 기능에도 의존한다. 사실 설계 문제 전반에서 형태와 함께 기능도 강조하는 것은 기본에 속한다.

이 부분에 대한 이해를 돕기 위해, 컴퓨터 하드웨어 설계에서의 한 가지 관련된 측면을 생각해 보자. 컴퓨터 메모리는 MIX의 주 메모리 같은 "임의 접근 메모리"(random access memory), 본질적으로 고정된(상수) 정보를 담는 "읽기 전용 메모리"(read-only memory), MIX의 디스크 유닛들처럼 고속으로 접근할 수는 없지만 대단히 많은 양의 정보를 담는 "2차 대량 메모리"(secondary bulk memory), 정보로의 접근이 그 주소가 아닌 값을 통해서 이루어지는 "연관 메모리"(associative memory) 등으로 분류된다(연관 메모리를 좀 더 정확하게는 "내용을 통해 접근하는 메모리"(content-addressed memory)라고 부른다). 각 메모리 종류의 이름 자체에는 그 메모리에 해당하는 기능이 명시되어 있다. 기능은 그 정도로 중요한 것이다. 이들은 모두 "메모리" 유닛들이지만, 그 설계와 비용은 메모리의 목적에 따라 크게 다르다.

선형 목록(linear list)은 $n \geq 0$개의 노드 X[1], X[1], ..., X[n]들의 순차열(sequence)로, 본질적인 구조적 속성은 오직 한 줄로 늘어선 항목들 사이의 상대적 위치에만 관계한다. 이런 구조에서 신경 써야 할 부분들은, $n > 0$이면 X[1]이 첫 노드이고 X[n]이 마지막 노드라는 점과 k번째 노드 X[k] 이전에 X[$k-1$]이 있고 이후에 X[$k+1$]이 있다는 점뿐이다.

선형 목록에 수행할만한 연산들로는 다음과 같은 것들이 있다.

i) 목록의 k번째 노드에 접근해서 그 필드들의 내용을 조사하거나 변경한다.

ii) k번째 노드 이전이나 이후에 새 노드를 삽입한다.

iii) k번째 노드를 삭제한다.

iv) 둘 이상의 선형 목록들을 단일한 선형 목록으로 합친다.

v) 하나의 선형 목록을 둘 이상의 목록들로 분할한다.

vi) 선형 목록의 복사본을 만든다.

vii) 선형 목록에 있는 노드들의 개수를 파악한다.

viii) 목록의 노드들을 노드의 특정 필드에 기반해서 오름차순으로 정렬한다.

ix) 목록에서 특정한 값을 가지고 있는 어떤 필드를 가진 노드의 출현을 찾는다.

연산 (i), (ii), (iii)이 1차적으로 중요해지는 특수 경우는 $k = 1$과 $k = n$일 때이다. 왜냐하면 선형 목록의 첫째 항목과 마지막 항목은 그 외의 일반적인 요소들에 비해 접근하기가 쉽기 때문이다. 연산 (viii)과 (ix)는 이번 장에서 이야기하지 않는다. 그 부분들은 각각 5장과 6장에서 다룬다.

컴퓨터 응용에서 이 아홉 가지 연산 모두를 완전히 일반적인 형태로 수행해야 하는 경우는 매우 드물다. 그런 만큼, 선형 목록을 표현하는 방법은 가장 자주 수행하는 연산들의 종류에 따라 여러 가지로 나뉘어진다. 선형 목록에 대해 이 연산들 모두를 효율적으로 수행할 수 있는 단일한 표현 방법을 설계하기란 쉬운 일이 아니다. 예를 들어 긴 목록에서 임의의 k번째 노드에 효율적으로 접근함과 동시에 목록 중간에서 항목들을 효율적으로 삽입하거나 삭제할 수 있도록 하는 것은 비교적 어려운 일이다. 따라서 앞에서 의도된 용도를 기준으로 컴퓨터 메모리를 구분했듯이, 우리는 수행할 주된 연산들을 근거로 해서 선형 목록의 종류를 구분한다.

삽입, 삭제, 값 접근이 거의 항상 첫 노드나 마지막 노드에서 일어나는 선형 목록은 매우 자주 나타나므로, 그런 목록들에 대해 다음과 같은 특별한 이름을 부여한다.

- 스택(stack)은 모든 삽입과 삭제가(그리고 일반적으로 모든 접근이) 목록의 한 끝에서 일어나는 선형 목록이다.

- 대기열(queue)은 모든 삽입이 목록의 한 끝에서 일어나고 모든 삭제는(그리고 일반적으로 모든 접근이) 다른 쪽 끝에서 일어나는 선형 목록이다.

- 데크(deque, double-ended queue)는 모든 삽입과 삭제가(그리고 일반적으로 모든 접근이) 목록의 양 끝에서 일어나는 선형 목록이다.

따라서 데크는 스택이나 대기열보다 더 일반적이다. 데크는 카드 데크(deck, 카드 한 벌) 더미와 비슷한 성질을 일부 지니고 있으며, 발음도 같다. 또한 데크를 **출력 제한**(output-restricted) 데크와 **입력 제한**(input-restricted) 데크로 구분하는데, 이들은 각각 삽입과 삭제가 오직 한쪽 끝에서만 일어날 수 있는 데크들을 가리킨다.

"대기열"을 좀 더 넓은 의미로 사용하는 분야도 있다. 그런 분야에서는 삽입과 삭제가 일어나는 모든 종류의 목록을 대기열이라고 부르며, 위에 나온 스택, 대기열, 데크 등의 개별 특수 사례들은 여러 가지 "대기열 적용 분야"들(queuing disciplines)에 해당된다. 그러나 이 책에서 말하는 "대기열" 은 일상에서 사람들이 뭔가를 기다리기 위해 늘어서 있는 형태로서의 줄과 같은 의미로 쓰인다.

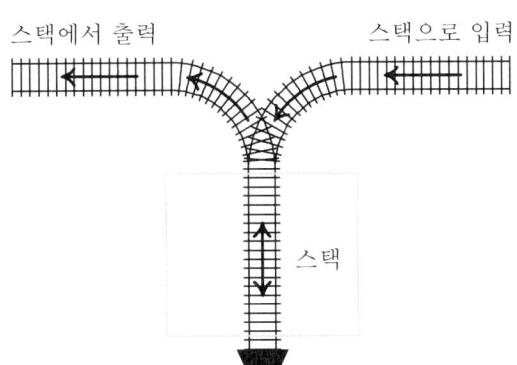

스택에서 출력　　　스택으로 입력

스택

그림 1. 철로 전환망으로 표현한 스택.

　철로 전환의 비유가 스택의 작동방식을 이해하는 데 도움이 되는 경우가 있다(그림 1). 이것은 데이크스트라E. W. Dijkstra가 제안했다. 그림 2는 데크를 철로 전환으로 나타낸 것이다.

입력 제한 데크에서는 이 궤도가 막혀있다.

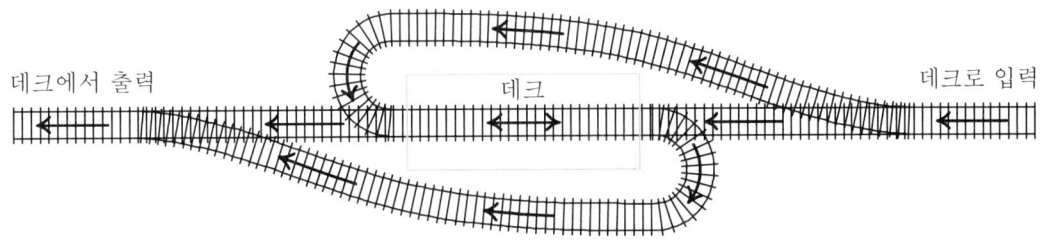

데크에서 출력　　데크　　데크로 입력

출력 제한 데크에서는 이 궤도가 막혀있다.

그림 2. 철로 전환망으로 표현한 데크.

스택에서는 항상 "가장 어린", 즉 가장 최근에 목록에 삽입된 항목이 제거된다. 대기열은 그 반대이다. 대기열에서는 "가장 오래된" 항목이 제거되며, 따라서 항목들이 목록에 삽입되는 순서와 삭제되는 순서가 같다.

　스택과 대기열의 중요성을 많은 사람들이 독립적으로 깨달았으며, 그들은 각자 나름대로의 이름을 붙이기도 했다. 스택에 붙은 이름으로는 푸시다운 목록(push-down list), 역전 저장소(reversion storage), 포도주 저장고(cellar), 네스팅 스토어(nesting store), 파일(pile), 후입선출(last-in-first -out, "LIFO") 목록 등이 있고, 심지어는 요요(yo-yo) 목록이라는 이름으로도 불린다. 그리고 대기열은 순환 저장소 또는 선입선출(first-in-first-out, "FIFO") 목록이라고 불린다. LIFO와 FIFO는 오랫동안 회계사들이 물품에 가격을 매기는 수단으로 사용해왔다. 그리고 출력 제한 데크에는 "선반(shelf)"이라는 용어가, 입력 제한 데크에는 "스크롤(scroll)"이나 "롤(roll)"이라는 용어가 쓰이기도 했다. 이처럼 이름이 많다는 것은 그 자체로 흥미로운 일인데, 왜냐하면 이런 개념들이 그만큼 유용하다는 증거이기 때문이다. 스택과 대기열은 점차 표준 용어가 되고 있다. 위에 나열한 다른 모든 용어들 중에서 아직도 비교적 흔하게 쓰이고 있는 것은 "푸시다운 목록"으로, 자동자(automata) 이론에 관련해서 특히 자주 쓰인다.

스택은 실제 응용에서 상당히 자주 나온다. 예를 들어 일단의 자료 집합을 처리하되, 그 과정에서 예외적인 조건들이나 나중에 수행할 것들을 목록으로 만든다고 하자. 원래의 집합을 다 처리한 후에는 그 목록을 거꾸로 훑으면서 목록이 빌 때까지 항목들을 처리, 삭제함으로써 나머지 처리를 완료할 수 있다. (연습문제 1.3.2–10의 "안장점" 문제가 이런 상황의 예이다.) 그런 목록으로는 스택과 대기열 모두가 적합하지만, 그래도 일반적으로는 스택이 더 편리하다. 사실 우리가 문제를 풀 때에는 머리 속에 항상 "스택들"을 담아두고 있다. 한 문제는 다른 문제로 이어지며 그 문제는 또 다른 문제로 이어진다. 우리는 그런 문제들과 하위문제들을 스택에 쌓아두고, 문제를 풀어나감에 따라 스택의 문제들을 제거한다. 마찬가지로, 컴퓨터 프로그램을 수행하는 동안 서브루틴에 진입하고 복귀하는 절차 역시 스택과 비슷한 행동이다. 스택은 프로그래밍 언어, 산술 연산, 문어 독일어의 "Schachtelsätze"[+] 등 내포된 구조를 가진 언어들을 처리할 때 특히 유용하다. 스택은 보통 명시적 또는 암묵적으로 재귀적인 알고리즘과 연관되어 가장 자주 나타나는데, 이러한 연관 관계는 8장에서 상세히 다룬다.

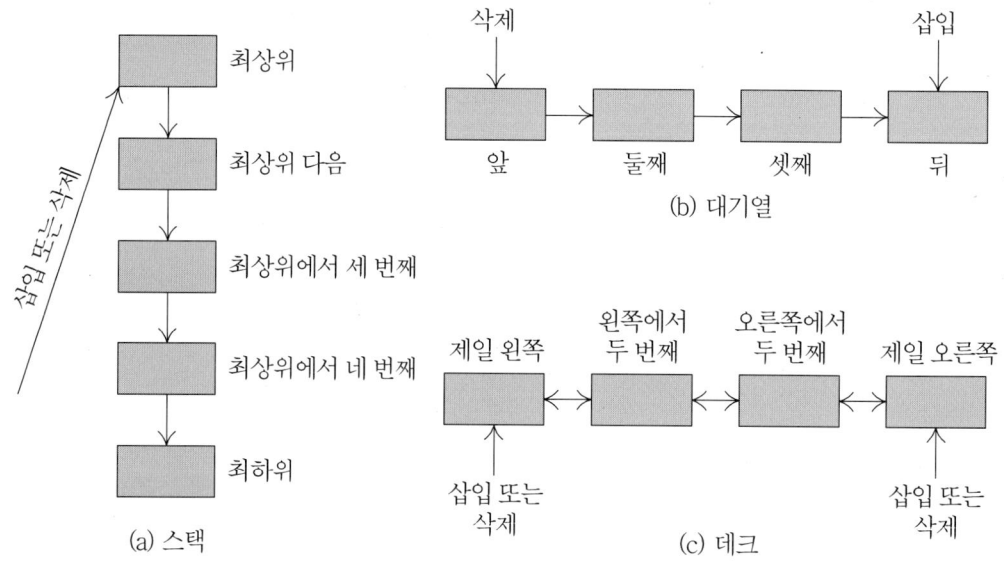

그림 3. 중요한 세 가지 부류의 중요한 선형 목록들.

알고리즘들이 이런 구조들을 지칭할 때에 일반적으로 쓰이는 특수 용어들로는 이런 것들이 있다: 스택에서는 항목을 최상위(top)에 넣거나 최상위 항목을 꺼낸다(그림 3a). 스택의 최하위(bottom)는 가장 접근하기 힘든 항목에 해당한다. 이 항목은 다른 모든 항목들을 삭제한 후에야 삭제할 수 있다. (사람들은 종종 스택에 항목을 추가하는 일을 스택에 항목을 밀어 넣는다(push down)라고 말하며, 스택에서 최상위 항목을 제거하는 일을 스택에서 항목을 뽑는다(pop up)라고 말한다. 이런 용어들은 뷔페식당 등에서 흔히 볼 수 있는 접시들의 더미(stack)에서 기인한 것이다. '넣는다', '뽑는다' 같은 용어들은 간결하다는 장점을 지닌 반면, 컴퓨터 메모리 내의 목록 전체가 움직인다는 오해를 부를

[+] 〔옮긴이 주〕 Schachtelsätze는 복합문, 특히 단순문들이 명사절 등 다른 품사 형태로 바뀌어서 문장에 포함된 내포문(안은 문장)에 해당한다.

수 있다. 실제로 뭔가가 밀려 내려가는 것은 아니다. 짚더미나 상자 더미에서처럼 항목들은 항상 제일 위에 추가될 뿐이다.) 대기열에서 중요한 용어로는 대기열의 앞단(front)과 뒷단(rear)을 들 수 있다. 항목들은 뒤에서 들어오고, 앞에 도달하면 제거된다(그림 3b). 데크의 양 끝은 왼쪽, 오른쪽이 라고 칭한다. 데크가 스택이나 대기열로 쓰일 때에는 데크에 대해서도 최상위, 최하위, 앞, 뒤 같은 용어들을 사용하는데, 데크의 왼쪽, 오른쪽 끝 중 어떤 것이 최상위, 앞이고 어떤 것이 최하위, 뒤인지 에 대한 표준적인 관례는 없다.

어쨌든, 이런 자료구조들에 대한 알고리즘들을 논의할 때에는 스택의 경우 "위, 아래", 대기열의 경우 "일렬로, 기다린다", 데크의 경우는 "왼쪽, 오른쪽" 등 다양한 일상용어들을 자연스럽게 사용할 수 있다.

마지막으로, 스택과 대기열을 다룰 때 편리한 추가적인 표기법 몇 개를 보자. 다음과 같은 표기가 있다.

$$A \Leftarrow x. \tag{1}$$

이것은 A가 스택이면 값 x를 스택 A의 최상위에 삽입한다는 뜻이고, A가 대기열이면 x를 대기열의 뒷단에 삽입한다는 뜻이다. 비슷하게, 다음 표기는

$$x \Leftarrow A \tag{2}$$

변수 x를 스택 A의 최상위 또는 대기열 A의 앞단에 있는 값과 같게 설정하고 그 값을 A에서 삭제한다는 뜻이다. 표기법 (2)는 A가 비어 있을 때, 즉 A가 어떤 값도 가지고 있지 않은 경우에는 무의미하다.

A가 비어 있지 않은 스택일 때, 다음은

$$\text{top}(A) \tag{3}$$

스택의 최상위 요소를 의미한다.

연습문제

1. [06] 입력 제한 데크는, 제거는 양 끝에서 할 수 있지만 삽입은 한쪽 끝에서만 할 수 있는 선형 목록이다. 따라서 만일 양 끝 중 하나에서만 항목들을 제거한다는 또 다른 제한을 둔다면, 입력 제한 데크는 스택으로 작동할 수도 있고 대기열로 작동할 수도 있다. 그렇다면 출력 제한 데크 역시 스택이 나 대기열처럼 작동하게 할 수 있을까?

▶ **2.** [15] 네 개의 궤도차들이 그림 1의 궤도의 입력 쪽에 놓여 있다. 궤도차들의 번호는 왼쪽에서 오른쪽으로 1, 2, 3, 4이다. 다음과 같은 일련의 연산들을 수행한다고 하자(이 연산들은 그림에서 화살표들의 방향과 호환되며, 한 차가 다른 차를 "뛰어 넘을" 필요도 없다): (i) 차 1을 스택으로 옮긴다. (ii) 차 2를 스택으로 옮긴다. (iii) 차 2를 출력으로 옮긴다. (iv) 차 3을 스택으로 옮긴다. (v) 차 4를 스택으로 옮긴다. (vi) 차 4를 출력으로 옮긴다. (vii) 차 3을 출력으로 옮긴다. (viii) 차 1을 출력으로 옮긴다.

이 연산들의 결과로, 차들의 순서가 원래의 1234에서 2431로 바뀐다. *이 연습문제와 다음 연습문제들의 목적은 스택이나 대기열, 데크에서 그런 식으로 얻을 수 있는 순열들을 조사하는 것이다.*

만일 번호가 123456인 여섯 개의 궤도차들이 있다고 할 때, 그것들의 순서가 325641이 되도록 옮길 수 있을까? 154623이 되도록 옮길 수 있을까? (그런 일이 가능하다면, 그 절차를 밝힐 것.)

3. [25] 연습문제 2에 나온 (i)에서 (viii)까지의 연산들을 SSXSSXXX 형태의 코드로 좀 더 간결하게 표현할 수 있다. 여기서 S는 "한 차를 입력에서 스택으로 옮긴다", X는 "한 차를 스택에서 출력으로 옮긴다"는 뜻이다. S와 X의 어떤 순차열들은 무의미한 연산에 해당할 것이다. 왜냐하면 지정된 궤도에 더 이상 차가 남아 있지 않을 수 있기 때문이다. 예를 들어 스택이 초기에 비어 있다는 가정 하에서 순차열 SXXSSXXS는 수행할 수 없다.

S와 X의 어떤 순차열에 n개의 S들과 n개의 X들이 있고 그것들이 수행할 수 없는 연산은 하나도 지정하지 않는다고 할 때, 그런 순차열을 허용되는(admissible) 순차열이라고 칭하기로 하자. 허용되는 순차열과 허용되지 않는 순차열을 쉽게 구별할 수 있는 규칙을 만들라. 또한, 서로 다른 허용되는 순차열들 두 개가 동일한 출력 순열을 만들어낼 수는 없음을 보여라.

4. [M34] 연습문제 2와 같은 스택에서 얻을 수 있는, n개의 요소들에 대한 순열들의 개수 a_n에 대한 간단한 공식을 구하라.

▶ **5.** [M28] 만일 $p_j < p_k < p_i$인 색인 $i < j < k$들이 존재하지 않으면, 그리고 오직 그럴 때에만 스택을 이용해서 $1\,2\,\ldots\,n$으로부터 순열 $p_1\,p_2\,\ldots\,p_n$을 얻을 수 있음을 보여라.

6. [00] 연습문제 2에서 스택 대신 대기열을 사용한다고 하자. 대기열을 사용했을 때 얻을 수 있는 $1\,2\,\ldots\,n$의 순열들은 무엇일까?

▶ **7.** [25] 연습문제 2에서 스택 대신 데크를 사용한다고 하자. (a) 입력 제한 데크로는 얻을 수 있지만 출력 제한 데크로는 얻을 수 없는 1234의 한 순열을 찾아라. (b) 출력 제한 데크로는 얻을 수 있지만 입력 제한 데크로는 얻을 수 없는 1234의 한 순열을 찾아라. [(a)와 (b)로부터 입력 제한 데크와 출력 제한 데크에는 결정적인 차이가 있음을 알 수 있다.] (c) 입력 제한 데크와 출력 제한 데크 모두에서 얻을 수 없는 1234의 한 순열을 찾아라.

8. [22] $1\,2\,\ldots\,n$의 순열들 중에서 입력 제한 데크도 아니고 출력 제한 데크도 아닌 데크로 얻을 수 없는 순열이 존재하는가?

9. [M20] b_n이 입력 제한 데크로 얻을 수 있는 n 요소들의 순열 개수라고 하자. (연습문제 7에서 $b_4 = 22$임을 알 수 있다.) b_n이 출력 제한 데크로 얻을 수 있는 n 요소들의 순열 개수이기도 함을 보여라.

10. [M25] (연습문제 3 참고.) S, Q, X가 각각 출력 제한 데크의 왼쪽 끝에 요소를 삽입하는 연산, 오른쪽 끝에 요소를 삽입하는 연산, 그리고 왼쪽 끝에서 요소를 빼내는 연산이라고 하자. 예를 들어 QQXSXSXX는 입력 순차열 1234를 1342로 변환한다. SXQSXSXX 역시 같은 변환을 수행한다.

기호 S, Q, X의 허용되는 순차열이라는 개념을 정의하는 방법을 찾아라. 여기서 허용되는 순차열이라는 개념은 한 출력 제한 데크 안에 담을 수 있는 n 요소들의 모든 순열이 각각 정확히 하나의 허용되는 순차열에 해당하다는 성질을 만족해야 한다.

▶ **11.** [M40] 연습문제 9와 10의 한 결과로, 수 b_n은 길이가 $2n$인 허용되는 순차열의 개수이다. 생성 함수 $\sum_{n \geq 0} b_n z^n$에 대한 닫힌 형식을 구하라.

12. [HM34] 연습문제 4와 11의 수량 a_n과 b_n의 근삿값들을 계산하라.

13. [M48] 일반적인 데크로 얻을 수 있는 n 요소들의 순열 개수는 몇인가? [Rosenstiehl 및 Tarjan, *J. Algorithms* **5** (1984), 389–390에는 주어진 한 순열이 얻을 수 있는 것인지 아닌지를 $O(n)$ 단계로 결정할 수 있는 알고리즘이 나온다.]

▶ **14.** [26] 자료구조로 스택만을 사용할 수 있다고 하자. 두 개의 스택으로 하나의 대기열을 효율적으로 구현하려면 어떻게 해야 할까?

2.2.2. 순차 할당

컴퓨터 안에 선형 목록을 저장하는 가장 간단하고도 자연스러운 방법은 목록 항목들을 연속적인 장소들에 연달아서, 즉 한 노드 다음에 또 한 노드를 놓는 식으로 배치하는 것이다. 그러면

$$\text{LOC}(\text{X}[j+1]) = \text{LOC}(\text{X}[j]) + c$$

인데, 여기서 c는 노드 당 워드 개수이다. (보통은 $c = 1$이다. $c > 1$일 때에는 노드 $\text{X}[j]$의 k번째 워드가 $\text{X}[j]$의 첫 워드의 장소로부터 고정된 거리에 저장되도록 목록을 c개의 "병렬적"인 목록들로 나누는 것이 편리할 때가 있다.) 일반적으로,

$$\text{LOC}(\text{X}[j]) = \text{L}_0 + cj \tag{1}$$

이다. 여기서 L_0은 기준 주소(base address)라고 부르는 상수로, 이것은 인위적으로 가정한 노드 $\text{X}[0]$의 장소이다.

선형 목록을 이런 식으로 표현하는 기법은 너무나 명백하고 잘 알려져 있으므로 더 이상 추가적인 설명은 필요가 없을 것이다. 그러나 이후에는 "좀 더 복잡한" 표현 방법들이 여럿 나오기 때문에 먼저 단순한 경우에서 얼마나 많은 것들을 이끌어낼 수 있는지 살펴보는 것도 나쁘지는 않을 것이다. 순차 할당(sequential allocation)의 위력뿐만 아니라 그것의 한계들을 이해하는 것도 중요한 일이다.

순차 할당은 스택을 다룰 때 상당히 편리하다. 필요한 일은 그저 스택 포인터라고 부르는 변수 T를 두는 것뿐이다. 만일 스택이 비어 있으면 $\text{T} = 0$으로 설정한다. 스택 최상위에 새 요소 Y를 삽입할 때에는 다음과 같이 설정한다.

$$\text{T} \leftarrow \text{T} + 1; \qquad \text{X}[\text{T}] \leftarrow \text{Y}. \tag{2}$$

스택이 비어 있지 않다면, (2)의 연산을 반대로 수행함으로써 Y를 최상위 노드와 같게 설정하고 그 노드를 삭제할 수 있다.

$$Y \leftarrow X[T]; \qquad T \leftarrow T - 1. \tag{3}$$

(식 (1)때문에 일반적으로 컴퓨터 안에서는 값 T 대신 cT를 사용하는 것이 더 효율적이다. 그러나 나중에 그렇게 바꾸는 게 어려운 일이 아니므로, 지금은 $c = 1$이라고 가정하고 논의를 진행하겠다.)

대기열이나 보다 일반적인 데크의 표현은 조금 더 까다롭다. 한 가지 명백한 해법은 두 개의 포인터를 사용하는 것이다. 그것들을 F와 R(각각 대기열의 앞단(front)과 뒷단(rear)에 해당)이라고 하자. 대기열이 비어 있으면 F = R = 0이다. 대기열의 뒷단에 한 요소를 삽입하는 연산은

$$R \leftarrow R + 1; \qquad X[R] \leftarrow Y \tag{4}$$

이다. 앞단 노드를 제거하는 공정은 다음과 같다(F는 앞단 바로 다음을 가리킨다).

$$F \leftarrow F + 1; \qquad Y \leftarrow X[F]; \qquad \text{만일 } F = R \text{이면 } F \leftarrow R \leftarrow 0 \text{으로 설정.} \tag{5}$$

그런데 이런 상황을 생각해 보자. R이 항상 F보다 앞서 있으면(따라서 항상 대기열에 적어도 하나의 노드가 있다면) X[1], X[2], ..., X[1000], ...의 무한히 많은 표 항목들이 쓰이게 되며, 이는 엄청난 저장 공간 낭비이다. 따라서 (4)와 (5)처럼 단순한 방법은 F가 매우 정기적으로 R을 따라 잡는다는(예를 들면 대기열을 비우는 모든 삭제들이 단번에 발생하는 등) 사실을 알고 있는 경우에만 사용해야 한다.

대기열이 메모리에 범람하는 문제를 피하기 위한 한 가지 방법으로, M개의 노드 X[1], ..., X[M]들을 X[M] 다음에 X[1]이 오도록 암묵적인 순환 고리 형태로 배치하는 방법이 있다. 그런 경우 공정 (4)와 (5)는 다음과 같이 바뀐다.

$$\text{만일 } R = M \text{이면 } R \leftarrow 1, \quad \text{그렇지 않으면 } R \leftarrow R + 1; \qquad X[R] \leftarrow Y. \tag{6}$$

$$\text{만일 } F = M \text{이면 } F \leftarrow 1, \quad \text{그렇지 않으면 } F \leftarrow F + 1; \qquad Y \leftarrow X[F]. \tag{7}$$

이런 순환적인 대기열 연산은 1.4.4절의 입출력 버퍼링에서 이미 본 적이 있다.

지금까지의 논의는 어떤 것도 잘못되지 않을 거라는 암묵적인 가정을 깔고 있다는 점에서 상당히 비현실적이다. 스택이나 대기열에서 노드를 삭제할 때에는 거기에 적어도 하나의 노드가 존재한다고 가정했다. 그리고 스택이나 대기열에 노드를 삽입할 때에는 그 노드가 들어갈 공간이 메모리에 존재한다고 가정했다. 그러나 현실적으로 (6)과 (7)의 경우 대기열 전체에 담을 수 있는 노드 개수는 최대 M이며, (2), (3),(4), (5)의 경우에도 임의의 주어진 컴퓨터 프로그램 안에서 T와 R이 가질 수 있는 값에는 명백히 어떤 최대값이 존재한다. 다음의 명세들은 그러한 제약들이 자동적으로 만족된다고 가정하지 않은 일반적 경우에서는 위의 연산들을 어떻게 수행해야 하는지를 보여준다.

$$X \Leftarrow Y \text{ (스택에 삽입):} \quad \begin{cases} T \leftarrow T + 1; \\ \text{만일 } T > M \text{이면 OVERFLOW}; \\ [T] \leftarrow Y. \end{cases} \tag{2a}$$

$$Y \Leftarrow X \text{ (스택에서 삭제):} \quad \begin{cases} \text{만일 } T = 0 \text{이면 UNDERFLOW}; \\ Y \leftarrow X[T]; \\ T \leftarrow T - 1. \end{cases} \tag{3a}$$

$$X \Leftarrow Y \text{ (대기열에 삽입)}: \begin{cases} \text{만일 } R = M \text{이면 } R \leftarrow 1, \text{ 그렇지 않으면 } R \leftarrow R + 1; \\ \text{만일 } R = F \text{이면 OVERFLOW;} \\ X[R] \leftarrow Y. \end{cases} \qquad (6a)$$

$$Y \Leftarrow X \text{ (대기열에서 삭제)}: \begin{cases} \text{만일 } F = R \text{이면 UNDERFLOW;} \\ \text{만일 } F = M \text{이면 } F \leftarrow 1, \text{ 그렇지 않으면 } F \leftarrow F + 1; \\ Y \leftarrow X[F]. \end{cases} \qquad (7a)$$

여기서 $X[1]$, ..., $X[M]$이 목록에 대해 허용된 공간 전체라고 가정한다. 그리고 OVERFLOW와 UNDERFLOW는 각각 목록이 차 있거나 빈 상태에서 삽입이나 삭제가 일어났음을 의미한다. (6a)와 (7a)를 사용할 경우 대기열 포인터들의 초기 설정 $F = R = 0$은 더 이상 유효하지 않는데, 왜냐하면 $F = 0$일 때에는 위넘침(OVERFLOW)을 검출할 수가 없기 때문이다. 따라서 예를 들어 $F = R = 1$로 시작해야 한다.

독자는 연습문제 1을 꼭 풀어보시길. 그 문제는 이러한 간단한 대기열 적용 메커니즘의 자명하지 않은 한 측면을 논의한다.

이제 살펴볼 것은 "UNDERFLOW나 OVERFLOW가 발생했을 때 무엇을 할 것인가?"이다. UNDERFLOW는 존재하지 않은 항목을 제거하려 할 때 발생하며, 그런 상황은 일반적으로 오류 상황이라기보다는 프로그램의 흐름을 제어하는 데 사용할 수 있는 하나의 의미 있는 조건이다. 예를 들면 대기열을 비우기 위해 항목 삭제를 반복할 때 UNDERFLOW 여부를 종료 조건으로 사용할 수 있다. 그러나 OVERFLOW는 일반적으로 오류 상황에 해당한다. OVERFLOW는 표가 이미 꽉 찬 상태에서 더 많은 정보를 집어넣으려 한 것이다. 이 경우 일반적인 방침은, 표의 저장 용량을 넘겼기 때문에 프로그램을 더 이상 진행할 수 없음을 보고하고 프로그램을 종료하는 것이다.

그런데 여러 개의 목록들이 있고 그 중 한 목록에서만 OVERFLOW 상황이 발생했으며 다른 목록들에는 아직 공간이 많이 남아 있다면, 한 목록 때문에 프로그램 실행을 포기하는 것은 조금 억울한 일일 수 있다. 위의 논의에서는 기본적으로 프로그램이 오직 하나의 목록만 가지고 있다고 가정했다. 그런 상황에서는 스택이 어느 정도까지 커질지를 예측할 수 없는 것이 일반적이므로, 스택 크기에 어떤 상한을 두지는 않는다. 그리고 각 스택마다 최대 크기가 정해져 있다고 해도, 모든 스택이 동시에 꽉 차는 경우는 드물다.

단 두 개의 가변 크기 목록이 있다고 할 때, 그 둘을 아주 쾌적하게 공존시키는 한 가지 방법은 목록들이 서로를 향해 자라게 하는 것이다.

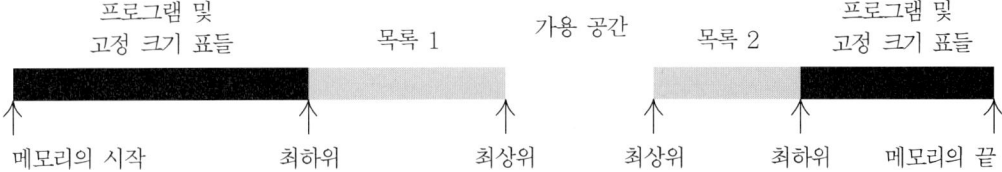

여기서 목록 1은 오른쪽으로 늘어나고, 목록 2(목록 1과는 반대 순서로 저장된다)는 왼쪽으로 늘어난다. OVERFLOW는 두 목록의 전체 크기가 모든 메모리 공간을 소비했을 때에만 발생한다. 각 목록은 서로 독립적으로 늘어나고 줄어들기 때문에, 그 실질적인 최대 크기가 가용 공간의 반보다 훨씬 더 클 수도 있다. 이러한 메모리 공간 배치 방식은 매우 자주 쓰인다.

그러나 가변 크기 순차 목록이 셋 이상이면 (a) 모든 목록들의 총 크기가 오직 전체 공간을 넘을 때에만 OVERFLOW가 발생하며, (b) 각 목록의 "최하위" 요소가 고정된 장소에 위치하도록 그 목록들을 메모리에 배치하는 방법은 없음을 쉽게 납득할 수 있다. 가변 크기 목록들이 많다면, 예를 들어 10개 이상이면(이것이 그리 드문 일은 아니다) 저장소 할당 문제가 매우 중요해진다. 만일 조건 (a)를 만족하고 싶다면 조건 (b)는 포기해야 한다. 즉, 목록의 "최하위" 요소의 위치가 변할 수 있도록 해야 하는 것이다. 이는 식 (1)의 장소 L_0이 더 이상 상수가 아니라는 뜻이다. 이제는 표를 참조할 때 절대 메모리 주소를 더 이상 사용할 수 없으며, 항상 기준 주소 L_0에 상대적인 주소로 참조해야 한다. MIX의 경우 I번째 1워드 노드를 레지스터 A에 적재하는 코드는,

$$
\begin{array}{ll}
\text{LD1} & \text{I} \\
\text{LDA} & L_0,1
\end{array}
\quad \text{에서, 예를 들면}
\quad
\begin{array}{ll}
\text{LD1} & \text{I} \\
\text{LDA} & \text{BASE}(0:2) \\
\text{STA} & *+1(0:2) \\
\text{LDA} & *,1
\end{array}
\tag{8}
$$

로 변한다. 여기서 BASE에는 | L_0 | 0 | 0 | 0 | 이 들어 있다. 이러한 상대 주소 방식은 고정 기준 주소 방식보다 시간이 훨씬 더 걸린다. 그러나 MIX에 "간접 주소 접근" 기능(연습문제 3)이 있다면 아주 조금만 느려질 것이다.

한 가지 중요한 특수 경우로, 모든 가변 크기 목록이 스택일 때가 있다. 이 경우 임의의 시점에서 중요한 것은 각 스택의 최상위 요소뿐이므로, 목록 두 개일 때와 거의 같은 수준의 효율성을 얻을 수 있다. 스택이 n개라고 할 때, 앞에 나온 삽입, 삭제 알고리즘들은 이렇게 된다. BASE[i]와 TOP[i]가 i번째 스택의 링크 변수들이고 각 노드가 워드 하나 길이라고 할 때,

삽입: TOP[i] ← TOP[i] + 1, 만일 TOP[i] > BASE[$i + 1$]이면 OVERFLOW이고,
그렇지 않으면 CONTENTS(TOP[i]) ← Y로 설정. (9)

삭제: 만일 TOP[i] = BASE[i]이면 UNDERFLOW이고,
그렇지 않으면 Y ← CONTENTS(TOP[i]), TOP[i] ← TOP[i] − 1로 설정. (10)

여기서 BASE[$i + 1$]은 $(i + 1)$번 째 스택의 기준 장소이다. 조건 TOP[i] = BASE[i]는 스택 i가 비어 있음을 뜻한다.

(9)의 OVERFLOW는 이전에 비해 그리 심각한 오류 상황이 아니다. "메모리를 다시 채움으로써", 즉 아직 차지 않은 표에서 메모리를 가져와서 OVERFLOW가 일어난 표에 추가함으로써 상황을 극복할 수 있다. 이러한 다시 채우기(repacking)를 수행하는 방법들이 여럿 있는데, 이들은 선형 목록을 순차적인 형태로 할당할 때 상당히 중요한 주제이므로 그 중 몇 가지를 자세히 살펴볼 필요가 있다. 우선은 가장 간단한 것부터 이야기하고, 그에 대한 몇 가지 대안들도 살펴보겠다.

n개의 스택이 있고 값 BASE[i]와 TOP[i]를 (9)와 (10)에 나온 것처럼 조작한다고 하자. 이 스택들은 모두 $L_0 < L \leq L_\infty$인 모든 장소 L들로 이루어진 하나의 공통의 메모리를 공유한다고

가정한다. (여기서 L_0과 L_∞는 사용할 수 있는 워드들 모두의 개수를 지정하는 상수들이다.) 초기에는 모든 스택들이 비어 있으며,

$$1 \le j \le n \text{에 대해 BASE}[j] = \text{TOP}[j] = L_0 \tag{11}$$

이다. 또한 $i = n$에 대해 (9)가 제대로 작동하도록 $\text{BASE}[n+1] = L_\infty$로 설정해 둔다.

스택 i에서 OVERFLOW가 발생했다면 다음 세 가지 경우 중 하나인 것이다.

a) $i < k \le n$이고 $\text{TOP}[k] < \text{BASE}[k+1]$인 가장 작은 k를 찾는다(그런 k가 존재한다면). 그런 다음 항목들을 위로 한 칸씩 이동한다. 즉,

$$\text{TOP}[k] \ge L > \text{BASE}[i+1] \text{에 대해 CONTENTS}(L+1) \leftarrow \text{CONTENTS}(L)\text{로 설정한다.}$$

(정보 손실을 피하려면 반드시 L의 값을 증가시키는 것이 아니라 감소시키면서 이를 수행해야 한다. $\text{TOP}[k] = \text{BASE}[i+1]$일 수도 있는데, 그런 경우에는 아무 것도 옮길 필요가 없다.) 마지막으로, $i < j \le k$에 대해 $\text{BASE}[j] \leftarrow \text{BASE}[j] + 1$, $\text{TOP}[j] \leftarrow \text{TOP}[j] + 1$로 설정한다.

b) (a)에서 적합한 k를 찾지 못했다면, $1 \le k < i$이고 $\text{TOP}[k] < \text{BASE}[k+1]$인 가장 큰 k를 찾는다(그런 k가 존재한다면). 이번에는 모든 것들을 한 칸씩 아래로 옮긴다. 즉,

$$\text{BASE}[k+1] < L \le \text{TOP}[i] \text{에 대해 CONTENTS}(L-1) \leftarrow \text{CONTENTS}(L)\text{로 설정한다.}$$

(이것은 L 값을 증가시키면서 수행해야 한다). 그런 다음에는 $k < j \le i$에 대해 $\text{BASE}[j] \leftarrow \text{BASE}[j] - 1$, $\text{TOP}[j] \leftarrow \text{TOP}[j] - 1$로 설정한다.

c) (a)도 (b)도 아니라면 모든 $k \ne i$에 대해 $\text{TOP}[k] = \text{BASE}[k+1]$인 것이다. 그렇다면 새 스택 항목을 넣을 공간이 없다는 것이 명백하므로 포기해야 한다.

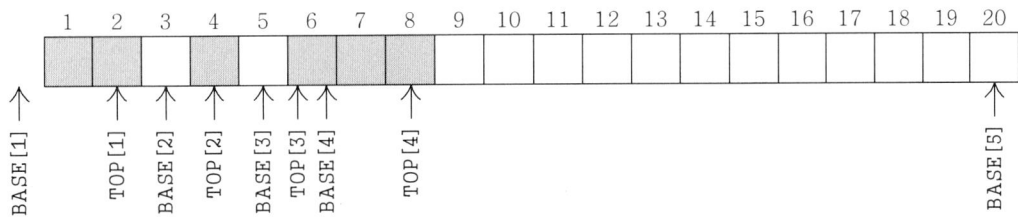

그림 4. 몇 번의 삽입, 삭제가 일어난 뒤의 메모리 구성의 예.

그림 4는 $n = 4$, $L_0 = 0$, $L_\infty = 20$이며 다음과 같은 연산들이 수행된 후의 상황이다.

$$I_1^* \, I_1^* \, I_4 \, I_2^* \, D_1 \, I_3^* \, I_1 \, I_1^* \, I_2^* \, I_4 \, D_2 \, D_1 \tag{12}$$

(여기서 I_j와 D_j는 스택 j의 삽입과 삭제를 뜻하고, 별표는 OVERFLOW가 발생했음을 뜻한다. 초기에 스택 1, 2, 3에 어떠한 공간도 할당되지 않았다고 가정한 것이다.)

이 방법에서, 만일 (11)에서 제시된 것처럼 초기에 모든 공간을 n번째 스택에 할당하는 대신 초기 조건들을 현명하게 선택한다면 최초의 스택 위넘침들을 많이 제거할 수 있음이 분명하다. 예를

들어 만일 각 스택이 같은 크기에 이를 것이라고 예측했다면, 다음과 같은 조건으로 출발할 수 있다.

$$BASE[j] = TOP[j] = \left\lfloor \left(\frac{j-1}{n}\right)(L_\infty - L_0)\right\rfloor + L_0, \ 1 \le j \le n에 대해. \tag{13}$$

구체적인 프로그램을 실제로 실행해 보면 좀 더 나은 초기 조건들을 찾을 수 있을 것이다. 그러나 초기 할당을 아무리 잘 한다고 해도 피할 수 있는 최대 스택 위넘침 횟수는 고정적이다. 그리고 그 효과는 오직 프로그램 실행의 초기 단계들에서만 나타날 뿐이다. (연습문제 17.)

앞에서 말한 방법의 또 다른 개선법으로, 메모리를 다시 채울 때마다 하나보다 많은 새 항목들을 위한 공간을 만드는 것이 있다. 이 아이디어를 가르비크J. Garwick가 활용한 바 있는데, 그는 위넘침이 발생했을 때 마지막 다시 채우기 이후 각 스택의 크기 변화에 기반해서 메모리를 완전히 다시 채우는 방법을 제안했다. 그의 알고리즘은 OLDTOP[j]라는 추가적인 배열($1 \le j \le n$)을 사용하는데, 그 배열은 이전의 메모리 할당 직후의 TOP[j] 값을 담는다. 초기에는 이전과 마찬가지로 표들이 설정되며, 또한 OLDTOP[j] = TOP[j]로 설정된다. 그 알고리즘은 다음과 같다.

알고리즘 G (순차 표들의 재할당). (9)에 따라 스택 i에서 OVERFLOW가 발생했다고 가정한다. 알고리즘 G를 수행한 후에는 메모리 용량이 다 찼다는 결론이 나거나 연산 NODE(TOP[i]) ← Y를 수행할 수 있는 상태가 된다. (알고리즘 G가 수행되기 전에 TOP[i]가 이미 (9)에 의해서 증가되었음을 주의할 것.)

G1. 〔초기화.〕 SUM ← $L_\infty - L_0$, INC ← 0으로 설정한다. 그런 다음에는 $1 \le j \le n$에 대해 단계 G2를 수행한다. (이에 의해 SUM은 남아 있는 전체 메모리 공간과 같아지고 INC는 마지막 할당 때 이후로 테이블 크기들이 증가한 총량과 같아진다.) 이를 마친 후에는 단계 3으로 간다.

G2. 〔통계 수집.〕 SUM ← SUM $-$ (TOP[j] $-$ BASE[j])로 설정한다. 만일 TOP[j] > OLDTOP[j]이면 D[j] ← TOP[j] $-$ OLDTOP[j], INC ← INC + D[j]로 설정하고, 그렇지 않으면 D[j] ← 0으로 설정한다.

G3. 〔메모리가 꽉 찼는가?〕 만일 SUM < 0이면 더 이상 진행할 수 없다.

G4. 〔할당 계수 계산.〕 $\alpha \leftarrow 0.1 \times$ SUM/n, $\beta \leftarrow 0.9 \times$ SUM/INC로 설정한다. (여기서 α와 β는 정수가 아니라 분수로, 충분한 정밀도가 될 때까지 계산된다고 가정한다. 다음 단계는 개별 목록에게 다음과 같은 방식으로 가용 공간을 부여한다: 현재 사용할 수 있는 메모리의 약 10퍼센트를 n개의 목록들이 공평하게 공유하며, 나머지 90퍼센트는 이전 할당 이후로 표의 크기가 증가한 양에 비례해서 각각에 분배한다.)

G5. 〔새 기준 주소들을 계산.〕 NEWBASE[1] ← BASE[1], $\sigma \leftarrow 0$으로 설정한다. 그런 다음 $j = 2, 3, ..., n$에 대해 $\tau \leftarrow \sigma + \alpha + $ D[$j-1$]β, NEWBASE[j] ← NEWBASE[$j-1$] + TOP[$j-1$] $-$ BASE[$j-1$] + $\lfloor \tau \rfloor - \lfloor \sigma \rfloor$, $\sigma \leftarrow \tau$로 설정한다.

G6. 〔다시 채우기.〕 TOP[i] ← TOP[i] $-$ 1로 설정한다. (이는 i번째 목록의 진짜 크기를 반영한다.

그 목록의 경계를 넘어서 정보를 옮기는 시도를 방지하기 위한 것이다.) 이제 아래의 알고리즘 R을 수행하고 TOP[i] ← TOP[i] + 1로 재설정한다. 마지막으로, $l \leq j \leq n$에 대해 OLDTOP [j] ← TOP[j]로 설정한다. ▮

이 알고리즘 전체에서 가장 흥미로운 부분은 아마도 일반적인 다시 채우기 공정일 것이다. 위에서는 알고리즘 R을 수행한다고만 되어있는데, 그럼 그 알고리즘을 살펴보자. 이러한 다시 채우기는 간단한 문제가 아닌데, 왜냐하면 메모리의 어떤 부분은 위로, 어떤 부분은 아래로 옮겨야 하기 때문이다. 당연한 말이지만 이러한 이동 과정에서 메모리 안의 유효한 정보를 조금이라도 덮어쓰지 않는 것이 중요하다.

알고리즘 R (순차 표들의 재할당). $1 \leq j \leq n$에 대해, 앞에서 말한 관례에 따라 BASE[j]와 TOP[j]가 가리키는 정보를 NEWBASE[j]가 가리키는 새 장소들로 옮긴다. 그리고 BASE[j]와 TOP[j]의 값들을 적절히 조정한다. 이 알고리즘은 아래로 옮길 자료가 위로 옮길 자료나 그 자리에 남아 있을 자료와 겹칠 수는 없다는 사실(이는 쉽게 검증할 수 있다)에 기반을 둔 것이다.

R1. 〔초기화.〕 j ← 1로 설정한다.

R2. 〔자리 이동 출발점을 찾는다.〕 (이제 아래로 옮길 1에서 j까지의 모든 목록들이 적절한 위치로 이동된 상태이다.) 반복해서 j를 1씩 증가하되,

　a) NEWBASE[j] < BASE[j]가 되면 R3으로 간다.

　b) $j > n$이 되면 R4로 간다.

R3. 〔목록을 아래로 이동.〕 δ ← BASE[j] − NEWBASE[j]로 설정한다. L = BASE[j] + 1, BASE [j] + 2, ..., TOP[j]에 대해 CONTENTS(L − δ) ← CONTENTS(L)로 설정한다. (BASE[j]가 TOP[j]와 같을 수도 있는데, 그런 경우에는 어떠한 행동도 필요하지 않다.) BASE[j] ← NEWBASE[j], TOP[j] ← TOP[j] − δ로 설정한다. R2로 돌아간다.

R4. 〔자리 이동 출발점을 찾는다.〕 (이제 위로 옮길 j에서 n까지의 모든 목록들이 적절한 위치로 이동된 상태이다.) 반복해서 j를 1씩 감소하되,

　a) NEWBASE[j] > BASE[j]가 되면 R5로 간다.

　b) $j = 1$이 되면 알고리즘을 끝낸다.

R5. 〔목록을 위로 이동.〕 δ ← NEWBASE[j] − BASE[j]로 설정한다. L = TOP[j], TOP[j] − 1, ..., BASE[j] + 1에 대해 CONTENTS(L + δ) ← CONTENTS(L)로 설정한다. (단계 R3에서와 마찬가지로, 조건에 따라서는 어떠한 행동도 필요하지 않을 수 있다.) BASE[j] ← NEWBASE [j], TOP[j] ← TOP[j] + δ로 설정한다. 단계 R4로 돌아간다. ▮

스택 1이 옮겨지는 일은 결코 없다는 점에 주목할 것. 따라서 만일 어떤 스택이 가장 커질 것인지 미리 알 수 있다면 그 스택을 제일 앞에 두어야 한다.

　알고리즘 G와 R에서는 의도적으로 $1 \leq j \leq n$에 대해

$$\text{OLDTOP}[j] \equiv \text{D}[j] \equiv \text{NEWBASE}[j+1]$$

인 관계가 성립하게 했다. 다시 말하면 이 세 표들이 공통의 메모리 장소들을 공유할 수 있도록 한 것인데, 이는 충돌 시점에서 그 값들이 결코 필요하지 않기 때문에 가능한 일이다.

지금까지는 이 다시 채우기 알고리즘들을 스택에 대해 서술했는데, 사실 이 알고리즘들은 현재의 정보가 BASE[j]와 TOP[j] 사이에 담겨 있는 상대 주소 방식의 표들이라면 어떤 것에도 적용할 수 있다. 다른 포인터들(예를 들면 FRONT[j]와 REAR[j])을 목록들에 부착해서 그것들을 대기열이나 데크로 사용하는 것도 가능할 것이다. 연습문제 8에서는 대기열의 경우를 자세히 고려해보게 된다.

지금까지 말한 것들과 같은 동적 저장소 할당 알고리즘을 수학적으로 분석하는 것은 극도로 어렵다. 이번 절 끝의 연습문제들에 몇 가지 흥미로운 결과들이 나오긴 하지만, 일반적 습성의 관점에서 본다면 단지 겉핥기 수준일 뿐이다.

수학적 분석 차원에서 우리가 유도할 수 있는 이론의 한 예로, 표들이 삽입에 의해서 자라기만 하는 상황을 생각해 보자. 삭제와 삭제의 효과를 취소하는 삽입은 무시한다. 더 나아가서, 각 표는 같은 속도로 채워진다고 가정한다. 이러한 상황은 m개의 삽입 연산 $a_1, a_2, \ldots, a_m$ 들의 순차열로 모형화할 수 있다. 여기서 각 a_i는 1에서 n 사이의 한 정수로, i번째 스택 최상위에서의 삽입 연산을 의미한다. 예를 들어 순차열 1, 1, 2, 2, 1은 스택 1에 항목 두 개를 삽입하고, 그 다음에 스택 2에 항목 두 개를 삽입하고, 그 다음에 스택 1에 항목 하나를 삽입하는 것이다. 가능한 n^m개의 순차열 $a_1, a_2, \ldots, a_m$ 각각은 모두 같은 확률로 나타난다고 가정할 수 있다. 그렇다면, 표 전체를 구축하는 다시 채우기 연산 도중에 한 워드가 한 장소에서 다른 장소로 옮겨지는 데 필요한 이동 횟수의 평균은 얼마일까? 첫째 알고리즘, 즉 모든 가용 공간을 n번째 스택에 할당하고 시작하는 경우에 대해서는 연습문제 9에서 분석한다. 결론만 미리 말하자면, 필요한 이동 횟수의 평균은

$$\frac{1}{2}\left(1 - \frac{1}{n}\right)\binom{m}{2}. \tag{14}$$

이다. 기대했던 것처럼, 이동 횟수는 본질적으로 테이블이 자라는 횟수의 제곱에 비례하는 것이다. 이는 개별 스택들이 자라는 속도가 동일하지 않다고 해도 마찬가지로 참이다(연습문제 10 참고).

이 이야기에서 얻을 수 있는 교훈이라면, 적당히 많은 항목들을 표들에 채워 넣는 데 필요한 이동 횟수가 매우 클 것이라는 점이 아닐까 싶다. 이와 같은 단점은 많은 수의 순차적인 표들을 빽빽하게 몰아넣을 수 있는 능력을 얻는 대신 지불해야 하는 비용으로 생각할 수 있다. 알고리즘 G의 평균적인 행동을 분석하는 이론은 아직 나온 적이 없고, 그런 상황에서는 실질적인 표들의 특성을 서술할 수 있는 간단한 모형을 찾는 일 역시 어려울 것으로 보인다. 그렇긴 하지만, 메모리가 완전히 차지 않았다면 그 수행 시간이 아주 나쁜 것은 아닐 수 있다는, 최악의 경우에 대한 한 가지 보장을 연습문제 18에서 얻을 수 있다.

경험에 따르면, 메모리의 절반만 적재되었을 때(즉, 가용 공간이 전체 공간의 반과 같을 때)에는 알고리즘 G로 테이블들을 재배치할 필요가 거의 없다. 여기서 중요한 점이라면, 절반이 차 있는

경우에는 알고리즘이 잘 수행되며, 거의 다 찬 경우에도 적어도 결과만큼은 정확하다는 점이다.

그럼 메모리가 거의 다 찬 경우를 좀 더 세심히 생각해보자. 표들이 메모리를 거의 다 채웠다면 알고리즘 R을 수행하는 데 상당히 긴 시간이 걸릴 것이다. 게다가, 메모리가 다 차기 직전에 다다르면 OVERFLOW도 훨씬 더 빈번하게 발생할 것이다. 메모리를 거의 채웠는데도 곧 위넘침을 일으키지 않는 프로그램은 별로 없으며, 또 메모리 넘침을 일으킨 프로그램이라면 필경 메모리가 깨지기 (overrun) 직전에 알고리즘 G와 R을 수행하느라 엄청난 시간을 소비하게 될 것이다. 이러한 시간 낭비를 피하기 위한 한 가지 방법은 알고리즘 G의 단계 G3에서 만일 SUM이 $S_{\min}$ 보다 작다면 알고리즘을 끝내버리는 것이다. 여기서 $S_{\min}$ 은 과도한 다시 채우기를 방지하기 위한 하한값으로, 프로그래머가 적절히 선택해야 한다. 가변 크기 순차 표들의 개수가 많은 경우라면, 저장 용량을 초과하는 사태에 이르지 않고 메모리 공간을 100퍼센트 사용하는 것이 가능할 것이라는 기대는 하지 말아야 한다.

와이즈D. S. Wise와 왓슨D. C. Watson은 알고리즘 G를 좀 더 연구했다 [*BIT* **16** (1976), 442-45]. 또한 프랭켈A. S. Fraenkel은 *Inf. Proc. Letters* **8** (1979), 9-10에서 서로를 향해 자라는 스택들의 쌍을 다루는 방법을 제시했다.

연습문제

▶ **1.** [15] (6a)와 (7a)에 주어진 대기열 연산들에서, OVERFLOW를 일으키지 않고 한 번에 대기열에 넣을 수 있는 항목들은 몇 개인가?

▶ **2.** [22] 요소 개수가 M보다 작은 임의의 대기열에 적용할 수 있도록 (6a)와 (7a)를 일반화하라. 다른 말로 하면, "뒷단에서 삭제"와 "앞단에서 삽입"이라는 나머지 두 연산들에 대한 명세를 제시하라.

  3. [21] MIX를 다음과 같이 확장한다고 하자: 각 명령의 I 필드는 $8I_2 + I_2$의 형태를 가진다. 여기서 $0 \leq I_1 < 8$이고 $0 \leq I_2 < 8$이다. 어셈블리 언어는 "OP ADDRESS, I_1:I_2"라는 구문을 지원한다. 만일 $I_1 = 0$이면 확장 전처럼 "OP ADDRESS, I_2"로 표기한다. 이것의 의미는 우선 ADDRESS에 대해 "주소 수정" I_1을 수행하고, 그 다음에 그 수정된 주소에 대해 "주소 수정" I_2를 수행하고, 마지막으로 새로운 주소로 OP를 수행한다는 것이다. 주소 수정은 다음과 같이 정의된다.

0: M = A
1: M = A + rI1
2: M = A + rI2
   ...
6: M = A + rI6
7: M = 장소 A에 있는 "ADDRESS, I_1:I_2" 필드에 의해 정의된 결과 주소. 장소 A에서 $I_1 = I_2 = 7$인 경우는 허용되지 않는다(이러한 제한이 필요한 이유는 연습문제 5에서 논의한다).

여기서 A는 연산 이전의 주소, M은 주소 수정 이후의 결과 주소를 의미한다. 모든 경우에서, 만일 M의 값이 바이트 두 개와 하나의 부호에 맞지 않으면 그 결과는 정의되지 않는다. 이러한 "간접 주소 적용"(주소 수정 7) 한 번마다 연산의 수행 시간이 한 단위 증가한다.

한 가지 간단치 않은 예로, 장소 1000에 "NOP 1000,1:7"이 있고 장소 1001에 "NOP 1000,2"가 있다고 하자. 그리고 인덱스 레지스터 1과 2는 각각 1과 2라고 하자. 그렇다면 "LDA 1000, 7:2"는 "LDA 1004"와 동치이다. 왜냐하면

$$1000,7:2 = (1000,1:7),2 = (1001,7),2 = (1000,2),2 = 1002,2 = 1004$$

이기 때문이다.

a) 이러한 간접 주소 적용 기능을 이용해서(필요하다면) (8)의 오른쪽 코드를 표 참조 하나당 명령 두 개를 줄일 수 있도록 단순화하라. 그 결과 코드가 (8)보다 얼마나 더 빠를까?

b) 여러 개의 표들이 있으며 그 기준 주소들이 장소 BASE + 1, BASE + 2, BASE + 3, ...에 저장되어 있다고 하자. J번째 표의 I번째 요소를 레지스터 A에 적재하는 행동을 간접 주소 적용 기능을 이용해서 하나의 명령으로 수행하려면 어떻게 해야 할까? I는 rI1, J는 rI2에 들어 있다고 가정할 것.

c) 장소 X의 (3:3) 필드가 0이라고 할 때, 명령 "ENT4 X,7"의 효과는 무엇인가?

4. [25] MIX가 연습문제 3처럼 확장되었다고 가정한다. 다음 행동들 각각을 단 하나의 명령으로 수행하는 방법을 보여라.

a) 간접 주소 적용이 끝나지 않기 때문에 생기는 무한 루프.

b) 값 LINK(LINK(x))를 레지스터 A에 넣는다. 여기서 링크 변수 x의 값은 기호 주소가 X인 장소의 (0:2) 필드에 들어 있고, LINK(x)의 값은 장소 x의 (0:2)에 들어있고, 등등이다. 그 장소들의 (3:3) 필드는 0이라고 가정한다.

c) (b)에서와 같은 가정 하에서 값 LINK(LINK(LINK(x)))를 레지스터 A에 넣는다.

d) 장소 rI1 + rI2 + rI3 + rI4 + rI5 + rI6의 내용을 레지스터 A에 넣는다.

e) rI6의 현재 값을 4배로 만든다.

▶ **5.** [35] 연습문제 3에서 제시된 MIX의 확장에는 간접 주소로 참조된 장소에 "7:7"이 허용되지 않는다는 바람직하지 않은 제약이 있다.

a) 이러한 제약이 없다면 MIX 하드웨어가 3비트 항목들을 저장하는 긴 내부 스택 하나를 유지해야 할 수도 있음을 보이는 예를 제시하라. (하드웨어가 그런 능력을 가지기 위해서는 MIX 같은 가상의 컴퓨터라고 하더라도 비현실적으로 큰 비용이 들 것이다.)

b) 이러한 제약 하에서는 (a)에서 말한 스택이 필요하지 않은 이유를 설명하라. 다른 말로 하면, 컴퓨터 하드웨어의 레지스터 용량을 추가로 아주 크게 키우지 않아도 원래 의도했던 주소 수정들을 수행할 수 있는 알고리즘을 고안하라.

c) 연습문제 3에 나온 7:7의 사용에 대한 제약 때문에 연습문제 4(c)를 푸는 게 어려워진다. 그런 어려움들을 완화할 수 있는, 연습문제 3의 것보다 느슨한(그러면서도 컴퓨터 하드웨어에서 저렴하게 구현할 수 있는) 제약을 제시하라.

6. [10] 그림 4에 나온 메모리 구성으로 출발해서, 다음 명령열들 중에서 위넘침이나 아래넘침을 일으키는 것을 밝혀라.

(a) I_1　　(b) I_2　　(c) I_3　　(d) $I_4I_4I_4I_4$　　(e) $D_2D_2I_2I_2I_2$

7. [12] 알고리즘 G의 G4는 수량 INC로 나누기를 시도하는데, 그 시점에서 INC가 0이 될 수도 있을까?

▸ **8.** [26] 하나 이상의 목록들이 (6a)와 (7a)처럼 순환적으로 처리되는 대기열인 경우에 맞게 (9), (10)과 다시 채우기 알고리즘들을 수정하려면 어떻게 해야 할까?

▸ **9.** [M27] 본문 끝 부근에서 설명한 수학적 모형을 이용해서, 식 (14)가 이동 횟수의 기대치임을 증명하라. (순차열 1, 1, 4, 2, 3, 1, 2, 4, 2, 1은 $0 + 0 + 0 + 1 + 1 + 3 + 2 + 0 + 3 + 6 = 16$회의 이동을 지시하는 것임을 참고할 것.)

10. [M28] 연습문제 9의 수학적 모형을, 특정 표들이 다른 것들보다 더 커질 것이라고 예측할 수 있는 상황에 맞게 수정하라. $1 \le j \le m$, $1 \le k \le n$에 대해, $a_j = k$일 확률을 p_k라고 하자. $p_1 + p_2 + \cdots + p_n = 1$이다. 연습문제 9는 모든 k에 대해 $p_k = 1/n$인 특별한 경우에 해당한다. 앞에서 말한 좀 더 일반적인 상황에 대해 식 (14)에서처럼 이동 횟수 기대치를 결정하라. n개의 목록들의 상대 순서를, 다른 것들보다 길 것이라고 예측한 목록들이 짧을 것이라고 예측한 목록들보다 오른쪽에 오도록 재배치하는 것이 가능하다. p_1, p_2, ..., p_n에 기반한, 이동 횟수 기대치가 최소가 되는 n 목록들의 상대 순서는 무엇인가?

11. [M30] 연습문제 9의 논증을, 임의의 스택에서 최초의 삽입 t회까지는(그 이후의 삽입들은 무관) 어떠한 이동도 일어나지 않는다는 가정 하에서도 유효하도록 일반화하라. 예를 들어, 만일 $t = 2$이면 연습문제 9의 순차열은 $0 + 0 + 0 + 0 + 0 + 3 + 0 + 0 + 3 + 6 = 12$회의 이동을 지시하는 것이다. 이러한 가정 하에서 이동 총 횟수의 평균은 무엇인가? [이것은 각 스택이 t개의 가용 공간을 가지고 시작할 때의 알고리즘 습성에 대한 근사이다.]

12. [M28] 두 표를 각각 독립적인 유한한 메모리 영역들에 두는 대신, 서로가 서로를 향해 자라도록 하는 방식으로 메모리 안에 공존시키는 것의 장점을 수학적으로 추정(어느 정도까지는)한다면 이렇다. 연습문제 9의 모형을 $n = 2$로 두고 사용해서, 출현 확률이 모두 같은 2^m개의 수열 a_1, a_2, ..., a_m 각각에 대해 1들이 k_1개 있고 2들이 k_2개 있다고 하자. (여기서 k_1과 k_2는 메모리가 꽉 찬 이후의 각 표의 크기이다.) 메모리가 꽉 차 있는 상태에서 알고리즘을 수행할 수 있으려면, 표들이 떨어져 있다면 $2\max(k_1, k_2)$개의 메모리 장소들이 필요한 반면 표들이 서로를 향해 자란다면 $m = k_1 + k_2$개가 필요하다.

　그렇다면 $\max(k_1, k_2)$의 평균값은 무엇인가?

13. [HM42] 무작위 삽입뿐만 아니라 무작위 삭제까지 허용해서 표들의 변동이 커지면 연습문제 12에서 말한 값 $\max(k_1, k_2)$는 훨씬 더 커진다. 순차열의 값 a_j가 확률 p로 삽입이 아니라 삭제를 지시하는 것으로 해석한다고 가정하자. 순차열 적용 공정은 $k_1 + k_2$(표들이 사용하는 장소들의 총

개수)가 m과 같아질 때까지 계속된다. 빈 목록에서의 삭제는 아무런 효과도 내지 않는다고 가정한다.

예를 들어 만일 $m = 4$이면 적용 공정이 중지되었을 때 다음과 같은 확률분포를 가지게 됨을 증명할 수 있다.

$$(k_1, k_2) = \quad (0,4) \qquad (1,3) \qquad (2,2) \qquad (3,1) \qquad (4,0)$$

$$\text{확률은 } \frac{1}{16 - 12p + 4p^2}, \quad \frac{1}{4}, \quad \frac{6 - 6p + 2p^2}{16 - 12p + 4p^2}, \quad \frac{1}{4}, \quad \frac{1}{16 - 12p + 4p^2}.$$

즉 p가 증가함에 따라 k_1과 k_2의 차이는 커지는 경향이 있는 것이다. p가 단위원으로 접근하는 극한에서 k_1이 본질적으로 균일분포를 이루게 되고 또 $\max(k_1, k_2)$의 극한 기대값이 정확하게 $\frac{3}{4}m + \frac{1}{4m}[m \text{ odd}]$가 됨을 보이는 것은 어렵지 않다. 이러한 습성은 연습문제 13의 것($p = 0$인 경우)과는 상당히 다르다. 그러나 그런 차이점이 그리 중요하지 않을 수 있는데, 왜냐하면 p가 단위원에 접근함에 따라 공정이 끝나기까지 걸리는 시간은 급격히 무한대에 접근할 것이기 때문이다. 이 연습문제에서 독자가 할 일은, p와 m에 대한 $\max(k_1, k_2)$의 의존 관계를 조사하고 m이 무한대에 접근할 때의 고정된 p에 대한 점근공식을 구하는 것이다. $p = \frac{1}{2}$인 경우가 특히 흥미롭다.

14. [*HM43*] n이 고정되어 있으며 m이 무한대로 접근할 때, 수량

$$\frac{m!}{n^m} \sum_{\substack{k_1 + k_2 + \cdots + k_n = m \\ k_1, k_2, \ldots, k_n \geq 0}} \frac{\max(k_1, k_2, \ldots, k_n)}{k_1! k_2! \ldots k_n!}$$

이 점근 형태 $m/n + c_n\sqrt{m} + O(1)$을 가지게 됨을 보임으로써 연습문제 12의 결과를 $n \geq 2$에 대해 일반화하라. 상수 c_2, c_3, c_4, c_5를 결정하라.

15. [*40*] 몬테카를로법(Monte Carlo method)을 이용해서 여러 가지 삽입, 삭제 분포들 하에서의 알고리즘 G의 습성을 시뮬레이션하라. 그 실험들에서 알고리즘 G의 효율성에 대해 알 수 있는 것은 어떤 것인가? 알고리즘 G의 성능을 그 전에 나온 알고리즘(한 번에 한 노드씩 위, 아래로 이동하는 것)의 성능과 비교하라.

16. [*20*] 본문에서 두 스택이 서로를 향해 자라도록 배치함으로써 공통의 메모리 영역을 효율적으로 사용할 수 있음을 보았다. 두 개의 대기열 또는 스택 하나와 대기열 하나가 두 스택의 경우와 동등하게 효율적으로 공통 메모리 영역을 사용하도록 만들 수 있을까?

17. [*30*] σ가 (12)와 같은 어떤 삽입, 삭제들의 순차열이라고 하고, $s_0(\sigma)$가 그림 4의 단순한 방법을 초기 조건 (11)이 주어진 σ에 적용했을 때 발생하는 스택 위넘침 횟수라고 하자. 그리고 $s_1(\sigma)$는 (13)과 같은 다른 어떤 초기 조건들에 대한 해당 위넘침 횟수라고 하자. $s_0(\sigma) \leq s_1(\sigma) + \mathrm{L}_\infty - \mathrm{L}_0$임을 증명하라.

▶ **18.** [*M30*] 임의의 m번의 삽입 또는/그리고 삭제들의 순차에 대한 알고리즘 G와 R의 총 수행 시간이 $O(m + n\sum_{k=1}^{m} \alpha_k/(1 - \alpha_k))$임을 보여라. 여기서 α_k는 k번째 연산 이전의 가장 최근에 일어

난 다시 채우기에서 점유된 메모리의 비율이다. 최초의 다시 채우기 이전에는 $\alpha_k = 0$이다. (따라서 총 메모리 크기와는 무관하게, 만일 메모리가 이를테면 90% 이상 차는 일은 결코 생기지 않는다면, 각 연산에 걸리는 시간은 상각된(amortized) 의미에서 기껏해야 $O(n)$ 단위 시간이다.) $L_\infty - L_0 \geq n^2$라고 가정한다.

▶ **19.** [16] (0-기원 색인화(0-origin indexing).) 경험 있는 프로그래머들은 선형 목록의 요소들을 표기할 때 통상적인 X[1], X[2], ..., X[n] 형태보다 X[0], X[1], ..., X[n − 1] 형태가 대체로 더 낫다는 점을 알고 있다. 그런 식의 표기법을 사용할 때, 예를 들어 (1)의 기준 주소 L_0은 배열에서 색인이 가장 작은 칸을 가리킨다.

스택과 대기열에 대한 삽입, 삭제 방법들 (2a), (3a), (6a), (7a)를 이러한 표기법에 맞도록 수정하라. 다시 말하자면, 목록 요소들이 배열 X[1], X[2], ..., X[M]이 아니라 X[0], X[1], ..., X[M − 1]에 들어가도록 그 방법들을 수정할 것.

2.2.3. 연결된 할당

선형 목록을 순차적인 메모리 장소들에 두는 대신, 각 노드가 목록의 다음 노드를 가리키는 하나의 링크를 담는, 훨씬 더 유연한 방식을 사용할 수도 있다.

순차 할당		연결된 할당	
주소	내용	주소	내용
$L_0 + c$:	항목 1	A:	항목 1 B
$L_0 + 2c$:	항목 2	B:	항목 2 C
$L_0 + 3c$:	항목 3	C:	항목 3 D
$L_0 + 4c$:	항목 4	D:	항목 4 E
$L_0 + 5c$:	항목 5	E:	항목 5 Λ

여기서 A, B, C, D, E는 메모리 안의 임의의 장소들이고 Λ는 공링크(연습문제 2.1 참고)이다. 순차 할당의 경우, 이런 표를 사용하는 프로그램은 표의 길이가 다섯 항목임을 가리키는 값을 가진 변수 또는 상수를 하나 두거나, 표의 항목 5의 내부나 그 다음 항목에 표의 끝을 뜻하는 어떤 경계값을 두어야 할 것이다. 그러나 연결된 할당(linked allocation)을 사용하는 프로그램에서는 A를 가리키는 링크 변수나 링크 상수 하나만 두면 된다. 목록의 나머지 모든 항목들은 그 주소 A에서부터 찾아낼 수 있다.

2.1절에서, 노드가 차지한 실제 메모리 장소는 별로 중요하지 않으므로 링크 연결을 그냥 하나의 화살표로 나타낸다고 했다. 앞에 나온 연결된 표를 그런 식으로 표현한다면 다음과 같다.

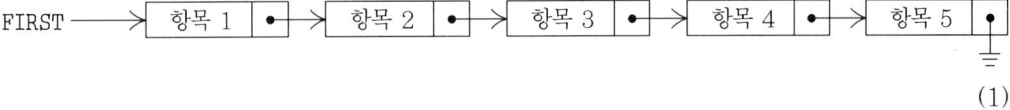

$$(1)$$

여기서 FIRST는 목록의 첫째 노드를 가리키는 링크 변수이다.

순차 할당과 연결된 할당을 비교해 본다면:

1) 연결된 할당은 링크들을 위한 추가적인 메모리 공간을 소비한다. 상황에 따라서는 이 점이 순차 할당 대 연결된 할당의 선택에 결정적인 영향을 미칠 수 있다. 그러나 한 노드의 정보가 워드 전체를 차지하지는 않기 때문에 워드에 링크 필드를 둘 공간이 남아 있는 경우도 자주 볼 수 있다. 또한 많은 응용에서는 여러 개의 항목들을 하나의 노드로 결합해서 여러 정보 항목들에 대해 오직 하나의 링크만을 두는 것이 가능하다. (연습문제 2.5-2 참고.) 더욱 중요한 점은, 연결된 메모리 할당 방식에서는 여러 목록들이 공통의 항목들을 공유하면서 서로 겹쳐 있을 수 있으므로, 오히려 저장 용량을 암묵적으로 절약할 수 있다는 점이다. 사실 순차 할당은 꽤 많은 수의 추가적인 메모리 장소들이 비어 있지 않은 한 연결된 할당만큼 효율적이지 못한 경우가 많다. 예를 들어 2.2.2절 끝에서는 메모리가 조밀하게 적재되어 있는 경우 그 절에서 언급했던 시스템들이 비효율적일 수밖에 없는 이유를 설명했다.

2) 연결된 할당에서는 목록 중간에 있는 항목을 삭제하기가 쉽다. 예를 들어 항목 3을 삭제하려면 그냥 항목 2의 링크만 적절히 변경하면 된다. 그러나 순차 할당에서 그런 삭제를 수행하려면 목록의 상당 부분을 다른 장소들로 끌어 올려야 한다.

3) 연결된 할당에서는 목록 중간에 항목을 삽입하기가 쉽다. 예를 들어 (1)에 항목 $2\frac{1}{2}$을 삽입하려면 링크 두 개만 수정하면 된다.

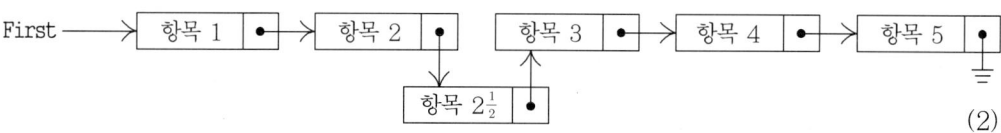

$$(2)$$

반면, 긴 순차 할당 표의 경우 이런 연산은 매우 많은 시간을 잡아먹는다.

4) 목록의 임의의 부분에 대한 참조는 순차 할당이 훨씬 더 빠르다. 순차 할당에서는 목록의 k번째 항목에(여기서 k는 가변적인 변수) 접근하는 시간이 상수이다. 그러나 연결된 할당에서는 링크 참조를 k번 수행해야 한다. 따라서 연결된 목록은 프로그램이 목록을 가지고 주로 하는 일이 목록의 항목에 임의로 접근하는 것이 아니라 목록의 항목들을 차례로 훑는 연산인 경우에 유용하다고 할 수 있다. 만일 연결된 할당을 사용하되 목록의 중간이나 끝의 항목에 자주 접근해야 한다면 적절한 장소들을 가리키는 추가적인 링크 변수 또는 그런 링크 변수들의 목록을 따로 두는 방법도 생각해 볼 수 있다.

5) 연결된 방식에서는 두 목록을 합치는 것이나 한 목록을 두 개로 나누어 각자 독립적으로 자라게 하는 것이 더 쉽다.

6) 연결된 방식은 단순한 선형 목록 이상의 좀 더 복잡한 구조로 쉽게 확장할 수 있다. 가변적인 개수, 가변적인 크기의 목록들도 가능하다. 목록의 어떠한 노드도 다른 목록의 시작 노드가 될 수 있으며, 공통의 노드들을 서로 다른 목록들이 각자 다른 순서로 연결하는 것 등도 가능하다.

7) 많은 컴퓨터에서, 목록을 순차적으로 훑는 등의 단순한 연산들은 순차적 목록이 조금 더 빠르다. MIX의 경우에는 "INC1 c"와 "LD1 0,1(LINK)"의 차이인데, 이 차이는 컴퓨터 한 주기밖에

되지 않는다. 그러나 이런 작업에 요긴한, 색인이 적용된 장소로부터 색인 레지스터를 적재할 수 있는 능력을 갖추지 못한 컴퓨터들도 많이 있다. 만일 연결된 목록의 요소들이 대량의 메모리의 서로 다른 페이지들에 흩어져 있다면 메모리 접근에 걸리는 시간은 상당히 늘어나게 될 것이다.

요약하자면, 연결 방식은 컴퓨터 메모리가 연속적이라는 고유의 제약을 극복할 수 있고 일부 연산들에서 훨씬 더 효율적이라는 장점을 가지고 있다. 물론 그 외의 연산들에서는 몇 가지 능력을 잃게 된다. 특정한 상황이 주어졌을 때 어떤 할당 방식이 더 적합한지를 명확히 판단할 수 있는 경우가 많으며, 또한 하나의 프로그램에서 여러 목록들에 두 방법 모두를 사용하는 것도 흔한 일이다.

편의상, 다음 몇 가지 예에서는 한 노드가 하나의 워드로 되어 있고 그 워드가 INFO와 LINK라는 두 필드로 구성된다고 가정한다. 즉:

$$\boxed{\text{INFO} \quad \text{LINK}}. \tag{3}$$

새로이 만들어진 어떠한 정보를 목록에 삽입하려면 새 노드를 만들 빈 공간이 있어야 한다. 따라서 연결된 할당 방식을 사용하려면 그와 같은 빈 공간을 찾는 메커니즘이 존재해야 하는데, 이러한 요구는 흔히 가용 공간 목록(list of available space)이라는 특별한 목록을 이용해서 해결한다. 여기서는 그런 목록을 AVAIL 목록이라고 부르겠다(또는, 목록을 보통 후입선출 방식으로 다룬다는 점에서 AVAIL 스택이라고 부르기도 한다). 이 목록은 현재 쓰이지 않는 모든 노드들의 집합을 다른 선형 연결 목록에서와 같은 방식으로 연결한 것이다. 링크 변수 AVAIL은 이 목록의 최상위 요소를 가리킨다. 다음은 링크 변수 X를 새 노드의 주소로 설정하고 그 노드를 이후의 용도를 위해 보존하는 공정이다.

$$\text{X} \leftarrow \text{AVAIL}, \qquad \text{AVAIL} \leftarrow \text{LINK(AVAIL)}. \tag{4}$$

이에 의해서 AVAIL 스택의 최상위가 제거되며 X는 제거된 그 노드를 가리키게 된다. *연산 (4)는 매우 자주 발생하기 때문에, 이 연산을 위한 특별한 표기법 하나를 만들어 두기로 한다. 바로 "X ⇐ AVAIL"이다.* 이것은 X가 새 노드를 가리키도록 설정한다.

한 노드를 삭제했으며 그 노드가 더 이상 필요 없다면 (4)와는 반대의 공정을 수행한다. 다음과 같다.

$$\text{LINK(X)} \leftarrow \text{AVAIL}, \qquad \text{AVAIL} \leftarrow \text{X}. \tag{5}$$

이 연산은 X가 가리키는 노드를 다시 가용 공간 목록에 되돌려준다. (5) 역시 특별한 표기법이 있다. "AVAIL ⇐ X"로 표기한다.

AVAIL 스택에 대한 이상의 논의에는 몇 가지 중요한 것들이 빠져 있다. 프로그램 시작에서 그것을 어떻게 설정하는지는 이야기하지 않았다. 설정 방법은 명백하다. (a) 연결된 메모리로 사용할 모든 노드들을 한데 연결해 두고, (b) AVAIL을 그런 노드들 중 첫 번째 것의 주소로 설정하고, (c) 마지막 노드의 링크가 Λ가 되게 하는 것이다. 할당할 수 있는 모든 노드들의 집합을 저장소 풀 (storage pool)이라고 부른다.

누락된 내용들 중 좀 더 중요한 부분으로는 위넘침에 대한 판정을 들 수 있다. (4)에서는 가용 메모리 공간이 모두 소비되었는지가 점검되지 않았지만, 그런 점검까지 포함한다면 연산 X ⇐ AVAIL

은 다음과 같이 정의되어야 한다.

$$\text{만일 AVAIL} = \Lambda \text{이면 OVERFLOW,}$$
$$\text{그렇지 않으면 X} \leftarrow \text{AVAIL, AVAIL} \leftarrow \text{LINK(AVAIL).} \tag{6}$$

위넘침 가능성은 항상 고려해야 한다. 지금 이야기하는 OVERFLOW가 발생하면 어쩔 수 없이 프로그램을 종료해야 하는 것이 일반적이다. 또는 "쓰레기 수거"(garbage collection)를 통해서 가용 공간을 만들어낼 수도 있는데, 쓰레기 수거에 대해서는 2.3.5절에서 이야기한다.

AVAIL 스택을 다루는 또 다른 중요한 기법을 보자. 종종 어느 정도의 메모리 공간을 저장소 풀로 사용해야 하는지를 미리 알 수 없는 경우도 있다. 예를 들어 가변 크기 순차 표 하나가 연결된 테이블들과 메모리에 공존해야 한다면, 연결된 메모리 영역이 꼭 필요한 크기 이상의 공간을 차지해서는 안 될 것이다. 그러려면 연결된 메모리 영역을 L_0에서 시작해서 주소가 증가하는 방향으로의 장소들에 두어야 할 것이고, 또 그 영역이 변수 SEQMIN(순차 표의 현재 하한을 뜻하는 변수)의 값을 지나쳐서 확장되는 일도 없어야 할 것이다. 이러한 배치 하에서는 새로운 변수 POOLMAX를 이용해서 다음처럼 새 노드 공간을 확보한다.

a) 처음에는 AVAIL $\leftarrow \Lambda$, POOLMAX $\leftarrow L_0$으로 설정한다.

b) 연산 X $\Leftarrow$ AVAIL은 다음이 된다.

"만일 AVAIL $\neq \Lambda$이면 X $\leftarrow$ AVAIL, AVAIL $\leftarrow$ LINK(AVAIL)
그렇지 않으면 X $\leftarrow$ POOLMAX, POOLMAX $\leftarrow$ X $+ c$로 설정한다. 여기서 c는 노드 (7)
크기이다. 이제는 만일 POOLMAX $>$ SEQMIN이면 OVERFLOW가 발생한다."

c) 프로그램의 다른 부분이 SEQMIN의 값을 감소시키려 할 때에는, 만일 SEQMIN $<$ POOLMAX이면 OVERFLOW를 발동시켜야 한다.

d) 연산 AVAIL $\Leftarrow$ X는 여전히 (5)와 같다.

이 아이디어는 이전보다 약간 더 발전된 것으로, (6)의 OVERFLOW 상황을 하나의 특별한 복구 절차로 대체한 것이다. 전체적으로는 저장소 풀을 최대한 작게 유지하는 효과를 낸다. 모든 목록들이 저장소 풀 영역을 점유하는 경우(즉, SEQMIN이 상수)에도 이런 아이디어를 사용하고자 하는 사람들이 많다. 왜냐하면 이 방법에서는 초기에 모든 가용 칸들을 한데 연결하느라 상당한 시간을 소비할 필요가 없고 디버깅도 편해지기 때문이다. 물론 순차 목록을 아래에 두고 풀을 위에 둘 수도 있다. 그런 경우에는 POOLMAX와 SEQMIN 대신 POOLMIN과 SEQMAX를 사용해야 한다.

이상에서 알 수 있듯이, 자유로운 노드들을 효율적으로 찾고 돌려줄 수 있는 방식으로 가용 노드들의 풀을 관리하는 것은 상당히 쉬운 일이다. 이제, 우리가 연결된 표들에서 사용할 기초 재료들을 가져오고 돌려주는 방법이 갖추어진 셈이다. 지금까지의 논의는 모든 노드들의 크기가 c로 고정되어 있다는 가정을 깔고 있다. 노드 크기가 가변적인 경우도 매우 중요한데, 그에 대한 논의는 2.5절로 미루겠다. 지금은 스택과 대기열에 관련된, 고정 크기 노드의 가장 일반적인 목록 연산들 몇 개를 살펴보자.

가장 간단한 종류의 연결된 목록은 스택이다. 그림 5는 전형적인 스택으로, 포인터 T가 스택의 최상위를 가리키고 있다. 스택이 비면 이 포인터는 값 Λ를 가진다.

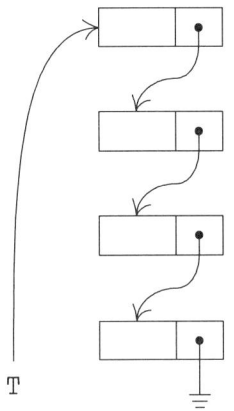

그림 5. 연결된 스택.

새로운 정보 Y를 이러한 스택에 삽입("밀어 넣기(push down)")하는 방법은 명백하다. 다음처럼 보조 포인터 변수 P를 사용한다.

$$P \Leftarrow \text{AVAIL}, \quad \text{INFO}(P) \leftarrow Y, \quad \text{LINK}(P) \leftarrow T, \quad T \leftarrow P. \tag{8}$$

반대로, 스택 최상위에 있는 정보를 Y에 설정하는, 즉 스택을 "뽑아 올리는(pop up)" 연산은 다음과 같다.

만일 $T = \Lambda$이면 UNDERFLOW,

그렇지 않으면 $P \leftarrow T$, $T \leftarrow \text{LINK}(P)$, $Y \leftarrow \text{INFO}(P)$, $\text{AVAIL} \Leftarrow P$로 설정. (9)

이 연산들을 2.2.3절에 나온 순차적으로 할당된 스택의 해당 연산 (2a), (3a)와 비교해 볼 것. (8)과 (9)는 엄청나게 중요한 연산들이므로 독자는 이들을 반드시 면밀하게 공부해야 한다.

대기열로 넘어가기 전에, MIX에서 스택 연산들을 간편하게 표현하는 방법을 살펴보도록 하자. 다음은 삽입을 위한 프로그램으로, $P \equiv rI1$이다.

```
INFO  EQU  0:3            INFO 필드의 정의
LINK  EQU  4:5            LINK 필드의 정의
      LD1  AVAIL          P ← AVAIL.         ⎫
      J1Z  OVERFLOW       AVAIL = Λ인가?     ⎬ P ⇐ AVAIL
      LDA  0,1(LINK)                         ⎪
      STA  AVAIL          AVAIL ← LINK(P).   ⎭            (10)
      LDA  Y
      STA  0,1(INFO)      INFO(P) ← Y.
      LDA  T
      STA  0,1(LINK)      LINK(P) ← T.
      ST1  T             T ← P.
```

이것은 17 시간 단위를 소비한다. 순차 표의 해당 연산은 12 단위였다(다만, 순차 스택의 OVERFLOW 는 연결된 스택의 것보다 시간을 꽤나 더 소비하는 경우가 많다). 이 프로그램에서 OVERFLOW는 프로그램을 끝내는 루틴 또는 더 많은 공간을 찾고 장소 rJ − 2로 돌아가는 서브루틴을 의미한다. 이번 장의 이후 프로그램들에서도 마찬가지이다.

삭제를 위한 프로그램 역시 마찬가지로 간단하다.

LD1	T	P ← T.	
J1Z	UNDERFLOW	T = Λ인가?	
LDA	0,1(LINK)		
STA	T	T ← LINK(P).	
LDA	0,1(INFO)		(11)
STA	Y	Y ← INFO(P).	
LDA	AVAIL		
STA	0,1(LINK)	LINK(P) ← AVAIL.	AVAIL ⇐ P
ST1	AVAIL	AVAIL ← P.	

흥미롭게도, 이 연산들 각각은 세 링크들의 순환 순열(cyclic permutation)에 관련되어 있다. 삽입 연산의 예를 들자면, P가 삽입 이전의 AVAIL의 값이라고 하자. 만일 P ≠ Λ이면 삽입 연산 후에

AVAIL의 값은 LINK(P)의 이전 값이 되고,

LINK(P)의 값은 T의 이전 값이 되고,

T의 값은 AVAIL의 이전 값이 된다.

따라서 INFO(P) ← Y를 제외한 삽입 공정은 다음과 같은 순환 순열이다.

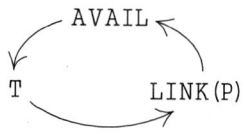

삭제의 경우에도 비슷하다. 이 때에는 P가 연산 이전의 T 값이다. P ≠ Λ 라고 가정할 때, Y ← INFO(P) 와 함께 다음과 같은 순환 순열이 성립한다.

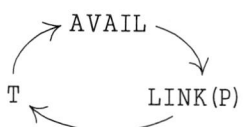

순열이 순환적이라는 사실은 그리 중요하지 않은데, 왜냐하면 요소가 세 개이고 그것들이 모두 움직일 때에는 그 요소들의 그 어떤 순열도 순환적이기 때문이다. 중요한 것은 이 연산들에서 순열 치환되는 링크 개수가 정확히 셋이라는 점이다.

삽입, 삭제 알고리즘 (8)과 (9)를 앞에서는 스택에 비추어 설명했는데, 사실 그 알고리즘들은 훨씬 더 일반적이어서 임의의 선형 목록에 대해 적용된다. 예를 들어 삽입은 링크 변수 T가 가리키는

노드 바로 앞에서 일어난다. 이전에 나온 (2)의 항목 $2\frac{1}{2}$의 삽입은 $T = LINK(LINK(FIRST))$로 두고 연산 (8)을 적용하는 것에 해당한다.

연결된 할당은 대기열에 특히나 더 편리하다. 이 경우 링크들은 대기열의 앞단에서 뒷단 방향으로 노드들을 연결한다. 따라서 앞단에서 한 노드를 제거했을 때 새로운 앞단을 그 즉시 결정할 수 있다. 앞단과 뒷단을 가리키는 포인터를 각각 F와 R이라고 하겠다.

$$F \longrightarrow \boxed{\quad|\bullet} \to \boxed{\quad|\bullet} \to \boxed{\quad|\bullet} \to \boxed{\quad|\bullet} \leftarrow R \qquad\qquad (12)$$

R을 제외할 때, 이 그림은 앞서 나온 그림 5와 이론상 동일하다.

어떠한 목록의 배치를 설계할 때에는 모든 조건들을 세심하게 지정하는 것이 중요하다. 특히 목록이 비어 있을 때의 조건들에 주의해야 한다. 연결된 할당과 관련해서 가장 흔히 볼 수 있는 프로그래밍 실수는 빈 목록을 제대로 처리하지 못하는 것이다. 또한 해당 구조를 다룰 때 링크들 중 일부를 빼먹고 수정하지 않는 실수도 흔히 볼 수 있다. 첫째 종류의 실수를 피하기 위해서는 "경계 조건 (boundary condition)"들을 세심하게 조사해야 한다. 둘째 종류의 실수를 피하려면 "이전과 이후"에 해당하는 도표들을 그리고 그것들을 비교해보는 것이 좋다. 그런 비교를 통해서 어떤 링크를 변경해야 하는지를 알 수 있다.

그럼 위에서 말한 방법을 대기열에 적용해 보자. 우선 삽입 연산부터 살펴보겠다. 만일 (12)가 삽입 이전의 상황이라면, 대기열 뒷단에 항목을 삽입한 후의 모습은 다음이 되어야 한다.

$$F \longrightarrow \boxed{\quad|\bullet} \to \boxed{\quad|\bullet} \to \boxed{\quad|\bullet} \to \boxed{\quad|\bullet} \quad \overset{\displaystyle R}{\searrow}$$
$$AVAIL \Rightarrow \boxed{Y\ |\bullet} \qquad\qquad (13)$$

(여기서 쓰이는 표기법은 새 노드를 AVAIL 목록에서 가져오는 것으로 가정한다.) (12)와 (13)을 비교해 보면 대기열 뒷단에 정보 Y를 삽입하는 공정을 쉽게 파악할 수 있다. 다음과 같다.

$$P \Leftarrow AVAIL, \quad INFO(P) \leftarrow Y, \quad LINK(P) \leftarrow \Lambda, \quad LINK(R) \leftarrow P, \quad R \leftarrow P. \qquad (14)$$

이번에는 대기열이 비었을 때의 "경계" 조건을 생각해 보자. 삽입 이전의 상황은 잠시 후에 결정한다. 삽입 "이후"의 상황은 다음과 같다.

$$F \longrightarrow \boxed{Y\ |\bullet} \leftarrow R$$
$$\uparrow \atop AVAIL \qquad\qquad (15)$$

이 경우에도 (14)의 연산들을 적용할 수 있다면 좋을 것이다. 심지어, 빈 대기열로의 삽입이 R만이 아니라 F와 R 둘 다 변경해야 한다는 의미라고 해도 마찬가지이다. $F \equiv LINK(LOC(F))$라는 가정 하에서, 만일 $R = LOC(F)$라면 대기열이 비었을 때에도 (14)는 제대로 작동한다. 변수 F의 값은 해당 장소의 LINK 필드에 저장되어 있어야 한다. 대기열이 비었는지를 최대한 효율적으로 판정하기 위해,

대기열이 비었으면 F = Λ로 둔다. 그렇다고 할 때 우리의 방침은 이렇다:

빈 대기열은 F = Λ이고 R = LOC(F) 인 것으로 표현된다.

이러한 상황들에서 (14)의 연산들을 적용한다면 (15)가 된다.

　　대기열의 삭제 연산도 비슷한 방식으로 이끌어낼 수 있다. (12)가 삭제 이전의 상황이면, 삭제 이후의 상황은

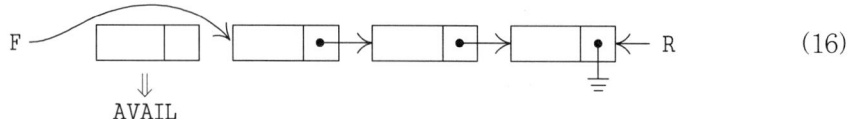

이다. 이번에는 경계 조건들을 보자. 삭제 연산의 경우, 삭제 연산 이전 또는 이후에 대기열이 비어있는 경우에도 삭제 연산이 제대로 작동하도록 해야 한다. 이런 점들을 고려해서 일반적인 대기열 삭제 방법을 찾다 보면 다음과 같은 방법을 고안할 수 있다.

　　만일 F = Λ이면 UNDERFLOW,
　　그렇지 않으면 P ← F, F ← LINK(P), Y ← INFO(P), AVAIL ⇐ P로 설정,　　(17)
　　　　그리고 만일 F = Λ이면 R ← LOC(F)로 설정.

대기열이 비게 되는 경우 R이 반드시 변해야 함을 주목할 것. 이런 것이 바로 우리가 항상 주의해야 하는 종류의 "경계" 조건이다.

　　이상의 방법들이 선형적으로 연결된 대기열을 표현하는 유일한 방법은 아니다. 연습문제 30은 조금 더 자연스러운 대안 한 가지를 설명하며, 또 다른 방법들도 이번 장에서 나중에 이야기한다. 어쨌든 앞에서 말한 연산들은 단지 연결된 목록을 다루는 기본적인 수단들의 예로 제시한 것일 뿐, 유일한 방법으로 제시한 것은 결코 아니다. 이 분야에 대한 경험이 많지 않은 독자라면 다음 문단으로 넘어가기 전에 여기서 이번 절을 다시 한 번 읽어보는 것이 도움이 될 것이다.

　　이번 장에서 지금까지는 표에 대한 여러 연산들의 수행 방법들을 살펴보았는데, 그에 관한 논의들은 항상 "추상적(abstract)"이었다. 여기서 추상적이라 함은 해당 기법이 어떻게 유용한지를 실제 프로그램과 연계해서 이야기하지는 않았다는 뜻이다. 일반적으로 사람들은 어떤 문제의 추상을 다룰 때에는 흥미를 못 느끼다가 그 문제의 구체적인 사례를 보고서야 흥미를 느끼게 된다. 지금까지 말한 연산들, 즉 삽입과 삭제를 통한 가변 크기 정보 목록 조작법들과 표를 스택이나 대기열로 사용하는 방법들은 응용 범위가 대단히 넓으므로, 아마 독자도 이미 그런 연산들을 충분히 겪어 보았으며 그래서 그 중요성을 깨닫고 있을 지도 모르겠다. 그럼 이제 추상의 영역에서 벗어나서, 이번 장에서 말한 기법들의 중요한 실제 사례들을 살펴보기로 하자.

　　첫 예제는 위상정렬(topological sorting)이라고 부르는 문제이다. 위상정렬은 네트웍 문제들과 소위 PERT 차트와 관련해서 요구되는 중요한 공정으로, 심지어는 언어학에서도 중요하게 쓰인다. 사실 부분순서(partial ordering)에 관련된 문제라면 어떠한 것도 위상정렬을 적용할 잠재적 여지를

가지고 있다. 부분순서는 집합의 객체들 사이의 한 관계로, 기호 "≤"로 표기한다. 집합 S의 임의의 객체 x, y, z (이들이 반드시 서로 다른 객체들일 필요는 없다)에 대해 집합 S의 부분순서는 다음과 같은 성질들을 만족한다.

  i) 만일 $x \leq y$이고 $y \leq z$이면 $x \leq z$. (추이성.)

 ii) 만일 $x \leq y$이고 $y \leq x$이면 $x = y$. (반대칭성.)

iii) $x \leq x$. (반영성.)

표기 $x \leq y$는 "x가 y보다 앞서거나 같다"로 읽을 수 있다. 만일 $x \leq y$이고 $x \neq y$일 때에는 $x < y$로 쓰고 "x가 y보다 앞선다" 또는 "x는 y에 선행한다"로 읽는다. (i), (ii), (iii)으로부터, 항상 다음이 성립함을 쉽게 알 수 있다.

  i′) 만일 $x < y$이고 $y < z$이면 $x < z$. (추이성.)

 ii′) 만일 $x < y$이면 $y \not< x$. (비대칭성.)

iii′) $x \not< x$. (비반영성.)

$y \not< x$이라는 관계는 "y가 x보다 앞서지 않는다"는 뜻이다. 성질 (i′), (ii′), (iii′)를 만족하는 관계 $<$ 으로 시작한다면 위의 과정을 뒤집어서 "만일 $x < y$ 또는 $x = y$이면 $x \leq y$"라고 정의할 수 있다. 그러면 성질 (i), (ii), (iii)은 참이다. 이는 부분순서라는 것을 성질 (i), (ii), (iii)으로도 정의할 수 있고 (i′), (ii′), (iii′)로도 정의할 수 있다는 뜻이다. 성질 (ii′)는 실제로 (i′)와 (iii′)의 결과이지만, (ii)는 (i)과 (iii)으로부터 이끌어낼 수 없음을 주목하기 바란다.

　　부분순서는 수학뿐만 아니라 일상생활에서도 상당히 자주 나타난다. 수학에서 나타나는 예로는 실수 x와 y 사이의 관계 $x \leq y$, 객체들의 집합 사이의 관계 $x \subseteq y$, 양의 정수 사이의 관계 $x \backslash y$ (x가 y로 나뉘어짐) 등이 있다. PERT 망의 경우 S는 반드시 수행해야 할 작업들의 집합이고 관계 "$x < y$"는 "x를 y보다 먼저 수행해야 한다"는 뜻이다.

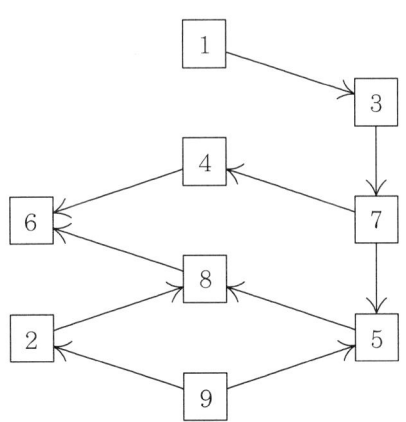

그림 6. 부분순서의 예.

　　S는 컴퓨터 안에서 다루게 될 것이므로, 유한집합이라고 가정하는 것이 당연하다. 유한집합에 대한 부분순서는 항상 그림 6과 같은 도표를 그려서 나타낼 수 있다. 그림 6에서 작은 상자에 들어

있는 것이 집합의 원소이고 화살표는 그 상자들 사이의 관계이다. $x < y$는 x라는 상자에서 화살표를 따라 y라는 상자에 도달하는 하나의 경로가 존재한다는 뜻이다. 부분순서 성질 (ii)는 그러한 도표에 닫힌 루프(즉, 자기 자신으로 돌아오는 경로)가 존재하지 않음을 뜻한다. 그림 6에 4에서 1로 화살표를 추가한다면, 더 이상 부분순서가 아니게 된다.

위상정렬은 *부분순서를 선형적인 순서에 내장하는 것이다.* 즉, 부분순서 관계를 가진 객체들을 $j < k$에 대해 항상 $a_j < a_k$가 되는 선형적(단선적)인 순차열 $a_1, a_2 \dots a_n$으로 배치하는 것이다. 도표 상으로 본다면, 이것은 화살표가 항상 오른쪽을 향하도록 상자들을 일렬로 배치하는 것에 해당한다(그림 7). 어떤 주어진 배치를 그렇게 재배치하는 게 가능한지를 즉시 알아내는 것이 항상 가능하지는 않지만, 순환 루프가 존재하면 그런 재배치가 불가능하다는 것은 언제라도 확실하다. 그런 차원에서, 다음에 이야기할 알고리즘은 유용한 연산을 수행한다는 점에서 흥미로울 뿐만 아니라 그 연산이 모든 부분순서에 대해 가능함을 증명한다는 점에서도 흥미롭다.

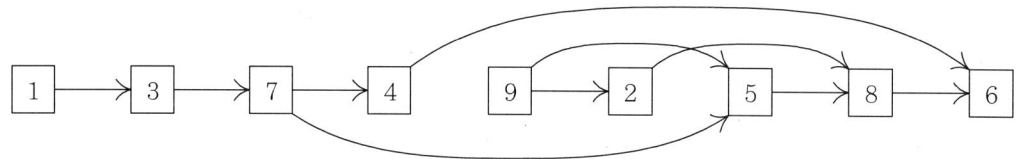

그림 7. 그림 6의 순서 관계에 위상정렬을 적용한 결과.

위상정렬의 한 예로, 기술 용어 정의를 담은 커다란 용어집을 생각해보자. 단어 w_1의 정의가 직, 간접적으로 단어 w_2에 의존하는 관계를 $w_2 < w_1$이라고 표기할 수 있다. 이러한 관계는 그 용어들에 "순환" 정의가 존재하지 않는다면 하나의 부분순서이다. 이 경우 위상정렬은 *아직 정의된 적이 없는 용어가 쓰이는 일이 없도록 용어집의 용어들을 재배치하는 것이다.* 이런 문제는 어떤 어셈블리 언어나 컴퓨터 언어의 선언문들을 처리하는 프로그램을 작성할 때에도 나타난다. 또한 컴퓨터 언어의 사용자 매뉴얼을 쓰거나 정보 구조에 관한 교재를 저술할 때에도 비슷한 문제를 만나게 된다.

위상정렬을 수행하는 아주 간단한 방법이 하나 있다. 우선 순서관계에서 다른 어떤 객체의 이후도 아닌 객체를 하나 취한다. 그 객체는 출력의 첫째 자리에 넣어야 할 것이다. 그런 다음에는 그 객체를 집합 S에서 제거한다. 나머지 집합도 여전히 부분순서이다. 이제 동일한 과정을 집합 전체가 정렬될 때까지 반복한다. 예를 들어 그림 6에서 최초로 제거할 수 있는 것은 1이나 9이다. 1을 제거했다면 그 다음은 3을 제거하고, 그런 식으로 계속 나아간다. 이 알고리즘이 실패하는 유일한 경우는, 모든 원소마다 자신보다 앞서는 원소가 존재하는, 비지 않은 부분순서 집합이 존재하는 경우이다. 그런 경우 알고리즘은 어떤 일도 할 수 없다. 그러나 모든 원소가 자신보다 앞서는 요소를 가진다면 $b_{j+1} < b_j$인 순차열 $b_1, b_2, b_3, \dots$을 얼마든지 길게 만들 수 있다. S는 유한하므로 $b_j = b_k$가 되는 $j < k$가 존재한다. 그런데 $j < k$라는 것은 $b_k \le b_{j+1}$이라는 뜻이며, 따라서 $b_j = b_k$는 (ii)와 모순된다.

이 공정을 컴퓨터에서 효율적으로 구현하기 위해서는 위에서 설명한 행동들을 수행하는 데 필요한 수단부터 갖추어야 한다. 구체적으로 말하면, 다른 어떤 것의 이후도 아닌 객체들을 찾는 수단과 그런 것들을 집합에서 제거하는 수단이 필요하다. 또한 구현은 입력과 출력의 바람직한 특성들에도 영향을 받는다. 가장 일반적인 프로그램이라면 객체들의 알파벳 이름들을 받아들일 수 있어야 할 것이며, 또한 엄청나게 많은 수의 객체들의 집합들, 즉 컴퓨터 메모리에 한 번에 다 담을 수 있는 수준 이상의 것들을 받아들일 수도 있어야 할 것이다. 그러나 그런 요건들까지 고려한다면 지금 하고자 하는 논의의 초점이 흐려질 수 있으므로 생략한다. 알파벳 자료를 효율적으로 처리하는 방법들은 6장에 나오며, 대규모 자료 망을 처리하는 문제는 해당 분야에 관심을 가지고 있는 독자의 몫으로 남기겠다.

정리하자면, 여기서는 1에서 n까지의 번호가 부여된 임의의 순서의 객체들을 정렬하는 것을 목표로 한다. 프로그램의 입력은 테이프 유닛 1에서 받는다. 테이프의 각 레코드는 50개의 관계쌍들을 담고 있는데, 각 관계쌍 (j, k)는 객체 j가 객체 k보다 앞선다는 뜻이다. 단, 최초의 관계쌍은 $(0, n)$ 형태이며 이는 객체들의 개수가 n임을 뜻한다. 그리고 입력의 끝은 $(0, 0)$ 관계쌍으로 표시한다. 컴퓨터 메모리에는 n 더하기 관계쌍 개수만큼의 자료를 담기 위한 공간이 충분하다고 가정한다. 또한 입력의 유효성은 점검하지 않아도 된다고 가정한다. 출력은 테이프 유닛 2에 정렬된 객체들의 번호들을 기록하고 마지막으로 수 0을 기록하는 것으로 한다.

예를 들어 다음과 같은 관계들이 입력될 수 있다.

$$9 < 2,\ 3 < 7,\ 7 < 5,\ 5 < 8,\ 8 < 6,\ 4 < 6,\ 1 < 3,\ 7 < 4,\ 9 < 5,\ 2 < 8 \qquad (18)$$

요구된 부분순서를 특징짓는 데 필요한 것 이상의 관계들은 필요하지 않다. 예를 들어 관계 $9 < 8$ 같은 것은 $9 < 5$와 $5 < 8$에서 유도할 수 있으므로 입력에서 생략해도 된다. 일반적으로, 그림 6 같은 도표에 나오는 화살표들에 해당하는 관계들만 있으면 된다.

알고리즘은 순차 표 X[1], X[2], ..., X[n]을 사용하며, 각 노드 X[k]는 다음과 같은 형태이다.

+	0	COUNT[k]	TOP[k]

여기서 COUNT[k]는 객체 k의 직접 선행자(predecessors) 개수(입력에 있는 $j < k$ 관계들의 개수)이고, TOP[k]는 객체 k의 직접 선행자 목록의 시작을 가리키는 링크이다. 직접 선행자 목록은 다음과 같은 형태의 항목들을 담는다.

+	0	SUC	NEXT

여기서 SUC은 k의 직접 후행자(successor)이고 NEXT는 목록의 다음 항목이다. 이러한 표기법의 한 예로, 그림 8은 입력 (18)에 해당하는 메모리 구성을 나타낸다.

그림 8과 같은 메모리 배치를 이용하면 위상정렬 알고리즘을 고안하는 게 어렵지 않다. COUNT 필드가 0인 노드들을 출력하고 그 노드들의 모든 후행자들의 COUNT 필드를 1씩 감소시키면 된다. 까다로운 것은 COUNT 필드가 0인 노드들을 "검색"하는 부분인데, 이 부분은 그 노드들을 담은 대기열을 통해서 처리할 수 있다. 이 대기열의 링크들을 COUNT 필드에 담아둔다(그 전까지는 직접 선행자들의 개수였지만, 0이 된 후부터는 링크들을 담게 된다).

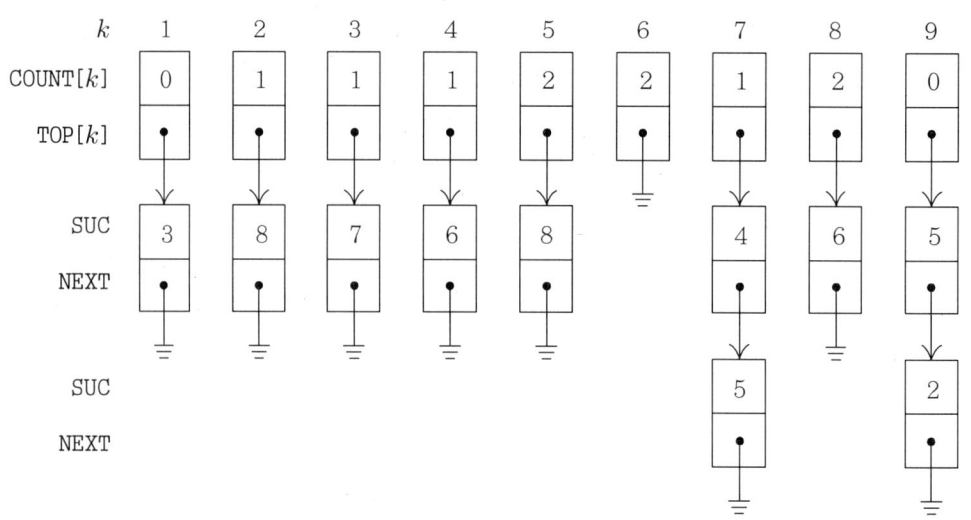

그림 8. (18)의 관계들에 해당하는 그림 6을 컴퓨터 내부에서 표현한 것.

명확함을 위해, 아래의 알고리즘에서는 COUNT[k]가 더 이상 선행자 개수를 담는 목적으로 쓰이지 않을 때에는 그것을 QLINK[k]로 표기한다.

알고리즘 T (위상정렬). 이 알고리즘은 관계쌍 $j < k$들의 순차열을 입력받는다. 그 관계쌍은 특정한 부분순서에 따라 객체 j가 객체 k보다 앞선다는 뜻이다. $1 \le j, k \le n$이라고 가정한다. 출력은 선형 순서로 내장된 n개의 객체들의 집합이다. 알고리즘이 내부적으로 사용하는 표들은 QLINK[0], COUNT[1] = QLINK[1], COUNT[2] = QLINK[2], ..., COUNT[n] = QLINK[n]과 TOP[1], TOP[2], ..., TOP[n]이다. 알고리즘은 또한 각 입력 관계쌍과 앞에서 말한 SUC 및 NEXT 필드로 된 노드들을 담은 저장소 풀, 저장소 풀 안의 노드들을 참조하는 데 사용하는 링크 변수 P, 링크들이 QLINK 표에 있는 대기열의 앞단과 뒷단을 가리키는 데 쓰이는 정수 값 변수 F와 R, 출력해야 할 남은 객체들의 개수를 뜻하는 변수 N도 사용한다.

T1. [초기화.] n의 값을 입력받는다. $1 \le k \le n$에 대해 COUNT[k] ← 0, TOP[k] ← Λ로 설정한다. N ← n으로 설정한다.

T2. [다음 관계.] 입력에서 다음 번 관계 "$j < k$"를 얻는다. 만일 입력을 다 소비했으면 T4로 간다.

T3. [관계를 기록.] COUNT[k]를 1 증가한다.

$$P \Leftarrow \text{AVAIL}, \ \text{SUC}(P) \leftarrow k, \ \text{NEXT}(P) \leftarrow \text{TOP}[j], \ \text{TOP}[j] \leftarrow P$$

로 설정한다. (이것은 연산 (8)에 해당한다.) T2로 돌아간다.

T4. [0들을 찾는다.] (여기까지 왔으면 입력 페이즈가 모두 끝난 것이다. 입력 (18)은 이제 그림 8과 같은 컴퓨터 내부 표현으로 변환되었다. 이제 할 일은 출력 대기열을 QLINK 필드를 통해 연결되도록 초기화하는 것이다.) R ← 0, QLINK[0] ← 0으로 설정한다. $1 \le k \le n$인 각 k에 대해 COUNT[k]를 조사하고 그것이 0이면 QLINK[R] ← k, R ← k로 설정한다. 모든 k에

대해 이를 수행한 후에는 F ← QLINK[0]으로 설정한다(이에 의해 F는 COUNT[k]가 0이었던 최초의 k 값이 된다).

T5. 〔대기열 앞단을 출력.〕 F의 값을 출력한다. 만일 F = 0이면 T8로 간다. 그렇지 않으면 N ← N − 1로 설정하고 P ← TOP[F]로 설정한다. (QLINK 표와 COUNT 표가 겹치므로 QLINK[R] = 0이다. 따라서 F = 0이라는 조건은 대기열이 비었을 때 발생한다.)

T6. 〔관계들을 삭제.〕 만일 P = Λ이면 단계 T7로 간다. 그렇지 않으면 COUNT[SUC(P)]를 1 감소한다. 만일 그 값이 0이 되었다면 QLINK[R] ← SUC(P), R ← SUC(P)로 설정한다. P ← NEXT(P)로 설정하고 이 단계를 반복한다. (이 단계에서 하는 일은, 어떤 k에 대한 "F < k" 형태의 모든 관계들을 시스템에서 제거하고, 새 노드들을 그들의 모든 선행자들이 출력된 후에 대기열에 추가하는 것이다.)

T7. 〔대기열에서 제거.〕 F ← QLINK[F]로 설정하고 T5로 돌아간다.

T8. 〔공정의 끝.〕 알고리즘을 끝낸다. 만일 N = 0이면 모든 객체 번호들과 마지막 0을 의도했던 "위상순서"로 출력한 것이다. 그렇지 않다면 출력하지 못한 N개의 객체들이 순환 루프를 가지고 있는 것인데, 이는 부분순서라는 가정에 위배된다. (그런 루프의 내용을 출력하는 알고리즘이 연습문제 23에 나온다.) ▌

입력 (18)에 대해 이 알고리즘을 손으로 직접 실행해본다면 이해에 도움이 될 것이다. 알고리즘 T는 순차 메모리 기법과 연결된 메모리 기법을 잘 조합해서 사용하는 예를 보여준다. COUNT[k]와 TOP[k]를 담은 주 표 X[1], ..., X[n]은 순차적인 메모리에 저장하는데, 이는 단계 T3에서 "임의 접근" 방식으로 이 표를 참조하기 때문이다. (그러나 입력이 알파벳 이름을 가진 자료였다면, 좀 더 빠른 검색을 위해 6장에서처럼 다른 종류의 표를 사용했을 것이다.) 연결된 메모리는 "직접적인 후행자들"의 표들에 쓰인다. 그 표의 항목들은 입력에서 특별한 순서를 가지지 않기 때문이다. 출력할 노드들의 대기열은 순차 표들 중간에 저장되어 있지만, 링크들을 통해서 출력 순서로 함께 연결된다. 이러한 연결은 그 주소가 아니라 표의 색인을 통해서 일어난다. 다른 말로 하자면, 대기열의 앞단이 X[k]일 때 F = LOC(X[k])가 아니라 F = k인 것이다. T4, T6, T7에 쓰이는 대기열 연산들이 (14), (17)의 것들과 동일하지는 않은데, 이는 알고리즘의 해당 부분을 수행할 때 새 노드를 생성하거나 노드를 가용 공간으로 되돌릴 필요가 없다는, 이 시스템의 대기열이 가진 특별한 성질을 활용하기 때문이다.

알고리즘 T를 **MIX** 어셈블리 언어로 코딩하는 부분에도 몇 가지 흥미로운 점들이 있다. 알고리즘은 표에서 항목을 삭제하지 않으므로(이후 용도를 위해 저장소를 해제할 필요가 없기 때문이다), 아래의 줄 19와 32에서 볼 수 있듯이 P ⇐ AVAIL을 대단히 간단한 방식으로 수행할 수 있다. 연결된 메모리 풀을 유지할 필요가 없고 새 노드를 연속적으로 택할 수 있기 때문에 이렇게 간단한 것이다. 아래의 프로그램은 위에 명시된 관례에 따라 자기 테이프에 입, 출력을 수행하는 부분까지 포함한 완전한 형태의 것이다. 이 프로그램은 기본적으로 알고리즘 T를 직접적으로 옮긴 것이므로 코드를 따라가면서 세세하게 이해하는 게 그리 어렵지는 않을 것이다. 효율성을 위해 알고리즘을 조금 수정한 부분이 있긴 하다. 연결된 메모리 처리에서 중요한 한 측면인 색인 레지스터의 효율적인 용법을 이 프로그램에서 볼 수 있다.

프로그램 T (위상정렬). 이 프로그램의 주요 동치 관계들은: $rI6 \equiv N$, $rI5 \equiv$ 버퍼 포인터, $rI4 \equiv k$, $rI3 \equiv j$와 R, $rI2 \equiv$ AVAIL과 P, $rI1 \equiv$ F, $TOP[j] \equiv X+j\,(4:5)$, $COUNT[k] \equiv QLINK[k] \equiv X+k$ $(2:3)$.

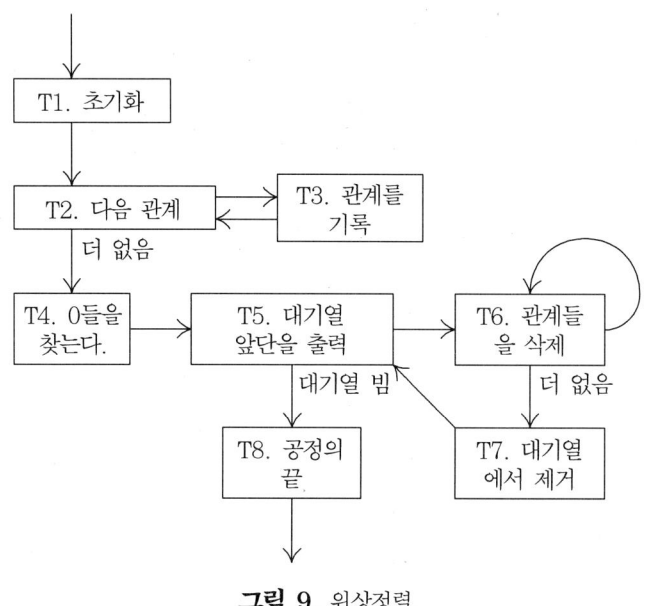

그림 9. 위상정렬.

```
01   *  BUFFER AREA AND FIELD DEFINITIONS
02   COUNT    EQU   2:3                          필드의 기호 이름 정의들
03   QLINK    EQU   2:3
04   TOP      EQU   4:5
05   SUC      EQU   2:3
06   NEXT     EQU   4:5
07   TAPEIN   EQU   1                            입력은 테이프 유닛 1에서
08   TAPEOUT  EQU   2                            출력은 테이프 유닛 2로
09   BUFFER   ORIG  *+100                        테이프 버퍼 영역
10            CON   -1                           버퍼 끝을 뜻하는 경계값
11   *  INPUT PHASE
12   TOPSORT  IN    BUFFER(TAPEIN)     1    T1. 초기화. 첫 번째 테이프 블록을 읽는다.
13            JBUS  *(TAPEIN)               입력 완료를 기다린다.
14   1H       LD6   BUFFER+1           1    N ← n.
15            ENT4  0,6                1
16            STZ   X,4              n+1    COUNT[k] ← 0, TOP[k] ← Λ로 설정.
17            DEC4  1                n+1    단, 0 ≤ k ≤ n에 대해.
```

18		J4NN	*-2	$n+1$	(단계 T4의 QLINK[0] ← 0을 미리 처리.)
19		ENT2	X,6	1	가용 저장소는 X[n] 다음부터 시작한다.
20		ENT5	BUFFER+2	1	첫 번째 쌍 (j, k)를 읽을 준비를 한다.
21	2H	LD3	0,5	$m+b$	*T2. 다음 관계.*
22		J3P	3F	$m+b$	$j > 0$인가?
23		J3Z	4F	b	입력이 다 소비되었는가?
24		IN	BUFFER(TAPEIN)	$b-1$	경계값 발견. 다음 테이프 블록을 읽는다.
25		JBUS	*(TAPEIN)		입력 완료를 기다린다.
26		ENT5	BUFFER	$b-1$	버퍼 포인터를 재설정.
27		JMP	2B	$b-1$	
28	3H	LD4	1,5	m	*T3. 관계를 기록한다.*
29		LDA	X,4(COUNT)	m	COUNT[k]
30		INCA	1	m	$+1$
31		STA	X,4(COUNT)	m	→ COUNT[k].
32		INC2	1	m	AVAIL ← AVAIL + 1.
33		LDA	X,3(TOP)	m	TOP[j]
34		STA	0,2(NEXT)	m	→ NEXT(P).
35		ST4	0,2(SUC)	m	k → SUC(P).
36		ST2	X,3(TOP)	m	P → TOP[j].
37		INC5	2	m	버퍼 포인터 증가.
38		JMP	2B	m	
39	4H	IOC	0(TAPEIN)	1	입력 테이프를 되감는다.
40		ENT4	0,6	1	*T4. 0들을 찾는다.* $k ← n$.
41		ENT5	-100	1	출력을 위해 버퍼 포인터를 재설정.
42		ENT3	0	1	R ← 0.
43	4H	LDA	X,4(COUNT)	n	COUNT[k]를 조사한다.
44		JAP	*+3	n	0이 아닌가?
45		ST4	X,3(QLINK)	a	QLINK[R] ← k.
46		ENT3	0,4	a	R ← k.
47		DEC4	1	n	
48		J4P	4B	n	$n \geq k \geq 1$.
49	*	SORTING PHASE			
50		LD1	X(QLINK)	1	F ← QLINK[0].
51	5H	JBUS	*(TAPEOUT)		*T5. 대기열 앞단을 출력.*
52		ST1	BUFFER+100,5	$n+1$	F를 버퍼 영역에 저장한다.
53		J1Z	8F	$n+1$	F가 0인가?
54		INC5	1	n	버퍼 포인터를 전진시킨다.
55		J5N	*+3	n	버퍼가 꽉 찼는가?
56		OUT	BUFFER(TAPEOUT)	$c-1$	그렇다면 테이프 블록 하나를 출력.
57		ENT5	-100	$c-1$	버퍼 포인터를 재설정.
58		DEC6	1	n	N ← N − 1.

59		LD2	X,1(TOP)	n	P ← TOP[F].
60		J2Z	7F	n	*T6. 관계들을 삭제.*
61	6H	LD4	0,2(SUC)	m	rI4 ← SUC(P).
62		LDA	X,4(COUNT)	m	COUNT[rI4]
63		DECA	1	m	-1
64		STA	X,4(COUNT)	m	→ COUNT[rI4].
65		JAP	*+3	m	0에 도달했는가?
66		ST4	X,3(QLINK)	$n-a$	그렇다면 QLINK[R] ← rI4로 설정.
67		ENT3	0,4	$n-a$	R ← rI4.
68		LD2	0,2(NEXT)	m	P ← NEXT(P).
69		J2P	6B	m	만일 P $\neq$ Λ면 반복한다.
70	7H	LD1	X,1(QLINK)	n	*T7. 대기열에서 제거.*
71		JMP	5B	n	F ← QLINK(F), T5로 간다.
72	8H	OUT	BUFFER(TAPEOUT)	1	*T8. 공정의 끝.*
73		IOC	0(TAPEOUT)	1	마지막 블록을 출력하고 되감는다.
74		HLT	0,6	1	중지, 콘솔에 N을 표시.
75	X	END	TOPSORT		표 영역의 시작 ∎

알고리즘 T는 키르히호프 법칙을 이용해서 상당히 간단하게 분석할 수 있다. 수행 시간은 근사적인 형태로 $c_1 m + c_2 n$인데, 여기서 m은 입력 관계들의 개수이고, n은 객체들의 개수, c_1과 c_2는 상수이다. 이 문제에 대해 이보다 더 빠른 알고리즘을 상상하기는 힘들다! 위의 프로그램 T에는 분석의 구체적인 수치들이 나와 있는데, a = 선행자가 없는 객체들의 개수, b = 입력의 테이프 레코드 개수 $= \lceil (m+2)/50 \rceil$, c = 출력의 테이프 레코드 개수 $= \lceil (n+1)/100 \rceil$이다. 입출력 연산을 제외할 때, 이 경우 총 실행 시간은 단 $(32m + 24n + 7b + 2c + 16)u$이다.

알고리즘 T와 유사한(그러나 대기열 링크들의 중요한 특징은 빠진) 위상정렬 기법 하나가 A. B. Kahn, *CACM* **5** (1962), 558–562에 발표된 바 있다. 부분순서의 위상정렬이 항상 가능하다는 사실을 처음으로 증명한 출판물은 E. Szpilrajn, *Fundamenta Mathematica* **16** (1930), 386–389이다. 저자는 유한집합뿐만 아니라 무한집합에 대해서도 그와 같은 사실을 증명했으며, 그의 동료 몇 명이 이미 그 결과를 알고 있었다고 언급했다.

알고리즘 T가 대단히 효율적이긴 하지만, 7.4.1절에서는 위상정렬을 위한 좀 더 나은 알고리즘 하나를 공부하게 될 것이다.

연습문제

▶ **1.** [*10*] 스택에서 항목을 뽑는 연산 (9)에서는 UNDERFLOW가 발생할 수 있음을 언급했다. 스택에 항목을 밀어넣는 연산 (8)에서 OVERFLOW의 발생 가능성을 언급하지 않은 이유는 무엇일까?

2. [*22*] 삽입 연산 (10)을 수행하는 "범용" MIX 서브루틴을 작성하라. 이 서브루틴은 다음과 같은 명세(1.4.1절에서 나온 형태임)를 가져야 한다.

호출 명령열: JMP   INSERT   서브루틴으로 점프한다.

　　　　　　　NOP   T   포인터 변수의 장소

들어올 때 조건: rA = 새 노드의 INFO 필드에 넣을 정보.

나갈 때 조건: 스택(포인터는 링크 변수 T) 최상위에 새 노드가 들어 있다. rI1 = T이다. rI2,
　　　　　　　　rI3이 변했다.

3. [22] 삭제 연산 (11)을 수행하는 "범용" MIX 서브루틴을 작성하라. 이 서브루틴은 다음과 같은
명세를 가져야 한다.

호출 명령열: JMP   DELETE   서브루틴으로 점프한다.

　　　　　　　NOP   T   포인터 변수의 장소.

　　　　　　　JMP   UNDERFLOW 첫 출구, UNDERFLOW 발생 시.

들어올 때 조건: 없음.

나갈 때 조건: 스택(포인터는 링크 변수 T)이 비었으면 첫 출구로 나가게 된다. 그렇지 않으면
　　　　　　　　스택 최상위 노드가 삭제되며 "JMP DELETE" 다음의 세 번째 장소로 나가게 된다.
　　　　　　　　후자의 경우 rI1 = T이고 rA는 삭제된 노드의 INFO 필드의 내용이다. 어떤 경우이
　　　　　　　　든 이 서브루틴은 rI2와 rI3을 사용한다.

4. [22] (10)의 프로그램은 (6)으로 정의된 연산 P $\Leftarrow$ AVAIL을 기반으로 한다. (10)의 코드를
전혀 수정하지 않고도 P $\Leftarrow$ AVAIL이 (7)로 주어진 SEQMIN을 활용하는 식으로 OVERFLOW 서브루틴
을 작성하라. 일반적인 용도를 위해, 그 서브루틴은 어떠한 레지스터의 내용도 변경하지 말아야 한다.
다만 rJ는 예외로 하며, 비교 지시자의 변경도 허용된다. 보통은 rJ로 나가겠지만, 이 서브루틴은
장소 rJ − 2로 나가야 한다.

▶ **5.** [24] 연산 (14)와 (17)은 대기열에 해당한다. 대기열보다 조금 더 일반적인 출력 제한 데크를
위해서는 "앞단에서 삽입" 연산이 필요하다. 그러한 연산을 정의하는 방법을 보여라. 더 나아가, "뒷단
에서 삭제" 연산(일반적인 데크가 되는 데 필요한)은 어떻게 정의해야 할까?

6. [21] 연산 (14)에서는 LINK(P) ← Λ로 설정한다. 그런데 그 직후에 일어나는 대기열 뒷단에서의
삽입은 바로 이 링크 필드의 값을 변경한다. (17)에서 "F = Λ"인지를 판정한다면 (14)의 LINK(P)
설정을 피할 수 있는데, 그렇게 하려면 어떻게 해야 할까?

▶ **7.** [23] (1)과 같은 선형 연결 목록을 "뒤집는", 즉 항목들의 연결 관계를 반대로 바꾸는 알고리즘을
고안하라. [예를 들어 만일 목록 (1)을 뒤집는다면 FIRST가 항목 5를 담은 노드를 가리키게 되고
그 노드는 항목 4를 담은 노드를 가리키게 되는 등으로 변한다.] 노드들은 (3)과 같은 형태라고
가정할 것.

8. [24] 연습문제 7의 알고리즘을 위한 MIX 프로그램을 작성하라. 프로그램이 최대한 빠르게 실행되
도록 설계할 것.

9. [20] 다음과 같이 주어진 집합 및 순서 조합들에서 실제로 부분순서인 것은 무엇인가? [참고: 이 문제의 의도는, 관계 "$x < y$"를 아래와 같이 정의한다고 할 때, 관계 "$x \leq y \equiv (x < y \text{ or } x = y)$"를 정의하고 그 $\leq$이 부분순서인지를 판단하는 것이다.] (a) $S =$ 모든 유리수, $x < y$는 $x > y$라는 뜻. (b) $S =$ 모든 사람, $x < y$는 x가 y의 조상이라는 뜻. (c) $S =$ 모든 정수, $x \leq y$는 x가 y의 배수(즉 $x \bmod y = 0$)라는 뜻. (d) $S =$ 이 책에서 증명한 모든 수학적 결과, $x < y$는 y의 증명이 x가 참임에 의존한다는 뜻. (e) $S =$ 모든 양의 정수, $x \leq y$는 $x + y$가 짝수라는 뜻. (f) $S =$ 서브루틴들의 집합, $x < y$는 "x가 y를 호출한다"는 뜻. 즉, y는 x가 작동하는 도중에 작동할 수 있지만 그 반대는 허용되지 않음.

10. [M21] "$\subset$"이 부분순서의 성질 (i)과 (ii)를 만족하는 관계라고 할 때, "오직 $x = y$이거나 $x \subset y$일 때에만 $x \leq y$"라는 규칙으로 정의되는 관계가 부분순서의 세 성질 모두를 만족함을 증명하라.

▶ **11.** [24] 위상정렬의 결과가 항상 완전하게 결정되지는 않는다. 왜냐하면 위상순서 조건들을 만족하는 형태로 노드들을 배열하는 방법이 여러 가지일 수 있기 때문이다. 그림 6의 노드들을 위상순서로 배치하는 모든 가능한 방법들을 찾아보라.

12. [M20] n 원소들의 집합의 부분집합 개수는 2^n이며, 그 부분집합들은 집합 포함관계에 의해 부분순서 관계를 가진다. 그런 부분집합들을 위상순서로 배열하는 흥미로운 방법 두 가지를 제시하라.

13. [M48] 연습문제 12에서 말한 2^n개의 부분집합들을 위상순서로 배열하는 방법은 몇 가지인가? (답을 n의 함수 형태로 제시할 것.)

14. [M21] 전체순서(total ordering)라고도 하는 집합 S의 선형순서(linear ordering)는 다음과 같은 추가적인 "비교가능" 조건을 만족하는 부분순서이다.

> (iv) S에 속한 임의의 두 객체 x, y에 대해 $x \leq y$이거나 $y \leq x$이다.

만일 관계 $\leq$가 선형순서이면, 그리고 오직 그럴 때에만 위상정렬이 유일한 결과를 낸다는 점을 주어진 정의들로 직접 증명하라. (S를 유한집합으로 가정해도 된다.)

15. [M25] 유한집합 S에 관한 임의의 부분순서에 대해, 그런 순서를 특징짓는 중복 없는 관계들((18)이나 그림 6에 나온 것 같은)의 유일한 집합이 존재함을 보여라. S가 무한집합일 때에도 그 사실이 참인가?

16. [M22] 집합 $S = \{x_1, \ldots, x_n\}$에 대한 임의의 부분순서가 주어졌을 때, 그것의 **결합행렬**(incidence matrix)을 만들 수 있다. 여기서 결합행렬은, $x_i \leq x_j$이면 $a_{ij} = 1$이고 그렇지 않으면 $a_{ij} = 0$인 행렬 (a_{ij})이다. 대각 아래의 모든 성분들이 0이 되도록 이 행렬의 행들과 열들을 순열치환하는 방법이 존재함을 보여라.

▶ **17.** [21] 입력 (18)이 주어졌을 때 알고리즘 T가 만들어내는 출력은 무엇인가?

18. [20] 알고리즘 T가 종료되었을 때, 값 QLINK[0], QLINK[1], ..., QLINK[n]의 의미(라고 할 만한 것이 있다면)는 무엇인가?

19. [18] 알고리즘 T의 단계 T5에서는 대기열의 앞단 위치를 조사하지만, 실제로 대기열에서 요소를 제거하는 것은 단계 T7까지 미뤄진다. 만일 단계 T5의 판정에 따라 즉시(단계 T7까지 가기 전에) F ← QLINK[F]를 설정한다면 어떻게 될까?

▶ **20.** [24] 알고리즘 T에서는, COUNT 필드가 0이 되었지만 그 후행자 관계들은 아직 제거되지 않은 노드들을 담는 대기열의 효과를 내기 위해서 F, R, QLINK 표를 사용한다. 그런 목적으로 대기열 대신 스택을 사용할 수 있을까? 그것이 가능하다면, 그런 알고리즘과 알고리즘 T를 비교하라.

21. [21] 관계 "$j < k$"들 중 하나가 입력에 여러 번 반복되어 있다고 해도 알고리즘 T가 여전히 유효한 위상정렬을 수행할까? 입력에 "$j < j$" 형태의 관계가 들어 있는 경우는 어떨까?

22. [23] 프로그램 T는 입력 테이프에 항상 유효한 정보가 들어 있다고 가정한다. 그러나 범용적인 용도를 염두에 두고 만들어진 프로그램이라면 프로그램이 "스스로를 파괴하는" 일을 피하기 위해서라도 항상 입력에 오류가 없는지를 점검해야 한다. 프로그램이 스스로를 파괴한다는 말이 나왔는데, 예를 들어 k에 대한 입력 관계들 중 하나가 음수이면 프로그램 T는 그것들을 X[k]로 정렬하는 과정에서 자기 자신의 명령들을 변경해 버리는 잘못을 저지를 수도 있다. 프로그램 T를 범용 프로그램답게 수정하는 방법들을 제시하라.

▶ **23.** [27] 입력에 순환 루프가 있기 때문에 위상정렬 알고리즘이 더 이상 정렬을 진행하지 못하게 되었을 때(단계 T8 참고), 그냥 "루프가 있네요"라고 보고하고 알고리즘을 끝내는 것은 별로 쓸모가 없다. 그런 루프들 중 하나를 출력해서 입력에 어떤 문제가 있는지를 보여주는 것이 더 도움이 된다. 필요에 따라 그런 추가적인 정보를 출력하도록 알고리즘 T를 확장하라. [힌트: 본문에는 단계 T8에서 N > 0이면 루프가 존재하는 것임에 대한 증명이 나오는데, 그 증명에서 알고리즘을 이끌어낼 수 있다.]

24. [24] 연습문제 23에서 만든 알고리즘 T 확장에 맞게 프로그램 T를 개선하라.

25. [47] 컴퓨터 메모리에 담을 수 있는 것보다 훨씬 더 많은 노드들을 가진 아주 커다란 집합 S의 위상정렬을 최대한 효율적으로 수행하는 알고리즘을 설계하라. 입력, 출력, 그리고 임시 작업 공간으로 자기 테이프를 사용한다고 가정할 것. [가능한 힌트: 입력을 보통 방식으로 정렬하고 나면, 주어진 한 노드에 대한 관계들이 한데 몰려 있다고 가정할 수 있게 된다. 그런데 그런 다음에는 어떻게 해야 할까? 특히, 주어진 순서관계가 이미 선형순서이고 그것이 심하게 순열치환된 최악의 경우를 고려해야 한다. 5장 도입부의 연습문제 24는 이런 경우를 자료에 대한 $O(\log n)^2$번의 패스로 처리하는 방법을 설명한다.]

26. [29] (서브루틴 할당.) 테이프에 1960년대 스타일의 컴퓨터 설비를 위한 주소 재배치(relocation)가 가능한 형태의 주 서브루틴 라이브러리가 들어 있다고 하자. 테이프를 한 번 훑는 것으로(단일 패스) 필요한 루틴들을 적재할 수 있도록, 라이브러리 적재 루틴은 프로그램에 필요한 각 서브루틴을 위한 재배치 양(오프셋)을 결정하고자 한다. 문제는, 일부 서브루틴은 다른 서브루틴이 메모리에 이미 들어 있어야 작동한다는 것이다. 자주 쓰이지 않는 서브루틴들(테이프 끝 쪽에 있다)이 자주 쓰이는

서브루틴들(테이프 시작 쪽에 있다)을 호출할 수 있으며, 테이프 전체를 다 훑지 않고도 필요한 서브루틴들 모두를 알아내야 한다.

이 문제를 공략하는 한 가지 방법은 메모리에 들어갈 수 있는 크기의 "테이프 디렉터리"를 두는 것이다. 적재 루틴은 다음과 같은 두 가지 표를 사용한다.

a) 테이프 디렉터리. 이 표는 다음과 같은 형태의 가변 길이 노드들로 구성된다.

B	SPACE	LINK		B	SPACE	LINK
B	SUB1	SUB2		B	SUB1	SUB2
$\vdots$			또는	$\vdots$		
B	SUBn	0		B	SUB$(n-1)$	SUBn

여기서 SPACE는 서브루틴에 필요한 메모리 워드 개수이다. LINK는 테이프에서 이 서브루틴 다음에 나오는 서브루틴의 디렉터리 항목이다. SUB1, SUB2, ..., SUBn ($n \geq 0$)들은 이 서브루틴에 필요한 다른 어떤 서브루틴 디렉터리 항목들로의 링크들이다. 노드의 마지막 워드를 제외한 모든 워드들에서 B = 0이고, 마지막 워드에서는 B = −1이다. 라이브러리 테이프 상에서 첫 서브루틴의 디렉터리 항목의 주소는 링크 변수 FIRST로 지정된다.

b) 적재할 프로그램이 직접적으로 참조하는 서브루틴들의 목록. 이것은 연속적인 장소 X[1], X[2], ..., X[N]들에 들어 있으며, N ≥ 0은 적재 루틴이 그 값을 이미 알고 있는 변수이다. 이 목록의 각 항목은 해당 서브루틴의 디렉터리 항목으로의 링크이다.

적재 루틴은 또한 적재된 첫 서브루틴에 사용할 주소 재배치 양 MLOC도 알고 있다.

간단한 예로, 다음과 같은 구성을 생각해 보자.

테이프 디렉터리				필요한 서브루틴들의 목록
	B	SPACE	LINK	X[1] = 1003
1000:	0	20	1005	X[2] = 1010
1001:	−1	1002	0	
1002:	−1	30	1010	N = 2
1003:	0	200	1007	FIRST = 1002
1004:	−1	1000	1006	MLOC = 2400
1005:	−1	100	1003	
1006:	−1	60	1000	
1007:	0	200	0	
1008:	0	1005	1002	
1009:	−1	1006	0	
1010:	−1	20	1006	

이 테이프 디렉터리를 보면 서브루틴들이 1002, 1010, 1006, 1000, 1005, 1003, 1007 순으로 들어 있고, 서브루틴 1007은 200개의 장소들을 차지하며 서브루틴 1005, 1002, 1006을 사용하는

등의 사실을 알 수 있다. 적재할 프로그램은 서브루틴 1003과 1010을 직접 사용하며, 그 서브루틴들은 2400 이후의 장소들에 재배치되어야 한다. 그리고 그 서브루틴들은 서브루틴 1000, 1006, 1002가 적재되어 있어야 작동한다.

서브루틴 할당기(subroutine allocator)는 각 항목 X[1], X[2], X[3], ...을 다음과 같은 형태로 바꾸는 역할을 한다(단, 마지막 항목은 예외인데, 이에 대해서는 잠시 후에 이야기하겠다).

+	0	BASE	SUB

여기서 SUB는 적재할 서브루틴이고 BASE는 주소 재배치 양이다. 이 항목들의 순서는 서브루틴이 테이프에 나타나 있는 순서와 같다. 다음은 위에서 말한 예의 가능한 해답 한 가지이다.

	BASE	SUB		BASE	SUB
X[1]:	2400	1002	X[4]:	2510	1000
X[2]:	2430	1010	X[5]:	2530	1003
X[3]:	2450	1006	X[6]:	2730	0

마지막 항목은 최초의 쓰이지 않는 메모리 주소를 담는다.

(이것이 서브루틴 라이브러리를 다루는 유일한 방법은 아님이 명백하다. 라이브러리의 적절한 설계 방식은 해당 컴퓨터와 응용 프로그램의 특성에 크게 의존한다. 요즘의 대형 컴퓨터들에는 이와는 완전히 다른 접근방식이 필요하다. 그러나 이 연습문제는 순차 자료와 연결된 자료 모두에 대한 흥미로운 조작과 관련되어 있다는 점에서 어쨌든 좋은 연습이 된다.)

이 연습문제에서 독자가 할 일은 위에서 말한 과제를 수행하는 알고리즘을 설계하는 것이다. 답을 준비하는 과정에서 할당기가 테이프 디렉터리를 임의의 방식으로 바꾸어도 괜찮다. 어차피 서브루틴 할당기는 다음번 배정에서 테이프 디렉터리를 다시 새로 읽을 수 있으며, 적재 루틴의 다른 부분에는 테이프 디렉터리가 필요 없기 때문이다.

27. [25] 연습문제 26의 서브루틴 할당 알고리즘에 대한 MIX 프로그램을 작성하라.

28. [40] 다음 구조는 체스, 님(nim),[†] 그리고 그보다 단순한 여러 게임들을 포함하는 상당히 일반적인 종류의 2인용 게임을 "푸는" 방법을 보여주고 있다. 유한한 노드들의 집합이 있고 각 노드는 게임의 한 가지 가능한 배치를 나타낸다고 하자. 각 배치마다 그 배치를 다른 배치로 변환하는 0 또는 그 이상의 수(move)들이 있다. 만일 배치 x에서 y로 가는 수가 있다면 배치 x를 배치 y의 선행자(그리고 y는 x의 후행자)라고 부르기로 하자. 후행자가 없는 배치들은 승리(won) 배치 또는 패배(lost) 배치로 분류한다. 배치 x가 되게 하는 수를 둔 플레이어는 배치 y가 되게 한 플레이어의 상대방이다(같은 플레이어가 아니라).

그러한 배치들의 한 구성이 주어졌을 때, 모든 승리 배치들(다음번 플레이어가 승리를 강제할

---

† [옮긴이 주] 기본적인 아이디어는 연습문제 1.2.8-86과 비슷한 것으로, '알집기 게임'이라고도 한다. 바둑돌이 세 무더기 있고, 두 사람이 번갈아 그 중 한 무더기에서 임의의 개수의 돌들을 집어내다가 마지막 돌들을 집어내는 사람이 이긴다.

수 있는 배치들)의 집합과 모든 패배 배치들(상대가 실수하지 않는 한 반드시 지게 되는 배치들)의 집합을 계산할 수 있다. 계산 방법은 다음과 같은 연산을 더 이상 변화가 생기지 않을 때까지 반복하는 것이다: 한 배치의 모든 후행자들이 "승리"라고 표시되어 있으면 그 배치는 "패배"라고 표시해 둔다. 한 배치의 선행자들 중 하나라도 "패배"라고 표시되어 있으면 그 배치는 "승리"라고 표시해 둔다.

이 연산을 최대한 많이 반복했을 때 어떤 표시도 붙지 않은 배치들이 남아 있을 수도 있다. 그런 배치에 있는 플레이어는 승리를 강제할 수도 없고 반드시 패배하는 것도 아니다.

승리, 패배 배치들의 완전한 집합을 얻는 이러한 절차를, 알고리즘 T와 매우 비슷한, 컴퓨터를 위한 효율적인 알고리즘으로 만드는 것이 가능하다. 아마도 각 배치마다 "승리"라고 표시되지 않은 후행자들의 개수를 유지해야 할 것이며, 선행자들의 목록도 유지해야 할 것이다.

이 연습문제에서 독자가 할 일은, 위에서 막연하게만 설명한 알고리즘을 구체적으로 작성해서 그것을 가능한 배치가 너무 많지는 않은 흥미로운 게임 몇 가지에 적용하는 것이다. 〔예를 들면 "군대 게임(military game)": É. Lucas, *Récréations Mathématiques* **3** (Paris: 1893) 105-116; E. R. Berlekamp, J. H. Conway, R. K. Guy, *Winning Ways* **3** (A. K. Peters, 2003), 21장〕.

▶ **29.** 〔*21*〕 (a) FIRST의 값만 주어져도 목록 전체를 "삭제"하는, 즉 (1)과 같은 목록의 모든 노드를 AVAIL 스택에 집어넣는 알고리즘을 제시하라. (b) F와 R 값이 주어졌을 때 (12)와 같은 목록 전체를 (a)에서처럼 삭제하는 알고리즘을 제시하라.

30. 〔*17*〕 대기열을 (12)처럼 표현하되, 빈 대기열을 "F = Λ이고 R이 정의되지 않음"으로 표현한다고 하자. 이러한 대기열에서 (14)와 (17)을 대신하는 삽입, 삭제 절차는 무엇인가?

2.2.4. 순환 목록

연결 방식을 조금만 바꾸면 2.2.3에 나온 방법들에 대한 중요한 대안 한 가지가 나온다.

순환적으로 연결된 목록(circularly linked list), 줄여서 순환 목록(circular list)은 마지막 노드가 Λ가 아니라 처음 노드로 다시 연결된다는 성질을 가진 목록이다. 따라서 목록의 어디에서 시작해도 목록 전체를 훑을 수 있다. 또한 추가적인 수준의 대칭성이 생기며, 필요하다면 목록에 처음 노드나 마지막 노드라는 것이 없다고 생각해도 되는 자유가 생긴다.

다음이 전형적인 순환 목록이다.

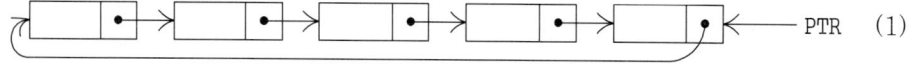

$$\text{PTR} \qquad (1)$$

2.2.3절처럼 각 노드에 INFO와 LINK라는 두 필드가 있다고 가정하자. 그리고 목록 가장 오른쪽 노드를 가리키는 링크 변수 PTR이 있다. LINK(PTR)은 제일 왼쪽 노드의 주소이다. 다음은 이러한 목록에서 가장 중요한 기본 연산들이다.

a) 왼쪽 끝에 Y를 삽입: P ⇐ AVAIL, INFO(P) ← Y, LINK(P) ← LINK(PTR),
　　LINK(PTR) ← P.

   b) 오른쪽 끝에 Y를 삽입: 왼쪽 끝에 Y를 삽입한 후 PTR ← P로 설정.

   c) Y를 왼쪽 끝 노드로 설정하고 삭제: P ← LINK(PTR), Y ← INFO(P), LINK(PTR) ← LINK(P),

      AVAIL ⇐ P.

연산 (b)는 처음에는 잘 이해가 되지 않을 수 있다. 연산 PTR ← LINK(PTR)은 결국 그림 (1)의 가장 왼쪽 노드를 오른쪽 끝으로 옮기는 것이다. 만일 이 목록을 양 끝이 연결된 직선이 아니라 하나의 원으로 생각한다면 이를 이해하기가 상당히 쉬울 것이다.

    세심한 독자라면 연산 (a), (b), (c)에 한 가지 심각한 실수가 있음을 눈치 챘을 것이다. 무엇일까? 답은 주어진 목록이 빈 목록일 가능성을 간과했다는 것이다. 예를 들어 목록 (1)에 연산 (c)를 다섯 번 적용한다면 PTR은 AVAIL 목록의 한 노드를 가리키게 되는데, 그러면 심각한 어려움이 생길 수 있다. 만일 그 상태에서 (c)를 다시 한 번 적용한다면 어떤 일이 생길 것인지 생각해 보라! 이를 해결하는 한 가지 방법은 목록이 비었을 때 PTR이 Λ와 같게 만들고, (a)의 "INFO(P) ← Y" 다음에 "만일 PTR = Λ이면 PTR ← LINK(P) ← P, 그렇지 않으면…"이라는 명령들을 추가하고, (c) 제일 처음에 "만일 PTR = Λ이면 UNDERFLOW", (c) 제일 뒤에 "만일 PTR = P이면 PTR ← Λ"라는 명령들을 삽입하는 것이다.

    연산 (a), (b), (c)가 2.2.1절에서 말한 출력 제한 데크의 행동들에 해당함을 주목할 것. 이는 순환 목록을 (특히) 스택으로도, 대기열로도 사용할 수 있다는 뜻이다. 연산 (a)와 (c)를 결합하면 스택이 된다. (b)와 (c)를 결합하면 대기열이 된다. 이 연산들은 2.2.2절의 해당 연산들에 비해 아주 약간만 덜 직접적이다. 그 절에서는 선형 목록에 대해 연산 (a), (b), (c)를 두 포인터 F와 R을 이용해서 수행할 수 있음을 보았다.

    순환 목록에서 효율적이 되는 중요한 연산들이 더 있다. 예를 들어 목록 전체를 "삭제"하는 것이 매우 쉽다. 순환 목록 전체를 AVAIL 스택에 한 번에 집어넣는 것이 가능한데, 다음과 같다.

$$\text{만일 PTR} \neq \Lambda \text{이면 AVAIL} \leftrightarrow \text{LINK(PTR)} \tag{2}$$

["↔" 연산은 교환을 의미한다는 점을 기억할 것. 즉, P ← AVAIL, AVAIL ← LINK(PTR), LINK(PTR) ← P이다.] PTR이 순환 목록 안의 어떤 노드를 가리키고 있다면 연산 (2)가 유효함은 명백하다. 물론 연산 후에는 PTR ← Λ로 설정해야 한다.

    비슷한 기법을 사용해서, 만일 PTR_1과 PTR_2가 서로 다른 순환 목록 L_1과 L_2를 각각 가리키고 있다고 할 때, 목록 L_2 전체를 L_1의 오른쪽에 삽입할 수 있다. 다음과 같다.

$$\begin{aligned}
&\text{만일 PTR}_2 \neq \Lambda \text{이면,}\\
&\quad (\text{만일 PTR}_1 \neq \Lambda \text{이면 LINK(PTR}_1) \leftrightarrow \text{LINK(PTR}_2);\\
&\quad \text{PTR}_1 \leftarrow \text{PTR}_2, \text{PTR}_2 \leftarrow \Lambda \text{로 설정}).
\end{aligned} \tag{3}$$

한 순환 목록을 다양한 방식으로 두 목록으로 나누는 것 역시 쉽게 할 수 있는 연산이다. 이런 연산들은 문자열의 연결(concatenation)과 분리(deconcatenation)에 해당한다.

    이처럼 순환목록은 본래부터 순환적인 구조뿐만 아니라 선형적인 구조에도 사용할 수 있다. 뒷단 노드로의 포인터 하나를 가진 순환 목록은 앞단과 뒷단으로의 두 포인터를 가진 직선 목록과 본질적으로 동등하다. 이와 관련해서, "순환 목록에 그러한 순환적인 대칭성이 존재한다면 목록의 끝은 어떻게 찾아야 할까?"라는 의문도 당연히 생길 수 있다. 목록의 끝을 알려주는 Λ 링크 같은 것은 없다! 답은, 노드들을 차례로 훑으면서 목록을 처리하다가 출발점에 다시 도달했을 때 처리를 중지하면 된다는 것이다(물론 그 출발점이 목록에 여전히 존재한다는 가정 하에서).

또 다른 방법은 연산을 중지할 지점을 의미하는 하나의 특별한, 식별할 수 있는 노드를 순환목록에 두는 것이다. 이 특별한 노드를 흔히 목록 머리(list head)라고 부르는데, 응용에서 순환 목록마다 목록 머리로 사용할 노드를 하나씩 두게 되면 상당히 편리할 때가 많다. 이런 방식의 한 가지 장점은 순환 목록이 비는 일은 결코 없다는 데 있다. 목록 머리를 사용한다고 할 때 (1)은 다음과 같은 모습이 된다.

목록 머리

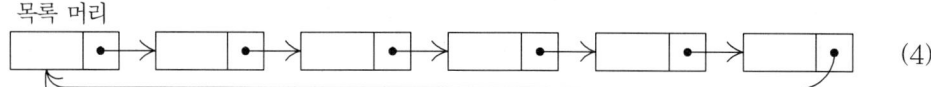
(4)

일반적으로, (4)와 같은 목록을 참조할 때에는 목록 머리를 거쳐서 특정 노드에 접근한다. 그리고 목록 머리는 하나의 고정된 메모리 장소에 두는 것이 일반적이다. 목록 머리 방식의 단점은, 오른쪽 끝을 가리키는 포인터가 없으므로 앞에서 말한 연산 (b)를 포기해야 한다는 점이다.

도표 (4)를 305쪽의 2.2.3-(1)과 비교해 보아도 좋을 것이다. 거기서는 "항목 5"가 Λ로 연결되었지만, 이제는 LOC(FIRST)로 연결된다. 그리고 이제는 변수 FIRST를 한 노드 안의 링크, 구체적으로 말하면 NODE(LOC(FIRST))에 있는 링크로 간주한다. (4)와 2.2.3-(1)의 근본적인 차이는, (4)에서는 목록의 임의의 지점에서 다른 임의의 지점으로 가는 것이 가능하다는 것이다(그것이 반드시 효율적인 것은 아니라 해도).

순환 목록의 한 가지 용례로, 변수 x, y, z의 정수 계수 다항식 산술을 살펴보자. 과학에는 단지 숫자들이 아니라 다항식을 다루어야 하는 문제들이 많이 있다. 곱셈

$$(x^4 + 2x^3y + 3x^2y^2 + 4xy^3 + 5y^4) \quad 곱하기 \quad (x^2 - 2xy + y^2)$$

을 수행해서

$$(x^6 - 6xy^5 + 5y^6)$$

을 얻는 것이 그런 예이다.

다항식들이 얼마나 길게 자랄지 미리 알 수 없으며 또한 메모리에 최대한 많은 다항식들을 담을 수 있게 하는 게 바람직할 것이므로, 당연히 연결된 할당 방식이 적합하다.

여기서는 덧셈과 곱셈을 고려한다. 하나의 다항식의 0이 아닌 항들을 노드로 하는 목록을 만든다고 하자. 각 노드는 다음과 같은 2워드 형식이다.

COEF				
±	A	B	C	LINK

(5)

여기서 COEF는 항 $x^A y^B z^C$의 계수(coefficient)이다. 계수들과 지수들(A, B, C)은 항상 이 형식에 맞는 범위의 값을 가지며 계산 도중에 그 범위를 점검할 필요는 없다고 가정한다. 편의상, 노드 (5)의 ± A B C 필드들을 하나의 단일한 단위 ABC로 표기한다. ABC의 부호, 즉 (5)의 두 번째 워드의 부호는 항상 양이라고 가정한다. 단, 다항식의 끝을 하나의 특별한 노드로 표시하는데, 그 노드에서는 ABC = −1이고 COEF = 0이다. 이 특수 노드는 앞에서 말한 목록 머리에 해당하는 것으로, 간편한 경계값 역할을 할 뿐만 아니라 빈 목록(다항식 0에 해당) 문제도 피하게 한다는 점에서 대단히 요긴하다. 링크들의 방향을 따라갈 때, 목록의 노드들은 항상 ABC 필드가 감소하는 순서로 나타난다. 단, 특수 노드(ABC = −1)는 ABC 값이 가장 큰 노드로 연결된다. 예를 들어 다음은 다항식 $x^6 - 6xy^5 + 5y^6$을 그러한 목록으로 표현한 것이다.

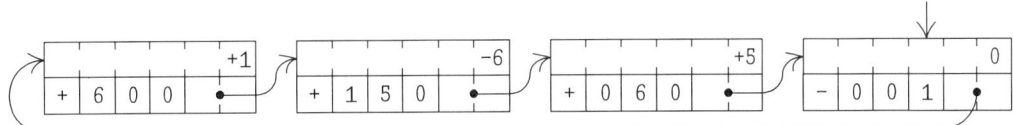

알고리즘 A (다항식 더하기). 이 알고리즘은 다항식(P)를 다항식(Q)에 더한다. P와 Q는 앞에서 말한 형태의 다항식들을 가리키는 포인터 변수들이라고 가정한다. 목록 P는 변하지 않으며, 덧셈 결과는 목록 Q에 저장된다. 알고리즘이 끝났을 때 포인터 변수 P와 Q는 다시 자신의 출발점으로 돌아간 상태이다. 알고리즘은 보조 포인터 변수 Q1과 Q2도 사용한다.

A1. 〔초기화.〕 P ← LINK(P), Q1 ← Q, Q ← LINK(Q)로 설정한다. (이제 P와 Q 모두 자신의 다항식의 첫 항을 가리킨다. 이 알고리즘을 수행하는 과정 대부분에서, 변수 Q1은 Q의 한 걸음 뒤(Q = LINK(Q1)이라는 의미에서)가 된다.

A2. 〔ABC(P):ABC(Q).〕 만일 ABC(P) < ABC(Q)이면 Q1 ← Q, Q ← LINK(Q)로 설정하고 이 단계를 반복한다. 만일 ABC(P) = ABC(Q)이면 단계 A3으로 간다. 만일 ABC(P) > ABC(Q)이면 단계 A5로 간다.

A3. 〔계수들을 더한다.〕 (이제 지수들이 같은 두 항을 찾은 것이다.) ABC(P) < 0이면 알고리즘을 끝낸다. 그렇지 않으면 COEF(Q) ← COEF(Q) + COEF(P)로 설정한다. 이제, 만일 COEF(Q) = 0이면 단계 A4로 가고, 그렇지 않으면 P ← LINK(P), Q1 ← Q, Q ← LINK(Q)로 설정하고 단계 A2로 간다. (흥미롭게도 후자의 연산들은 단계 A1에서의 연산들과 동일하다.)

A4. 〔0항을 삭제.〕 Q2 ← Q, LINK(Q1) ← Q ← LINK(Q), AVAIL ⇐ Q2로 설정한다. (이에 의해 단계 A3에서 만들어진 한 0항이 다항식에서 제거된다). P ← LINK(P)로 설정하고 단계 A2로 돌아간다.

A5. 〔새 항을 삽입.〕 (다항식(P)에 다항식(Q)에는 없는 항이 있으므로, 그것을 다항식(Q)에 삽입한다.) Q2 ⇐ AVAIL, COEF(Q2) ← COEF(P), ABC(Q2) ← ABC(P), LINK(Q2) ← Q, LINK(Q1) ← Q2, Q1 ← Q2, P ← LINK(P)로 설정하고 단계 A2로 돌아간다. ∎

　　　알고리즘 A에서 가장 주목할 만한 특징은 목록에서 포인터 변수 Q1이 포인터 Q를 따라다니는 방식이다. 목록 처리 알고리즘들에서는 이런 방식이 매우 흔해서, 이런 성질을 가진 알고리즘들을 열두어 개 더 보게 될 것이다. 알고리즘 A가 이런 방식을 사용하는 이유가 무엇인지 한 번 생각해 보기 바란다.

　　　이 책 이전에는 연결 목록을 접해보지 못한 독자는 알고리즘 A를 세심하게 연구해 보면 얻는 것이 많을 것이다. 한 가지 시험 사례로, $x + y + z$를 $x^2 - 2y - z$에 더해 볼 것.

　　　알고리즘 A가 있다면 곱셈 연산이 놀랄 만큼 쉬워진다.

알고리즘 M (다항식 곱하기). 알고리즘 A와 비슷하게, 이 알고리즘은 다항식(Q)를 다음으로 대체한다.

$$\text{다항식(Q)} + \text{다항식(M)} \times \text{다항식(P)}$$

M1. 〔다음 승수.〕 M ← LINK(M)으로 설정한다. 만일 ABC(M) < 0이면 알고리즘을 끝낸다.

M2. 〔곱셈 주기.〕 알고리즘 A를 수행한다. 단, 알고리즘 A를 그대로 수행하는 것이 아니라 그 알고리즘에 나오는 모든 "ABC(P)"를 "(만일 ABC(P) < 0이면 −1, 그렇지 않으면 ABC(P) + ABC(M))"으로 바꾸고, 모든 "COEF(P)"를 "COEF(P)×COEF(M)"으로 바꿔서 수행한다. 그런 후에는 단계 M1로 돌아간다. ▌

알고리즘 A를 MIX 언어로 프로그래밍해 보면 컴퓨터 안에서 연결된 목록을 쉽게 다룰 수 있음을 다시금 확인할 수 있다. 다음 코드에서 OVERFLOW는 프로그램을 종료하거나(메모리 공간 부족 때문에) 추가적인 가용 공간을 찾아내고 rJ − 2로 나가는 서브루틴이라고 가정한다.

프로그램 A (다항식 더하기). 이것은 곱하기 서브루틴과 함께 쓰이도록 작성된 서브루틴이다(연습문제 15 참고).

호출 명령열:　　JMP　　ADD
들어올 때 조건: rI1 = P, rI2 = Q.
나갈 때 조건:　　다항식(Q)가 다항식(Q) + 다항식(P)로 대체되었음. rI1과 rI2는 변하지 않았다. 다른 모든 레지스터들에는 정의되지 않은 내용이 들어 있다.

알고리즘 A에 나오는 변수들과 다음 코드에 나오는 레지스터들 사이의 동치 관계는 P ≡ rI1, Q ≡ rI2, Q1 ≡ rI3, Q2 ≡ rI6이다.

```
01  LINK  EQU   4:5                    LINK 필드의 정의
02  ABC   EQU   0:3                    ABC 필드의 정의
03  ADD   STJ   3F          1          서브루틴 진입점
04  1H    ENT3  0,2         1+m''      A1. 초기화. Q1 ← Q로 설정.
05        LD2   1,3(LINK)   1+m''      Q ← LINK(Q1).
06  0H    LD1   1,1(LINK)   1+p        P ← LINK(P).
07  SW1   LDA   1,1         1+p        rA(0:3) ← ABC(P).
```

08	2H	CMPA	1,2(ABC)	x	*A2. ABC(P):ABC(Q).*
09		JE	3F	x	같으면 A3로 간다.
10		JG	5F	$p' + q'$	크면 A5로 간다.
11		ENT3	0,2	q'	작으면 Q1 ← Q로 설정한다.
12		LD2	1,3(LINK)	q'	Q ← LINK(Q1).
13		JMP	2B	q'	반복.
14	3H	JAN	*	$m+1$	*A3. 계수들을 더한다.*
15	SW2	LDA	0,1	m	COEF(P)
16		ADD	0,2	m	+ COEF(Q)
17		STA	0,2	m	→ COEF(Q).
18		JANZ	1B	m	0이 아니면 점프.
19		ENT6	0,2	m'	*A4. 0항을 삭제.* Q2 ← Q.
20		LD2	1,2(LINK)	m'	Q ← LINK(Q).
21		LDX	AVAIL	m'	⎫
22		STX	1,6(LINK)	m'	⎬ AVAIL ⟸ Q2.
23		ST6	AVAIL	m'	⎭
24		ST2	1,3(LINK)	m'	LINK(Q1) ← Q.
25		JMP	0B	m'	P를 전진시키는 곳으로 점프.
26	5H	LD6	AVAIL	p'	⎫ *A5. 새 항을 삽입.*
27		J6Z	OVERFLOW	p'	⎬ Q2 ⟸ AVAIL.
28		LDX	1,6(LINK)	p'	⎪
29		STX	AVAIL	p'	⎭
30		STA	1,6	p'	ABC(Q2) ← ABC(P).
31	SW3	LDA	0,1	p'	rA ← COEF(P).
32		STA	0,6	p'	COEF(Q2) ← rA.
33		ST2	1,6(LINK)	p'	LINK(Q2) ← Q.
34		ST6	1,3(LINK)	p'	LINK(Q1) ← Q2.
35		ENT3	0,6	p'	Q1 ← Q2.
36		JMP	0B	p'	*P를 전진시키는 곳으로 점프.* ▮

알고리즘은 두 목록 각각을 한 번씩만 운행(traverse)함에 주목하자. 그 목록들을 여러 번 훑을 필요가 없다. 이전과 마찬가지로, 명령 수행 횟수들은 키르히호프 법칙으로 어렵지 않게 분석할 수 있다. 수행 시간은 다음 네 수량들에 의존한다.

$$m' = \text{서로 제해지는 부합하는 항들의 쌍 개수,}$$
$$m'' = \text{제해지지 않는 부합하는 항들의 쌍 개수,}$$
$$p' = \text{다항식(P)의 부합하지 않는 항들의 개수,}$$
$$q' = \text{다항식(Q)의 부합하지 않는 항들의 개수.}$$

프로그램 A에 나온 분석에서는 다음과 같은 단축형들이 쓰인다.

$$m = m' + m'', \quad p = m + p', \quad q = m + q', \quad x = 1 + m + p' + q'.$$

MIX에서 이 프로그램의 실행 시간은 $(27m' + 18m'' + 27p' + 8q' + 13)u$이다. 알고리즘을 실행하는 동안 필요한 저장소 풀 안의 노드들의 전체 개수는 최소 $2 + p + q$, 최대 $2 + p + q + p'$이다.

연습문제

1. [21] 이번 절 초반부에서는 빈 순환 목록을 PTR = Λ로 표현할 수도 있다고 제시했다. 그런데 빈 목록을 PTR = LOC(PTR)로 표시하는 것이 순환 목록에 깔린 개념과 좀 더 잘 맞는다. 이러한 관례가 이번 절 초반부에 설명한 (a), (b), (c) 연산들을 더 수월하게 만들까?

2. [20] 결합 연산 (3)의 효과를 보여주는 "이전과 이후" 도표를 그려라. PTR_1과 PTR_2는 Λ가 아니라고 가정할 것.

▸ **3.** [20] 만일 PTR_1과 PTR_2가 같은 순환 목록의 노드들을 가리키고 있다면, 연산 (3)이 하는 일은 무엇인가?

4. [20] (4)와 같은 구성을 이용해서, 스택의 효과를 내는 삽입, 삭제 연산들을 제시하라.

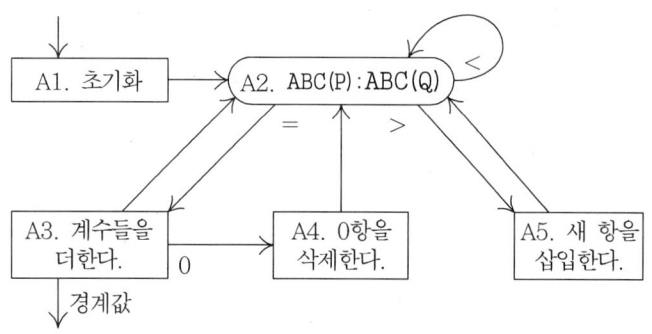

그림 10. 다항식 더하기.

▸ **5.** [21] (1)에 나온 것 같은 순환 목록이 주어졌을 때 그 목록의 모든 화살표들의 방향을 뒤집는 알고리즘을 설계하라.

6. [18] 다음 다항식들에 대한 목록 표현 도표를 제시하라: (a) $xz - 3$, (b) 0.

7. [10] 다항식 목록의 노드들을 ABC 필드가 감소하는 순으로 배치하는 것이 유용한 이유는?

▸ **8.** [10] 알고리즘 A에서 Q1이 Q보다 한 걸음 뒤에서 따르도록 하는 게 유용한 이유는?

▸ **9.** [23] P = Q이면, 즉 두 포인터 변수가 같은 다항식을 가리키고 있다면 알고리즘 A가 제대로 작동할까? 그리고 각각 P = M, P = Q, M = Q일 때 알고리즘 M이 제대로 작동할까?

▸ **10.** [20] 이번 절의 알고리즘들은 다항식에 x, y, z 세 변수를 사용한다고 가정하며, 그 지수들 각각이 $b - 1$을 넘지 않는다고 가정한다(여기서, MIX의 경우 b는 바이트 크기이다). 그렇게 가정하는 대신 오직 변수 x만의 다항식들을 사용하며 그 지수가 최대 $b^3 - 1$까지라고 가정한다면, 알고리즘 A와 M을 어떻게 수정해야 할까?

11. [24] (이 연습문제와 다음의 여러 문제들에서 독자가 할 일은 다항식 산술에 유용한, 프로그램

A와 함께 사용할 서브루틴들의 모음을 만드는 것이다.) 알고리즘 A와 M은 다항식(Q)의 값을 변경하므로, 주어진 한 다항식의 복사본을 만드는 서브루틴이 있다면 유용할 것이다. 다음과 같은 명세를 가지는 MIX 서브루틴을 작성하라.

호출 명령열:　　JMP　COPY

들어올 때 조건: rI1 = P

나갈 때 조건:　　rI2는 다항식(P)와 상등인, 새롭게 만들어진 다항식을 가리킨다. rI1은 변하지 않았다. 다른 레지스터들은 정의되지 않는다.

12. [21] 다항식(Q) = 0일 때의 연습문제 11의 실행 시간을 프로그램 A의 실행 시간과 비교하라.

13. [20] 다음과 같은 명세를 가지는 MIX 서브루틴을 작성하라.

호출 명령열:　　JMP　ERASE

들어올 때 조건: rI1 = P

나갈 때 조건:　　다항식(P)가 AVAIL 목록에 추가되었다. 모든 레지스터 내용은 정의되지 않는다.

[참고: 이 서브루틴의 호출이 포함된 명령열 "LD1 Q; JMP ERASE; LD1 P; JMP COPY; ST2 Q"는 "다항식(Q) ← 다항식(P)"의 효과를 낸다. 이를 연습문제 11의 서브루틴에서 활용할 수 있다.]

14. [22] 다음과 같은 명세를 가지는 MIX 서브루틴을 작성하라.

호출 명령열:　　JMP　ZERO

들어올 때 조건: 없음

나갈 때 조건:　　rI2는 0과 상등인, 새롭게 만들어진 다항식을 가리킨다. 다른 레지스터 내용은 정의되지 않는다.

15. [24] 다음과 같은 명세를 가지는, 알고리즘 M을 수행하는 MIX 서브루틴을 작성하라.

호출 명령열:　　JMP　MULT

들어올 때 조건: rI1 = P, rI2 = Q, rI4 = M

나갈 때 조건:　　다항식(Q) ← 다항식(Q) + 다항식(M) × 다항식(P). rI1, rI2, rI4는 변하지 않는다. 다른 레지스터들은 정의되지 않는다.

[참고: 프로그램 A의 SW1, SW2, SW3의 설정을 적절히 변경해서, 프로그램 A를 하나의 서브루틴으로 사용할 것.]

16. [M28] 연습문제 15의 서브루틴의 실행 시간을 해당 매개변수들을 통해서 추정하라.

▶ **17.** [22] 다항식을 2.2.3절처럼 Λ에서 끝나는 직선적인 선형 목록으로 표현하는 대신 이번 절처럼 순환 목록으로 표현하는 것의 장점은 무엇인가?

▶ **18.** [25] 순환 목록을, 노드 당 링크 필드를 단 하나만 사용하면서도 목록을 양방향 모두로 효율적으로 운행할 수 있도록 컴퓨터 안에서 표현하는 방법을 고안하라. [힌트: 연속된 두 노드 x_{i-1}과 x_i를 가리키는 두 포인터가 주어진다면, x_{i+1}과 x_{i-2} 모두를 찾는 것이 반드시 가능하다.]

2.2.5. 이중으로 연결된 목록

선형 목록의 각 노드에 그 노드의 양쪽 노드 모두와 연결하는 링크 두 개를 포함시키면 목록을 좀
더 유연하게 다룰 수 있다.

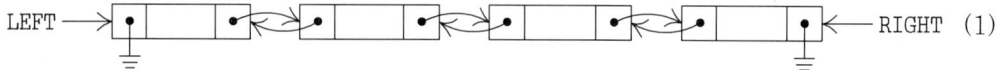

LEFT $\longrightarrow$ ... $\longleftarrow$ RIGHT   (1)

여기서 LEFT와 RIGHT는 목록의 왼쪽, 오른쪽 끝을 가리키는 포인터 변수들이다. 목록의 각 노드는
자신의 이전, 이후 노드로의 두 링크들을 가진다(그 링크들의 이름을 LLINK, RLINK라고 하자).
이러한 구조에서는 일반적인 데크의 연산들을 손쉽게 수행할 수 있다. 이에 대해서는 연습문제 1을
볼 것. 이러한 목록을 이중으로 연결된 목록(doubly linked list, 줄여서 이중 연결 목록)이라고
부른다. 이런 목록에 2.2.4절에서 말한 목록 머리 노드를 포함시키면 거의 항상 목록을 다루기가
훨씬 쉬워진다. 다음은 목록 머리가 추가된 전형적인 이중 연결 목록이다.

목록 머리

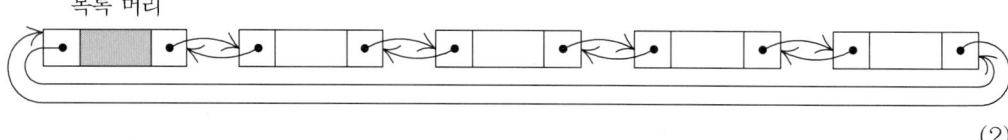

(2)

(1)의 LEFT, RIGHT를 이제는 목록 머리의 RLINK, LLINK 필드가 대신한다. 목록의 왼쪽과 오른쪽에
는 완전한 대칭성이 존재한다. 사실 목록 머리를 (2)의 오른쪽 끝에 두어도 동일한 목록이 된다.
만일 목록이 비었다면 목록 머리의 두 링크 필드들은 목록 머리 자신을 가리킨다.

목록 표현 (2)는 다음 조건을 만족한다.

$$\text{RLINK(LLINK(X))} = \text{LLINK(RLINK(X))} = \text{X.} \qquad (3)$$

여기서 X는 목록 안의 임의의 노드(머리 포함)의 주소이다. (2)가 이러한 조건을 만족한다는 사실은
(1)보다 (2)를 선호할만한 주된 이유가 된다.

일반적으로 이중 연결 목록은 단일 연결 목록보다 더 많은 메모리를 차지한다(원래 노드가 하나의
컴퓨터 워드 전체를 채우지 않았기 때문에 링크 하나를 더 추가할 공간이 남아 있는 경우도 있겠지만).
그러나 이중 연결 목록의 양방향 링크 덕분에 추가적인 연산들을 효율적으로 수행할 수 있다는 장점이
그런 추가적인 공간 요구의 단점을 덮고도 남는다. 목록을 전진 방향뿐만 아니라 후진 방향으로도
훑을 수 있다는 명백한 장점 말고도, 이중 연결 목록에는 *X의 값만 가지고도 목록에서* NODE(X)*를
삭제할 수 있다는* 또 다른 능력이 있다. 이러한 삭제 연산은 그림 11과 같은 "이전과 이후" 도표로부터
쉽게 도출할 수 있고, 그 연산 자체도 매우 간단하다. 다음과 같다.

$$\text{RLINK(LLINK(X))} \leftarrow \text{RLINK(X)}, \quad \text{LLINK(RLINK(X))} \leftarrow \text{LLINK(X)}, \quad \text{AVAIL} \Leftarrow \text{X.} \qquad (4)$$

단방향 링크를 가진 목록에서는 NODE(X)를 삭제하려면 그 앞에 있는 노드도 알아야 한다. NODE(X)를
삭제하기 위해서는 그 선행 노드의 링크를 변경해야 하기 때문이다. 2.2.3절과 2.2.4절에서 살펴본

모든 알고리즘들에서는 노드를 삭제할 때마다 그러한 추가적인 정보가 필요했다. 특히 알고리즘 2.2.4A의 경우, 바로 그런 이유 때문에 포인터 Q를 따라다니는 포인터 Q1을 두어야 했다. 그러나 이후에는 목록의 중간에서 임의의 노드를 삭제해야 하는 알고리즘들이 여럿 나오는데, 그런 임의 삭제를 위해 이중 연결 목록이 자주 쓰인다. (순환 목록에서도 주어진 X만으로 NODE(X)를 삭제하는 게 가능하다는 점을 짚고 넘어가야 할 것이다. 그러나 그러기 위해서는 순환 목록 전체를 훑으면서 X의 선행자를 찾아야 하는데, 그런 연산은 목록이 길다면 비효율적임이 명백하며, 따라서 이중 연결 목록 대신 사용할만한 방법이 되기는 힘들다. 연습문제 2.2.4-8의 해답을 참고할 것.)

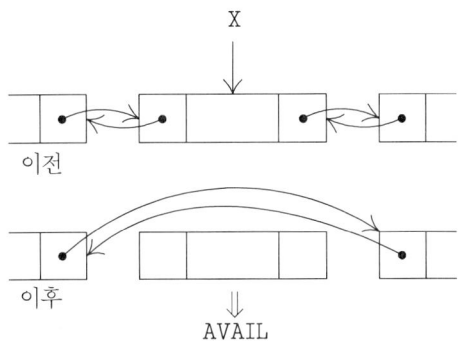

그림 11. 이중 연결 목록의 노드 삭제.

비슷하게, 이중 연결 목록에서는 NODE(X)의 오른쪽, 왼쪽 모두에 쉽게 노드를 삽입할 수 있다. 다음은 NODE(X)의 오른쪽에 그러한 삽입을 수행하는 연산이다.

$$P \Leftarrow \text{AVAIL}, \quad \text{LLINK}(P) \leftarrow X, \quad \text{RLINK}(P) \leftarrow \text{RLINK}(X),$$
$$\text{LLINK}(\text{RLINK}(X)) \leftarrow P, \quad \text{RLINK}(X) \leftarrow P. \tag{5}$$

이 단계들에서 왼쪽과 오른쪽을 교환하면 왼쪽에 삽입하는 절차가 된다. 연산 (5)는 다섯 개의 링크들을 변경하므로, 링크 세 개만 변경하면 되는 단방향 목록의 삽입 연산보다는 조금 느리다.

이중 연결 목록을 활용하는 한 예로, 이산 시뮬레이션(discrete simulation, 離散-) 프로그램을 작성하는 문제를 생각해 보자. "이산 시뮬레이션"은 시스템 상태의 모든 변화들이 시간상의 이산적인 순간들에서 일어나는 시스템을 시뮬레이션하는 것이다. 일반적으로, 이산 시뮬레이션에서 시뮬레이션하는 "시스템"은 대체로 서로 독립적인(단, 서로 상호작용은 한다) 개별 활동들의 집합이다. 상점의 고객들, 항구의 배들, 회사의 사람들이 그런 시스템의 예이다. 이산 시뮬레이션은 시뮬레이션되는 시간의 특정 순간에 일어나는 행동들을 수행하고, 그런 다음 시뮬레이션되는 클록을 다음 번 순간(어떤 행동이 일어나기로 예정되어 있는)으로 전진시키는 식으로 진행된다.

이산 시뮬레이션과 대조되는 것은 "연속 시뮬레이션(continuous simulation)"이다. 이것은 고속 도로에서 움직이는 차들이나 다른 행성으로 여행하는 우주선 등 연속적인 변화 하에서 일어나는 활동들을 시뮬레이션하는 것이다. 단계들 사이의 시간 간격을 매우 작게 해서 이산 시뮬레이션을 수행함으로써 연속 시뮬레이션을 만족스럽게 근사할 수 있는 경우도 있다. 그러나 그런 경우는 시스템의 여러 부분들이 각각의 이산적 시간 간격마다 조금씩 변하는 "동기적"(synchronous) 이산 시뮬레이
션에 해당한다. 동기적 이산 시뮬레이션 응용 프로그램은 여기서 말하는 것과는 다소 다른 종류의
프로그램 조직화를 필요로 할 때가 많다.

아래에서 개발하는 프로그램은 캘리포니아 공과대학교(California Institute of Technology,
줄여서 칼텍(Caltech))의 수학과 건물에 있는 승강기(엘리베이터) 시스템을 시뮬레이션한다. 그러한
시뮬레이션의 결과는 아마도 칼텍을 상당히 자주 방문하는 사람들에게나 쓸모가 있을 것이고, 또
그런 사람들이라 하더라도 컴퓨터 프로그램을 하나 작성하는 것보다는 직접 승강기를 몇 번 타보는
편이 더 나을 것이다. 그러나 시뮬레이션 연구가 대부분 그렇듯이, 우리의 주된 관심사는 프로그램이
주는 답이 아니라 프로그램이 사용하는 방법들이다. 아래에서 논의하는 방법들은 이산 시뮬레이션
프로그램에서 쓰이는 전형적인 구현 기법들을 보여준다.

수학과 건물은 지하2층, 지하1층, 1층, 2층, 3층으로, 총 5층이다. 승강기는 하나인데, 자동으로
제어되고 어떤 층에서도 설 수 있다. 편의를 위해 각 층에 0, 1, 2, 3, 4의 번호를 붙이기로 한다.

각 층에는 두 개의 호출 버튼이 붙어 있다. 하나는 올라가기 위한 UP이고 또 하나는 내려가기
위한 DOWN이다. (사실 0층에는 UP, 그리고 4층에는 DOWN만 있지만, 어차피 다른 버튼은 있어도
쓰이지 않을 것이므로 그런 예외는 무시하기로 한다.) 총 5층에 각각 두 개의 버튼이 있으므로 버튼
의 수는 모두 10개인데, 그것들의 상태는 변수 CALLUP$[j]$와 CALLDOWN$[j]$들($0 \leq j \leq 4$)에 담아
두기로 한다. 또한 이용자(승객)가 승강기 안에서 이동하려는 층수를 지시할 때 사용하는 5개의 버
튼들에 해당하는 변수 CALLCAR$[j]$, $0 \leq j \leq 4$가 있다. 승객이 하나의 버튼을 누르면 그에 해
당하는 변수가 1로 설정된다. 주어진 호출이 만족되면 승강기는 해당 변수를 재설정(0으로 설정)
한다.

지금까지는 승객의 입장에서 승강기를 서술했다. 그런데 승강기의 입장에서 보면 상황이 좀 더
흥미로워진다. 임의의 시점에서 승강기는 GOINGUP, GOINGDOWN, NEUTRAL 세 가지 상태 중 하나이
다. (승강기는 자신의 현재 상태를 승강기 안의 전광 화살표들로 승객에게 표시해 준다.) 승강기가
NEUTRAL 상태이며 2층에 있는 것이 아니라면 승강기는 문을 닫으며(그 당시에 다른 명령이 없다면),
2층으로 가기 위해 상태를 GOINGUP 또는 GOINGDOWN으로 적절히 변경한다. (2층, 즉 지상 1층은
승객들이 가장 많이 타고 내린다는 점에서 "기본층" 역할을 한다.) 승강기가 NEUTRAL 상태이며 2층에
있다면 승강기는 문을 닫고 조용히 다른 명령을 기다린다. 다른 층으로 가라는 첫 번째 명령을 받으면
승강기는 그에 맞게 GOINGUP 또는 GOINGDOWN으로 상태를 변경하며, 같은 방향으로의 다른 명령들
이 더 이상 없을 때까지 그 상태를 유지한다. 같은 방향으로의 명령들이 더 이상 없으면 문을 열기
직전에 CALL 변수에 있는 다른 명령에 따라 방향을 바꾸거나 NEUTRAL 상태로 전이한다. 승강기는
문을 열고 닫을 때 특정한 양의 시간을 소비하며, 가속/감속에도 특정한 양의 시간을 소비한다. 한
층에서 다른 층으로 갈 때에도 물론 시간을 소비한다. 아래의 알고리즘에서는 이상의 모든 수치들을
비공식적인 설명에서보다 훨씬 더 정확하게 명시한다. 이제 살펴볼 알고리즘이 진짜 승강기의 작동
원리를 반영하지는 않을 수 있으나, 필자는 그것이 필자가 이번 절을 쓰는 동안 몇 시간을 들여서

관찰한 모든 현상들을 만족하는 가장 간단한 규칙 집합이라고 믿는다.

승강기 시스템의 시뮬레이션은 두 개의 코루틴들을 사용한다. 하나는 승객을 위한 것이고 또 하나는 승강기를 위한 것이다. 이 루틴들은 수행해야 할 모든 행동들을 명시하며, 또한 시뮬레이션에서 사용할 여러 시간 지연들도 명시한다. 다음 설명에서 변수 TIME은 시뮬레이션 시간 클록의 현재 값을 뜻한다. 시간 단위는 항상 10분의 1초이다. 그 외에 다음과 같은 변수들이 있다.

FLOOR, 승강기의 현재 위치.

D1, 사람들이 승강기에 타고 내리는 동안이 아니면 0인 변수.

D2, 승강기가 30초 이상 움직이지 않고 한 층에 머물러 있으면 0이 되는 변수.

D3, 문이 열렸지만 아무도 타고 내리지 않는 동안이 아니면 0인 변수.

STATE, 승강기의 현재 상태(GOINGUP 또는 GOINGDOWN 또는 NEUTRAL).

초기에는 FLOOR = 2, D1 = D2 = D3 = 0, STATE = NEUTRAL이다.

코루틴 U (이용자). 시스템에 들어온 모든 사람은 단계 U1로부터 다음에 명시된 행동들을 수행하기 시작한다.

U1. 〔진입, 다음 이용자를 위한 준비.〕 다음 수량들은 여기에서는 명시하지 않는 어떤 특정한 방식으로 결정된다.

IN, 새 이용자가 시스템에 들어온 층.

OUT, 이 이용자가 가고자 하는 층(OUT ≠ IN).

GIVEUPTIME, 이 이용자가 승강기를 기다리다 지쳐서 걸어가기로 마음을 바꿀 때까지의 시간량.

INTERTIME, 다른 이용자가 시스템에 들어올 때까지의 시간량.

이 수량들을 계산한 후, 시뮬레이션 프로그램은 다른 이용자가 TIME + INTERTIME에 시스템으로 들어오도록 적절히 준비한다.

U2. 〔신호 및 대기.〕 (이 단계의 목적은 승강기를 불러오는 것이다. 승강기가 이미 해당 층에 있다면 몇 가지 특별한 경우들이 발생한다.) 만일 FLOOR = IN이고 승강기의 다음 행동이 아래의 단계 E6이면(즉, 승강기 문이 지금 닫히고 있다면), 승강기를 즉시 승강기 코루틴 단계 E3으로 보내서 승강기 활동 E6을 취소한다. (이는 승강기를 움직이기 전에 문을 다시 연다는 뜻이다.) 만일 FLOOR = IN이고 D3 ≠ 0이면 D3 ← 0으로 설정하고, D1을 0이 아닌 값으로 설정하고, 승강기 활동 E4를 다시 시작한다. (이는 이 층에서 승강기 문이 열려 있지만 모두 이미 타거나 내렸음을 뜻한다. 승강기 단계 E4는 사람들이 일상적인 의미에서 예의 바르게 승강기에 탈 수 있게 하는 일련의 단계들이다. 따라서 E4를 다시 시작한다는 것은 이 이용자가 문이 닫히기 전에 승강기에 탈 수 있는 기회를 제공한다는 것이다.) 나머지 모든 경우들에서는, 이용자가 OUT > IN이냐 OUT < IN이냐에 따라 CALLUP[IN] ← 1 또는 CALLDOWN[IN] ← 1로 설정한다. 그리고 만일 D2 = 0이거나 승강기가 "정지" 위치 E1에 있다면 아래에 나오는 DECISION 서브루틴이 수행된

다. (DECISION 서브루틴은 특정한 결정적(critical) 시간들에서 승강기가 NEUTRAL 상태를 벗어나도록 하는 데 쓰인다.)

U3. 〔대기열 진입.〕 이 이용자를 QUEUE[IN]의 뒷단에 삽입한다. QUEUE[IN]은 이 층에서 기다리는 사람들을 나타내는 선형 목록이다. 이제 이 이용자는 GIVEUPTIME 단위 시간만큼 승강기를 기다린다. 그 시간 전에 승강기가 도착하면 이용자는 승강기 루틴의 단계 E4에 의해서 U5로 가게 되고, 따라서 U4는 수행하지 않는다.

U4. 〔포기.〕 만일 FLOOR ≠ IN 또는 D1 = 0이면 이 이용자를 QUEUE[IN]과 이 시뮬레이션 시스템 자체에서 제거한다. (이용자는 승강기가 너무 늦다고 판단했거나 운동 삼아 걸어가기로 한 것이다.) 만일 FLOOR = IN이고 D1 ≠ 0이면 이용자는 계속 기다리게 된다(승강기가 곧 오리라는 것을 알고 있으므로).

U5. 〔타기.〕 이 이용자는 QUEUE[IN]에서 나와 ELEVATOR로 들어간다. ELEVATOR는 승강기를 타고 있는 사람들을 뜻하는 스택 비슷한 목록이다. CALLCAR[OUT] ← 1로 설정한다.

이제, 만일 STATE = NEUTRAL이면 STATE를 GOINGUP 또는 GOINGDOWN으로 적절히 설정하고 승강기의 활동 E5가 25 단위 시간 이후에 수행되도록 설정(예약)한다. (이것은 이용자가 목적지 층을 선택했을 때 승강기의 상태가 NEUTRAL이면 문이 평소보다 빨리 닫히도록 하는 승강기의 특별한 기능이다. 이 25단위의 시간 간격 덕분에, 단계 E4는 단계 E5의 문 닫기 행동이 일어났을 때 D1이 적절히 설정되었는지를 확인할 수 있는 기회가 가지게 된다.)

일정한 시간이 지나서 승강기가 원하는 층에 도착하면, 이용자는 아래의 단계 E4에 의해서 단계 U6으로 가게 된다.

U6. 〔내리기.〕 ELEVATOR 목록과 시뮬레이션 시스템 자체에서 이 이용자를 삭제한다. ▮

코루틴 E (승강기). 이 코루틴은 승강기의 행동들에 해당한다. 단계 E4는 사람들이 타고 내릴 때의 통제도 처리한다.

E1. 〔호출 대기.〕 (이 시점에서의 승강기는 2층에서 문을 닫은 채로 뭔가가 일어나길 기다리고 있다.) 누군가가 어떤 버튼을 누르면 DECISION 서브루틴에 의해서 단계 E3이나 E6으로 가게 되고, 그런 일이 발생하지 않는다면 계속 기다린다.

E2. 〔상태 변경?〕 만일 STATE = GOINGUP이고 모든 $j >$ FLOOR에 대해 CALLUP[j] = CALLDOWN[j] = CALLCAR[j] = 0이면, 모든 $j <$ FLOOR에 대해 CALLCAR[j] = 0이냐 아니냐에 따라 STATE ← NEUTRAL 또는 STATE ← GOINGDOWN으로 설정한다. 그리고 현재 층에 대한 모든 CALL 변수들을 0으로 설정한다. STATE = GOINGDOWN일 때에도 그와 유사한 행동들을 수행한다(물론 방향은 반대이다).

E3. 〔문 열기.〕 D1과 D2를 0이 아닌 아무 값으로 설정한다. 승강기 활동 E9가 300 단위 시간 후에 독립적으로 시작하도록 설정한다. (아래의 E6 때문에 이 활동이 시작되기도 전에 취소될 수

있다. 만일 이 활동이 이미 예약되었으며 아직 취소되지 않았다면 취소하고 다시 예약한다.) 또한, 76 단위 시간 이후에 승강기 활동 E5가 시작하도록 설정한다. 그런 후에는 20 단위 시간만큼 기다리고(문 열기 시뮬레이션을 위한 것이다) 단계 E4로 간다.

E4. 〔사람들이 타고 내리게 한다.〕 ELEVATOR 목록에 OUT = FLOOR인 이용자가 하나라도 존재하면 그에 해당하는 모든 이용자들 중에서 가장 최근에 승강기에 탄 이용자를 즉시 단계 U6으로 보내고 단계 E4를 반복한다. 그런 이용자가 없을 때에는, 만일 QUEUE[FLOOR]가 비어 있지 않으면 대기열 제일 앞의 이용자를 단계 U5로(U4가 아니라) 보내고, 25 단위 시간을 기다리고, 다시 E4를 반복한다. 만일 QUEUE[FLOOR]가 비었으면 D1 ← 0으로 설정하고 D3은 0이 아닌 아무 값으로 설정한다. 그리고 이후의 행동에 의해 다른 활동이 시작되길 기다린다. (단계 E5가 일어나면 E6으로 가게 되고, U2가 일어나면 E4를 다시 시작하게 된다.)

E5. 〔문 닫기.〕 만일 D1 ≠ 0이면 40 단위 시간을 기다리고 이 단계를 반복한다(문이 약간 멈칫하겠지만, 누군가 아직 내리거나 타고 있는 중이므로 다시 열리게 된다). 그렇지 않다면 D3 ← 0으로 설정하고 20 단위 시간 이후에 승강기가 단계 E6에서 시작되도록 설정한다. (이 단계는 사람들이 모두 타고 내린 후 문을 닫는 행동을 시뮬레이션하는 것이다. 그러나 문이 닫히는 동안 새 이용자가 이 층에 진입하면 U2에서 언급한 대로 문이 다시 열린다.)

E6. 〔이동 준비.〕 CALLCAR[FLOOR]를 0으로 설정한다. 또한 STATE ≠ GOINGDOWN이면 CALLUP[FLOOR]도 0으로 설정하고, STATE ≠ GOINGUP이면 CALLDOWN[FLOOR]도 0으로 설정한다. (참고: STATE = GOINGUP일 때에는 승강기가 CALLDOWN을 0으로 하지 않는데, 이는 내려갈 사람들이 아직 승강기에 타지 않았다고 간주하기 때문이다. 그러나 연습문제 6을 볼 것.) 이제 DECISION 서브루틴을 수행한다.

　　DECISION 서브루틴을 수행한 후에도 STATE ≡ NEUTRAL이면 E1로 간다. 그렇지 않으면, 만일 D2 ≠ 0이면 승강기 활동 E9를 취소한다. 마지막으로, 만일 STATE = GOINGUP이면 15 단위 시간 기다리고(승강기가 속력을 높일 수 있도록) E7로 간다. 만일 STATE ≡ GOINGDOWN 이면 15 단위 시간 기다린 후 E8로 간다.

E7. 〔한 층 올라간다.〕 FLOOR ← FLOOR + 1로 설정하고 51 단위 시간 기다린다. 만일 지금 CALLCAR[FLOOR] = 1이거나 CALLUP[FLOOR] = 1이면, 또는 만일 ((FLOOR = 2 또는 CALLDOWN[FLOOR] = 1)이고 모든 $j >$ FLOOR에 대해 CALLUP[j] = CALLDOWN[j] = CALLCAR[j] = 0)이면, 14 단위 시간 기다리고(감속을 위해) 단계 E2로 간다. 그렇지 않으면 이 단계를 반복한다.

E8. 〔한 층 내려간다.〕 이 단계는 E7과 같으나 방향이 반대이며, 시간 51과 14 대신 61과 23을 사용한다. (승강기를 내리는 게 올리는 것보다 시간이 더 많이 걸린다.)

E9. 〔정지 지시자 설정.〕 D2 ← 0으로 설정하고 DECISION을 수행한다. (이 독립적인 행동은 단계 E3에서 시작되지만, 거의 항상 단계 E6에서 취소된다. 연습문제 4 참고.) ∎

표 1

승강기 시스템의 행동 예

TIME	STATE	FLOOR	D1	D2	D3	단계	행동
0000	N	2	0	0	0	U1	0층에 이용자 1 도착, 목적지는 2층.
0035	N	2	0	0	0	E8	승강기, 아래로 이동
0038	D	1	0	0	0	E1	4층에 이용자 2 도착, 목적지는 1층.
0096	D	1	0	0	0	E8	승강기, 아래로 이동
0136	D	1	0	0	0	U1	2층에 이용자 3 도착, 목적지는 1층.
0141	D	0	0	0	0	U1	2층에 이용자 4 도착, 목적지는 1층.
0152	D	0	0	0	0	U4	이용자 1, 포기하고 시스템을 떠남.
0180	D	0	0	X	0	E2	승강기 문 닫힘.
0180	N	0	0	X	0	E3	승강기 문 열리기 시작함.
0200	N	0	0	X	X	E4	문 열림, 아무도 없음.
0256	N	0	0	X	X	E5	승강기 문 닫히기 시작함.
0291	U	0	0	X	0	E7	승강기, 위로 이동
0291	U	0	0	X	0	E7	승강기, 위로 이동
0342	U	1	0	X	0	U1	2층에 이용자 6 도착, 목적지는 1층.
0346	U	2	0	X	0	E7	승강기, 위로 이동
0393	U	2	0	X	0	E7	승강기, 위로 이동
0444	U	3	0	X	0	E2	승강기 문 닫힘.
0509	N	4	0	X	0	E3	승강기 문 열리기 시작함.
0509	N	4	0	X	0	U5	이용자 2 들어옴.
0529	N	4	X	X	0	U4	이용자 6, 포기하고 시스템 떠남.
0540	D	4	X	X	0	E5	승강기 문 닫히기 시작함.
0554	D	4	0	X	X	E8	승강기, 아래로 이동
0589	D	3	0	X	0	U1	1층에 이용자 7 도착, 목적지는 2층.
0602	D	3	0	X	0	E2	승강기 문 닫힘.
0673	D	3	X	X	0	E3	승강기 문 열리기 시작함.
0673	D	3	X	X	0	U5	이용자 5 들어옴.
0693	D	3	0	X	0	E5	승강기 문 닫히기 시작함.
0749	D	3	0	X	X	E8	승강기, 아래로 이동
0784	D	2	0	X	0	U1	1층에 이용자 8 도착, 목적지는 0층.
0827	D	2	0	X	0	E2	승강기 문 닫힘.
0868	D	2	X	X	0	E3	승강기 문 열리기 시작함.
0868	D	2	X	X	0	U1	1층에 이용자 9 도착, 목적지는 3층.
0876	D	2	X	X	0	U5	이용자 3 들어옴.
0888	D	2	0	X	X	E8	승강기, 아래로 이동
0913	D	2	0	X	0	U5	이용자 4 들어옴.
0944	D	2	0	X	0	E5	승강기 문 닫히기 시작함.
0979	D	2	0	X	X	E8	승강기, 아래로 이동
0979	D	2	0	X	0	U1	0층에 이용자 10 도착, 목적지는 4층.
1048	D	1	0	X	0	E2	승강기 문 닫힘.
1063	D	1	0	0	0	E3	승강기 문 열리기 시작함.
1063	D	1	0	0	0		
1083	D	1	X	X	0	U6	이용자 4 내림, 시스템 떠남.
1108	D	1	X	X	0	U6	이용자 3 내림, 시스템 떠남.
1133	D	1	X	X	0	U6	이용자 5 내림, 시스템 떠남.
1139	D	1	X	X	0	E5	문 닫힘임.
1158	D	1	X	X	0	U6	이용자 2 내림, 시스템 떠남.
1179	D	1	X	X	0	E5	문 닫힘임.
1183	D	1	X	X	0	U5	이용자 7 들어옴.
1208	D	1	X	X	0	U5	이용자 8 들어옴.
1219	D	1	X	X	0	U5	이용자 9 들어옴.
1233	D	1	0	X	X	E5	승강기 문 닫히기 시작함.
1259	D	1	0	X	0	E8	승강기, 아래로 이동
1294	D	0	X	X	0	E2	승강기 문 닫힘.
1378	D	0	X	X	0	E3	승강기 문 열리기 시작함.
1378	U	0	X	X	0	U6	이용자 8 내림, 시스템을 떠남.
1398	U	0	0	X	X	U5	이용자 10 들어옴.
1423	U	0	0	X	0	E5	승강기 문 닫히기 시작함.
1454	U	0	0	X	0	E7	승강기, 위로 이동
1489	U	1	0	X	0	E2	승강기 문 닫힘.
1554	U	1	0	X	0	E3	승강기 문 열리기 시작함.
1554	U	1	0	X	0	E2	승강기 문 닫힘.
1630	U	1	0	X	0	E5	승강기 문 닫히기 시작함.
1665	U	1	0	X	X	E7	승강기, 위로 이동
...							
4257	N	2	0	X	0	E1	승강기 정지
4384	N	2	0	0	0	U1	2층에 이용자 17 도착, 목적지는 3층.
4404	N	2	0	0	0	E3	승강기 문 열리기 시작함.
4424	N	2	0	X	0	U5	이용자 17 들어옴.
4449	U	2	0	X	0	E5	승강기 문 닫히기 시작함.
4484	U	3	0	X	X	E7	승강기, 위로 이동
4549	U	3	0	X	0	E2	승강기 문 닫힘.
4549	N	3	0	X	0	E3	승강기 문 열리기 시작함.
4569	N	3	0	X	0	U6	이용자 17 내림, 시스템을 떠남.
4625	N	3	0	X	X	E5	승강기 문 닫히기 시작함.
4660	D	3	0	X	0	E8	승강기, 아래로 이동
4744	D	2	0	X	0	E2	승강기 문 닫힘.
4744	N	2	0	X	0	E3	승강기 문 열리기 시작함.
4764	N	2	0	X	X	E4	문 열림, 아무도 없음.
4820	D	2	0	X	0	E5	승강기 문 닫히기 시작함.
4840	N	2	0	0	0	E1	승강기 정지
...							

서브루틴 D (DECISION 서브루틴). 이 서브루틴은 위의 코루틴들에서 지정한 바대로 특정한 결정적 시간에서 승강기의 다음 방향을 결정해야 할 때 수행된다.

D1. 〔결정이 필요한가?〕 만일 STATE ≠ NEUTRAL이면 이 서브루틴에서 나간다.

D2. 〔문을 열어야 하는가?〕 승강기가 E1에 있으며 만일 CALLUP[2], CALLCAR[2], CALLDOWN[2] 모두 0이 아니면 승강기가 20 단위 시간 이후에 활동 E3을 시작하게 하고 이 서브루틴에서 나간다. (지금의 DECISION 서브루틴 수행이 독립 활동 E9의 호출에 의한 것이라면 승강기 코루틴이 E1에 위치해 있을 가능성이 있다.)

D3. 〔호출이 있는가?〕 CALLUP[j]나 CALLCAR[j], CALLDOWN[j]가 0이 아닌 가장 작은 $j \neq$ FLOOR를 찾고 단계 D4로 간다. 그런 j가 없으면, 만일 지금의 DECISION 서브루틴 수행이 단계 E6의 호출에 의한 것이라면 $j \leftarrow 2$로 설정하고 그렇지 않다면 이 서브루틴에서 나간다.

D4. 〔STATE 설정.〕 만일 FLOOR $> j$이면 STATE ← GOINGDOWN으로 설정한다. 만일 FLOOR $<$ j이면 STATE ← GOINGUP으로 설정한다.

D5. 〔승강기가 정지한 상태인가?〕 승강기 코루틴이 단계 E1에 있다면, 그리고 $j \neq 2$라면, 20 단위 시간 후에 승강기가 단계 E6을 수행하도록 설정한다. 서브루틴에서 나간다. ▮

위에서 서술한 승강기 시스템은 이 책에서 지금까지 나온 다른 알고리즘들에 비해 상당히 복잡하다. 그러나 이처럼 실생활에서 찾을 수 있는 시스템의 예가 작위적인 "교재용 예제"보다 시뮬레이션 문제를 훨씬 더 전형적으로 드러낼 수 있다.

표 1은 이 시스템의 이해를 돕기 위한 것으로, 한 시뮬레이션의 활동 내력 중 일부를 나타낸다. 시간 4257에서 시작하는 간단한 사례부터 살펴보는 것이 좋을 것이다. 시간 4257에서 승강기는 2층에서 문을 닫은 채로 기다리고 있다. 시간 4384에서 이용자가 등장한다. 그 이용자의 이름을 던(Don)[†] 이라고 하자. 2초 후에 문이 열리고, 다시 2초 정도가 지나서 던이 승강기로 들어간다. 던이 버튼 "3"을 누른다. 승강기가 위로 이동하고, 얼마 후 3층에 도달해서 던이 내린다. 승강기는 다시 2층으로 돌아간다.

표 1의 처음 몇 항목들은 좀 더 극적인 시나리오를 보여준다. 시간 0000에서 한 이용자가 승강기를 0층으로 불렀지만, 15.2초 기다리다 포기하고 떠나버린다. 승강기가 0층에 도착했을 때에는 거기에 아무도 없다. 승강기는 몇몇 이용자들이 내려가려고 기다리고 있는 4층으로 간다 …….

이런 시스템을 컴퓨터(이 책의 경우 MIX)에서 프로그래밍하는 문제는 세심히 연구해볼 가치가 있다. 시뮬레이션 수행 도중의 임의의 시점에서 시스템에는 여러 명의 가상(시뮬레이션되는) 이용자들이 존재할 것이며, 승강기 문이 닫히려 하는 도중에 많은 이용자들이 승강기에 나가려고 하는 상황에서는 단계 E4, E5, E9가 본질적으로 동시에 수행될 가능성도 있다. 시뮬레이션 시간의 흐름과 "동시

[†] 〔옮긴이 주〕 Don은 Donald(이 책의 저자 이름이기도 하다)의 애칭이다. 영한사전들에는 '돈'이라고 되어 있지만 왠지 어감이 이상해서 '던'이라고 번역했다. (이와 비슷하게, Bob을 '밥' 대신 '보브'라고 해야 할 때도 있다. 예를 들면 'Bob은 식당에 있다' 등.)

성"을 프로그래밍할 때 사용할 수 있는 한 가지 방법은 각 개체를 표현하는 노드에 NEXTTIME 필드(이 개체의 다음 행동을 수행할 시간)와 NEXTINST 필드(이 개체가 명령들의 수행을 시작할 메모리 주소, 보통의 코루틴 연계에 해당)를 두는 것이다. 시간이 지나가길 기다리는 각 개체는 WAIT라는 이름의 이중 연결 목록에 넣어둔다. 이 목록은 일종의 일정표(agenda)에 해당한다. 각 개체를 시간 순으로 처리해야 하므로, 이 목록을 노드의 NEXTTIME 필드를 기준으로 정렬한다. 프로그램은 또한 ELEVATOR 를 위한 이중 연결 목록과 QUEUE를 위한 이중 연결 목록도 사용한다.

하나의 활동(이용자 행동 또는 승강기 행동)을 나타내는 노드는 다음과 같은 형태이다.

+	IN	LLINK1		RLINK1
+	NEXTTIME			
+	NEXTINST	0	0	39
+	OUT	LLINK2		RLINK2

$$(6)$$

여기서 LLINK1과 RLINK1은 WAIT 목록에 대한 링크들이다. LLINK2와 RLINK2는 QUEUE 목록 또는 ELEVATOR 목록에서 링크들로 쓰인다. 그 두 필드들과 IN, OUT 필드들은 노드 (6)이 이용자 행동 노드일 때에만 의미를 지닐 뿐, 승강기 행동 노드일 때와는 무관하다. 노드의 셋째 워드는 사실 하나의 MIX "JMP" 명령이다.

그림 12는 WAIT 목록, ELEVATOR 목록, 그리고 QUEUE 목록들 중 하나의 전형적인 내용을 보여준다. QUEUE 목록의 각 노드는 WAIT 목록의 노드이기도 하다(NEXTINST = U4). 그러나 그것 까지 표시하면 그림이 너무 복잡해져서 기본적인 아이디어가 불명확해질 수 있기 때문에, 그림 12에서 는 그런 관계를 생략했다.

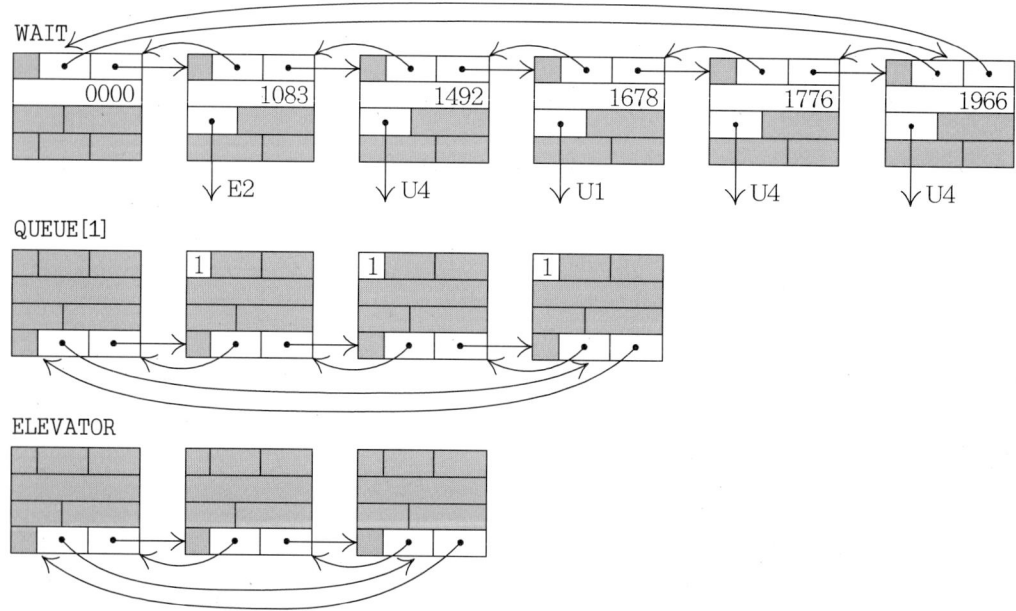

그림 12. 승강기 시뮬레이션 프로그램에 쓰이는 몇몇 목록들. (목록 머리는 왼쪽에 있음.)

　그럼 프로그램 자체를 보자. 상당히 길긴 하지만 (긴 프로그램들이 그렇듯이)작은 부분들로 나뉘어져 있고, 각 부분 자체는 상당히 간단하다. 처음 나오는 코드는 표들의 초기 내용을 정의한다. 여기서 주목할 점들이 몇 가지 있다. 줄 010-011은 WAIT 목록의 머리, 줄 026-031은 QUEUE 목록들의 머리들, 줄 032-033은 ELEVATOR 목록 머리이다. 이들 각각은 (6)과 같은 형태의 노드이나, 중요하지 않은 워드들은 삭제되었다. WAIT 목록 머리는 노드의 처음 두 워드들만 담고 있다. 줄 012-023은 시스템에 항상 존재하는 네 개의 노드들로, USER1은 항상 단계 U1에 위치하며 새 이용자가 시스템에 진입하기를 기다리는 노드이고 ELEV1은 단계 E1, E2, E3, E4, E6, E7, E8에서 승강기의 주된 행동들을 관장하는 노드이다. ELEV2와 ELEV3은 승강기 행동 E5와 E9에 쓰이는 노드들이다. 그 행동들은 시뮬레이션 시간에 따라 다른 승강기 행동들과는 독립적으로 일어난다. 이 네 노드들은 QUEUE 목록이나 ELEVATOR 목록에는 결코 나타나지 않기 때문에 오직 세 개의 워드들만 담는다. 실제 이용자를 나타내는 노드들은 주 프로그램 다음의 저장소 풀에 있다.

```
001  * THE ELEVATOR SIMULATION
002  IN       EQU   1:1                           노드 안의 필드들의
003  LLINK1   EQU   2:3                              정의
004  RLINK1   EQU   4:5
005  NEXTINST EQU   0:2
006  OUT      EQU   1:1
007  LLINK2   EQU   2:3
008  RLINK2   EQU   4:5

009  * FIXED-SIZE TABLES AND LIST HEADS
010  WAIT     CON   *+2(LLINK1),*+2(RLINK1)   WAIT 목록의 목록 머리.
011           CON   0                            항상 NEXTTIME = 0.
012  USER1    CON   *-2(LLINK1),*-2(RLINK1)   이 노드는 행동
013           CON   0                            U1을 나타낸다. 초기에는
014           JMP   U1                           WAIT 목록에 이 노드만 있다.
015  ELEV1    CON   0                         이 노드는 E5, E9 이외의
016           CON   0                            승강기 행동들을 나타낸다.
017           JMP   E1
018  ELEV2    CON   0                         이 노드는 E5에서의
019           CON   0                            독립적인 승강기 행동을
020           JMP   E5                           나타낸다.
021  ELEV3    CON   0                         이 노드는 E9에서의
022           CON   0                            독립적인 승강기 행동을
023           JMP   E9                           나타낸다.
024  AVAIL    CON   0                         가용 노드들로의 링크
025  TIME     CON   0                         현재 시뮬레이션 시간
026  QUEUE    EQU   *-3
```

027		CON	∗-3(LLINK2),∗-3(RLINK2)	QUEUE[0]의 목록 머리
028		CON	∗-3(LLINK2),∗-3(RLINK2)	QUEUE[1]의 목록 머리
029		CON	∗-3(LLINK2),∗-3(RLINK2)	모든 대기열들은 초기에는
030		CON	∗-3(LLINK2),∗-3(RLINK2)	빈 상태이다.
031		CON	∗-3(LLINK2),∗-3(RLINK2)	QUEUE[4]의 목록 머리
032	ELEVATOR	EQU	∗-3	
033		CON	∗-3(LLINK2),∗-3(RLINK2)	ELEVATOR의 목록 머리
034		CON	0	
035		CON	0	CALL 표를 위한 "채움" 공간
036		CON	0	(줄 183-186을 볼 것)
037		CON	0	
038	CALL	CON	0	CALLCAR[0], CALLCAR[0], CALLDOWN[0]
039		CON	0	CALLCAR[1], CALLCAR[1], CALLDOWN[1]
040		CON	0	CALLCAR[2], CALLCAR[2], CALLDOWN[2]
041		CON	0	CALLCAR[3], CALLCAR[3], CALLDOWN[3]
042		CON	0	CALLCAR[4], CALLCAR[4], CALLDOWN[4]
043		CON	0	
044		CON	0	CALL 표를 위한 "채움" 공간
045		CON	0	(줄 178-181을 볼 것)
046		CON	0	
047	D1	CON	0	문 열림, 활동 중을 뜻함
048	D2	CON	0	오랜 기간 동안 정지된 것이 아님을 뜻함
049	D3	CON	0	문 열림, 활동 중이 아님을 뜻함 ▌

　　프로그램의 다음 부분은 기본적인 서브루틴들과 시뮬레이션 공정에 대한 주 제어 루틴들이다. 서브루틴 INSERT와 DELETE는 이중 연결 목록에 대한 전형적인 연산들을 수행한다. 이들은 현재 노드를 QUEUE나 ELEVATOR 목록에 넣거나 목록에서 꺼낸다. (프로그램에서 "현재 노드" C는 항상 색인 레지스터 6으로 나타낸다.) 그리고 WAIT 목록을 위한 서브루틴들도 있다. 서브루틴 SORTIN은 현재 노드를 WAIT 목록에 추가하되 NEXTTIME 필드를 기준으로 적절한 위치에 정렬해 넣는다. 서브루틴 IMMED는 현재 노드를 WAIT 목록 앞단에 삽입한다. 서브루틴 HOLD는 현재 노드를 WAIT 목록에 집어넣되 노드의 NEXTTIME을 현재 시간에 레지스터 A에 있는 양을 더한 것으로 설정한다. 서브루틴 DELETEW는 WAIT 목록에서 현재 노드를 삭제한다.

　　CYCLE 루틴은 시뮬레이션 제어의 심장부이다. 이 루틴은 다음에 수행할 행동(즉, WAIT 목록의 첫째 요소. 지금 상황에서 WAIT 목록이 비어있지 않음은 알고 있다)을 결정하고 그곳으로 점프한다. CYCLE에는 두 개의 특별한 진입점, CYCLE1과 HOLDC가 있다. CYCLE1은 먼저 NEXTINST를 현재 노드로 설정한다. HOLDC도 같으나 HOLD 서브루틴을 호출한다는 점이 다르다. 따라서 레지스터 A에 시간량 t를 넣은 상태에서 "JMP HOLDC"를 수행하면 주어진 행동의 수행을 시뮬레이션 시간 t 단위만큼 지연시킨 후에 그 다음 장소로 돌아오는 효과가 된다.

```
050  * SUBROUTINES AND CONTROL ROUTINE
051  INSERT   STJ   9F                  NODE(C)를 NODE(rI1) 왼쪽에 삽입:
052           LD2   3,1(LLINK2)         rI2 ← LLINK2(rI1).
053           ST2   3,6(LLINK2)         LLINK2(C) ← rI2.
054           ST6   3,1(LLINK2)         LLINK2(rI1) ← C.
055           ST6   3,2(RLINK2)         RLINK2(rI2) ← C.
056           ST1   3,6(RLINK2)         RLINK2(C) ← rI1.
057  9H       JMP   *                   서브루틴에서 나간다.
058  DELETE   STJ   9F                  NODE(C)를 해당 목록에서 제거:
059           LD1   3,6(LLINK2)         P ← LLINK2(C).
060           LD2   3,6(RLINK2)         Q ← RLINK2(C).
061           ST1   3,2(LLINK2)         LLINK2(Q) ← P.
062           ST2   3,1(RLINK2)         RLINK2(P) ← Q.
063  9H       JMP   *                   서브루틴에서 나간다.
064  IMMED    STJ   9F                  NODE(C)를 WAIT 앞단에 삽입한다.
065           LDA   TIME
066           STA   1,6                 NEXTTIME(C) ← TIME으로 설정.
067           ENT1  WAIT                P ← LOC(WAIT).
068           JMP   2F                  NODE(C)를 NODE(P) 오른쪽에 삽입한다.
069  HOLD     ADD   TIME                rA ← TIME + rA.
070  SORTIN   STJ   9F                  NODE(C)를 WAIT 목록에 정렬해 넣기:
071           STA   1,6                 NEXTTIME(C) ← rA로 설정.
072           ENT1  WAIT                P ← LOC(WAIT).
073           LD1   0,1(LLINK1)         P ← LLINK1(P).
074           CMPA  1,1                 NEXTTIME 필드들을 오른쪽에서 왼쪽으로 비교.
075           JL    *-2                 NEXTTIME(C) ≥ NEXTTIME(P)가 될 때까지 반복.
076  2H       LD2   0,1(RLINK1)         Q ← RLINK1(P).
077           ST2   0,6(RLINK1)         RLINK1(C) ← Q.
078           ST1   0,6(LLINK1)         LLINK1(C) ← P.
079           ST6   0,1(RLINK1)         RLINK1(P) ← C.
080           ST6   0,2(LLINK1)         LLINK1(Q) ← C.
081  9H       JMP   *                   서브루틴에서 나간다.
082  DELETEW  STJ   9F                  WAIT 목록에서 NODE(C)를 삭제:
083           LD1   0,6(LLINK1)         (이 부분은 LLINK2, RLINK2 대신 LLINK1,
084           LD2   0,6(RLINK1)            RLINK1을 사용한다는 점만 제외하면
085           ST1   0,2(LLINK1)            줄 058-063과 동일하다.)
086           ST2   0,1(RLINK1)
087  9H       JMP   *
088  CYCLE1   STJ   2,6(NEXTINST)       NEXTINST(C) ← rJ로 설정.
089           JMP   CYCLE
090  HOLDC    STJ   2,6(NEXTINST)       NEXTINST(C) ← rJ로 설정.
```

```
091              JMP    HOLD          NODE(C)를 WAIT에 삽입하고 rA만큼 지연.
092    CYCLE     LD6    WAIT(RLINK1)  현재 노드 C ← RLINK1(LOC(WAIT))로 설정.
093              LDA    1,6
094              STA    TIME          TIME ← NEXTTIME(C).
095              JMP    DELETEW       WAIT 목록에서 NODE(C)를 제거.
096              JMP    2,6           NEXTINST(C)로 점프. ∎
```

이제 코루틴 U에 관한 프로그램을 보자. 단계 U1 시작에서 현재 노드 C는 USER1이다(위의 줄 012-014 참고). 그리고 프로그램의 줄 099-100에 의해서 USER1은 WAIT 목록에 다시 삽입된다 (다음 이용자가 시뮬레이션 시간 INTERTIME 단위 이후에 생성되도록 하기 위해). 줄 101-114는 새로 생성된 이용자를 위한 노드를 설정한다. IN과 OUT 층들이 이 노드 위치에 기록된다. AVAIL 스택은 각 노드가 RLINK1 필드로 연결된 단일 연결 목록이다. 줄 101-108이 2.2.3-(7)의 POOLMAX 기법을 이용해서 "C ⇐ AVAIL" 연산을 수행함을 주목할 것. 그런데 여기에서는 OVERFLOW를 점검할 필요가 없다. 왜냐하면 저장소 풀의 전체 크기(임의의 시점에서의 시스템 안의 이용자 수)가 10 노드 (40 워드)를 넘는 경우는 거의 없기 때문이다. 노드를 AVAIL 스택에 되돌리는 연산은 줄 156-158이 담당한다.

프로그램 전반에서 색인 레지스터 4는 변수 FLOOR와 동치이고 색인 레지스터 5는 STATE가 GOINGUP, GOINGDOWN, NEUTRAL이냐에 따라 양, 음, 0이다. 변수 CALLUP[j], CALLCAR[j], CALLDOWN[j]들은 장소 CALL + j의 필드 (1:1), (3:3), (5:5)를 각각 차지한다.

```
097    * COROUTINE U              U1. 진입. 다음 이용자를 위한 준비.
098 U1   JMP    VALUES            INFLOOR, OUTFLOOR, GIVEUPTIME, INTERTIME 설정.
099      LDA    INTERTIME         INTERTIME은 VALUES 서브루틴에서 계산했다.
100      JMP    HOLD              NODE(C)를 WAIT에 넣고 INTERTIME만큼 지연.
101      LD6    AVAIL             C ← AVAIL.
102      J6P    1F                만일 AVAIL ≠ Λ이면 점프.
103      LD6    POOLMAX(0:2)
104      INC6   4                 C ← POOLMAX + 4.
105      ST6    POOLMAX(0:2)      POOLMAX ← C.
106      JMP    *+3               메모리 위넘침이 발생하지 않는다고 가정.
107 1H   LDA    0,6(RLINK1)
108      STA    AVAIL             AVAIL ← RLINK1(AVAIL).
109      LD1    INFLOOR           rI1 ← INFLOOR (위에서 VALUES가 계산했음).
110      ST1    0,6(IN)           IN(C) ← rI1.
111      LD2    OUTFLOOR          rI2 ← OUTFLOOR (위에서 VALUES가 계산했음).
112      ST2    3,6(OUT)          OUT(C) ← rI2.
113      ENTA   39                상수 39 (JMP 연산 코드)를
114      STA    2,6                  노드 형식 (6)의 셋째 워드에 넣는다.
115 U2   ENTA   0,4               U2. 신호 및 대기. rA ← FLOOR로 설정.
```

116		DECA	0,1	FLOOR − IN.
117		ST6	TEMP	C의 값을 저장해 둔다.
118		JANZ	2F	만일 FLOOR ≠ IN이면 점프.
119		ENT6	ELEV1	C ← LOC(ELEV1)로 설정.
120		LDA	2,6(NEXTINST)	승강기가 E6에 있는가?
121		DECA	E6	
122		JANZ	3F	
123		ENTA	E3	그렇다면 승강기를 E3으로 옮긴다.
124		STA	2,6(NEXTINST)	
125		JMP	DELETEW	이용자를 WAIT 목록에서 제거하고
126		JMP	4F	WAIT 목록의 앞단에 다시 삽입한다.
127	3H	LDA	D3	
128		JAZ	2F	만일 D3 = 0이면 점프.
129		ST6	D1	그렇지 않으면 D1을 0이 아닌 값으로 설정.
130		STZ	D3	D3 ← 0으로 설정.
131	4H	JMP	IMMED	ELEV1을 WAIT 목록 앞단에 삽입.
132		JMP	U3	(rI1과 rI2가 변했음.)
133	2H	DEC2	0,1	rI2 ← OUT − IN.
134		ENTA	1	
135		J2P	*+3	위로 이동이면 점프.
136		STA	CALL,1(5:5)	CALLDOWN[IN] ← 1로 설정.
137		JMP	*+2	
138		STA	CALL,1(1:1)	CALLUP[IN] ← 1로 설정.
139		LDA	D2	
140		JAZ	*+3	만일 D2 = 0이면 DECISION 서브루틴을 호출.
141		LDA	ELEV1+2(NEXTINST)	
142		DECA	E1	승강기가 E1에 있으면
143		JAZ	DECISION	DECISION 서브루틴을 호출.
144	U3	LD6	TEMP	*U3. 대기열에 진입.*
145		LD1	0,6(IN)	
146		ENT1	QUEUE,1	rI1 ← LOC(QUEUE[IN]).
147		JMP	INSERT	NODE(C)를 QUEUE[IN]의 오른쪽에 삽입.
148	U4A	LDA	GIVEUPTIME	
149		JMP	HOLDC	GIVEUPTIME 단위만큼 대기.
150	U4	LDA	0,6(IN)	*U4. 포기한다.*
151		DECA	0,4	IN(C) − FLOOR.
152		JANZ	*+3	
153		LDA	D1	FLOOR = IN(C).
154		JANZ	U4A	연습문제 7 참고.
155	U6	JMP	DELETE	*U6. 내린다.* NODE(C)를 QUEUE 또는
156		LDA	AVAIL	ELEVATOR에서 뽑는다.

```
157          STA     0,6(RLINK1)          AVAIL ⇐ C.
158          ST6     AVAIL
159          JMP     CYCLE                시뮬레이션을 계속 진행.
160    U5    JMP     DELETE               U5. 탄다. NODE(C)를
161          ENT1    ELEVATOR                QUEUE에서 뽑는다.
162          JMP     INSERT               그것을 ELEVATOR에 넣는다.
163          ENTA    1
164          LD2     3,6(OUT)
165          STA     CALL,2(3:3)          CALLCAR[OUT(C)] ← 1로 설정.
166          J5NZ    CYCLE                만일 STATE ≠ NEUTRAL이면 점프.
167          DEC2    0,4                  rI2 ← OUT(C) − FLOOR.
168          ENT5    0,2                  STATE의 방향을 적절히 설정.
169          ENT6    ELEV2                C ← LOC(ELEV2)로 설정.
170          JMP     DELETEW              WAIT 목록에서 E5 행동을 제거.
171          ENTA    25
172          JMP     E5A                  25 단위 이후에 E5를 다시 시작한다. ∎
```

코루틴 E를 위한 프로그램은 앞서 나온 다소 비공식적인 설명을 상당히 직접적으로 옮긴 것이라 할 수 있다. 가장 흥미로운 대목은 아마도 단계 E3에서 승강기의 독립 행동들을 준비하는 부분과 단계 E4에서 ELEVATOR와 QUEUE 목록을 검색하는 부분일 것이다.

```
173    * COROUTINE E
174    E1A  JMP     CYCLE1               NEXTINST ← E1로 설정, CYCLE로 간다.
175    E1   EQU     *                    E1. 호출을 기다린다. (행동 없음)
176    E2A  JMP     HOLDC
177    E2   J5N     1F                   E2. 상태 변경?
178         LDA     CALL+1,4             상태는 GOINGUP.
179         ADD     CALL+2,4
180         ADD     CALL+3,4
181         ADD     CALL+4,4
182         JAP     E3                   더 높은 층으로의 호출이 있는가?
183         LDA     CALL-1,4(3:3)        없다면, 승강기 안의 승객들이
184         ADD     CALL-2,4(3:3)           더 아래층으로 가는 버튼을 눌렀는가?
185         ADD     CALL-3,4(3:3)
186         ADD     CALL-4,4(3:3)
187         JMP     2F
188    1H   LDA     CALL-1,4             상태는 GOINGDOWN.
189         ADD     CALL-2,4             행동들은 줄 178-186과 유사하다.
   ⋮
196         ADD     CALL+4,4(3:3)
197    2H   ENN5    0,5                  STATE의 방향을 뒤집는다.
```

198		STZ	CALL,4	CALL 변수들을 0으로 설정.
199		JANZ	E3	반대 방향으로의 호출이 있다면 점프,
200		ENT5	0	그렇지 않으면 STATE ← NEUTRAL로 설정.
201	E3	ENT6	ELEV3	*E3. 문 열기.*
202		LDA	0,6	활동 E9가 이미 예약되었다면
203		JANZ	DELETEW	그것을 WAIT 목록에서 제거한다.
204		ENTA	300	
205		JMP	HOLD	300 단위 이후에 활동 E9가 일어나도록 예약.
206		ENT6	ELEV2	
207		ENTA	76	
208		JMP	HOLD	76 단위 이후에 활동 E5가 일어나도록 예약.
209		ST6	D2	D2를 0이 아닌 값으로 설정.
210		ST6	D1	D1을 0이 아닌 값으로 설정.
211		ENTA	20	
212	E4A	ENT6	ELEV1	
213		JMP	HOLDC	
214	E4	ENTA	0,4	*E4. 사람들이 타고 내리게 한다.*
215		SLA	4	rA의 OUT 필드를 FLOOR로 설정.
216		ENT6	ELEVATOR	C ← LOC(ELEVATOR).
217	1H	LD6	3,6(LLINK2)	C ← LLINK2(C).
218		CMP6	=ELEVATOR=	ELEVATOR 목록을 오른쪽에서 왼쪽으로 검색.
219		JE	1F	만일 C = LOC(ELEVATOR)이면 검색을 끝낸다.
220		CMPA	3,6(OUT)	OUT(C)를 FLOOR에 비교.
221		JNE	1B	만일 같지 않으면 검색을 계속한다.
222		ENTA	U6	그렇지 않으면 이용자를 U6으로 보낼 준비를 한다.
223		JMP	2F	
224	1H	LD6	QUEUE+3,4(RLINK2)	C ← RLINK2(LOC(QUEUE[FLOOR]))로 설정.
225		CMP6	3,6(RLINK2)	C = RLINK2(C)인가?
226		JE	1F	그렇다면 대기열이 비어 있는 것이다.
227		JMP	DELETEW	아니라면 이 이용자에 대한 행동 U4를 취소.
228		ENTA	U5	U4를 U5로 대체할 준비를 한다.
229	2H	STA	2,6(NEXTINST)	NEXTINST(C)를 설정.
230		JMP	IMMED	이용자를 WAIT 목록 앞단에 넣는다.
231		ENTA	25	
232		JMP	E4A	25 단위 기다린 후 E4를 반복한다.
233	1H	STZ	D1	D1 ← 0으로 설정.
234		ST6	D3	D3을 0이 아닌 값으로 설정.
235		JMP	CYCLE	다른 사건들을 시뮬레이션하러 돌아간다.
236	E5A	JMP	HOLDC	
237	E5	LDA	D1	*E5. 문 닫기.*
238		JAZ	*+3	D1 = 0인가?

239		ENTA	40	아니라면 사람들이 아직 타고 내리는 중이다.
240		JMP	E5A	40 단위 기다린 후 E5를 반복한다.
241		STZ	D3	만일 D1 = 0이면 D3 ← 0로 설정.
242		ENT6	ELEV1	
243		ENTA	20	
244		JMP	HOLDC	20 단위 기다린 후 E6으로 간다.
245	E6	J5N	*+2	*E6. 승강기 이동 준비.*
246		STZ	CALL,4(1:3)	만일 STATE ≠ GOINGDOWN이면 이 층에 대한
247		J5P	*+2	CALLUP과 CALLCAR를 재설정.
248		STZ	CALL,4(3:5)	만일 ≠ GOINGUP이면 CALLCAR와 CALLDOWN을 재설정.
249		J5Z	DECISION	DECISION 서브루틴을 수행.
250	E6B	J5Z	E1A	만일 STATE = NEUTRAL이면 E1로 가서 기다린다.
251		LDA	D2	
252		JAZ	*+4	
253		ENT6	ELEV3	그렇지 않으면, 만일 D2 ≠ 0이면
254		JMP	DELETEW	활동 E9를 취소
255		STZ	ELEV3	(줄 202를 볼 것).
256		ENT6	ELEV1	
257		ENTA	15	15 시간 단위 기다린다.
258		J5N	E8A	만일 STATE = GOINGDOWN이면 E8로 간다.
259	E7A	JMP	HOLDC	
260	E7	INC4	1	*E7. 한 층 올라간다.*
261		ENTA	51	
262		JMP	HOLDC	51 단위 기다린다.
263		LDA	CALL,4(1:3)	CALLCAR[FLOOR] 또는 CALLUP[FLOOR] ≠ 0인가?
264		JAP	1F	
265		ENT1	-2,4	아니라면,
266		J1Z	2F	FLOOR = 2인가?
267		LDA	CALL,4(5:5)	아니라면, CALLDOWN[FLOOR] ≠ 0인가?
268		JAZ	E7	아니라면 단계 E7을 반복.
269	2H	LDA	CALL+1,4	
270		ADD	CALL+2,4	
271		ADD	CALL+3,4	
272		ADD	CALL+4,4	
273		JANZ	E7	더 높은 층으로의 호출이 있는가?
274	1H	ENTA	14	승강기를 정지시킬 때이다.
275		JMP	E2A	14 단위 기다린 후 E2로 간다.
276	E8A	JMP	HOLDC	
		⋮		(연습문제 8을 볼 것.)
292		JMP	E2A	
293	E9	STZ	0,6	*E9. 정지 지시자를 설정.* (줄 202 참고.)

```
294      STZ   D2                  D2 ← 0.
295      JMP   DECISION            DECISION 서브루틴을 수행.
296      JMP   CYCLE               다른 사건들을 시뮬레이션하러 돌아간다.  ▮
```

DECISION 서브루틴(연습문제 9 참고)이나 승강기에 대한 요구들을 지정하는 데 쓰이는 VALUES 서브루틴의 구체적인 코드는 제시하지 않겠다. 프로그램의 끝 부분에는 다음과 같은 코드가 나온다.

```
BEGIN    ENT4  2                  초기에는 FLOOR = 2,
         ENT5  0                    STATE = NEUTRAL로 시작.
         JMP   CYCLE              시뮬레이션을 시작한다.
POOLMAX  NOP   POOL
POOL     END   BEGIN              저장소 풀 다음에는 리터럴들과 임시 저장소가 온다.  ▮
```

이상의 프로그램은 승강기 시스템을 충실하게 시뮬레이션하지만, 아무 것도 출력하지 않기 때문에 별 쓸모가 없다. 사실 필자는 PRINT라는 서브루틴을 추가하고 프로그램의 주요 단계들 대부분에서 그것을 호출하게 했다. 표 1은 그렇게 만들어낸 것이다. 그러나 그와 관련된 세부사항들은 매우 간단하며 논의에 보탬이 되기보다는 코드를 어지럽힐 뿐이므로 생략하였다.

이산 시뮬레이션 안의 행동들을 상당히 쉽게 지정할 수 있는, 그리고 그런 명세들을 컴파일러를 이용해서 기계어로 변환할 수 있는 프로그래밍 언어들은 여럿 고안되었다. 물론 이번 절에서는 어셈블리 언어를 사용했는데, 이는 이번 절의 주된 목적이 연결된 목록을 조작하는 기본적인 기법들을 보이고, 또한 고지식한 컴퓨터로 이산 시뮬레이션이라는 것을 수행하는 방식을 상세히 살펴보는 데 있었기 때문이다. 이번 절에서 이야기한, 일정표(WAIT 목록)를 이용해서 코루틴들의 수행 절차를 제어하는 기법을 유사병렬 처리(quasi-parallel processing)라고 부른다.

이런 긴 프로그램에는 복잡한 상호작용들이 관련되기 때문에 그 실행 시간을 정확히 분석하기가 상당히 어렵다. 그러나 커다란 프로그램들은 수행 시간의 대부분을 상대적으로 간단한 과제를 수행하는 비교적 짧은 루틴들에서 소비한다. 그런 특징 덕분에, 프로파일러(profiler)라고 하는 특별한 추적 루틴으로 프로그램의 전반적인 효율성에 대한 쓸 만한 지표를 얻을 수 있는 경우가 많다. 프로파일러는 프로그램을 실행해서 각 명령이 몇 번이나 호출되었는지를 기록하는 루틴이다. 프로파일러의 기록을 통해 프로그램에서 특별히 주의를 기울여야 하는 "병목"(bottleneck)을 찾을 수 있다. 〔연습문제 1.4.3.2-7을 볼 것. 또한 *Software Practice & Experience* **1** (1971), 105-133에는 Stanford Computer Center의 휴지통들에서 무작위로 끄집어낸 FORTRAN 프로그램들을 대상으로 그와 같은 조사를 진행한 예가 나와 있다.〕 필자도 위에 나온 승강기 프로그램으로 그런 실험을 해 보았다. 실험에서는 이용자 26명을 시뮬레이션되는 시스템에 집어넣고 총 10000 시뮬레이션 단위 시간동안 실행했다. SORTIN 루프(줄 073-075)의 명령들이 총 1432번으로 가장 많이 실행되었고, SORTIN 서브루틴 자체는 437번 호출되었다. 그리고 CYCLE 루틴은 407번 수행되었다. 따라서 줄 095에서 DELETEW 서브루틴을 호출하지 않는다면 속도가 좀 더 향상될 것이다. 그 서브루틴의 코드 네 줄을 서브루틴을 호출하는 부분에 직접 집어넣는 방법도 가능하다. 그러면 CYCLE을 사용할 때마다 $4u$가 절약된다. 그 외의 실험 결과로, DECISION 서브루틴의 경우는 단 32회 수행되었고 E4의 루프(줄 217-219)는 단 142회 수행되었다.

　　승강기 예제를 준비하면서 필자는 승강기에 대해 많은 것을 알게 되었는데, 독자 역시 이 예제로부터 시뮬레이션에 대해 최대한 많은 것을 알게 되었으면 좋겠다.

연습문제

1. [21] (1)에 나온 것 같은 이중 연결 목록의 왼쪽 끝에 정보를 삽입, 삭제하는 연산에 대한 명세를 작성하라. (대칭을 통해서 오른쪽 끝에 대한 해당 연산들 역시 얻을 수 있을 것이다. 오른쪽 연산들까지 만들어낸다면 일반적인 데크에 대한 모든 행동들을 얻게 되는 셈이다.)

▶ **2.** [22] 단일하게 연결된 목록에서는 일반적 데크만큼의 효율적인 연산이 불가능한 이유를 말하라. 단일 연결 목록에서는 오직 한쪽 끝에서만 항목을 효율적으로 삭제할 수 있다.

▶ **3.** [22] 본문에 나온 승강기 시스템은 각 층마다 CALLUP, CALLCAR, CALLDOWN이라는 세 변수들을 사용한다. 이들은 시스템 안에서 이용자가 누른 각 버튼들에 해당한다. 그런데 좀 더 생각해보면, 사실 각 층의 호출 버튼에 필요한 이진 변수는 하나나 두 개(세 개가 아니라)뿐임을 알 수 있다. 이 시스템 안에서 각 층마다(제일 위, 아래층들은 제외) 독립적인 세 개의 이진 변수들이 존재함을 증명하기 위해서는 실험자가 버튼들을 어떤 순서로 눌러봐야 할까?

4. [24] 승강기 코루틴의 활동 E9는 단계 E6에 의해 취소되는 것이 일반적이다. 그리고 취소되지 않는다고 해도 그리 많은 일을 하는 것은 아니다. 활동 E9를 시스템에서 아예 제거한다면, 승강기가 어떤 상황에서 이전과 다른 행동을 보이게 될까? 예를 들어 때에 따라서는 승강기가 이전과는 다른 순서로 층들을 방문하게 될까?

5. [20] 표 1에서 이용자 10은 시간 1048에 0층에 도착한다. 이용자 10이 0층이 아닌 2층에 도달했다면, 0층으로 내려가고자 하는 이용자 8이 있다고 해도 승강기는 1층에서 승객들을 받은 후에 위로 올라가게 됨을 보여라.

6. [23] 표 1의 시간 1183-1233에서 이용자 7, 8, 9는 모두 1층에서 승강기에 오른다. 그런 다음 승강기는 0층으로 내려가고, 거기서는 이용자 8만 내린다. 승강기는 이미 타고 있는 이용자 7, 9를 태우기 위해 다시 1층으로 간다. 물론 1층에는 승강기를 기다리고 있는 사람이 없다. (실제로 칼텍에서는 이런 상황이 드물지 않게 일어난다. 만일 독자가 잘못된 방향으로 움직이는 승강기를 탔다면 승강기는 독자가 원래 승강기에 올랐던 층에서 다시 멈추게 된다.) 현실의 많은 승강기 시스템들에는 승강기의 이동 방향을 알려주는 외부 지시등이 있다. 그런 지시등이 있다면 시간 1183에서 이용자 7과 9는 승강기가 올라가는 게 아니라 내려간다는 점을 알 수 있으므로 승강기에 타지 않았을 것이다. 그러나 본문에서 설명하는 시스템은 그런 외부 지시등을 갖추고 있지 않아서 일단 승강기에 올라타 봐야 움직이는 방향을 알 수 있다. 표 1은 그러한 상황을 충실히 반영하고 있는 것이다.

만일 사람들이 자신이 원하는 방향이 아니면 승강기에 타지 않도록 외부 지시등을 지금의 승강기 시스템에 추가한다면 코루틴 U와 E를 어떻게 변경해야 할까?

7. [25] 프로그래머 입장에서 본다면 프로그램에 버그가 있다는 사실은 창피한 일이 아닐 수 없다. 그러나 실수로부터 뭔가를 배우고자 하는 프로그래머라면 그런 버그를 숨기지 말고 기록해서 다른 사람들에게도 알려주어야 할 것이다. 필자는 이번 절의 프로그램을 처음으로 작성할 때 줄 154에서 "JANZ U4A" 대신 "JANZ CYCLE"이라고 쓰는 실수를 범했다(물론 이것이 유일한 실수는 아니었다). 그렇게 한 이유는 승강기가 이 이용자의 층에 실제로 도착했을 경우 "포기" 활동 U4는 더 이상 수행할 필요가 없으므로 바로 CYCLE로 가서 다른 활동들을 계속 시뮬레이션하면 되지 않느냐는 것이었다. 이 논리에 어떤 오류가 있을까?

8. [21] 본문에서 생략했던, 단계 E8의 줄 277-292에 들어갈 코드를 작성하라.

9. [23] 본문에서 생략했던 DECISION 서브루틴의 코드를 작성하라.

10. [40] 필자는 수년간 승강기 시스템을 사용해 왔으므로 그 시스템을 잘 알고 있다고 생각했지만, 이번 장을 쓰면서야 승강기 시스템이 방향을 선택하는 방식에 대해 상당히 많은 사실들을 모르고 있었음을 깨달았다. 이 점에 주목하는 게 독자들에게도 의미가 있을 것 같다. 필자는 여섯 번이나 승강기 시스템을 조사하러 나갔으며, 매번 그 작동방식(modus operandi)에 대해 새로운 사실을 알게 되었다. (이제는 본문에 나온 알고리즘과 모순되는 새로운 사실을 발견하게 될까봐 승강기 타는 게 두려울 정도이다.) 뭔가를 컴퓨터로 시뮬레이션해보고 나서야 그것에 대해 별로 알고 있는 것이 없었음을 깨닫게 되는 경우가 종종 있다.

독자에게 익숙한 승강기들의 행동을 명시하라. 그리고 그 알고리즘을 실제 승강기에 대한 체험과 비교해서 점검해 볼 것(승강기 회로를 직접 들여다보는 것은 반칙이다!). 그런 다음에는 그 승강기 시스템에 대한 이산 시뮬레이터를 설계하고 컴퓨터에서 실행해 보라.

▶ **11.** [21] (희소 갱신 메모리(sparse-update memory).) 다음은 동기적 시뮬레이션에서 자주 발생하는 문제이다: 시스템에는 n개의 변수 $V[1]$, ..., $V[n]$이 있고, 각각의 시뮬레이션 단계마다 그들 중 일부를 이전 값들로부터 새로 계산한다. 그러한 계산들은 변수들이 모두 다 배정되기 전까지는 각각의 값이 새 값으로 변하지 않는다는 의미에서 "동시적으로" 일어난다. 예를 들어 다음 두 문장

$$V[1] \leftarrow V[2] \quad \text{와} \quad V[2] \leftarrow V[1]$$

는 동일한 시뮬레이션 시간에서 동시에 수행되며, 따라서 $V[1]$과 $V[2]$의 값들이 서로 교환되는 결과가 된다. 이는 순차적인 계산에서 일어나는 일과는 상당히 다르다.

이러한 동시 갱신은 추가적인 표 NEWV[1], ..., NEWV[n]을 통해서 흉내 낼 수 있다. 각 시뮬레이션 단계에서 우선 $1 \leq k \leq n$에 대해 NEWV[k] ← V[k]로 설정하고, V[k]의 모든 변경들을 NEWV[k] 안에서 수행하고, 그런 후에는 마지막으로 $1 \leq k \leq n$에 대해 V[k] ← NEWV[k]로 설정하는 것이다. 그러나 이런 "막무가내식" 접근방식이 아주 만족스러운 것은 아니다. 몇 가지 이유를 들자면: (1) 종종 n이 매우 크지만 각 단계에서 변경되는 변수들의 개수는 비교적 작은 경우가 있다. (2)

변수들이 V[1], ..., V[n]이라는 표에 깔끔하게 배치되어 있지 않고 상당히 무작위적인 방식으로 메모리에 흩어져 있다. (3) 이 방법은 같은 시뮬레이션 단계 안에서 한 변수가 두 개의 값을 받는 상황(주어진 모형에서는 일반적으로 오류에 해당한다)을 감지하지 못한다.

매 단계에서 변경되는 변수들이 상당히 적다고 가정하고, 앞에서 말한 동시 갱신 행동을 두 보조 표 NEWV[k]와 LINK[k] ($1 \le k \le n$)을 사용해서 흉내 내는 효율적인 알고리즘을 설계하라. 가능하다면, 같은 단계 안에서 한 변수에 서로 다른 두 값이 주어지는 오류 상황을 점검하고 그에 따라 알고리즘을 중지하는 기능도 추가하라.

▸ **12.** [22] 이번 절의 시뮬레이션 프로그램에서 단일 연결 목록이나 순차 목록 대신 이중 연결 목록을 사용하는 게 좋은 이유는 무엇인가?

2.2.6. 배열과 직교 목록

선형 목록의 가장 단순한 일반화들 중 하나는 정보의 2차원 또는 다차원 배열이다. 예를 들어 다음과 같은 $m \times n$ 행렬을 생각해 보자.

$$\begin{pmatrix} A[1,1] & A[1,2] & ... & A[1,n] \\ A[2,1] & A[2,2] & ... & A[2,n] \\ \vdots & \vdots & & \vdots \\ A[m,1] & A[m,2] & ... & A[m,n] \end{pmatrix} \tag{1}$$

이 2차원 배열(array)에서 각 노드 $A[j,k]$는 두 선형 목록들에 속한다. 하나는 "행 j" 목록 $A[j,1]$, $A[j,2]$, ..., $A[j,n]$이고 또 하나는 "열 k" 목록 $A[1,k]$, $A[2,k]$, ..., $A[m,k]$이다. 행렬의 2차원 구조를 본질적으로 특징짓는 것은 바로 이 직교(直交, orthogonal)하는 열과 행 목록들이다. 2차원 이상의 고차원 배열들의 경우 역시 비슷한 설명을 적용할 수 있다.

순차 할당. (1)과 같은 배열을 순차적인 메모리 장소들에 저장할 때에는 일반적으로 다음과 같은 방식으로 저장소들을 할당한다.

$$LOC(A[J,K]) = a_0 + a_1 J + a_2 K. \tag{2}$$

여기서 a_0, a_1, a_2는 상수들이다. 좀 더 일반적인 경우로, 1워드 요소들의 4차원 배열 Q[I,J,K,L]이 있다고 하자. 각 차원의 범위는 $0 \le I \le 2$, $0 \le J \le 4$, $0 \le K \le 10$, $0 \le L \le 2$라고 하겠다. 이 경우 저장소는 다음과 같이 할당할 수 있다.

$$LOC(Q[I,J,K,L]) = a_0 + a_1 I + a_2 J + a_3 K + a_4 L. \tag{3}$$

이는 I나 J, K, L이 변경에 따른 Q[I,J,K,L]의 장소 변경을 쉽게 계산할 수 있음을 의미한다. 가장 자연스러운(그리고 가장 흔히 쓰이는) 저장소 할당 방식은 배열 요소들을 그 색인의 사전식 순서 (lexicographic order)에 따라 배치하는 것이다(연습문제 1.2.1-15(d) 참고). 그런 순서를 "행 우선

순서(row major order)"라고도 부른다. 다음이 그러한 배치이다.

Q[0,0,0,0], Q[0,0,0,1], Q[0,0,0,2], Q[0,0,1,0], Q[0,0,1,1], …,

Q[0,0,10,2], Q[0,1,0,0], …, Q[0,4,10,2], Q[1,0,0,0], …, Q[2,4,10,2].

이 순서가 (3)의 요구사항들을 만족함은 쉽게 알 수 있다. 또한

$$\mathrm{LOC(Q[I,J,K,L])} = \mathrm{LOC(Q[0,0,0,0])} + 165I + 33J + 3K + L \tag{4}$$

이다.

일반적으로, c워드 요소들의 k차원 배열 $A[I_1,I_2,…,I_k]$가 있고 그 색인들의 범위가

$$0 \le I_1 \le d_1, \quad 0 \le I_2 \le d_2, \quad …, \quad 0 \le I_k \le d_k$$

일 때, 그러한 배열을 다음과 같이 메모리에 저장할 수 있다.

$$\mathrm{LOC}(A[I_1,I_2,…,I_k])$$
$$= \mathrm{LOC}(A[0,0,…,0]) + c\ (d_2+1)…(d_k+1)I_1 + \cdots + c(d_k+1)I_{k-1} + cI_k$$
$$= \mathrm{LOC}(A[0,0,…,0]) + \sum_{1 \le r \le k} a_r I_r. \tag{5}$$

여기서,

$$a_r = c \prod_{r < s \le k} (d_s+1). \tag{6}$$

이 공식이 왜 맞는지는, 만일 $I_1, …, I_r$이 상수들이고 $J_{r+1}, …, J_k$가 $0 \le J_{r+1} \le d_{r+1}$, …, $0 \le J_k \le d_k$인 모든 값들을 거쳐 변한다고 할 때 a_r이 부분배열 $A[I_1, …, I_r, J_{r+1}, …, J_k]$를 저장하는 데 필요한 메모리 양이라는 점을 생각하면 이해가 될 것이다. 따라서 사전식 순서의 성질에 의해 $A[I_1, …, I_k]$의 주소는 I_r이 1 변할 때 정확히 a_r만큼만 변하게 된다.

공식 (5)와 (6)은 어떠한 혼합기수(mixed-radix) 수체계의 수 $I_1 I_2 … I_k$의 값에 해당한다. 예를 들어 $0 \le W < 4$, $0 \le D < 7$, $0 \le H < 24$, $0 \le M < 60$, $0 \le S < 60$인 배열 TIME[W,D,H,M,S]가 있다고 할 때, 요소 TIME[W,D,H,M,S]의 장소는 TIME[0,0,0,0,0]의 장소에 "W째주 + D요일 + H시 + M분 + S초"를 초단위로 변환한 값을 더한 것이 된다. 물론, 원소 2,419,200개의 배열이 필요한 응용 프로그램이라면 꽤나 대단한 프로그램일 것이다.

배열이 완전한 직사각형(직교) 구조를 가질 때에는, 즉 독립적인 범위들 $l_1 \le I_1 \le u_1$, $l_2 \le I_2 \le u_2$, …, $l_k \le I_k \le u_k$에 대해 모든 요소 $A[I_1, I_2, …, I_k]$들이 존재하는 경우에는 보통의 저장 방식으로도 충분한 것이 일반적이다. 연습문제 2는 하계 $(l_1, l_2, …, l_k)$들이 $(0, 0, …, 0)$이 아닌 경우에 맞게 (5)와 (6)을 변경하는 방법을 다룬다.

그러나 배열이 완전히 직사각형이 아닌 경우도 많이 있다. 가장 흔히 볼 수 있는 사례는 삼각행렬이다. 삼각행렬을 저장할 때, 예를 들어 다음과 같은 형태의 성분들만, 즉 $0 \le k \le j \le n$에 대한 $A[j,k]$ 성분들만 저장하고 싶다고 하자.

$$\begin{pmatrix} A[0,0] & & & \\ A[1,0] & A[1,1] & & \\ \vdots & \vdots & \ddots & \\ A[n,0] & A[n,1] & \ldots & A[n,n] \end{pmatrix}. \tag{7}$$

만일 나머지 성분들이 모두 0임을 알고 있거나, 또는 $A[j,k] = A[k,j]$임을 알고 있다면, 전체 성분들의 반만 저장해도 된다. (7)과 같은 하삼각행렬을 $\frac{1}{2}(n+1)(n+2)$개의 연속적인 메모리 위치들에 저장하고 싶다면 식 (2)에서와 같은 선형 할당의 가능성은 포기해야 한다. 그 대신 다음과 같은 형태의 배치를 사용할 수 있다.

$$LOC(A[J,K]) = a_0 + f_1(J) + f_2(K). \tag{8}$$

여기서 f_1과 f_2는 매개변수가 하나인 함수들이다. (필요하다면 상수 a_0을 f_1이나 f_2에 포함시킬 수도 있다.) (8)과 같은 형태의 주소 지정 방식을 사용한다고 할 때, f_1과 f_2의 값들을 담은 두 개의 (비교적 짧은) 보조 표들을 이용하면 임의의 성분 $A[j,k]$에 빠르게 접근할 수 있다. 이런 경우에는 이 함수들을 오직 한 번만 계산해 두면 된다.

배열 (7)의 색인들의 사전식 순서는 조건 (8)을 만족하며, 각 성분이 1워드 크기일 때에는 다음과 같은 간단한 공식을 얻을 수 있다.

$$LOC(A[J,K]) = LOC(A[0,0]) + \frac{J(J+1)}{2} + K. \tag{9}$$

같은 크기의 삼각행렬이 두 개일 때에는 그것들을 훨씬 더 나은 방식으로 저장할 수 있다. $0 \le k \le j \le n$인 두 삼각행렬 $A[j,k]$와 $B[j,k]$를 모두 저장한다고 하자. 그렇다면 다음과 같은 관례를 이용해서,

$$A[j,k] = C[j,k], \quad B[j,k] = C[k,j+1] \tag{10}$$

두 행렬을 $0 \le j \le n$, $0 \le k \le n+1$인 하나의 행렬 $C[j,k]$에 저장할 수 있다. 즉,

$$\begin{pmatrix} C[0,0] & C[0,1] & C[0,2] & \ldots & C[0,n+1] \\ C[1,0] & C[1,1] & C[1,2] & \ldots & C[1,n+1] \\ \vdots & & & & \vdots \\ C[n,0] & C[n,1] & C[n,2] & \ldots & C[n,n+1] \end{pmatrix} \equiv \begin{pmatrix} A[0,0] & B[0,0] & B[1,0] & \ldots & B[n,0] \\ A[1,0] & A[1,1] & B[1,1] & \ldots & B[n,1] \\ \vdots & & & & \vdots \\ A[n,0] & A[n,1] & A[n,2] & \ldots & B[n,n] \end{pmatrix}.$$

이는 두 삼각행렬을 $(n+1)(n+2)$개의 장소들의 공간에 빽빽이 집어넣은 것이다. 게다가 (2)와 같은 선형 주소 방식도 그대로 적용할 수 있다.

삼각행렬들을 고차원들로 일반화한 것을 4면체 배열(tetrahedral array)이라고 부른다. 이 흥미로운 주제는 연습문제 6~8에서 다룬다.

순차적으로 저장된 배열에 사용하는 전형적인 프로그래밍 기법들의 한 예로, 연습문제 1.3.2-10과 그 문제에 주어진 두 해답들을 참고할 것. 해당 문제의 프로그램들은 순차 스택의 활용뿐만 아니라

열들과 행들의 효율적인 운행을 위한 근본적인 기법들도 보여준다.

연결된 할당. 연결된 메모리 할당 역시 정보의 고차원 배열들에 자연스럽게 적용된다. 일반적으로, 노드는 자신이 속한 목록 각각에 대한 k개의 링크 필드들을 가진다. 연결된 메모리 방식은 일반적으로 배열들이 그 본성상 엄격하게 직사각형인 것은 아닐 때 쓰인다.

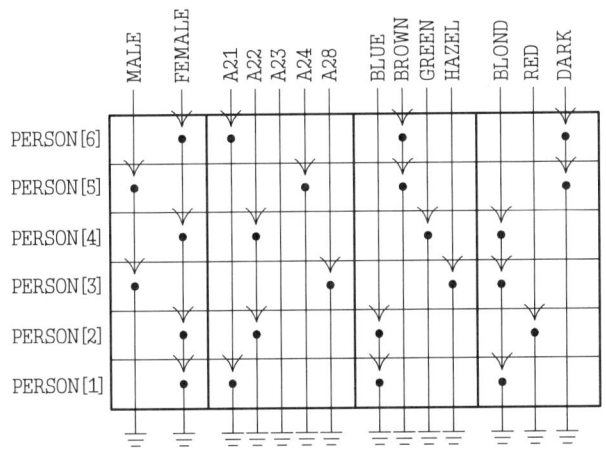

그림 13. 서로 다른 네 목록들 안의 각 노드들.

한 예로, 각 노드가 한 사람을 나타내며 네 개의 필드 SEX, AGE, EYES, HAIR를 가진다고 하자. EYES 필드는 눈 색깔이 같은 모든 노드들을 연결하는 역할을 하며, 다른 링크들도 마찬가지 용도이다 (그림 13). 그림만 봐도 새로운 사람을 목록에 삽입하는 효과적인 알고리즘들을 쉽게 짐작할 수 있을 것이다. 그러나 삭제는 이중 연결을 사용하지 않는 한 삽입보다 훨씬 느리다. 또한 "21에서 23세까지의 푸른 눈 금발 여성을 모두 찾아라" 같은 과제를 위한, 효율성이 가지각색인 여러 알고리즘들도 고안할 수 있을 것이다. 연습문제 9와 10을 볼 것. 목록의 각 노드가 다른 여러 목록들에도 존재하는 상황의 문제들은 상당히 자주 나타난다. 사실, 2.2.5절에서 살펴본 승강기 시스템에서도 노드들이 QUEUE와 WAIT 목록들에 동시에 들어 있었다.

직교 목록들에 연결된 할당을 사용하는 것에 대한 구체적인 예로, 희소행렬(sparse matrix, 稀少-)의 경우를 생각해 보자. 여기서 희소행렬이란 대부분의 성분들이 0인 커다란 행렬을 가리킨다. 목표는 0인 성분들을 실제로 저장하지는 않으면서도 마치 행렬 전체가 존재하는 것처럼 보이게 하는 것이다. 행렬 성분들에 임의로 접근할 수 있도록 하면서도 그런 희소행렬을 효율적으로 표현하는 한 가지 방법은 6장의 저장 및 조회 방법들을 이용해서 키 "$[j, k]$"로부터 성분 A$[j, k]$를 찾는 것이다. 그러나 여기서 논의할 내용은 행렬의 구조를 좀 더 적절히 반영한다는 측면에서 보다 바람직한, 또 다른 희소행렬 처리 방법이다.

여기서 이야기할 표현 방법은 각 행과 열에 순환 연결 목록들을 사용한다. 행렬의 각 노드는 다음과 같이 세 워드와 다섯 필드들로 구성된다.

$$\begin{array}{|c|c|}
\hline
\text{ROW} & \text{UP} \\
\hline
\text{COL} & \text{LEFT} \\
\hline
\multicolumn{2}{|c|}{\text{VAL}} \\
\hline
\end{array} \qquad (11)$$

여기서 ROW와 COL은 노드의 행, 열 색인이다. VAL은 행렬의 일부로 저장되는 값이다. LEFT와 UP은 각각 행의 왼쪽 또는 열의 위쪽에 있는 0이 아닌 다음 성분이다. 그리고 각 행과 열에는 특별한 머리 노드 BASEROW[i]와 BASECOL[j]가 있다. 이 노드들은 조건을 통해서 식별한다.

$$\text{COL}(\text{LOC}(\text{BASEROW}[i])) < 0, \quad \text{ROW}(\text{LOC}(\text{BASECOL}[j])) < 0$$

보통의 순환 목록과 마찬가지로, BASEROW[i]의 LEFT 링크는 그 행의 제일 오른쪽 값의 장소를 가리키고 BASECOL[j]의 UP 링크는 그 열의 제일 아래 값을 가리킨다. 예를 들어 행렬

$$\begin{pmatrix}
50 & 0 & 0 & 0 \\
10 & 0 & 20 & 0 \\
0 & 0 & 0 & 0 \\
-30 & 0 & -60 & 5
\end{pmatrix} \qquad (12)$$

은 그림 14처럼 표현할 수 있다.

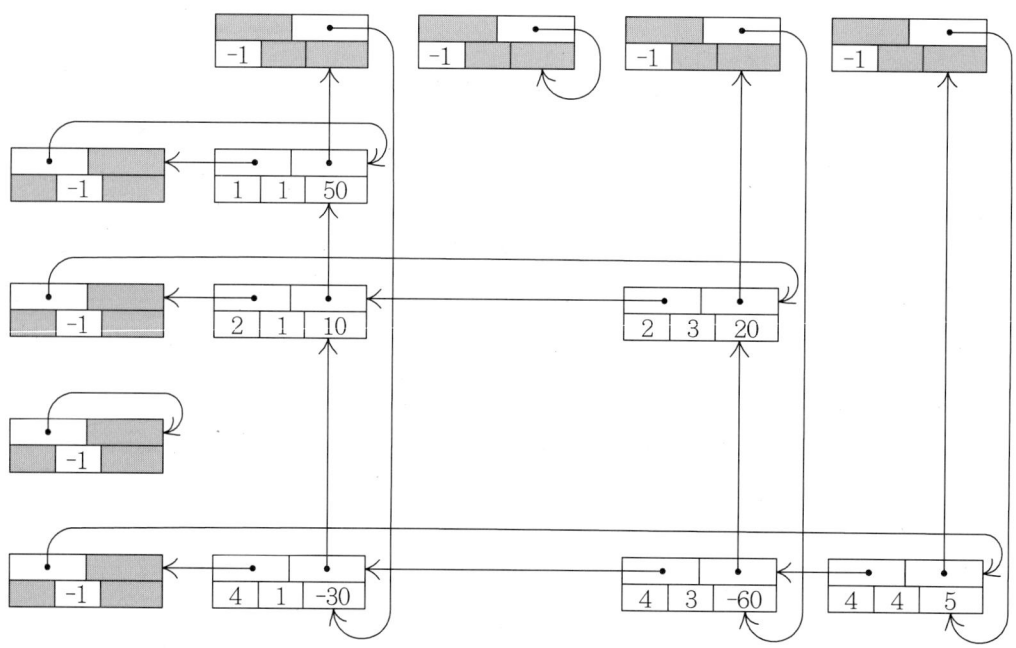

그림 14. 행렬 (12)의 표현. 노드의 형식은 $\begin{array}{|c|c|}\hline \text{LEFT} & \text{UP} \\ \hline \text{ROW} & \text{COL} \; \text{VAL} \\ \hline \end{array}$ 이다. 목록 머리들은 왼쪽과 위쪽에 존재한다.

일반적인 방식으로 행렬의 저장소를 순차적으로 할당한다면 200×200 행렬은 40000워드를 차지하는데, 이는 대부분의 컴퓨터가 가질 수 있는 메모리 용량보다 많은 공간이다. 그러나 위에서 말한 방법을 사용한다면 적당히 성긴(희소한) 200×200 행렬을 MIX의 4000워드 메모리 안에서

표현할 수 있다. (연습문제 11 참고.) 만일 각 행이나 열의 성분들이 몇 개 되지 않는다면, 임의의 성분 A[j, k]에 접근하는 시간 역시 꽤 적당하다. 그리고 대부분의 행렬 알고리즘들은 행렬의 성분들을 순차적으로 훑으면서(성분들에 임의적으로 접근하는 것이 아니라) 진행되므로 순차적인 방식보다 이 연결된 행렬 표현 방식이 더 빠르게 작동하는 경우도 많다.

　　이런 형태의 희소행렬을 다루는 자명하지 않은 알고리즘의 전형적인 예로, 추축 단계(樞軸-, pivot step) 연산을 살펴보자. 추축 단계는 연립 방정식이나 역행렬 구하기, 단체법(單體-, simplex method)을 이용하는 선형 프로그래밍 문제 해법을 위한 알고리즘들의 중요한 일부이다. 하나의 추축 단계는 다음과 같은 행렬 변환이다.

$$
\begin{array}{cc}
\text{추축 단계 이전} & \text{추축 단계 이후} \\[4pt]
\begin{array}{cc} \text{추축} & \text{그 외의} \\ \text{열} & \text{열} \end{array} &
\begin{array}{cc} \text{추축} & \text{그 외의} \\ \text{열} & \text{열} \end{array} \\[4pt]
\begin{array}{c} \text{추축행} \\[14pt] \text{그 외의 행} \end{array}
\left(\begin{array}{ccccc}
 & \vdots & & \vdots & \\
\cdots & a & \cdots & b & \cdots \\
 & \vdots & & \vdots & \\
\cdots & c & \cdots & d & \cdots \\
 & \vdots & & \vdots &
\end{array}\right),
&
\left(\begin{array}{ccccc}
 & \vdots & & \vdots & \\
\cdots & 1/a & \cdots & b/a & \cdots \\
 & \vdots & & \vdots & \\
\cdots & -c/a & \cdots & d - bc/a & \cdots \\
 & \vdots & & \vdots &
\end{array}\right)
\end{array}
\tag{13}
$$

추축 성분 a는 0이 아니라고 간주한다. 예를 들어 행렬 (12)에 2행 1열 성분 10을 추축으로 해서 추축 단계를 수행하면 다음이 나온다.

$$
\begin{pmatrix}
-5 & 0 & -100 & 0 \\
0.1 & 0 & 2 & 0 \\
0 & 0 & 0 & 0 \\
3 & 0 & 0 & 5
\end{pmatrix}.
\tag{14}
$$

　　목표는 그림 14와 같이 표현된 희소행렬들에 대해 이러한 추축 연산을 수행하는 알고리즘을 설계하는 것이다. 변환 (13)이 추축열에서 0이 아닌 성분이 있는 행들에만, 그리고 추축행에서 0이 아닌 성분이 있는 열들에만 영향을 미침은 확실하다.

　　여러 측면에서, 추축 연산은 지금까지 논의한 연결 기법들의 직접적인 응용이라 할 수 있다. 특히 이것은 다항식 덧셈 알고리즘 2.2.4A와 상당히 비슷하다. 그러나 문제를 조금 까다롭게 만드는 사항이 두 가지 있다. 하나는 (13)에서 만일 $b \neq 0$이고 $c \neq 0$이지만 $d = 0$이면 희소행렬 표현에는 d에 대한 성분이 존재하지 않으며 따라서 새로운 성분을 삽입해야 한다는 것이고, 또 하나는 $b \neq 0$, $c \neq 0$, $d \neq 0$이지만 $d - bc/a = 0$이면 이전에 거기에 있었던 성분을 삭제해야 한다는 것이다. 이러한 삽입, 삭제 연산은 1차원 배열에서보다 2차원 배열에서 더 흥미롭다. 그런 삽입, 삭제를 위해서는 어떤 링크들이 영향을 받을 것인지를 알아야 한다. 아래의 알고리즘은 행렬의 행들을 아래에서 위로 순차적으로 처리하는데, 효율적인 삽입과 삭제를 위해 포인터 변수 PTR[j]들을 도입한다. 열마다 하나씩 있는 이 포인터 변수들은 열들을 위쪽으로 훑으면서 두 차원 모두에서 적절한 링크들을 갱신하는 작업에 쓰인다.

알고리즘 S (희소행렬의 추축 단계). 그림 14와 같은 형태로 표현된 행렬에 대해 추축 연산 (13)을 수행한다. PIVOT를 추축 성분을 가리키는 링크 변수로 간주한다. 알고리즘은 링크 변수 PTR[j]들(행렬의 각 열마다 하나씩)을 담는 보조적인 표를 사용한다. 이 알고리즘에서 변수 ALPHA와 각 노드의 VAL 필드는 부동소수점 또는 유리수 값이라고 가정하고, 그 외의 것들은 모두 정수 값들이라고 가정한다.

S1. 〔초기화.〕 ALPHA ← 1.0/VAL(PIVOT), VAL(PIVOT) ← 1.0으로 설정하고

$$\text{I0} \leftarrow \text{ROW(PIVOT)}, \quad \text{P0} \leftarrow \text{LOC(BASEROW[I0])},$$
$$\text{J0} \leftarrow \text{COL(PIVOT)}, \quad \text{Q0} \leftarrow \text{LOC(BASECOL[J0])}$$

로 설정한다.

S2. 〔추축행을 처리한다.〕 P0 ← LEFT(P0), J ← COL(P0)로 설정한다. 만일 J < 0이면 단계 S3으로 간다(추축열을 이미 운행한 것이다.) 그렇지 않으면 PTR[J] ← LOC(BASECOL[J]), VAL(P0) ← ALPHA × VAL(P0)로 설정하고 단계 S2를 반복한다.

S3. 〔새 행을 찾는다.〕 Q0 ← UP(Q0)으로 설정한다. (알고리즘의 이후 부분은 추축열에 성분이 존재하는 각 행을 아래에서 위로 순차적으로 처리한다.) I ← ROW(Q0)로 설정한다. 만일 I < 0이면 알고리즘을 끝낸다. 만일 I = I0이면 단계 S3을 반복한다(이미 추축행의 처리가 끝난 것이다). 그렇지 않으면 P ← LOC(BASEROW[I]), P1 ← LEFT(P)로 설정한다. (이제 포인터 P와 P1은 P0이 행 I0을 훑는 것과 발을 맞추어서 행 I를 오른쪽에서 왼쪽으로 처리한다. 알고리즘 2.2.4A와 유사한 방식이다. 이 시점에서 P0 = LOC(BASEROW[I0])이다.)

S4. 〔새 열을 찾는다.〕 P0 ← LEFT(P0), J ← COL(P0)로 설정한다. 만일 J < 0이면 VAL(Q0) ← −ALPHA × VAL(Q0)로 설정하고 단계 S3으로 돌아간다. 만일 J = J0이면 단계 S4를 반복한다. (즉, 행 I의 나머지 모든 열들을 처리한 후에 추축열 성분을 처리한다. 이렇게 하는 것은 단계 S7에서 VAL(Q0)이 필요하기 때문이다.)

S5. 〔I, J 성분을 찾는다.〕 만일 COL(P1) > J이면 P ← P1, P1 ← LEFT(P)로 설정하고 단계 S5를 반복한다. 만일 COL(P1) = J이면 단계 S7로 간다. 둘 다 아니라면 단계 S6으로 간다(I행 J열에 새 성분을 삽입해야 한다).

S6. 〔I, J 성분을 삽입한다.〕 만일 ROW(UP(PTR[J])) > I이면 PTR[J] ← UP(PTR[J])로 설정하고 단계 S6을 반복한다. (그렇지 않으면 ROW(UP(PTR[J])) < I가 된다. 새 성분은 수직 차원으로 NODE(PTR[J]) 바로 위에, 그리고 수평 차원으로 NODE(P) 바로 왼쪽에 삽입된다.) 그렇지 않으면 X ⇐ AVAIL, VAL(X) ← 0, ROW(X) ← I, COL(X) ← J, LEFT(X) ← P1, UP(X) ← UP(PTR[J]), LEFT(P) ← X, UP(PTR[J]) ← X, P1 ← X로 설정한다.

S7. 〔추축 연산.〕 VAL(P1) ← VAL(P1) − VAL(Q0) × VAL(P0)로 설정한다. 이제, 만일 VAL(P1) = 0이면 S8로 간다. (참고: 부동소수점 연산을 사용하는 경우에는 이 "VAL(P1) = 0"을 "|VAL(P1)| < EPSILON"으로 바꾸어야 한다. 또는, 아예 "뺄셈 과정에서 VAL(P1)의 유효숫자들

대부분이 사라졌다면"이라는 조건으로 대체하는 것이 더 낫겠다.) 그렇지 않다면 PTR[J] ← P1, P ← P1, P1 ← LEFT(P)로 설정하고 S4로 돌아간다.

S8. 〔I, J 성분을 삭제한다.〕만일 UP(PTR[J]) ≠ P1이면(또는, 그와 본질적으로 동등한 "ROW(UP(PTR[J])) > I이면") PTR[J] ← UP(PTR[J])로 설정하고 단계 S8을 반복한다. 그렇지 않다면 UP(PTR[J]) ← UP(P1), LEFT(P) ← LEFT(P1), AVAIL ⇐ P1, P1 ← LEFT(P)로 설정한다. S4로 돌아간다. ▌

이 알고리즘을 프로그래밍하는 것은 아주 유익한 하나의 숙제로 독자에게 남기겠다(연습문제 15 참고). 다만 BASEROW[i], BASECOL[j]의 필드들 대부분은 그리 중요하지 않으므로, 각 노드에 메모리 워드 하나씩만 할당해도 충분하다는 점은 여기서 지적할 필요가 있을 것이다. (그림 14의 회색 바탕 영역들과 2.2.5절의 프로그램을 참고할 것.) 더 나아가서, 값 −PTR[j]를 ROW(LOC(BASECOL[j]))로 저장해서 저장 공간을 더 줄이는 것도 가능하다. 알고리즘 S의 수행 시간은 추축 연산이 영향을 주는 행렬 성분들의 개수에 아주 대략적으로 비례한다.

희소행렬을 직교 순환 목록들을 통해서 표현하는 이러한 방식에도 배울 점이 많긴 하지만, 수치 해석가들이 개발한 더 나은 방법들도 존재한다. Fred G. Gustavson, *ACM Trans. on Math. Software* **4** (1978), 250–269를 볼 것. 또한 7장의 그래프 및 네트워크 알고리즘들도 참고하라.

연습문제

1. 〔17〕LOC(A[J,K])에 대한 공식을 제시하라. 여기서 A는 (1)과 같은 형태의 행렬이며, 배열 각 노드의 크기는 2워드이다. 그리고 노드들은 그 색인의 사전식 순서에 따라 메모리에 연속적으로 저장되어 있다고 가정한다.

▶ **2.** 〔21〕공식 (5)와 (6)은 $1 \le r \le k$에 대해 $0 \le I_r \le d_r$이라는 가정 하에서 유도한 것이다. l_r과 u_r이 해당 차원의 하계, 상계라고 할 때, $l_r \le I_r \le u_r$인 경우에 적용되는 일반적인 공식을 제시하라.

3. 〔21〕본문에서는 $0 \le k \le j \le n$인 하삼각행렬 A[j,k]를 살펴보았다. 그런 행렬에 대한 논의를 첨자들이 0이 아니라 1에서 시작하는, 즉 $1 \le k \le j \le n$인 경우에 대한 것으로 손쉽게 수정하려면 어떻게 해야 할까?

4. 〔22〕상삼각행렬에 해당하는 $0 \le j \le k \le n$인 배열 A[j,k]를 그 색인의 사전식 순서로 저장할 때, 그러한 할당이 식 (8)의 조건을 만족함을 보여라. 또한 그러한 경우에서의 LOC(A[J,K])에 대한 공식을 구하라.

5. 〔20〕행렬 A가 (9)와 같은 삼각행렬이라고 해도, 연습문제 2.2.2-3의 간접 주소지정 기능을 이용한다면 단 하나의 MIX 명령으로 A[J,K]의 값을 레지스터 A에 넣을 수 있음을 보여라. (J와 K의 값들은 색인 레지스터들에 있다고 가정할 것.)

▶ **6.** 〔M24〕"4면체 배열" A[i,j,k]와 B[i,j,k]가 있다. A의 경우에는 $0 \le k \le j \le i \le n$이고 B의

경우에는 $0 \leq i \leq j \leq k \leq n$이다. 두 배열 모두 색인의 사전식 순서에 따라 연속적인 메모리 장소들에 저장되어 있다고 가정한다. 이 때, 어떠한 함수 f_1, f_2, f_3에 대해 $\text{LOC}(A[I,J,K]) = a_0 + f_1(I) + f_2(J) + f_3(K)$임을 보여라. $\text{LOC}(B[I,J,K])$도 그와 비슷한 방식으로 표현할 수 있을까?

7. [M23] k차원 4면체 배열 $A[i_1, i_2, ..., i_k]$(여기서 $0 \leq i_k \leq \cdots \leq i_2 \leq i_1 \leq n$)의 저장소 할당에 대한 일반적인 공식을 구하라.

8. [33] (웨그너 P. Wegner.) 여섯 개의 4면체 배열 $A[I,J,K]$, $B[I,J,K]$, $C[I,J,K]$, $D[I,J,K]$, $E[I,J,K]$, $F[I,J,K]$를 메모리에 저장한다고 하자. 여기서 $0 \leq K \leq J \leq I \leq n$이다. 이러한 저장을 깔끔하게 처리하는, 2차원 배열의 경우인 (10)에 비견할 수 있는 어떤 방법이 있다면 제시하라.

9. [22] 그림 13에 나온 것과 비슷하지만 그보다는 훨씬 큰 어떤 표가 있으며, 그것의 모든 링크들이 그 그림에 나온 것과 같은 방향으로 설정되어 있다고 하자(즉, 모든 노드들과 링크들에서 LINK(X) < X이다). 여러 링크 필드들을 훑으면서 21세에서 23세 사이의 파란 눈 금발 여성을 모두 찾는 알고리즘을 설계하라. 단, 목록 FEMALE, A21, A22, A23, BLOND, BLUE 각각을 최대 한 번만 훑어서 모든 답을 찾아야 한다.

10. [26] 연습문제 9의 검색을 좀 더 효율적으로 만드는, 인적사항표를 조직화하는 보다 나은 방법이 있을까? (이 연습문제의 답이 단지 "예" 또는 "아니오"는 아니다.)

11. [11] 200×200 행렬이 있으며 각 행마다 최대 4개의 0이 아닌 성분들이 있다. 이 행렬을 그림 14처럼 표현하는 데 필요한 저장소 크기는 얼마인가? 단, 목록 머리 노드만 1워드이고 나머지 노드들은 3워드이다.

▶ **12.** [20] 단계 S7의 시작에서 VAL(Q0), VAL(P0), VAL(P1) 값들을 (13)에 쓰인 a, b, c, d로 표현하라.

▶ **13.** [22] 그림 14에서 직선적인 선형 목록 대신 순환 목록을 사용한 이유는 무엇일까? 순환 연결을 사용하지 않도록 알고리즘 S를 재작성하는 게 가능할까?

14. [22] 알고리즘 S는 추축행의 0인 성분을 가진 열들을 고려하지 않음으로써 희소행렬의 추축 연산 시간을 절약한다. 커다란 희소행렬을 순차적으로 저장하는 경우에도 적절한 보조표 LINK$[j]$ $(1 \leq j \leq n)$를 사용한다면 그러한 절약이 가능함을 보여라.

▶ **15.** [29] 알고리즘 S를 위한 MIXAL 프로그램을 작성하라. VAL 필드는 부동소수점 수이고, 그 필드들의 연산을 위해 MIX의 부동소수점 산술 연산자 FADD, FSUB, FMUL, FDIV를 사용할 수 있다고 가정할 것. 단순함을 위해, 피연산자들의 덧셈 또는 뺄셈에 의해 대부분의 유효숫자들이 취소된다면 FADD나 FSUB가 0을 돌려준다고 가정한다. 즉, 단계 S7의 "VAL(P1) = 0" 판정을 그대로 사용해도 안전하다고 가정하는 것이다. 부동소수점 연산들은 rA만 사용한다(rX는 사용하지 않는다).

16. [25] 희소행렬을 복사하는 알고리즘을 설계하라. (다르게 표현하자면, 그림 14와 같은 형태의 행렬 표현 하나가 주어졌을 때 알고리즘은 그러한 표현 두 개를 메모리 안에 만들어내야 한다.)

17. [26] 두 희소행렬을 곱하는 알고리즘을 설계하라. 즉, 행렬 A와 B가 주어졌을 때 $C[i,j] = \sum_k A[i,k]B[k,j]$인 새로운 행렬 C를 생성해야 한다. 두 입력 행렬들과 출력 행렬은 그림 14와 같은 표현 방식이어야 한다.

18. [22] 다음 알고리즘은 행렬을 그 역행렬로 대체한다. 입력 행렬의 성분들은 $1 \leq i, j \leq n$에 대해 $A[i,j]$들이다.

   i) $k = 1, 2, ..., n$에 대해 다음을 수행한다: 아직 추축열로 쓰이지 않은 모든 열들의 행 k에 해당하는 성분들에서 절댓값이 가장 큰 성분을 찾는다. $C[k]$를 그 성분이 있는 열(의 첨자)로 설정하고, 그 성분을 추축으로 해서 추축 연산을 수행한다. (그런 성분들이 모두 0이면 행렬은 특이행렬(singular matrix)이며 역행렬은 존재하지 않는다.)

   ii) 행 k가 행 $C[k]$가 되도록, 그리고 열 $C[k]$가 열 k가 되도록 행들과 열들을 치환한다.

이러한 알고리즘을 이용해서 다음 행렬의 역행렬을 손으로 직접 구하라.

$$\begin{pmatrix} 1 & 2 & 3 \\ 0 & 1 & 2 \\ 0 & 0 & 1 \end{pmatrix}.$$

19. [31] 연습문제 18에서 설명한 알고리즘을, 그림 14와 같은 형태로 표현된 희소행렬의 역행렬을 만들어내도록 수정하라. 단계 (ii)의 행, 열 치환 명령들을 효율적으로 만드는 데 특별한 주의를 기울일 것.

20. [20] 삼대각행렬(tridiagonal matrix)은 $1 \leq i, j \leq n$일 때 $|i - j| \leq 1$인 성분 a_{ij}들을 제외한 나머지 모든 성분들이 0인 행렬이다. 삼대각행렬에 대해 다음과 같은 형태의 할당 함수가 존재함을 보여라.

$$\text{LOC}(A[I,J]) = a_0 + a_1 I + a_2 J, \quad |I - J| \leq 1.$$

이것은 $(3n - 2)$개의 연속적인 장소들에 저장된 삼대각행렬의 모든 의미 있는 성분들을 나타낸다.

21. [20] n이 변수일 때, $n \times n$ 행렬에 대한 저장소 할당 함수를 제시하라. $1 \leq I, J \leq n$인 성분 $A[I,J]$들은 n의 값에 무관하게 반드시 n^2개의 연속적인 장소들을 차지해야 한다.

22. [M25] (초울라P. Chowla, 1961.) 색인 $(i_1, ..., i_k)$가 모든 k차원 비음수 정수 벡터들을 거쳐 감에 따라 각각의 음이 아닌 정수를 딱 한 번만 값으로 가지는 다항식 $p(i_1, ..., i_k)$를 구하라. 그 다항식은 $i_1 + \cdots + i_k < j_1 + \cdots + j_k$가 $p(i_1, ..., i_k) < p(j_1, ..., j_k)$를 함의한다는 추가적인 성질도 가져야 한다.

23. [23] 확장성 행렬(extendible matrix)이란 처음에는 1×1이었다가 새 행이나 열이 추가됨에 따라 $(m + 1) \times n$ 또는 $m \times (n + 1)$의 크기로 자라는 행렬이다. 그런 행렬에 대해, $0 \leq I < m$과 $0 \leq J < n$인 성분 $A[I,J]$들이 mn개의 연속적인 장소를 차지하도록 하는 간단한 할당 함수를 만들 수 있음을 보여라. 행렬이 커질 때 성분들의 장소가 변하지는 않는다.

▶ **24.** [25] (희소 배열 요령.) 커다란 배열을 임의 접근으로 사용해야 하지만, 그 행렬의 아주 많은 성분들을 실제로 참조하지는 않을 것이라고 가정하자. 임의의 성분 $A[k]$에 처음 접근했을 때 그것을

0으로 설정하되, 모든 장소들을 미리 0으로 초기화하는 데 시간을 소비하지는 않고자 한다. 임의의 k가 주어졌을 때, 실제 초기 메모리 내용들에 대해 어떠한 것도 가정하지 않고, 배열 접근 당 오직 고정된 적은 수의 추가적인 연산들만 사용해서 해당 성분 $A[k]$를 신뢰성 있게 읽고 쓰는 것이 어떻게 가능할지 설명하라.

2.3. 트리

이번 절에서는 컴퓨터 알고리즘에서 가장 중요한 비선형 구조인 트리(tree, 나무)[+] 를 공부해 보자. 일반적으로 트리 구조는 노드들 사이의, 자연의 나무에서 볼 수 있는 것과 상당히 비슷한 "분기(分岐, branching)" 관계를 나타낸다.

트리는 공식적으로 다음과 같은 성질을 만족하는 하나 이상의 노드들의 유한한 집합 T라고 정의할 수 있다.

a) 나무의 뿌리에 해당하는 특별한 루트 노드 root(T)가 하나 존재한다. 그리고

b) 루트를 제외한 나머지 노드들은 $m \geq 0$개의 서로 소인 집합 T_1, ..., T_m들로 나뉘어지며, 그 집합 각각도 그 자체로 트리이다. 트리 T_1, ..., T_m을 루트의 하위트리(subtree 또는 부분트리)라고 부른다.

이러한 정의는 재귀적이다. 즉, 하나의 트리를 트리들을 이용해서 정의할 수 있는 것이다. 그런 순환적인 정의가 문제될 것은 없는데, 왜냐하면 노드 하나짜리 트리들은 오직 루트만으로 구성되며, $n > 1$개의 노드들로 이루어진 트리는 n보다 적은 노드들로 이루어진 트리들로 정의할 수 있기 때문이다. 따라서 2노드, 3노드, 궁극적으로는 임의의 개수의 노드들로 이루어진 그 어떤 트리 개념도 위의 정의로 포괄할 수 있다. 트리를 비재귀적으로 정의하는 방법들도 있지만(연습문제 10, 12, 14와 2.3.4절 참고), 트리 구조 자체가 재귀적인 성질을 가지고 있기 때문에 재귀적인 정의가 가장 적합한 것으로 보인다. 어린나무의 가지가 그 자신의 가지들을 가진 '부분나무'로 자라나는 모습에서 볼 수 있듯이, 트리의 재귀적 성질은 자연에서도 나타난다. 연습문제 3은 위에서와 같은 재귀적인 정의를 기반으로, 트리 노드 개수에 대한 귀납법을 통해서 트리에 관한 중요한 사실들을 엄정하게 증명하는 방법을 보여준다.

위의 정의로부터 트리의 모든 노드는 트리 전체에 담긴 하위트리들의 루트이기도 하다는 사실이 나온다. 한 노드의 하위트리 개수를 그 노드의 차수(degree)라고 부른다. 차수가 0인 노드를 말단 노드(terminal node)라고 부르며, 잎(leaf)이라고 부르기도 한다. 비말단 노드, 즉 말단이 아닌 노드를 종종 가지 노드(branch node)라고 부른다. 트리 T에 대한 노드의 수준(level)은 재귀적으로 정의된다. root(T)의 수준은 0이고, 그 외의 노드의 수준은 그 노드를 직접 담고 있는 root(T)의 하위트리의 루트의 수준보다 하나 높다.

그림 15는 이상의 개념들을 나타낸 것이다. 그림에는 일곱 노드로 된 트리가 나와 있다. 루트는 A이고, 루트에는 하위트리 $\{B\}$와 $\{C, D, E, F, G\}$가 있다. 트리 $\{C, D, E, F, G\}$의 루트는

[+] 〔옮긴이 주〕자료구조로서의 트리를 지칭하는 또 다른 용어로는 나무꼴, 수형도, 목구조 등이 있다. 물론 가장 직접적이고도 바람직한 용어는 그냥 '나무'일 것이다(잎, 뿌리, 가지 등의 비유를 생각할 때). 이 책부터라도 과감하게 나무라는 용어를 사용할까 고민해 보았지만, 아직 역자 스스로가 어색한 느낌이라서 다음 기회로 미루고 그냥 트리라는 용어를 사용하기로 했다. 다만, 아마도 잎과 가지가 독자들에게 받아들여지고, 그 다음에 뿌리(root)가 받아들여지고, 그러고 나면 나무도 자연스럽게 받아들여질 것이라는 생각에서 leaf와 branch는 잎과 가지로 번역했다.

C이다. 노드 C는 전체 트리에 대한 수준이 1이고 세 개의 하위트리 $\{D\}$, $\{E\}$, $\{F, G\}$를 가진다. 따라서 C의 차수는 3이다. 그림 15에서 말단 노드는 B, D, E, G이다. F는 차수가 1인 유일한 노드이다. G는 수준이 3인 유일한 노드이다.

만일 정의의 (b) 항목에서 말한 하위트리 $T_1, \ldots, T_m$들의 상대 순서가 중요하다면, 그런 트리를 순서트리(ordered tree)라고 부른다. $m \geq 2$인 순서트리에서, 예를 들어 T_2를 루트의 "둘째 하위트리"라고 해도 이상하지 않다. 일부 저자들은 순서트리를 "평면 트리(plane tree)"라고도 부르는데, 이는 트리를 하나의 평면에 내장하는 방식이 중요하다는 점에서 비롯된 것이다. 노드들의 하위트리들의 상대 순서만 다른 두 트리들을 다르다고 보지 않는 경우, 그런 트리들을 유향(oriented)이라고 칭한다. 이는 상대 순서는 중요하지 않으며 오직 상대적인 방향이 중요하다는 뜻이다. 컴퓨터 표현에서는 그 본성상 어차피 트리들의 순서가 암묵적으로 정의되므로, 우리가 주로 관심을 가질 것은 유향 트리들이다. 그래서 이 책에서는 *특별히 따로 언급하지 않는 한 모든 트리들이 유향이라고 간주한다.* 그림 15와 16의 트리들은 일반적으로는 서로 다르다고 보지만, 유향 트리라는 관점에서 보면 같은 트리들이다.

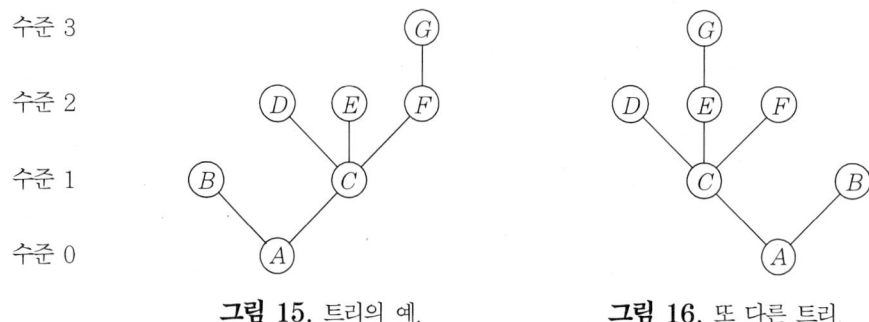

그림 15. 트리의 예.　　　　　　**그림 16.** 또 다른 트리.

숲(forest)은 0 또는 그 이상의 서로 다른 트리들의 집합(보통은 순서집합)이다. 트리 정의의 (b)를 숲이라는 개념으로 표현한다면, *트리의 루트를 제외한 노드들은 하나의 숲을 이룬다.*

추상적인 숲과 트리는 사실 별 차이가 없다. 트리에서 루트를 제거하면 숲이 된다. 반대로, 임의의 숲에 노드 하나를 추가해서 숲의 트리들을 그 새 노드의 하위트리들로 간주하면 하나의 트리가 된다. 이런 측면 때문에, 자료구조에 대한 비공식적인 논의들에서는 종종 트리와 숲이 거의 같은 의미로 사용되곤 한다.

트리를 그리는 방식은 여러 가지이다. 루트를 어디에 두느냐에 따라 크게 네 가지로 분류되는데, 그림 15가 하나이고 그림 17에 나머지 셋이 나와 있다. 따라서 어떤 노드를 지칭할 때 "위"라든가 "더 높은", "제일 오른쪽" 같은 언급에 대해 걱정하는 것이 단지 기우인 것은 아니다. 트리 구조를 다루는 알고리즘들에는 "상향식" 또는 "하향식" 방법이라고 불리는 것들이 있는데, 그런 용어는 우리가 트리를 그리는 방식을 하나로 고정하지 않는다면 오해를 부를 수 있다.

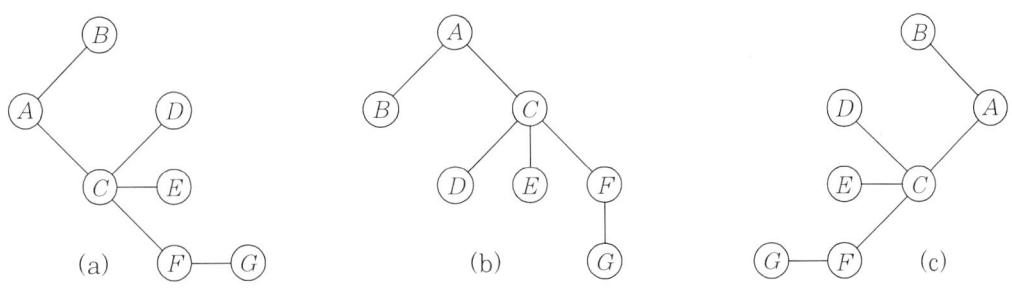

그림 17. 트리를 그리는 여러 가지 방식.

　　자연의 나무가 자라는 방식을 생각한다면 그림 15의 형태가 적합할 것 같다. 다른 형태를 선호할 만한 특별한 이유가 없는 한, 시간이 검증한 자연의 방식을 따른다고 나쁠 것은 없을 것이다. 그런 이유로 필자는 이 책 시리즈를 준비하던 초기에는 항상 루트가 제일 아래에 있는 형태를 일관되게 사용했다. 그러나 2년간의 시험 기간을 거친 후 그것이 실수였음이 판명되었다. 컴퓨터 문헌들을 조사해보니, 그리고 전산학자들과 다양한 알고리즘들에 대해 비공식적인 의견교환을 해보니, 조사된 사례들의 80%가 루트가 제일 위에 있는 형태임을 알게 되었다. 손으로 트리를 그릴 때 위에서 아래로 그리는 경우가 아래에서 위로 그리는 경우보다 압도적으로 많았다(우리가 글을 써내려 가는 방식을 생각하면 쉽게 이해할 수 있는 현상이다). 심지어 "하위트리"라는 단어("상위트리"가 아니라) 자체도 그러한 하향식 방향을 암시한다. 이러한 점들을 고려한다면 *그림 15는 위아래가 뒤집힌 것이라는* 결론을 내릴 수 있다. 정리하자면, 이 책에서는 거의 항상 트리를 그림 17(b)처럼, 즉 루트가 위에 있고 잎들이 아래에 있는 형태로 그린다. 그러한 방향에 따라, 루트 노드를 트리의 꼭대기(apex)라고도 부르며, 노드의 수준을 말할 때 노드가 "얕다, 깊다"라는 표현도 사용한다.

　　트리를 이야기하는 데 편리한 서술적인 용어들을 만들어두면 좋을 것이다. 일반적으로 노드들을 지칭할 때에는 "위"나 "아래"와 같은 다소 애매한 표현 대신 가계도의 어법에서 가져온 계보학적 용어들을 사용한다. 그림 18에 두 가지 일반적인 종류의 가계도들이 나와 있다. 이 두 종류는 상당히 다르다. 혈통도(pedigree)는 주어진 개인의 조상들을 보여주는 반면 직계도(lineal chart)는 주어진 개인의 후손들을 보여준다.

　　"이종교배"가 일어난 경우 가계도는 사실 트리가 아니다. 앞의 정의를 따르는 트리에서는 서로 다른 가지들이 하나로 합쳐지는 경우가 없기 때문이다. 그림 18에서는 이러한 불일치를 보정하기 위해 제6대에서 Queen Victoria와 Prince Albert를 두 번 언급한다. 그리고 King Christian IX와 Queen Louise는 사실 5대와 6대에 모두 나타난다. 혈통도는 각 노드가 단순히 한 개인이 아니라 "아무개의 부 또는 모 역할을 하는 개인"을 나타낸다고 할 때 진정한 트리로 간주된다.

　　트리 구조에 대한 표준적인 용어들은 둘째 종류의 가계도, 즉 직계도에서 가져온 것인데, 다음과 같은 용어들이 쓰인다. 각 루트는 그 하위트리들의 부모(parent)이다. 그리고 하위트리들은 서로 동기(sibling)간이자 부모인 루트의 자식(child)들이다. 트리 전체의 루트는 부모가 없다. 예를 들어 그림 19에서 C에는 자식 D, E, F가 있으며, E는 G의 부모이며, B와 C는 동기이다. 이러한 용어를

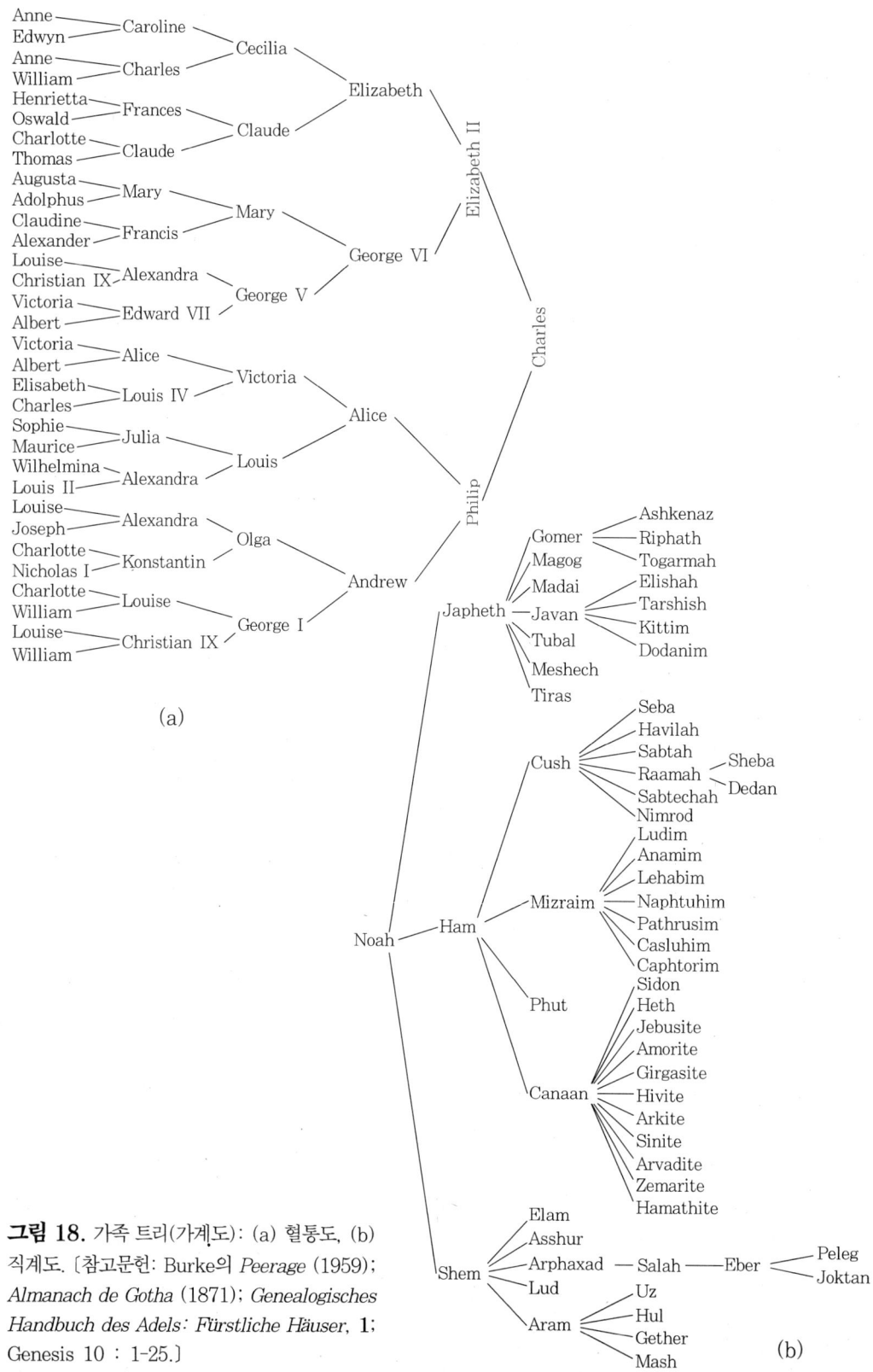

그림 18. 가족 트리(가계도): (a) 혈통도, (b)
직계도. 〔참고문헌: Burke의 *Peerage* (1959);
Almanach de Gotha (1871); *Genealogisches
Handbuch des Adels: Fürstliche Häuser*, **1**;
Genesis 10 : 1-25.〕

좀 더 확장해서, A는 G의 증조부이고, B는 F의 삼촌 또는 고모이고, H와 F는 사촌 관계라고 부르는 것도 얼마든지 가능하다.† 어떤 저자들은 "부모, 자식, 동기" 대신 "아버지, 아들, 형제"나 "어머니, 딸, 자매"를 사용하기도 한다. 어떤 경우이든 하나의 노드는 많아야 하나의 부모 또는 직계조상을 가진다. 이 책에서 조상(ancestor)과 후손(descendant)은 트리의 여러 수준들을 포괄하는 관계를 나타내는 용도로 사용한다. 그림 19에서 C의 후손은 D, E, F, G이고 G의 조상은 E, C, A이다.

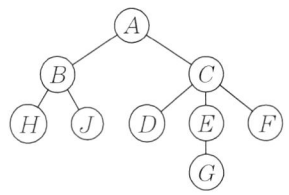

그림 19. 관례적인 트리 도표.

그림 18(a)의 혈통도는 트리 구조의 또 다른 중요한 종류인 이진트리(binary tree)의 예이다. 독자도 테니스 토너먼트나 기타 운동 경기에서 이진트리를 이미 접해 보았을 것이다. 이진트리에서 각 노드가 가질 수 있는 하위트리의 개수는 최대 2개이다. 그리고 하위트리가 단 하나일 경우 그것이 왼쪽 자식이냐 오른쪽 자식이냐를 구분한다. 좀 더 공식화하자면, 이진트리는 비었거나 아니면 하나의 루트와 서로 다른 두 이진트리의 원소들로 구성된 노드들의 유한집합으로 정의할 수 있다. 그리고 그 두 이진트리들은 루트의 왼쪽 하위트리, 오른쪽 하위트리라고 부른다.

이진트리의 이러한 재귀적인 정의를 상세히 연구해볼 필요가 있다. 이진트리가 트리의 한 특수 경우인 것은 아니다. 트리와 이진트리는 완전히 개별적인 개념이다(물론 이후에 두 개념 사이의 많은 관련성이 나오긴 하지만). 예를 들어 이진트리

$$\begin{array}{ccc} \overset{\textstyle A}{\underset{\textstyle B}{\diagdown}} & \text{와} & \overset{\textstyle A}{\underset{\textstyle B}{\diagup}} \end{array} \qquad\qquad (1)$$

는 서로 다르다. 하나는 오른쪽 하위트리가 비어 있지만 또 하나는 비어있지 않다. 그러나 이들을 트리라고 생각하면 둘은 동일한 구조를 나타낸다. 이진트리는 비어 있을 수 있다. 그러나 트리는 그렇지 않다. 이런 이유로, 이 책에서는 이진트리와 보통의 트리를 세심하게 구분하며, 이진트리일 경우에는 항상 "이진"이라는 말을 붙인다. 일부 저자들은 이 책에서와는 조금 다른 방식으로 이진트리를 정의하기도 한다(연습문제 20).

---

† 〔옮긴이 주〕영어와 달리 한국어에서는 같은 촌수라고 해도 부계냐 모계냐에 따라 삼촌/외삼촌, 고모/이모 등으로 갈라진다. 따라서 부계와 모계 중 하나를 택해야 하는데, 외삼촌보다는 삼촌이 한 글자 적다는 아주 단순한 이유로 부계의 용어를 택했다. 다행히 이후의 논의에서 삼촌, 고모 같은 용어는 별로 나오지 않는다. 또한, 여기서 부모는 단수 parent를 옮긴 것이며, 부모 노드라고 해서 어머니 노드와 아버지 노드가 따로 있는 것이 아니다. 부와 모를 통칭하는 어버이라는 말이 있긴 하지만, 부모 노드, 자식 노드라는 용어가 이미 흔히 쓰이고 있다는 점을 생각해서 사용하지 않기로 했다.

트리 구조를 자연의 나무와는 전혀 닮지 않은 형태로 표현할 수도 있다. 그림 19의 트리를 나무와는 무관하게 표현하는 세 가지 방식이 그림 20에 나와 있다. 그림 20(a)는 본질적으로 그림 19를 하나의 유향 트리로서 나타낸 것이다. 이것은 내포된 집합(nested set)이라는 일반적 개념의 한 특수 사례이다. 내포된 집합은 임의의 집합 쌍이 서로 소이거나 아니면 하나가 하나를 포함하는 방식으로 집합들을 모아놓은 것이다. (연습문제 10 참고.) 그림 20(a)가 내포된 집합을 평면에 그려놓은 것이라면 (b)는 그것을 직선적으로 나타낸 것이다. (b)에도 트리의 순서가 나타나 있다. (b)를 내포된 괄호들이 쓰인 어떤 대수 공식의 개요로 볼 수도 있을 것이다. (c)는 들여쓰기를 이용해서 트리 구조를 표현한 것이다. 트리의 표현 방식이 이처럼 다양하다는 것은 트리 구조가 컴퓨터 프로그래밍뿐만 아니라 일상생활에서도 광범위하게 쓰인다는 충분한 증거이기도 하다. 계통적(hierarchical, 系統的) 분류 방식이라면 그 어떤 것도 트리 구조로 나타낼 수 있다.

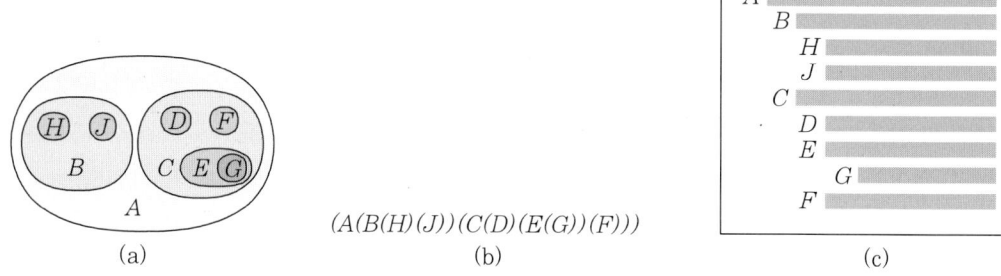

$$(A(B(H)(J))(C(D)(E(G))(F)))$$

(a)   (b)   (c)

그림 20. 트리 구조의 또 다른 표현 방식들: (a) 내포된 집합, (b) 내포된 괄호, (c) 들여쓰기.

대수(algebraic) 공식은 암묵적으로 하나의 트리 구조를 정의한다. 그런 정의를 괄호 표기를 대신하는, 또는 괄호 표기에 추가되는 다른 수단들로 표현하는 것이 가능하다. 예를 들어 그림 21은 다음의 산술 수식에 해당하는 트리이다.

$$a - b(c/d + e/f). \tag{2}$$

수학에서는 관례적으로 곱하기, 나누기를 더하기, 빼기보다 먼저 계산한다. 그런 관례 덕분에 괄호들이 완전히 적용된 "$a - (b \times ((c/d) + (e/f)))$" 형태 대신 (2) 같은 단순화된 형태를 사용할 수 있는 것이다. 수학 공식과 트리 사이의 이러한 연관성은 응용에서 매우 중요하다.

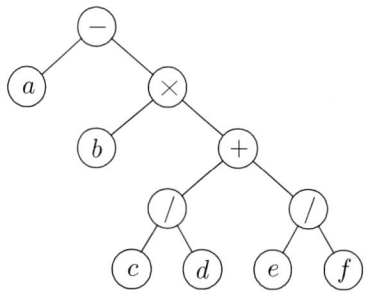

그림 21. 공식 (2)의 트리 표현.

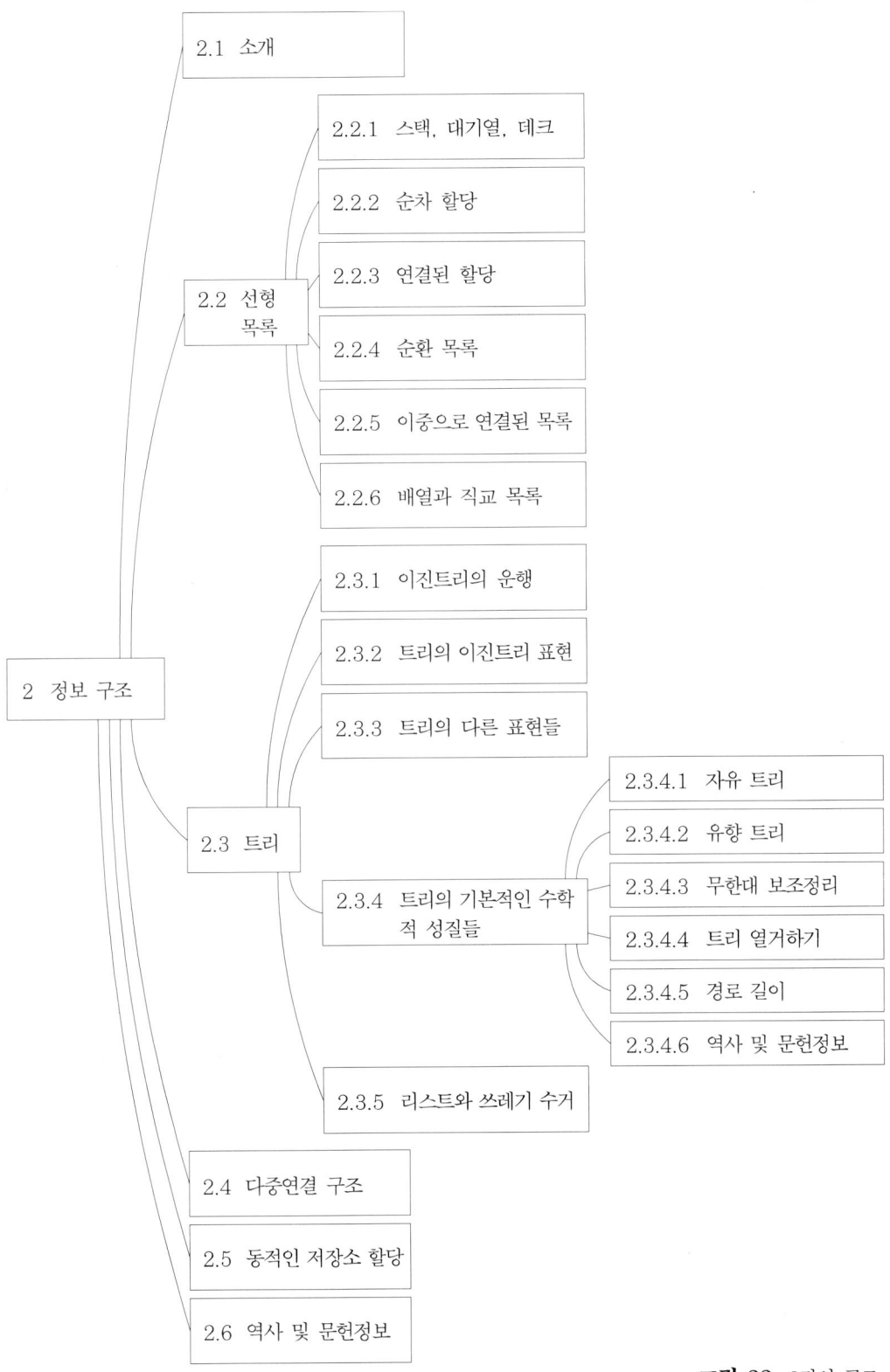

그림 22. 2장의 구조.

그림 20(c)의 들여쓰기 목록이 책의 차례와 매우 비슷한 모습임을 주목할 것. 실제로 이 책 자체는 하나의 트리 구조이다. 그림 22에 2장의 트리 구조가 나와 있다. 여기서, *이 책에서 절 (section)들에 번호를 붙일 때 사용한 방법이 트리 구조를 지정하는 또 다른 방식이라는* 한 가지 중요한 착상에 주목하자. 그런 방식을 트리에 대한 "듀이 10진 표기법(Dewey decimal notation)"이라고 부르기도 한다. 이 이름은 도서관에서 책들을 분류할 때 쓰이는 비슷한 방식에서 비롯된 것이다. 그림 19의 트리를 듀이 10진 표기로 나타낸다면 다음과 같다.

$$1\ A; \quad 1.1\ B; \quad 1.1.1\ H; \quad 1.1.2\ J; \quad 1.2\ C;$$

$$1.2.1\ D; \quad 1.2.2\ E; \quad 1.2.2.1\ G; \quad 1.2.3\ F.$$

듀이 10진 표기법은 어떠한 숲에도 적용할 수 있다. 이런 식이다: 숲의 k번째 트리의 루트에 숫자 k를 부여한다. α가 차수 m의 어떤 노드의 개수라고 할 때, 그 노드의 자식들에는 $\alpha.1$, $\alpha.2$, ..., $\alpha.m$ 이라는 번호를 붙인다. 듀이 10진 표기법은 수많은 단순한 수학적 성질들을 만족하며, 트리의 분석에 유용한 도구이다. 그러한 한 가지 예로, 이 책의 절들의 순서(예를 들어 2.3절은 2.3.1절보다 앞서고, 2.2.6절보다 뒤이다)와 비슷한 방식으로 임의의 트리의 노드들에 자연스러운 순차적 순서를 부여할 수 있다.

듀이 10진 표기법과 지금까지 계속 사용해온 색인화된 변수들에 대한 표기법 사이에는 한 가지 본질적인 관계가 존재한다. F가 트리들의 숲이라고 할 때, $F[1]$은 첫째 트리의 하위트리들을 나타낸다고 하자. 더 나아가서, $F[1][2] \equiv F[1,2]$는 $F[1]$의 둘째 하위트리의 하위트리들을 뜻하며, $F[1,2,1]$은 후자의 첫째 하위 숲을 뜻하는 등의 표기법이 가능하다. 듀이 10진 표기법에서의 노드 $a.b.c.d$는 $F[a, b, c, d]$의 부모이다. 각 색인의 허용 범위가 그 전의 색인 값들에 의존한다는 점에서, 이러한 표기법은 통상적인 색인 표기법의 한 확장이다.

따라서, 특히 임의의 직사각 배열은 트리 또는 숲 구조의 한 특수 경우로 생각할 수 있다. 예를 들어 다음은 3×4행렬을 보통의 방식과 트리 방식으로 표현한 것이다.

$$\begin{pmatrix} A[1,1] & A[1,2] & A[1,3] & A[1,4] \\ A[2,1] & A[2,2] & A[2,3] & A[2,4] \\ A[3,1] & A[3,2] & A[3,3] & A[3,4] \end{pmatrix}$$

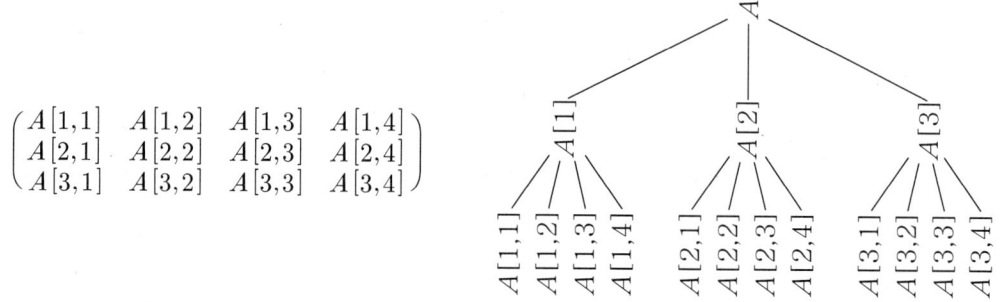

그런데 이러한 트리 구조가 행렬 구조의 모든 것을 충실히 반영하는 것은 아니라는 점을 눈여겨보아야 할 것이다. 행 관계들은 트리에서 명시적으로 나타나 있지만, 열 관계들은 그렇지 않다.

또한 숲은 흔히 목록 구조(list structure)라고 불리는 것의 한 가지 특수 경우로 간주할 수 있다. 여기서의 "목록"은 일상적인 의미가 아니라 아주 기술적인 의미로 쓰이는 것으로, 이처럼 목록이 기술적인 용도로 쓰이는 경우에는 구분을 위해 목록 대신 "리스트"라는 용어를 사용하기로 한다.† 리스트는 0 또는 그 이상의 원자 또는 리스트들의 유한한 순차열로 (재귀적으로) 정의된다. 여기서 "원자 (atom)"는 관련된 실체들의 우주에서 요소들을 지칭하는 어떤 정의되지 않은 개념으로, 원자와 리스트를 구분할 수만 있다면 그 구체적인 정의는 크게 상관할 바 없다. 쉼표와 괄호에 대한 자명한 표기 관례를 이용하면 원자와 리스트를 구분해서 표기할 수 있으며, 리스트 안에서의 순서 관계도 나타낼 수 있다. 예를 들어 다음은

$$L = (a,\ (b,a,b),\ (\ ),\ c,\ (((2)))) \tag{3}$$

다섯 개의 요소들로 된 하나의 리스트이다. 첫 요소는 원자 a이고 그 다음 요소는 리스트 (b,a,b), 그 다음은 빈 리스트 $(\ )$, 그 다음은 원자 c, 마지막으로는 리스트 $(((2)))$이다. 마지막 것은 리스트 $((2))$가 요소이며, 그 요소 자체는 리스트 (2)로 구성되고 리스트 (2) 자체는 아톰 2로 구성된다.

다음은 L에 해당하는 트리 구조이다.

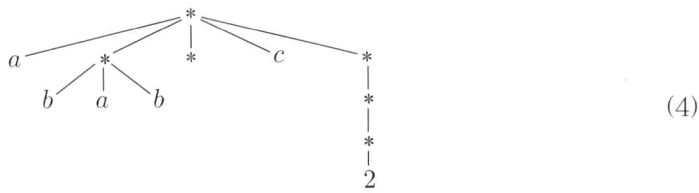

$$\tag{4}$$

이 그림에서 별표는 그 노드가 하나의 리스트임을 나타낸다. 별표가 아닌 것은 원자이다. 숲에 적용되는 색인 표기법을 리스트에도 적용할 수 있다. 예를 들면 $L[2] = (b, a, b)$이고 $L[2, 2] = a$이다.

(4)의 리스트 노드들은 그것이 리스트라는 사실 이외의 자료는 담지 않는다. 그러나 트리나 다른 구조에서 했던 것과 마찬가지 방식으로 리스트의 비원자 요소에 정보(이하 이름표(label))를 부가하는 것이 불가능하지 않다. 예를 들어

$$A = (a : (b,c),\ d : (\ ))$$

는 다음과 같은 트리에 해당한다.

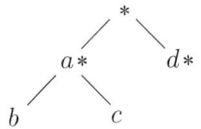

리스트와 트리의 커다란 차이는, 리스트는 겹칠 수 있으며(즉 하위리스트들이 반드시 서로 소일 필요는 없으며) 재귀적일 수도 있다(자기 자신을 담을 수 있다)는 점이다. 예를 들어 다음 리스트는

$$M = (M) \tag{5}$$

그 어떤 트리 구조에도 해당하지 않으며, 다음 리스트 역시 그렇다.

---

† 〔옮긴이 주〕 원서는 첫 글자가 소문자냐 대문자냐로 구분한다. 즉, 기술적인 의미로 쓰일 때에는 List이다. 그러나 한글의 경우 대소문자의 구분이 존재하지 않으므로, 번역서에서는 "리스트"로 표현하기로 한다.

$$N = (a : M, \, b : M, \, c, \, N). \tag{6}$$

(이 예들에서 대문자는 리스트이고 소문자는 이름표와 원자이다.) (5)와 (6)을 평면적으로 그린다면 다음과 같다(별표는 리스트가 정의되는 각 지점을 나타낸다).

$$
\begin{array}{c}
*\,[N] \\
a*[M] \quad b[M] \quad c \quad [N] \\
| \\
[M]
\end{array}
\tag{7}
$$

이상의 예들에서 리스트들이 꽤나 복잡하다는 느낌을 받았을지 모르겠는데, 그렇게 복잡하지는 않다. 사실 리스트는 2.2절에서 살펴본 선형 목록들의 비교적 단순한 일반화이다. 단, 선형 리스트가 다른 선형 리스트들(자기 자신일 수도 있다)을 가리키는 링크 변수들을 담을 수 있다는 추가적인 단서가 붙은 일반화이다.

정리: 밀접하게 연관된 네 가지 정보 구조들, 즉 트리, 숲, 이진트리, 리스트는 많은 곳에서 나타나며, 그런 만큼 컴퓨터 알고리즘에서 중요한 개념들이라 할 수 있다. 이번 절에서는 이 네 가지 구조들을 표현하는 여러 방식들과, 이 구조들을 논의할 때 유용한 여러 용어 및 표기법들을 살펴보았다. 이후의 절들에서는 그러한 개념들을 훨씬 더 상세하게 전개한다.

연습문제

1. [18] 세 노드 A, B, C로 서로 다른 트리를 몇 개나 만들 수 있을까?

2. [20] 세 노드 A, B, C로 서로 다른 유향트리를 몇 개나 만들 수 있을까?

3. [M20] 트리의 모든 노드 X마다 루트로의 고유한 경로가 존재한다. 다시 말하자면, 트리의 루트가 X_1이고 $1 \le j < k$에 대해 $X_k = X$, X_j가 X_{j+1}의 부모라고 할 때 $k \ge 1$개의 노드 X_1, X_2, …, X_k로 된 고유한 순차열이 존재한다. 이를 정의들로부터 엄정하게 증명하라. (이를 증명하는 방법은 트리 구조에 관한 거의 모든 기본 사실들을 증명하는 방법의 전형이 된다.) 힌트: 트리의 노드 개수에 대해 귀납법을 사용할 것.

4. [01] 전통적인 트리 도표(루트가 최상위인 형태)에서, 만일 노드 X의 수준 수치가 노드 Y의 것보다 크면 도표에서 노드 X는 노드 Y보다 아래에 나타난다. 이 명제가 참인지 또는 거짓인지를 밝혀라.

5. [02] 노드 A의 동기가 셋이고 B가 A의 부모일 때 B의 차수는 몇인가?

▶ **6.** [21] 가계도에 비유한 "X는 Y의 m차 동기의 n대 후손"이라는 명제를 트리의 노드 X와 Y 사이의 의미 있는 관계로 정의하라(단, $m > 0$이고 $n \ge 0$). (가계도 관련 용어들의 의미는 사전을 참고할 것.)†

---

† [옮긴이 주] "X는 Y의 m차 동기의 n대 후손"의 원문은 "X is an mth cousin of Y, n times removed"를

7. [23] 연습문제 6에 주어진 정의를, 모든 $m \geq -1$과 모든 정수 $n \geq -(m+1)$에 대해 X가 Y의 m차 동기의 n대 후손이 되는 고유한 m과 n이 존재할 수 있도록 확장하라(X와 Y는 트리의 임의의 두 노드이다).

▶ **8.** [03] 이진트리이지만 트리는 아닌 것은 무엇인가?

9. [00] (1)의 두 이진트리에서 B와 A 중 어떤 노드가 루트인가?

10. [M20] 비어 있지 않은 집합들이 있다. 임의의 집합들의 쌍 X, Y에서 $X \subseteq Y$이거나, $X \supseteq Y$이거나, 아니면 X와 Y가 서로 소이면(다른 말로는 $X \cap Y$가 X이거나 Y이거나 $\varnothing$) 그러한 집합들의 모음(collection)을 내포되었다(nested)고 칭한다. 그림 20(a)는 모든 트리가 그런 내포된 집합들의 모음에 해당함을 보여준다. 그렇다면, 반대로 말해서 그런 모든 모음들이 트리에 해당할까?

▶ **11.** [HM32] 연습문제 10에서 말한 내포된 집합들의 모음을 고려해서, 트리의 정의를 무한 트리로 확장하라. 무한 트리의 각 노드에 대해서도 수준, 차수, 부모, 자식 개념들을 정의할 수 있는가? 다음과 같은 트리에 해당하는, 실수들의 내포된 집합의 예를 제시하라: a) 모든 노드가 셀 수 없는 차수를 가지며 무한히 많은 수준들이 있는 트리, b) 셀 수 없는 수준을 가진 노드들이 있는 트리, c) 모든 노드의 차수가 2 이상이며 무한히 많은 수준들이 있는 트리.

12. [M23] 부분순서 집합이 순서 없는 트리 또는 숲에 해당하게 되는 것은 어떤 조건 하에서인가? (부분순서 집합은 2.2.3절에서 정의했다.)

13. [10] 듀이 10진 체계에서 노드 X에 $a_1.a_2.\cdots.a_k$라는 번호가 부여된다고 하자. X에서 루트로의 경로에 있는 노드들의 듀이 번호들은 무엇인가(연습문제 3 참고)?

14. [M22] S가 "$1.a_1.\cdots.a_k$" 형태의 요소들로 된, 임의의 비지 않은 집합이라고 하자. 여기서 $k \geq 0$이고 $a_1, \ldots, a_k$는 양의 정수들이다. 유한 집합 S가 "만일 집합에 $\alpha.m$이 존재한다면, $m > 1$일 때에는 $\alpha.(m-1)$이, $m = 1$이면 α가 그 집합에 존재한다"는 성질을 만족할 때, S가 하나의 트리를 명시함을 보여라. (트리에 대한 듀이 10진 표기법은 그러한 조건을 확실히 만족한다. 따라서 듀이 10진 표기법은 트리 구조를 특징짓는 또 다른 방법이다.)

▶ **15.** [20] 보통의 트리의 노드들에 대한 듀이 10진 표기법에 비견할 수 있는, 이진트리의 노드들에 대한 표기법을 고안하라.

16. [20] 다음 수식들에 해당하는, 그림 21과 같은 형태의 트리를 그려라. (a) $2(a - b/c)$, (b) $a + b + 5c$.

옮긴 것이다. 따라서 사전(영어 사전)에서 찾아보아야 할 것은 cousin과 removed, 그리고 그에 관련된 숙어들이다. m차 동기라는 것은 같은 부모 노드에 도달하기까지 $m+1$번 위로 올라가야 한다는 뜻이다. m이 0이면 친형제, m이 1이면 사촌 등이다. n대 후손은 거기서 아래로 n번 내려간다는 뜻이다. 예를 들어 $m = 2$, $n = 2$인 경우, 즉 2차 동기의 2대 후손(second cousin twice removed)은 6촌(증조부가 같다)의 손자(자식의 자식)이다. m차 동기나 n대 후손이라는 표현은 이 번역서를 위해 만들어낸 것일 뿐이며, 따라서 다른 곳에서도 이런 표현이 제대로 이해되리라고는 보장할 수 없다.

17. 〔01〕 그림 19를 하나의 숲이라고 간주하고, 그것을 Z로 표기한다고 하자. $Z[1, 2, 2]$의 부모 노드는 무엇인가?

18. 〔08〕 리스트 (3)에서 $L[5, 1, 1]$은 무엇인가? $L[3, 1]$은 무엇인가?

19. 〔15〕 리스트 $L = (a, (L))$을 (7)과 같은 방식으로 그려라. 그 리스트의 $L[2]$는 무엇인가? $L[2, 1, 1]$은 무엇인가?

▶ **20.** 〔M21〕 0-2 트리를 각 노드가 정확히 0 또는 두 자식들을 가진 트리라고 정의한다. (공식화하자면, 0-2 트리는 루트에 해당하는 노드와 0 또는 2개의 서로 소인 0-2 트리들로 구성된다.) 모든 0-2 트리의 노드 개수는 홀수임을 보여라. 그리고 노드가 n개인 이진트리와 노드가 $2n + 1$개인 (순서 있는) 0-2 트리 사이의 일대일 대응 관계를 제시하라.

21. 〔M22〕 트리에 차수가 1인 노드가 n_1개, 차수가 2인 노드가 n_2개, …, 차수가 m인 노드가 n_m개 있다고 하자. 그러한 트리의 말단 노드는 몇 개인가?

▶ **22.** 〔21〕 표준 유럽 용지 크기 A0, A1, A2, …, An[†]은 가로 세로 비율이 1 대 $\sqrt{2}$이고 그 면적이 2^{-n} 제곱미터인 직사각형들이다. 따라서 An 용지를 반으로 자르면 A$(n+1)$ 용지 두 장이 생긴다. 이러한 원리를 이용해서 이진트리의 그래픽 표현 방법을 하나 설계하고, 그것으로 아래에 나오는 2.3.1-(1)의 트리를 표현해 보라.

2.3.1. 이진트리의 운행

일반적인 트리들을 컴퓨터 안에서 표현할 때에는 그와 동등한 이진트리를 사용하는 경우가 많기 때문에, 일반적인 트리들을 좀 더 살펴보기 전에 먼저 이진트리의 성질들을 잘 이해해 두는 것이 중요하다.

앞에서 이진트리라는 것을 빈 집합 또는 하나의 루트와 두 개의 이진트리들로 구성된 노드들의 유한 집합이라고 정의했다. 이러한 정의로부터, 이진트리를 컴퓨터 안에서 자연스럽게 표현하는 한 가지 방법을 이끌어낼 수 있다. 이런 것이다. 각 노드마다 두 링크 LLINK와 RLINK를 둔다. 그리고 트리 전체에 대해 "트리를 가리키는 포인터"에 해당하는 링크 변수 T를 둔다. 트리가 비어 있으면 T = Λ이고 빈 트리가 아니면 T는 트리의 루트 노두의 주소이다. 그리고 LLINK(T)와 RLINK(T)는 각각 루트의 왼쪽, 오른쪽 하위 트리에 대한 포인터들이다. 이러한 규칙들은 임의의 이진트리의 메모리 표현을 재귀적으로 정의한다. 예를 들어 오른쪽 그림과 같은 트리는

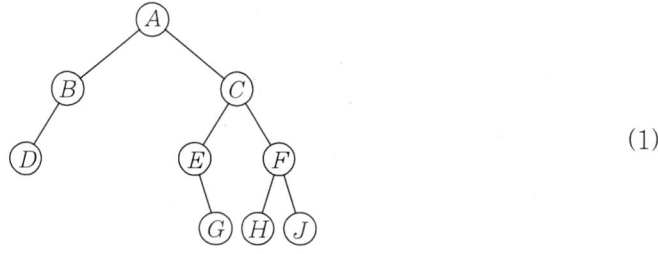

(1)

[†] 〔옮긴이 주〕 현재 이 크기들은 유럽에 국한된 것이 아니라 한국에서도 쓰이고 있는 국제 표준(ISO 216:1975)이다.

다음과 같이 표현된다.

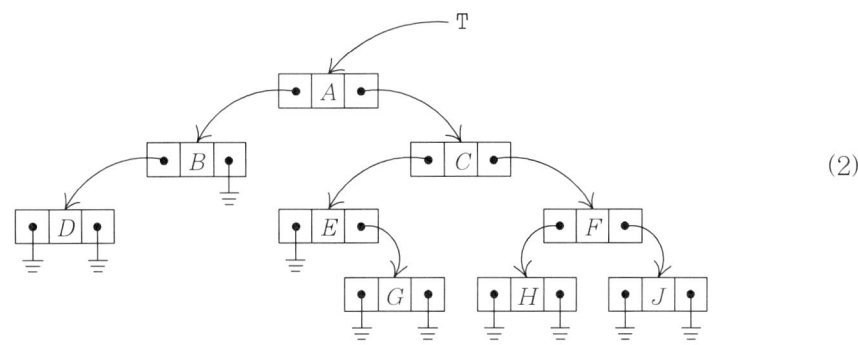

(2)

이러한 간단하고도 자연스러운 메모리 표현은 이진트리 구조에서 특히나 중요하다. 2.3.2절에서는 일반트리도 이렇게 이진트리들로 간편하게 표현할 수 있음을 이야기한다. 더 나아가서, 응용에서 나타나는 여러 트리들은 그 자체가 원래부터 이진트리들이다. 따라서 이진트리는 그 자체로 관심을 가질만한 주제이다.

트리 구조를 다루는 알고리즘들은 많이 있으며, 그런 알고리즘들에서는 트리의 운행(traversing) 또는 "훑어 나가기(walking through)"라는 개념이 반복적으로 나타난다. 운행은 트리의 각 노드를 정확히 한 번씩만 방문하는 형태로 트리 노드들을 체계적으로 조사하는 한 가지 방법이다. 트리 하나를 완전히 운행함으로써 노드들의 선형적인 배치를 얻게 되는데, 그러한 순차열에서 주어진 어떤 노드의 이전 또는 이후 방향의 "다음(next)" 노드를 지칭할 수 있다면 수많은 알고리즘들이 좀 더 수월해진다.

이진트리를 운행하는 데 쓰이는 방법은 크게 세 가지가 있다. 하나는 노드들을 전위(preorder) 순으로 방문하는 것이고, 또 하나는 중위(inorder), 마지막 하나는 후위(postorder) 순으로 방문하는 것이다. 빈 이진트리의 "운행"은 아무 일도 하지 않는 것과 같다. 비어 있지 않다면 각 운행은 각각 다음 세 단계로 진행된다.

전위 운행	중위 운행
루트를 방문	왼쪽 하위트리를 운행
왼쪽 하위트리를 운행	루트를 방문
오른쪽 하위트리를 운행	오른쪽 하위트리를 운행

후위 운행

왼쪽 하위트리를 운행
오른쪽 하위트리를 운행
루트를 방문

이러한 정의들을 이진트리 (1)과 (2)에 적용한다고 하자. 전위 운행의 경우 노드들을 방문하는 순서는

$$A \quad B \quad D \quad C \quad E \quad G \quad F \quad H \quad J \tag{3}$$

이다. (루트 A를 먼저 방문하고, 다음과 같은 왼쪽 하위트리

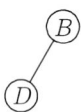

를 전위 운행하고, 마지막으로 오른쪽 하위트리를 전위 순서로 운행한 것이다.) 중위의 경우에는 각 하위트리들을 방문하는 중간에 루트를 방문하는데, 이는 본질적으로 노드들을 하나의 수평선에 "투영"한 것과 같으며, 결국 다음과 같은 순차열을 얻게 된다.

$$D \quad B \quad A \quad E \quad G \quad C \quad H \quad F \quad J. \tag{4}$$

비슷하게, 후위 운행으로 얻는 노드들은 다음과 같다.

$$D \quad B \quad G \quad E \quad H \quad J \quad F \quad C \quad A. \tag{5}$$

차차 드러나게 되겠지만, 이진트리의 노드들을 하나의 순차열로 배치하는 이러한 세 가지 방법은 트리를 다루는 대부분의 컴퓨터 방법들과 본질적으로 연결되어 있다는 점에서 대단히 중요하다. 전위, 중위, 후위라는 이름은 물론 하위트리들에 대한 루트의 상대적인 위치(前, 中, 後)에서 비롯된 것이다. 이진트리의 여러 응용에서는 왼쪽 하위트리의 의미와 오른쪽 하위트리의 의미 사이에 대칭성이 존재하는데, 그런 경우 중위를 대칭 순서(symmetric order)라고 부르기도 한다. 루트를 중간에 두는 중위는 본질적으로 왼쪽과 오른쪽이 대칭이다. 그래서 만일 이진트리를 한 수직축에 대해 반사시키면 대칭 순서도 그대로 뒤집힌다.

세 가지 기본적인 운행 순서에서처럼 재귀적으로 서술된 정의를 그 자체로 컴퓨터 구현에 직접 적용할 수는 없는 경우가 많다. 그런 경우에는 정의를 컴퓨터 구현에 맞는 형태로 바꿔야 한다. 그렇게 하는 일반적인 방법은 8장에서 논의한다. 보통은 보조적인 스택을 사용하는데, 다음 알고리즘도 그렇다.

알고리즘 T (이진트리의 중위 운행). T가 (2)와 같은 표현을 가진 이진트리를 가리키는 포인터라고 하자. 이 알고리즘은 그러한 이진트리의 모든 노드들을 중위 순서로 방문한다. 이를 위해 보조 스택 A를 사용한다.

T1. 〔초기화.〕 스택 A를 비우고, 링크 변수 P를 T로 설정한다.

T2. 〔P = Λ?〕 만일 P = Λ이면 단계 T4로 간다.

T3. 〔스택 ⟸ P.〕 (이제 P는 운행하고자 하는 비지 않은 이진트리를 가리키는 상태이다.) A ⟸ P로 설정한다. 즉, P의 값을 스택 A에 넣는다. (2.2.1절 참고.) 그런 다음 P ← LLINK(P)로 설정하고 단계 T2로 간다.

T4. 〔P ⟸ 스택.〕 만일 스택 A가 비었다면 알고리즘을 끝낸다. 그렇지 않으면 P ⟸ A로 설정한다.

T5. 〔P를 방문.〕 NODE(P)를 방문한다. 그런 다음 P ← RLINK(P)로 설정하고 단계 T2로 돌아간다.

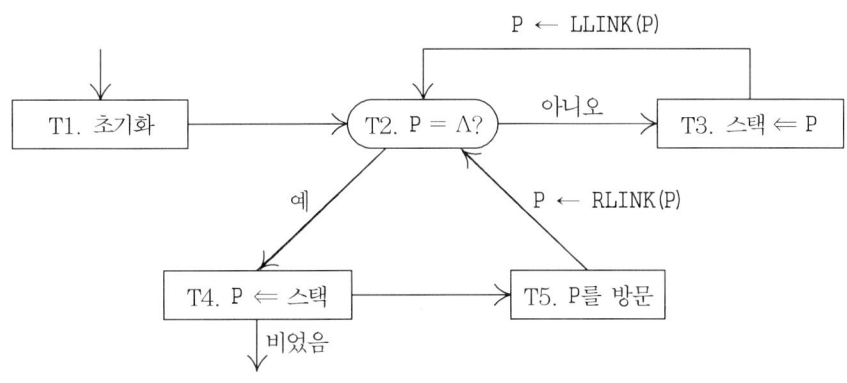

그림 23. 중위 운행을 위한 알고리즘 T.

이 알고리즘의 마지막 단계에 나오는 단어 "방문"(visit)은 트리를 운행하면서 노드를 만날 때마다 그 노드에 대해 애초에 하고자 했던 어떤 임의의 활동을 수행한다는 뜻이다. 알고리즘 T는 이러한 활동에 대해 마치 코루틴처럼 작동한다. 주 프로그램은 P를 한 노드에서 그 노드의 중위 순서 후행자로 옮기고자 할 때마다 이 코루틴을 발동시킨다. 물론 이 코루틴은 오직 한 장소에서만 주 루틴을 호출하므로 서브루틴(1.4.2절 참고)과 별 차이가 없다. 알고리즘 T는 외부의 활동이 NODE(P)나 그것의 어떤 조상들도 트리에서 제거하지 않는다고 가정한다.

이 시점에서, 이진트리 (2)에 알고리즘 T를 직접 적용해 보기 바란다. 그러면 알고리즘에 깔려 있는 논리들을 알 수 있을 것이다. 단계 T3에서부터는 포인터 P가 가리키는 노드를 루트로 하는 이진트리를 운행한다. 이 알고리즘의 핵심은 거기서 먼저 P를 스택에 저장한다는 것이다. 그런 다음에는 왼쪽 하위트리를 운행한다. 그게 끝나면 단계 T4로 가서 스택에 있던 이전의 P 값을 복원한다. 단계 T5에서는 NODE(P), 즉 애초의 루트를 방문한다. 이제 그것의 오른쪽 하위트리를 운행하면 중위 운행이 되는 것이다.

알고리즘 T는 이후에 살펴볼 다른 여러 알고리즘들의 한 전형이라 할 수 있다. 따라서 앞 문단의 설명에 대한 정식 증명을 살펴보는 게 도움이 될 것이다. 알고리즘 T가 노드 n개의 이진트리를 중위 순서로 운행함을 n에 대한 귀납법을 이용해서 증명해 보자. 그러한 목표는, 다음과 같은 보다 일반적인 결과를 증명할 수 있다면 쉽게 이룰 수 있다.

P가 n노드들의 이진트리를 가리키는 포인터이고 스택 A에 A[1] ... A[m]이 들어 있는(m은 0보다 크거나 같은 어떤 수) 상황에서, 단계 T2에서부터 시작한다고 하자. 단계 T2–T5의 절차는 주어진 이진트리를 중위 순서로 운행하며, 그 후 단계 T4에 도달해서 알고리즘이 끝난다. 그리고 그 때 스택 A는 원래의 값 A[1] ... A[m]들로 돌아간 상태이다.

단계 T2 때문에, $n = 0$일 때 이 명제가 참임은 명백하다. $n > 0$일 때는 어떨까? 단계 T2에 들어갔을 때의 P의 값을 P_0이라고 하자. $P_0 \neq \Lambda$이므로 단계 T3으로 넘어가게 된다. 그러면 스택 A는 A[1] ... A[m]P_0으로 변하고 P는 LLINK(P_0)으로 설정된다. 이제 왼쪽 하위트리의 노드 개수는 n보다 작으므로, 귀납법에 의해서 알고리즘이 왼쪽 하위트리를 중위 순서로 운행하고 그 후 단계 T4에 도달했을 때 스택이 A[1] ... A[m]P$_0$임을 알 수 있다. 단계 T4는 스택을 A[1] ... A[m]으로 되돌리고 P ← P$_0$으로 설정한다. 단계 T5는 NODE(P$_0$)을 방문하고 P ← RLINK(P$_0$)으로 설정한다. 이제 오른쪽 하위트리의 노드 개수는 n보다 작으므로, 알고리즘이 오른쪽 하위트리를 중위 순서로 운행한 후 예상대로 단계 T4에 도달하게 됨을 역시 귀납법을 통해서 알 수 있다. 결론적으로 알고리즘은 앞서 정의한 중위 순서에 따라 트리를 운행한다. 이로써 증명을 마친다.

이와 거의 동일한, 이진트리를 전위 순서로 운행하는 알고리즘 역시 공식화할 수 있다(연습문제 12 참고). 후위 운행 알고리즘을 만드는 것은 약간 더 어려우며(연습문제 13 참고), 그래서 이진트리 에서는 다른 운행 방법들에 비해 후위 운행의 중요도가 다소 떨어진다.

이러한 여러 순서들에서의 노드의 선행자, 후행자를 좀 더 간결하게 표기할 수 있다면 편할 것이 다. P가 이진트리의 한 노드를 가리킨다고 할 때, 다음과 같은 표기법을 사용하기로 하자.

$$
\begin{aligned}
&\text{P*} &=\ &\text{전위 순서에서 NODE(P)의 후행자의 주소,}\\
&\text{P\$} &=\ &\text{중위 순서에서 NODE(P)의 후행자의 주소,}\\
&\text{P\#} &=\ &\text{후위 순서에서 NODE(P)의 후행자의 주소,}\\
&\text{*P} &=\ &\text{전위 순서에서 NODE(P)의 선행자의 주소,}\\
&\text{\$P} &=\ &\text{중위 순서에서 NODE(P)의 선행자의 주소,}\\
&\text{\#P} &=\ &\text{후위 순서에서 NODE(P)의 선행자의 주소.}
\end{aligned}
\tag{6}
$$

NODE(P)에 그런 선행자나 후행자가 없으면 일반적으로는 LOC(T)의 값을 사용한다. 여기서 T는 해당 트리를 가리키는 외부 포인터이다. *(P*) = (*P)* = P, $(P$) = ($P)$ = P, #(P#) = (#P)# = P이다. 이러한 표기법의 한 예로, INFO(P)가 트리 (2)에 있는 NODE(P)의 영문자라고 하자. 만일 P가 루트를 가리킨다면 INFO(P) = A, INFO(P*) = B, INFO(P$) = E, INFO($P) = B, INFO(#P) = C, P# = *P = LOC(T)이다.

아마 P*나 P$ 등의 의미가 직관적으로 이해되지 않아서 왠지 조바심이 나는 독자도 있을 것이다. 차차 명확해질 것이니 걱정할 필요는 없다. 또한 이번 절 끝의 연습문제 16도 도움이 될 것이다. "P$"의 "$"는 "symmetric order(대칭 순서)"의 S를 떠올릴 수 있도록 선택한 기호이다.

(2)와 같은 이진트리 메모리 표현 말고, 또 다른 중요한 표현 방식이 있다. 두 방식의 차이는 어찌 보면 순환목록과 직선적인 단방향 목록 사이의 차이에 비견할 수 있다. 트리 (2)에는 공링크(null link)가 아닌 포인터들보다 공링크들이 더 많다는 점에 주목하자. 사실 그런 방식으로 이진트리를 표현하면 항상 그런 현상이 나타난다(연습문제 14 참고). 그런 메모리 공간 낭비를 피할 수 있는 방법이 있다. 예를 들어 노드의 LLINK나 RLINK가(또는 둘 다) 널인지 아닌지를 의미하는 1비트짜리 "꼬리표(tag)" 지시자 두 개를 각 노드에 두는 방법도 있다. 말단 링크들의 경우에는 그 공간을 다른 어떤 용도로 사용하면 될 것이다.

이러한 교묘한 추가적인 공간 활용 기법은 펄리스A. J. Perlis와 손턴C. Thornton이 제안한 것이다.

그들은 소위 스레드식 트리(threaded tree) 표현을 고안했다. 그 방법에서는 말단 링크들을 트리의 다른 부분에 대한 "스레드"로 대체한다. 다음은 (2)와 동등한 스레드식 트리이다.

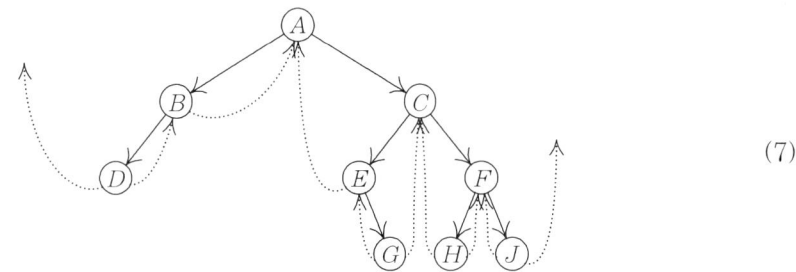

(7)

여기서 점선은 "스레드"를 뜻한다. 스레드는 항상 트리의 더 높은 노드로 이어진다. 이런 표현에서 모든 노드는 두 개의 링크를 가진다. C 같은 노드들은 왼쪽, 오른쪽 하위트리에 대한 보통의 링크들을 가지고, H 같은 말단 노드는 두 개의 스레드 링크를 가진다. 물론 보통의 링크와 스레드 링크를 모두 가진 노드들도 있다. 그리고 D와 J에는 다른 노드를 가리키지 않는 특별한 스레드 링크가 있다. "제일 왼쪽" 노드와 "제일 오른쪽" 노드가 그런 스레드를 가지는데, 이에 대해서는 나중에 좀 더 설명하겠다.

스레드식 이진트리 메모리 표현에서는 점선 링크와 실선 링크를 구분해야 한다. 앞에서 말한, 노드에 추가된 1비트 꼬리표 필드 두 개를 그런 용도로 사용할 수 있다. 그것들을 각각 LTAG, RTAG라고 하자. 그러한 가정 하에서, 스레드식 메모리 표현을 엄밀하게 정의한다면 다음과 같다.

비스레드식 표현	스레드식 표현
LLINK(P) = Λ	LTAG(P) = 1, LLINK(P) = \$P
LLINK(P) = Q $\neq \Lambda$	LTAG(P) = 0, LLINK(P) = Q
RLINK(P) = Λ	RTAG(P) = 1, RLINK(P) = P\$
RLINK(P) = Q $\neq \Lambda$	RTAG(P) = 0, RLINK(P) = Q

이러한 정의에 따라, 새 스레드 링크는 해당 노드의 중위 순서로의 직접적인 선행자 또는 후행자를 가리키게 된다. 그림 24는 임의의 이진트리의 일반적인 스레드 링크 방향들을 나타낸 것이다.

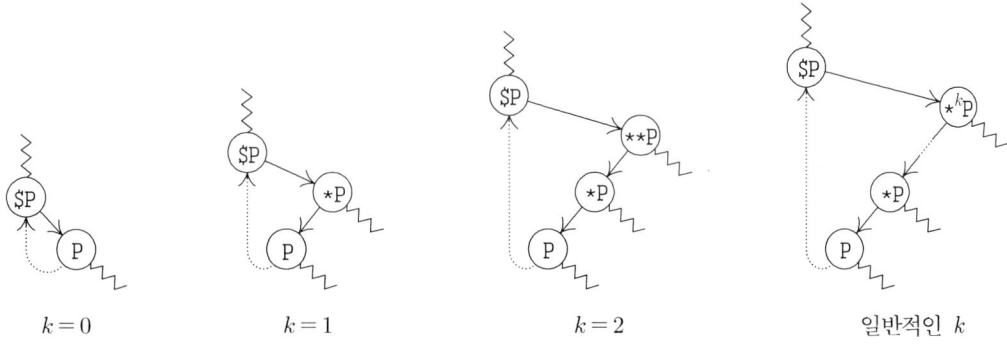

$k = 0$ $k = 1$ $k = 2$ 일반적인 k

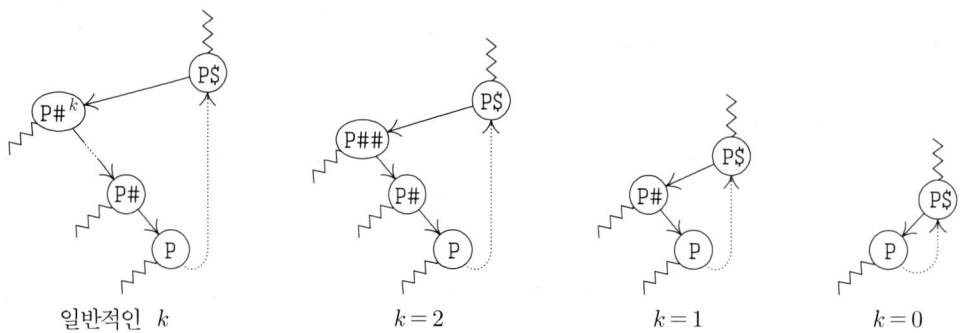

일반적인 k $k = 2$ $k = 1$ $k = 0$

그림 24. 스레드식 이진트리의 왼쪽, 오른쪽 스레드 링크의 일반적인 방향들. 물결선들은 트리의 다른 부분으로의 링크 또는 스레드를 뜻한다.

알고리즘에 따라서는 임의의 하위트리의 루트가 그 하위트리의 다른 노드들보다 더 낮은 메모리 장소에 나타남을 보장할 수 있는 경우가 있다. 그런 경우 LTAG(P)가 오직 LLINK(P) < P일 때에만 1이 되며, 따라서 LTAG는 중복[†] 이 된다. RTAG 비트도 같은 이유로 중복이 된다.

스레드식 트리는 운행 알고리즘이 간단해진다는 것이 커다란 장점이다. 예를 들어 다음은 P가 주어졌을 때 P\$를 계산하는 알고리즘이다.

알고리즘 S (스레드식 이진트리의 대칭(중위) 순서 후행자). P가 스레드식 이진트리의 한 노드를 가리킨다고 할 때, 이 알고리즘은 Q ← P\$로 설정한다.

S1. 〔RLINK(P)가 스레드인가?〕 Q ← RLINK(P)로 설정한다. 만일 RTAG(P) = 1이면 알고리즘을 끝낸다.

S2. 〔왼쪽으로 검색.〕 만일 LTAG(Q) = 0이면 Q ← LLINK(Q)로 설정하고 이 단계를 반복한다. 그렇지 않으면 알고리즘을 끝낸다. ∎

알고리즘 T에서는 스택을 이용해서 했던 일을 여기서는 스택 없이 수행한다는 점에 주목하자. 사실 (2)와 같은 통상적인 표현에서는 트리 안의 임의의 지점 P의 주소만 가지고 P\$를 효율적으로 찾는 것이 불가능하다. 비스레드식 표현에서는 위쪽으로 가는 링크가 없기 때문에, 주어진 한 노드에 도달하기까지의 과정을 따로 기록해 두지 않는 이상 그 노드 위에 어떤 노드들이 있는지 알 수가 없다. 알고리즘 T의 스택은 스레드가 없는 상황에서 바로 그러한 기록을 위한 것이다.

알고리즘 S가 "효율적"이라고 했는데, 단계 S2가 여러 번 수행된다는 점을 생각한다면 과연 효율적인지 의심스러울 수 있을 것이다. 단계 S2의 루프가 알고리즘 T처럼 스택을 사용하는 경우보다 과연 더 **빠를** 것인가? 이러한 의문에 답할 수 있도록, P가 트리 안의 "무작위" 지점[††] 일 때의 단계

[†] 〔옮긴이 주〕 redundant. 여기서는 이미 알고 있는 정보, 또는 다른 정보로부터 유도할 수 있는 정보를 담고 있다는, 따라서 생략할 수 있다는 뜻이다.

[††] 〔옮긴이 주〕 즉 P는 하나의 확률 변수(random variable)이며, 따라서 1장(특히 1.2.10절)에서 말한 분석 기법들이 필요하다. 이후의 논의에 나오는 "P가 트리의 한 무작위 노드라고 할 때 ~ 평균을 구하라." 등의 언급에서도 마찬가지이다.

S2의 필수적 수행 횟수의 평균을 분석해보자. 이는 트리 전체의 반복 운행에 알고리즘 S를 사용한다고
할 때 단계 S2의 총 수행 횟수를 구하는 것과도 같은 문제이다.

그러한 분석을 수행하면서 알고리즘 S와 T를 위한 완전한 프로그램들을 연구하는 것도 도움이
될 것이다. 이진트리에 대한 알고리즘들에서 항상 그렇듯이, 두 알고리즘들이 빈 이진트리에 대해서도
제대로 작동하도록 설정할 필요가 있다. 이를 위해 T가 트리에 대한 포인터일 때 LOC(T) ∗와 LOC(T)
$가 각각 전위 순서 또는 대칭 순서에서의 첫 노드라고 하겠다. 스레드식 트리의 경우에는 다음과
같은 설정들과 함께 NODE(LOC(T))를 트리에 대한 하나의 "목록 머리"가 되게 하면 일이 수월해진다.

$$\text{LLINK(HEAD)} = \text{T}, \qquad \text{LTAG(HEAD)} = 0,$$
$$\text{RLINK(HEAD)} = \text{HEAD}, \qquad \text{RTAG(HEAD)} = 0. \qquad (8)$$

(여기서 HEAD는 LOC(T), 즉 목록 머리의 주소를 나타낸다.) 빈 스레드식 트리는 다음 조건을 만족한다.

$$\text{LLINK(HEAD)} = \text{HEAD}, \qquad \text{LTAG(HEAD)} = 1. \qquad (9)$$

트리를 키울 때에는 목록 머리의 왼쪽에 노드들을 삽입한다. (이 초기 조건들은 기본적으로 연습문제
17의 P∗ 계산 알고리즘에 의해 명시된다.) 이러한 관례에 따라, 스레드식 트리로서의 이진트리 (1)은
컴퓨터 안에서 다음과 같이 표현된다.

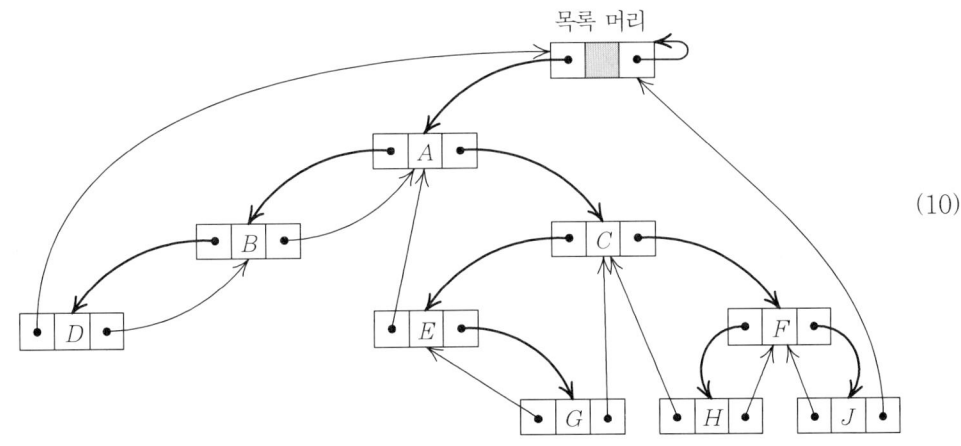

$$(10)$$

그럼 이상의 전제들을 깔고 알고리즘 S와 T에 대한 MIX 프로그램들을 살펴보자. 다음 프로그램들
은 이진트리의 각 노드가 다음과 같은 2워드 형식이라고 가정한다.

LTAG	LLINK	INFO1
RTAG	RLINK	INFO2

비스레드식 트리에서 LTAG와 RTAG는 항상 "+"이고 말단 링크들은 0이다. 스레드식 트리에서 값이
0인 꼬리표는 "+", 1인 꼬리표는 "−"이다. 편의상, LTAG-LLINK 필드 조합과 RTAG-RLINK 조합을
각각 LLINKT, RLINKT로 줄여서 표기한다.

두 꼬리표 비트들은 *MIX* 워드의 (원래는 쓰이지 않았을) 부호 필드를 차지한다. 그와 비슷하게, *MMIX* 컴퓨터에서는 링크 필드의 최하위(*least significant*) 비트를 꼬리표 비트로 "공짜로" 사용할 수 있다. 여기서 공짜라고 표현한 것은 포인터 값들은 일반적으로 짝수이고, *MMIX*에서는 메모리에 접근할 때 최하위 비트들을 무시하도록 만드는 게 용이하기 때문이다.

다음 두 프로그램은 색인 레지스터 5로 하여금 현재의 해당 노드를 가리키게 하고 주기적으로 장소 VISIT로 점프함으로써 이진트리를 대칭 순서(즉 중위)로 운행한다.

프로그램 T. 이것은 알고리즘 T의 구현으로, 스택은 장소 A + 1, A + 2, ..., A + MAX들을 차지한다. rI6은 스택 포인터이고 rI5 ≡ P이다. 스택이 너무 커지면 OVERFLOW가 발생한다. 이 프로그램의 구조는 알고리즘 T와는 조금 다른 형태인데(단계 T2가 세 번 나온다), 이는 T3에서 T2를 거쳐 T4로 직접 가는 경우에는 빈 스택인지를 점검할 필요가 없도록 하기 위한 것이다.

01	LLINK	EQU	1:2		
02	RLINK	EQU	1:2		
03	T1	LD5	HEAD(LLINK)	1	*T1. 초기화.* P ← T로 설정.
04	T2A	J5Z	DONE	1	만일 P = Λ이면 중지.
05		ENT6	0	1	
06	T3	DEC6	MAX	n	*T3. 스택 ⇐ P.*
07		J6NN	OVERFLOW	n	스택이 다 찾는가?
08		INC6	MAX+1	n	아니라면 스택 포인터를 증가.
09		ST5	A,6	n	P를 스택에 넣는다.
10		LD5	0,5(LLINK)	n	P ← LLINK(P)
11	T2B	J5NZ	T3	n	만일 P ≠ Λ이면 단계 T3으로.
12	T4	LD5	A,6	n	*T4. P ⇐ 스택.*
13		DEC6	1	n	스택 포인터를 감소.
14	T5	JMP	VISIT	n	*T5. P를 방문.*
15		LD5	1,5(RLINK)	n	P ← RLINK(P).
16	T2C	J5NZ	T3	n	*T2. P = Λ?*
17		J6NZ	T4	a	스택이 비었는지 점검.
18	DONE	...			∎

프로그램 S. 알고리즘 S를 구현하되, 프로그램 T에서처럼 초기화 및 종료 판정을 추가한 것이다.

01	LLINKT	EQU	0:2		
02	RLINKT	EQU	0:2		
03	S0	ENT5	HEAD	1	*S0. 초기화.* P ← HEAD로 설정.
04		JMP	.2F	1	
05	S3	JMP	VISIT	n	*S3. P를 방문.*
06	S1	LD5N	1,5(RLINKT)	n	*S1. RLINK(P)가 스레드인가?*
07		J5NN	1F	n	만일 RTAG(P) = 1이면 점프.

08		ENN6	0,5	$n-a$	그렇지 않으면 Q ← RLINK(P)로 설정.
09	S2	ENT5	0,6	n	*S2. 왼쪽으로 검색.* P ← Q로 설정한다.
10	2H	LD6	0,5(LLINKT)	$n+1$	Q ← LLINKT(P).
11		J6P	S2	$n+1$	만일 LTAG(P) = 0이면 반복.
12	1H	ENT6	-HEAD,5	$n+1$	
13		J6NZ	S3	$n+1$	P = HEAD가 아니면 P를 방문. ∎

코드에는 수행 시간 분석도 나와 있다. 그 수량들은 키르히호프의 법칙과 다음 사실들을 이용해서 쉽게 파악할 수 있다.

 i) 프로그램 T에서 스택 삽입 횟수는 삭제 횟수와 같아야 한다.

 ii) 프로그램 S에서 각 노드의 LLINK와 RLINK는 정확히 한 번씩만 조사된다.

iii) "방문"의 횟수는 트리의 노드 횟수이다.

이러한 분석에 의해 프로그램 T의 수행 시간은 $15n+a+4$ 단위 시간이고 프로그램 S의 수행 시간은 $11n-a+7$ 단위 시간임을 알 수 있다. 여기서 n은 트리의 노드 개수이고 a는 말단 오른쪽 링크 개수(오른쪽 하위트리가 없는 노드들의 개수)이다. $n \neq 0$일 때 수량 a의 최소값은 1이고, 최대값은 n이다. 트리가 좌우 대칭이면 a의 평균은 $(n+1)/2$이다. 이는 연습문제 14가 증명하는 사실들에서 비롯된 결과이다.

이 시점에서, 분석에 근거해 내릴 수 있는 기본적인 결론들은 다음과 같다.

 i) P가 트리의 무작위 노드라고 할 때, 알고리즘 S의 단계 S2는 알고리즘을 수행할 때마다 평균적으로 오직 한 번만 수행된다.

 ii) 스레드식 트리의 운행이 비스레드식 트리의 운행보다 약간 더 빠르다. 스택 조작이 필요 없기 때문이다.

iii) 알고리즘 T에 필요한 메모리 공간이 알고리즘 S의 것보다 더 크다. 보조적인 스택 때문이다. 프로그램 T는 스택을 연속적인 메모리 장소들에 둔다. 그래서 스택 크기에 임의적인 한계를 두어야 한다. 그런데 그 한계를 넘으면 프로그램 실행이 엉망이 될 수 있으므로 스택 크기를 합리적인 선에서 충분히 크게 잡을 필요가 있다(연습문제 10 참고). 복잡한 컴퓨터 응용 프로그램에서는 한 번에 여러 개의 트리들을 독립적으로 운행하는 것이 드문 일이 아니며, 프로그램 T 같은 경우라면 각 트리마다 개별적인 스택이 필요하다. 그런 상황에서는 프로그램 T가 연결된 할당 방식의 스택을 사용하도록 하는 것을 고려해볼 만하다(연습문제 20 참고). 연결된 스택을 사용한다면 수행 시간이 $30n+a+4$가 되는데, 이는 원래보다 대략 두 배 정도 느린 것이다. 다만, 다른 코루틴의 수행 시간이 추가된다면 운행의 빠르기가 아주 중요하지는 않을 수 있다. 또 다른 방법은 연습문제 21에서 이야기하는 것처럼 어떤 교묘한 방식으로 트리 자체 안에 스택 링크들을 두는 것이다.

iv) 당연한 말이겠지만, 알고리즘 S는 알고리즘 T보다 더 일반적이다. 알고리즘 S는 이진트리 전체를 운행할 필요 없이 그냥 P에서 P\$로 가는 용도로만 사용할 수도 있기 때문이다.

이상의 논의에서, 운행에 대해 스레드식 이진트리가 비스레드식 이진트리보다 확실히 우월함을 알 수 있다. 다만, 일부 응용에서는 스레드식 트리에서 노드를 삽입하거나 삭제하는 데 필요한 시간이 약간 늘어난다는 장점이 운행 속도의 이득을 상쇄할 수도 있다. 또한, 비스레드식 표현의 경우에는 공통의 하위트리들을 "공유"함으로써 메모리 공간을 절약할 수 있는 여지가 생기는 반면, 스레드식 트리에서는 공통의 하위트리들이 존재하지 않는 엄격한 트리 구조를 고수해야 한다.

스레드 링크들을 이용해서 P*, $P, #P를 알고리즘 S만큼이나 효율적으로 계산하는 것도 가능하다. 함수 *P와 P#는 계산하기가 약간 더 어려운데, 이는 비스레드식 트리 표현에서도 마찬가지이다. 이에 대해서는 연습문제 17을 풀어보기 바란다.

스레드식 트리가 유용하긴 하지만, 애초에 스레드 링크들을 설정하기가 힘들다면 그런 유용함도 무용지물일 것이다. 다행히, 스레드식 트리는 거의 보통 트리만큼이나 쉽게 키울 수 있다. 다음은 스레드식 이진트리에 노드를 삽입하는 알고리즘이다.

알고리즘 I (스레드식 이진트리에 노드 삽입). 이 알고리즘은 NODE(P)의 오른쪽 하위트리가 비어 있으면 (즉, RTAG(P) = 1) 하나의 노드 NODE(Q)를 NODE(P)의 오른쪽 하위트리가 되도록 부착한다. 비어 있지 않다면 NODE(Q)를 NODE(P)와 NODE(RLINK(P)) 사이에 삽입한다(따라서 NODE(RLINK(P))는 NODE(Q)의 오른쪽 자식이 된다). 삽입이 일어나는 이진트리는 (10)과 같은 스레드식 이진트리라고 가정한다. 이 알고리즘을 약간 변형하는 문제가 연습문제 23에 나온다.

I1. 〔꼬리표들과 링크들을 조정.〕 RLINK(Q) ← RLINK(P), RTAG(Q) ← RTAG(P), RLINK(P) ← Q, RTAG(P) ← 0, LLINK(Q) ← P, LTAG(Q) ← 1로 설정한다.

I2. 〔RLINK(P)가 스레드였는가?〕 만일 RTAG(Q) = 0이면 LLINK(Q$) ← Q로 설정한다. (여기서 Q$는 알고리즘 S로 얻는 것으로, 알고리즘 S는 지금처럼 LLINK(Q$)가 NODE(Q)가 아니라 NODE(P)를 가리킨다고 해도 잘 작동한다. 이 단계는 새 잎을 추가하는 것이 아니라 스레드식 트리의 중간에 노드를 삽입할 때에만 필요하다.) ∎

왼쪽과 오른쪽의 역할들을 반대로 하면(특히, 단계 I2의 $Q를 Q$로 대체하면) 노드를 왼쪽 하위 트리가 되게 삽입하는 알고리즘이 된다.

지금까지 말한 스레드식 이진트리들은 스레드 링크들이 왼쪽과 오른쪽 모두를 가리키는 형태였다. 그러한 완전한 스레드식 이진트리 표현 방식과 스레드가 아예 없는 완전한 비스레드식 이진트리 표현 방식 사이에는 중요한 중간 형태가 존재한다. 오른쪽 스레드식 이진트리(right-threaded binary tree)가 바로 그것이다. 오른쪽 스레드식 이진트리는 스레드식 RLINK들을 사용하되 빈 왼쪽 하위트리 는 LLINK = Λ로 표현함으로써 두 접근방식을 결합한다. (비슷하게, 왼쪽 스레드식 이진트리는 오직 공 LLINK들에만 스레드를 사용한다.) 사실 알고리즘 S는 스레드식 LLINK들을 사용하지 않는다. 만일 단계 S2의 "LTAG = 0" 판정을 "LLINK ≠ Λ"로 바꾼다면 오른쪽 스레드식 이진트리를 대칭 순서로 운행하는 알고리즘을 얻게 된다. 프로그램 S는 수정 없이도 오른쪽 스레드식 이진트리에 대해 작동한다. 이진트리 구조의 응용들 중에는 함수 P$나 P*(또는 둘 다)를 사용해서 트리를 왼쪽에서 오른쪽 방향으로만 운행하면 되는 것들이 대단히 많다. 그리고 그런 응용의 경우 LLINK들을 스레드로 연결할 필요는 없다. 앞에서 왼쪽과 오른쪽 모두의 스레드를 이야기한 것은 상황의 대칭성과 가능성을 보여주기 위한 것일 뿐이며, 실제 응용에서는 한쪽 방향으로만 스레드를 연결하는 방식이 훨씬 더 일반적이다.

이제부터는 이진트리의 한 가지 중요한 성질을, 그리고 그 성질과 운행의 연관성을 살펴보겠다. 두 이진트리 T와 T'가 같은 구조를 가지고 있으면 그 둘을 닮았다(similar)고 말한다. 공식화하자면 이는 (a) 둘 다 비어 있거나, (b) 둘 다 비어있지 않으며 둘의 왼쪽, 오른쪽 하위트리들이 각각 서로 닮았음을 뜻한다. 이러한 닮음 성질을 비공식적으로 말한다면, T의 도표와 T'의 도표가 같은 "형태"(shape)라는 뜻이다. 또 다른 식으로 말한다면, 닮음이라는 것은 T의 노드들과 T'의 노드들 사이에 그 구조를 보존하는 일대일 대응 관계가 존재한다는 것이다. 즉, 만일 T의 노드 u_1과 u_2가 각각 T'의 노드 u_1'과 u_2'에 대응된다면 u_1은 오직 u_1'이 u_2'의 왼쪽 하위트리일 때에만 u_2의 왼쪽 하위트리이며, 이는 오른쪽 하위트리들에 대해서도 마찬가지이다.

이진트리 T와 T'가 닮았고 대응되는 노드들이 같은 정보를 담고 있다면 그 둘을 동치(equivalent)라고 말한다. 공식화한다면, $\mathrm{info}(u)$가 노드 u에 담긴 정보를 의미한다고 할 때 두 트리는 오직 (a) 둘 다 비었거나, (b) 둘 다 비어 있지 않으며 $\mathrm{info}(\mathrm{root}(T)) = \mathrm{info}(\mathrm{root}(T'))$이고 그 왼쪽, 오른쪽 하위트리들이 각각 서로 동치일 때에만 서로 동치이다.

한 예로, 다음과 같은 네 개의 이진트리들에 이러한 정의를 적용해 보자.

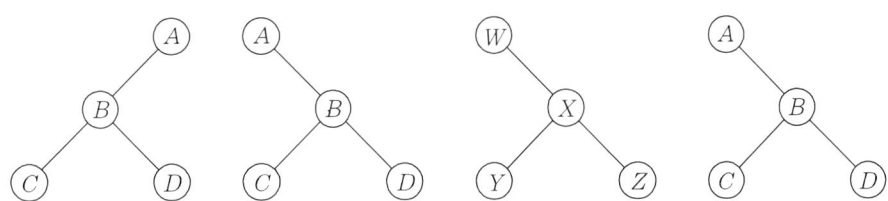

첫째 이진트리와 둘째 이진트리는 닮지 않았다. 둘째, 셋째, 넷째는 닮았고, 둘째와 넷째는 동치이다. 트리 구조와 관련된 일부 컴퓨터 응용에서는 두 이진트리가 닮았는지 또는 동치인지를 판정하는 알고리즘이 필요한데, 그런 부분에는 다음 정리가 유용할 것이다.

정리 A. 이진트리 T와 T'의 노드들이 각각 다음과 같다고 하자(전위 순서임).

$$u_{1,}\, u_{2,} \ldots, u_n \quad 과 \quad u_1', u_2', \ldots, u_{n'}'.$$

그리고 임의의 노드 u에 대해,

만일 u가 비지 않은 왼쪽 하위트리이면　$l(u) = 1$, 그렇지 않으면 $l(u) = 0$; (11)
만일 u가 비지 않은 오른쪽 하위트리이면 $r(u) = 1$, 그렇지 않으면 $r(u) = 0$

이라고 하자. 오직, $n = n'$이고

$$1 \le j \le n에 \ 대해 \quad l(u_j) = l(u_j'), \quad r(u_j) = r(u_j') \tag{12}$$

일 때에만 T와 T'는 닮음이다. 더 나아가서, 위의 조건과 더불어, 오직

$$1 \leq j \leq n \text{에 대해} \quad \text{info}(u_j) = \text{info}(u'_j) \tag{13}$$

일 때에만 T와 T'는 동치이다.

l과 r은 스레드식 트리의 LTAG와 RTAG 비트의 보수(complement)임을 주목할 것. 이 정리는 임의의 이진트리 구조를 0들과 1들의 두 수열을 통해서 규정한다.

증명. 이진트리들의 동치에 대한 조건은 닮음에 대한 조건을 증명함으로써 즉시 증명됨이 명백하다. 더 나아가서, 조건 $n = n'$와 (12)가 닮음 성질의 필요조건이 되는 것 역시 명백한데, 왜냐하면 닮은 트리들의 대응 노드들은 반드시 전위 순서로 같은 위치에 있어야 하기 때문이다. 따라서 조건 (12)와 $n = n'$가 T와 T'가 닮았음을 보장하는 충분조건이라는 점만 증명하면 된다. 그 점은 다음과 같은 보조적인 결과를 이용해서, n에 대한 귀납법으로 증명할 수 있다.

보조정리 P. 비지 않은 이진트리의 노드들이 전위 순서로 $u_1, u_2, \ldots, u_n$이라고 하자. 그리고 $f(u) = l(u) + r(u) - 1$이라고 하자. 그러면

$$f(u_1) + f(u_2) + \cdots + f(u_n) = -1 \text{이고}, \ f(u_1) + \cdots + f(u_k) \geq 0, \ 1 \leq k < n \text{이다.} \tag{14}$$

증명. $n = 1$일 때 이것이 참임은 명백하다. $n > 1$이면 이진트리는 루트 u_1과 나머지 노드들로 구성된다. 만일 $f(u_1) = 0$이면 왼쪽 하위트리나 오른쪽 하위트리가 비어 있는 것이다. 따라서 조건 (14)는 귀납법에 의해 증명된다. 만일 $f(u_1) = 1$이면, 왼쪽 하위트리의 노드 개수가 n_l이라고 할 때, 귀납법에 의해

$$1 \leq k \leq n_l \text{에 대해} \ f(u_1) + \cdots + f(u_k) > 0, \ f(u_1) + \cdots + f(u_{n_l + 1}) = 0 \tag{15}$$

이며, 역시 조건 (14)가 증명된다. ∎

(10장의 폴란드식 표기법에 대한 논의에 보조정리 P와 유사한 다른 정리들의 경우가 나온다.)

이제 정리 A의 증명을 완성해보자. $n = 0$일 때 그 정리가 참임은 명백하다. $n > 0$일 때에는 전위 순서의 정의에 의해 u_1과 u'_1이 각각 해당 트리의 루트이며, 다음을 만족하는 정수 n_l과 n'_l(왼쪽 하위트리의 크기들)이 존재한다.

$$u_2, \ldots, u_{n_l + 1} \text{과} \ u'_2, \ldots, u'_{n'_l + 1} \text{은} \ T \text{와} \ T' \text{의 왼쪽 하위트리,}$$
$$u_{n_l + 2}, \ldots, u_n \text{과} \ u'_{n'_l + 2}, \ldots, u'_n \text{은} \ T \text{와} \ T' \text{의 오른쪽 하위트리.}$$

$n_l = n'_l$임을 보인다면 귀납법에 의해 증명을 완료할 수 있다. 여기에는 세 가지 경우가 존재한다.

만일 $l(u_1) = 0$이면 $n_l = 0 = n'_l$;

만일 $l(u_1) = 1$, $r(u_1) = 0$이면 $n_l = n - 1 = n'_l$;

만일 $l(u_1) = r(u_1) = 1$이면 보조정리 P에 의해 $f(u_1) + \cdots + f(u_k) = 0$인 최소의 $k > 0$을 찾을 수 있음. 그리고 $n_l = k - 1 = n'_l$ ((15) 참고). ∎

정리 A의 한 결과로, 단지 두 스레드식 이진트리들을 전위 순서로 운행하면서 INFO와 TAG 필드들을 점검하는 것으로 두 스레드식 이진트리의 동치 또는 닮음을 판정할 수 있다. A. J. Blikle, *Bull. de l'Acad. Polonaise des Sciences*, Série des Sciences Math., Astr., Phys., **14** (1966), 203-208에는 정리 A의 몇 가지 흥미로운 확장들이 나온다. 그는 가능한 운행 순서들의 한 무한류 (infinite class)를 고려했으며, 그 중 오직 여섯 개(전위도 포함)만을 그 단순한 성질로 인해 "주소 없는(addressless)" 순서로 분류했다.

이번 절의 마지막 주제로, 한 이진트리의 복사본을 다른 메모리 장소들에 만들어 넣는, 전형적이지만 기본적인 알고리즘을 보자.

알고리즘 C (이진트리의 복사). HEAD가 이진트리 T의 목록 머리의 주소라고 하자. 즉, T는 LLINK (HEAD)를 통해서 접근할 수 있는 HEAD의 왼쪽 하위트리이다. NODE(U)가 빈 왼쪽 하위트리를 가진 한 노드라고 하자. 이 알고리즘은 T의 복사본을 만들되 그 복사본이 NODE(U)의 왼쪽 하위트리가 되게 한다. 특히, 만일 NODE(U)가 빈 이진트리의 목록 머리라면 이 알고리즘은 그 빈 이진트리를 T의 복사본으로 바꾼다.

C1. 〔초기화.〕P ← HEAD, Q ← U로 설정한다. 단계 C4로 간다.

C2. 〔오른쪽에 뭔가 있는가?〕만일 NODE(P)에 비지 않은 오른쪽 하위트리가 있다면 R ⇐ AVAIL로 설정하고 NODE(R)을 NODE(Q)의 오른쪽에 붙인다. (단계 S2의 시작에서 NODE(Q)의 오른쪽 하위트리는 비어 있었다.)

C3. 〔INFO를 복사.〕INFO(Q) ← INFO(P)로 설정한다. (여기서 INFO는 복사하는 노드의 링크들을 제외한 나머지 모든 부분을 뜻한다.)

C4. 〔왼쪽에 뭔가 있는가?〕만일 NODE(P)에 비지 않은 왼쪽 하위트리가 있다면 R ⇐ AVAIL로 설정하고 NODE(R)을 NODE(Q)의 왼쪽에 붙인다. (단계 S2의 시작에서 NODE(Q)의 왼쪽 하위트리는 비어 있었다.)

C5. 〔전진.〕P ← P*, Q ← Q*로 설정한다.

C6. 〔완료 판정.〕만일 P = HEAD이면(또는 NODE(U)에 비지 않은 오른쪽 하위트리가 있다고 가정한다면 Q = RLINK(U) 판정도 마찬가지 의미이다) 알고리즘을 끝낸다. 그렇지 않으면 단계 C2로 간다. ▮

이 간단한 알고리즘은 트리 운행의 전형적인 적용 방식을 보여준다. 이 알고리즘은 스레드식, 비스레드식, 또는 부분 스레드식 트리 모두에 적용된다. 단계 C5에서는 전위 순서 후행자 P*와 Q*를 계산해야 하는데, 비스레드식 트리의 경우에는 이 부분을 보조적인 스택을 이용해서 처리하는 것이 일반적이다. 알고리즘 C의 유효성 증명은 연습문제 29에 나온다. 그리고 오른쪽 스레드식 이진트리에서의 이 알고리즘에 해당하는 MIX 프로그램은 연습문제 2.3.2-13에 나온다. 스레드식 트리의 경우 단계 C2와 C4의 "붙이기"는 알고리즘 I로 수행하면 된다.

아래의 연습문제들에는 이번 절의 내용과 관련된 흥미로운 주제들이 많이 포함되어 있다.

이진 또는 이분법적 체계는, 비록 하나의 원리에 의해 규정되긴 하지만,
유사 이래 만들어진 것들 중에서
가장 인위적인 배치이다.

— 스웨인슨WILLIAM SWAINSON, *A Treatise on the Geography and
Classification of Animals* (1835)

연습문제

1. [*01*] 이진트리 (2)에서 INFO(P)는 NODE(P)에 담긴 영문자를 뜻한다. 그렇다면

$$INFO(LLINK(RLINK(RLINK(T))))$$

는 무엇인가?

2. [*11*] 이진트리 ⟨그림⟩ 의 노드들을 (a) 전위 순서로, (b) 대칭 순서로, (c) 후위 순서로
나열하라.

3. [*20*] 다음 명제의 참, 거짓을 판별하라: "이진트리의 말단 노드들은 전위, 중위, 후위에서 동일한
상대 위치들로 나타난다."

▶ 4. [*20*] 본문에서는 이진트리의 세 가지 기본적인 운행 순서들을 정의했다. 그 외에, 이런 순서도
있다.

a) 루트를 방문하고,

b) 오른쪽 하위트리를 방문하고,

c) 왼쪽 하위트리를 방문한다.

(이와 같은 규칙을 비지 않은 모든 하위트리들에 반복한다.) 이러한 새로운 순서와 본문에서 논의한
세 가지 순서 사이에 어떤 간단한 관계가 존재하는가?

5. [*22*] 트리에 대한 "듀이 10진 표기법"과 비슷한 방식으로, 이진트리의 노드를 0들과 1들의 순차열
로 식별할 수 있다. 이런 식이다: 루트(존재한다면)는 순차열 "1"로 표기한다. 순차열 α에 해당하는
노드의 왼쪽 하위트리와 오른쪽 하위트리는 각각 $\alpha0$과 $\alpha1$로 표기한다. 예를 들어 (1)의 노드 H는
"1110"으로 나타낸다. (연습문제 2.3-15 참고.)

이러한 표기법으로 전위, 중위, 후위 순서를 간편하게 서술할 수 있음을 보여라.

6. [*M22*] 이진트리에 n개의 노드가 있으며 그 노드들을 전위 순서로 나열하면 $u_1 u_2 \dots u_n$, 중위로
나열하면 $u_{p_1} u_{p_2} \dots u_{p_n}$이라고 하자. 연습문제 2.2.1-2와 같은 의미에서, 스택을 통해 $1\,2 \dots n$을 통과
시키면 순열 $p_1 p_2 \dots p_n$을 얻게 됨을 보여라. 반대로, 이런 식으로 이진트리에 대응되는 스택을 가지고
임의의 순열 $p_1 p_2 \dots p_n$을 얻을 수 있음을 보여라.

7. [*22*] 이진트리의 전위 순서 노드들과 중위 순서 노드들이 주어졌을 때 그것들로부터 이진트리

구조를 구축할 수 있음을 보여라. (노드들은 서로 다르다고 가정한다.) 전위와 중위 대신 전위와 후위 노드들이 주어졌을 때에도 그럴까? 또는 중위와 후위일 때도 그럴까?

8. [20] 노드들이 (a) 전위와 중위, (b) 전위와 후위, (c) 중위와 후위에서 정확히 같은 순서로 나타나는 이진트리들을 모두 찾아라. (연습문제 7에서처럼 노드들은 모두 서로 다른 이름표들을 가진다고 가정한다.)

9. [M20] n 노드들의 이진트리를 알고리즘 T로 운행할 때 단계 T1, T2, T3, T4, T5의 각 수행 횟수를 나타내라(n의 함수 형태로).

▶ **10.** [20] 이진트리에 노드가 n개 있다고 할 때, 알고리즘 T의 수행 도중 한 번에 스택에 넣을 수 있는 최대 노드 개수는 몇인가? (스택을 연속적으로 저장한다고 할 때 이 질문의 답은 저장소 할당에서 매우 중요하다.)

11. [HM41] n개의 노드들로 된 모든 이진트리들이 동일한 확률로 나타난다고 가정할 때, 알고리즘 T의 수행 도중 생길 수 있는 스택 최대 크기의 평균값을 n의 함수 형태로 분석하라.

12. [22] 이진트리를 전위로 운행하는, 알고리즘 T에 비견할 수 있는 알고리즘을 설계하라. 그리고 그 알고리즘의 정확성을 증명하라.

▶ **13.** [24] 이진트리를 후위로 운행하는, 알고리즘 T에 비견할 수 있는 알고리즘을 설계하라.

14. [22] (2)와 같이 표현된 n 노드 이진트리에서 Λ 링크들의 총 개수를 n의 간단한 함수로 표현할 수 있음을 보여라. 이 개수는 트리의 형태와는 무관하다.

15. [15] (10)과 같은 스레드식 트리 표현에서 목록 머리를 제외한 모든 노드 각각은 자신의 위쪽에서, 구체적으로 말하면 부모로부터 오는 링크를 정확히 하나만 가진다. 일부 노드들에는 자신의 아래로부터 오는 링크도 있다. 예를 들어 (10)의 노드 C는 아래에서 위로 오는 포인터가 두 개이지만 E는 하나이다. 한 노드를 가리키는 링크들의 수와 그 노드의 다른 기본 성질들 사이에 어떤 간단한 연관 관계가 존재하는가? (트리 구조를 바꿀 때에는 주어진 노드를 가리키는 링크들이 몇 개인지를 알아야 한다.)

▶ **16.** [22] 그림 24의 도표들은 이진트리에서 NODE(Q$)의 위치를 NODE(Q) 근처의 구조를 통해서 직관적으로 찾을 수 있는 방법들을 제시한다. 예를 들어 NODE(Q)의 오른쪽 하위트리가 비지 않았다면 그림 위쪽 도표들의 Q = P, Q = P를 고려한다. NODE(Q$)는 그 오른쪽 서브트리의 "제일 왼쪽" 노드이다. NODE(Q)의 오른쪽 하위트리가 비었다면 아래쪽 도표들의 Q = P를 고려한다. 이 경우 NODE(Q$)는 우선 오른쪽으로 한 단계 올라간 다음 계속 올라가다 보면 나온다.

이와 비슷하게, 이진트리에서 NODE(Q*)의 위치를 NODE(Q) 근처의 구조를 통해서 찾는 "직관적인" 규칙을 고안하라.

▶ **17.** [22] 스레드식 이진트리에서 P*를 결정하는, 알고리즘 S와 유사한 알고리즘을 제시하라. (8), (9), (10)에서처럼 트리에 목록 머리가 있다고 가정할 것.

18. [24] 트리를 다루는 알고리즘들 중에는 전위와 중위를 결합해서 각 노드를 한 번이 아니라 두 번 방문하는 것들이 많다. 이처럼 전위와 중위를 결합한 방식을 이중 순서(double order)라고 부를 수도 있을 것이다. 이진트리를 이중 순서로 운행하는 방법은 이렇다: 이진트리가 비어 있으면 아무 일도 하지 않고, 비어 있지 않다면

a) 최초로 루트를 방문하고,

b) 그 왼쪽 하위트리를 이중 순서로 운행하고,

c) 루트를 두 번째로 방문하고,

d) 그 오른쪽 하위트리를 이중 순서로 운행한다.

예를 들어 (1)을 이중 순서로 운행하면 다음과 같은 순차열이 나온다.

$$A_1 B_1 D_1 D_2 B_2 A_2 C_1 E_1 E_2 G_1 G_2 C_2 F_1 H_1 H_2 F_2 J_1 J_2.$$

여기서 A_1은 A가 처음으로 방문되었음을 뜻한다.

P가 트리의 한 노드를 가리키며 $d = 1$ 또는 2라고 할 때, NODE(P)를 d번 방문한 이후의 이중 순서에서의 다음 단계가 NODE(Q)를 e번째 방문하는 것이라는 사실을 $(P, d)^\Delta = (Q, e)$로 표기한다고 정의하자. 만일 (P, d)가 이중 순서에서의 마지막 단계이면 $(P, d)^\Delta = (\text{HEAD}, 2)$로 쓴다. 여기서 HEAD는 목록 머리의 주소이다. 또한, 이중 순서의 첫 번째 단계는 $(\text{HEAD}, 1)^\Delta$로 정의한다.

이진트리를 이러한 이중 순서로 운행하는, 알고리즘 T와 비슷한 알고리즘을 설계하라. 그리고 $(P, d)^\Delta$를 계산하는 알고리즘 S와 비슷한 알고리즘도 설계하라. 그 알고리즘들과 연습문제 12, 17 사이의 관계를 논하라.

▶ **19.** [27] (a) 오른쪽 스레드식 이진트리와 (b) 완전한 스레드식 이진트리에 대해 P#을 계산하는, 알고리즘 S와 유사한 알고리즘을 설계하라. 가능하다면 P가 트리의 무작위 노드라고 할 때 알고리즘의 평균 수행 시간이 기껏해야 하나의 작은 상수가 되도록 노력할 것.

20. [23] 프로그램 T를, 스택을 연속적인 메모리 장소들이 아니라 연결된 목록에 유지하도록 수정하라.

▶ **21.** [33] 비스레드식 이진트리를 어떠한 보조 스택도 사용하지 않으면서 중위로 운행하는 알고리즘을 설계하라. 알고리즘 수행 이전과 이후 모두에서 이진트리가 (2)에 나온 것과 같은 관례적인 표현 형태이기만 하다면 운행 도중 트리 노드의 LLINK, RLINK 필드들을 임의로 수정하는 것이 허용된다. 두 필드들 이외의, 트리 노드의 다른 비트들은 임시적인 저장 용도로 사용하면 안 된다.

22. [25] 연습문제 21의 알고리즘에 대한 MIX 프로그램을 작성하고 그 수행 시간을 프로그램 S, T의 것들과 비교하라.

23. [22] 알고리즘 I에 비견할 수 있는, 오른쪽 스레드식 이진트리의 오른쪽 삽입과 왼쪽 삽입을 위한 알고리즘들을 설계하라. 노드는 LLINK, RLINK, RTAG 필드를 가진다고 가정할 것.

24. [M20] T와 T'의 노드들이 전위가 아니라 대칭 순서로 주어질 때에도 정리 A가 여전히 유효한가?

25. [M24] 주어진 집합 S에 속하는 값들을 각 정보 필드로 사용하는 이진트리들의 집합을 T라고 하자. 여기서 S는 원소들이 "$\leq$" 관계(연습문제 2.2.3-14 참고)에 따라 순서대로 나열된 집합이다. T에 속하는 임의의 트리 T와 T'에 대해, 오직 다음 조건을 만족할 때에만 $T \leq T'$라고 정의하기로 하자.

i) T가 비었음, 또는

ii) T와 T'가 비지 않았으며 $\mathrm{info}(\mathrm{root}(T)) < \mathrm{info}(\mathrm{root}(T'))$임, 또는

iii) T와 T'가 비지 않았으며 $\mathrm{info}(\mathrm{root}(T)) = \mathrm{info}(\mathrm{root}(T'))$, $\mathrm{left}(T) \leq \mathrm{left}(T')$이고 $\mathrm{left}(T)$가 $\mathrm{left}(T')$와 동치가 아님, 또는

iv) T와 T'가 비지 않았으며 $\mathrm{info}(\mathrm{root}(T)) = \mathrm{info}(\mathrm{root}(T'))$이고 $\mathrm{left}(T)$가 $\mathrm{left}(T')$와 동치이며 $\mathrm{right}(T) \leq \mathrm{right}(T')$임.

여기서 $\mathrm{left}(T)$와 $\mathrm{right}(T)$는 각각 T의 왼쪽, 오른쪽 하위트리를 뜻한다. 다음 명제들을 각각 증명하라:

(a) $T \leq T'$ 그리고 $T' \leq T''$는 $T \leq T''$임을 함의한다.

(b) T는 오직 $T \leq T'$이고 $T' \leq T$일 때에만 T'와 동치이다.

(c) T에 속하는 임의의 T, T'에 대해 $T \leq T'$이거나 $T' \leq T$이다.

[즉, T의 동치인 트리들을 서로 상등(equal)이라고 간주한다면, 관계 $\leq$는 T에 대한 하나의 선형 순서를 규정한다. 이러한 순서 관계는 여러 가지로 응용된다(예를 들면 대수 수식의 단순화 등에서). S에 원소가 단 하나이면, 즉 트리의 모든 노드의 "정보" 필드가 동일하면, 동치 관계와 닮음 관계가 같아지는 특별한 경우가 된다.]

26. [M24] 연습문제 25의 순서 관계 $T \leq T'$에 대한, 정리 A에 비견할 수 있는 정리를 증명하라. $T \leq T'$이기 위한 필요조건과 충분조건을 제시하고, 연습문제 18에서 정의한 이중 순서를 활용할 것.

▶ **27.** [28] 두 이진트리 T와 T'가 주어졌을 때 $T < T'$인지, $T > T'$인지, 또는 T와 T'가 동치인지를 판정하는 하나의 알고리즘을 설계하라. 제시된 관계들은 연습문제 25에서의 정의들을 따른다. 그리고 두 이진트리 모두 오른쪽 스레드식 표현이며 각 노드에는 LLINK, RLINK, RTAG, INFO 필드들이 있다고 가정할 것. 보조 스택은 사용하면 안 된다.

28. [00] 알고리즘 C로 어떤 트리의 복사본을 만들었다. 이 때 새 이진트리는 원본과 동치인가, 아니면 닮음인가?

29. [M25] 알고리즘 C가 유효함을 최대한 엄정하게 증명하라.

▶ **30.** [22] 비스레드식 트리 표현을 스레드식 표현으로 바꾸는 알고리즘을 설계하라. 그러한 알고리즘은 예를 들면 (2)를 (10)으로 변환해야 한다. 참고: 가능한 한, 항상 P*, P$ 같은 표기법을 사용할 것(알고리즘 T와 같은 운행 알고리즘들의 단계들을 반복하는 대신).

31. [23] 오른쪽 스레드식 이진트리를 "삭제"하는 알고리즘을 설계하라. 알고리즘은 목록 머리를

제외한 모든 트리 노드들을 AVAIL 목록으로 되돌려야 하며, 목록 머리가 빈 이진트리를 가리키도록 설정해야 한다. 각 노드는 LLINK, RLINK, RTAG 필드들을 가진다고 가정할 것. 보조적인 스택을 사용하면 안 된다.

32. [21] 이진트리의 각 노드에 LLINK, RLINK, SUC, PRED라는 네 가지 링크 필드가 있다고 하자. LLINK와 RLINK는 비스레드식 트리처럼 왼쪽, 오른쪽 하위트리 또는 Λ를 가리킨다. SUC과 PRED는 중위 순서로 노드의 후행자, 선행자를 가리킨다. (즉, SUC(P) = P\$이고 PRED(P) = \$P이다. 이러한 트리는 스레드식 트리보다 더 많은 정보를 담는다.) 이와 같은 트리에 노드를 삽입하는, 알고리즘 I와 유사한 알고리즘을 설계하라.

▶ **33.** [30] 트리를 스레드식으로 표현하는 방법이 하나뿐인 것은 아니다! 각 노드에 다음과 같은 세 필드 LTAG, LLINK, RLINK를 두어서 스레드식으로 표현하는 것이 가능하다.

> LTAG(P): 스레드식 이진트리와 동일하게 정의된다.
> LLINK(P): 항상 P*와 같다.
> RLINK(P): 비스레드식 이진트리와 동일하게 정의된다.

이러한 표현에서의 삽입 알고리즘을 논하고, 복사 알고리즘(알고리즘 C)도 상세히 서술하라.

34. [22] P가 어떤 이진트리의 한 노드를 가리킨다고 하자. 그리고 HEAD는 어떤 빈 이진트리의 목록 머리를 가리킨다고 하자. (i) 트리에 무엇이 들어있었든, NODE(P)와 그것의 모든 하위트리들을 제거하고, 그런 다음 (ii) NODE(P)와 그 하위트리들을 NODE(HEAD)에 붙이는 하나의 알고리즘을 제시하라. 관련된 모든 이진트리들은 오른쪽 스레드식이고 각 노드의 필드는 LLINK, RTAG, RLINK라고 가정한다.

35. [40] 3진트리(ternary tree)를, 좀 더 일반적으로는 $t \geq 2$인 임의의 t진 트리를 이진트리에 대한 정의에서와 비슷한 방식으로 정의하고, 이번 절에서 살펴본 주제들을 t진 트리에 대해 의미 있는 방식으로 일반화할 수 있는지 탐구하라.

36. [M23] 연습문제 1.2.1-15는 사전식 순서가 집합 S의 정렬순서(well ordering)를 S의 요소들의 n짝(n-tuple)들의 정렬순서로 확장함을 보였다. 또 연습문제 25는 트리 노드들에 남긴 정보의 선형 순서를 비슷한 정의를 이용해서 트리들의 선형 순서로 확장할 수 있음을 보였다. 만일 < 관계가 S의 정렬순서가 된다면, 연습문제 25의 확장된 관계는 T의 정렬순서인가?

▶ **37.** [24] (퍼거슨D. Ferguson.) 링크 필드 두 개와 INFO 필드 하나를 담는 데 컴퓨터 워드 두 개로 충분하다면, 표현 (2)의 경우 n 노드 트리 하나에 $2n$의 메모리 워드들이 필요하다. 하나의 링크와 하나의 INFO 필드가 하나의 컴퓨터 워드에 들어맞는다고 가정할 때, 더 적은 공간을 이용해서 이진트리를 표현할 수 있는 방법을 고안하라.

2.3.2. 트리의 이진트리 표현

이제 이진트리에서 보통의 트리로 관심을 돌리자. 2.3.1절에서 트리와 이진트리를 정의하면서 말한 둘의 기본적인 차이점을 다시 정리하자면 다음과 같다.

1) 트리는 항상 하나의 루트 노드를 가진다. 따라서 빈 트리라는 것은 없다. 트리의 각 노드는 0, 1, 2, 3, …개의 자식들을 가질 수 있다.

2) 이진트리는 빌 수 있으며, 각 노드는 0, 1, 2개의 자식을 가질 수 있다. 그리고 "왼쪽" 자식과 "오른쪽" 자식을 구분한다.

또한 0 또는 그 이상의 트리들의 순서 집합을 숲이라고 한다는 점도 기억하기 바란다. 트리의 어떤 한 노드 바로 아래의 하위트리들은 하나의 숲을 이룬다.

임의의 숲을 이진트리로 표현하는 자연스러운 방식이 한 가지 있다. 다음과 같은 트리 두 개의 숲을 생각해 보자.

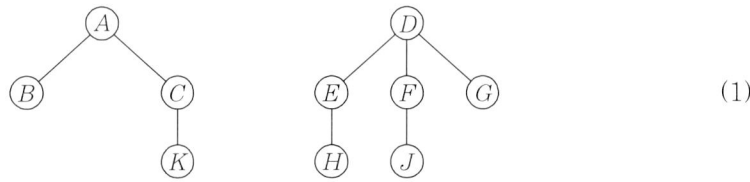

(1)

이에 해당하는 이진트리를 만드는 방법은 이렇다. 우선, 각 가족의 자식들을 연결하고, 부모에서 첫째 자식으로의 링크를 제외한 모든 수직 링크들을 제거한다. 다음이 그 결과이다.

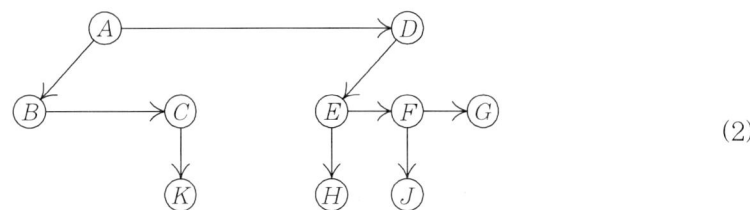

(2)

그런 다음에는 도표를 시계방향으로 45° 돌리고 일반적인 이진트리와 같은 형태가 되도록 조금 다듬는다. 즉:

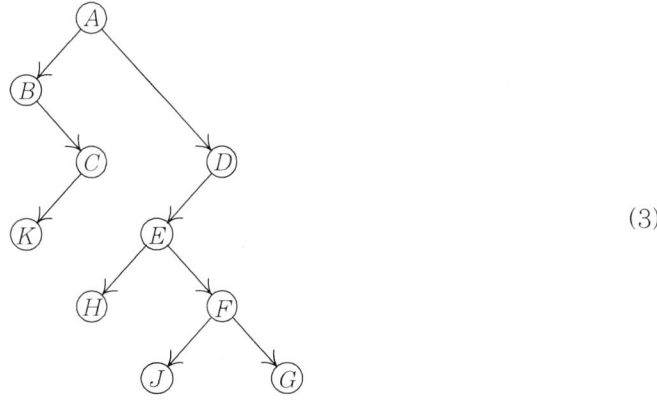

(3)

이상의 방법을 거꾸로 적용하면 임의의 이진트리에서 그에 해당하는 고유한 숲을 얻을 수 있다. (1)에서 (3)까지의 변환은 대단히 중요하다. 이러한 변환을 숲과 이진트리 사이의 자연 대응(natural correspondence)이라고 부른다. 특히, 이것은 트리와 이진트리의 한 특별한 경우, 구체적으로 말하면 루트는 있지만 오른쪽 하위트리는 없는 이진트리 사이의 대응 관계를 제공한다. (관점을 조금 바꿔서, 트리의 루트가 이진트리의 목록 머리에 대응된다고 볼 수도 있다. 그러면 $n+1$노드로 된 트리와 n노드로 된 이진트리 사이의 일대일 대응 관계가 생긴다.)

어떤 트리들의 숲을 $F = (T_1, T_2, ..., T_n)$이라고 하자. F에 대응하는 이진트리 $B(F)$를 엄정한 방식으로 정의하자면 다음과 같다.

a) 만일 $n = 0$이면 $B(F)$는 빈 이진트리이다.

b) 만일 $n > 0$이면 $B(F)$의 루트는 $\mathrm{root}(T_1)$이고 $B(F)$의 왼쪽 하위트리는 $B(T_{11}, T_{12}, ..., T_{1m})$이다. 여기서 $T_{11}, T_{12}, ..., T_{1m}$은 $\mathrm{root}(T_1)$의 하위트리들이다. 그리고 $B(F)$의 오른쪽 하위트리는 $B(T_2, ..., T_n)$이다.

이 규칙들은 (1)에서 (3)으로의 변환을 정확하게 서술한다.

이진트리를 (2)처럼, 즉 45° 회전하지 않고 그대로 그리는 게 편한 경우가 있다. (1)에 해당하는 스레드식 이진트리는 다음과 같다.

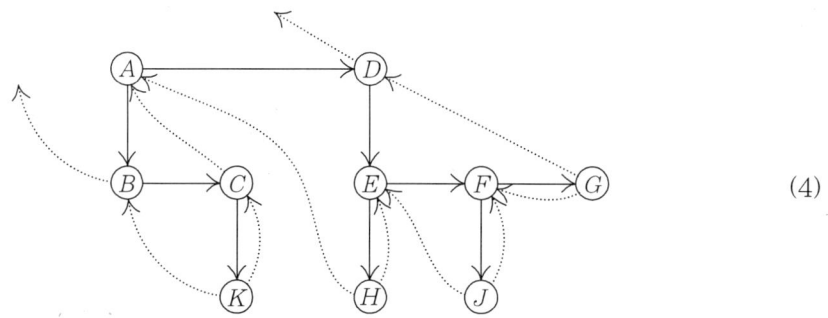

$$(4)$$

(이것을 45° 회전시켰다고 생각하고 그림 24와 비교해 보라.) *오른쪽 스레드 링크들이 한 가족의 제일 오른쪽 자식에서 부모로 간다는 점에 주목하자.* 왼쪽과 오른쪽이 대칭이 아니기 때문에, 왼쪽 스레드 링크들에 대해서는 그런 자연스러운 해석이 불가능하다.

2.2.2절에서 살펴본 운행 개념들을 숲의 관점에서(따라서 트리들로) 다시 정의할 수 있다. 중위 운행은 숲에 대한 간단한 비유가 없는데, 왜냐하면 루트를 그 후손들 중 어디에 삽입해야 할지가 명확하지 않기 때문이다. 그러나 전위와 후위는 명백한 방식으로 수행하는 것이 가능하다. 임의의 비지 않은 숲이 주어졌을 때, 전위와 후위 운행 방법은 다음과 같다.

전위 운행	후위 운행
첫째 트리의 루트를 방문한다.	첫째 트리의 하위트리들을 운행한다.
첫째 트리의 하위트리들을 운행한다.	첫째 트리의 루트를 방문한다.
나머지 트리들을 운행한다.	나머지 트리들을 운행한다.

이 두 가지 운행 방법의 의미를 이해하기 위해 트리 구조를 내포된 괄호들로 표현하는 다음과 같은 표기법을 생각해 보자.

$$(A\,(B,\ C(K)),\ D(E(H),\ F(J),\ G))\qquad(5)$$

이 표기는 숲 (1)에 해당한다. 하나의 트리를 표기할 때에는 루트를 먼저 적고, 괄호 안에 그 하위트리들을 같은 방식으로(재귀적으로) 적어나간다. 그런 식으로 표기한 트리들을 쉼표로 구분해서 나열하고, 전체를 괄호로 감싸서 하나의 비지 않은 숲을 완성한다.

만일 (1)을 전위로 운행한다면 노드들을 $A\,B\,C\,K\,D\,E\,H\,F\,J\,G$ 순으로 방문하게 되는데, 이는 (5)에서 괄호와 쉼표를 제거한 것과 같다. 전위는 트리의 노드들을 나열하는 자연스러운 방식이다. 루트를 먼저 나열하고 그 후손들을 나열한다는 점에서 자연스럽다. 트리 구조를 그림 20(c)처럼 들여쓰기로 표현하면 그 행들은 전위 순서에 따라 나타나게 된다. 이 책 자체의 절 번호들도 전위 순서로 나열된다(그림 22). 예를 들어 2.3절 다음에 2.3.1절이 오고 그 다음에 2.3.2, 2.3.3, 2.3.4, 2.3.4.1, ..., 2.3.4.6, 2.3.5, 2.4절이 오는 식이다.

전위 순서는 왕조 순서라고 부르는게 의미가 있을 정도로 유서 깊은 개념이다. 왕이나 공작, 백작이 죽으면 그 작위는 맏아들에게, 그리고 맏아들의 후손들에게 물려진다. 그리고 장손들이 모두 죽게 되면 가문의 다른 아들들에게 같은 방식으로 작위가 물려진다. (또한 영국 관례에서는 가문의 딸들 역시 아들들과 동일한 기반으로 포함시키되, 딸들은 아들 모두보다 차례가 나중이다.) 이론적으로는 귀족사회 전체의 한 직계도를 취하고 그 노드들을 전위 순서로 나열할 수 있다. 그리고 현재 생존해 있는 사람들만 고려한다면 (작위) 상속 순서도 얻을 수 있다(양위각서 때문에 변한 것들은 예외).

비슷한 방식으로, (1)의 노드들을 후위로 나열하면 $B\,K\,C\,A\,H\,E\,J\,F\,G\,D$이다. 이것은 전위에서와 비슷한 괄호 표기

$$((B,\ (K)C)A,\ ((H)E,\ (J)F,\ G)D)\qquad(6)$$

에 해당한다. 이 표기는 노드를 그 후손들의 이전이 아니라 이후에 적는 방식이다.

전위와 후위의 정의들은 트리와 이진트리 사이의 자연 대응 관계와 아주 면밀하게 맞물린다. 이는 첫 트리의 하위트리들이 왼쪽 이진 하위트리에, 그리고 나머지 트리들은 오른쪽 이진 하위트리에 대응되기 때문이다. 이러한 정의들을 377쪽에 나온 해당 정의들과 비교해 보면 숲의 전위 운행이 그에 대응되는 이진트리의 전위 운행과 정확히 동일함을 알 수 있다. 그리고 숲의 후위 운행은 해당 이진트리의 중위 운행과 정확히 동일하다. 따라서 2.3.1에서 전개한 알고리즘들을 수정 없이 숲의 운행에 적용할 수 있다. (트리의 전위 운행이 이진트리의 후위 운행이 아니라 중위 운행에 해당함을 주의할 것. 앞에서도 이야기했듯이 이진트리를 후위 순서로 운행하는 것은 비교적 어렵다는 점에서, 이는 다행스런 일이라 할 수 있다.) 이러한 동치 관계 때문에 표기 P\$는 트리나 숲일 때에는 노드 P의 후위 순서 후행자를 의미하지만 이진트리에서는 중위 순서 후행자를 의미한다.

이상의 방법들을 실질적인 문제에 적용하는 한 예로, 대수 공식의 조작을 생각해보자. 대수 공식을 기호들의 1차원 또는 2차원 구성으로 나타내는 것은 바람직하지 않으며, 이진트리로 나타내는 것도 별로이다. 가장 나은 방법은 보통의 트리 구조인데, 예를 들어 $y = 3\ln(x+1) - a/x^2$를 트리 구조로 표현한다면 다음과 같다.

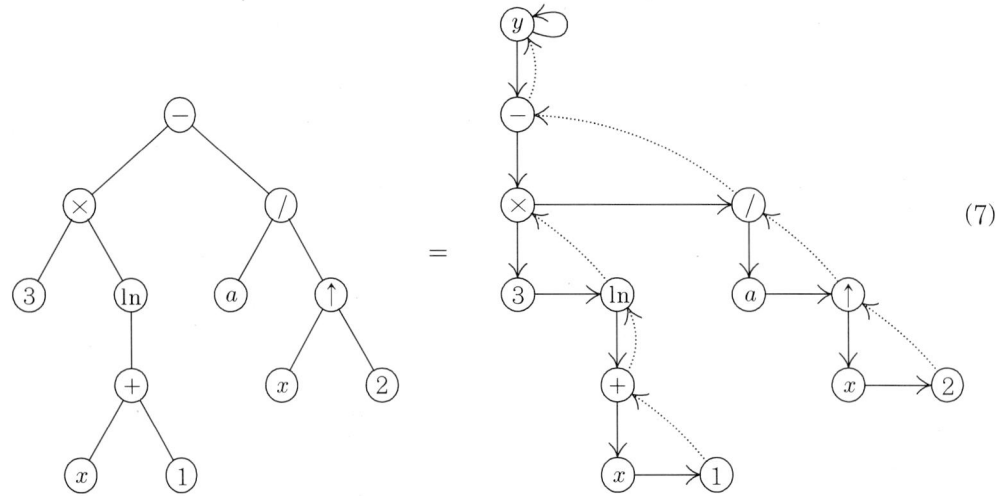

왼쪽은 그림 21과 같은 통상적인 트리 도표로, 이항 연산자 +, −, ×, /, ↑ (거듭제곱)에 해당하는 노드에 그 두 피연산자들이 하위트리로 붙은 형태이다. 오른쪽 도표는 왼쪽 도표와 동치인 오른쪽 스레드식 이진트리이다. 여기에는 트리의 목록 머리에 해당하는 노드 y가 추가되었다. 목록 머리의 노드는 2.3.1-(8)에 나온 형태이다.

여기서 주목해야 할 중요한 사항은, (7)의 왼쪽 트리가 겉으로 보기에는 이진트리와 매우 유사하지만 그래도 우리는 이것을 하나의 트리로 간주하며, 그리고 이것을 실제로 이진트리로 나타내면 모습이 상당히 달라진다는 점이다((7)의 오른쪽 트리가 바로 그것이다). 이진트리 구조에 직접적으로 기반을 두고 대수 수식을 조작하는 루틴들(대수 공식의 소위 "3주소 코드(three-address code)")를 만드는 게 불가능하지는 않지만, 실제 응용에서는 대수 공식에 대해 (7)과 같은 일반적인 트리 표현을 사용함으로써 여러 가지 단순화가 가능해진다. 이는 일반적인 트리에서는 후위 운행이 더 쉽기 때문이다.

(7)의 오른쪽 트리의 노드들은 다음과 같다.

$$\text{전위 순서로} \quad - \quad \times \quad 3 \quad \ln \quad + \quad x \quad 1 \quad / \quad a \quad \uparrow \quad x \quad 2, \tag{8}$$

$$\text{후위 순서로} \quad 3 \quad x \quad 1 \quad + \quad \ln \quad \times \quad a \quad x \quad 2 \quad \uparrow \quad / \quad -. \tag{9}$$

(8)과 (9) 같은 대수 수식 표현은 매우 중요하다. 이들을 "폴란드식 표기법(Polish notation)"이라고 하는데, 이는 (8)을 고안한 사람이 폴란드 논리학자 우카시에비치Jan Łukasiewicz이기 때문이다. 표현식 (8)은 공식 (7)의 접두 표기(prefix notation)이고 (9)는 접미 표기(postfix notation)이다. 폴란드식 표기법의 흥미로운 주제들은 이후의 장들에서 다시 살펴보게 될 테니, 지금은 폴란드식 표기법이 트리 운행의 기본 순서들과 직접 연관되어 있다는 정도만 알고 넘어가자.

지금 다루는 대수 공식에 대한 트리 구조의 노드들이 MIX 프로그램에서 다음과 같은 형태라고 가정하자.

RTAG	RLINK	TYPE	LLINK
INFO			

(10)

여기서 RLINK와 LLINK는 이전과 같은 의미이고, RTAG는 스레드 링크의 경우 음이다(알고리즘들의 문장에 나오는 RTAG = 1에 해당). TYPE 필드는 노드 종류를 나타낸다. TYPE = 0은 노드가 하나의 상수라는 뜻으로, 그런 경우 INFO는 그 상수의 값이다. TYPE = 1은 노드가 하나의 변수이며 INFO는 그 변수의 이름(영문자 다섯 개)이다. TYPE ≥ 2는 노드가 연산자임을 뜻한다. 이 경우 INFO는 그 연산자의 기호 이름이다. TYPE = 2, 3, 4, ... 등으로 연산자 +, −, ×, / 등을 나타낸다. 트리 구조를 애초에 컴퓨터 안에서 어떻게 설정하는지는 여기서 다루지 않는다. 그 주제는 10장에서 상세하게 분석하기 때문이다. 일단 지금은 그냥 트리가 이미 컴퓨터 메모리 안에 만들어져 있다고 가정하고, 입력과 출력 문제는 나중으로 미루겠다.

이제 대수 조작의 전형적인 예인, 주어진 공식의 변수 x에 대한 도함수를 구하는 문제를 살펴보자. 대수 미분을 위한 프로그램은 컴퓨터를 위해 작성된 최초의 기호 조작 루틴들에 속하는데, 그 기원은 1952년까지 거슬러 올라간다. 미분 공정은 대수 조작의 수많은 기법들을 보여줄 뿐만 아니라 과학 응용 프로그램에서 실제로도 중요한 가치를 지닌다.

수학의 미적분에 익숙하지 않은 독자라면 이 문제를 공식 조작에 대한, 다음과 같은 규칙들로 정의되는 하나의 추상적인 연습으로 받아들여도 될 것이다.

$$D(x) \quad = 1 \tag{11}$$

$$D(a) \quad = 0, \qquad \text{단 } a\text{는 하나의 상수 또는 } x\text{가 아닌 변수} \tag{12}$$

$$D(\ln u) \ = D(u)/u, \qquad u\text{는 임의의 공식} \tag{13}$$

$$D(-u) \ \ = -D(u) \tag{14}$$

$$D(u+v) = D(u)+D(v) \tag{15}$$

$$D(u-v) = D(u)-D(v) \tag{16}$$

$$D(u \times v) = D(u) \times v + u \times D(v) \tag{17}$$

$$D(u/v) \ \ = D(u)/v - (u \times D(v))/(v \uparrow 2) \tag{18}$$

$$D(u \uparrow v) = D(u) \times (v \times (u \uparrow (v-1))) + ((\ln u) \times D(v)) \times (u \uparrow v) \tag{19}$$

이상의 규칙들을 가지고, 규칙들에 나열된 연산자들로 구성된 임의의 공식 y에 대한 도함수 $D(y)$를 구할 수 있다. 규칙 (14)의 "−" 기호는 단항 연산자로, (16)의 이항 "−" 연산자와는 다른 것이다. 이후의 트리 노드들에서는 단항 부정 연산을 "neg"로 표기한다.

그런데 안타깝게도 규칙 (11)-(19)만으로는 문제가 해결되지 않는다. 만일 그 규칙들을 다음과 같이 비교적 간단한 공식에 그냥 기계적으로 적용한다면,

$$y = 3\ln(x+1) - a/x^2$$

다음과 같이 옳긴 하지만 아주 만족스럽지는 않은 결과가 나오게 된다.

$$D(y) = 0 \cdot \ln(x+1) + 3((1+0)/(x+1))$$
$$- (0/x^2 - (a(1(2x^{2-1}) + ((\ln x) \cdot 0)x^2))/(x^2)^2). \tag{20}$$

불필요하게 중복된 연산들이 나오지 않도록 하려면 항에 '0을 더하거나 곱하기', '1 곱하기', '1 거듭제곱' 같은 특수 사례들을 처리해야 한다. 그런 단순화 공정을 적용한다면 (20)은 다음이 된다.

$$D(y) = 3(1/(x+1)) - ((-(a(2x)))/(x^2)^2). \qquad (21)$$

좀 더 그럴듯해 보이긴 하지만, 이것 역시 아직 이상적인 수준은 아니다. 정말로 만족스러운 답이라는 개념에 대해 명확한 정의는 없는데, 왜냐하면 수학자마다 공식을 표현하는 방식이 다르기 때문이다. 그렇긴 해도, (21)에 더 단순화할 여지가 있음은 누구나 동의할 것이다. 공식 (21)의 수준보다 확실히 더 나아지기 위해서는 (21)을 예를 들어

$$D(y) = 3(x+1)^{-1} + 2ax^{-3} \qquad (22)$$

의 수준으로 단순화하는 대수 단순화 루틴들을 개발할 필요가 있다(연습문제 17 참고). 그러나 지금은 일단 (22)가 아니라 (21)을 만들 수 있는 루틴들로 만족하기로 하자.

예전과 마찬가지로, 지금 이 알고리즘에서 우리의 주된 관심사는 미분 공정을 컴퓨터 안에서 어떻게 수행하는가에 대한 세부 사항들이다. 대부분의 컴퓨터 설비들에는 지금 살펴보는 것과 같은 대수 조작 단순화에 도움이 되는 기능들을 갖춘 여러 가지 고수준 언어들과 특별한 루틴들이 마련되어 있다. 그러나 지금 예제의 목적은 기본적인 트리 연산들을 좀 더 경험하는 것이다.

다음 알고리즘에 깔린 착상은 트리를 후위 순서로 운행하면서 각 노드의 도함수를 형성하는 작업을 전체 도함수가 나올 때까지 계속한다는 것이다. 후위 운행을 사용한다는 것은 알고리즘이 연산자 노드("+" 등)를 그 피연산자들을 미분한 이후에 처리한다는 뜻이다. 규칙 (11)에서 (19)까지는 원래 공식의 모든 부분공식들이 조만간 모두 미분됨을 뜻하며, 따라서 미분을 후위 순서로 수행할 수도 있다.

오른쪽 스레드식 트리를 이용하면 알고리즘 수행 도중에 스택을 사용할 필요가 없다. 반면, 스레드식 트리 표현은 하위트리들의 복사본을 만들어야 한다는 단점이 있다. 예를 들어 $D(u \uparrow v)$에 대한 규칙 (19)를 처리하려면 u와 v를 각각 세 번 복사해야 한다. 만일 트리 대신 2.3.5절에서 이야기하는 리스트 표현을 사용한다면 그러한 복사를 피할 수 있다.

알고리즘 D (미분). Y가 위에서 이야기한 방식으로 표현된 공식을 가리키는 목록 머리의 주소이고 DY가 한 빈 트리의 목록 머리의 주소일 때, 이 알고리즘은 변수 "X"에 대한 공식 Y의 해석적 미분을 뜻하는 트리를 형성하고 NODE(DY)가 그것을 가리키게 만든다.

D1. 〔초기화.〕 P ← Y$로 설정한다(즉, 트리의 후위 순서로 첫째 노드, 다른 말로는 해당 이진트리의 중위 순서의 첫째 노드로 설정한다).

D2. 〔미분.〕 P1 ← LLINK(P)로 설정한다. 그리고 만일 P1 ≠ Λ이면 또한 Q1 ← RLINK(P1)로 설정한다. 그런 다음에는 아래에서 설명하는 루틴 DIFF[TYPE(P)]를 수행한다. (루틴 DIFF[0], DIFF[1] 등은 루트가 P인 트리의 도함수를 형성하고 포인터 변수 Q를 그 도함수의 루트의 주소로 설정한다. 변수 P1과 Q1을 먼저 설정하는 것은 DIFF 루틴의 명세를 단순화하기 위한 것이다.)

D3. [링크 복원.] 만일 TYPE(P)가 이항 연산자에 해당하는 것이면 RLINK(P1) ← P2로 설정한다. (다음 단계의 설명을 볼 것.)

D4. [P\$로 나아간다.] P2 ← P, P ← P\$로 설정한다. 이제 만일 RTAG(P2) = 0이면(즉, NODE(P2)에 오른쪽으로 동기가 있으면) RLINK(P2) ← Q로 설정한다. (여기가 이 알고리즘에서 까다로운 부분이다. P2의 도함수에 대한 링크를 이후의 용도를 위해 보존하기 위해 알고리즘은 임시로 트리 Y의 구조를 파괴한다. 끊어진 링크는 나중에 단계 D3에서 복원된다. 이러한 요령에 대해서는 연습문제 21에서 좀 더 다룬다.)

D5. [끝인가?] 만일 P ≠ Y이면 단계 D2로 돌아간다. 그렇지 않으면 LLINK(DY) ← Q, RLINK(Q) ← DY, RTAG(Q) ← 1로 설정한다. ∎

알고리즘 D에 서술된 절차는 D2에서 호출하는 처리 루틴 DIFF[0], DIFF[1], ...들을 위한 배경 루틴일 뿐이다. 알고리즘 D는 1.4.3절에서 이야기한 해석 시스템이나 컴퓨터 시뮬레이션을 위한 제어 루틴과 여러 면에서 비슷하다. 단, 단순한 명령들의 순차열이 아니라 트리를 운행한다는 점에서는 차이를 보인다.

알고리즘 D를 완성하기 위해서는 실제의 미분을 수행하는 루틴들을 정의해야 한다. 다음 논의에서 "P는 트리를 가리킨다"라는 문장은 NODE(P)가 오른쪽 스레드식 이진트리 형태로 저장된 트리의 루트라는 뜻이다. 단, 지금의 트리에서 RLINK(P)와 RTAG(P)는 무의미하다. 이제는 더 작은 트리들을 합쳐서 새로운 트리를 만드는 트리 구축 함수를 사용한다. x가 어떤 종류의 노드나 컨테이너, 변수, 연산자이고 U와 V가 트리를 가리키는 포인터들이라고 할 때,

TREE(x,U,V)는 x를 루트 노드로, 그리고 U와 V를 그 하위트리들로 하는 새 트리를 만든다:
W ⇐ AVAIL, INFO(W) ← x, LLINK(W) ← U, RLINK(U) ← V, RTAG(U) ← 0, RLINK(V) ← W, RTAG(V) ← 1.

그와 비슷하게, TREE(x,U)는 하위트리가 하나인 새 트리를 만든다:
W ⇐ AVAIL, INFO(W) ← x, LLINK(W) ← U, RLINK(U) ← W, RTAG(U) ← 1.

TREE(x)는 x를 말단 루트 노드로 하는 새 트리를 만든다:
W ⇐ AVAIL, INFO(W) ← x, LLINK(W) ← Λ.

이들은 또한 TYPE(W)도 x에 따라 적절히 설정한다. 세 경우 모두 TREE의 값은 W, 즉 방금 만들어진 트리를 가리키는 포인터이다. 이 세 정의들이 트리의 이진트리 표현을 서술한다는 점에서 독자는 이들을 세심히 공부해볼 필요가 있다. 또 다른 함수 COPY(U)는 U가 가리키는 트리의 복사본을 만들고, 그 복사본을 가리키는 포인터를 자신의 값으로 가진다. 이런 기본적인 TREE, COPY 함수들 덕분에 공식의 도함수에 대한 트리를 단계별로 구축하는 작업이 좀 더 쉬워진다. 그럼 연산의 종류에 따른 DIFF 연산들을 살펴보자.

무항 연산자 (상수, 변수). 이 연산들의 경우 NODE(P)는 말단 노드이다. 연산 이전의 P1, P2, Q1, Q 값들은 이 연산과 무관하다.

DIFF[0]: (NODE(P)가 상수.) Q ← TREE(0)으로 설정한다.

DIFF[1]: (NODE(P)가 변수.) 만일 INFO(P) = "X"이면 Q ← TREE(1)로 설정하고, 그렇지 않으면 Q ← TREE(0)으로 설정한다.

단항 연산자 (로그, 부정). 이 연산들의 경우 NODE(P)는 하나의 자식 U를 가지고 있다. P1은 U를 가리키며 Q는 $D(U)$를 가리킨다. 연산 이전의 P2와 Q1 값은 무관하다.

DIFF[2]: (NODE(P)가 "ln".) 만일 INFO(Q) ≠ 0이면 Q ← TREE("/",Q,COPY(P1))로 설정한다.

DIFF[3]: (NODE(P)가 "neg".) 만일 INFO(Q) ≠ 0이면 Q ← TREE("neg",Q)로 설정한다.

이항 연산자 (더하기, 빼기, 곱하기, 나누기, 거듭제곱). 이 연산들의 경우 NODE(P)는 두 자식 U와 V를 가지고 있다. 이들은 각각 P1과 P2가 가리킨다. 그리고 Q1과 Q는 각각 $D(U)$와 $D(V)$를 가 리킨다.

DIFF[4]: ("+" 연산.) 만일 INFO(Q1) = 0이면 AVAIL ⇐ Q1로 설정한다. 그렇지 않으면, 만일 INFO(Q) = 0이면 AVAIL ⇐ Q, Q ← Q1로 설정하고 아니면 Q ← TREE("+",Q1,Q)로 설정한다.

DIFF[5]: ("−" 연산.) 만일 INFO(Q) = 0이면 AVAIL ⇐ Q, Q ← Q1로 설정한다. 그렇지 않으면, 만일 INFO(Q1) = 0이면 AVAIL ⇐ Q1, Q ← TREE("neg",Q)로 설정하고 아니면 Q ← TREE("−",Q1,Q)로 설정한다.

DIFF[6]: ("×" 연산.) 만일 INFO(Q1) ≠ 0이면 Q1 ← MULT(Q1,COPY(P2))로 설정한다. 그런 다음, 만일 INFO(Q) ≠ 0이면 Q ← MULT(COPY(P1),Q)로 설정한다. 그런 다음 DIFF[4]로 간다.

여기서 MULT(U,V)는 U × V에 대한 트리를 구축하는 새로운 함수로, 또한 U나 V가 1과 같은지도 판정한다.

만일 INFO(U) = 1이고 TYPE(U) = 0이면 AVAIL ⇐ U, MULT(U,V) ← V로 설정한다.

만일 INFO(V) = 1이고 TYPE(V) = 0이면 AVAIL ⇐ V, MULT(U,V) ← U로 설정한다.

그렇지 않으면 MULT(U,V) ← TREE("×",U,V)로 설정한다.

DIFF[7]: ("/" 연산.) 만일 INFO(Q1) ≠ 0이면

$$Q1 ← TREE("/",Q1,COPY(P2))$$

로 설정한다. 그리고 만일 INFO(Q) ≠ 0이면

$$Q ← TREE("/",MULT(COPY(P1),Q),TREE(" ↑ ",COPY(P2),TREE(2)))$$

로 설정한다. 그런 다음 DIFF[5]로 간다.

DIFF[8]: (" ↑ " 연산.) 연습문제 12를 볼 것.

이상의 연산들 모두를 "무에서" 출발해서, 오직 MIX 기계어만을 기반으로 사용해서 컴퓨터 프로그

램으로 손쉽게 변환할 수 있음을 보이는 것으로 이번 절을 마무리하겠다.

프로그램 D (미분). 다음의 MIXAL 프로그램은 알고리즘 D를 수행한다. 변수 대 레지스터 관계는
$rI2 \equiv P$, $rI3 \equiv P2$, $rI4 \equiv P1$, $rI5 \equiv Q$, $rI6 \equiv Q1$이다. 편의를 위해 계산의 순서를 조금 바꾸었다.

```
001   * DIFFERENTIATION IN A RIGHT-THREADED TREE
002   LLINK    EQU     4:5                 필드 정의들, (10) 참고.
003   RLINK    EQU     1:2
004   RLINKT   EQU     0:2
005   TYPE     EQU     3:3
006   * MAIN CONTROL ROUTINE              D1. 초기화.
007   D1       STJ     9F                  절차 전체를 하나의 서브루틴으로 취급한다.
008            LD4     Y(LLINK)            P1 ← LLINK(Y), Y$를 찾을 준비를 한다.
009   1H       ENT2    0,4                 P ← P1.
010   2H       LD4     0,2(LLINK)          P1 ← LLINK(P).
011            J4NZ    1B                  만일 P1 ≠ Λ이면 반복.
012   D2       LD1     0,2(TYPE)           D2. 미분.
013            JMP     *+1,1               DIFF[TYPE(P)]로 점프.
014            JMP     CONSTANT            DIFF[0]에 대한 표 항목으로 전환.
015            JMP     VARIABLE            DIFF[1]에 대한 표 항목으로 전환.
016            JMP     LN                  DIFF[2]에 대한 표 항목으로 전환.
017            JMP     NEG                 DIFF[3]에 대한 표 항목으로 전환.
018            JMP     ADD                 DIFF[4]에 대한 표 항목으로 전환.
019            JMP     SUB                 DIFF[5]에 대한 표 항목으로 전환.
020            JMP     MUL                 DIFF[6]에 대한 표 항목으로 전환.
021            JMP     DIV                 DIFF[7]에 대한 표 항목으로 전환.
022            JMP     PWR                 DIFF[8]에 대한 표 항목으로 전환.
023   D3       ST3     0,4(RLINK)          D3. 링크 복원. RLINK(P1) ← P2.
024   D4       ENT3    0,2                 D4. P$로 나아간다. P2 ← P.
025            LD2     0,2(RLINKT)         P ← RLINKT(P).
026            J2N     1F                  만일 RTAG(P) = 1이면 점프,
027            ST5     0,3(RLINK)             그렇지 않으면 RLINK(P2) ← Q로 설정.
028            JMP     2B                  NODE(P$)가 말단이 됨을 주목할 것.
029   1H       ENN2    0,2
030   D5       ENT1    -Y,2                D5. 끝인가?
031            LD4     0,2(LLINK)          P1 ← LLINK(P), 단계 D2 준비.
032            LD6     0,4(RLINK)          Q1 ← RLINK(P1).
033            J1NZ    D2                  만일 P ≠ Y이면 D2로 점프,
034            ST5     DY(LLINK)             그렇지 않으면 LLINK(DY) ← Q로 설정.
035            ENNA    DY
036            STA     0,5(RLINKT)         RLINK(Q) ← DY, RTAG(Q) ← 1.
037   9H       JMP     *                   미분 서브루틴에서 나간다. ∎
```

프로그램의 다음 부분은 기본 서브루틴인 **TREE**와 **COPY**이다. **TREE** 서브루틴은 구축할 트리의 하위트리 개수에 따라 진입점이 다르다. 각각 **TREE0**, **TREE1**, **TREE2**이다. 어떤 진입점을 사용하든, rA에는 구축된 트리의 루트에 해당하는 노드의 종류를 가리키는 특별한 상수가 저장된다. 이 특별한 상수들은 줄 105-124에 나온다.

```
038   * BASIC SUBROUTINES FOR TREE CONSTRUCTION
039   TREE0    STJ    9F           TREE(rA) 함수:
040            JMP    2F
041   TREE1    ST1    3F(0:2)      TREE(rA,rI1) 함수:
042            JSJ    1F
043   TREE2    STX    3F(0:2)      TREE(rA,rX,rI1) 함수:
044   3H       ST1    *(RLINKT)    RLINK(rX) ← rI1, RTAG(rX) ← 0.
045   1H       STJ    9F
046            LDXN   AVAIL
047            JXZ    OVERFLOW
048            STX    0,1(RLINKT)  RLINK(rI1) ← AVAIL, RTAG(rI1) ← 1.
049            LDX    3B(0:2)
050            STA    *+1(0:2)
051            STX    *(LLINK)     다음 루트 노드의 LLINK를 설정한다.
052   2H       LD1    AVAIL        rI1 ⇐ AVAIL.
053            J1Z    OVERFLOW
054            LDX    0,1(LLINK)
055            STX    AVAIL
056            STA    *+1(0:2)     루트의 정보를 새 노드에 복사한다.
057            MOVE   *(2)
058            DEC1   2            rI1을 새 루트를 가리키도록 재설정한다.
059   9H       JMP    *            TREE에서 나간다. rI1은 새 트리를 가리킨다.
060   COPYP1   ENT1   0,4          COPY(P1), COPY의 특수 진입점.
061            JSJ    COPY
062   COPYP2   ENT1   0,3          COPY(P2), COPY의 특수 진입점.
063   COPY     STJ    9F           COPY(rI1) 함수:
 vdots                  vdots      (연습문제 13을 볼 것)
104   9H       JMP    *            COPY에서 나간다. rI1은 새 트리를 가리킨다.
105   CON0     CON    0            상수 "0"을 나타내는 노드.
106            CON    0
107   CON1     CON    0            상수 "1"을 나타내는 노드.
108            CON    1
109   CON2     CON    0            상수 "2"를 나타내는 노드.
110            CON    2
111   LOG      CON    2(TYPE)      상수 "ln"을 나타내는 노드.
112            ALF       LN
```

```
113  NEGOP     CON    3(TYPE)                    상수 "neg"를 나타내는 노드.
114            ALF    NEG
115  PLUS      CON    4(TYPE)                    상수 "+"를 나타내는 노드.
116            ALF    +
117  MINUS     CON    5(TYPE)                    상수 "−"를 나타내는 노드.
118            ALF    −
119  TIMES     CON    6(TYPE)                    상수 "×"를 나타내는 노드.
120            ALF    *
121  SLASH     CON    7(TYPE)                    상수 "/"를 나타내는 노드.
122            ALF    /
123  UPARROW   CON    8(TYPE)                    상수 "↑"를 나타내는 노드.
124            ALF    **                   ▮
```

프로그램의 나머지 부분은 미분 루틴 DIFF[0], DIFF[1], …들에 해당한다. 이 루틴들은 이항 연산자
를 처리했을 때에는 단계 D3으로, 그 외의 경우에는 단계 D4로 돌아가도록 만들어져 있다.

```
125  * DIFFERENTIATION ROUTINES
126  VARIABLE  LDX    1,2
127            ENTA   CON1
128            CMPX   2F                         INFO(P) = "X"인가?
129            JE     *+2                        그렇다면 TREE(1)을 호출.
130  CONSTANT  ENTA   CON0                       TREE(0)을 호출.
131            JMP    TREE0
132  1H        ENT5   0,1                        Q ← 새 트리의 위치.
133            JMP    D4                         제어 루틴으로 돌아간다.
134  2H        ALF        X
135  LN        LDA    1,5
136            JAZ    D4                         만일 INFO(Q) = 0이면 제어 루틴으로 돌아간다.
137            JMP    COPYP1                         그렇지 않으면 rI1 ← COPY(P1)로 설정한다.
138            ENTX   0,5
139            ENTA   SLASH
140            JMP    TREE2                      rI1 ← TREE("/",Q,rI1).
141            JMP    1B                         Q ← rI1, 제어 루틴으로 돌아간다.
142  NEG       LDA    1,5
143            JAZ    D4                         INFO(Q) = 0이면 돌아간다.
144            ENTA   NEGOP
145            ENT1   0,5
146            JMP    TREE1                      rI1 ← TREE("neg",Q).
147            JMP    1B                         Q ← rI1, 제어 루틴으로 돌아간다.
148  ADD       LDA    1,6
149            JANZ   1F                         INFO(Q1) = 0이 아니면 점프.
150  3H        LDA    AVAIL                      AVAIL ⇐ Q1.
```

151		STA	0,6(LLINK)
152		ST6	AVAIL
153		JMP	D3	제어 루틴으로 돌아간다. 이항 연산자의 경우임.
154	1H	LDA	1,5	
155		JANZ	1F	INFO(Q) = 0이 아니면 점프.
156	2H	LDA	AVAIL	AVAIL ⇐ Q.
157		STA	0,5(LLINK)	
158		ST5	AVAIL	
159		ENT5	0,6	Q ← Q1.
160		JMP	D3	제어 루틴으로 돌아간다.
161	1H	ENTA	PLUS	TREE("+",Q1,Q) 호출 준비.
162	4H	ENTX	0,6	
163		ENT1	0,5	
164		JMP	TREE2	
165		ENT5	0,1	Q ← TREE("±",Q1,Q).
166		JMP	D3	제어 루틴으로 돌아간다.
167	SUB	LDA	1,5	
168		JAZ	2B	INFO(Q) = 0이면 점프.
169		LDA	1,6	
170		JANZ	1F	INFO(Q1) = 0이 아니면 점프.
171		ENTA	NEGOP	
172		ENT1	0,5	
173		JMP	TREE1	
174		ENT5	0,1	Q ← TREE("neg",Q).
175		JMP	3B	AVAIL ⇐ Q1로 설정하고 돌아간다.
176	1H	ENTA	MINUS	TREE("−",Q1,Q) 호출 준비.
177		JMP	4B	
178	MUL	LDA	1,6	
179		JAZ	1F	만일 INFO(Q1) = 0이면 점프,
180		JMP	COPYP2	그렇지 않으면 rI1 ← COPY(P2)로 설정.
181		ENTA	0,6	
182		JMP	MULT	rI1 ← MULT(Q1,COPY(P2)).
183		ENT6	0,1	Q1 ← rI1.
184	1H	LDA	1,5	
185		JAZ	ADD	만일 INFO(Q) = 0이면 점프,
186		JMP	COPYP1	그렇지 않으면 rI1 ← COPY(P1)로 설정.
187		ENTA	0,1	
188		ENT1	0,5	
189		JMP	MULT	rI1 ← MULT(COPY(P1),Q).
190		ENT5	0,1	Q ← rI1.
191		JMP	ADD	

192	MULT	STJ	9F	MULT(rA,rI1) 서브루틴.
193		STA	1F(0:2)	rA ≡ U, rI1 ≡ V라고 하자.
194		ST2	8F(0:2)	rI2를 저장해 둔다.
195	1H	ENT2	*	rI2 ← U.
196		LDA	1,2	INFO(U) = 1인가?
197		DECA	1	
198		JANZ	1F	
199		LDA	0,2(TYPE)	그리고 TYPE(U) = 0인가?
200		JAZ	2F	
201	1H	LDA	1,1	아니라면, INFO(V) = 1인가?
202		DECA	1	
203		JANZ	1F	
204		LDA	0,1(TYPE)	그리고 TYPE(V) = 0인가?
205		JANZ	1F	
206		ST1	*+2(0:2)	그렇다면 U ↔ V로 교환한다.
207		ENT1	0,2	
208		ENT2	*	
209	2H	LDA	AVAIL	AVAIL ⇐ U.
210		STA	0,2(LLINK)	
211		ST2	AVAIL	
212		JMP	8F	결과는 V.
213	1H	ENTA	TIMES	
214		ENTX	0,2	
215		JMP	TREE2	결과는 TREE("×",U,V).
216	8H	ENT2	*	rI2의 설정을 복원한다.
217	9H	JMP	*	결과를 rI1에 담은 채로 MULT로 나간다. ∎

나누기, 곱하기를 위한 DIV와 PWR도 이들과 비슷한데, 그 둘은 독자의 숙제로 남기겠다(연습문제 15, 16).

연습문제

▶ **1.** [20] 본문에서는 숲 F에 대응되는 이진트리 $B(F)$의 공식적인 정의를 제시했다. 그 반대에 대한, 다시 말해서 이진트리 B에 해당하는 숲 $F(B)$에 대한 공식적인 정의를 제시하라.

▶ **2.** [20] 2.3절에서는 숲에 대한 듀이 10진 표기법을, 연습문제 2.3.1-5에서는 이진트리에 대한 듀이 10진 표기법을 정의했다. 그 정의들에 따르면 숲 (1)의 노드 "J"는 "2.2.1"로 표현되고, 그에 해당하는 이진트리 (3)의 노드는 "11010"이다. 가능하다면, 트리와 이진트리 사이의 자연 대응 관계를 해당 듀이 10진 표기법들 사이의 대응 관계로 직접 표현하는 규칙을 제시하라.

3. [22] 숲의 노드들에 대한 듀이 10진 표기법과 그 노드들의 전위, 중위 순서 사이의 관계는 무엇인가?

4. [*19*] 다음 명제의 진위를 밝혀라: "한 트리의 말단 노드들의 전위 순서에서의 상대적인 위치는 후위 순서에서의 상대적인 위치와 같다."

5. [*23*] RLINK(P)가 NODE(P)의 제일 오른쪽 자식을 가리키며, LLINK(P)가 그것의 왼쪽으로 가장 가까운 동기라고 두면 숲과 이진트리 사이의 또 다른 대응관계를 얻을 수 있다. 그런 식으로 이진트리 B에 대응되는 숲을 F라고 할 때, F의 (a) 전위 순서와 (b) 후위 순서에 대응되는 B의 노드들의 순서는 무엇인가?

6. [*25*] T가 비지 않은 이진트리이며 각 노드에 0 또는 2개의 자식들이 있다고 하자. T를 보통의 트리로 간주한다면, T는 (자연 대응을 통해서) 또 다른 이진트리 T'에 대응된다. T의 노드들의 전위, 중위, 후위 순서(이진트리에 대해 정의된)와 T'의 노드들의 해당 순서들 사이에 그 어떤 간단한 관계가 존재하는가?

7. [*M20*] 숲의 각 노드가 트리 안에서의 그 후손들보다 앞선다고 가정하면 숲을 부분순서 관계로 간주할 수 있다. 노드들을 각각 (a) 전위 순서, (b) 후위 순서, (c) 전위 역순, (d) 후위 역순으로 나열한 결과가 위상정렬(2.2.3절의 정의에 따라) 순서인지를 밝혀라.

8. [*M20*] 연습문제 2.3.1-25는 이진트리의 개별 노드들에 저장된 정보들 사이의 순서 관계를 모든 이진트리들의 선형 순서로 확장할 수 있음을 보였다. 자연 대응에 따라 같은 구축법을 적용하면 모든 트리들에 대한 하나의 순서 관계를 얻을 수 있다. 그 연습문제의 정의를 개별 노드들이 아니라 트리들에 대해 다시 공식화하라.

9. [*M21*] 한 숲의 비말단 노드들의 전체 개수와, 그 숲에 대응되는 비스레드식 이진트리에서 그 값이 Λ인 오른쪽 링크들의 전체 개수 사이에 간단한 관계가 성립함을 보여라.

10. [*M23*] F를 노드들이 전위 순서로 $u_1, u_2, ..., u_n$인 트리들의 숲이라고 하고, F'는 노드들이 전위 순서로 $u_1', u_2', ..., u_n'$인 트리들의 숲이라고 하자. 그리고 노드 u의 차수(자식 개수)를 $d(u)$라고 하자. 이러한 설정 하에서, 정리 2.3.1A에 비견할 수 있는 하나의 정리를 공식화하고 증명하라.

11. [*15*] 공식 $y = e^{-x^2}$을 (7)에서처럼 두 트리로 표현하라.

12. [*M21*] 본문의 알고리즘에서는 생략했던, 루틴 DIFF[8]("↑" 연산)에 대한 명세를 작성하라.

▶ **13.** [*26*] COPY 서브루틴에 대한 MIX 프로그램을 작성하라(본문에 나온 프로그램의 줄 063-104 사이에 들어맞아야 한다). [힌트: 오른쪽 스레드식 이진트리의 경우에 대해서는 알고리즘 2.3.1C를 적절한 초기 조건과 함께 적용할 것.]

▶ **14.** [*M21*] 연습문제 13의 프로그램이 n노드들로 된 트리를 복사하는 데 걸리는 시간은?

15. [*23*] DIFF[7]에 해당하는 DIV 루틴에 대한 MIX 프로그램을 본문의 명세에 근거해서 작성하라. (이 루틴은 본문 프로그램의 줄 217 다음에 추가되어야 한다.)

16. [*24*] DIFF[8]에 해당하는 PWR 루틴에 대한 MIX 프로그램을 본문의 명세에 근거해서 작성하라. (이 루틴은 연습문제 15의 답 다음에 추가되어야 한다.)

17. [*M40*] 축약 능력을 가진 대수 수식 단순화 프로그램을 작성하라. 예를 들어 (20)이나 (21)을 (22)로 축약하는 능력이 있어야 한다. [힌트: 각 노드마다 그 계수(더하기, 빼기에 대한)나 그 지수(곱의 인수들에 대한)를 나타내는 새 필드를 포함시킨다. $\ln(u \uparrow v)$를 $v \ln u$로 치환하는 등의 대수적 항등식을 적용한다. 가능한 경우에는 연산 $-$, $/$, $\uparrow$, neg를 그에 해당하는 덧셈 또는 곱셈 연산들을 이용해서 제거한다. $+$와 $\times$는 이항 연산자가 아니라 n항 연산자로 만든다. 피연산자들을 트리 순서로 정렬함으로써(연습문제 8) 비슷한 항들을 모은다. 그러면 일부 합이나 곱들이 0이나 1(곱셈의 항등원)로 정리될 것이며, 그러면 추가적인 단순화도 가능해진다. 그 외에 로그들의 합을 곱의 합으로 대체하는 등의 다른 여러 방법들도 생각해 볼 수 있다.]

▶ **18.** [*25*] n개의 링크 PARENT[j]들(여기서 $1 \leq j \leq n$)로 지정된 하나의 유향 트리가 있다고 하자. 트리의 각 가족의 노드들이 그 위치에 따라 정렬되어 있다면, 그러한 유향 트리는 암묵적으로 하나의 순서트리를 정의한다. 그러한 순서트리의 노드들을 전위 순서로 담는 이중 연결 순환 목록을 구축하는 효율적인 알고리즘을 설계하라. 예를 들어 다음과 같은 링크들이 주어졌을 때

$$j = 1\ 2\ 3\ 4\ 5\ 6\ 7\ 8$$
$$\text{PARENT}[j] = 3\ 8\ 4\ 0\ 4\ 8\ 3\ 4$$

알고리즘은 다음을 만들어내야 한다.

$$\text{LLINK}[j] = 3\ 8\ 4\ 6\ 7\ 2\ 1\ 5$$
$$\text{RLINK}[j] = 7\ 6\ 1\ 3\ 8\ 4\ 5\ 2$$

또한 알고리즘은 루트 노드가 무엇인지도(이 예의 경우 4) 보고해야 한다.

19. [*M35*] 자유격자(free lattice)라는 수학적 체계가 있다. 자유격자를 간단하게(이 연습문제의 목적 하에서) 정의하자면 변수들과 추상적인 이항 연산자 "$\vee$", "$\wedge$"들로 구성된 모든 공식들의 집합이라고 정의할 수 있다. 자유 격자 안의 특정 공식 X와 Y 사이의 관계 "$X \geq Y$"는 다음과 같은 규칙들로 정의된다.

  i) 오직 $X \vee Y \geq W$ 또는 $X \vee Y \geq Z$ 또는 $X \geq W \wedge Z$ 또는 $Y \geq W \wedge Z$일 때에만
   $X \vee Y \geq W \wedge Z$.

 ii) 오직 $X \geq Z$이고 $Y \geq Z$일 때에만 $X \wedge Y \geq Z$.

iii) 오직 $X \geq Y$이고 $X \geq Z$일 때에만 $X \geq Y \vee Z$.

iv) x가 변수일 때, 오직 $x \geq Y$ 또는 $x \geq Z$일 때에만 $x \geq Y \wedge Z$.

 v) z가 변수일 때, 오직 $X \geq z$ 또는 $Y \geq z$일 때에만 $X \vee Y \geq z$.

vi) x와 y가 변수일 때, 오직 $x = y$일 때에만 $x \geq y$.

예를 들어 $a \wedge (b \vee c) \geq (a \wedge b) \vee (a \wedge c) \not\geq a \wedge (b \vee c)$이다.

　자유 격자 안의 임의의 두 공식 X와 Y가 주어졌을 때 $X \geq Y$ 여부를 판정하는 알고리즘을 설계하라.

▶ **20.** [M22] u와 v가 어떤 숲의 노드들일 때, 오직 전위 순서로 u가 v보다 앞서며 후위 순서로 u가 v 다음일 때에만 u가 v의 조상임을 증명하라.

21. [25] 알고리즘 D는 이항 연산자, 단항 연산자, 무항 연산자들에 대한(따라서 차수가 2, 1, 0인 노드들을 가진 트리들에 대한) 미분 공정을 제어한다. 그러나 3항 연산자들과 차수가 더 큰 노드들을 어떻게 다루는지는 구체적으로 언급하지 않았다. (3항 이상의 연산자가 요긴한 한 가지 예로, 연습문 제 17은 덧셈과 곱셈을 임의의 개수의 피연산자들을 가지는 연산으로 만들 것을 제안했다.) 차수가 2보다 큰 연산자들을 다룰 수 있도록 알고리즘 D를 간단히 확장하는 게 가능할까?

▶ **22.** [M26] T와 T'가 트리일 때, 만일 전위 순서와 후위 순서 모두를 유지하면서 T의 노드들을 T'의 노드들로 일대일 사상하는 함수 f가 존재한다면 T를 T'에 내장할 수 있다고 칭하고 이를 $T \sqsubseteq T'$로 표기한다고 하자. (그런 함수가 존재한다는 것을 다른 말로 하면, 오직 T'에서 전위 순서로 $f(u)$가 $f(v)$에 앞서는 경우에만 T에서 전위 순서로 u가 v에 앞서며, 후위 순서에 대해서도 마찬가지 관계가 성립한다는 것이다. 그림 25 참고.)

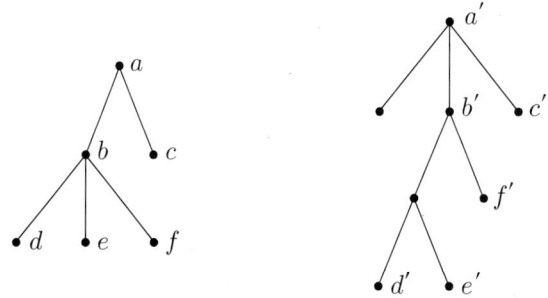

그림 25. 한 트리가 다른 트리를 내장하는 경우(연습문제 22).

T에 둘 이상의 노드가 있을 때, $\text{root}(T)$의 제일 오른쪽 하위트리를 $l(T)$라고 하고, T의 나머지 (T에서 $l(T)$를 제거한 결과와 동일)를 $r(T)$라고 하자. 만일 (i) T에 노드가 단 하나이면, 또는 (ii) T와 T' 모두 노드가 둘 이상이며 $T \sqsubseteq l(T')$이거나 $T \sqsubseteq r(T')$이거나 ($l(T) \sqsubseteq l(T')$이고 $r(T) \sqsubseteq r(T')$)이면 T를 T'에 내장할 수 있음을 증명하라. 그 역도 참인가?

2.3.3. 트리의 다른 표현들

컴퓨터 안에서 트리 구조를 나타내는 방식은 2.3.2절의 LLINK-RLINK(왼쪽 자식-오른쪽 동기) 방법 말고도 많이 있다. 항상 그렇듯이, 어떤 표현을 사용할 것이냐는 트리에 대해 수행할 연산의 종류에 크게 의존한다. 이번 절에서는 매우 유용하다는 점이 증명된 몇 가지 트리 표현 방법들을 살펴보겠다.

우선, 순차적 메모리 기법들을 사용하는 방법들이 있다. 선형 목록에서와 마찬가지로, 순차 할당은 그 크기나 형태가 프로그램 실행 도중 크게 변하지 않을 트리 구조를 간결하게(압축적으로) 표현하고 자 할 때 가장 적합하다. 프로그램 안에서 고정된 표로서의 트리 구조를 참조하기만 하면 되는 경우가 많이 있는데, 그런 경우 메모리 안에서 트리를 어떻게 표현하느냐는 표를 어떤 식으로 참조하느냐에 따라 달라진다.

　본질적으로, 트리의(그리고 숲의) 가장 일반적인 순차적 표현은 트리 노드들에서 LLINK 필드를 제거하고 그 대신에 연속적인 주소 접근 방식을 사용하는 형태에 해당한다. 예를 들어 2.3.2절에서 나왔던 다음과 같은 숲을 생각해 보자.

$$(A(B, C(K)), D(E(H), F(J), G)) \tag{1}$$

이를 트리 형태와 이진트리 형태로 표현하면 다음과 같다.

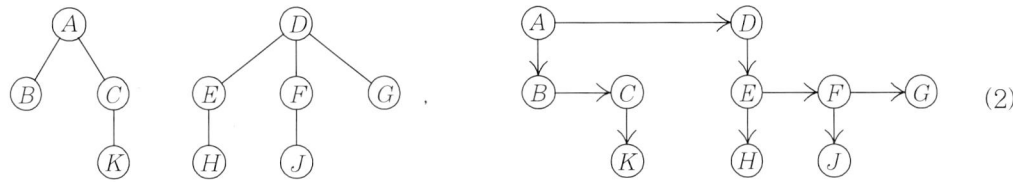

　이를 순차적으로 표현하는 한 가지 방식은 노드들을 전위 순서로 배치하고 각 노드에 INFO, RLINK, LTAG 필드를 두는 것이다. 이를 전위 순차 표현(preorder sequential representation)이라고 부른다. 위의 트리의 경우는 다음과 같다.

$$
\begin{array}{l}
\text{RLINK} \\
\text{INFO} \qquad\quad A \;\; B \;\; C \;\; K \;\; D \;\; E \;\; H \;\; F \;\; J \;\; G \\
\text{LTAG}
\end{array}
\tag{3}
$$

화살표는 공링크가 아닌 RLINK이고 "⌐"는 말단 노드(LTAG = 1)이다. LLINK는 어차피 공링크이거나 순차열의 다음 항목을 가리키므로 필요가 없다. (1)과 (3)을 비교해 보면 이런 표현 방식을 이해하는 데 도움이 될 것이다.

　이러한 표현에는 몇 가지 흥미로운 성질들이 있다. 첫째로, 한 노드의 모든 하위트리들은 그 노드 바로 다음에 나타난다. 따라서 원래의 숲 안의 모든 하위트리들은 연속적인 블록들로 나타난다. 〔이를 (1)의 "내포된 괄호들" 및 그림 20(b)와 비교해 볼 것.〕 둘째로, (3)에서 RLINK 화살표들이 결코 서로 교차하지 않음을 주목하자. (3)에서뿐만이 아니라 일반적으로도 그런데, 이는 이진트리에서 전위 순서로 X와 RLINK(X) 사이의 모든 노드들은 X의 왼쪽 하위트리 안에 놓이며, 따라서 트리의 그 부분에서 바깥쪽으로 나가는 화살표는 생기지 않는다는 점을 생각한다면 수긍이 갈 것이다. 셋째로, 노드가 말단인지 아닌지를 의미하는 LTAG 필드는 중복이다. 왜냐하면 "⌐"는 숲의 끝에서만, 그리고 모든 아래쪽 화살표에 앞서서 나타나기 때문이다.

　이러한 성질들로부터 RLINK 필드 자체도 거의 중복임을 알 수 있다. 사실 RTAG와 LTAG만 있으면 트리 구조를 표현할 수 있다. 따라서 (3)을 다음과 같이 훨씬 적은 자료로 줄이는 것이 가능하다.

$$
\begin{array}{l}
\text{RTAG} \\
\text{INFO} \qquad\quad A \;\; B \;\; C \;\; K \;\; D \;\; E \;\; H \;\; F \;\; J \;\; G \\
\text{LTAG}
\end{array}
\tag{4}
$$

(4)를 왼쪽에서 오른쪽으로 훑어가면서 RTAG ≠ "⌉"인 위치들을 보자. 그것들이 반드시 채워 넣어야할(공링크가 아닌) RLINK들에 해당한다. 즉, 트리를 재구축하려면 LTAG = "⌋"인 항목을 지나칠 때마다 가장 최근 발견된 불완전한 RLINK를 완성시켜야 하는 것이다. (따라서 불완전한 RLINK들을 스택에 담아둘 필요가 있다.) 이상의 관찰은 정리 2.3.1A를 다시 증명한 것에 해당한다.

숲 전체를 순차적으로 훑는 경우가 아니라면, (3)에서 RLINK나 LTAG가 중복이라는 사실은 우리에게 별 도움이 되지 않는다. 빠진 정보를 다시 도출하는 데 추가적인 계산이 필요하기 때문이다. 그래서 (3)의 모든 정보를 그대로 유지해야 하는 경우가 많다. 그러나 (3)의 경우 RLINK 필드들 중 반 이상이 Λ와 같으므로, 공간이 낭비된다는 것도 확실한 사실이다. 그런 낭비된 공간을 활용하는 일반적인 방법 두 가지는 다음과 같다.

1) 각 노드의 RLINK에 그 노드 아래의 하위트리 다음의 주소를 넣는다. 이런 경우 그 필드를 RLINK 대신 범위를 뜻하는 "SCOPE"라고 부르기도 하는데, 이는 그 필드가 해당 노드의 "세력"(후손들)의 오른쪽 경계를 나타낸다는 점에서 비롯된 것이다. 이 방법을 쓴다면 (3)은 다음과 같이 변한다.

$$
\begin{array}{lllllllllll}
\text{SCOPE} & & & & & & & & & \\
\text{INFO} & A & B & C & K & D & E & H & F & J & G
\end{array}
\tag{5}
$$

이 경우에도 화살표들은 교차하지 않는다. 더 나아가서, LTAG(X) = "⌋"는 조건 SCOPE(X) = X + c를 따르는데, 여기서 c는 노드 당 워드 개수이다. 이러한 SCOPE 방식의 한 가지 활용 예가 연습문제 2.4-12에 나온다.

2) 노드에서 RLINK 필드를 제거하고, 공링크가 아닌 RLINK를 가진 노드 앞에 특별한 "링크" 노드를 둔다. 즉:

$$
\begin{array}{llllllllllllll}
\text{INFO} & * & A & * & B & C & K & D & * & E & H & * & F & J & G \\
\text{LTAG} & & & & & & & & & & & & & &
\end{array}
\tag{6}
$$

여기서 "*"는 특별한 링크 노드를 가리킨다. 보통 노드와 링크 노드의 구분은 INFO 필드를 이용하면 될 것이다. "*" 노드들은 항상 비 "*" 노드들보다 적으므로, 만일 (3)에서 INFO 필드들과 RLINK들이 대략 같은 양의 공간을 차지한다면 (3)을 (6)으로 바꿈으로써 메모리를 절약할 수 있다. 표현 (6)은 MIX 같은 1주소 컴퓨터(one-address computer)의 명령열과 어느 정도 비슷한 면을 보인다. 그렇게 비유할 때 "*" 노드는 조건부 점프 명령에 해당한다.

LLINK 대신 RLINK를 생략해서 (3)과 비슷한 순차 표현을 만들 수도 있을 것이다. 그렇게 해서 나열한 숲 노드들의 순서는 가족 순서(family order)라고 부르는 게 적당하겠다. 여기서 가족 순서라는 용어는 각 가족의 구성원들이 모여서 나타난다는 점에서 비롯된 것이다. 임의의 숲에 대한 가족 순서는 다음과 같이 재귀적으로 정의할 수 있다.

첫째 트리의 루트를 방문한다.

나머지 트리들을 운행한다(가족 순서로).

첫째 트리의 하위트리들을 운행한다(가족 순서로).

(이를 2.3.2절의 전위, 중위 순서 정의들과 비교해 볼 것. 숲의 가족 순서는 그에 해당하는 이진트리의 역 후위 순서와 동일하다.)

트리 (2)의 가족 순서 순차 표현은 다음과 같다.

$$
\begin{matrix}
\text{LLINK} \\
\text{INFO} & A & D & E & F & G & J & H & B & C & K \\
\text{RTAG}
\end{matrix}
\qquad (7)
$$

이 경우 RTAG 항목은 가족들을 구분하는 역할을 한다. 가족 순서는 우선 숲의 모든 트리들의 루트들을 나열하고, 그런 후에는 가장 최근에 나타난 노드가 속한 가족을 택하는 식으로 나머지 개별 가족들을 차례로 진행하는 것이다. 이 가족 순서 순차 표현에서 LLINK 화살표들은 결코 교차하지 않는다. 마찬가지로 전위 표현의 다른 성질들도 물려받는다.

또 다른 표현 방식으로, 각 수준마다 노드들을 그냥 왼쪽에서 오른쪽으로 나열하는 방법도 있다. 이를 "수준 순서"(level order)라고 부른다. 〔G. Salton, *CACM* **5** (1962), 103-114를 볼 것.〕 다음은 (2)의 수준 순서 순차 표현이다.

$$
\begin{matrix}
\text{LLINK} \\
\text{INFO} & A & D & B & C & E & F & G & K & H & J \\
\text{RTAG}
\end{matrix}
\qquad (8)
$$

이것은 (7)과 비슷하나 가족들을 후입선출이 아니라 선입선출 방식으로 택한다. 트리의 경우 (7)이나 (8)을 선형 목록의 순차 표현에 대한 자연스러운 비유로 간주할 수도 있을 것이다.

이렇게 순차적으로 표현된 트리에서도 완전히 연결된 트리 구조에서와 마찬가지로 LLINK와 RLINK 정보를 뽑아낼 수 있으므로, 독자가 이러한 트리를 운행하고 분석하는 알고리즘들을 설계하는 것은 어려운 일이 아닐 것이다.

또 다른 순차적 표현 방식으로 차수가 부여된 후위 순서(postorder with degrees)라는 것이 있다. 이것은 앞에서 말한 기법들과는 다소 다르다. 이 방법에서는 노드들을 후위 순서로 나열하되 각 노드에 링크 대신 차수를 부여한다.

$$
\begin{matrix}
\text{DEGREE} & 0 & 0 & 1 & 2 & 0 & 1 & 0 & 1 & 0 & 3 \\
\text{INFO} & B & K & C & A & H & E & J & F & G & D
\end{matrix}
\qquad (9)
$$

이 방식으로도 충분히 트리 구조를 규정할 수 있음을 증명하는 문제가 연습문제 2.3.2-10에 나온다. 이 순서는 트리 노드들에 대해 정의된 함수들을 "상향식(bottom-up)"으로 평가할 때 유용하다. 다음이 그러한 알고리즘이다.

알고리즘 F (트리 안에서 국소 정의된 함수를 평가한다). f 가 한 트리의 노드들에 대한 함수라고 하자. 노드 x 에서의 f 의 값은 오직 x 와 x 의 자식들에 대한 f 의 값에만 의존한다. 다음 알고리즘은 보조적인 스택을 이용해서 비지 않은 숲의 각 노드에서 f 를 평가한다.

F1. 〔초기화.〕 스택을 비우고, P가 숲의 후위 순서로 첫째 노드를 가리키게 한다.

F2. 〔f를 평가.〕 $d \leftarrow \text{DEGREE}(P)$로 설정한다. (이 단계에 처음 도달했을 때에는 d가 0이 된다. 그 외의 경우에서 스택의 최상위 항목 d개는 위에서 아래로 $f(x_d)$, ..., $f(x_1)$이다. 여기서 x_1, ..., x_d는 $\text{NODE}(P)$의 왼쪽에서 오른쪽으로의 자식들이다.) $f(\text{NODE}(P))$를 스택에 있는 $f(x_d)$, ..., $f(x_1)$ 값들을 이용해서 평가한다.

F3. 〔스택 갱신.〕 최상위 항목 d개를 제거한다. 그리고 값 $f(\text{NODE}(P))$를 스택 최상위에 넣는다.

F4. 〔전진.〕 만일 P가 후위 순서로 마지막 노드이면 알고리즘을 끝낸다. (이 경우 스택에는 위에서 아래로 $f(\text{root}(T_m))$, ..., $f((\text{root}(T_1))$이 들어 있다. 여기서 T_1, ..., T_m은 주어진 숲의 트리들이다.) 그렇지 않으면 P를 후위 순서에서의 후행자로 설정한다((9)와 같은 표현에서 이는 그냥 $P \leftarrow P + c$이다). 그런 다음 단계 F2로 돌아간다. ▌

알고리즘 F의 유효성은 처리된 트리들의 크기에 대한 귀납을 통해서 증명할 수 있다(연습문제 16). 이 알고리즘은 위의 f와 밀접한 연관이 있는 종류의 함수를 평가하는 2.3.2절의 미분 절차(알고리즘 2.3.2D)와 놀랄 만큼 비슷하다. 연습문제 3을 볼것. 이 알고리즘들에 쓰인 아이디어는 접미 표기법으로 된 산술 수식의 평가에 연관된 수많은 해석 루틴들에서도 쓰인다. 이 주제에 대해서는 8장에서 다시 이야기하겠다. 또한 알고리즘 F와 비슷한 또 다른 중요한 절차를 제시하는 연습문제 17도 볼 것.

지금까지 트리와 숲의 여러 가지 순차 표현들을 살펴보았다. 물론 연결된 형태의 표현들도 있다. 이제부터는 그런 표현들을 살펴보자.

첫 번째 아이디어는 (3)을 (6)으로 바꾸는 변환과 관련된 것이다. 이 방법에서는 모든 비말단 노드들에서 INFO 필드를 제거하고, 해당 정보를 담은 새 말단 노드를 그전 노드 아래에 추가한다. 예를 들어 (2)의 트리들은 이렇게 된다.

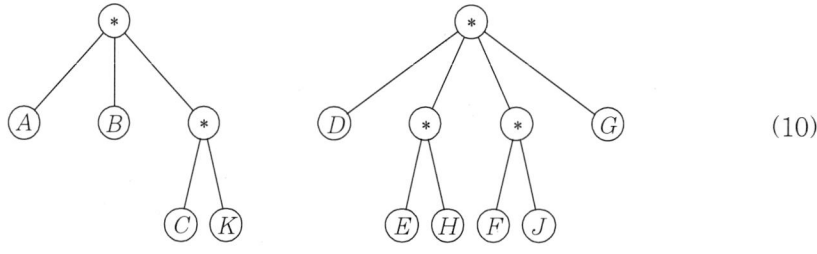

$$(10)$$

이러한 형태에서는 트리 구조의 모든 정보(INFO)가 말단 노드들에 들어간다고 (일반성을 잃지 않고도) 가정할 수 있다. 따라서 2.3.2절의 자연스러운 이진트리 표현에서 LLINK 필드와 INFO 필드는 서로 배타적이며 각 노드에서 같은 필드 공간을 공유할 수 있다. 즉, 하나의 노드를 다음과 같이 구성할 수 있는 것이다.

LTAG	LLINK 또는 INFO	RLINK

둘째 필드가 LLINK인지 INFO인지는 LTAG의 부호로 지정하면 된다. (이 표현을 예를 들어 2.3.2절의 2워드 형태와 비교해 볼 것.) 이런 식으로 INFO를 5바이트에서 3바이트로 줄인다면 하나의 노드를

하나의 워드에 담을 수 있다. 그러나 노드 개수 자체가 10에서 15로 늘어났음을 주목해야 한다. 숲 (10)은 15개의 메모리 워드들을 차지하고 (2)는 20개를 차지한다. 전자는 INFO를 위한 공간이 총 30바이트인 반면 후자는 50바이트인 것이다. 따라서 여분의 INFO 공간이 낭비되었을 경우가 아닌 한 (10)으로 실질적인 메모리 절약 효과를 얻을 수는 없다. (10)에서 대체된 LLINK들이 제거되긴 하지만, 대략 그만큼의 새 RLLINK들이 추가된 노드들 안에 생기기 때문에 실질적인 이득은 없는 것이다. 두 표현들의 자세한 차이는 연습문제 4에서 이야기한다.

트리의 표준적인 이진트리 표현에서 LLINK 필드는 부모 노드에서 그 제일 왼쪽 자식으로의 링크에 해당하므로 LCHILD 필드라고 부르는 게 더 정확할 것이다. 새 노드를 삽입할 때에는 가족의 오른쪽에 삽입하는 것보다 왼쪽에 삽입하는 게 더 쉽다는 점에서, 제일 왼쪽 자식 노드는 일반적으로 트리의 "가장 어린" 자식에 해당한다. 따라서 LCHILD라는 약자의 L은 "left"(왼쪽)를 의미할 뿐만 아니라 "last"(막내)나 "least"(제일 작은)를 의미한다고 생각해도 될 것이다.

트리 구조를 응용하는 프로그램들 중에는 트리를 아래쪽뿐만 아니라 위쪽으로도 상당히 자주 훑어야 하는 것들이 많다. 스레드식 트리에는 위로 거슬러 올라가는 능력이 있지만 아주 빠른 것은 아니다. 좀 더 빠른 상향 참조를 위해 각 노드에 PARENT라는 셋째 링크를 둘 수 있다. 그런 형태의, 즉 각 노드가 LCHILD, RLINK, PARENT라는 세 개의 링크를 가지는 트리를 3중으로 연결된 트리(triply linked tree, 줄여서 3중 연결 트리)라고 부른다. 그림 26은 (2)의 3중 연결 트리 표현이다. 3중 연결 트리의 응용 예는 2.4절에 나온다.

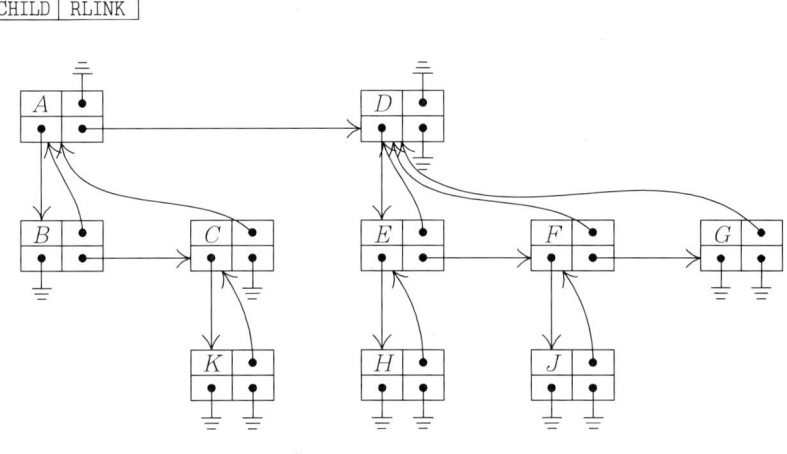

그림 26. 3중 연결 트리.

PARENT 링크는 그 자체로 임의의 유향 트리(또는 숲)를 완전하게 규정하는 데 충분함이 명백하다. 모든 상향 링크들만 알고 있으면 트리를 얼마든지 그릴 수 있다는 점을 생각해본다면 이를 이해할 수 있을 것이다. 루트를 제외한 모든 노드는 자식은 여러 개일 수 있지만 부모는 오직 하나이다. 따라서 하향 링크들을 두는 것보다는 상향 링크들을 두는 게 더 간단한 표현이 된다. 그렇다면 이제야 상향 링크를 이야기하는 이유는 무엇일까? 답은, 상향 링크로만 된 트리는 그리 쓸모가 없다는 것이다.

예를 들어 상향 표현에서는 주어진 노드가 말단인지 아닌지를 빠르게 판단하기 힘들며, 주어진 노드의 자식들을 빠르게 찾기도 힘들다. 그러나 상향 링크들로만 충분한 한 가지 매우 중요한 응용이 존재한다. 그럼 여기서 동치 관계를 다루는 우아한 알고리즘 하나를 간단히 살펴보기로 하자. 이 알고리즘은 피셔M. J. Fischer와 갤러B. A. Galler에서 기인한 것이다.

  "≡"로 표기하는 동치 관계(equivalence relation, 同値-)는 객체들의 집합 S의 원소들 사이의 한 관계로, S의 임의의 객체 x, y, z(이 셋이 반드시 모두 달라야 하는 것은 아님)에 대해 다음 세 성질들을 만족한다.

 i) 만일 $x \equiv y$이고 $y \equiv z$이면 $x \equiv z$. (추이.)
 ii) 만일 $x \equiv y$이면 $y \equiv x$. (대칭.)
iii) $x \equiv x$. (반영.)

(이를 2.2.3의 부분순서 관계의 정의와 비교해 볼 것. 세 성질들 중 두 개가 같긴 하지만, 그래도 부분순서와 동치 관계는 상당히 다르다.) 동치 관계의 예로는 "=" 관계, 정수의 (법을 m으로 한) 합동 관계, 2.3.1절에서 정의한 트리들 사이의 닮음 관계 등이 있다.

  동치 문제라는 것은 동치인 원소들을 쌍으로 읽어 들이고, 그 쌍들을 근거로 해서 이후에 특정한 두 원소들이 동치인지 아닌지를 판정하는 것을 말한다. 예를 들어 S가 집합 $\{1, 2, 3, 4, 5, 6, 7, 8, 9\}$이고 다음과 같은 동치 쌍들이 주어졌다고 하자.

$$1 \equiv 5, \quad 6 \equiv 8, \quad 7 \equiv 2, \quad 9 \equiv 8, \quad 3 \equiv 7, \quad 4 \equiv 2, \quad 9 \equiv 3. \qquad (11)$$

이러한 설정에서, 예를 들어 $2 \equiv 7 \equiv 3 \equiv 9 \equiv 8 \equiv 6$이므로 $2 \equiv 6$이다. 그러나 $1 \equiv 6$임을 보일 수는 없다. 사실 (11)의 쌍들은 S를 다음과 같은 두 부류(class)로 나눈다.

$$\{1, 5\} \quad \text{와} \quad \{2, 3, 4, 6, 7, 8, 9\}. \qquad (12)$$

이것은 S의 임의의 두 원소가 오직 같은 부류에 속하는 경우에만 동치가 되도록 분할한 것이다. 임의의 동치 관계가 자신의 집합 S를 서로 소인 부류들(이를 동치류(equivalence class)들이라고 부른다)로 분할하는데, 이를 증명하는 것은 어렵지 않다.

  따라서 동치 문제에 대한 답은 (12)같은 동치류들을 만들어내는 문제라고 할 수 있다. 어떻게 만들어야 할까? 우선 다음처럼 원소 하나 하나가 개별적인 동치류가 되게 한다.

$$\{1\} \ \{2\} \ \{3\} \ \{4\} \ \{5\} \ \{6\} \ \{7\} \ \{8\} \ \{9\}. \qquad (13)$$

이제, $1 \equiv 5$라는 관계를 보고는 1과 5를 하나의 동치류 $\{1, 5\}$로 합친다. 처음 세 관계 $1 \equiv 5$, $6 \equiv 8$, $7 \equiv 2$에 대해 그런 식으로 동치류를 합치고 나면 (13)은 다음이 된다.

$$\{1, 5\} \ \{2, 7\} \ \{3\} \ \{4\} \ \{6, 8\} \ \{9\}. \qquad (14)$$

다음으로, $9 \equiv 8$에 의거해서 해당 동치류들을 $\{6, 8, 9\}$로 합친다. 이런 식으로 동치류들을 계속 합쳐나간다.

이제 남은 문제는, (12), (13), (14) 같은 상황들을 컴퓨터 안에서, 동치류들을 합치는 작업이나 주어진 두 원소가 같은 부류인지를 판정하는 작업을 효율적으로 수행할 수 있는 형태로 표현하는 괜찮은 방법을 찾는 것이다. 아래의 알고리즘은 그런 목적으로 유향 트리 구조를 사용한다. 구체적으로 말하면, S의 원소들은 한 유향 숲의 노드들이 되며, 지금까지 읽어 들인 동치쌍들의 결과로, 임의의 두 노드들은 오직 같은 트리에 속하는 경우에만 동치 관계이다. 이러한 설정에서 임의의 두 원소는 오직 같은 루트 요소 하에 있는 경우에만 같은 트리에 속하므로 임의의 두 원소가 동치인지를 쉽게 판정할 수 있게 된다. 더 나아가서, 두 유향 트리를 합치는 것도 쉽다. 한 트리를 다른 트리의 루트의 새로운 하위트리로 붙이기만 하면 된다.

알고리즘 E (동치 관계를 처리한다). S가 수들의 집합 $\{1, 2, ..., n\}$이며 PARENT[1], PARENT[2], ..., PARENT[n]이 정수 변수들이라고 하자. 이 알고리즘은 (11)과 같은 관계들의 집합을 입력받고 PARENT 표를 유향 트리를 나타내도록 적절히 조정한다. 단, 그 유향 트리는 두 원소가 오직 같은 트리에 속하는 경우에만 동치 관계(입력으로 주어진 동치쌍들에 의거해서)인 특징을 가진다. (참고: 좀 더 일반적 상황에서 S의 원소들은 1에서 n까지의 수가 아니라 기호 이름들일 것이다. 그렇다면 S의 원소들에 해당하는 노드들을 찾기 위한, 6장에 나오는 것 같은 검색 루틴이 필요할 것이고, PARENT는 각 노드의 한 필드가 되어야 할 것이다. 좀 더 일반적인 사례를 위해 알고리즘을 그런 식으로 수정하는 것은 어렵지 않은 일이다.)

E1. 〔초기화.〕 $1 \leq k \leq n$에 대해 PARENT[k] ← 0으로 설정한다. (이는, (13)에서 모든 동치류들이 원소 하나로 구성되듯이, 초기에는 모든 트리들이 루트 하나로만 구성된다는 뜻이다.)

E2. 〔새 동치쌍을 입력받는다.〕 입력에서 다음 동치 관계쌍 "$j \equiv k$"를 가져온다. 입력을 다 소비했다면 알고리즘을 끝낸다.

E3. 〔루트를 찾는다.〕 만일 PARENT[j] > 0이면 j ← PARENT[j]로 설정하고 이 단계를 반복한다. 만일 PARENT[k] > 0이면 k ← PARENT[k]로 설정하고 이 단계를 반복한다. (이 연산을 마치고 나면 j와 k는 동치로 만들 두 트리들의 루트들로 올라가게 된다. 입력 관계쌍 $j \equiv k$는 만일 지금 $j = k$이면, 그리고 오직 그럴 때에만 중복이었던 것이다.)

E4. 〔트리들을 병합.〕 만일 $j \neq k$이면 PARENT[j] ← k로 설정하고, 단계 E2로 돌아간다. ∎

이 알고리즘을 (11)에 직접 적용해 보기 바란다. $1 \equiv 5$, $6 \equiv 8$, $7 \equiv 2$, $9 \equiv 8$을 처리하고 나면 PARENT 표는 다음과 같은 모습이 되고,

$$
\begin{aligned}
\text{PARENT}[k]: \quad & 5\ 0\ 0\ 0\ 0\ 8\ 2\ 0\ 8 \\
k: \quad & 1\ 2\ 3\ 4\ 5\ 6\ 7\ 8\ 9
\end{aligned}
\tag{15}
$$

이를 트리들로 표현하면 다음과 같다.

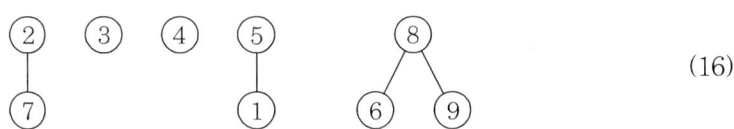

$$\tag{16}$$

이 시점 이후의, (11)의 나머지 관계들은 다소 더 흥미롭다. 이에 대해서는 연습문제 9에서 다룬다.

이러한 동치 문제는 여러 응용들에서 나타난다. 나중에, 그래프의 연결성을 다루는 7.4.1절에서 이 알고리즘 E를 크게 개선해 볼 것이다. 연습문제 11에서는 FORTRAN 같은 언어에서 컴파일러가 "동치 선언들"을 처리할 때 발생하는, 동치 문제의 좀 더 일반적인 버전을 다룬다.

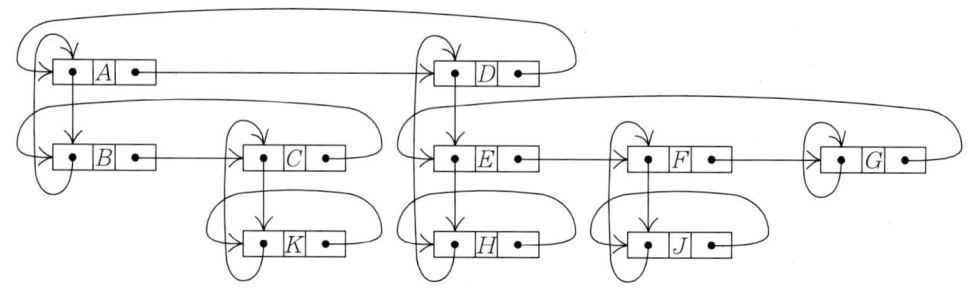

그림 27. 고리 구조.

트리를 컴퓨터 메모리 안에 표현하는 방법들은 더 많이 있다. 2.2절에서 선형 목록을 표현하는 세 가지 기본적인 방법들을 논의했었다. 하나는 말단 링크 Λ를 이용한 직접적인 표현이고, 또 하나는 순환 연결 목록, 또 하나는 이중 연결 목록이다. 2.3.1에서 논의한 비스레드식 이진트리 표현은 LLINK 들과 RLLINK들 모두에서 직접적인 표현에 해당한다. LLINK 방향과 RLLINK 방향에 대해 각각 세 가지 선형 목록 방법들을 적용하면 총 여덟 가지의 개별적인 이진트리 표현 방법들이 나온다. 예를 들어 그림 27은 두 방향 모두에 순환 링크를 사용한 것이다. 그런 식으로 두 방향 모두에 순환 링크들을 사용한 것을 고리 구조(ring structure)라고 부른다. 고리 구조는 여러 응용들에서 상당히 유연하게 쓰임이 입증되었다. 항상 그렇듯이, 어떤 표현 방법을 선택할 것이냐는 그런 구조를 다루는 알고리즘 들에 필요한 삽입, 삭제, 운행의 종류에 따라 달라진다. 이번 장에서 지금까지 나온 예제들을 충실하게 살펴본 독자라면 그런 메모리 표현들 중 어떤 것이라도 어렵지 않게 다룰 수 있을 것이다.

응용 예제 하나를 살펴보는 것으로 이번 절을 마무리 짓겠다. 살펴볼 예제는 수정된 이중 연결 고리 구조를 이전에 나온 다항식 산술에 적용하는 것이다. 알고리즘 2.2.4A는 한 다항식을 다른 다항식에 더하는 것인데, 두 다항식이 순환 목록으로 표현되었다고 가정한다. 2.2.4절에는 덧셈 이외 의 다른 연산들에 대한 알고리즘들도 나와 있다. 그런데 그 절의 다항식들에는 변수가 최대 세 개라는 제약이 있다. 다변수 다항식을 다루는 경우에는 일반적으로 선형 목록보다는 트리 구조를 사용하는 게 더 적합하다.

하나의 다항식은 하나의 상수이거나 아니면 다음과 같은 형태이다.

$$\sum_{0 \le j \le n} g_j x^{e_j}.$$

여기서 x 는 하나의 변수이며, $n > 0$ 이고 $0 = e_0 < e_1 < \cdots < e_n$ 이다. 그리고 $g_0, \ldots, g_n$ 은 알파벳 순으로 x 이전의 변수들만 쓰이는 다항식들이다. $g_1, \ldots, g_n$ 들은 0이 아니다. 이처럼 다항식의 정의 자체가 재귀적이기 때문에, 그림 28에 나온 것 같은 트리 표현이 자연스럽게 도출된다.

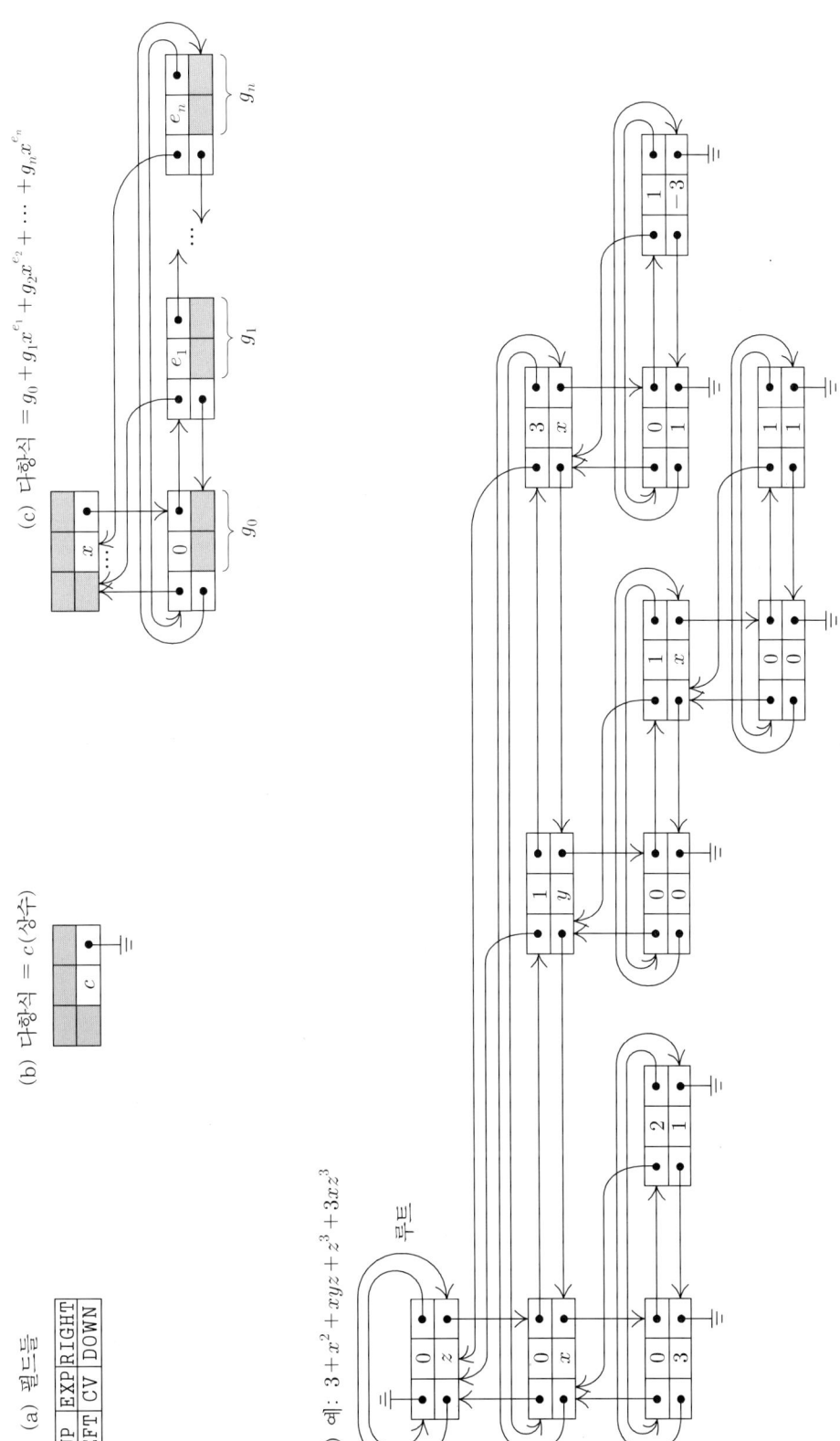

(a) 필드들

UP	EXP	RIGHT
LEFT	CV	DOWN

(b) 다항식 $= c$(상수)

(c) 다항식 $= g_0 + g_1 x^{e_1} + g_2 x^{e_2} + \cdots + g_n x^{e_n}$

(d) 예: $3 + x^2 + xyz + z^3 + 3xz^3$

그림 28. 4방향 링크들을 이용한 다항식 표현. 노드의 회색 영역은 해당 맥락에서 별로 중요하지 않은 정보를 의미한다.

그림 28의 표현 방식에서 각 노드는 여섯 개의 필드들로 구성되는데, MIX의 경우 하나의 노드를 다음과 같이 워드 세 개로 표현할 수 있다.

$$
\begin{array}{|c|c|c|c|}
\hline
+ & 0 & \text{LEFT} & \text{RIGHT} \\
\hline
+ & \text{EXP} & \text{UP} & \text{DOWN} \\
\hline
\multicolumn{4}{|c|}{\text{CV}} \\
\hline
\end{array}
\tag{17}
$$

여기서 LEFT, RIGHT, UP, DOWN은 링크들이다. EXP는 지수(exponent)에 해당하는 정수이고 CV는 상수이거나(계수의 경우) 변수의 알파벳 이름이다. 루트 노드에서는 UP = Λ, EXP = 0, LEFT = RIGHT = *(자기 자신)이다.

다음 알고리즘은 이러한 4방향 연결 트리의 운행, 삽입, 삭제 방법을 보여주므로, 독자는 이를 세심히 공부할 필요가 있다.

알고리즘 A (다항식 더하기). 이 알고리즘은 다항식(P)를 다항식(Q)에 더한다. P와 Q는 그림 28에 나온 형태의 서로 다른 다항식 트리들의 루트들을 각각 가리키는 포인터 변수들이라고 가정한다. 이 알고리즘이 완료되었을 때 다항식(P)는 변하지 않으며 다항식(Q)는 두 다항식의 합을 담는다.

A1. 〔다항식의 종류를 판정.〕 만일 DOWN(P) = Λ이면(즉, P가 상수를 가리키고 있으면) Q ← DOWN(Q) 설정을 DOWN(Q) = Λ가 될 때까지 0번 이상 수행하고 A3으로 간다. DOWN(P) ≠ Λ일 때에는, 만일 DOWN(Q) = Λ이거나 CV(Q) < CV(P)이면 A2로 간다. 그렇지 않으면, 만일 CV(Q) = CV(P)이면 P ← DOWN(P), Q ← DOWN(Q)로 설정하고 이 단계를 반복한다. 만일 CV(Q) > CV(P)이면 Q ← DOWN(Q)로 설정하고 이 단계를 반복한다. (단계 A1에서는 두 다항식의 서로 부합하는 두 항들을 찾거나, 아니면 다항식(Q)의 현재 부분에 새로운 변수를 삽입해야 한다는 결론을 얻게 된다.)

A2. 〔아래쪽으로 삽입.〕 R ⇐ AVAIL, S ← DOWN(Q)로 설정한다. 만일 S ≠ Λ이면 UP(S) ← R, S ← RIGHT(S)로 설정하되, EXP(S) ≠ 0이면 그 설정 연산들을 EXP(S) = 0이 될 때까지 반복한다. UP(R) ← Q, DOWN(R) ← DOWN(Q), LEFT(R) ← R, RIGHT(R) ← R, CV(R) ← CV(Q), EXP(R) ← 0으로 설정한다. 마지막으로, CV(Q) ← CV(P), DOWN(Q) ← R로 설정하고 A1로 돌아간다. (여기서 한 일은 P의 트리 안에서 발견한 해당 다항식에 부합하는 다항식을 얻기 위해 "가짜(dummy)" 0 다항식 하나를 NODE(Q) 바로 아래에 삽입한 것이다. 이 단계에서 수행한 링크 조작들이 그리 복잡한 것은 아니다. 2.2.3에서 설명한 "이전과 이후" 도표를 이용한다면 이들을 쉽게 이해할 수 있다.)

A3. 〔해당 항 찾았음.〕 (이 시점에서, P와 Q는 주어진 다항식들의 서로 부합하는 항들을 가리킨다. 이제 덧셈을 수행할 준비가 된 것이다.) CV(Q) ← CV(Q) + CV(P)로 설정한다. 만일 이 합이 0이고 EXP(Q) ≠ 0이면 단계 A8로 간다. 만일 EXP(Q) = 0이면 A7로 간다.

A4. 〔왼쪽으로 나아간다.〕 (하나의 항을 성공적으로 더했다. 다음으로 더할 항을 찾는다.) P ←
LEFT(P)로 설정한다. 만일 EXP(P) = 0이면 A6으로 간다. 그렇지 않으면 Q ← LEFT(Q) 설정을
EXP(Q) ≤ EXP(P)가 될 때까지 1회 이상 수행한다. 그런 후 만일 EXP(Q) = EXP(P)이면 단계
A1로 돌아간다.

A5. 〔오른쪽으로 삽입.〕 R ⇐ AVAIL로 설정한다. UP(R) ← UP(Q), DOWN(R) ← Λ, CV(R) ← 0,
LEFT(R) ← Q, RIGHT(R) ← RIGHT(Q), LEFT(RIGHT(R)) ← R, RIGHT(Q) ← R, EXP(R) ←
EXP(P), Q ← R로 설정한다. 단계 A1로 돌아간다. (다항식(P)의 해당 지수와 부합시키기 위해
새 항을 현재 행의 NODE(Q) 바로 오른쪽에 삽입해야 했다. 단계 A2에서처럼 "이전과 이후"
도표를 그려보면 이 연산들의 의미가 명확해질 것이다.)

A6. 〔위로 돌아간다.〕 (이제 다항식(P)의 한 줄을 완전히 운행한 것이다.) P ← UP(P)로 설정한다.

A7. 〔Q를 적절한 수준으로 올려 보낸다.〕 만일 UP(P) = Λ이면 단계 A11로 간다. 그렇지 않으면
Q ← UP(Q) 설정을 CV(UP(Q)) = CV(UP(P))가 될 때까지 0회 또는 그 이상 반복한다. 단계
A4로 돌아간다.

A8. 〔0항을 삭제.〕 R ← Q, Q ← RIGHT(R), S ← LEFT(R), LEFT(Q) ← S, RIGHT(S) ← Q, AVAIL
⇐ R로 설정한다. (소거가 발생했으며, 그래서 다항식(Q)의 한 행 원소를 삭제한다.) 이제,
만일 EXP(LEFT(P)) = 0이고 Q = S이면 단계 A9로 가고, 그렇지 않으면 A4로 돌아간다.

A9. 〔상수 다항식을 삭제.〕 (소거에 의해 다항식이 하나의 상수로 줄어들었으며, 그래서 다항식(Q)의
한 행을 삭제한다.) R ← Q, Q ← UP(Q), DOWN(Q) ← DOWN(R), CV(Q) ← CV(R), AVAIL
⇐ R로 설정한다. S ← DOWN(Q)로 설정한다. 만일 S ≠ Λ이면 UP(S) ← Q, S ← RIGHT(S)로
설정하되, 만일 EXP(S) ≠ 0이면 그 설정 연산들을 EXP(S) = 0이 될 때까지 반복한다.

A10. 〔0항 발견?〕 만일 DOWN(Q) = Λ이고 CV(Q) = 0이고 EXP(Q) ≠ 0이면 P ← UP(P)로 설정하고
A8로 간다. 그렇지 않으면 A6으로 간다.

A11. 〔종료.〕 Q ← UP(Q) 설정을 UP(Q) = Λ가 될 때까지 0회 또는 그 이상 반복한다(결과적으로
Q는 트리의 루트까지 올라간다). ▮

만일 다항식(P)에는 항들이 몇 개 없는 반면 다항식(Q)에는 항들이 많이 있다면 이 알고리즘은
알고리즘 2.2.4A보다 실제로 훨씬 빠르게 수행된다. 왜냐하면 더하기 공정에서 다항식(Q)의 모든
것을 넘겨주지 않아도 되기 때문이다. 다항식 $xy - x^2 - xyz - z^3 + 3xz^3$을 그림 28의 다항식에
더하는 데 이 알고리즘을 직접 적용해 본다면 많은 것을 배울 수 있을 것이다. (그런 연습으로 이
알고리즘의 효율성을 실감할 수는 없겠지만, 알고리즘의 모든 단계들을 거치면서 반드시 처리해야
할 어려운 상황들을 겪어볼 수 있다는 점에서는 좋은 연습이 될 것이다.) 알고리즘 A는 연습문제
12와 13에서 좀 더 이야기한다.

그림 28에 나온 표현이 여러 변수들로 된 다항식을 표현하는 "가장 좋은" 방법이라고 주장하지는
않겠다. 8장에서는 보조 스택을 이용하는 한 가지 산술 알고리즘(알고리즘 A에 비해 개념적으로

단순하다는 중요한 장점이 있다)과 함께 또 다른 형태의 다항식 표현 방식을 살펴본다. 알고리즘 A에 대해 우리가 주목할 것은 트리에 대한 조작들을 여러 링크들을 이용해서 유형화하는 방식이다.

연습문제

▶ **1.** [20] (8)과 같은 수준 순서 순차 표현에서 LLINK 필드는 없고 LTAG, INFO, RTAG 필드만 있다고 하자. 그로부터 LLINK들을 다시 구축하는 것이 가능할까? (다른 말로 하면, (3)에서 RLINK들이 중복이듯이 (8)에서 LLINK들이 중복일까?)

2. [22] (Burks, Warren, Wright, *Math. Comp.* 8 (1954), 53-57.) (2)의 트리들을 차수가 부여된 전위 순서로 저장한다면 다음과 같다.

$$\text{DEGREE} \quad 2\ 0\ 1\ 0\ 3\ 1\ 0\ 1\ 0\ 0$$
$$\text{INFO} \quad\ \ A\ B\ C\ K\ D\ E\ H\ F\ J\ G$$

[이를 차수가 부여된 후위 순서인 (9)와 비교해 볼 것.] 이러한 표현에서, 노드들의 국소 정의 함수를 오른쪽에서 왼쪽으로 가면서 평가하는, 알고리즘 F에 비견할 수 있는 알고리즘을 설계하라.

▶ **3.** [24] 알고리즘 2.3.2D는 계산한 도함수들의 위치를 단계 D3에서 변칙적인 방식으로 기록하는데, 알고리즘 F에서처럼 계산의 중간 결과로 생긴 도함수들을 스택에 쌓는 형태로 수정하라. (연습문제 2.3.2-21 참고.) 그 스택을 각 도함수의 루트 노드의 RLINK 필드를 이용해서 관리할 수도 있을 것이다.

4. [18] (2)의 트리들에는 노드가 10개 있는데, 그 중 다섯 개가 말단 노드이다. 이 트리들을 보통의 이진트리 방식으로 표현한다면 10개의 LLINK 필드들과 10개의 RLINK 필드들(노드 당 하나씩)이 쓰이게 된다. 그리고 (10)과 같은 형태(한 노드의 LLINK와 INFO가 같은 공간을 공유)로 표현한다면 5개의 LLINK들과 15개의 RLINK들이 쓰인다. 두 경우 모두 INFO 필드는 10개이다.

노드가 n개이고 그 중 단말 노드가 m개인 숲이 있다고 할 때, 그 두 트리 표현 방식에서 반드시 저장해야 하는 LLINK 개수들과 RLINK 개수들을 비교하라.

5. [16] 그림 26과 같은 3중 연결 트리는 각 노드에 PARENT, LCHILD, RLINK 필드를 담으며, PARENT나 LCHILD, RLINK 필드가 특정한 노드를 지칭하지 않는 경우에는 Λ 링크를 자유로이 사용할 수 있다. 2.3.1절에서처럼 공링크인 LCHILD 항목과 RLINK 항목에 "스레드" 링크를 집어넣는 식으로 이러한 표현을 스레드식 트리로 확장하는 게 바람직할까?

▶ **6.** [24] 유향 숲의 노드들에 세 링크 필드 PARENT, LCHILD, RLINK가 있는데, 트리 구조를 규정하기 위한 용도로는 오직 PARENT 링크만 쓰인다고 하자. 각 노드의 LCHILD 필드는 Λ이고 RLINK 필드는 단지 노드들을 어떠한 순서로 연결하기 위한 용도로만 쓰인다. 링크 변수 FIRST는 첫 노드를 가리키며, 마지막 노드의 RLINK는 Λ이다.

이러한 노드들을 훑으면서 LCHILD와 RLINK 필드를 PARENT 링크의 의미에 맞게 채워 넣는, 그럼으로써 그림 26과 같은 3중 연결 트리 표현을 만들어내는 알고리즘을 설계하라. 알고리즘은 또한 FIRST가 그러한 표현에서 첫째 트리의 루트를 가리키도록 설정해야 한다.

  7. [15] (11)에 동치 관계 $9 \equiv 3$이 빠졌다면, (12)의 동치류들은 어떻게 변할까?

  8. [15] 알고리즘 E는 주어진 동치 관계 원소쌍들을 나타내는 하나의 트리 구조를 설정한다. 그런데 본문에서는 알고리즘 E의 결과를 어떻게 활용하면 되는지를 명시적으로 이야기하지 않았다. $1 \le j \le n$, $1 \le k \le n$이고 알고리즘 E로 어떤 동치 관계 집합에 대한 PARENT 표를 만들어 두었다는 가정 하에서 "$j \equiv k$인가?"라는 질문에 답을 하는 알고리즘을 설계하라.

  9. [20] 알고리즘 E로 (11)의 모든 동치쌍들을 왼쪽에서 오른쪽으로 처리해서 얻은 트리를 보여주는, (15)에 비견할 수 있는 표와 (16)에 비견할 수 있는 도표를 제시하라.

10. [28] 최악의 경우에서, 알고리즘 E는 n개의 동치들을 처리하는 데 n^2회의 단계들을 수행한다. 최악의 경우에서 그보다는 나은 성능을 보이도록 알고리즘을 수정하려면 어떻게 해야 할까?

▶ **11.** [24] (동치 선언.) 여러 컴파일러 언어들, 특히 FORTRAN은 순차적으로 저장되는 표들에 할당된 메모리 장소들을 중첩시키기 위한 기능을 제공한다. 프로그래머는 컴파일러에게 $X[j] \equiv Y[k]$ 형태의 관계들의 집합을 제공한다. 그 관계는 모든 s에 대해 변수 $X[j + s]$가 변수 $Y[k + s]$와 같은 장소를 배정받는다는 뜻이다. 또한 각 변수에는 첨자 허용 범위도 주어진다. "ARRAY $X[l : u]$"는 표 항목 $X[l]$, $X[l + 1]$, ..., $X[u]$들을 위한 메모리를 예약해 두라는 뜻이다. 변수들의 각 동치류에 대해, 컴파일러는 그 변수들의 첨자 허용 범위에 해당하는 모든 표 항목들을 담을만한 최대한 작은 연속적인 메모리 장소 블록을 준비한다.

    예를 들어 배열 첨자 허용 범위 선언들이 ARRAY $X[0:10]$, ARRAY $Y[3:10]$, ARRAY $A[1:1]$, ARRAY $Z[-2:0]$이고 동치 선언들이 $X[7] \equiv Y[3]$, $Z[0] \equiv A[0]$, $Y[1] \equiv A[8]$이라고 하자. 그렇다면 이 변수들에 대해 20개의 연속적인 장소들을 예약해야 한다.

$$
\begin{array}{cccccccccccc}
 & & & & X_0 & X_1 & X_2 & X_3 & X_4 & X_5 & X_6 & X_7 & X_8 & X_9 & X_{10} \\
\bullet & \bullet & \bullet & \bullet & \bullet & \bullet & \bullet & \bullet & \bullet & \bullet & \bullet & \bullet & \bullet & \bullet & \bullet & \bullet & \bullet & \bullet & \bullet & \bullet \\
Z_{-2} & Z_{-1} & Z_0 & A_1 & & & & & & & & & Y_3 & Y_4 & Y_5 & Y_6 & Y_7 & Y_8 & Y_9 & Y_{10}
\end{array}
$$

(A[1] 다음의 장소는 어떠한 배열에 대해서도 허용 가능한 첨자 값이 아니지만, 그래도 예약해 두어야 한다.)

    이 연습문제에서 독자가 할 일은 알고리즘 E를 방금 설명한 좀 더 일반적인 상황에 적용할 수 있도록 수정하는 것이다. 그런 언어에 대한 컴파일러 프로그램을 하나 작성한다고 가정하고, 컴파일러 프로그램 자체 내부의 표들이 각 배열마다 하나의 노드를 가지며 한 노드는 NAME, PARENT, DELTA, LBD, UBD라는 필드들을 담는다고 가정하라. 그리고 컴파일러 프로그램은 모든 ARRAY 선언들을 다음과 같은 방식으로 이미 처리해 두었다고 가정한다: ARRAY $X[l : u]$라는 선언이 있고 P가 X에 대한 노드를 가리킨다고 하면

$$\text{NAME}(P) = \text{"X"}, \quad \text{PARENT}(P) = \Lambda, \quad \text{DELTA}(P) = 0,$$
$$\text{LBD}(P) = l, \quad \text{UBD}(P) = u$$

가 된다.

알고리즘이 동치 선언들을 처리한 후에는 다음과 같은 사항을 만족해야 한다.

PARENT(P) = Λ라는 것은 이 동치류에 대한 X[LBD(P)], ..., X[UBD(P)]를 메모리에 예약해야 한다는 뜻이고,

PARENT(P) = Q ≠ Λ라는 것은 장소 X[k]가 장소 Y[k + DELTA(P)]와 같으며 NAME(Q) = "Y"라는 뜻이다.

예를 들어 앞에서 말한 동치 선언들이 주어졌을 때, 그것들을 알고리즘으로 처리하기 전의 노드 구성은 다음과 같고,

P	NAME(P)	PARENT(P)	DELTA(P)	LBD(P)	UBD(P)
α	X	Λ	0	0	10
β	Y	Λ	0	3	10
γ	A	Λ	0	1	1
δ	Z	Λ	0	−2	0

동치 선언들을 처리한 후에는 다음으로 변한다.

α	X	Λ	*	−5	14
β	Y	α	4	*	*
γ	A	δ	0	*	*
δ	Z	α	−3	*	*

("*"는 무관한 정보를 의미한다.)

지금까지 설명한 변환을 수행하는 알고리즘을 설계하라. 알고리즘의 입력들은 (P, j, Q, k) 형태로, 이는 X[j] ≡ Y[k]이며 NAME(P) = "X", NAME(Q) = "Y"임을 의미한다. 알고리즘은 모순되는 동치 선언들도 점검해야 한다. 예를 들어 X[1] ≡ Y[2]는 X[2] ≡ Y[1]과 모순된다.

12. [21] 알고리즘 A의 시작에서 변수 P와 Q는 두 트리의 루트들을 가리킨다. P_0과 Q_0이 알고리즘 A를 수행하기 전의 P와 Q 값들이라고 하자. (a) 알고리즘이 끝난 후에, Q_0이 항상 주어진 두 다항식의 합의 루트 주소인가? (b) 알고리즘이 끝난 후에, P와 Q가 원래의 값 P_0과 Q_0으로 돌아가는가?

▶ **13.** [M29] 알고리즘 A의 단계 A8의 시작에서 항상 EXP(P) = EXP(Q)이고 CV(UP(P)) = CV(UP(Q))라는 사실에 대한 비공식적인 증명을 제시하라. (이 사실은 알고리즘 A를 제대로 이해하는 데 중요하다.)

14. [40] 알고리즘 A의 유효성에 대한 공식적인 증명(또는 반증)을 제시하라.

15. [40] 그림 28과 같은 방식으로 표현된 두 다항식의 곱을 계산하는 알고리즘을 설계하라.

16. [M24] 알고리즘 F의 유효성을 증명하라.

▶ **17.** [25] 알고리즘 F는 "상향식(bottom-up)" 국소 정의 함수를 평가한다. 여기서 상향식이라는 것은 함수를 한 노드에서 평가하기 전에 그 노드의 자식들에 대해서 먼저 평가해야 한다는 뜻이다. 한편 "하향식(top-down)" 국소 정의 함수 f는 노드 x에서의 f의 값이 오직 x와 x의 부모에서의

f 값에만 의존하는 함수를 말한다. 보조 스택을 이용해서 트리의 각 노드의 "하향식" 함수 f를 평가하는, 알고리즘 F에 비견할 수 있는 알고리즘을 설계하라. (알고리즘 F처럼, 독자의 알고리즘은 (9)와 같이 차수가 부여된 후위 순서로 저장된 트리들에 대해 효율적으로 작동해야 한다.)

▶ **18.** [28] 전위 순차 표현에 해당하는, $1 \le j \le n$인 두 표 INFO1$[j]$와 RLINK$[j]$가 주어졌을 때, 그것들로부터 차수가 부여된 후위 표현에 해당하는, $1 \le j \le n$인 두 표 INFO2$[j]$와 DEGREE$[j]$를 형성하는 알고리즘을 설계하라. 예를 들어 (3)과 (9)에 따라 알고리즘은 다음을

j	1	2	3	4	5	6	7	8	9	10
INFO1$[j]$	A	B	C	K	D	E	H	F	J	G
RLINK$[j]$	5	3	0	0	0	8	0	10	0	0

다음으로 변환해야 한다.

INFO2$[j]$	B	K	C	A	H	E	J	F	G	D
DEGREE$[j]$	0	0	1	2	0	1	0	1	0	3

19. [M27] (5)의 SCOPE 링크들을 사용하는 대신, 다음처럼 그냥 각 노드의 후손 개수를 전위 순서로 나열할 수도 있다.

DESC	3	0	1	0	5	1	0	1	0	0
INFO	A	B	C	K	D	E	H	F	J	G

$d_1 d_2 \ldots d_n$이 한 숲에 대해 이런 식으로 얻은 후손 개수 순차열이라고 하자.

   a) $1 \le k \le n$에 대해 $k + d_k \le n$이며 $k \le j \le k + d_k$가 $j + d_j \le k + d_k$를 함의함을 보여라.

   b) 반대로, 만일 $d_1 d_2 \ldots d_n$이 (a)의 조건을 만족하는 음이 아닌 정수들의 순차열이라고 할 때, 이것이 한 숲의 후손 개수의 순차열임을 증명하라.

   c) $d_1 d_2 \ldots d_n$과 $d_1' d_2' \ldots d_n'$이 두 숲의 후손 개수 순차열이라고 하자. 후손 개수가 다음과 같은 세 번째 숲이 존재함을 증명하라.

$$\min(d_1, d_1') \ \min(d_2, d_2') \ \ldots \ \min(d_n, d_n').$$

2.3.4. 트리의 기본적인 수학적 성질들

트리 구조는 컴퓨터가 나오기 훨씬 전부터 오랫동안 광범위한 수학적 연구 대상이었다. 그와 관련해 발견된 흥미로운 사실들도 많다. 이번 절에서는 트리에 대한 수학 이론을 개괄한다. 그런 이론들은 트리 구조의 본성에 대한 보다 깊은 통찰력을 제공할 뿐만 아니라 트리를 컴퓨터 알고리즘에 응용하는 데에도 도움이 된다.

    수학에 약한 독자라면 2.3.4.5절로 넘어가길 권한다. 거기서는 이후 살펴볼 여러 응용들에서 자주 나타나는 몇 가지 주제들을 논의한다.

    아래에 나오는 내용은 대부분 그래프 이론이라고 하는 수학의 좀 더 큰 분야에서 따온 것이다. 안타깝게도 이 분야에 표준적인 용어들이 성립될 것 같지는 않다. 요즘 그래프 이론에 대한 책들을

보면, 다른 모든 책들에 나온 용어들과 비슷하지만 동일하지는 않은 용어들을 사용하는 게 관례인 것 같다. 필자도 그런 관례를 따르기로 했다. 이후의 소절들에(그리고 사실 이 책 전체에) 나오는 주요 개념들에 대한 용어들은, 이 분야에서 비교적 널리 쓰이는 어법에서 뽑되 그 외의 어법들에서와 크게 충돌하지 않는 짧고 서술적인 단어를 선택하도록 최대한 노력한 결과이다. 또한 될 수 있으면 컴퓨터 응용들에 잘 맞는 용어들을 택했다. 예를 들어 지금까지 이야기해온 "트리"를 전기공학자들이라면 "자유 트리"라고 부르겠지만, 이 책에서는 컴퓨터 문헌들에서 일반적으로 쓰이며 컴퓨터 응용에서 훨씬 더 중요한 트리 개념을 나타내는 데 "트리"라는 좀 더 짧은 용어를 사용한다. 비슷하게, 만일 우리가 그래프 이론에 대한 일부 저자들의 어법을 따랐다면 "트리" 대신 "유한한, 이름표 붙은, 루트 있는 순서트리(finite labeled rooted ordered tree)"라는, 그리고 "이진트리" 대신 "위상적 분지 수목 상(topological bifurcating arborescence)"이라는 긴 이름들[†] 을 사용해야 했을 것이다!

2.3.4.1. 자유 트리

그래프(graph)는 점들의 집합과, 서로 다른 특정한 점들의 쌍을 연결하는 선들의 집합으로 정의된다. 그래프를 구성하는 점을 정점(vertex. 또는 꼭짓점)이라고 부르고, 점들을 연결하는 선을 변(edge. 또는 간선, 연결선)이라고 부른다. 임의의 정점쌍을 연결하는 변은 많아야 하나이다. 두 정점이 하나의 변으로 연결되어 있을 때, 그 두 꼭짓점이 인접해 있다고 말한다. V와 V'가 두 정점이고 $n \geq 0$이라고 하자. 만일 $V = V_0$이고 $0 \leq k < n$에 대해 V_k가 V_{k+1}에 인접하며 $V_n = V'$인 정점들 $(V_0, V_1, ..., V_n)$이 있다면, 그것을 V에서 V'로의 길이가 n인 경로(path)라고 부른다. 그리고 만일 V_0, $V_1, ..., V_{n-1}$이 서로 다르며 $V_1, ..., V_{n-1}, V_n$이 서로 다르다면 그 경로는 단순 경로(simple path)이다. 그래프의 모든 두 정점쌍 사이에 경로가 존재한다면 그 그래프를 연결된 그래프(connected graph)라고 칭한다. 그리고 한 정점에서 시작에서 그 정점 자신으로 돌아오는, 길이가 3 이상인 경로를 순환마디(cycle)라고 부른다.

그림 29가 이러한 정의들을 보여준다. 그림에 나온 것은 정점이 다섯 개이고 변이 여섯 개인 그래프이다. 정점 C는 A와 인접하나 B에는 인접하지 않는다. B에서 C로 가는 길이 2 경로는 두 개로, (B, A, C)와 (B, D, C)이다. (B, D, E, B) 등 순환마디들도 여럿 있다.

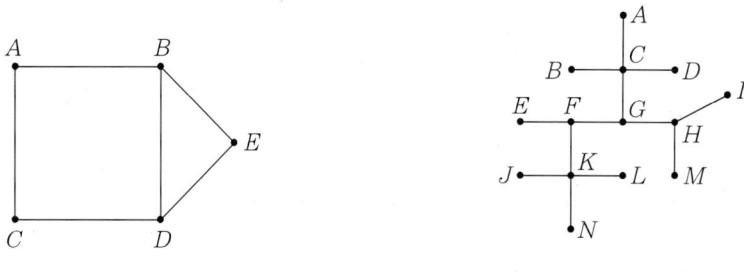

그림 29. 그래프.   **그림 30.** 자유 트리.

[†] 〔옮긴이 주〕 이 두 긴 이름들이 국내 그래프 이론 분야에서 실제로 쓰이는 우리말 용어인지는 확인하지 못했음을 밝힌다.

　　순환마디가 없는 연결된 그래프를 자유 트리(free tree) 또는 "루트 없는 트리(unrooted tree)"라고 부른다. 이러한 정의는 유한한 그래프뿐만 아니라 무한한 그래프에도 적용되나, 당연한 말이지만 컴퓨터 응용에서는 주로 유한한 자유 트리들만 다룬다. 자유 트리를 정의하는 동등한 방식들이 여럿 있는데, 다음의 잘 알려진 정리에 몇 가지가 나와 있다.

정리 A. G가 그래프일 때, 다음 명제들은 서로 동치† 이다.

a) G는 자유 트리이다.

b) G는 연결된 그래프이나, 임의의 변을 삭제하면 더 이상 연결된 그래프가 아니게 된다.

c) V와 V'가 G의 서로 다른 정점들이라고 할 때, V에서 V'로 가는 단순 경로가 정확히 하나만 존재한다.

더 나아가서, G가 정확히 $n > 0$개의 정점들을 가진 유한한 그래프일 때, 다음 명제들 역시 (a), (b), (c)와 동치이다.

d) G에는 순환마디가 없으며 $n-1$개의 변들이 있다.

e) G는 연결되어 있으며 $n-1$개의 변들이 있다.

증명. (a)는 (b)를 함의한다. 왜냐하면, 변 V—V'를 제거해도 G는 여전히 연결된 그래프이고, 따라서 길이가 2 이상인 단순 경로 $(V, V_1, ..., V')$가 존재할 것이며(연습문제 2 참고), 그러면 $(V, V_1, ..., V', V)$는 G의 한 순환마디가 될 것이기 때문이다.

　　(b)는 (c)를 함의한다. 왜냐하면, V에서 V'로의 단순 경로가 적어도 하나 존재하기 때문이다. 만일 그런 경로가 두 개, 즉 $(V, V_1, ..., V')$와 $(V, V_1', ..., V')$가 존재한다면 $V_k \neq V_k'$가 되는 최소의 k를 찾을 수 있을 것이며, 변 $V_{k-1} - V_k$를 제거해도 그래프의 연결이 끊어지지는 않는다. 왜냐하면 삭제된 변을 사용하지 않는, V_{k-1}에서 V_k로의 경로 $(Vk-1, V_k', ..., V', ..., Vk)$가 여전히 존재하기 때문이다.

　　(c)는 (a)를 함의한다. 왜냐하면, 만일 G에 순환마디 $(V, V_1, ..., V)$가 있다면 V에서 V_1로의 단순 경로가 두 개 존재할 것이기 때문이다.

　　(d)와 (e) 역시 (a), (b), (c)와 동치임을 보이기 위해서는 우선 "만일 G가 순환마디가 없으며 변이 적어도 하나 있는 임의의 유한 그래프이면, 오직 하나의 다른 정점에만 인접한 정점이 적어도 하나 존재한다"는 보조적인 결과를 증명해야 한다. 이는 이렇게 증명할 수 있다. 우선, 어떠한 정점 V_1과 그에 인접한 정점 V_2를 찾을 수 있다. 그리고 $k \geq 2$일 때에는, V_k는 오직 V_{k-1}에만 인접하거나, 아니면 $V_{k+1} \neq V_{k-1}$이라고 할 수 있는 한 정점에 인접할 것이다. 그래프에 순환마디가 없으므로 $V_1, V_2, ..., V_{k+1}$은 반드시 서로 다른 정점들이며, 따라서 이러한 절차는 언젠가는 반드시 종료된다.

　　이제, G가 $n > 1$개의 정점들로 된 트리이며 V_n이 오직 하나의 다른 정점(V_{n-1}이라고 하자)에

---

† 〔옮긴이 주〕 명제들이 동치라는 것은 서로가 서로의 필요충분조건이라는 뜻이다. 이전의 역주에서 말한 if and only if와 같은 뜻이다.

만 인접한 정점이라고 하자. V_n과 변 V_{n-1}—V_n을 삭제하고 남은 그래프 G'는 하나의 트리이다. 왜냐하면 G의 어떠한 단순 경로에서도 V_n은 처음 또는 마지막 요소로만 나타날 뿐, 그 외의 위치에서는 나타나지 않기 때문이다. 이 사실과 n에 대한 귀납법을 통해서 G가 $n-1$개의 변을 가지고 있음을 증명할 수 있으며, 그러면 결국 (a)가 (d)를 함의한다는 것이 증명된다.

G가 (d)를 만족하며 V_n, V_{n-1}, G'가 앞 문단과 동일하다고 가정하자. 그러면 그래프 G는 연결된 그래프인데, 왜냐하면 V_n이 V_{n-1}과 연결되며, (n에 대한 귀납에 의해) V_{n-1}은 G'의 나머지 모든 정점들과 연결되기 때문이다. 따라서 (d)는 (e)를 함의한다.

마지막으로, G가 (e)를 만족한다고 하자. G에 순환마디가 들어 있다면, 그 순환마디에 속한 임의의 변을 삭제해도 G는 여전히 연결된다. 그런 식으로 변을 계속 삭제하다보면 변이 $n-1-k$개이고 순환마디가 없는 그래프 G'를 얻는다. 그런데 (a)는 (d)를 함의하므로 k는 반드시 0이어야 하며, 따라서 $G = G'$이다. ▮

자유 트리의 개념은 컴퓨터 알고리즘의 분석에 직접적으로 적용할 수 있다. 1.3.3절에서는 키르히호프의 제1법칙을 알고리즘의 각 단계의 수행 횟수를 세는 문제에 적용하는 것에 대해 논의했었다. 거기서 키르히호프의 법칙이 각 단계의 수행 횟수를 완전히 결정하지는 않지만, 그래도 특별하게 해석해야 할 미지수의 개수를 줄여준다는 점은 알 수 있었다. 트리 이론은 독립적인 미지수들이 몇 개나 남을지 알려주고 그런 미지수들을 체계적으로 찾아내는 방법도 제공한다.

이후에 나오는 방법은 예제를 곁들여 이야기하면 이해하기가 쉬울 것이므로, 이론을 전개하면서 예제도 하나 살펴보도록 하겠다. 그림 31은 1.3.3절에서 키르히호프 법칙을 이용해 분석했던 프로그램 1.3.3A의 흐름도를 추상화한 것이다. 그림 31에서 각 상자는 계산의 각 부분을 나타내며, 상자 안의 영문자나 숫자는 프로그램을 한 번 실행했을 때 그 상자의 계산 수행 횟수를 뜻한다(각 영문자의 의미는 1.3.3절의 해당 부분을 따른다). 상자 사이의 화살표는 프로그램에서 일어날 수 있는 점프를 의미한다. 화살표들에는 $e_1, e_2, ..., e_{27}$이라는 이름이 붙어 있다. 여기서 우리의 목표는 키르히호프 법칙에 수반된 수량 A, B, C, D, E, F, G, H, J, K, L, P, Q, R, S 사이의 모든 관계들을 찾는 것이다. 그 과정에서 일반적인 문제에 대한 어떠한 통찰을 얻을 수 있으면 더욱 좋겠다. (참고: 그림 31에서 이미 약간의 단순화가 일어났다. 예를 들어 상자 C와 E 사이에 "1"이라는 이름표가 삽입되었는데, 이는 사실 키르히호프 법칙의 한 결과이다.)

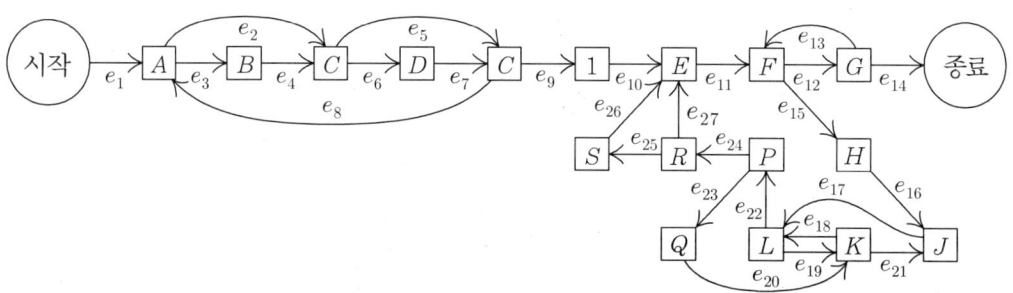

그림 31. 프로그램 1.3.3A의 추상화된 흐름도.

E_j가 프로그램 수행 도중 분기 e_j가 일어나는 횟수를 뜻한다고 하자. 키르히호프의 법칙에 따라,

상자로 들어오는 E들의 합 = 상자의 값 = 상자에서 나가는 E들의 합   (1)

이다. 예를 들어 상자 K의 경우에는:

$$E_{19} + E_{20} = K = E_{18} + E_{21}.\qquad(2)$$

이하의 논의에서는 A, B, ..., S 대신 E_1, E_2, ..., E_{27}을 미지수들로 간주한다.

그림 31의 순서도를 더욱 추상화하면 그림 32와 같은 그래프 G가 된다. 상자들은 그래프의 정점들이 되고 화살표 e_1, e_2, ...는 그래프의 변들이 된 것이다. (엄밀히 말해서 그래프에서 변은 방향성이 없으며, 따라서 G의 그래프 이론적 성질을 언급할 때에는 화살표 방향을 무시해야 한다. 그러나 잠시 후에 보게 되겠지만 그래프에 키르히호프 법칙을 적용할 때에는 방향을 가진 화살표를 사용한다.) 편의상 "종료" 정점에서 "시작" 정점으로 가는 변 e_0을 추가했다. 그러면 키르히호프 법칙을 그래프의 모든 부분에서 동일하게 적용할 수 있다. 이 외에도 그림 31에서 32로 오면서 몇 가지 변화가 생겼는데, 우선 e_{13}을 e_{13}'과 e_{13}''으로 분할했다. 이는 두 정점을 연결하는 변이 하나뿐이어야 한다는 그래프의 규칙을 만족하기 위한 것이다. e_{19} 역시 마찬가지 이유로 두 정점으로 분할되었다. 정점 자신으로 돌아오는 화살표가 있었다면 마찬가지 방식으로 정점을 분할했을 것이다.

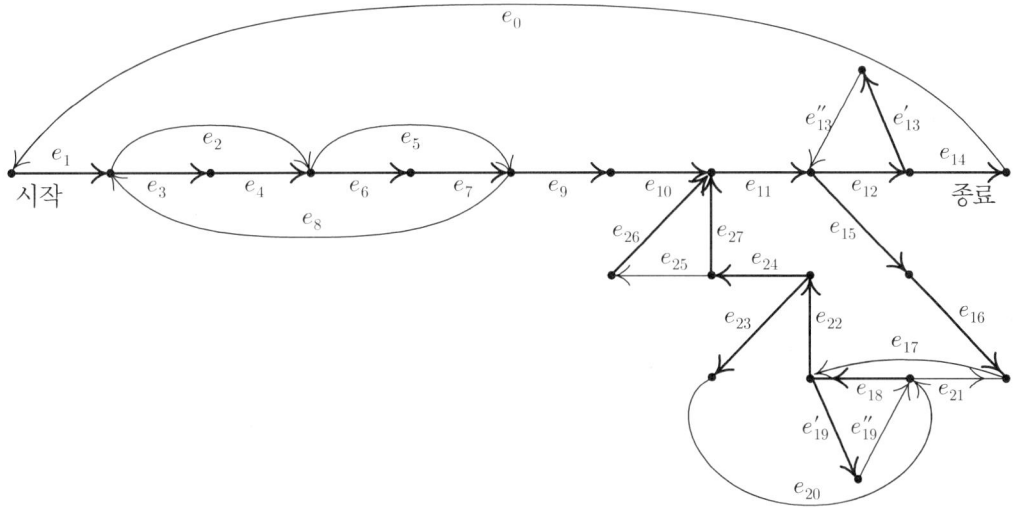

그림 32. 그림 31에 해당하는, 자유 하위트리 하나를 포함하는 그래프.

그림 32의 변들 중에는 다른 것보다 진하게 그려진 것들이 있다. 이 변들은 그래프의 자유 하위트리를 형성하는데, 이들에 의해 그래프의 모든 정점들이 연결된다. 순서도를 그래프로 만들 때에는 이러한 자유 하위트리가 반드시 나타나는데, 왜냐하면 그래프는 반드시 연결되어야 하며, 정리 A의 (b)에 의해 만일 G가 연결되었지만 자유 트리가 아니라면 일부 변들을 삭제해도 G는 연결된 그래프이며, 그런 과정을 반복하다보면 하나의 자유 하위트리가 남을 것이기 때문이다. 자유 하위트리를 찾는 또 다른 알고리즘이 연습문제 6에 나온다. 실제로 변 e_0 (종료에서 시작 정점을 잇는 변)은 항상

제일 먼저 삭제할 수 있다. 따라서 e_0은 선택된 하위트리에 나타나지 않는다고 가정할 수 있다.

G'가 그런 식으로 얻은 그래프 G의 자유 하위트리라고 하고, G'에는 없는 G의 임의의 변 $V{-}V'$를 고려해 보자. 그러면 G'에 그러한 변 $V{-}V'$를 더하면 하나의 순환마디가 생긴다는, 정리 A의 한 가지 중요한 결과를 알 수 있다. 그리고 G'에 V'에서 V로 가는 유일한 단순 경로가 존재하므로, 그러한 순환마디는 정확히 하나 존재하며 그 형태는 $(V, V', ..., V)$이다. 예를 들어 G'가 그림 32에 나온 자유 하위트리라고 할 때, 만일 e_2를 거기에 추가하면 e_2를 거치고 e_4, e_3을 거쳐서(화살표들의 반대 방향으로) 돌아오는 순환마디가 생긴다. 이 순환마디를 대수적으로 표기한다면 "$e_2 - e_4 - e_3$"이 되는데, 이런 표기에서 더하기 표시와 빼기 표시는 그 순환마디가 화살표 방향을 따르는지 아니면 거스르는지를 의미한다.

이러한 과정을 자유 하위트리에 속하지 않는 각 변에 적용하면 소위 기본 순환마디(fundamental cycle)라는 것들을 얻게 된다. 그림 32의 기본 순환마디들은 다음과 같다.

$$
\begin{aligned}
C_0&:\quad e_0 + e_1 + e_3 + e_4 + e_6 + e_7 + e_9 + e_{10} + e_{11} + e_{12} + e_{14},\\
C_2&:\quad e_2 - e_4 - e_3,\\
C_5&:\quad e_5 - e_7 - e_6,\\
C_8&:\quad e_8 + e_3 + e_4 + e_6 + e_7,\\
C''_{13}&:\quad e''_{13} + e_{12} + e'_{13},\\
C_{17}&:\quad e_{17} + e_{22} + e_{24} + e_{27} + e_{11} + e_{15} + e_{16},\\
C''_{19}&:\quad e''_{19} + e_{18} + e'_{19},\\
C_{20}&:\quad e_{20} + e_{18} + e_{22} + e_{23},\\
C_{21}&:\quad e_{21} - e_{16} - e_{15} - e_{11} - e_{27} - e_{24} - e_{22} - e_{18},\\
C_{25}&:\quad e_{25} + e_{26} - e_{27}.
\end{aligned}
\tag{3}
$$

자유 하위트리에 속하지 않는 한 변 e_j가 기본 순환마디들 중 오직 하나(구체적으로 말하면 C_j)에만 나타난다는 점은 명백하다.

이제 이 논의가 절정에 다다르고 있다. 각 기본 순환마디는 키르히호프 방정식들의 한 해를 나타낸다. 예를 들어 C_2에 해당하는 해는 $E_2 = +1$, $E_4 = -1$, $E_3 = -1$로 두고 나머지 E들은 모두 0으로 두는 것이다. 그래프의 한 순환마디 주변의 흐름이 항상 키르히호프 법칙의 조건 (1)을 만족함은 명백하다. 게다가 키르히호프 방정식들은 "동차" 방정식들이며, 그래서 (1)에 대한 해들을 합하거나 빼면 다른 해들이 나온다. 따라서 E_0, E_2, E_5, ..., E_{25}의 값들은 다음과 같은 의미에서 독립적이라는 결론을 내릴 수 있다.

만일 x_0, x_2, ..., x_{25}가 임의의 실수들(자유 하위트리 G'에는 없는 각 e_j당 하나의 x_j)
이면, 키르히호프 방정식 (1)에 대해 $E_0 = x_0$, $E_2 = x_2$, ..., $E_{25} = x_{25}$라는 하나의   (4)
해가 존재한다.

그러한 해는 순환마디 C_0을 x_0번, C_2를 x_2번 등으로 따라감으로써 찾을 수 있다. 더 나아가서,

나머지 변수 E_1, E_3, E_4, …의 값들은 E_0, E_2, …, E_{25} 값들에 완전히 의존한다는 점도 알 수 있다. 즉:

$$\text{명제 (4)에서 언급한 해는 고유하다.} \tag{5}$$

만일 키르히호프 방정식들에 대한 $E_0 = x_0$, …, $E_{25} = x_{25}$인 두 해들이 있다면, 하나에서 다른 것을 빼서 $E_0 = E_2 = E_5 = \cdots = E_{25} = 0$이라는 또 다른 해를 얻을 수 있다. 그런데 이제는 모든 E_j가 0이어야 하며, 이로부터 그래프가 자유 트리일 때에는 키르히호프 방정식에 대한 0이 아닌 해가 불가능함을 쉽게 알 수 있다(연습문제 4 참고). 결국 앞에서 가정한 두 해들은 반드시 동일해야 한다. 이에 의해, 기본 순환마디들의 곱들을 합함으로써 키르히호프 방정식들의 모든 해들을 얻을 수 있다는 점이 증명된다.

이상의 논의를 그림 32의 그래프에 적용하면, 키르히호프 방정식들의 다음과 같은 일반해(독립 변수 E_0, E_2, …, E_{25}로 표현된)들을 얻을 수 있다.

$$
\begin{aligned}
E_1 &= E_0, & E_{14} &= E_0, \\
E_3 &= E_0 - E_2 + E_8, & E_{15} &= E_{17} - E_{21}, \\
E_4 &= E_0 - E_2 + E_8, & E_{16} &= E_{17} - E_{21}, \\
E_6 &= E_0 - E_5 + E_8, & E_{18} &= E_{19}'' + E_{20} - E_{21}, \\
E_7 &= E_0 - E_5 + E_8, & E_{19}' &= E_{19}'', \\
E_9 &= E_0, & E_{22} &= E_{17} + E_{20} - E_{21} \\
E_{10} &= E_0, & E_{23} &= E_{20}, \\
E_{11} &= E_0 + E_{17} - E_{21}, & E_{24} &= E_{17} - E_{21}, \\
E_{12} &= E_0 + E_{13}'', & E_{26} &= E_{25}, \\
E_{13}' &= E_{13}'', & E_{27} &= E_{17} - E_{21} - E_{25}.
\end{aligned}
\tag{6}
$$

이러한 방정식들을 얻기 위해서는 하위트리에 있는 각 변 e_j마다, 순환마디 C_k에 나타나는 e_j에 해당하는 모든 E_k들을 적절한 부호와 함께 나열하기만 하면 된다. 〔따라서 (6)의 계수들의 행렬은 (3)의 계수들의 행렬의 전치행렬일 뿐이다.〕

엄밀히 말해서 C_0은 기본 순환마디라고 할 수 없다. 왜냐하면 특별한 변 e_0을 담고 있기 때문이다. C_0에서 변 e_0을 뺀 것을 시작에서 종료로의 기본 경로(fundamental path)라고 부를 수는 있을 것이다. 경계 조건, 즉 순서도의 시작, 종료 상자들은 정확히 한 번씩만 수행되며, 이는 다음과 같은 관계에 해당한다.

$$E_0 = 1. \tag{7}$$

이렇게 해서 키르히호프 법칙에 대한 모든 해를 얻는 방법을 살펴보았다. 같은 방법을 프로그램 순서도가 아니라 전기 회로에도 적용할 수 있다(키르히호프 자신이 그랬던 것처럼). 이 시점에서 키르히호프 법칙이 프로그램 순서도에 적용할 수 있는 가장 강력한 방정식 집합인지, 아니면 다른 무엇이 또 있을지 생각해 보아야 할 것이다. 하나의 실행이 시작에서 종료로 나아가는 컴퓨터 프로그램이라면 어떤 것이든, 실행 시 각 변을 거치는 횟수들인 E_1, E_2, ..., E_{27} 값들이 나온다. 그리고 그 값들은 키르히호프 법칙을 따른다. 그러나 키르히호프 법칙 방정식들에 대한 해들 중에 컴퓨터 프로그램 실행에 해당하지 않는 것들이 존재할까? (이 질문에서, 주어진 프로그램에 대해 순서도 이외의 무언가를 우리가 알고 있다는 가정은 하지 않는다.) 만일 키르히호프의 조건들을 만족하되 실제 프로그램 실행과는 대응되지 않는 어떤 해들이 존재한다면, 우리는 키르히호프 법칙보다 더 강한 조건들을 제시할 수 있다. 키르히호프 자신은 전기회로의 경우에 대해 한 기본 순환마디 주변에서 떨어지는 전압의 합은 반드시 0이라는 둘째 법칙을 제시했다〔*Ann. Physik und Chemie* **64** (1845), 497-514〕. 이 제2법칙은 우리의 문제에 적용되지 않는다.

만일 E들이 순서도 안에서 시작에서 종료로 가는 어떤 실제 경로에 해당하는 경우, 실제로 그 E들이 반드시 만족하는 명백한 추가적인 조건이 하나 존재한다. 즉, 그것들은 반드시 정수이어야 하며, 더 나아가서 반드시 음이 아닌 정수들이어야 한다. 이것은 자명한 조건은 아닌데, 왜냐하면 임의의 음이 아닌 정수 값들을 독립 변수 E_2, E_5, ..., E_{25}에 우리 마음대로 부여할 수는 없기 때문이다. 예를 들어 $E_2 = 2$이고 $E_8 = 0$이라고 정하면 (6)과 (7)에 의해 $E_3 = -1$이 되어 버린다. (그러면 그림 31의 순서도에서 e_8을 적어도 한 번 취하지 않고 e_2를 두 번 취하는 실행 경로는 존재하지 않게 된다.) 모든 E들이 음이 아닌 정수라는 조건은 충분조건도 아니다. 예를 들어 $E_{19}'' = 1$, $E_2 = E_5 = \cdots = E_{17} = E_{20} = E_{21} = E_{25} = 0$이라는 해를 생각해 보자. e_{15}를 거치지 않고서는 e_{18}에 도달할 수 없다. 앞의 문단에서 제기한 문제에 답이 되는 필요조건이자 충분조건은 이런 것이다: E_2, E_5, ..., E_{25}가 임의의 값들이고, 이들로부터 (6), (7)에 의해 E_1, E_3, ..., E_{27}이 결정된다고 하자. 모든 E들은 음이 아닌 정수라고 가정한다. 그리고 $E_j > 0$인 변 e_j들과 그러한 e_j들에 닿아 있는 정점들로 이루어진 그래프가 연결된 그래프라고 하자. 그러면 그래프에는 각각 정확히 E_j번 운행되는 변 e_j들로 된, 시작에서 종료로 가는 경로가 존재한다. 이 사실은 다음 절에서 증명한다(연습문제 2.3.4.2-24).

이상의 논의를 하나의 정리로 요약한다면 다음과 같다.

정리 K. *그림 31 같은 어떤 순서도에 n개의 상자들(시작과 종료도 포함)과 m개의 화살표가 있을 때, 시작에서 종료로의 그 어떤 경로도 기본 경로를 1회 운행하고 각 기본 순환마디를 고유하게 결정되는 어떠한 횟수만큼 운행한 것과 동치(각 변의 운행 횟수의 관점에서)가 된다는 조건을 만족하는 m − n + 1개의 기본 순환마디들과 시작에서 종료로의 기본 경로 하나를 순서도에서 찾을 수 있다. (기본 경로와 기본 순환마디들에는 변의 화살표에 나타난 방향과 반대 방향으로 운행되는 변들이 포함될 수 있다. 편의상, 그런 변은 −1회 운행된다고 말한다.)*

반대로 말하면, 어떠한 기본 경로와 기본 순환마디들의 운행에서 각 변의 총 운행 횟수가 음이 아니며, 양의 운행 횟수에 해당하는 정점들과 변들이 하나의 연결된 그래프를 형성한다면, 그러한 운행과 동치인 시작에서 종료로의 경로가 적어도 하나 존재한다. ∎

기본 순환마디들은 그림 32에서처럼 하나의 자유 하위트리를 선택함으로써 찾는다. 일반적으로,

선택한 하위트리가 다르면 그로부터 찾은 기본 순환마디들의 집합도 달라진다. 그래프에 $m - n + 1$ 개의 기본 순환마디들이 존재한다는 사실은 정리 A에서 비롯된 것이다. 그림 31에서 32로 수정하고 e_0을 추가한 후에도, 그래서 m과 n 자체가 증가되었다고 해도, $m - n + 1$의 값은 여전히 변하지 않는다. 그러한 사소한 수정들을 완전히 피하는 식으로 그래프 구축 방법을 일반화하는 것도 가능하다 (연습문제 9).

정리 K는 키르히호프 법칙(m개의 미지수 E_1, E_2, ..., E_m이 있는 n개의 방정식들로 이루어진) 이 단 하나의 "중복"을 가진다는 점을 말해준다는 점에서 고무적이다. 즉, n개의 방정식들로 $n - 1$개 의 미지수들을 제거할 수 있는 것이다. 그런데 이상의 논의에 나온 미지 변수들은 순서도의 각 상자의 진입 횟수들이 아니라 각 변의 운행 횟수들이었다. 연습문제 8은 변들이 순서도의 상자들에 대응되는 또 다른 그래프를 구축하는 방법을 보여준다. 그런 경우에는 앞에서 말한 이론으로 해당 변수들 사이의 진정한 중복 개수를 도출할 수 있을 것이다.

ACM Trans. Prog. Languages and Systems **16** (1994), 1319-1360에서 볼Thomas Ball과 래러스James R. Larus는 정리 K를 소프트웨어에 적용해서 고수준 언어로 된 프로그램의 성능을 측정하는 문제에 대해 논의했다.

연습문제

1. [14] 그림 29의 그래프에 있는 B에서 B로의 모든 순환마디들을 나열하라.

2. [M20] 만일 V와 V'가 한 그래프의 정점들이고 V에서 V'로의 경로가 존재하면 V에서 V'로 의 한 단순 경로가 존재함을 증명하라.

3. [15] 그림 32에서 기본 경로 1회 운행 더하기 순환마디 C_2 1회 운행과 동치(정리 K에서의 의미로)인 시작에서 종료로의 경로는 무엇인가?

▶ 4. [M20] G'가 하나의 유한 자유 트리이며 그 변 e_1, ..., e_{n-1}들에 화살표들이 그려져 있다고 하자. 그리고 E_1, ..., E_{n-1}이 G'에서 키르히호프 법칙 (1)을 만족하는 수들이라고 하자. 이 때 $E_1 = \cdots = E_{n-1} = 0$임을 보여라.

5. [20] 식(6)을 이용해서, 그림 31의 상자들에 나오는 수량 A, B, ..., S를 독립 변수 E_2, E_5, ..., E_{25}들로 표현하라.

▶ 6. [M27] n개의 정점 V_1, ..., V_n과 m개의 변 e_1, ..., e_m으로 구성된 그래프가 있다. V_a와 V_b를 잇는 변 e는 정수쌍 (a, b)로 표현된다고 하자. 입력쌍 (a_1, b_1), ..., (a_m, b_m)을 받고 그에 해당하는 변들 중 하나의 자유 트리를 형성하는 변들을 출력하는 알고리즘을 설계하라. 만일 자유 트리의 형성이 불가능하다면 그 사실을 보고해야 한다. 효율적인 알고리즘을 추구할 것.

7. [22] 다음 순서도에 대해, 변 e_1, e_2, e_3, e_4, e_9로 된 자유 하위트리를 이용해서 본문에 나온 그래프 구축을 수행하고, 기본 순환마디들을 나열하라. 그리고 E_1, E_2, E_3, E_4, E_9를 E_5, E_6, E_7, E_8을 이용해서 표현하라.

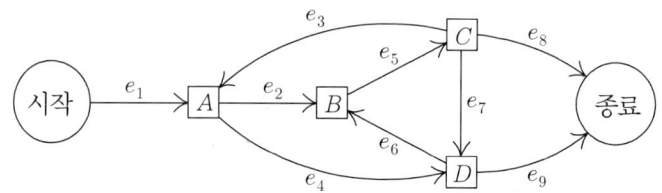

▶ **8.** [*M25*] 일반적으로, 키르히호프 제1법칙을 프로그램 순서도에 적용할 때에는 본문에서 분석한 변 흐름(edge flow)이 아니라 정점 흐름(vertex flow, 순서도의 각 상자가 수행되는 횟수)들에만 신경을 쓴다. 예를 들어 연습문제 7의 그래프에서 정점 흐름들은 $A = E_2 + E_4$, $B = E_5$, $C = E_3 + E_7 + E_8$, $D = E_6 + E_9$이다.

일부 정점들을 한데 묶고 그것들을 하나의 "초정점(supervertex)"으로 취급한다면, 주어진 정점 흐름에 해당하는 변 흐름들을 결합할 수 있다. 예를 들어 연습문제 7의 순서도의 경우 B와 D를 한데 묶는다면 변 e_2와 e_4를 결합할 수 있다. 즉:

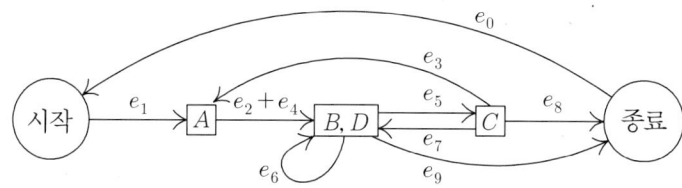

(본문에서 말한 것과 같은 이유로, 종료에서 시작으로의 변 e_0도 추가했다.) $e_3 + e_7$을 결합하고, $(e_3 + e_7) + e_8$을 결합하고, $e_6 + e_9$를 결합하는 등으로 계속 나아가다 보면 원래의 순서도에 있는 각 정점마다 정확히 하나의 변만 존재하는 $s = e_1$, $a = e_2 + e_4$, $b = e_5$, $c = e_3 + e_7 + e_8$, $d = e_6 + e_9$, $t = e_0$인 축약된 순서도(reduced flow chart)가 생긴다.

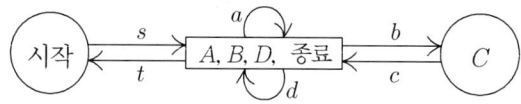

구축 방법에 의해, 이 축약된 순서도에서도 키르히호프 법칙이 성립한다. 새 변 흐름들은 원래의 정점 흐름들이다. 본문에 나온 분석을 이 축약된 순서도에 적용해 보면 원래의 정점 흐름들이 서로 의존함을 알 수 있다.

이러한 축약 과정을 뒤집을 수 있음을, 다시 말해 축약된 순서도에서 키르히호프 법칙을 만족하는 임의의 흐름들의 집합 $\{a, b, \dots\}$를 "분리"시킴으로써 원래의 순서도의 변 흐름들의 집합 $\{e_0, e_1, \dots\}$을 만들어낼 수 있음을 증명하라. 그 흐름 e_j들은 키르히호프 법칙을 만족하며, 그것들을 결합하면 다시 원래의 흐름들 $\{a, b, \dots\}$가 나온다. 그런데 이들에는 값이 음인 것들도 있을 수 있다. (앞에 나온 축약 절차는 오직 하나의 특정한 순서도에만 해당하는 것이었지만, 독자의 증명은 일반적으로 유효한 것이어야 한다.)

9. [*M22*] 그림 31에서 32로 갈 때 변 e_{13}과 e_{19}를 두 부분으로 분할했다. 이는 그래프에서 같은

두 정점을 두 개의 변이 연결할 수는 없기 때문이었다. 그런데 그래프 구축의 최종 결과를 살펴보면, $E'_{13} = E''_{13}$와 $E'_{19} = E''_{19}$가 (6)에 나오는 관계들 중 두 가지이긴 하지만 E''_{13}과 E''_{19} 자체는 독립 변수들 중 두 가지라는 점에서, 이러한 분할은 상당히 작위적인 것 같다. 이러한 인위적인 변 분할을 피할 수 있도록 그래프 구축을 일반화하는 방법을 설명하라.

10. [16] 어떤 전기공학자가 컴퓨터에 쓰일 회로를 설계하는데, 그 회로에서 n개의 단자 T_1, T_2, ..., T_n들이 항상 본질적으로 같은 전압이어야 한다고 하자. 그렇게 하는 한 가지 방법은 그러한 임의의 두 단자 사이에 항상 경로가 존재하도록 충분하게 전선들을 연결하는 것이다. 모든 단자들을 서로 연결하는 데 필요한 최소의 전선 개수가 $n-1$이며, $n-1$개의 전선들은 오직 그것들이 하나의 자유 트리(이 경우 단자는 정점, 전선은 변에 해당)를 형성하는 경우에만 애초에 원했던 연결을 이룰 수 있음을 보여라.

11. [M27] (R. C. Prim, *Bell System Tech. J.* **36** (1957), 1389–1401.) 연습문제 10의 전선 연결 문제에서, 각 $i < j$에 대해 비용 $c(i,j)$를 부여한다고 하자. $c(i,j)$는 단자 T_i와 T_j를 연결하는 비용을 뜻한다. 다음 알고리즘이 최소 비용 연결 트리를 형성함을 보여라: "만일 $n = 1$이면 아무 일도 하지 않는다. 그렇지 않으면 단자들의 번호를 $\{1, ..., n-1\}$로 조정하고 각 해당 비용을 $c(n-1, n) = \min_{1 \le i < n} c(i, n)$으로 조정한다. 그리고 단자 T_{n-1}을 T_n과 연결한다. 그런 후에 $1 \le j < n-1$에 대해 $c(j, n-1)$을 $\min(c(j, n-1), c(j, n))$으로 변경한다. 그리고 그 새로운 비용들을 가지고 $n-1$개의 단자 $T_1, ..., T_{n-1}$에 대해 알고리즘을 반복한다. (이 알고리즘의 반복에서, 이제 T_j와 T_{n-1}이 된(번호 조정에 의해) 단자들을 연결하려고 할 때마다, 만일 이제 T_j, T_n이 된 단자들의 연결이 더 싸다면 실제로는 그 T_j와 T_n을 연결한다는 점을 이해해야 한다. 즉, 알고리즘의 나머지 부분에서는 T_{n-1}과 T_n을 마치 하나의 단자처럼 간주하는 것이다.)" 이 알고리즘을 이렇게 이야기할 수도 있다: "시작 단자를 하나 선택한다. 아직 선택되지 않은 단자들 중 선택된 것과 연결 비용이 가장 싼 것을 선택해서 연결한다. 그런 과정을 모든 단자들이 선택될 때까지 반복한다."

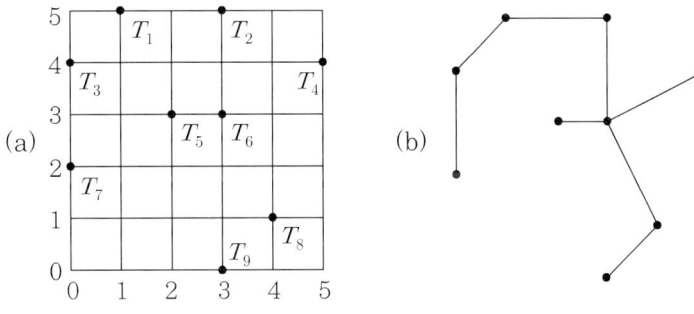

그림 33. 최소 비용 자유 트리. (연습문제 11.)

예를 들어 그림 33(a)을 보자. 격자에 아홉 개의 단자들이 있다. 두 단자 사이의 연결 비용을 전선 길이, 즉 단자들 사이의 거리라고 하자. (위에 제시된 알고리즘 대신 직관에 의거해서 최소 비용 트리를 직접 만들어보는 것도 좋을 것이다.) T_8을 시작으로 해서 알고리즘을 적용한다면, T_8을

T_9에 연결하고, T_6을 T_8에 연결하고, T_5를 T_6에, T_2를 T_6에, T_1을 T_2에, T_3을 T_1에, T_7을 T_3에, 마지막으로 T_4를 T_2나 T_6에 연결한다. 그림 33(b)가 그렇게 해서 얻은 최소 비용 트리이다 (전선 길이는 $7 + 2\sqrt{2} + 2\sqrt{5}$).

▶ **12.** [29] 연습문제 11의 알고리즘은 컴퓨터 구현에 직접 적용하기에는 부적합하다. 컴퓨터 프로그램에서 비교적 효율적으로 수행할 수 있는 방식으로 알고리즘 공정의 필수적인 연산들을 명시함으로써 알고리즘을 다시 공식화하라.

13. [M24] n개의 정점과 m개의 변으로 된 그래프를 연습문제 6과 같은 표기법으로 표현한다고 하자. 만일 그래프가 연결된 그래프이면, 그리고 오직 그럴 때에만 정수 $\{1, 2, ..., n\}$들의 임의의 순열을 자리바꿈(transposition, 전치)들의 곱 $(a_{k_1} b_{k_1})(a_{k_2} b_{k_2}) ... (a_{k_t} b_{k_t})$로 표현하는 것이 가능함을 보여라. (즉, $n-1$개의 자리바꿈들의 집합으로는 n개의 요소들의 모든 순열들을 만들어낼 수 있지만, $n-2$개의 집합으로는 불가능하다.)

2.3.4.2. 유향 트리

앞 절에서는, 만일 변의 화살표 방향을 무시한다면 추상화된 순서도를 하나의 그래프로 간주할 수 있음을 보았다. 그래프 이론의 순환마디, 자유 하위트리 등의 개념들이 순서도 연구에 어떻게 연관되는지도 이야기했다. 그런데 각 변의 방향을 무시하지 않고 의미를 두는 형태의 그래프에 대해서도 살펴볼 필요가 있다. 그런 그래프를 방향이 있는 그래프, 줄여서 "유향 그래프(directed graph, digraph)"라고 부른다.

유향 그래프는 각 호(弧, arc)가 정점 V에서 정점 V'로 가는, 그러한 정점들의 집합과 호들의 집합으로 정의한다. e가 V에서 V'로의 호라고 할 때, V는 e의 시작(start) 정점이고 V'는 종착 (final) 정점이며, 각각 $V = \text{init}(e)$, $V' = \text{fin}(e)$로 표기한다. 유향 그래프에서는 $\text{init}(e) = \text{fin}(e)$인 경우도 가능하다(보통의 그래프의 정의에서는 이런 식으로 연결된 변을 허용하지 않는다). 또한 같은 시작 정점과 종착 정점을 여러 개의 호들이 잇는 것도 허용된다. 정점 V에서 시작된 호들의 개수, 즉 $\text{init}(e) = V$인 호들의 개수를 그 정점의 외차수(out-degree)라고 부르고, 정점 V에 도착하는 호들의 개수, 즉 $\text{fin}(e) = V$인 호들의 개수를 그 정점의 내차수(in-degree)라고 부른다.

유향 그래프에서 경로와 순환마디의 정의는 보통의 그래프에서의 해당 정의들과 비슷하나, 보통의 그래프에는 없는 몇 가지 중요한 기술적 문제들을 고려해야 한다. 호들이 $e_1, e_2, ..., e_n$일 때 ($n \geq 1$), 만일 $V = \text{init}(e_1)$, $V' = \text{fin}(e_n)$이며 $1 \leq k < n$에 대해 $\text{fin}(e_k) = \text{init}(e_{k+1})$이면 그러한 $(e_1, e_2, ..., e_n)$을 V에서 V'로의 길이가 n인 유향 경로(oriented path)라고 부른다. 그리고 $(e_1, e_2, ..., e_n)$이 하나의 유향 경로일 때, 만일 $\text{init}(e_1), ..., \text{init}(e_n)$들이 서로 다르며 $\text{fin}(e_1), ..., \text{fin}(e_n)$들이 서로 다르면 그 유향 경로를 단순 유향 경로라고 칭한다. 유향 순환마디는 자기 자신으로 돌아오는 단순 유향 경로이다. (유향 순환마디의 길이가 1이나 2일 수도 있지만, 2.3.4.1절의 정의에 따라, 그런 짧은 순환마디들은 순환마디로 치지 않는다. 그런 것들을 순환마디에서 제외시키는 게 바람직한 이유를 짐작해 보시길.)

이러한 직접적인 정의들의 한 예로, 2.3.4.1절의 그림 31을 생각해 보자. 그림에서 "J"라는 이름이 붙은 상자는 내차수가 2이고(호 e_{16}과 e_{21} 때문) 외차수가 1인 정점이다. 순차열 $(e_{17}, e_{19}, e_{18}, e_{22})$는 J에서 P로의 길이 4 유향 경로이다. 이 경로는 단순 경로가 아닌데, 왜냐하면 예를 들어 $\text{init}(e_{19}) = L = \text{init}(e_{22})$이기 때문이다. 그림 31에 길이가 1인 유향 순환마디는 없으며, 길이가 2인 것은 하나 있다. (e_{18}, e_{19})이다.

유향 그래프에서 서로 다른 모든 두 정점 $V \neq V'$에 대해 V에서 V'로의 유향 경로가 하나 존재할 때, 그런 유향 그래프를 강하게 연결된(strongly connected) 유향 그래프라고 부른다. 모든 $V \neq R$에 대해 V에서 R로의 유향 경로가 존재할 때 그런 정점 R을 루트라고 부르며, 루트가 적어도 하나 있는 그래프를 루트 있는(rooted) 유향 그래프라고 부른다. "강하게 연결된" 유향 그래프는 항상 "루트 있는" 유향 그래프이나, 그 역이 항상 참은 아니다. 2.3.4.1절의 그림 31은 루트 있는 유향 그래프이다. 그림의 "종료" 정점이 바로 루트 R이다. 그리고 종료 정점에서 시작 정점을 잇는 호를 추가하면(그림 32) 강하게 연결된 유향 그래프가 된다.

방향을 무시하고 중첩된 변들이나 고리들을 폐기한다면, 모든 유향 그래프 G는 한 가지 명백한 방식으로 보통의 그래프 G_0에 대응된다. 공식화해서 말하자면, 오직 $V \neq V'$이며 G에 V에서 V'로의 또는 V'에서 V로의 호가 있을 때에만 G_0은 V와 V'를 잇는 변을 가진다. 유향 그래프 G에 대해서도 (유향이 아닌) 경로와 순환마디라는 개념이 가능하다(그것들이 G_0의 경로와 순환마디들에 대응된다는 점에 주목한다면). 만일 G_0이 연결된 그래프이면 G도 연결되었다(connected)고 칭할 수 있다. 이것은 "강하게 연결된"이라는 성질보다 훨씬 약한 성질이며, "루트 있는" 성질보다도 약하다.

일부 저자들이 "루트 있는 트리(rooted tree)라고도 부르는 유향 트리(oriented tree)는 다음 성질들을 만족하는 하나의 특정한 정점 R을 가진 유향 그래프이다(그림 34).

a) 각 정점 $V \neq R$이 정확히 하나의 호($e[V]$로 표기)의 시작 정점이다.

b) R은 어떠한 호의 시작 정점도 아니다.

c) R은 앞에서 정의된 의미(즉, 각 정점 $V \neq R$에 대해 V에서 R로의 유향 경로가 존재)에서 하나의 루트이다.

이로부터, R이 아닌 각 정점 V에 대해 V에서 R로의 고유한 유향 경로가 존재하며, 따라서 유향 순환마디가 존재하지 않음이 도출된다.

정점의 개수가 유한하다고 할 때, 2.3절 초반부에서 말한 "유향 트리"의 정의가 위에 나온 새로운 정의와 호환됨은 쉽게 알 수

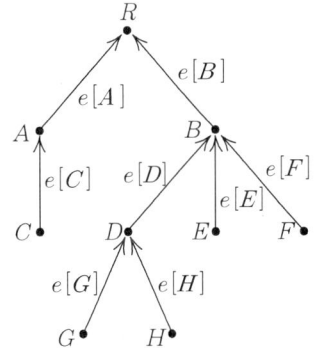

그림 34. 유향 트리.

있다. 지금의 정의의 정점들은 2.3절의 정의에서 말한 노드들에 해당하며, 호 $e[V]$는 V에서 $\text{PARENT}[V]$로의 링크에 해당한다.

유향 트리에 대응되는 (비유향) 그래프는 성질 (c)에 의해 연결된 그래프이다. 더 나아가서 그러

한 비유향 그래프에는 순환마디가 없다. 왜냐하면, 만일 $(V_0, V_1, ..., V_n)$이 비유향 순환마디이고 $(n \geq 3)$ V_0과 V_1 사이의 변이 $e[V_1]$이라고 하면, V_1과 V_2 사이의 변은 반드시 $e[V_2]$이어야 하며, 마찬가지 논리로 $1 \leq k \leq n$에 대해 V_{k-1}과 V_k 사이의 변은 반드시 $e[V_k]$이어야 하는데, 이는 유향 순환마디가 없다는 전제에 위배되기 때문이다. 만일 V_0과 V_1 사이의 변이 $e[V_1]$이 아니면 그 변은 반드시 $e[V_0]$이어야 하며, 마찬가지의 논리를 순환마디

$$(V_1, V_0, V_{n-1}, ..., V_1)$$

에 대해서도 적용할 수 있다($V_n = V_0$이므로). 따라서 *호들의 방향을 무시할 때, 하나의 유향 트리는 하나의 자유 트리이다.*

　이상의 절차를 다음처럼 뒤집는 것도 가능하다는 점을 주목할 필요가 있다. 비지 않은 임의의 자유 트리(그림 30 같은)로 시작해서, 임의의 정점을 루트 R로 택하고, 그 변들에 방향을 배정한다. 직관적으로 비유하자면, 정점 R을 손으로 잡고 그래프를 집어 올려서 흔들고, 그런 다음 위쪽을 가리키는 화살표들을 배정하는 것이다. 이를 공식화하면:

　　오직 V에서 R로의 단순 경로가 V'를 거치는 경우에만, 즉 그 경로가 $(V_0, V_1, ..., V_n)$ 형태 (여기서 $n > 0$, $V_0 = V$, $V_1 = V'$, $V_n = R$)일 때에만, 변 $V — V'$를 V에서 V'로의 호로 바꾼다.

이러한 구축 방법이 유효함을 검증하기 위해서는 각 변 $V — V'$에 방향 $V \leftarrow V'$ 또는 $V \rightarrow V'$가 배정되는지를 증명해야 한다. 만일 $(V, V_1, ..., R)$과 $(V', V_1', ..., R)$이 단순 경로들이면 $V = V_1'$이나 $V_1 = V'$인 경우가 아닌 한 하나의 순환마디가 존재한다는 점을 생각하면 이는 쉽게 증명이 된다. 이러한 구축 방법은 어떤 정점이 루트인지만 알면 유향 트리의 호들의 방향을 완전하게 결정할 수 있음을 보여준다. 따라서 유향 트리 그림에 루트가 명시적으로 지정되어 있다면 호들의 방향은 굳이 명시할 필요가 없다.

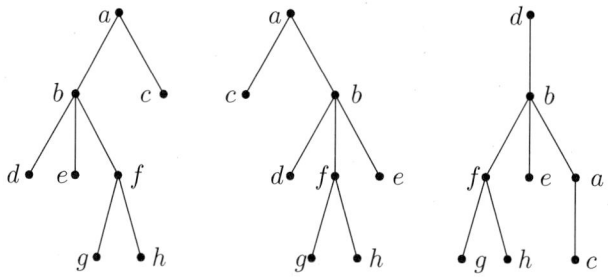

그림 35. 세 트리 구조들.

　지금까지 세 가지 종류의 트리 구조들을 살펴보았다. 하나는 컴퓨터 프로그램에서 제일 중요하게 치는, 2.3절 시작 부분에서 정의했던 (순서) 트리이고, 또 하나는 유향 트리(또는 비순서트리), 또 하나는 자유 트리이다. 유향 트리와 자유 트리도 컴퓨터 알고리즘 연구에서 나타나긴 하지만, 순서트리만큼 자주 나오지는 않는다. 이제 이 세 트리들의 관계를 살펴보자. *이 세 가지 트리 구조 종류*

사이의 본질적인 차이는 해당 종류에서 중요하다고 간주되는 정보의 양뿐이다. 예를 들어 그림 35를 보자. 세 트리를 최상위 노드가 루트인 순서트리라고 간주한다면, 셋은 서로 다른 트리들이다. 유향 트리들이라고 생각하면 첫 번째와 두 번째는 동일하다. 하위트리들의 왼쪽에서 오른쪽으로의 순서가 중요하지 않기 때문이다. 그리고 자유 트리로 본다면 셋 다 동일하다. 자유 트리에서는 루트가 중요하지 않기 때문이다.

어떤 유향 그래프에서 모든 호가 정확히 한 번씩만 나타나며, 그 유향 그래프의 유향 경로 $(e_1, e_2, ..., e_m)$에서 $\text{fin}(e_m) = \text{init}(e_1)$일 때, 그러한 유향 경로를 오일러 경로(Eulerian trail)라고 부른다. 이것은 유향 그래프의 호들에 대한 "완전한 운행"에 해당한다. (오일러 경로라는 이름은 일요일 산책 동안 쾨니히스베르크(Königsberg) 시의 일곱 다리를 각각 한 번씩만 건너는 게 불가능하다는 것에 대한 1736년의 오일러의 논의에서 비롯된 것이다. 거기서 그는 비유향 그래프에 대한 이와 비슷한 문제를 다루었다. 오일러 경로를 "해밀턴 순환"(Hamiltonian cycles)과 혼동하면 안 된다. 해밀턴 순환은 각 정점을 정확히 한 번씩 거치는 유향 순환마디이다. 7장을 볼 것.)

유향 그래프의 모든 정점들에서 그 내차수와 외차수가 같을 때, 즉 모든 정점 V에 대해 그 정점이 시작 정점인 변들의 개수와 그 정점이 종착 정점인 변들의 개수가 같을 때, 그런 유향 그래프를 균형 잡힌(balanced, 줄여서 균형) 유향 그래프라고 칭한다. 이러한 조건은 키르히호프 법칙과 밀접히 관련된다(연습문제 24 참고). 유향 그래프에 하나의 오일러 경로가 존재하면 그 유향 그래프는 반드시 연결된 유향 그래프이자 균형 유향 그래프이다. 단, 유향 그래프에 고립 정점(isolated vertex), 즉 내차수와 외차수 모두 0인 정점이 없어야 한다.

이번 절에서 지금까지 상당히 많은 정의들을 살펴보았다(유향 그래프, 호, 시작 정점, 종착 정점, 외차수, 내차수, 유향 경로, 단순 유향 경로, 유향 순환마디, 유향 트리, 오일러 경로, 고립 정점, 그리고 강하게 연결된, 루트 있는, 균형 잡힌 같은 성질들). 그런데 그런 개념들을 연결하는 중요한 결과들은 그리 많지 않다. 이제부터는 이번 절의 핵심이라고 할 수 있는, 그런 개념들을 연결하는 중요한 결과 몇 가지를 살펴보겠다. 처음으로 살펴볼 것은 굿I. J. Good [*J. London Math. Soc.* **21** (1947), 167-169]에서 기인한 한 정리이다. 그는 명백히 불가능한 경우를 제외할 때 유향 그래프에서 오일러 경로가 항상 가능함을 보였다. 그의 정리는 다음과 같다.

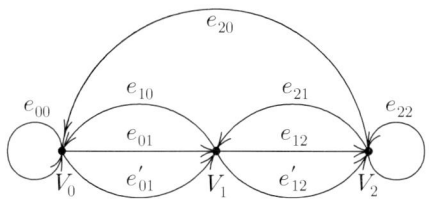

그림 36. 균형 유향 그래프.

정리 G. *유한한, 고립 정점이 없는 유향 그래프는 오직 연결되고 균형 잡힌 경우에만 오일러 경로를 가진다.*

증명. G가 균형 유향 그래프라고 하고,

$$P = (e_1, ..., e_m)$$

이 어떠한 호도 두 번 사용하지 않는, 가능한 가장 긴 길이의 유향 경로라고 하자. $V = \mathrm{fin}(e_m)$이면, 그리고 만일 k가 V의 외차수이면, $\mathrm{init}(e) = V$인 k개의 호 e들 모두는 반드시 P 안에 이미 나타나 있다. 만일 그렇지 않으면 e를 추가해서 더 긴 경로를 만들 수 있었을 것이다. 그러나 만일 $\mathrm{init}(e_j) = V$이고 $j > 1$이면 $\mathrm{fin}(e_{j-1}) = V$이다. 따라서 G는 균형 잡힌 유향 그래프이므로, 반드시

$$\mathrm{init}(e_1) = V = \mathrm{fin}(e_m)$$

이다. 그렇지 않으면 V의 내차수는 적어도 $k+1$이었을 것이다.

이제, P의 순환 순열치환에 의해, 그 경로에 없는 임의의 호 e는 그 경로에 있는 임의의 호와 어떠한 시작 경로나 종착 경로도 공유하지 않음이 명백하다. 따라서 만일 P가 오일러 경로가 아니라면 G는 연결된 것이 아니다. ∎

오일러 경로와 유향 트리 사이에는 다음과 같은 중요한 관계가 있다.

보조정리 E. $(e_1, ..., e_m)$ 이 고립 정점이 없는 유향 그래프 G의 한 오일러 경로라고 하자. $R = \mathrm{fin}(e_m) = \mathrm{init}(e_1)$ 이라고 하자. 각각의 정점 $V \neq R$에 대해 $e[V]$가 그 오일러 경로의 V에서 마지막으로 나가는 호라고 하자. 즉,

$$e[V] = e_j, \text{ 만일 } j < k \leq m \text{ 에 대해 } \mathrm{init}(e_j) = V \text{이고 } \mathrm{init}(e_k) \neq V \text{이면} \qquad (1)$$

그러면 호 $e[V]$들을 가진 G의 정점들은 루트가 R인 하나의 유향 트리를 형성한다.

증명. 유향 트리 정의의 성질 (a)와 (b)는 명백히 만족된다. 연습문제 7을 풀었다고 할 때, $e[V]$ 사이에 어떠한 유향 순환마디도 없다는 점만 보이면 된다. 그런데 이는, 만일 $\mathrm{fin}(e[V]) = V' = \mathrm{init}(e[V'])$이면(여기서 $e[V] = e_j$, $e[V'] = e_{j'}$) $j < j'$이라는 점에서 즉시 증명된다. ∎

관점을 조금 바꿔서 각 정점의 "최초 진입"들을 고려한다면 이 정리를 이해가기가 더 쉬울 것이다. 즉, 최초 진입점들은 모든 호들이 R에서 멀어지는 방향을 가리키는 하나의 비순서트리를 형성한다는 것이다. 보조정리 E에는 판아르데너-에렌페스트T. van Aardenne-Ehrenfest와 더브라윈N. G. de Bruijn 이 증명한 〔*Simon Stevin* **28** (1951), 203-217〕, 놀랍고도 중요한 역(전환 정리)이 있다. 다음과 같다.

정리 D. G가 유한 균형 유향 트리라고 하자. 그리고 G'가 G의 정점들에 G의 일부 호들을 더해서 만든 유향 트리라고 하자. R이 G'의 루트이고 $e[V]$가 시작 정점이 V인 G'의 호라고 하자. e_1이 $\mathrm{init}(e_1) = R$인 G의 임의의 호라고 하자. 그리고 $P = (e_1, e_2, ..., e_m)$이 다음을 만족하는 유향 경로라고 하자.

i) 어떠한 호도 많아야 한 번만 쓰인다. 즉, $j \neq k$일 때 $e_j \neq e_k$이다.

ii) $e[V]$는 규칙 (i)을 만족할 수 있는 유일한 선택이 아닌 한 P에 쓰이지 않는다. 즉, 만일 $e_j = e[V]$이고 e가 $\mathrm{init}(e) = V$인 호이면, 어떠한 $k \leq j$에 대해 $e = e_k$이다.

iii) P는 규칙 (i)을 계속 유지할 수 없는 경우에만 끝난다. 즉, 만일 $\mathrm{init}(e) = \mathrm{fin}(e_m)$이면 어떠한 k에 대해 $e = e_k$이다.

그렇다면 P는 하나의 오일러 경로이다.

증명. (iii)과 정리 G의 증명에 있는 논증에 의해 반드시 $\mathrm{fin}(e_m) = \mathrm{init}(e_1) = R$이다. 이제 e가 P에 나타나지 않은 호이고 $V = \mathrm{fin}(e)$라고 하자. G는 균형이므로 V는 P에 없는 어떤 호의 초기 정점이다. 그리고 $V \neq R$이면 조건 (ii)에 의해 $e[V]$는 P에 없는 것이 분명하다. $e = e[V]$로 같은 논증을 적용하면 궁극적으로는 R이 경로 P에 없는 어떠한 호의 초기 정점임을 알게 되는데, 그것은 (iii)과 모순된다. ∎

정리 D에서 중요한 것은 균형 유향 그래프의 어떤 유향 하위트리가 주어졌을 때 그 균형 유향 그래프 안에서 오일러 경로를 구축하는 간단한 방법을 알 수 있다는 점이다. 사실 정리 D를 이용해서 한 유향 그래프 안의 오일러 경로들의 정확한 개수를 얻는 것도 가능하다. 아래의 연습문제들에는 이 결과와 이번 절에서 살펴본 여러 개념들의 다른 여러 중요한 결과들이 나타난다.

연습문제

1. [M20] 만일 V와 V'가 한 유향 트리의 정점들이며 V에서 V'로의 한 유향 경로가 존재한다면 V에서 V'로의 단순 유향 경로가 존재함을 증명하라.

2. [15] 2.3.4.1절의 (3)에 나열된 "기본 순환마디" 열 개 중에서, 그 절에 나온 유향 그래프(그림 32)의 유향 순환마디들에 해당하는 것들은 무엇인가?

3. [16] 연결되었으나 루트는 없는 유향 그래프를 하나 그려보아라.

▶ 4. [M20] 임의의 유한 유향 그래프 G에 대한 위상정렬 개념을, G의 모든 호 e들에 대해 $\mathrm{init}(e)$가 $\mathrm{fin}(e)$보다 앞서는 순서관계가 되도록 정점 $V_1 V_2 \ldots V_n$을 선형적으로 배치하는 것으로 정의할 수 있다. (2.2.3절의 그림 6과 7을 볼 것.) 그런데 모든 유한 유향 그래프를 그런 식으로 위상정렬할 수 있는 것은 아니다. 위상정렬이 가능한 것은 어떤 것인가? (이번 절에서 사용한 용어들을 이용해서 답할 것.)

5. [M16] G가 $\mathrm{fin}(e_n) = \mathrm{init}(e_1)$인 한 유향 경로 $(e_1, \ldots, e_n)$을 담은 유향 그래프라고 하자. G가 유향 트리가 아님을 증명하라. (이번 절에서 정의한 용어들을 사용할 것.)

6. [M21] 참 또는 거짓을 말하라: 루트 있는, 그리고 순환마디와 유향 순환마디가 없는 유향 그래프는 유향 트리이다.

▶ 7. [M22] 참 또는 거짓을 말하라: 유향 트리 정의의 성질 (a)와 (b)를 만족하며 유향 순환마디가 없는 유향 그래프는 유향 트리이다.

8. [HM40] 유향 트리의 자기동형군(自己同形群, automorphism groups), 즉 $\text{init}(e\pi) = \text{init}(e)\pi$ 이고 $\text{fin}(e\pi) = \text{fin}(e)\pi$인 정점들과 호들의 모든 순열 π들로 구성된 군들의 성질들을 조사하라.

9. [18] 426쪽의 그림 30에 나온 자유 트리의 변들에 방향을 부여해서, 그 자유 트리에 대응되는 유향 트리를 그려라. G를 루트로 사용할 것.

10. [22] 정점이 $V_1, ..., V_n$인 한 유향 트리를, 표 $P[1], ..., P[n]$을 다음과 같이 사용해서 컴퓨터 안에서 표현한다: V_j가 루트이면 $P[j] = 0$이다. 그렇지 않으면, 만일 호 $e[V_j]$가 V_j에서 V_k로 간다면 $P[j] = k$이다. (따라서 $P[1], ..., P[n]$은 알고리즘 2.3.3E에 쓰인 "부모" 표와 같다.)

본문에서는 임의의 정점을 루트로 택해서 자유 트리를 유향 트리로 바꾸는 방법을 보았다. 반대로, 루트가 R인 유향 트리를 호들의 방향을 무시함으로써 자유 트리로 바꾸고, 그런 자유 트리에 새로운 방향들을 부여함으로써 최종적으로 임의의 원하는 정점을 루트로 하는 유향 트리를 얻는 것이 가능하다. 이러한 변환을 수행하는 알고리즘을 설계하라. 즉, 하나의 유향 트리를 나타내는 표 $P[1], ..., P[n]$으로 시작하며 $1 \le j \le n$인 한 정수 j가 주어졌을 때, 표 P를 원래의 트리와 같으나 루트가 V_j인 자유 트리를 나타내도록 변환하는 알고리즘을 설계하라.

▶ 11. [28] 연습문제 2.3.4.1-6의 가정들을 사용하되, (a_k, b_k)가 V_{a_k}에서 V_{b_k}로의 호를 나타낸다고 하자. 그 연습문제의 알고리즘처럼 자유 하위트리를 출력할 뿐만 아니라 기본 순환마디들도 출력하는 알고리즘을 설계하라. [힌트: 연습문제 2.3.4.1-6의 해답에 나오는 알고리즘을 연습문제 10의 알고리즘과 결합할 수도 있다.]

12. [M10] 이번 절에서 정의한 유향 트리와 2.3절 시작 부분에서 정의했던 유향 트리 사이의 대응 관계에서, 한 트리 노드의 차수는 그에 해당하는 정점의 내차수와 같은가 아니면 외차수와 같은가?

▶ 13. [M24] 만일 R이 (무한일 수도 있는) 유향 그래프 G의 루트이면, G에는 G와 같은 정점들을 가지며 루트가 R인 하나의 유향 하위트리가 담겨 있음을 증명하라. (그러한 사실의 한 결과로, 2.3.4.1절의 그림 32 같은 순서도에서 실제로 하나의 유향 하위트리가 되는 자유 하위트리를 선택하는 것이 항상 가능하다. 그림 32의 경우라면 $e'_{13}, e'_{19}, e_{23}, e_{15}$ 대신 $e''_{13}, e''_{19}, e_{20}, e_{17}$을 선택하면 된다.)

14. [21] G가 그림 36에 나온 균형 유향 그래프이고, G'가 정점들이 V_0, V_1, V_2이며 호들이 e_{01}, e_{21}인 유향 하위트리라고 하자. 정리 D의 조건들을 만족하는, 호 e_{12}로 시작하는 모든 경로 P들을 찾아라.

15. [M20] 참 또는 거짓을 말하라: 연결된 그리고 균형 잡힌 유향 그래프는 강하게 연결된 유향 그래프이다.

▶ 16. [M24] 보통의 놀이용 카드 52장을 한 벌로 하는 "시계(clock)"라는 한 유명한 솔리테어 게임이 있다. 카드들을 네 장씩 엎어서 더미 13개를 만든다. 그 중 12개를 시계의 열두 눈금들처럼 둥그렇게 배치하고, 열세 번째 더미는 그 중앙에 놓는다. 가운데 더미의 최상위 카드를 펼치고, 만일 그 카드의 값이 k이면 k번째 더미 옆에 놓는다. (k값 1, 2, ..., 13은 카드의 A, 2, ..., 10, J, Q, K에 해당한다.)

이제 그 k번째 더미의 최상위 카드를 펼쳐서 그에 해당하는 더미 옆에 놓고, 그 더미의 최상위 카드를 펼친다. 이런 식으로 펼치고 놓는 과정을 반복하다가 더 이상 펼칠 카드가 없으면 중단한다. (이러한 모든 과정은 규칙에 따라 일어나므로, 사실 플레이어가 뭔가를 결정할 일은 없다.) 중단했을 때 모든 카드들이 펼쳐졌다면 플레이어가 이긴 것이다. 〔참조: E. D. Cheney, *Patience* (Boston: Lee & Shepard, 1870), 62–65; M. Whitmore Jones, *Games of Patience* (London: L. Upcott Gill, 1900), 7장에 따르면 영국에서는 이 게임을 "여행자의 인내(Traveller's Patience)"라고 부른다고 한다.〕

오직 다음에 설명하는 유향 그래프가 유향 트리일 때에만 플레이어가 이 게임에서 이길 수 있음을 보여라: 유향 그래프의 정점들은 $V_1, V_2, ..., V_{13}$이며, 호들은 $e_1, e_2, ..., e_{12}$이다. 호 e_j는 더미를 나눈 후에 j번째 더미의 최하위 카드를 k라 할 때 V_j에서 V_k로 가는 호이다.

(특히, 만일 j번째 더미의 최하위 카드가 "j"이면(단 $j \neq 13$) 게임은 확실히 패배로 끝난다. 왜냐하면 그 카드는 결코 펼칠 수 없기 때문이다. 이 연습문제에서 증명하는 사실을 이용하면 시계 게임을 훨씬 더 빠르게 수행할 수 있다.)

17. 〔M32〕 카드들을 무작위로 섞는다고 했을 때, 연습문제 16에서 설명한 시계 솔리테어 게임을 이길 확률은 얼마인가? 게임이 끝났을 때 정확히 k장의 카드들이 여전히 엎어져 있을 확률은 얼마인가?

18. 〔M30〕 G가 $n+1$개의 정점 $V_0, V_1, ..., V_n$과 m개의 변 $e_1, ..., e_m$으로 이루어진 그래프라고 하자. 이제 각 변에 임의의 방향을 부여함으로써 G를 하나의 유향 그래프로 바꾼다. 그런 다음, 다음을 이용해서 $m \times (n+1)$ 행렬 A를 만든다.

$$a_{ij} = \begin{cases} +1, & \text{만일 } \operatorname{init}(e_i) = V_j \text{이면}; \\ -1, & \text{만일 } \operatorname{fin}(e_i) = V_j \text{이면}; \\ 0, & \text{그외의 경우}. \end{cases}$$

행렬 A에서 열 0을 제거한 $m \times n$ 행렬을 A_0이라고 하자.

a) $m = n$일 때, A_0의 행렬식은 만일 G가 자유 트리가 아니면 0이고, G가 자유 트리이면 ± 1과 같음을 보여라.

b) 일반적인 m에 대해 $A_0^T A_0$의 행렬식이 G의 자유 하위트리 개수(말하자면, m개의 변들에서 n개의 변들을 삭제하되, 삭제한 후에도 그래프가 여전히 자유 트리인 n개의 변들을 선택하는 방법의 수)임을 보여라. 〔힌트: (a)와 연습문제 1.2.3–46의 결과를 이용할 것.〕

19. 〔M31〕 (행렬 트리 정리.) G가 $n+1$개의 정점 $V_0, V_1, ..., V_n$으로 된 유향 그래프라고 하자. A가 그 성분들이 다음과 같은 $(n+1) \times (n+1)$ 행렬이라고 하자.

$$a_{ij} = \begin{cases} -k, & \text{만일 } i \neq j \text{이고 } V_i \text{에서 } V_j \text{로의 호가 } k \text{개이면}; \\ t, & \text{만일 } i = j \text{이고 } V_j \text{에서 다른 정점들로의 호가 } t \text{개이면}. \end{cases}$$

(따라서 $0 \leq i \leq n$에 대해 $a_{i0} + a_{i1} + \cdots + a_{in} = 0$이다.) A_0이 A에서 행 0과 열 0을 제거한 행렬이라고 하자. 예를 들어, 만일 G가 그림 36의 유향 그래프라면

$$A = \begin{pmatrix} 2 & -2 & 0 \\ -1 & 3 & -2 \\ -1 & -1 & 2 \end{pmatrix}, \quad A_0 = \begin{pmatrix} 3 & -2 \\ -1 & 2 \end{pmatrix}$$

이다.

a) 만일 $a_{00} = 0$이고 $1 \leq j \leq n$에 대해 $a_{jj} = 1$이면, 그리고 만일 G에 한 정점에서 시작해서 그 정점 자신으로 오는 호가 하나도 없다면, $\det A_0 = [G$가 루트가 V_0인 유향 트리$]$임을 보여라.

b) 일반적으로, $\det A_0$은 G의 V_0을 루트로 하는 유향 하위트리 개수(말하자면, G에서 n개의 호들을 선택하되, 선택된 호들이 V_0을 루트로 하는 유향 트리에 해당하는 유향 그래프가 되도록 선택하는 방법의 수)임을 보여라. 〔힌트: 호 개수에 대해 귀납법을 사용할 것.〕

20. 〔M21〕 G가 $n+1$ 정점 V_0, ..., V_n으로 된 비유향 그래프이며, B는 $n \times n$ 행렬이되 그 성분들이 $1 \leq i, j \leq n$에 대해 다음과 같다고 하자.

$$b_{ij} = \begin{cases} t, & \text{만일 } i = j \text{이고 } V_j \text{에 닿은 변이 } t \text{개이면}; \\ -1, & \text{만일 } i \neq j \text{이고 } V_i \text{가 } V_j \text{에 인접한 정점이면}; \\ 0, & \text{그 외의 경우.} \end{cases}$$

예를 들어 G가 426쪽의 그림 29에 나온 그래프이고 $(V_0, V_1, V_2, V_3, V_4) = (A, B, C, D, E)$라고 할 때, 행렬 B는 다음과 같다.

$$B = \begin{pmatrix} 3 & 0 & -1 & -1 \\ 0 & 2 & -1 & 0 \\ -1 & -1 & 3 & -1 \\ -1 & 0 & -1 & 2 \end{pmatrix}$$

G의 자유 하위트리 개수가 $\det B$임을 보여라. 〔힌트: 연습문제 18과 19를 활용할 것.〕

21. 〔HM38〕 (판아르데너T. van Aardenne-Ehrenfest, 더브라윈N. G. de Bruijn.) 그림 36은 하나의 유향 그래프가 균형 유향 그래프일 뿐만 아니라 정규(regular) 유향 그래프이기도 한 예이다. 여기서 정규라 는 것은 모든 정점의 내차수, 외차수가 다른 모든 정점들과 같다는 뜻이다. G가 n개의 정점 $V_0, V_1, ..., V_{n-1}$로 된 정규 유향 그래프이며 모든 정점의 내차수, 외차수가 m이라고 하자. (따라서 전체적으로 mn개의 호들이 있다.) G^*가 G의 호들에 해당하는 mn개의 정점들로 된 유향 그래프라 고 하자. G의 V_j에서 V_k로 가는 호에 해당하는 G^*의 정점을 V_{jk}라고 표기하기로 한다. G^*에서 하나의 호는 오직 $k = j'$일 때에만 V_{jk}에서 $V_{j'k'}$로 간다. 예를 들어 G가 그림 36의 유향 그래프라고 할 때, 그에 해당하는 G^*는 그림 37이다. G의 오일러 경로는 G^*에서는 해밀턴 순환이 되며, 그 역도 마찬가지이다.

   G^*의 유향 하위트리 개수가 $m^{(m-1)n}$ 곱하기 G의 유향 하위트리 개수임을 증명하라. 〔힌트: 연습문제 19를 활용할 것.〕

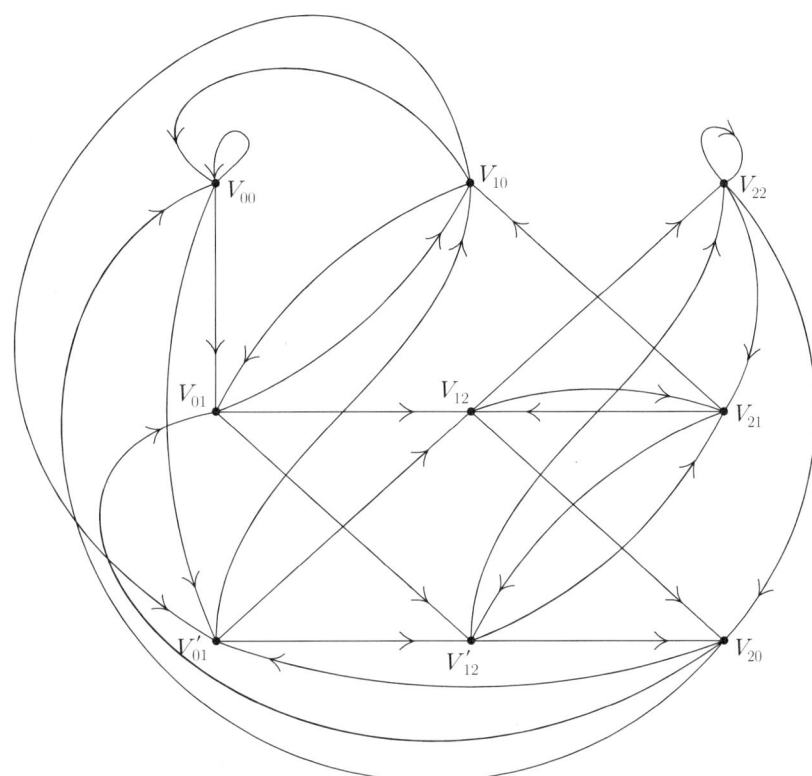

그림 37. 그림 36에 해당하는 호 유향 그래프. (연습문제 21.)

▶ **22.** [M26] G가 $V_1, V_2, ..., V_n$이고 고립 정점이 없는 균형 유향 그래프라고 하자. 그리고 V_j의 외차수를 σ_j로 표기한다고 하자. G의 오일러 경로 개수가

$$(\sigma_1 + \sigma_2 + \cdots + \sigma_n) \; T \prod_{j=1}^{n} (\sigma_j - 1)!$$

임을 보여라. 여기서 T는 G의 루트가 V_1인 유향 하위트리 개수이다. [참고: 만일 오일러 경로 $(e_1, ..., e_m)$이 $(e_k, ..., e_m, e_1, ..., e_{k-1})$과 같다고 간주한다면 G의 호들의 개수에 해당하는 계수 $(\sigma_1 + \cdots + \sigma_n)$은 생략할 수 있다.]

▶ **23.** [M33] (더브라윈) m보다 작은 음이 아닌 정수들의 수열 $x_1, ..., x_k$ 각각에 대해 $f(x_1, ..., x_k)$가 m보다 작은 음이 아닌 한 정수라고 하자. $X_1 = X_2 = \cdots = X_k = 0$이며 $n \geq 0$일 때 $X_{n+k+1} = f(X_{n+k}, ..., X_{n+1})$인 무한수열을 하나 정의한다. 이 수열에 대해 가능한 함수 f들의 개수는 m^{m^k}이다. 그 중에서, 이 무한수열이 최대 길이 m^k의 주기(period)로 반복되는 f들은 몇 개인가? [힌트: 모든 $0 \leq x_j < m$에 대한 정점 $(x_1, ..., x_{k-1})$들과 $(x_1, x_2, ..., x_{k-1})$에서 $(x_2, ..., x_{k-1}, x_k)$로의 호들로 된 하나의 유향 그래프를 구축하고, 연습문제 21과 22를 적용해 볼 것.]

▶ **24.** [M20] G가 호들이 $e_0, e_1, ..., e_m$인 연결된 유향 그래프라고 하자. $E_0, E_1, ..., E_m$이 G에 대해 키르히호프 법칙을 만족하는 양의 정수들의 집합이라고 하자. 즉, 각 정점 V에 대해

$$\sum_{\text{init}(e_j)\,=\,V} E_j = \sum_{\text{fin}(e_j)\,=\,V} E_j$$

이다. 또한 $E_0 = 1$이라고 가정한다. 이 때, $\text{fin}(e_0)$에서 $\text{init}(e_0)$로 가는, 그리고 $1 \le j \le m$에 대해 변 e_j가 정확히 E_j번 나타나되 변 e_0은 나타나지 않는 하나의 유향 경로가 G에 존재함을 증명하라. 〔힌트: 정리 G를 적당한 유향 그래프에 적용해 볼 것.〕

25. 〔26〕 트리의 오른쪽 스레드식 이진트리를 일반화하는, 유향 그래프에 대한 컴퓨터 표현을 고안하라. 두 링크 필드 ALINK와 BLINK, 그리고 두 1비트 필드 ATAG와 BTAG를 사용할 것. 그리고 다음 세 조건을 만족하는 표현을 고안하라: (i) 유향 그래프의 각 호마다(각 정점이 아니라) 하나의 노드가 있다. (ii) 만일 유향 그래프가 루트가 R인 유향 트리이면, 그리고 거기에 R에서 새 정점 H로의 호를 추가한다면, 그 유향 그래프에 대한 표현은 본질적으로 그 유향 트리에 대한 오른쪽 스레드식 표현과 동일하다(각 가족의 자식들에 적절한 순서가 부여되었다고 할 때). 이 때 ALINK, BLINK, BTAG는 2.3.2절의 LLINK, RLINK, RTAG에 각각 해당한다. (iii) 그 표현은 ALINK, ATAG를 BLINK, BTAG와 교환하는 것이 유향 그래프의 모든 호들의 방향을 바꾸는 것과 같은 의미라는 점에서 대칭적이다.

▶ **26.** 〔HM39〕 (무작위 알고리즘의 분석.) G가 정점 $V_1, V_2, \ldots, V_n$으로 된 유향 그래프라고 하자. G가 어떠한 알고리즘의 순서도를 나타내며, V_1이 알고리즘의 시작 정점이고 V_n은 알고리즘의 종료 정점이라고 하겠다. (따라서 V_n은 G의 루트이다.) 다음과 같은 조건을 만족할 확률 $p(e)$를 G의 각 호 e에 부여한다고 가정하자.

$$0 < p(e) \le 1, \quad 1 \le j < n\text{에 대해} \sum_{\text{init}(e)\,=\,V_j} p(e) = 1.$$

V_1에서 출발해서 G의 가지 e를 확률 $p(e)$로 선택해서 V_n에 도달하는 무작위 경로를 생각해 보자. 각 단계에서의 분기 선택은 그 이전의 모든 선택들과는 독립적이다.

연습문제 2.3.4.1-7의 그래프를 예로 들겠다. 그 그래프의 호 $e_1, e_2, \ldots, e_9$에 해당 확률 1, $\frac{1}{2}$, $\frac{1}{2}$, $\frac{1}{2}$, 1, $\frac{3}{4}$, $\frac{1}{4}$, $\frac{1}{4}$, $\frac{1}{4}$을 각각 부여한다. 그렇다고 할 때, 예를 들어 "시작$-A-B-C-A-D-B-C-$종료"라는 경로가 선택될 확률은 $1 \cdot \frac{1}{2} \cdot 1 \cdot \frac{1}{2} \cdot \frac{1}{2} \cdot \frac{3}{4} \cdot 1 \cdot \frac{1}{4} = \frac{3}{128}$이다.

이러한 무작위 경로를 마르코프 사슬(Markov chain, 또는 마르코프 연쇄)이라고 부른다. 이 이름은 이런 종류의 확률론적 공정을 최초로 광범위하게 연구한 러시아 수학자 마르코프Andrei A. Markov에서 비롯된 것이다. 이상의 설정은 특정한 알고리즘들에 대한 하나의 모형 역할을 한다(각 선택이 다른 선택들과 독립적이라는 요구가 상당히 강력한 가정이긴 하지만). 이 연습문제의 목적은 이런 종류의 알고리즘들에 대한 계산 시간을 분석하는 것이다.

분석을 돕기 위해 $n \times n$ 행렬 $A = (a_{ij})$를 도입한다. 여기서 $a_{ij} = \sum p(e)$로, 합(sum)의 구간은 V_i에서 V_j로 가는 모든 호 e들이다. 만일 그런 호가 없으면 $a_{ij} = 0$이다. 연습문제 2.3.4.1-7의 그래프의 경우 행렬 A는 다음과 같다.

$$
\begin{pmatrix}
0 & 1 & 0 & 0 & 0 & 0 \\
0 & 0 & \dfrac{1}{2} & 0 & \dfrac{1}{2} & 0 \\
0 & 0 & 0 & 1 & 0 & 0 \\
0 & \dfrac{1}{2} & 0 & 0 & \dfrac{1}{4} & \dfrac{1}{4} \\
0 & 0 & \dfrac{3}{4} & 0 & 0 & \dfrac{1}{4} \\
0 & 0 & 0 & 0 & 0 & 0
\end{pmatrix}.
$$

이로부터, V_i에서 시작하는 한 경로가 k단계 후에 V_j에 도달할 확률이 $(A^k)_{ij}$임은 쉽게 알 수 있다. 앞에서 말한 종류의 임의의 유향 그래프 G에 대해 다음 사실들을 증명하라.

a) 행렬 $(I - A)$는 비특이행렬이다. 〔힌트: $xA^n = x$가 되는 0이 아닌 벡터 x가 없음을 보일 것.〕

b) 경로에 정점 V_j가 나타나는 횟수의 평균은

$$
1 \le j \le n \text{에 대해 } (I - A)^{-1}_{1j} = \mathrm{cofactor}_{j1}(I - A)/\det(I - A)
$$

이다. 〔따라서 지금의 예에서 정점 A, B, C, D를 거쳐 가는 평균 횟수는 각각 $\dfrac{13}{6}$, $\dfrac{7}{3}$, $\dfrac{7}{3}$, $\dfrac{5}{3}$이다.〕

c) 경로 안에 V_j가 나타날 확률은

$$
a_j = \mathrm{cofactor}_{j1}(I - A)/\mathrm{cofactor}_{jj}(I - A)
$$

이다. 더 나아가서, $a_n = 1$이며, 따라서 경로는 1의 확률로 유한한 개수의 단계들로 종료된다.

d) V_j에서 시작하되 V_j로는 결코 돌아오지 않는 무작위 경로의 확률은

$$
b_j = \det(I - A)/\mathrm{cofactor}_{jj}(I - A)
$$

이다.

e) 경로에 V_j가 정확히 k번 나올 확률은 $k \ge 1$, $1 \le j \le n$에 대해 $a_j(1 - b_j)^{k-1}b_j$이다.

27. [M30] (안정 상태.) G가 정점 $V_1, ..., V_n$에 대한 유향 그래프이며, 그 호들에 연습문제 26에서처럼 확률 $p(e)$들이 부여되었다고 하자. 그러나 G는 시작과 종료 정점들을 가지는 것이 아니라 강하게 연결되어 있다고 가정한다. 따라서 각 정점 V_j는 하나의 루트이며, 확률 $p(e)$들은 모두 양이고 모든 j에 대해 $\sum_{\mathrm{init}(e) = V_j} p(e) = 1$을 만족한다고 가정한다. 이 때, 만일

$$
x_j = \sum_{\mathrm{fin}(e) = V_j} p(e)x_{\mathrm{init}(e)}, \qquad 1 \le j \le n
$$

이면 연습문제 26에서 말한 종류의 무작위 공정은 하나의 "안정 상태(steady state)" $(x_1, ..., x_n)$를 가진다. V_j를 루트로 하는 G의 모든 유향 하위트리 T_j들에 대한 곱 $\prod_{e \in T_j} p(e)$들의 합을 t_j라고 하자. $(t_1, ..., t_n)$이 그러한 무작위 공정의 한 안정 상태임을 증명하라.

▶ **28.** [M35] $(m+n)\times(m+n)$ 행렬식의 $m=2$이고 $n=3$인 경우, 즉

$$
\det\begin{pmatrix}
a_{10}+a_{11}+a_{12}+a_{13} & 0 & a_{11} & a_{12} & a_{13} \\
0 & a_{20}+a_{21}+a_{22}+a_{23} & a_{21} & a_{22} & a_{23} \\
b_{11} & b_{12} & b_{10}+b_{11}+b_{12} & 0 & 0 \\
b_{21} & b_{22} & 0 & b_{20}+b_{21}+b_{22} & 0 \\
b_{31} & b_{32} & 0 & 0 & b_{30}+b_{31}+b_{32}
\end{pmatrix}
$$

를 생각해 보자. 이 행렬식을 a들과 b들의 다항식으로 전개할 때, 0이 아닌 항이 계수 + 1을 가짐을 보여라. 그러한 전개에서 항들의 개수는 몇 개인가? 전개에 정확히 어떤 항들이 나타날 것인지를 규정하는, 유향 트리에 관련된 하나의 규칙을 제시하라.

*2.3.4.3. "무한대 보조정리"

지금까지는 주로 정점(노드)들의 개수가 유한한 트리들에 초점을 두었다. 그러나 자유 트리와 유향 트리에 대한 지금까지의 정의들은 무한 그래프에도 적용된다. 무한 순서트리는 여러 가지 방식으로 정의할 수 있는데, 예를 들어 연습문제 2.3-14에 나온 "듀이 10진 표기법" 개념을 무한히 많은 수들의 집합으로 확장할 수 있다. 컴퓨터 알고리즘 연구에서도 무한 트리의 성질을 알아야 하는 경우가 종종 있다. 예를 들면 특정한 트리가 무한대가 아님을 모순을 통해서 증명하는 등. 다음은 무한 트리의 아주 근본적인 성질들 중 하나로, 이를 완전히 일반화된 형태로 밝힌 최초의 인물은 쾨니히 D. König 이다.

정리 K. ("무한대 보조정리.") *모든 정점이 유한한 차수를 가진 모든 무한 유향 트리는 루트로의 무한한 경로를 가진다. 여기서 무한 경로는 V_0이 루트이고 모든 $j \geq 0$에 대해 $\mathrm{fin}(e[V_{j+1}]) = V_j$인 정점 $V_0, V_1, V_2, \dots$들의 무한 수열을 뜻한다.*

증명. 유향 트리의 루트 V_0에서 시작하는 경로를 정의하겠다. $j \geq 0$이며 무한히 많은 후손들을 가진 한 정점 V_j를 택했다고 하자. V_j의 차수는 가정에 의해 유한하며, 따라서 V_j에는 유한히 많은 자식 $U_1, \dots, U_n$들이 있다. 이 자식들 중 적어도 하나는 반드시 무한히 많은 후손들을 가진다. V_j의 그러한 자식을 V_{j+1}로 둘 수 있다.

그렇다면 $V_0, V_1, V_2, \dots$는 루트로의 한 무한 경로이다. ▌

미적분학을 공부하는 학생들이라면 증명에 나온 논증이 "실수들의 유계 무한 집합은 하나의 집적 점을 가진다"는 고전적인 볼자노-바이어슈트라스 정리(Bolzano-Weierstrass theorem)를 증명하는 데 쓰이는 것과 본질적으로 비슷하다는 점을 알아챘을 것이다. 정리 K를 다른 식으로 말하면(쾨니히 자신이 말했듯이), "인류가 멸종하지 않는다면, 현재 살고 있는 사람들 중에는 그 후손들이 결코 손이 끊기지 않고 이어지는 누군가가 존재한다."고 할 수 있다.

대부분의 사람들은 정리 K를 처음 보았을 때 당연한 말이라고 생각하나, 좀 더 생각해 보면, 그리고 추가적인 예들을 고려해 보면 뭔가 심오한 것이 들어 있음을 깨닫는다. 트리의 각 노드의

차수는 유한하지만, 그 차수들이 유계(bounded, 모든 정점에 대해 어떠한 수 N보다 작다는 의미로)
라고 가정하지는 않았다. 따라서 점점 더 큰 차수들을 가지는 노드들이 존재할 수 있다. 모든 사람의
후손들이 언젠가는 사멸되지만 그래도 수백, 수천, 수억만 세대로 이어지는 가계들은 존재한다. 실제
로 왓슨H. W. Watson은 미래에 무한히 많은 사람이 태어나긴 하겠지만 각 가계 혈통은 1의 확률로
사멸함을 특정한 생물학적 확률 법칙을 무한히 적용하는 조건 하에서 증명한 바 있다. 그의 논문
〔*J. Anthropological Inst. Gt. Britain and Ireland* **4** (1874), 138-144〕에는 중요하고 광범위한
정리들이 포함되어 있다(앞에서 말한 명제를 도출하게 된 사소한 실수가 있긴 하지만. 그리고 그가
자신의 결론이 논리적으로 모순임을 알아채지 못했음은 의미심장한 부분이다).

　　정리 K의 대우(對偶)는 컴퓨터 알고리즘에 직접 적용된다. 이런 것이다: *만일 주기적으로 자신을*
무한히 많은 부분알고리즘들로 분할하는 알고리즘이 있다면, 그리고 부분알고리즘들의 각 사슬이
언젠가는 종료된다면, 그 알고리즘 자체도 종료된다.

　　이를 다른 식으로 설명해 보겠다. 유한한 길이 $n \geq 0$의 순차열 $(x_1, x_2, ..., x_n)$들을 원소로
하는 무한 또는 유한 집합 S가 있다고 하자. 여기에 다음 조건들을 가한다고 하자.

 i) 만일 $(x_1, ..., x_n)$이 S의 원소이면 $0 \leq k \leq n$에 대해 $(x_1, ..., x_k)$도 S의 원소이다.

 ii) 만일 $(x_1, ..., x_n)$이 S의 원소이면 $(x_1, ..., x_n, x_{n+1})$이 S의 원소가 되는 x_{n+1}의 개수는 유한
　　하다.

iii) 그 초기 부분수열 $(x_1, x_2, ..., x_n)$들 모두가 S에 속하는 무한 수열 $(x_1, x_2, ...)$은 존재하지 않
　　는다.

그러면 본질적으로 S는 하나의 유향 트리(본질적으로 듀이 10진 표기법으로 표기된)이며, 정리 K에
의해 S는 유한하다.

　　정리 K의 유용함을 아주 잘 보여주는 한 사례로, 왕 하오Hao Wang가 고안한 흥미로운 일단의
타일링 문제들이 있다. 4분형(tetrad type)은 정사각형을 네 부분으로 나누고 각각에 특정한 수를
부여한 형태를 말한다. 다음이 그러한 예이다.

$$\boxed{\begin{smallmatrix} & 3 & \\ 10 & \times & 2 \\ & 5 & \end{smallmatrix}} \tag{1}$$

평면 타일링 문제는 이런 것이다. 유한한 개수의 4분형 형태들의 유한한 집합이 주어진다. 각 4분형
형태마다 무한히 많은 4분형 사각형들을 사용할 수 있다. 그 4분형들을 서로 맞닿은 두 수가 같아야
한다는 조건 하에서(4분형을 뒤집거나 돌릴 수는 없다) 무한한 평면에 배치한다. 예를 들어 다음과
같은 여섯 형태의 4분형들이 주어졌다고 할 때,

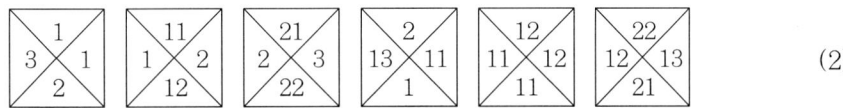

$$\tag{2}$$

이 4분형들을 반복적으로 배치해서 무한한 평면을 채우는 방법은 다음 한 가지뿐이다.

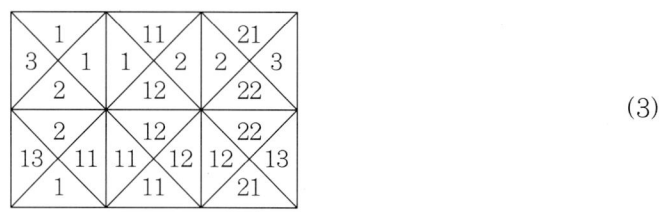

(3)

또 다른 예로, 다음 세 형태의 4분형들로는 평면을 채우는 것이 불가능함을 독자도 쉽게 알 수 있을 것이다.

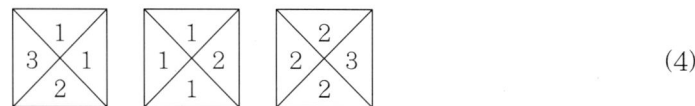

(4)

왕의 관찰 [*Scientific American* **213**, 5 (November 1965), 98-106]에 따르면, *만일 평면의 오른쪽 상단 사분면을 타일링하는 게 가능하면 평면 전체를 타일링하는 게 가능하다.* 이는 확실히 의외의 결과인데, 왜냐하면 오른쪽 상단 사분면을 타일링하는 방법에서는 x축과 y축이 "경계"가 될 것이며, 그러한 방법이 평면의 왼쪽 상단 사분면을 어떻게 채울 것인지에 대해서는 어떠한 힌트도 제공하지 않는(4분형을 회전하거나 뒤집을 수는 없으므로) 것처럼 보이기 때문이다. 상단 사분면에 대한 해법을 그냥 아래와 왼쪽으로 이동시켜서 그런 경계를 제거할 수는 없다. 해법을 하나의 유한한 횟수 이상으로 이동한다는 것은 말이 되지 않기 때문이다. 그러나 왕이 틀리지는 않았다. 왕은 이런 식으로 증명했다: 오른쪽 상단 사분면에 대한 해법이 존재한다는 것은 모든 n에 대해 $2n \times 2n$ 정사각형을 타일링하는 방법이 존재함을 뜻한다. 각 변의 칸 수가 짝수 개인 사각형들을 타일링하는 문제에 대한 모든 해들의 집합은, 만일 각 $2n \times 2n$ 해 x의 가장자리에 접하는 모든 $(2n+2) \times (2n+2)$ 해들을 x의 자식들이라고 간주할 때, 하나의 유향 트리를 형성한다. 이 유향 트리의 루트는 0×0 해이고, 그 자식들은 2×2 해들이고 등등이다. 문제에는 오직 유한한 개수의 4분형 형태들만 주어지므로 각 노드는 오직 유한한 개수의 자식들만 가진다. 따라서 무한대 보조정리에 의해 루트로의 무한 경로가 하나 존재한다. 이는 평면 전체를 타일링하는 하나의 방법이 존재함을 뜻한다(그 방법을 찾을 수 있느냐는 또 다른 문제겠지만)!

4분형 타일링 문제의 이후 성과에 대해서는 그륀바움B. Grünbaum과 셰퍼드G. C. Shephard의 뛰어난 책 *Tilings and Patterns* (Freeman, 1987), 11장을 보기 바란다.

연습문제

1. [*M10*] 본문에서는 양의 정수들의 유한수열들을 담은 집합 S를 언급했으며, 그 집합이 "본질적으로 하나의 유향 트리이다"라고 말했다. 그 유향 트리의 루트는 무엇이고 호들은 무엇인가?

2. [*20*] 4분형들을 회전하는 게 허용된다면 평면을 타일링하는 게 항상 가능함을 보여라.

▶ **3.** [*M23*] 무한한 4분형 형태들의 집합이 주어졌을 때, 평면의 오른쪽 상단 사분면을 타일링할 수 있다면 평면 전체를 타일링하는 것이 항상 가능한가?

4. 〔M25〕 (H. Wang.) (2)에 나온 여섯 형태의 4분형들은 타일링 문제에 대한 하나의 원환해 (toroidal solution, 圓環解)를 만들어낸다. 원환해라는 것은 어떤 직사각형 패턴이 평면 전체에 반복되는 것을 말한다. (3)이 바로 그런 원환해의 예이다.

4분형 형태들의 한 유한한 집합으로 평면을 타일링하는 게 가능하다면, 그 4분형 형태들을 이용한 하나의 원환해가 존재함을 증명 없이 가정하자. 이러한 가정과 무한대 보조정리를 함께 사용해서, 임의의 유한한 4분형 형태 집합에 대한 명세가 주어졌을 때 그 4분형 형태들로 평면을 채우는 것이 가능한지 아닌지를 유한한 개수의 단계로 결정하는 알고리즘을 설계하라.

5. 〔M40〕 다음의 92가지 4분형 형태들을 이용해서 평면을 타일링하는 것이 가능함을, 그러나 연습문제 4에 나온 의미의 원환해는 존재하지 않음을 보여라.

92가지 형태를 일일이 나열하는 것은 지루한 일이므로, 4분형 형태 명세의 단순화를 위해 몇 가지 표기법들을 도입하겠다. 다음은 "기본 부호"들이다.

$$
\begin{array}{llll}
\alpha = (1, 2, 1, 2) & \beta = (3, 4, 2, 1) & \gamma = (2, 1, 3, 4) & \delta = (4, 3, 4, 3) \\
a = (Q, D, P, R) & b = (\ ,\ , L, P) & c = (U, Q, T, S) & d = (\ ,\ , S, T) \\
N = (Y,\ , X,\ ) & J = (D, U,\ , X) & K = (\ , Y, R, L) & B = (\ ,\ ,\ ,\ ) \\
R = (\ ,\ , R, R) & L = (\ ,\ , L, L) & P = (\ ,\ , P, P) & S = (\ ,\ , S, S) \\
& T = (\ ,\ , T, T) & X = (\ ,\ , X, X) & \\
Y = (Y, Y,\ ,\ ) & U = (U, U,\ ,\ ) & D = (D, D,\ ,\ ) & Q = (Q, Q,\ ,\ )
\end{array}
$$

이들을 이용해서 92가지 4분형 형태들을 다음과 같이 지정한다.

$$\alpha\{a, b, c, d\} \qquad\qquad\qquad\qquad\qquad\qquad\qquad〔4 \text{ 종류}〕$$

$$\beta\{Y\{B, U, Q\}\{P, T\},\ \{B, U, D, Q\}\{P, S, T\},\ K\{B, U, Q\}\} \qquad〔21 \text{ 종류}〕$$

$$\gamma\{\{\{X, B\}\{L, P, S, T\}, R\}\{B, Q\},\ J\{L, P, S, T\}\} \qquad〔22 \text{ 종류}〕$$

$$\delta\{X\{L, P, S, T\}\{B, Q\},\ Y\{B, U, Q\}\{P, T\},\ N\{a, b, c, d\},$$

$$J\{L, P, S, T\},\ K\{B, U, Q\},\ \{R, L, P, S, T\}\{B, U, D, Q\}\} \qquad〔45 \text{ 종류}〕$$

이러한 축약 표기들은 기본 부호들을 구성요소 별로 조합해서 나열하고, 각 구성요소를 알파벳 순서로 정렬하라는 뜻이다. 예를 들어

$$\beta Y\{B, U, Q\}\{P, T\}$$

는 βYBP, βYUP, βYQP, βYBT, βYUT, βYQT라는 여섯 가지 형태들을 의미한다. βYQT 는 다음과 같이 전개된다.

$$(3, 4, 2, 1)(Y, Y,\ ,\ )(Q, Q,\ ,\ )(\ ,\ , T, T) = (3QY, 4QY, 2T, 1T).$$

같은 자리의 구성요소들을 곱하고 정렬한 것이다. 이것은 오른쪽에 나온 4분형 형태에 해당하는데, 각 4분할 칸에 숫자 번호 대신 기호열을 사용한 것이다. 이러한 4분형들을 배치할 때에는 맞닿은 칸의 기호열이 일치해야 한다.

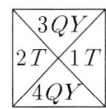

위와 같은 4분형 명세에 β가 존재하는 4분형을 β 4분형이라고 부르기로 하자. 이 문제의 답을 구하기 위해서는 임의의 β 4분형의 왼쪽과 오른쪽에 α 4분형이 있어야 하며 위와 아래에는 δ 4분형이 있어야 함을 주목해야 한다. 이러한 규칙은 αa 4분형의 오른쪽에는 반드시 βKB나 βKU, βKQ가 와야 하며 그 다음에는 반드시 αb 4분형이 와야 한다는 등으로 이어진다.

(이러한 설정은 버거Robert Berger가 제시한 비슷한 방법의 한 단순화된 버전이다. 그는 연습문제 4에 나오는 일반적 문제를 유효하지 않은 가정 없이는 풀 수 없음을 증명했다. *Memoirs Amer. Math. Soc.* **66** (1966)을 볼 것.)

▶ **6.** [M23] (슈라이어Otto Schreier.) 유명한 논문 [*Nieuw Archief voor Wiskunde (2)* **15** (1927), 212-216]에서 판데르바르덴B. L. van der Waerden은 다음과 같은 정리를 증명했다.

만일 k 와 m 이 양의 정수들이고, k 개의 양의 정수 집합 $S_1, ..., S_k$ 중에 모든 양의 정수를 가진 집합이 적어도 하나 존재한다면, 집합 S_j 들 중에 길이 m 의 등차수열을 담은 집합이 적어도 하나 존재한다.

(이 정리의 결론 명제는 $a + \delta$, $a + 2\delta$, $...$, $a + m\delta$ 가 모두 S_j 에 있는 정수 a 와 정수 $\delta > 0$ 가 존재 한다는 뜻이다.) 가능하다면, 이 결과와 무한대 보조정리를 이용해서 다음의 좀 더 엄격한 명제를 증명하라.

만일 k 와 m 이 양의 정수들이고, k 개의 정수 집합 $S_1, ..., S_k$ 중에 1에서 N까지의 모든 정수들을 가진 집합이 적어도 하나 있도록 하는 수 N 이 존재한다면, 집합 S_j 들 중에 길이 m 의 등차수열을 담은 집합이 적어도 하나 존재한다.

▶ **7.** [M30] 가능하다면, 무한대 정리와 연습문제 6의 판데르바르덴 정리를 이용해서 다음과 같은 좀 더 엄격한 명제를 증명하라:

만일 k 가 양의 정수이고, k 개의 정수 집합 $S_1, ..., S_k$ 중에 모든 양의 정수를 포함하는 집합이 적어도 하나 존재한다면, 집합 S_j 들 중에는 무한히 긴 등차수열을 담은 집합이 적어도 하나 존재한다.

▶ **8.** [M39] (크러스컬J. B. Kruskal.) T 와 T' 가 (유한, 순서) 트리들이라고 하자. 그리고 표기 $T \subseteq T'$ 가 연습문제 2.3.2-22와 같은 의미로 T 를 T' 안에 내장할 수 있다는 뜻이라고 하자. 만일 T_1, T_2, T_3, $...$이 무한히 많은 트리들의 순차열이면, $T_j \subseteq T_k$ 이며 $j < k$ 인 정수 j 와 k 가 존재함을 증명하라. (다른 말로 하면, 무한한 트리 순차열을 구축하되, 순차열의 모든 트리가 이전에 나왔던 트리를 적어도 하나 포함하도록 구축하는 것은 불가능하다는 점을 증명하라는 것이다. 이 사실은 특정한 알고리즘들이 반드시 종료된다는 것을 증명하는 데 사용할 수 있다.)

*2.3.4.4. 트리 열거하기

트리에 대한 수학적 이론을 공부할 때 가장 유익한 응용 문제는, 여러 트리 종류 각각에 대해, 그 종류에 서로 다른 트리들이 몇 개인지를 세는 공식들에 연관된 알고리즘을 분석하는 것이다. 예를 들어 네 개의 서로 다른 정점들로 서로 다른 유향 트리들을 몇 개나 만들어낼 수 있을까? 답은 4이다. 다음과 같다.

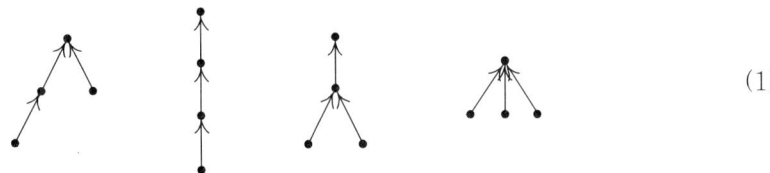

$$(1)$$

첫 번째의 본격적인 트리 열거(enumeration) 문제로, n개의 정점들로 된, 구조가 서로 다른 유향 트리들의 개수 a_n을 구해보자. $a_1 = 1$임은 명백하다. $n > 1$이면 트리는 하나의 루트와 가변적인 개수의 하위트리들을 가질 것이다. 정점이 하나인 하위트리 개수를 j_1, 정점이 두 개인 것들을 j_2 등으로 표기한다고 하자. 모든 가능한 k 정점 트리들의 개수는 a_k이고, 그 중에서 j_k를 택하는 방법의 수는

$$\binom{a_k + j_k - 1}{j_k}$$

이다. 반복이 허용되므로 이런 조합을 사용한 것이다(연습문제 1.2.6-60 참고). 또한

$$a_n = \sum_{j_1 + 2j_2 + \cdots = n-1} \binom{a_1 + j_1 - 1}{j_1} \cdots \binom{a_{n-1} + j_{n-1} - 1}{j_{n-1}}, \quad 단 \ n > 1 \qquad (2)$$

이다.

만일 $a_0 = 0$인 생성함수 $A(z) = \sum_n a_n z^n$을 도입한다면, 다음 항등식과

$$\frac{1}{(1-z^r)^a} = \sum_j \binom{a+j-1}{j} z^{rj}$$

(2)에 의해

$$A(z) = \frac{z}{(1-z)^{a_1}(1-z^2)^{a_2}(1-z^3)^{a_3}\cdots} \qquad (3)$$

임을 알 수 있다.

이것이 $A(z)$에 대한 특별히 바람직한 형태는 아니다. 왜냐하면 이것은 무한 곱 형태이며 계수 a_1, a_2, ... 들이 우변에 나타나 있기 때문이다. $A(z)$를 좀 더 아름다운 방식으로 나타내는 문제가 연습문제 1에 나온다. 그 방법에서 a_n의 값을 상당히 효율적으로 계산하는 공식이 나오며(연습문제 2), 또한 그 방법으로부터 커다란 n에 대한 a_n의 점근적 습성을 도출할 수도 있다(연습문제 4). 어쨌든 $A(z)$의 처음 몇 항들은 다음과 같다.

$$A(z) = z + z^2 + 2z^3 + 4z^4 + 9z^5 + 20z^6 + 48z^7 + 115z^8$$
$$+ 286z^9 + 719z^{10} + 1842z^{11} + \cdots. \qquad (4)$$

이렇게 해서 유향 트리들의 개수를 구했다. 이번에는 정점이 n개인, 서로 다른 구조의 자유 트리들의 개수를 살펴보자. 정점이 네 개일 때에는 다음과 같은 두 개의 서로 다른 트리들이 나온다.

(5)

이들은 각각 (1)의 처음 두 유향 트리와 마지막 두 유향 트리에서 방향을 제거한 것에 해당한다.

자유 트리의 임의의 정점 X를 택하고 각 변에 고유한 방식으로 방향을 부여함으로써 X를 루트로 하는 유향 트리를 만들 수 있음은 이미 이야기했다. 그런 식으로 유향 트리를 만들고 X의 임의의 한 정점 X를 택했을 때, 루트 X에 k개의 하위트리들이 있으며 각 하위트리의 정점들이 $s_1, s_2, ..., s_k$ 라고 하자. 그러면 k는 X에 닿은 호들의 개수이며 $s_1 + s_2 + \cdots + s_k = n-1$임은 명백하다. 이러 한 설정에서 $\max(s_1, s_2, ..., s_k)$를 X의 가중치(weight)라고 부른다. 예를 들어 다음과 같은 트리에서,

(6)

정점 D의 가중치는 3이다(D에서 비롯된 하위트리들은 9개의 정점들 중 세 개씩을 사용한다). 그리고 정점 E의 가중치는 $\max(7,2) = 7$이다. 가장 작은 가중치를 가진 정점을 자유 트리의 무게중심 (centroid, 또는 도심)이라고 부른다.

X와 $s_1, s_2, ..., s_k$가 위에서와 같다고 하고, $Y_1, Y_2, ..., Y_k$가 X에서 비롯된 하위트리들의 루트 들이라고 하자. Y가 Y_1 하위트리의 어떤 노드일 때, Y의 가중치는 반드시 적어도 $n - s_1 = 1 + s_2 + \cdots + s_k$이다. 왜냐하면 Y를 루트라고 할 때 그 하위트리들 중 X를 포함하는 하위트리들에는 적어도 $n - s_1$개의 정점들이 있기 때문이다. 만일 Y가 무게중심이면,

$$\text{weight}(X) = \max(s_1, s_2, ..., s_k) \geq \text{weight}(Y) \geq 1 + s_2 + \cdots + s_k$$

이며 이는 오직 $s_1 > s_2 + \cdots + s_k$일 때에만 가능하다. 이 논의의 Y_1을 Y_j로 대체해도 비슷한 결과를 얻을 수 있다. *따라서 한 정점의 하위트리들에는 많아야 하나의 무게중심이 있다.*

이는 자유 트리에는 많아야 두 개의 무게중심이 있을 수 있으며, 만일 무게 중심이 두 개이면 그것들은 서로 인접해 있다는 사실(연습문제 9 참고)을 함의한다는 점에서 강한(strong) 조건이다.

반대로, 만일 $s_1 > s_2 + \cdots + s_k$이면 Y_1 하위트리에는 하나의 무게중심이 존재한다. 왜냐하면

$$\text{weight}(Y_1) \leq \max(s_1 - 1, 1 + s_2 + \cdots + s_k) \leq s_1 = \text{weight}(X)$$

이며 하위트리 $Y_2, ..., Y_k$들의 모든 노드들의 가중치는 적어도 $s_1 + 1$이기 때문이다. 이로부터, *정점 X는 오직*

$$1 \leq j \leq k \text{에 대해 } s_j \leq s_1 + \cdots + s_k - s_j \tag{7}$$

*일 때에만 자유 트리의 유일한 무게중심*이라는 명제가 증명된다.

따라서 정점이 n개이며 오직 하나의 무게중심만 가진 자유 트리들의 개수는 정점이 n개인 유향

트리 개수에서 조건 (7)을 위반하는 정점 n개 유향 트리 개수를 뺀 것과 같다. 조건 (7)을 위반하는
유향 트리들은 본질적으로 s_j개의 정점들로 된 유향 트리와 $n - s_j \le s_j$개의 정점들로 된 유향 트리
이다. 결국 무게중심이 하나인 유향 트리들의 개수는:

$$a_n - a_1 a_{n-1} - a_2 a_{n-2} - \cdots - a_{\lfloor n/2 \rfloor} a_{\lfloor n/2 \rfloor}. \tag{8}$$

무게중심이 둘인 자유 트리는 정점 개수가 짝수이며, 각 무게중심의 가중치는 $n/2$이다(연습문제
10 참고). 따라서 만일 $n = 2m$이면 무게중심이 둘인 자유 트리의 개수는 a_m에서 반복을 허용해서
2개를 택하는 방법의 수, 즉 다음과 같다.

$$\binom{a_m + 1}{2}$$

따라서 자유 트리 전체 개수는 n이 짝수일 때 $\frac{1}{2} a_{n/2}(a_{n/2} + 1)$을 (8)에 더해서 구한다. 식 (8)의
형태에서 간단한 생성함수를 떠올릴 수 있을 것이다. 실제로, *구조적으로 서로 다른 자유 트리들의
개수에 대한 다음과 같은 생성함수를 별 어려움 없이 구할 수 있다.*

$$\begin{aligned}
F(z) &= A(z) - \frac{1}{2}A(z)^2 + \frac{1}{2}A(z^2) \\
&= z + z^2 + z^3 + 2z^4 + 3z^5 + 6z^6 + 11z^7 + 23z^8 \\
&\qquad\qquad + 47z^9 + 106z^{10} + 235z^{11} + \cdots. \tag{9}
\end{aligned}$$

$F(z)$와 $A(z)$ 사이의 이러한 간단한 관계는 1차적으로 조르당C. Jordan에서 기인한 것이다. 그는
1869년에 이런 문제를 고찰했다.

그럼 이번에는 컴퓨터 프로그래밍 알고리즘에서 주된 관심사가 되는 순서트리를 열거하는 문제로
관심을 돌리자. 정점이 네 개일 때 구조적으로 다른 순서트리는 다음 다섯 개다.

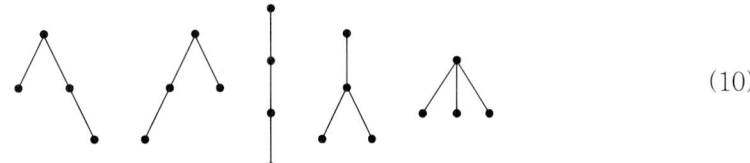

(10)

처음 둘은 유향 트리라면 동일한 트리로 간주된다. 그래서 (1)에는 하나만 나왔었다.

서로 다른 순서트리 구조들의 개수를 조사하기에 앞서, 실제의 컴퓨터 표현에 좀 더 가까우며
연구하기도 쉬운 이진트리의 경우를 먼저 살펴보자. b_n이 노드가 n개인 서로 다른 이진트리들의 개수
라고 하자. 이진트리의 정의로부터, $b_0 = 1$임은 명백하다. $n > 0$일 때에는 서로 다른 이진트리들의
개수는 노드가 k개인 이진트리를 루트의 왼쪽에, 그리고 노드가 $n - 1 - k$개인 또 다른 이진트리를
루트의 오른쪽에 넣는 방법의 수와 같다. 따라서

$$b_n = b_0 b_{n-1} + b_1 b_{n-2} + \cdots + b_{n-1} b_0, \qquad n \ge 1 \tag{11}$$

이다. 이러한 관계로부터 다음의 생성함수가

$$B(z) = b_0 + b_1 z + b_2 z^2 + \cdots$$

다음 방정식을 만족함이 명백해진다.

$$zB(z)^2 = B(z) - 1 \qquad (12)$$

이 2차방정식을 풀고 $B(0) = 1$이라는 사실을 이용해서 다음을 얻는다.

$$B(z) = \frac{1}{2z}(1 - \sqrt{1-4z}) = \frac{1}{2z}\left(1 - \sum_{k \geq 0}\binom{\frac{1}{2}}{k}(-4z)^k\right)$$

$$= 2\sum_{n \geq 0}\binom{\frac{1}{2}}{n+1}(-4z)^n = \sum_{n \geq 0}\binom{-\frac{1}{2}}{n}\frac{(-4z)^n}{n+1}$$

$$= \sum_{n \geq 0}\binom{2n}{n}\frac{z^n}{n+1}$$

$$= 1 + z + 2z^2 + 5z^3 + 14z^4 + 42z^5 + 132z^6 + 429z^7$$
$$+ 1430z^8 + 4862z^9 + 16796z^{10} + \cdots. \qquad (13)$$

(연습문제 1.2.6-47 참고.) 따라서 원했던 답은

$$b_n = \frac{1}{n+1}\binom{2n}{n} \qquad (14)$$

이다.

스털링 공식에 의해 이것은 점근적으로 $4^n/n\sqrt{\pi n} + O(4^n n^{-5/2})$이다. 식 (14)의 몇 가지 중요한 일반화들이 연습문제 11과 32에 나온다.

그럼 노드 n개의 순서트리들의 개수를 구하는 문제로 돌아가자. 이 문제는 본질적으로 이진트리 개수 문제와 같다. 왜냐하면 이진트리와 숲 사이에는 자연대응 관계가 성립하며 트리에서 그 루트를 빼면 숲이 되기 때문이다. 따라서 *정점이 n개인 (순서)트리들의 개수는 b_{n-1}, 즉 정점이 $n-1$개인 이진트리들의 개수이다.*

지금까지의 열거들은 정점들이 서로 구별되지 않는 점들이라는 가정을 깔고 있었다. 만일 (1)의 정점들에 1, 2, 3, 4라는 번호를 부여하고 항상 1이 루트라는 조건을 강제한다면, 다음과 같은 16개의 서로 다른 유향 트리들이 나온다.

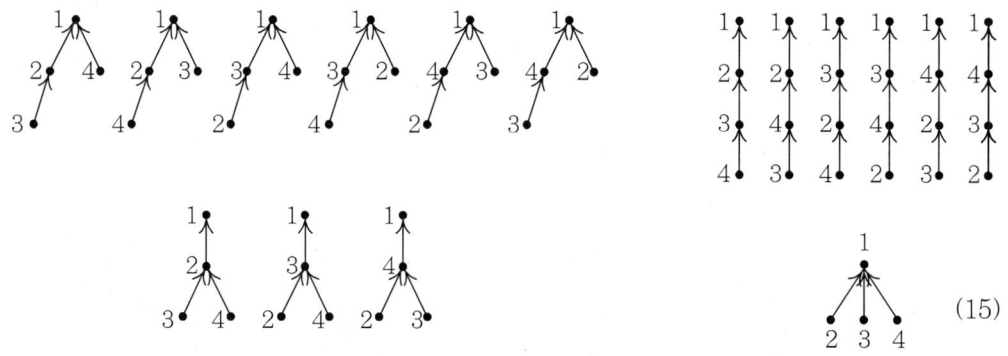

$$(15)$$

당연한 말이지만, 이런 이름표가 붙은 트리들의 열거 문제는 앞에서 살펴본 트리 열거 문제와 상당히 다르다. 지금의 문제를 이런 식으로 말할 수도 있다: "정점 2, 3, 4에서 시작해서 다른 정점들에 도달하는 세 개의 선을 그리는 방법의 수를 생각해 보자. 각 정점마다 세 가지 경우가 있으므로 전체적으로는 $3^3 = 27$가지 방법이 가능하다. 이 27가지 중에서, 그 결과가 1을 루트로 하는 유향 트리가 되는 것은 몇 개인가?" 답은 이미 살펴보았듯이 16이다. 그와 비슷하게, 이번에는 n개의 정점들에 대한 같은 문제를 다시 공식화한다면: "$f(x)$가 $f(1) = 1$이고 $1 \le x \le n$인 모든 정수 x에 대해 $1 \le f(x) \le n$인 정수값 함수라고 하자. 만일 모든 x에 대해 $f^{[n]}(x)$, 즉 n번 반복된 $f(f(\cdots(f(x))\cdots))$가 1과 같으면 f를 자유 사상(free mapping, -寫像)이라고 부른다. 그렇다면 그러한 자유 사상들은 몇 개나 있는가?" 이 문제는 예를 들어 난수 발생과 연계되어서 나타난다. 다소 놀랍지만, 모든 n에 대해 평균적으로 정확히 하나의 그런 함수 f가 자유 사상임을 알게 될 것이다.

이 열거 문제의 해답은 이전의 절들에서 나왔던, 그래프의 하위트리들을 세는 일반적인 공식을 이용하면 쉽게 도출할 수 있다(연습문제 12 참고). 그런데 이 문제에는 우리에게 훨씬 더 유익한, 특히 새롭고 압축된 방식으로 유향 트리 구조를 표현하는 방법을 제시해 주는 한 가지 해법이 존재한다. 정점 $\{1, 2, ..., n\}$과 $n - 1$개의 호들로 된 유향 트리가 주어졌다고 하자. 단, 그 호들은 루트를 제외한 모든 j에 대해 정점 j에서 $f(j)$로 간다. 말단(잎) 정점은 적어도 하나 존재한다. 말단 정점들 중 정점에 부여된 번호가 가장 작은 것을 V_1이라고 하자. 만일 $n > 1$이면 $f(V_1)$을 적어두고 V_1과 호 $V_1 \to f(V_1)$을 트리에서 삭제한다. 이제 그 정점과 호가 삭제된 트리에서 가장 작은 번호의 말단 정점을 V_2라고 하자. 만일 $n > 2$이면 $f(V_2)$를 적어두고 V_2와 호 $V_2 \to f(V_2)$를 트리에서 삭제한다. 이런 식으로 계속 진행하면 트리에는 루트만 남게 되며, 결과적으로 다음과 같은 $n - 1$개의 번호들의 순차열이 생긴다.

$$f(V_1), f(V_2), ..., f(V_{n-1}), \qquad 1 \le f(V_j) \le n. \tag{16}$$

이것을 원래의 유향 트리의 **표준표현**(canonical representation)이라고 부른다.

다음과 같은 10개의 정점들로 된 유향 트리의 경우,

$$\tag{17}$$

표준표현은 1, 3, 10, 5, 10, 1, 3, 5, 3이다.

여기서 중요한 점은, 이상의 절차를 뒤집어서, (16)과 같은 $n - 1$개의 수들로 된 임의의 순차열로부터 유향 트리를 만들어낼 수 있다는 점이다. 1에서 n까지의 수들로 된 임의의 수열 $x_1, x_2, ..., x_{n-1}$이 주어졌으며, $x_1, ..., x_{n-1}$에는 나오지 않는 가장 작은 수를 V_1로 둔다. 그리고 수열 $x_2, ..., x_{n-1}$에는 나타나지 않는, V_1과 같지 않은 가장 작은 수를 V_2로 둔다. 이런 식으로 계속 반복하면 정수 $\{1, 2, ..., n\}$의 한 순열 $V_1 V_2 ... V_n$을 얻게 된다. 이제 $1 \le j < n$에 대해 정점 V_j에서 정점 x_j로

호를 그린다. 그러면 유향 순환마디가 없는 하나의 유향 그래프가 만들어지며, 연습문제 2.3.4.2-7에 의해 그 유향 그래프는 하나의 유향 트리이다. 수열 $x_1, x_2, ..., x_{n-1}$이 그 유향 그래프에 대한 수열 (16)과 같음은 명백하다.

구축 공정이 가역적이므로, 수 $\{1, 2, ..., n\}$의 $(n-1)$짝들과 그 수들을 정점으로 하는 유향 트리들 사이에 하나의 일대일 대응 관계가 존재한다. 따라서 *n개의 번호(이름표) 붙은 정점들로 된 서로 다른 유향 트리들의 개수는 n^{n-1}이다.* 만일 그 중 한 정점을 루트로 지정한다면, 한 정점과 다른 정점 사이에 차이가 없음이 확실하므로, 주어진 정점을 루트로 하는 $\{1, 2, ..., n\}$에 대한 서로 다른 유향 트리의 개수는 n^{n-2}이다. 정점이 네 개이면 $4^{4-2} = 16$이며, 이는 (15)와 일치한다. 이러한 정보를 이용하면 번호 붙은 정점들을 가진 자유 트리들의 개수도 쉽게 결정할 수 있다(연습문제 22). 번호 붙은 정점들로 된 순서트리의 개수 역시, 번호가 붙지 않은 경우에 대한 답을 알기만 한다면 쉽게 결정된다(연습문제 23). 이렇게 해서 세 가지 기본적인 트리 종류들의 열거 문제를 번 호 붙은 정점과 붙지 않은 정점의 경우 모두에 대해서 본질적으로 풀어냈다.

흔히 써왔던 생성함수 기법을 번호 붙은 유향 트리의 열거 문제에 적용해 보는 것도 흥미로울 것이다. 편의상 n개의 번호 붙은 정점들로 된, 유향 순환마디가 없으며 지정된 q개의 정점들로부터 하나씩의 호가 나오는 유향 그래프의 개수를 $r(n, q)$라고 표기하기로 하자. 그러면 지정된 하나의 루트를 가진 번호 붙은 유향 트리의 개수는 $r(n, n-1)$이다. 이 표기법 하에서, 다음과 같은 간단한 개수 관계식들을 구할 수 있다(m은 임의의 고정된 정수).

$$r(n, q) = \sum_k \binom{q}{k} r(m+k, k) r(n-m-k, q-k), \quad \text{만일 } 0 \le m \le n - q \text{이면,} \quad (18)$$

$$r(n, q) = \sum_k \binom{q}{k} r(n-1, \; q-k), \qquad\qquad \text{만일 } q = n - 1 \text{이면.} \quad (19)$$

관계 (18)은 지정되지 않은 정점들을 그룹 A에 m개, 그룹 B에 $n-q-m$개로 분할하고, q개의 지정되지 않는 정점들은 A로 이어지는 경로들을 시작하는 k개의 정점들과 B로 이어지는 경로들을 시작하는 $q-k$개의 정점들로 분할함으로써 얻은 것이다. 관계 (19)는 루트의 차수가 k인 유향 트리들을 고려해서 얻은 것이다.

이 관계들의 형태는 다음과 같은 생성함수가 유용함을 암시한다.

$$G_m(z) = r(m, 0) + r(m+1, 1)z + \frac{r(m+2, 2)z^2}{2!} + \cdots = \sum_k \frac{r(k+m, k)z^k}{k!}.$$

이러한 설정 하에서, 식 (18)은 $G_{n-q}(z) = G_m(z) G_{n-q-m}(z)$임을 말해주며, 따라서 m에 대한 귀납법에 의해 $G_m(z) = G_1(z)^m$임을 알 수 있다. 이제 식 (19)로부터 다음을 얻는다.

$$G_1(z) = \sum_{n \ge 1} \frac{r(n, n-1)z^{n-1}}{(n-1)!} = \sum_{k \ge 0} \sum_{n \ge 1} \frac{r(n-1, n-1-k)z^{n-1}}{k!(n-1-k)!}$$

$$= \sum_{k \ge 0} \frac{z^k}{k!} G_k(z) = \sum_{k \ge 0} \frac{(z G_1(z))^k}{k!} = e^{z G_1(z)}.$$

이를 다른 말로 하면, $G_1(z) = w$로 둔다고 할 때 다음과 같은 초월방정식(transcendental equation, 超越-)의 해의 계수들로부터 우리의 문제에 대한 답을 얻을 수 있다는 것이다.

$$w = e^{zw}. \tag{20}$$

이 방정식은 라그랑주 반전공식(inversion formula)으로 풀 수 있다. $g_n(\zeta) = f(\zeta)^n$으로 두자. f가 원점의 근방(neighborhood)에 대해 해석적 함수(analytic function)이고 $f(0) \neq 0$일 때, $z = \zeta / f(\zeta)$는 다음을 함의한다.

$$\zeta = \sum_{n \geq 1} \frac{z^n}{n!} g_n^{(n-1)}(0). \tag{21}$$

(연습문제 4.7-16 참고). 이 경우 $\zeta = zw$, $f(\zeta) = e^\zeta$으로 둘 수 있으며, 그러면 해는 다음과 같이 단순해진다.

$$w = \sum_{n \geq 0} \frac{(n+1)^{n-1}}{n!} z^n. \tag{22}$$

이는 앞에서 얻은 답과 일치한다.

레이니G. N. Raney는 이 방법을 한 가지 중요한 방식으로 확장해서 다음과 같은 좀 더 일반적인 방정식

$$w = y_1 e^{z_1 w} + y_2 e^{z_2 w} + \cdots + y_s e^{z_s w}$$

의 해에 대한 하나의 양함수적인(명시적인) 멱급수를 얻을 수 있음을 증명했다(w를 $y_1, ..., y_s$와 $z_1, ..., z_s$의 멱급수들로 풀어서). 이러한 일반화를 위해 정수들의 s차원 벡터

$$\mathbf{n} = (n_1, n_2, ..., n_s)$$

를 고려하자. 그리고 편의상 다음과 같이 표기하기로 하자.

$$\sum \mathbf{n} = n_1 + n_2 + \cdots + n_s.$$

s개의 색 $C_1, C_2, ..., C_s$가 있으며, 각 정점에 하나의 색이 부여된 유향 그래프가 있다고 가정하자. 예를 들면 다음과 같다.

$$\tag{23}$$

정점 $\{1, 2, ..., n\}$들에 다음과 같은 규칙들을 만족하도록 호들을 그리고 색을 부여하는 방법의 개수를 $r(\mathbf{n}, \mathbf{q})$로 표기한다고 하자.

i) $1 \leq i \leq s$에 대해 색이 C_i인 정점 개수는 정확히 n_i개이다(따라서 $n = \sum \mathbf{n}$이다).

ii) 호들은 q개이다. 정점 $\{1, 2, ..., q\}$ 각각마다 하나씩의 호가 나간다.

iii) $1 \leq i \leq s$에 대해 색이 C_i인 정점에 도달하는 호의 개수는 정확히 q_i개이다(따라서 $q = \sum q$ 이다).

iv) 유향 순환마디는 없다(따라서 $q = n = 0$이 아닌 한 $q < n$이다).

이를 $(\mathbf{n}, \mathbf{q})$ 구성(construction)이라고 부르기로 하자.

예를 들어 만일 $C_1 =$ 적, $C_2 =$ 황, $C_3 =$ 청이라고 하면, (23)은 $((3,2,2),(1,2,2))$ 구성에 해당한다. 색이 오직 하나인 경우에는 이미 해결했던 유향 트리 문제가 된다. 레이니의 아이디어는 1차원 구성을 s차원으로 확장하자는 것이다.

$\mathbf{n}$과 $\mathbf{q}$가 음이 아닌 정수들의 고정된 s자리 벡터들이라고 하고, $n = \sum \mathbf{n}$, $q = \sum \mathbf{q}$라고 하자. 각각의 $(\mathbf{n}, \mathbf{q})$ 구성과 $1 \leq k \leq n$인 각 k에 대해 다음 네 가지로 이루어진 하나의 표준표현을 정의할 수 있다.

a) $q < t \leq n$인 수 t.

b) 색 C_i가 n_i개인, n개의 색들로 된 수열.

c) 색 C_i가 q_i개인, q개의 색들로 된 수열.

d) $1 \leq i \leq s$에 대해 집합 $\{1, 2, \ldots, n_i\}$의 원소 q_i개로 된 수열.

이 표준표현은 이렇게 정의된다: 우선, $\{1, 2, \ldots, q\}$의 정점들을 유향 트리의 표준표현(앞에서 정의된 방식으로)의 $V_1, V_2, \ldots, V_q$순으로 나열한다. 그런 다음 정점 V_j 아래에 V_j에서 시작하는 호의 종착 정점의 번호, 즉 $f(V_j)$를 적는다. $t = f(V_q)$라고 하자. 그리고 (c)에서 말한 색들의 수열이 정점 $f(V_1), \ldots, f(V_q)$의 해당 색들이고, (b)에서 말한 색들의 수열이 정점 $k, k+1, \ldots, n, 1, \ldots, k-1$의 해당 색들이라고 하자. 마지막으로, (d)에서 말한 수열들 중 i번째 수열이 $x_{i1}, x_{i2}, \ldots, x_{iq_i}$라고 하자. 여기서 만일 수열 $f(V_1), \ldots, f(V_q)$에서 색이 C_i인 j번째 요소가 수열 $k, k+1, \ldots, n, 1, \ldots, k-1$에서 색이 C_i인 m번째 요소이면 $x_{ij} = m$이다.

예를 들어 구성 (23)과 $k = 3$인 경우를 생각해 보자. 우선 $V_1, \ldots, V_5$와 $f(V_1), \ldots, f(V_5)$를 나열하면

$$1\ 2\ 4\ 5\ 3$$
$$7\ 6\ 3\ 3\ 6$$

이다. 따라서 $t = 6$이며, 이에 해당하는 수열 (c)는 7, 6, 3, 3, 6이고 색 이름으로 말하면 적, 황, 청, 청, 황이다. 수열 (b)는 3, 4, 5, 6, 7, 1, 2이고 색 이름으로 말하면 청, 황, 적, 황, 적, 청, 적이다. 마지막으로, (d)의 수열들을 구해보자.

색	3,4,5,6,7,1,2 중 이 색깔인 요소들	7,6,3,3,6 중 이 색깔인 요소들	열 2로 열 3을 부호화한 결과
적	5,7,2	7	2
황	4,6	6,6	2,2
청	3,1	3,3	1,1

따라서 (d)의 수열들은 2와 2.2와 1.1이다.

이러한 표준표현으로부터 원래의 $(\mathbf{n}, \mathbf{q})$ 구성과 수 k를 복원하는 과정은 다음과 같다. (a)와 (c)로부터 정점 t의 색을 알아낸다. 그 색에 대한 (d) 수열의 마지막 요소와 (b)를 통해서 수열 $k, ..., n, 1, ..., k-1$에서 t의 위치를 알아낸다. 이를 통해서 k와 모든 정점들의 색을 알아낼 수 있다. 다음으로, (d)의 수열들과 (b), (c)를 이용해서 $f(V_1), f(V_2), ..., f(V_q)$를 구하고, 마지막으로 유향 트리에서 했던 것처럼 $V_1, ..., V_q$의 위치를 결정함으로써 유향 그래프를 재구성한다.

이러한 표준표현의 가역성 덕분에 모든 가능한 $(\mathbf{n}, \mathbf{q})$ 구성들의 개수를 셀 수 있다: (a)의 선택의 가짓수는 $n - q$이며, (b)에 대한 선택의 수는 다항계수

$$\binom{n}{n_1, ..., n_s}$$

이며, (c)는

$$\binom{q}{q_1, ..., q_s}$$

가지이고 (d)는 $n_1^{q_1} n_2^{q_2} ... n_s^{q_s}$ 가지이다. 이를 k에서 n을 선택하는 경우의 수로 나누어서 다음과 같은 일반적인 결과를 얻는다.

$$r(\mathbf{n}, \mathbf{q}) = \frac{n-q}{n} \frac{n!}{n_1! ... n_s!} \frac{q!}{q_1! ... q_s!} n_1^{q_1} n_2^{q_2} ... n_s^{q_s}. \tag{24}$$

더 나아가서, 식 (18), (19)에 비견할 수 있는 다음 공식도 도출할 수 있다.

$$r(\mathbf{n}, \mathbf{q}) = \sum_{\substack{\mathbf{k}.\mathbf{t} \\ \sum(\mathbf{t}-\mathbf{k})=m}} \binom{\sum \mathbf{q}}{\sum \mathbf{k}} r(\mathbf{t}, \mathbf{k}) \, r(\mathbf{n}-\mathbf{t}, \mathbf{q}-\mathbf{k}), \quad \text{만일 } 0 \le m \le \sum(\mathbf{n}-\mathbf{q}) \text{이면.} \tag{25}$$

$r(0,0) = 1$이고, 만일 임의의 n_i나 q_i가 음이거나 $q > n$이면 $r(\mathbf{n}, \mathbf{q}) = 0$이라는 관례를 이용해서 식을 다시 정리하면:

$$r(\mathbf{n}, \mathbf{q}) = \sum_{i=1}^{s} \sum_{k} \binom{\sum \mathbf{q}}{k} r(\mathbf{n}-\mathbf{e}_i, \ \mathbf{q}-k\mathbf{e}_i), \quad \text{만일 } \quad \sum \mathbf{n} = 1 + \sum \mathbf{q} \text{이면.} \tag{26}$$

여기서 $\mathbf{e}_i$는 i번째 성분만 1이고 나머지들은 모두 0인 벡터이다. 관계 (25)는 정점 $\{q+1, ..., n\}$들을 각각 m개와 $n - q - m$개의 요소들을 가진 두 부분으로 나누는 것에서 비롯된 것이다. (26)은 유일한 해를 제거한 나머지 구성을 고려함으로써 유도한 것이다. 이제 다음과 같은 결과를 얻는다.

정리 R (레이니 George N. Raney, *Canadian J. Math.* **16** (1964), 755-762).

$$w = \sum_{\substack{\mathbf{n}, \mathbf{q} \\ \sum(\mathbf{n}-\mathbf{q})=1}} \frac{r(\mathbf{n}, \mathbf{q})}{(\sum \mathbf{q})!} y_1^{n_1} ... y_s^{n_s} z_1^{q_1} ... z_s^{q_s} \tag{27}$$

라고 하자. 여기서 $r(\mathbf{n}, \mathbf{q})$는 (24)의 정의를 따르는 수량이며, $\mathbf{n}$과 $\mathbf{q}$는 s차원 정수 벡터들이다. 이 때 w는 다음 항등식을 만족한다.

$$w = y_1 e^{z_1 w} + y_2 e^{z_2 w} + \cdots + y_s e^{z_s w}. \tag{28}$$

증명. (25)와 m에 대한 귀납에 의해

$$w^m = \sum_{\substack{\mathbf{n,q} \\ \sum (\mathbf{n-q}) = m}} \frac{r(\mathbf{n,q})}{(\sum \mathbf{q})!} y_1^{n_1} \cdots y_s^{n_s} z_1^{q_1} \cdots z_s^{q_s} \tag{29}$$

임을 알 수 있다. 이제 (26)에 의해

$$
\begin{aligned}
w &= \sum_{i=1}^{s} \sum_{k} \sum_{\substack{\mathbf{n,q} \\ \sum(\mathbf{n-q})=1}} \frac{r(\mathbf{n}-\mathbf{e}_i, \mathbf{q}-k\mathbf{e}_i)}{k!\,(\sum \mathbf{q}-k)!} y_1^{n_1} \cdots y_s^{n_s} z_1^{q_1} \cdots z_s^{q_s} \\
&= \sum_{i=1}^{s} \sum_{k} \frac{1}{k!}\, y_i z_i^k \sum_{\substack{\mathbf{n,q} \\ \sum(\mathbf{n-q})=k}} \frac{r(\mathbf{n,q})}{(\sum \mathbf{q})!} y_1^{n_1} \cdots y_s^{n_s} z_1^{q_1} \cdots z_s^{q_s} \\
&= \sum_{i=1}^{s} \sum_{k} \frac{1}{k!}\, y_i z_i^k w^k. \quad\blacksquare
\end{aligned}
$$

응용에서는 (27)과 (28)의 $s = 1$이고 $z_1 = 1$인 특수한 경우가 특히 중요하다. 그런 경우 "트리 함수"라고 알려진 다음과 같은 공식이 나온다.

$$T(y) = \sum_{n \geq 1} \frac{n^{n-1}}{n!} y^n = y e^{T(y)}. \tag{30}$$

이 함수의 역사와 몇 가지 주목할 만한 성질들에 대한 논의가 Corless, Gonnet, Hare, Jeffrey, Knuth, *Advances in Computational Math.* **5** (1996), 329–359에 나온다.

굿I. J. Good은 [*Proc. Cambridge Philos. Soc.* **61** (1965), 499–517; **64** (1968), 489]에서 생성함수들의 능란한 조작에 기반한 트리의 열거 공식들을 정리했다. 좀 더 최근에는 조열André Joyal 이 개발한 수학적 종 이론(theory of species)에 의해, 구조들이 조합적 성질에 직접적으로 대응되는 생성함수들의 대수적 연산에 대한 고수준 관점이 가능해졌다. 베르제론F. Bergeron, 라벨G. Labelle, 르루P. Leroux의 책 *Combinatorial Species and Tree-like Structures* (Cambridge Univ. Press, 1998)에는 앞에서 도출한 여러 공식들을 일반화하는 이 아름답고도 유익한 이론의 여러 가지 예제들 이 나온다.

연습문제

1. [*M20*] (폴랴G. Pólya.)
$$A(z) = z \cdot \exp\left(A(z) + \tfrac{1}{2} A(z^2) + \tfrac{1}{3} A(z^3) + \cdots\right)$$
임을 보여라. [힌트: (3)의 로그를 취할 것.]

2. [*HM24*] (오터R. Otter.) 수 a_n이 다음 조건을 만족함을 보여라.

$$na_{n+1} = a_1 s_{n1} + 2a_2 s_{n2} + \cdots + na_n s_{nn}.$$

여기서

$$s_{nk} = \sum_{1 \le j \le n/k} a_{n+1-jk}$$

이다. ($s_{nk} = s_{(n-k)k} + a_{n+1-k}$ 라는 점에서 이 공식들은 a_n 의 계산에 유용하다.)

3. [*M40*] 정점이 n 개(단, $n \le 100$)인 (번호가 붙지 않은) 자유 트리 개수와 유향 트리 개수를 세는 완전한 프로그램을 작성하라. (연습문제 2의 결과를 사용할 것.) 그 개수들의 산술적 성질들을 탐구하라. 그 수들의 소인수들이나 p 로 나눈 나머지들에 대해 뭔가 특기할 만한 것이 있는가?

▶ **4.** [*HM39*] (폴랴, 1937.) 복소변수 이론을 이용해서 유향 트리 개수의 점근값을 다음 과정을 따라 결정하라:

a) 복소함수 $A(z)$ 가 반지름이 α 인 수렴원을 가지며, $|z| \le \alpha$ 인 모든 z 에 대해 $A(z)$ 가 절대적으로 수렴하며, 최대값 $A(\alpha) = a < \infty$ 라는 조건들을 만족하는 실수 α 가 0에서 1사이에 존재함을 보여라. [힌트: 어떤 멱급수에 음의 계수들이 있다면 그 멱급수는 전해석함수(entire function)이거나 양의 실수 특이점을 가진다. 그리고 $A(z)/z$ 가 $z \to \alpha-$ 로 접근할 때 유계임을 연습문제 1의 항등식을 이용해서 보일 것.]

b) $F(z, w) = \exp(zw + \frac{1}{2}A(z^2) + \frac{1}{3}A(z^3) + \cdots) - w$ 라고 할 때, $(z, w) = (\alpha, a/\alpha)$ 의 근방에서 $F(z, w)$ 가 각각의 변수에 대해 개별적으로 해석적임을 보여라.

c) 점 $(z, w) = (\alpha, a/\alpha)$ 에서 $\partial F/\partial w = 0$ 이며 따라서 $a = 1$ 임을 보여라.

d) 점 $(z, w) = (\alpha, 1/\alpha)$ 에서

$$\frac{\partial F}{\partial z} = \beta = \alpha^{-2} + \sum_{k \ge 2} \alpha^{k-2} A'(\alpha^k) \text{ 이고 } \frac{\partial^2 F}{\partial w^2} = \alpha$$

임을 보여라.

e) $|z| = \alpha$ 이고 $z \ne \alpha$ 일 때, $\partial F/\partial w \ne 0$ 임을, 따라서 $A(z)$ 는 $|z| = \alpha$ 에서 유일한 특이점을 가짐을 보여라.

f) $|z| < \alpha$ 보다 더 큰 영역이 존재함을 증명하라. 단, z 와 α 는 다음과 같은 관계를 만족한다.

$$\frac{1}{z} A(z) = \frac{1}{\alpha} - \sqrt{2\beta(1 - z/\alpha)} + (1 - z/\alpha)R(z).$$

여기서 $R(z)$ 은 $\sqrt{z - \alpha}$ 의 한 해석적 함수이다.

g) 이상의 결과들로 다음을 증명하라.

$$a_n = \frac{1}{\alpha^{n-1}n} \sqrt{\beta/2\pi n} + O(n^{-5/2}\alpha^{-n}).$$

[참고: $1/\alpha \approx 2.955765285652$ 이고 $\alpha\sqrt{\beta/2\pi} \approx 0.439924012571$ 이다.]

▶ **5.** [*M25*] (케일리A. Cayley.) c_n 이 n 개의 말단(내차수가 0인 정점)들을 가지며 그 외의 다른 정점

들에는 적어도 두 개의 하위트리들이 있는 (번호 붙이지 않은) 유향 트리의 개수라고 하자. 예를 들어 n이 3일 때에는 다음과 같은 두 개의 유향 트리들이 가능하므로 $c_3 = 2$이다.

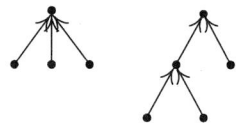

다음 생성함수에 대한, (3)에 비견할 수 있는 공식을 구하라.

$$C(z) = \sum_n c_n z^n.$$

6. [M25] 각 정점의 내차수가 2 이하인 유향 트리를 "유향 이진트리"라고 정의하기로 하자. n개의 정점들로 된 서로 다른 유향 이진트리들의 개수에 대한 생성함수 $G(z)$를 정의하는 적당히 간단한 관계를 찾고, 그런 생성함수의 처음 몇 값들을 구하라.

7. [HM40] 연습문제 6에서 얻은 값들에 대한 점근값들을 구하라. (연습문제 4 참고.)

8. [20] 식 (9)에 의하면 정점이 6개인 자유 트리는 여섯 개이다. 그것들을 도표로 그리고 그 무게중심도 표시하라.

9. [M20] 자유 트리에서 하나의 무게중심을 담을 수 있는 하위트리는 많아야 하나라는 사실로부터, 하나의 자유 트리에 많아야 두 개의 무게중심이 있음을 증명하라. 또한 무게중심이 둘일 때에는 그 둘이 반드시 인접함도 증명하라.

▶ **10.** [M22] 정점이 n개이고 무게중심이 둘인 자유 트리는 정점이 $n/2$개인 자유 트리 두 개가 하나의 변으로 연결된 형태임을 증명하라. 반대로, m개의 정점들로 된 두 자유 트리를 하나의 변으로 연결하면 정점이 $2m$개이고 무게중심이 둘 있는 하나의 자유 트리가 됨도 증명하라.

▶ **11.** [M28] 본문에서는 n개의 노드들로 된 서로 다른 이진트리 개수를 유도했다. 이를 n개의 노드들로 된 서로 다른 t진 트리의 개수에 대한 것으로 일반화하라. (연습문제 2.3.1-35 참고. t진 트리는 빈 트리이거나 루트 하나와 t개의 서로 소인 t진 트리들로 구성된 트리이다.) 힌트: 1.2.9절의 식 (21)을 사용할 것.

12. [M20] 정점이 n개인 번호 붙은 유향 트리 개수를 행렬식들과 연습문제 2.3.4.2-19의 결과를 이용해서 구하라. (연습문제 1.2.3-36도 볼 것.)

13. [15] $\{1, 2, \ldots, 10\}$을 정점들로 하는, 표준표현이 3, 1, 4, 1, 5, 9, 2, 6, 5인 유향 트리를 그려라.

14. [10] 참 또는 거짓을 밝혀라: 유향 트리의 표준표현의 마지막 항목 $f(V_{n-1})$은 항상 그 트리의 루트이다.

15. [21] 2.2.3절의 위상정렬 알고리즘과 유향 트리의 표준표현 사이의 관계를 논하라(관계가 존재한다면).

16. 〔*25*〕 유향 트리의 표준표현을 PARENT 링크들을 이용하는 일반적인 컴퓨터 표현으로 변환하는 알고리즘을 설계하라(최대한 효율적이도록).

▶ **17.** 〔*M26*〕 $f(x)$가 정수값 함수이고 $1 \le x \le m$인 모든 정수 x에 대해 $1 \le f(x) \le m$이라고 하자. 어떠한 $r, s \ge 0$에 대해 만일 $f^{[r]}(x) = f^{[s]}(y)$이면 $x \equiv y$라고 정의한다. 여기서 $f^{[0]}(x) = x$이고 $f^{[r+1]}(x) = f(f^{[r]}(x))$이다. 이번 절에 나온 것들과 비슷한 열거 방법을 이용해서, 모든 x와 y에 대해 $x \equiv y$인 함수들의 개수는 $m^{m-1}Q(m)$임을 보여라. 여기서 $Q(m)$은 1.2.11.3절에서 정의한 함수이다.

18. 〔*24*〕 다음에 말하는 방법이 1에서 n까지의 수들의 $(n-1)$짝들과 n개의 번호 붙은 정점들을 가진 유향 트리들 사이에 일대일 대응 관계를 정의하는 또 다른 방법임을 보여라: $V_1, ..., V_k$가 트리의 잎들을 오름차순으로 나열한 것이라고 하자. $(V_1, V_{k+1}, V_{k+2}, ..., V_q)$가 V_1에서 루트로의 경로라고 하고, 정점 $V_q, ..., V_{k+2}, V_{k+1}$들을 적어둔다. 그런 다음, $(V_2, V_{q+1}, V_{q+2}, ..., V_r)$이 V_2에서 시작해서 이미 적어둔 어떤 정점 V_r에 도착하는 유향 경로들 중 가장 짧은 유향 경로라고 하자(즉, 그러한 V_r을 찾아야 한다). 이제 $V_r, ..., V_{q+2}, V_{q+1}$을 적어둔다. 다음으로, $(V_3, V_{r+1}, ..., V_s)$가 V_3에서 시작해서 이미 적어둔 어떤 정점 V_s에 도착하는 가장 짧은 유향 경로라고 하고, $V_s, ..., V_{r+1}$을 적는다. 나머지 말단 정점들에 대해서도 같은 식으로 반복한다. 예를 들어 트리 (17)에 이러한 방법을 적용하면 3, 1, 3, 3, 4, 10, 5, 10, 1이 나온다. 이러한 방법이 가역적임을 보여라. 그리고 그 예로, 정점들이 $\{1, 2, ..., 10\}$이고 이 방법으로 얻은 표현이 3, 1, 4, 1, 5, 9, 2, 6, 5인 유향 트리를 그려보라.

19. 〔*M24*〕 번호 붙은 정점이 n개이고 그 정점들 중 k개가 잎(내차수가 0인 정점)인 서로 다른 유향 트리는 몇 개인가?

20. 〔*M24*〕 (리어던J. Riordan.) 번호 붙은 정점이 n개이고 그 중 내차수가 0인 것이 k_0개, 1인 것이 k_1개, 2인 것이 k_2개, ...인 서로 다른 유향 트리는 몇 개인가? (반드시 $k_0 + k_1 + k_2 + \cdots = n$이며 $k_1 + 2k_2 + 3k_3 + \cdots = n-1$임을 주목할 것.)

▶ **21.** 〔*M21*〕 모든 정점이 내차수가 0이거나 2인 번호 붙은 유향 트리의 개수를 구하라. (연습문제 20과 연습문제 2.3-20 참고.)

22. 〔*20*〕 정점이 n개인 번호 붙은 자유 트리는 몇 개인가? (다른 말로 하면 n개의 정점들이 주어졌을 때, 그 정점들로 만들 수 있는 그래프의 개수는 $\binom{n}{2}$개의 가능한 변들을 그래프에 어떻게 두느냐에 따라 $2^{\binom{n}{2}}$이다. 그 그래프들 중 자유 트리인 것은 몇 개인가?)

23. 〔*M21*〕 n개의 번호 붙은 정점들로 된 순서트리는 몇 개나 가능할까? (계승이 쓰이는 간단한 공식을 제시하라.)

24. 〔*M16*〕 정점이 1, 2, 3, 4이고 루트가 1인 모든 번호 붙은 유향 트리들이 (15)에 나와 있다. 만일 그 정점들과 루트로 번호 붙은 순서트리들을 열거한다면 몇 개가 나올까?

25. [M20] 식 (18)과 (19)에 나오는 수량 $r(n, q)$의 값은 얼마인가? (명시적인 공식을 제시하라. 본문에서는 $r(n, n-1) = n^{n-2}$이라고만 했었다.)

26. [20] 이번 절 끝에 나온 표기법 하에서 $((3,2,4),(1,4,2))$ 구조를 (23)과 비슷한 형태로 그려라. 그리고 $t = 8$이고 색들의 순차열들이 "적, 황, 청, 적, 황, 청, 적, 청, 청"과 "적, 황, 청, 황, 황, 청, 황"이며 색인 수열들이 3; 1, 2, 2; 2, 4인 표준표현에 해당하는 번호 k를 찾아라.

▶ **27.** [M28] $U_1, U_2, ..., U_p, ..., U_q$; $V_1, V_2, ..., V_r$이 한 유향 그래프의 정점들이라고 하자. f가 집합 $\{p+1, ..., q\}$에서 집합 $\{1, 2, ..., r\}$로의 사상인 임의의 함수라고 하고, 그 유향 그래프에 $p < k \le q$에 대해 U_k에서 $V_{f(k)}$로 가는 정확히 $q-p$개의 호들이 있다고 하자. V들 각각에서 U들 각각으로 가는 r개의 추가적인 호들을 그래프에 추가하되 그래서 생긴 유향 그래프에 어떠한 유향 순환마디도 없도록 하는 방법이 $q^{r-1}p$가지임을 보여라. 이를 표준표현 방법을 일반화함으로써 증명하라. 즉, r개의 추가적인 호들을 추가하는 그러한 모든 방법들과 $1 \le k < r$에 대해 $1 \le a_k \le q$이며 $1 \le a_r \le p$인 정수 수열 $a_1, a_2, ..., a_r$들 사이에 일대일 대응관계를 설정하라.

28. [M22] (두 갈래 트리.) 연습문제 27의 결과를 이용해서 정점 $U_1, ..., U_m, V_1, ..., V_n$에 대한, 각 변이 어떠한 j와 k에 대해 U_j와 V_k를 연결하는 번호 붙은 자유 트리들의 개수를 구하라.

29. [HM26] 만일 $E_k(r, t) = r(r+kt)^{k-1}/k!$이면, 그리고 $zx^t = \ln x$이면, 고정된 t와 충분히 작은 $|z|$ 및 $|x-1|$에 대해

$$x^r = \sum_{k \ge 0} E_k(r, t)z^k$$

임을 증명하라. [식 (19) 다음의 논의에 나온 $G_m(z) = G_1(z)^m$이라는 사실을 이용할 것.] 이 공식에서 r은 임의의 실수를 나타낸다. [참고: 이 공식의 한 결과로, 다음과 같은 항등식이 나온다.

$$\sum_{k=0}^{n} E_k(r, t)E_{n-k}(s, t) = E_n(r+s, t).$$

이것은 아벨의 이항정리, 즉 1.2.6절의 식 (16)을 함의한다. 그 절의 식 (30)과도 비교해 볼 것.]

30. [M23] $n, x, y, z_1, ..., z_n$이 양의 정수들이라고 하자. $x + y + z_1 + \cdots + z_n + n$개의 정점들 r_i, s_{jk}, t_j $(1 \le i \le x+y, 1 \le j \le n, 1 \le k \le z_j)$를 고려하고, 모든 j와 k에 대해 s_{jk}에서 t_j로 호를 그린다고 하자. 연습문제 27에 따라 $t_1, ..., t_n$의 각 정점에서 다른 정점으로 하나의 호를 그리되 그 결과로 생긴 유향 그래프에 유향 순환마디가 없도록 하는 방법은 $(x+y)(x+y+z_1+\cdots+z_n)^{n-1}$가지이다. 이 사실을 이용해서 이항정리에 대한 다음과 같은 후르비츠Hurwitz의 일반화를 증명하라.

$$\sum x(x + \epsilon_1 z_1 + \cdots + \epsilon_n z_n)^{\epsilon_1 + \cdots + \epsilon_n - 1} y(y + (1-\epsilon_1)z_1 + \cdots + (1-\epsilon_n)z_n)^{n-1-\epsilon_1 - \cdots - \epsilon_n}$$
$$= (x+y)(x+y+z_1+\cdots+z_n)^{n-1}.$$

여기서, 합($\sum$)의 구간은 $\epsilon_1, ..., \epsilon_n$ 각각을 0 또는 1로 선택해서 생길 수 있는 2^n개의 수열들 전체이다.

31. 〔M24〕 연습문제 5를 순서트리에 대해 풀어라. 즉, 말단 노드가 n개이며 차수가 1인 노드가 없는, 번호가 붙지 않은 순서트리 개수에 대한 생성함수를 유도하라.

32. 〔M37〕 (에르델리 A. Erdélyi와 이서링턴 I. M. H. Etherington, *Edinburgh Math. Notes* **32** (1941), 7-12.) 차수가 0인 노드가 n_0개, 차수가 1인 노드가 n_1개, ..., 차수가 m인 노드가 n_m개인 (순서, 번호 붙지 않은) 트리의 개수는 몇인가? (이 문제의 해를 계승들로 표현할 수 있으며, 그렇다면 연습문제 11의 결과를 상당히 일반화하는 것이 된다.)

▶ **33.** 〔M28〕 본문에서는 방정식 $w = y_1 e^{z_1 w} + \cdots + y_r e^{z_r w}$에 대한, 특정한 유향 숲들에 대한 열거 공식을 근거로 한 양함수적인(명시적인) 멱급수 해를 제시했다. 그와 비슷하게, 연습문제 32의 열거 공식을 이용해서 방정식

$$w = z_1 w^{e_1} + z_2 w^{e_2} + \cdots + z_r w^{e_r}$$

의 명시적 멱급수 해를 (w를 $z_1, ..., z_r$의 멱급수로 표현함으로써) 얻을 수 있음을 보여라. (여기서 $e_1, ..., e_r$은 고정된 음이 아닌 정수들이고, 그들 중 적어도 하나는 0이다.)

2.3.4.5. 경로 길이

트리의 "경로 길이(path length)"라는 개념은 알고리즘의 수행 시간에 직접적으로 연결되는 경우가 많다는 점에서 알고리즘 분석에서 매우 중요하다. 이 주제에 대해 우리가 주로 살펴볼 것은 이진트리인 데, 왜냐하면 이진트리는 실제의 컴퓨터 표현과 매우 근접하기 때문이다.

이후의 논의에서는 이진트리를 그릴 때 빈 하위트리의 존재도 표시한다. 즉,

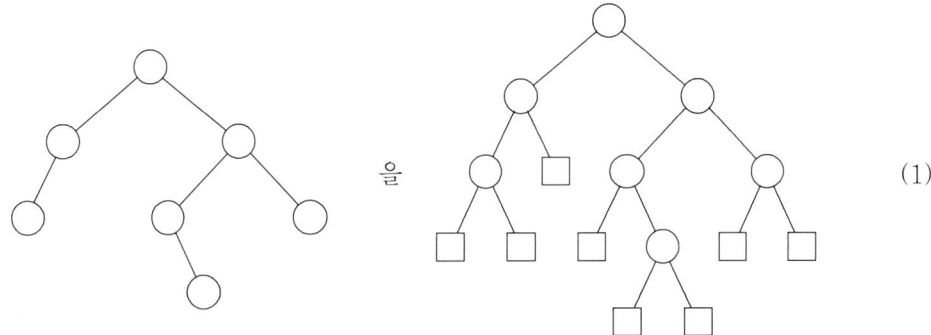

을   (1)

처럼 그린다. 네모가 공(null) 하위트리를 나타낸다. 이렇게 표시한 이진트리를 확장된 이진트리 (extended binary tree, 줄여서 확장 이진트리)라고 부른다. 이처럼 네모 노드들을 추가하고 나면 구조를 좀 더 다루기가 쉬워지는 경우가 있으며, 그런 이유로 이후의 장들에서도 이런 확장 이진트리들 을 종종 사용한다. 이제는 모든 동그라미 노드에 두 개의 자식들이 있으며 모든 네모 노드에는 자식이 없음이 확실해졌다. (이를 연습문제 2.3-20과 비교해 보라.) 이진트리에 동그라미 노드가 n개, 네모 노드가 s개일 때 변의 개수는 $n + s - 1$이다(따라서 하나의 자유 트리이다). 다른 식으로, 자식 노드들의 개수를 가지고 세어 본다면 변은 $2n$개이다. 즉,

$$s = n + 1$$ (2)

임이 명백하다. 다른 말로 하면, 추가된 "외부 노드"들의 개수는 원래의 "내부 노드"들의 개수에 1을 더한 것이다. (이에 대한 또 다른 증명이 연습문제 2.3.1-14에 나온다.) 공식 (2)는 $n = 0$인 경우에도 유효하다.

어떤 이진트리를 이런 식으로 확장했다고 하자. 이 때 트리의 외부 경로 길이 E는 루트에서 모든 외부(네모) 노드들 각각으로의 경로의 길이들의 합으로 정의된다. 내부 경로 길이 I는 모든 내부(동그라미) 노드들에 대한 그러한 합이다. (1)의 경우 외부 경로 길이는

$$E = 3+3+2+3+4+4+3+3 = 25$$

이고 내부 경로 길이는

$$I = 2+1+0+2+3+1+2 = 11$$

이다. 이 두 수량은 항상 다음과 같은 관계를 만족한다.

$$E = I + 2n. \tag{3}$$

여기서 n은 내부 노드 개수이다.

(3)을 증명하기 위해 루트로의 경로 길이가 k인 두 자식 모두 외부 노드인 어떤 내부 노드 V를 삭제한다고 하자. 그러면, V의 두 자식 외부 노드들이 사라졌으므로 E는 $2(k+1)$만큼 줄어드나, V가 새로이 외부 노드가 되었으므로 다시 k가 더해진다. 결국 E의 전체적인 변화는 $-k-2$이다. 그리고 I의 변화는 $-k$이다. 이에 대해 귀납법을 적용하면 (3)이 증명된다.

직선적인 구조로 된 퇴화된(degenerated) 트리일 때 내부 경로 길이가(그리고 따라서 외부 경로 길이가) 가장 크게 된다는 점은 쉽게 알 수 있을 것이다. 그런 경우 내부 경로 길이는

$$(n-1) + (n-2) + \cdots + 1 + 0 = \frac{n^2 - n}{2}$$

이다. 그리고 모든 이진트리들에 대한 "평균" 경로 길이가 본질적으로 $n\sqrt{n}$ 에 비례한다는 점도 증명할 수 있을 것이다(연습문제 5).

그럼 이제는 최소 경로 길이를 가진 노드 n개의 이진트리를 구축하는 문제를 살펴보자. 그런 이진트리는 여러 알고리즘들의 계산 시간을 최소화한다는 점에서 중요하다. 루트에서 거리가 0인 노드가 오직 하나(루트 자신)임은 명백하다. 거리가 1인 것은 많아야 두 개, 2인 것은 많아야 네 개 등등이다. 따라서 *내부 경로 길이는 항상 적어도 다음 수열의 처음 n 항들의 합 이상이다.*

$$0, 1, 1, 2, 2, 2, 2, 3, 3, 3, 3, 3, 3, 3, 3, 4, 4, 4, 4, \cdots.$$

이 수열의 합은 $\sum_{k=1}^{n} \lfloor \lg k \rfloor$이며, 이는 연습문제 1.2.4-42에서 보았듯이

$$(n+1)q - 2^{q+1} + 2, \quad q = \lfloor \lg(n+1) \rfloor \tag{4}$$

이다.

$q = \lg n + O(1)$이므로 (4)의 최적값은 $n \lg n + O(n)$이다. 다음과 같은 형태의 트리($n = 12$)라면 그런 최적값이 나온다.

(5)와 같은 트리를 내부 노드가 n개인 완전 이진트리(complete binary tree)라고 부른다. 일반적인 경우 완전 이진트리의 내부 노드들에 $1, 2, \ldots, n$의 번호들을 붙일 수 있다. 번호들을 이렇게 붙이면 노드 k의 부모가 $\lfloor k/2 \rfloor$이며 노드 k의 자식들은 $2k$와 $2k+1$이라는 편리한 성질이 생긴다. 그리고 외부 노드들에는 $n+1$에서 $2n+1$까지의 번호들을 붙인다.

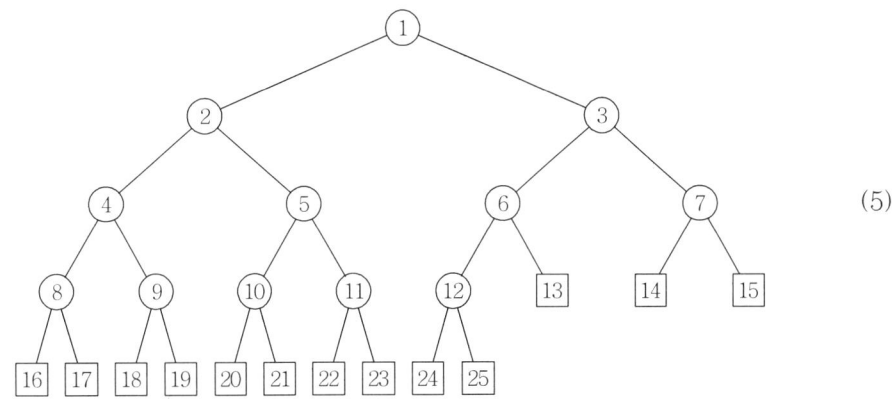

(5)

이러한 성질들 덕분에, 완전 이진트리를 순차적인 메모리 장소들 안에서 간단하게, 노드 위치들(링크들이 아니라)에 암묵적으로 나타나 있는 구조를 반영해서 표현할 수 있다. 완전 이진트리는 여러 중요한 컴퓨터 알고리즘에서 명시적으로 또는 암묵적으로 나타나기 때문에 독자는 완전 이진트리에 특별한 주의를 기울일 필요가 있다.

이러한 개념들에는 3진(ternary), 4진(quaternary), 그리고 그 이상의 고차 트리들에 대한 중요한 일반화들이 있다. t진 트리(t-ary tree)는 빈 트리 또는 루트 하나와 t개의 서로 소인 순서 있는 t진 트리들의 집합으로 정의된다. (이 정의는 2.3절의 이진트리 정의의 일반화이다.) 다음은 내부 노드가 12개인 완전(complete) 3진 트리이다.

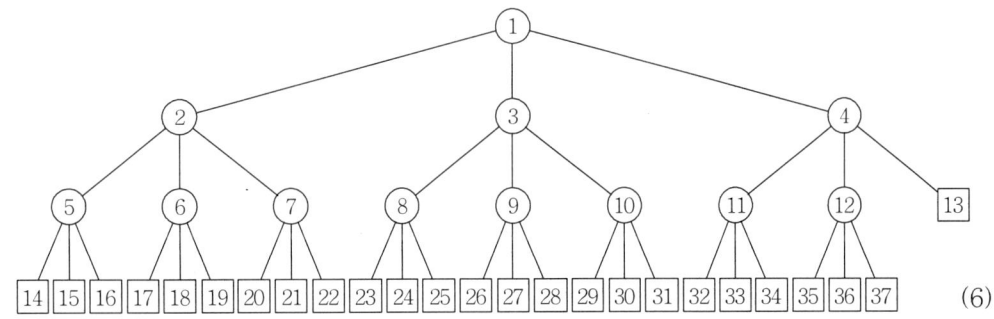

(6)

임의의 $t \geq 2$에 대해서도 위에서 말한 방법들이 적용됨은 쉽게 알 수 있다. 내부 노드가 $\{1, 2, \ldots, n\}$인 완전 t진 트리에서 노드 k의 부모 노드는

$$\lfloor (k+t-2)/t \rfloor = \lceil (k-1)/t \rceil$$

이며 노드 k의 자식들은

$$t(k-1)+2, \ t(k-1)+3, \ \ldots, \ tk+1$$

이다.

이 트리는 내부 노드가 n개인 모든 t진 트리들 중에서 내부 경로 길이가 가장 짧은 것에 해당한다. 그 내부 경로 길이는

$$\left(n + \frac{1}{t-1}\right)q - \frac{(t^{q+1}-t)}{(t-1)^2}, \qquad q = \lfloor \log_t((t-1)n+1) \rfloor \tag{7}$$

이며, 이는 연습문제 8에서 증명한다.

관점을 조금 바꾼다면, 이러한 결과들에 대한 또 다른 중요한 일반화를 얻을 수 있다. 이런 문제를 생각해 보자. m개의 실수 $w_1, w_2, ..., w_m$이 주어졌을 때, m개의 외부 노드들을 가진 유향 트리의 노드들에 그 실수 $w_1, ..., w_m$들을 부여하되 합 $\sum w_j l_j$가 최소가 되도록 하려고 한다. 여기서 l_j는 루트에서 해당 노드로의 경로의 길이이며 합의 구간은 모든 외부 노드들이다. 예를 들어 주어진 실수들이 2, 3, 4, 11이라면 다음과 같은 확장 이진트리들을 만들 수 있다.

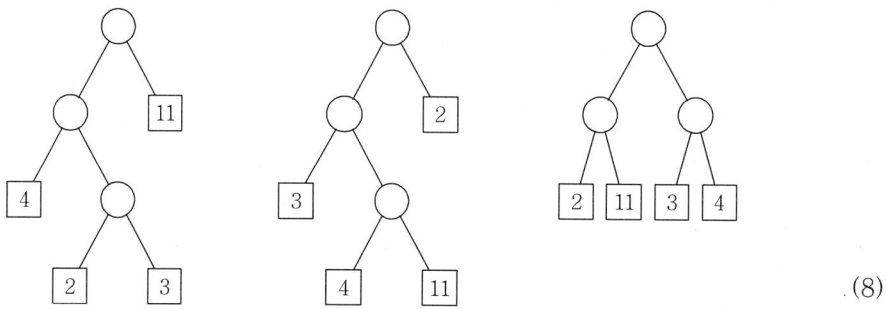

$$\tag{8}$$

w_m들을 가중치(weight)라고 생각하면 $\sum w_j l_j$는 "가중" 경로 길이라고 할 수 있다. 위의 세 트리들의 경우 가중 경로 길이는 각각 34, 53, 40이다. (이 예에서 보듯이, 가중치들이 2, 3, 4, 11일 때 완전히 균형 잡힌 트리가 최소의 가중 경로 길이를 가지지는 않는다. 다만 $w_1 = w_2 = \cdots = w_m = 1$인 특수한 경우에서는 완전 균형 트리가 최소의 가중 경로를 가진다.)

가중 경로 길이는 여러 컴퓨터 알고리즘들에서 다양한 형태로 나타난다. 예를 들면 길이를 기준으로 정렬된 수열 $w_1, w_2, ..., w_m$들을 병합하는 데 가중 경로 길이를 적용할 수도 있다. (5장 참고.) 이 개념의 가장 직접적인 응용은 이진트리를 하나의 일반적인 검색 절차로 간주하는 것이다. 즉, 루트에서 시작해서 어떤 판정을 수행하고, 그 판정의 결과에 따라 두 자식들 중 하나로 분기하고, 거기서 다시 판정과 분기를 반복하는 식의 검색이다. 예를 들어 네 가지 대안들 중 어떤 것이 참인지를 결정한다고 하자. 그리고 각 대안들은 각각 $\frac{2}{20}$, $\frac{3}{20}$, $\frac{4}{20}$, $\frac{11}{20}$의 확률로 참이라고 하자. 이들을 가중치로 간주하고 각 대안들에 부여해서 가중 경로 길이가 최소가 되는 트리를 찾으면 그것이 최적 검색 절차(optimal search procedure)가 된다. 〔그림 (8)이 바로 그러한 트리들이다. 가중치들에 20을 곱해서 분모를 제거했다고 생각하면 된다.〕

최소 가중 평균 길이를 가지는 트리를 찾는 알고리즘으로, 허프만D. Huffman이 고안한 〔*Proc. IRE* **40** (1952), 1098-1101〕 우아한 알고리즘이 하나 있다. 이런 것이다. 우선, 값이 가장 작은

두 w들(예를 들면 w_1과 w_2)을 찾는다. 그런 다음에는 $m-1$개의 가중치 $w_1 + w_2, w_3, ..., w_m$에 대한 문제를 이 알고리즘으로 풀고, 그 해답 안의 노드

$$\boxed{w_1 + w_2} \tag{9}$$

를 다음 노드로 치환한다.

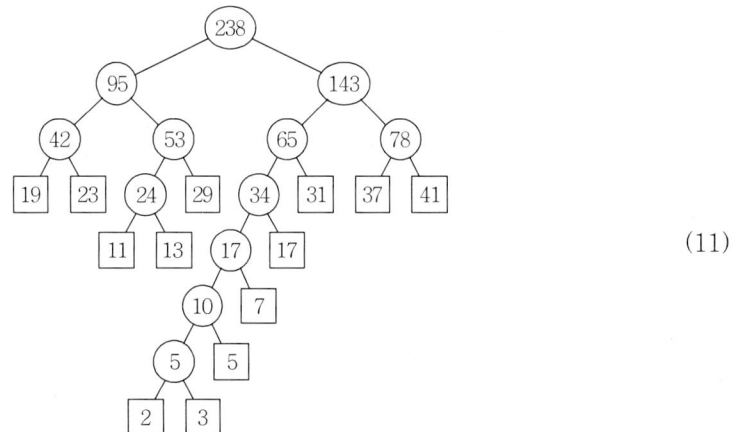

$$\tag{10}$$

한 예로, 가중치 2, 3, 5, 7, 11, 13, 17, 19, 23, 29, 31, 37, 41에 대한 최적 트리를 찾아보자. 가장 작은 두 가중치는 2와 3이므로 그것들을 합친 결과인 5, 5, 7, ..., 41에 대해 해를 찾는다. 그런 다음 5 + 5를 합치고, 같은 과정을 반복한다. 가장 작은 두 가중치들을 합치는 과정을 정리하면:

<u>2</u>	<u>3</u>	5	7	11	13	17	19	23	29	31	37	41
	<u>5</u>	<u>5</u>	7	11	13	17	19	23	29	31	37	41
		<u>10</u>	<u>7</u>	11	13	17	19	23	29	31	37	41
			17	<u>11</u>	<u>13</u>	17	19	23	29	31	37	41
			<u>17</u>		24	<u>17</u>	19	23	29	31	37	41
					24	34	<u>19</u>	<u>23</u>	29	31	37	41
					<u>24</u>	34		42	<u>29</u>	31	37	41
						<u>34</u>		42	53	<u>31</u>	37	41
								42	53	65	<u>37</u>	<u>41</u>
								<u>42</u>	<u>53</u>	65		78
								95	<u>65</u>			<u>78</u>
								<u>95</u>				<u>143</u>
												238

이러한 허프만 구축에 해당하는 트리는 다음과 같다.

$$\tag{11}$$

(동그라미 노드 안의 수는 이 트리와 위의 계산 결과 사이의 대응 관계를 보여준다. 연습문제 9도 볼 것.)

이 방법이 실제로 가중 평균 길이를 최소화하지는 않는다는 점은 m에 대한 귀납을 통해서 어렵지 않게 증명할 수 있다. $m \geq 2$이며 $w_1 \leq w_2 \leq w_3 \leq \cdots \leq w_m$이라고 하자. 그리고 가중 평균 길이를 최소화하는 한 트리가 주어졌다고 가정한다. (m개의 말단 노드들을 가진 이진트리의 개수는 유한하므로 그런 트리는 반드시 존재한다.) V가 루트에서 가장 먼 내부 노드라고 하자. 만일 w_1과 w_2가 V의 자식에 이미 부여된 가중치들이 아니라면 그것들을 이미 자식들에 부여된 것들과 교환한다. 그렇게 교환해도 가중 경로 길이가 늘어나지는 않는다. 따라서 하위트리 (10)을 포함하면서 가중 경로 길이를 최소화하는 하나의 트리가 존재한다. 이제, 만일 그런 트리의 (10)을 (9)로 대체해서 생긴 트리가 가중치 $w_1 + w_2, w_3, \ldots, w_m$에 대한 최소 경로 길이를 가진다면, 그리고 오직 그럴 때에만 그런 트리의 가중 경로 길이가 최소가 됨을 쉽게 증명할 수 있다. (연습문제 9 참고.)

이러한 구축법으로 두 가중치들을 합칠 때마다, 그 가중치들은 이전에 결합된 가중치들보다 작지 않다(w_i들이 음이 아니라고 할 때). 이는 주어진 가중치들이 감소하지 않는 순서로 정렬되어 있다는 전제 하에서 허프만 트리를 깔끔하게 찾는 방법이 존재함을 의미한다. 두 개의 대기열을 사용하되, 하나에는 원래의 가중치들을 담고, 또 하나에는 결합된 가중치들을 담는다. 각 단계에서, 아직 쓰이지 않은 가장 작은 가중치는 그 대기열들 중 하나의 앞단에 있다. 따라서 가장 작은 가중치를 찾을 필요가 없다. 연습문제 13은 그런 아이디어가 가중치들이 음일 수도 있는 경우에도 유효함을 보여준다. 일반적으로, $\sum w_j l_j$를 최소화하는 트리들은 여러 개이다. 앞 문단에서 개괄한 알고리즘에서 만일 두 대기열 앞단의 가중치들이 같을 때 합쳐진 가중치 대신 항상 원래의 가중치를 사용한다면, 그 결과로 생긴 트리는 $\sum w_j l_j$를 최소화하는 모든 트리들 중 가장 작은 최대 l_j 값과 $\sum l_j$ 값을 가진 트리이다. 가중치들이 양이면 이 트리는 임의의 볼록 함수 f에 대한, 그러한 모든 최소화 트리들을 구간으로 하는 합 $\sum w_j f(l_j)$를 실제로 최소화한다. 〔E. S. Schwartz, *Information and Control* **7** (1964), 37–44와 G. Markowsky, *Acta Informatica* **16** (1981), 363–370 참고.〕

허프만의 방법을 이진트리뿐만 아니라 t진 트리들에도 일반화할 수 있다(연습문제 10). 허프만 방법의 또 다른 중요한 일반화가 6.2.2에 나온다. 경로 길이에 대해서는 5.3.1절과 5.4.9절, 6.3절에서 더 논의한다.

연습문제

1. [*12*] 내부 노드가 12개이고 최소 경로 길이를 가지는 이진트리가 (5)에 나온 완전 이진트리 외에도 또 있을까?

2. [*17*] 가중치 1, 4, 9, 16, 25, 36, 49, 64, 81, 100이 부여된 말단 노드들로 이루어진, 가중 경로 길이가 최소인 확장 이진트리를 그려라.

▶ **3.** 〔M24〕 m개의 외부 노드들로 된 확장 이진트리로부터, 루트에서 해당 외부 노드로의 경로 길이를 뜻하는 값 $l_1, l_2, \ldots, l_m$들의 집합을 결정할 수 있다. 그렇다면 그 반대의 과정, 즉 수 $l_1, l_2, \ldots, l_m$의 집합으로부터 그 수들이 각 경로 길이인 확장 이진트리를 구축할 수 있을까? 이것이 오직 $\sum_{j=1}^{m} 2^{-l_j} = 1$일 때에만 가능함을 보여라.

▶ **4.** 〔M25〕 (슈바르츠E. S. Schwartz, 칼릭B. Kallick.) $w_1 \le w_2 \le \cdots \le w_m$이라고 하자. 가중치 $w_1, w_2, \ldots, w_m$들이 말단 노드들에 왼쪽에서 오른쪽 순으로 부여된 형태의, $\sum w_j l_j$가 최소인 확장 이진트리가 존재함을 보여라. 〔예를 들어 트리 (11)은 가중치들이 19, 23, 11, 13, 29, 2, 3, 5, 7, 17, 31, 37, 41 순으로 부여되어 있으므로 이 문제에서 요구하는 트리가 아니다. 이 문제가 요구하는 트리는 가중치들이 오름차순으로 나타나는 형태인데, 허프만 구축에서 항상 그런 형태의 트리가 나오지는 않는다.〕

5. 〔HM26〕 $B(w, z) = \sum_{n, p \ge 0} b_{np} w^p z^n$

이라고 하자. 여기서 b_{np}는 노드가 n개이고 내부 경로 길이가 p인 이진트리의 개수이다. 〔따라서

$$B(w, z) = 1 + z + 2wz^2 + (w^2 + 4w^3)z^3 + (4w^4 + 2w^5 + 8w^6)z^4 + \cdots$$

이다. $B(1, z)$은 2.3.4.4절의 식 (13)에 나온 함수 $B(z)$이다.〕

 a) 2.3.4.4-(12)를 일반화해서, $B(w, z)$를 특징짓는 함수관계를 구하라.

 b) (a)의 결과를 이용해서 노드가 n개인 한 이진트리의 평균 내부 경로 길이를 구하라. 모든 가능한 $\frac{1}{n+1}\binom{2n}{n}$개의 트리들 각각이 동일한 확률로 나올 수 있다고 가정한다.

 c) 이 수량(평균 내부 경로 길이)의 점근값을 구하라.

6. 〔16〕 t진 트리를 (1)에서처럼 네모 노드들로 확장한다고 할 때, (2)에 비견할 수 있는 네모 노드 개수와 동그라미 노드 개수 사이의 관계를 구하라.

7. 〔M21〕 t진 트리의 외부 경로 길이와 내부 경로 길이 사이의 관계는 무엇인가? (연습문제 6을 볼 것; 식 (3)을 일반화할 필요가 있을 것이다.)

8. 〔M23〕 식 (7)을 증명하라.

9. 〔M21〕 (11)의 둥근 노드에 있는 수는 해당 하위트리의 외부 노드 가중치들의 합과 같다. 둥근 노드들의 모든 값들의 합이 가중 경로 길이와 같음을 보여라.

▶ **10.** 〔M26〕 (허프만D. Huffman.) 음이 아닌 가중치 $w_1, w_2, \ldots, w_m$이 주어졌을 때 가중 경로 길이가 최소인 t진 트리를 구축하는 방법을 보여라. 가중치 1, 4, 9, 16, 25, 36, 49, 64, 81, 100에 대한 최적의(가중 경로 길이가 최소인) 3진 트리를 구축하라.

11. 〔16〕 완전 이진트리 (5)와 연습문제 2.3.1-5에서 설명했던 이진트리에 대한 "듀이 10진 표기법" 사이에 어떠한 관계가 있는가?

▶ **12.** 〔M20〕 이진트리에서 한 노드를 무작위로 선택한다고 하자. 각 노드가 선택될 확률은 모두 같다. 선택된 노드를 루트로 하는 하위트리의 평균 크기가 트리의 경로 길이와 관련이 있음을 보여라.

13. [22] m개의 가중치 $w_1 \leq w_2 \leq \cdots \leq w_m$이 주어졌을 때 최소 가중 경로 길이를 가지는 확장 이진트리를 구축하는 알고리즘을 설계하라. 최종적인 트리는 다음 세 배열들로 표현해야 한다.

$$A[1] \ldots A[2m-1], \quad L[1] \ldots L[m-1], \quad R[1] \ldots R[m-1].$$

여기서 $L[i]$와 $R[i]$는 내부 노드 i의 왼쪽, 오른쪽 자식을 가리키며, 루트는 노드 1이며, $A[i]$는 노드 i의 가중치이다. 알고리즘은 가중치 비교 판정을 $2m$보다 적게 수행해야 한다. 주의: 주어진 가중치들 일부 또는 전부가 음일 수 있음!

14. [25] (후T. C. Hu, 터커A. C. Tucker.) 허프만 알고리즘을 k단계까지 수행했다고 하자. 그 때까지 결합된 노드들은 $m-k$개의 확장 이진트리들로 된 숲을 구성한다. 주어진 가중치들을 가진 $m-k$개의 확장 이진트리들의 숲들 모두에서 가중 평균 길이들의 합이 가장 작은 숲이 바로 이 숲임을 보여라.

15. [M25] 허프만 알고리즘과 비슷한 알고리즘들로 각각 다음이 최소가 되는 확장 이진트리를 찾을 수 있음을 보여라.

(a) $\max(w_1 + l_1, \ldots, w_m + l_m)$ (b) $w_1 x^{l_1} + \cdots + w_m x^{l_m}$, 단 $x > 1$.

16. [M25] (황F. K. Hwang.) 가중치들의 집합 $w_1 \leq \cdots \leq w_m$과 $w_1' \leq \cdots \leq w_m'$이 있으며 이들이 다음을 만족한다고 하자.

$$1 \leq k \leq m\text{에 대해} \quad \sum_{j=1}^{k} w_j \leq \sum_{j=1}^{k} w_j'.$$

이 두 가중치 집합에 대한 두 가중 경로 길이들이 $\sum_{j=1}^{m} w_j l_j \leq \sum_{j=1}^{m} w_j' l_j'$를 만족함을 보여라.

17. [HM30] (글래시C. R. Glassey, 카프R. M. Karp.) $s_1, \ldots, s_{m-1}$이 허프만 알고리즘으로 만든 한 확장 이진트리의 내부(둥근) 노드들 안의 수들을 그 구축 순서대로 나열한 것이라고 하자. 그리고 $s_1', \ldots, s_{m-1}'$은 가중치 집합 $\{w_1, \ldots, w_m\}$에 대한 임의의 확장 이진트리의 내부 노드 가중치들을 각각의 루트 아닌 내부 노드가 그 부모보다 먼저 나타나는 어떠한 순서로 나열한 것이라고 하자.

(a) $1 \leq k < m$에 대해 $\sum_{j=1}^{k} s_j \leq \sum_{j=1}^{k} s_j'$임을 증명하라.

(b) 모든 감소하지 않는 오목함수 f에 대해, 다시 말해 $f'(x) \geq 0$이고 $f''(x) \leq 0$인 함수 f에 대해, (a)의 결과는 다음과 동치이다.

$$\sum_{j=1}^{m-1} f(s_j) \leq \sum_{j=1}^{m-1} f(s_j').$$

[Hardy, Littlewood, Pólya, *Messenger of Math.* **58** (1929), 145-152 참고.] 이 사실을 이용해서, 점화식

$$F(n) = f(n) + \min_{1 \leq k < n}(F(k) + F(n-k)), \quad F(1) = 0$$

의 최소값이 항상 $k = 2^{\lceil \lg(n/3) \rceil}$일 때 발생함을 보여라. 여기서 $f(n)$은 $\Delta f(n) = f(n+1) - f(n) \geq 0$이고 $\Delta^2 f(n) = \Delta f(n+1) - \Delta f(n) \leq 0$인 임의의 함수이다.

*2.3.4.6. 역사 및 문헌정보

자연의 나무는 물론 아주 오래전부터 존재했다. 구조로서의 트리도 꽤나 오래전부터 널리 쓰였다(특히 가계도, 즉 가족 트리). 수학적 실체로서 엄밀하게 정의된 트리 개념이 처음 나타난 것은 키르히호프G. Kirchhoff의 저작에서이다 [*Annalen der Physik und Chemie* **72** (1847), 497-508, 영어 번역판은 *IRE Transactions* **CT-5** (1958), 4-7 (20-21)]. 키르히호프는 전기 회로망의 기본 순환마디 집합을 찾는 문제에 자유 트리를 2.3.4.1절에서 우리가 사용했던 것과 본질적으로 동일한, 그의 이름을 딴 법칙과 함께 적용했다. 그와 같은 시기에 폰슈타우트K. G. Chr. von Staudt의 책 *Geometrie der Lage* (20-21쪽)에도 트리 개념이 나타났다. "트리"라는 이름은 그 10년 후의 케일리Arthur Cayley 의 일련의 논문들에서 최초로 쓰이기 시작했다. 그 논문들은 주로 트리 열거에 대한 여러 성과들을 담고 있다. [*Collected Mathematical Papers of A. Cayley* **3** (1857), 242-246; **4** (1859), 112-115; **9** (1874), 202-204; **9** (1875), 427-460; **10** (1877), 598-600; **11** (1881), 365-367; **13** (1889), 26-28 참고]. 케일리는 키르히호프와 폰슈타우트의 기존 성과를 알지 못했다. 그의 연구는 대수 공식들의 구조에 대한 연구들에서 시작된 것이며, 그 연구들은 이후 주로 화학의 이성질체(isomer) 문제에 대한 응용들에 영감을 주었다. 보르하르트C. W. Borchardt [*Crelle* **57** (1860), 111-121], 리스팅J. B. Listing [*Göttinger Abhandlungen*, Math. Classe, **10** (1862), 137-139]; 조르당C. Jordan [*Crelle* **70** (1869), 185-190]도 독립적으로 트리 구조를 연구했다.

"무한대 보조정리"는 쾨니히Dénes König에서 처음 공식화되었는데 [*Fundamenta Math.* **8** (1926), 114-134], 그는 그의 고전적 저작 *Theorie der endlichen und unendlichen Graphen* (Leipzig: 1936) 6장에서 그 보조정리를 중요하게 다루었다. 그보다 조금 앞서서 "부채 정리(fan theorem)"라고 하는 비슷한 결과가 브로워L. E. J. Brouwer의 저작에 나타났는데 [*Verhandelingen Akad. Amsterdam* **12** (1919), 7], 이것은 훨씬 더 강력한 가설에 관련된 것이다. 브로워의 성과에 대한 논의는 헤이팅A. Heyting, *Intuitionism* (1956), 3.4절을 볼 것.

번호 붙지 않은 유향 트리 열거에 대한 2.3.4.4절의 공식 (3)은 케일리가 제시한 것으로, 트리에 관한 그의 첫 논문에 나온다. 둘째 논문은 번호 붙지 않은 순서트리들을 열거한다. 그 문제에 해당하는 기하학에서의 문제를 이미 오일러L. Euler가 제시하고 푼 바 있다. 오일러는 그 결과를 1751년 9월 4일 골드바흐G. Godlbach에 보낸 한 편지에서 언급했다 [J. von Segner, L. Euler, *Novi Commentarii Academiæ Scientiarum Petropolitanæ* **7** (1758-1759), 요약 13-15, 203-210 참고]. 오일러가 제시하고 푼 문제는 *Journal de mathématiques* **3**, **4** (1838, 1839)에 게재된 라메G. Lamé, 카탈란E. Catalan, 로드리게스O. Rodrigues, 비네J. Binet의 일곱 논문들의 주제였다. 추가적인 참고문헌들이 연습문제 2.2.1-4에 나온다. 해당 수들을 요즘은 흔히 "카탈란 수(Catalan numbers)"라고 한다. 중국(몽골인) 수학자 명안도明安圖는 1750년 이전에 무한급수를 연구하면서 카탈란 수를 발견했으나 그것을 트리나 기타 조합적 실체들에 연관시키지는 않았다. [J. Luo, *Acta Scientiarum Naturalium Universitatis Intramongolicæ* **19** (1988), 239-245; *Combinatorics and Graph Theory* (World Scientific Publishing, 1993), 68-70 참고]. 카탈란 수는 엄청나게 다

양한 맥락들에서 나타난다. 스탠리Richard Stanley는 그 중 60가지 이상을 그의 훌륭한 책 *Enumerative Combinatorics* 2 (Cambridge Univ. Press, 1999), 6장에서 설명했다. 아마도 가장 놀라운 사실은 콕스터H. S. M. Coxeter가 그 대칭성 때문에 "소벽문양(frieze patterns)"이라고 부른 특정한 수들의 배치와 카탈란 사이의 관계일 것이다. 연습문제 4를 볼 것.

번호 붙은 자유 트리 개수에 대한 공식 n^{n-2}은 실베스터J. J. Sylvester가 어떤 행렬식(연습문제 2.3.4.2-28)을 평가하는 과정에서 발견했다 [*Quart. J. Pure and Applied Math.* **1** (1857), 55-56]. 그와는 독립적으로 1889년에 케일리도 그 공식을 도출했다 [위의 참고문헌을 볼 것]. 그의 대단히 애매한 논의에는 번호 붙은 유향 트리들과 수들의 $(n-1)$쌍들 사이의 관계가 암시되어 있다. 그러한 관계를 보여주는 명시적인 대응 관계를 처음으로 발표한 것은 프뤼퍼Heinz Prüfer인데 [*Arch. Math. und Phys.* **27** (1918), 142-144], 케일리의 사전 성과와는 상당히 독립적인 성과였다. 이후 이 주제에 대해 많은 문헌들이 나왔으며, 고전적인 결과들이 문J. W. Moon의 책 *Counting Labelled Trees* (Montreal: Canadian Math. Congress, 1970)에 잘 개괄되어 있다.

폴랴G. Pólya는 트리와 기타 다른 종류의 조합적 구조들의 열거에 대한 아주 중요한 논문을 *Acta Math.* **68** (1937), 145-253에 발표했다. 그래프의 열거 문제에 대한 논의와 초기 문헌들에 대한 훌륭한 정보가 해러리Frank Harary의 *Graph Theory and Theoretical Physics* (London: Academic Press, 1967), 1-41에 개괄되어 있다.

반복적으로 가장 작은 가중치들을 합침으로써 가중 경로 길이를 최소화하는 원리는 허프만 D. Huffman이 발견한 것으로 [*Proc. IRE* **40** (1952), 1098-1101], 메시지 길이 최소화를 위한 부호화 방법의 설계 문제에서 비롯된 것이었다. 같은 아이디어를 그와는 독립적으로 짐머만Seth Zimmerman이 발표했다 [*AMM* **66** (1959), 690-693].

트리 구조 이론에 대한 그 외의 주목할 만한 논문들은 2.3.4.1절에서 2.3.4.5절까지에서 해당 주제와 연계해서 언급했었다.

연습문제

▶ **1.** [*21*] 노드 n개의 이진트리들과 $(n+2)$변 볼록 다각형을 n개의 삼각형들로 분할하는 것 사이의 간단한 일대일 대응 관계를 찾아라. 다각형의 변들은 서로 다르다고 가정할 것.

▶ **2.** [*M26*] 커크먼T. P. Kirkman은 1875년에 r변 다각형의 대각선 k개를 서로 교차하지 않게 그리는 방법이 $\binom{r+k}{k+1}\binom{r-3}{k}\big/(r+k)$가지라고 추측했다.

a) 연습문제 1의 대응 관계를 확장해서 커크먼의 문제에 해당하는 트리 열거에 대한 문제를 만들어라.

b) 커크먼의 추측을 연습문제 2.3.4.4-32에 나온 방법을 이용해서 증명하라.

▶ **3.** [*M30*] 볼록 n각형의 정점(꼭지점)들을 k개의 비지 않은 부분들로 분할하되, 한 부분의 두 정점들 사이의 대각선이 다른 어떤 부분의 두 정점들 사이의 대각선과 겹치는 일이 없도록 나누는 방법의 수를 생각해 보자.

a) 그러한 교차하지 않은 분할들과 트리 구조들의 어떤 한 흥미로운 부류 사이의 일대일 대응 관계를 구하라.

b) n과 k가 주어졌을 때, 그런 식으로 정점들을 분할하는 방법은 몇 가지인가?

▶ **4.** [*M38*] (콘웨이Conway, 콕스터Coxeter.) 수학에서 말하는 소벽문양(frieze pattern, 小壁紋樣)은 다음과 같은 무한 배열이다.

```
1 1 1 1 1 1 1 1 1 1 1 1 1 1 1 1 1 1 1 1 1  ...
 3 1 3 1 4 1 2 3 1 3 1 4 1 2 3 1 3 1 4  ...
5 2 2 2 3 3 1 5 2 2 2 3 3 1 5 2 2 2 3  ...
 3 3 1 5 2 2 2 3 3 1 5 2 2 2 3 3 1 5 2  ...
1 4 1 2 3 1 3 1 4 1 2 3 1 3 1 4 1 2 3  ...
 1 1 1 1 1 1 1 1 1 1 1 1 1 1 1 1 1 1 1  ...
```

제일 윗줄과 아랫줄은 1로만 되어 있고, 마름모 형태로 인접한 수들 $a\begin{smallmatrix}&b&\\c&&\end{smallmatrix}d$는 $ad - bc = 1$을 만족한다. 노드가 n개인 이진트리들과 양의 정수들의 $(n+1)$줄짜리 소벽문양 사이의 일대일 대응 관계를 구하라.

2.3.5. 리스트와 쓰레기 수거

2.3절 시작 부분에서는 리스트(List)를 "0 또는 그 이상의 원자들 또는 리스트들의 유한한 순차열"이라고 비공식적으로 정의했었다.

모든 숲은 리스트이다. 예를 들어 다음 숲은

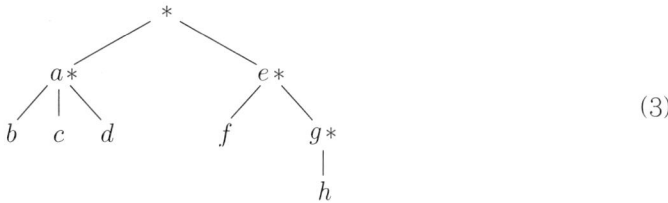

$$(a : (b, c, d), e : (f, g : (h))) \tag{2}$$

이 리스트를 도표로 그리면 다음과 같다.

$$(3)$$

이 시점에서, 2.3절의 리스트 소개를 다시 한 번 읽고 정리하길 바란다. 특히 2.3절 처음 부분에 나오는 (3), (4), (5), (6), (7)을 다시 볼 것. 위의 (2)에서 표기 "$a : (b, c, d)$"는 (b, c, d)가 세 원자들로 된 리스트이며 그 리스트에 "a"라는 특성이 부여되었다는 뜻이다. 이러한 표기 관례는 트리

의 각 노드가 구조 연결 정보 이외의 정보도 가진다는 일반적인 방침에 위배되지 않는다. 그러나
2.3.3절의 트리 논의에서도 그랬듯이, 리스트들에 아무 이름표(특성)도 붙이지 않고 모든 정보가
원자들에만 나타나도록 하는 것도 얼마든지 가능하며, 경우에 따라서는 더 바람직하다.

모든 숲은 리스트로 간주할 수 있지만, 그 역은 참이 아니다. 다음 리스트는 리스트가 트리 구조의
조건들을 위반할 수 있음을 잘 보여준다는 점에서 어쩌면 (2)와 (3)보다 더 전형적인 예이다.

$$L = (a:N, b, c:(d:N), e:L), \qquad N = (f:(\,), g:(h:L, j:N)). \qquad (4)$$

이것을 도표로 그린다면 다음과 같다.

$$(5)$$

[이것을 2.3-(7)의 예와 비교해 볼 것. 도표들의 구체적인 형태에 너무 신경 쓸 필요는 없다.]

예상했겠지만, 리스트 구조를 컴퓨터 메모리 안에서 표현하는 방법은 많이 있다. 이 방법들은
이진트리로 일반적인 트리들의 숲을 표현하는 데 사용했던 주제의 변형들이다. 그 주제를 리스트에
맞게 다시 말하자면, 하나의 필드(RLINK라 하자)를 리스트의 다음 요소를 가리키는 데 사용하고,
또 다른 필드(DLINK라고 하자)를 한 하위 리스트의 첫 요소를 가리키는 데 사용한다는 것이다. 2.3.2
절에 나온 메모리 표현을 리스트에 맞게 자연스럽게 확장한다면, 리스트 (5)는 다음과 같이 표현할
수 있다.

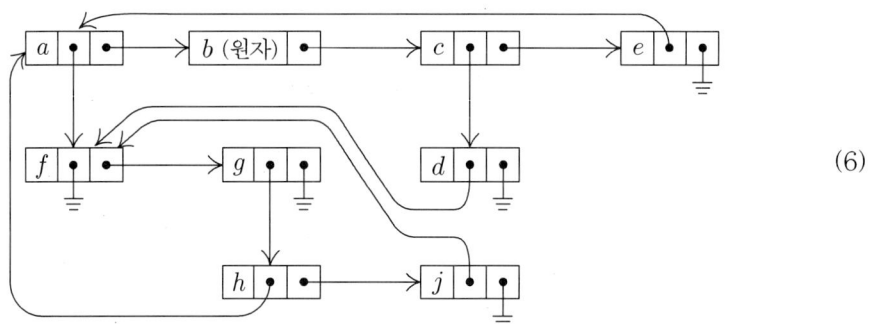

$$(6)$$

안타깝게도, 대부분의 일반적인 리스트 처리 응용들에서 이런 간단한 방식은 *그리 적합하지 않다.*
예를 들어 다른 리스트 $A = (b, c, d)$에 대한 참조 세 개를 담고 있는 리스트 $L = (A, a, (A, A))$가
있다고 하자. 전형적인 리스트 처리 연산들 중 하나는 A의 제일 왼쪽 요소를 제거하는 것이다. 그리고
나면 A는 (c, d)가 되는데, 만일 (6)과 같은 표현을 사용한다면 L의 세 곳을 변경해야 한다. 왜냐하면
A의 각 포인터는 삭제된 b를 가리키고 있기 때문이다. 이를 잠깐 생각해 보면, 단지 A의 첫 요소가
삭제되었다고 해서 A를 참조하는 모든 포인터들을 변경해야 한다는 것은 대단히 바람직하지 않은

일임을 깨달을 것이다. (지금 예에서는 요소 c를 가리키는 포인터가 하나도 없다고 가정할 때 요소 c 전체를 b가 차지하고 있던 장소로 복사하고 원래의 c를 삭제하는 식의 교묘한 요령을 사용할 수도 있을 것이다. 그러나 그런 요령은 A의 마지막 요소가 삭제되어서 빈 리스트가 되면 더 이상 통하지 않는다.)

이런 이유로 (6)과 같은 표현 방식 대신, 그와 비슷하나 각 리스트의 시작을 가리키는 리스트 머리(2.2.4절에서 말한 목록 머리에 해당)를 두는 또 다른 방식을 사용하는 경우가 많다. 그런 방식에서 각 리스트는 자신의 리스트 머리에 해당하는 추가적인 노드를 가진다. 다음은 (6)을 그런 방식으로 바꾼 것이다.

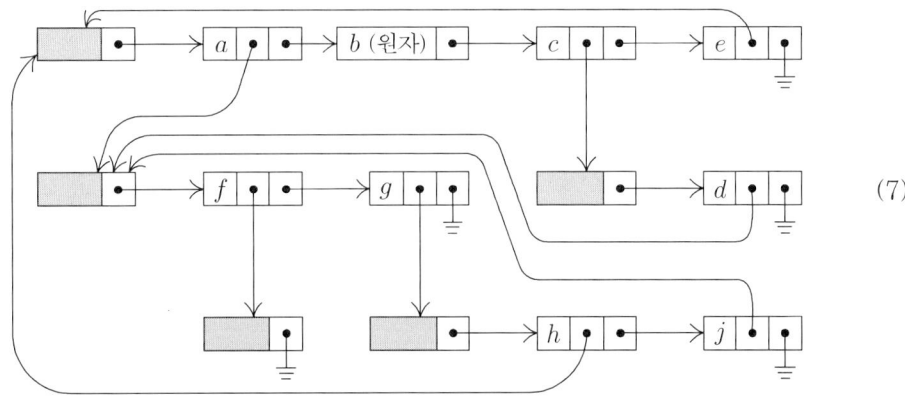

$$(7)$$

실제 응용에서는 이렇게 머리 노드들을 추가한다고 해서 메모리를 실제로 더 소비하게 되는 것은 아닌데, 왜냐하면 쓰이지 않는 필드(도표 (7)의 회색 영역)들을 다른 용도로 사용할 여지가 많기 때문이다. 예를 들어 참조 횟수라든가 목록 오른쪽 끝을 가리키는 포인터, 알파벳 이름, 또는 운행 알고리즘을 돕기 위한 "방문했음" 필드 등으로 활용할 수 있다.

원래의 도표 (6)에서 b를 담은 노드는 하나의 원자인 반면 f를 담은 노드는 하나의 빈 리스트이다. 이 둘은 구조적으로 동일하므로, 애초에 "원자"라는 것이 왜 필요한지 모르겠다는 의문이 드는 것도 당연하다. 즉, 각 노드가 구조적 정보 이외의 자료까지 담을 수 있다는 관례를 따른다면, 리스트라는 것을 그냥 "0 또는 그 이상의 리스트들로 된 유한한 순차열"이라고 정의해도 일반성을 잃지는 않는다고 생각할 수 있다. 이러한 관점에는 확실히 일리가 있으며, 이런 관점에서 보면 "원자"는 상당히 인위적으로 보인다. 그러나 컴퓨터 메모리의 효율적인 사용을 고려한다면 지금처럼 원자라는 것을 따로 둘 만한 그럴듯한 이유가 있다. 원자는 리스트에 필요한 범용적인 조작들과 같은 종류의 연산들에 구애되지 않는다. (6)의 메모리 표현은 정보를 담을 공간이 리스트 노드 f보다 원자 노드 b에서 더 클 수 있음을 보여준다. 그리고 (7)처럼 리스트 머리 노드들을 두면 노드 b와 f의 저장소 요구량의 차이는 더욱 커진다. 정리하자면, 원자라는 개념은 일차적으로 컴퓨터 메모리의 효과적인 활용을 위해 도입된 것이다. 전형적인 리스트들은 지금의 예보다는 훨씬 더 많은 원자들을 가진다. (4)-(7)의 예는 리스트가 이렇게 복잡할 수도 있음을 보여주기 위한 것일 뿐, 실제의 일상적인 리스트들은 훨씬 단순하다.

본질적으로, 리스트는 그 요소들이 다른 리스트로의 포인터를 담을 수 있는 하나의 선형 목록이다. 따라서 리스트에 대해 수행하는 일반적인 연산들은 선형 목록에 대해 수행하는 일반적인 연산들과 일치한다(생성, 파괴, 삽입, 삭제, 분할, 결합 등). 또한 트리 구조에서 주로 필요한 연산들(복사, 운행, 내포된 정보의 입력과 출력 등)도 리스트에 흔히 쓰인다. 그런 차원에서, 연결된 선형 목록을 표현하는 데 쓰이는 세 가지 기본 기법들, 즉 직접 연결, 순환 연결, 이중 연결 기법들 모두 리스트에 대해 사용할 수 있다. 리스트에 대한 이 기법들의 효율은 그것을 어떤 알고리즘에서 사용하느냐에 따라 다르다. 다음은 도표 (7)을 그 세 가지 방식으로 각각 표현한 것이다.

메모리 장소	직접 연결 INFO	DLINK	RLINK	순환 연결 INFO	DLINK	RLINK	이중 연결 INFO	DLINK	LLINK	RLINK
010:	—	머리	020	—	머리	020	—	머리	050	020
020:	a	060	030	a	060	030	a	060	010	030
030:	b	원자	040	b	원자	040	b	원자	020	040
040:	c	090	050	c	090	050	c	090	030	050
050:	e	010	Λ	e	010	010	e	010	040	010
060:	—	머리	070	—	머리	070	—	머리	080	070
070:	f	110	080	f	110	080	f	110	060	080
080:	g	120	Λ	g	120	060	g	120	070	060
090:	—	머리	100	—	머리	100	—	머리	100	100
100:	d	060	Λ	d	060	090	d	060	090	090
110:	—	머리	Λ	—	머리	110	—	머리	110	110
120:	—	머리	130	—	머리	130	—	머리	140	130
130:	h	010	140	h	010	140	h	010	120	140
140:	j	060	Λ	j	060	120	j	060	130	120

(8)

여기서 "LLINK"는 이중 연결 표현의 왼쪽을 가리키는 포인터로 쓰인다. INFO와 DLINK 필드는 세 형태 모두에서 동일하다.

관련 개념들을 이미 여러 번 이야기했으므로, 여기서 세 형태 각각에 대한 리스트 조작 알고리즘들을 구구절절이 서술할 필요는 없을 것이다. 다음은 이전에 살펴본 단순한 선형 목록들과는 구분되는, 따라서 주목할 필요가 있는 리스트의 주요 사항들이다.

1) 위의 메모리 표현은 원자 노드가 비원자 노드와 구분된다는 점을 암시한다. 더 나아가서, 순환 연결 목록이나 이중 연결 목록의 경우 리스트 운행을 돕기 위해 머리 노드를 다른 종류의 노드들과 구분하는 것이 바람직하다. 따라서 일반적으로 각 노드는 그 노드의 종류를 알려주는 하나의 TYPE 필드를 담는다. 이 TYPE 필드를 여러 종류의 원자들을 구분하는 용도로 사용하기도 한다(예를 들면 자료를 조작 또는 표시하고자 할 때 원자에 담긴 자료가 알파벳인지 또는 정수, 부동소수점 수치인지를 구분하는 등).

2) MIX 컴퓨터에서, 일반적인 리스트 조작을 위한 노드의 형태로 생각할 수 있는 것은 다음 두 가지이다.

a) 가능한 1워드 형식. 모든 INFO는 원자들에서만 나타난다고 가정한다.

$$\boxed{\text{S} \mid \text{T} \mid \text{REF} \mid \text{RLINK}} \tag{9}$$

S(부호, sign): 쓰레기 수거(잠시 후 나옴)에 쓰이는 표시용 비트.

T(종류, type): T = 0이면 리스트 머리, T = 1이면 하위 리스트 요소, T > 1이면 원자들.

REF: T = 0이면 REF는 참조 횟수(reference count, 잠시 후 나옴), T = 1이면 REF는 해당 하위 목록의 리스트 머리를 가리킴, T > 1이면 REF는 표시용 비트와 원자 정보 5바이트를 담은 노드를 가리킴.

RLINK: (8)에서처럼, 직접 연결 또는 순환 연결을 위한 포인터.

b) 가능한 2워드 형식.

$$\boxed{\begin{array}{c|c|c|c} \text{S} & \text{T} & \text{LLINK} & \text{RLINK} \\ \hline \multicolumn{4}{c}{\text{INFO}} \end{array}} \tag{10}$$

S, T: (9)에서와 같음.

LLINK, RLINK: (8)과 같은, 이중 연결성을 위한 포인터들.

INFO: 워드 전체를 차지하는, 이 노드에 연관된 정보. 머리 노드의 경우 여기에는 참조 횟수, 선형 운행을 돕기 위한 리스트 내부를 가리키는 운행용 포인터, 알파벳 이름 등이 포함될 수 있다. T = 1일 때 이 정보에는 DLINK가 포함된다.

3) 리스트가 매우 일반적인 구조임은 명백하다. 사실 그 어떤 구조라 해도 적절한 관례들을 설정한다면 리스트로 표현할 수 있다고 해도 과언이 아니다. 리스트의 이러한 범용성 때문에 리스트 조작을 위한 편의 수단들을 제공하도록 설계된 프로그래밍 시스템들이 대단히 많다. 그리고 그 어떤 컴퓨터 설비에도 그런 시스템들이 여러 개 깔려 있는 것이 보통이다. 그런 시스템들은 리스트 연산의 유연성을 위해 설계된, 위의 (9)나 (10) 같은 범용적인 노드 형태들을 사용한다. 사실 이러한 범용 형식이 어떤 특정한 응용 프로그램에 최적인 형식은 아닌 경우가 많으며, 이런 범용 루틴들을 이용한 처리의 속도가 특정 문제에 대해 사람이 직접 조율한 루틴들에 비해 눈에 띄게 느리다는 것도 명백하다. 예를 들어 이번 장에서 지금까지 살펴본 응용들 대부분은 해당 경우에 특화된 노드 형식 대신 (9)와 (10) 같은 범용적인 리스트 표현을 사용했을 때 더 느리게 작동할 것임을 쉽게 알 수 있다. (9)와 (10)을 사용하는 경우 리스트 조작 루틴은 노드들을 처리할 때 T 필드를 자주 조사해야 하는데, 지금까지의 프로그램들 중 꼭 그래야 했던 것은 하나도 없었다. 그러나 범용 시스템의 이러한 효율성 손실을 프로그래밍이 쉽다는 장점과 디버깅 시간을 줄일 수 있다는 장점으로 상쇄할 수 있는 경우 도 많다.

4) 리스트 처리를 위한 알고리즘들과 이번 장에 나온 이전의 알고리즘들 사이에는 커다란 차이가 또 하나 있다. 하나의 리스트는 다른 여러 리스트들을 담을 수 있으므로, 하나의 리스트를 정확히 언제 가용 저장소 풀에 돌려보내야 할지가 전혀 명확하지 않다. 지금까지의 알고리즘들은 NODE(X)가 더 이상 쓰이지 않으면 "AVAIL ⇐ X"로 그것을 해제했다. 그러나 일반적 리스트는 전혀 예측할 수 없는 방식으로 자라고 소멸되기 때문에, 특정 노드가 정확히 언제 불필요해지는지 판단하는 게 상당히 어렵다. 따라서 리스트에서 가용 공간 목록을 관리하는 문제는 이전에 살펴본 단순한 경우들에서보다 상당히 더 어렵다. 이번 절 나머지 부분에서는 그러한 저장소 재확보 문제를 논의하겠다.

수백 가지 다른 프로그램들이 사용할 어떤 범용 리스트 처리 시스템을 설계한다고 하자. 가용 공간 목록의 관리 문제에 대해 제시되어 있는 기본적인 방법은 두 가지이다. 하나는 참조 계수기 (reference counter)를 사용하는 것이고, 또 하나는 쓰레기 수거(garbage collection)이다. 참조 계수 기법에서는 각 노드에 새 필드를 추가하고, 주어진 노드를 가리키는 화살표들의 개수(참조 횟수)를 그 필드에 담아 둔다. 프로그램이 실행되는 동안 그 개수를 갱신하는 것은 어렵지 않은 일이다. 그리고 그 개수가 0이 되면 해당 노드는 다른 용도로 사용할 수 있는 상태인 것이다. 반면 쓰레기 수거 기법은 각 노드에 표시 비트(mark bit)라고 부르는 1비트짜리 필드를 둔다. 쓰레기 수거 하에서는 어떠한 노드도 자유 저장소에 돌려주지 않도록 하면서 거의 모든 알고리즘들을 구현한다. 프로그램 실행 도중에 가용 저장소가 다 소모되면 어떤 "재활용" 알고리즘이 작동한다. 그 알고리즘은 노드의 표시 비트를 이용해서 현재 접근할 수 없는 노드들을 식별하고 그것들을 가용 저장소로 돌려보낸다. 그리고 나면 프로그램은 실행을 재개할 수 있게 된다.

이 두 방법 모두 완전히 만족스럽지는 않다. 참조 계수 방법의 주된 단점은 사용 가능한 모든 노드들을 항상 해제하지는 않는다는 점이다. 참조 계수 방법은 중첩된 리스트들(공통의 하위 리스트들을 담은 리스트들)의 경우에는 잘 작동하지만, 재귀적인 리스트에서는 문제가 생긴다. 예를 들어 (4)의 L과 N은 결코 저장소로 반환되지 못한다. 그 리스트들은 자기 자신을 참조하기 때문에, 실행 중인 프로그램에 그들을 참조하는 다른 접근 가능한 리스트가 하나도 없다고 해도 그들의 참조 횟수가 0이 되지는 않는다. 더 나아가서, 참조 계수 방법은 각 노드마다 상당한 양의 공간을 사용한다(컴퓨터 워드 크기 때문에 노드에 그 정도의 공간이 남아 있는 경우도 있긴 하지만).

각 노드마다 1비트가 소비된다는 성가신 문제 이외의 쓰레기 수거 기법의 난점은 거의 모든 메모리 공간이 쓰이고 있을 때에는 수거 작업이 매우 느리게 작동한다는 점이다. 그리고 그런 경우 재확보 알고리즘이 찾아낸 자유 저장소 칸들의 개수는 그 노력에 미치지 못하는 수준이다. 저장소 용량을 넘어서는 프로그램들은(그리고 수많은, 디버깅되지 않은 프로그램들 또한!) 저장소가 완전히 소비되기 직전에 별 성과도 없이 쓰레기 수거기를 여러 번 호출해서 시간을 낭비하는 경우가 많다. 이 문제에 대한 부분적인 해법은, 프로그래머에게 어떠한 수 k를 지정하게 하고, 만일 한 번의 쓰레기 수거가 k개 이하의 자유 노드들을 찾아냈다면 더 이상 처리를 계속하지 않도록 만드는 것이다.

또 다른 문제는 주어진 단계에서 정확히 어떤 리스트들이 쓰레기가 아닌지를 결정하는 게 어려울 때가 있다는 것이다. 만일 프로그래머가 어떤 비표준적인 기법을 사용했거나 포인터 값들을 일반적인 경우와는 다른 장소들에 넣어 두었다면 쓰레기 수집기가 제대로 작동하지 않을 가능성이 크다. 디버깅 역사에서 가장 불가사의한 사건들 중에는, 이전에는 여러 번 잘 돌아간 프로그램인데 쓰레기 수거가 예기치 않은 시점에서 갑자기 수행되어서 문제를 일으켰던 사례들이 여럿 있다. 또한 쓰레기 수거를 위해서는 항상 모든 포인터 필드들에 유효한 정보를 담아두어야 한다. 프로그램에 더 이상 쓰이지 않는 필드들에 의미 없는 정보를 그냥 남겨두는 게 편리할 때가 있는데도 말이다. 예를 들면 대기열의 뒷단 노드의 링크 등이 그러한 예이다. 연습문제 2.2.3-6을 볼 것.

쓰레기 수거를 위해서는 노드마다 1비트의 마크 비트를 두어야 하는데, 마크 비트들을 한데 묶은 개별적인 표를 또 다른 메모리 영역에 두고 노드 위치와 그 마크 비트 사이의 적절한 대응 관계를 유지하는 방식도 가능하다. 컴퓨터에 따라서는 각 노드마다 1비트를 소비하는 대신 그런 방법을 사용해서 쓰레기 수거를 처리하는 게 더 바람직할 수 있다.

바이젠바움J. Weizenbaum은 참조 계수기 기법에 대한 한 가지 흥미로운 수정 방안을 제안했다. 그의 착상을 간단히 말하면, 이중 연결 리스트 구조를 사용한다고 할 때, 참조 계수기를 각 리스트의 머리 노드에만 두는 것이다. 포인터 변수들로 리스트를 운행할 때 그 포인터들은 개별 노드들의 참조 횟수들에 포함되지 않는다. 만일 전체 리스트들에 대해 참조 횟수들을 어떤 식으로 갱신하는지에 대한 규칙을 알고 있다면, 이론적으로 이는 참조 횟수가 0인 리스트를 참조하는 일을 피하는 방법을 알게 되는 셈이 된다. 또한 참조 횟수를 명시적으로 덮어쓰고 특정 목록들을 가용 저장소로 돌려주는 완전한 자유도 생긴다. 이러한 착상을 위해서는 세심한 처리가 필요하다. 이런 기법들은 경험 없는 프로그래머에게는 좀 위험할 수 있음이 입증되었으며, 삭제된 노드들을 참조하기 때문이 프로그램의 디버깅이 좀 더 어려워지는 경향이 있다. 바이젠바움의 접근방식에서 가장 매력적인 부분은 참조 횟수가 방금 0이 된 리스트들을 다루는 방식이다. 그 방식이란: 그러한 리스트를 현재의 가용 목록의 끝에 추가한다(이중 연결 리스트에서는 쉬운 일이다). 그리고 추가된 리스트는 그 이전에 사용 가능했던 모든 칸들이 쓰이고 난 후에만 가용 공간으로 간주한다. 언젠가는 그 리스트의 개별 노드들이 사용 가능해질 것이며, 그렇게 되면 그 노드들이 참조하는 모든 리스트들의 참조 횟수를 1씩 감소시킨다. 이러한 지연된 리스트 삭제 행동은 수행 시간의 측면에서 상당히 효율적이다. 그러나 부정확한 프로그램이 잠시 동안 정확하게 실행되게 만드는 경향이 있다! 좀 더 자세한 내용은 *CACM* **6** (1963), 524-544를 볼 것.

쓰레기 수거를 위한 알고리즘들이 흥미로운 이유는 여러 가지이다. 무엇보다도, 그런 알고리즘들은 어떤 주어진 한 노드가 직, 간접적으로 참조하는 모든 노드들에 표시를 하고자 하는 상황에서도 유용하다. (연습문제 2.2.3-26에서처럼 어떤 특정한 서브루틴이 직, 간접적으로 호출하는 모든 서브 루틴들을 찾는 문제가 그러한 상황의 한 예이다.)

쓰레기 수거는 일반적으로 두 페이즈(phase)로 이루어진다. 모든 노드들의 표시 비트들이 초기에는 0이라고(또는 직접 모두 0으로 설정했다고) 가정하자. 첫째 페이즈에서는 쓰레기가 아닌 모든 노드들에 표시를 한다(주 프로그램이 즉시 접근할 수 있는 것들부터). 둘째 페이즈에서는 전체 메모리 풀 영역을 순차적으로 훑으면서 표시되지 않은 노드들을 자유 공간 목록에 집어넣는다. 첫째 페이즈,

즉 표시 비트 설정 페이즈가 더 흥미로우므로 그 페이즈에 집중하기로 하자. 다만, 둘째 페이즈도 그 변형에 따라서는 자명하지 않을 수 있는데, 예를 들면 연습문제 9를 볼 것.

쓰레기 수거 알고리즘을 실행할 때, 표시 절차를 제어하는 데에는 극히 제한된 양의 저장소만 사용할 수 있다. 이 흥미로운 문제는 다음 논의를 통해서 점차 명확해질 것이다. 이 문제는 쓰레기 수거라는 착상을 처음 들은 사람들은 대부분 간과하는 것이며, 수년간 좋은 해법이 나오지 않은 문제이기도 하다.

가장 명백한 표시 알고리즘은 아마도 다음일 것이다.

알고리즘 A (표시). 리스트 저장에 쓰이는 메모리 전체가 NODE(1), NODE(2), ..., NODE(M)이라고 하자. 그리고 이 워드들은 원자이거나 두 링크 필드 ALINK와 BLINK를 담는다고 하자. 모든 노드들은 초기에는 표시되지 않은 상태라고 가정한다. 이 알고리즘의 목적은 비원자 노드의 ALINK 또는/그리고 BLINK 포인터들의 사슬을 통해서 접근할 수 있는 모든 노드들을 표시하는 것이다. 그러한 표시 절차는 "즉시 접근할 수 있는" 노드들, 말하자면 주 프로그램의 어떤 고정된 장소들에서 가리키는 노드들로부터 시작한다. 그런 고정된 포인터들은 모든 메모리 접근들의 근원지로 쓰인다.

A1. 〔초기화.〕 즉시 접근할 수 있는 모든 노드들을 표시한다. K ← 1로 설정한다.

A2. 〔NODE(K)가 다른 노드를 함축하는가?〕 K1 ← K + 1로 설정한다. 만일 NODE(K)가 원자이거나 표시되지 않았다면 단계 A3으로 간다. 그렇지 않다면, 만일 NODE(ALINK(K))가 표시되지 않았으면 표시하고, 만일 그것이 원자가 아니면 K1 ← min(K1,ALINK(K))로 설정한다. 비슷하게, 만일 NODE(BLINK(K))가 표시되지 않았으면 표시하고, 만일 그것이 원자가 아니면 K1 ← min (K1,BLINK(K))로 설정한다.

A3. 〔끝인가?〕 K ← K1로 설정한다. 만일 K ≤ M이면 단계 A2로 돌아간다. 그렇지 않으면 알고리즘을 끝낸다. ∎

이 알고리즘과 이번 절에 나오는 다른 알고리즘들에서, 편의상, 존재하지 않는 노드 "NODE(Λ)"가 이미 표시되어 있다고 가정한다. (예를 들어 단계 A2에서 ALINK(K)나 BLINK(K)가 Λ와 같을 수 있다.)

알고리즘 A의 한 변형으로, 단계 A1에서 K1 ← M + 1로 설정하도록 하고, 단계 A2에서 "K1 ← K + 1"을 제거하고, 단계 A3을 다음으로 대체한 것이 있다.

A3′. 〔끝인가?〕 K ← K + 1로 설정한다. 만일 K ≤ M이면 단계 A2로 돌아간다. 그렇지 않으면, 만일 K1 ≤ M이면 K ← K1, K1 ← M + 1로 설정하고 단계 A2로 돌아가고, 아니면 알고리즘을 끝낸다.

알고리즘 A를 정밀하게 분석하기란 매우 어려우며, 방금 설명한 변형이 원래 것보다 더 나은지 나쁜지를 판단하기도 매우 어렵다. 왜냐하면 입력의 확률분포를 의미 있는 방식으로 설명하는 것 자체가 불가능하기 때문이다. 다만, 알고리즘이 표시할 칸들의 수가 n이라 할 때, 최악의 경우 nM에 비례하는 시간이 걸리리라고는 말할 수 있을 것이다. 그리고 일반적으로, n이 크다면 알고리즘이 매우 느리리라는 것도 확신할 수 있다. 알고리즘 A는 쓰레기 수거가 실제로 유용한 기법이 되기에는 너무 느리다.

또 다른 상당히 명백한 표시 알고리즘으로, 모든 경로들을 따라가되 분기점을 스택에 기록해 두는 방식이 있다. 다음과 같다.

알고리즘 B (표시). 이 알고리즘은 알고리즘 A와 같은 결과를 내나, 아직 완전히 추적하지 않은 모든 경로들을 관리하기 위해 STACK[1], STACK[2], ...를 보조적인 저장소로 사용한다.

B1. 〔초기화.〕 T가 즉시 접근 가능한 노드들의 개수라고 하자. 그 노드들에 표시를 하고 그들에 대한 포인터들을 STACK[1], ..., STACK[T]에 넣어둔다.

B2. 〔스택이 비었는가?〕 만일 T = 0이면 알고리즘을 끝낸다.

B3. 〔최상위 항목 제거.〕 K ← STACK[T], T ← T − 1로 설정한다.

B4. 〔링크들을 조사.〕 만일 NODE(K)가 원자이면 단계 B2로 돌아간다. 그렇지 않으면, 만일 NODE(ALINK(K))가 표시되지 않았으면 표시하고 T ← T + 1, STACK[T] ← ALINK(K)로 설정한다. 만일 NODE(BLINK(K))가 표시되지 않았으면 표시하고 T ← T + 1, STACK[T] ← BLINK(K)로 설정한다. B2로 돌아간다. ▮

알고리즘 B의 수행 시간이 본질적으로 표시한 칸들의 개수에 비례함은 명백하다. 그리고 이 정도가 우리가 기대할 수 있는 최선의 효율이다. 그러나 이 알고리즘 역시, 스택을 유지할 공간이 없기 때문에 쓰레기 수거용으로는 무용지물이다! 알고리즘 B의 스택이 이를테면 메모리의 5퍼센트까지 커질 것이며, 모든 가용 공간이 소비되고 나면 오직 고정된(비교적 작은) 개수의 칸들만 그런 스택으로 사용할 수 있게 될 것이라고 가정하는 게 비합리적이지는 않을 것이다. 초기의 쓰레기 수거 절차들은 대부분 본질적으로 이 알고리즘에 기반을 두었다. 만일 특별한 스택 공간이 다 소비되었다면 프로그램 전체를 종료해야만 했다.

알고리즘 A와 B를 결합한다면 고정된 크기의 스택을 사용하는 좀 더 나은 대안이 가능하다.

알고리즘 C (표시). 이 알고리즘은 H개의 칸들로 된 보조 표 STACK[0], STACK[1], ..., STACK[H−1]을 사용해서 알고리즘 A, B와 같은 효과를 낸다.

이 알고리즘에서 "스택에 X를 삽입한다"라는 행동은 "T ← (T + 1) mod H, STACK[T] ← X로 설정한다. 만일 T = B이면 B ← (B + 1) mod H, K1 ← min(K1,STACK[B])로 설정한다"는 의미이다. (T는 스택의 현재의 최상위를, B는 현재 최하위의 하나 아래 위치를 가리킴을 주의할 것. STACK은 본질적으로 하나의 입력 제한 데크로 작동한다.)

C1. 〔초기화.〕 T ← H − 1, B ← H − 1, K1 ← M + 1로 설정한다. 모든 즉시 접근 가능 노드들에 표시를 하고 그 위치들을 차례로 스택에 삽입(위에서 설명한 방식대로)한다.

C2. 〔스택이 비었는가?〕 만일 T = B이면 C5로 간다.

C3. 〔최상위 항목 제거.〕 K ← STACK[T], T ← (T − 1) mod H로 설정한다.

C4. 〔링크들을 조사.〕 만일 NODE(K)가 원자이면 단계 C2로 간다. 그렇지 않으면, 만일 NODE(ALINK(K))가 표시되지 않았으면 표시하고 ALINK(K)를 스택에 삽입한다. 비슷하게, 만일 NODE(BLINK(K))가 표시되지 않았으면 표시하고 BLINK(K)에 삽입한다. C2로 돌아간다.

C5. 〔일소(sweep).〕 만일 K1 > M이면 알고리즘을 끝낸다. (변수 K1은 표시해야 할 노드로 새로이 이어질 가능성이 존재하는 메모리 장소들 중 주소가 가장 작은 장소를 나타낸다.) 그렇지 않으면, 만일 NODE(K1)이 원자이거나 표시되지 않았으면 K1을 1 증가하고 이 단계를 반복한다. 만일 NODE(K1)이 표시되었으면 K ← K1로 설정하고, K1을 1 증가하고 C4로 간다. ∎

이 알고리즘과 알고리즘 B를 더욱 개선하는 한 가지 방안으로, NODE(X)가 원자일 때에는 X를 절대로 스택이 집어넣지 않게 할 수도 있을 것이다. 더 나아가서, 단계 B4와 C4에서, 즉시 제거될 것임을 알고 있는 항목은 스택에 집어넣지 않게 해서 알고리즘들을 더욱 개선할 수도 있다. 어차피 그런 개선들을 나중에 추가하는 것은 쉬운 일이므로, 위의 알고리즘 서술에서는 알고리즘을 필요 이상으로 복잡하게 만들지 않기 위해서 그런 개선들을 생략했다.

H = 1일 때 알고리즘 C는 본질적으로 알고리즘 A와 동등하며, H = M일 때에는 알고리즘 B와 동등하다. H가 커질수록 알고리즘 C는 더 효율적이 된다. 그러나 알고리즘 A에서와 같은 이유로, 알고리즘 C를 정확히 분석하기가 어렵다. 우리는 이 알고리즘이 충분히 빠르게 되려면 H를 얼마나 크게 잡아야 하는지 확실히 알지 못한다. H = 50 정도이면 대부분의 응용에서 알고리즘 C가 쓰레기 수거에 유용하게 되는 데 충분하다고 말할 수는 있겠지만, 아주 확실한 것은 아니다.

알고리즘 B와 C는 순차적인 메모리 장소들에 있는 스택을 사용한다. 그러나 이번 장에서 이미 살펴보았듯이 메모리에 연속적으로 들어 있지 않은 스택을 관리하는 데에는 연결된 메모리 기법이 적합하다. 따라서 알고리즘 B의 스택을 *쓰레기 수거 대상인 메모리와 같은 영역 전반에 어떤 방식으로든 분산시켜* 놓을 수도 있다. 쓰레기 수거 루틴이 사용하는 공간을 조금만 더 늘린다면 그렇게 하는 것이 좀 더 쉬워진다. 예를 들어 모든 리스트들이 (9)와 같은 형태이되 리스트 머리 노드의 REF 필드를 참조 횟수가 아니라 쓰레기 수거의 목적으로 사용한다고 가정하자. 그러면 스택을 머리 노드들의 REF 필드들에 두도록 해서 알고리즘 B를 다음과 같이 바꿀 수 있다.

알고리즘 D (표시). 이 알고리즘은 알고리즘 A, B, C와 같은 효과를 내나, 노드들이 ALINK와 BLINK 대신 위에서 설명한 S, T, REF, RLINK 필드들을 가진다. S 필드는 표시 비트로 쓰인다. 즉, S(P) = 1은 NODE(P)가 표시되었음을 뜻한다.

D1. 〔초기화.〕 TOP ← Λ로 설정한다. 그런 다음 즉시 접근 가능한 리스트의 머리를 가리키는 각 포인터 P에 대해, 만일 S(P) = 0이면 S(P) ← 1, REF(P) ← TOP, TOP ← P로 설정한다.

D2. 〔스택이 비었는가?〕 만일 TOP = Λ이면 알고리즘을 끝낸다.

D3. 〔최상위 항목 제거.〕 P ← TOP, TOP ← REF(P)로 설정한다.

D4. 〔리스트를 훑는다.〕 P ← RLINK(P)로 설정한다. 그런 다음, 만일 P = Λ이거나 T(P) = 0이면 D2로 간다. 그렇지 않으면 S(P) ← 1로 설정한다. 만일 T(P) > 1이면 S(REF(P)) ← 1로 설정한다

(즉, 해당 노드가 원자 정보를 가진다고 표시한다). 그렇지 않으면(T(P) = 1이면) Q ← REF(P)로 설정한다. 만일 Q ≠ Λ이고 S(Q) = 0이면 S(Q) ← 1, REF(Q) ← TOP, TOP ← Q로 설정한다. 단계 D4를 반복한다. ∎

알고리즘 D는 알고리즘 B와 상당히 비슷하다. 그리고 그 실행 시간은 본질적으로 표시된 노드 개수에 비례한다. 그러나 알고리즘 D를 모든 경우에 권장할 수 있는 것은 아니다. 비교적 온건해 보이는 알고리즘 D의 제약조건들이 일반적인 리스트 처리에는 실제로 너무 엄격한 것이 되는 일이 종종 있기 때문이다. 본질적으로 이 알고리즘은 쓰레기 수거가 실행될 때 모든 리스트들이 (7)과 같은 적격(well-formed)의 구조를 가져야 한다고 요구한다. 그러나 리스트를 조작하는 알고리즘들은 일시적으로나마 리스트 구조를 부적격 상태로 만들며, 그런 순간에 알고리즘 D 같은 쓰레기 수집기가 작동되어서는 안 된다. 더 나아가서, 프로그램이 리스트의 중간을 가리키는 포인터들을 담고 있을 때에는 단계 D1을 조심해서 수행해야 한다.

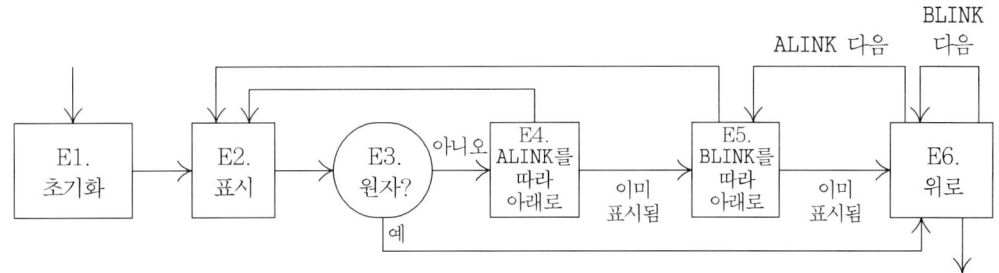

그림 38. 보조 스택 공간을 사용하지 않는 표시 알고리즘 E.

이러한 점을 고려해서 좀 더 개선한 알고리즘이 다음의 알고리즘 E이다. 이 알고리즘은 1965년에 도이치Peter Deutsch가, 그리고 그와 독립적으로 쇼어Herbert Schorr 및 웨이트W. M. Waite가 고안한 것이다. 이 알고리즘의 가정들은 알고리즘 A, B, C, D의 것들과는 조금 다르다.

알고리즘 E (표시). 노드들의 집합이 주어졌으며 각 노드가 다음과 같은 형태라고 하자.

    MARK (1비트 필드),
    ATOM (또 다른 1비트 필드),
    ALINK (포인터 필드),
    BLINK (포인터 필드).

ATOM = 0일 때 ALINK 필드와 BLINK 필드는 Λ 또는 같은 형태의 다른 노드를 가리키는 포인터를 담는다. ATOM = 1일 때 ALINK와 BLINK의 내용은 이 알고리즘과는 무관하다.

공링크가 아닌 포인터 P0이 주어졌을 때, 이 알고리즘은 NODE(P0)의 MARK 필드를 1로 설정하며, NODE(P0)에서 시작해서 ATOM = MARK = 0인 노드들의 ALINK 포인터와 BLINK 포인터를 따라 도달할 수 있는 모든 노드들의 MARK 필드도 1로 설정한다. 알고리즘은 세 개의 포인터 변수 T, Q, P를 사용한다. 알고리즘은 링크들과 제어 비트들을 수정하는데, ATOM, ALINK, BLINK 필드들은 알고리즘 수정 도중에는 일시적으로 바뀔 수 있지만, 알고리즘이 끝나고 나면 모두 원래의 설정으로 되돌아간 상태이다.

E1. 〔초기화.〕 T ← Λ, P ← P0로 설정한다. (이 알고리즘의 나머지에서, 변수 T는 두 가지 의미를 가진다. T ≠ Λ일 때 T는 본질적으로 알고리즘 D의 스택에 해당하는 것의 최상위를 가리킨다. 그리고 T가 가리키는 노드는, 한때는 지금 NODE(T)를 차지하고 있는 "인위적" 스택 링크 대신 P와 같은 링크를 담고 있었다.)

E2. 〔표시.〕 MARK(P) ← 1로 설정한다.

E3. 〔원자인가?〕 만일 ATOM(P) = 1이면 E6으로 간다.

E4. 〔ALINK를 따라 아래로.〕 Q ← ALINK(P)로 설정한다. 만일 Q ≠ Λ이고 MARK(Q) = 0이면 ATOM(P) ← 1, ALINK(P) ← T, T ← P, P ← Q로 설정하고 E2로 간다. (여기서 ATOM 필드와 ALINK 필드가 임시적으로 수정되었으며, 그래서 표시된 특정 노드들의 리스트 구조가 다소 크게 변했다. 그러나 그 변화들은 단계 E6에서 복원된다.)

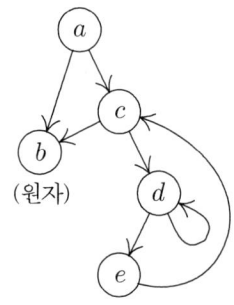

a	ALINK[MARK]	*b*[0]	.	Λ[1]	.	*b*	.	.	.	.	.	.	.	.	.
	BLINK[ATOM]	*c*[0]	.	[1]	.	[0]	Λ	.	.	.	.	.	.	.	*c*
b	ALINK[MARK]	−[0]	.	.	[1]	.	.	.	.	.	.	.	.	.	.
	BLINK[ATOM]	−[1]	.	.	.	.	.	.	.	.	.	.	.	.	.
c	ALINK[MARK]	*b*[0]	.	.	.	.	[1]	.	.	.	.	.	.	.	.
	BLINK[ATOM]	*d*[0]	.	.	.	.	.	*a*	.	.	.	.	.	*d*	.
d	ALINK[MARK]	*e*[0]	.	.	.	.	.	*c*[1]	.	.	*e*	.	.	.	.
	BLINK[ATOM]	*d*[0]	.	.	.	.	.	[1]	.	.	[0]	.	.	.	.
e	ALINK[MARK]	Λ[0]	.	.	.	.	.	.	[1]	.	.	.	.	.	.
	BLINK[ATOM]	*c*[0]	.	.	.	.	.	.	.	.	.	.	.	.	.

T	—	Λ	*a*	*a*	Λ	*a*	*a*	*c*	*d*	*d*	*d*	*c*	*c*	*a*	Λ
P	—	*a*	*b*	*b*	*a*	*c*	*c*	*d*	*e*	*e*	*e*	*d*	*c*	*a*	
다음 단계	E1	E2	E2	E6	E5	E2	E5	E2	E2	E5	E6	E5	E6	E6	E6
내포															

그림 39. 알고리즘 E로 표시한 리스트 구조. (표는 이전 단계 이후 바뀐 것들만 표시한 것임.)

E5. [BLINK를 따라 아래로.] $Q \leftarrow$ BLINK(P)로 설정한다. 만일 $Q \neq \Lambda$이고 MARK(Q) = 0이면 BLINK(P) $\leftarrow$ T, T $\leftarrow$ P, P $\leftarrow$ Q로 설정하고 단계 E2로 간다.

E6. [위로.] (이 단계는 E4나 E5에서 교환된 링크들을 다시 되돌린다. ALINK(T)를 복원할 것인지 BLINK(T)를 복원할 것인지는 ATOM(T)의 설정으로 판단한다.) 만일 T = Λ이면 알고리즘을 끝낸다. 그렇지 않으면 $Q \leftarrow$ T로 설정한다. 만일 ATOM(Q) = 1이면 ATOM(Q) $\leftarrow$ 0, T $\leftarrow$ ALINK(Q), ALINK(Q) $\leftarrow$ P, P $\leftarrow$ Q로 설정하고 단계 E5로 돌아간다. 만일 ATOM(Q) = 0이면 T $\leftarrow$ BLINK(Q), BLINK(Q) $\leftarrow$ P, P $\leftarrow$ Q로 설정하고 단계 E6으로 돌아간다. ∎

그림 39는 이 알고리즘을 간단한 리스트 구조에 대해 실행했을 때의 각 단계를 나타낸 것이다. 알고리즘 E는 아주 세심히 공부해볼 가치가 있다. 특히, 알고리즘 D의 스택에 비견할 수 있는 하나의 스택을 유지하기 위해 단계 E4와 E5에서 연결 구조를 인위적으로 변경하는 부분에 주목할 것. 연결들을 이전 상태로 되돌릴 때에는 ATOM 필드를 이용해서 ALINK와 BLINK 중 어떤 것이 인위적인 주소를 담고 있는지 판단한다. 그림 39 아래쪽 "내포" 부분의 선들은 알고리즘 E를 수행하는 동안 비원자 노드들이 세 번 방문되는 과정을 보여준다. 단계 E2, E5, E6의 시작에서 동일한 (T,P) 구성이 나타난다.

알고리즘 E의 유효성 증명은 표시할 노드들의 개수에 대한 귀납법을 통해서 만들어낼 수 있다. 그런 식의 증명은 알고리즘이 끝난 후에 P가 원래의 값 P0으로 되돌아간다는 점도 증명한다. 자세한 사항은 연습문제 3을 볼 것. 알고리즘 E에서 단계 E3을 제거하고 단계 E4와 E5에서 "ATOM(Q) = 1"을 판정하고 그에 따라 적절한 행동을 취한다면, 또한 E1에서 "ATOM(P0) = 1"을 판정한다면 알고리즘의 수행이 좀 더 빨라질 것이다. 앞에 나온 알고리즘 E는 단순함을 염두에 두고 서술한 것이며, 방금 말한 수정들을 가한 알고리즘은 연습문제 4의 해답에 나온다.

알고리즘 E에 쓰인 착상을 쓰레기 수거 이외의 문제들에도 적용할 수 있다. 사실 그 알고리즘에서 트리를 운행하는 방식은 이미 연습문제 2.3.1-21에서 언급한 바 있다. 또한 알고리즘 E를 연습문제 2.2.3-7에서 푼 더 간단한 문제와 비교해 보는 것도 독자에게 도움이 될 것이다.

지금까지 말한 모든 표시 알고리즘들 중 (9)와 같은 형태로 표현된 리스트에 직접 적용할 수 있는 것은 알고리즘 D 뿐이다. 다른 알고리즘들은 모두 주어진 P가 원자인지 아닌지를 판정하는데, (9)의 표현은 원자 정보가 표시 비트를 제외한 워드 전체를 차지할 수 있도록 하기 때문에 그런 판정과 호환되지 않는다. 그러나 워드 안에 담긴 원자 자료와 그것을 가리키는 포인터 자료가 구별이 되는 경우라면 그 알고리즘들이 워드 자체를 점검하지 않고도 작동하도록 수정하는 것이 가능하다. 알고리즘 A나 C의 경우에는 모든 비원자 워드들을 적절히 표시하기 전까지는 원자 노드들을 표시하지 않도록 수정하면 된다. 비원자 워드들을 모두 표시했다면, 그 다음에는 자료 전체를 한 번만 훑는 것으로 원자 노드들을 모두 표시할 수 있다. 알고리즘 B를 수정하는 것은 더 쉽다. 그냥 원자 워드들을 스택에 넣지 않으면 된다. 알고리즘 E의 수정 역시 다른 것들과 비슷하게 간단하다. 다만, 만일 ALINK와 BLINK 모두 원자 자료를 가리킬 수 있게 한다면 비원자 노드에 또 다른 1비트 필드를 도입해야 하지만, 대체로 그렇게 하는 것이 어려운 일은 아니다. (예를 들어 노드 당 2워드라면 각 링크 필드의 최하위 비트를 그런 임시 정보를 담는 데 사용할 수 있을 것이다).

알고리즘 E의 수행 시간이 표시하는 노드 개수에 비례하긴 하지만, 그 비례 상수가 알고리즘 B에서만큼 작지는 않다. 지금까지 알려진 가장 빠른 쓰레기 수거 방법은 알고리즘 B와 E를 결합한 것인데, 이에 대해서는 연습문제 5에서 논의한다.

이제, 이번 장의 이전 예들 대부분에서 사용했던 "AVAIL ⇐ X" 원리와는 대립되는 쓰레기 수거의 효율성을 정량적으로 추정해 보자. 이전의 각 사례들에서, 노드들을 자유 공간으로 돌려주는 언급들은 모두 제거하고, 그 대신 쓰레기 수거기를 하나 둔다고 하겠다. (일련의 범용 리스트 조작 서브루틴들과는 달리, 특수 목적의 응용 프로그램의 경우에는 쓰레기 수거 하에서 프로그래밍, 디버깅하기가 지금까지 써왔던 방법들 하에서보다 더 어려우며, 또한 쓰레기 수거를 위해서는 노드마다 추가적인 비트 하나씩이 필요하다. 그러나 여기서 우리가 관심을 가지는 것은 이미 작성과 디버깅이 완료된 프로그램들의 상대적 빠르기이다.)

알려진 최고의 쓰레기 수거 루틴들의 수행 시간은 그 형태가 본질적으로 $c_1 N + c_2 M$이다. 여기서 c_1과 c_2는 상수이고 N은 표시된 노드들의 개수, M은 메모리에 있는 모든 노드들의 개수이다. 따라서 $M - N$은 발견된 자유 노드들의 개수이고, 그 노드들을 자유 저장소로 되돌리는 데 필요한 시간은 노드 당 $(c_1 N + c_2 M)/(M - N)$이다. $N = \rho M$이라고 하자. 그러면 노드 당 시간은 $(c_1 \rho + c_2)/(1 - \rho)$가 된다. 만일 $\rho = \frac{3}{4}$이면, 즉 메모리의 4분의 3이 찼으면, 자유 노드 하나를 저장소로 되돌리는 데 필요한 시간은 $3c_1 + 4c_2$ 단위이다. 그리고 $\rho = \frac{1}{4}$이면 해당 비용은 $\frac{1}{3}c_1 + \frac{4}{3}c_2$밖에 되지 않는다. 쓰레기 수거 기법을 사용하지 않는다면 노드 당 반환 시간은 하나의 상수 c_3인데, c_3/c_1이 아주 크지는 않을 것이다. 이상의 분석을 이용하면 메모리가 완전히 찼을 때 쓰레기 수거가 어느 정도 비효율적인지, 그리고 메모리 요구가 적을 때 쓰레기 수거가 어느 정도 효율적인지를 알 수 있다.

많은 프로그램들에서, 전체 메모리에 대한 가용 메모리의 비율 $\rho = N/M$이 상당히 작다. 그런 경우, 메모리 풀이 다 찼다면 활성 리스트 자료 전체를 같은 크기의 다른 메모리 풀로 옮기는(연습문제 10 같은 복사 기법을 이용하되, 복사되는 노드들의 내용을 유지하는 문제는 신경 쓰지 않아도 된다) 방법이 최선의 방책일 수 있다. 만일 둘째 메모리 풀까지 다 찼다면 자료들 다시 원래의 메모리 풀로 옮기면 된다. 이 방법을 이용하면 좀 더 많은 자료를 고속 메모리에 한 번에 담아둘 수 있다(왜냐하면 링크 필드들은 근처의 노드들을 가리키는 경향이 있으므로). 게다가 표시 페이즈가 필요가 없으며 저장소 할당에 단순한 순차적 할당을 사용할 수 있다는 장점도 있다.

쓰레기 수거 기법을 자유 저장소로 메모리 칸들을 돌려주는 다른 기법들과 함께 사용하는 것도 가능하다. 쓰레기 수거와 자유 저장소 반환 기법이 서로 배타적인 것은 아니다. 참조 계수기와 쓰레기 수거 기법을 함께 사용하며, 게다가 프로그래머가 노드들을 명시적으로 삭제할 수 있게까지 하는 시스템들도 있다. 그런 방식의 핵심은, 쓰레기 수거를 오직 "최후의 수단"으로만, 즉 칸들을 돌려주는 다른 모든 기법들이 실패했을 때에만 사용하는 것이다. 그런 방식을 사용할 뿐만 아니라 더 큰 효율성을 위해 참조 횟수에 대한 연산을 연기하는 메커니즘까지 갖춘 정교한 시스템을 도이치 L. P. Deutsch와 밥로 D. G. Bobrow가 *CACM* **19** (1976), 522-526에서 설명했다.

리스트를 순차적으로 표현할 때, 좀 더 복잡한 저장 관리가 필요하긴 하지만 링크 필드들을 크게 줄일 수 있는 방법이 있다. N. E. Wiseman, J. O. Hiles, *Comp. J.* **10** (1968), 338-343와 W. J. Hansen, *CACM* **12** (1969), 499-507, 그리고 C. J. Cheney, *CACM* **13** (1970), 677-678을 볼 것.

프리드먼Daniel P. Friedman과 와이즈David S. Wise는 특정 링크 필드들을 참조 횟수에 포함시키지 않는다면 참조 계수기 방법을 많은 경우에, 심지어는 리스트들이 자신을 가리키는 경우에도 만족스럽게 사용할 수 있다는 소견을 밝혔다 [*Inf. Proc. Letters* **8** (1979), 41-45].

쓰레기 수거 알고리즘들에 대한 변형들과 개선들은 수없이 많이 제시되었다. *Computing Surveys* **13** (1981), 341-367에서 코엥Jacques Cohen은 1981년 이전 문헌들을 상세히 개괄했으며, 자료 페이지들이 느린 메모리와 빠른 메모리를 오갈 때 생기는 추가적인 메모리 접근 비용에 대한 중요한 논평들도 제공했다.

이번 절에서 말한 쓰레기 수거 방법은 기본적인 리스트 연산들을 빠르게 수행할 필요가 있는 "실시간" 응용 프로그램에는 적합하지 않다. 쓰레기 수거기가 가끔씩만 작동한다고 하더라도, 작동할 때마다 상당한 컴퓨터 시간을 소비할 것이기 때문이다. 연습문제 12는 실시간 쓰레기 수거를 가능하게 하는 몇 가지 접근방식들을 논의한다.

> 슬프게도
> 요즘은 쓸모없는 정보가 너무 적다.
> —— 오스카 와일드OSCAR WILDE (1894)

연습문제

▶ **1.** [*M21*] 2.3.4절에서 트리가 "전통적인" 수학 개념인 유향 그래프의 특별한 경우임을 보았다. 리스트를 그래프 이론 용어들로 설명할 수 있을까?

2. [*20*] 2.3.1절에서, 스레드식 표현을 이용하면 컴퓨터 안에서의 트리 운행이 쉬워짐을 보았다. 리스트 구조들도 그와 비슷한 방식으로 스레드화할 수 있을까?

3. [*M26*] 알고리즘 E의 유효성을 증명하라. [힌트: 알고리즘 2.3.1T의 증명을 볼 것.]

4. [*28*] 알고리즘 E를 위한 MIX 프로그램을 작성하라. 각 노드는 하나의 MIX 워드이며 MARK는 (0:0) 필드("+" = 0, "−" = 1), ATOM은 (1:1) 필드, ALINK는 (2:3) 필드, BLINK는 (4:5) 필드, 그리고 $\Lambda = 0$이라고 가정할 것. 그리고 그 프로그램의 수행 시간을 관련 매개변수들을 이용해서 표현하라. (MIX 컴퓨터에서 어떠한 메모리 장소가 − 0을 담고 있는지 아니면 + 0을 담고 있는지를 판단하는 것은 그리 간단한 일이 아니다. 답 프로그램을 짤 때 이 점을 주의해야 할 수도 있다.)

5. [*25*] (쇼어Schorr, 웨이트Waite.) 알고리즘 B와 E를 결합한 표시 알고리즘을 제시하라. 기본적인 가정은 알고리즘 E의 것들(노드 필드들 등등)을 그대로 따르되, 알고리즘 B에 쓰이는 보조 스택 STACK[1], STACK[2], ..., STACK[N]을 사용할 것. 그리고 알고리즘 E의 메커니즘은 그 스택이 꽉 찼을 때에만 사용하라.

6. [00] 이번 절 끝의 수량적 논의에서, 쓰레기 수거의 비용이 대략 $c_1 N + c_2 M$ 시간 단위라고 했다. 그런데 "$c_2 M$"이라는 항은 어디서 비롯된 것일까?

7. [24] (플로이드R. W. Floyd.) 보조 스택을 사용하지 않는다는 점에서는 알고리즘 E와 비슷하나, (i) 각 노드에 오직 MARK, ALINK, BLINK만 있으며 추가적인 제어에 요긴한 ATOM 필드는 없기 때문에 일이 더 어려워지는, (ii) 그렇긴 하지만 일반적 리스트가 아니라 이진트리만 표시하면 되기 때문에 일이 좀 더 쉬워지는, 그런 표시 알고리즘을 설계하라. 여기서 ALINK와 BLINK는 이진트리의 통상적인 LLINK, RLINK이다.

▶ **8.** [27] (도이치L. P. Deutsch.) 스택을 위해 어떠한 추가적인 메모리도 사용하지 않는다는 점에서 알고리즘 D, E와 비슷하나, 크기가 가변적이며 임의의 개수의 포인터들을 가질 수 있는 노드들에 대해 작동하도록 수정된 표시 알고리즘을 설계하라. 각 노드의 형태는 이렇다: 노드의 첫째 워드는 MARK 필드와 SIZE 필드로 구성된다. MARK 필드는 알고리즘 E에서와 같은 의미이며, SIZE 필드는 수 $n \geq 0$을 담는다. 첫째 워드 다음에는 n개의 워드들이 오며, 그 워드들 각각은 MARK(0이며 계속 0이어야 한다)와 LINK(Λ이거나 다른 노드의 첫째 워드를 가리킨다)라는 두 필드로 구성된다. 예를 들어 다음은 포인터 세 개를 가진 4워드 크기의 노드이다.

첫째 워드	MARK = 0 (표시되면 1로 설정된다)	SIZE = 3
둘째 워드	MARK = 0	LINK = 첫째 포인터
셋째 워드	MARK = 0	LINK = 둘째 포인터
넷째 워드	MARK = 0	LINK = 셋째 포인터

알고리즘은 주어진 한 노드 P0에서 도달할 수 있는 모든 노드들에 표시를 해야 한다.

▶ **9.** [28] (에드워즈D. Edwards.) 쓰레기 수거의 둘째 페이즈, 즉 "저장소 압축"을 위한 알고리즘을 다음과 같이 설계하라: NODE(1), ..., NODE(M)은 1워드 노드들이다. 각 워드는 알고리즘 E에서처럼 MARK, ATOM, ALINK, BLINK 필드들로 구성된다. 쓰레기가 아닌 모든 노드들은 MARK = 1이라고 가정한다. 필요하다면 알고리즘은 표시된 노드들을 연속적인 장소들 NODE(1), ..., NODE(K)로 재배치 해야 하며, 또한 필요하다면 비원자 노드들의 ALINK 필드들과 BLINK 필드들도 노드들이 리스트 구조를 유지하도록 적절히 수정해야 한다.

▶ **10.** [28] 리스트 구조를 복사하는 알고리즘을 설계하라. 리스트의 내부적인 표현은 (7)을 따른다고 가정할 것. (따라서, 만일 (7)의 왼쪽 상단 모서리에 있는 노드를 머리 노드로 하는 리스트를 복사하는 경우, 알고리즘은 14개의 노드들로 구성된, 그리고 그 구조와 정보가 (7)과 동일한 새로운 리스트들의 집합을 만들어내야 한다.)

리스트 구조는 (9)와 같이 S, T, REF, RLINK 필드들을 가진 노드들로 메모리에 저장된다고 가정한다. NODE(P0)은 복사할 리스트의 머리이다. 또한 각 리스트 머리 노드의 REF 필드는 Λ라고 가정한다. 복사 알고리즘은 추가적인 메모리 공간이 필요하지 않도록 하기 위해 REF 필드들을 활용해야 한다(그리고 나중에 다시 그것들을 Λ로 설정해야 한다).

11. 〔M30〕 어떠한 리스트 구조라도, 모든 중첩된 요소들을 더 이상 중첩된 요소가 없을 때까지 반복함으로써 하나의 트리 구조로 "완전히 확장"할 수 있다. 리스트가 재귀적인 경우에는 무한 트리가 생긴다. 예를 들어 리스트 (5)는 처음 네 수준이 다음과 같은 하나의 무한 트리로 확장된다.

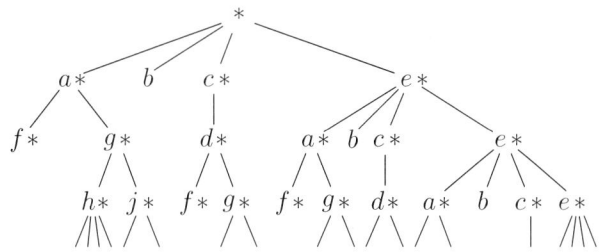

주어진 두 리스트의 동치 여부를 판정하는 알고리즘을 설계하라. 여기서 말하는 동치는 두 리스트들을 완전히 확장했을 때 같은 그림이 된다는 뜻이다. 예를 들어 다음과 같은 설정에서 리스트 A와 B는 동치이다.

$$A = (a : C, b, a : (b : D))$$
$$B = (a : (b : D), b, a : E)$$
$$C = (b : (a : C))$$
$$D = (a : (b : D))$$
$$E = (b : (a : C)).$$

12. 〔30〕 (민스키 M. Minsky.) 쓰레기 수거 방법을 "실시간" 응용 프로그램(예를 들면 컴퓨터로 어떤 물리적인 장치를 제어하는 등)에서도, 심지어는 각 리스트 연산의 수행에 필요한 최대 수행 시간에 상계를 두는 경우에도 신뢰성 있게 사용할 수 있음을 보여라. 〔힌트: 적절한 주의를 기울인다면, 쓰레기 수거가 리스트 연산들과 병렬적으로 수행되도록 배치하는 것도 가능하다.〕

2.4. 다중연결 구조

지금까지는 선형 목록들과 트리 구조들을 상세히 살펴보았다. 이제는 컴퓨터 안에서 구조적 정보를 표현하는 원리들이 명백해졌을 것이다. 이번 절에서는 그런 기법들의 또 다른 응용으로, 구조적 정보가 좀 더 복잡한 전형적인 사례, 구체적으로 말하면 여러 종류의 구조들이 동시에 나타나는 경우를 살펴보겠다. 일반적으로 고수준 응용들에서는 그런 상황이 흔하다.

이전에 나온 대부분의 예제들에서는 노드의 링크 필드가 하나나 두 개였다. 그러나 "다중연결 구조(multilinked structure)"에서는 링크 필드가 여러 개인 노드들이 쓰인다. 사실 이 책에서도 그런 다중 연결성의 사례가 몇 번 나왔었다. 2.2.5의 승강기 시뮬레이션 시스템이나 2.3.3절의 다변수 다항식 등이 그런 예였다.

이번 절을 통해서, 노드에 여러 가지 종류의 링크들이 존재한다고 해서 해당 알고리즘들을 작성하거나 이해하는 게 이미 살펴본 알고리즘들에서보다 반드시 더 어려운 것은 아님을 알게 될 것이다. 또한 이번 절에서는 "메모리 안에 명시적으로 기록해 두어야 하는 구조적 정보는 얼마나 될까?"라는 중요한 질문에 대해서도 논의한다.

이번 절에서는 COBOL 및 관련 언어들을 번역하는 컴파일러 프로그램의 작성에 연관되어 나타나는 문제들을 살펴본다. COBOL을 사용하는 프로그래머라면 프로그램 변수들의 알파벳 이름들을 여러 수준들로 부여할 것이다. 예를 들어 프로그램이 판매, 구매 기록 파일들을 참조할 때 다음과 같은 구조의 변수들을 사용한다고 하자.

```
1 SALES                1 PURCHASES
   2 DATE                 2 DATE
      3 MONTH               3 DAY
      3 DAY                 3 MONTH
      3 YEAR                3 YEAR
   2 TRANSACTION         2 TRANSACTION
      3 ITEM                3 ITEM             (1)
      3 QUANTITY            3 QUANTITY
      3 PRICE              3 PRICE
      3 TAX                3 TAX
      3 BUYER              3 SHIPPER
         4 NAME              4 NAME
         4 ADDRESS           4 ADDRESS
```

이러한 구성에서 SALES의 각 항목이 DATE와 TRANSACTION이라는 두 부분으로 구성되며, DATE는 다시 세 부분으로 나뉘고, TRANSACTION은 다섯 부분으로 나뉜다. PURCHASES 역시 마찬가지이다. 이 이름들의 상대 순서는 해당 수량들이 파일의 외부 표현(예를 들면 자기 테이프나 인쇄된 서식 등)에 나타나는 순서를 가리킨다. 이 예에서, "DAY"와 "MONTH"가 두 파일에서 반대 순서로 되어 있음을 주목하자. 또한 프로그래머는 이 구성에는 나타나지 않은, 정보의 각 항목이 차지하는 공간의 크기와 그 표현 형식에 대한 추가적인 정보도 제공하겠지만, 그런 사항들은 이번 절의 논의와는 무관하기 때문에 더 이상 언급하지 않겠다.

 COBOL 프로그래머는 우선 파일의 구조와 다른 프로그램 변수들을 서술하고, 그런 후 그 수량들을 조작하는 알고리즘들을 지정한다. 위의 예에서 개별 변수를 지칭할 때, 예를 들어 날(日)을 지칭하기 위해 그냥 DAY라고만 하는 것으로는 부족하다. 왜냐하면 DAY라는 이름의 변수가 SALES 파일에 들어 있는 정보를 말하는지 아니면 PURCHASES 파일에 있는 것을 말하는지 구별할 수 없기 때문이다. 그래서 COBOL에는 SALES 항목의 DAY 부분을 참조할 때 "DAY OF SALES"라는 형태의 이름을 사용할 수 있는 기능이 있다. 그보다 더 완전한 형태인

"DAY OF DATE OF SALES"

를 사용할 수도 있지만, 일반적으로는 애매함을 피하는 데 충분한 수준 이상으로 한정된 이름을 사용하지는 않는다. 그런 예로,

"NAME OF SHIPPER OF TRANSACTION OF PURCHASES"

는

"NAME OF SHIPPER"

로 표기할 수 있다. SHIPPER는 자료의 오직 한 부분에만 나오기 때문이다.

 이러한 COBOL의 규칙들을 좀 더 엄밀하게 말한다면 다음과 같다.

a) 각 이름 앞에는 수준 번호(level number)라고 하는 양의 정수가 부여된다. 하나의 이름은 한 기본 항목(elementary item)의 이름이거나, 아니면 하나 이상의 항목들이 속한 그룹(group)의 이름이다. 한 그룹의 각 항목은 반드시 같은 수준 번호를 가지며, 그 수준 번호는 그룹 이름의 수준 번호보다 반드시 크다. (예를 들어 위의 DATE와 TRANSACTION의 수준 번호는 2이며, 이는 SALES의 수준 번호 1보다 크다.)

b) A_0이라는 기본 항목 또는 항목들의 그룹을 지칭하는 일반적인 형태는 다음과 같다.

$$A_0 \text{ OF } A_1 \text{ OF } ... \text{ OF } A_n.$$

여기서 $n \geq 0$이며, $0 \leq j < n$에 대해 A_j는 A_{j+1}이라는 이름의 그룹 안에 직, 간접적으로 포함되어 있는 어떤 항목의 이름이다. 따라서 이런 조건을 만족하는 항목 A_0은 오직 하나만 존재한다.

c) 만일 같은 이름 A_0이 여러 장소에 나타난다면, 각 이름 용례를 한정(qualification)을 통해서 지칭하는 방법이 있어야 한다.

 규칙 (c)의 한 예로, 다음과 같은 자료 구성은 허용되지 않는다.

1 AA
  2 BB
    3 CC
    3 DD
  2 CC

(2)

왜냐하면 두 번째의 CC 출현을 애매하지 않게 지칭하는 방법이 없기 때문이다. (연습문제 4 참고.)

COBOL에는 지금 고려하고 있는 컴파일러 작성과 응용에 영향을 미치는 또 다른 특징이 있다. 어떤 것이냐 하면, 여러 항목들을 한 번에 지칭하는 기능이다. 예를 들어 다음은

$$\text{MOVE CORRESPONDING } \alpha \text{ TO } \beta$$

자료 영역 α에서 자료 영역 β로, 대응되는 이름을 가진 모든 항목들을 옮긴다. 예를 들어 COBOL 문장

$$\text{MOVE CORRESPONDING DATE OF SALES TO DATE OF PURCHASES}$$

은 SALES 파일의 MONTH, DAY, YEAR 값들을 PURCHASES 파일의 변수 MONTH, DAY, YEAR로 이동한다. (이에 의해 DAY와 MONTH의 상대 순서가 교환된다.)

이번 절에서 살펴볼 문제는, COBOL 컴파일러에서 사용하기에 적합한, 다음과 같은 일들을 하는 세 알고리즘들을 설계하는 것이다.

연산 1. (1)에 나온 것 같은 이름들과 수준 번호들의 서술을 처리해서, 해당 정보를 연산 2와 3에 사용할 수 있도록 컴파일러 내부의 표들에 집어넣는다.

연산 2. 주어진 한정된 참조가 유효한지 판정하고(규칙 (b)에 의거해서), 유효하다면 해당 자료 항목의 위치를 찾는다.

연산 3. 주어진 CORRESPONDING 문장이 지시하는 모든 대응 항목 쌍들을 찾는다.

컴파일러에는 알파벳 이름을 그 이름을 가진 표 요소를 가리키는 링크로 변환하는 "기호표 서브루틴들"이 이미 존재한다고 가정한다. (기호표 구축 알고리즘을 만드는 방법에 대해서는 6장에서 자세히 논의한다.) 그 기호표(Symbol Table) 외에, 컴파일러에는 컴파일되는 COBOL 소스 코드 안의 각 자료 항목 당 하나의 요소를 가진 커다란 표도 있다. 그 표를 **자료표**(Data Table)라고 부르겠다.

자료표에 어떤 종류의 정보를 담을 것인지를 결정하기 전에는 연산 1을 위한 알고리즘을 설계할 수가 없음이 명백하다. 그리고 자료표의 형태는 연산 2와 3을 수행하는 데 필요한 정보에 따라 달라진다. 따라서 연산 2, 3부터 살펴보아야 한다.

다음과 같은 COBOL 참조의 의미를 결정하는 데 어떤 것들이 필요할지 생각해 보자.

$$A_0 \text{ OF } A_1 \text{ OF } \ldots \text{ OF } A_n, \qquad n \geq 0. \tag{3}$$

일단, 기호표에서 이름 A_0을 조회할 수 있어야 한다. 그리고 그 기호표 요소에서 이 이름에 대한 모든 자료표 요소들로의 일련의 링크들이 갖추어져 있어야 한다. 또한, 그러한 각 자료표 요소에는 그것을 포함하는 그룹 항목에 대한 요소로의 링크가 필요하다. 더 나아가서, 만일 자료표 항목들에서 다시 기호표로 돌아가는 추가적인 링크 필드까지 존재한다면 (3)과 같은 참조를 쉽게 처리할 수 있다. 더 나아가서, "MOVE CORRESPONDING"이 지시하는 쌍들을 찾기 위해서는 그룹 항목들에 대한 자료표 요소들로부터 그룹 안의 항목들로 가는 링크들도 필요하다.

정리하자면, 각 자료표 요소에는 잠재적으로 다음과 같은 다섯 필드들이 필요할 것이다.

PREV (같은 이름을 가진 이전 요소가 있다면 그 요소로의 링크)

PARENT (이 항목을 담고 있는 가장 작은 그룹이 있다면 그 그룹으로의 링크)

NAME (이 항목에 대한 기호표 요소로의 링크)

CHILD (한 그룹의 첫째 하위 항목으로의 링크)

SIB (이 항목을 담고 있는 그룹의 다음 하위 항목으로의 링크)

앞에 나온 SALES나 PURCHASES 같은 COBOL 자료구조가 본질적으로 트리임은 명백하다. 그리고 위의 PARENT, CHILD, SIB 링크들은 트리에 대한 이전 논의에 나온 링크들과 유사하다. (트리의 전통적인 이진트리 표현은 CHILD와 SIB 링크들로 구성된다. 거기에 PARENT 링크를 추가하면 소위 "3중 연결 트리"가 된다. 위의 다섯 링크들은 그 세 트리 링크들에 PREV와 NAME을 추가한 것으로, 후자의 두 링크들(PREV와 NAME)은 트리 구조에 대한 추가적인 정보를 제공한다.)

어쩌면 이 다섯 링크들 모두가 필요하지는 않을 수도 있고, 또는 이 다섯 링크들로도 부족할 수도 있다. 그러나 일단은 자료표 요소들이 이 다섯 링크 필드들로 구성된다는(그리고 그 외의 정보는 지금의 문제와 무관하다는) 임시적인 가정 하에서 알고리즘을 설계해 보겠다. 다중 연결이 쓰이는 한 예로, 다음 두 COBOL 자료구조를 생각해 보자.

$$
\begin{array}{ll}
\text{1 A} & \text{1 H} \\
\quad\text{3 B} & \quad\text{5 F} \\
\qquad\text{7 C} & \qquad\text{8 G} \\
\qquad\text{7 D} & \quad\text{5 B} \\
\quad\text{3 E} & \quad\text{5 C} \\
\quad\text{3 F} & \qquad\text{9 E} \\
\qquad\text{4 G} & \qquad\text{9 D} \\
& \qquad\text{9 G}
\end{array}
\tag{4}
$$

(5)는 이것을 자료표와 기호표로 나타낸 것이다(링크 연결 관계를 기호로 표시했다). 각 기호표 요소의 LINK 필드는 해당 기호 이름에 대한, 가장 최근에 발견된 자료표 요소를 가리킨다.

우선, (5)와 같은 형태의 자료표를 구축하는 알고리즘을 만들어야 한다. COBOL에서 자료 항목의 수준 번호를 유연하게 선택할 수 있음을 주목하자. 수준 번호들이 반드시 순차적일 필요가 없다. 예를 들어 (4)의 왼쪽 구조를 보면 3 아래에 7이 나온다. (4)의 왼쪽 구조는 사실 다음처럼 번호들을 부여한다고 해도 동등하다.

$$
\begin{array}{l}
\text{1 A} \\
\quad\text{2 B} \\
\qquad\text{3 C} \\
\qquad\text{3 D} \\
\quad\text{2 E} \\
\quad\text{2 F} \\
\qquad\text{3 G}
\end{array}
$$

기호표

자료표

기호표 — LINK

	LINK
A:	A1
B:	B5
C:	C5
D:	D9
E:	E9
F:	F5
G:	G9
H:	H1

빈 칸은 지금 문제와는 무관한 추가적인 정보를 의미한다.

자료표

	PREV	PERENT	NAME	CHILD	SIB
A1:	Λ	Λ	A	B3	H1
B3:	Λ	A1	B	C7	E3
C7:	Λ	B3	C	Λ	D7
D7:	Λ	B3	D	Λ	Λ
E3:	Λ	A1	E	Λ	F3
F3:	Λ	A1	F	G4	Λ
G4:	Λ	F3	G	Λ	Λ
H1:	Λ	Λ	H	F5	Λ
F5:	F3	H1	F	G8	B5
G8:	G4	F5	G	Λ	Λ
B5:	B3	H1	B	Λ	C5
C5:	C7	H1	C	E9	Λ
E9:	E3	C5	E	Λ	D9
D9:	D7	C5	D	Λ	G9
G9:	G8	C5	G	Λ	Λ

(5)

그러나 수준 번호들을 완전히 임의적으로 부여할 수 있는 것은 물론 아니다. 예를 들어 만일 (4)의 D의 수준 번호를 "6"으로 바꾼다면(왼쪽, 오른쪽 모두에서), COBOL의 규칙 (a)에 있는 한 그룹의 모든 항목들이 같은 번호이어야 한다는 규칙을 어긴, 의미 없는 자료 구성이 된다. 자료표를 구축하는 알고리즘은 규칙 (a)를 깨는 일이 없어야 한다. 다음이 그러한 알고리즘이다.

알고리즘 A (자료표 구축). 이 알고리즘은 일련의 (L, P) 쌍들을 입력받는다. 여기서 L은 (4)와 같은 COBOL 자료구조에 나오는 "수준 번호"를 뜻하는 양의 정수이고, P는 해당 기호표 요소를 가리키는 포인터이다. 알고리즘은 그런 입력을 가지고 (5)와 같은 자료표를 만든다. P가 아직 나온 적이 없는 기호표의 한 요소를 가리키는 경우 LINK(P)는 Λ와 같게 된다. 이 알고리즘은 보조적인 스택을 통상의 방식대로 사용한다(스택은 2.2.2절에서처럼 순차 메모리 할당을 사용하는 것일 수도 있고 2.2.3절에서처럼 연결된 할당을 사용하는 것일 수도 있다).

A1. 〔초기화.〕 스택을 비우고 하나의 요소 (0, Λ)를 삽입한다. (이 알고리즘 전체에서 스택은 쌍 (L, P)들을 담는다. 여기서 L은 하나의 정수이고 P는 하나의 포인터이다. 알고리즘이 진행되면서 스택은 트리에서 현재 수준보다 높은 모든 수준들에서의 가장 최근 자료 요소들에 대한 수준 번호와 포인터들을 담게 된다. 예를 들어 위의 예에 있는 "3 F" 쌍을 처리하고 나면, 스택의 내용은 아래에서 위로

$$(0, Λ) \quad (0, A1) \quad (3, E3)$$

이다.)

A2. 〔다음 항목.〕 입력에서 다음 자료 항목 (L, P)를 가져온다. 단, 만일 입력에서 더 이상 가져올

것이 없었다면 알고리즘을 끝낸다. Q ⟸ AVAIL로 설정한다(이제 Q는 다음 자료표 요소를 담을 새 노드의 위치이다).

A3. 〔이름 링크들을 설정.〕 다음과 같이 설정한다.

$$PREV(Q) \leftarrow LINK(P), \quad LINK(P) \leftarrow Q, \quad NAME(Q) \leftarrow P.$$

(이에 의해 NODE(Q)의 다섯 링크들 중 두 개가 적절히 설정된다. 이제 설정해야 할 것은 PARENT, CHILD, SIB이다.)

A4. 〔수준들을 비교.〕 스택의 최상위를 (L1, P1)로 둔다. 만일 L1 < L이면 CHILD(P1) ← Q로 설정하고(또는, 만일 P1 = Λ이면 FIRST ← Q로 설정한다. 여기서 FIRST는 첫째 자료표 요소를 가리킬 변수이다). A6으로 간다.

A5. 〔최상위 수준을 제거.〕 만일 L1 > L이면 스택 최상위 요소를 제거한다. 방금 새로 스택 최상위 요소가 된 쌍으로 (L1, P1)을 갱신하고 단계 A5를 반복한다. 만일 L1 < L이면 오류를 보고한다 (같은 수준에 서로 다른 번호들이 존재하므로). 그렇지 않으면, 즉 L1 = L이면 SIB(P1) ← Q로 설정하고, 스택 최상위 요소를 제거하고, 새로 스택 최상위 요소가 된 쌍으로 (L1, P1)을 갱신한다.

A6. 〔가족 링크들을 설정.〕 PARENT(Q) ← P1, CHILD(Q) ← Λ, SIB(Q) ← Λ로 설정한다.

A7. 〔스택에 추가〕. (L, Q)를 스택 최상위에 넣고 단계 A2로 돌아간다. ▮

보조 스택(단계 A1에서 설명한) 덕분에 알고리즘이 매우 명백해졌다. 더 이상의 설명은 필요가 없을 것이다.

다음으로 해결할 문제는, 다음과 같은 형태의 참조에 해당하는 자료표 요소를 찾는 것이다.

$$A_0 \ OF \ A_1 \ OF \ ... \ OF \ A_n, \quad n \geq 0. \tag{6}$$

제대로 된 컴파일러라면 이러한 참조가 애매하지는 않은지도 점검해야 한다. 그런 점검을 위한 알고리즘을 고안하는 것은 그리 어렵지 않다. 자료표 요소들을 훑으면서 A_0에 대한 요소들을 찾고, 그 요소들 중에 주어진 한정 A_1, ..., A_n에 부합(matching)하는 것이 딱 하나인지 확인하기만 하면 된다. 다음이 그러한 알고리즘이다.

알고리즘 B (한정된 참조 점검). 참조 (6)과 같이 주어진 A_0, A_1, ..., A_n에 대한 기호표 요소들 각각에 해당하는 포인터 P_0, P_1, ..., P_n을 찾는 기호표 서브루틴이 존재한다고 가정한다.

이 알고리즘의 목표는 그러한 P_0, P_1, ..., P_n들을 조사해서 참조 (6)이 유효한지를 점검하고 유효하다면 변수 Q를 (6)이 지칭하는 항목에 대한 자료표 요소의 주소로 설정한다.

B1. 〔초기화.〕 Q ← Λ, P ← LINK(P_0)로 설정한다.

B2. 〔끝인가?〕 만일 P = Λ이면 알고리즘을 끝낸다. 이 시점에서 만일 Q가 자료표의 어떠한 요소에도 해당하지 않는다면 Q는 Λ이다. 그렇지 않으면(만일 P ≠ Λ이면) S ← P, k ← 0으로 설정한다.

(S는 P에서 시작해서 PARENT 링크들을 타고 트리를 거슬러 올라갈 포인터 변수이다. k는 0에서 n까지 변하는 정수 변수이다. 실제 응용에서는 포인터 $P_0, ..., P_n$ 들을 하나의 연결된 목록에 담아두고, k 대신 그 목록을 운행하는 포인터 변수를 사용하기도 한다. 이에 대해서는 연습문제 5를 볼 것.)

B3. 〔부합 완료?〕 만일 $k < n$ 이면 B4로 간다. 그렇지 않으면 부합하는 자료표 요소를 찾은 것이다. 만일 Q ≠ Λ이면 그 요소는 발견된 두 번째 항목이며(즉 애매함이 존재함), 따라서 오류를 보고한다. Q ← P, P ← PREV(P)로 설정하고 B2로 간다.

B4. 〔k를 증가.〕 $k ← k + 1$로 설정한다.

B5. 〔트리를 따라 위로.〕 S ← PARENT(S)로 설정한다. 만일 S = Λ이면 부합하는 것을 찾지 못한 것이다. P ← PREV(P)로 설정하고 B2로 간다.

B6. 〔A_k가 부합하는가?〕 만일 NAME(S) = P_k이면 B3으로 가고, 그렇지 않으면 B5로 간다. ▮

이 알고리즘에서는 CHILD와 SIB 링크들이 필요하지 않음을 주목하자.

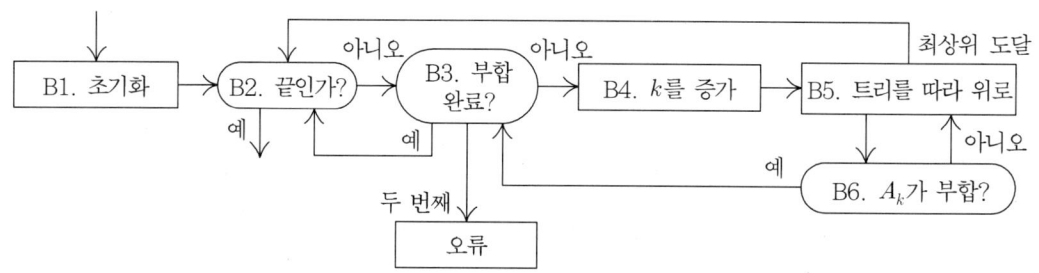

그림 40. COBOL 참조를 점검하는 알고리즘.

세 번째이자 마지막으로 살펴볼 알고리즘은 다음과 같은 형태의 "MOVE CORRESPONDING" COBOL 문장에 대한 것이다.

$$\text{MOVE CORRESPONDING } \alpha \text{ TO } \beta \tag{7}$$

여기서 α와 β는 자료 항목에 대한 (6)과 같은 형태의 참조들이다. 위 문장은 다음과 같은 형태의 모든 문장들을 하나의 문장으로 축약한 것이라 할 수 있다.

$$\text{MOVE } \alpha' \text{ TO } \beta'$$

여기서, n이 0보다 크거나 같은 정수이고 n개의 이름들 $A_0, A_1, ..., A_{n-1}$이 있다고 할 때, α'와 β'는 다음을 의미한다.

$$\alpha' = A_0 \text{ OF } A_1 \text{ OF } ... \text{ OF } A_{n-1} \text{ OF } \alpha$$
$$\beta' = A_0 \text{ OF } A_1 \text{ OF } ... \text{ OF } A_{n-1} \text{ OF } \beta \tag{8}$$

그리고 α'와 β'는 하나의 기본 항목이다(그룹 항목이 아니라). 더 나아가서, (8)의 첫 수준들은 완전한 한정들이어야 한다. 다시 말해서 $0 \le j < n$에 대해 A_{j+1}이 A_j의 부모이며 α'와 β'는 트리에서 α와 β가 있는 곳으로부터 정확히 n 수준 아래이어야 한다.

(4)와 같은 자료구조들에 대해 다음 문장은

MOVE CORRESPONDING A TO H

다음 문장들을 하나로 줄인 것이다.

MOVE B OF A TO B OF H
MOVE G OF F OF A TO G OF F OF H

우리가 만들 알고리즘은 모든 대응쌍 α', β'를 찾아야 하는데, 상당히 흥미롭긴 하지만 어렵지는 않다. α가 루트인 트리를 전위로 운행함과 동시에 β 트리에서 부합하는 이름들을 찾되 대응되는 요소가 존재할 수 없는 하위트리들은 건너뛰는 식으로 나아가면 된다. 이 알고리즘은 (8)의 이름 A_0, ..., A_{n-1}들을 그 역순인 A_{n-1}, ..., A_0 순서로 발견한다.

알고리즘 C (CORRESPONDING 쌍들을 찾는다). α와 β에 대한 자료표 요소들을 가리키는 P0과 Q0이 주어졌을 때, 이 알고리즘은 위에서 말한 조건들을 만족하는 항목 (α', β')를 가리키는 포인터 (P, Q) 쌍들을 모두 찾는다.

C1. 〔초기화.〕 P ← P0, Q ← Q0으로 설정한다. (이 알고리즘의 나머지 부분에서, 포인터 변수 P와 Q는 각각 루트가 α, β인 트리들을 훑어나간다.)

C2. 〔기본 항목인가?〕 만일 CHILD(P) = Λ이거나 CHILD(Q) = Λ이면, 찾고자 했던 쌍인 (P, Q)를 출력하고 C5로 간다. 그렇지 않으면 P ← CHILD(P), Q ← CHILD(Q)로 설정한다. (이 단계에서 P와 Q는 (8)을 만족하는 α', β' 항목들을 가리킨다. 그리고 MOVE α' TO β'는 오직 α'나 β'가(또는 둘 다) 기본 항목인 경우에만 수행해야 한다.)

C3. 〔이름 부합.〕 (이제 P와 Q는 각각

$$A_0 \ OF \ A_1 \ OF \ ... \ OF \ A_{n-1} \ OF \ \alpha$$

와

$$B_0 \ OF \ A_1 \ OF \ ... \ OF \ A_{n-1} \ OF \ \beta$$

형태로 한정된 자료 항목들을 가리킨다. 이 단계의 목표는 그룹 A_1 OF ... OF A_{n-1} OF β의 이름들 모두를 조사해서 $B_0 = A_0$인 항목들이 존재하는지 판단하는 것이다.) 만일 NAME(P) = NAME(Q)이면 C2로 간다(부합하는 것을 찾았다). 그렇지 않으면, 만일 SIB(Q) $\neq \Lambda$이면 Q ← SIB(Q)로 설정하고 단계 C3을 반복한다. (만일 SIB(Q) = Λ이면 부합하는 이름이 그룹에 없는 것이다. 그러면 단계 C4로 간다.)

C4. 〔계속 진행.〕 만일 SIB(P) $\neq \Lambda$이면 P ← SIB(P), Q ← CHILD(PARENT(Q))로 설정하고 단계 C3으로 돌아간다. 만일 SIB(P) = Λ이면 P ← PARENT(P), Q ← PARENT(Q)로 설정한다.

C5. 〔끝인가?〕 만일 P = P0이면 알고리즘을 끝낸다. 그렇지 않으면 단계 C4로 간다. ∎

그림 41에 이 알고리즘의 순서도가 나와 있다. 이 알고리즘의 유효성은 관련 트리들의 크기에 대한 귀납법을 통해서 쉽게 증명할 수 있다(연습문제 9).

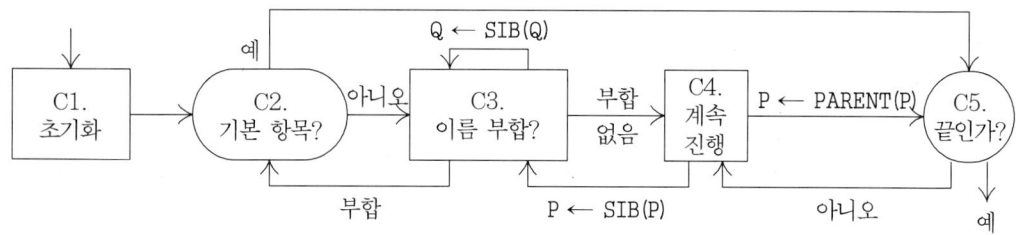

그림 41. "MOVE CORRESPONDING"을 위한 알고리즘.

이 시점에서 다섯 링크 PREV, PARENT, NAME, CHILD, SIB가 알고리즘 B와 C에서 어떻게 쓰이는지를 살펴볼 필요가 있을 것 같다. 가장 주목할 만한 것은, 이 다섯 링크들만 있으면 자료표를 다루는 과정에서 알고리즘 B와 C가 필요 이상의 일을 전혀(이론적으로) 하지 않아도 된다는 의미에서, 이 다섯 링크들이 하나의 "완전집합(complete set)"을 이룬다는 점이다. 알고리즘들에서 다른 자료표 요소를 참조할 필요가 있을 때마다, 이들을 통해서 그 요소의 주소를 즉시 알 수 있다. 어떠한 검색도 필요하지 않다. 표에 추가적인 링크 정보가 더 있다고 해도 알고리즘이 더 빨라질 가능성은 거의 없어 보인다. (단, 연습문제 11을 볼 것.)

각 링크 필드를, 알고리즘을 더 빠르게 수행하기 위해 프로그램 안에 집어 넣어둔, 프로그램에 대한 하나의 단서(端緒)라고 볼 수도 있다. (물론 이 때문에, 표들을 구축하는 알고리즘 A는 더 많은 링크들을 채워 넣기 위해 더 많은 시간을 소비하게 된다. 그러나 그런 표 구축은 오직 한 번만 하면 된다.) 한편으로, 위에서 구축한 자료표에는 중복된(잉여적인) 정보가 많이 있다. 그럼 링크 필드들 중 일부를 삭제한다면 어떻게 되는지 살펴보자.

PREV 링크는 알고리즘 C에서는 쓰이지 않지만 알고리즘 B에서는 대단히 중요하며, 검색의 효율이 중요한 그 어떤 COBOL 컴파일러에서도 필수 요소일 것이다. 따라서 이름이 같은 모든 항목들을 연결하는 필드는 효율성을 위해서는 필수인 것으로 보인다. 각 목록이 Λ로 끝나게 하는 대신 순환 연결 방식을 도입하는 식으로 전략을 조금 바꿀 수도 있겠지만, 다른 링크 필드들이 변경되거나 제거되는 것이 아닌 이상 굳이 그렇게 할 필요는 없다.

PARENT 링크는 알고리즘 B와 C 모두에서 쓰인다. 다만, 알고리즘 C의 경우에는 보조 스택을 사용하지 않는다면 또는 SIB를 확장해서 스레드 링크를 포함시킨다면(2.3.2절에서 했던 것처럼) PARENT를 생략할 수 있을 것이다. 따라서 PARENT 링크는 오직 알고리즘 B에서만 필수이다. 만일 SIB 링크를 스레드화한다면 SIB = Λ였던 항목들은 SIB = PARENT가 될 것이며, 그러면 그 SIB 링크들을 추적함으로써 임의의 자료 항목의 부모를 찾을 수 있다. 추가된 스레드 링크들을 식별하는 문제는, SIB가 스레드 링크인지 아닌지를 가리키는 TAG 필드(꼬리표)를 노드마다 둘 수도 있고, 또는 자료표의 요소들이 항상 출현순으로 연속적인 메모리에 저장된다면 조건 "SIB(P) < P"를 이용해서 판정할 수도 있다. 이런 식으로 바꾼다면 단계 B5에서 짧은 검색이 필요해지며, 따라서 알고리즘도 그에 따라 좀 더 느려질 것이다.

NAME 링크는 알고리즘 B와 C의 단계 B6, C3에서만 쓰인다. 두 경우 모두, NAME 링크가 없다고 해도 "NAME(S) = P_k" 판정과 "NAME(P) = NAME(Q)" 판정을 다른 식으로 수행하는 방법이 존재한다 (연습문제 10). 그러나 그렇게 하면 알고리즘 B와 C 모두 내부 루프들이 훨씬 느려진다. 이 점 역시 링크를 위한 공간과 알고리즘 빠르기 사이의 절충 문제에 해당한다. (전형적인 MOVE CORRESPONDING 용례들을 생각한다면 COBOL 컴파일러에서 알고리즘 C의 빠르기가 아주 중요하지는 않다. 그러나 알고리즘 B는 빨라야 한다.) 경험에 따르면, COBOL 컴파일러에서 NAME 링크를 다른 중요한 용도로 사용하는 경우가 있다. 특히 진단 정보를 출력하는 경우에 NAME 링크가 유용하다.

알고리즘 A는 자료표를 단계별로 구축하며, 노드를 가용 저장소 풀로 돌려주는 경우는 결코 없다. 따라서 자료표의 요소들이 메모리 장소들에 저장되는 순서는 COBOL 소스 프로그램에서 해당 자료 항목이 나타난 순서와 일치하기 마련이다. (5)의 예에서라면 A1, B3, … 순이 된다. 자료표의 이러한 순차적인 특성에서 몇 가지 단순화 방법을 찾아낼 수 있다. 예를 들어 각 노드의 CHILD 링크는 Λ이거나 바로 다음 노드를 가리키며, 따라서 CHILD를 1비트 필드로 줄일 수 있다. 아니면, CHILD를 아예 제거하고 PARENT(P + c) = P라는 조건을 판정해도 될 것이다. 여기서 c는 자료표 안의 노드 크기이다.

결론적으로, 다섯 링크 필드들 모두가 필수는 아니다. 그러나 알고리즘 B와 C의 속도로 본다면 다섯 필드들은 확실히 유용하다. 이런 상황은 대부분의 다중 연결 구조들에서 상당히 전형적이다.

흥미롭게도, 1960년대 초반에 COBOL 컴파일러를 작성한 대여섯 명의 개발자들이 다섯 링크들을 이용해서(또는 그 중 네 개만, 주로 CHILD 링크를 생략해서) 자료표를 관리하는 동일한 방법을 각자 개별적으로 고안해냈다. 그런 기법을 최초로 발표한 사람은 로슨H. W. Lawson, Jr.이다 [ACM National Conference Digest (Syracuse, N.Y.: 1962)]. 그런데 1965년에 담David Dahm은 오직 두 개의 링크 필드와 순차적 저장 방식의 자료표만 사용해서, 속도를 크게 희생하지 않고도 알고리즘 B와 C의 효과들을 달성하는 기발한 기법을 제시했다. 이에 대해서는 연습문제 12-14를 볼 것.

연습문제

1. [00] COBOL 자료 구성들을 트리 구조로 간주할 때, COBOL 프로그래머가 나열한 자료 항목들은 전위 순서인가, 후위 순서인가? 아니면 둘 다 아닌가?

2. [10] 알고리즘 A의 실행 시간을 논하라.

3. [22] PL/I 언어는 COBOL의 것과 비슷한 형태의 자료구조들을 받아들이되, 수준 번호들에 대한 제약이 더 약해서 어떠한 형태의 수준 번호 순차열도 가능하다. 예를 들어 다음 두 수준 번호 순차열들은 동등하다.

1 A		1 A	
3 B		2 B	
5 C		3 C	
4 D		3 D	
2 E		2 E	

PL/I에서 규칙 (a)는 "한 그룹의 항목들은 감소하지 않은 수준 번호들의 순차열을 가져야 하며, 그 수준 번호들은 그룹 이름의 수준 번호보다 더 커야 한다"로 바뀌어야 한다. 알고리즘 A는 COBOL의 관례를 따르는데, 만일 PL/I의 관례를 따르게 하려면 알고리즘 A를 어떻게 수정해야 할까?

▶ **4.** [26] 알고리즘 A는 COBOL 프로그래머가 본문에서 말한 규칙 (c)를 어겼다고 해도 그에 대한 오류를 검출하지 않는다. 규칙 (c)를 만족하는 자료구조만을 받아들이도록 알고리즘 A를 수정하라.

5. [20] 실제 응용에서는 알고리즘 B에 "$P_0, P_1, \ldots, P_n$" 대신 기호표 참조들로 된 연결 목록을 입력할 수도 있다. T가 포인터 변수이며 다음을 만족한다고 하자.

$$\text{INFO}(T) \equiv P_0, \quad \text{INFO}(\text{RLINK}(T)) \equiv P_1, \quad \ldots, \quad \text{INFO}(\text{RLINK}^{[n]}(T)) \equiv P_n, \quad \text{RLINK}^{[n+1]}(T) = \Lambda.$$

이러한 연결된 목록을 입력으로 사용하도록 알고리즘 B를 수정하라.

6. [23] PL/I 언어는 COBOL에서와 상당히 비슷한 자료구조를 받아들이는데, 규칙 (c)에 해당하는 제약은 없다. PL/I의 경우에는 한정된 참조 (3)이 "완전한" 한정을 나타낸다면, 다시 말해 $0 \le j < n$에 대해 A_{j+1}이 A_j의 부모이며 A_n에 부모가 없다면 그런 참조는 애매하지 않은 것이라는 규칙이 존재할 뿐이다. 따라서 규칙 (c)는 한 그룹에 이름이 같은 항목들이 존재하지만 않으면 된다는 수준으로 약해진다. 이러한 PL/I의 관례에서는 (2)의 두 번째 "CC"를 "CC OF AA"라고 지칭해도 애매함이 없다. 또한 다음 세 항목

$$\begin{array}{l} 1 \text{ A} \\ \quad 2 \text{ A} \\ \qquad 3 \text{ A} \end{array}$$

은 "A", "A OF A", "A OF A OF A"로 지칭할 수 있다. [참고: PL/I에서 실제로 "OF"라는 단어를 사용하지는 않는다. 그 대신 마침표를 사용한다. 또한 순서도 반대이다. 사실 PL/I에서는 "CC OF AA"를 "AA.CC"로 표기한다. 그러나 이러한 차이는 이 연습문제의 목적 하에서는 별로 중요하지 않다.] 알고리즘 B를 그러한 PL/I의 관례를 따르도록 수정하려면 어떻게 해야 할까?

7. [15] (1)과 같은 자료구조들이 주어졌을 때, COBOL 문장 "MOVE CORRESPONDING SALES TO PURCHASES"의 의미는 무엇인가?

8. [10] 본문에 나온 정의를 따를 때, "MOVE CORRESPONDING α TO β"가 "MOVE α TO β"와 정확히 같은 의미가 되는 것은 어떤 상황일까?

9. [M23] 알고리즘 C가 정확함을 증명하라.

10. [23] (a) 만일 자료표 요소 노드에 NAME 링크가 없다면 단계 B6의 "NAME(S) = P_k" 판정을 어떻게 수행해야 할까? (b) 자료표 요소 노드에 NAME 링크가 없다면 단계 C3의 "NAME(P) = NAME(Q)" 판정을 어떻게 수행해야 할까? (다른 모든 링크들은 본문에서와 동일하게 존재한다고 가정한다.)

▶ **11.** [23] 본문에 나온 알고리즘들의 전략을 수정하거나 새로운 링크들을 추가해서 알고리즘 B나 C를 더 빠르게 만드는 방안을 제시하라.

12. [25] (담D. M. Dahm.) 자료표를 순차적인 장소들로 표현하되, 항목 당 다음 두 링크만 사용한다고 하자.

PREV (본문에 나온 것과 동일)

SCOPE (이 그룹의 마지막 기본 항목으로의 링크)

오직 NODE(P)가 하나의 기본 항목을 나타내는 경우에만 SCOPE(P) = P이다. 예를 들어 (5)를 이런 자료표로 나타낸다면 다음과 같다.

	PREV	SCOPE		PREV	SCOPE		PREV	SCOPE
A1:	Λ	G4	F3:	Λ	G4	B5:	B3	B5
B3:	Λ	D7	G4:	Λ	G4	C5:	C7	G9
C7:	Λ	C7	H1:	Λ	G9	E9:	E3	E9
D7:	Λ	D7	F5:	F3	G8	D9:	D7	D9
E3:	Λ	E3	G8:	G4	G8	G9:	G8	G9

(이를 2.3.3절의 (5)와 비교해 볼 것.) 오직 Q < P ≤ SCOPE(Q)인 경우에 한해서만 NODE(P)가 NODE(Q) 아래의 트리의 일부임을 주목하자. 자료표가 이러한 형식이라고 할 때, 알고리즘 B와 같은 기능을 하는 알고리즘을 설계하라.

▶ **13.** [24] 알고리즘 A를 대신해서, 연습문제 12에 나온 형식의 자료표를 구축하는 알고리즘을 설계하라.

▶ **14.** [28] 자료표가 연습문제 12에 나온 형식일 때, 알고리즘 C와 같은 기능을 하는 알고리즘을 설계하라.

15. [25] (와이즈David S. Wise.) 스택을 위해 추가적인 저장소를 전혀 사용하지 않도록 알고리즘 A를 수정하라. [힌트: 현재의 알고리즘 A에서 스택이 가리키는 모든 노드들의 SIB 필드는 Λ이다.]

2.5. 동적인 저장소 할당

지금까지의 논의에서, 링크들을 이용하면 자료구조를 메모리 안의 연속적인 장소들에 둘 필요가 없으며, 하나의 공통의 메모리 풀 영역 안에서 여러 개의 표들이 각자 개별적으로 자라고 줄어들게 할 수 있음을 보았다. 그러나 지금까지의 논의는 모든 노드들이 크기가 같다는, 다시 말해서 모든 노드가 어떤 고정된 개수의 메모리 칸들을 차지한다는 암묵적인 가정을 깔고 있었다.

모든 구조들에 실제로 균일한 노드 크기를 사용하도록 적절히 절충할 수 있는 응용들은 대단히 많다(예를 들면 연습문제 2 등). 그런 경우 가장 큰 노드의 크기를 균일한 노드 크기로 택하고 더 작은 노드들에서 공간을 낭비하는 대신, 비교적 작은 노드 크기를 택하고 "만일 여기에 정보를 담을 공간이 충분하지 않다면, 정보를 다른 어딘가에 넣고 여기에는 그것으로의 링크만 박아 둔다"라는 고전적인 기법을 택하는 것이 일반적이다. 그런 기법을 연결 메모리 원리(linked-memory philosophy)라고 불러도 좋을 것이다.

그러나 균일한 노드 크기가 비합리적인 응용들도 역시 대단히 많다. 종종 크기가 가변적인 노드들이 공통의 메모리 영역을 공유하게 만드는 것이 필요하다. 이를 다른 식으로 말한다면, 더 커다란 저장소 영역에서 가변 크기 메모리 블록들을 예약하고 해제하는 알고리즘이 필요하다고 할 수 있다. 여기서 블록들 자체는 연속적인 메모리 장소들로 이루어진다. 그런 기법을 흔히 동적 저장소 할당(dynamic storage allocation) 알고리즘이라고 부른다.

비교적 작은 크기(1에서 10워드 정도)의 노드들에 대한 동적 저장소 할당이 적당한 경우도 있고(특히 시뮬레이션 프로그램들), 기본적으로 비교적 큰 정보 블록들을 다루어야 하는 경우도 있다(특히 운영체제들에서). 이런 두 가지 관점으로부터 동적 저장소 할당의 약간 다른(그러나 공통점이 더 많은) 접근방식들이 나온다. 그 두 접근방식들 사이의 용어 일관성을 위해, 이번 절에서는 연속적인 메모리 장소들의 집합을 지칭할 때 "노드" 대신 블록(block)과 영역(area)이라는 용어를 일반적으로 사용하겠다.

1975년부터는 가용 메모리 풀을 "힙(heap)"이라고 부르는 저자들이 나타났다. 그러나 이 책 시리즈에서는 힙이라는 용어를 우선순위 대기열(5.2.3절 참고)에 관련된 전통적인 의미로만 사용한다.

A. 예약. 그림 42는 어떠한 메모리 풀의 현재 상태를 보여주는 도표인 메모리 맵 또는 "체크보드"의 전형적인 모습이다. 이 그림의 경우 메모리는 "예약된(Reserved)"된, 다시 말해 프로그램이 사용하고 있는 블록 53개로 분할되어 있으며, 그 중간 중간에 "자유(free)" 또는 "가용(available)"인, 다시 말해 쓰이지 않고 있는 블록 21개가 섞여 있다. 동적 저장소 할당이 어느 정도 일어나면 컴퓨터 메모리는 이 그림과 비슷한 모습이 된다. 이번 절에서 처음으로 살펴볼 문제는 다음 두 질문에 대해 답하는 것이다.

a) 가용 공간의 이러한 분할을 컴퓨터 안에서 어떻게 표현할 것인가?

b) 가용 공간의 그러한 표현이 주어졌을 때, n개의 연속적인 자유 공간들로 된 하나의 블록을 찾고 예약하는 쓸 만한 알고리즘은 무엇인가?

질문 (a)에 대한 답은 물론 가용 공간의 목록을 어딘가에 유지하는 것이다. 이를 위한 가장 좋은 방법은, 거의 모든 경우에서, 가용 공간 자체에 그런 목록을 담게 하는 것이다. (예외는, 디스크 파일이나 기타 접근 시간이 균일하지 않은 어떤 기억 장치에서 저장소를 할당할 때에는 가용 공간에 대한 개별적인 디렉터리를 유지하는 것이 더 낫다는 것이다.)

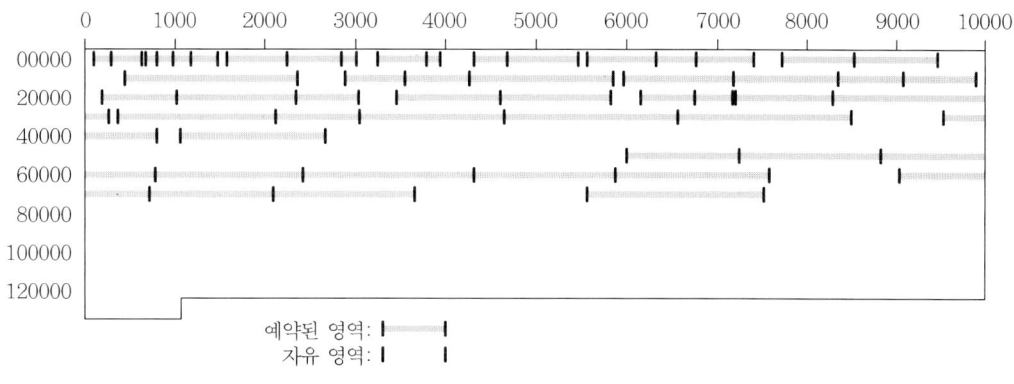

그림 42. 메모리 맵

즉, 가용 조각(segment)들을 이런 식으로 함께 연결하면 될 것이다: 각 자유 저장소 영역의 첫째 워드는 그 영역의 크기와 다음 자유 영역의 주소를 담는다. 그 자유 블록들을 크기가 증가하는 순서 또는 감소하는 순서로 연결할 수도 있고, 메모리 주소 순서로 연결할 수도 있고, 또는 본질적으로 무작위한 순서로 연결할 수도 있다.

그림 42를 예로 들겠다. 그림은 131,072 워드들로 된 하나의 메모리를 나타낸다. 메모리 주소는 0에서 131071까지이다. 만일 가용 블록들을 메모리 주소 순으로 연결한다면, 첫째 자유 블록을 가리키는 하나의 변수 AVAIL을 두고(이 그림의 경우 AVAIL은 0과 같다), 나머지 블록들은 다음과 같이 표현하면 될 것이다.

장소	SIZE	LINK	
0	101	632	
632	42	1488	
⋮	⋮	⋮	〔17개의 비슷한 항목들〕
73654	1909	77519	
77519	53553	Λ	〔마지막 링크를 위한 특별한 표지〕

이 경우 장소 0에서 100까지는 첫째 가용 블록이고 그 다음의 101-290과 291-631은 예약된 영역들이다. 632-673은 또 다른 자유 공간이고, 나머지 부분도 그런 식으로 이어진다.

그럼 질문 (b)를 생각해보자. 만일 n개의 연속적인 워드들이 필요하다면, $m \geq n$개의 가용 워드들로 된 어떤 블록을 찾고 그것의 크기를 $m - n$으로 줄여야 한다. (더 나아가서, 만일 $m = n$이면 그 블록 자체를 목록에서 삭제해야 한다.) 그런데 n개 이상의 칸들로 된 블록들이 여러 개이면 그 중 어떤 것을 택해야 할까?

이 새로운 질문에 대한 두 가지 기본적인 답들을 쉽게 떠올릴 수 있을 것이다. 하나는 최적 적합법 (best-fit method)이고 또 하나는 최초 적합법(first-fit method)이다. 최적 적합법이라는 것은 크기가 n보다 크거나 같은 블록들 중 가장 작은 것을 택하는 것이다. 따라서 이를 위해서는 가용 공간 목록 전체를 검색해야 할 수도 있다. 최초 적합법은 그냥 n보다 크거나 같은 블록들 중 최초로 발견된 것을 선택하는 것이다.

역사적으로, 수년 동안 최적 적합법이 널리 쓰였다. 나중에 필요할 수도 있는 좀 더 큰 가용 영역을 보존한다는 점에서 좋은 방침으로 보이기 때문이다. 그러나 최적 적합법에는 몇 가지 단점들이 있다. 무엇보다도, 최적 적합법에는 상당히 긴 검색이 필요하므로 속도가 꽤 느리다. 만일 다른 어떤 이유로 최적 적합이 최초 적합보다 훨씬 더 나은 결과를 내지 않는다면 그런 추가적인 검색은 득이 되지 못한다. 더욱 중요하게는, 최적 적합법은 매우 작은 블록들의 개수를 증가시키는 경향이 있다. 작은 블록들이 많이 생긴다는 것은 일반적으로 바람직하지 않은 현상이다. 최초 적합법이 최적 적합법 보다 확연하게 더 나은 상황들이 있다. 예를 들어 가용 공간이 단 두 개이며 각각 크기가 1300, 1200이라고 하자. 그리고 크기가 1000, 1100, 250인 블록들을 요청한다고 하자. 이런 경우에는 최초 적합이 더 우월하다.

메모리 요청	가용 공간들(최초 적합)	가용 공간들(최적 적합)	
—	1300, 1200	1300, 1200	
1000	300, 1200	1300, 200	(1)
1100	300, 100	200, 200	
250	50, 100	실패	

(연습문제 7에는 이와는 반대의 사례가 나온다.) 요점은, 두 방법 중 어느 것이 확실히 더 뛰어나지는 않으며, 따라서 더 단순한 방법인 최초 적합법을 우선 선택하는 게 낫다는 것이다.

알고리즘 A (최초 적합법). AVAIL이 저장소의 첫째 가용 블록을 가리킨다고 하자. 그리고 각 가용 블록이 SIZE와 LINK라는 필드로 구성된다고 하자. 가용 블록의 주소가 P일 때 SIZE(P)는 그 블록의 워드 개수이고, LINK(P)는 다음 가용 블록으로의 포인터이다. 마지막 블록의 LINK는 Λ이다. 이 알고리즘은 N 워드들로 된 블록을 찾고 예약하거나, 찾지 못했다면 실패를 보고한다.

A1. 〔초기화.〕 Q ← LOC(AVAIL)로 설정한다. (알고리즘 전체에서 두 포인터 Q와 P가 쓰인다. 이들의 관계는 일반적으로 P = LINK(Q)이다. LINK(LOC(AVAIL)) = AVAIL이라고 가정한다.)

A2. 〔목록의 끝?〕 P ← LINK(Q)로 설정한다. 만일 P = Λ이면 N개의 연속된 워드들로 된 블록을 위한 공간이 없는 것이므로 알고리즘은 실패로 끝난다.

A3. 〔SIZE가 충분한가?〕 만일 SIZE(P) ≥ N이면 A4로 간다. 그렇지 않으면 Q ← P로 설정하고 A2로 돌아간다.

A4. 〔N만큼 예약.〕 K ← SIZE(P) − N으로 설정한다. 만일 K = 0이면 LINK(Q) ← LINK(P)로 설정한다(따라서 목록에서 빈 영역이 제거된다). 그렇지 않으면 SIZE(P) ← K로 설정한다. 이제 장소

P + K에서 시작하는 길이 N의 영역을 찾고 예약한 것이므로, 알고리즘을 성공적으로 끝낸다. ∎

이 알고리즘은 설명이 필요 없을 정도로 직접적이다. 그런데 전략을 아주 약간만 바꿔도 실행 시간을 크게 개선할 수 있다. 이 개선은 상당히 중요하기 때문에, 여기서 구체적으로 말하는 대신 독자가 스스로 생각해볼 기회를 주겠다(연습문제 6 참고).

알고리즘 A는 N이 작든 크든 상관없이 저장소 할당이 필요할 때라면 언제라도 사용할 수 있다. 그러나 일단은 커다란 N 값에 주된 관심을 두겠다. 그렇다고 할 때, 만일 SIZE(P)가 N + 1과 같다면 알고리즘이 어떻게 돌아갈 지 생각해 보자. 그런 상황이라면 단계 A4로 가게 되며, 거기서 SIZE(P)는 1이 된다. 다른 말로 하면, 크기가 1인 하나의 가용 블록이 만들어지는 것이다. 이런 블록은 너무 작아서 거의 쓸모가 없으며, 오히려 시스템을 방해할 뿐이다. 따라서 그냥 N + 1 워드 블록 전체를 예약하는 게 더 낫다. 이처럼, 메모리 몇 워드를 낭비하는 대신 중요하지 않은 세부 사항을 처리하는 부담을 벗을 수 있는 경우가 있다. 이 점은 K가 아주 작을 때 N + K 워드들의 블록을 할당하는 문제에도 마찬가지로 적용된다.

N보다 약간 더 많은 워드들을 예약할 수 있도록 한다면, 예약된 워드 개수를 기억해둘 필요가 있다. 그래야 나중에 해당 블록을 가용 상태로 되돌릴 때 정확한 개수(N + K개)의 워드들 전체를 다시 해제할 수 있기 때문이다. 결국 모든 블록마다 블록 크기와 다음 블록 포인터를 두어야 하는데, 단지 특정한 상황들에서 시스템을 조금 더 효율적으로 만들기 위해서 그런 부담을 진다는 것은 그리 바람직해 보이지 않을 수 있다. 그러나 실제 응용에서는 모든 가변 크기 블록의 첫 워드에 특별한 제어용 워드를 두는 게 다른 이유들 때문에라도 바람직하다는 점을 알게 되는 경우가 자주 생긴다. 따라서 가용 블록이든 예약된 블록이든 그 첫 워드에 SIZE 필드가 존재한다고 가정하는 게 아주 비합리적인 것은 아니다.

이런 점을 고려해서 단계 A4를 변경한다면 다음과 같이 될 것이다.

A4′. 〔N 이상 예약.〕 K ← SIZE(P) − N으로 설정한다. 만일 K < c이면(여기서 c는 시간 절약을 위해 희생해도 무방한 저장소 공간의 양을 고려해서 선택한 작은 양(positive)의 상수) LINK(Q) ← LINK(P), L ← P로 설정한다. 그렇지 않으면 SIZE(P) ← K, L ← P + K, SIZE(L) ← N으로 설정한다. 이제 장소 L에서 시작하는 길이 N 이상의 영역을 찾고 예약한 것이므로, 알고리즘을 성공적으로 끝낸다.

c의 값으로는 8이나 10 정도가 제안되었으나, 이 값들이 다른 값들에 비해 더 우월한 이유를 명확히 밝혀주는 어떤 이론이나 실험적 증거는 매우 적다. K < c 판정은 최소 적합법을 사용할 때보다 최적 적합법을 사용할 때 더 중요하다. 왜냐하면 최적 적합법의 경우가 좀 더 잘 맞는(K 값이 더 작은) 적합들이 발생할 가능성이 훨씬 더 크며, 최적 적합법 알고리즘에서는 가용 블록 개수를 최대한 작게 유지해야 하기 때문이다.

B. 해제. 그럼 그 반대의 문제, 즉 더 이상 쓰이지 않는 블록들을 가용 공간 목록으로 되돌리는 문제를 살펴보자.

이 문제를 그냥 쓰레기 수거(2.3.5절)에 맡기고 싶은 생각도 들 것이다. 즉, 공간이 다 소비될 때까지 그냥 아무 일도 하지 않고, 공간이 다 소비되면 현재 쓰이는 모든 영역들을 찾고 그에 근거해서 새로운 AVAIL 목록을 만들면 되지 않겠는가 하는 것이다.

그러나 모든 응용들에 쓰레기 수거 기법이 적합하지는 않다. 무엇보다도, 현재 쓰이고 있는 모든 영역들을 쉽게 찾을 수 있게 하기 위해서는 포인터들을 상당히 "엄격한" 방식으로 사용할 필요가 있다. 그러나 지금 우리가 고려하고 있는 응용들에서는 그런 정도의 엄격함을 기대하기 힘든 경우가 많다. 둘째로, 이전에도 보았듯이, 쓰레기 수거는 메모리가 거의 차 있을 때에는 느려지는 경향이 있다.

쓰레기 수거가 만족스럽지 않은 또 다른 중요한 이유로, 이전에 쓰레기 수거를 논의할 때에는 다루지 않았던 한 가지 현상이 있다. 이런 현상이다: 서로 인접한 두 메모리 영역들이 있으며 둘 다 가용 상태이지만, 쓰레기 수거 원리 때문에 그들 중 하나(아래 그림의 회색 영역)는 AVAIL 목록에 있지 않다고 가정하자

(2)

이 그림에서 제일 왼쪽과 오른쪽의 짙은 영역들은 사용할 수 없는 영역들이다. 이 상태에서, 가용 공간이라고 알려진 영역의 한 부분을 예약한다고 하자. 그러면 다음과 같은 모습이 된다.

(3)

이 시점에서 쓰레기 수거가 일어난다면, 결과적으로 다음과 같이 두 개의 개별적인 자유 공간들이 만들어지는 현상이 생긴다.

(4)

가용 영역과 예약 영역 사이에 경계가 존재하면 그 두 영역들이 각각 고착되는 경향이 생기며, 그런 상황은 시간이 지남에 따라 점차 나빠진다. 그런데 만일 블록이 자유로워지는 즉시 AVAIL 목록에 돌려준다는 원칙을 강제한다면, 그리고 인접한 가용 영역들을 하나로 합친다면, (2)를 다음과 같이 합칠 수 있을 것이며,

(5)

여기서 한 블록을 예약한다면 다음과 같은 모습이 될 것이다.

(6)

이는 (4)보다 훨씬 나은 상황이다. 어쨌든, 이러한 현상 때문에 쓰레기 수거 기법은 메모리를 필요 이상으로 잘게 분할하게 된다.

이런 문제점을 제거하기 위해 쓰레기 수거 기법과 함께 메모리 압축(compacting) 공정을 사용할 수도 있다. 여기서 말하는 메모리 압축은 쓰레기 수거가 끝났을 때 모든 가용 블록들이 한데 모여 있게 하기 위해서 모든 예약된 블록들을 연속적인 장소들로 옮기는 것을 말한다. 이런 기법이 쓰인다면 시스템에는 언제나 오직 하나의 가용 블록만 존재할 것이므로, 할당 알고리즘이 알고리즘 A보다 훨씬 단순해질 것이다. 사용 중인 모든 장소들을 다시 복사하는 데 시간을 잡아먹으며 복사 과정에서 해당 링크 필드 값들도 적절히 재설정해야 한다는 부담이 있긴 하지만, 포인터들을 엄격한 방식으로 사용한다면, 그리고 쓰레기 수거 알고리즘이 사용할 각 블록에 추가적인 링크 필드를 둔다면(연습문제 33 참고) 이런 기법을 상당히 효율적으로 적용할 수 있다.

쓰레기 수거에 적합한 요구조건들을 만족하지 않는 응용 프로그램들도 많이 있기 때문에, 쓰레기 수거에 의존하지 않고 가용 공간 목록에 직접 블록을 돌려주는 방법도 연구할 필요가 있다. 그런 방법들에서 유일한 난제는 병합 문제, 즉 서로 인접한 두 자유 영역들을 하나로 합치는 문제이다. 실제로는 두 영역만 합치는 것으로 끝나는 것이 아니고, 두 가용 블록들로 감싸인 한 영역이 자유로워지면 그 세 영역 모두 하나로 합쳐야 한다. *이런 방법을 사용하면 저장소 영역들을 오랜 시간동안 끊임없이 예약하고 해제한다고 해도 균형 잡힌 메모리 구성을 얻을 수 있다.* (이 사실에 대한 증명은 잠시 후에 나오는 "50퍼센트 규칙"을 볼 것.)

블록 해제와 병합을 위해서는 반환된 블록의 양쪽 영역들이 현재 사용 가능한지를 판정할 수 있어야 한다. 그리고 그것들이 가용 상태라면 그에 따라 AVAIL 목록을 적절히 갱신해야 한다. 그런 갱신 작업은 생각보다는 조금 어렵다.

이 문제들에 대한 첫째 해답은 AVAIL 목록을 메모리 장소가 증가하는 순으로 유지하는 것이다.

알고리즘 B (정렬된 목록을 이용한 해제). 알고리즘 A의 가정들과 AVAIL 목록이 메모리 장소를 기준으로 정렬되어 있다는(즉, P가 한 가용 블록을 가리키며 LINK(P) ≠ Λ이면 LINK(P) > P) 추가적인 가정 하에서, 이 알고리즘은 장소 P0에서 시작하며 N개의 연속적인 칸들로 이루어진 하나의 블록을 AVAIL 목록에 추가한다. 당연한 말이지만, 그 N개의 칸들 중 어떤 것도 이미 가용 상태는 아니라고 가정한다.

B1. 〔초기화.〕 Q ← LOC(AVAIL)로 설정한다. (알고리즘 A의 단계 A1에 나온 설명을 볼 것.)

B2. 〔P를 전진.〕 P ← LINK(Q)로 설정한다. 만일 P = Λ이거나 P > P0이면 B3으로 간다. 그렇지 않으면 Q ← P로 설정하고 단계 B2로 간다.

B3. 〔상계 점검.〕 만일 P0 + N = P이고 P ≠ Λ이면 N ← N + SIZE(P)로 설정하고 LINK(P0) ← LINK(P)로 설정한다. 그렇지 않으면 LINK(P0) ← P로 설정한다.

B4. 〔하계 점검.〕 만일 Q + SIZE(Q) = P0이면(여기서 우리는

$$SIZE(LOC(AVAIL)) = 0$$

이라고 가정하며, 따라서 Q = LOC(AVAIL)일 때에는 이 판정이 항상 실패한다) SIZE(Q) ← SIZE(Q) + N, LINK(Q) ← LINK(P0)으로 설정한다. 그렇지 않으면 LINK(Q) ← P0, SIZE(P0)

← N으로 설정한다. ∎

단계 B3과 B4는 포인터 Q < P0 < P들이 세 개의 연속적인 가용 영역들의 시작 장소들이라는 사실에 근거해서 의도했던 병합을 수행한다.

만일 AVAIL 목록이 장소 순으로 유지되지 않는 경우라면 전체 AVAIL 목록을 완전히 훑는 "주먹구구식" 접근방식이 필요할 것이다. 그에 비해 알고리즘 B는 평균적으로 AVAIL 목록의 약 반만 검색한다(단계 B2에서). 연습문제 11에는 평균적으로 AVAIL 목록의 약 3분의 1만 검색해도 되도록 알고리즘 B를 수정하는 방법이 나온다. 그러나 AVAIL 목록이 길다면 이 세 방법 모두 우리가 원하는 수준보다는 훨씬 느리다는 점이 명백하다. AVAIL 목록을 검색하느라 시간을 소비하지 않고도 저장소 영역들을 예약하고 해제하는 방법은 없을까?

그럼 저장소를 반환할 때에는 검색을 전혀 수행하지 않으며, 저장소를 예약할 때에도 검색을 거의 대부분 생략할 수 있도록 수정할 수 있는(연습문제 6) 한 가지 방법을 살펴보겠다. 이 기법은 각 블록의 양 끝에 TAG 필드들을 두고 그것들을 활용한다. 그리고 각 블록 첫 워드에는 SIZE 필드를 둔다. 이러한 추가부담은 블록 크기가 비교적 크다면 무시할 수 있다. 그러나 블록들이 평균적으로 매우 작다면 득보다 실이 더 클 것이다. 연습문제 19에서 이야기하는 또 다른 방법은 각 블록 첫 워드의 단 1비트만 사용하나, 대신 실행 시간이 조금 더 길고 프로그램이 약간 더 복잡해진다. 어쨌거나, AVAIL 목록이 길 때 알고리즘 B의 수행 시간을 상당히 줄일 수 있다면 약간의 제어 정보를 추가하는 것은 큰 문제가 되지 않는다고 하자. 이제 설명할 방법은 각 블록이 다음과 같은 형태라고 가정한다.

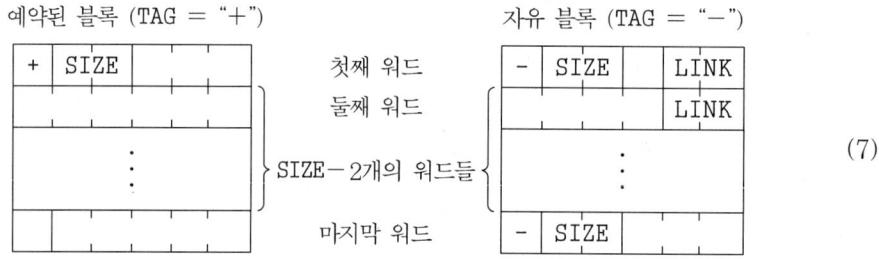
(7)

다음 알고리즘에서 핵심은 목록의 임의의 부분에서 항목들을 편하게 삭제할 수 있도록 하기 위해서 이중 연결 방식의 AVALI 목록을 사용한다는 점이다. 한 블록 양 끝의 TAG 필드는 병합 공정을 제어하는 데 쓰인다. 그 필드들을 이용하면 주어진 블록에 인접한 블록들이 가용인지 아닌지를 쉽게 알 수 있다.

이중 연결은 이전과 비슷한 방식이다. 첫째 워드의 LINK는 목록의 다음 자유 블록을 가리키며, 둘째 워드의 LINK는 이전 블록을 가리킨다. 따라서 만일 P가 가용 블록의 주소라고 하면 항상

$$\text{LINK}(\text{LINK}(P) + 1) = P = \text{LINK}(\text{LINK}(P + 1)) \tag{8}$$

이 성립한다.

적절한 "경계 조건"들을 보장하기 위해 목록 머리를 다음과 같이 설정한다.

LOC(AVAIL): ⟶ 가용 공간 목록의 첫 블록을 가리킴   (9)
LOC(AVAIL) + 1: ⟶ 가용 공간 목록의 마지막 블록을 가리킴

이 기법에 대한 최초 적합 예약 알고리즘은 알고리즘 A와 매우 비슷할 것이므로, 여기서는 구체적으로 설명하지 않겠다(연습문제 12를 볼 것). 지금 설정에서 주목할 만한 새로운 특징은 블록을 본질적으로 고정된 상수 시간으로 해제할 수 있다는 점이다.

알고리즘 C (경계 꼬리표를 이용한 해제). 메모리 장소들의 블록들이 (7)과 같은 형태라고 가정한다. 그리고 AVAIL 목록이 위에서 설명한 바대로의 이중 연결 목록이라고 가정한다. 이 알고리즘은 주소 P0에서 시작하는 장소들의 블록을 AVAIL 목록에 추가한다. 가용 저장소 풀이 장소 m_0에서 m_1까지라고 할 때, 편의상 이 알고리즘은 다음과 같이 가정한다.

$$\text{TAG}(m_0 - 1) = \text{TAG}(m_1 + 1) = \text{``+''}.$$

C1. 〔하계 점검.〕 만일 TAG(P0 − 1) = "+"이면 C3으로 간다.

C2. 〔아래쪽 영역 삭제.〕 P ← P0 − SIZE(P0 − 1)로 설정하고, 그런 다음 P1 ← LINK(P), P2 ← LINK(P + 1), LINK(P1 + 1) ← P2, LINK(P2) ← P1, SIZE(P) ← SIZE(P) + SIZE(P0), P0 ← P로 설정한다.

C3. 〔상계 점검.〕 P ← P0 + SIZE(P0)으로 설정한다. 만일 TAG(P) = "+"이면 C5로 간다.

C4. 〔위쪽 영역 삭제.〕 P1 ← LINK(P), P2 ← LINK(P + 1), LINK(P1 + 1) ← P2, LINK(P2) ← P1, SIZE(P0) ← SIZE(P0) + SIZE(P), P ← P + SIZE(P)로 설정한다.

C5. 〔AVAIL 목록에 추가.〕 SIZE(P − 1) ← SIZE(P0), LINK(P0) ← AVAIL, LINK(P0 + 1) ← LOC(AVAIL), LINK(AVAIL + 1) ← P0, AVAIL ← P0, TAG(P0) ← TAG(P − 1) ← "−"로 설정한다. ∎

알고리즘 C의 단계들은 저장소 배치 (7)을 그대로 옮긴 것이라고 할 수 있다. 이보다 조금 더 빠르고 약간 더 긴 알고리즘이 연습문제 15에 나온다. 단계 C5에서 AVAIL은 (9)에 나와 있는 것처럼 LINK(LOC(AVAIL))을 줄여 쓴 것이다.

C. "단짝 시스템". 이제부터는 이진 컴퓨터에서 사용하기 좋은, 동적 저장소 할당에 대한 또 다른 접근방식을 살펴보겠다. 이 방법은 각 블록마다 추가적인 1비트를 사용하며, 모든 블록들이 길이가 2의 거듭제곱(1, 2, 4, 8, 16 등)이어야 한다는 제약이 있다. 블록의 워드 개수가 2^k가 아니라면(k는 어떠한 정수), 그보다 큰 가장 작은 2의 거듭제곱을 블록 크기로 두고 여분의 워드들을 적절히 채워서 할당한다.

이 방법의 핵심은 $0 \leq k \leq m$에 대해 각각의 크기 2^k의 가용 블록들을 각각 개별적인 목록으로 관리한다는 것이다. 할당이 일어날 메모리 풀 전체는 2^m 개의 워드들로 이루어지며, 그 주소는 0에서 2^{m-1}이라고 가정한다. 또한 초기에는 2^m 워드들로 된 블록 전체가 가용이라고 가정한다. 이후에 2^k 워드 블록이 요청되면, 그리고 그 크기의 블록이 없으면, 그보다 큰 가용 블록 하나를 같은 크기의

두 부분으로 분할한다. 이제 원했던 2^k 크기의 블록이 생겼으므로 그것을 예약한다. 한 블록을 둘로 나누어서 생긴 두 블록(각각 크기가 원래 것의 반이다)들을 단짝(buddy)들이라고 부른다. 두 단짝 모두가 다시 가용이 되면 다시 하나의 블록으로 합친다. 언젠가 메모리가 모두 소비되기 전까지는 그런 공정을 무한히 반복할 수 있다.

실제 응용 측면에서 이 방법의 유용함은, 한 블록의 주소(블록 첫째 워드의 주소)를 안다면, 그리고 그 블록의 크기도 안다면, 그 단짝의 주소를 알 수 있다는 점에서 비롯된다. 예를 들어 이진 주소 101110010110000에서 시작하는 크기가 16인 블록의 단짝은 이진 주소 101110010100000에서 시작하는 블록이다. 이 말이 왜 반드시 참인지를 확인하기 위해서는 알고리즘이 진행되는 동안 2^k 블록의 주소는 2^k의 배수라는 점에 주목해야 한다. 다른 말로 하면, 이진수로 표기된 주소에는 오른쪽에 적어도 k개의 0들이 있는 것이다. 이 점을 생각하면, 귀납법을 통해서 앞에서 말한 명제를 증명할 수 있다. 즉, 만일 그 명제가 2^{k+1} 크기의 모든 블록들에 참이면, 한 블록을 반으로 나눴을 때에도 항상 참인 것이다.

따라서 예를 들어 블록의 크기가 32이면 그 주소는 $xx\ldots x\,00000$ 형태이다(각각의 x는 0 또는 1). 그것을 반으로 나눠서 생긴 단짝 블록들의 주소는 $xx\ldots x\,00000$과 $xx\ldots x\,10000$ 형태이다. 일반화하자면, 주소가 x이고 크기가 2^k인 블록의 단짝의 주소를 $\mathrm{buddy}_k(x)$로 표기한다고 할 때,

$$\mathrm{buddy}_k(x) = \begin{cases} x + 2^k, & \text{만일 } x \bmod 2^{k+1} = 0 \text{이면}; \\ x - 2^k, & \text{만일 } x \bmod 2^{k+1} = 2^k \text{이면} \end{cases} \qquad (10)$$

이다.

이 함수는 이진 컴퓨터들에서 흔히 볼 수 있는 "배타적 논리합(exclusive or)" 명령(이를 "선택적 보수(selective complement)" 또는 "자리 넘김 없는 덧셈(add without carry)"이라고도 한다)으로 쉽게 계산할 수 있다. 연습문제 28을 볼 것.

단짝 시스템은 각 블록마다 있는 다음과 같은 1비트 TAG 필드를 활용한다.

$$\begin{aligned} \mathrm{TAG(P)} &= 0, \quad \text{만일 주소가 P인 블록이 예약되어 있으면}; \\ \mathrm{TAG(P)} &= 1, \quad \text{만일 주소가 P인 블록이 가용이면.} \end{aligned} \qquad (11)$$

이 TAG 필드는 모든 블록에 존재하며, 블록을 예약하고자 하는 사용자가 이 필드들을 직접 조작해서는 안 된다. 이 필드 외에, 가용 블록들은 LINKF와 LINKB라는 두 가지 링크 필드도 가진다. 이 링크 필드들은 이중 연결 목록의 통상적인 전진, 후진 링크들이다. 또한 가용 블록들은 KVAL 필드도 가진다. 이것은 해당 블록 크기 2^k의 k 값이다. 아래의 알고리즘은 장소 AVAIL[0], AVAIL[1], ..., AVAIL[m]들을 차지하는 표를 사용하는데, 이 표의 각 요소는 크기가 1, 2, 4, ..., 2^m인 해당 가용 저장소 목록의 머리로 쓰인다. 이 목록들은 이중 연결 목록이므로, 목록 머리는 평소대로(연습문제 2.2.5 참고) 다음과 같은 두 포인터들로 이루어진다.

$$\begin{aligned} \mathrm{AVAILF}[k] &= \mathrm{LINKF(LOC(AVAIL}[k])) = \mathrm{AVAIL}[k] \text{ 목록의 뒷단으로의 링크}, \\ \mathrm{AVAILB}[k] &= \mathrm{LINKB(LOC(AVAIL}[k])) = \mathrm{AVAIL}[k] \text{ 목록의 앞단으로의 링크}. \end{aligned} \qquad (12)$$

초기에는, 즉 어떠한 저장소도 할당되기 전에는

$$\text{AVAILF}[m] = \text{AVAILB}[m] = 0,$$
$$\text{LINKF}(0) = \text{LINKB}(0) = \text{LOC}(\text{AVAIL}[m]), \qquad (13)$$
$$\text{TAG}(0) = 1, \qquad \text{KVAL}(0) = m$$

이며(길이가 2^m이고 시작 장소가 0인 하나의 가용 블록을 의미한다),

$$0 \le k < m \text{에 대해 } \text{AVAILF}[k] = \text{AVAILB}[k] = \text{LOC}(\text{AVAIL}[k]) \qquad (14)$$

이다(모든 $k < m$에 대한, 길이가 2^k인 각 가용 블록들의 빈 목록들을 의미한다).

　　아래에 나오는 알고리즘들을 보기 전에 독자 스스로 이런 단짝 시스템 하에서 저장 영역들을 예약, 해제하는 필수 알고리즘들을 설계해 보는 것도 재미있을 것이다. 블록들을 반으로 나눌 수 있다면 예약 알고리즘이 더 쉬워진다는 점을 주목할 것.

알고리즘 R (단짝 시스템 예약). 이 알고리즘은 위에서 설명한 단짝 시스템 구성을 이용해서 2^k개의 장소들로 된 하나의 블록을 찾고 예약한다. 그런 블록을 찾지 못하면 실패를 보고한다.

R1. 〔블록을 찾는다.〕 $k \le j \le m$이며 $\text{AVAILF}[j] \ne \text{LOC}(\text{AVAIL}[j])$가 되는, 다시 말해서 크기가 2^j인 가용 블록들의 목록이 비어 있지 않음을 만족하는 가장 작은 정수를 j로 둔다. 그런 j가 존재하지 않는다면 요청된 블록에 충분한 크기의 가용 블록이 존재하지 않는 것이므로 실패를 보고하고 알고리즘을 끝낸다.

R2. 〔목록에서 제거.〕 $\text{L} \gets \text{AVAILF}[j]$, $\text{P} \gets \text{LINKF}(\text{L})$, $\text{AVAILF}[j] \gets \text{P}$, $\text{LINKB}(\text{P}) \gets \text{LOC}(\text{AVAIL}[j])$, $\text{TAG}(\text{L}) \gets 0$으로 설정한다.

R3. 〔분할이 필요한가?〕 만일 $j = k$이면 알고리즘을 끝낸다(주소 L에서 시작하는 가용 블록 하나를 성공적으로 찾고 예약한 것이다).

R4. 〔분할한다.〕 j를 1 감소한다. 그런 다음 $\text{P} \gets \text{L} + 2^j$, $\text{TAG}(\text{P}) \gets 1$, $\text{KVAL}(\text{P}) \gets j$, $\text{LINKF}(\text{P}) \gets \text{LINKB}(\text{P}) \gets \text{LOC}(\text{AVAIL}[j])$, $\text{AVAILF}[j] \gets \text{AVAILB}[j] \gets \text{P}$로 설정한다. (이는 하나의 커다란 블록을 분할하고 그 중 쓰이지 않는 반을 비어 있던 AVAIL[j] 목록에 넣는 것이다.) 단계 R3으로 돌아간다. ∎

알고리즘 S (단짝 시스템 해제). 이 알고리즘은 위에서 설명한 단짝 시스템 구성을 이용해서 주소 L에서 시작하는 2^k개의 장소들로 된 블록 하나를 자유 저장소에 돌려준다.

S1. 〔단짝이 가용인가?〕 $\text{P} \gets \text{buddy}_k(\text{L})$로 설정한다. (식 (10) 참고.) 만일 $k = m$이거나, $\text{TAG}(\text{P}) = 0$이거나, 만일 $\text{TAG}(\text{P}) = 1$이고 $\text{KVAL}(\text{P}) \ne k$이면 S3으로 간다.

S2. 〔단짝과 합친다.〕 $\text{LINKF}(\text{LINKB}(\text{P})) \gets \text{LINKF}(\text{P})$, $\text{LINKB}(\text{LINKF}(\text{P})) \gets \text{LINKB}(\text{P})$로 설정한다. (AVAIL[$k$] 목록에서 블록 P를 제거하는 것이다.) 그런 다음 $k \gets k + 1$로 설정하고, 만일 $\text{P} < \text{L}$이면 $\text{L} \gets \text{P}$로 설정한다. S1로 돌아간다.

S3. 〔목록에 추가.〕 TAG(L) ← 1, P ← AVAILF[k], LINKF(L) ← P, LINKB(P) ← L, KVAL(L) ← k, LINKB(L) ← LOC(AVAIL[k]), AVAILF[k] ← L로 설정한다. (블록 L을 AVAIL[k] 목록에 집어넣는 것이다.) ∎

D. 방법들의 비교. 이 동적 저장소 할당 알고리즘들의 수학적 분석은 대단히 어려운 것으로 입증되어 있다. 그러나 분석하기가 상당히 쉬운 한 가지 흥미로운 현상이 있다. 바로, 다음과 같은 "50퍼센트 규칙"이다.

> 만일 시스템이 평형 상태로 가는 경향이 생기도록 하는 방식으로 알고리즘 A와 B를 연속해서 사용한다면, 가용 블록의 평균 개수는 대략 $\frac{1}{2}pN$이 되는 경향이 있다. 여기서 N은 시스템의 예약된 블록들(다음번에 각각이 해제될 확률은 모두 동일하다)의 평균 개수이고 p는 알고리즘 A의 수량 K가 0이 아닌 값일(좀 더 일반적으로 말하면 단계 A4′에서 $K \geq c$일) 확률이다.

이 규칙은 AVAIL 목록이 대략 얼마나 길어질 지를 알려준다. p가 1에 가까우면(c가 매우 작고 블록 크기들이 서로 같은 경우가 별로 없을 때 그렇다) 가용 블록들의 개수는 비가용 블록 개수의 약 1/2이다. 그래서 "50퍼센트 규칙"이라는 이름이 붙은 것이다.

이 규칙을 도출하는 것이 어렵지는 않다. 다음과 같은 메모리 맵을 생각해 보자.

이 맵의 예약된 블록들은 크게 다음 세 종류로 나뉜다.

A: 해제되었을 때 가용 블록 개수가 1 감소한다.
B: 해제되었을 때 가용 블록 개수가 변하지 않는다.
C: 해제되었을 때 가용 블록 개수가 1 증가한다.

예약된 블록 개수를 N, 가용 블록 개수를 M이라고 하자. 그리고 A, B, C가 위에서 분류한 세 종류에 속하는 블록 개수라고 하자. 그러면

$$N = A + B + C$$
$$M = \frac{1}{2}(2A + B + \epsilon) \tag{15}$$

이다. 여기서 ϵ은 하계, 상계에서의 조건에 따라 0, 1, 2이다.

  N은 본질적으로 하나의 상수이나, A, B, C, ϵ은 하나의 블록이 해제된 후에 하나의 정적 분포에 도달하며 하나의 블록이 할당된 후에 (해제 시와는 약간 다른) 정적 분포에 도달하는 무작위(확률적) 수량들이라고 하자. 블록 하나가 해제될 때의 M의 평균 변화량은 $(C - A)/N$의 평균치이다. 블록 하나가 할당될 때의 M의 평균 변화량은 $1 - p$이다. 평형 가정에 의해 $C - A - N + pN$의 평균값은 0이라는 결론이 나온다. 더 나아가서, (15)에 의해 $2M = N + A = C + \epsilon$이며, 따라서 $2M$의 평균값은 pN 더하기 ϵ의 평균값이다. 이는 50퍼센트 규칙과 일치한다.

각 삭제가 무작위한 예약 블록에 적용된다는 가정은 한 블록의 수명이 지수분포 확률 변수일 때 유효해진다. 반면, 모든 블록이 대충 같은 수명을 가진다면 그 가정은 거짓이 된다. 쇼어John E. Shore는 할당과 해제가 일종의 선입선출 방식으로 일어나는 경향이 있다면 A형 블록들이 C형 블록들보다 더 "오래된" 것일 경향이 있음을 지적했다. 이는, 가장 최근에 할당된 블록이 A형일 가능성은 거의 없으므로, 일련의 인접한 예약 블록들은 가장 최근 것에서부터 가장 오래된 것의 순서로 존재하는 경향이 있기 때문이다. 이 덕분에 적은 수의 가용 블록들이 만들어지며, 그래서 50퍼센트 규칙이 예견한 것보다도 나은 성능을 내는 경향이 생긴다. 〔*CACM* **20** (1977), 812-820 참고.〕

50퍼센트 규칙에 대한 좀 더 자세한 정보는 D. J. M. Davies, *BIT* **20** (1980), 279-288; C. M. Reeves, *Comp. J.* **26** (1983), 25-35; G. Ch. Pflug, *Comp. J.* **27** (1984), 328-333를 볼 것.

이러한 흥미로운 규칙 외에, 동적 저장소 할당 알고리즘들의 성능에 대한 우리의 지식은 거의 전적으로 몬테카를로(Monte Carlo) 실험에 기반을 둔다. 특정한 컴퓨터에 대한, 그리고 특정한 하나의 응용 또는 응용들의 종류에 대한 알고리즘을 선택하고자 할 때 독자 스스로 시뮬레이션 실험들을 수행해 보면 배우는 바가 많을 것이다. 필자는 이번 절을 쓰기 직전에 그런 실험들을 몇 가지 해 보았다(그리고 실제로 50퍼센트 규칙을 증명하기도 전에 그 실험들에서 그 규칙을 확인할 수 있었다). 그럼 그 실험들의 방법과 결과를 간단히 요약해 보겠다.

기본적인 시뮬레이션 프로그램은 다음과 같이 수행된다. 초기에는 TIME이 0이며 메모리 영역 전체가 가용 상태이다.

P1. TIME을 1 진행시킨다.

P2. 현재의 TIME 값에서 해제된다고 등록된 모든 블록들을 해제한다.

P3. 3장의 방법들을 이용해서, 특정한 확률분포에 근거해서 두 수량 S(무작위 크기)와 T(무작위 수명)를 계산한다.

P4. 길이가 S인 새 블록을 할당한다. 그리고 그 블록을 (TIME + T)에서 해제되도록 등록해 둔다. P1로 돌아간다. ∎

프로그램은 TIME이 200의 배수일 때마다 할당과 해제 알고리즘의 성능에 대한 상세한 통계 정보를 출력했다. 각각의 테스트되는 알고리즘 쌍들에 대해 동일한 S, T 값들이 쓰였다. TIME이 2000 이상이 되면 시스템은 다소 안정적인 상태에 도달해서, 그 이후부터는 모든 수치들이 무한히 유지되었다. 그러나 가용 저장소의 전체 양과 단계 P3의 S와 T의 분포에 따라서는, 할당 알고리즘이 충분한 공간을 찾지 못해서 시뮬레이션 실험이 끝난 경우도 가끔 있었다.

C가 사용할 수 있는 모든 메모리 장소들의 개수이며 $\overline{S}$와 $\overline{T}$가 단계 P3에서의 S와 T의 평균값들을 나타낸다고 하자. TIME이 충분히 커진 후에는, 임의의 시점에서 비가용 메모리 워드 개수의 기대치가 $\overline{S}\,\overline{T}$가 될 것임은 쉽게 알 수 있다. 실험들에서는 $\overline{S}\,\overline{T}$가 약 $\frac{2}{3}C$보다 커졌을 때 메모리 넘침(overflow, 위넘침)이 발생하는 경우가 많았으며, 실제로 C개의 메모리 워드들을 요구하

기 전에 메모리 넘침이 발생하는 경우도 종종 있었다. 블록 크기가 C에 비해 작을 때에는 메모리가 90퍼센트 이상 채워질 수 있었지만, 블록 크기를 $\frac{1}{3}C$보다 커질 수 있게(또한 훨씬 더 작은 값들을 취할 수도 있게) 허용한 경우에는 실제로 쓰이는 장소들이 $\frac{1}{2}C$보다 적을 때에도 프로그램이 메모리가 "꽉 찼다"고 간주하는 경향이 생겼다. 이러한 실험 결과는, 효율적인 연산을 위해서는 *블록 크기들이 $\frac{1}{10}C$보다 크다면 동적 저장소 할당을 사용하지 말아야 한다*는 점을 강하게 시사한다.

이런 행동을 보이는 이유는 50퍼센트 규칙의 관점에서 이해할 수 있다. 만일 시스템이 평형 상태, 즉 평균적인 자유 블록의 크기 f가 평균적인 예약된 블록의 크기 r보다 작은 상태에 도달하게 되면, 긴급한 상황을 위해 커다란 자유 블록 하나를 예비해 두지 않는 이상 할당 요청을 만족할 수 없는 상태가 된다는 것이다. 따라서 포화되었지만 넘침이 발생하지는 않은 시스템에서는 $f \geq r$이며, $C = fM + rN \geq rM + rN \approx (p/2+1)rN$이 된다. 이 경우 쓰이고 있는 메모리 전체양은 $rN \leq C/(p/2+1)$이다. $p \approx 1$이면 메모리 칸들 중 약 2/3까지만 사용할 수 있는 것이다.

이 실험들은 S에 대해 다음과 같은 세 가지 크기 분포들을 사용했다.

($S1$) 100과 2000 사이에서 균일하게 선택한 정수.

($S2$) (1, 2, 4, 8, 16, 32)에서 각각 확률 ($\frac{1}{2}$, $\frac{1}{4}$, $\frac{1}{8}$, $\frac{1}{16}$, $\frac{1}{32}$, $\frac{1}{32}$)로 선택한 크기.

($S3$) (10, 12, 14, 16, 18, 20, 30, 40, 50, 60, 70, 80, 90, 100, 150, 200, 250, 500, 1000, 2000, 3000, 4000)에서 동일한 확률로 선택한 크기.

시간 분포 T는 고정된 $t = 10$ 또는 100, 1000에 대해 1과 t 사이에서 균일하게 선택한 무작위 정수들이었다.

또한 단계 P3에서 T가 1과 $\min(\lfloor \frac{5}{4}U \rfloor, 12500)$ 사이에서 균일하게 선택되게 하는 실험도 했다. 여기서 U는 시스템에 현재 예약되어 있는 블록들 일부가 다음번에 해제(일정에 등록된)되기까지 남은 시간의 시간 단위 개수이다. 이러한 시간 분포는 "거의 대부분 후입선출인" 행동을 흉내 내기 위한 것이다. 즉, 만일 T를 항상 U 이하의 값으로 택하면, 저장소 할당 시스템은 복잡한 알고리즘들이 필요하지 않은 하나의 스택 연산 차원으로 단순화된다. (연습문제 1 참고.) 지금 말하는 분포에서는 전체의 20% 정도에서 T가 U보다 큰 값으로 선택되며, 따라서 완전히는 아니라고 해도 거의 대부분 스택 연산이 되는 것이다. 이 분포를 사용했을 때 A, B, C 같은 알고리즘들은 평소보다 훨씬 나은 습성을 보였다. 전체 AVAIL 목록에 항목들이 둘보다 많은 경우가 없거나 매우 드물었던 반면 예약된 블록들은 약 14개였던 것이다. 한편 단짝 알고리즘 R과 S는 이 분포에서 더 느려졌는데, 이는 그 알고리즘들이 스택 같은 연산에서 블록들을 더 자주 분할하고 합치는 경향이 있기 때문이다. 이러한 시간 분포의 이론적 성질을 추론하는 것은 상당히 어려운 일이다(연습문제 32 참고).

이번 절 처음 부분에 나왔던 그림 42는 TIME = 5000으로 두고 크기 분포는 ($S1$), 시간 분포는 {1, ..., 100}에서 균일하게 선택하는 것으로 해서, 알고리즘 A와 B에서처럼 최초 적합법을 사용했을 때의 결과이다. 이 실험의 경우 "50퍼센트 규칙"에 쓰이는 확률 p는 본질적으로 1이며, 따라서 가용 블록들의 개수는 비가용 블록 개수의 약 1/2이라고 기대할 수 있다. 그러나 사실 그림 42에서 가용 블록은 21개이고 예약된 블록은 53개이다. 그렇다고 이것이 50퍼센트 규칙이 틀렸음을 말해주는 것은 아니다. 예를 들어 TIME = 4600에서는 가용 25개, 예약 49개이다. 그림 42의 구성은 50퍼센트 규칙이 통계적 변동에 어느 정도 민감한지를 보여줄 뿐이다. 가용 블록 개수는 일반적으로 20에서 30 사이이며, 한편 예약된 블록 개수는 일반적으로 45에서 55 사이이다.

그림 43은 그림 42와 동일한 자료에 대해 최초 적합법 대신 최적 적합법을 적용해서 얻은 메모리 구성이다. 단계 A4′의 상수 c로는 16을 설정했다(작은 블록들을 제거하기 위해). 그 결과 확률 p는 0.7 정도로 떨어졌으며 가용 영역들의 개수가 더 적어졌다.

시간 분포가 1에서 100 사이가 아니라 1에서 1000 사이에서 변화하도록 변경하면 그림 42와 43에 나온 것과 정확히 닮은, 해당 수치들이 모두 약 10배가 된 상황들이 만들어진다. 예를 들어 예약 블록은 515개이고, 자유 블록 240개는 그림 42의 상황에 대응되며, 자유 블록 176개는 그림 43의 상황에 대응된다.

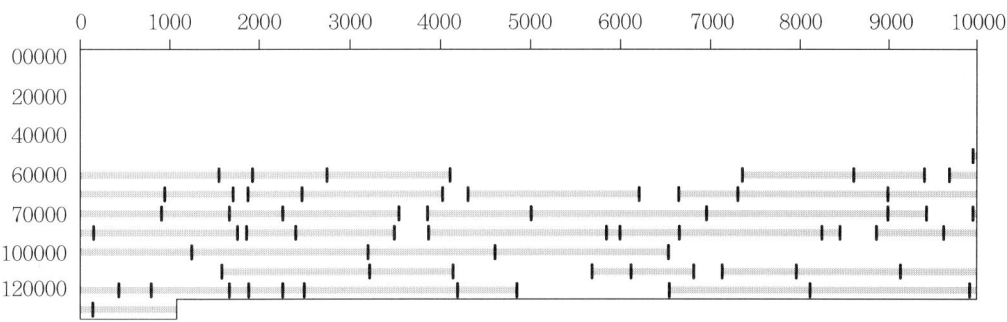

그림 43. 최적 적합법으로 얻은 메모리 맵. (이것을 같은 저장소 요청들에 대해 최초 적합법을 사용한 경우를 보여주는 그림 42 및 단짝 시스템을 사용한 경우를 보여주는 그림 44와 비교해 볼 것.)

최적 적합법과 최초 적합법을 비교하는 모든 실험들에서 항상 후자가 더 나은 것으로 드러났다. 대부분의 경우, 메모리가 고갈된 후 메모리 넘침이 발생하기 전까지 버티는 기간은 최적 적합법보다 최초 적합법이 더 길었다.

그림 44는 그림 42, 43에 쓰인 것과 같은 자료에 단짝 시스템을 적용해서 얻은 결과이다. 이 경우 257에서 512까지의 모든 크기들은 512로 간주하고 513에서 1024까지는 1024로 하는 등으로 크기를 2의 제곱으로 맞추었다. 이는 평균적으로 실제 크기보다 4분의 3정도 큰 크기의 메모리를 요청했다는 뜻이다(연습문제 21 참고). 물론 단짝 시스템은 앞에서 말한 (S1)보다는 (S2) 같은 크기 분포에서 더 잘 작동한다. 그림 44에 크기가 2^9, 2^{10}, 2^{11}, 2^{12}, 2^{13}, 2^{14}인 가용 블록들이 있음을 주목할 것.

이 실험 결과, 단짝 시스템이 예상했던 것보다 성능이 더 좋음을 알 수 있었다. 단짝 시스템이 같은 크기의 인접한 두 영역들을 합치지 않고도(그 둘이 단짝이 아닌 경우) 그것들을 사용할 수 있도록 한다는 점은 명백하다. 그러나 그런 상황은 그림 44에는 나와 있지 않으며, 사실 실제 상황에서도 드물다. 메모리 넘침이 발생했을 때 메모리는 95퍼센트가 예약된 상태였는데, 이는 할당 균형이 놀랄 만큼 좋다는 의미로 해석할 수 있다. 더 나아가서, 알고리즘 R에서 블록들을 분할해야 하는 경우와 알고리즘 S에서 블록들을 합쳐야 하는 경우도 매우 드물었다. 트리는 그림 44와 상당히 비슷한 형태, 즉 가장 흔하게 쓰이는 수준들에 가용 블록들이 존재하는 형태로 계속 유지되었다. 트리 최하위 수준에서의 이러한 습성을 이해하는 데 도움이 될 만한 몇 가지 수학적 결과들을 퍼덤P. W. Purdom, Jr.과 스티글러S. M. Stigler가 *JACM* **17** (1970), 683-697에서 밝힌 바 있다.

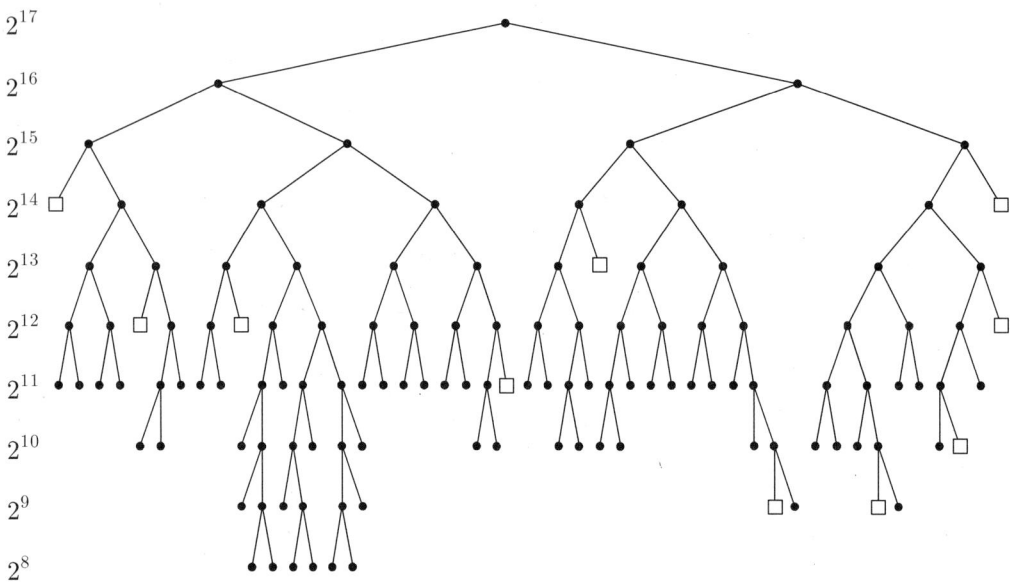

그림 44. 단짝 시스템으로 얻은 메모리 맵. (트리 구조는 큰 블록을 크기가 그 반인 두 단짝들로 나누었음을 보여준다. 네모 노드가 가용 블록이다.)

연습문제 6에 나온 대로 수정한 알고리즘 A가 놀랄 만큼 잘 작동했다는 점도 놀랍다. 크기 분포가 (*S1*)이고 시간이 1에서 100 사이에서 균일하게 선택되도록 설정한 실험들에서, 수정된 알고리즘은 가용 블록 크기들을 평균적으로 단 2.8번만 조사하면 되었으며, 전체 중 반 이상의 경우에서 최소 횟수인 1회만 조사하면 되었다. 가용 블록이 약 250개 있었는데도 그랬다. 수정되지 않은 알고리즘 A로 같은 실험을 한 경우 평균적으로 125회의 반복이 필요했다(즉, 매번 AVAIL 목록의 반 정도를 조사한 것이다). 그리고 수행 전체 중 약 20퍼센트의 경우에서 200회 이상의 반복이 필요한 것으로 드러났다.

수정되지 않은 알고리즘 A의 이러한 습성은 사실 50퍼센트 규칙의 결과라고 할 수 있다. 평형 상태에서, 예약된 블록들의 마지막 반을 담은 메모리 부분에는 자유 블록들의 마지막 반도 들어 있을 것이다. 그 부분은 하나의 블록이 해제될 때의 절반의 경우에 관여하게 되며, 따라서 평형을 유지하기 위해서는 그 부분이 할당들의 절반에 반드시 관여해야 한다. 절반(1/2) 이외의 비율이라고 하더라도 같은 논리가 유효하게 적용된다. (이러한 관측은 롭슨J. M. Robson에서 기인한다.)

이상의 관찰들로부터 두 가지 주된 방법들을 추천할 수 있다. 바로, (i) 경계 꼬리표 시스템(연습문제 12와 16에서처럼 수정한 것)과 (ii) 단짝 시스템이다. 연습문제에는 이들에 대한 MIX 프로그램을 작성하는 문제가 나온다. 다음은 이들에 대한 근사적인 결과들이다.

	예약에 필요한 시간	해제에 필요한 시간
경계 꼬리표 시스템:	$33 + 7A$	18, 29, 31, 또는 34
단짝 시스템:	$19 + 25R$	$27 + 26S$

여기서 $A \geq 1$은 충분히 큰 가용 블록 하나를 찾는 데 필요한 반복 횟수이며, $R \geq 0$은 하나의 블록을 둘로 분할하는 횟수(알고리즘 R에 나온 $j - k$의 초기 차이), 그리고 $S \geq 0$은 알고리즘 S에서 두 단짝 블록들을 하나로 합치는 횟수이다. 시뮬레이션 실험들에 따르면, 앞에서 말한 가정들(크기 분포 (S1), 시간은 1에서 1000 사이에서 선택) 하에서 평균적으로 $A = 2.8$이고 $R = S = 0.04$이다. (위에서 설명한대로 "거의 대부분 후입선출" 시간 분포로 대체했을 때에는 평균적으로 $A = 1.3$, $R = S = 0.9$이었다.) 이러한 결과는 두 방법 모두 상당히 빠르며, MIX의 경우에는 단짝 시스템이 조금 더 빠르다는 점을 보여준다. 단, 단짝 시스템은 블록 크기들이 2의 제곱수라는 제약이 없으면 약 44퍼센트 정도 메모리 공간을 더 요구한다는 점을 기억해야 할 것이다.

이들에 해당하는, 쓰레기 수거와 연습문제 33의 압축 알고리즘에서의 시간 추정치는 자유 노드를 찾는 데 걸리는 시간으로, 약 104 단위 시간이다. 이 수치는 쓰레기 수거가 메모리가 반 정도 찼을 때 발생하며 노드들의 평균 길이가 5워드이고 노드 당 두 개의 링크들이 있다는 가정 하에서이다. 쓰레기 수거의 장단점은 2.3.5절에서 논의했다. 메모리 요구가 과중하지 않으며 적절한 제약 조건들을 만족하는 경우라면 쓰레기 수거와 압축이 매우 효율적이다. 예를 들어 MIX 컴퓨터의 경우 접근 가능한 항목들이 전체 메모리 공간의 약 3분의 1 이상을 차지하지 않으며 노드들이 비교적 작다면 쓰레기 수거 방법이 다른 두 방법보다 더 빠르다.

쓰레기 수거에 깔린 가정들이 만족된다면 최적의 전략은 메모리 풀을 둘로 나누고 모든 할당을 한쪽 반에서만 순차적으로 수행하는 것이다. 예약된 블록들이 사용 가능해졌을 때에는 그 블록들을 해제하는 대신, 그냥 현재 활성화된 반쪽 메모리 풀이 꽉 찰 때까지 기다렸다가 꽉 차면 모든 활성 자료를 나머지 반으로 옮기고, 그와 동시에 블록들 사이사이의 공간을 메운다(연습문제 33과 같은 방법을 이용해서). 한 반쪽 풀에서 다른 반으로 전환할 때, 각 반쪽 풀의 크기를 조정할 수도 있다.

앞에서 말한 시뮬레이션 기법들을 다른 저장소 할당 알고리즘들에도 적용해 보았다. 시험해 본 다른 방법들은 이번 절에서 말한 알고리즘들에 비하면 성능이 너무 떨어졌기 때문에, 여기서는 자세히 설명하지 않고 그냥 간단히 언급만 하겠다.

a) 각 크기마다 개별적인 AVAIL 목록들을 유지했다. 필요하다면 하나의 자유 블록을 더 작은 두 블록들로 나누기도 했지만, 그런 블록들을 다시 합치는 시도는 하지 않았다. 메모리 맵은 점점 더 작은 부분들로 단편화되어서 아주 끔찍한 모습이 되었다. 이런 단순한 방식은 각 블록 크기마다 한 영역씩 여러 개의 개별적인 영역들을 두고 개별적으로 할당을 수행하는 것과 거의 동등하다.

b) 2수준 할당을 수행해 보았다: 메모리를 32개의 커다란 구역들로 나눴다. 1 또는 2, 3개(그 이상은 드물다)의 인접한 구역들로 된 커다란 블록들을 주먹구구식 할당 방법을 사용해서 예약했다. 메모리가 요청되면, 그 크기에 맞게 큰 블록을 분할했다(더 이상 공간이 남지 않을 때까지). 그리고 이후의 할당들에 사용하도록 또 다른 큰 블록을 예약했다. 각 큰 블록은 그 안의 모든 공간이 가용이

되었을 때에만 자유 저장소로 반환했다. 이 방법은 거의 항상 저장소 공간을 빠르게 고갈시켰다.

필자의 시뮬레이션 실험에서 고려한 자료에 대해서는 이 특정한 2수준 할당 방법이 실패했으나, 다수준 할당 전략이 이득이 되는 상황이 없지는 않다(실제 응용에서 자주 발생하는 것은 아니지만). 예를 들어 여러 단계들을 거치면서 작동하는 상당히 큰 프로그램에서는 특정 종류의 노드들이 어떤 특정한 서브루틴 안에서만 필요함을 알 수 있는 경우가 있다. 또한 노드 종류에 따라 상당히 다른 할당 전략들을 사용하는 게 바람직한 프로그램들도 있다. 이처럼 저장소 할당을 구역별로 수행하되 각 구역마다 다른 전략을 사용할 수 있으며, 또한 구역 전체를 한 번에 해제할 수도 있다는 착상은 로스Douglas T. Ross가 *CACM* **10** (1967), 481-492에서 논의했다.

동적 저장소 할당에 대한 또 다른 실험 결과들로는 B. Randell, *CACM* **12** (1969), 365-369, 372; P. W. Purdom, S. M. Stigler, T. O. Cheam, *BIT* **11** (1971), 187-195; B. H. Margolin, R. P. Parmelee, M. Schatzoff, *IBM Systems J.* **10** (1971), 283-304; J. A. Campbell, *Comp. J.* **14** (1971), 7-9; John E. Shore, *CACM* **18** (1975), 433-440; Norman R. Nielsen, *CACM* **20** (1977), 864-873을 보기 바란다.

*E. 분산 적합. 만일 블록 크기들의 분포를 미리 알 수 있으며, 각 블록이 다음번에 해제될 블록일 확률이 그 할당 시점과 관계없이 동일하다면, 지금까지 말했던 범용 기법들보다 메모리를 상당히 더 잘 활용하는, 코프만E. G. Coffman, Jr.과 레이턴F. T. Leighton이 제안한 한 가지 기법을 사용할 수 있다 〔*J. Computer and System Sci.* **38** (1989), 2-35〕. 그들의 "분산 적합법(distributed-fit method)"은 메모리를 약 $N + \sqrt{N} \lg N$개의 슬롯들로 분할한다. 여기서 N은 안정 상태에서 처리하고자 하는 블록들의 최대 개수이다. 각 슬롯의 크기는 고정적이나, 슬롯마다 크기가 다를 수는 있다. 핵심은, 임의의 주어진 슬롯이 고정된 경계들을 가지며, 그 슬롯은 비어 있거나 하나의 할당된 블록을 담는다는 점이다.

코프만과 레이턴의 방식에서 처음 N 슬롯들은 가정된 크기 분포에 따라 배치되나, 마지막 $\sqrt{N} \lg N$개의 슬롯들은 모두 최대 크기이다. 예를 들어 블록 크기들이 1에서 256 사이로 균일하게 분포되어 있다고 가정한다면, 그리고 그런 블록들 $N = 2^{14}$개를 처리하고자 한다면, 메모리를 크기가 각각 1, 2, ..., 256인 $N/256 = 2^6$개의 슬롯들로 나누고 그 뒤에 크기가 256인 블록 $\sqrt{N} \lg N = 2^7 \cdot 14 = 1792$개로 된 하나의 "넘침 영역(overflow area)"을 둔다. 최대 허용 용량의 메모리를 가진 시스템을 운영한다고 할 때, 시스템이 평균 크기가 $\frac{257}{2}$인, $\frac{257}{2} N = 2^{21} + 2^{13} = 2,105,344$개의 장소들을 차지하는 N개의 블록들을 처리할 것이라고 기대할 수 있다. 이는 처음 N개의 슬롯들을 할당했을 때의 공간에 해당한다. 또한 무작위적인 변동들의 효과를 처리하기 위해 추가적으로 $1792 \cdot 256 = 458,752$개의 장소들을 따로 마련해 둔다. 이러한 추가부담은 전체 공간의 $O(N^{-1/2} \log N)$에 해당하는데, 만일 $N \to \infty$로 접근한다면 이는 무시할 수 있는 크기가 된다(단 짝 시스템의 경우는 추가부담이 N의 상수배였다). 그러나 지금의 예에서는 총 할당 중 약 18%에 해당하는 양이다.

슬롯들은 가장 작은 슬롯이 큰 것보다 앞서는 순서로 배치해야 한다. 이러한 배치에서는 최초 적합으로도, 최적 적합으로도 블록들을 할당할 수 있다. (이 경우는 슬롯 크기들이 정렬되어 있으므로 두 방법은 동등하다.) 이러한 가정 하에서, 이 방법은 새로운 할당 요청이 들어올 때마다 처음 N 슬롯들 중 본질적으로 무작위한 한 장소를 검색하고, 그러한 검색을 빈 슬롯을 찾을 때까지 계속한다.

각 검색의 시작 슬롯이 1에서 N 사이의 진정으로 무작위한 슬롯이라면 넘침 영역을 아주 자주 침범하게 되지는 않을 것이다. 사실, 무작위 슬롯들에서 시작해서 정확히 N개의 항목들을 삽입한다면 넘침은 평균적으로 오직 $O(\sqrt{N})$번만 일어난다. 이는 이 알고리즘을 선형 탐색을 통한 해싱(알고리즘 6.4L)과 비교함으로써 알 수 있다. 그런 해싱(hashing)은 빈 칸을 찾는 과정에서 경계를 넘었을 때 넘침 영역으로 가는 것이 아니라 N에서 1로 순환한다는 점만 빼면 이 알고리즘과 동일하게 행동한다. 정리 6.4K에 나오는 알고리즘 6.4L의 분석에 따르면, N개의 항목들이 삽입되었을 때 각 항목과 그 해시 주소 사이의 거리는 $\frac{1}{2}(Q(N)-1) \sim \sqrt{\pi N/8}$ 이다. 이 평균이 각 k에 대해 슬롯 k에서 슬롯 $k+1$로 가는 검색 횟수의 평균과 같음은 순환 대칭성을 통해서 쉽게 알 수 있다. 분산 최적법에서의 넘침들은 슬롯 N에서 슬롯 1로 가는 검색들에 해당하는데, 단 지금 상황은 그보다는 훨씬 낫다. 왜냐하면 그런 순환 때문에 생기는 약간의 밀집 현상을 피할 수 있기 때문이다. 그래서 넘침은 평균 $\sqrt{\pi N/8}$ 번보다 적게 발생한다. 이러한 분석이 삭제까지 고려한 것은 아니다. 삭제는 해당 시작 슬롯들과 할당된 슬롯들 사이에 끼어 있는 다른 블록을 삭제하는 과정에서 블록들을 다시 옮기는 경우에만 알고리즘 6.4L의 가정들을 만족한다(연습문제 6.4R 참고). 그러나 그런 블록들을 다시 옮긴다고 해도 넘침이 생길 가능성만 커질 뿐이다. 또한 이 분석은 동시에 N개보다 많은 블록들이 존재할 때의 영향도 고려하지 않는다. 만일 블록들 사이의 출현 시간이 그 점유 시간의 약 N분의 1이라고만 가정한다면 그런 상황이 벌어진다. N개보다 많은 블록들이 존재하는 경우에는 알고리즘 6.4L의 분석을 확장할 필요가 있지만, 코프만과 레이턴은 넘침 영역에 $\sqrt{N}\lg N$개보다 많은 슬롯들이 필요한 경우는 거의 없음을 증명했다. 끝을 넘어설 확률은 모든 M에 대해 $O(N^{-M})$보다 작다.

지금의 예에서, 한 할당을 위한 검색의 시작 슬롯은 슬롯 1, 2, ..., N에 대해 균일한 것이 아니고 1, 65, 129, ..., $N-63$에 대해 균일하다. 왜냐하면 각 크기마다 $N/256=64$개의 슬롯들이 있기 때문이다. 그러나 앞 문단에서 말한 무작위 모형에서 벗어난 이러한 행동은 넘침을 예상했던 것보다 더욱 적게 만들어낸다. 물론 블록 크기 분포와 점유 시간에 대한 가정들이 위반된다면 이 모든 분석은 무효가 된다.

F. 넘침. 더 이상 사용할 공간이 없으면 어떻게 해야 할까? 예를 들어 n개의 연속적인 워드들이 요청되었으나 모든 가용 블록들이 너무 작다고 하자. 이런 일이 처음 벌어졌을 때에는 보통 n개 이상의 가용 장소들이 존재하며, 그것들이 연속적이지 않다면 메모리를 압축함으로써(즉, 사용 중인 일부 장소들을 가용 장소들이 한데 모이도록 옮겨서) 요청을 만족하고 계속 진행할 수 있다. 그러나 그러한 압축은 느리며, 프로그램이 포인터들을 엄격한 규칙에 따라 사용해야 한다는 제한이 따른다. 게다가, 최초 적합법에서 공간이 부족하게 되었을 때에는 아무리 압축을 반복한다고 해도 얼마 안 가서 공간 자체가 완전히 고갈되는 경우가 대부분이다. 따라서 연습문제 33과 같은, 쓰레기 수거와 연관된 특별한 상황이 아니라면 압축 알고리즘을 굳이 작성할 필요는 없는 경우가 일반적이다. 넘침이

일어날 상황이 되면, 항목들을 메모리에서 제거하고 외부 기억장치에 저장했다가 나중에 필요해지면 다시 불러오는 방법을 사용할 수도 있다. 이런 방법을 사용한다는 것은 동적 메모리 영역을 참조하는 모든 프로그램은 다른 블록들을 참조할 때 특정한 제약조건을 지켜야 함을 뜻하며 또한 효율적인 연산을 위해서는 특별한 컴퓨터 하드웨어 기능(예를 들면 존재하지 않는 자료에 대한 가로채기 (interrupt) 발생이나 자동적인 "페이징(paging)" 등)이 필요함을 뜻한다.

이런 방법에서는 어떤 블록이 가장 가능성 있는 제거 대상인가를 결정하는 판정 절차가 필수적이다. 한 가지 방법은 예약된 블록들의 이중 연결 목록을 유지하되, 어떤 블록이 접근될 때마다 그 블록을 목록의 앞쪽으로 옮기는 것이다. 그러면 결국 블록들은 가장 최근에 접근된 순으로 정렬이 된다. 블록을 제거해야 하는 상황이 오면 가장 덜 쓰인 블록, 즉 목록의 뒷단에 있는 블록을 가장 먼저 제거한다. 예약된 블록들을 하나의 순환 목록에 넣어두되 각 블록마다 "최근에 쓰였음" 비트를 두는 방식으로도 비슷한 효과를 얻을 수 있다. 블록이 접근되었을 때마다 그 비트를 1로 설정하고, 블록을 제거할 때가 되면 포인터 하나를 순환 목록을 따라 옮기면서 각 블록의 "최근에 쓰였음" 비트를 0으로 재설정하되, 지난번에 포인터가 그 부분에 도달했을 때 이후로 쓰이지 않았던 블록을 발견하면 그것을 제거한다.

롭슨J. M. Robson은 예약된 블록들을 결코 재배치하지 않는 동적 저장소 할당 전략들은 메모리를 효율적으로 사용한다고 보장하는 것이 불가능함을 보였다 $[JACM$ **18** (1971), 416-423$]$. 그런 방법들에서는 항상 해당 방법이 실패하는 병적 상황이 존재한다는 것이다. 예를 들어 블록 크기가 1 과 2만 가능하다고 하면, 어떤 할당 알고리즘을 사용하든 메모리가 단 $\frac{2}{3}$만 차도 넘침이 발생할 수 있다! 롭슨의 흥미로운 결과들은 연습문제 36-40에서, 그리고 42-43에서 개괄한다. 42-43에서 롭슨은 최적 적합법이 최초 적합법에 비해 대단히 나쁜 최악의 경우를 가짐을 보였다.

G. 더 읽을거리. 위의 내용을 썼을 때 필자가 가지고 있던 것보다 훨씬 더 오랜 기간 동안에 얻은 경험에 근거한, 동적 저장소 할당 기법들에 대한 상세한 개괄과 비평들이 Paul R. Wilson, Mark S. Johnstone, Michael Neely, David Boles, *Lecture Notes in Computer Science* **986** (1995), 1-116에 모여 있다.

연습문제

1. [20] 만일 저장소 요청들이 항상 "후입선출" 방식으로 나타난다면, 즉 순차적으로 예약된 모든 블록들이 해제되기 전까지는 어떠한 예약 블록도 해제되지 않는다면, 이번 절의 예약과 할당 알고리즘들을 어떻게 단순화할 수 있을까?

2. [HM23] (울먼E. Wolman.) 가변 길이 항목들에 대해 고정된 노드 크기를 택한다고 하자. 그리고 각 노드의 길이가 k이며 한 항목의 길이가 l일 때 그 항목을 저장하는데 $\lceil l/(k-b) \rceil$개의 노드들이 필요하다고 하자. (여기서 b는 하나의 상수로, 각 노드마다 b개의 워드들에 다음 노드로의 링크 같은 제어 정보를 담음을 뜻한다.) 항목 길이 l의 평균이 L이라고 할 때, 필요한 저장소 공간의

평균을 최소화하는 k는 무엇인가? (임의의 고정된 k와 가변적인 l에 대해 $(l/(k-b)) \bmod 1$의 평균이 1/2과 같다고 가정한다.)

   3. [40] 컴퓨터 시뮬레이션으로 최적 적합, 최초 적합, 그리고 최악 적합(worst-fit) 저장소 할당 방법들을 비교하라. 최악 적합법은 항상 가장 큰 가용 블록을 택하는 것이다. 그 방법들의 메모리 활용도들이 크게 다른가?

   4. [22] 알고리즘 A를 위한 MIX 프로그램을 작성하되, 내부 루프를 빠르게 만드는 데 특별한 주의를 기울일 것. SIZE 필드는 (4:5), 링크 필드는 (0:2), 그리고 $\Lambda < 0$이라고 가정한다.

▶ **5.** [18] 알고리즘 A에서 N이 항상 100 이상임을 알고 있다고 하자. 그러면 수정된 단계 A4′에서 $c = 100$으로 두는 것이 바람직할까?

▶ **6.** [23] (다음 적합(next fit).) 알고리즘 A를 반복해서 사용하고 나면, 작은 SIZE의 블록들이 AVAIL 목록의 앞쪽에 남아 있는 경향이 강하게 나타나며, 그래서 길이가 N 이상인 블록을 찾으려면 목록을 상당히 멀리까지 검색해야 한다. 예를 들어 그림 42에서, 메모리의 시작에서 끝으로 가면서 예약된 블록이든 자유 블록이든 블록들의 크기가 본질적으로 증가함을 주목할 것. (그림 42를 만들어 내면서 사용한 AVAIL 리스트는 알고리즘 B에서 요구하는 바와 같이 장소 순으로 정렬된 것이다.) 알고리즘 A를 (a) 짧은 블록들이 특정 영역에 모이는 경향이 생기지 않도록, (b) 그러면서도 AVAIL 리스트가 여전히 메모리 장소가 증가하는 순으로 유지되도록(알고리즘 B 같은 알고리즘들을 위해) 수정하는 방법을 제시하라.

   7. [10] 예제 (1)은 최초 적합이 경우에 따라서는 최적 적합보다 확실히 더 우월함을 보여준다. 최적 적합이 최초 적합보다 우월함을 보여주는 비슷한 사례를 제시하라.

   8. [21] 알고리즘 A를 최초 적합 대신 최적 적합법에 맞게 간단히 수정하는 방법을 보여라.

▶ **9.** [26] AVAIL 목록 전체를 검색하지 않고도 최적 적합법을 사용하는 할당 알고리즘을 설계하려면 어떻게 해야 할까? (필요한 검색을 최대한 줄이는 방법들을 생각해 볼 것.)

10. [22] 알고리즘 B를, 장소 P0에서 시작하는 N개의 연속적인 칸들로 된 블록을 가용으로 만들되 그 N개의 칸들 각각이 현재 비가용이라고 가정하지 않는 방식으로 수정하려면 어떻게 해야 할까? 해제되는 영역이 이미 해제된 여러 블록들과 실제로 겹쳐 있다고 가정하라.

11. [M25] 연습문제 6의 답에 나온 알고리즘 A 개선 방안을 알고리즘 B에 적용했을 때에도 알고리즘 B가 약간 개선됨(평균 검색 길이가 AVAIL 목록 길이의 반에서 그 목록 길이의 3분의 1로 줄어든다)을 보여라. (해제한 블록이 정렬된 AVAIL 목록의 무작위 위치에 삽입된다고 가정할 것.)

▶ **12.** [20] (7)–(9)와 같은 경계 꼬리표 규약들을 따르며, 본문에 나온 수정된 단계 A4′를 사용하며, 또한 연습문제 6의 개선 방안까지 사용하도록 알고리즘 A를 수정하라.

13. [21] 연습문제 12의 알고리즘을 위한 MIX 프로그램을 작성하라.

14. [21] 알고리즘 C와 연습문제 12의 알고리즘에서, (a) 만일 자유 블록의 마지막 워드에 SIZE

필드가 없다면, 또는 (b) 만일 예약된 블록의 첫 워드에 SIZE 필드가 없다면 어떤 차이가 생길까?

▶ **15.** [24] TAG(P0 − 1), TAG(P0 + SIZE(P0))가 양이냐 음이냐에 따른 각각의 네 가지 경우에서 절대적으로 필요한 링크들만 변경하도록 해서 알고리즘 C의 속도를 높이는(대신 프로그램이 조금 길어지겠지만) 방법을 제시하라.

16. [24] 알고리즘 C를 위한 MIX 프로그램을 작성하되, 연습문제 15의 제안을 도입하라.

17. [10] 가용 블록이 더 이상 없을 때 (9)의 LOC(AVAIL)와 LOC(AVAIL) + 1의 내용은 무엇일까?

▶ **18.** [20] 그림 42와 43은 같은 자료와 본질적으로 같은 알고리즘들(알고리즘 A와 B)을 사용해서 얻은 것이다. 단, 그림 43은 알고리즘 A를 최초 적합 대신 최적 적합을 사용하도록 변경해서 얻은 것이다. 그러한 차이가, 그림 42의 경우에는 더 높은 메모리 장소들에 커다란 가용 영역이 존재하고 그림 43에서는 더 낮은 메모리 장소들에 커다란 가용 영역이 존재하게 만드는 이유를 설명하라.

▶ **19.** [24] 메모리 블록들이 (7)과 같은 형태이되 블록 마지막 워드에 TAG나 SIZE가 없다고 하자. 또한, 예약된 블록을 다시 해제할 때 다음과 같은 알고리즘을 사용한다고 하자: Q ← AVAIL, LINK(P0) ← Q, LINK(P0 + 1) ← LOC(AVAIL), LINK(Q + 1) ← P0, AVAIL ← P0, TAG(P0) ← "−". (이 알고리즘은 인접한 영역들을 한데 합치는 일은 하지 않는다.)

  알고리즘 A와 비슷하되, AVAIL 목록을 검색하면서 인접한 자유 블록들을 적절히 합치며, 그와 동시에 (2), (3), (4)에 나온 것 같은 불필요한 메모리 단편화를 피하는 예약 알고리즘을 설계하라.

20. [00] 단짝 시스템에서 AVAIL[k] 목록들을 그냥 직선 선형 목록이 아니라 이중 연결 목록으로 만드는 게 바람직한 이유는 무엇인가?

21. [HM25] 비율 a_n/b_n을 조사하라. 여기서 a_n은 $1 + 2 + 4 + 4 + 8 + 8 + 8 + 8 + 16 + 16 + \cdots$의 처음 n항들의 합이고 b_n은 $1 + 2 + 3 + 4 + 5 + 6 + 7 + 8 + 9 + 10 + \cdots$의 처음 n항들의 합이며, n은 무한대로 간다.

▶ **22.** [21] 본문에서는 단짝 시스템이 오직 2^k 크기의 블록들만 사용할 수 있다고 여러 번 말했다. 그리고 연습문제 21은 그러한 제한 때문에 저장소 요구량이 크게 늘어날 수 있음을 보여준다. 그런데 단짝 시스템 하에서 11워드 블록이 요청되었을 때 16워드 블록을 찾아서 그 중 11워드 조각을 할당하고 크기 4와 1인 두 자유 블록들을 남기는 것은 불가능하다. 왜 그럴까?

23. [05] 이진 주소가 011011110000인 크기 4블록의 단짝의 이진 주소는 무엇인가? 블록 크기가 4가 아니라 16이라면 그 단짝의 이진 주소는 무엇인가?

24. [20] 본문의 단짝 시스템 알고리즘에 따르면, 가장 큰 블록(크기 2^m)은 단짝이 없다. 왜냐하면 그런 블록은 저장소 전체를 나타내기 때문이다. buddy$_m(0) = 0$으로 정의하고(즉, 그 블록을 자신의 단짝이라고 하고) 단계 S1에서 $k = m$ 판정을 생략해도 알고리즘이 정확할까?

▶ **25.** [22] 다음 착상을 비평하라: "단짝 시스템을 이용한 동적 저장소 할당은 실질적인 상황에서 크기 2^m의 블록을 결코 예약하지 못하며(그런 블록은 메모리 전체를 채울 것이므로), 일반적으로

말한다면, 그보다 더 큰 크기의 블록은 예약하지 못하는 하나의 최대 크기 2^n이 존재한다. 따라서 그런 커다란 블록들을 가용 상태로 두고 시작하는 것은, 그리고 알고리즘 S에서 결합한 후의 크기가 2^n보다 클 단짝들을 결합하는 것은 시간 낭비이다."

▶ **26.** [21] M이 본문에서 요구한 것처럼 2^m의 형태가 아니라고 해도, 0에서 M − 1까지의 메모리 장소들에 대한 동적 저장소 할당을 위해 단짝 시스템을 사용할 수 있는 이유는 무엇인가?

27. [24] 알고리즘 R을 위한 MIX 프로그램을 작성하고 그 실행 시간을 분석하라.

28. [25] MIX가 이진 컴퓨터이며 다음과 같이 정의된(1.3.1절의 표기법을 사용한다) 새로운 연산 코드 XOR가 추가되었다고 하자: "C = 5, F = 5. 장소 M의 비트들 중 값이 1인 비트들 각각에 대해 레지스터 A의 해당 위치의 비트를 보수로 만든다(0은 1로, 1은 0으로). rA의 부호는 변하지 않는다. 수행 시간은 $2u$이다."

이런 가정 하에서 알고리즘 S를 위한 MIX 프로그램을 작성하고 그 실행 시간을 분석하라.

29. [20] 예약된 블록에 꼬리표 비트가 없다고 해도 단짝 시스템이 작동할까?

30. [M48] 일련의 저장소 요청들에 합리적인 분포들이 주어졌다고 할 때, 알고리즘 R과 S의 평균적인 습성을 분석하라.

31. [M40] 단짝 시스템에 비슷하나 2의 제곱들 대신 피보나치 수열을 이용하는(즉, F_m개의 가용 워드들로 시작하고, F_k개의 워드로 된 하나의 가용 블록을 각각 F_{k-1}과 F_{k-2} 크기인 두 단짝으로 분할하는) 저장소 할당 시스템이 가능할까?

32. [HM46] 극한 $\lim_{n\to\infty}\alpha_n$을 구하라(극한이 존재한다면). 여기서 α_n은 다음과 같이 정의된 무작위 수열에 있는 t_n의 평균이다: 무작위 수열은, $0 \le k < n$인 t_k 값들이 주어졌을 때, t_n을 $\{1, 2, ..., g_n\}$에서 균일하게 선택한 것이다. 여기서

$$g_n = \left\lfloor \frac{5}{4}\min(10000,\ f(t_{n-1}-1),\ f(t_{n-2}-2),\ ...,f(t_0-n)) \right\rfloor$$

이며, $x > 0$이면 $f(x) = x$, $x \le 0$이면 $f(x) = \infty$이다. [참고: 제한된 일부 실험 결과들을 보면 α_n이 약 14라고 하나, 그것이 아주 정확한 결과는 아닐 것이다.]

▶ **33.** [28] (쓰레기 수거와 압축.) 메모리 장소 1, 2, ..., AVAIL − 1을 가변 크기 노드들을 위한 하나의 저장소 풀로 사용한다고 하자. 각 노드의 형태는 이렇다: NODE(P)의 첫째 워드는 다음과 같은 필드들을 담는다.

$$\text{SIZE(P)} = \text{NODE(P)에 있는 워드들의 개수}$$
$$\text{T(P)} = \text{NODE(P)에 있는 링크 필드들의 개수. T(P)} < \text{SIZE(P)}$$
$$\text{LINK(P)} = \text{쓰레기 수거 시에만 쓰이는 특별한 링크 필드}$$

메모리에서 NODE(P) 바로 다음에 있는 노드는 NODE(P + SIZE(P))이다. NODE(P)에서 다른 노드들로의 링크들로 쓰이는 필드들은 오직 LINK(P + 1), LINK(P + 2), ..., LINK(P + T(P))뿐이며 그 링크 필드 각각은 Λ이거나 다른 노드의 첫 워드 주소라고 가정한다. 마지막으로, 프로그램에는 노드들

중 하나를 가리키는 USE라는 추가적인 링크 변수가 있다고 가정한다.

(i) 변수 USE에서 직, 간접적으로 접근할 수 있는 모든 노드들을 찾고, (ii) 그런 노드들을 어떠한 K에 대해 메모리 장소 1에서 K − 1까지로 옮기되 구조적 관계를 유지하도록 모든 링크들을 변경하고, (iii) AVAIL ← K로 설정하는 하나의 알고리즘을 설계하라.

예를 들어 메모리가 다음처럼 구성되어 있으며, INFO(L)은 장소 L의 LINK(L)을 제외한 내용이라고 하자.

```
1: SIZE = 2, T = 1        6: SIZE = 2, T = 0        AVAIL = 11,
2: LINK = 6, INFO = A     7: CONTENTS = D           USE = 3.
3: SIZE = 3, T = 1        8: SIZE = 3, T = 2
4: LINK = 8, INFO = B     9: LINK = 8, INFO = E
5: CONTENTS = C          10: LINK = 3, INFO = F
```

알고리즘은 이를 다음과 같이 변환해야 한다.

```
1: SIZE = 3, T = 1        4: SIZE = 3, T = 2        AVAIL = 7,
2: LINK = 4, INFO = B     5: LINK = 4, INFO = E     USE = 1.
3: CONTENTS = C           6: LINK = 1, INFO = F
```

34. [29] 알고리즘 33을 위한 MIX 프로그램을 작성하고 그 실행 시간을 밝혀라.

35. [22] 이번 절의 동적 저장소 할당 방법들을 2.2.2절 끝에서 논의한 가변 크기 순차 목록들에 대한 기법을 이용해서 비교하라.

▶ **36.** [20] 캘리포니아 할리우드의 어떤 간이식당에는 긴 식탁이 하나 있으며 식탁에는 23개의 좌석들이 있다. 손님은 혼자 들어오거나 두 명의 쌍으로 오며, 한 종업원이 자리를 결정해서 안내한다. 만일 혼자 온 손님에게는 2, 5, 8, ..., 20번 자리를 배정하지 않는다면, 그리고 식당에서 동시에 16명까지만 식사를 할 수 있다고 한다면, 종업원이 쌍으로 온 손님들을 떨어진 자리에 앉히지 않으면서도 항상 적당한 자리들을 찾을 수 있음을 증명하라. (쌍으로 온 손님들은 항상 함께 떠난다.)

▶ **37.** [26] 연습문제 36과 같은 설정이되 식탁에 오직 22개의 자리만 있다고 하자. 그러면 종업원이 손님들을 앞에서 말한 대로 배치하지 못함을, 다시 말해서 적어도 14명이 자리를 차지하고 있다면 어떤 전략을 사용한다고 해도 쌍으로 들어온 두 손님을 떨어뜨려 놓을 수밖에 없는 상황이 생길 수 있음을 증명하라.

38. [M21] (롭슨J. M. Robson.) 연습문제 36과 37의 간이식당 문제는 예약된 블록들을 결코 재배치하지 않는 모든 동적 저장소 할당 알고리즘의 최악의 상황의 성능을 결정하는 문제로 일반화할 수 있다. 모든 블록의 각 크기가 m 이하이며 요청된 메모리 전체 양이 n을 넘지 않는다고 가정하고, $N(n,m)$이 일련의 할당, 해제 요청들을 넘침 없이 처리할 수 있는 최소의 메모리 양을 나타낸다고 하자. 연습문제 36과 37은 $N(16,2) = 23$임을 증명하는 것이다. 모든 n에 대한 $N(n,2)$의 정확한 값을 구하라.

39. 〔HM23〕 (롭슨.) 연습문제 38의 표기법에서, $N(n_1 + n_2, m) \leq N(n_1, m) + N(n_2, m) + N(2m - 2, m)$임을, 따라서 고정된 m에 대해 극한 $\lim_{n \to \infty} N(n, m)/n = N(m)$임을 증명하라.

40. 〔HM50〕 연습문제 39에 이어서, $N(3)$, $N(4)$를 구하고 $\lim_{m \to \infty} N(m)/\lg m$을 구하라(값이 존재한다면).

41. 〔M27〕 이 연습문제에서 독자가 할 일은 단짝 시스템의 최악의 경우의 메모리 활용도를 연구하는 것이다. 예를 들어 빈 메모리로 시작해서 다음과 같이 나아간다면 대단히 나쁜 경우가 발생한다: 우선 길이가 1인 블록을 $n = 2^{r+1}$개 예약한다. 그것들은 0에서 $n - 1$까지의 메모리 장소들을 차지한다. 그런 다음 $k = 1, 2, ..., r$에 대해 시작 주소가 2^k로 나누어지지 않는 모든 블록들을 해제하고, 길이가 2^k인 $2^{-k-1}n$개의 블록들을 예약한다. 그것들은 $\frac{1}{2}(1 + k)n$에서 $\frac{1}{2}(2 + k)n - 1$까지의 메모리 장소들을 차지한다. 이러한 절차는 점유된 메모리의 $1 + \frac{1}{2}r$배의 메모리를 사용한다.

단짝 시스템의 최악의 경우가 위와 같은 상황보다 본질적으로 더 나쁠 수는 없음을 증명하라. 즉, 모든 요청된 블록 크기들이 1, 2, ..., 2^r일 때, 그리고 임의의 시점에서 요청된 총 공간 크기가 n을 넘지 않는다고 할 때(여기서 n은 2^r의 배수), 단짝 시스템이 $(r + 1)n$ 크기의 메모리 영역을 결코 넘치게 하지 않음을 보여라.

42. 〔M40〕 (롭슨, 1975.) 연습문제 38에서처럼 최적 적합법으로 저장소를 할당할 때, 결코 넘침이 생기지 않도록 하는 데 필요한 메모리 양을 $N_{BF}(n, m)$이라고 하자. $N_{BF}(n, m) \geq mn - O(n + m^2)$임을 보이기 위한 공격적인 전략을 찾아라.

43. 〔HM35〕 연습문제 42에 이어서, 최초 적합법을 사용할 때의 메모리 양을 $N_{FF}(n, m)$이라고 하자. $N_{FF}(n, m) \leq H_m n/\ln 2$임을 보이기 위한 방어적 전략을 찾아라. ($N_{FF}(n, m) \leq H_m n/\ln 2$라는 것은 최초 적합의 최악의 경우가 모든 가능한 최악의 경우들 중 가장 나은 것과 크게 다르지 않음을 의미한다.)

44. 〔M21〕 분포 함수 $F(x) = $ (한 블록의 크기가 $\leq x$일 확률)이 연속이라고 하자. 예를 들어, 만일 크기들이 a와 b사이에서 균일하게 분포된다면 $F(x)$는 $a \leq x \leq b$에 대해 $(x - a)/(b - a)$이다. 분산 적합법을 사용할 때 설정해야 하는 처음 N 슬롯들의 크기들을 표현하는 공식을 제시하라.

2.6. 역사 및 문헌정보

연속적인 메모리 장소들에 담긴 정보의 선형 목록과 직사각 배열들은 프로그램 저장식 컴퓨터 (stored-program computer) 초기 시절부터 널리 쓰여 왔다. 그리고 초기 프로그래밍 논문들은 그런 구조들의 운행을 위한 기본적인 알고리즘들을 제시했다. 〔예를 들면 J. von Neumann, *Collected Works* **5**, 113-116 (1946년에 씀)과 M. V. Wilkes, D. J. Wheeler, S. Gill, *The Preparation of Programs for an Electronic Digital Computer* (Reading, Mass.: Addison-Wesley, 1951), 서브루틴 V-1을 볼 것. 그 외에는 특히 추제Konrad Zuse의 1945년 저작 *Berichte der Gesellschaft für Mathematik und Datenverarbeitung* **63** (Bonn: 1972)을 보라. 주제는 길이가 동적으로 변하는 목록들에 대해 작동하는 사소하지 않은 알고리즘들을 개발한 최초의 인물이다.〕 색인 레지스터들이 나오기 전에는, 순차 선형 목록들에 대한 연산을 기계어 명령 자체에 대해 산술 연산을 하는 식으로 수행했었다. 그런 연산들이 필요했다는 점은 프로그램과 프로그램에 사용하는 자료를 같은 메모리 공간에 두는 방식의 컴퓨터를 만들게 된 초기 동기들 중 하나였다.

2.2.2절에서 설명했던 것처럼, 가변 길이 목록들이 필요에 따라 앞, 뒤로 이동하면서 순차적 장소들을 공유하게 하는 기법은 훨씬 후에 Digitek Corporation의 던랩J. Dunlap이 고안한 것이다. 그는 1963년 이전에 일련의 컴파일러 프로그램들의 설계와 연관해서 그런 기법들을 개발했다. 그와 독립적으로, 같은 시기에 그런 착상이 IBM Corporation의 COBOL 컴파일러의 설계에 나타났으며, 이후 CITRUS라는 이름의 관련 서브루틴 컬렉션이 다양한 컴퓨터 설비들에서 쓰였다. 이 기법들이 실제로 출판된 것은 노르웨이의 가르비크Jan Garwick에 의해서이다. 그는 앞의 사람들과는 독립적으로 그 기법들을 개발했다. *BIT* **4** (1964), 137-140을 볼 것.

선형 목록들을 비 순차적 장소들에 둔다는 착상은 회전 드럼 기억장치를 가진 컴퓨터들의 설계와 관련해서 비롯된 것으로 보인다. 그런 컴퓨터에서는 장소 n의 명령을 수행한 후에 즉시 $n+1$의 명령을 가져올 수 없는 경우가 많다(이미 드럼이 더 많이 돌아가서). 그 다음 명령이 있을만한 가장 좋은 장소는 수행되는 명령 종류에 따라 예를 들어 $n+7$이나 $n+18$이다. 만일 명령들이 연속적이 아니라 그런 식으로 최적의 장소들에 배치되어 있으면 컴퓨터가 6, 7배 정도 더 빠르게 작동할 수 있다. 〔명령의 최적 장소에 관련된 흥미로운 논의가 *JACM* **8** (1961), 119-150에 실린 저자의 글에 나온다.〕 이런 이유로, 그런 컴퓨터들에서는 각 명령마다 다음 명령으로의 링크 역할을 하는 추가적인 주소 필드가 존재했다. 이를 "1 더하기 1 주소지정(one-plus-one addressing)"이라고 부르는데, 1946년에 모클리John Mauchly가 논의했다 〔*Theory and Techniques for the Design of Electronic Computers* **4** (U. of Pennsylvania, 1946), Lecture 37〕. 여기에는 연결 목록이 배아적인 형태로 들어있다. 그러나 이번 장에서 자주 사용한 삽입, 삭제 연산들은 그때까지 알려지지 않았다. 프로그램 안에서의 링크에 대한 또 다른 초기 고찰로는, 외부 검색을 위한 "연쇄(chaining)"의 사용을 제안하는 룬H. P. Luhn의 메모가 있다. 6.4절을 보라.

연결된 메모리 기법들이 뉴웰A. Newell, 쇼J. C. Shaw, 사이먼H. A. Simon이 컴퓨터에 의한 발견법적(heuristic) 문제 풀기를 연구하기 시작했을 때부터 비롯된 것임은 확실하다. 수학적 논리로 된 증명들을 검색하는 프로그램을 쉽게 작성하기 위해, 1956년 봄에 그들은 최초의 리스트 처리 언어인 IPL-II를 설계했다. (IPL은 Information Processing Language의 약자이다.) 이것은 포인터들을 사용하며 가용 공간 목록 같은 중요한 개념들을 포함한 시스템이었는데, 스택 개념은 아직 제대로 나타나지 않았다. 1년 후 설계된 IPL-III에는 스택 "밀어 넣기", "뽑아 올리기"가 중요한 기본 연산들로 포함되었다. [IPL-II에 대한 참고자료로는 *IRE Transactions* **IT-2** (September 1956), 61-70; *Proc. Western Joint Comp. Conf.* **9** (1957), 218-240이 있다. IPL-III에 대한 자료로는 1957년 여름 University of Michigan에서 낸 강의 노트들이 최초이다.]

뉴웰, 쇼, 사이먼(당시는 연결된 메모리를 그들의 이름을 따서 NSS 메모리라고 부르기도 했다)의 성과에 고무 받은 많은 사람들이 연결된 메모리를 사용하게 되었다. 그런데 연결된 메모리는 인간의 사고 과정에 대한 시뮬레이션을 다루는 문제들에 주로 쓰였다. 시간이 지나면서 그 기법들이 점차 기본적인 컴퓨터 프로그래밍 도구로 인식되었다. "속세의(down-to-earth)" 문제, 즉 현실적인 프로그래밍 문제에서 연결된 메모리의 유용함을 처음으로 서술한 것은 *CACM* **2**, (February 1959), 4-6에 실린 카J. W. Carr. III의 논문이다. 그 논문에서 카는 정교한 서브루틴들이나 해석 시스템 없이 보통의 프로그래밍 언어들로도 연결 목록을 쉽사리 조작할 수 있음을 설명했다. 또한 G. A. Blaauw, "Indexing and control-word techniques," *IBM J. Res. and Dev.* **3** (1959), 288-301도 볼 것.

초기에는 연결된 표들에 1워드 노드들이 쓰였으나, 1959년경부터는 노드 당 여러 개의 연속적인 노드들을 두는 방식과 "다중연결" 목록의 유용함을 몇몇 개별적인 그룹들이 발견하기 시작했다. 이런 착상을 구체적으로 다룬 최초의 논문은 *CACM* **4** (1961), 147-150에 실린 로스D. T. Ross의 논문이었다. 당시 그는 이번 장에서 "노드"라고 부르는 것을 "플렉스(plex)"라고 불렀으나, 이후에 "플렉스"라는 단어를 노드 운행을 위한 관련 알고리즘들과 결합된 노드들의 종류를 나타내는 의미로 다르게 사용했다.

노드 안의 필드들을 지칭하는 표기법은 크게 두 가지로 나뉘는데, 하나는 필드 이름을 포인터보다 앞에 쓰는 것이고 또 하나는 포인터 다음에 필드 이름을 쓰는 것이다. 이번 장에서는 전자, 즉 INFO(P) 형태를 사용했으나, 일부 저자들은 예를 들어 "P.INFO"처럼 후자를 사용했다. 이번 장을 준비하는 당시에는 둘 다 동일하게 널리 쓰이는 것으로 보였다. 이번 장에 사용한 표기법의 커다란 장점은, INFO와 LINK를 배열로, P를 색인으로 정의한다면 표기법을 FORTRAN과 COBOL 또는 그와 비슷한 언어들로 직접 번역할 수 있다는 것이다. 또한 이러한 표기법은 수학의 함수 표기법을 이용해서 노드의 특성을 자연스럽게 서술하는 것이라 할 수 있다. 특히 영어에서 수식을 읽는 방식과 잘 맞는다. $f(x)$를 "f of x"라고 읽듯이, INFO(P)는 "info of P"로 읽을 수 있는 것이다. P.INFO는 P에 강조를 두는 경향이 있기 때문에 그런 자연스러움이 없다. 단, P.INFO를 "P's info"로 읽을 수는 있다. INFO(P)가 더 나아 보이는 이유는, P는 변수이지만 INFO는 고정된 의미를 가진다는 점을 명백히 드러낸다는 것이다. 벡터에 비유한다면, 벡터 $A = (A[1], A[2], ..., A[100])$은 1, 2, ..., 100이라는 100개의 필드들을 가진 하나의 노드로 간주할 수 있다. 그런 경우 이번 장의 표기법에서 둘째 필드는 "2(P)"가

되는데, 여기서 P는 벡터 A를 가리킨다. 그러나 벡터의 j번째 요소를 지칭할 때에는 가변적인 수량 "j"를 뒤에 써서 $A[j]$로 표기하는 게 더 자연스럽다. 마찬가지로, 노드의 필드를 나타낼 때에는 가변적인 수량 "P"를 둘째 자리에 써서 INFO(P)로 표기하는 게 가장 적합해 보인다.

　　"스택"(후입선출, LIFO)과 "대기열"(선입선출, FIFO) 개념들을 중요한 연구 대상으로 인식한 최초의 사람들은 아마도 소득세 산정을 줄이는 데 이해관계를 가지고 있는 회계사들일 것이다. 중급 회계 교재라면 어떤 것에도 물품 가격 책정에 대한 "LIFO", "FIFO" 방법들이 언급되어 있다. 예를 들면 C. F. 및 W. J. Schlatter, *Cost Accounting* (New York: Wiley, 1957), 7장 등. 1940년대 중반에 튜링A. M. Turing은 서브루틴 연결성과 지역 변수, 매개변수들을 위한 역전 저장소(Reversion Storage)라는 이름의 스택 메커니즘을 개발했다. 그는 "넣기(push)", "뽑기(pop)" 대신 "묻기(bury)", "파내기(disinter/unbury)"라는 용어를 사용했다. (1.4.5절 참고자료를 보라.) 스택은 너무나 직관적인 개념이기 때문에, 순차적 메모리 장소들에 유지되는 스택의 간단한 용법들이 초창기부터 컴퓨터 프로그래밍에서 일반적이었음은 의심할 여지가 없다. 연결된 형태의 스택을 프로그래밍하는 것은 앞에서 말한 IPL에서 처음으로 나타났다. "스택"이라는 용어는 IPL의 용어들에서 비롯되었다(IPL에서는 스택보다 "푸시다운 목록(pushdown list)"이 좀 더 공식적인 용어이긴 했지만). 그와는 독립적으로 데이크스트라E. W Dijkstra도 스택이라는 용어를 도입했다. 〔*Numer. Math.* **2** (1960), 312-318〕. "데크"는 1966년에 슈베페E. J. Schweppe가 고안했다.

　　순환 연결 목록과 이중 연결 목록의 기원은 확실하지 않다. 아마도 여러 사람들이 자연스럽게 떠올렸을 것이다. 그런 기법들이 널리 쓰이게 된 한 가지 중요한 요인은, 그런 기법들에 근거한 범용 리스트 처리 시스템들의 존재였을 것이다 〔기본적으로는 바이젠바움J. Weizenbaum의 Knotted List Structures, *CACM* **5** (1962), 161-165와 Symmetric List Processor, *CACM* **6** (1963), 524-544〕. 서덜랜드Ivan Sutherland는 커다란 노드들 안에서의 독립적인 이중 연결 목록의 사용을 그의 Sketchpad 시스템(Ph.D. 학위논문, Mass. Inst. of Technology, 1963)에서 도입했다.

　　컴퓨터 초창기부터, 많은 현명한 프로그래머들이 각자 독립적으로 정보의 다차원 배열의 접근과 운행에 대한 여러 가지 방법들을 개발했으며, 그래서 출판되지 않은 컴퓨터 전승(傳承)의 또 다른 부분이 생겨났다. 출판된 것들 중에서 이 주제를 최초로 개괄한 성과는 H. Hellerman, *CACM* **5** (1962), 205-207이다. J. C. Gower, *Comp. J.* **4** (1962), 280-286도 볼 것.

　　컴퓨터 메모리 안에서 명시적으로 표현된 트리 구조는 원래 대수 공식 조작을 위한 응용 프로그램들에 쓰였다. 몇몇 초기 컴퓨터들의 기계어는 대수 수식의 계산을 표현하기 위해 3주소 코드(three-address code)라는 것을 사용했다. 3주소 코드는 이진트리 표현의 INFO, LLINK, RLINK와 동등하다. 1952년에 카리마니안H. G. Kahrimanian은 확장된 3주소 코드로 표현된 대수 수식들을 미분하는 알고리즘들을 개발했다. *Symposium on Automatic Programming* (Washington, D.C.: Office of Naval Research, May 1954), 6-14를 볼 것.

　　그로부터, 다양한 형태의 트리 구조들을 여러 사람들이 다양한 컴퓨터 응용들과 연계해서 독립적으로 연구했다. 그러나 트리 조작(범용 리스트 조작이 아니라)의 기본 기법들은 특정 알고리즘의 상세한 설명에 포함된 형태 외에는 별로 출판되지 않았다. 최초의 종합적인 개괄은 모든 자료구조들에 대한 좀 더 일반적인 연구와 관련해서, 아이버슨K. E. Iverson과 존슨L. R. Johnson에 의해 이루어졌다 〔IBM Corp. research reports RC-390, RC-603, 1961; Iverson, *A Programming Language* (New York: Wiley, 1962), 3장을 볼 것〕. 또한 G. Salton, *CACM* **5** (1962), 103-114도 보라.

스레드식 트리 개념은 펄리스A. J. Perlis와 손턴C. Thornton의 *CACM* **3** (1960), 195-204에서 비롯되었다. 그 논문은 또한 트리를 다양한 순서로 운행한다는 개념을 소개했으며 대수 조작 알고리즘 들에 대한 수많은 예들도 제시했다. 그러나 이 중요한 논문은 너무 급하게 준비되었기 때문에 오식(誤 植, misprint)이 많았다. 펄리스와 손턴의 스레드식 목록은 우리의 용어로 "오른쪽 스레드식 트리"일 뿐이었다. 두 방향 모두의 스레드식 이진트리는 그들과는 독립적으로 홀트A. W. Holt가 발견했다 〔*A Mathematical and Applied Investigation of Tree Structures* (Thesis, U. of Pennsylvania, 1963)〕. 트리 노드들에 대한 후위, 전위 순서들을 파블라크Z. Pawlak는 "정규 전방 순서(normal along order)", "이중 전방 순서(dual along order)"라고 불렀다 〔*Colloquium on the Foundation of Mathematics*, Tihany, 1962 (Budapest: Akadémiai Kiadó, 1965), 227-238〕. 아이버슨과 존슨은 앞에서 말한 문헌에서 전위 순서를 "하위트리 순서"라고 불렀다. 트리 구조들 사이의 연결을 시각적으로 표시하는 방법과 그에 해당하는 직선적인 표기법은 A. G. Oettinger, *Proc. Harvard Symp. on Digital Computers and their Applications* (April 1961), 203-224에서 서술되었다. S. Gorn, *Proc. Symp. Math. Theory of Automata* (Brooklyn: Poly. Inst., 1962), 223-240은 트리를 차수에 따라 전위 순서로 나타내는 표현법과, 그 표현법과 듀이 십진 표기법을 연결하는 관련 알고리즘들, 그리고 트리의 기타 성질들을 밝혔다.

수학적 대상으로서의 트리 구조의 역사와 해당 문헌들은 2.3.4.6절에서 개괄했다.

이번 절을 처음 작성한 1966년 당시, 정보 구조에 관해 가장 널리 퍼진 지식은 리스트 처리 시스템을 접한 프로그래머들로부터 나왔다. 리스트 처리 시스템은 이 분야의 역사에서 아주 중요한 역할을 했다. 가장 널리 쓰인 리스트 처리 시스템은 IPL-V(1959년 후반에 개발된 IPL-III의 후속판 이다)이었다. IPL-V는 리스트 연산을 위한 기계어 비슷한 언어를 프로그래머가 배워서 사용하는 하나의 해석 시스템이었다. 비슷한 시기에 FLPL(리스트 조작을 위한 FORTRAN 서브루틴들의 집합 으로, IPL의 영향을 받았으나 해석 언어 대신 서브루틴 호출을 사용한다)을 겔런터H. Gelernter 등이 개발했다. 세 번째 시스템인, 매카시J. McCarthy가 설계한 LISP 역시 1959년에 나왔다. LISP는 그 전신들과는 상당히 달랐다. 지금도 그렇지만, LISP에서는 프로그램을 수학적 함수 표기법에 "조건 표현식"들이 결합된 방식으로 표현했으며, 그런 다음 하나의 리스트 표현으로 변환했다. 1960년대에 는 수많은 리스트 처리 시스템들이 등장했다. 역사적인 관점에서 봤을 때 가장 두드러진 것은 바이젠바 움J. Weizenbaum의 SLIP으로, 이것은 FORTRAN으로 이중 연결 목록을 구현하는 서브루틴들의 집합이다.

IPL-V, LISP, SLIP에 대한 간략한 소개를 원한다면 밥로Bobrow와 라파엘Raphael의 논문 *CACM* **7** (1964), 231-240을 볼 것. 그 논문에는 그 시스템들의 비교가 나와 있다. LISP에 대한 초창기 입문서로 훌륭했던 것은 우드워드P. M. Woodward 및 젠킨스D. P. Jenkins의 *Comp. J.* **4** (1961), 47-53이다. 또한, 시스템 설계자 본인이 자신의 시스템에 대해 논의한, 역사적으로 상당히 중요한 논문들이 있다: A. Newell, F. M. Tonge, "An introduction to IPL-V" *CACM* **3** (1960), 205- 211; H. Gelernter, J. R. Hansen, C. L. Gerberich, "A FORTRAN-compiled List Processing Language", *JACM* **7** (1960), 87-101; John McCarthy, "Recursive functions of symbolic expressions and their computation by machine, I", *CACM* **3** (1960), 184-195; J. Weizenbaum, "Symmetric List Processor", *CACM* **6** (1963), 524-544이다. 바이젠바움의 논문에는 SLIP에 쓰인 모든 알고리즘들의 완전한 설명이 포함되어 있다. 이 초기 시스템들 중에서 생존에 필수적인 요소들을 갖춘, 그래서 사라지지 않고 수십 년 동안 발전해온 것은 LISP 뿐이다. 매카시는 LISP 의 초기 역사를 *History of Programming Languages* (Academic Press, 1981), 173-197에서 서술했다.

1960년대에는 몇 가지 문자열 조작 시스템들도 나타났다. 그것들은 기본적으로 가변 길이 문자열 알파벳 정보에 대한 연산들(특정 부분 문자열을 찾고 그것을 다른 것으로 치환하는 등)에 관련된 것이었다. 역사적인 관점에서 보았을 때 가장 중요한 것들로는 COMIT [V. H. Yngve, *CACM* **6** (1963), 83-84]와 SNOBOL [D. J. Farber, R. E. Griswold, and I. P. Polonsky, *JACM* **11** (1964), 21-30]을 들 수 있다. 문자열 조작 시스템들은 널리 쓰였으며 기본적으로는 이번 장에서 살펴본 것들과 비슷한 알고리즘들로 구성되었으나, 정보 구조 표현 기법의 역사에서 비교적 작은 역할을 수행했다. 왜냐하면 그런 시스템의 사용자들은 컴퓨터에서 수행되는 실제 내부 공정의 세부 사항으로부터 격리되었기 때문이다. 초기 문자열 조작 기법들의 개괄로는 S. E. Madnick, *CACM* **10** (1967), 420-424가 있다.

리스트 처리를 위한 IPL-V와 FLPL 시스템은 공유 리스트 문제에 대해 쓰레기 수거도, 참조 계수 기법도 사용하지 않았다. 대신, 한 리스트는 다른 리스트를 "소유"하며, 자신을 참조하는 다른 모든 리스트들에게 "대여"되는 관계를 가졌다. 그래서 프로그래머는 어떤 리스트를 삭제할 때 그것을 대여하고 있는 다른 리스트들이 없는지를 직접 확인해야 했다. 리스트들에 대한 참조 계수기 기법은 G. E. Collins, *CACM* **3** (1960), 655-657에서 소개되었으며 *CACM* **9** (1966), 578-588에서 좀 더 자세히 설명되었다. 쓰레기 수거를 처음으로 설명한 것은 매카시의 1960년도 논문이다. 또한 *CACM* **7** (1964), 38에 나온 바이젠바움의 논평과 코엥Cohen 및 트릴링Trilling의 논문 *BIT* **7** (1967), 22-30을 보라.

링크 조작의 중요성을 점차 깨닫게 되면서, 1965년 이후 설계된 대수 프로그래밍 언어들에도 링크 조작 기법이 자연스레 포함되었다. 새로운 언어들은 프로그래머가 어셈블리 언어에 의존하거나 완전히 일반적인 리스트 구조의 추가부담을 지지 않고도 적절한 자료 표현 형태를 선택할 수 있게 했다. 이러한 발전의 중요한 진척 성과들로는 N. Wirth, H. Weber [*CACM* **9** (1966), 13-23, 25, 89-99]; H. W. Lawson [*CACM* **10** (1967), 358-367]; C. A. R. Hoare [*Symbol Manipulation Languages and Techniques*, D. G. Bobrow 엮음(Amsterdam: North-Holland, 1968), 262-

284]; O.-J. Dahl, K. Nygaard [*CACM* **9** (1966), 671-678]; A. van Wijngaarden, B. J. Mailloux, J. E. L. Peck, C. H. A. Koster [*Numerische Math.* **14** (1969), 79-218]; Dennis M. Ritchie [*History of Programming Languages — II* (ACM Press, 1996), 671-698] 등을 들 수 있다.

동적 저장소 할당 알고리즘들은 여러 해 동안 쓰인 후에야 그에 대한 글들이 출판되었다. 아주 읽기 쉬운 논의로는 1961년에 컴포트W. T. Comfort가 준비하고 *CACM* **7** (1964), 357-362에 출판한 것이 있다. 2.5절에서 소개한 경계 꼬리표 방법은 Burroughs B5000용 운영체제에 쓰려고 필자가 1962년에 고안한 것이다. 단짝 시스템은 1963년 SIMSCRIPT 프로그래밍 시스템과 연관해서 마르코비츠H. Markowitz가 처음 사용했으며, 그와는 독립적으로 놀턴K. Knowlton이 발견하고 *CACM* **8** (1965), 623-625에 발표했다. 동적 저장소 할당의 초기 논의들에 대한 추가적인 자료로는 Iliffe, Jodeit, *Comp. J.* **5** (1962), 200-209; Bailey, Barnett, Burleson, *CACM* **7** (1964), 339-346; A. T. Berztiss, *CACM* **8** (1965), 512-513; D. T. Ross, *CACM* **10** (1967), 481-492 등이 있다.

정보 구조에 대한, 그리고 정보 구조와 프로그래밍의 연관성에 대한 일반적인 논의로는 딤페리오Mary d'Imperio, "Data Structures and their Representation in Storage," *Annual Review in Automatic Programming* **5** (Oxford: Pergamon Press, 1969)가 있다. 그녀의 논문은 열두 개의 리스트 처리/문자열 조작 시스템들에 관련해서 쓰인 구조들의 상세한 분석을 담고 있다는 점에서, 이 주제의 역사에 대한 귀중한 입문서라 할 수 있다. 또한 두 심포지엄 강의록 *CACM* **3** (1960), 183-234와 *CACM* **9** (1966), 567-643에서도 추가적인 역사적 세부사항들을 볼 수 있다. (이 강의록들의 몇 가지 개별 논문들은 이미 앞에서 소개했다.)

새밋Jean E. Sammet은 이번 장의 내용과 대단히 많은 연관성을 가지고 있는 기호 조작 및 대수 공식 조작에 대한 초기 문헌들을 망라하고 주석을 붙인 훌륭한 문헌정보를 편찬했다. *Computing Reviews* **7** (July-August 1966), B1-B31를 보라.

이번 장에서는 특정한 종류의 정보 구조들을 아주 자세히 살펴보았으며, (나무만 보고 숲을 보지 못하는 우를 범하지 않도록) 이 시점에서 지금까지 배운 것들을 되새기고 정보 구조의 일반적인 주제를 좀 더 넓은 시각에서 간략히 요약하는 것이 현명한 일일 것이다. 이번 장에서는 자료의 한 요소로서의 노드라는 기본 개념으로 시작해서, 정보 구조들을 암묵적으로(노드들이 컴퓨터 메모리 안에 저장되어 있는 상대적인 순서에 기반해서) 또는 명시적으로(노드 안에 있는, 다른 노드를 가리키는 링크들을 통해서) 간편하게 표현하는 방법을 보여주는 여러 예제들을 살펴보았다. 컴퓨터 프로그램의 표 안에서 표현되어야 하는 구조적 정보의 양은 그 노드들에 대해 수행할 연산들에 따라 달라진다는 점도 보았다.

교육학적인 이유로, 이번 장에서는 정보 구조와 그 컴퓨터 표현을 따로 논의하기보다는 그들의 관계에 주로 집중을 했다. 그러나 그 주제를 좀 더 깊게 이해하기 위해서는 주제를 좀 더 추상적인 관점에서 살펴보고, 여러 층들로 된 개념들을 분리해서 각 개념을 그 자체로 연구할 필요가 있다.

이런 종류의 주목할 만한 접근방식들이 여럿 개발되었는데, 초기 문헌들 중에서 특히 추천할만한 논문으로는 다음과 같은 것들이 있다: G. Mealy, "Another look at data," *Proc. AFIPS Fall Joint Computer Conf.* **31** (1967), 525-534; J. Earley, "Toward an understanding of data structures," *CACM* **14** (1971), 617-627; C. A. R. Hoare, "Notes on data structuring," O.-J. Dahl, E. W. Dijkstra, C. A. R. Hoare, *Structured Programming* (Academic Press, 1972), 83-174; Robert W. Engles, "A tutorial on data-base organization," *Annual Review in Automatic Programming* **7** (1972), 3-63.

이번 장의 논의가 정보 구조라는 주제 전체를 완전히 일반적인 형태로 다루지는 않았다. 그 주제의 적어도 세 가지의 중요한 측면들은 다루지 않았는데, 그 측면들은 다음과 같다.

a) 종종 하나의 표에서 특정한 값을 가진 하나의 노드 또는 노드들의 집합을 찾아야 하는 경우가 있으며, 그런 연산이 필요한 경우에는 표의 구조도 크게 바뀌어야 하는 경우가 있다. 이런 상황은 6장에서 자세히 이야기한다.

b) 이번 장에서는 정보 구조의 컴퓨터 안에서의 내부적 표현에 주로 초점을 두었다. 이번 장에서 살펴본 것은 전체의 일부일 뿐이다. 왜냐하면 정보 구조는 외부의 입력, 출력 자료로도 표현해야 하기 때문이다. 단순한 경우들에서는 외부 구조를 이번 장에서 살펴본 것과 본질적으로 동일한 기법들로 처리할 수 있다. 그러나 문자열과 좀 더 복잡한 구조들 사이의 변환 공정도 매우 중요한 문제이다. 그런 공정들은 9장과 10장에서 분석한다.

c) 이번 장에서는 주로 고속 임의접근 메모리 안에서의 구조 표현을 논의했다. 디스크나 테이프 같은 더 느린 기억장치를 사용할 때에는 모든 구조적 문제점들이 강조된다. 효율적인 알고리즘과 효율적인 자료 표현 방식의 중요성이 더욱 커지는 것이다. 그런 경우 서로 연결된 노드들이 서로 가까운 메모리 장소들에 존재해야 한다. 대체로 이런 측면은 개별 컴퓨터의 특성에 크게 의존하므로, 이 주제를 일반적으로 논의하는 것은 어려운 일이다. 이번 장에서 다룬 좀 더 단순한 사례들은 독자가 덜 이상적인 기억장치들에 관련해서 발생하는 좀 더 어려운 문제를 해결하는 능력을 키우는 데 도움이 될 것이다. 5장과 6장에서는 그런 문제들 중 일부를 자세하게 이야기한다.

이번 장에서 다룬 주제들에 담긴 중요한 의미는 무엇일까? 아마도 우리가 내릴 수 있는 가장 중요한 결론은, 이번 장에서 살펴본 개념들이 컴퓨터 프로그래밍에만 국한된 것은 아니라는 것이다. 그 개념들은 일상생활에도 일반적으로 적용된다. 필드들로 이루어져 있으며 일부는 다른 노드들을 가리키는 노드들의 집합이라는 것은 모든 종류의 구조적 관계에 대한 매우 훌륭한 추상적 모형이라고 할 수 있다. 이 모형은 간단한 구조로부터 좀 더 복잡한 구조를 구축하는 방법을 제시한다. 또한 우리는 그러한 구조를 조작하는 해당 알고리즘들을 자연스러운 방식으로 설계할 수 있음도 보았다.

따라서 연결된 노드 집합에 대해, 지금 우리가 알고 있는 것보다 더 많은 이론을 개발하는 게 필요하며 가능할 것이다. 아마도 그런 이론을 시작하는 가장 명백한 방법은 연결된 구조를 다루는 새로운 종류의 추상적 컴퓨터 또는 "자동기계(automaton)"를 정의하는 것이다. 예를 들어 그런 장치를 비공식적으로는 다음과 같이 정의할 수 있을 것이다: 수 k, l, r, s가 있다. 자동기계는 k개의 링크 필드들과 r개의 정보 필드들을 가진 노드들을 처리한다. 자동기계에는 l개의 링크 레지스터들과 s개의 정보 레지스터들이 있으며, 그 레지스터들은 기계가 수행하는 공정을 제어하는 용도로 쓰인다. 정보 필드와 레지스터는 어떠한 주어진 정보 기호들의 집합에 있는 어떠한 기호도 담을 수 있다. 링크 필드와 링크 레지스터는 Λ를 담거나 한 노드를 가리킨다. 자동기계는 (i) 새 노드를 생성(한 레지스터에 노드로의 링크를 집어넣는 것)할 수 있으며, (ii) 정보 기호나 링크 값들의 상등을 비교할 수 있으며, (iii) 정보 기호나 링크 값들을 레지스터들과 노드들 사이에서 이동할 수 있다. 직접 접근할 수 있는 노드는 링크 레지스터들이 가리키는 것들 뿐이다. 이러한 기계의 행동에 적절한 제약들을 가한다면 다른 여러 종류의 자동기계들과 동등한 자동기계가 될 것이다.

이와 관련된 계산 모형 하나를 이미 1952년에 콜모고로프A. N. Kolmogorov가 제안했다. 본질적으로 그의 기계는 구체적으로 지정된 정점 v_0에서 시작하는 그래프 G에 대해 작동한다. 작동의 각 단계에서는 G의 v_0에서 $\leq n$만큼 떨어진 모든 정점들로 구성된 하위그래프 G'에만 의존해서 G 안의 G'를 또 다른 그래프 $G'' = f(G')$로 대체하는데, 여기서 G''는 v_0과 v_0으로부터 정확히 n만큼 떨어진 정점들을 포함하며, 그 외의 정점들(새로 생성된 것들)도 포함할 수 있다. 그래프 G의 나머지 부분은 변하지 않는다. 그리고 n은 어떤 특정 알고리즘을 수행하기 전에 지정된 고정된 값이며, 얼마든지 클 수 있다. 각 정점에는 한 유한한 알파벳 집합의 기호 하나가 부여되며, 하나의 공통의 정점에 인접한 두 정점들이 같은 기호를 가지지 못한다는 제약이 가해진다. (A. N. Kolmogorov, *Uspekhi Mat. Nauk* **8**, (1953), 175-176; Kolmogorov 및 Uspensky, *Uspekhi Mat. Nauk* **13**, 4 (1958), 3-28; *Amer. Math. Soc.* Translations, series 2, **29**를 볼 것.)

연결 자동기계는 그래프 기계를 쉽게 흉내낼 수 있다. 그러한 시뮬레이션은 그래프 단계 당 유한한 개수의 단계들을 취한다. 반면, 정점들이 유한한 차수를 가진다는 제한을 생각할 때, 정의에서 비유향 그래프를 유향 그래프로 바꾸지 않는 한 수행 시간이 무제한으로 늘어나는 일 없이 그래프 기계로 임의의 연결 자동기계를 시뮬레이션하는 것은 불가능해 보인다. 연결 모형은 실제 컴퓨터에서 프로그래머가 할 수 있는 연산들과 상당히 가까우나, 그래프 모형은 그렇지 않다.

그런 기계들에 대해 고민해 볼만한 흥미로운 문제들로는, 그런 기계들이 특정 문제를 얼마나 빠르게 풀 수 있는지를 결정하는 것이나 특정 문제(예를 들면 어떤 형식 언어의 번역 등)를 푸는 데 필요한 노드 개수를 결정하는 것 등이 있다. 이번 장을 처음 썼을 당시 이런 종류의 문제들에 대한 몇 가지 흥미로운 결과가 존재했으나(특히 하르트마니스J. Hartmanis와 스턴스R. E. Stearns의 것), 여러 개의 테이프들과 읽기/쓰기 헤드들을 가진 특정한 종류의 튜링 기계들에 대한 것뿐이었다. 튜링 기계 모형은 상당히 비현실적이므로, 그런 성과들은 실제 문제들과는 별로 관련이 없는 경향이 있었다.

연결 자동기계가 만들어낸 노드들의 개수 n이 무한대에 접근한다면, 그런 기계를 물리적으로 만들어내는 방법은 없거나 우리가 알지 못함을 인정해야 할 것이다. 그런 것이 불가능한 이유는, 우리는 연결 기계의 연산들이 n의 크기와 무관하게 동일한 시간을 소비하길 바라지만, 만일 연결 관계를 컴퓨터 메모리에서처럼 주소들을 이용해서 표현한다면 링크 필드가 고정된 크기이므로 노드들의 개수에는 한계가 있을 수밖에 없기 때문이다. 따라서 n이 무한대에 접근할 때에는 다중 테이프 튜링 기계가 좀 더 현실적인 모형이 된다. 그렇긴 하지만, 큰 n에 대한 점근공식들을 고려한다고 해도, 알고리즘 복잡도 이론을 이끌어내는 데에는 위에서 말한 연결 자동기계가 튜링 기계보다 더 적합하다고 믿는 것이 합리적이다. 왜냐하면 그런 이론은 n값이 실질적일수록 더 타당해질 것이기 때문이다. 더 나아가서 n이 10^{30} 정도로 커진다면 단일 테이프 튜링 기계도 현실적이지 못하게 된다. 그런 기계는 결코 만들어낼 수 없을 것이다. 현실성보다는 타당성이 더 중요하다.

필자가 위의 논평을 쓴 후로 많은 시간이 지났으며, 모두에게 다행한 일이겠지만 연결 자동기계 (이제는 포인터 기계(pointer machine)라고 부른다) 이론에 실제로 상당한 진전이 있었다. 물론 해결해야 할 것들은 여전히 많이 남아 있다.

> 프로그래밍에 대한 일반적인 법칙들이 발견되었다.
> 대부분은 오랫동안 캔자스시티 하적장에서 쓰여 온 것이다.
>
> —— 레머DERRICK LEHMER (1949)

> 자네도 내 말에 동의하겠지만 … 534페이지가 겨우 제2장에 있다면
> 제1장은 엄청나게 길다는 얘긴데?[†]
>
> —— 셜록 홈즈SHERLOCK HOLMES, *The Valley of Fear*에서. (1888)

[†] 〔옮긴이 주〕 정태원 옮김, *공포의 계곡* (셜록홈즈 전집 1, 시간과 공간사, 2003)에서 인용했음.

연습문제 해답

내가 반드시

그대 마음에 드는 답을 해야 하는 것은 아닐세.

—— 샤일록SHYLOCK, *The Merchant of Venice* 중에서 (4막 1장 65행)

연습문제에 대해

1. 수학에 익숙한 독자들에게 평균적인 문제.

4. W. J. LeVeque, *Topics in Number Theory* **2** (Reading, Mass.: Addison-Wesley, 1956), 3장; P. Ribenboim, *13 Lectures on Fermat's Last Theorem* (New York: Springer-Verlag, 1979); A. Wiles, *Annals of Mathematics* **141** (1995), 443-551을 볼 것.

1.1절

1. $t \leftarrow a$, $a \leftarrow b$, $b \leftarrow c$, $c \leftarrow d$, $d \leftarrow t$.

2. 첫 번째 시기 이후에, 변수 m과 n 값은 각각 n과 r의 이전 값들이다. 그리고 $n > r$이다.

3. **알고리즘 F** (유클리드 알고리즘). 두 양의 정수 m과 n이 주어졌을 때 그 두 수의 최대공약수를 찾는다.

   F1. 〔m/n 나머지.〕 m을 n으로 나눈 나머지를 m으로 둔다.

   F2. 〔0인가?〕 만일 $m = 0$이면 답을 n으로 해서 알고리즘을 끝낸다.

   F3. 〔n/m 나머지.〕 n을 m으로 나눈 나머지를 n으로 둔다.

   F4. 〔0인가?〕 만일 $n = 0$이면 답을 m으로 해서 알고리즘을 끝낸다. 그렇지 않으면 F1로 돌아간다. ▮

4. 알고리즘 E에 의해 $n =$ 6099, 2166, 1767, 399, 171, 57이다. 답: 57.

5. 유한하지도 않고 결정적이지도 않고 효과적이지도 않다. 아마 출력도 없을 것이다. 형태상으로 보면 각 단계 번호 앞에 영문자가 붙지도 않았으며, 요약 문구도 없고, "▮"도 없다.

6. $n = 5$와 $m = 1, 2, 3, 4, 5$로 알고리즘 E를 시험해 보면 단계 E1이 각각 2, 3, 4, 3, 1번 수행됨을 알 수 있다. 따라서 평균은 $2.6 = T_5$이다.

7. 유한한 개수의 경우들을 제외한 모든 경우에서 $n > m$이다. 그리고 $n > m$일 때 알고리즘 E의 첫 번째 반복에서는 그냥 그 수들을 교환기만 한다. 따라서 $U_m = T_m + 1$이다.

8. $A = \{a, b, c\}$, $N = 5$라고 하자. 알고리즘은 문자열 $a^{\gcd(m,n)}$을 결과로 내면서 종료된다.

j	θ_j	ϕ_j	b_j	a_j	
0	ab	(비었음)	1	2	하나의 a와 하나의 b를 제거하거나 2로 간다.
1	(비었음)	c	0	0	왼쪽 끝에 c를 추가하고 0으로 간다.
2	a	b	2	3	모든 a들을 b들로 바꾼다.
3	c	a	3	4	모든 c들을 a들로 바꾼다.
4	b	b	0	5	b들이 남았으면 반복한다.

9. 예를 들어 다음과 같은 조건들을 만족하는 I_1에서 I_2로의 함수 g와 Q_2에서 Q_1로의 함수 h, 그리고 Q_2에서 양의 정수들로의 함수 j가 존재한다고 하자.

a) 만일 x가 I_1에 속하면 $h(g(x)) = x$이다.

b) 만일 q가 Q_2에 속하면 $f_1(h(q)) = h(f_2^{[j(q)]}(q))$이다. 여기서 $f_2^{[j(q)]}$는 함수 f_2를 $j(q)$번 반복 한다는 뜻이다.

c) 만일 q가 Q_2에 속하면 $h(q)$는 오직 q가 Ω_2에 속하는 경우에 한해서만 Ω_1에 속한다.

그러면 C_2는 C_1을 나타낸다고 할 수 있다.

예를 들어 C_1이 (2)와 같고 C_2가 $I_2 = \{(m, n)\}$, $\Omega_2 = \{(m, n, d)\}$, $Q_2 = I_2 \cup \Omega_2 \cup \{(m, n, a, b, 1)\} \cup \{(m, n, a, b, r, 2)\} \cup \{(m, n, a, b, r, 3)\} \cup \{(m, n, a, b, r, 4)\} \cup \{(m, n, a, b, 5)\}$라고 하자. 그리고 $f_2((m, n)) = (m, n, m, n, 1)$, $f_2((m, n, d)) = (m, n, d)$, $f_2((m, n, a, b, 1)) = (m, n, a, b, a \bmod b, 2)$, $f_2((m, n, a, b, r, 2))$는 만일 $r = 0$이면 (m, n, b)이고 그렇지 않으면 $(m, n, a, b, r, 3)$, $f_2((m, n, a, b, r, 3)) = (m, n, b, b, r, 4)$, $f_2((m, n, a, b, r, 4)) = (m, n, a, r, 5)$, $f_2((m, n, a, b, 5)) = f_2((m, n, a, b, 1))$이라고 하자.

이제 $h((m, n)) = g((m, n)) = (m, n)$, $h((m, n, d)) = (d)$, $h((m, n, a, b, 1)) = (a, b, 0, 1)$, $h((m, n, a, b, r, 2)) = (a, b, r, 2)$, $h((m, n, a, b, r, 3)) = (a, b, r, 3)$, $h((m, n, a, b, r, 4)) = h(f_2((m, n, a, b, r, 4)))$, $h((m, n, a, b, 5)) = (a, b, b, 1)$, $j((m, n, a, b, r, 3)) = j((m, n, a, b, r, 4)) = 2$, 그 외의 경우는 $j(q) = 1$로 두자. 그러면 C_2는 C_1을 나타낸다.

참고: 이들을 좀 더 간단한 방식으로 정의해보고 싶기도 할 것이다. 예를 들어 g가 Q_1에서 Q_2로의 사상이라고 할 때 만일 $x_0, x_1, \ldots$이 C_1 안의 계산열이면 $g(x_0), g(x_1), \ldots$은 $g(x_0)$으로 시작하는 C_2 안에서의 한 계산적 부분수열이라고만 정의하고 싶을 수 있다. 그러나 이는 부적절하다. 위의 예에서 C_1은 m과 n의 원래 값들을 잊어버리지만 C_2는 그러지 않는다.

만일 C_2가 함수 g, h, j를 수단으로 해서 C_1을 표현한다면, 그리고 C_3이 함수 g', h', j'를 수단으로 해서 C_2를 표현한다면, C_3은 다음과 같은 함수 g'', h'', j''로 C_1을 표현한다.

$$g''(x) = g'(g(x)), \qquad h''(x) = h(h'(x)), \qquad j''(q) = \sum_{0 \le k < j(h'(q))} j'(q_k).$$

(단, $q_0 = q$이고 $q_{k+1} = f_3^{[j'(q_k)]}(q_k)$이다.) 즉, 위에서 정의한 관계는 추이적이다. 만일 함수 j가 유계이면 C_2가 C_1을 직접적으로 표현한다라고 말할 수 있다. 이러한 관계 역시 추이적이다. "C_2는 C_1의 표현이다"라는 관계는, 두 계산 방법들이 있을 때 오직 그 둘이 자신의 입력의 동형 함수를 계산하는 경우에 대해서만 그 둘이 동치라는 하나의 동치 관계를 만들어낸다. 그리고 "C_2는 C_1의 직접적인 표현이다"라는 관계는 어쩌면 우리가 "이들은 본질적으로 같은 알고리즘이다"라고 말할 때 떠올리는 직관적 개념에 부합하는 좀 더 흥미로운 동치 관계를 만들어낸다.

시뮬레이션에 대한 또 다른 접근방식으로는 R. W. Floyd 및 R. Beigel, *The Language of Machines* (Computer Science Press, 1994), 3.3절을 보기 바란다.

1.2.1절

1. (a) $P(0)$를 증명한다. (b) 모든 $n \ge 0$에 대해 $P(0)$, ..., $P(n)$이 $P(n+1)$을 함의함을 증명한다.

2. 그 정리는 $n = 2$에 대해 증명되지 않았다. $n = 1$로 두면, 증명 둘째 부분의 수식 안에서 $a^{-1} = 1$이라는 (모순된) 조건이 발생한다. 만일 그 조건이 참이라면(즉 $a = 1$이면) 실제로 그 정리는 유효하다.

3. 올바른 답은 $1 - 1/n$이다. 증명에서 문제가 되는 것은 $n = 1$일 때이다. $n = 1$일 때 좌변의 공식을 무의미한 것으로 간주하거나 또는 0으로 간주해야 할 것이다($n - 1$개의 항들이 있으므로).

5. 만일 n이 소수이면 당연히 1과 자기 자신의 곱이다. 그렇지 않다면 n에는 소인수들이 있을 것이다. 즉, $1 < k$, $m < n$인 어떠한 k와 m에 대해 $n = km$이다. k와 m 모두 n보다 작으므로, 귀납법에 의해 그것들도 소수들의 곱으로 표현할 수 있다. 따라서 n은 k와 m의 표현들에 나타난 소수들의 곱이다.

6. 그림 4의 표기법 하에서, $A5$가 $A6$을 함의함을 증명하면 된다. $A5$가 $A6$을 함의함은 $A5$가 $(a' - qa)m + (b' - qb)n = (a'm + b'n) - q(am + bn) = c - qd = r$을 함의한다는 점에서 명백하다.

7. $n^2 - (n-1)^2 + \cdots - (-1)^n 1^2 = 1 + 2 + \cdots + n = n(n+1)/2$.

8. (a) $(n^2 - n + 1) + (n^2 - n + 3) + \cdots + (n^2 + n - 1)$이 n^3과 같음을 보여야 한다. 그리고 실제로 그 합은 $(1 + 3 + \cdots + (n^2 + n - 1)) - (1 + 3 + \cdots + (n^2 - n - 1)) = ((n^2 + n)/2)^2 - ((n^2 - n)/2)^2 = n^3$이다(식 (2)에 의해). 그런데 문제에서는 귀납법을 사용하라고 했으므로, 다른 접근방식으로 증명을 해야 한다. $n = 1$일 때 결과는 명백하다. $n \ge 1$이라고 하자. 그러면

$(n+1)^2 - (n+1) = n^2 - n + 2n$이며, $n+1$에 대한 첫째 항은 $2n$만큼 크다. 따라서 $n+1$에 대한 합은 n에 대한 합에 다음을 더한 것이다.

$$\underbrace{2n + \cdots + 2n}_{n개} + (n+1)^2 + (n+1) - 1.$$

그 결과는 $n^3 + 2n^2 + n^2 + 3n + 1 = (n+1)^3$이다. (b) $(n+1)^3$에 대한 첫째 항이 n^3에 대한 마지막 항보다 2 크다는 점을 보았다. 따라서 식 (2)에 의해 $1^3 + 2^3 + \cdots + n^3 = $ 단위원에서 시작하는 일련의 홀수들의 합 = (항들의 개수)^2 = $(1 + 2 + \cdots + n)^2$이다.

10. $n = 10$일 때에는 명백하다. 만일 $n \geq 10$이면 $2^{n+1} = 2 \cdot 2^n > (1 + 1/n)^3 2^n$이며, 귀납법에 의해 이는 $(1 + 1/n)^3 n^3 = (n+1)^3$보다 크다.

11. $(-1)^n (n+1)/(4(n+1)^2 + 1)$

12. 그러한 확장에서 자명하지 않은 유일한 부분은 E2에서 정수 q를 계산하는 것이다. 이 계산은 뺄셈을 반복해서, $u + v\sqrt{2}$ 가 양인지, 음인지, 아니면 0인지를 판단하는 문제로 줄여나가는 식으로 수행할 수 있다. 그러면 둘째 문제는 쉽게 해결이 된다.

$\sqrt{2}$ 는 무리수이기 때문에, $u + v\sqrt{2} = u' + v'\sqrt{2}$ 이면 항상 $u = u'$ 이고 $v = v'$ 임을 보이는 것도 쉽다. 이제 1과 $\sqrt{2}$ 에 공통의 약수(제수)가 없음은 명백하다(약수라는 것을 오직 a가 정수인 경우에 한해서만 $u + v\sqrt{2}$ 가 $a(u + v\sqrt{2})$ 를 나눈다는 의미로 정의할 때). 이런 식으로 확장된 알고리즘은 그 입력들의 비율의 정칙 연분수(regular continued fraction)를 계산한다. 4.5.3절을 볼 것.

〔참고: 그러나 약수 개념을 정수 u' 와 v' 에 대해 오직 a가 $u' + v'\sqrt{2}$ 형태인 경우에 한해서만 $u + v\sqrt{2}$ 가 $a(u + v\sqrt{2})$ 를 나눈다는 식으로 확장한다면, 알고리즘 E가 항상 종료되도록 확장하는 방법이 하나 있다. 이렇게 하면 된다. 단계 E2에서, 만일 $c = u + v\sqrt{2}$ 이고 $d = u' + v'\sqrt{2}$ 이면 $c/d = c(u' - v'\sqrt{2})/(u'^2 - 2v'^2) = x + y\sqrt{2}$ 를 계산한다(여기서 x 와 y 는 유리수). 이제 $q = u'' + v''\sqrt{2}$ 로 둔다. u'' 와 v'' 는 x 와 y 에 가장 가까운 정수들이다. 그리고 $r = c - qd$ 로 둔다. 만일 $r = u''' + v'''\sqrt{2}$ 이면 $|u'''^2 - 2v'''^2| < |u'^2 - 2v'^2|$ 이며, 따라서 계산은 끝이 난다. 좀 더 자세한 정보는 수론 교과서의 "quadratic Euclidean domains(2차 유클리드 정의역)"를 참고하기 바란다.

13. k를 각각 2, 3, 3, 1로 해서, "$T \leq 3(n-d) + k$"를 단언 A3, A4, A5, A6에 추가한다. 또한 A4에 "$d > 0$"을 추가한다.

15. (a) (iii)에서 $A = S$로 둔다. 그러면 모든 비지 않은 정렬순서 집합은 적어도 하나의 원소를 가진다.

(b) 만일 $|x| < |y|$ 이거나, 만일 $|x| = |y|$ 이고 $x < 0 < y$ 이면 $x < y$ 이다.

(c) 아니다. 모든 양의 실수들로 된 부분집합은 (iii)을 만족하지 않는다. 〔참고: 소위 선택공리 (axiom of choice)라는 것을 이용하면 모든 집합이 어떤 형태로든 정렬순서가 될 수 있음을 상당히 복잡한 논증을 통해서 증명할 수 있다. 그러나 실수들의 정렬순서에 대한 하나의 명시적인 관계를

정의한 사람은 아직껏 없다.]

(d) T_n에 대해 (iii)을 증명하기 위해 n에 대한 귀납법을 사용한다. A가 T_n의 공집합이 아닌 부분집합이라고 하고, A의 첫 성분들의 집합인 A_1을 생각해 보자. A_1은 S의 공집합이 아닌 부분집합이며 S는 정렬순서이므로 A_1에는 어떠한 최소 작은 원소 x가 들어 있다. 이번에는 첫 성분이 x인 A의 부분집합 A_x를 생각해 보자. 만일 A_x에서 첫째 성분을 감춘다면 A_x는 T_{n-1}의 부분집합이라 할 수 있다. 따라서 귀납법에 의해 A_x는 어떠한 최소 원소 $(x, x_2, ..., x_n)$을 담으며, 그것은 실제로 A의 최소 원소이다.

(e) 성질 (i)과 (ii)가 유효하긴 하지만 정렬순서는 아니다. 만일 S에 적어도 두 개의 구별되는 원소 $a < b$가 들어 있다면, 집합 (b), (a, b), (a, a, b), (a, a, a, b), (a, a, a, a, b), ...에는 최소 원소가 없다. 반면, $m < n$일 때 항상 T_n 안에서 $(x_1, ..., x_m) < (y_1, ..., y_n)$이라고 정의한다면, 또는 $m = n$이고 T_n 안에서 $(x_1, ..., x_n) < (y_1, ..., y_n)$이라고 정의한다면 T는 정렬순서가 될 수 있다.

(f) S가 $<$ 에 의해 정렬순서라고 하자. 만일 그러한 무한수열이 존재한다면, 그 수열의 요소들로 이루어진 집합 A는 성질 (iii)을 만족하지 못한다. 왜냐하면 그런 수열에서 가장 작은 원소는 존재할 수 없기 때문이다. 반대로, 만일 $<$ 이 (i)과 (ii)를 만족하나 (iii)을 만족하지 않는 어떠한 관계라고 하고, A가 최소 원소가 없는 S의 공집합이 아닌 부분집합이라고 하자. A는 공집합이 아니므로 A 안에서 x_1을 찾을 수 있다. x_1은 A의 최소 원소가 아니므로, A에는 $x_2 < x_1$인 원소 x_2가 존재한다. x_2 역시 최소 원소가 아니므로 $x_3 < x_2$를 찾을 수 있으며, 이러한 논증이 무한히 반복된다.

(g) A가 $P(x)$가 거짓인 모든 x들의 집합이라고 하자. A가 공집합이 아니면 거기에는 최소 원소 x_0이 존재한다. 따라서 모든 $y < x_0$에 대해 $P(y)$는 참이다. 그러나 이는 $P(x_0)$이 참임을 함의하며, 따라서 x_0은 A에 들어 있지 않다(모순). 따라서 A는 반드시 공집합이어야 한다. 결국 $P(x)$는 항상 참이다.

1.2.2절

1. 그런 것은 없다. r이 양의 유리수이면 $r/2$은 그보다 작다.

2. 9들이 무한히 이어진다면 소수 전개가 아니다. 9들이 무한히 이어지는 경우 그 수의 올바른 소수 전개는 식 (2)에 의해 $1 + .24000000...$이다.

3. $-1/27$. 단, 본문에서는 이를 정의하지 않았었다.

4. 4.

6. 한 수의 소수 전개는 고유하므로, 오직 $m = n$이고 모든 $i \geq 1$에 대해 $d_i = e_i$인 경우에 한해서만 $x = y$이다. 만일 $x \neq y$이면 m 대 n, d_1 대 e_1, d_2 대 e_2 등등을 비교할 수 있다. 처음으로 부등이 발견되었을 때, 둘 중 더 큰 수치는 $\{x, y\}$ 중 더 큰 수에 속한다.

7. x에 대해 귀납법을 적용해서, 먼저 양의 x에 대한 법칙을 제시하고, 그런 다음 음의 x에 대한 법칙을 제시하면 된다. 자세한 사항은 생략하겠다.

8. $n = 0, 1, 2, \ldots$으로 시도해 보면 $n^m \le u < (n+1)^m$이 되는 n 값을 찾을 수 있다. $n, d_1, \ldots,$ d_{k-1}을 귀납적으로 결정했다고 할 때, d_k는 다음을 만족하는 숫자이다.

$$\left(n + \frac{d_1}{10} + \cdots + \frac{d_k}{10^k}\right)^m \le u < \left(n + \frac{d_1}{10} + \cdots + \frac{d_k}{10^k} + \frac{1}{10^k}\right)^m.$$

9. $((b^{p/q})^{u/v})^{qv} = (((b^{p/q})^{u/v})^v)^q = ((b^{p/q})^u)^q = ((b^{p/q})^q)^u = b^{pu}$이며, 따라서 $(b^{p/q})^{u/v} = b^{pu/qv}$ 이다. 이는 둘째 법칙을 증명한다. 첫째 법칙은 둘째 법칙을 이용해서 증명한다. 즉 $b^{p/q}b^{u/v} = (b^{1/qv})^{pv}(b^{1/qv})^{qu} = (b^{1/qv})^{pv+qu} = b^{p/q+u/v}$이다.

10. p와 q가 양이라 할 때 만일 $\log_{10}2 = p/q$이면 $2^q = 10^p$이다. 이는 우변은 5로 나뉘어지지만 좌변은 그렇지 않다는 점에서 불합리하다.

11. 무한히 많다! x의 자릿수(digit, 개별 숫자)들이 아무리 많아도, 만일 x의 자릿수들이 $\log_{10} 2$의 자릿수들과 일치한다면 10^x이 $1.99999\ldots$인지 아니면 $2.00000\ldots$인지 알 수 없다. 이 점에 어떤 신비한 측면이나 모순된 측면은 없다. 비슷한 상황이 덧셈에서도, 예를 들어 $.444444\ldots$을 $.55555\ldots$ 에 더할 때에도 발생한다.

12. 그것들은 식 (7)을 만족하는 유일한 $d_1, \ldots, d_8$ 값들이다.

13. (a) 우선 만일 $y > 0$이면 $1 + ny \le (1+y)^n$임을 귀납법으로 증명한다. 그런 다음 $y = x/n$으로 두고 n제곱근을 취한다. (b) $x = b - 1$, $n = 10^k$.

14. (5)의 둘째 등식에서 $x = \log_b c$로 설정하고, 양변의 로그를 취한다.

15. "$\log_b y$"를 등호 반대쪽으로 넘기고 (11)을 이용해서 증명하면 된다.

16. 식 (14)에 의해 $\ln x / \ln 10$.

17. 5, 1, 1, 0, 정의되지 않음.

18. 반증: $\log_8 x = \lg x / \lg 8 = \frac{1}{3}\lg x$.

19. 그렇다. $\lg n < (\log_{10}n)/.301 < 14/.301 < 47$이므로.

20. 서로 역수이다.

21. $(\ln\ln x - \ln\ln b)/\ln b$.

22. 부록 A의 표들에서, $\lg x \approx 1.442695 \ln x$, $\log_{10} x \approx .4342945 \ln x$이다. 상대오차는 $\approx (1.442695 - 1.4342945)/1.442695 \approx 0.582\%$이다.

23. 그림에서 넓이 $\ln y$에 해당하는 영역을, 높이를 x로 나누되 길이에는 x를 곱한다. 그렇게 형태를 바꾸면, 넓이는 그대로 유지되지만 모양은 $\ln xy$ 영역에서 $\ln x$ 영역을 제거하고 남은 조각과 합동이 된다($\ln xy$에 대한 그림에서 점 $x + xt$에서의 높이는 $1/(x + xt) = (1/(1+t))/x$이므로).

24. 나타나 있는 모든 10들을 2들로 바꾼다.

25. p가 정밀도(소수점 이후의 이진 자릿수들의 개수)일 때 $z = 2^{-p}\lfloor 2^{p-k}x \rfloor > 0$임을 주목할 것. 수량 $y + \log_b x$는 대략 일정하게(상수로) 유지된다.

27. k에 대한 귀납법으로 다음을 증명하고,

$$x^{2^k}(1-\delta)^{2^{k+1}-1} \le 10^{2^k(n+b_1/2+\cdots+b_k/2^k)}x'_k \le x^{2^k}(1+\epsilon)^{2^{k+1}-1}$$

로그들을 취한다.

28. 다음 해들은 이전과 동일한 보조 표를 사용한다.

> **E1.** 〔초기화.〕 만일 $1-\epsilon$이 x의 가능한 최대값이면 $y \leftarrow (b^{1-\epsilon}$에 가장 가까운 근사), $x \leftarrow 1 - \epsilon - x$, $k \leftarrow 1$로 설정한다. (수량 yb^{-x}은 다음 단계들에서 근사적인 상수로 유지된다.)
>
> **E2.** 〔끝인가?〕 만일 $x = 0$이면 중지한다.
>
> **E3.** 〔비교.〕 만일 $x < \log_b(2^k/(2^k-1))$이면 k를 1 증가하고 이 단계를 반복한다.
>
> **E4.** 〔값들을 줄인다.〕 $x \leftarrow x - \log_b(2^k/(2^k-1))$, $y \leftarrow y - (y$를 k번 오른쪽 자리이동한 결과)로 설정하고 단계 E2로 간다. ■

만일 단계 E1에서 y가 $b^{1-\epsilon}(1+\epsilon_0)$으로 설정되었다면, 그 이후부터는 단계 E4의 j번째 수행 동안 $x \leftarrow x + \log_b(1-2^{-k})+\delta_j$이고 $y \leftarrow y(1-2^{-k})(1+\epsilon_j)$일 때 계산 오차가 발생한다. 알고리즘이 종료되었을 때 계산 결과는 $y = b^{x-\Sigma\delta_j}\prod_j(1+\epsilon_j)$이다. 추가적인 분석은 b와 컴퓨터 워드 크기에 의존한다. 이 경우와 연습문제 26의 경우 모두에서, 만일 기수를 e로 한다면 오류를 좀 더 정밀하게 추정할 수 있음을 주목할 것. 대부분의 k 값들에 대해 표 항목 $\ln(2^k/(2^k-1))$를 좀 더 높은 정밀도로 제공할 수 있기 때문이다. 그 값은 $2^{-k} + \frac{1}{2}2^{-2k} + \frac{1}{3}2^{-3k} + \cdots$와 같다.

참고: 삼각함수들에 대해서도 비슷한 알고리즘을 만들 수 있다. J. E. Meggitt, *IBM J. Res. and Dev.* **6** (1962), 210–226; **7** (1963), 237–245를 볼 것. 또한 T. C. Chen, *IBM J. Res. and Dev.* **16** (1972), 380–388; V. S. Linsky, *Vychisl. Mat.* **2** (1957), 90–119; D. E. Knuth, *METAFONT: The Program* (Reading, Mass.: Addison-Wesley, 1986), §120–§147도 볼 것.

29. e, 3, 4.

30. n.

1.2.3절

1. $a_1 + a_2 + a_3$.

2. $\frac{1}{1} + \frac{1}{3} + \frac{1}{5} + \frac{1}{7} + \frac{1}{9} + \frac{1}{11}$, $\frac{1}{9} + \frac{1}{3} + \frac{1}{1} + \frac{1}{3} + \frac{1}{9}$.

3. $p(j)$에 대한 규칙이 위반된다. 첫째로, $n^2 = 3$이 되는 n은 없다. 둘째로, $n^2 = 4$는 두 n에 대해 발생한다. 〔식 (18)을 볼 것.〕

4. $(a_{11}) + (a_{21} + a_{22}) + (a_{31} + a_{32} + a_{33}) = (a_{11} + a_{21} + a_{31}) + (a_{22} + a_{32}) + (a_{33})$.

5. 규칙 $a \sum_{R(i)} x_i = \sum_{R(i)} (a x_i)$만 사용하면 된다.

$$\Big(\sum_{R(i)} a_i\Big)\Big(\sum_{S(j)} b_j\Big) = \sum_{R(i)} a_i\Big(\sum_{S(j)} b_j\Big) = \sum_{R(i)}\Big(\sum_{S(j)} a_i b_j\Big).$$

7. 식 (3)을 사용할 것. 두 극한들을 교환하고, a_0과 a_c 사이의 항들을 한 극한에서 다른 극한으로 옮겨야 한다.

8. 모든 $i \geq 0$에 대해 $a_{(i+1)i} = +1$, $a_{i(i+1)} = -1$로 둔다. 그리고 나머지 모든 a_{ij}는 0으로 둔다. $R(i) = S(i) = $ "$i \geq 0$"으로 둔다. 그러면 좌변은 -1이고 우변은 $+1$이다.

9, 10. 그렇지 않다. 규칙 (d)를 적용하려면 $n \geq 0$이어야 한다. ($n = -1$일 때 결과는 옳지만 유도 과정은 옳지 않다.)

11. $(n+1)a$.

12. $\frac{7}{6}(1 - 1/7^{n+1})$.

13. $m(n - m + 1) + \frac{1}{2}(n-m)(n-m+1)$. 정리하면 $\frac{1}{2}(n(n+1) - m(m-1))$.

14. $\frac{1}{4}(n(n+1) - m(m-1))(s(s+1) - r(r-1))$, 단 $m \leq n$이고 $r \leq s$일 때.

15, 16. 핵심 단계들은 다음과 같다.

$$\sum_{0 \leq j \leq n} j x^j = x \sum_{1 \leq j \leq n} j x^{j-1} = x \sum_{0 \leq j \leq n-1} (j+1) x^j$$

$$= x \sum_{0 \leq j \leq n} j x^j - n x^{n+1} + x \sum_{0 \leq j \leq n-1} x^j.$$

17. S의 원소들의 개수.

18. $S'(j) = $ "$1 \leq j < n$". $R'(i, j) = $ "n이 i의 배수이고 $i > j$임".

19. $a_n - a_{m-1}$.

20. $(b-1) \sum_{k=0}^{n} (n-k) b^k + n + 1 = \sum_{k=0}^{n} b^k$. 이 공식은 (14)에서 비롯된 것이며 연습문제 16의 결과이다.

21. $\sum_{R(j)} a_j + \sum_{S(j)} a_j = \sum_j a_j [R(j)] + \sum_j a_j [S(j)] = \sum_j a_j([R(j)] + [S(j)])$이다.

이제 $[R(j)] + [S(j)] = [R(j)$ 또는 $S(j)] + [R(j)$ 그리고 $(j)]$라는 사실을 사용한다. 일반적으로, 대괄호 표기법은 명제들을 "줄 아래에서(below the line)"가 아니라 "줄 안에서(on the line)" 조작할 수 있는 능력을 제공한다.

22. (5)와 (7)의 경우 그냥 $\sum$를 $\prod$로 바꾸면 된다. 또한 $\prod_{R(i)} b_i c_i = (\prod_{R(i)} b_i)(\prod_{R(i)} c_i)$이고

$$\Big(\prod_{R(j)} a_j\Big)\Big(\prod_{S(j)} a_j\Big) = \Big(\prod_{R(j) \text{ 또는 } S(j)} a_j\Big)\Big(\prod_{R(j) \text{ 그리고 } S(j)} a_j\Big)$$

이다.

23. $0 + x = x$이고 $1 \cdot x = x$이다. 이는 규칙 (d)와 연습문제 22의 해당 규칙 같은 수많은 연산들과 등식들을 단순하게 만들어 준다.

25. 첫 단계와 마지막 단계는 문제가 없다. 둘째 단계는 i를 동시에 두 가지 서로 다른 목적으로 사용한다. 셋째 단계는 아마도 $\sum_{i=1}^{n} n$이어야 할 것이다.

26. 문제를 연습문제 2에서처럼 변환한 후의 핵심 단계들은 다음과 같다.

$$\prod_{i=0}^{n}\left(\prod_{j=0}^{n} a_i a_j\right) = \prod_{i=0}^{n}\left(a_i^{n+1} \prod_{j=0}^{n} a_j\right)$$

$$= \left(\prod_{i=0}^{n} a_i^{n+1}\right)\left(\prod_{i=0}^{n}\left(\prod_{j=0}^{n} a_j\right)\right) = \left(\prod_{i=0}^{n} a_i\right)^{2n+2}.$$

답은 $\left(\prod_{i=0}^{n} a_i\right)^{n+2}$이다.

28. $(n+1)/2n$.

29. (a) $\sum_{0 \le k \le j \le i \le n} a_i a_j a_k$, (b) $S_r = \sum_{i=0}^{n} a_i^r$로 둔다. 답은: $\frac{1}{3} S_3 + \frac{1}{2} S_1 S_2 + \frac{1}{6} S_1^3$. 색인 개수들이 커짐에 따른, 이 문제에 대한 일반해는 1.2.9절 식 (38)에서 찾을 수 있다.

30. 좌변을 $\sum_{1 \le j, k \le n} a_j b_k x_j y_k$로 쓰고, 오른쪽도 비슷하게 정리한다. (이 항등식은 연습문제 46의 $m = 2$인 특수한 경우이다.)

31. $a_j = u_j$, $b_j = 1$, $x_j = v_j$, $y_j = 1$로 두고 답 $n \sum_{j=1}^{n} u_j v_j - \left(\sum_{j=1}^{n} u_j\right)\left(\sum_{j=1}^{n} v_j\right)$를 얻는다.

33. 공식을 다음과 같이 다시 쓰면

$$\frac{1}{x_n - x_{n-1}}\left(\sum_{j=1}^{n} \frac{x_j^r (x_j - x_{n-1})}{\prod_{1 \le k \le n,\ k \ne j}(x_j - x_k)} - \sum_{j=1}^{n} \frac{x_j^r (x_j - x_n)}{\prod_{1 \le k \le n,\ k \ne j}(x_j - x_k)}\right).$$

이를 n에 대한 귀납법으로 증명할 수 있다. $n-1$개의 요소들에 대한 합을 제외한 모든 합들은 원래의 합들과 같은 형태이며, $0 \le r \le n-1$일 때에는 귀납법을 적용해서 그 값들을 구할 수 있다. $r = n$일 때에는 다음과 같은 항등식을 사용한다.

$$0 = \sum_{j=1}^{n} \frac{\prod_{k=1}^{n}(x_j - x_k)}{\prod_{1 \le k \le n,\ k \ne j}(x_j - x_k)} = \sum_{j=1}^{n} \frac{x_j^n - (x_1 + \cdots + x_n)x_j^{n-1} + P(x_j)}{\prod_{1 \le k \le n,\ k \ne j}(x_j - x_k)}.$$

여기서 $P(x_j)$는 차수가 $n-2$인 다항식이다. $r = 0, 1, \ldots, n-1$에 대한 해로부터 원하는 답을 얻을 수 있다.

참고: 매트릭스 박사보다 오일러가 이 공식을 먼저 발견했다. 그는 1762년 11월 9일에 이에 대한 편지를 골드바흐에게 보냈다. 오일러의 *Institutionum Calculi Integralis* **2** (1769), §1169를 볼 것. 또한 E. Waring, Phil. Trans. **69** (1779), 64-67도 보라. 다음은 복소변수론을 이용한 또 다른 증명 방법으로, 어렵긴 하지만 좀 더 우아하다: 유수정리(residue theorem)에 의해, 주어진

합의 값은

$$\frac{1}{2\pi i}\int_{|z|=R}\frac{z^r\,dz}{(z-x_1)\dots(z-x_n)}$$

이다. 여기서 $R > |x_1|, \dots, |x_n|$이다. 피적분함수의 로랑전개(Laurent expansion)는 $|z| = R$에 대해 다음과 같이 균등수렴한다.

$$z^{r-n}\left(\frac{1}{1-x_1/z}\right)\cdots\left(\frac{1}{1-x_n/z}\right)$$

$$= z^{r-n} + (x_1 + \cdots + x_n)z^{r-n-1} + (x_1^2 + x_1 x_2 + \cdots)z^{r-n-2} + \cdots.$$

항별로 적분하면 z^{-1}의 계수만 빼고 모두 소거된다. 이 방법으로 임의의 정수 $r \geq 0$에 대한 다음과 같은 일반공식을 얻을 수 있다.

$$\sum_{\substack{j_1 + \cdots + j_n = r - n + 1 \\ j_1, \dots, j_n \geq 0}} x_1^{j_1} \dots x_n^{j_n}.$$

[J. J. Sylvester, *Quart. J. Math.* **1** (1857), 141-152.]

34. 독자가 이 문제를 열심히 풀었지만 답을 얻지 못했다면, 이 문제의 목적을 달성한 것이다. 분자들을 k의 다항식이 아니라 x의 다항식으로 간주하고 싶은 마음이 굴뚝같았을 것이다. 만일 훨씬 더 일반적인 공식인 다음을 증명하는 것이었다면 확실히 더 쉬웠을 것이다.

$$\sum_{k=1}^n \frac{\prod_{1 \leq r \leq n-1}(y_k - z_r)}{\prod_{1 \leq r \leq n, r \neq k}(y_k - y_r)} = 1.$$

이것은 $2n - 1$개의 변수들로 된 하나의 항등식이다!

35. $R(j)$를 절대로 만족할 수 없다면 그 값은 반드시 $-\infty$이어야 한다. 문제에 제시된, 규칙 (a)에 대응하는 규칙은 항등식 $a + \max(b, c) = \max(a + b, a + c)$에 근거를 둔 것이다. 비슷하게, 만일 모든 a_i, b_j가 음이 아니라면 다음이 성립한다.

$$\sup_{R(i)} a_i \sup_{S(j)} b_j = \sup_{R(i)} \sup_{S(j)} a_i b_j.$$

규칙 (b), (c)는 변하지 않는다. 규칙 (d)의 경우 다음과 같이 좀 더 간단한 형태가 된다.

$$\sup(\sup_{R(j)} a_j, \sup_{S(j)} a_j) = \sup_{R(j) \text{또는} S(j)} a_j.$$

36. 열 2, …, n에서 열 1을 뺀다. 행 2, …, n을 행 1에 더한다. 그 결과는 하나의 삼각행렬식이다.

37. 열 2, …, n에서 열 1을 뺀다. 그런 다음 k를 차례로 $n, n-1, \dots, 2$로 두고 x_1 곱하기 행 $k-1$을 행 k에서 뺀다. 이제 첫째 열에서 x_1을 밖으로 빼내고, 열 $k = 2, \dots, n$에서 $x_k - x_1$을 빼낸다. 그러면 $x_1(x_2 - x_1) \dots (x_n - x_1)$ 곱하기 $n - 1$차 반데르몽데 행렬식이 나온다. 이러한 과정을 귀납적으로 반복한다.

　　좀 더 "고차원적인" 수학을 이용한 또 다른 증명: 그 행렬식은 총 차수가 $1 + 2 + \cdots + n$인,

변수 $x_1, \ldots, x_n$들의 다항식이다. 만일 $x_j = 0$ 또는 $x_i = x_j$이고$(i < j)$ $x_1^1 x_2^2 \ldots x_n^n$의 계수들이 $+1$이면 그 다항식은 0이 된다. 이 사실들이 그 값을 특징짓는다. 일반화하자면, 행렬의 두 행이 $x_i = x_j$에 대해 상등이 되면 일반적으로 그 차는 $x_i - x_j$로 나누어진다. 이러한 점을 이용하면 종종 행렬식의 평가를 빠르게 끝낼 수 있다.

38. 열 $2, \ldots, n$에서 열 1을 빼고, 행들과 열들에서

$$(x_1 + y_1)^{-1} \ldots (x_n + y_1)^{-1}(y_1 - y_2) \ldots (y_1 - y_n)$$

을 밖으로 빼낸다. 이제 행 $2, \ldots, n$에서 행 1을 빼고 $(x_1 - x_2) \ldots (x_1 - x_n)(x_1 + y_2)^{-1} \ldots (x_1 + y_n)^{-1}$을 밖으로 빼낸다. 그러면 $n-1$차 코시 행렬식이 남는다.

39. I가 항등행렬 (δ_{ij})이고 J가 성분들이 모두 1인 행렬이라고 하자. $J^2 = nJ$이므로 $(xI + yJ)((x+ny)I - yJ) = x(x+ny)I$이다.

40. 〔A. de Moivre, *The Doctrine of Chances*, 2nd edition (London: 1738), 197-199.〕

$$\sum_{t=1}^{n} b_{it} x_j^t = x_j \prod_{\substack{1 \le k \le n \\ k \ne i}} (x_k - x_j) \Big/ x_i \prod_{\substack{1 \le k \le n \\ k \ne i}} (x_k - x_i) = \delta_{ij}.$$

41. 역행렬과 그 여인수들 사이의 관계를 통해서 바로 증명할 수 있다. 또한, 다음과 같이 직접 증명해 보는 것도 재미있을 것이다: $x = 0$일 때

$$\sum_{t=1}^{n} \frac{1}{x_i + y_t} b_{tj} = \sum_{t=1}^{n} \frac{\prod_{k \ne t}(x_j + y_k - x)\prod_{k \ne i}(x_k + y_t)}{\prod_{k \ne j}(x_j - x_k)\prod_{k \ne t}(y_t - y_k)}.$$

이것은 차수가 최대 $n-1$인 x의 다항식이다. $x = x_j + y_s$, $1 \le s \le n$으로 둔다면 $s = t$일 때를 제외하고는 항들이 모두 0이므로, 이 다항식의 값은

$$\prod_{k \ne i}(-x_k - y_s) \Big/ \prod_{k \ne j}(x_j - x_k) = \prod_{k \ne i}(x_j - x_k - x) \Big/ \prod_{k \ne j}(x_j - x_k)$$

이다. 이 최대 차수 $n-1$ 다항식들은 n개의 개별적인 지점 x들에서 일치하며, 따라서 $x = 0$일 때에도 일치한다. 따라서

$$\sum_{t=1}^{n} \frac{1}{x_i + y_t} b_{tj} = \prod_{k \ne i}(x_j - x_k) \Big/ \prod_{k \ne j}(x_j - x_k) = \delta_{ij}.$$

42. $n/(x + ny)$.

43. $1 - \prod_{k=1}^{n}(1 - 1/x_k)$. 이는 $x_i = 1$인 임의의 항들에 대해 쉽게 증명할 수 있다. 왜냐하면 성분들이 모두 1인 행이나 열이 하나 있는 임의의 행렬의 역행렬은 그 성분들의 합이 1이기 때문이다. 만일 1과 같은 x_i가 하나도 없으면 행 i의 성분들을 연습문제 44에서처럼 합해서 $\prod_{k \ne i}(x_k - 1)/x_i \prod_{k \ne i}(x_k - x_i)$를 얻는다. 그런 다음 연습문제 33을 이용해서, $r = 0$으로 두고(분모와 분자에 $(x_i - 1)$을 곱한다) i에 대한 합을 구한다.

44. 연습문제 33을 적용하고 나면

$$c_j = \sum_{i=1}^{n} b_{ij} = \prod_{k=1}^{n}(x_j + y_k) \Bigg/ \prod_{\substack{1 \le k \le n \\ k \ne j}}(x_j - x_k)$$

임을 알 수 있다. 그리고

$$\sum_{j=1}^{n} c_j = \sum_{j=1}^{n} \frac{(x_j^n + (y_1 + \cdots + y_n)x_j^{n-1} + \cdots)}{\prod_{1 \le k \le n,\ k \ne j}(x_j - x_k)}$$

$$= (x_1 + x_2 + \cdots + x_n) + (y_1 + y_2 + \cdots + y_n)$$

이다.

45. $x_i = i$, $y_j = j - 1$이라고 하자. 연습문제 44에 의해, 역행렬의 성분들의 합은 $(1 + 2 + \cdots + n) + ((n-1) + (n-2) + \cdots + 0) = n^2$이다. 그리고 연습문제 38에 의해, 역행렬의 성분들은

$$b_{ij} = \frac{(-1)^{i+j}(i+n-1)!\,(j+n-1)!}{(i+j-1)(i-1)!^2\,(j-1)!^2\,(n-i)!\,(n-j)!}$$

이다. 이 수량을 이항계수들이 관련된 여러 형태들에 대입할 수 있다. 예를 들면:

$$\frac{(-1)^{i+j}ij}{i+j-1}\binom{-i}{n}\binom{n}{i}\binom{-j}{n}\binom{n}{j} = (-1)^{i+j}j\binom{i+j-2}{i-1}\binom{i+n-1}{i-1}\binom{j+n-1}{n-i}\binom{n}{j}.$$

후자의 공식에서, b_{ij}가 정수일 뿐만 아니라 i, j, n, $i+j-1$, $i+n-1$, $j+n-1$, $n-i+1$, $n-j+1$로 나누어짐도 알 수 있다. 아마 b_{ij}에 대한 가장 멋진 공식은 다음일 것이다.

$$(i+j-1)\binom{i+j-2}{i-1}^2\binom{-(i+j)}{n-i}\binom{-(i+j)}{n-j}.$$

만일 힐베르트 행렬이 코시 행렬의 한 특수 경우임을 알지 못했다면 이 문제의 답을 구하는 게 엄청나게 어려웠을 것이다. 좀 더 일반적인 문제가 그 특수 경우보다 풀기가 쉬운 것이다. 하나의 문제를 그것의 "귀납적 닫힘(inductive closure)"으로 일반화하는 것이 현명한 경우가 자주 있다. 여기서 귀납적 닫힘이란, 주어진 문제에 대해 수학적 귀납법으로 시도한 증명에 나타나는 모든 하위 문제들이 모두 동일한 부류에 속하도록 하는 최소의 일반화를 뜻한다. 지금 문제의 경우 코시 행렬의 여인수는 코시 행렬이지만, 힐베르트 행렬의 여인수는 힐베르트 행렬이 아니다. [추가적인 정보는 J. Todd, *J. Res. Nat. Bur. Stand.* **65** (1961), 19-22와 Cauchy, *Œuvres (2)* **12**, 173-182를 볼 것.]

46. 임의의 정수 k_1, k_2, ..., k_m들에 대해 $\epsilon(k_1, ..., k_m) = \mathrm{sign}(\prod_{1 \le i < j \le m}(k_j - k_i))$라고 하자. 단, $\mathrm{sign}\, x = [x > 0] - [x < 0]$이다. 만일 $(l_1, ..., l_m)$이 $(k_1, ..., k_m)$에서 k_i와 k_j를 교환한 결과와 같다면 $\epsilon(l_1, ..., l_m) = -\epsilon(k_1, ..., k_m)$이다. 따라서 만일 $j_1 \le \cdots \le j_m$이 수 k_1, ..., k_m을 감소하지 않는 순서로 재배열한 것이라면 $\det(B_{k_1 \ldots k_m}) = \epsilon(k_1, ..., k_m) \det(B_{j_1 \ldots j_m})$이라는 등식이 생긴다. 이제, 행렬식의 정의에 의해

$$\det(AB) = \sum_{1 \le l_1, \dots, l_m \le m} \epsilon(l_1, \dots, l_m) \left(\sum_{k=1}^{n} a_{1k} b_{kl_1} \right) \cdots \left(\sum_{k=1}^{n} a_{mk} b_{kl_m} \right)$$

$$= \sum_{1 \le k_1, \dots, k_m \le n} a_{1k_1} \cdots a_{mk_m} \sum_{1 \le l_1, \dots, l_m \le m} \epsilon(l_1, \dots, l_m) b_{k_1 l_1} \cdots b_{k_m l_m}$$

$$= \sum_{1 \le k_1, \dots, k_m \le n} a_{1k_1} \cdots a_{mk_m} \det(B_{k_1 \dots k_m})$$

$$= \sum_{1 \le k_1, \dots, k_m \le n} \epsilon(k_1, \dots, k_m) a_{1k_1} \cdots a_{mk_m} \det(B_{j_1 \dots j_m})$$

$$= \sum_{1 \le j_1 \le \dots \le j_m \le n} \det(A_{j_1 \dots j_m}) \det(B_{j_1 \dots j_m})$$

이다. 마지막으로, 만일 두 j들이 같다면 $\det(A_{j_1 \dots j_m}) = 0$이다. 〔*J. de l'École Polytechnique* **9** (1813), 280-354; **10** (1815), 29-112. 비네와 코시는 자신의 논문들을 1812년의 같은 날에 발표했다.〕

47. $a_{ij} = \left(\prod_{k=1}^{j-1} (x_i + p_k) \right) \left(\prod_{k=j+1}^{n} (x_i + q_k) \right)$라고 둔다. $k = n, n-1, \dots, j+1$, $j = 1, 2, \dots, n-1$에 대해(둘 다 나열된 순서대로), 열 k에서 열 $k-1$을 빼고 $p_{k-j} - q_k$를 밖으로 빼낸다. 그러면 $\prod_{1 \le i < j \le n} (p_i - q_j)$ 곱하기 $\det(b_{ij})$가 되는데, 여기서 $b_{ij} = \prod_{k=j+1}^{n} (x_i + q_k)$이다. 이제 $k = 1, \dots, n-j$, $j = 1, \dots, n-1$에 대해 열 k에서 q_{k+j} 곱하기 $k+1$을 뺀다. 그러면 $\det(c_{ij})$가 남는다. 여기서 $c_{ij} = x_i^{n-j}$인데, 이것은 본질적으로 하나의 방데르몽드 행렬을 정의한다. 이제 연습문제 37에서처럼 열 대신 행들을 조작해서 다음을 얻는다.

$$\det(a_{ij}) = \prod_{1 \le i < j \le n} (x_i - x_j)(p_i - q_j).$$

$1 \le j \le n$에 대해 $p_j = q_j = y_j$이면, 이 연습문제의 행렬은 행 i에 $\prod_{j=1}^{n} (x_i + y_j)$가 곱해진 하나의 코시 행렬이다. 따라서 이 결과는 $n-1$개의 독립 변수들이 추가함으로써 연습문제 38을 일반화한다. 〔*Manuscripta Math.* **69** (1990), 177-178.〕

1.2.4절

1. $1, -2, -1, 0, 5$.

2. $\lfloor x \rfloor$.

3. 정의에 의해, $\lfloor x \rfloor$는 x보다 작거나 같은 최대의 정수이다. 따라서 $\lfloor x \rfloor$는 하나의 정수이며, $\lfloor x \rfloor \le x$이고 $\lfloor x \rfloor + 1 > x$이다. 이 두 부등식과 오직 $m \le n-1$일 때에만 $m < n$이라는 사실을 이용하면 명제 (a), (b)를 쉽게 증명할 수 있다. (c)와 (d)도 비슷한 논증이 가능하다. 마지막으로, (e)와 (f)는 그 명제들의 조합일 뿐이다.

4. $x - 1 < \lfloor x \rfloor \le x$이다. 따라서 $-x + 1 > -\lfloor x \rfloor \ge -x$이며, 결국 문제에 나온 등식이 증명된다.

5. $\left\lfloor x + \frac{1}{2} \right\rfloor$. $x \bmod 1 = \frac{1}{2}$인 경우를 제외하면 (반올림된 $-x$)의 값은 $-$(반올림된 x)와 같다. $x \bmod 1 = \frac{1}{2}$일 때에는 음의 값은 0을 향해 반올림되며 양의 값은 0에서 멀어지는 쪽으로 반올림된다.

6. (a)는 참이다. $\lfloor \sqrt{x} \rfloor = n \Leftrightarrow n^2 \le x < (n+1)^2 \Leftrightarrow n^2 \le \lfloor x \rfloor < (n+1)^2 \Leftrightarrow \lfloor \sqrt{\lfloor x \rfloor} \rfloor = n$이 므로. 비슷하게, (b)도 참이다. 그러나 (c)는 아닌데, 예를 들어 x가 1.1이면 거짓이다.

7. $\lceil x + y \rceil = \lfloor \lfloor x \rfloor + x \bmod 1 + \lfloor y \rfloor + y \bmod 1 \rfloor = \lfloor x \rfloor + \lfloor y \rfloor + \lfloor x \bmod 1 + y \bmod 1 \rfloor$. 올림의 경우에는 부등식이 $\ge$가 되어야 하며, 그러면 상등은 오직 x나 y가 정수이거나 또는 $x \bmod 1 + y \bmod 1 > 1$일 때에만, 즉 오직 $(-x) \bmod 1 + (-y) \bmod 1 < 1$일 때에만 성립한다.

8. 1, 2, 5, -100.

9. -1, 0, -2.

10. 0.1, 0.01, -0.09.

11. $x = y$.

12. 모든 정수.

13. $+1$, -1.

14. 8.

15. 식 (1)의 양변에 z를 곱하면 된다. 그 결과는 $y = 0$일 때에도 쉽게 검증할 수 있다.

17. 한 예로, 법칙 A의 곱하기 부분을 생각해 보자. 어떠한 정수 q와 r에 대해 $a = b + qm$ 그리고 $x = y + rm$이며, 따라서 $ax = by + (br + yq + qrm)m$이다.

18. 어떠한 정수 k에 대해 $a - b = kr$이며, 또한 $kr \equiv 0$ (modulo s)이다. 법칙 B에 의해 $k \equiv 0$ (modulo s)이며, 따라서 어떠한 정수 q에 대해 $a - b = qsr$이다.

20. 합동식 양변에 a'를 곱한다.

21. 앞에서 증명한 연습문제에 의해, 그런 표현이 적어도 하나는 존재한다. 만일 두 가지 표현들 $n = p_1 \cdots p_k = q_1 \cdots q_m$이 존재한다면 $q_1 \cdots q_m \equiv 0$ (modulo p_1)이다. 따라서 만일 q들 중 어떤 것도 p_1과 같지 않으면 규칙 B에 의해 그것들 모두를 소거할 수 있으며, 그러면 $1 \equiv 0$ (modulo p_1)이 된다. 그런데 p_1은 1과 같을 수 없으므로 이는 불가능하다. 따라서 p_1과 같은 어떤 q_j가 존재하며, $n/p_1 = p_2 \cdots p_k = q_1 \cdots q_{j-1} q_{j+1} \cdots q_m$이다. n은 소수이거나(그러면 결과가 참임이 명백하다), 또는 귀납법에 의해 n/p_1의 두 인수분해들은 같다.

22. $m = ax$라고 하자. 여기서 $a > 1$, $x > 0$이다. 그러면 $ax \equiv 0$ (modulo m)이지만 $x \not\equiv 0$ (modulo m)이다.

24. 법칙 A는 덧셈과 뺄셈에 대해 항상 유효하다. 법칙 C는 항상 유효하다.

26. 만일 b가 p의 배수가 아니면 $b^2 - 1$은 p의 배수이며, 따라서 인수들 중 하나는 반드시 p의 배수이다.

27. 어떠한 수는 그것이 오직 p의 배수가 아닐 때에만 p^e과 서로 소이다. 따라서 p의 배수가 아닌 것들의 개수를 세면 $\varphi(p^e) = p^e - p^{e-1}$을 얻는다.

28. 만일 a와 b가 m과 서로 소이면 $ab \bmod m$이다. 후자는 어떤 소수로도 나누어지며, m 역시 반드시 a나 b를 나누기 때문이다. 이제 간단하게 $x_1, ..., x_{\varphi(m)}$이 m과 서로 소인 수들이라고 하면, $ax_1 \bmod m, ..., ax_{\varphi(m)} \bmod m$이 그와 같은 수들(순서는 다르다고 해도)임을 알 수 있다. 그런 식으로 나아가면 된다.

29. (b)에 대한 증명: 만일 $r \perp s$이고 k^2이 rs를 나눈다면, p^2이 rs를 나누는 어떠한 소수 p가 존재한다. 따라서 p는 (이를테면) r을 나누며 s는 나누지 못한다. 결국 p^2은 r을 나눈다. 이로부터, 오직 $f(r) = 0$ 또는 $f(s) = 0$일 때에만 $f(rs) = 0$임을 알 수 있다.

30. $r \perp s$라고 하자. 한 가지 착상은, rs와 서로 소인 $\varphi(rs)$개의 수들이 정확히 $\varphi(r)\varphi(s)$개의 서로 다른 수들 $(sx_i + ry_j) \bmod (rs)$임을 증명하는 것이다. 여기서 $x_1, ..., x_{\varphi(r)}$과 $y_1, ..., y_{\varphi(s)}$는 r과 s에 대응되는 값들이다.

φ는 곱셈적이므로 $\varphi(10^6) = \varphi(2^6)\varphi(5^6) = (2^6 - 2^5)(5^6 - 5^5) = 400000$이다. 그리고 일반적으로는 $n = p_1^{e_1} \cdots p_r^{e_r}$일 때 $\varphi(n) = (p_1^{e_1} - p_1^{e_1 - 1}) \cdots (p_r^{e_r} - p_r^{e_r - 1}) = n \prod_{p \setminus n, \ p\text{는 소수}}(1 - 1/p)$이다. (또 다른 증명이 연습문제 1.3.3-27에 나온다.)

31. rs의 약수들을 cd 형태(여기서 c는 r을 나누는 수, d는 s를 나누는 수)로 고유하게 표기할 수 있다는 사실을 이용할 것. 만일 $f(n) \geq 0$이면 함수 $\max_{d \setminus n} f(d)$가 곱셈적임도 비슷한 방식으로 증명할 수 있다. (연습문제 1.2.3-35 참고.)

33. $n + m$이나 $n - m + 1$이 짝수이므로, 대괄호 안의 수량들 중 하나는 정수이다. 따라서 연습문제 7의 등식이 성립하며, 결국 답은 (a) n, (b) $n + 1$이다.

34. b는 반드시 2보다 크거나 같은 정수이어야 한다. ($x = b$라고 두자.) 충분조건은 연습문제 6에서처럼 증명할 수 있다. 이 필요충분조건은 $\lceil \log_b x \rceil = \lceil \log_b \lceil x \rceil \rceil$의 필요충분조건이기도 하다.

참고: 매켈리스R. J. McEliece는 다음과 같은 일반화를 제시했다: f가 어떠한 정의역 A에 대한 연속 순증가 함수라고 하자. 그리고 x가 A 안에 있을 때에는 항상 $\lfloor x \rfloor$와 $\lceil x \rceil$ 모두 A 안에 있다고 하자. 그러면, A의 모든 x에 대해 관계 $\lfloor f(x) \rfloor = \lfloor f(\lfloor x \rfloor) \rfloor$가 성립하기 위한 필요충분조건은 A의 모든 x에 대해 관계 $\lceil f(x) \rceil = \lceil f(\lceil x \rceil) \rceil$가 성립하는 것, 그리고 A의 모든 x에 대해 "$f(x)$가 정수라는 것은 x가 정수임을 함의한다."라는 조건을 만족하는 것이다. 이 조건이 필요조건임은 명백하다. 왜냐하면, 만일 $f(x)$가 정수이며 $\lfloor f(\lfloor x \rfloor) \rfloor$나 $\lceil f(\lceil x \rceil) \rceil$와 같다면 x는 반드시 $\lfloor x \rfloor$나 $\lceil x \rceil$와 같아야 하기 때문이다. 반대로, 예를 들어 만일 $\lfloor f(\lfloor x \rfloor) \rfloor < \lfloor f(x) \rfloor$이면 연속성에 의해 $\lfloor x \rfloor < y \leq x$이며 $f(y)$가 정수인 어떤 y가 존재할 것이다. 그러나 y는 정수일 수 없다.

35. $\dfrac{x+m}{n} - 1 = \dfrac{x+m}{n} - \dfrac{1}{n} - \dfrac{n-1}{n} < \dfrac{\lfloor x \rfloor + m}{n} - \dfrac{n-1}{n} \leq \left\lfloor \dfrac{\lfloor x \rfloor + m}{n} \right\rfloor \leq \dfrac{x+m}{n}$

이다. 연습문제 3을 적용한다. 연습문제 4를 적용하면 올림 함수에 대한 비슷한 결과가 나온다. 두 항등식 모두 연습문제 34의 매켈리스 정리의 한 특수 경우를 따른다.

36. 우선 $n = 2t$라고 가정한다. 그러면

$$\sum_{k=1}^{n}\left\lfloor\frac{k}{2}\right\rfloor = \sum_{k=1}^{n}\left\lfloor\frac{n+1-k}{2}\right\rfloor$$

이며, 연습문제 33에 의해

$$\sum_{k=1}^{n}\left\lfloor\frac{k}{2}\right\rfloor = \frac{1}{2}\sum_{k=1}^{n}\left(\left\lfloor\frac{k}{2}\right\rfloor + \left\lfloor\frac{n+1-k}{2}\right\rfloor\right) = \frac{1}{2}\sum_{k=1}^{n}\left\lfloor\frac{2t+1}{2}\right\rfloor = t^2 = \frac{n^2}{4}$$

이다. 그리고 만일 $n = 2t+1$이면 $t^2 + \lfloor n/2 \rfloor = t^2 + t = n^2/4 - 1/4$이다. 둘째 합에 대해서도 비슷한 방식으로 $\lceil n(n+2)/4 \rceil$를 얻을 수 있다.

37. $\displaystyle\sum_{0 \le k < n}\frac{mk+x}{n} = \frac{m(n-1)}{2} + x$이다. $\{y\}$가 $y \bmod 1$을 나타낸다고 하자. 이제 다음 수량을 뺀다.

$$S = \sum_{0 \le k < n}\left\{\frac{mk+x}{n}\right\}.$$

이 수량 S는 같은 합의 복사본 d개로 이루어져 있다. 왜냐하면 $t = n/d$일 때

$$\left\{\frac{mk+x}{n}\right\} = \left\{\frac{m(k+t)+x}{n}\right\}$$

이기 때문이다. 이제 $u = m/d$라고 두고 정리하면,

$$\sum_{0 \le k < t}\left\{\frac{mk+x}{n}\right\} = \sum_{0 \le k < t}\left\{\frac{x}{n} + \frac{uk}{t}\right\}.$$

$t \perp u$이므로 이 합을 다음과 같이 표현할 수 있다.

$$\left\{\frac{x \bmod d}{n}\right\} + \left\{\frac{x \bmod d}{n} + \frac{1}{t}\right\} + \cdots + \left\{\frac{x \bmod d}{n} + \frac{t-1}{t}\right\}.$$

마지막으로, $(x \bmod d)/n < 1/t$이므로, 이 합의 중괄호($\{\ \}$)들을 제거할 수 있으며, 결국

$$S = d\left(\frac{t(x \bmod d)}{n} + \frac{t-1}{2}\right)$$

이다.

연습문제 4를 적용하면 비슷한 항등식이 나온다.

$$\sum_{0 \le k < n}\left\lceil\frac{mk+x}{n}\right\rceil = \frac{(m+1)(n-1)}{2} - \frac{d-1}{2} + d\lceil x/d \rceil.$$

만일 이 공식을 구간 $0 < k \le n$에 대해 전개한다면 m과 n에 대해 대칭이 된다. (이 대칭성은 피가수(합의 항)의 그래프를 그리고 그것을 직선 $y = x$에 대해 반사시키는 것으로 설명할 수 있다.)

38. x가 1 증가할 때마다 양변이 $\lceil y \rceil$만큼 증가하므로, $0 \le x < 1$이라고 가정할 수 있다. 그러면 $x = 0$일 때 양변은 0이 되며, x가 $y > k \ge 0$인 값 $1 - k/y$들을 지나쳐서 증가할 때마다 양변은 1씩 증가한다. 〔*Crelle* **136** (1909), 42; $y = n$인 경우의 결과는 C. Hermite, *Acta Math.* **5** (1884), 315에 나온 것이다.〕

39. 부문제 (f)의 증명: 좀 더 일반적인 항등식 $\prod_{0 \le k < n} 2 \sin \pi(x + k/n) = 2 \sin \pi n x$를 생각해 보자. 이것은 다음과 같이 설명할 수 있다: $2 \sin \theta = (e^{i\theta} - e^{-i\theta})/i = (1 - e^{-2i\theta})e^{i\theta - i\pi/2}$이므로 그 항등식은 다음 두 공식들의 결과이다.

$$\prod_{0 \le k < n} (1 - e^{-2\pi(x + ik/n)}) = 1 - e^{-2\pi n x} \quad \text{와} \quad \prod_{0 \le k < n} e^{\pi(x - (1/2) + (k/n))} = e^{\pi(nx - 1/2)}$$

후자는 함수 $x - \frac{1}{2}$이 복제적이기 때문에 참이다. 그리고 전자는 다항식 $z^n - \alpha^n$의 인수분해 $(z - \alpha)(z - \omega\alpha)\ldots(z - \omega^{n-1}\alpha)$에서(여기서 $\omega = e^{-2\pi i/n}$) $z = 1$로 설정할 수 있다는 점에서 참이다.

40. (더브라윈 N. G. de Bruijn이 지적했음.) 만일 f가 복제적 함수이면 모든 $n > 0$에 대해 $f(nx + 1) - f(nx) = f(x + 1) - f(x)$이다. 따라서 만일 f가 연속이면 모든 x에 대해 $f(x + 1) - f(x) = c$이며, $g(x) = f(x) - c\lfloor x \rfloor$는 복제적이자 주기적이다. 이제

$$\int_0^1 e^{2\pi i n x} g(x)\,dx = \frac{1}{n} \int_0^1 e^{2\pi i y} g(y)\,dy$$

이며, 이를 푸리에 급수(Fourier series)로 전개하면 $0 < x < 1$에 대해 $g(x) = (x - \frac{1}{2})a$임을 알 수 있다. 이로부터 $f(x) = (x - \frac{1}{2})a$가 나온다. 일반적으로, 이 논증은 임의의 복제적 국소 리만 적분가능 함수(Riemann–integrable function)가 거의 모든 곳에서 $(x - \frac{1}{2})a + b \max(\lfloor x \rfloor, 0) + c \min(\lfloor x \rfloor, 0)$ 형태임을 보여준다. 추가적인 결과들에 대해서는 L. J. Mordell, *J. London Math. Soc.* **33** (1958), 371-375와 M. F. Yoder, *Æquationes Mathematicæ* **13** (1975), 251-261를 볼 것.

41. $\frac{1}{2}k(k-1) < n \le \frac{1}{2}k(k+1)$일 때 $a_n = k$가 되게 해야 한다. n은 정수이므로 이는 다음과 동치이다.

$$\frac{k(k-1)}{2} + \frac{1}{8} < n < \frac{k(k+1)}{2} + \frac{1}{8}.$$

즉, $k - \frac{1}{2} < \sqrt{2n} < k + \frac{1}{2}$이다. 따라서 $a_n = \lfloor \sqrt{2n} + \frac{1}{2} \rfloor$, 다시 말해 $\sqrt{2n}$에 가장 가까운 정수이다. 또 다른 정확한 답들로는 $\lceil \sqrt{2n} - \frac{1}{2} \rceil$, $\lceil (\sqrt{8n+1} - 1)/2 \rceil$, $\lfloor (\sqrt{8n-7} + 1)/2 \rfloor$ 등이 있다.

42. (a) 연습문제 1.2.7-10을 볼 것. (b) 주어진 합은 $n \lfloor \log_b n \rfloor - S$이다. 여기서

$$S = \sum_{\substack{1 \le k < n \\ k+1 \text{이 } b\text{의 거듭제곱}}} k = \sum_{1 \le t \le \log_b n} (b^t - 1) = (b^{\lfloor \log_b n \rfloor + 1} - b)/(b - 1) - \lfloor \log_b n \rfloor$$

이다.

43. $\lfloor\sqrt{n}\rfloor\,(n-\frac{1}{6}(2\lfloor\sqrt{n}\rfloor+5)(\lfloor\sqrt{n}\rfloor-1))$.

44. n이 음수일 때 합은 $n+1$.

45. 오직 $\left\lceil\dfrac{rn}{m}\right\rceil\le j<\left\lceil\dfrac{(r+1)n}{m}\right\rceil$ 일 때에만 $\lfloor mj/n\rfloor=r$이며, 따라서 주어진 합이

$$\sum_{0\le r<m}f(r)\left(\left\lceil\frac{(r+1)n}{m}\right\rceil-\left\lceil\frac{rn}{m}\right\rceil\right)$$

임을 알 수 있다. 후자의 합을 정리하고 값이 $\lceil rn/m\rceil$인 항들을 묶으면 문제에 언급된 결과가 나온다. 그리고 둘째 공식은 다음으로 치환하면 바로 나온다.

$$f(x)=\binom{x+1}{k}.$$

46. $\displaystyle\sum_{0\le j<\alpha n}f(\lfloor mj/n\rfloor)=\sum_{0\le r<\alpha m}\lceil rn/m\rceil(f(r-1)-f(r))+\lceil\alpha n\rceil f(\lceil\alpha m\rceil-1)$.

47. (a) 수 2, 4, ..., $p-1$들은 p로 나눈 나머지가 짝수이다. $2kq=p\lfloor 2kq/p\rfloor+(2kq)\bmod p$이므로 수 $(-1)^{\lfloor 2kq/p\rfloor}((2kq)\bmod p)$는 나머지가 짝수이거나 짝수 빼기 p가 된다. 그리고 각각의 짝수 나머지는 단 한 번만 나타남이 명백하다. 따라서 $(-1)^\sigma q^{(p-1)/2}2\cdot 4\ldots(p-1)\equiv 2\cdot 4\ldots$ $(p-1)$이다. (b) $q=2$라고 하자. 만일 $p=4n+1$이면 $\sigma=n$이다. 만일 $p=4n+3$이면 $\sigma=n+1$이다. 그러므로 $p\bmod 8=(1,3,5,7)$에 따라 각각 $\left(\dfrac{2}{p}\right)=(1,-1,-1,1)$이다. (c) $k<p/4$일 때

$$\lfloor(p-1-2k)q/p\rfloor=q-\lceil(2k+1)q/p\rceil=q-1-\lfloor(2k+1)q/p\rfloor\equiv\lfloor(2k+1)q/p\rfloor\ (\mathrm{modulo}\ 2)$$

이다. 따라서 마지막 항 $\lfloor(p-1)q/p\rfloor$, $\lfloor(p-3)q/p\rfloor$, ...들을 $\lfloor q/p\rfloor$, $\lfloor 3q/p\rfloor$ 등으로 치환할 수 있다. (d) $\sum_{0\le k<p/2}\lfloor kq/p\rfloor+\sum_{0\le r<q/2}\lceil rp/q\rceil=\lceil p/2\rceil(\lceil q/2\rceil-1)=(p+1)(q-1)/4$이다. 또한 $\sum_{0\le r<q/2}\lceil rp/q\rceil=\sum_{0\le r<q/2}\lfloor rp/q\rfloor+(q-1)/2$이다. 이 증명의 착상의 기원은 아이젠슈타인 G. Eisenstein, *Crelle* **28** (1844), 246-248에까지 올라간다. 그 책에서 아이젠슈타인은 또한 이것과 기타 상호법칙들의 다른 여러 증명들을 제시했다.

48. (a) $n<0$일 때 이것이 항상 참은 아니라는 점은 명백하다. $n>0$일 때는 쉽게 증명할 수 있다. (b) $\lfloor(n+2-\lfloor n/25\rfloor)/3\rfloor=\lceil(n-\lfloor n/25\rfloor)/3\rceil=\lceil(n+\lceil-n/25\rceil)/3\rceil=\lceil\lceil 24n/25\rceil/3\rceil=\lceil 8n/25\rceil=\lfloor(8n+24)/25\rfloor$. 끝에서 두 번째 항등식이 유효함은 연습문제 35에서 증명한다.

49. $f(0)=f(f(0))=f(f(0)+0)=f(0)+f(0)$이므로 모든 정수 n에 대해 $f(n)=n$이다. 만일 $f(\frac{1}{2})=k\le 0$이면 $k=f(\frac{1}{1-2k}f(\frac{1}{2}-k))=f(\frac{1}{1-2k}(f(\frac{1}{2})-k))=f(0)=0$이다. 그리고 만일 $f(\frac{1}{n-1})=0$이면 $f(\frac{1}{n})=f(\frac{1}{n}f(1+\frac{1}{n-1}))=f(\frac{1}{n-1})=0$이다. 더 나아가서, $1\le m<n$이라는 것은, m에 대한 귀납법에 의하면, $f(\frac{m}{n})=f(\frac{1}{a}f(\frac{am}{n}))=f(\frac{1}{a})=0$임을 뜻한다(여

기서 $a = \lceil n/m \rceil$). 따라서 $f(\frac{1}{2}) \le 0$는 모든 유리수 x에 대해 $f(x) = \lfloor x \rfloor$을 함의한다. 한편, 만일 $f(\frac{1}{2}) > 0$이면 함수 $g(x) = -f(-x)$는 (i)과 (ii)를 만족하며 $g(\frac{1}{2}) = 1 - f(\frac{1}{2}) \le 0$이다. 따라서 모든 유리수 x에 대해 $f(x) = -g(-x) = -\lfloor -x \rfloor = \lceil x \rceil$이다. 〔P. Eisele and K. P. Hadeler, *AMM* **97** (1990), 475-477.〕

그러나 이로부터 x의 모든 실수 x에 대해 $f(x) = \lfloor x \rfloor$ 또는 $\lceil x \rceil$임을 이끌어낼 수는 없다. 예를 들어 만일 $h(x)$가 $h(1) = 1$이고 모든 실수 x와 y에 대해 $h(x+y) = h(x) + h(y)$인 임의의 함수라고 하면, $f(x) = \lfloor h(x) \rfloor$는 (i)과 (ii)를 만족하지만 $h(x)$는 유계가 아닐 수 있으며 $0 < x < 1$일 때 매우 이상하게 행동한다. 〔G. Hamel, *Math. Annalen* **60** (1905), 459-462〕.

1.2.5절

1. $52!$. 궁금한 독자를 위해 이 수를 직접 써보자면, 무려 806 58175 17094 38785 71660 63685 64037 66975 28950 54408 83277 82400 00000 00000이다. (!)

2. $p_{nk} = p_{n(k-1)}(n-k+1)$. 처음 $n-1$개의 객체들을 배치한 후에는 마지막 객체에 대해 오직 하나의 가능성만 존재한다.

3. 5 3 1 2 4, 3 5 1 2 4, 3 1 5 2 4, 3 1 2 5 4, 3 1 2 4 5;
   4 2 3 5 1, 4 1 3 5 2, 4 1 2 5 3, 3 1 2 5 4, 3 1 2 4 5.

4. 2568자리이다. 선행 자릿수는 4이다($\log_{10} 4 = 2\log_{10} 2 \approx .602$이므로). 마지막 유효자릿수는 0이며, 사실 식 (8)에 의해 하위 249개의 자릿수들은 모두 0이다. 1000!의 정확한 값은 율러H. S.Uhler가 수년간의 인내심을 가지고 탁상용 계산기로 구해서 *Scripta Mathematica* **21** (1955), 266-267에 발표했다. 그 수는 402 38726 00770 ...로 시작한다. (계산의 마지막 단계에서 750!과 $\prod_{k=751}^{1000} k$를 곱하는 작업은 렌치John W. Wrench, Jr.가 UNIVAC I에서 수행했는데, "2 1/2분이라는 터무니없는 시간이 걸렸다." 물론 요즘에는 탁상용 컴퓨터로 1000!을 몇 분의 1초 만에 계산해서 율러의 값이 100% 정확했음을 확인할 수 있다.

5. $(39902)(97/96) \approx 416 + 39902 = 40318$.

6. $2^{18} \cdot 3^8 \cdot 5^4 \cdot 7^2 \cdot 11 \cdot 13 \cdot 17 \cdot 19$.

8. $m/(m+k) \to 1$이므로 $\lim_{m \to \infty} m^n m! / ((n+m)!/n!) = n! \lim_{m \to \infty} m^n / ((m+1)\ldots(m+n)) = n!$이다.

9. $\sqrt{\pi}$ 와 $-2\sqrt{\pi}$. (연습문제 10을 사용했음.)

10. 성립한다. 단, x가 0이거나 음의 정수일 때에는 예외이다. 그런 경우

$$\Gamma(x+1) = x \lim_{m \to \infty} \frac{m^x m!}{x(x+1)\ldots(x+m)} \left(\frac{m}{x+m+1} \right)$$

이다.

11. 12. $\mu = (a_k p^{k-1} + \cdots + a_1) + (a_k p^{k-2} + \cdots + a_2) + \cdots + a_k$

$\qquad = a_k(p^{k-1} + \cdots + p + 1) + \cdots + a_1 = (a_k(p^k - 1) + \cdots + a_0(p^0 - 1))/(p-1)$

$\qquad = (n - a_k - \cdots - a_1 - a_0)/(p-1).$

13. $1 \le n < p$인 각각의 n에 대해 연습문제 1.2.4-19에서처럼 n'를 구한다. 규칙 1.2.4D에 의해, 그런 n'는 단 하나만 존재한다. 그리고 $(n')' = n$이다. 따라서 $n' \ne n$이면 그 수들을 둘씩 쌍으로 묶을 수 있다. 만일 $n' = n$이면 $n^2 \equiv 1 \pmod{p}$이다. 따라서 연습문제 1.2.4-26에서처럼 $n = 1$ 또는 $n = p-1$이다. 쌍으로 묶이지 않은 유일한 요소들은 1과 $p-1$이므로 $(p-1)! \equiv 1 \cdot 1 \ldots 1 \cdot (-1)$이다.

14. p의 배수가 아닌 수 $\{1, 2, \ldots, n\}$들 중에서, 연속적인 $p-1$개의 요소들로 된, 그리고 각 요소가 윌슨 정리에 의해 -1과 합동(modulo p)인 완전집합들이 $\lfloor n/p \rfloor$개 존재한다. 또한 $a_0!$과 합동(modulo p)인 a_0개의 수들이 남아 있다. 따라서 p의 배수가 아닌 인수들의 기여는 $(-1)^{\lfloor n/p \rfloor} a_0!$이다. p의 배수인 인수들의 기여는 $\lfloor n/p \rfloor!$에서의 기여와 같다. 이러한 논증을 반복하면 원하는 공식을 얻게 된다.

15. $(n!)^3$. 항들의 개수는 $n!$이다. 각 항은 각 행과 각 열로부터 가져온 하나의 성분만 가지며, 따라서 그 값은 $(n!)^2$이다.

16. 계수들이 $1/e$에 접근하기 때문에 항들은 0에 접근하지 않는다.

17. 감마 함수를 식 (15)를 이용해서 극한 형태로 표현한다.

18. $\displaystyle\prod_{n \ge 1} \frac{n}{n - \frac{1}{2}} \frac{n}{n + \frac{1}{2}} = \frac{\Gamma\left(\frac{1}{2}\right)\Gamma\left(\frac{3}{2}\right)}{\Gamma(1)\Gamma(1)} = 2\Gamma\left(\frac{3}{2}\right)^2.$

〔월리스 자신의 발견법적 "증명"은 D. J. Struik, *Source Book in Mathematics* (Harvard University Press, 1969), 244-253에서 볼 수 있다.〕

19. 변수 $t = mt$를 변화시키면서 부분적분하고 귀납법을 적용한다.

20. 〔완전함을 위해, 문제에 주어진 부등식부터 증명하겠다. 쉽게 증명할 수 있는 부등식 $1 + x \le e^x$부터 시작하자. $x = \pm t/n$로 두고 n차로 거듭제곱하면 $(1 \pm t/n)^n \le e^{\pm t}$가 된다. 따라서 연습문제 1.2.1-9에 의해 $e^{-t} \ge (1 - t/n)^n = e^{-t}(1 - t/n)^n e^t \ge e^{-t}(1 - t/n)^n(1 + t/n)^n = e^{-t}(1 - t^2/n^2)^n \ge e^{-t}(1 - t^2/n)$이다.〕

이제, 주어진 적분에서 $\Gamma_m(x)$를 뺀 것은

$$\int_m^\infty e^{-t} t^{x-1}\, dt + \int_0^m \left(e^{-t} - \left(1 - \frac{t}{m}\right)^m\right) t^{x-1}\, dt$$

이다. $m \to \infty$에 따라, 이 적분들 중 첫째 것은 0에 접근하며(커다란 t에 대해 $t^{x-1} < e^{t/2}$이므로), 둘째 것은 다음보다 작다

$$\frac{1}{m}\int_0^m t^{x+1}e^{-t}\,dt < \frac{1}{m}\int_0^\infty t^{x+1}e^{-t}\,dt \to 0$$

21. 해당 계수를 $c(n, j, k_1, k_2, \ldots)$로 표기할 때, 미분에 의해

$$c(n+1, j, k_1, \ldots) = c(n, j-1, k_1-1, k_2, \ldots) + (k_1+1)c(n, j, k_1+1, k_2-1, k_3, \ldots)$$
$$+ (k_2+1)c(n, j, k_1, k_2+1, k_3-1, k_4, \ldots) + \cdots.$$

임을 알 수 있다. 이 귀납 관계식에서도 등식 $k_1 + k_2 + \cdots = j$와 $k_1 + 2k_2 + \cdots = n$이 유지된다. $c(n+1, j, k_1, \ldots)$에 대한 등식의 우변에 나오는 각 항에서 $n!/(k_1!(1!)^{k_1}k_2!(2!)^{k_2}\ldots)$을 쉽게 빼낼 수 있으며, 그러면 $k_1 + 2k_2 + 3k_3 + \cdots = n+1$이 남는다. (증명에서는 무한히 많은 k들이 있다고 가정하는 게 편리하다. 물론 $k_{n+1} = k_{n+2} = \cdots = 0$이긴 하지만.)

방금 제시한 해답은 표준적인 기법들을 사용했지만, 공식이 왜 이런 형태인지, 그리고 애초에 어떻게 그런 공식을 발견했는지는 만족스럽게 설명해주지 않는다. 이 의문을 월H. S. Wall이 제시한 조합 논증 [*Bull. Amer. Math. Soc.* **44** (1938), 395-398]을 가지고 조사해보자. 편의상 $w_j = D_u^j w$, $u_k = D_x^k u$로 두고, $D_x(w_j) = w_{j+1}u_1$, $D_x(u_k) = u_{k+1}$로 두자. 이 두 규칙과 곱의 미분 규칙으로부터 다음을 이끌어낼 수 있다.

$$D_x^1 w = w_1 u_1$$
$$D_x^2 w = (w_2 u_1 u_1 + w_1 u_2)$$
$$D_x^3 w = ((w_3 u_1 u_1 u_1 + w_2 u_2 u_1 + w_2 u_1 u_2) + (w_2 u_1 u_2 + w_1 u_3)), \text{ 등등.}$$

이와 비슷하게, 해당 집합 분할들도 만들어낸다.

$$\mathcal{D}^1 = \{1\}$$
$$\mathcal{D}^2 = (\{2\}\{1\} + \{2,1\})$$
$$\mathcal{D}^3 = ((\{3\}\{2\}\{1\} + \{3,2\}\{1\} + \{2\}\{3,1\}) + (\{3\}\{2,1\} + \{3,2,1\})), \text{ 등등.}$$

공식적으로, $a_1 a_2 \ldots a_j$가 집합 $\{1, 2, \ldots, n-1\}$의 한 분할이라고 하고, 다음과 같이 정의한다.

$$\mathcal{D}a_1 a_2 \ldots a_j = \{n\}a_1 a_2 \ldots a_j + (a_1 \cup \{n\})a_2 \ldots a_j$$
$$+ a_1(a_2 \cup \{n\})\ldots a_j + \cdots + a_1 a_2 \ldots (a_j \cup \{n\}).$$

이 규칙은, 만일 항 $w_j u_{r_1} u_{r_2} \ldots u_{r_j}$가 a_t의 r_t개의 요소들(단 $1 \le t \le j$)로 된 한 분할 $a_1 a_2 \ldots a_j$에 해당한다고 하면, 다음 규칙과 정확히 평행이다.

$$\mathcal{D}_x(w_j u_{r_1} u_{r_2} \ldots u_{r_j}) = w_{j+1}u_1 u_{r_1} u_{r_2} \ldots u_{r_j} + w_j u_{r_1+1} u_{r_2} \ldots u_{r_j}$$
$$+ w_j u_{r_1} u_{r_2+1} \ldots u_{r_j} + \cdots + w_j u_{r_1} u_{r_2} \ldots u_{r_j+1}.$$

따라서 $\mathcal{D}^n$에서 $D_x^n w$로의 자연스러운 사상이 존재하는 것이며, 더 나아가서 $\mathcal{D}^n$에 집합 $\{1, 2, \ldots, n\}$의 각 분할이 정확히 한 번씩만 포함됨도 쉽게 보일 수 있다. (연습문제 1.2.6-64 참고.)

이러한 관찰들로부터, 만일 $D_x^n w$에서 비슷한 항들을 모은다면 항 $c(k_1, k_2, \ldots) w_j u_1^{k_1} u_2^{k_2} \ldots$들의 합을 얻게 됨을 알 수 있다. 여기서 $j = k_1 + k_2 + \cdots$이고 $n = k_1 + 2k_2 + \cdots$이며 $c(k_1, k_2, \ldots)$는 $\{1, 2, \ldots, n\}$을 j개의 부분집합들로 분할하되 원소 개수가 t개인 부분집합이 k_t개가 되도록 분할하는 방법의 수이다.

이제 그런 분할들의 개수가 몇 개인지를 알아내야 한다. 용량이 t인 상자 k_t개로 된 배열을 생각해 보자.

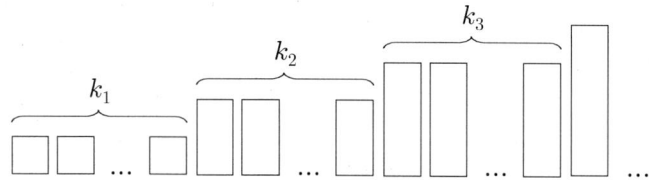

n개의 서로 다른 요소들을 이 상자들에 집어넣는 방법의 수는 다항계수

$$\binom{n}{1, 1, \ldots, 1, 2, 2, \ldots, 2, 3, 3, \ldots, 3, 4, \ldots} = \frac{n!}{1!^{k_1} 2!^{k_2} 3!^{k_3} \cdots}$$

이다. $c(k_1, k_2, k_3, \ldots)$를 구하려면 이것을 $k_1! k_2! k_3! \ldots$로 나눠야 하는데, 왜냐하면 k_t의 각 그룹의 상자들은 서로 구별할 수 없기 때문이다. 이들은 집합 분할에 영향을 미치지 않고도 $k_t!$가지 방법으로 순열치환할 수 있다.

아르보가의 원래의 증명 [*Du Calcul des Dérivations* (Strasbourg: 1800), §52]은 $D_x^k u / k!$가 $u(x + z)$의 z^k의 계수이고 $D_u^j w / j!$는 $w(u + y)$의 y^j의 계수이며, 따라서 $w(u(x + z))$의 z^n의 계수는

$$\frac{D_x^n w}{n!} = \sum_{j=0}^{n} \frac{D_u^j w}{j!} \sum_{\substack{k_1 + k_2 + \cdots + k_n = j \\ k_1 + 2k_2 + \cdots + nk_n = n \\ k_1, k_2, \ldots, k_n \geq 0}} \frac{j!}{k_1! k_2! \ldots k_n!} \left(\frac{D_x^1 u}{1!} \right)^{k_1} \left(\frac{D_x^2 u}{2!} \right)^{k_2} \cdots \left(\frac{D_x^n u}{n!} \right)^{k_n}$$

라는 사실에 근거를 둔 것이었다.

그의 공식은 수십 년간 잊혀졌다가, 그와는 독립적으로 브루노F. Faà di Bruno가 다시 발견했다 [*Quarterly J. Math.* 1 (1857), 359-360]. 그는 그 공식을 다음과 같이 하나의 행렬식으로 표현할 수 있음을 밝혔다.

$$D_x^n = \det \begin{pmatrix} \binom{n-1}{0} u_1 & \binom{n-1}{1} u_2 & \binom{n-1}{2} u_3 & \cdots & \binom{n-1}{n-2} u_{n-1} & \binom{n-1}{n-1} u_n \\ -1 & \binom{n-2}{0} u_1 & \binom{n-2}{1} u_2 & \cdots & \binom{n-2}{n-3} u_{n-2} & \binom{n-2}{n-2} u_{n-1} \\ 0 & -1 & \binom{n-3}{0} u_1 & \cdots & \binom{n-3}{n-4} u_{n-3} & \binom{n-3}{n-3} u_{n-2} \\ \vdots & \vdots & \vdots & \ddots & \vdots & \vdots \\ 0 & 0 & 0 & \cdots & -1 & \binom{0}{0} u_1 \end{pmatrix}.$$

여기서 $u_j = (D_x^j u) D_u$ 이다. 이 등식의 양변은 w에 적용될 미분 연산자들이다. I. J. Good, *Annals of Mathematical Statistics* **32** (1961), 540-541에는 아르보가의 공식을 여러 변수들에 작용하는 함수로 일반화한 것과 관련 성과들의 참고문헌 목록이 나와 있다.

22. 그 가설은 $\lim_{n\to\infty} (n+x)!/(n!\ n^x) = 1$이 정수 x에 대해 유효하다는 것이다. 예를 들어 x가 양수이면 그 수량은 $(1+1/n)(1+2/n)\dots(1+x/n)$이며, 이는 확실히 단위원으로 접근한다. 만일 $x! = x(x-1)!$이라고도 가정한다면, 그 가설에서 다음과 같은 결론이 직접 도출된다.

$$1 = \lim_{n\to\infty} \frac{(n+x)!}{n!\,n^x} = x! \lim_{n\to\infty} \frac{(x+1)\dots(x+n)}{n!\,n^x}.$$

이는 본문에 주어진 정의와 동치이다.

23. (13)과 (15)에 의해, $z(-z)!\,\Gamma(z) = \lim_{m\to\infty} \prod_{n=1}^{m} (1-z/n)^{-1}(1+z/n)^{-1}$.

24. $n^n/n! = \prod_{k=1}^{n-1}(k+1)^k/k^k \le \prod_{k=1}^{n-1} e$, $\ n!/n^{n+1} = \prod_{k=1}^{n-1} k^{k+1}/(k+1)^{k+1} \le \prod_{k=1}^{n-1} e^{-1}$.

25. $x^{\overline{m+n}} = x^{\overline{m}}(x-m)^{\overline{n}}$, $\ x^{\overline{m+n}} = x^{\overline{m}}(x+m)^{\overline{n}}$. (21)에 의해, 이 규칙들은 m과 n이 정수가 아닐 때에도 성립한다.

1.2.6절

1. n. 각 조합마다 하나의 항목이 소거되므로.

2. 1. 공집합에서 아무 것도 선택하지 않는 방법은 정확히 한 가지이다.

3. $\binom{52}{13}$. 실제 값은 635013559600.

4. $2^4 \cdot 5^2 \cdot 7^2 \cdot 17 \cdot 23 \cdot 41 \cdot 43 \cdot 47$.

5. $(10+1)^4 = 10000 + 4(1000) + 6(100) + 4(10) + 1$.

6. $r = -3$: $\ 1\ \ -3\ \ \ 6\ \ -10\ \ \ 15\ \ -21\ \ \ 28\ \ -36 \dots$
$r = -2$: $\ 1\ \ -2\ \ \ 3\ \ \ -4\ \ \ \ 5\ \ \ -6\ \ \ \ 7\ \ \ -8 \dots$
$r = -1$: $\ 1\ \ -1\ \ \ 1\ \ \ -1\ \ \ \ 1\ \ \ -1\ \ \ \ 1\ \ \ -1 \dots$

7. $\lfloor n/2 \rfloor$ 아니면 $\lceil n/2 \rceil$. (3) 때문에, 더 작은 값들에서는 이항계수가 순증가하며, 그 이후에는 0으로 감소함이 명백하다.

8. 각 행의 0이 아닌 요소들은 왼쪽에서 오른쪽으로와 오른쪽에서 왼쪽으로가 동일하다.

9. n이 양이나 0이면 1, n이 음이면 0.

10. (a), (b), (f)는 (e)에서 직접 나오며, (c)와 (d)는 (a), (b), 식 (9)에서 직접 나온다. 따라서 (e)만 증명하면 된다. $\binom{n}{k}$를 식 (3)으로 주어진, 분자와 분모에 인수들이 있는 분수라고 생각하자. 처음 $k \bmod p$개의 인수들은 그 분모에 p가 없으며, 분자와 분모에서 그 항들은 p의 배수만큼 차이가 나는

$$\binom{n \bmod p}{k \bmod p}$$

의 해당 항들과 합동임이 확실하다. (p의 배수가 아닌 값들을 다룰 때에는 분자와 분모 모두에서 modulo p를 사용할 수 있다. 왜냐하면, 만일 $a \equiv c$, $b \equiv d$이고 a/b와 c/d가 정수이면 $a/b \equiv c/d$ 이기 때문이다.) 그러면 $k - k \bmod p$개의 인수들이 남는데, 그것들은 각각 p개의 연속적인 수들로 된 $\lfloor k/p \rfloor$개의 그룹들에 속한다. 각 그룹에는 p의 배수가 정확히 하나만 있다. 한 그룹의 나머지 $p - 1$개의 인수들은 $(p-1)!$에 대해 합동(modulo p)이며, 따라서 분자와 분모에서 약분된다. 이제 분자와 분모에 있는 $\lfloor k/p \rfloor$개의 p의 배수들을 살펴보자. 그것들 각각을 p로 나누면 다음과 같은 이항계수가 남는다.

$$\binom{\lfloor (n - k \bmod p)/p \rfloor}{\lfloor k/p \rfloor}.$$

만일 $k \bmod p \le n \bmod p$이면 이것은 우리가 원했던

$$\binom{\lfloor n/p \rfloor}{\lfloor k/p \rfloor}$$

와 같다. 그리고 만일 $k \bmod p > n \bmod p$이면, 나머지 인수 $\binom{n \bmod p}{k \bmod p}$는 0이다. 따라서 공식은 일반적인 경우에서 성립한다. [*American J. Math.* **1** (1878), 229–230; 또한 L. E. Dickson, *Quart. J. Math.* **33** (1902), 383–384; N. J. Fine, *AMM* **54** (1947), 589–592도 볼 것.]

11. 만일 $a = a_r p^r + \cdots + a_0$, $b = b_r p^r + \cdots + b_0$, $a + b = c_r p^r + \cdots + c_0$이면 n의 값은(연습 문제 1.2.5-12와 식 (5)에 따라)

$$(a_0 + \cdots + a_r + b_0 + \cdots + b_r - c_0 - \cdots - c_r)/(p-1)$$

이다. 하나의 받아올림은 c_j를 p 감소하고 c_{j+1}을 1 증가하며, 이에 의해 이 공식 전반에서 생기는 변화는 +1이다. [q항계수(q-nomial coefficients) 및 피보항계수(Fibonomial coefficients)에 대해서도 비슷한 결과가 성립한다. Knuth 및 Wilf, *Crelle* **396** (1989), 212–219 참고.]

12. 앞의 두 연습문제들 중 어떤 것에 의해서든, n은 2의 어떤 거듭제곱보다 1 작아야 한다. 좀 더 일반화하면, 오직 $n = ap^m - 1$, $1 \le a < p$, $m \ge 0$일 때에만 $\binom{n}{k}$(여기서 $0 \le k \le n$)는 소수 p로 결코 나누어지지 않는다.

14. $24\binom{n+1}{5} + 36\binom{n+1}{4} + 14\binom{n+1}{3} + \binom{n+1}{2}$

$$= \frac{n^5}{5} + \frac{n^4}{2} + \frac{n^3}{3} - \frac{n}{30} = \frac{n(n+1)\left(n + \dfrac{1}{2}\right)(3n^2 + 3n - 1)}{15}.$$

15. 귀납법과 (9)를 사용한다.

17. r과 s가 양의 정수라고 가정할 수 있다. 또한 모든 x에 대해

$$\sum_n \binom{r+s}{n} x^n = (1+x)^{r+s} = \sum_k \binom{r}{k} x^k \sum_m \binom{s}{m} x^m$$

$$= \sum_k \binom{r}{k} x^k \sum_n \binom{s}{n-k} x^{n-k} = \sum_n \left(\sum_k \binom{r}{k} \binom{s}{n-k} \right) x^n$$

이므로 x^n의 계수들은 반드시 동일하다.

21. 좌변은 차수가 n 이하인 하나의 다항식이다. 우변은 $m+n+1$차 다항식이다. 이 다항식들은 $n+1$개의 지점들에서 일치하지만, 그것만으로는 다항식들이 상등임을 증명하기에 충분하지 않다. 〔일반적인 경우에서 정확한 공식은 다음과 같다.

$$\sum_{k=0}^{r} \binom{r-k}{m} \binom{s+k}{n} = \binom{r+s+1}{m+n+1} - \sum_{k=0}^{m} \binom{r+1}{k} \binom{s}{m+n+1-k}.$$

여기서 m, n, r은 음이 아닌 정수들이다.〕

22. $n > 0$라고 가정한다. k번째 항은 r 곱하기

$$\frac{1}{n!} \binom{n}{k} \prod_{0<j<k} (r-tk-j) \prod_{0 \le j < n-k} (n-1-r+tk-j)$$

$$= \frac{(-1)^{k-1}}{n!} \binom{n}{k} \prod_{0<j<k} (-r+tk+j) \prod_{k \le j < n} (-r+tk+j)$$

이며 두 곱들은 $n-1$차 k 다항식이다. 따라서 k에 대한 합은 식 (34)에 의해 0이다.

24. n에 대한 귀납법으로 증명한다. 만일 $n \le 0$이면 항등식은 자명하다. 만일 $n > 0$이면 항등식이 $(r, n-r+nt+m, t, n)$에 대해 성립함을 이전 두 연습문제와 $n-1$에 대한 유효성을 이용해서 정수 $m \ge 0$에 대한 귀납법으로 증명한다. 그러면 무한히 많은 s에 대한 항등식 (r, s, t, n)이 확립되는데, 양변이 s의 다항식들이므로 그 항등식은 모든 s에 대해 성립한다.

25. 비율 판정법(ratio test)과 큰 k값들에 대한 직접적인 추정들을 이용하면 수렴을 증명할 수 있다. (다른 방식으로는, 복소변수 이론을 이용해서 해당 함수가 $x = 1$ 근방에서 해석적임을 알 수 있다.)

$$1 = \sum_{k,j} (-1)^j \binom{k}{j} \binom{r-jt}{k} \frac{r}{r-jt} w^k = \sum_j (-1)^j \frac{r}{r-jt} \sum_k \binom{k}{j} \binom{r-jt}{k} w^k$$

$$= \sum_j \frac{(-1)^j r}{r-jt} \sum_k \binom{r-jt}{j} \binom{r-jt-j}{k-j} w^k = \sum_j (-1)^j A_j(r,t)(1+w)^{r-jt-j} w^j$$

이다. 이제 $x = 1/(1+w)$, $z = -w/(1+w)^{1+t}$로 둔다. 이 증명은 굴드H. W. Gould에서 기인한 것이다. 〔*AMM* **63** (1956), 84–91〕. 연습문제 2.3.4.4-33과 4.7-22의 좀 더 일반적인 공식들도 볼 것.

26. 항등식 (35)를 다음과 같은 형태로 두고

$$\sum_j (-1)^j \binom{k}{j}\binom{r-jt}{k} = t^k$$

연습문제 25에서처럼 풀어나간다. 또 다른 방법으로, 연습문제 25의 공식을 z에 대해 미분한다. 그러면

$$\sum_k k A_k(r,t)z^k = z\frac{d(x^r)}{dz} = \frac{(x^{t+1}-x^t)rx^r}{(t+1)x^{t+1}-tx^t}$$

이 나오며, 따라서

$$\sum_k \left(1 - \frac{t}{r}k\right)A_k(r,t)z^k$$

의 값을 구할 수 있다.

27. 식 (26)의 증명은, $x^{r+1}/((t+1)x-t)$에 대한 급수에 x^s에 대한 급수를 곱해서 $x^{r+s+1}/((t+1)x-t)$에 대한 급수를 얻고, 그 급수의 계수들과 z의 계수들을 등식화(등호로 연관시키는 것)해 볼 것.

28. 좌변을 $f(r,s,t,n)$이라고 표기한다면,

$$\binom{r+s}{n} + tf(r+t-1,s-t,t,n-1) = f(r,s,t,n)$$

이다. 이는 다음 항등식을 고려한 것이다.

$$\sum_k \binom{r+tk}{k}\binom{s-tk}{n-k}\frac{r}{r+tk} + \sum_k \binom{r+tk}{k}\binom{s-tk}{n-k}\frac{tk}{r+tk} = f(r,s,t,n).$$

29. $(-1)^k\binom{n}{k}\Big/n! = (-1)^k/(k!(n-k)!) = (-1)^n\Big/\prod_{\substack{0\le j\le n\\ j\ne k}}(k-j).$

30. (7), (6), (19)를 적용해서 다음을 얻는다.

$$\sum_{k\ge 0}\binom{-m-2k-1}{n-m-k}\binom{2k+1}{k}\frac{(-1)^{n-m}}{2k+1}.$$

이제 $(r,s,t,n) = (1,m-2n-1,-2,n-m)$이라고 두고 식 (26)을 적용해서 다음을 얻을 수 있다.

$$(-1)^{n-m}\binom{-m}{n-m} = \binom{n-1}{n-m}.$$

이 결과는 n이 양수일 때에는 이전의 공식과 같으나, $n=0$일 때에는 지금 얻은 답은 옳은 반면 $\binom{n-1}{m-1}$은 그렇지 않다. 지금의 유도는 답 $\binom{n-1}{n-m}$이 $n\ge 0$과 모든 정수 m에 대해 유효하다는 추가적인 이점도 있다.

31. 〔이 합은 J. F. Pfaff, *Nova Acta Acad. Scient. Petr.* **11** (1797), 38–57에서 최초로 닫힌 형태로 구했다.〕 우선,

$$\sum_k \sum_j \binom{m-r+s}{k}\binom{n+r-s}{n-k}\binom{r}{m+n-j}\binom{k}{j}$$

$$= \sum_j \sum_k \binom{m-r+s}{j}\binom{n+r-s}{n-k}\binom{r}{m+n-j}\binom{m-r+s-j}{k-j}$$

$$= \sum_j \binom{m-r+s}{j}\binom{r}{m+n-j}\binom{m+n-j}{n-j}$$

이다. $\binom{m+n-j}{n-j}$를 $\binom{m+n-j}{m}$으로 바꾸고 (20)을 적용하면 다음을 얻는다.

$$\sum_j \binom{m-r+s}{j}\binom{r}{m}\binom{r-m}{n-j} = \binom{r}{m}\binom{s}{n}$$

32. (44)의 x를 $-x$로 치환한다.

33, 34. 〔*Mém. Roy. Sci.* (Paris, 1772), part 1, 492; C. Kramp, *Élémens d'Arithmétique Universelle* (Cologne: 1808), 359; *Giornale di Mat. Battaglini* **33** (1895), 179-182.〕 $x^{\overline{n}} = n!\binom{x+n-1}{n}$이므로 등식을 다음과 같이 변형할 수 있다.

$$\binom{x+y+n-1}{n} = \sum_k \binom{x+(1-z)k}{k}\binom{y-1+nz+(n-k)(1-z)}{n-k}\frac{x}{x+(1-z)k}$$

이는 (26)의 경우이다. 비슷하게, $(x+y)^n = \sum_k \binom{n}{k}x(x-kz-1)^{\underline{k-1}}(y+kz)^{\underline{n-k}}$인데, 이는 로테 Rothe의 것 〔*Formulæ de Serierum Reversione* (Leipzig: 1793), 18〕과 동등한 공식이다.

35. 예를 들어서 첫 공식은 다음과 같이 증명된다.

$$\sum_k (-1)^{n+1-k}\left(n\left[{n \atop k}\right] + \left[{n \atop k-1}\right]\right)x^k = -nx^{\overline{n}} + xx^{\overline{n}} = x^{\overline{n+1}}.$$

36. (13)에 의해, n이 음이 아닌 정수라고 가정해서, 각각 2^n과 δ_{n0}을 얻는다.

37. $n > 0$일 때 2^{n-1}이다. (홀, 짝 항들이 소거되므로 각각은 총합의 반과 같다.)

38. $\omega = e^{2\pi i/m}$라고 하자. 그러면

$$\sum_{0 \le j < m} (1+\omega^j)^n \omega^{-jk} = \sum_t \sum_{0 \le j < m} \binom{n}{t}\omega^{j(t-k)}$$

이다. 이제

$$\sum_{0 \le j < m} \omega^{rj} = m\,[r \equiv 0 \ (\text{modulo } m)]$$

(이것은 등비수열의 합이다)이므로, 우변의 합은 $m \sum_{t \bmod m = k} \binom{n}{t}$이다.

좌변의 원래의 합은:

$$\sum_{0 \le j < m} (\omega^{-j/2} + \omega^{j/2})^n \omega^{j(n/2-k)} = \sum_{0 \le j < m} \left(2\cos\frac{j\pi}{m}\right)^n \omega^{j(n/2-k)}.$$

이 수량이 실수임은 알려져 있으므로, 실수부를 취하면 언급된 공식을 얻을 수 있다. 〔*Crelle* **11** (1834), 353-355 참고.〕

$m = 3$, $m = 5$인 경우들은 *CMath* 연습문제 5.75와 6.57에서 논의한 특수한 성질들을 가진다.

39. $n!$과 $\delta_{n0} - \delta_{n1}$. (제2종 삼각형의 행 합들은 그리 간단하지 않다. $\sum_k \begin{Bmatrix} n \\ k \end{Bmatrix}$가 n요소들의 집합을 서로 소인 집합들로 분할하는 방법의 수이자 $\{1, 2, ..., n\}$에 대한 동치관계들의 개수임을 알게 될 것이다(연습문제 64).)

40. (c)의 증명: 부분적분으로

$$B(x + 1, y) = -\left.\frac{t^x(1 - t)^y}{y}\right|_0^1 + \frac{x}{y}\int_0^1 t^{x-1}(1 - t)^y\,dt$$

를 얻는다. 이제 (b)를 적용한다.

41. m이 정수 값들을 거치든 아니든, (단조성에 의해) $m \to \infty$에 따라 $m^x B(x, m + 1) \to \Gamma(x)$이다. 따라서 $(m + y)^x B(x, m + y + 1) \to \Gamma(x)$이고 $(m/(m + y))^x \to 1$이다.

42. $1/((r + 1)B(k + 1, r - k + 1))$, 단 이것이 연습문제 41(b)에 따라 정의된다면. 일반적으로 z와 w가 임의의 복소수일 때 이항계수를 다음과 같이 정의한다.

$$\binom{z}{w} = \lim_{\zeta \to z}\lim_{w \to w}\frac{\zeta!}{w!\,(\zeta - w)!}, \quad \text{여기서 } \zeta! = \Gamma(\zeta + 1)$$

z가 음의 정수이고 w가 정수가 아니면 이 값은 무한대이다.

이러한 정의에서, 대칭조건 (6)은 모든 복소수 n과 k에 대해 성립한다. 단, n이 음의 정수이고 k가 정수일 때에는 성립하지 않는다. 식 (7), (9), (20)은 종종 $0 \cdot \infty$나 $\infty + \infty$ 같은 중간적인 형태를 취하긴 하지만, 결코 거짓이 되지는 않는다. 식 (17)은 다음이 된다.

$$\binom{z}{w} = \frac{\sin\pi(w - z - 1)}{\sin\pi z}\binom{w - z - 1}{w}.$$

이항계수 (13)과 방데르몽드 합성곱 (21)을 확장해서

$$\sum_k \binom{r}{\alpha + k}z^{\alpha + k} = (1 + z)^r \quad \text{과} \quad \sum_k \binom{r}{\alpha + k}\binom{s}{\beta - k} = \binom{r + s}{\alpha + \beta}$$

를 얻는 것도 가능하다. 복소수의 거듭제곱이 적절히 정의되어 있다고 할 때, 이 공식들은 급수가 수렴한다면 모든 복소수 r, s, z, α, β에 대해 성립한다. 〔L. Ramshaw, *Inf. Proc. Letters* **6** (1977), 223-226 참고.〕

43. $\displaystyle\int_0^1 dt/(t^{1/2}(1 - t)^{1/2}) = 2\int_0^1 du/(1 - u^2)^{1/2} = 2\arcsin u\big|_0^1 = \pi$.

45. 큰 r에 대해, $\dfrac{1}{k\Gamma a(k)}\sqrt{\dfrac{r}{r - k}}\,\dfrac{1}{e^k}\dfrac{(1 - k/r)^k}{(1 - k/r)^r} \to \dfrac{1}{\Gamma(k + 1)}$.

46. $\sqrt{\dfrac{1}{2\pi}\Big(\dfrac{1}{x}+\dfrac{1}{y}\Big)}\Big(1+\dfrac{y}{x}\Big)^{x}\Big(1+\dfrac{x}{y}\Big)^{y}$ 과 $\dbinom{2n}{n}\approx 4^{n}/\sqrt{\pi n}$.

47. 각 수량은 $k \le 0$일 때 δ_{k0}이며, k를 $k+1$로 대체한다면 $(r-k)(r-\tfrac{1}{2}-k)/(k+1)^{2}$가 곱해진다. $r=-\tfrac{1}{2}$일 때에는 $\dbinom{-1/2}{k}=(-1/4)^{k}\dbinom{2k}{k}$를 함의한다.

48. 이는 다음과 같은 사실을 이용해서 귀납법으로 증명할 수 있다.

$$0=\sum_{k}\binom{n}{k}(-1)^{k}=\sum_{k}\binom{n}{k}\frac{(-1)^{k}k}{k+x}+\sum_{k}\binom{n}{k}\frac{(-1)^{k}x}{k+x},\ \ \text{단 } n>0.$$

아니면 다음을 이용해도 된다.

$$B(x,n+1)=\int_{0}^{1}t^{x-1}(1-t)^{n}\,dt=\sum_{k}\binom{n}{k}(-1)^{k}\int_{0}^{1}t^{x+k-1}\,dt.$$

(사실 문제에 주어진 합은 급수가 수렴할 때 음이 아닌 n에 대해서도 $B(x,n+1)$과 같다.)

49. $\dbinom{r}{m}=\sum_{k}\dbinom{r}{k}\dbinom{-r}{m-2k}(-1)^{m+k}$, m은 정수. (연습문제 17 참고.)

50. k번째 피가수는 $\dbinom{n}{k}(-1)^{n-k}(x-kz)^{n-1}x$이다. 식 (34)를 적용한다.

51. 우변은

$$\sum_{k}\binom{n}{n-k}x(x-kz)^{k-1}\sum_{j}\binom{n-k}{j}(x+y)^{j}(-x+kz)^{n-k-j}$$

$$=\sum_{j}\binom{n}{j}(x+y)^{j}\sum_{k}\binom{n-j}{n-j-k}x(x-kz)^{k-1}(-x+kz)^{n-k-j}$$

$$=\sum_{j\le n}\binom{n}{j}(x+y)^{j}0^{n-j}=(x+y)^{n}$$

이다. 트렐리 합도 같은 방식으로 증명할 수 있다(연습문제 34).

아벨 공식은 그것을 연습문제 2.3.4.4-29에서 유도한, 다음과 같은 좀 더 대칭적인 항등식으로 쉽게 변환할 수 있다는 사실을 이용해도 깔끔하게 증명할 수 있다.

$$\sum_{k}\binom{n}{k}x(x+kz)^{k-1}y(y+(n-k)z)^{n-k-1}=(x+y)(x+y+nz)^{n-1}.$$

아벨의 정리는 후르비츠A. Hurwitz가 더욱 일반화했다 [*Acta Mathematica* **26** (1902), 199–203]. 다음과 같다.

$$\sum x(x+\epsilon_{1}z_{1}+\cdots+\epsilon_{n}z_{n})^{\epsilon_{1}+\cdots+\epsilon_{n}-1}(y-\epsilon_{1}z_{1}-\cdots-\epsilon_{n}z_{n})^{n-\epsilon_{1}-\cdots-\epsilon_{n}}=(x+y)^{n}.$$

여기서 합은 $\epsilon_{1},\dots,\epsilon_{n}$ 각각을 독립적으로 0 또는 1로 선택하는 2^{n}개의 모든 선택들에 대한 합이다. 이것은 $x,y,z_{1},\dots,z_{n}$에 대한 항등식이며, 아벨의 공식은 $z_{1}=z_{2}=\cdots=z_{n}$일 때의 특별한 경우이다. 후르비츠의 공식은 연습문제 2.3.4.4-30의 결과들에서 도출된 것이다.

52. $\sum_{k \geq 0}(k+1)^{-2} = \pi^2/6$. 〔하우투스M. L. J. Hautus는 이 합이 모든 복소수 x, y, z, n에 대해 $z \neq 0$이면 절대수렴함을 밝혔다. 이는 큰 k에 대한 항들이 항상 $1/k^2$차이기 때문이다. 이러한 수렴은 유계 영역에 대해 균일하므로, 급수를 항 별로 미분할 수 있다. 만일 $f(x, y, n)$이 $z = 1$일 때의 합의 값이라면 $(\partial/\partial y)f(x, y, n) = nf(x, y, n-1)$이고 $(\partial/\partial x)f(x, y, n) = nf(x-1, y+1, n-1)$임을 알 수 있다. 이 공식들은 $f(x, y, n) = (x+y)^n$과 모순되지 않는다. 그러나 사실 마지막 항등식은 합이 유한하지 않는 이상 거의 성립되지 않는다. 더 나아가서, z에 대한 미분은 거의 항상 0이 아니다.

53. (b)에 대해서는, (a)의 결과에서 $r = \frac{1}{2}$, $s = -\frac{1}{2}$로 설정하라.

54. 음 기호들을 다음과 같이 체커판 패턴으로 삽입한다.

$$\begin{pmatrix} 1 & -0 & 0 & -0 \\ -1 & 1 & -0 & 0 \\ 1 & -2 & 1 & -0 \\ -1 & 3 & -3 & 1 \end{pmatrix}$$

이는 a_{ij}에 $(-1)^{i+j}$를 곱한 것과 같다. 식 (33)에 따라, 이것이 문제가 요구한 역행렬이다.

55. 한 삼각형에 음 부호를 연습문제 54에서처럼 삽입하면 다른 삼각형의 역행렬이 된다. (식 (47).)

56. 210 310 320 321 410 420 421 430 431 432 510 520 521 530 531 532 540 541 542 543 610. a를 고정시키면 b와 c는 a개의 수들의 조합들을 한 번에 두 개씩 거쳐 가게 되며, a와 b를 고정시키면 c는 b개의 수들의 조합을 한 번에 하나씩 거쳐 가게 된다.

비슷하게, 모든 수를 $n = \binom{a}{4} + \binom{b}{3} + \binom{c}{2} + \binom{d}{1}$ 형태(단 $a > b > c > d \geq 0$)로 표현할 수 있다. 이 순차열의 처음은 3210 4210 4310 4320 4321 5210 5310 5320 …이다. 조합 표현은 "탐욕 (greedy)" 법으로, 즉 우선 가장 큰 a를 택하고, 그런 다음 $n - \binom{a}{4}$에 대해 가장 큰 b를 택하는 식으로 찾을 수 있다. 〔7.2.1.3절은 이 표현의 추가적인 성질들을 논의한다.〕

58. 〔*Systematisches Lehrbuch der Arithmetik* (Leipzig: 1811), xxix.〕 귀납법과 다음을 이용한다.

$$\binom{n}{k}_q = \binom{n-1}{k}_q + \binom{n-1}{k-1}_q q^{n-k} = \binom{n-1}{k}_q q^k + \binom{n-1}{k-1}_q.$$

따라서 〔F. Schweins, *Analysis* (Heidelberg: 1820), §151〕 (21)의 q 일반화는

$$\sum_k \binom{r}{k}_q \binom{s}{n-k}_q q^{(r-k)(n-k)} = \sum_k \binom{r}{k}_q \binom{s}{n-k}_q q^{(s-n+k)k} = \binom{r+s}{n}_q$$

이다. 그리고 항등식 $1 - q^t = -q^t(1 - q^{-t})$를 이용하면 식 (17)을 손쉽게 다음 공식으로 일반화할 수 있다.

$$\binom{r}{k}_q = (-1)^k \binom{k-r-1}{k}_q q^{kr-k(k-1)/2}.$$

q항계수들은 다양한 응용들에서 나타난다. 예를 들면 5.1.2절과 *J. Combinatorial Theory* **A10** (1971), 178-180에 나온 필자의 주석을 보라.

유용한 사실: n이 음이 아닌 정수일 때 $\binom{n}{k}_q$는 음이 아닌 정수 계수들을 가진 q의 $k(n-k)$차 다항식이며, 다음과 같은 반사법칙을 만족한다.

$$\binom{n}{k}_q = \binom{n}{n-k}_q = q^{k(n-k)}\binom{n}{k}_{q^{-1}}.$$

만일 $|q| < 1$이고 $|x| < 1$이면, 좌변을 $\prod_{k \geq 0}((1+q^k x)/(1+q^{n+k}x))$로 치환하면 n이 임의의 실수일 때에도 q항정리가 성립한다. 멱급수의 성질들 덕분에, 오직 n이 양의 정수일 때에만 이를 입증하면 된다. 왜냐하면 $q^n = y$로 둘 수 있기 때문이다. 그러면 항등식은 무한히 많은 y 값들에 대해 입증된다. 이제 q항정리의 상위 색인을 부정해서

$$\prod_{k \geq 0}\frac{(1-q^{k+r+1}x)}{(1-q^k x)} = \sum_k \binom{-r-1}{k}_q q^{k(k-1)/2}(-q^{r+1}x)^k = \sum_k \binom{k+r}{k}_q x^k$$

를 얻는다.

추가적인 정보로는 G. Gasper, M. Rahman, *Basic Hypergeometric Series* (Cambridge Univ. Press, 1990)를 보라. q항계수는 가우스가 *Commentationes societatis regiæ scientiarum Gottingensis recentiores* **1** (1808), 147-186에서 소개했다. Cauchy [*Comptes Rendus Acad. Sci.* **17** (Paris, 1843), 523-531], Jacobi [*Crelle* **32** (1846), 197-204], Heine [*Crelle* **34** (1847), 285-328], 그리고 7.2.1.4절도 볼 것.

59. $(n+1)\binom{n}{k} - \binom{n}{k+1}$.

60. $\binom{n+k-1}{k}$. 식 (2)를 외우고 있다면 이 공식도 쉽게 외울 수 있다. 이 공식은

$$\frac{n(n+1)\ldots(n+k-1)}{k(k-1)\ldots 1}$$

인데, 식 (2)와는 달리 분자의 수들이 내려가는 것이 아니라 올라간다는 점만 기억하면 된다. 이 공식은 이것이 $1 \leq a_1 \leq a_2 \leq \cdots \leq a_k \leq n$ 관계들에 대한 정수해들 $(a_1, \ldots, a_k)$의 개수를 세는 것이라는 점을 이용해서 교묘하게 증명할 수 있다. 그 관계들은 $0 < a_1 < a_2 + 1 < \cdots < a_k + k - 1 < n + k$와 같으며,

$$0 < b_1 < b_2 < \cdots < b_k < n + k$$

에 대한 해들의 개수는 집합 $\{1, 2, \ldots, n+k-1\}$에서 서로 다른 k개의 수들을 택하는 방법의 수이다. (이 요령은 셰르크H. F. Scherk, *Crelle* **3** (1828), 97에서 유래한다. 희한하게도, 푀어슈테만W. A. Förstemann 역시 같은 저널 **13** (1835), 237에서 이를 제시했다. 그는 "이 요령은 아마도 오래전에 알려졌을 거라고 충분히 믿을 만하나, 이에 대한 많은 문헌들을 살펴보았지만 어디서에도 이 요령에 대한 언급을 찾을 수 없었다"라고 말했다.)

61. 요구된 수량이 a_{mn}이라고 할 때, (46)과 (47)에 의해 $a_{mn} = na_{m(n-1)} + \delta_{mn}$이다. 따라서 답은 $[n \geq m]\, n!/m!$이다. (56)을 반전(inversion)해서도 같은 공식을 쉽게 얻을 수 있다.

62. $(m, n, r, s, k) \leftarrow (m+k, l-k, m+n, n+l, j)$로 설정해서 연습문제 31의 항등식을 적용한다.

$$\sum_k (-1)^k \binom{l+m}{l+k}\binom{m+n}{m+k}\binom{n+l}{n+k}$$

$$= \sum_{j,k} (-1)^k \binom{l+m}{l+k}\binom{l+k}{j}\binom{m-k}{l-k-j}\binom{m+n+j}{m+l}$$

$$= \sum_{j,k} (-1)^k \binom{2l-2j}{l-j+k} \frac{(m+n+j)!}{(2l-2j)!\,j!\,(m-l+j)!\,(n+j-l)!}.$$

이것은 계승의 부호들을 적절히 재배치한 것이다. 이제 $j = l$인 경우만 빼고는 k에 대한 합이 소거된다.

딕슨A. C. Dixon은 이 항등식의 $l = m = n$인 특수한 경우를 발표했다 〔*Messenger of Math.* **20** (1891), 79-80〕. 20년 후 그는 일반적인 경우에 대해서도 밝혔다 〔*Proc. London Math. Soc.* **35** (1903), 285-289〕. 그러나 로저스L. J. Rogers가 그보다 조금 앞서서 훨씬 더 일반적인 공식을 출판했다 〔*Proc. London Math. Soc.* **26** (1895), 15-32, §8〕. 또한 논문들 P. A. MacMahon, *Quarterly Journal of Pure and Applied Math.* **33** (1902), 274-288, John Dougall, *Proc. Edinburgh Math. Society* **25** (1907), 114-132도 볼 것. 이에 해당하는 q항 항등식들은 다음과 같다.

$$\sum_k \binom{m-r+s}{k}_q\binom{n+r-s}{n-k}_q\binom{r+k}{m+n}_q q^{(m-r+s-k)(n-k)} = \binom{r}{m}_q\binom{s}{n}_q,$$

$$\sum_k (-1)^k \binom{l+m}{l+k}_q\binom{m+n}{m+k}_q\binom{n+l}{n+k}_q q^{(3k^2-k)/2} = \frac{(l+m+n)!_q}{l!_q\,m!_q\,n!_q}.$$

여기서 $n!_q = \prod_{k=1}^{n}(1+q+\cdots+q^{k-1})$이다.

63. *CMath*의 연습문제 5.83과 5.106을 볼 것.

64. $f(n,m)$이 $\{1, 2, ..., n\}$을 m개의 부분들로 분할하는 방법의 수라고 하자. $f(1, m) = \delta_{1m}$임은 자명하다. 만일 $n > 1$이면 다음 두 종류의 분할들이 생긴다: (a) 원소 n 하나가 분할의 한 집합을 형성한다. 그런 분할들을 만드는 방법은 $f(n-1, m-1)$가지이다. (b) 원소 n이 다른 원소와 함께 나타난다. n을 $\{1, 2, ..., n-1\}$의 임의의 m 분할에 삽입하는 방법은 m가지이다. 따라서 그런 분할들을 만드는 방법은 $mf(n-1, m)$이다. 결국 $f(n,m) = f(n-1, m-1) + mf(n-1, m)$이며, 여기에 귀납법을 적용하면 $f(n,m) = \left\{ {n \atop m} \right\}$이라는 결론이 나온다.

65. *AMM* **99** (1992), 410-422를 보라.

66. $X = \binom{x}{n}$, $\underline{X} = \binom{x}{n-1} = \frac{n}{x-n+1}X$, $\overline{X} = \binom{x}{n+1} = \frac{n}{x-n+1}X$라고 하자. Y와 Z에 대해서도 마찬가지로 정의한다. $y > n-1$이 고정된다고 가정한다. 그러면 x는 z의 함수이다.

이제 $F(z) = \overline{X} - \overline{Y} - \overline{Z}$로 두고, 어떠한 $z > n-2$에 대해 $F(z) = 0$이라고 가정하자. $F'(z) < 0$가 0임을 증명할 것이다. 그것이 증명되면 $z = y$는 $n-2$보다 큰 유일한 근이 되며, 그러면 둘째 부등식이 증명된다. $F(z) = \frac{x-n}{n+1}(Y+Z) - \frac{y-n}{n+1}Y - \frac{z-n+1}{n}Z = 0$이고 $x > y$이며 $Y, Z > 0$이므로 반드시 $\frac{x-n}{n+1} < \frac{z-n+1}{n}$이다. $X' = dX/dx$, $Z' = dZ/dz = dX/dz$로 치환하면

$$\frac{X'}{X} = \frac{1}{x} + \frac{1}{x-1} + \cdots + \frac{1}{x-n+1} > \frac{n}{n+1}\left(\frac{1}{z} + \cdots + \frac{1}{z-n+2}\right) = \frac{n}{n+1}\frac{Z'}{Z}$$

이 된다. 왜냐하면 $\frac{x-n+1}{n+1} < \frac{z-n+2}{n}$, ..., $\frac{x-1}{n+1} < \frac{z}{n}$ 이기 때문이다. 따라서 $dx/dz = Z'/X' < \frac{n+1}{n}(Z/X)$ 이며

$$F'(z) = \frac{X}{n+1}\frac{dx}{dz} + \frac{x-n}{n+1}Z' - \frac{Z}{n} - \frac{z-n+1}{n}Z' < \left(\frac{x-n}{n+1} - \frac{z-n+1}{n}\right)Z' < 0$$

이다.

첫째 부등식의 증명은, 우선 $n > 2$ 라고 가정할 수 있다. 그러면, 만일 어떠한 $z > n-2$ 에 대해 $\underline{X} = \underline{Y} + \underline{Z}$ 이면 둘째 부등식은 $z = y$ 임을 뜻한다.

참조: L. Lovász, *Combinatorial Problems and Exercises*, 문제 13.31(a); R. M. Redheffer, *AMM* **103** (1996), 62-64.

67. 만일 $k > 0$ 이면 연습문제 1.2.5-24로부터 약간 더 명확한(그러나 기억하기는 좀 더 어려운) 상계 $\binom{n}{k} = n^{\underline{k}}/k! \le n^k/k! \le \frac{1}{e}\left(\frac{ne}{k}\right)^k \le \left(\frac{ne}{k+1}\right)^k$ 들을 얻을 수 있다. 해당 하계는

$$\binom{n}{k} \ge \left(\frac{(n-k)e}{k}\right)^k \frac{1}{ek}$$

이다.

68. $t_k = k\binom{n}{k}p^k(1-p)^{n+1-k}$ 이라 하자. 그러면 $t_k - t_{k+1} = \binom{n}{k}p^k(1-p)^{n-k}(k-np)$ 이다. 따라서 문제에 주어진 합은

$$\sum_{k < \lceil np \rceil}(t_{k+1} - t_k) + \sum_{k \ge \lceil np \rceil}(t_k - t_{k+1}) = 2t_{\lceil np \rceil}$$

이다. [드무아브르는 np 가 정수인 경우에서의 이 항등식을 *Miscellanea Analytica* (1730), 101에서 언급했다. 푸앵카레 H. Poincaré는 그의 *Calcul des Probabilités* (1896), 56-60에서 일반적인 경우를 증명했다. 이 항등식과 비슷한 여러 공식들의 흥미로운 역사에 대해서는 P. Diaconis, S. Zabell, *Statistical Science* **6** (1991), 284-302를 보라.]

1.2.7절

1. 0, 1, 3/2.

2. 각 항 $1/(2^m + k)$ 을 상계 $1/2^m$ 로 치환한다.

3. $H_{2^m-1}^{(r)} \le \sum_{0 \le k < m} 2^k/2^{kr}$ 이다. $2^{r-1}/(2^{r-1} - 1)$ 은 한 상계이다.

4. (b)와 (c).

5. 9.78760 60360 44382 ...

6. 귀납법과 식 1.2.6-(46)을 이용할 것.

7. $T(m+1, n) - T(m, n) = 1/(m+1) - 1/(mn+1) - \cdots - 1/(mn+n) \le 1/(m+1) -$

$(1/(mn+n)+\cdots+1/(mn+n))=1/(m+1)-n/(mn+n)=0$. 최대값은 $m=n=1$일 때 나오며, m과 n이 아주 커지면 최소값에 접근한다. 식 (3)에 의해 최대 하계는 γ인데, 결코 그 하계에 도달하지는 못한다. 이 결과의 한 일반화가 *AMM* **70** (1963), 575-577에 나온다.

8. 스털링 근사에 의해, $\ln n!$은 약 $(n+\frac{1}{2})\ln n-n+\ln\sqrt{2\pi}$이다. 또한 $\sum_{k=1}^{n}H_k$는 약 $(n+1)\ln n-n(1-\gamma)+(\gamma+\frac{1}{2})$이다. 차이는 약 $\gamma n+\frac{1}{2}\ln n+.158$이다.

9. $-1/n$.

10. 좌변을 두 개의 합으로 나눈다. 둘째 합에서 k를 $k+1$로 바꾼다.

11. $n>0$에 대해 $2-H_n/n-1/n$.

12. $1.000\ldots$은 소수점 300자리 이상으로 정확하다.

13. 정리 A의 증명에서처럼 귀납법을 사용한다. 또는 미적분을 사용할 수도 있다. x에 대해 미분하고 $x=1$에서 평가한다.

14. 1.2.3절의 예 2를 볼 것. 둘째 합은 $\frac{1}{2}(H_{n+1}^2-H_{n+1}^{(2)})$이다.

15. $\sum_{j=1}^{n}(1/j)\sum_{k=j}^{n}H_k$를 본문에 나온 공식들로 합할 수 있다. 답은 $(n+1)H_n^2-(2n+1)H_n+2n$이다.

16. $H_{2n-1}-\frac{1}{2}H_{n-1}$.

17. 첫째 해 (초급): 분모가 $(p-1)!$이 되게 한다. 이는 진짜 분모의 배수이나 p의 배수는 아니다. 이제 해당 분자 $(p-1)!/1+(p-1)!/2+\cdots+(p-1)!/(p-1)$이 p의 배수임을 보이면 된다. 법이 p일 때, $(p-1)!/k\equiv(p-1)!k'$이다. 여기서 k'는 $kk'\bmod p=1$을 만족하도록 택한 것이다. 집합 $\{1',2',\ldots,(p-1)'\}$는 단지 집합 $\{1,2,\ldots,p-1\}$이므로 분자는 $(p-1)!(1+2+\cdots+p-1)\equiv0$에 합동이다.

둘째 해 (고급): 연습문제 4.6.2-6에 의해 $x^{\overline{p}}\equiv x^p-x\ (\text{modulo }p)$이다. 따라서 연습문제 1.2.6-32에 의해 $\begin{bmatrix}p\\k\end{bmatrix}\equiv\delta_{kp}-\delta_{k1}$이다. 이제 연습문제 6을 적용한다.

$p>3$일 때 H_{p-1}의 분자가 p^2의 배수임은 알려져 있다. Hardy, Wright, *An Introduction to the Theory of Numbers*, 7.8절을 볼 것.

18. 만일 $n=2^km$이고 m이 홀수이면 그 합은 $2^{2k}m_1/m_2$와 같다(단, m_1과 m_2는 모두 홀수). [*AMM* **67** (1960), 924-925.]

19. 오직 $n=0$과 $n=1$ 뿐이다. $n\geq2$에 대해서는, $k=\lfloor\lg n\rfloor$이라고 하면 분모가 2^k인 항이 딱 하나만 존재한다. 따라서 $2^{k-1}H_n-\frac{1}{2}$은 분모에 오직 홀수 소수들만 있는 항들의 합이다. 만일 H_n이 하나의 정수였다면 $2^{k-1}H_n-\frac{1}{2}$에는 분모가 2인 항이 하나 존재했을 것이다.

20. 피적분함수를 항별로 전개한다. 또한 *AMM* **69** (1962), 239와 굴드H. W. Gould의 논문 *Mathematics Magazine* **34** (1961), 317-321도 볼 것.

21. $H_{n+1}^2 - H_{n+1}^{(2)}$.

22. $(n+1)(H_n^2 - H_n^{(2)}) - 2n(H_n - 1)$.

23. $\Gamma'(n+1)/\Gamma(n+1) = 1/n + \Gamma'(n)/\Gamma(n)$ 이다. 왜냐하면 $\Gamma(x+1) = x\Gamma(x)$. $H_n = \gamma + \Gamma'(n+1)/\Gamma(n+1)$ 이므로. 함수 $\psi(x) = \Gamma'(x)/\Gamma(x) = H_{x-1} - \gamma$ 를 프사이 함수(psi function) 또는 디감마 함수(digamma function)라고 부른다. 유리수 x에 대한 몇 가지 값들이 부록 A에 나온다.

24. 주어진 항등식은

$$x \lim_{n \to \infty} e^{(H_n - \ln n)x} \prod_{k=1}^{n} \left(\left(1 + \frac{x}{k}\right) e^{-x/k} \right) = \lim_{n \to \infty} \frac{x(x+1)\dots(x+n)}{n^x n!}$$

이다.

참고: 따라서 이전 연습문제에서 고려한 H_n의 일반화는 $r = 1$일 때의 $H_x^{(r)} = \sum_{k \geq 0} (1/(k+1)^r - 1/(k+1+x)^r)$ 과 같다. 같은 착상을 좀 더 큰 r값들에 대해서도 사용할 수 있다. 무한 곱은 모든 복소수 x에 대해 수렴한다.

1.2.8절

1. k개월 후에는 F_{k+2}개의 쌍들이 존재한다. 따라서 답은 $F_{14} = 377$쌍이다.

2. $\ln(\phi^{1000}/\sqrt{5}) = 1000 \ln \phi - \frac{1}{2} \ln 5 = 480.40711$이며, $\log_{10} F_{1000}$은 이것의 $1/(\ln 10)$배, 즉 208.64이다. 따라서 F_{1000}은 선행 자릿수가 4인 209자리 수이다.

4. 0, 1, 5. 그 이후부터는 F_n이 너무 빠르게 증가한다.

5. 0, 1, 12.

6. 귀납법을 사용한다. (그 항등식은 모든 음의 n에 대해서도 유효하다. 연습문제 8 참고.)

7. 만일 d가 n의 진약수라면 F_d는 F_n을 나눈다. 이제 d가 2보다 크다면 F_d는 1보다 크며 F_n보다 작다. 2보다 큰 진약수가 없는 유일한 비소수는 $n = 4$이다. $F_4 = 3$은 유일한 예외이다.

8. $F_{-1} = 1$, $F_{-2} = -1$, n에 대한 귀납법에 의해 $F_{-n} = (-1)^{n+1} F_n$.

9. (15)는 아니다. 나머지 것은 유효하다. 어떠한 것이 n과 그 이상에 대해 참이면 $n-1$에 대해서도 참임을 증명하는 방식의 귀납적 논증 방법으로 증명할 수 있다.

10. n이 짝수이면 더 크다. n이 홀수이면 더 작다. (식 (14) 참고.)

11. 귀납법을 사용한다. 연습문제 9를 볼 것. 이것은 연습문제 13(a)의 한 특수 경우이다.

12. 만일 $\mathcal{G}(z) = \sum \mathcal{F}_n z^n$이면 $(1 - z - z^2)\mathcal{G}(z) = z + F_0 z^2 + F_1 z^3 + \cdots = z + z^2 \mathcal{G}(z)$이다. 따라서 $\mathcal{G}(z) = G(z) + z G(z)^2$이다. 식 (17)로부터 $\mathcal{F}_n = ((3n+3)/5)F_n - (n/5)F_{n+1}$이 나온다.

13. (a) $a_n = rF_{n-1} + sF_n$. (b) $(b_{n+2} + c) = (b_{n+1} + c) + (b_n + c)$이므로 새로운 수열 $b'_n = b_n + c$를 고려할 수 있다. (a)를 b'_n에 적용하면 답 $cF_{n-1} + (c+1)F_n - c$가 나온다.

14. $a_n = F_{m+1}F_{n-1} + (F_{m+2}+1)F_n - \binom{n}{m} - \binom{n+1}{m-1} - \cdots - \binom{n+m}{0}$.

15. $c_n = xa_n + yb_n + (1-x-y)F_n$.

16. F_{n+1}. 귀납법과 $\binom{n+1-k}{k} = \binom{n-k}{k} + \binom{(n-1)-(k-1)}{k-1}$을 적용.

17. 일반적으로, 수량 $(x^{n+k} - y^{n+k})(x^{m-k} - y^{m-k}) - (x^n - y^n)(x^m - y^m)$은 $(xy)^n(x^{m-n-k} - y^{m-n-k})(x^k - y^k)$과 같다. $x = \phi$, $y = \hat\phi$로 두고 $(\sqrt5)^2$으로 나눈다.

18. 피보나치 수 F_{2n+1}이다.

19. $u = \cos 72°$, $v = \cos 36°$로 둔다. 그러면 $u = 2v^2 - 1$이고 $v = 1 - 2\sin^2 18° = 1 - 2u^2$이다. 따라서 $u + v = 2(v^2 - u^2)$, 즉 $1 = 2(v-u) = 2v - 4v^2 + 2$이다. 결론적으로 $v = \frac{1}{2}\phi$이다. (또한 $u = \frac{1}{2}\phi^{-1}$, $\sin 36° = \frac{1}{2}5^{1/4}\phi^{-1/2}$, $\sin 72° = \frac{1}{2}5^{1/4}\phi^{1/2}$이다.)

20. $F_{n+2} - 1$.

21. $x^2 + x - 1$을 곱한다. 답은 $(x^{n+1}F_{n+1} + x^{n+2}F_n - x)/(x^2 + x - 1)$이다. 만일 분모가 0이면 x는 $1/\phi$이거나 $1/\hat\phi$이다. 그러면 답은 $(n+1 - x^n F_{n+1})/(2x+1)$이다.

22. F_{m+2n}. 다음 연습문제에서 $t = 2$로 두고 얻는다.

23. $$\frac{1}{\sqrt5}\sum_k \binom{n}{k}(\phi^k F_t^k F_{t-1}^{n-k}\phi^m - \hat\phi^k F_t^k F_{t-1}^{n-k}\hat\phi^m)$$
$$= \frac{1}{\sqrt5}(\phi^m(\phi F_t + F_{t-1})^n - \hat\phi^m(\hat\phi F_t + F_{t-1})^n) = F_{m+tn}$$

24. F_{n+1}(첫 행의 인수들로 전개한다).

25. $2^n\sqrt5\, F_n = (1+\sqrt5)^n - (1-\sqrt5)^n$.

26. 페르마의 정리에 의해, $2^{p-1} \equiv 1$이다. 이제 연습문제 25와 연습문제 1.2.6-10(b)를 적용한다.

27. 주어진 명제는 $p = 2$이면 참이다. 그렇지 않으면 $F_{p-1}F_{p+1} - F_p^2 = -1$이다. 따라서 연습문제 26과 페르마의 정리에 의해 $F_{p-1}F_{p+1} \equiv 0 \pmod{p}$이다. $F_{p+1} = F_p + F_{p-1}$이기 때문에 이 인수들 중 오직 하나만 p의 배수이다.

28. $\hat\phi^n$. 참고: 점화식 $a_{n+1} = Aa_n + B^n$, $a_0 = 0$에 대한 해는:
만일 $A \neq B$이면 $a_n = (A^n - B^n)/(A-B)$, $A = B$이면 $a_n = nA^{n-1}$.

29. (a)

$\binom{n}{0}_{\mathcal{F}}$	$\binom{n}{1}_{\mathcal{F}}$	$\binom{n}{2}_{\mathcal{F}}$	$\binom{n}{3}_{\mathcal{F}}$	$\binom{n}{4}_{\mathcal{F}}$	$\binom{n}{5}_{\mathcal{F}}$	$\binom{n}{6}_{\mathcal{F}}$
1	0	0	0	0	0	0
1	1	0	0	0	0	0
1	1	1	0	0	0	0
1	2	2	1	0	0	0
1	3	6	3	1	0	0
1	5	15	15	5	1	0
1	8	40	60	40	8	1

(b) (6)에서 나온다. 〔É. Lucas, *Amer. J. Math.* **1** (1878), 201-204.〕

30. m에 대한 귀납법으로 논증한다. $m = 1$일 때에는 주어진 명제가 명백하다.

(a) $\sum_k \binom{m}{k}_{\mathcal{F}} (-1)^{\lceil (m-k)/2 \rceil} F_{n+k}^{m-2} F_k = F_m \sum_k \binom{m-1}{k-1}_{\mathcal{F}} (-1)^{\lceil (m-k)/2 \rceil} F_{n+k}^{m-2} = 0.$

(b) $\sum_k \binom{m}{k}_{\mathcal{F}} (-1)^{\lceil (m-k)/2 \rceil} F_{n+k}^{m-2} (-1)^k F_{m-k}$

$$= (-1)^m F_m \sum_k \binom{m-1}{k}_{\mathcal{F}} (-1)^{\lceil (m-1-k)/2 \rceil} F_{n+k}^{m-2} = 0.$$

(c) $(-1)^k F_{m-k} = F_{k-1} F_m - F_k F_{m-1}$이고 $F_m \neq 0$이므로, (a)와 (b)로부터

$$\sum_k \binom{m}{k}_{\mathcal{F}} (-1)^{\lceil (m-k)/2 \rceil} F_{n+k}^{m-2} F_{k-1} = 0$$이라는 결론을 내릴 수 있다.

(d) $F_{n+k} = F_{k-1} F_n + F_k F_{n+1}$이므로 이 결과는 (a)와 (c)로부터 나온다. 이 결과를 연습문제 1.2.6-58의 q항정리를 이용해서 약간 더 일반적인 형태로 증명할 수도 있다. 참조: Dov Jarden, *Recurring Sequences*, 2nd ed. (Jerusalem, 1966), 30-33; J. Riordan, *Duke Math. J.* **29** (1962), 5-12.

31. 연습문제 8과 11을 적용한다.

32. 법을 F_n으로 해서, 피보나치 수열은 $0, 1, \ldots, F_{n-1}, 0, F_{n-1}, -F_{n-2}, \ldots$이다.

33. 이 특정한 z에 대해 $\cos z = \frac{1}{2}(e^{iz} + e^{-iz}) = -i/2$임을 주목할 것. 이제 모든 z에 대해 $\sin(n+1)z + \sin(n-1)z = 2\sin nz \cos z$라는 사실을 사용한다.

34. F_{k_1}로 가능한 값은 오직 n보다 작거나 같은 최대 피보나치 수임을, 따라서 $n - F_{k_1}$이 F_{k_1-1}보다 작음을 증명하고, 귀납법으로 $n - F_{k_1}$의 고유한 표현이 존재함을 증명한다. 이러한 증명의 틀은 유일 소인수분해 정리(unique factorization theorem)의 증명과 매우 비슷하다. 피보나치 수체계는 체켄도르프E. Zeckendorf에서 유래한다 〔*Simon Stevin* **29** (1952), 190-195; *Bull. Soc. Royale des Sciences de Liège* **41** (1972), 179-182〕. 그러나 7.2.1.7절에서도 지적하듯이 이것은 14세기 인도에서 암묵적으로 알려져 있었다. 이에 대한 일반화들은 연습문제 5.4.2-10에서 논의한다.

35. G. M. Bergman, *Mathematics Magazine* **31** (1957), 98-110을 볼 것. $x > 0$을 표현하는 문제는, $\phi^k \leq x$인 최대의 k를 찾고 x를 ϕ^k에 $x - \phi^k$의 표현을 더한 것으로 나타내면 된다.

음이 아닌 정수들의 표현은, 0과 1에 대한 자명한 표현들로부터 시작해서 다음과 같은 전정수 (all-integer) 재귀 규칙들을 적용해서 얻는다: $L_n = \phi^n + \hat{\phi}^n = F_{n+1} + F_{n-1}$라 하자. $0 \leq m \leq L_{2n-1}$과 $n \geq 1$에 대한 $L_{2n} + m$의 표현은 $\phi^{2n} + \phi^{-2n}$에 m의 표현을 더한 것이다. $0 < m < L_{2n}$과 $n \geq 0$에 대한 $L_{2n+1} + m$의 표현은 $\phi^{2n+1} + \phi^{-2n-2}$에 $m - \phi^{-2n}$의 표현을 더한 것인데, 여기서 후자는 규칙 $\phi^k - \phi^{k-2j} = \phi^{k-1} + \phi^{k-3} + \cdots + \phi^{k-2j+1}$을 적용해서 얻는다. 0들과 1들로 구성된, 그리고 1로 시작하며 인접한 1들은 없는 모든 문자열 α들은 정확히 하나의 양의 정수의 표현에서 소수점의 왼쪽에 나타난다. 단, $10^{2k}1$로 끝나는 문자열들은 예외이다. 그런 문자열들은 이런 표현

들에서 결코 나타나지 않는다.

36. $n > 1$일 때 S_n은 무한 문자열 S_∞의 처음 F_n개의 문자들로 구성된다는 점에 주목하자. 이중 a들이나 삼중 b들은 없다. 문자열 S_n은 F_{n-2}개의 a들과 F_{n-1}개의 b들로 이루어진다. 만일 $m-1$을 연습문제 34에서처럼 피보나치 수체계로 표현한다면, S_∞의 m번째 글자는 오직 $k_r = 2$일 때에만 a이다. S_∞의 k번째 글자는 오직 $\lfloor (k+1)\phi^{-1} \rfloor - \lfloor k\phi^{-1} \rfloor = 1$일 때에만 b이다. 따라서 처음 k글자들 중 b의 개수는 $\lfloor (k+1)\phi^{-1} \rfloor$이다. 또한, k번째 글자는 오직 어떠한 양의 정수 m에 대해 $k = \lfloor m\phi \rfloor$일 때에만 b이다. 이러한 순차열은 18세기에 베르누이 John Bernoulli가, 19세기에는 마르코프 A. A. Markov가, 그리고 그 이후에도 많은 수학자들이 연구했다. K. B. Stolarsky, *Canadian Math. Bull.* **19** (1976), 473-482를 보라.

37. 〔*Fibonacci Quart.* **1** (1963년 12월), 9-12.〕 연습문제 34의 피보나치 수체계를 고려한다. 그 체계 안에서 만일 $n = F_{k_1} + \cdots + F_{k_r} > 0$이면 $\mu(n) = F_{k_r}$라 하자. 그리고 $\mu(0) = \infty$로 둔다. 그러면 다음과 같은 사실들을 이끌어낼 수 있다: (A) 만일 $n > 0$이면 $\mu(n-\mu(n)) > 2\mu(n)$이다. 증명: $k_r \geq 2$이므로 $\mu(n-\mu(n)) = F_{k_{r-1}} \geq F_{k_r+2} > 2F_{k_r}$이다. (B) 만일 $0 < m < F_k$이면 $\mu(m) \leq 2(F_k - m)$이다. 증명: $\mu(m) = F_j$라고 하면 $m \leq F_{k-1} + F_{k-3} + \cdots + F_{j+(k-1-j)\bmod 2} = -F_{j-1+(k-1-j)\bmod 2} + F_k \leq -\frac{1}{2}F_j + F_k$이다. (C) 만일 $0 < m < \mu(n)$이면 $\mu(n-\mu(n)+m) \leq 2(\mu(n)-m)$이다. 증명: 이것은 (B)에서 나온다. (D) 만일 $0 < m < \mu(n)$이면 $\mu(n-m) \leq 2m$이다. 증명: (C)에서 $m = \mu(n)-m$으로 설정한다.

이제, 현재 n개의 칩들이 있으며 다음 차례에서 최대 q개를 취한다고 하면 오직 $\mu(n) \leq q$일 때에만 승리하는 수가 존재함을 증명해 보겠다. 증명: (a) 만일 $\mu(n) > q$이면 모든 수들은 $\mu(n') \leq q'$인 하나의 배치 n', q'가 되게 만든다. 〔이는 위의 (D)에서 나온 것이다.〕 (b) 만일 $\mu(n) \leq q$이면 이번에 승리하거나($q \geq n$일 때), 또는 $\mu(n') > q'$인 배치 n', q'가 되게 할 수 있다. 〔이는 위의 (A)에서 비롯된 것이다. 이 수는 $\mu(n)$개의 칩들을 취한다.〕 이제 모든 승리 수들의 집합은, $n = F_{k_1} + \cdots + F_{k_r}$이라 할 때 $j = 1$ 또는 $F_{k_{j-1}} > 2(F_{k_j} + \cdots + F_{k_r})$이고 $1 \leq j \leq r$인 어떠한 j에 대해 $F_{k_j} + \cdots + F_{k_r}$개를 제거하는 것들임을 보일 수 있다.

1000의 피보나치 표현은 987+13이다. 승리를 보장하는 유일한 수는 13개의 칩들을 취하는 것이다. 첫 플레이어는 n이 피보나치 수가 아니면 항상 이길 수 있다.

이런 종류의 상당히 일반화된 게임들에 대한 해법은 슈벵크 A. Schwenk가 구했다 〔*Fibonacci Quarterly* **8** (1970), 225-234〕.

39. $(3^n - (-2)^n)/5$.

40. m에 대한 귀납법으로, $F_m < n \leq F_{m+1}$에 대해 $f(n) = m$임을 증명한다. 우선, $f(n) \leq \max(1+f(F_m), 2+f(n-F_m)) = m$이다. 그리고, 만일 $f(n) < m$이면 $1+f(k) < m$(따라서 $k \leq F_{m-1}$)이고 $2+f(n-k) < m$(따라서 $n-k \leq F_{m-2}$)인 어떤 $k < n$이 존재한다. 〔그러므로 6.2.1절에 정의된 피보나치 트리들은 오른쪽 가지의 비용이 왼쪽 가지의 비용의 두 배일 때 루트에서 말단으로의 최대 비용을 최소화한다.〕

41. $F_{k_1+1} + \cdots + F_{k_r+1} = \phi n + (\hat{\phi}^{k_1} + \cdots + \hat{\phi}^{k_r})$은 하나의 정수이며, 괄호 안의 수량은 $\hat{\phi}^3 + \hat{\phi}^5 + \cdots = \phi^{-1} - 1$과 $\hat{\phi}^2 + \hat{\phi}^4 + \cdots = \phi^{-1}$ 사이이다. 비슷하게, $F_{k_1-1} + \cdots + F_{k_r-1} = \phi^{-1} n + (\hat{\phi}^{k_1} + \cdots + \hat{\phi}^{k_r}) = f(\phi^{-1} n)$이다. 〔이러한 피보나치 자리이동은 마일 단위와 킬로미터 단위의 변환을 암산할 때 편리하다. *CMath*, §6.6 참고.〕

42. 〔*Fibonacci Quarterly* **6** (1968), 235-244.〕 그런 표현이 하나 존재한다면, 모든 정수 N에 대해

$$mF_{N-1} + nF_N = F_{k_1+N} + F_{k_2+N} + \cdots + F_{k_r+N} \qquad (*)$$

이다. 따라서 서로 다른 두 표현들은 연습문제 34와 모순된다.

반대로, 모든 음이 아닌 m과 n에 대해 그런 공동 표현들이 존재함을 귀납법으로 증명할 수 있다. 그러나 이전의 연습문제를 사용해서, 음의 정수 m과 n에 대해서도 그런 공동 표현들이 오직 $m + \phi n \geq 0$일 때에만 존재할 수 있음을 증명하는 게 더 흥미로울 것이다. 증명: N이 $|m\hat{\phi}^{N-1} + n\hat{\phi}^N| < \phi^{-2}$을 만족할 정도로 크다고 하자. 그리고 $mF_{N-1} + nF_N$을 $(*)$에서처럼 표현한다. 그러면 $mF_N + nF_{N+1} = \phi(mF_{N-1} + nF_N) + (m\hat{\phi}^{N-1} + n\hat{\phi}^N) = f(\phi(mF_{N-1} + nF_N)) = F_{k_1+N+1} + \cdots + F_{k_r+N+1}$이며, 이는 $(*)$가 모든 N에 대해 성립함을 뜻한다. 이제 $N = 0$과 $N = 1$로 둔다.

1.2.9절

1. $1/(1-2z) + 1/(1-3z)$.

2. $\binom{n}{k} = n!/k!(n-k)!$이므로 (6)으로부터 도출할 수 있다.

3. $G'(z) = \ln(1/(1-z))/(1-z)^2 + 1/(1-z)^2$. 이것과 $G(z)/(1-z)$의 유의성에 의해 $\sum_{k=1}^{n-1} H_k = nH_n - n$임을 알 수 있다. 이는 식 1.2.7-(8)과 일치한다.

4. $t = 0$으로 둔다.

5. z^k의 계수는 (11)과 (22)에 의해

$$(n-1)! \sum_{0 \leq j < k} \begin{Bmatrix} j \\ n-1 \end{Bmatrix} \binom{k}{j}$$

이다.

이제 식 1.2.6-(46)과 1.2.6-(52)를 적용한다. (또는, 미분하고 1.2.6-(46)을 사용한다.)

6. $(\ln(1/(1-z)))^2$. 미분은 조화수에 대한 생성함수의 두 배이다. 따라서 합은 $2H_{n-1}/n$이다.

8. $1/((1-z)(1-z^2)(1-z^3)\dots)$. 〔역사적으로, 이것은 생성함수의 최초 응용들 중 하나이다. 이 생성함수에 관련된 오일러의 18세기 연구들의 흥미로운 평가로는 G. Pólya, *Induction and Analogy in Mathematics* (Princeton: Princeton University Press, 1954), 6장을 보라.〕

9. $\dfrac{1}{24} S_1^4 + \dfrac{1}{4} S_1^2 S_2 + \dfrac{1}{8} S_2^2 + \dfrac{1}{3} S_1 S_3 + \dfrac{1}{4} S_4$.

10. $G(z) = (1+x_1z)\ldots(1+x_nz)$. 식 (38)의 유도에서처럼 로그를 취하면, (17)을 (24)로 대체한 것만 빼면 동일한 공식들이 나온다. 그리고 답은 S_2, S_4, S_6, $\ldots$을 $-S_2$, $-S_4$, $-S_6$, $\ldots$으로 치환한 것만 빼면 정확히 동일하다. 처음 네 항은 $e_1 = S_1$, $e_2 = \frac{1}{2}S_1^2 - \frac{1}{2}S_2$, $e_3 = \frac{1}{6}S_1^3 - \frac{1}{2}S_1S_2 + \frac{1}{3}S_3$, $e_4 = \frac{1}{24}S_1^4 - \frac{1}{4}S_1^2S_2 + \frac{1}{8}S_2^2 + \frac{1}{3}S_1S_3 - \frac{1}{4}S_4$이다. (연습문제 9 참고.) (39)에 비견할 수 있는 점화식은 $ne_n = S_1e_{n-1} - S_2e_{n-2} + \cdots$이다. 참고: 이 점화식의 등식들을 뉴턴 항등식이라고 부르는데, 뉴턴의 *Arithmetica Universalis* (1707)에서 처음 발표되었기 때문이다. D. J. Struik, *Source Book in Mathematics* (Harvard University Press, 1969), 94–95 참고.

11. $\sum_{m \geq 1} S_m z^m/m = \ln G(z) = \sum_{k \geq 1} (-1)^{k-1}(h_1z + h_2z^2 + \cdots)^k/k$이므로 원하는 계수는 $(-1)^{k_1+k_2+\cdots+k_m-1}m(k_1+k_2+\cdots+k_m-1)!/k_1!k_2!\ldots k_m!$이다. 〔$S_m$을 연습문제 10의 e들로 표현한다고 할 때, 이 계수에 $(-1)^{m-1}$을 곱하면 $e_1^{k_1}e_2^{k_2}\ldots e_m^{k_m}$의 계수가 나온다. 지라르Albert Girard는 그의 *Invention Nouvelle en Algébre* (Amsterdam: 1629) 끝부분에서 S_1, S_2, S_3, S_4에 대한 공식들을 e_1, e_2, e_3, e_4로 표현했다. 이로부터 대칭함수 이론이 탄생했다.〕

12. $\sum_{m,n \geq 0} a_{mn}w^mz^n = \sum_{m,n \geq 0} \binom{n}{m}w^mz^n = \sum_{n \geq 0}(1+w)^nz^n = 1/(1-z-wz)$.

13. $\int_n^{n+1} e^{-st}f(t)dt = (a_0 + \cdots + a_n)(e^{-sn} - e^{-s(n+1)})/s$. 모든 n에 대한 이 수식들을 함께 더하면 $\mathbf{L}f(s) = G(e^{-s})/s$가 나온다.

14. 연습문제 1.2.6–38 참고.

15. $G_n(z) = G_{n-1}(z) + zG_{n-2}(z) + \delta_{n0}$이며, 이로부터 $H(w) = 1/(1-w-zw^2)$임을 알 수 있다. 따라서 궁극적으로

$$G_n(z) = \left(\left(\frac{1+\sqrt{1+4z}}{2}\right)^{n+1} - \left(\frac{1-\sqrt{1+4z}}{2}\right)^{n+1}\right)\Big/\sqrt{1+4z}, \quad \text{단 } z \neq -\frac{1}{4}$$

이다. 그리고 $n \geq 0$에 대해 $G_n(-\frac{1}{4}) = (n+1)/2^n$이다.

16. $G_{nr}(z) = (1+z+\cdots+z^r)^n = \left(\dfrac{1-z^{r+1}}{1-z}\right)^n$. 〔$r = \infty$인 경우에 주목할 것.〕

17. $\sum_k \binom{-w}{k}(-z)^k = \sum_k \dfrac{w(w+1)\ldots(w+k-1)}{k(k-1)\ldots 1}z^k = \sum_{n,k} \begin{bmatrix} k \\ n \end{bmatrix}z^kw^n/k!$.

(다른 방법으로는, 이것을 $e^{w\ln(1/(1-z))}$로 쓰고 우선 w의 거듭제곱들로 전개한다.)

18. (a) 식 (27)에 의해, 고정된 n과 변하는 r에 대한 생성함수는

$$G_n(z) = (1+z)(1+2z)\ldots(1+nz) = z^{n+1}\left(\frac{1}{z}\right)\left(\frac{1}{z}+1\right)\left(\frac{1}{z}+2\right)\ldots\left(\frac{1}{z}+n\right)$$
$$= \sum_k \begin{bmatrix} n+1 \\ k \end{bmatrix}z^{n+1-k}$$

이다. 따라서 답은 $\begin{bmatrix} n+1 \\ n+1-r \end{bmatrix}$이다. (b) 비슷하게, 식 (28)에 의해 생성함수는

$$\frac{1}{1-z} \cdot \frac{1}{1-2z} \cdot \ldots \cdot \frac{1}{1-nz} = \sum_k \left\{ {k \atop n} \right\} z^{k-n}$$

이며, 따라서 답은 $\left\{ {n+r \atop n} \right\}$이다.

19. $\sum_{n \ge 1}(1/n - 1/(n+p/q))x^{p+nq} = \sum_{k=0}^{q-1}\omega^{-kp}\ln(1-\omega^k x) - x^p \ln(1-x^q) + \frac{q}{p}x^p$

$= f(x) + g(x)$. 여기서 $\omega = e^{2\pi i/q}$이고

$$f(x) = \sum_{k=1}^{q-1} \omega^{-kp} \ln(1-\omega^k x), \quad g(x) = (1-x^p)\ln(1-x) + \frac{q}{p}x^p - x^p \ln\frac{1-x^q}{1-x}$$

이다. 이제 $\lim_{x \to 1-} g(x) = q/p - \ln q$이다. 이 항등식으로부터

$$\ln(1-e^{i\theta}) = \ln\left(2e^{i(\theta-\pi)/2}\frac{e^{i\theta/2}-e^{-i\theta/2}}{2i}\right) = \ln 2 + \frac{1}{2}i(\theta-\pi) + \ln\sin\frac{\theta}{2}$$

가 나온다. A와 B를 다음과 같이 둔다면 이것을 $f(x) = A + B$라고 쓸 수 있다.

$$A = \sum_{k=1}^{q-1}\omega^{-kp}\left(\ln 2 - \frac{i\pi}{2} + \frac{ik\pi}{q}\right) = -\ln 2 + \frac{i\pi}{2} + \frac{i\pi}{(\omega^{-p}-1)},$$

$$B = \sum_{k=1}^{q-1}\omega^{-kp}\ln\sin\frac{k}{q}\pi = \sum_{0 < k < q/2}(\omega^{-kp} + \omega^{-(q-k)p})\ln\sin\frac{k}{q}\pi$$

$$= 2\sum_{0 < k < q/2}\cos\frac{2pk}{q}\pi \cdot \ln\sin\frac{k}{q}\pi.$$

마지막으로,

$$\frac{i}{2} + \frac{i}{(\omega^{-p}-1)} = \frac{i}{2}\left(\frac{1+\omega^p}{1-\omega^p}\right) = \frac{i}{2}\left(\frac{\omega^{p/2}+\omega^{-p/2}}{\omega^{p/2}-\omega^{-p/2}}\right) = \frac{1}{2}\cot\frac{p}{q}\pi.$$

[가우스는 이 결과들을 초기하급수에 대한 그의 걸작의 §33의 식 [75]에서 유도했으나, 증명이 충분하지는 않았다. 아벨이 *Crelle* **1** (1826), 314-315에서 그 결과들이 옳음을 증명했다.]

20. $c_{mk} = k!\left\{ {m \atop k} \right\}$, 식 1.2.6-(45)에 의해.

21. $z^2 G'(z) + z G(z) = G(z) - 1$에 주목한다. 이 미분방정식의 해는 $G(z) = (-1/z)e^{-1/z}$ $(E_1(-1/z) + C)$인데, 여기서 $E_1(z) = \int_z^\infty e^{-t}dt/t$이고 C는 하나의 상수이다. 이 함수는 $z = 0$ 근방에서 아주 나쁘게 행동하며(ill-behaved), $G(z)$에는 멱급수 전개가 없다. 사실, $\sqrt[n]{n!} \approx n/e$는 유계가 아니기 때문에 이 경우 생성함수는 수렴하지 않는다. 그러나 언급된 함수의 점근 전개는 $z < 0$일 때 수렴한다. [K. Knopp, *Infinite Sequences and Series* (Dover, 1956), 66절 참고.]

22. $G(z) = (1+z)^r(1+z^2)^r(1+z^4)^r(1+z^8)^r \ldots = (1-z)^{-r}$. 언급된 함수가 $\binom{r+n-1}{n}$이라는 점에서 비롯된 것이다.

23. (a) $m = 1$일 때 이것은 $f_1(z) = z$이고 $g_1(z) = 1+z$인 이항정리이다. $m \ge 1$이면, z_m을 $z_m(1+z_{m+1}^{-1})$로 대체하고 $f_{m+1}(z_1, \ldots, z_{m+1}) = z_{m+1}f_m(z_1, \ldots, z_{m-1}, z_m(1+z_{m+1}^{-1}))$,

$g_{m+1}(z_1, ..., z_{m+1}) = z_{m+1} g_m(z_1, ..., z_{m-1}, z_m(1 + z_{m+1}^{-1}))$로 둠으로써 m을 1 증가시킬 수 있다. 따라서 $g_2(z_1, z_2) = z_1 + z_2 + z_1 z_2$이며

$$\frac{g_m(z_1, ..., z_m)}{f_m(z_1, ..., z_m)} = 1 + \cfrac{z_1^{-1}}{1 + \cfrac{z_2^{-1}}{1 + \cfrac{\ddots}{1 + z_m^{-1}}}}$$

이다. 다항식 f_m과 g_m 모두 동일한 점화식 $f_m = z_m f_{m-1} + z_{m-1} f_{m-2}$, $g_m = z_m g_{m-1} + z_{m-1} g_{m-2}$, 초기 조건 $f_{-1} = 0$, $f_0 = g_{-1} = g_0 = z_0 = 1$을 만족한다. 이로부터, g_m은 $z_1 \cdots z_m$에서 인접하지 않은 0 또는 그 이상의 인수들을 소거함으로써 얻을 수 있는 모든 항들의 합임을 알 수 있다. 그렇게 하는 방법은 총 F_{m+2}가지이다. f_m 역시, z_1을 반드시 유지해야 한다는 점만 빼면 비슷한 방식으로 해석할 수 있다. 부문제 (b)의 경우 다항식 $h_m = z_m g_{m-1} + z_{m-1} f_{m-2}$를 얻게 된다. 이것은 $z_1 \cdots z_m$에서 순환적으로 인접하지 않은 인수들을 소거함으로써 얻는 모든 항들의 합이다. 예를 들어 $h_3 = z_1 z_2 z_3 + z_1 z_2 + z_1 z_3 + z_2 z_3$이다.

 (b) 부문제 (a)에 의해 $S_n(z_1, ..., z_{m-1}, z) = [z_m^n] \sum_{r=0}^{n} z^r z_m^{n-r} f_m^{n-r} g_m^r$이다. 따라서

$$S_n(z_1, ..., z_m) = \sum_{0 \le s \le r \le n} \binom{r}{s} \binom{n-r}{s} a^{r-s} b^s c^s d^{n-r-s}$$

이다. 여기서 $a = z_m g_{m-1}$, $b = z_{m-1} g_{m-2}$, $c = z_m f_{m-1}$, $d = z_{m-1} f_{m-2}$이다. 이 등식에 z^n을 곱하고, n에 대해 합하고, 그런 다음 r, 그런 다음 s에 대해 합하면 다음과 같은 닫힌 형식이 나온다.

$$S_n(z_1, ..., z_m) = [z^n] \frac{1}{(1-az)(1-dz) - bcz^2} = \frac{\rho^{n+1} - \sigma^{n+1}}{\rho - \sigma}.$$

여기서 $1 - (a+d)z + (ad-bc)z^2 = (1 - \rho z)(1 - \sigma z)$이다. $a + d = h_m$이며, $ad - bc$는 $(-1)^m z_1 \cdots z_m$으로 단순화된다. 〔우연하게도, 이는 점화식 $S_n = h_m S_{n-1} - (-1)^m z_1 \cdots z_m S_{n-2}$를 만들어낸다. 이 관계는 생성함수의 도움 없이는 유도하기가 쉽지 않다.〕

 (c) $\rho_1 = (z + \sqrt{z^2 + 4z})/2$와 $\sigma_1 = (z - \sqrt{z^2 + 4z})/2$가 $m = 1$일 때의 근들이라고 하자. 그러면 $\rho_m = \rho_1^m$이고 $\sigma_m = \sigma_1^m$이다.

 칼리츠Carlitz는 이 결과로부터 놀라운 사실 하나를 이끌어냈다. 어떤 것이냐 하면, "오른쪽으로 나열된 이항계수들"로 이루어진 $n \times n$ 행렬

$$A = \begin{pmatrix} 0 & 0 & \cdots & 0 & \binom{0}{0} \\ 0 & 0 & \cdots & \binom{1}{0} & \binom{1}{1} \\ \vdots & \vdots & \ddots & \vdots & \vdots \\ \binom{n-1}{0} & \binom{n-1}{1} & \cdots & \binom{n-1}{n-2} & \binom{n-1}{n-1} \end{pmatrix}$$

의 고유다항식 $\det(xI - A)$는 계수들이 피보항계수들인 $\sum_k \binom{n}{k}_{\mathcal{F}} (-1)^{\lceil (n-k)/2 \rceil} x^k$이라는 것이다(연습문제 1.2.8-30). 또한 그는 비슷한 방법을 이용해서

$$\sum_{k_1,\ldots,k_m \geq 0} \binom{k_1 + k_2}{k_1}\binom{k_2 + k_3}{k_2}\cdots\binom{k_m + k_1}{k_m} z_1^{k_1}\cdots z_m^{k_m}$$
$$= \frac{1}{\sqrt{z_1^2 \cdots z_m^2 \, h_m(-z_1^{-1},\ldots,-z_m^{-1})^2 - 4z_1 \cdots z_m}}$$

임도 보였다. 〔*Collectanea Math.* **27** (1965), 281-296.〕

24. 양변 모두 $\sum_k \binom{m}{k}[z^n](zG(z))^k$과 같다. $G(z) = 1/(1-z)$일 때 그 항등식은 $\sum_k \binom{m}{k}\binom{n-1}{n-k} = \binom{m+n-1}{n}$이 되는데, 이는 1.2.6-(21)의 한 경우이다. $G(z) = (e^z - 1)/z$일 때에는 식 1.2.6-(45)와 같은 $\sum_k m^{\underline{k}} \left\{ {n \atop k} \right\} = m^n$이 된다.

25. $\sum_k [w^k](1-2w)^n [z^n] z^k (1+z)^{2n-2k} = [z^n](1+z)^{2n} \sum_k [w^k](1-2w)^n (z/(1+z)^2)^k$이다. 이것은 $[z^n](1+z)^{2n}(1-2z/(1+z)^2)^n = [z^n](1+z^2)^n = \binom{n}{n/2}$ 〔n이 짝수〕와 같다. 비슷하게, $\sum_k \binom{n}{k}\binom{2n-2k}{n-k}(-4)^k = (-1)^n \binom{2n}{n}$이다. 이러한 합 기법들의 여러 예들이 에고리체프G. P. Egorychev의 책 *Integral Representation and the Computation of Combinatorial Sums* (Amer. Math. Soc., 1984, 1977년판 러시아어 책을 번역한 것임)에 나온다.

26. $[F(z)]\,G(z)$은 $F(z^{-1})G(z)$의 상수항을 뜻한다. *A Classical Mind* (Prentice-Hall, 1994), 247-258에 나오는 커누스D. E. Knuth의 논의를 볼 것.

1.2.10절

1. $G_n(0) = 1/n$. 이것은 $X[n]$이 가장 큰 값일 확률이다.

2. $G''(1) = \sum_k k(k-1)p_k$, $G'(1) = \sum_k kp_k$.

3. (min 0, ave 6.49, max 999, dev 2.42). $H_n^{(2)}$은 약 $\pi^2/6$임을 주목할 것. 식 1.2.7-(7) 참고.

4. $\binom{n}{k}p^k q^{n-k}$.

5. 평균은 $36/5 = 7.2$, 표준편차는 $6\sqrt{2}/5 \approx 1.697$.

6. (18)의 경우, 공식

$$\ln(q + pe^t) = \ln\left(1 + pt + \frac{pt^2}{2} + \frac{pt^3}{6} + \cdots\right) = pt + p(1-p)\frac{t^2}{2} + p(1-p)(1-2p)\frac{t^3}{6} + \cdots$$

으로부터 $\kappa_3/n = p(1-p)(1-2p) = pq(q-p)$임을 알 수 있다. (이 멋진 패턴이 t^4의 계수로까지 이어지지는 않는다.) $p = k^{-1}$로 두면, 분포(8)의 경우 $\kappa_3 = \sum_{k=2}^n k^{-1}(1-k^{-1})(1-2k^{-1}) =$

$H_n - 3H_n^{(2)} + 2H_n^{(3)}$이 나온다. (20)의 경우 $\ln G(e^t) = t + H(nt) - H(t)$를 얻는데, 여기서 $H(t) = \ln((e^t-1)/t)$이다. $H'(t) = e^t/(e^t-1) - 1/t$이므로 이 경우 모든 $r \geq 2$에 대해 $\kappa_r = (n^r-1)B_r/r$이며, 구체적으로 $\kappa_3 = 0$이다.

7. $A = k$일 확률은 p_{mk}이다. 값들이 $1, 2, ..., m$이라고 하자. n개의 위치들을 m개의 서로 소인 집합들로 임의로 분할한다고 할 때, 수 $1, ..., m$을 그 집합들에 배정하는 방법은 $m!$가지이다. 알고리즘 M은 이 값들을 마치 각 집합에 제일 오른쪽 원소만 존재하는 듯이 다룬다. 따라서 p_{mk}는 임의의 고정된 분할법에 대한 평균이다. 예를 들어 $n = 5$, $m = 3$일 때 다음과 같은 분할이 가능하다.

$$\{X[1], X[4]\} \quad \{X[2], X[5]\} \quad \{X[3]\}$$

이에 대해 가능한 배치(arrangement)들은 12312, 13213, 21321, 23123, 31231, 32132이다. 모든 분할에서 $A = k$인 배치들의 비율은 같다.

한편, 좀 더 많은 정보가 주어지면 확률분포가 실제로 변한다. 예를 들어 $n = 3$이고 $m = 2$일 때, 앞 문단의 논거에 따르면 가능한 배치는 122, 212, 221, 211, 121, 112이다. 그런데 만일 2가 두 개이고 1이 하나라는 추가적인 정보가 있다면 여섯 가지 중 처음 세 개만 고려해야 한다. 그러나 이러한 해석은 연습문제의 명제와 일관되지 않는다.

8. $M^{\underline{n}}/M^n$. M이 클수록 이 확률은 1에 가까워진다.

9. 정확히 m개의 서로 다른 값들이 나올 확률을 q_{nm}이라고 하자. 그러면 점화식

$$q_{nm} = \frac{M-m+1}{M}q_{(n-1)(m-1)} + \frac{m}{M}q_{(n-1)m}$$

으로부터 다음을 이끌어낼 수 있다.

$$q_{nm} = M! \left\{ {n \atop m} \right\} \Big/ (M-m)!\, M^n$$

연습문제 1.2.6-64도 볼 것.

10. 모든 m에 대해 $q_{nm}p_{mk}$를 합한 것, 즉 $M^{-n}\sum_m \binom{M}{m}\left\{{n \atop m}\right\}\left[{m \atop k+1}\right]$이다. 평균에 대한 간단한 공식이 있는 것 같지는 않다. 다만, 평균이 다음보다 1 작음은 말할 수 있다.

$$H_M - \sum_{m=1}^{M}\left(1 - \frac{m}{M}\right)^n m^{-1} = H_n + \sum_{k=1}^{n}\left(\binom{n}{k} - 1\right)B_k M^{-k}k^{-1}$$

11. 이것은 하나의 곱이므로, 각 항에 준불변량들을 더한다. 만일 $H(z) = z^n$이면 $H(e^t) = e^{nt}$이므로 $\kappa_1 = n$이고 나머지 모두는 0이다. 따라서 $\text{mean}(F) = n + \text{mean}(G)$이며 나머지 모든 준불변량들은 변하지 않는다. ("準불변량"이라는 이름에 걸맞은 특징이다.)

12. 첫째 항등식은 e^{kt}에 대한 멱급수를 써보면 자명해진다. 둘째 것에 대해서는, $u = 1 + M_1 t + M_2 t^2/2! + \cdots$로 둔다. $t = 0$일 때에는 $u = 1$이고 $D_t^k u = M_k$이다. 또한 $D_u^j(\ln u) = (-1)^{j-1}(j-1)!/u^j$이다. 연습문제 11에 의해, $k_1 > 0$인 모든 항들을 제외한다는 점 말고는, 중심적률에도

같은 공식이 적용된다. 따라서 $\kappa_2 = m_2$, $\kappa_3 = m_3$, $\kappa_4 = m_4 - 3m_2^2$이다.

13. $G_n(z) = \dfrac{\Gamma(n+z)}{\Gamma(z+1)n!} = \dfrac{e^{-z}(n+z)^{z-1}}{\Gamma(z+1)}\left(1+\dfrac{z}{n}\right)^n (1+O(n^{-1})) = \dfrac{n^{z-1}}{\Gamma(z+1)}(1+O(n^{-1}))$

이다. $z_n = e^{it/\sigma_n}$이라고 하자. $n \to \infty$이고 t가 고정되었다면, $z_n \to 1$이다. 따라서 $\Gamma(z_n+1) \to 1$이며

$$\lim_{n\to\infty} z_n^{-\mu_n} G_n(z_n) = \lim_{n\to\infty} \exp\left(\dfrac{-it\mu_n}{\sigma_n} + (e^{it/\sigma_n}-1)\ln n\right)$$

$$= \lim_{n\to\infty} \exp\left(\dfrac{-t^2 \ln n}{2\sigma_n^2} + O\left(\dfrac{1}{\sqrt{\log n}}\right)\right) = e^{-t^2/2}$$

이다.

참고: 이것은 곤차로프Goncharov의 한 정리이다 [*Izv. Akad. Nauk SSSR Ser. Math.* **8** (1944), 3-48]. 플라졸레P. Flajolet와 소리아M. Soria [*Disc. Math.* **114** (1993), 159-180]는 이 해석을 확장해서 $G_n(z)$과 관련 분포들의 커다란 모임이 그 중앙값 근처에서 대체로 정규분포일 뿐만 아니라, 균일한 지수적 꼬리도 가짐을 보였다. 여기서 균일한 지수적 꼬리를 가진다는 것은, 어떠한 양의 상수 a와 모든 n, x에 대해

$$\text{확률}\left(\left|\dfrac{X_n - \mu_n}{\sigma_n}\right| > x\right) < e^{-ax}$$

이라는 의미이다.

14. $e^{-itpn\sqrt{pqn}}(q + pe^{it/\sqrt{pqn}})^n = (qe^{-itp/\sqrt{pqn}} + pe^{itq/\sqrt{pqn}})^n$이다. 멱급수의 지수들을 전개해서 $(1 - t^2/2n + O(n^{-3/2}))^n = \exp(n\ln(1-t^2/2n + O(n^{-3/2}))) = \exp(-t^2/2 + O(n^{-1/2})) \to \exp(-t^2/2)$을 얻는다.

15. (a) $\sum_{k\geq 0} e^{-\mu}(\mu z)^k/k \neq e^{\mu(z-1)}$. (b) $\ln e^{\mu(e^t-1)} = \mu(e^t-1)$이며 따라서 모든 준불변량들은 μ와 같다. (c) $\exp(-itnp/\sqrt{np})\exp(np(it/\sqrt{np} - t^2/(2np) + O(n^{-3/2}))) = \exp(-t^2/2 + O(n^{-1/2}))$.

16. $g(z) = \sum_k p_k g_k(z)$, $\text{mean}(g) = \sum_k p_k \text{mean}(g_k)$, $\text{var}(g) =$

$$\sum_k p_k \text{var}(g_k) + \sum_{j<k} p_j p_k (\text{mean}(g_j) - \text{mean}(g_k))^2.$$

17. (a) $f(z)$과 $g(z)$의 계수들은 음이 아니며 $f(1) = g(1) = 1$이다. $h(1) = g(f(1))$이므로 $h(z)$가 이와 동일한 특성들을 가짐은 명백하며, h의 계수들은 음이 아닌 계수들을 가진, f와 g의 계수들을 항들로 하는 다항식들이다. (b) p_k가 어떠한 사건이 k의 어떤 "점수"를 낼 확률이라고 하고, $f(z) = \sum p_k z^k$이라고 하자. 또한 q_k가 f가 서술하는 사건이 정확히 k번 일어날 확률이며(그 사건의 각 출현은 다른 출현들과 독립적이다) $g(z) = \sum q_k z^k$라고 하자. 그러면 r_k는 발생한 사건들의 점수들의 합이 k와 같을 확률이라고 할 때 $h(z) = \sum r_k z^k$이다. (이는, k개의 독립적인 사건 출현들로 총점수 t를 얻을 확률을 s_t라고 할 때 $f(z)^k = \sum s_t z^t$이라는 사실을 이용해서 쉽게 증명할 수 있다.)

예: f가 어떤 사람의 남자 자손들이 k명일 확률이고 g가 n번째 세대의 남자 자손들이 k명일 확률이라고 하면, h는 $(n+1)$번째 세대의 남자 자손들이 k명일 확률이다(각 사건이 독립적이라고 할 때). (c) $\text{mean}(h) = \text{mean}(g)\,\text{mean}(f)$, $\text{var}(h) = \text{var}(g)\,\text{mean}^2(f) + \text{mean}(g)\,\text{var}(f)$.

18. $X[1], \ldots, X[n]$의 선택을, 우선 모든 n들을 배치하고, 그런 다음 그 n들 사이에 모든 $(n-1)$들을 배치하고, $\ldots$, 최종적으로 그것들 사이에 1들을 배치하는 공정이라고 생각하자. $\{r+1, \ldots, n\}$들 사이에 r들을 배치함에 따라, 우에서 좌로 극대들의 개수는 오직 r을 제일 오른쪽에 넣을 때에만 증가한다. 이러한 일이 일어날 확률은 $k_r / (k_r + k_{r+1} + \cdots + k_n)$이다.

19. $a_k = l$이라고 하자. 그러면: a_k가 $a_1 \ldots a_n$의 좌에서 우로 최대값 $\Leftrightarrow j < k$가 $a_j < l$을 함의함 $\Leftrightarrow a_j > l$이 $j > k$를 함의함 $\Leftrightarrow j > l$이 $b_j > k$를 함의함 $\Leftrightarrow k$가 $b_1 \ldots b_n$의 우에서 좌로 최대값이다.†

20. $m_L = \max\{a_1 - b_1, \ldots, a_n - b_n\}$이다. 증명: 만일 그렇지 않다면, k가 $a_k - b_k > m_L$인 최소의 첨자라고 하자. 그러면 a_k는 좌에서 우로 최대값이 아니며, $a_j \geq a_k$인 $j < k$가 존재한다. 그러나 그러면 $a_j - b_j \geq a_k - b_k > m_L$이 되는데, 이는 k의 최소성에 대한 가정과 모순된다. 비슷하게, $m_R = \max\{b_1 - a_1, \ldots, b_n - a_n\}$이다.

21. 주어진 결과는 $\epsilon \geq q$일 때에는 자명하므로, $\epsilon < q$라고 가정하기로 하자. (25)에 $x = \frac{p+\epsilon}{p} \frac{q}{q-\epsilon}$를 대입하면 $\Pr(X \geq n(p+\epsilon)) \leq ((\frac{p}{p+\epsilon})^{p+\epsilon}(\frac{q}{q-\epsilon})^{q-\epsilon})^n$이 된다. 그러면 $(\frac{p}{p+\epsilon})^{p+\epsilon} \leq e^{-\epsilon}$인데, 왜냐하면 모든 실수 t에 대해 $t \leq e^{t-1}$이기 때문이다. 그리고 $(q-\epsilon)\ln\frac{q}{q-\epsilon} = \epsilon - \frac{1}{2\cdot1}\epsilon^2 q^{-1} - \frac{1}{3\cdot2}\epsilon^3 q^{-2} - \cdots \leq \epsilon - \frac{1}{2q}\epsilon^2$이다. (좀 더 상세히 분석하면, $p \geq \frac{1}{2}$일 때 $\exp(-\epsilon^2 n/(2pq))$이라는 좀 더 강력한 추정이 나온다. 거기서 더 나아가면 모든 p에 대한 상계 $\exp(-2\epsilon^2 n)$을 얻게 된다.)

머리와 꼬리의 역할을 뒤집으면 다음을 얻을 수 있다.

$$\Pr(X \leq n(p-\epsilon)) = \Pr(n - X \geq n(q+\epsilon)) \leq e^{-\epsilon^2 n/(2p)}.$$

(여기서 말하는 "꼬리"를 확률분포의 꼬리와 혼동하면 안 된다.)

22. (a) (24)와 (25)에서 $x = r$을 대입하고, $q_k + p_k r = 1 + (r-1)p_k \leq e^{(r-1)p_k}$임을 이용한다. 〔H. Chernoff, *Annals of Math. Stat.* **23** (1952), 493-507 참고.〕

(b) $r = 1 + \delta$이며 $|\delta| \leq 1$이라고 하자. 그러면 $r^{-r}e^{r-1} = \exp(-\frac{1}{2\cdot1}\delta^2 + \frac{1}{3\cdot2}\delta^3 - \cdots)$이며, 이것은 $\delta \leq 0$일 때에는 $\leq e^{-\delta^2/2}$, $\delta \geq 0$일 때에는 $\leq e^{-\delta^2/3}$이다.

(c) 함수 $r^{-1}e^{1-r^{-1}}$은 r이 1에서 ∞로 증가함에 따라 1에서 0으로 감소한다. 만일 $r \geq 2$이면 이 함수는 $\leq \frac{1}{2}e^{1/2} < .825$이고, $r \geq 4.32$이면 $< \frac{1}{2}$이다.

한편, $x = r$인 꼬리 부등식은 X가 연습문제 15에 나온 푸아송 분포일 때 정확히 같은 추정치인

---

† 〔옮긴이 주〕 연산자 $\Leftrightarrow$는 양변의 명제들이 서로 필요충분조건임을 의미한다. if and only if와 같은 의미이다. 이 답의 모든 명제들은 모두 필요충분조건이며 따라서 하나가 참이면 나머지 모두가 참이다.

$(r^{-r}e^{r-1})^{\mu}$을 낸다.

23. 식 (24)에 $x = \frac{p-\epsilon}{p}\frac{q}{q-\epsilon}$를 대입하면 $\Pr(X \le n(p-\epsilon)) \le ((\frac{p}{p-\epsilon})^{p-\epsilon}(\frac{q-\epsilon}{q})^{q-\epsilon})^n \le e^{-\epsilon^2 n/(2pq)}$이 된다. 비슷하게, $x = \frac{p+\epsilon}{p}\frac{q}{q+\epsilon}$를 대입하면

$$\Pr(X \ge n(p+\epsilon)) \le ((\frac{p}{p+\epsilon})^{p+\epsilon}(\frac{q+\epsilon}{q})^{q+\epsilon})^n$$

이 나온다. $f(\epsilon) = (q+\epsilon)\ln(1+\frac{\epsilon}{q}) - (p+\epsilon)\ln(1+\frac{\epsilon}{p})$로 두고 $f'(\epsilon) = \ln(1+\frac{\epsilon}{q}) - \ln(1+\frac{\epsilon}{p})$임에 주목하자. 이로부터 $0 \le \epsilon \le p$이면 $f(\epsilon) \le -\epsilon^2$임을 알 수 있다.

1.2.11.1절

1. 0.

2. 각 O 기호는 서로 다른 근사치를 나타낸다. 좌변이 $f(n) - (-f(n)) = 2f(n)$일 수도 있으므로, 우리가 말할 수 있는 최선의 사실은 $O(f(n)) - O(f(n)) = O(f(n))$ 정도이다. 이는 (6)과 (7)에서 비롯된 것이다. (7)을 증명하기 위해서는, 우선 $n \ge n_0$에 대해 $|x_n| \le M|f(n)|$이며 $n \ge n_0'$에 대해 $|x_n'| \le M'|f(n)|$임에 주목한다. 그런 다음 $n \ge \max(n_0, n_0')$에 대해 $|x_n \pm x_n'| \le |x_n| + |x_n'| \le (M+M')|f(n)|$임에 주목한다. (학생 퀵 J. H. Quick이 제출함.)

3. $n(\ln n) + \gamma n + O(\sqrt{n}\ln n)$.

4. $\ln a + (\ln a)^2/2n + (\ln a)^3/6n^2 + O(n^{-3})$.

5. 만일 $f(n) = n^2$이고 $g(n) = 1$이면 n은 집합 $O(f(n) + g(n))$에 속하지만 집합 $f(n) + O(g(n))$에는 속하지 않는다. 따라서 그 명제는 거짓이다.

6. 모든 $|kn| \le Mn$ 항들에 대해 하나의 단일한 값 M으로 충분하다고 잘못 가정하고는, 각자 다른 n을 가진 O 기호들을 하나의 단일한 O 기호로 대체해 버렸다. 이미 알고 있듯이, 주어진 합은 실제로는 $\Theta(n^3)$이다. 마지막 등식 $\sum_{k=1}^{n} O(n) = O(n^2)$은 완벽하게 유효하다.

7. 만일 x가 양이면 멱급수 1.2.9-(22)에서 $e^x > x^{m+1}/(m+1)!$임을 알 수 있다. 따라서 비율 e^x/x^m은 어떠한 M에 대해서도 유계가 아니다.

8. n을 e^n으로 치환하고 이전 연습문제의 방법을 적용한다.

9. 만일 $|z| \le r$에 대해 $|f(z)| \le M|z|^m$이면 $e^{f(z)} \le e^{M|z|^m} = 1 + |z|^m(M + M^2|z|^m/2! + M^3|z|^{2m}/3! + \cdots) \le 1 + |z|^m(M + M^2 r^m/2! + M^3 r^{2m}/3! + \cdots)$이다.

10. 만일 m이 양의 정수이면 $\ln(1 + O(z^m)) = O(z^m)$이다. 증명: 만일 $f(z) = O(z^m)$이면 양의 정수 $r < 1$과 $r' < 1$이 존재하며, $|z| \le r$일 때 $|f(z)| \le M|z|^m \le r'$가 되는 상수 M이 존재한다. 그러면 $|\ln(1 + f(z))| \le |f(z)| + \frac{1}{2}|f(z)|^2 + \cdots \le |z|^m M(1 + \frac{1}{2}r' + \cdots)$이다.

11. $m = 1$, $z = \ln n/n$으로 두고 식 (12)를 적용할 수 있다. 이는 n이 충분히 클 때 임의의 주어진 $r > 0$에 대해 $\ln n/n \le r$이라는 점에서 유효하다.

12. $f(z) = (ze^z/(e^z-1))^{1/2}$ 이라고 하자. 만일 $\begin{bmatrix} 1/2 \\ 1/2-k \end{bmatrix}$ 가 $O(n^k)$이었다면 문제에 언급된 항등식에 의해 $[z^k]f(z) = O(n^k/(k-1)!)$이 되며, 따라서 $z = 2\pi i$일 때 $f(z)$가 수렴했을 것이다. 그러나 $f(2\pi i) = \infty$ 이다.

13. 증명: O와 Ω의 정의들에서 $L = 1/M$로 둘 수 있다.

1.2.11.2절

1. $(B_0 + B_1 z + B_2 z^2/2! + \cdots)e^z = (B_0 + B_1 z + B_2 z^2/2! + \cdots) + z$ 이다. 식 1.2.9-(11)을 적용한다.

2. 부분적분을 위해서는 함수 $B_{m+1}(\{x\})$가 반드시 연속이어야 한다.

3. $|R_{mn}| \le |B_m/(m)!| \int_1^n |f^{(m)}(x)|\,dx$. 〔참고: $B_m(x) = (-1)^m B_m(1-x)$이고 $B_m(x)$은 $m!$을 $ze^{xz}/(e^z-1)$에 있는 z^m의 계수에 곱한 것이다. 구체적으로는, $e^{z/2}/(e^z-1) = 1/(e^{z/2}-1) - 1/(e^z-1)$이므로 $B_m(\frac{1}{2}) = (2^{1-m}-1)B_m$ 이다. m이 짝수일 때, $0 \le x \le 1$에서 $|B_m - B_m(x)|$가 $x = \frac{1}{2}$에서 최대값이 됨을 증명하는 것은 어렵지 않다. 이제, $m = 2k \ge 4$일 때, R_{mn} 과 C_{mn}을 간단히 R_m, C_m으로 쓰이기 하자. 그러면

$$R_{m-2} = C_m + R_m = \int_1^n (B_m - B_m(\{x\})) f^{(m)}(x)\,dx/m!$$

이며, $B_m - B_m(\{x\})$는 0과 $(2 - 2^{1-m})B_m$ 사이에 있다. 따라서 R_{m-2}는 0과 $(2 - 2^{1-m})C_m$ 사이에 놓인다. 이로부터 R_m이 $-C_m$과 $(1 - 2^{1-m})C_m$ 사이에 있다는 약간 더 강한 결과가 나온다. 이 논증에 따르면, 만일 $1 < x < n$에 대해 $f^{(m+2)}(x)\,f^{(m+4)}(x) > 0$이면 수량 C_{m+2}와 C_{m+4}는 부호가 서로 반대이고, 반면 R_m의 부호는 C_{m+2}의 부호와 같고 R_{m+2}의 부호는 C_{m+4}와 같다. 그리고 $|R_{m+2}| \le |C_{m+2}|$이다. 이는 (13)을 증명한다. J. F. Steffensen, *Interpolation* (Baltimore: 1937), §14 참고.〕

4. $\displaystyle\sum_{0 \le k < n} k^m = \frac{n^{m+1}}{1+m} + \sum_{k=1}^m \frac{B_k}{k!}\frac{m!}{(m-k+1)!}n^{m-k+1} = \frac{1}{m+1}B_{m+1}(n) - \frac{1}{m+1}B_{m+1}$

5. 다음 사실에 주목한다.

$$\kappa = \sqrt{2}\lim_{n\to\infty} \frac{2^{2n}(n!)^2}{\sqrt{n}\,(2n)!},$$

$$\kappa^2 = \lim_{n\to\infty} \frac{2}{n}\frac{n^2(n-1)^2...(1)^2}{\left(n-\frac{1}{2}\right)^2\left(n-\frac{3}{2}\right)^2...\left(\frac{1}{2}\right)^2} = 4\frac{2\cdot 2\cdot 4\cdot 4\cdot\cdots}{1\cdot 3\cdot 3\cdot 5\cdot\cdots} = 2\pi.$$

6. $c > 0$라고 가정하고 $\sum_{0 \le k < n}\ln(k+c)$를 고려한다. 그러면

$$\ln(c(c+1)...(c+n-1)) = (n+c)\ln(n+c) - c\ln c - n - \frac{1}{2}\ln(n+c) + \frac{1}{2}\ln c$$

$$+ \sum_{1 < k \le m} \frac{B_k(-1)^k}{k(k-1)}\left(\frac{1}{(n+c)^{k-1}} - \frac{1}{c^{k-1}}\right) + R_{mn}$$

임을 알 수 있다. 또한

$$\ln(n-1)! = \left(n - \frac{1}{2}\right)\ln n - n + \sigma + \sum_{1 < k \le m} \frac{B_k(-1)^k}{k(k-1)}\left(\frac{1}{n^{k-1}}\right) - \frac{1}{m}\int_n^\infty \frac{B_m(\{x\})\,dx}{x^m}$$

이다. 이제 $\ln\Gamma_{n-1}(c) = c\ln(n-1) + \ln(n-1)! - \ln(c\ldots(c+n-1))$이다. $n \to \infty$로 두고 치환하면

$$\ln\Gamma(c) = -c + \left(c - \frac{1}{2}\right)\ln c + \sigma + \sum_{1 < k \le m} \frac{B_k(-1)^k}{k(k-1)c^{k-1}} - \frac{1}{m}\int_0^\infty \frac{B_m(\{x\})\,dx}{(x+c)^m}$$

를 얻는다. 이는 $\Gamma(c+1) = ce^{\ln\Gamma(c)}$가 $c!$에 대해 얻은 것과 동일하게 전개됨을 의미한다.

7. $A\,n^{n^2/2 + n/2 + 1/12}e^{-n^2/4}$, 여기서 A는 상수. 이 결과는 $\sum_{k=1}^{n-1}k\ln k$에 오일러 합 공식을 적용해서 얻은 것이다. 좀 더 정확한 공식은 위의 답에 다음을 곱해서 얻을 수 있다.

$$\exp(-B_4/(2 \cdot 3 \cdot 4n^2) - \cdots - B_{2t}/((2t-2)(2t-1)(2t)n^{2t-2}) + O(1/n^{2t}))$$

이 공식들에서 A는 "킨켈린-글레이셔 상수(Kinkelin-Glaisher constant)" 1.2824271…이다 [*Crelle* **57** (1860), 122-158; *Messenger of Math.* **7** (1877), 43-47]. 이것이 $e^{1/12 - \zeta'(-1)} = (2\pi e^{\gamma - \zeta'(2)/\zeta(2)})^{1/12}$과 같음을 보이는 것이 가능하다 [de Bruijn, *Asymptotic Methods in Analysis*, §3.7].

8. 이를테면 $\ln(an^2 + bn) = 2\ln n + \ln a + \ln(1 + b/(an))$이며, 따라서 첫째 질문의 답은 $2an^2\ln n + a(\ln a - 1)n^2 + 2bn\ln n + bn\ln a + \ln n + b^2/(2a) + \sigma + (3a - b^2)b/(6a^2 n) + O(n^{-2})$으로 둘 수 있는데, 수량 $\ln(cn^2)! - \ln(cn^2 - n)! - n\ln c - \ln n^2! + \ln(n^2 - n)! = (c-1)/(2c) - (c-1)(2c-1)/(6c^2 n) + O(n^{-2})$을 계산할 때 대량의 소거가 일어난다. 결론적으로 답은

$$e^{(c-1)/(2c)}\left(1 - \frac{(c-1)(2c-1)}{6c^2 n}\right)(1 + O(n^{-2}))$$

이다.

한편, $\binom{cn^2}{n}\Big/c^n\binom{n^2}{n}$를 $\prod_{j=1}^{n-1}(1 + \alpha j/(n^2 - j))$로 쓸 수도 있다(여기서 $\alpha = 1 - 1/c$).

9. (a) $\ln(2n)! = (2n + \frac{1}{2})\ln 2n - 2n + \sigma + \frac{1}{24n} + O(n^{-3})$이고 $\ln(n!)^2 = (2n+1)\ln n - 2n + 2\sigma + \frac{1}{6n} + O(n^{-3})$. 따라서 $\binom{2n}{n} = \exp(2n\ln 2 - \frac{1}{2}\ln\pi n - \frac{1}{8n} + O(n^{-3}))$

$$= 2^{2n}(\pi n)^{-1/2}\left(1 - \frac{1}{8}n^{-1} + \frac{1}{128}n^{-2} + O(n^{-3})\right).$$

(b) $\binom{2n}{n} = 2^{2n}\binom{n-1/2}{n}$이고 $\binom{n-1/2}{n} = \Gamma(n+1/2)/(n\Gamma(n)\Gamma(1/2)) = n^{-1}n^{\overline{1/2}}/\sqrt{\pi}$이므로, 1.2.11.1-(16)으로부터 위와 같은 결과가 나온다. 왜냐하면

$$\begin{bmatrix} 1/2 \\ 1/2 \end{bmatrix} = 1, \quad \begin{bmatrix} 1/2 \\ -1/2 \end{bmatrix} = \binom{1/2}{2} = -\frac{1}{8}, \quad \begin{bmatrix} 1/2 \\ -3/2 \end{bmatrix} = \binom{1/2}{4} + 2\binom{3/2}{4} = \frac{1}{128}$$

이기 때문이다. 방법 (b)는

$$\binom{2n}{n} = \frac{2^{2n}}{\sqrt{\pi n}}\left(1 - \frac{n^{-1}}{8} + \frac{n^{-2}}{128} + \frac{5n^{-3}}{1024} - \frac{21n^{-4}}{32768} - \frac{399n^{-5}}{262144} + \frac{869n^{-6}}{4194304} + O(n^{-7})\right)$$

의 분모들이 모두 2의 거듭제곱인 이유를 설명해준다 〔Knuth, Vardi, *AMM* **97** (1990), 629-630〕.

1.2.11.3절

1. 부분적분한다.

2. 적분의 e^{-t}을 급수로 대체한다.

3. 식 1.2.9-(11)과 연습문제 1.2.6-48 참고.

4. v의 함수로서의 $1 + 1/u$은 유계이다. 왜냐하면 v가 r에서 무한대로 접근함에 따라 0에 접근하기 때문이다. 그것을 M으로 치환하고 적분한 결과는 Me^{-rx}이다.

5. $f''(x) = f(x)((n+1/2)(n-1/2)/x^2 - (2n+1)/x + 1)$은 점 $r = n + 1/2 - \sqrt{n+1/2}$에서 부호가 바뀐다. 따라서 $|R| = O(\int_0^n |f''(x)|dx) = O(\int_0^r f''(x)\,dx - \int_r^n f''(x)\,dx) = O(f'(n) - 2f'(r) + f'(0)) = O(f(n)/\sqrt{n})$이다.

6. $n^{n+\beta}\exp((n+\beta)(\alpha/n - \alpha^2/2n^2 + O(n^{-3})))$ 등으로 풀어나간다.

7. x^{-1}의 멱급수 형태로서의 피적분함수는 $O(u^{2n})$으로서의 x^{-n}의 계수를 가진다. 적분하고 나면 x^{-3}항들은 $Cu^7/x^3 = O(x^{-5/4})$ 등이다. 답에서 $O(x^{-2})$을 얻기 위해서 $4m - n \geq 9$인 u^n/x^m 항들을 버릴 수 있다. 이제 곱 $\exp(-u^2/2x)\exp(u^3/3x^2)\ldots$을 전개하면 궁극적으로 다음과 같은 답이 나온다.

$$yx^{1/4} - \frac{y^3}{6}x^{-1/4} + \frac{y^5}{40}x^{-3/4} + \frac{y^4}{12}x^{-1} - \frac{y^7}{336}x^{-5/4} - \frac{y^6}{36}x^{-3/2} +$$
$$\left(\frac{y^9}{3456} - \frac{y^5}{20}\right)x^{-7/4} + O(x^{-2}).$$

8. (시모노비츠Miklós Simonovits의 답) 만일 x가 충분히 크면 $|f(x)| < x$이다. 주어진 두 적분의 차이를 $R(x) = \int_0^{f(x)} (e^{-g(u,x)} - e^{-h(u,x)})\,du$ 라고 하자. 여기서 $g(u,x) = u - x\ln(1 + u/x)$이고 $h(u,x) = u^2/2x - u^3/3x^2 + \cdots + (-1)^m u^m/mx^{m-1}$이다. $|u| < x$일 때 $g(u,x) \geq 0$이고 $h(u,x) \geq 0$임에 주목할 것. 또한 $g(u,x) = h(u,x) + O(u^{m+1}/x^m)$에 주목한다.

평균값 정리에 따라, a와 b 사이의 어떠한 c에 대해 $e^a - e^b = (a-b)e^c$이다. 이로부터 다음이 나온다.

$$|R(x)| \leq \int_{-|f(x)|}^{|f(x)|} |g(u,x) - h(u,x)|\,du = O\left(\int_{-Mx^r}^{Mx^r} \frac{u^{m+1}\,du}{x^m}\right)$$
$$= O(x^{(m+2)r - m}) = O(x^{-s}).$$

9. $p = 1$인 경우는 정리 A로 해결되므로 $p \neq 1$이라고 가정할 수 있다. 또한 $p = 0$인 경우도 자명하므로 $p \neq 0$이라고도 가정할 수 있다.

경우 1: $p < 1$. $t = px(1-u)$로 대체하고, 그런 다음 $v = -\ln(1-u) - pu$로 대체한다. 그러면 $dv = ((1-p+pu)/(1-u))du$이다. 따라서 그러한 변환은 $0 \leq u \leq 1$에 대해 단조이다. 이제 다음과 같은 형태의 적분이 생긴다.

$$\int_0^\infty xe^{-xv}dv\left(\frac{1-u}{1-p+pu}\right).$$

괄호로 감싸인 수량은 $(1-p)^{-1}(1 - v(1-p)^{-2} + \cdots)$이므로, 답은:

$$\frac{p}{1-p}(pe^{1-p})^x\frac{e^{-x}x^z}{\Gamma(x+1)}\left(1 - \frac{1}{(p-1)^2x} + O(x^{-2})\right).$$

경우 2: $p > 1$. 이 경우는 $1 - \int_{px}^\infty (\ )$이다. 후자의 적분에서 $t = px(1+u)$로 대체하고, 그런 다음 $v = pu - \ln(1+u)$로 대체해서 경우 1에서처럼 진행한다. 답은 경우 1의 답에 1을 더한 것이다. 그런데 $pe^{1-p} < 1$이므로 $(pe^{1-p})^x$는 매우 작음을 주목할 것.

이 문제는 연습문제 11의 답을 이용해서도 풀 수 있다.

10. $\dfrac{p}{p-1}(pe^{1-p})^xe^{-x}x^x\left(1 - e^{-y} - \dfrac{e^{-y}(e^y - 1 - y - y^2/2)}{x(p-1)^2} + O(x^{-2})\right).$

11. 우선, $xQ_x(n) + R_{1/x}(n) = n!(x/n)^ne^{n/x}$은 (4)를 일반화한다. 다음으로, $R_x(n) = n!(e^x/nx)^n\gamma(n, nx)/(n-1)!$이며, 이는 (9)를 일반화한다. $a\gamma(a,x) = \gamma(a+1, x) + e^{-x}x^a$이므로 $R_x(n) = 1 + (e^x/nx)^n\gamma(n+1, nx)$라고도 쓸 수 있다. 이러면 이 문제와 연습문제 9가 연결된다. 더 나아가서, 식 1.2.9-(27)과 (28)을 이용해서 스털링 수들이 관여하는 급수 전개를 도출함으로써 $Q_x(n)$과 $R_x(n)$을 직접 공략할 수도 있다:

$$1 + xQ_x(n) = \sum_{k \geq 0} x^kn^k/n^k = \sum_{k,m}\frac{(-1)^m}{n^m}\begin{bmatrix}k\\k-m\end{bmatrix}x^k,$$

$$R_x(n) = \sum_{k \geq 0} x^kn^k/(n+1)^{\overline{k}} = \sum_{k,m}\frac{(-1)^m}{n^m}\begin{Bmatrix}k+m\\k\end{Bmatrix}x^k.$$

고정된 m에 대해, k에 대한 합들은 $|x| < 1$일 때 수렴한다. $|x| > 1$이면 $Q_x(n)$과 $R_{1/x}(n)$의 관계를 사용할 수 있다. 이로부터 다음과 같은 공식들이 나온다.

$$Q_x(n) = \frac{1}{1-x} - \frac{x}{(1-x)^3n} + \cdots + \frac{(-1)^mq_m(x)}{(1-x)^{2m+1}n^m} + O(n^{-1-m}),$$

$$R_x(n) = \frac{1}{1-x} - \frac{x}{(1-x)^3n} + \cdots + \frac{(-1)^mr_m(x)}{(1-x)^{2m+1}n^m} + O(n^{-1-m}), \text{ 만일 } x < 1\text{이면};$$

$$Q_x(n) = \frac{n!x^{n-1}e^{n/x}}{n^n} + \frac{1}{1-x} - \frac{x}{(1-x)^3n} + \cdots + \frac{(-1)^mq_m(x)}{(1-x)^{2m+1}n^m} + O(n^{-1-m}),$$

$$R_x(n) = \frac{n!\,e^{nx}}{n^n x^n} + \frac{1}{1-x} - \frac{x}{(1-x)^3 n} + \cdots + \frac{(-1)^m r_m(x)}{(1-x)^{2m+1} n^m} + O(n^{-1-m}), \text{만일 } x > 1 \text{이면}.$$

여기서,

$$q_m(x) = \left\langle\!\!\left\langle \begin{matrix} m \\ 0 \end{matrix} \right\rangle\!\!\right\rangle x^{2m-1} + \left\langle\!\!\left\langle \begin{matrix} m \\ 1 \end{matrix} \right\rangle\!\!\right\rangle x^{2m-2} + \cdots$$

과

$$r_m(x) = \left\langle\!\!\left\langle \begin{matrix} m \\ 0 \end{matrix} \right\rangle\!\!\right\rangle x + \left\langle\!\!\left\langle \begin{matrix} m \\ 1 \end{matrix} \right\rangle\!\!\right\rangle x^2 + \cdots$$

은 그 계수들이 "2차 오일러 수"들인 다항식들이다 〔*CMath* §6.2; L. Carlitz, *Proc. Amer. Math. Soc.* **16** (1965), 248-252 참고〕. $x = -1$인 경우는 다소 미묘하나, $O(n^{-1-m})$에 의한 경계가 $x < 0$일 때에는 x와 독립적이라는 점에서, 연속성을 가지고 처리할 수 있다. $R_{-1}(n) - Q_{-1}(n) = (-1)^n n!/e^n n^n \approx (-1)^n \sqrt{2\pi n}/e^{2n}$이 엄청나게 작다는 점도 주목할 필요가 있을 것이다.

12. $\gamma(\frac{1}{2}, \frac{1}{2} x^2)/\sqrt{2}$.

13. P. Flajolet, P. Grabner, P. Kirschenhofer, H. Prodinger, *J. Computational and Applied Math.* **58** (1995), 103-116 참고.

15. 피적분함수를 이항계수로 전개하면 $1 + Q(n)$이 나온다.

16. $Q(k)$를 하나의 합으로 표현하고, 합의 순서를 식 1.2.6-(53)을 이용해서 교환한다.

17. $S(n) = \sqrt{\pi n/2} + \frac{2}{3} - \frac{1}{24}\sqrt{\pi/2n} - \frac{4}{135} n^{-1} + \frac{49}{1152}\sqrt{\pi/2n^3} + O(n^{-2})$.
〔$S(n+1) + P(n) = \sum_{k \geq 0} k^{n-k} k!/n!$인 반면 $Q(n) + R(n) = \sum_{k \geq 0} n!/k!\, n^{n-k}$임을 주목할 것.〕

18. $S_n(x,y) = \sum_k \binom{n}{k}(x+k)^k(y+n-k)^{n-k}$로 둔다. 그러면 아벨의 공식 1.2.6-(16)에 따라, $n > 0$에 대해 $S_n(x,y) = x \sum_k \binom{n}{k}(x+k)^{k-1}(y+n-k)^{n-k} + n \sum_k \binom{n-1}{k}(x+1+k)^k(y+n-1-k)^{n-1-k} = (x+y+n)^n + nS_{n-1}(x+1, y)$이다. 이로부터

$$S_n(x,y) = \sum_k \binom{n}{k} k! (x+y+n)^{n-k}$$

이 나온다. 〔이 공식은 코시에서 유래한 것으로, 그는 나머지(잉여) 미적분을 이용해서 증명했다. 그의 *Œuvres* (2) **6**, 62-73을 볼 것.〕 따라서, 문제에 언급된 합들은 각각 $n^n(1 + Q(n))$과 $(n+1)^n Q(n+1)$이다.

19. 모든 $n \geq N$에 대해 C_n이 존재하며 $0 \leq x \leq r$에 대해 $|f(x)| \leq Mx^\alpha$라고 하자. $F(x) = \int_r^x e^{-Nt} f(t) dt$로 두면, $n > N$일 때

$$|C_n| \leq \int_0^r e^{-nx} |f(x)| dx + \left| \int_r^\infty e^{-(n-N)x} e^{-Nx} f(x)\, dx \right|$$

$$\leq M \int_0^r e^{-nx} x^\alpha dx + (n-N) \left| \int_r^\infty e^{-(n-N)x} F(x) dx \right|$$

$$\leq M\int_0^\infty e^{-nx}x^{\alpha\,dx} + (n-N)\sup_{x\geq r}|F(x)|\int_r^\infty e^{-(n-N)x}dx$$

$$= M\Gamma(\alpha+1)n^{-1-\alpha} + \sup_{x\geq r}|F(x)|e^{-(n-N)r} = O(n^{-1-\alpha}).$$

이다. 〔E. W. Barnes, *Phil. Trans.* **A206** (1906), 249–297; G. N. Watson, *Proc. London Math. Soc.* **17** (1918), 116–148.〕

20. 〔C. C. Rousseau, *Applied Math. Letters* 2 (1989), 159–161.〕 $u = x - \ln(1+x)$로 치환하고 $g(u) = dx/du$로 두면 $Q(n)+1 = n\int_0^\infty e^{-nx}(1+x)^n\,dx = n\int_0^\infty e^{-n(x-\ln(1+x))}\,dx = n\int_0^\infty e^{-nu}g(u)\,du$가 된다. u가 충분히 작을 때 $x = \sum_{k=1}^\infty c_k(2u)^{k/2}$임에 주목한다. 따라서 $g(u) = \sum_{k=1}^{m-1} c_k(2u)^{k/2-1} + O(u^{m/2-1})$이며, $Q(n)+1 - n\int_0^\infty e^{-nu}\sum_{k=1}^{m-1} kc_k(2u)^{k/2-1}\,du$에 왓슨의 보조정리를 적용할 수 있다.

1.3.1절

1. 4. 따라서 각 바이트는 $3^4 = 81$가지의 서로 다른 값들을 담을 수 있다.

2. 다섯 개. 다섯 바이트는 항상 적합하지만 네 바이트는 그렇지 않기 때문이다.

3. (0:2), (3:3), (4:4), (5:5)

4. 아마도 색인 레지스터 4에 2000보다 크거나 같은 값이 들어 있어서, 색인 적용 이후에도 유효한 메모리 주소가 되었기 때문일 것이다.

5. "DIV -80,3(0:5)", 좀 더 간단하게는 "DIV -80,3".

6. (a) rA ← | - | 5 | 1 | 200 | 15 |. (b) rI2 ← −200 (c) rX ← | + | 0 | 0 | 5 | 1 | ? |. (d) 정의되지 않음. 그런 큰 값을 색인 레지스터에 적재할 수는 없다. (e) rX ← | - | 0 | 0 | 0 | 0 | 0 |.

7. $n = |\text{rAX}|$가 레지스터 A와 X의 연산 이전의 크기이고 $d = |V|$가 약수의 크기라고 하자. 연산 이후에 rA의 크기는 $\lfloor n/d\rfloor$이 되며, rX의 크기는 $n \bmod d$이다. 연산 이후의 rX의 부호는 연산 이전의 rA의 부호이다. 연산 이후의 rA의 부호는 연산 이전의 rA와 V가 같았으면 +, 그렇지 않으면 − 이다.

이를 다른 식으로 말하면: 만일 rA와 V의 부호가 같으면 rA ← $\lfloor \text{rAX}/V\rfloor$이고 rX ← $\text{rAX} \bmod V$이다. 그렇지 않으면 rA ← $\lceil \text{rAX}/V\rceil$이고 rX ← $\text{rAX} \bmod -V$이다.

8. rA ← | + | 0 | 617 | 0 | 1 |, rX ← | - | 0 | 0 | 0 | 0 | 1 |.

9. ADD, SUB, DIV, NUM, JOV, JNOV, INCA, DECA, INCX, DECX.

10. CMPA, CMP1, CMP2, CMP3, CMP4, CMP5, CMP6, CMPX. (또한, 부동소수점에 대해서는 FCMP.)

11. MOVE, LD1, LD1N, INC1, DEC1, ENT1, ENN1.

12. INC3 0,3.

13. "JOV 1000"은 수행 시간 외에는 차이가 없다. "JNOV 1001"은 대부분의 경우 rJ의 설정이 달라진다는 차이가 생긴다. "JNOV 1000"은 컴퓨터를 무한 루프에 빠지게 할 수 있다는 점에서 대단히 다르다.

14. NOP의 경우는 어떤 것이든 상관없다. ADD, SUB는 F = (0:0)으로 하거나 주소를 *(명령의 주소)와 같게 하고 F = (3:3)으로 두면 무연산이다. HLT도 무연산이다(독자가 연습문제의 문장을 어떻게 해석하느냐에 따라 다르겠지만). 모든 자리이동 연산들은 주소와 색인을 0으로 하면 무연산이다. SLC나 SRC는 색인을 0으로, 주소를 10의 배수로 한다. F = 0인 MOVE, STJ *(0:0), STZ *(0:0), STZ *(3:3), JSJ *+1도 무연산이다. 주소와 색인이 0이면 모든 INC, DEC 명령들은 무연산이다. 그러나 "ENT1 0,1"이 항상 무연산인 것은 아니다. rI1이 −0에서 +0으로 바뀔 수 있기 때문이다.

15. 70; 80; 120. (블록 크기 곱하기 5.)

16. (a) STZ 0; ENT1 1; MOVE 0(49); MOVE 0(50). 만일 바이트 크기가 100임이 알려져 있다면 단 하나의 MOVE 명령으로 충분하겠지만, MIX 프로그램에서 바이트 크기에 대해서는 가정하지 않기로 했었다. (b) STZ 명령 100개를 사용한다.

17. (a) STZ 0,2; DEC2 1; J2NN 3000.

    (b)   STZ   0
               ENT1   1
               JMP   3004
       (3003) MOVE   0(63)
       (3004) DEC2   63
               J2P   3003
               INC2   63
               ST2   3008(4:4)
       (3008) MOVE   0   ▮

(993개의 STZ들을 사용하는, 약간 더 빠르지만 상당히 터무니없는 프로그램도 가능하다: JMP 3995; STZ 1,2; STZ 2,2; ...; STZ 993,2; J2N 3999; DEC2 993; J2NN 3001; ENN1 0,2; JMP 3000,1.)

18. (문제의 지시사항들을 정확히 따랐다면 ADD에서 위넘침이 발생하며 그 후 레지스터 A는 −0이 될 것이다.) 답: 위넘침이 켜지고 비교 지시자는 EQUAL이 되며 rA는 $\boxed{-\ 30\ 30\ 30\ 30\ 30}$, rX 는 $\boxed{-\ 31\ 30\ 30\ 30\ 30}$, rI는 +3으로 설정된다. 그리고 메모리 장소 0001과 0002가 +0으로로 설정된다(프로그램 자체가 장소 0000에서 시작하지 않는 한).

19. $42u = (2+1+2+2+1+1+1+2+2+1+2+2+3+10+10)u$.

20. (후쿠오카H. Fukuoka의 답.)

    (3991) ENT1   0
            MOVE   3995   (MOVE의 기본 F 설정은 1이다)
    (3993) MOVE   0(43)   (3999 = 93 곱하기 43)
            JMP   3993
    (3995) HLT   0   ▮

21. (a) 프로그램이 rJ ← N으로 설정하는 유일한 방법은 장소 $N-1$에서 점프하는 것뿐이므로,

외부적인 수단(연습문제 26의 "GO 버튼" 참고)으로 0으로 설정하지 않는 한 J 레지스터가 0이 되는 일은 없다.

```
    (b)    LDA   -1,4
           LDX   3004
           STX   -1,4
           JMP   -1,4
  (3004)   JMP   3005
  (3005)   STA   -1,4 ▮
```

22. 최소 시간: 바이트 크기를 b라고 할 때, $|X^{13}| < b^5$이라는 가정은 $X^2 < b$를 함의하며, 따라서 X^2을 하나의 바이트에 담을 수 있다. 다음은 그러한 사실을 이용하는 영리한 해답으로, 패트Y. N. Patt에서 기인한 것이다. rA의 부호는 X의 부호이다.

		rA					rX				
(3000)	LDA	2000									
	MUL	2000(1:5)									
	STX	3500(1:1)									
	SRC	1	X^2	0	0	0	0	0	0	0	0
	MUL	3500	X^4	0	0	0	0	0	0	0	0
	STA	3501	X^4	0	0	0	0	0	0	0	0
	ADD	2000	X^4	0	0	0	0	0	0	0	0
	MUL	3501(1:5)	X^8		0	X^5	0	0	0	0	0
	STX	3501	X^8		0	X^5	0	0	0	0	0
	MUL	3501(1:5)	0	X^{13}			0	0	0	0	0
	SLAX	1	X^{13}				0	0	0	0	0
	HLT	0									
(3500)	NOP	0									
(3501)	NOP	0 ▮									

공간 = 14, 시간 = $54u$이다(HLT는 세지 않았음).

4.6.3절에서 전개하는 이론에 따르면 적어도 다섯 번의 곱셈들이 "필수적"이지만, 이 프로그램은 곱셈 네 번만 사용한다! 사실 더 빠른 해답도 존재한다(잠시 후에 나온다).

최소 공간:

```
         (3000)  ENT4  12          DEC4  1
                 LDA   2000         J4P   3002
         (3002)  MUL   2000         HLT   0 ▮
                 SLAX  5       공간 = 7, 시간 = 171u.
```

진정한 최소 시간: 플로이드R. W. Floyd가 지적했듯이, 주어진 조건은 $|X| \le 5$를 의미하며, 따라서 하나의 표를 참조함으로써 최소 수행 시간을 얻는 것이 가능하다. 즉:

```
(3000)  LD1    2000
        LDA    3500,1
        HLT    0
(3495)  (−5)¹³
(3496)  (−4)¹³
           ⋮
(3505)  (+5)¹³  ▮
```

공간 = 14; 시간= $4u$.

23. 다음은 딕슨R. D. Dixon의 답으로, 모든 조건들을 만족하는 것으로 보인다.

```
(3000)  ENT1   4
(3001)  LDA    200
        SRA    0,1
        SRAX   1
        DEC1   1
        J1NN   3001
        SLAX   5
        HLT    0   ▮
```

24. (a) DIV 3500, 여기서 3500 = | + | 1 | 0 | 0 | 0 | 0 |.

(b) SRC 4; SRA 1; SLC 5.

25. 몇 가지 착상을 말하자면: (a) 당연한 것들로는 더 빠른 메모리, 더 많은 입출력 장치 등. (b) I 필드를 J 레지스터 색인 적용 그리고/또는 다중 색인 적용(서로 다른 두 색인 레지스터들을 지정하는) 그리고/또는 "간접 색인 적용"(연습문제 2.2.2-3, 4, 5)에 사용한다. (c) 색인 레지스터들과 J 레지스터들을 다섯 바이트 전체로 확장한다. 그러면 색인 적용만으로도 더 높은 주소들을 지칭할 수 있을 것이다. 그러나 (b)에서 말한 다중 색인 적용이 가능하다면 그리 바람직하지 않을 것이다. (d) 연습문제 1.4.4-18에서처럼 음의 메모리 주소를 이용하는 가로채기(interrupt) 기능을 추가하면 어떨까. (e) 음의 메모리 주소에 "실시간 클록"을 추가할 수도 있다. (b) MIX 이진수 버전에는 비트단위 연산들, 레지스터가 짝수냐 홀수냐에 따른 점프들, 그리고 이진 자리이동 연산들을 추가할 수 있다(예를 들면 연습문제 2.5-28, 5.2.2-12, 6.3-9 참고. 또한 프로그램 4.5.2B, 6.4-(24), 7.1절도 볼 것). (g) C = 5의 또 다른 변종으로서의, 장소 M의 명령을 수행하는 "수행(execute)" 명령. (h) C = 48, …, 55의 또 다른 변종인, CI ← 레지스터:M 설정 연산.

26. (2:5) 필드를 이용해서 카드의 7-10열들을 얻으면 좋겠지만, $2 \cdot 8 + 5 = 21$이라는 점에서 불가능하다. 프로그램을 파악하기 쉽도록, 1.3.2에서 소개할 기호적 언어로 된 프로그램을 제시하겠다.

```
BUFF  EQU    29        버퍼 영역은 0029-0044.       카드에 펀칭된 문자들:
      ORIG   0
```

00	LOC	IN	16(16)	두 번째 카드를 읽어 들인다.	␣0␣06
01	READ	IN	BUFF(16)	다음 카드를 읽는다.	␣Z␣06
02		LD1	0(0:0)	rI1 ← 0.	␣␣␣␣I
03		JBUS	*(16)	읽기가 종료되길 기다린다.	␣C␣04
04		LDA	BUFF+1	rA ← 열 6-10.	␣0␣EH
05	=1=	SLA	1		␣A␣␣F
06		SRAX	6	rAX ← 열 7-10.	␣F␣CF
07	=30=	NUM	30		␣0␣␣E
08		STA	LOC	LOC ← 시작 장소.	␣␣␣EU
09		LDA	BUFF+1(1:1)		␣0␣IH
10		SUB	=30=(0:2)		␣G␣BB
11	LOOP	LD3	LOC	rI3 ← LOC.	␣␣␣EJ
12		JAZ	0,3	카드 전송이 끝났으면 점프.	␣␣CA.
13		STA	BUFF	BUFF ← 개수.	␣Z␣EU
14		LDA	LOC		␣␣␣EH
15		ADD	=1=(0:2)		␣E␣BA
16		STA	LOC	LOC ← LOC + 1.	␣␣␣EU
17		LDA	BUFF+3,1(5:5)		␣2A-H
18		SUB	=25=(0:2)		␣S␣BB
19		STA	0,3(0:0)	부호를 저장.	␣␣C␣U
20		LDA	BUFF+2,1		␣1AEH
21		LDX	BUFF+3,1		␣2AEN
22	=25=	NUM	25		␣V␣␣E
23		STA	0,3(1:5)	크기를 저장.	␣␣CLU
24		MOVE	0,1(2)	rI1 ← rI1 + 2. (!)	␣␣ABG
25		LDA	BUFF		␣Z␣EH
26		SUB	=1=(0:2)	개수를 감소.	␣E␣BB
27		JAP	LOOP	개수가 0이 될 때까지 반복.	␣J␣B.
28		JMP	READ	이제 새 카드를 읽는다.	␣A␣␣9 ▮

1.3.2절

1. ENTX 1000; STX X.

2. 줄 03의 STJ 명령이 이 주소를 재설정한다. (그런 명령들의 주소를 "*"로 표시하는 게 관례인데, 이유는 두 가지이다. 하나는 표기하기가 간단하다는 것이고, 또 하나는 어떤 부주의로 인해 서브루틴에 적절하게 진입하지 못해서 생기는 프로그램의 오류 상황에 대한 식별 가능한 판정 수단을 제공한다는 점이다. "*-*"를 선호하는 사람들도 있다.)

3. 테이프 유닛 0에서 워드 100개를 읽어 들인다. 그 중 최대값을 마지막 것과 교환한다. 나머지 99개의 최대값을 99개의 마지막 것과 교환한다. 그런 식으로 나아가다보면 100개의 워드들은 감소하

지 않는 순서로 완전히 정렬될 것이다. 그 결과를 테이프 유닛 1에 기록한다. (이를 알고리즘 5.2.3S와 비교해 볼 것.)

4. 0이 아닌 장소들만 나열하자면:

3000:	+	0000	00	18	35
3001:	+	2051	00	05	09
3002:	+	2050	00	05	10
3003:	+	0001	00	00	49
3004:	+	0499	01	05	26
3005:	+	3016	00	01	41
3006:	+	0002	00	00	50
3007:	+	0002	00	02	51
3008:	+	0000	00	02	48
3009:	+	0000	02	02	55
3010:	−	0001	03	05	04
3011:	+	3006	00	01	47
3012:	−	0001	03	05	56
3013:	+	0001	00	00	51
3014:	+	3008	00	06	39
3015:	+	3003	00	00	39
3016:	+	1995	00	18	37
3017:	+	2035	00	02	52
3018:	−	0050	00	02	53
3019:	+	0501	00	00	53
3020:	−	0001	05	05	08

3021:	+	0000	00	01	05
3022:	+	0000	04	12	31
3023:	+	0001	00	01	52
3024:	+	0050	00	01	53
3025:	+	3020	00	02	45
3026:	+	0000	04	18	37
3027:	+	0024	04	05	12
3028:	+	0019	00	00	45
3029:	+	0000	00	02	05

0000:	+				2
1995:	+	06	09	19	22	23
1996:	+	00	06	09	25	05
1997:	+	00	08	24	15	04
1998:	+	19	05	04	00	17
1999:	+	19	09	14	05	22
2024:	+				2035
2049:	+				2010
2050:	+				3
2051:	−				499

(마지막 둘을 교환하고 3001과 3002를 그에 맞게 수정해도 된다).

5. 각 OUT은 이전의 프린터 작업이 끝나기를 기다린다(서로 다른 버퍼에서).

6. (a) 만일 n이 소수가 아니면, 정의에 의해 n은 $1 < d < n$인 약수 d를 가진다. 만일 $d > \sqrt{n}$이면 n/d는 하나의 약수이며 $1 < n/d < \sqrt{n}$이다. (b) N이 소수가 아니면 N은 $1 < d \le \sqrt{N}$인 하나의 소수인 인수(소인수) d를 가진다. 그 알고리즘은 N에 $p = $ PRIME[K] 이하의 소인수들이 없음을 증명했다. 또한 $N = pP+R < pQ+p \le p^2+p < (p+1)^2$이다. 따라서 N의 어떠한 소인수도 $p+1 > \sqrt{N}$보다 크다.

또한, N이 소수일 때에는 N보다 작은, 충분히 큰 소수가 존재함을, 다시 말해서 $(k+1)$번째 소수 p_{k+1}이 $p_k^2 + p_k$보다 작음도 증명해야 한다. 그렇지 않다면 K가 J를 지나쳐서, 커다란 값이 필요한 PRIME[K]가 0이 될 수도 있기 때문이다. 필요한 증명은 만일 p가 소수이면 p보다 크고 $2p$ 보다 작은 소수가 존재한다는 "베르트랑 공준(Bertrand's postulate)"에서 이끌어낼 수 있다.

7. (a) 줄 29의 장소를 가리킨다. (b) 그러면 프로그램은 실패한다. 줄 14는 줄 25가 아니라 15를 참조하게 되며, 줄 24는 줄 12가 아니라 줄 15를 참조하게 된다.

8. 100줄을 출력한다. 만일 그 줄들을 줄바꿈하지 않고 계속 인쇄한다면 상당히 길어지는데, 빈칸 다섯 개 다음에 A자 다섯 개 다음에 빈칸 10개 다음에 A자 다섯 개 다음에 … 빈칸 $5k$개 다음에 A자 다섯 개 다음에 빈칸 $5(k+1)$개 다음에... 하는 식으로 총 12000개의 글자들이 출력된다. 마지막 줄에서 세 번째 줄은 AAAAA와 35개의 빈칸들로 이루어진다. 마지막 두 줄은 완전히 빈칸들이다. 전체적인 결과는 일종의 OP 예술이라 할 수 있다.

9. 다음 표의 각 항목의 (4:4) 필드는 최대 F 설정을 담는다. (1:2) 필드는 적절한 유효성 점검 루틴의 장소이다.

```
B      EQU   1(4:4)           BEGIN   LDA    INST
BMAX   EQU   B-1                      CMPA   VALID(3:3)
UMAX   EQU   20                       JG     BAD              I 필드 > 6?
TABLE  NOP   GOOD(BMAX)               LD1    INST(5:5)
       ADD   FLOAT(5:5)               DEC1   64
       SUB   FLOAT(5:5)               J1NN   BAD              C 필드 ≥ 64?
       MUL   FLOAT(5:5)               CMPA   TABLE+64,1(4:4)
       DIV   FLOAT(5:5)               JG     BAD              F 필드 > F 최대값?
       HLT   GOOD                     LD1    TABLE+64,1(1:2)  특수 루틴으로
       SRC   GOOD                     JMP    0,1                 점프.
       MOVE  MEMORY(BMAX)     FLOAT   CMPA   VALID(4:4)       산술 연산에 대해서는
       LDA   FIELD(5:5)               JE     MEMORY              F = 6이 허용됨.
       ...                   FIELD   ENTA   0
       STZ   FIELD(5:5)               LDX    INST(4:4)        유효한 부분 필드인지
       JBUS  MEMORY(UMAX)             DIV    =9=                 점검하는 한 가지
       IOC   GOOD(UMAX)               STX    *+1(0:2)            교묘한 방식이다.
       IN    MEMORY(UMAX)             INCA   0
       OUT   MEMORY(UMAX)             CMPA   =5=
       JRED  MEMORY(UMAX)             JG     BAD
       JLE   MEMORY           MEMORY  LDX    INST(3:3)
       JANP  MEMORY                   JXNZ   GOOD             만일 I = 0이면
       ...                    LDX     INST(0:2)                 주소가 유효한
       JXNP  MEMORY                   JXN    BAD                 장소인지
       ENNA  GOOD                     CMPX   =3999=              확인한다.
       ...                    JLE     GOOD
       ENNX  GOOD                     JMP    BAD
```

```
        CMPA FLOAT(5:5)        VALID    CMPX 3999,6(6)
        CMP1 FIELD(5:5)
    ...
        CMPX FIELD(5:5)
```

10. 이 문제에서 주목할 만한 부분은, 한 행이나 열에서 최소 또는 최대값이 나올 장소가 여러 군데이며, 각각 잠재적으로 안장점일 수 있다는 점이다.

해답 1: 이 해답에서는 한 행씩 열들을 훑으면서 그 행의 최소값인 열을 목록에 추가하고, 그 목록의 각 열에 대해 해당 행 최소값이 그 열의 최소값인지 판정한다. rX ≡ 현재의 최소값, rI1은 행렬을 훑는 데 쓰임, rI2 ≡ rI1의 열 색인, rI3 ≡ 최소값 목록의 크기. 모든 경우에서 루프는 해당 색인 레지스터가 ≤ 0이면 종료된다는 점을 주목할 것.

```
        * SOLUTION 1
A10     EQU  1008          a₁₀의 장소
LIST    EQU  1000
START   ENT1 9*8           오른쪽 하단 모서리부터 시작한다.
ROWMIN  ENT2 8             이제 rI1은 그 행의 열 8을 가리킨다.
2H      LDX  A10,1         행 최소값 후보.
        ENT3 0             목록은 비어 있다.
4H      INC3 1
        ST2  LIST,3        열 색인을 목록에 넣는다.
1H      DEC1 1             왼쪽으로 한 열 이동.
        DEC2 1
        J2Z  COLMAX        한 행이 끝났는가?
3H      CMPX A10,1
        JL   1B            rX가 여전히 최소값인가?
        JG   2B            새로운 최소값인가?
        JMP  4B            다른 최소값을 기억해 둔다.
COLMAX  LD2  LIST,3        목록에서 열을 얻는다.
        INC2 9*8-8
1H      CMPX A10,2
        JL   NO            행 최소값 < 열 성분?
        DEC2 8
        J2P  1B            한 열이 끝났는가?
YES     INC1 A10+8,2       끝났다; rI1 ← 안장점 주소.
        HLT
NO      DEC3 1             목록이 비었는가?
        J3P  COLMAX        아니면 다시 시도.
        J1P  ROWMIN        모든 행들을 시도했는가?
        HLT                그렇다면 rI1 = 0, 안장점은 없음.
```

해답 2: 수학을 도입하면 다른 알고리즘이 나온다.

정리. $R(i) = \min_j a_{ij}$, $C(j) = \max_i a_{ij}$ 라고 하자. 성분 $a_{i_0 j_0}$은 오직 $R(i_0) = \max_i R(i) = C(j_0)$ $= \min_j C(j)$일 때에만 안장점이다.

증명. 만일 $a_{i_0 j_0}$이 안장점이면, 임의의 고정된 i에 대해 $R(i_0) = C(j_0) \geq a_{ij_0} \geq R(i)$이다. 따라서 $R(i_0) = \max_i R(i)$이다. 비슷하게, $C(j_0) = \min_j C(j)$이다. 거꾸로 말하면, 모든 i와 j에 대해 $R(i) \leq a_{ij} \leq C(j)$이다. 따라서 $R(i_0) = C(j_0)$은 $a_{i_0 j_0}$이 안장점임을 함의한다. ∎

(이 증명은 항상 $\max_i R(i) \leq \min_j C(j)$임을 말해준다. 따라서 만일 모든 R들이 모든 C들보다 작다면, 그리고 오직 그럴 때에만 안장점이 존재하지 않는다.)

이 정리에 따르면, 가장 작은 열 최대값을 찾고 그와 상등인 행 최소값을 찾기만 하면 된다. 페이즈 1(PHASE1)에서 rI1 ≡ 열 색인, rI2는 행렬을 훑는 데 쓰이는 색인 레지스터이다. 페이즈 2(PHASE2)에서는 rI1 ≡ 가능한 답, rI2는 행렬을 훑는 데 쓰이는 색인 레지스터, rI3 ≡ 행 색인 곱하기 8, rI4 ≡ 열 색인이다.

```
* SOLUTION 2
CMAX      EQU     1000
A10       EQU     CMAX+8
PHASE1    ENT1    8               열 8에서 시작한다.
3H        ENT2    9*8-8,1
          JMP     2F
1H        CMPX    A10,2           rX이 여전히 최대인가?
          JGE     *+2
2H        LDX     A10,2           열의 새 최대값.
          DEC2    8
          J2P     1B
          STX     CMAX+8,2        열 최대값을 저장.
          J2Z     1F              최초인가?
          CMPA    CMAX+8,2        rA가 여전히 최소 최대인가?
          JLE     *+2
1H        LDA     CMAX+8,2
          DEC1    1               왼쪽으로 한 열 이동.
          J1P     3B
PHASE2    ENT3    9*8-8           이 시점에서 rA= min_j C(j)이다.
3H        ENT2    8,3             한 행을 검색할 준비를 한다.
          ENT4    8
1H        CMPA    A10,2           min_j C(j) > a[i,j]?
          JG      NO              이 행에는 안장점이 없음.
          JL      2F
          CMPA    CMAX,4          a[i,j] = C(j)?
```

```
        JNE    2F
        ENT1   A10,2        안장점일 수 있으므로 기억해 둔다.
2H      DEC4   1            행 안에서 왼쪽으로 이동.
        DEC2   1
        J4P    1B
        HLT                 안장점을 찾았다.
NO      DEC3   8
        J3P    3B           다른 행을 시도.
        ENT1   0
        HLT                 rI1 = 0, 안장점 없음. ∎
```

페이즈 2에서 검색해볼 행들을 페이즈 1에서 모두 기록하는 더 나은 해법이 존재하는데, 구체적인 사항은 독자의 숙제로 남기겠다. 모든 행들을 검색할 필요는 없다. $C(j_0) = \min_j C(j)$가 $a_{i_0 j_0} = C(j_0)$을 함의하는 i_0에 해당하는 행만 고려하면 된다. 일반적으로 그런 행은 많아야 하나이다.

$\{0, 1, 2, 3, 4\}$에서 무작위로 선택한 성분들로 이들을 시험 실행해 보면, 해답 1의 수행 시간은 약 $730u$이고 해답 2의 수행 시간은 약 $530u$이다. 모든 성분이 0인 행렬의 경우, 해답 1은 안장점을 $137u$ 만에 찾은 반면, 해답 2는 $524u$가 걸렸다.

만일 $m \times n$ 행렬의 성분들이 모두 다르고 $m \geq n$라면, 오직 $O(m+n)$개의 성분들만 살펴보고 보조 연산들은 $O(m \log n)$회만 수행해도 문제를 풀 수 있다. Bienstock, Chung, Fredman, Schäffer, Shor, Suri, *AMM* **98** (1991), 418-419를 볼 것.

11. 행렬이 $m \times n$ 행렬이라고 가정한다. (a) 연습문제 10의 답에 나온 정리에 의해, 한 행렬의 모든 안장점들은 값이 같으며, 따라서(성분들이 모두 다르다는 가정 하에서) 행렬에는 많아야 하나의 안장점이 존재한다. 대칭성에 의해, 요구된 확률은 mn을 a_{11}이 안장점일 확률에 곱한 것이다. 후자의 확률은 $1/(mn)!$에 $a_{12} > a_{11}, ..., a_{1n} > a_{11}, a_{11} > a_{21}, ..., a_{11} > a_{m1}$인 순열들의 개수를 곱한 것이다. 이것은 $m+n-1$개의 요소들의 순열들 중 그 첫 요소가 그 다음 $(m-1)$개의 요소들보다 크며 나머지 $(n-1)$개의 요소들보다 작은 순열들의 개수, 즉 $(m-1)!(n-1)!$을 $1/(m+n-1)!$에 곱한 것이다. 따라서 요구된 확률은

$$mn(m-1)!(n-1)!/(m+n-1)! = (m+n) \Big/ \binom{m+n}{n}$$

이다. 이 연습문제의 경우 구체적인 값은 $17/\binom{17}{8}$, 즉 1430분의 1이다. (b) 주어진 두 번째 가정 하에서는 완전히 다른 방법을 사용해야 한다. 그 확률은 값이 0인 안장점이 존재할 확률에 값이 1인 안장점이 존재할 확률을 더한 것이다. 전자의 확률은 0들로 된 열이 적어도 하나 존재할 확률이고, 후자는 1들로 된 행이 적어도 하나 존재할 확률이다. 결국 답은 $(1 - (1 - 2^{-m})^n) + (1 - (1 - 2^{-n})^m)$이며, 이 문제의 경우 구체적인 수치는 924744796234036231/18446744073709551616, 약 19.9분의 1이다. 근사적인 해는 $n2^{-m} + m2^{-n}$이다.

12. 호프리 M. Hofri와 자케 P. Jacquet는 $m \times n$ 행렬의 성분들이 서로 다르며 무작위 순서인 경우를

분석했다 [*Algorithmica* **22** (1998), 516-528]. $m \to \infty$, $n \to \infty$ 에 따라, 그리고 $(\log n)/m \to 0$ 이라고 가정할 때, 두 MIX 프로그램의 실행 시간은 각각 $\left(6mn + 5mH_n + 8m + 6 + 5(m+1)/(n-1)\right)u + O((m+n)^2/\binom{m+n}{m})$ 과 $\left(5mn + 2nH_m + 7m + 7n + 9H_n\right)u + O(1/n) + O((\log n)^2/m)$ 이다.

13. * CRYPTANALYST PROBLEM (CLASSIFIED)

TAPE	EQU	20	입력 유닛 번호
TYPE	EQU	19	출력 유닛 번호
SIZE	EQU	14	입력 블록 크기
OSIZE	EQU	14	출력 블록 크기
TABLE	EQU	1000	개수 표
	ORIG	TABLE	(초기에는 빈칸과
	CON	-1	별표에 대한 항목들
	ORIG	TABLE+46	빼고는 모두 0이다)
	CON	-1	
	ORIG	2000	
BUF1	ORIG	*+SIZE	첫 버퍼 영역
	CON	-1	버퍼 끝의 "경계값"
	CON	*+1	둘째 버퍼에 대한 참조
BUF2	ORIG	*+SIZE	둘째 버퍼
	CON	-1	"경계값"
	CON	BUF1	첫 버퍼에 대한 참조
BEGIN	IN	BUF1(TAPE)	첫 블록 입력.
	ENT6	BUF2	
1H	IN	0,6(TAPE)	다음 블록 입력.
	LD6	SIZE+1,6	이 입력 동안, 이전 입력을
	ENT5	0,6	처리할 준비를 한다.
	JMP	4F	
2H	INCA	1	
	STA	TABLE,1	표 항목을 갱신.
3H	SLAX	1	
	STA	*+1(2:2)	rI1 ← 다음 문자.
	ENT1	0	
	LDA	TABLE,1	
	JANN	2B	보통의 문자인가?
	J1NZ	3F	별표인가?
	JXP	3B	빈칸 하나를 건너뛴다.
	INC5	1	
4H	LDX	0,5	rX ← 문자 다섯 개.
	JXNN	3B	경계값이 아니면 점프.
	JMP	1B	한 블록이 끝났음.

주 루프. 최대한 빠르게 실행해야 한다.

```
3H        ENT1  1                    마무리 작업 시작: rI1 ← "A".
2H        LDA   TABLE,1
          JANP  1F                   0인 답들은 건너뛴다.
          CHAR                       10진수로 변환.
          JBUS  *(TYPE)              타자기가 준비될 때까지 기다린다.
          ST1   CHAR(1:1)
          STA   CHAR(4:5)
          STX   FREQ
          OUT   ANS(TYPE)            답 하나를 출력.
1H        CMP1  =63=
          INC1  1                    최대 63개의 문자 부호들을
          JL    2B                      센다.
          HLT
ANS       ALF                        출력 버퍼
          ALF
CHAR      ALF   C NN
FREQ      ALF   NNNNN
          ORIG  ANS+OSIZE            버퍼 나머지는 빈칸
          END   BEGIN                리터럴 상수 =63=이 여기에 들어온다. ▮
```

이 문제의 경우 출력의 버퍼링은 바람직하지 않다. 출력 한 줄 당 기껏해야 $7u$ 시간을 절약할 뿐이기 때문이다.

14. 다음의 해답은 부분적으로는 페톨리노J. Petolino에서 기인한 것으로, 실행 시간을 줄이기 위해 상당히 많은 요령들을 사용한다. 시간을 더 줄일 수 있는지 시도해 보라.

```
*   DATE OF EASTER
EASTER    STJ   EASTX
          STX   Y
          ENTA  0                    E1.
          DIV   =19=
          STX   GMINUS1(0:2)
          LDA   Y                    E2.
          MUL   =1//100+1=           (아래를
          INCA  61                    볼 것)
          STA   CPLUS60(1:2)
          MUL   =3//4+1=
          STA   XPLUS57(1:2)
CPLUS60   ENTA  *
          MUL   =8//25+1=            rA ← Z + 24.
GMINUS1   ENT2  *                    E5.
          ENT1  1,2                  rI1 ← G.
```

```
              INC2   1,1
              INC2   0,2
              INC2   0,1
              INC2   0,2
              INC2   773,1         rI2 ← 11G + 773.
XPLUS57       INCA   -*,2          rA ← 11G + Z − X + 20 + 24 · 30 (≥ 0).
              SRAX   5
              DIV    =30=          rX ← E.
              DECX   24
              JXN    4F
              DECX   1
              JXP    2F
              JXN    3F
              DEC1   11
              J1NP   2F
3H            INCX   1
2H            DECX   29            E6.
4H            STX    20MINUSN(0:2)
              LDA    Y             E4.
              MUL    =1//4+1=
              ADD    Y
              SUB    XPLUS57(1:2)  rA ← D − 47.
20MINUSN      ENN1   *
              INCA   67,1          E7.
              SRAX   5             rX ← D + N.
              DIV    =7=
              SLAX   5
              DECA   -4,1          rA ← 31 − N.
              JAN    1F            E8.
              DECA   31
              CHAR
              LDA    MARCH
              JMP    2F
1H            CHAR
              LDA    APRIL
2H            JBUS   *(18)
              STA    MONTH
              STX    DAY(1:2)
              LDA    Y
              CHAR
              STX    YEAR
```

```
            OUT     ANS(18)         출력
EASTX       JMP     *
MARCH       ALF     MARCH
APRIL       ALF     APRIL
ANS         ALF
DAY         ALF     DD
MONTH       ALF     MMMMM
            ALF     ,
YEAR        ALF     YYYYY
            ORIG    *+20
BEGIN       ENTX    1950            위의 서브루틴을
            ENT6    1950-2000           사용하는
            JMP     EASTER          "구동" 루틴.
            INC6    1
            ENTX    2000,6
            J6NP    EASTER+1
            HLT
            END     BEGIN
```

여러 군데에서 나누기를 곱하기로 바꾸었는데, 이는 rA의 값이 그리 크지 않다는 사실을 근거로 해서 엄밀하게 정당화할 수 있다. 이 프로그램은 모든 바이트 크기들에서 작동한다.

［1582년 이전의 부활절 날짜를 계산하는 문제는 *CACM* **5** (1962), 209–210을 볼 것. 부활절 날짜를 계산하는 최초의 체계적 알고리즘은 아퀴타니아의 빅토리우스(Victorius of Aquitania, A.D. 457)에서 비롯되었다. 중세 유럽에서 사소하지 않은 산술 응용은 부활절 날짜 계산뿐이었음을 가리키는 암시들이 많이 있으며, 그런 만큼 부활절 날짜 계산 알고리즘은 역사적으로 의미가 있다. 추가적인 논의는 T. H. O'Beirne, *Puzzles and Paradoxes* (London: Oxford University Press, 1965), 10장을 볼 것. 또한 모든 종류의 날짜 관련 알고리즘들은 E. M. Reingold, N. Dershowitz, *Calendrical Calculations*(Cambridge Univ. Press, 2001)를 보라.］

15. 그런 최초의 연도는 A.D. 10317이나, 언급된 실수를 저질렀다면 프로그램은 $0 \le k \le 10$에 대한 A.D. $10108 + 19k$들에서 거의 항상 실패하고 만다.

한편, 오베이언T. H. O'Beirne은 부활절 날짜가 정확히 5,700,000년마다 반복됨을 지적했다. 힐Robert Hill은 계산을 통해서 가장 흔한 날짜가 4월 19일(주기 당 220400회)이며 가장 이른, 그리고 가장 드문 날짜는 3월 22일(27550회), 그리고 마지막 날짜이자 두 번째로 드문 날짜는 4월 25일(42000회)임을 보였다. 힐은 주기에서 특정 날짜의 횟수가 항상 25의 배수라는 별난 사실에 대한 그럴듯한 설명을 찾아냈다.

16. 비례된 수들을 다루기 위해, $R_n = 10^n r_n$으로 둔다. 그러면 오직 $10^n/(R+\frac{1}{2}) < m \le 10^n/(R-\frac{1}{2})$일 때에만 $R_n(1/m) = R$이다. 이로부터 $m_h = \lfloor 2 \cdot 10^n/(2R-1) \rfloor$임을 알 수 있다.

```
      * SUM OF HARMONIC SERIES
BUF     ORIG   *+24
START   ENT2   0
        ENT1   3              5 - n
        ENTA   20
OUTER   MUL    =10=
        STX    CONST          2 · 10ⁿ
        DIV    =2=
        ENTX   2
        JMP    1F
INNER   STA    R
        ADD    R
        DECA   1
        STA    TEMP           2R - 1
        LDX    CONST
        ENTA   0
        DIV    TEMP
        INCA   1
        STA    TEMP           m_h + 1
        SUB    M
        MUL    R
        SLAX   5
        ADD    S
        LDX    TEMP
1H      STA    S              부분합
        STX    M              m = m_e
        LDA    M
        ADD    M
        STA    TEMP
        LDA    CONST
        ADD    M              R = R_n(1/m) =
        SRAX   5                ⌊(2 · 10ⁿ + m)/(2m)⌋을 계산.
        DIV    TEMP
        JAP    INNER          R > 0?
        LDA    S              10ⁿ S_n
        CHAR
        SLAX   0,1            깔끔하게 포매팅
        SLA    1
        INCA   40             소수점
        STA    BUF,2
        STX    BUF+1,2
```

$5 - n$

$2 \cdot 10^n$

$2R - 1$

$m_h + 1$

$m = m_e$

$R = R_n(1/m) = \lfloor (2 \cdot 10^n + m)/(2m) \rfloor$을 계산.

$R > 0?$

$10^n S_n$

```
          INC2  3
          DEC1  1
          LDA   CONST
          J1NN  OUTER
          OUT   BUF(18)
          HLT
          END   START
```

출력은

        0006.16   0008.449   0010.7509   0013.05363

이다. 수행 시간은 출력에 걸린 시간 더하기 $65595u$ 이다. ($m < 10^{n/2}\sqrt{2}$ 일 때 $R_n(1/m)$ 을 직접 계산하고 그런 다음 제시된 절차를 적용한다면 더 빨라질 수 있다.)

17. $N = \lfloor 2 \cdot 10^n/(2m+1) \rfloor$ 으로 둔다. 부분별로 합하고 $m \approx 10^{n/2}$ 으로 설정하면 $S_n = H_N + O(N/10^n) + \sum_{k=1}^{m}(\lfloor 2 \cdot 10^n/(2k-1) \rfloor - \lfloor 2 \cdot 10^n/(2k+1) \rfloor)k/10^n = H_N + O(m^{-1}) + O(m/10^n) - 1 + 2H_{2m} - H_m = n \ln 10 + 2\gamma - 1 + 2 \ln 2 + O(10^{-n/2})$ 을 얻게 된다.

추가로, 그 다음 값 몇 개를 들자면 $S_6 = 15.356262$, $S_7 = 17.6588276$, $S_8 = 19.96140690$, $S_9 = 22.263991779$, $S_{10} = 24.5665766353$ 이다. S_{10} 에 대한 우리의 추정은 ≈ 24.566576621 로, 이는 예측했던 것보다 더 정확하다.

18.
```
     FAREY  STJ   9F       rI1이 n을 담고 있으며 n > 1이라고 가정.
            STZ   X        x₀ ← 0.
            ENTX  1
            STX   Y        y₀ ← 1.
            STX   X+1      x₁ ← 1.
            ST1   Y+1      y₁ ← n.
            ENT2  0        k ← 0.
     1H     LDX   Y,2
            INCX  0,1
            ENTA  0
            DIV   Y+1,2
            STA   TEMP     ⌊(y_k+n)/y_{k+1}⌋
            MUL   Y+1,2
            SLAX  5
            SUB   Y,2
            STA   Y+2,2    y_{k+2}
            LDA   TEMP
            MUL   X+1,2
            SLAX  5
            SUB   X,2
```

```
        STA    X+2,2    x_{k+2}
        CMPA   Y+2,2    x_{k+2} < y_{k+2}인가?
        INC2   1        k ← k+1.
        JL     1B       그렇다면 계속 진행한다.
   9H   JMP    *        서브루틴에서 나간다. ▮
```

19. (a) 귀납법. (b) $k \geq 0$, $X = ax_{k+1} - x_k$, $Y = ay_{k+1} - y_k$라고 하자. $a = \lfloor (y_k + n)/y_{k+1} \rfloor$이다. 부문제 (a)와 $0 < Y \leq n$이라는 사실에 의해 $X \perp Y$이고 $X/Y > x_{k+1}/y_{k+1}$이다. 따라서 만일 $X/Y \neq x_{k+2}/y_{k+2}$이면 정의에 의해 $X/Y > x_{k+2}/y_{k+2}$이다. 그런데 이는

$$\frac{1}{Yy_{k+1}} = \frac{Xy_{k+1} - Yx_{k+1}}{Yy_{k+1}} = \frac{X}{Y} - \frac{x_{k+1}}{y_{k+1}}$$

$$= \left(\frac{X}{Y} - \frac{x_{k+2}}{y_{k+2}} \right) + \left(\frac{x_{k+2}}{y_{k+2}} - \frac{x_{k+1}}{y_{k+1}} \right)$$

$$\geq \frac{1}{Yy_{k+2}} + \frac{1}{y_{k+1}y_{k+2}} = \frac{y_{k+1} + Y}{Yy_{k+1}y_{k+2}} > \frac{n}{Yy_{k+1}y_{k+2}} \geq \frac{1}{Yy_{k+1}}$$

을 함의한다.

역사적 참고: 해로스C. Haros는 그런 수열을 구축하는 한 가지(좀 더 복잡한) 규칙을 *J. de l'École Polytechnique* **4**, 11 (1802), 364-368에서 제시했다. 그의 방법은 정확했지만, 그 증명은 부정확했다. 그와는 독립적으로, 몇 년 후 지질학자 파레이John Farey는 x_k/y_k가 항상 $(x_{k-1} + x_{k+1})/(y_{k-1} + y_{k+1})$과 같다고 추측했다 [*Philos. Magazine and Journal* **47** (1816), 385-386]. 얼마 후 코시A. Cauchy가 그에 대한 증명을 제공했다 [*Bull. Société Philomathique de Paris* (3) **3** (1816), 133-135]. 그 급수에 파레이의 이름을 붙인 것도 그였다. 이 급수에 대한 흥미로운 성질들을 더 알고 싶다면 G. H. Hardy, E. M. Wright, *An Introduction to the Theory of Numbers*, 3장을 볼 것.

20.
```
        * TRAFFIC SIGNAL PROBLEM
   BSIZE   EQU    1(4:4)          바이트 크기
   2BSIZE  EQU    2(4:4)          바이트 크기의 두 배
   DELAY   STJ    1F              rA에 n이 들어 있다고 할 때,
           DECA   6                  이 서브루틴은 정확히
           DECA   2                  max(n,7)u 시간(서브루틴으로
           JAP    *-1                점프하는 데 걸리는 시간은
           JAN    *+2                포함되지 않음)을 기다린다.
           NOP
   1H      JMP    *
   FLASH   STJ    2F         4      이 서브루틴은 적절한
           ENT2   8          5      DON'T WALK등을 깜박인다.
```

1H	LDA	=49991=	7	
	JMP	DELAY	8	
	DECX	0,1	9	DON'T WALK등을 끈다.
	LDA	=49996=	2	
	JMP	DELAY	3	
	INCX	0,1	4	켠다.
	DEC2	1	1	
	J2Z	1F	2	여덟 번 반복.
	LDA	=49993=	4	
	JMP	1B	5	다시 동기화시킨다.
1H	LDA	=399992=	4	2u 후에 주황색 등을 켠다.
	JMP	DELAY	5	
2H	JMP	*	6	
WAIT	JNOV	*	5	위넘침 발동 때까지는 델마로 차량등을 녹색으로.
TRIP	INCX	BSIZE	6	델마로 DON'T WALK등을 켠다.
	ENT1	2BSIZE	1	
	JMP	FLASH	2	델마로 DON'T WALK등을 깜박인다.
	LDX	BAMBER	8	델마로 차량등을 주황색으로.
	LDA	=799995=	2	
	JMP	DELAY	3	8초간 대기.
	LDX	AGREEN	5	버클리가 차량등을 녹색으로.
	LDA	=799996=	2	
	JMP	DELAY	3	8초간 대기.
	INCX	1	4	버클리가 DON'T WALK등을 켠다.
	ENT1	2	1	
	JMP	FLASH	2	버클리가 DON'T WALK등을 깜박인다.
	LDX	AAMBER	8	버클리가 차량등을 주황색으로.
	JOV	*+1	1	중복된 발동을 취소.
	LDA	=499994=	3	
	JMP	DELAY	4	5초간 대기.
BEGIN	LDX	BGREEN	6	델마로 차량등을 녹색으로.
	LDA	=1799994=	2	
	JMP	DELAY	3	적어도 18초간
	JMP	WAIT	4	기다린다.
AGREEN	ALF	CABA		버클리가 차량등 녹색
AAMBER	ALF	CBBB		버클리가 차량등 주황색
BGREEN	ALF	ACAB		델마로 차량등 녹색
BAMBER	ALF	BCBB		델마로 차량등 주황색
	END	BEGIN		

22.

```
        * JOSEPHUS PROBLEM
   N     EQU    24
   M     EQU    11
   X     ORIG   *+N
   0H    ENT1   N-1          1            각 칸을 수열의
         STZ    X+N-1        1             다음 사람의 개수로
         ST1    X-1,1        N-1           설정한다.
         DEC1   1            N-1
         J1P    *-2          N-1
         ENTA   1            1            (이제 rI1 = 0이다.)
   1H    ENT2   M-2          N-1          (M > 2라고 가정한다.)
         LD1    X,1          (N-2)(N-1)   원을 따라
         DEC2   1            (N-2)(N-1)    세어 나간다.
         J2P    *-2          (N-2)(N-1)
         LD2    X,1          N-1          rI1 ≡ 살아남은 사람
         LD3    X,2          N-1          rI2 ≡ 처형될 사람
         CHAR                N-1          rI3 ≡ 다음 사람
         STX    X,2(4:5)     N-1          처형 대상 번호 저장.
         NUM                 N-1
         INCA   1            N-1
         ST3    X,1          N-1          처형 대상을 원에서 제거.
         ENT1   0,3          N-1
         CMPA   =N=          N-1
         JL     1B           N-1
         CHAR                1            한 사람이 남았다.
         STX    X,1(4:5)     1             그 사람도 처형한다.
         OUT    X(18)        1            답을 출력.
         HLT                 1
         END    0B
```

위치 15에 있는 사람이 마지막으로 처형된다. 출력 직전까지의 총 수행 시간은 $(4(N-1)(M+7.5) + 16)u$ 이다. 몇 가지 개선이 가능한데, 이를테면 잉걸스$^{\text{D. Ingalls}}$는 코드 "DEC2 1; J2P NEXT; JMP OUT"으로 된 3워드 묶음을 사용하는 방법을 제안했다. 이 때 OUT에서는 하나의 묶음을 삭제하도록 NEXT 필드를 적절히 수정한다. 연습문제 5.1.1-5에는 점근적으로 더 빠른 방법이 나온다.

1.3.3절

1. (1 2 4)(3 6 5).

2. $a \leftrightarrow c,\ c \leftrightarrow f;\ b \leftrightarrow d.$ 임의의 순열에 대한 일반화는 명백하다.

3. $\begin{pmatrix} a & b & c & d & e & f \\ d & b & f & c & a & e \end{pmatrix}.$

4. $(a\ d\ c\ f\ e)$.

5. 12. (연습문제 20 참고.)

6. 총 실행 시간은 하나의 "(" 다음의 각 빈칸마다 $8u$씩 늘어난다. 왜냐하면 줄 30-32는 $4u$가 걸리는 반면 26-28, 33-34, 36-38은 $12u$가 걸리기 때문이다. 또한 실행 시간은 하나의 이름 다음의 각 빈칸마다 $2u$씩 줄어드는데, 줄 68-71이 $5u$가 걸리는 반면 42-46이나 75-79는 $7u$가 걸리기 때문이다. 초기의 빈칸들이나 순환마디 사이의 빈칸들은 실행 시간에 영향을 미치지 않는다. 프로그램 B의 경우 빈칸들의 위치는 어떠한 영향도 주지 않는다.

7. $X = 2$, $Y = 29$, $M = 5$, $N = 7$, $U = 3$, $V = 1$. 식 (18)에 의해, 총 시간은 $2161u$이다.

8. 그렇다. 그렇게 하면 x_i가 오직 $T[j] = i$인 경우에만 x_j로 가도록 순열들의 역을 보존할 수 있다. (그러면 최종적인 순환마디 형태는 표 T를 이용해서 오른쪽에서 왼쪽으로 구축하게 된다.)

9. 그렇지 않다. 예를 들어 (6)과 같은 입력이 주어졌다면, 프로그램 A의 출력은 "(ADG)(CEB)"이지만 프로그램 B의 출력은 "(CEB)(DGA)"이다. 순환마디 표기법의 비유일성 때문에, 그 답들은 동치이긴 하지만 동일하지는 않다. 프로그램 A의 경우 한 순환마디에서 선택된 첫 요소는 제일 왼쪽의 가능한 이름이며, 프로그램 B의 경우 마지막의 가능한 구별되는 이름을 오른쪽에서 왼쪽으로 가면서 발견하게 된다.

10. (1) 키르히호프 법칙으로부터 $A = 1 + C - D$, $B = A + J + P - 1$, $C = B - (P - L)$, $E = D - L$, $G = E$, $Q = Z$, $W = S$가 나온다. (2) 의미: $B =$ 입력 워드 개수 $= 16X - 1$, $C =$ 빈칸이 아닌 워드 개수 $= Y$, $D = C - M$, $E = D - M$, $F =$ 이름들의 표를 검색할 때 수행한 비교 횟수, $H = N$, $K = M$, $Q = N$, $R = U$, $S = R - V$, 다른 이름들 각각에 꼬리표가 붙으므로 $T = N - V$. (3) 정리하자면, 총 수행 시간은 $(4F + 16Y + 80X + 21N - 19M + 9U - 16V)u$이다. F가 확실히 $16NX$보다 작기 때문에 프로그램 B가 프로그램 A보다 다소 낫다고 할 수 있다. 문제에 언급된 상황의 구체적인 수행 시간은 $983u$이다($F = 74$이므로).

11. "뒤집어서(reflect)" 역을 만든다. 예를 들어 $(a\ c\ f)(b\ d)$의 역은 $(d\ b)(f\ c\ a)$이다.

12. (a) 칸 $L + mn - 1$의 값은 전치가 되어도 변하지 않으므로 고려할 필요가 없다. 그 외의 칸들의 경우, 만일 $x = n(i-1) + (j-1) < mn - 1$이면, $L + x$의 값은 칸 $L + mx \bmod N = L + (mn(i-1) + m(j-1)) \bmod N = L + m(j-1) + (i-1)$로 간다($mn \equiv 1 \pmod{N}$이고 $0 \le m(j-1) + (i-1) < N$이므로). (b) 만일 각 메모리 칸마다 여분의 1비트를 사용할 수 있다면 (예를 들면 부호 비트), 성분들을 옮기는 과정에서 알고리즘 I같은 알고리즘을 이용해서 성분들에 "꼬리표"를 달 수 있다. [M. F. Berman, *JACM* **5** (1958), 383-384 참고.] 만일 그런 꼬리표 비트를 둘 여유가 없다면, 꼬리표 비트들을 개별적인 보조표에 담아두거나 비단일 순환마디들의 대표값(representative)들 모두를 담은 목록을 사용할 수도 있다: N의 각 약수 d에 대해, d의 배수인 성분들을 개별적으로 전치시킬 수 있다(m은 N에 대한 소수이므로). $\gcd(x, N) = d$인 x를 담은

순환마디의 길이는 $m^r \equiv 1 \pmod{N/d}$을 만족하는 0보다 큰 가장 작은 정수 r이다. 각 d에 대해 그 순환마디 당 하나씩, 총 $\varphi(N/d)/r$개의 대표값들을 찾아야 한다. 이를 위해 사용할 수 있는 수론적 방법들이 몇 가지 있는데, 만족스러울 정도로 단순하지는 않다. 수론에 꼬리표 비트들의 작은 표를 결합시키면 다소 복잡하긴 하지만 효율적인 알고리즘을 얻을 수 있다. 〔N. Brenner, *CACM* **16** (1973), 692-694 참고.〕 마지막으로, 알고리즘 J에 비견할 수 있는 방법이 하나 있다. 알고리즘 J보다는 느리지만 보조적인 메모리를 사용하지 않으며, 요구된 임의의 순열치환을 그 자리에서(in situ) 수행한다. 〔P. F. Windley, *Comp. J.* **2** (1959), 47-48; D. E. Knuth, *Proc. IFIP Congress* (1971), **1**, 19-27; E. G. Cate, D. W. Twigg, *ACM Trans. Math. Software* **3** (1977), 104-110; F. E. Fich, J. I. Munro, P. V. Poblete, *SICOMP* **24** (1995), 266-278 참고.〕

13. 단계 J2의 시작에서, 오직 $j > m$이고 π에 의해 j가 i로 갈 때에만 $X[i] = +j$임을, 그리고 오직 π^{k+1}에 의해 i가 j로 갈 때에만 $X[i] = -j$임을 귀납법으로 보인다. 여기서 k는 π^k이 i를 m 이하의 수로 가게 하는, 음이 아닌 가장 작은 정수이다.

14. 주어진 순열의 역을 표준 순환마디 형태로 쓰고 괄호들을 제거하면, $A - N$은 주어진 한 요소보다 크며 그 요소 바로 오른쪽에 있는 연속적인 요소들의 개수의 합이다. 예를 들어 원래의 수열이 (1 6 5)(3 7 8 4)이면 그 역의 표준 형태는 (3 4 8 7)(2)(1 5 6)이다. 이로부터 다음과 같은 배열을 만든다.

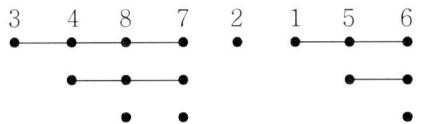

수량 A는 "점"들의 개수, 즉 16이다. k번째 요소 아래의 점들의 개수는 처음 k개 요소들의 우에서 좌로 최소값들의 개수이다(위의 예에서 7 아래에는 점이 세 개 있는데, 이는 3487에서 우에서 좌로 최소값들이 세 개 있기 때문이다). 이로부터, 평균은 $H_1 + H_2 + \cdots + H_n = (n+1)H_n - n$이다.

15. 만일 선형 표현의 첫 글자가 1이면 표준 표현의 마지막 글자는 1이다. 만일 선형 표현의 첫 글자가 $m > 1$이면 표준 표현에는 "$\ldots 1 m \ldots$"이 나타난다. 따라서 유일한 해는 하나의 단일한 객체의 순열이다. (군이 따진다면 0개의 객체의 순열도 있긴 하다.)

16. $1324, 4231, 3214, 4213, 2143, 3412, 2413, 1243, 3421, 1324, \ldots$

17. (a) 그 순환마디가 m-순환마디일 확률은 $n!/m$ 나누기 $n! H_n$이다. 즉 $p_m = 1/(m H_n)$이다. 평균 길이는 $p_1 + 2p_2 + 3p_3 + \cdots = \sum_{m=1}^{n} m/(m H_n) = n/H_n$이다. (b) m-순환마디는 총 $n!/m$개이므로, m-순환마디들에서 요소들의 총 출현 횟수는 $n!$이다. 대칭성에 의해 요소들의 출현 횟수는 서로 같으므로, k는 m-순환마디들에서 $n!/n$번 나타난다. 따라서 이 문제의 경우 모든 k와 m에 대해 $p_m = 1/n$이다. 평균은 $\sum_{m=1}^{n} m/n = (n+1)/2$이다.

18. 연습문제 22(e)를 볼 것.

19. $|P_{n0} - n!/e| = n!/(n+1)! - n!/(n+2)! + \cdots$이다. 이것은 크기가 감소하는 하나의 교대급

수(alternating series)로, 그 값은 $n!/(n+1)! \le \frac{1}{2}$ 보다 작다.

20. 총 $\alpha_1 + \alpha_2 + \cdots$ 개의 순환마디들이 있으며, 그 순환마디들은 서로 함께 순열치환될 수 있다. 그리고 각 m-순환마디는 각자 독립적으로 m가지 방식으로 표기할 수 있다. 따라서 답은:

$$(\alpha_1 + \alpha_2 + \cdots)!\, 1^{\alpha_1} 2^{\alpha_2} 3^{\alpha_3} \cdots .$$

21. 만일 $n = \alpha_1 + 2\alpha_2 + \cdots$ 이면 $1/(\alpha_1!\, 1^{\alpha_1} \alpha_2!\, 2^{\alpha_2} ...)$, 그렇지 않으면 0.

증명. 1-순환마디 α_1개, 2-순환마디 α_2개, …를 한 줄로 적되 빈 위치들도 포함시켜서 써나간다. 예를 들어 만일 $\alpha_1 = 1$, $\alpha_2 = 2$, $\alpha_3 = \alpha_4 = \cdots = 0$이면 "(-)(--)(--)"가 된다. 빈 위치들을 모든 가능한 $n!$가지 방식으로 채운다. 그러면 요구된 형태의 각 순열이 정확히 $\alpha_1!\, 1^{\alpha_1} \alpha_2!\, 2^{\alpha_2} ...$번 나온다.

22. (a) 만일 $k_1 + 2k_2 + \cdots = n$이면 (ii)의 확률은 $\prod_{j \ge 0} f(w, j, k_j)$인데, 이는 $(1-w)w^n/(k_1!\, 1^{k_1} k_2!\, 2^{k_2} ...)$와 같은 것으로 가정했다. 따라서

$$\frac{f(w, m, k_m + 1)}{f(w, m, k_m)} = \left(\prod_{j \ge 0} f(w, j, k_j) \right)^{-1} \prod_{j \ge 0} f(w, j, k_j + \delta_{jm}) = \frac{w^m}{m(k_m + 1)}$$

이다. 그러므로 귀납법에 의해

$$f(w, m, k) = \frac{1}{k!} \left(\frac{w^m}{m} \right)^k f(w, m, 0)$$

이다. 이제 조건 (i)는 다음을 함의한다.

$$f(w, m, k) = \frac{1}{k!} \left(\frac{w^m}{m} \right)^k e^{-w^m/m}.$$

〔다른 말로 하면, α_m은 푸아송 분포로 선택된다. 연습문제 1.2.10-15 참고.〕

(b) $$\sum_{\substack{k_1 + 2k_2 + \cdots = n \\ k_1, k_2, ... \ge 0}} \left(\prod_{j \ge 0} f(w, j, k_j) \right) = (1-w)w^n \sum_{\substack{k_1 + 2k_2 + \cdots = n \\ k_1, k_2, ... \ge 0}} P(n; k_1, k_2, ...)$$

$$= (1-w)w^n .$$

따라서 $\alpha_1 + 2\alpha_2 + \cdots \le n$일 확률은 $(1-w)(1 + w + \cdots + w^n) = 1 - w^{n+1}$이다.

(c) ϕ의 평균은

$$\sum_{n \ge 0} \left(\sum_{k_1 + 2k_2 + \cdots = n} \phi(k_1, k_2, ...) \Pr(\alpha_1 = k_1, \alpha_2 = k_2, ...) \right)$$

$$= (1-w) \sum_{n \ge 0} w^n \left(\sum_{k_1 + 2k_2 + \cdots = n} \phi(k_1, k_2, ...)/k_1!\, 1^{k_1} k_2!\, 2^{k_2} ... \right).$$

(d) $\phi(\alpha_1, \alpha_2, ...) = \alpha_2 + \alpha_4 + \alpha_6 + \cdots$ 이라고 하자. ϕ의 선형 조합의 평균값은 $\alpha_2, \alpha_4, \alpha_6, ...$의 평균값들의 합이다. 그리고 α_m의 평균값은

$$\sum_{k \geq 0} k f(w,m,k) = \sum_{k \geq 1} \frac{1}{(k-1)!} \left(\frac{w^m}{m} \right)^k e^{-w^m/m} = \frac{w^m}{m}$$

이다. 따라서 ϕ의 평균값은

$$\frac{w^2}{2} + \frac{w^4}{4} + \frac{w^6}{6} + \cdots = \frac{1-w}{2} (H_1 w^2 + H_1 w^3 + H_2 w^4 + H_2 w^5 + H_3 w^6 + \cdots)$$

이고, 문제가 요구한 구체적인 답은 $\frac{1}{2} H_{\lfloor n/2 \rfloor}$ 이다.

(e) $\phi(\alpha_1, \alpha_2, \ldots) = z^{\alpha_m}$ 으로 두고, ϕ의 평균값

$$\sum_{k \geq 0} f(w,m,k) z^k = \sum_{k \geq 0} \frac{1}{k!} \left(\frac{w^m z}{m} \right)^k e^{-w^m/m} = e^{w^m(z-1)/m} = \sum_{j \geq 0} \frac{w^{mj}}{j!} \left(\frac{z-1}{m} \right)^j$$

$$= (1-w) \sum_{n \geq 0} w^n \left(\sum_{0 \leq j \leq n/m} \frac{1}{j!} \left(\frac{z-1}{m} \right)^j \right)$$

$$= (1-w) \sum_{n \geq 0} w^n G_{nm}(z)$$

을 관찰한다. 이로부터 다음을 얻을 수 있다.

$$G_{nm}(z) = \sum_{0 \leq j \leq n/m} \frac{1}{j!} \left(\frac{z-1}{m} \right)^j, \quad p_{nkm} = \frac{1}{m^k k!} \sum_{0 \leq j \leq n/m - k} \frac{(-1/m)^j}{j!}.$$

통계 수치들은 $n \geq 2m$일 때 $(\min 0, \text{ave } 1/m, \max \lfloor n/m \rfloor, \text{dev } \sqrt{1/m})$이다.

23. 상수 λ는 $\int_0^\infty \exp(-t - E_1(t)) dt$이며, 여기서 $E_1(x) = \int_x^\infty e^{-t} dt/t$이다. *Trans. Amer. Math. Soc.* **121** (1966), 340–357을 볼 것. 거기에는 다른 여러 결과들도 증명되어 있다. 특히, 가장 짧은 순환마디의 평균 길이가 약 $e^{-\gamma} \ln n$이라는 것에 대한 증명이 있다. 구르동Xavier Gourdon은 l_n의 점근 표현의 더 많은 항들을 구했다 [Ph.D. thesis, École Polytechnique (Paris: 1996)]. 그 급수는 다음으로 시작하는데,

$$\lambda n + \frac{1}{2} \lambda - \frac{1}{24} e^\gamma n^{-1} + \left(\frac{1}{48} e^\gamma - \frac{1}{8} (-1)^n \right) n^{-2} + \left(\frac{17}{3840} e^\gamma + \frac{1}{8} (-1)^n + \frac{1}{6} \omega^{1-n} + \frac{1}{6} \omega^{n-1} \right) n^{-3}$$

여기서 $\omega = e^{2\pi i/3}$이다. 미첼William C. Mitchell은 고정밀도의 값 $\lambda = .62432\ 99885\ 43550\ 87099\ 29363\ 83100\ 83724\ 41796+$를 계산했다 [*Math. Comp.* **22** (1968), 411–415]. λ와 전통적인 수학 상수 사이의 관계는 알려진 바가 없다. 그러나 *Arkiv för Mat., Astron. och Fys.* **22A**, (1930), 1–14에서 딕먼Karl Dickman은 같은 상수를 또 다른 문맥에서 계산했는데, 이러한 우연은 시간이 한참 흐른 후에야 발견되었다. [*Theor. Comp. Sci.* **3** (1976), 373].

24. D. E. Knuth, *Proc. IFIP Congress* (1971), **1**, 19–27을 보라.

25. N번째 원소가 집합들의 s의 일원일 때 합에 대한 그 원소의 기여가 정확히

$$\binom{s}{0} - \binom{s}{1} + \binom{s}{2} - \cdots = (1-1)^s = \delta_{s0}$$

이라는 사실에 근거를 두고 N에 대한 귀납법으로 증명하는 것이 가능하다. 아니면, S_M에 속하지만 $S_1 \cup \cdots \cup S_{M-1}$에는 속하지 않는 원소들의 개수가

$$|S_M| - \sum_{1 \le j < M} |S_j \cap S_M| + \sum_{1 \le j < k < M} |S_j \cap S_k \cap S_M| - \cdots$$

이라는 사실에 근거해서 M에 대한 귀납법으로 증명하는 것도 가능하다.

26. $N_0 = N$이고

$$N_k = \sum_{1 \le j_1 < \cdots < j_k \le M} |S_{j_1} \cap \cdots \cap S_{j_k}|$$

라고 하자. 그러면 요구된 공식은

$$N_r - \binom{r+1}{r} N_{r+1} + \binom{r+2}{r} N_{r+2} - \cdots$$

이다. 이것은 포함 및 배제 법칙 자체로 증명할 수도 있고, 아니면 공식

$$\binom{r}{r}\binom{s}{r} - \binom{r+1}{r}\binom{s}{r+1} + \cdots = \binom{s}{r}\binom{s-r}{0} - \binom{s}{r}\binom{s-r}{1} + \cdots = \delta_{sr}$$

을 연습문제 25에서처럼 사용해서 증명할 수도 있다.

27. S_j가 언급된 구간 안의 m_j의 배수들이라고 하자. 그리고 $N = a m_1 \ldots m_t$라고 하자. 그러면 $|S_j \cap S_k| = N/m_j m_k$ 등등이며, 따라서 답은

$$N - N \sum_{1 \le j \le t} \frac{1}{m_j} + N \sum_{1 \le j < k \le t} \frac{1}{m_j m_k} - \cdots = N\left(1 - \frac{1}{m_1}\right) \cdots \left(1 - \frac{1}{m_t}\right)$$

이다. 만일 $m_1, \ldots, m_t$를 N을 나누는 소수들이라고 둔다면, 연습문제 1.2.4-30도 이것으로 풀 수 있다.

29. 한 사람을 지나칠 때 그 사람에게 새로운 번호를 부여한다($n+1$에서 시작해서). 그러면 k번째로 처형된 사람의 번호는 $2k$이며, $j > n$인 사람 번호 j는 이전에는 수 $(2j) \bmod (2n+1)$였다.

31. *CMath*, 3.3절을 볼 것. $m = 2$일 때 k번째로 처형된 사람의 번호는

$$2n + 1 - (2n + 1 - 2k) 2^{\lfloor \lg(2n/(2n+1-2k)) \rfloor}$$

이다. 〔Armin Shams, *Proc. Nat. Computer Conf. 2002*, 영문 논문 섹션, **2** (Mashhad, Iran: Ferdowsi University, 2002), 29-33.〕

32. (a) 실제로, k가 짝수일 때 $k - 1 \le \pi_k \le k + 2$이고, k가 홀수일 때에는 $k - 2 \le \pi_k \le k + 1$이다. (c) 왼쪽에서 오른쪽으로 지수들을 택하고, 오직 k와 $k+1$이 지금까지의 순열의 서로 다른 순환마디들에 있을 때에만 $e_k = 1$로 설정한다.〔Steven Alpern, *J. Combinatorial Theory* **B25** (1978), 62-73.〕

33. $l = 0$의 경우 $(\alpha_{01}, \alpha_{02}; \beta_{01}, \beta_{02}) = (\pi, \rho; \epsilon, \epsilon)$, $(\alpha_{11}, \alpha_{12}; \beta_{11}, \beta_{12}) = (\epsilon, \epsilon; \pi, \rho)$로 둔다. 여기서 $\pi = (14)(23)$, $\rho = (15)(24)$, $\epsilon = (\ )$이다.

어떠한 $l \ge 0$에 대해 그런 구조를 만들어 냈다고 하자. 이 때 $0 \le j < m$과 $1 \le k \le n$에 대해

$\alpha_{jk}^2 = \beta_{jk}^2 = (\ )$이다. 그러면 다음 순열들은

$$(A_{(jm+j')1}, ..., A_{(jm+j')(4n)}; B_{(jm+j')1}, ..., B_{(jm+j')(4n)}) =$$

$$(\sigma^- \alpha_{j1}\sigma, ..., \sigma^- \alpha_{jn}\sigma, \ \tau^- \alpha_{j'1}\tau, ..., \tau^- \alpha_{j'n}\tau,$$

$$\sigma^- \beta_{jn}\sigma, ..., \sigma^- \beta_{j1}\sigma, \ \tau^- \beta_{j'n}\tau, ..., \tau^- \beta_{j'1}\tau;$$

$$\sigma^- \beta_{j1}\sigma, ..., \sigma^- \beta_{jn}\sigma, \ \tau^- \beta_{j'1}\tau, ..., \tau^- \beta_{j'n}\tau,$$

$$\sigma^- \alpha_{jn}\sigma, ..., \sigma^- \alpha_{j1}\sigma, \ \tau^- \alpha_{j'n}\tau, ..., \tau^- \alpha_{j'1}\tau)$$

만일 $i = j$이고 $i' = j'$이면 다음과 같은 성질을 가진다.

$$A_{(im+i')1}B_{(jm+j')1} \cdots A_{(im+i')(4n)}B_{(jm+j')(4n)} =$$

$$\sigma^-(1\,2\,3\,4\,5)\sigma\tau^-(1\,2\,3\,4\,5)\tau\sigma^-(5\,4\,3\,2\,1)\sigma\tau^-(5\,4\,3\,2\,1)\tau$$

그렇지 않다면 곱은 $(\ )$이다. $\sigma = (2\,3)(4\,5)$, $\tau = (3\,4\,5)$로 두면 $im + i' = jm + j'$일 때 요구된 곱 $(1\,2\,3\,4\,5)$가 나온다.

l에서 $l+1$로 가는 구축 방법은 배링턴David A. Barrington에서 기인한 것이다 [*J. Comp. Syst. Sci.* **38** (1989), 150–164]. 그는 임의의 부울(Boolean) 함수를 $\{1, 2, 3, 4, 5\}$의 순열들의 한 곱으로 나타낼 수 있다는 일반적인 정리를 증명했다. 비슷한 구축을 통해서, 예를 들면 다음을 만족하는

$$\alpha_{i1}\beta_{j1}\alpha_{i2}\beta_{j2} \cdots \alpha_{in}\beta_{jn} = \begin{cases} (1\,2\,3\,4\,5), & \text{만일 } i < j\text{이면} \\ (\ ), & \text{만일 } i \geq j\text{이면} \end{cases}$$

(단, $0 \leq i, j < m = 2^{2^l}$이고 $n = 6^{l+1} - 4^{l+1}$이다) 순열 $(\alpha_{j1}, ..., \alpha_{jn}; \beta_{j1}, ..., \beta_{jn})$들의 순차열을 찾을 수 있다.

34. $N = m + n$이라고 하자. 만일 $m \perp n$이면 순환마디는 딱 하나이다. 왜냐하면 어떠한 정수 a에 대해 모든 요소를 $am \bmod N$의 형태로 쓸 수 있기 때문이다. 그리고 일반적으로는, 만일 $d = \gcd(m, n)$이면 정확히 d개의 순환마디들, 즉 $C_0, C_1, ..., C_{d-1}$이 존재한다. 여기서 C_j는 요소 $\{j, j+d, ..., j+N-d\}$들을 어떠한 순서로 담은 순환마디이다. 순열치환을 수행하기 위해서는 $0 \leq j < d$에 대해(편리하다면 병렬적으로) 다음과 같이 진행한다: $t \leftarrow x_j$, $k \leftarrow j$로 설정, 그런 다음 $(k+m) \bmod N \neq j$를 만족하는 동안 $x_k \leftarrow x_{(k+m) \bmod N}$, $k \leftarrow (k+m) \bmod N$을 반복, 마지막으로, $x_k \leftarrow t$로 설정. 이 알고리즘에서 관계식 $(k+m) \bmod N \neq j$는 오직 $(k+m) \bmod N \geq d$일 때에만 만족되므로, 후자의 판정이 더 효율적이라면 후자를 사용해도 된다. [W. Fletcher, R. Silver, *CACM* **9** (1966), 326.]

35. $M = l + m + n$이고 $N = l + 2m + n$이라고 하자. 요구된 재배치를 위한 순환마디들은 $\{0, 1, ..., N-1\}$에 대한 순열들의 k를 $(k+l+m) \bmod N$이 되게 하는 순환마디들 각각에서 그냥 M 이상의 요소들을 제거해서 얻는다. (이런 특성을 연습문제 29의 비슷한 상황과 비교해 볼 것.) 증명: 제시된 교환이 $k' = (k+l+m) \bmod N$, $k'' = (k'+l+m) \bmod N$, $k' \geq M$을 만족하

는 어떠한 k에 대해 $x_k \leftarrow x_{k'}$, $x_{k'} \leftarrow x_{k''}$로 설정할 때에는 $x_{k'} = x_{k''}$이다. 따라서 $\alpha\beta\gamma \to \gamma\beta\alpha$로의 재배치는 x_k를 $x_{k''}$로 대체한다.

이로부터, 순환마디 개수는 정확히 $d = \gcd(l+m, m+n)$임을 알 수 있으며, 연습문제 34와 비슷한 알고리즘을 사용할 수 있다.

이 문제를 연습문제 34의 특수한 경우로 바꾸는 약간 더 단순한(그러나 메모리를 몇 번 더 참조하는) 방법도 주목할 필요가 있을 것이다. 이를 간단히 언급한다면: $\gamma = \gamma'\gamma''$라고 가정하자. 여기서 $|\gamma''| = |\alpha|$이다. 그러면 $\alpha\beta\gamma'\gamma''$를 $\gamma''\beta\gamma'\alpha$로 바꿀 수 있으며, γ''를 $\beta\gamma'$와 교환할 수 있다. $|\alpha| > |\gamma|$일 때에도 비슷한 접근방식이 가능하다. 〔J. L. Mohammed, C. S. Subi, *J. Algorithms* **8** (1987), 113-121 참고.〕

1.4.1절

1. 호출 명령열: JMP MAXN; 또는 만일 $n = 100$이면 JMP MAX100.

들어올 때 조건: MAXN 진입점의 경우 rI3 $= n$ ($n \geq 1$이라고 가정).

나갈 때 조건: (4)에서와 같음.

2.
```
MAX50 STJ   EXIT
      ENT3  50
      JMP   2F
```

3. 들어올 때 조건: rI1 > 0이면 $n =$ rI1; 그렇지 않으면 $n = 1$.

나갈 때 조건: rA와 rI2는 (4)와 같음; rI1은 변하지 않음; rI3 $= \min(0,\text{rI1})$; rJ $=$ EXIT$+1$; CI는 $n = 1$이면 변하지 않는다. 그렇지 않으면, CI는 만일 최대값이 $X[1]$보다 크면 GREATER, 최대값이 $X[1]$과 같되 rI2 > 1이면 EQUAL, 최대값이 $X[1]$과 같되 rI2 $= 1$이면 LESS가 된다.

(만일 이 문제가 (9)에 대한 것이었다면 조건들이 좀 더 복잡했을 것이다.)

4.
```
SMAX1 ENT1  1       r = 1
SMAX  STJ   EXIT    그 외의 r.
      JMP   2F      이전과 같은 방식으로 진행.
  ...
      DEC3  0,1     r만큼 감소.
      J3P   1B
EXIT  JMP   *       나간다.
```

호출 명령열: JMP SMAX; 또는 만일 $r = 1$이면 JMP SMAX1.

들어올 때 조건: rI3 $= n$(양이라고 가정); 진입점 SMAX의 경우에는 rI1 $= r$(양이라고 가정).

나갈 때 조건: rA$= \max_{0 \leq k < n/r}$ CONTENTS$(X + n - kr) =$ CONTENTS$(X +$ rI2$)$; rI3 $= (n-1) \bmod r + 1 - r = -((-n) \bmod r)$.

5. 다른 어떠한 레지스터도 사용할 수 있다. 예를 들면,

호출 명령열: ENTA ∗+2
              JMP   MAX100

들어올 때 조건: 없음.

나갈 때 조건: (4)에서와 같음.

코드는 (1)에서 첫 명령을 "MAX100 STA EXIT(0:2)"로 바꾼 것과 같다.

6. (골드베르크Joel Goldberg와 애런스Roger M. Aarons의 답.)

```
     MOVE STJ   3F
          STA   4F          rA와 rI2를 저장.
          ST2   5F(0:2)
          LD2   3F(0:2)     rI2 ← "NOP A,I(F)"의 주소.
          LDA   0,2(0:3)    rA ← "A,I"
          STA   ∗+2(0:3)
          LD2   5F(0:2)     I가 2일 수 있으므로 rI2를 복구.
          ENTA  ∗           rA ← 색인 적용된 주소.
          LD2   3F(0:2)
          LD2N  0,2(4:4)    rI2 ← F.
          J2Z   1F
          DECA  0,2
          STA   2F(0:2)
          DEC1  0,2         rI1 ← rI1 + F.
          ST1   6F(0:2)
  2H      LDA   ∗,2
  6H      STA   ∗,2
          INC2  1           rI2를 0이 될 때까지 증가.
          J2N   2B
  1H      LDA   4F          rA와 rI2를 복구.
  5H      ENT2  ∗
  3H      JMP   ∗           NOP 명령으로 나간다.
  4H      CON   0
```

7. (1) 프로그램 블록들이 "읽기 전용"임을 알고 있다면 운영체제는 고속 메모리를 좀 더 효율적으로 할당할 수 있다. (2) 명령들이 변하지 않는다면 하드웨어의 명령 캐시(cache)가 더 빠르고 저렴해진다. (3) (2)에서 "캐시" 대신 "파이프라인"이라고 해도 마찬가지. 어떤 명령이 파이프라인에 진입한 후에 변경되었다면 파이프라인은 비워져야 한다. CPU 회로가 이러한 조건을 점검하려면 더 복잡해져야 하며, 시간도 더 소비한다. (4) 자기 수정 코드는 한 번에 한 프로세스에서만 사용할 수 있다. (5) 자기 수정 코드는 점프 추적 루틴을 실패하게 만들 수 있다(연습문제 1.4.3.2-7). 점프 수정 루틴은 "프로파일링"(각 명령의 수행 횟수를 계산하는 것)을 위한 중요한 진단 도구이다.

1.4.2절

1. 어떤 코루틴이 다른 코루틴을 한 번만 호출한다면 그냥 서브루틴일 뿐이다. 따라서 각 코루틴이 다른 코루틴을 적어도 서로 다른 두 장소에서 호출하는 응용문제를 찾아야 한다. 게다가, 일종의 스위치를 설정하거나 어떤 자료 속성을 활용해서 한 코루틴 안의 어떤 고정된 장소로의 진입점으로부터 그런 두 장소 중 하나로 분기하게 만드는 게 더 쉬운 경우도 많다. 그런 경우라면 그냥 서브루틴으로 충분하다. 코루틴은 코루틴들 사이의 참조 횟수가 커질수록 더 유용해진다.

2. IN으로 얻은 첫 글자를 잃게 된다. 〔본문의 예제에서는, 줄 58-59에서 IN에 필요한 초기화를 수행했기 때문에 OUT부터 수행을 시작한다. 만일 IN을 먼저 시작하고자 한다면, OUT의 초기화를 위해 "ENT4 -16"을 수행하고 만일 출력 버퍼가 비어 있다는 초기 조건이 없다면 출력 버퍼를 비우는 작업을 먼저 수행해야 한다. 그런 다음에 줄 62에서 먼저 줄 39로 점프하도록 한다.〕

3. 거의 참이다. 그 명령을 제거한다면, IN의 "CMPA =10="이 프로그램 전체에서 유일한 비교 명령이 되기 때문이며, 또한 "."에 대한 코드가 40이기 때문이다. (!) 그러나 만일 마지막 마침표 앞에 반복 횟수 숫자가 존재한다면 IN의 조건 판정은 그 사실을 놓치게 된다. 〔참고: 줄 40, 44, 48을 제거하고 줄 26과 27 사이에 "CMPA PERIOD"를 삽입해서 프로그램을 더욱 최적화할 수 있다. 그러나 만일 비교 지시자의 상태가 코루틴들을 넘나들면서 쓰인다면, 그 사실을 프로그램 문서화에 코루틴 특성들의 일부로 기록해 두어야 할 것이다.〕

4. 다음은 역사적으로 중요한 세 가지의 상당히 다른 컴퓨터들의 예이다. (i) IBM 650에서 SOAP[†] 어셈블리 언어를 사용하는 경우 호출 명령열은 "LDD A"와 "LDD B", 연계는 "A STD BX AX"와 "B STD AX BX"이다(두 연계 명령들을 되도록이면 코어에 둔다). (ii) IBM 709에서 공통 어셈블리 언어들을 사용하는 경우 호출 명령열은 "TSX A,4"와 "TSX B,4"이고 연계 명령들은 다음과 같다.

```
A    SXA   BX,4              B    SXA   AX,4
AX   AXT   1-A1,4            BX   AXT   1-B1,4
     TRA   1,4                    TRA   1,4
```

(iii) CDC 1604에서 호출 명령열은 A나 B로의 "복귀 점프" (SLJ 4)이고 연계는 예를 들면

```
A:  SLJ  B1;   ALS  0
B:  SLJ  A1;   SLJ  A
```

이다. 이들은 연속적인 두 48비트 워드들에 담긴다.

5. OUT과 OUTX 사이에 "STA HOLDAIN; LDA HOLDAOUT", IN과 INX 사이에 "STA HOLDAOUT; LDA HOLDAIN".

6. A 안에서 "JMP AB"로 B를, "JMP AC"로 C를 발동한다. B와 C에서는 장소 BA, BC, CA, CB를 그와 비슷하게 사용하면 된다. 연계는:

---

† 〔옮긴이 주〕 Symbolic Optimal Assembly Program의 약자로, 당연한 말이겠지만 요즘 주로 언급되는 웹 서비스를 위한 SOAP(Simple Object Access Protocol)와는 다른 것이다.

AB	STJ	AX		BC	STJ	BX		CA	STJ	CX
BX	JMP	B1		CX	JMP	C1		AX	JMP	A1
CB	STJ	CX		AC	STJ	AX		BA	STJ	BX
	JMP	BX			JMP	CX			JMP	AX

〔참고: 코루틴이 n개라 할 때, 이런 스타일의 연계에 필요한 메모리 칸 수는 $2(n-1)n$개이다. 만일 n이 크다면 연계를 위한 "중앙집중적" 루틴을 사용하는 게 물론 나을 것이다. $3n+2$ 칸들만 사용하는 방법을 고안하는 것도 어렵지 않다. 그러나 실제 응용에서 위에 나온 더 빠른 방법은 $2m$개의 칸들만 사용한다. 여기서 m은 코루틴 i에서 코루틴 j로 점프한다고 할 때 그런 (i,j) 쌍들의 개수이다. 각자 독립적으로 다른 코루틴으로 점프하는 코루틴들이 많다면, 제어의 흐름은 일반적으로 외부의 영향 하에 놓이게 된다(2.2.5절 참고).〕

1.4.3.1절

1. FCHECK는 단 두 번만 쓰인다. 둘 다 MEMORY 호출 바로 다음이다. 따라서 FCHECK를 MEMORY 서브루틴의 한 특별한 진입점으로 만든다면, 그리고 rI2에 $-$R를 넣는다면 프로그램이 좀 더 효율적이 된다.

2.	SHIFT	J5N	ADDRERROR		**3.**	MOVE	J3Z	CYCLE
		DEC3	5				JMP	MEMORY
		J3P	FERROR				SRAX	5
		LDA	AREG				LD1	I1REG
		LDX	XREG				LDA	SIGN1
		LD1	1F,3(4:5)				JAP	*+3
		ST1	2F(4:5)				J1NZ	MEMERROR
		J5Z	CYCLE				STZ	SIGN1(0:0)
	2H	SLA	1				CMP1	=BEGIN=
		DEC5	1				JGE	MEMERROR
		J5P	2B				STX	0,1
		JMP	STOREAX				LDA	CLOCK
		SLA	1				INCA	2
		SRA	1				STA	CLOCK
		SLAX	1				INC1	1
		SRAX	1				ST1	I1REG
		SLC	1				INC5	1
	1H	SRC	1 ∎				DEC3	1
							JMP	MOVE ∎

4. 그냥 줄 003과 004 사이에 "IN 0(16)"과 "JBUS *(16)"을 삽입하면 된다. (물론 다른 컴퓨터에서는 MIX 문자 코드로 변환해야 할 것이므로 이와는 상당히 다른 방법이 필요할 것이다.)

5. 중앙 제어 시간은 $34u$이며 만일 색인 적용이 필요하면 거기에 $15u$가 추가된다. GETV 서브루틴은 $52u$이고, 만일 L $\neq$ 0이면 $5u$가 더해진다. 실제 적재를 위한 추가적인 시간은 LDA나 LDX에서는

$11u$, LDi는 $13u$, ENTA나 ENTX는 $21u$, ENTi는 $23u$이다(마지막 두 항목의 경우 만일 M = 0이면 $2u$가 추가된다). 정리하자면, LDA의 경우 총 시간은 $97u$, ENTA는 $55u$이며 색인 적용이 필요하면 더하기 $15u$, 그리고 조건에 따라 더하기 $5u$ 또는 $2u$이다. 이 경우 실제 속도와 시뮬레이션 속도의 비율은 대략 50:1이다. (시험 실행의 결과를 보면, 시간 $178u$를 시뮬레이션하는 데 걸린 실제 시간은 $8422u$였으며, 비율로 치면 47:1이다.)

7. IN이나 OUT을 수행할 때, 해당 입출력 장치에 연관된 변수를 전송이 일어나야 할 때의 시간으로 설정한다. "CYCLE" 제어 루틴은 매 주기마다 그 변수들을 조사해서 만일 CLOCK이 그들 중 하나(또는 둘 다)를 지나쳤으면 해당 전송을 수행하고 해당 변수를 ∞로 설정한다. (셋 이상의 입출력 장치를 이런 식으로 처리하려면 수많은 변수들이 필요할 것이며, 따라서 그것들을 연결된 메모리 기법을 이용하는 정렬된 목록에 담아두는 것이 더 나을 것이다. 2.2.5절 참고.) HLT를 시뮬레이션할 때 입출력을 완료하는 것을 잊으면 안 된다.

8. 거짓이다. 만일 장소 BEGIN − 1로부터 "통과해 내려오면(fall through)" rI6이 BEGIN과 같아질 수 있다. 그러나 그러면 STZ TIME 때문에 MEMERROR가 발생할 것이다. 한편, 줄 254 때문에 0 ≤ rI6 ≤ BEGIN은 항상 참이다.

1.4.3.2절

1. 줄 48과 49를 다음과 같은 명령들로 바꾼다.

```
XREG   ORIG   *+2                    JMP    -1,1
LEAVE  STX    XREG            1H     JMP    *+1
       ST1    XREG+1                 STA    -1,1
       LD1    JREG(0:2)              LD1    XREG+1
       LDA    -1,1                   LDX    XREG
       LDX    1F                     LDA    AREG
       STX    -1,1            LEAVEX JSJ    *
```

물론, 여기서 연산자 "JSJ"가 특히나 중요하다.

```
2.  * TRACE ROUTINE                          STA    BUF+1,1(4:5)
        ORIG   *+99                          ENTA   8
BUF     CON    0                             JNOV   1F
.................줄 02-04                     ADD    BIG
ST1     I1REG  1H                     JL     1F
.................줄 05-07                     INCA   1
PTR     ENT1   -100                          JE     1F
        JBUS   *(0)                          INCA   1
        STA    BUF+1,1(0:2)           1H     STA    BUF+1,1(3:3)
.................줄 08-11                     INC1   10
        STA    BUF+2,1                       J1N    1F
```

```
.................줄 12-13          OUT    BUF-99(0)
        LDA    AREG              ENT1   -100
        STA    BUF+3,1      1H   ST1    PTR(0:2)
        LDA    I1REG        .................줄 14-31
        STA    BUF+4,1           LD1    I1REG
        ST2    BUF+5,1      .................줄 32-35
        ST3    BUF+6,1           ST1    I1REG
        ST4    BUF+7,1      .................줄 36-48
        ST5    BUF+8,1           LD1    I1REG
        ST6    BUF+9,1      .................줄 49-50
        STX    BUF+10,1     B4   EQU    1(1:1)
        LDA    JREG(0:2)    BIG  CON    B4-8,B4-1(1:1)  ∎
```

모든 추적들을 수행한 후에는, 최종 버퍼를 기록하고 테이프 유닛 0을 되감는 보조적인 루틴을 호출해야 한다.

3. 테이프가 더 빠르다. 그리고 추적을 수행하는 동안 이 정보를 문자들로 변환하려면 공간이 너무 많이 소비된다. 또한, 테이프 내용은 나중에 선택적으로 인쇄할 수 있다.

4. 연습문제 6에서 요구된 것 같은 진정한 추적이 되지는 않는다. 왜냐하면 본문에서 언급한 제한조건 (a)를 위배하기 때문이다. CYCLE을 추적하는 첫 번째 시도에서, PREG가 변경되었기 때문에 다시 ENTER+1을 추적하는 루프로 들어가게 된다.

6. 제안: 추적 영역 안의, 외부 프로그램에 의해 변경된 각 메모리 장소의 값을 저장, 갱신하는 하나의 표를 사용한다.

7. 그러한 루틴은 최초의 점프(또는 조건부 점프) 명령을 찾을 때까지 프로그램을 훑어야 한다. 그 명령과 그 다음 명령을 수정한 후에는 레지스터들을 복원하고, 프로그램이 그 지점까지의 모든 명령들을 단번에(in burst) 수행하게 한다. 〔만일 프로그램이 자신의 점프 명령을 수정한다거나 비점프 명령을 점프 명령으로 바꾼다면 이 기법은 실패할 수 있다. 현실적인 목적으로 본다면, 그런 자기 수정 기법을 불법적인 것이라고 간주할 수도 있다. 단, STJ를 수정하는 것은 예외인데, 이것은 개별적으로 특별하게 처리해야 할 것이다.〕

1.4.4절

1. (a) 아니다. 입력 연산이 아직 완료되지 않았을 수 있다. (b) 아니다. 입력 연산이 MOVE보다 조금 빠르게 진행될 수도 있다. 문제가 제시한 제안은 너무 위험하다.

```
2.  ENT1    2000
    JBUS    *(6)
    MOVE    1000(50)
    MOVE    1050(50)
    OUT     2000(6)     ∎
```

```
3. WORDOUT  STJ   1F                              DEC5  100
            STA   0,5              JMP    2B
            INC5  1                BUFMAX CON    ENDBUF1
   2H       CMP5  BUFMAX           * BUFFER AREAS
   1H       JNE   *                OUTBUF1 ORIG  *+100
            OUT   -100,5(V)        ENDBUF1 CON   ENDBUF2
            LD5   0,5              OUTBUF2 ORIG  *+100
            ST5   BUFMAX           ENDBUF2 CON   ENDBUF1
```

프로그램의 시작에는 명령 "ENT5 OUTBUF1"이 필요하다. 프로그램 끝에서는, 이를테면 다음과 같은 명령들을 사용하면 될 것이다.

```
LDA   BUFMAX              INC5  1
DECA  100,5              CMP5  BUFMAX
JAZ   *+6                JNE   *-3
STZ   0,5                OUT   -100,5(V)
```

4. 만일 계산 시간이 I/O 시간과 정확히 같다면(이는 가장 바람직한 상황이다), 컴퓨터와 주변장치가 동시에 실행될 때의 시간은 개별적으로 실행될 때의 시간의 반이다. 공식화하자면, C가 프로그램 전체의 계산 시간이고 T가 총 입출력 시간이라고 할 때, 버퍼링 사용 시 가능한 최적의 실행 시간은 $\max(C, T)$이고 버퍼링이 하지 않을 때에는 $C+T$이다. 그리고 $\frac{1}{2}(C+T) \leq \max(C, T) \leq C+T$임은 물론이다.

그러나 장치 참조들 사이의 기간이 너무 길면 추가적인 시간이 소비되는 소위 "중단 벌점 (shutdown penalty)"을 가진 장치들이 있으며, 그런 경우에는 2:1보다 더 나은 비율이 가능하다. (연습문제 19가 그러한 예이다.)

5. 최상의 비율은 $(n+1):1$이다.

6. $\left\{\begin{array}{l} \text{IN}\quad\text{INBUF1(U)} \\ \text{ENT6 INBUF2+99} \end{array}\right\}$ 또는 $\left\{\begin{array}{l} \text{IN}\quad\text{INBUF2(U)} \\ \text{ENT6 INBUF1+99} \end{array}\right\}$

(필요하다면 그 다음에 IOC 0(U)로 테이프를 되감아야 할 수도 있다).

7. 한 가지 방법은 다음처럼 코루틴들을 사용하는 것이다.

```
INBUF1   ORIG  *+100               INC6  1
INBUF2   ORIG  *+100               J6N   2B
1H       LDA   INBUF2+100,6         IN    INBUF1(U)
         JMP   MAIN                ENN6  100
         INC6  1                   JMP   1B
         J6N   1B          WORDIN  STJ   MAINX
WORDIN1  IN    INBUF2(U)   WORDINX JMP   WORDIN1
         ENN6  100         MAIN    STJ   WORDINX
2H       LDA   INBUF1+100,6 MAINX  JMP   *
         JMP   MAIN
```

특별한 경우들을 활용하기 위한 명령 몇 개를 더 추가한다면 이 루틴을 (4)보다 더 빠르게 만들 수 있다.

8. 그림 23에 나온 상황에서, 두 빨간색 버퍼에는 이미 줄 이미지들이 채워져 있으며 NEXTR이 가리키는 빨간색 버퍼는 인쇄되고 있다. 그와 동시에, 프로그램은 RELEASE와 ASSIGN 사이에서 계산을 수행하고 있다. 프로그램이 ASSIGN을 수행하면 NEXTG가 가리키는 녹색 버퍼는 노란색이 된다. NEXTG는 시계 방향으로 이동하며 프로그램은 노란색 버퍼를 채우기 시작한다. 출력 연산이 완료되면 NEXTR이 시계 방향으로 움직이며, 방금 인쇄된 버퍼는 녹색이 된다. 그리고 나머지 빨간색 버퍼들이 인쇄되기 시작한다. 마지막으로, 프로그램은 노란색 버퍼에 대해 RELEASE를 수행하며, 그러면 그 노란색 버퍼도 인쇄될 준비가 된다.

9, 10, 11.

시간	행동 ($N=1$)	행동 ($N=2$)	행동 ($N=4$)
0	ASSIGN(BUF1)	ASSIGN(BUF1)	ASSIGN(BUF1)
1000	RELEASE, OUT BUF1	RELEASE, OUT BUF1	RELEASE, OUT BUF1
2000	ASSIGN (대기)	ASSIGN(BUF2)	ASSIGN(BUF2)
3000		RELEASE	RELEASE
4000		ASSIGN (대기)	ASSIGN(BUF3)
5000			RELEASE
6000			ASSIGN(BUF4)
7000			RELEASE
8000			ASSIGN (대기)
8500	BUF1 배정됨, 출력 중단	BUF1 배정됨, OUT BUF2	BUF1 배정됨, OUT BUF2
9500	RELEASE, OUT BUF1	RELEASE	
10500	ASSIGN (대기)	ASSIGN (대기)	
15500			RELEASE

등으로 진행된다. 총 시간은 $N=1$일 때에는 $110000u$, $N=2$이면 $89000u$, $N=3$이면 $81500u$, $N \geq 4$이면 $76000u$이다.

12. 프로그램 B의 마지막 세 줄을 다음으로 바꾼다.

```
        STA     2F
        LDA     3F
        CMPA    15,5(5:5)
        LDA     2F
        LD5     -1,5
        DEC6    1
        JNE     1B
        JMP     COMPUTE
        JMP     *-1 (또는 JMP COMPUTEX)
```

```
        2H  CON   0
        3H  ALF   ␣␣␣␣.    ▮
```

13.   JRED   CONTROL(U)
        J6NZ   *-1   ▮

14. 만일 $N = 1$이면 알고리즘이 깨진다(입출력이 진행되는 동안 버퍼를 참조할 가능성이 있다). 그렇지 않으면 두 개의 노란색 버퍼가 존재하는 결과가 된다. 이런 설정은 버퍼 공간을 더 소비하긴 하지만, 계산 프로그램이 두 버퍼를 한 번에 참조해야 하는 경우에는 유용할 수 있다. 일반적으로, ASSIGN 횟수가 RELEASE 횟수보다 적으면 안 되고, 많을 때에도 그 차이가 N보다 크면 안 된다.

```
15.  U        EQU   0              IN    BUF3(U)
     V        EQU   1              OUT   BUF2(V)
     BUF1     ORIG  *+100          IN    BUF1(U)
     BUF2     ORIG  *+100          OUT   BUF3(V)
     BUF3     ORIG  *+100          DEC1  3
     TAPECPY  IN    BUF1(U)        J1P   1B
              ENT1  99             OUT   BUF1(V)
     1H       IN    BUF2(U)        HLT
              OUT   BUF1(V)        END   TAPECPY   ▮
```

이것은 그림 26에 나타난 알고리즘의 한 특별한 경우이다.

18. 부분적인 답: 아래의 알고리즘들에서 t는 입출력 장치가 유휴 상태이면 0, 활동 중이면 1이 되는 변수이다.

알고리즘 A (ASSIGN, 보통 상태 서브루틴).

이 알고리즘은 1.4.4A와 동일하다.

알고리즘 R (RELEASE, 보통 상태 서브루틴).

R1. n을 1 증가한다.

R2. 만일 $t = 0$이면 강제로 가로채기를 발동시켜서 단계 B3으로 간다(INT 연산자를 사용해서). ▮

알고리즘 B (버퍼 제어 루틴. 가로채기를 처리한다).

B1. 주 프로그램을 다시 시작한다.

B2. 만일 $n = 0$이면 $t \leftarrow 0$로 설정하고 B1로 간다.

B3. $t \leftarrow 1$로 설정하고 NEXTR이 가리키는 버퍼 영역에 대한 입출력을 시작시킨다.

B4. 주 프로그램을 다시 시작한다. 이후 거기서 "I/O 완료" 조건이 만족되면 가로채기에 의해 단계 B5로 가게 된다.

B5. NEXTR이 다음 번(시계 방향으로) 버퍼를 가리키게 한다.

B6. n을 1 감소하고 단계 B2로 간다. ▮

19. 만일 $C \le L$이면, 오직 $NL \ge T + C$일 때에만 $t_k = (k-1)L$, $u_k = t_k + T$, $v_k = u_k + C$이다. 만일 $C > L$이면 상황은 좀 더 복잡하다. 이 경우 오직 $N < k \le n$에 대해 $t_k = (k-1)L + a_k P$가 $u_k - T \ge t_k \ge v_{k-N}$을 만족하는 정수들 $a_1 \le a_2 \le \cdots \le a_n$이 존재할 때에만 $u_k = (k-1)C + T$, $v_k = kC + T$이다. 이와 동등한 조건은 $N < k \le n$에 대해 $NC \ge b_k$라는 것인데, 여기서 $b_k = C + T + ((k-1)(C-L)) \bmod P$이다. $c_l = \max\{b_{l+1}, \ldots, b_n, 0\}$이라고 하자. 그러면 l이 증가함에 따라 c_l은 감소하며, 공정이 안정적으로 계속 진행되게 하는 최소의 N 값은 $c_l/l \le C$를 만족하는 최소의 l 값이다. $c_l < C + T + P$이고 $c_l \le L + T + n(C-L)$이므로, 이 N 값이 $\lceil \min\{C + T + P, \, L + T + n(C-L)\}/C \rceil$를 넘는 일은 없다. 〔A. Itai, Y. Raz, *CACM* **31** (1988), 1338-1342 참고.〕

따라서 언급된 예들에 대한 답은: (a) $N = 1$; (b) $N = 2$; (c) $N = 3$, $c_N = 2.5$; (d) $N = 35$, $c_N = 51.5$; (e) $N = 51$, $c_N = 101.5$; (f) $N = 41$, $c_N = 102$; (g) $N = 11$, $c_N = 109.5$; (h) $N = 3$, $c_N = 149.5$; (i) $N = 2$, $c_N = 298.5$.

2.1절

1. (a) SUIT(NEXT(TOP)) = SUIT(NEXT(242)) = SUIT(386) = 4. (b) Λ.

2. V가 링크 변수이고(그렇지 않다면 CONTENTS(V)는 무의미하다) 그 값이 Λ가 아니면 항상 그렇다. 이런 문맥에서는 LOC를 사용하지 않는 것이 현명한 일이다.

3. NEWCARD ← TOP으로 설정하고, 만일 TOP $\ne \Lambda$이면 TOP ← NEXT(TOP)으로 설정한다.

4. C1. X ← LOC(TOP)으로 설정한다. (편의상 TOP ≡ NEXT(LOC(TOP))이라는, 다시 말해서 TOP의 값이 그것이 저장된 장소의 NEXT 필드에 나타난다는 합리적인 가정을 둔다. 이 가정은 프로그램 (5)와 호환되며, 이 가정 덕분에 더미가 비어 있는 경우에 대한 특별한 루틴을 사용할 필요가 없어진다.)

  C2. 만일 NEXT(X) $\ne \Lambda$이면 X ← NEXT(X)로 설정하고 이 단계를 반복한다.

  C3. NEXT(X) ← NEWCARD, NEXT(NEWCARD) ← Λ, TAG(NEWCARD) ← 1로 설정한다. ▮

5. D1. X ← LOC(TOP), Y ← TOP로 설정한다. (위의 단계 C1을 볼 것. 그 곳의 가정에 의해, Y $\ne \Lambda$이다. 이후 알고리즘 전반에서, Y = NEXT(X)라는 의미에서, X는 Y를 한 걸음 뒤쳐져 따라간다.)

  D2. 만일 NEXT(Y) $\ne \Lambda$이면 X ← Y, Y ← NEXT(Y)로 설정하고 이 단계를 반복한다.

  D3. (이제 NEXT(Y) = Λ이다. 즉 Y는 제일 아래 카드를 가리킨다. 또한 X는 마지막 직전 카드를 가리킨다.) NEXT(X) ← Λ, NEWCARD ← Y로 설정한다. ▮

6. (b)와 (d). (a)는 아님! CARD는 노드이지 노드를 가리키는 링크가 아니다.

7. 명령열 (a)는 NEXT(LOC(TOP))를 적재한다. 이 경우 이것은 TOP의 값과 같다. 명령열 (b)가

맞다. 이 부분은 혼동할 여지가 없다. 수치 변수 X에 비유하면 쉽게 이해가 될 것이다. X를 레지스터 A에 적재할 때에는 ENTA X가 아니라 LDA X를 사용한다. ENTA X는 LOC(X)를 레지스터에 넣기 때문이다.

8. $rA \equiv N$, $rI1 \equiv X$라고 하자.

```
ENTA  0         B1. N ← 0.              INCA  1          B3. N ← N + 1.
LD1   TOP       X ← TOP.                LD1   0,1(NEXT)  X ← NEXT(X).
J1Z   *+4       B2. X = Λ인가?          J1NZ  *-2         ▮
```

9. $rI2 \equiv X$라고 하자.

```
PRINTER  EQU   18                  라인 프린터의 유닛 번호.
TAG      EQU   1:1
NEXT     EQU   4:5                 필드들의 정의.
NAME     EQU   0:5
PBUF     ALF   PILE                더미가 비었을 때 출력되는
         ALF   EMPTY                 메시지.
         ORIG  PBUF+24
BEGIN    LD2   TOP                 X ← TOP으로 설정한다.
         J2Z   2F                  파일이 비었는가?
1H       LDA   0,2(TAG)            rA ← TAG(X).
         ENT1  PBUF                MOVE 명령을 위한 준비.
         JBUS  *(PRINTER)          프린터가 준비될 때까지 기다린다.
         JAZ   *+3                 TAG = 0인가(카드가 펼쳐져 있는가)?
         MOVE  PAREN(3)            아니오. 괄호들을 복사한다.
         JMP   *+2
         MOVE  BLANKS(3)           예. 빈칸들을 복사한다.
         LDA   1,2(NAME)           rA ← NAME(X).
         STA   PBUF+1
         LD2   0,2(NEXT)           X ← NEXT(X)로 설정한다.
2H       OUT   PBUF(PRINTER)       한 줄을 인쇄한다.
         J2NZ  1B                  만일 X ≠ Λ이면 인쇄 루프를 반복한다.
DONE     HLT
PAREN    ALF        (
BLANKS   ALF
         ALF        )
         ALF                    ▮
```

2.2.1절

1. 할 수 있다. (양 끝 중 하나에 일관적으로 모든 항목들을 삽입한다.)

2. 325641을 얻으려면 SSSXXSSXSXXX(다음 연습문제들의 표기법을 따름)를 수행한다. 154623

은 얻을 수 없는데, 왜냐하면 3이 스택에 삽입되기 전에 2를 제거하지 않는 한 2 앞에 3이 올 수 없기 때문이다.

3. 허용되는 순차열(이하 허용 순차열)은, 순차열을 왼쪽에서 오른쪽으로 읽어나간다고 할 때 X들의 개수가 S들의 개수를 넘지 않는 순차열이다.

서로 다른 두 허용 순차열은 반드시 다른 결과를 내게 된다. 왜냐하면, 두 순차열이 하나는 S, 또 하나는 X를 가진 한 지점에서 일치한다면, 후자의 순차열은 전자의 순차열의 S에 의해 방금 삽입된 기호 이전에는 출력될 수 없는 하나의 기호를 출력하기 때문이다.

4. 이 문제는 이진트리의 열거, 하나의 공식에 괄호들을 삽입하는 방법의 수, 하나의 다각형을 삼각형들로 분할하는 방법의 수 등 다른 여러 흥미로운 문제들과 동치이며, 1759년 오일러Euler와 폰제그너von Segner의 초고에 이미 나타난 바 있다(2.3.4.6절 참고).

다음의 우아한 해법은 앙드레D. André에서 기인한 "반사법칙"을 사용한다: S와 X를 각각 n개씩 담은 S들과 X들의 순차열들의 개수가 $\binom{2n}{n}$임은 명백하다. 이제 허용되지 않는 순차열들(S와 X의 개수는 맞지만 다른 조건들은 위반하는 것들)의 개수를 구하기만 하면 된다. 임의의 허용되지 않는 순차열(이하 줄여서 불허용 순차열)에서 X의 개수가 S의 개수보다 많아지는 첫 번째 X를 찾는다. 그런 다음에는 거기까지의(그 X도 포함) 부분 순차열에서 각 X를 S로, 각 S를 X로 치환한다. 그 결과는 $(n+1)$개의 S들과 $(n-1)$개의 X들로 된 하나의 순차열이다. 그 반대도 가능하다. 즉, 방금 말한 종류의 순차열이 주어진다면, 그것을 만들어낸 공정을 거꾸로 해서 원래의 불허용 순차열을 구할 수 있다. 예를 들어 순차열 XXSXSSSXXSSS는 SSXSXXXXSSS에서 나왔음이 틀림없다. 이러한 대응관계로부터 불허용 순차열의 개수가 $\binom{2n}{n-1}$임을 알 수 있으며, 따라서 $a_n = \binom{2n}{n} - \binom{2n}{n-1}$이다. [*Comptes Rendus Acad. Sci.* **105** (Paris, 1887), 436-437.]

같은 착상을 이용해서, 확률론에서 "제비뽑기 문제(ballot problem)"라고 부르는 좀 더 일반적인 문제를 풀 수 있다. 이 문제는 본질적으로 주어진 개수의 S들과 X들로 된 모든 부분적 허용 순차열들을 나열하는 것이다. 이미 1708년에 드무아브르가 이 문제를 풀었다. 그는 l개의 A들과 m개의 B들을 담은, 그리고 A가 B보다 n개 더 많은 초기 부분문자열을 적어도 하나 가진 순차열들의 개수가 $f(l, m, n) = \binom{l+m}{\min(m, l-n)}$임을 보였다. 이를 위에 나온 특수한 경우에 적용하면 $a_n = \binom{2n}{n} - f(n, n, 1)$이다. (드무아브르는 이 결과를 증명 없이 제시했으나 [*Philos. Trans.* **27** (1711), 262-263], 그의 논문의 다른 논의들로 봐서 그가 이를 증명하는 방법을 알고 있었음은 확실하다. 왜냐하면 그 공식은 $l \geq m+n$일 때 명백히 참이며, 또한 비슷한 문제들에 대한 그의 생성함수 접근방식과 간단한 대수를 이용하면 대칭 조건 $f(l, m, n) = f(m+n, l-n, n)$을 얻을 수 있기 때문이다.) 제비뽑기 문제와 몇 가지 일반화들에 대한 이후 역사에 대해서는 바턴D. E. Barton과 맬로즈C. L. Mallows의 상세한 조사 *Annals of Math. Statistics* **36** (1965), 236-260을 볼 것. 또한 연습문제 2.3.4.4-32와 5.1.4절도 보라.

여기서는 제비뽑기 문제를 이중 생성함수를 이용해서 푸는 새로운 방법을 제시하겠다. 이 방법은 그 자체로 연습문제 11의 질문 같은 좀 더 어려운 문제들의 해법이 된다는 점에서도 의미가 있다.

g_{nm}을, 길이가 n이며 왼쪽에서 오른쪽에서 세었을 때 X의 개수가 S의 개수를 결코 넘지 않는, 그리고 전체적으로는 S가 X보다 m개 더 많은 S들과 X들의 순차열들의 개수라고 하자. 그러면 $a_n = g_{(2n)0}$이다. $m + n$이 짝수가 아닌 한 g_{nm}이 0임도 명백하다. 이 수치들을 다음과 같은 점화식들로 정의할 수 있다.

$$g_{(n+1)m} = g_{n(m-1)} + g_{n(m+1)}, \ m \geq 0, \ n \geq 0; \quad g_{0m} = \delta_{0m}.$$

이중 생성함수 $G(x,z) = \sum_{n,m} g_{nm} x^m z^n$을 고려한다. 그리고 $g(z) = G(0,z)$라고 하자. 그러면 위의 점화식은 다음 등식과 동치이다.

$$\left(x + \frac{1}{x}\right) G(x,z) = \frac{1}{x} g(z) + \frac{1}{z}(G(x,z) - 1), \ \ \text{즉} \ \ G(x,z) = \frac{zg(z) - x}{z(x^2 + 1) - x}.$$

그런데 안타깝게도, $x = 0$으로 두어도 이 등식에서 알아낼 수 있는 것은 없다. 그러나

$$r_1(z) = \frac{1}{2z}(1 + \sqrt{1 - 4z^2}), \ r_2(z) = \frac{1}{2z}(1 - \sqrt{1 - 4z^2})$$

로 두고 앞의 등식의 분모를 $z(1 - r_1(z)x)(1 - r_2(z)x)$ 형태로 인수분해 한다면 더 나아갈 여지가 생긴다($r_1 + r_2 = 1/z$이고 $r_1 r_2 = 1$임을 주목할 것). 이제 발견법(heuristic)적으로 진행할 수 있다. 해야 할 일은, 위의 공식으로 주어진 대로의 $G(x,z)$가 x와 z의 무한 멱급수 전개를 가지도록 하는 어떠한 $g(z)$ 값을 찾는 것이다. 함수 $r_2(z)$는 멱급수를 가지며, $r_2(0) = 0$이다. 게다가, 고정된 z에 대해 값 $x = r_2(z)$는 $G(x,z)$의 분모가 소거되게 한다. 이는 $x = r_2(z)$일 때 분자도 소거되는 $g(z)$를 택해야 함을 뜻한다. 다른 말로 하면, $zg(z) = r_2(z)$로 두어야 할 수도 있는 것이다. 그렇게 두면 $G(x,z)$에 대한 등식은 다음과 같이 단순해진다.

$$G(x,z) = \frac{r_2(z)}{z(1 - r_2(z)x)} = \sum_{n \geq 0} (r_2(z))^{n+1} x^n z^{-1}.$$

이것은 원래의 등식을 만족하는 멱급수 전개이므로 적합한 함수 $g(z)$를 찾았다고 할 수 있다.

$g(z)$의 계수들이 이 문제의 답이다. 여기서 더 나아가서, $G(x,z)$의 모든 계수들에 대한 간단한 형태를 도출하는 것도 가능하다: 이항정리에 의해

$$r_2(z) = \sum_{k \geq 0} z^{2k+1} \binom{2k+1}{k} \frac{1}{2k+1}$$

이다. $w = z^2$, $r_2(z) = zf(w)$로 두면, 연습문제 1.2.6-25의 표기법 하에서

$$f(w) = \sum_{k \geq 0} A_k(1, -2) w^k$$

이다. 따라서

$$f(w)^r = \sum_{k \geq 0} A_k(r, -2) w^k$$

이며, 이제

$$G(x,z) = \sum_{n,m} A_m (n,-2) x^n z^{2m+n}$$

가 된다. 결국 일반해는

$$g_{(2n)(2m)} = \binom{2n+1}{n-m} \frac{2m+1}{2n+1} = \binom{2n}{n-m} - \binom{2n}{n-m-1},$$

$$g_{(2n+1)(2m+1)} = \binom{2n+2}{n-m} \frac{2m+2}{2n+2} = \binom{2n+1}{n-m} - \binom{2n+1}{n-m-1}$$

이다.

5. 만일 $j < k$이고 $p_j < p_k$이면 p_k가 스택에 들어오기 전에 p_j를 뽑아야 한다. 만일 $p_j > p_k$이면 p_k를 p_j가 들어올 때까지 스택에 놔두어야 한다. 이 두 규칙이 결합되면 $i < j < k$이고 $p_j < p_k < p_i$라는 조건은 불가능하다. 그 조건은 p_k 이전에, 그리고 p_i 이후에 p_j를 뽑아야 한다는 뜻인데, p_i가 p_k 다음에 나타나기 때문에 불가능한 것이다.

반대로, 요구된 순열은 다음과 같은 알고리즘으로 얻을 수 있다: "$j = 1, 2, \ldots, n$에 대해, 스택에 p_j가 처음 나타날 때까지 0 또는 그 이상의 항목들을(필요한 만큼 많이) 입력한다. 그런 후에 p_j를 출력한다." 이 알고리즘은 오직 p_j가 스택의 최상위가 아니고 $k > j$인 어떠한 요소 p_k 밑에 깔려 있게 되는 a_j에 도달할 때에만 실패한다. 스택의 값들은 항상 단조증가이므로 $p_j < p_k$이다. 그리고 요소 p_k는 $i < j$인 어떤 p_i보다 작으므로 p_k는 이미 거기에 놓여 있어야 한다.

라마난P. V. Ramanan은 하나의 스택 이외에 m개의 보조적인 저장 장소들을 자유롭게 사용할 수 있을 때 얻을 수 있는 순열들을 규정하는 방법을 보였다 〔*SICOMP* **13** (1984), 167-169〕. (이것은 이 문제의 일반화인데, 이러한 일반화는 놀랄 만큼 어렵다.)

6. 대기열의 본성 때문에, 오직 자명한 순열 하나만, 즉 $1\,2\,\ldots\,n$만 얻을 수 있다.

7. 처음에 n을 출력하는 입력 제한 데크의 경우 처음 n회의 연산들에서 그냥 값 $1, 2, \ldots, n$들을 그 순서대로 데크에 집어넣어야 한다. n을 처음 출력하는 출력 제한 데크의 경우 처음 n회의 연산들에서 값 $p_1\,p_2\,\ldots\,p_n$을 데크에 집어넣어야 한다. 따라서 유일한 해는 (a) 4132, (b) 4213, (c) 4231 이다.

8. $n \leq 4$일 때에는 존재하지 않는다. $n = 5$일 때에는 네 개가 가능하다(연습문제 13 참고).

9. 연산들을 반대로 수행한다면 출력 제한 데크를 이용해서 임의의 입력 제한 순열의 반전(reverse)의 역(inverse)의 반전을 얻을 수 있다. 그 반대의 방향도 마찬가지이다. 이 규칙은 두 순열 집합들 사이의 일대일 대응관계를 설정한다.

10. (i) X는 n개, S와 Q는 합쳐서 n개가 존재해야 한다. (ii) 왼쪽에서 오른쪽으로 읽어나갈 때, X의 개수가 S와 Q를 합친 것보다 크면 안 된다. (iii) X의 개수가 S와 Q를 합친 개수와 같을 때마다(왼쪽에서 오른쪽으로 읽어나갈 때), 그 다음 문자는 반드시 Q이어야 한다. (iv) 이러한 순서에서, 두 연산 XQ가 인접해 있으면 안 된다.

규칙 (i)과 (ii)가 필수임은 명백하다. 추가적인 규칙 (iii)과 (iv)는 데크가 비어 있을 때 S와 Q가 같으며 XQ를 항상 QX로 대체할 수 있다는 점에서 비롯되는 애매함을 제거하기 위한 것이다. 따라서 이러한 규칙들로 얻을 수 있는 임의의 순차열은 적어도 하나의 허용 순차열에 대응된다.

두 허용 순차열로부터 서로 다른 순열들이 나온다는 점을 보이기 위해, 두 순차열이 어떤 지점까지는 동일하나 그 지점 다음에서 한 순차열은 S, 다른 순차열은 X나 Q를 가지는 상황을 먼저 생각해 보자. 규칙 (iii)에 의해 데크는 비어 있지 않으므로, 그 두 순차열에서 서로 다른(S에 의해 삽입된 요소의 순서 측면에서) 순열들이 나옴은 명백하다. 이제 해결해야 할 것은 순차열 A와 B가 한 지점까지는 일치하지만 그 다음에서 순차열 A는 Q, 순차열 B는 X인 경우이다. 순차열 B는 그 지점 이후에 또 다른 X들이 있을 수 있으며, (iv)에 의해 그 뒤에는 반드시 S가 와야 하므로, 이번에도 역시 서로 다른 순열들이 만들어진다.

11. 연습문제 4처럼 진행하되, 길이가 n이고 데크에 m개의 요소들을 남기며 X로 끝나지 않는 부분 허용 순차열들의 개수를 g_{nm}이라고 하자. 그리고 마찬가지 조건이되 X로 끝나는 부분 허용 순차열들의 개수를 h_{nm}이라고 하자. 그러면 $g_{(n+1)m} = 2g_{n(m-1)} + h_{n(m-1)} [m > 1]$이고 $h_{(n+1)m} = g_{n(m+1)} + h_{n(m+1)}$이다. 이제 연습문제 4에서와 비슷하게 $G(x,z)$와 $H(x,z)$를 정의하면,

$$G(x,z) = xz + 2x^2z^2 + 4x^3z^3 + (8x^4 + 2x^2)z^4 + (16x^5 + 8x^3)z^5 + \cdots,$$
$$H(x,z) = z^2 + 2xz^3 + (4x^2 + 2)z^4 + (8x^3 + 6x)z^5 + \cdots$$

이다. $h(z) = H(0,z)$로 두면 $z^{-1}G(x,z) = 2xG(x,z) + x(H(x,z) - h(z)) + x$이고 $z^{-1}H(x,z) = x^{-1}G(x,z) + x^{-1}(H(x,z) - h(z))$임을 알 수 있다. 이로부터 다음이 나온다.

$$G(x,z) = \frac{xz(x - z - xh(z))}{x - z - 2x^2z + xz^2}.$$

연습문제 4에서처럼 분자와 분모가 하나의 약수로 통분되게 하는 어떤 $h(z)$를 택해야 한다. 결과적으로 $G(x,z) = xz/(1 - 2xr_2(z))$를 구하는데, 여기서

$$r_2(z) = \frac{1}{4z}(z^2 + 1 - \sqrt{(z^2 + 1)^2 - 8z^2})$$

이다. $b_0 = 1$임을 이용하면, 요구된 생성함수는:

$$\frac{1}{2}(3 - z - \sqrt{1 - 6z + z^2}) = 1 + z + 2z^2 + 6z^3 + 22z^4 + 90z^5 + \cdots.$$

이를 미분하면 계산에 편리한 점화식 $nb_n = 3(2n-3)b_{n-1} - (n-3)b_{n-2}$, $n \geq 2$을 얻을 수 있다.

문자열들의 집합에 문맥 자유 문법(context-free grammar)을 적용하는, 프라트V. Pratt가 제안한 또 다른 해법이 있다(10장 참고). 모든 $n \geq 0$에 대해 $S \to q^n(Bx)^n$, $B \to sq^n(Bx)^{n+1}B$와

$B \to \epsilon$ 을 산출하는 무한 문법은 애매함이 없으며, 연습문제 2.3.4.4–31에서처럼 n개의 x들을 가진 문자열들의 개수를 세는 데 사용할 수 있다.

12. 스털링 공식에 의해 $a_n = 4^n / \sqrt{\pi n^3} + O(4^n n^{-5/2})$이다. b_n을 분석하기 위해, 우선 $|\alpha| < 1$일 때의 $\sqrt{1-w}\ \sqrt{1-\alpha w}$ 의 멱급수의 w^n의 계수를 추정하는 일반적인 문제를 생각해 보자. 충분히 작은 α에 대해

$$\sqrt{1-w}\ \sqrt{1-\alpha w} = \sqrt{1-w}\ \sqrt{1-\alpha + \alpha(1-w)} = \sqrt{1-\alpha} \sum_k \binom{1/2}{k} \beta^k (1-w)^{k+1/2}$$

이다. 여기서 $\beta = \alpha/(1-\alpha)$이다. 따라서 요구된 계수는 $(-1)^n \sqrt{1-\alpha} \sum_k \binom{1/2}{k} \beta^k \binom{k+1/2}{n}$이다. 이제

$$(-1)^n \binom{k+1/2}{n} = \binom{n-k-3/2}{n} = \frac{\Gamma(n-k-1/2)}{\Gamma(n+1)\Gamma(-k-1/2)} = \frac{(-1/2)^{k+1}}{\sqrt{\pi}} n^{\overline{-k-1/2}}$$

이고 식 1.2.11.1–(16)에 의해 $n^{\overline{-k-1/2}} = \sum_{j=0}^m \begin{bmatrix} -k-1/2 \\ -k-1/2-j \end{bmatrix} n^{-k-1/2-j} + O(n^{-k-3/2-m})$ 이다. 이로부터 점근 급수 $[w^n] \sqrt{1-w}\ \sqrt{1-\alpha w} = c_0 n^{-3/2} + c_1 n^{-5/2} + \cdots + c_m n^{-m-3/2} + O(n^{-m-5/2})$을 얻는데, 여기서

$$c_j = \frac{\sqrt{1-\alpha}}{\pi} \sum_{k=0}^j \binom{1/2}{k} (-1/2)^{k+1} \begin{Bmatrix} j+1/2 \\ k+1/2 \end{Bmatrix} \frac{\alpha^k}{(1-\alpha)^k}$$

이다.

b_n은 이렇게 구한다. $1 - 6z + z^2 = (1 - (3+\sqrt{8})z)(1 - (3-\sqrt{8})z)$ 라고 쓰고 $w = (3+\sqrt{8})z$, $\alpha = (3-\sqrt{8})/(3+\sqrt{8})$로 두어서 다음과 같은 점근 공식을 구한다.

$$b_n = \frac{(\sqrt{2}-1)(3+\sqrt{8})^n}{2^{3/4}\pi^{1/2} n^{3/2}} (1 + O(n^{-1})) = \frac{(\sqrt{2}+1)^{2n-1}}{2^{3/4}\pi^{1/2} n^{3/2}} (1 + O(n^{-1})).$$

13. 프라트V. Pratt는 어떠한 $k \geq 1$에 대해 상대적 크기가 각각

$$5,\, 2,\, 7,\, 4,\, ...,\, 4k+1,\, 4k-2,\, 3,\, 4k,\, 1 \text{ 또는 } 5,\, 2,\, 7,\, 4,\, ...,\, 4k+3,\, 4k,\, 1,\, 4k+2,\, 3$$

이거나, 이들과 같되 마지막 두 요소들이 교환되었거나, 또는 1과 2가 교환되었거나, 또는 그 두 가지 모두 교환된 것인 부분순차열을 담고 있다면, 그리고 오직 그럴 때에만 순열을 얻을 수 없음을 밝혔다. 따라서 $k = 1$일 때 얻을 수 없는 패턴은 52341, 52314, 51342, 51324, 5274163, 5274136, 5174263, 5174236이다. 〔*STOC* **5** (1973), 268–277.〕

14. (멜빌R. Melville의 답, 1980.) R과 S가 스택이고, 대기열이 R의 최상위에서 최하위로, 그런 다음 S의 최하위에서 최상위로 거쳐 간다고 하자. R이 비었으면 S가 빌 때까지 S에서 요소들을 뽑아서 R에 넣는다. 대기열 앞단에서 요소를 제거할 때에는 R의 최상위 요소를 뽑는다. 대기열 전체가 비지 않는 한 R은 비지 않음을 주목할 것. 뒷단에 요소를 삽입할 때에는 S에 요소를 삽입한다(R이 비어 있지 않은 한). 각 요소는 많아야 두 번 넣어지며, 대기열을 떠나기 전에 많아야 두 번 뽑힌다.

2.2.2절

1. M − 1개(M개가 아님). 만일 (6)과 (7)에서처럼 M개의 항목들을 넣을 수 있게 허용한다면 R과 F만 봐서는 빈 대기열과 꽉 찬 대기열을 구별할 수 없다. 왜냐하면 오직 M개의 가능성들만 검출할 수 있기 때문이다. 저장소 한 칸을 포기하는 게 프로그램이 과도하게 복잡해지는 것보다 낫다.

2. 뒷단에서 삭제: 만일 R = F이면 UNDERFLOW; Y ← X[R]; 만일 R = 1이면 R ← M, 그렇지 않으면 R ← R − 1. 앞단에 삽입: X[F] ← Y로 설정; 만일 F = 1이면 F ← M, 그렇지 않으면 F ← F − 1; 만일 F = R이면 OVERFLOW.

3. (a) LD1 I; LDA BASE,7:1. (8)에서는 4나 8 주기가 걸리지만 이 경우는 5 주기가 걸린다.

(b) 답 1: 각 기준 주소는 $I_1 = 0$, $I_2 = 1$로 저장된다고 할 때, LDA BASE,2:7. 답 2: 만일 기준 주소들을 $I_1 = I_2 = 0$으로 저장하는 게 바람직하다면, LDA X2,7:1로 할 수 있다. 여기서 장소 X2는 NOP BASE,2:7을 담고 있다고 가정한다. 둘째 답은 한 주기를 더 소비하나, 기준주소들의 표를 임의의 색인들로 사용할 수 있다는 장점이 있다.

(c) 이것은 "LD4 X(0:2)"와 동등하며, 수행 시간도 같다. 단, X(0:2)에 −0이 담겨 있는 경우 rI4가 +0으로 설정된다는 점이 다르다.

4. (a) NOP *,7. (b) LDA X,7:7(0:2). (c) 이는 불가능하다. 장소 Y에 NOP X,7:7이 들어 있다고 할 때 코드 LDA Y,7:7은 7:7에 대한 제한을 위반한다. (연습문제 5 참고.) (d) LDA X,7:1, 다음과 같은 보조 상수들이 있다고 할 때.

```
X    NOP    *+1,7:2
     NOP    *+1,7:3
     NOP    *+1,7:4
     NOP    0,5:6
```

수행 시간은 6단위이다. (e) INC6 X,7:6, X에 NOP 0,6:6이 담겨 있다고 할 때.

5. (a) 메모리 구성이 다음과 같으며,

장소	ADDRESS	I_1	I_2
1000:	1001	7	7
1001:	1004	7	1
1002:	1002	2	2
1003:	1001	1	1
1004:	1005	1	7
1005:	1006	1	7
1006:	1008	7	7
1007:	1002	7	1
1008:	1003	7	2

rI1 = 1, rI2 = 2라 할 때 명령 ENTA 1000,7:7을 고려하자. 그러면 1000,7,7 = 1001,7,7,7 =

$1004, 7, 1, 7, 7 = 1005, 1, 7, 1, 7, 7 = 1006, 7, 1, 7, 7 = 1008, 7, 7, 1, 7, 7 = 1003, 7, 2, 7, 1, 7, 7 = 1001, 1, 1, 2, 7, 1, 7, 7 = 1002, 1, 2, 7, 1, 7, 7 = 1003, 2, 7, 1, 7, 7 = 1005, 7, 1, 7, 7 = 1006, 1, 7, 1, 7, 7 = 1007, 7, 1, 7, 7 = 1002, 7, 1, 1, 7, 7 = 1002, 2, 2, 1, 1, 7, 7 = 1004, 2, 1, 1, 7, 7 = 1006, 1, 1, 7, 7 = 1007, 1, 7, 7 = 1008, 7, 7 = 1003, 7, 2, 7 = 1001, 1, 1, 2, 7 = 1002, 1, 2, 7 = 1003, 2, 7 = 1005, 7 = 1006, 1, 7 = 1007, 7 = 1002, 7, 1 = 1002, 2, 2, 1 = 1004, 2, 1 = 1006, 1 = 1007$임을 알 수 있다. (이러한 유도를 손으로 직접 빠르게 수행하는 방법이 있다. 장소 1002, 1003, 1007, 1008, 1005, 1006, 1004, 1001, 1000에 지정된 주소들을 그 순서대로 연속적으로 평가하는 것이다. 그러나 컴퓨터로 하려면 본질적으로 위에 나온 방식대로 평가를 진행할 필요가 있음이 명백하다.) 필자는 주소를 평가하면서 메모리 내용을 변경하되 최종적인 주소를 얻는 시점에서는 모든 것이 다시 복원되게 하는 교묘한 방식들을 몇 가지 시도해 보았다. 비슷한 알고리즘들이 2.3.5절에도 나온다. 그러나 그런 시도들에서 얻은 것은 별로 없었다. 필요한 정보를 저장하기에 충분한 공간이 없는 것 같다.

(b)와 (c): H와 C가 보조적인 레지스터들이며 N이 하나의 계수기(counter)라고 하자. 다음은 장소 L에 있는 명령에 대한 유효한 주소 M을 얻는 알고리즘이다.

A1. 〔초기화.〕 H ← 0, C ← L, N ← 0으로 설정한다(이 알고리즘에서 C는 "현재(current)" 장소이고 H는 여러 색인 레지스터들의 내용들을 더하는 데 쓰이며, N은 간접 주소 적용의 깊이를 잰다.)

A2. 〔주소를 조사.〕 M ← ADDRESS(C)로 설정한다. 만일 $I_1(C) = j$, $1 \leq j \leq 6$이면 M ← M + rIj로 설정한다. 만일 $I_2(C) = j$, $1 \leq j \leq 6$이면 H ← H + rIj로 설정한다. 만일 $I_1(C) = I_2(C) = 7$이면 N ← N + 1, H ← 0으로 설정한다.

A3. 〔간접?〕 만일 $I_1(C)$이거나 $I_2(C)$가 7과 같으면 C ← M으로 설정하고 A2로 간다. 그렇지 않으면 M ← M + H, H ← 0으로 설정한다.

A4. 〔깊이 감소.〕 만일 N > 0이면 C ← M, N ← N − 1로 설정하고 A2로 간다. 그렇지 않으면 M이 바로 요구된 답이다. ∎

이 알고리즘은 $I_1 = 7$, $1 \leq I_2 \leq 6$, 그리고 ADDRESS에 담긴 주소의 평가가 $I_1 = I_2 = 7$인 경우에 관련될 때를 제외한 모든 상황을 정확히 처리한다. 그 결과는 마치 I_2가 0이었던 것과 같다. 알고리즘 A의 작동을 이해하기 위해 부문제 (a)의 표기법을 생각해보자. 언급된 "L, 7, 1, 2, 5, 2, 7, 7, 7, 7"은 C 또는 M = L, N = 4(꼬리에 있는 7들의 개수), 그리고 H = rI1 + rI2 + rI5 + rI2(색인 적용 이후)로 표현된다. 이 연습문제의 부문제 (b)의 답에서, 계수기 N은 항상 0 또는 1이다.

6. (c)는 OVERFLOW를 일으킨다. (e)는 UNDERFLOW를 일으키며, 만일 프로그램이 계속 진행된다면 마지막 I_2에서 OVERFLOW가 일어난다.

7. 아니다. TOP[i]가 반드시 OLDTOP[i]보다 커야 하기 때문이다.

8. 스택의 경우 한 쪽 끝에는 유용한 정보가, 다른 쪽 끝에는 무의미한 정보가 나타난다. 즉:

여기서 $A = \text{BASE}[j]$, $B = \text{TOP}[j]$, $C = \text{BASE}[j+1]$이다. 대기열이나 데크의 경우 유용한 정보는 양끝에 나타나며 무의미한 정보는 중간에 나타나거나,

또는 유용한 정보가 중간에, 무의미한 정보가 양끝에 나타난다.

여기서 $A = \text{BASE}[j]$, $B = \text{REAR}[j]$, $C = \text{FRONT}[j]$, $D = \text{BASE}[j+1]$이다. 이 두 경우들은, 대기열이 비지 않았을 경우 각각 조건 $B \le C$와 $B > C$로 검출할 수 있다. 또는, 만일 대기열이 위로 넘치지 않음을 알고 있다면, 해당 조건들은 각각 $B < C$와 $B \ge C$가 된다. 따라서 무의미한 정보의 범위를 넓히거나 좁히도록 하는 알고리즘을 명백한 방식으로 수정할 필요가 있다. (즉, 위넘침의 경우 $B = C$일 때에는 한 부분은 옮기고 다른 부분은 옮기지 않음으로써 B와 C 사이에 빈 공간을 만든다.) 단계 G2에서 SUM과 D[j]를 계산할 때, 각 대기열이 실제보다 칸 하나를 더 차지하고 있다고 간주해야 한다(연습문제 1 참고).

9. 임의의 순차열 명세 $a_1, a_2, ..., a_m$에 대해, $j < k$이고 $a_j > a_k$인 모든 (j, k) 쌍들에 필요한 하나의 이동 연산이 존재한다. (그런 쌍을 "반전(inversion)"이라고 부른다. 5.1.1절 참고.) 따라서 그런 쌍들의 개수는 필요한 이동 횟수와 같다. n^m개의 명세들을 모두 기록했다고 가정하고, 이제 $\binom{m}{2}$개의 $j < k$인 쌍 (j, k)들 각각에 대해 $a_j > a_k$인 명세들이 몇 개인지 센다고 하자. 그 개수가 $\binom{n}{2}$, 즉 a_j와 a_k를 선택하는 방법의 수에 나머지 자리를 채우는 방법의 수 n^{m-2}을 곱한 것임은 명백하다. 따라서 모든 명세들에서의 총 이동 횟수는 $\binom{m}{2}\binom{n}{2}n^{m-2}$이다. 이를 n^m으로 나누면 평균, 즉 식 (14)가 된다.

10. 연습문제 9에서처럼 기대값을 구하면:

$$\binom{m}{2} \sum_{1 \le j \le k \le n} p_j p_k = \frac{1}{2}\binom{m}{2}((p_1 + \cdots + p_n)^2 - (p_1^2 + \cdots + p_n^2))$$

$$= \frac{1}{2}\binom{m}{2}(1 - (p_1^2 + \cdots + p_n^2)).$$

이 모형의 경우, 목록들의 상대 순서는 전적으로 무관하다! (잠깐 생각해 보면 이유가 설명된다. 주어진 순차열 $a_1, ..., a_m$에 대한 모든 가능한 순열들을 고려하면, 그런 순열들 모두에 대한 이동 횟수들의 총합은 오직 서로 다른 요소 $a_j \ne a_k$의 쌍들의 개수에만 의존함을 알 수 있다.)

11. 이전과 같은 방식으로 세어 나가면, 횟수의 기대값은

$$E_{mnt} = \frac{1}{n^m} \binom{n}{2} \sum_{k=1}^{m} \sum_{r \geq t} (k-1) \binom{k-2}{r} (n-1)^{k-2-r} n^{m-k}$$

임을 알 수 있다. 여기서 r은 $a_1, a_2, ..., a_{k-1}$에서 a_k와 같은 요소의 개수이다. 이 기대치를 다음과 같이 좀 더 간단한 형태로 나타낼 수도 있다.

$$E_{mnt} = \frac{1}{n^m} \binom{n}{2} \sum_{k > t} \binom{m}{k} (n-1)^{m-k} \left(\binom{k}{2} - \binom{t+1}{2} \right), \ \text{단 } t \geq 0.$$

이보다 더 간단한 방법으로 답을 얻을 수 있을까? 그렇지 않음이 확실하다. 왜냐하면, 주어진 n과 t에 대한 생성함수가

$$\sum_m E_{mnt} z^m = \frac{n-1}{2n} \frac{z}{(1-z)^3} \left(\frac{z}{n-(n-1)z} \right)^{t+1} (z + (1-z)n(t+1))$$

이기 때문이다.

12. 만일 $m = 2k$이면 평균은 2^{-2k} 곱하기

$$\binom{2k}{0}2k + \binom{2k}{1}(2k-1) + \cdots + \binom{2k}{k}k + \binom{2k}{k+1}(k+1) + \cdots + \binom{2k}{2k}2k$$

이다. 그리고 위의 합은

$$\binom{2k}{k}k + 2\left(\binom{2k-1}{k}2k + \cdots + \binom{2k-1}{2k-1}2k \right) = \binom{2k}{k}k + 4k \cdot \frac{1}{2} \cdot 2^{2k-1}$$

이다. $m = 2k+1$에도 비슷한 논거를 적용할 수 있다. 답은:

$$\frac{m}{2} + \frac{m}{2^m} \binom{m-1}{\lfloor m/2 \rfloor}.$$

13. 야오A. C. Yao는 $p < \frac{1}{2}$일 때 큰 m에 대해 $\mathrm{E}\max(k_1, k_2) = \frac{1}{2}m + (2\pi(1-2p))^{-1/2}\sqrt{m} + O(m^{-1/2}(\log m)^2)$임을 증명했다. 〔*SICOMP* **10** (1981), 398-403.〕 그리고 플라졸레P. Flajolet 는 그 분석을 확장했는데, 특히 $p = \frac{1}{2}$일 때 기대값이 점근적으로 αm임을 보였다. 여기서

$$\alpha = \frac{1}{2} + 8 \sum_{n \geq 1} \frac{\sin(n\pi/2)\cosh(n\pi/2)}{n^2\pi^2 \sinh n\pi} \approx 0.67531\,44833$$

이다. 더 나아가서, $p > \frac{1}{2}$일 때 k_1의 최종값은 $m \to \infty$에 따라 균일분포를 이루는 경향이 있으며, 그래서 $\mathrm{E}\max(k_1, k_2) \approx \frac{3}{4}m$이다. 〔*Lecture Notes in Comp. Sci.* **233** (1986), 325-340 참고.〕

14. $k_j = m/n + \sqrt{m}\,x_j$라고 하자. (이 착상은 더브라윈N. G. de Bruijn이 제안한 것이다.) 스털링의 근사에 의해

$$n^{-m}\frac{m!}{k_1!\dots k_n!}\max(k_1,\dots,k_n)$$

$$= (\sqrt{2\pi})^{1-n}n^{n/2}\left(\frac{m}{n}+\sqrt{m}\,\max(x_1,\dots,x_n)\right)$$

$$\times\exp\left(-\frac{n}{2}(x_1^2+\cdots+x_n^2)\right)(\sqrt{m})^{1-m}\left(1+O\left(\frac{1}{\sqrt{m}}\right)\right)$$

이 된다. 여기서 $k_1+\cdots+k_n=m$ 이고 x 들은 균일하게 유계이다. 이 조건을 만족하는 모든 음이
아닌 $k_1,\dots,k_n$ 에 대한 우변의 합은 리만 적분에 대한 하나의 근사이다. 그 합의 점근적 습성이
$a_n(m/n)+c_n\sqrt{m}+O(1)$ 임을 도출할 수 있다(해당 합들이 임의의 ϵ 에 대해 a_n 과 c_n 의 ϵ 안에
들어감을 보일 수 있기 때문에). 단, 여기서

$$a_n=(\sqrt{2\pi})^{1-n}n^{n/2}\int_{x_1+\cdots+x_n=0}\exp\left(-\frac{n}{2}(x_1^2+\cdots+x_n^2)\right)dx_2\dots dx_n,$$

$$c_n=(\sqrt{2\pi})^{1-n}n^{n/2}\int_{x_1+\cdots+x_n=0}\max(x_1,\dots,x_n)\exp\left(-\frac{n}{2}(x_1^2+\cdots+x_n^2)\right)dx_2\dots dx_n$$

이다.

$a_n=1$ 임은 합을 직접 평가해서 알 수 있다. c_n 의 공식에 있는 적분은 nI_1 로, 여기서

$$I_1=\int_{\substack{x_1+\cdots+x_n=0\\x_1\geq x_2,\dots,x_n}}x_1\exp\left(-\frac{n}{2}(x_1^2+\cdots+x_n^2)\right)dx_2\dots dx_n$$

이다. 다음과 같이 치환하면,

$$x_1=\frac{1}{n}(y_2+\cdots+y_n),\quad x_2=x_1-y_2,\quad x_3=x_1-y_3,\quad\dots,\quad x_n=x_1-y_n$$

$I_1=I_2/n^2$ 을 구할 수 있다 여기서

$$I_2=\int_{y_2,\dots,y_n\geq 0}(y_2+\cdots+y_n)\exp\left(-\frac{Q}{2}\right)dy_2\dots dy_n$$

이고 $Q=n(y_2^2+\cdots+y_n^2)-(y_2+\cdots+y_n)^2$ 이다. 이제, 대칭성에 의해 I_2 는 위의 적분에서
$(y_2+\cdots+y_n)$ 을 y_2 로 치환한 것에 $(n-1)$ 을 곱한 것이다. 즉,

$$I_3=\int_{y_2,\dots,y_n\geq 0}(ny_2-(y_2+\cdots+y_n))\exp\left(-\frac{Q}{2}\right)dy_2\dots dy_n$$

$$=\int_{y_3,\dots,y_n\geq 0}\exp\left(-\frac{Q_0}{2}\right)dy_3\dots dy_n$$

이라고 두었을 때 $I_2=(n-1)I_3$ 이다. 위의 Q_0 은 Q 에서 y_2 를 0으로 치환한 것이다. [$n=2$ 일
때에는 $I_3=1$ 로 둔다.] 이제 $z_j=\sqrt{n}\,y_j-(y_3+\cdots+y_n)/(\sqrt{2}+\sqrt{n})$, $3\leq j\leq n$ 이라고 하
자. 그러면 $Q_0=z_3^2+\cdots+z_n^2$ 이며, 이로부터 $I_3=I_4/n^{(n-3)/2}\sqrt{2}$ 를 이끌어낼 수 있다. 여기서

$$I_4 = \int_{y_3, \dots, y_n \geq 0} \exp\left(-\frac{z_3^2 + \cdots + z_n^2}{2}\right) dz_3 \dots dz_n$$

$$= \alpha_n \int \exp\left(-\frac{z_3^2 + \cdots + z_n^2}{2}\right) dz_3 \dots dz_n = \alpha_n (\sqrt{2\pi})^{n-2}$$

이며 α_n은 $(n-2)$차원 공간에서 벡터 $(n + \sqrt{2n}, 0, \dots, 0) - (1, 1, \dots, 1)$, ..., $(0, 0, \dots, n + \sqrt{2n}) - (1, 1, \dots, 1)$들이 형성하는 "입체각(solid angle)"을 전체 공간의 총 입체각으로 나눈 것이다. 따라서

$$c_n = \frac{(n-1)\sqrt{n}}{2\sqrt{\pi}} \alpha_n$$

이다. 이제 $\alpha_2 = 1$, $\alpha_3 = \frac{1}{2}$, $\alpha_4 = \pi^{-1} \arctan \sqrt{2} \approx .304$이고

$$\alpha_5 = \frac{1}{8} + \frac{3}{4\pi} \arctan \frac{1}{\sqrt{8}} \approx .206$$

이다.

[c_3의 값은 코젤카Robert M. Kozelka, *Annals of Math. Stat.* **27** (1956), 507–512가 구했다. 그러나 더 큰 n 값들에 대한 이 문제의 해는 문헌들에 나온 적이 없음이 확실하다.]

16. 대기열들이 기본 방법 (4), (5)에 적용되는 제한들을 만족해야만 가능하다.

17. 우선 항상 $\texttt{BASE}[j]_0 \leq \texttt{BASE}[j]_1$임을 보인다. 그런 후에는 $s_0(\sigma)$에서는 발생하지만 $s_1(\sigma)$에서는 발생하지 않는 스택 i의 위넘침들 각각이 스택 i가 예전의 어떤 상황보다 커졌을 때 발생하며, 그러면서도 스택의 새 크기가 $s_1(\sigma)$에서 할당된 원래 크기보다 작지 않음에 주목한다.

18. 한 번의 삽입 비용이 기본적으로 a이며, 만일 다시 채우기가 필요하다면 거기에 $bN + cn$을 더한 것이라고 하자. 여기서 N은 점유된 칸들의 개수이다. 그리고 삭제 비용은 d라고 하자. 한 번의 다시 채우기가 끝나서 N개의 칸들이 점유되어 있으며 $S = M - N$개의 칸들은 비어 있는 상황에서, 다음번 다시 채우기까지의 각 삽입의 비용이 $a + b + 10c + 10(b+c)nN/S = O(1 + n\alpha/(1-\alpha))$라고 가정하자. 여기서 $\alpha = N/M$이다. 만일 다시 채우기 전에 p회의 삽입과 q회의 삭제가 수행되면, 가정된 비용은 $p(a + b + 10c + 10(b+c)nN/S) + qd$인 반면 실제의 비용은 $pa + bN' + cn + qd \leq pa + pb + bN + cn + qd$이다. $p > .1S/n$이므로 후자는 가정된 비용보다 작다. $M \geq n^2$이라는 우리의 가정은 $cS/n + (b+c)N \geq bN + cn$임을 함의한다.

19. 그냥 모든 첨자들을 1 감소시킬 수도 있다. 다음은 그보다 약간 나은 해법이다. 초기에는 $\texttt{T} = \texttt{F} = \texttt{R} = 0$이다.

스택 $\texttt{X}$에 $\texttt{Y}$를 넣는다: 만일 $\texttt{T} = \texttt{M}$이면 OVERFLOW; $\texttt{X[T]} \leftarrow \texttt{Y}$; $\texttt{T} \leftarrow \texttt{T} + 1$.

스택 $\texttt{X}$에서 $\texttt{Y}$를 뽑는다: 만일 $\texttt{T} = 0$ UNDERFLOW; $\texttt{T} \leftarrow \texttt{T} - 1$; $\texttt{Y} \leftarrow \texttt{X[T]}$.

대기열 $\texttt{X}$에 $\texttt{Y}$를 삽입한다: $\texttt{X[R]} \leftarrow \texttt{Y}$; $\texttt{R} \leftarrow (\texttt{R} + 1) \bmod \texttt{M}$; 만일 $\texttt{R} = \texttt{F}$이면 OVERFLOW.

대기열 $\texttt{X}$에서 $\texttt{Y}$를 삭제한다: 만일 $\texttt{F} = \texttt{R}$이면 UNDERFLOW; $\texttt{Y} \leftarrow \texttt{X[F]}$; $\texttt{F} \leftarrow (\texttt{F} + 1) \bmod \texttt{M}$.

이전처럼 T는 스택에 있는 요소들의 개수이고 (R−F) mod M은 대기열에 있는 요소들의 개수이다. 그러나 이번에는 스택 최상위 요소가 X[T]가 아니라 X[T−1]이다.

전산학자 입장에서는 항상 0부터 세는 게 낫긴 하지만, 일상적인 세상이 0 기원 색인화로 바뀔 가능성은 아마 없을 것이다. 심지어 데이크스트라Edsger Dijkstra도 피아노를 칠 때에는 "1-2-3-4 | 1-2-3-4"라고 센다!

2.2.3절

1. OVERFLOW는 연산 P ⇐ AVAIL에 암묵적으로 언급되어 있는 것이다.

2.

```
   INSERT STJ    1F              "NOP T"의 장소를 저장한다.
          STJ    9F              복귀 장소(출구)를 저장한다.
          LD1    AVAIL           rI1 ⇐ AVAIL.
          J1Z    OVERFLOW
          LD3    0,1(LINK)
          ST3    AVAIL
          STA    0,1(INFO)       INFO(rI1) ← Y.
   1H     LD3    *(0:2)          rI3 ← LOC(T).
          LD2    0,3             rI2 ← T.
          ST2    0,1(LINK)       LINK(rI1) ← T.
          ST1    0,3             T ← rI1.
   9H     JMP    *               ▮
```

3.

```
   DELETE STJ    1F              "NOP T"의 장소를 저장한다.
          STJ    9F              복귀 장소를 저장한다.
   1H     LD2    *(0:2)          rI2 ← LOC(T).
          LD3    0,2             rI3 ← T.
          J3Z    9F              Is T = Λ?
          LD1    0,3(LINK)       rI1 ← LINK(T).
          ST1    0,2             T ← rI1.
          LDA    0,3(INFO)       rA ← INFO(rI1).
          LD2    AVAIL           AVAIL ⇐ rI3.
          ST2    0,3(LINK)
          ST3    AVAIL
          ENT3   2               둘째 출구를 준비한다.
   9H     JMP    *,3             ▮
```

4.

```
   OVERFLOW STJ  9F              rJ의 설정을 저장한다.
            ST1  8F(0:2)         rI1의 설정을 저장해 둔다.
            LD1  POOLMAX
            ST1  AVAIL           AVAIL을 새 장소로 설정한다.
            INC1 c
            ST1  POOLMAX         POOLMAX를 증가한다.
```

```
        CMP1   SEQMIN
        JG     TOOBAD        저장소가 넘쳤는가?
        STZ    -c,1(LINK)    LINK(AVAIL) ← Λ로 설정한다.
9H      ENT1   *             rJ 설정을 가져온다.
        DEC1   2             2를 뺀다.
        ST1    *+2(0:2)      복귀 장소를 저장한다.
8H      ENT1   *             rI1를 복원한다.
        JMP    *             돌아간다. ∎
```

5. 앞단(front)에서의 삽입은 본질적으로 기본 삽입 연산 (8)과 비슷하나, 빈 대기열에 대한 추가적인 처리가 있다는 점이 다르다: P ⇐ AVAIL, INFO(P) ← Y, LINK(P) ← F; 만일 F = Λ이면 R ← P; F ← P.

뒷단(rear)에서의 삭제의 경우 NODE(R)로 연결하는 노드를 찾아야 하는데, 그러한 작업은 데크를 F에서부터 모두 검색해야 하므로 반드시 비효율적이다. 이러한 삭제는 예를 들어 다음과 같이 수행할 수 있다.

a) 만일 F = Λ이면 UNDERFLOW, 그렇지 않으면 P ← LOC(F)로 설정한다.

b) 만일 LINK(P) ≠ R이면 P ← LINK(P)로 설정하고 이 단계를 LINK(P) = R이 될 때까지 반복한다.

c) Y ← INFO(R), AVAIL ⇐ R, R ← P, LINK(P) ← Λ로 설정한다.

6. 만일 (17)에서 명령 "F ← LINK(P)"를 제거하고, "만일 F = Λ이면 R ← LOC(F)로 설정"을 "만일 F = R이면 F ← Λ 및 R ← LOC(F), 그렇지 않으면 F ← LINK(P)로 설정"으로 바꾼다면 (14)에서 연산 LINK(P) ← Λ를 제거할 수 있다.

이러한 변화에 의해, 대기열 뒷단 노드의 LINK 필드는 프로그램이 결코 조회하지 않는 가짜 정보를 담게 된다. 이런 종류의 요령은 수행 시간을 줄여주며 실제 응용에서 상당히 유용하지만, 쓰레기 수거의 기본 가정들(2.3.5절 참고) 중 하나를 위반하기 때문에 쓰레기 수거 알고리즘들과 함께 사용할 수 없다.

7. (독자의 답이 빈 목록에 대해서도 작동하는지 확인해 볼 것.)

I1. P ← FIRST, Q ← Λ로 설정한다.

I2. 만일 P ≠ Λ이면 R ← Q, Q ← P, P ← LINK(Q), LINK(Q) ← R로 설정하고 이 단계를 반복한다.

I3. FIRST ← Q로 설정한다. ∎

본질적으로는 한 스택에서 노드들을 뽑아서 다른 스택에 넣는 것이다.

8.
```
        LD1    FIRST      1    I1. P ≡ rI1 ← FIRST.
        ENT2   0          1    Q ≡ rI2 ← Λ.
        J1Z    2F         1    I2. 만일 목록이 비었으면 점프한다.
```

```
     1H  ENTA  0,2         n    R ≡ rA ← Q.
         ENT2  0,1         n    Q ← P.
         LD1   0,2(LINK)   n    P ← LINK(Q).
         STA   0,2(LINK)   n    LINK(Q) ← R.
         J1NZ  1B          n    P ≠ Λ인가?
     2H  ST2   FIRST       1    13. FIRST ← Q.   ■
```

수행 시간은 $(7n+6)u$이다. 더 나은 속도인 $(5n + 상수)u$를 얻는 것이 가능한데, 연습문제 1.1-3을 볼 것.

9. (a) 부분순서이다. (b) 생물학적 부모자식 관계를 고려한다면 부분순서이다. 법적인 부모관계를 고려한다면 부분순서가 아니다(예를 들어 노래 "I'm My Own Grampa"에서처럼 한 남자의 의붓딸이 그 남자의 아버지와 결혼을 할 수도 있다). (c) 부분순서가 아니다($-1 < 1$이고 $1 < -1$). (d) 부분순서이길 바랄 뿐이다. 아니라면 순환 논리가 존재한다는 뜻이 된다. (e) $1 < 3$이고 $3 < 1$이다. (f) 주어진 명제가 불명확하다. 만일 y가 호출한 서부루틴들이 y를 호출한 서브루틴들에 의존적이라고 해석한다면, 추이 법칙이 반드시 성립하지는 않는다는 결론을 내려야 할 것이다. (예를 들어 한 범용 입출력 서브루틴은 존재하는 각 I/O 장치에 대한 여러 처리 서브루틴들을 호출할 수 있으나, 일반적으로 하나의 프로그램에서 그 처리 서브루틴들 모두가 필요한 것은 아니다. 이는 수많은 자동적 프로그래밍 시스템들을 괴롭히는 문제이다.)

10. (i)에 대해서는 세 가지 경우가 존재한다. 즉 $x = y$, $x \subset y$ 그리고 $y = z$, $x \subset y$ 그리고 $y \subset z$. (ii)에 대해서는 두 가지 경우, 즉 $x = y$, $x \neq y$이다. 각 경우는 (iii)에서처럼 간단히 처리할 수 있다.

11. 다음을 "전개"해서 모든 가능한 52가지 해들을 얻는다: $13749(25 + 52)86 + (1379 + 1397 + 1937 + 9137)(4258 + 4528 + 2458 + 5428 + 2548 + 5248 + 2584 + 5284)6 + (1392 + 1932 + 1923 + 9123 + 9132 + 9213)7(458 + 548 + 584)6$.

12. 이를테면: (a) k개의 요소들로 된 모든 집합들을 $k+1$개로 된 모든 집합들 이전에 나열한다(어떤 순서로든). 단, $0 \leq k < n$이다. (b) 하나의 부분집합을 어떤 요소가 그 집합 안에 있는지를 나타내는 0들과 1들의 순차열로 표현한다. 이는 모든 부분집합들과 0에서 $2^n - 1$까지의 정수들 사이의 한 대응관계를 이진수 체계를 통해서 제공하는 것이다. 대응의 순서는 하나의 위상수열(topological sequence)이다.

13. 샤Sha와 클라이트먼Kleitman은 *Discrete Math.* **63** (1987), 271-278에서 그런 방법의 개수가 많아야 $\prod_{k=0}^{n} \binom{n}{k}^{\binom{n}{k}}$임을 증명했다. 이는 명백한 하계 $\prod_{k=0}^{n} \binom{n}{k}! = 2^{2^n(n + O(\log n))}$의 $e^{2^n + O(n)}$ 배를 초과한다. 저자들은 그 하계가 참값에 더 가까울 것이라고 추측했다.

14. 가능한 두 위상정렬들을 $a_1 a_2 \ldots a_n$과 $b_1 b_2 \ldots b_n$이라고 하고, $a_j \neq b_j$가 되는 최소의 j가 있다고 하자. 그러면 $a_k = b_j$이고 $a_j = b_m$인 어떠한 k, $m > j$가 존재한다. 이제, $k > j$이므로 $b_j \not\preceq a_j$이며, $m > j$이므로 $a_j \not\preceq b_j$이다. 따라서 (iv)는 성립하지 않는다. 반대로, 만일 오직 하나의 위상정

렬 $a_1 a_2 \ldots a_n$ 이 존재한다면, $1 \leq j < n$에 대해 반드시 $a_j \leq a_{j+1}$이다. 그렇지 않다면 a_j와 a_{j+1}을 교환할 수 있었을 것이기 때문이다. 이것과 추이 법칙은 (iv)를 함의한다.

참고: 다음의 또 다른 증명들은 무한 집합에 대해서도 유효하다. (a) 모든 부분순서는 하나의 선형순서에 내장할 수 있다: 만일 $x_0 \not\leq y_0$이고 $y_0 \not\leq x_0$인 두 요소가 있다고 하면, "$x \leq y$ 또는 ($x \leq x_0$ 그리고 $y_0 \leq y$)"라는 규칙에 의해 또 다른 부분순서를 만들어낼 수 있다. 후자의 순서는 전자를 "포함"하며 $x_0 \leq y_0$이다. 이제 조른의 보조정리(Zorn's lemma) 또는 초한귀납법(transfinite induction)을 통상의 방식대로 적용해서 증명을 완성할 수 있다. (b) 명백히, 하나의 선형순서는 다른 어떠한 선형순서에도 내장될 수 없다. (c) (a)에서처럼 비교할 수 없는 요소 x_0과 y_0을 가진 부분순서는 각각 $x_0 \leq y_0$이고 $y_0 \leq x_0$인 두 선형순서들로 확장될 수 있다. 따라서 적어도 두 개의 선형순서들이 존재한다.

15. S가 유한하면 주어진 부분순서에서 참인 모든 $a < b$ 관계들을 나열할 수 있다. 다른 관계에 의해 함의되는 관계들을 한 번에 하나씩 제거해 나가면 하나의 중복 없는 집합이 만들어진다. 문제는, 중복된 관계들을 제거하는 순서에 무관하게 그런 집합이 단 하나만 존재함을 보이는 것이다. 만일 "$a < b$"가 U에는 나타나지만 V에는 나타나지 않는 두 개의 중복 없는 집합 U와 V가 존재한다면, V에는 어떠한 $k \geq 1$에 대해 $k+1$개의 $a < c_1 < \cdots < c_k < b$ 관계들이 존재한다. 그러나 $a < b$ ($b \not\leq c_1$, $c_1 \not\leq a$이므로)라는 관계를 사용하지 않고도 U에서 $a < c_1$, $c_1 < b$를 이끌어내는 것이 가능하며, 따라서 관계 $a < b$는 U 안에서 중복이다.

이 결과는 많아야 하나의 비중복 관계 집합이 존재할 때에는 무한 집합 S들에 대해 거짓이다. 예를 들어 S가 정수들과 ∞를 요소로 하는 집합을 의미하며 모든 n에 대해 $n < n+1$이며 $n < \infty$라고 정의한다면, 이러한 부분순서를 특징짓는 중복되지 않는 관계들의 집합은 존재하지 않는다.

16. S의 위상정렬을 $x_{p_1} x_{p_2} \cdots x_{p_n}$이라고 두고, 순열 $p_1 p_2 \cdots p_n$을 행렬의 열들과 행들 모두에 적용한다.

17. 만일 단계 T4에서 k가 1에서 n으로 증가한다면 출력은 1932745860이다. 만일 프로그램 T에서처럼 단계 T4에서 k가 n에서 1로 감소한다면 출력은 9123745860이다.

18. 그 값들은 항목들을 정렬된 순서로 연결한다. QLINK[0]이 첫째, QLINK[QLINK[0]]이 둘째, 등등이고 QLINK[마지막] = 0이다.

19. 그러면 알고리즘이 특정한 경우들에서 실패한다. 단계 T5에서 대기열에 요소가 하나만 들어 있으면 수정된 알고리즘은 F = 0으로 설정할 것이다(따라서 대기열이 비워진다). 그러나 단계 T6에서 다른 요소들이 대기열에 들어올 수 있다. 따라서 문제에 주어진 대로 수정한다면 단계 T6에서 추가적으로 F = 0 판정을 수행해야 한다.

20. 실제로 스택을 사용할 수 있다. 다음처럼 하면 된다. (단계 T7은 사라짐.)

T4. T $\leftarrow$ 0으로 설정한다. $1 \leq k \leq n$에 대해, 만일 COUNT[k]가 0이면 SLINK[k] $\leftarrow$ T, T $\leftarrow k$로 설정한다. (SLINK[k] $\equiv$ QLINK[k].)

T5. T의 값을 출력한다. 만일 T = 0이면 T8로 간다. 그렇지 않으면 N ← N − 1, P ← TOP[T], T ← SLINK[T]로 설정한다.

T6. 원래의 알고리즘에서와 같되, T7이 아니라 T5로 간다. 그리고 COUNT[SUC(P)]가 0이 되면 SLINK[SUC(P)] ← T, T ← SUC(P)로 설정한다.

21. 반복된 관계들은 알고리즘을 좀 더 느리게 만들고 저장소에서 더 많은 공간을 차지하게 만들 뿐이다. 관계 "$j < j$"는 마치 하나의 루프(해당 도표에서는 한 상자에서 나가서 그 상자로 다시 돌아오는 화살표)처럼 처리되며, 그러한 루프는 부분순서에 위배된다.

22. 프로그램을 "실패에 안전하게(fail-safe)" 만들기 위해, (a) n이 조건 "$0 < n <$ 어떤 적당한 최대값"을 만족하는지 점검하고, (b) 각 관계 $j < k$가 조건 $0 < j$, $k \leq n$을 만족하는지 점검하고, (c) 관계들의 개수가 저장소 풀 영역을 넘치지 않도록 한다.

23. 단계 T5의 끝에 "TOP[F] ← Λ"를 추가한다. (이러면 TOP[1], ..., TOP[n]은 항상 아직 제거되지 않은 모든 관계들을 가리키게 된다.) 단계 T8에서는, 만일 N > 0이면 "LOOP DETECTED IN INPUT:" (입력에서 루프를 발견했음)을 인쇄하고, $l \leq k \leq n$에 대해 QLINK[k] ← 0로 설정한다. 이제 알고리즘에 다음 단계들을 추가한다.

T9. $1 \leq k \leq n$에 대해 P ← TOP[k], TOP[k] ← 0으로 설정하고 단계 T10을 수행한다. (이러면 아직 출력되지 않은 각 j에 대해 QLINK[j]가 객체 j의 선행자들 중 하나로 설정된다.) 그런 다음 T11로 간다.

T10. 만일 P ≠ Λ이면 QLINK[SUC(P)] ← k, P ← NEXT(P)로 설정하고 이 단계를 반복한다.

T11. QLINK[k] ≠ 0인 k를 찾는다.

T12. TOP[k] ← 1, k ← QLINK[k]로 설정한다. 그런 다음 만일 TOP[k] = 0이면 이 단계를 반복한다.

T13. (루프의 시작을 찾았다.) k의 값을 인쇄하고, TOP[k] ← 0, k ← QLINK[k]로 설정한다. 만일 TOP[k] = 1이면 이 단계를 반복한다.

T14. k의 값(루프의 시작과 끝)을 인쇄하고 알고리즘을 끝낸다. (참고: 루프는 역방향으로 인쇄된다. 만일 순방향으로 인쇄하고 싶다면 단계 T12와 T13 사이에 연습문제 7에 나온 것과 비슷한 알고리즘을 사용해야 할 것이다.)

24. 본문의 프로그램에 다음 세 줄을 삽입한다.

```
08a  PRINTER  EQU   18
14a           ST6   N0
59a           STZ   X,1(TOP)        TOP[F] ← Λ.
```
줄 74-75를 다음으로 대체한다.
```
74            J6Z   DONE
75            OUT   LINE1(PRINTER)  루프가 있다는 메시지를 출력한다.
76            LD6   N0
```

77		STZ	X,6(QLINK)	$QLINK[k] \leftarrow 0$.
78		DEC6	1	
79		J6P	*-2	$n \geq k \geq 1$.
80		LD6	N0	
81	T9	LD2	X,6(TOP)	$P \leftarrow TOP[k]$.
82		STZ	X,6(TOP)	$TOP[k] \leftarrow 0$.
83		J2Z	T9A	$P = \Lambda$인가?
84	T10	LD1	0,2(SUC)	$rI1 \leftarrow SUC(P)$.
85		ST6	X,1(QLINK)	$QLINK[rI1] \leftarrow k$.
86		LD2	0,2(NEXT)	$P \leftarrow NEXT(P)$.
87		J2P	T10	$P \neq \Lambda$인가?
88	T9A	DEC6	1	
89		J6P	T9	$n \geq k \geq 1$.
90	T11	INC6	1	
91		LDA	X,6(QLINK)	
92		JAZ	*-2	$QLINK[k] \neq 0$인 k를 찾는다.
93	T12	ST6	X,6(TOP)	$TOP[k] \leftarrow k$.
94		LD6	X,6(QLINK)	$k \leftarrow QLINK[k]$.
95		LD1	X,6(TOP)	
96		J1Z	T12	$TOP[k] = 0$인가?
97	T13	ENTA	0,6	
98		CHAR		k를 알파벳으로 변환.
99		JBUS	*(PRINTER)	
100		STX	VALUE	인쇄.
101		OUT	LINE2(PRINTER)	
102		J1Z	DONE	$TOP[k] = 0$이면 중지한다.
103		STZ	X,6(TOP)	$TOP[k] \leftarrow 0$.
104		LD6	X,6(QLINK)	$k \leftarrow QLINK[k]$.
105		LD1	X,6(TOP)	
106		JMP	T13	
107	LINE1	ALF	LOOP	제목줄
108		ALF	DETEC	
109		ALF	TED I	
110		ALF	N INP	
111		ALF	UT:	
112	LINE2	ALF		이후의 줄들
113	VALUE	EQU	LINE2+3	
114		ORIG	LINE2+24	
115	DONE	HLT		계산의 끝
116	X	END	TOPSORT	∎

참고: 만일 관계 $9 < 1$과 관계 $6 < 9$를 자료 (18)에 추가한다면 이 프로그램은 "9, 6, 8, 5, 9"를 루프라고 인쇄할 것이다.

26. 한 가지 방법은 다음과 같이 두 페이즈로 진행하는 것이다.

페이즈 1. (이 알고리즘은 필요한 각 서브루틴에 대해 B = 1 또는 2로 표시하는 과정에서 표 X를 하나의 (순차적인) 스택으로 사용한다.)

A0. $1 \leq J \leq N$에 대해, 만일 $B(X[J]) \leq 0$이면 $B(X[J]) \leftarrow B(X[J]) + 2$로 설정한다.

A1. 만일 N = 0이면 페이즈 2로 간다. 그렇지 않으면 $P \leftarrow X[N]$으로 설정하고 N을 1 감소한다.

A2. 만일 $|B(P)| = 1$이면 A1로 가고, 그렇지 않으면 $P \leftarrow P + 1$로 설정한다.

A3. 만일 $B(SUB1(P)) \leq 0$이면 $N \leftarrow N + 1$, $B(SUB1(P)) \leftarrow B(SUB1(P)) + 2$, $X[N] \leftarrow SUB1(P)$로 설정한다. 만일 $SUB2(P) \neq 0$이고 $B(SUB2(P)) \leq 0$이면 $SUB2(P)$에 대해 비슷한 행동들을 수행한다. 단계 A2로 간다.

페이즈 2. (표를 훑으면서 메모리를 할당한다.)

B1. $P \leftarrow FIRST$로 설정한다.

B2. 만일 $P = \Lambda$이면 $N \leftarrow N + 1$, $BASE(LOC(X[N])) \leftarrow MLOC$, $SUB(LOC(X[N])) \leftarrow 0$으로 설정하고 알고리즘을 끝낸다.

B3. 만일 $B(P) > 0$이면 $N \leftarrow N + 1$, $BASE(LOC(X[N])) \leftarrow MLOC$, $SUB(LOC(X[N])) \leftarrow P$, $MLOC \leftarrow MLOC + SPACE(P)$로 설정한다.

B4. $P \leftarrow LINK(P)$로 설정하고 B2로 돌아간다. ▮

27. 다음 코드에 주석을 붙이는 것은 독자의 숙제로 남기겠다.

```
B      EQU  0:1        A1 J1Z  B1              INC1 1
SPACE  EQU  2:3           LD2  X,1             INCA 2
LINK   EQU  4:5           DEC1 1               STA  0,3(B)
SUB1   EQU  2:3        A2 LDA  0,2(1:1)        ST3  X,1
SUB2   EQU  4:5           DECA 1               JMP  A2
BASE   EQU  0:3           JAZ  A1           B1 ENT2 FIRST
SUB    EQU  4:5           INC2 1               LDA  MLOC
A0     LD2  N           A3 LD3  0,2(SUB1)      JMP  1F
       J2Z  B1            LDA  0,3(B)        B3 LDX  0,2(B)
1H     LD3  X,2           JAP  9F               JXNP B4
       LDA  0,3(B)        INC1 1                INC1 1
       JAP  *+3           INCA 2                ST2  X,1(SUB)
       INCA 2             STA  0,3(B)           ADD  0,2(SPACE)
       STA  0,3(B)        ST3  X,1          1H STA  X+1,1(BASE)
       DEC2 1          9H LD3  0,2(SUB2)     B4 LD2  0,2(LINK)
       J2P  1B            J3Z  A2           B2 J2NZ B3
       LD1  N             LDA  0,3(B)           STZ  X+1,1(SUB) ▮
                          JAP  A2
```

28. 여기서는 군대 게임에 관련된 몇 가지 사항들만 지적하기로 한다. 플레이어 A는 노드 A13(그림 참고)에 세 개의 말들을 두고 시작한다. 또 다른 플레이어는 B라고 하자. 이 게임에서 B가 "꼼짝 못하게" 되면 A가 이기는 것이고, 어떤 한 위치가 두 번째로 다시 나오면 B가 이기는 것이다.† 게임의 지난 내력 전체를 배치들의 일부로 보관하는 것은 너무 비효율적이므로, 알고리즘을 다음과 같이 바꾸어야 한다: 우선, B의 차례에서의 배치 157-4, 789-B, 359-6†† 을 "패배"로 표시해 두고 문제에 제시된 알고리즘을 적용한다. A의 입장에서 볼 때 해야 할 일은, 그러한 B의 패배 위치들이 나오도록 자신의 말들을 움직이는 것이다. 또한 A가 패배하지 않으려면 이전의 수들을 반복하지 않도록 해야 한다. 좋은 컴퓨터 게임 플레잉 프로그램이라면 여러 개의 승리 수들이 존재할 경우 난수 발생기를 이용해서 그 중 하나를 선택할 것이다. 따라서 명백한 한 가지 방법은, 컴퓨터(A 플레이어라고 하자) 가 그냥 B가 패배하는 배치가 나오는 수들을 무작위로 택하게 하는 것이다. 그러나 나름대로 괜찮아 보이는 그런 방법이 실패하는 흥미로운 상황들이 존재한다. 예를 들어 A 의 차례에서 258-7이라고 하자. 이것은 A의 승리 배치들 중 하나이다. 258-7에서 A는 158-7이 되도록 수를 둘 수 있다(이는 알고리즘에 의하면 B의 패배 배치이다). 그러나 그러면 B는 158-B로 가며, 그러면 A는 258-B로 가게 된다. 이제 B가 다시 258-7로 가면, 그것은 이미 한 번 나왔던 배치이므로 B가 이기게 된다. 이 예는 매 수마다 알고리즘을 이전 에 "패배"(A 차례일 때) 또는 "승리"(B 차례일 때)로 표시된 모든 배치 각각에 대해 다시 수행해야 함을 뜻한다. 군대 게임은 컴퓨터 시연 프로그 램으로 만들어 보기에 매우 적합하다.

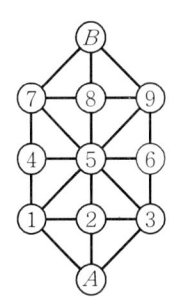

"군대 게임"의 놀이판

29. (a) 만일 FIRST = Λ이면 아무 일도 하지 않는다. 그렇지 않으면 P ← FIRST로 설정하고 그런 다음 LINK(P) = Λ가 될 때까지 P ← LINK(P) 설정을 0번 이상 반복한다. 마지막으로, LINK(P) ← AVAIL, AVAIL ← FIRST로 설정한다(그리고 FIRST ← Λ로 설정해야 할 수도 있다). (b) 만일 F = Λ이면 아무 일도 하지 않는다. 그렇지 않으면 LINK(R) ← AVAIL, AVAIL ← F로 설정한다(그리 고 F ← Λ, R ← LOC(F)로 설정해야 할 수도 있다).

30. 삽입은 P ⇐ AVAIL, INFO(P) ← Y, LINK(P) ← Λ로 설정하고, 만일 F = Λ이면 F ← P로, 아니면 LINK(R) ← P, R ← P로 설정한다. 삭제는 (9)와 같되 T 대신 F를 사용한다. (빈 대기열에 대해서는 R이 정의되지 않는다고 하면 편하겠지만, 그런 느슨한 규약은 연습문제 6에서처럼 쓰레기 수거 알고리즘을 혼란스럽게 만든다.)

---

† 〔옮긴이 주〕 일반적으로 알려진 "military game"과는 규칙이 조금 다르다. 일반적으로 알려진 게임의 경우 A의 말들은 뒤로 갈 수 없으며, B의 승리 조건은 A에게 잡히지 않고 반대편 끝(그림의 노드 A)에 도달하는 것이다.

†† 〔옮긴이 주〕 여기서 abc-d라는 표기는 A의 세 말들이 노드 a, b, c에, B가 d에 있는 하나의 배치(게임판 상태)를 뜻한다.

2.2.4절

1. 그렇지 않다. 도움이 되기는커녕 방해가 될 수 있다. (NODE(LOC(PTR))을 목록 머리로써 목록에 집어넣지 않는 한, 제시된 규약이 순환 목록 원리와 좀 더 잘 맞는 것도 아니다.)

2. 이전:

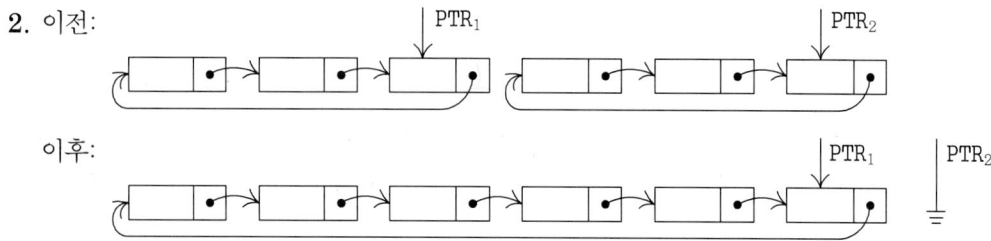

이후:

3. 만일 $PTR_1 = PTR_2$이면 유일한 효과는 $PTR_2 \leftarrow \Lambda$이다. 만일 $PTR_1 \neq PTR_2$이면 링크 교환에 의해 마치 하나의 원이 두 점에서 갈라진 것처럼 목록이 두 부분으로 나뉜다. 그러면 연산의 둘째 부분에 의해 PTR_1은 원래의 목록에서 PTR_1에서 PTR_2로의 링크들을 따라 운행되었을 노드들로 된 하나의 순환 목록을 가리키게 된다.

4. 목록 머리의 주소를 HEAD라고 하자. 스택에 Y를 넣으려면: P ⇐ AVAIL, INFO(P) ← Y, LINK(P) ← LINK(HEAD), LINK(HEAD) ← P로 설정한다. 스택에서 Y를 뽑으려면: 만일 LINK(HEAD) = HEAD 이면 UNDERFLOW; 그렇지 않으면 P ← LINK(HEAD), LINK(HEAD) ← LINK(P), Y ← INFO(P), AVAIL ⇐ P로 설정한다.

5. (연습문제 2.2.3-7과 비교해 볼 것.) Q ← Λ, P ← PTR로 설정하고, P ≠ Λ인 동안 반복해서 R ← Q, Q ← P, P ← LINK(Q), LINK(Q) ← R로 설정한다. (그러고 나면 Q = PTR이다.)

6.

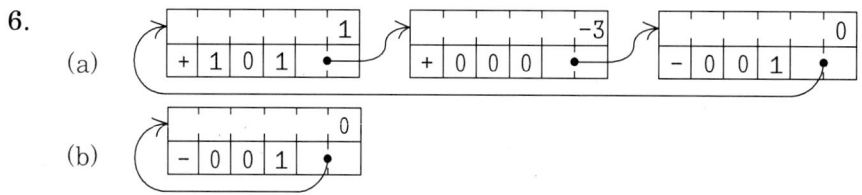

(a)

(b)

7. 목록 전체에서 다항식의 일치하는 항들을 하나의 패스로 찾을 수 있으므로, 반복적인 무작위 검색을 피할 수 있다. 또한, 증가하는 순서는 경계값 "−1"과 맞지 않는다.

8. 만일 현재 노드를 삭제하거나 현재 노드 앞에 다른 노드를 삽입하려면, 현재 노드를 가리키는 노드가 무엇인지 알아야 한다. 그런데 다른 방법도 있다: Q2 ← LINK(Q)로 설정하고 그런 다음 NODE(Q) ← NODE(Q2), AVAIL ⇐ Q2로 설정해서 NODE(Q)를 삭제할 수 있으며, 먼저 NODE(Q2) ↔ NODE(Q)로 교환하고 그런 다음 LINK(Q) ← Q2, Q ← Q2로 설정해서 NODE(Q) 앞에 NODE(Q2)를 삽입할 수 있는 것이다. 이러한 교묘한 요령들을 이용하면 NODE(Q)를 가리키는 노드가 무엇인지 몰라도 삽입과 삭제를 수행할 수 있다. 이런 기법은 IPL의 초기 버전들에서 쓰였다. 그러나 이런 기법에는 다항식 끝의 경계값 노드가 이따금 움직인다는 단점이 있으며, 다른 링크 변수들이 이 노드를 가리킬 수도 있다는 점도 고려해야 한다.

9. P = Q일 때 알고리즘 A는 그냥 다항식(Q)를 두 배로 만들며, 그게 맞는 결과이다. 단, 예외가 있다. ABC ≥ 0인 어떤 항에 대해 COEF = 0인 이례적인 경우에는 알고리즘이 크게 실패한다. P = M일 때의 알고리즘 M 역시 기대한 대로의 결과를 낸다. P = Q일 때 알고리즘 M은 만일 **M** $= t_1 + t_2 + \cdots + t_k$이면 다항식(P) ← 다항식(P) 곱하기 $(1 + t_1)(1 + t_2)\ldots(1 + t_k)$로 설정한다 (이것이 바로 이해가 되진 않겠지만). 놀랍게도 알고리즘 M은 M = Q일 때도 기대한 결과, 즉 다항식 (Q) ← 다항식(Q) + 다항식(Q) × 다항식(P)를 내는데, 단 다항식(P)의 상수항이 −1일 때에는 제대로 계산이 되지 않는다.

10. 그렇게 수정하는 방법은 없다. (유일하게 가능성이 있는 차이는 단계 M2에서 A나 B, C가 개별적으로 위로 넘치는지에 대한 오류 점검들을 제거하는 것뿐인데, 거기서 그런 오류 점검들을 명시하지 않은 것은 그럴 필요가 없다고 가정했기 때문이다.) 다른 말로 하면, 이번 절의 알고리즘들은 다항식 $f(x, y, z)$가 아니라 다항식 $f(x^{b^2}, x^b, x)$에 대한 연산들이라고 간주할 수 있다.

11. (주석은 독자의 숙제로 남기겠다.)

```
COPY  STJ   9F              ST6   1,3(LINK)
      ENT3  9F              ENT3  0,6
      LDA   1,1             LD1   1,1(LINK)
1H    LD6   AVAIL           LDA   1,1
      J6Z   OVERFLOW        JANN  1B
      LDX   1,6(LINK)       LD2   8F(LINK)
      STX   AVAIL           ST2   1,3(LINK)
      STA   1,6        9H   JMP   *
      LDA   0,1        8H   CON   0      ▮
      STA   0,6
```

12. 복사되는 다항식의 항들이 p개라고 하자. 프로그램 A의 수행 시간은 $(29p + 13)u$이며, 공정한 비교를 위해서 거기에 0 다항식을 생성하는 시간을 더하기로 한다. 그 시간은 연습문제 14에 따라 $18u$라고 하겠다. 그러면 연습문제 11의 프로그램의 수행 시간은 $(21p + 31)u$로, 프로그램 A의 약 $\frac{3}{4}$ 정도이다.

13.
```
ERASE  STJ   9F
       LDX   AVAIL
       LDA   1,1(LINK)
       STA   AVAIL
       STX   1,1(LINK)
9H     JMP   *      ▮
```

14.
```
ZERO   STJ   9F
       LD1   AVAIL
       J1Z   OVERFLOW
```

```
              LDX    1,1(LINK)
              STX    AVAIL
              ENT2   0,1
              MOVE   1F(2)
              ST2    1,2(LINK)
      9H      JMP    *
      1H      CON    0
              CON    -1(ABC)      ▮
```

15.   MULT   STJ   9F   서브루틴 진입점
              LDA   5F   스위치들의 설정을 변경한다.
              STA   SW1
              LDA   6F
              STA   SW2
              STA   SW3
              JMP   *+2
      2H   JMP   ADD   *M2. 곱셈 주기.*
      1H   LD4   1,4(LINK)   *M1. 다음 승수.* M ← LINK(M).
              LDA   1,4
              JANN   2B   만일 ABC(M) ≥ 0이면 M2로 간다.
      8H   LDA   7F   스위치들의 설정을 복원한다.
              STA   SW1
              LDA   8F
              STA   SW2
              STA   SW3
      9H   JMP   *   돌아간다.
      5H   JMP   *+1   SW1의 새 설정.
              LDA   0,1
              MUL   0,4   rX ← COEF(P)×COEF(M).
              LDA   1,1(ABC)   ABC(P)
              JAN   *+2
              ADD   1,4(ABC)   +ABC(M), 만일 ABC(P) ≥ 0이면.
              SLA   2   rA의 0:3 필드에 넣는다.
              STX   0F   SW2와 SW3에 사용하기 위해 rX를 저장해 둔다.
              JMP   SW1+1
      6H   LDA   0F   SW2와 SW3의 새 설정
      7H   LDA   1,1   SW1의 보통 설정
      8H   LDA   0,1   SW2와 SW3의 보통 설정
      0H   CON   0   임시 저장소   ▮

16. 다항식(M)의 항들의 개수를 r이라고 하자. 그 서브루틴의 수행 시간은 $21pr + 38r + 29 +$ $27\sum m' + 18\sum m'' + 27\sum p' + 8\sum q'$ 시간 단위이다. 여기서 합들은 프로그램 A를 r번 반복 수행

했을 때의 해당 수량들을 의미한다. 다항식(Q)의 항들의 개수는 프로그램 A의 각 수행마다 $p' - m'$ 만큼 증가한다. $m' = 0$이고 $p' = \alpha p$라는(이때 $0 < \alpha < 1$) 비합리적이지 않은 가정을 둔다면, 그 합들은 각각 $0, (1 - \alpha)pr, \alpha pr, rq'_0 + \alpha p(r(r-1)/2)$이다. 여기서 q'_0은 첫 번째 반복에서의 q'의 값이다. 총합은 $4\alpha pr^2 + 40pr + 4\alpha pr + 8q'_0 r + 38r + 29$이다. 이 분석에서 알 수 있는 것은, 다항식(Q)의 일치하지 않는 항들을 더 자주 건너뛰어야 하므로, 곱하는 다항식의 항들의 개수가 곱해지는 다항식의 항들의 개수보다 작아야 한다는 것이다. (더 빠른 알고리즘이 연습문제 5.2.3-29에 나온다.)

17. 장점은 거의 없다. 덧셈 루틴과 곱셈 루틴은 선형 목록이든 순환 목록이든 이론적으로 동일하다. 유일하게 중요한 차이로 명백한 것은 ERASE 서브루틴(연습문제 13 참고)의 효율이다.

18. 노드 x_i의 링크 필드가 $\mathrm{LOC}(x_{i+1}) \oplus \mathrm{LOC}(x_{i-1})$을 담도록 한다. 여기서 "$\oplus$"는 "배타적 논리합 (exclusive or)"을 뜻한다. 배타적 논리합 연산 말고도, 포인터 필드 크기를 법으로 한 덧셈과 뺄셈 등 다른 가역 연산들도 사용할 수 있다. 모든 것들이 제대로 시작되게 하는 데 도움이 되도록 인접한 두 목록 머리들을 순환 목록에 포함시키는 것이 편리하다. (이 독창적인 기법의 근원은 알려져 있지 않다.)

2.2.5절

1. 왼쪽 끝에 Y를 삽입: $\mathrm{P} \Leftarrow \mathrm{AVAIL}$; $\mathrm{INFO(P)} \leftarrow \mathrm{Y}$; $\mathrm{LLINK(P)} \leftarrow \Lambda$; $\mathrm{RLINK(P)} \leftarrow \mathrm{LEFT}$; 만일 $\mathrm{LEFT} \neq \Lambda$이면 $\mathrm{LLINK(LEFT)} \leftarrow \mathrm{P}$, 아니면 $\mathrm{RIGHT} \leftarrow \mathrm{P}$; $\mathrm{LEFT} \leftarrow \mathrm{P}$. Y를 왼쪽 끝으로 설정하고 삭제: 만일 $\mathrm{LEFT} = \Lambda$이면 UNDERFLOW; $\mathrm{P} \leftarrow \mathrm{LEFT}$; $\mathrm{LEFT} \leftarrow \mathrm{RLINK(P)}$; 만일 $\mathrm{LEFT} = \Lambda$이면 $\mathrm{RIGHT} \leftarrow \Lambda$, 아니면 $\mathrm{LLINK(LEFT)} \leftarrow \Lambda$; $\mathrm{Y} \leftarrow \mathrm{INFO(P)}$; $\mathrm{AVAIL} \Leftarrow \mathrm{P}$.

2. 한 끝에서 삭제가 연달아 여러 번 수행되는 경우를 생각해 보자. 각 삭제가 이루어진 후에는 다음에 삭제할 것을 알아야 하며, 따라서 목록의 링크들은 반드시 목록 끝에서 앞쪽을 가리켜야 한다. 같은 논리로, 양 끝에서 삭제가 일어난다면 링크들로 두 방향 모두를 가리킬 수 있어야 한다. 한편, 연습문제 2.2.4-18은 하나의 링크 필드로 두 개의 링크들을 표현하는 방법을 설명한다. 그렇게 하면 일반적인 데크 연산들이 가능하다.

3. CALLUP이 CALLDOWN에 독립적이라는 점을 보이기 위해서는, 예를 들어 표 1의 시간 0393-0444에서 기다리는 사람들이 있는데도 승강기가 2층이나 3층에서 서지 않았음을 주목할 것. 만일 그들이 CALLUP 버튼을 눌렀다면 승강기가 섰을 것이다.

CALLCAR가 다른 것들에 독립적이라는 점을 보이기 위해서는, 표 1의 시간 1378에서 문이 열리기 시작했을 때 승강기가 이미 위로 올라가기로(GOINGUP 상태) 결정한 후라는 점에 주목해야 한다. 만일 $\mathrm{CALLCAR[1]} = \mathrm{CALLCAR[2]} = \mathrm{CALLCAR[3]} = \mathrm{CALLCAR[4]} = 0$이었다면 단계 2에 따라 그 시점에서 승강기의 상태는 NEUTRAL이었겠지만, 실제로는 승강기 안의 승객 7과 9가 CALLCAR[2]와 CALLCAR[3]을 1로 설정했다. (만일 모든 층수를 1씩 증가하고 같은 상황을 고려한다면, 문이 열릴 때 STATE = NEUTRAL 또는 STATE = GOINGUP이라는 사실이 승강기가 계속 아래로 내려갈 것인지 아니면 무조건 위로 갈 것인지를 결정하는 데 영향을 미쳤을 것임을 알 수 있다.)

4. 만일 10여명의 사람들이 같은 층에 내렸다면 STATE는 그 시간동안 계속 NEUTRAL일 수 있다. 그리고 이 때문에, E9에서 DECISION 서브루틴을 호출했을 때 현재 층에 있는 사람들 그 누구도 승강기에 들어오기 전에 새로운 상태가 설정되어 버릴 수 있다. 이러한 일은 사실 매우 드물게 일어난다(그리고 필자가 승강기 실험 도중 겪은 가장 어리둥절한 현상이었다).

5. 시간 1063에서 문이 열리기 시작한 시점에서부터 시간 1183에서 승객 7이 들어오기 전까지의 상태가 NEUTRAL이었을 수 있다. 왜냐하면 0층에 대한 요청이 없었을 수 있고, 승강기에 아무도 타고 있지 않기 때문이다. 그 상태에서 승객 7이 타서 CALLCAR[2] ← 1로 설정한다면 그에 따라 승강기 상태는 GOINGUP으로 변한다.

6. 단계 U2와 U4의 조건 'FLOOR = IN'에 "만일 OUT < IN이면 STATE ≠ GOINGUP; 만일 OUT > IN이면 STATE ≠ GOINGDOWN'이라는 조건을 추가한다. 단계 E4에서는, 모든 승객들을 받아들이는 STATE = NEUTRAL이 아닌 이상, 승객들이 오직 승강기와 같은 방향으로 가려 하는 경우에만 QUEUE[FLOOR]에서 승객들을 받아들이게 한다.

　〔스탠포드 수학과 건물에는 실제로 그런 승강기가 하나 있는데, 승객들이 지시등에 그리 관심을 보이지는 않는다. 사람들은 승강기가 서면 올라가든 내려가든 일단 승강기에 타는 경향이 있다. 승강기 설계자들이 이를 인식하고 그에 따라 적절하게 CALLUP과 CALLDOWN을 모두 해제하는 식으로 운행 논리를 설계했다면 좋았을 것이다. 그러면 승강기가 덜 멈춰 서므로 전체적인 공정이 더 빨라질 것이다.〕

7. 줄 227에서 이 승객은 WAIT 목록에 있는 것으로 가정했다. U4A로 점프하는 것은 그 가정을 실제로 유효하게 만드는 결과를 낸다. GIVEUPTIME이 양수라고 가정했는데, 실제로 GIVEUPTIME은 아마 100 이상인 것 같다.

8. 주석은 독자의 숙제로 남긴다.

```
277     E8  DEC4   1
278         ENTA   61
279         JMP    HOLDC
280         LDA    CALL,4(3:5)
281         JAP    1F
282         ENT1   -2,4
283         J1Z    2F
284         LDA    CALL,4(1:1)
285         JAZ    E8
286     2H  LDA    CALL-1,4
287         ADD    CALL-2,4
288         ADD    CALL-3,4
289         ADD    CALL-4,4
290         JANZ   E8
291     1H  ENTA   23
```

```
     292           JMP     E2A
  9. 01   DECISION  STJ     9F              복귀 장소(출구)를 저장한다.
     02             J5NZ    9F              D1. 결정이 필요한가?
     03             LDX     ELEV1+2(NEXTINST)
     04             DECX    E1              D2. 문을 열어야 하는가?
     05             JXNZ    1F              만일 승강기가 E1에 있지 않으면 점프.
     06             LDA     CALL+2
     07             ENT3    E3              만일 2층에 대한 호출이 있다면
     08             JANZ    8F                  E3 실행을 준비한다.
     09   1H        ENT1    -4              D3. 호출이 있는가?
     10             LDA     CALL+4,1        0이 아닌 호출 변수들을 찾는다.
     11             JANZ    2F
     12   1H        INC1    1               rI1 ≡ j − 4.
     13             J1NP    *-3
     14             LDA     9F(0:2)         j ≠ FLOOR인 모든 CALL[j]가 0이다.
     15             DECA    E6B             복귀 장소 = 줄 250인가?
     16             JANZ    9F
     17             ENT1    -2              j ← 2로 설정.
     18   2H        ENT5    4,1             D4. STATE 설정.
     19             DEC5    0,4             STATE ← j − FLOOR.
     20             J5NZ    *+2
     21             JANZ    1B              일반적으로 j = FLOOR라는 조건은 허용되지 않는다.
     22             JXNZ    9F              D5. 승강기가 정지한 상태인가?
     23             J5Z     9F              만일 승강기가 E1에 있지 않거나 j = 2이면 점프.
     24             ENT3    E6              그렇지 않으면 E6 실행을 준비.
     25   8H        ENTA    20              20 시간 단위 기다린다.
     26             ST6     8F(0:2)         rI6을 저장.
     27             ENT6    ELEV1
     28             ST3     2,6(NEXTINST)   NEXTINST를 E3 또는 E6으로 설정.
     29             JMP     HOLD            필요한 만큼 지연.
     30   8H        ENT6    *               rI6을 복원한다.
     31   9H        JMP     *               서브루틴에서 나간다. ∎
```

11. 초기에는 LINK[k] = 0, $1 \le k \le n$, HEAD = -1이라고 한다. V[k]를 변경하는 한 시뮬레이션 단계에서, 만일 LINK[k] $\ne$ 0이면 오류를 보고한다. 그렇지 않으면 LINK[k] ← HEAD, HEAD ← k로 설정하고 NEWV[k]는 V[k]의 새 값으로 설정한다. 각 시뮬레이션 단계 이후, k ← HEAD, HEAD ← -1로 설정하고 $k < 0$이 될 때까지 설정 V[k] ← NEWV[k], t ← LINK[k], LINK[k] ← 0, k ← t를 0회 이상 반복한다.

만일 변수 필드 V에 연관된 각 노드에 하나의 NEWV와 LINK 필드를 포함시킨다면, 이 방법을 변수들이 분산되어 있는 경우에 맞도록 수정하는 것은 쉬운 일이다.

12. WAIT 목록에서 삭제는 왼쪽에서 오른쪽으로 일어나지만, 삽입은 오른쪽에서 왼쪽으로 일어난다 (그 방향으로 검색하는 게 더 짧을 가능성이 크기 때문이다). 또한, 삭제할 노드의 선행자나 후행자를 알지 못하는 상황에서도 여러 장소들에 있는 세 목록 모두에서 노드들을 삭제해야 한다. 효율을 크게 해치지 않고도 단방향 목록으로 변환할 수 있는 것은 ELEVATOR 목록뿐이다.

참고: 정렬 시간을 줄이기 위해서는 이산 시뮬레이터에서 WAIT 목록으로 비선형 목록을 사용하는 게 바람직할 수도 있다. 5.2.3절은 이 목록과 같은 우선순위 대기열, 즉 "소입선출(smallest in, first out)" 목록의 관리에 대한 일반적인 문제를 논의한다. 목록에 n개의 요소들이 있을 때 삽입과 삭제에 단 $O(\log n)$개의 연산들만 사용하는 방법들이 여럿 알려져 있으나, 물론 n이 작다는 것을 알고 있는 경우에는 그런 대단한 방법을 사용할 필요가 없다.

2.2.6절

1. (여기서 색인들은 식 (6)에서처럼 0에서 n이 아니라 1에서 n으로 간다.) $\text{LOC}(A[J,K]) = \text{LOC}(A[0,0]) + 2nJ + 2K$이고 $A[0,0]$은 실제로는 존재하지 않는 것으로 가정된 노드이다. 만일 $J = K = 1$로 설정한다면 $\text{LOC}(A[1,1]) = \text{LOC}(A[0,0]) + 2n + 2$가 되므로, 답을 여러 가지 방식으로 표현하는 것이 가능하다. $\text{LOC}(A[0,0])$가 음일 수 있다는 사실을 간과하면 컴파일러와 적재 루틴을 작성할 때 여러 버그들을 만들어낼 수 있다.

2. $\text{LOC}(A[I_1, ..., I_k]) = \text{LOC}(A[0, ..., 0]) + \sum_{1 \le r \le k} a_r I_r = \text{LOC}(A[l_1, ..., l_k]) + \sum_{1 \le r \le k} a_r I_r - \sum_{1 \le r \le k} a_r l_r$, 여기서 $a_r = c \prod_{r < s \le k} (u_s - l_s + 1)$.

참고: P. Deuel, *CACM* **9** (1966), 344-347에는 C 같은 프로그래밍 언어에 나오는 구조들에 대한 일반화와, 관련 상수들을 계산하는 간단한 알고리즘이 나온다.

3. 오직 $0 \le k-1 \le j-1 \le n-1$일 때에만 $1 \le k \le j \le n$이다. 따라서 하계 0에 대해 유도한 모든 공식들에서 k, j, n을 각각 $k-1$, $j-1$, $n-1$로 치환하면 된다.

4. $\text{LOC}(A[J,K]) = \text{LOC}(A[0,0]) + nJ - J(J-1)/2 + K$.

5. $A0 = \text{LOC}(A[0,0])$이라고 하자. J가 rI1에 들어 있고 K가 rI2가 들어 있다고 할 때, 적어도 두 가지 답이 존재한다. (i) "LDA TA2,1:7", 여기서 장소 TA2+j는 "NOP j+1*j/2+A0,2"를 담고 있다; (ii) "LDA C1,7:2", 여기서 장소 C1은 "NOP TA,1:7"을, 장소 TA+j는 "NOP j+1*j/2+A0"을 담고 있다. 둘째 답은 한 주기 더 소비하지만 표를 색인 레지스터 2로 제한하지 않는다.

6. (a) $\text{LOC}(A[I,J,K]) = \text{LOC}(A[0,0,0]) + \binom{I+2}{3} + \binom{j+1}{2} + \binom{K}{1}$.

(b) $\text{LOC}(B[I,J,K]) = \text{LOC}(B[0,0,0])$
$$+ \binom{n+3}{3} - \binom{n+3-I}{3} + \binom{n+2-I}{2} - \binom{n+2-J}{2} + K - J.$$

따라서 이 경우에도 언급된 형태가 가능하다.

7. $\text{LOC}(A[I_1, ..., I_k]) = \text{LOC}(A([0, ..., 0]) + \sum_{1 \le r \le k} \binom{I_r + k - r}{1 + k - r}$. 연습문제 1.2.6-56 참고.

8. (내시 P. Nash의 해답.) $0 \leq I \leq n$, $0 \leq J \leq n+1$, $0 \leq K \leq n+2$에 대해 X[I,J,K]가 정의된다고 하자. 그럼 A[I,J,K] = X[I,J,K]; B[I,J,K] = X[J,I + 1,K]; C[I,J,K] = X[I,K,J + 1]; D[I,J,K] = X[J,K,I + 2]; E[I,J,K] = X[K,I + 1,J + 1]; F[I,J,K] = X[K,J + 1,I + 2]라고 둘 수 있다. 이 방식은 여섯 4면체 배열들의 $(n+1)(n+2)(n+3)$개의 요소들을 연속된 장소들에 겹치지 않게 채워 넣는다는 점에서 최선의 방식이다. 증명: A와 B는 $k = \min(i,j,k)$인 모든 X[i,j,k] 칸들을 차지한다. C와 D는 $j = \min(i,j,k) \neq k$인 모든 칸들을, 그리고 E와 F는 $i = \min(i,j,k) \neq j,k$ 인 모든 칸들을 차지한다.

(이 구축법은 m차원으로 일반화된다. 그러면 $m!$개의 일반화된 4면체 배열들의 요소들을 $(n+1)(n+2)...(n+m)$개의 연속적인 장소들에 채워 넣을 수 있다. 각 배열에 순열 $a_1 a_2 ... a_m$ 을 연관시키고 그 요소들을 X[$I_{a_1} + B_1$, $I_{a_2} + B_2$, ..., $I_{a_m} + B_m$]에 저장한다. 여기서 $B_1 B_2 ... B_m$ 은 연습문제 5.1.1-7의 정의를 따르는, $a_1 a_2 ... a_m$ 에 대한 하나의 반전 표(inversion table)이다.

9. G1. 포인터 변수 P1, P2, P3, P4, P5, P6을 목록 FEMALE, A21, A22, A23, BLOND, BLUE의 각각의 첫 장소들로 설정한다. 각 목록의 끝은 링크 Λ로 주어지며, Λ의 실제 값은 다른 어떤 링크보다 작다고 가정한다. 만일 P6 = Λ이면 중지한다(안타깝게도 목록이 비어 있는 것이다).

G2. (다음 행동들은 다른 순서로 수행해도 된다. 여기서는 EYES를 제일 먼저 조사하고 그 다음에 HAIR, 그 다음에 AGE, 마지막으로 SEX를 조사한다.) P5 ≤ P6이 될 때까지 설정 P5 ← HAIR(P5)를 0회 이상 반복한다. P5 < P6이 되면 단계 G5로 간다.

G3. P4 ≤ P6이 될 때까지 설정 P4 ← AGE(P4)를 필요한 만큼 반복한다. 마찬가지로, P3 ≤ P6과 P2 ≤ P6이 될 때까지 P3과 P2에 대해 해당 설정을 수행한다. P4, P3, P2가 P6보다 작아지면 G5로 간다.

G4. P1 ≤ P6이 될 때까지 P1 ← SEX(P1)을 반복한다. 만일 P1 = P6이면 원했던 젊은 아가씨 중 하나를 찾은 것이므로 그녀의 주소 P6을 출력한다. (그녀의 나이는 P2, P3, P4의 설정으로부터 알아낼 수 있다.)

G5. P6 ← EYES(P6)으로 설정한다. 그런 다음, 만일 P6 = Λ이면 중단한다. 그렇지 않으면 G2로 돌아간다. ▮

이 알고리즘은 흥미롭긴 하지만, 이런 검색을 위해 목록을 조직화하는 최선의 방법은 아니다.

10. 6.5절을 볼 것.

11. 많아야 200 + 200 + 3 · 4 · 200 = 2800워드이다.

12. VAL(Q0) = c, VAL(P0) = b/a, VAL(P1) = d.

13. 각 목록의 끝에 그 목록의 정렬 기준이 되는 어떤 필드에 대해 "더 작은 값"으로 비교되는 하나의 경계값을 두는 것이 편리하다. 직선적인 단방향 목록을 사용하는 것은 가능하다. 예를 들면 BASEROW[i]에 LEFT 링크들만, BASECOL[j]에 UP 링크들만 두고, 알고리즘 S를 다음과 같이 수정하면 된다: S2에서는 J ← COL(P0)으로 설정하기 전에 P0 = Λ인지 점검한다. 만일 참이라면 P0 ← LOC

(BASELOW[IO])로 설정하고 S3으로 간다. S3에서는 Q0 = Λ인지 판정해서 참이면 알고리즘을 끝낸다. 단계 S4는 S2와 마찬가지 방식으로 변경한다. S5에서는 P1 = Λ인지 보고, 그렇다면 마치 COL(P1) < 0인 것처럼 처리한다. 단계 S6에서는 UP(PTR[J]) = Λ를 판정하고 참이면 마치 ROW 필드가 음인 것처럼 처리한다.

이러한 수정들을 가해봤자 알고리즘이 더 복잡해질 뿐이며, 목록 머리들에서 하나의 ROW 필드나 COL 필드를 절약하는 것을 제외하면(이 때에도 MIX의 경우에는 실질적인 절약이 없다) 저장소 절약도 없다.

14. 한 가지 방법은, 우선 추축 행에 0이 아닌 요소를 가진 열들을 한데 연결하는 것이다. 그러면 각 행에 대해 추축 연산을 수행할 때 다른 모든 열들을 건너뛸 수 있다. 추축 열이 0인 행들은 바로 건너뛴다.

15. $rI1 \equiv$ PIVOT, J; $rI2 \equiv$ P0; $rI3 \equiv$ Q0; $rI4 \equiv$ P; $rI5 \equiv$ P1, X; LOC(BASEROW[i]) $\equiv$ BROW + i; LOC(BASECOL[j]) $\equiv$ BCOL+j; PTR[j] $\equiv$ BCOL + j(1:3)으로 둔다.

```
01  ROW       EQU   0:3
02  UP        EQU   4:5
03  COL       EQU   0:3
04  LEFT      EQU   4:5
05  PTR       EQU   1:3
06  PIVOTSTEP STJ   9F           서브루틴 진입점, rI1 = PIVOT.
07  S1        LD2   0,1(ROW)     S1. 초기화.
08            ST2   I0           I0 ← ROW(PIVOT).
09            LD3   1,1(COL)
10            ST3   J0           J0 ← COL(PIVOT).
11            LDA   =1.0=        부동소수점 상수 1.
12            FDIV  2,1
13            STA   ALPHA        ALPHA ← 1/VAL(PIVOT).
14            LDA   =1.0=
15            STA   2,1          VAL(PIVOT) ← 1.
16            ENT2  BROW,2       P0 ← LOC(BASEROW[I0]).
17            ENT3  BCOL,3       Q0 ← LOC(BASECOL[J0]).
18            JMP   S2
19  2H        ENTA  BCOL,1
20            STA   BCOL,1(PTR)  PTR[J] ← LOC(BASECOL[J]).
21            LDA   2,2
22            FMUL  ALPHA
23            STA   2,2          VAL(P0) ← ALPHA × VAL(P0).
24  S2        LD2   1,2(LEFT)    S2. 추축행을 처리한다. P0 ← LEFT(P0).
25            LD1   1,2(COL)     J ← COL(P0).
26            J1NN  2B           만일 J ≥ 0이면 J를 처리한다.
```

27	S3	LD3	0,3(UP)	_S3. 새 행을 찾는다._ Q0 ← UP(Q0).
28		LD4	0,3(ROW)	rI4 ← ROW(Q0).
29	9H	J4N	*	만일 rI4 < 0이면 나간다.
30		CMP4	I0	
31		JE	S3	만일 rI4 = I0이면 반복한다.
32		ST4	I(ROW)	I ← rI4.
33		ENT4	BROW,4	P ← LOC(BASEROW[I]).
34	S4A	LD5	1,4(LEFT)	P1 ← LEFT(P).
35	S4	LD2	1,2(LEFT)	_S4. 새 열을 찾는다._ P0 ← LEFT(P0).
36		LD1	1,2(COL)	J ← COL(P0).
37		CMP1	J0	
38		JE	S4	만일 J = J0이면 반복한다.
39		ENTA	0,1	
40		SLA	2	rA(0:3) ← J.
41		J1NN	S5	
42		LDAN	2,3	만일 J < 0이면
43		FMUL	ALPHA	VAL(Q0) ← −ALPHA × VAL(Q0)으로 설정.
44		STA	2,3	
45		JMP	S3	
46	1H	ENT4	0,5	P ← P1.
47		LD5	1,4(LEFT)	P1 ← LEFT(P).
48	S5	CMPA	1,5(COL)	_S5. I, J 성분을 찾는다._
49		JL	1B	COL(P1) ≤ J가 될 때까지 반복.
50		JE	S7	만일 = 이면 즉시 S7로 간다.
51	S6	LD5	BCOL,1(PTR)	_S6. I, J 성분을 삽입._ rI5 ← PTR[J].
52		LDA	I	rA(0:3) ← I.
53	2H	ENT6	0,5	rI6 ← rI5.
54		LD5	0,6(UP)	rI5 ← UP(rI6).
55		CMPA	0,5(ROW)	
56		JL	2B	만일 ROW(rI5) > I이면 점프.
57		LD5	AVAIL	X ⇐ AVAIL.
58		J5Z	OVERFLOW	
59		LDA	0,5(UP)	
60		STA	AVAIL	
61		LDA	0,6(UP)	
62		STA	0,5(UP)	UP(X) ← UP(PTR[J]).
63		LDA	1,4(LEFT)	
64		STA	1,5(LEFT)	LEFT(X) ← LEFT(P).
65		ST1	1,5(COL)	COL(X) ← J.
66		LDA	I(ROW)	
67		STA	0,5(ROW)	ROW(X) ← I.

68		STZ	2,5	VAL(X) ← 0.
69		ST5	1,4(LEFT)	LEFT(P) ← X.
70		ST5	0,6(UP)	UP(PTR[J]) ← X.
71	S7	LDAN	2,3	_S7. 추축 연산._ − VAL(Q0)
72		FMUL	2,2	× VAL(P0)
73		FADD	2,5	+ VAL(P1).
74		JAZ	S8	만일 유의성이 손실되었다면 S8로 간다.
75		STA	2,5	그렇지 않으면 VAL(P1)에 저장한다.
76		ST5	BCOL,1(PTR)	PTR[J] ← P1.
77		ENT4	0,5	P ← P1.
78		JMP	S4A	P1 ← LEFT(P). S4로.
79	S8	LD6	BCOL,1(PTR)	_S8. I, J 성분을 삭제._ rI6 ← PTR[J].
80		JMP	*+2	
81		LD6	0,6(UP)	rI6 ← UP(rI6).
82		LDA	0,6(UP)	
83		DECA	0,5	UP(rI6) = P1인가?
84		JANZ	*−3	같아질 때까지 반복한다.
85		LDA	0,5(UP)	
86		STA	0,6(UP)	UP(rI6) ← UP(P1).
87		LDA	1,5(LEFT)	
88		STA	1,4(LEFT)	LEFT(P) ← LEFT(P1).
89		LDA	AVAIL	AVAIL ⇐ P1.
90		STA	0,5(UP)	
91		ST5	AVAIL	
92		JMP	S4A	P1 ← LEFT(P). S4로. ∎

참고: 4장의 규약들을 사용한다면, 줄 71-74는 사실 다음과 같이 되어야 한다.

LDA 2,3; FMUL 2,2; FCMP 2,5; JE S8; STA TEMP; LDA 2,5; FSUB TEMP;

또한 장소 0에 적절한 매개변수 EPSILON이 들어 있어야 한다.

17. 각 행 i와 각 성분 A$[i, k] \neq 0$에 대해, A$[i, k]$ 곱하기 B의 행 k를 C의 행 i에 더한다. 이를 수행할 때 C의 COL 링크들만 갱신하면 된다. ROW 링크들은 나중에 쉽게 채울 수 있다. 〔A. Schoor, _Inf. Proc. Letters_ **15** (1982), 87-89.〕

18. 각각 열 3, 1, 2에서의 세 추축 단계들에 의해 각각 다음이 나오며,

$$\begin{pmatrix} \frac{1}{3} & \frac{2}{3} & \frac{1}{3} \\ -\frac{2}{3} & -\frac{1}{3} & -\frac{2}{3} \\ -\frac{1}{3} & -\frac{2}{3} & -\frac{1}{3} \end{pmatrix}, \quad \begin{pmatrix} \frac{1}{2} & \frac{1}{2} & 0 \\ -\frac{3}{2} & \frac{1}{2} & 1 \\ -\frac{1}{2} & -\frac{1}{2} & 0 \end{pmatrix}, \quad \begin{pmatrix} 0 & 1 & 0 \\ -2 & 1 & 1 \\ 1 & -2 & 0 \end{pmatrix}$$

순열치환을 하고 나면 최종적으로 다음과 같은 답이 나온다.

$$\begin{pmatrix} 1 & -2 & 1 \\ 0 & 1 & -2 \\ 0 & 0 & 1 \end{pmatrix}.$$

20. $a_0 = \text{LOC}(\text{A}[1,1]) - 3$, $a_1 = 1$ 또는 2, $a_2 = 3 - a_1$.

21. 예를 들면 $\text{M} \leftarrow \max(\text{I},\text{J})$, $\text{LOC}(\text{A}[\text{I},\text{J}]) = \text{LOC}(\text{A}[1,1]) + \text{M}(\text{M} - 1) + \text{I} - \text{J}$ (이런 공식들은 여러 사람들이 각자 독립적으로 제시했다. 로젠버그A. L. Rosenberg와 스트롱H. R. Strong은 다음과 같은 k차원 일반화를 제시했다: $\text{LOC}(\text{A}[\text{I}_1, \dots, \text{I}_k]) = \text{L}_k$, 여기서 $\text{L}_1 = \text{LOC}(\text{A}[1, \dots, 1]) + \text{I}_1 - 1$, $\text{L}_r = \text{L}_{r-1} + (\text{M}_r - \text{I}_r) \times (\text{M}_r^{r-1} - (\text{M}_r - 1)^{r-1})$, $\text{M}_r = \max(\text{I}_1, \dots, \text{I}_r)$ 〔*IBM Tech. Disclosure Bull.* **14** (1972), 3026-3028〕. 이런 종류의 결과들은 *Current Trends in Programming Methodology* **4** (Prentice Hall, 1978), 263-311에 더 많이 나와 있다.)

22. 조합수 체계(연습문제 1.2.6-56)에 따라,

$$p(i_1, \dots, i_k) = \binom{i_1}{1} + \binom{i_1 + i_2 + 1}{2} + \cdots + \binom{i_1 + i_2 + \cdots + i_k + k - 1}{k}$$

로 둘 수 있다. 〔*Det Kongelige Norske Videnskabers Selskabs Forhandlinger* **34** (1961), 8-9.〕

23. 만일 행렬이 J열에서 J + 1열로 자랐을 때 행들의 개수가 m이라고 하면, $c[\text{J}] = \text{LOC}(\text{A}[0,\text{J}]) = \text{LOC}(\text{A}[0,0]) + m\text{J}$라고 하자. 비슷하게, 만일 행 I를 생성했을 때 열들의 개수가 n이라고 하면 $r[\text{I}] = \text{LOC}(\text{A}[\text{I},0]) = \text{LOC}(\text{A}[0,0]) + n\text{I}$라고 하자. 그러면 다음과 같은 할당 방법을 사용할 수 있다.

$$\text{LOC}(\text{A}[\text{I},\text{J}]) = \begin{cases} \text{I} + c[\text{J}], & \text{만일 } c[\text{J}] \geq r[\text{I}] \text{이면}; \\ \text{J} + r[\text{I}], & \text{그렇지 않으면}. \end{cases}$$

$c[\text{J}] \geq r[\text{I}]$가 $c[\text{J}] \geq r[\text{I}] + \text{J}$를 함의하며 $c[\text{J}] \leq r[\text{I}]$가 $c[\text{J}] + \text{I} \leq r[\text{I}]$를 함의함을 증명하는 것은 어렵지 않다. 그들이 참이라면 관계식

$$\text{LOC}(\text{A}[\text{I},\text{J}]) = \max(\text{I} + \text{LOC}(\text{A}[0,\text{J}]), \quad \text{J} + \text{LOC}(\text{A}[\text{I},0]))$$

도 성립한다. 할당을 mn개의 연속된 장소들로 제한할 필요는 없다. 유일한 제약은, 행렬이 자랄 때, 이전에 사용했던 것보다 큰 장소들에서 m 또는 n개의 연속적인 새 칸들을 할당하는 것뿐이다. 이러한 구축법은 오토E. J. Otoo와 메릿T. H. Merrett에 기인한다 〔*Computing* **31** (1983), 1-9〕. 그들은 이를 k차원들로 일반화하기도 했다

24. 〔Aho, Hopcroft, Ullman, *The Design and Analysis of Computer Algorithms* (Addison-Wesley, 1974), 연습문제 2.12.〕 배열 A뿐만 아니라, 같은 크기의 검증용 배열 V와 사용된 장소들의 목록 L도 유지하기로 한다. L에 있는 항목들의 개수를 n이라고 하자. 초기에는 $n = 0$이며 L, A, V에는 알 수 없는 값들이 들어 있다. 이전에 사용하지 않았던 어떤 k값을 위해 $\text{A}[k]$에 접근할 때마다, 우선 $0 \leq \text{V}[k] < n$이고 $\text{L}[\text{V}[k]] = k$인지 점검한다. 만일 그것이 거짓이면 $\text{V}[k] \leftarrow n$, $\text{L}[n]$

← k, A[k] ← 0, n ← $n+1$로 설정한다. 그것이 참이면 A[k]에 이미 유효한 자료가 들어 있다고 확신할 수 있다. (이 방법을 약간 확장한다면, 계산 도중에 변경된 A와 V의 모든 요소들의 내용들을 보존하고 나중에 복원하는 것도 가능하다.)

2.3절

1. 루트를 택하는 방법은 세 가지이다. 예를 들어 A를 루트로 택했다고 하자. 그러면 다른 노드들을 하위트리들로 분할하는 방법은 세 가지, 즉 $\{B\}$, $\{C\}$; $\{C\}$, $\{B\}$; $\{B, C\}$이다. 마지막 것의 경우, $\{B, C\}$를 트리 안에 넣는 방식은 루트가 무엇이냐에 따라 두 가지로 나뉜다. 따라서 A가 루트일 때 총 네 가지 트리를 얻을 수 있으며, 전체적으로는 12가지이다. 임의의 노드 개수 n에 대한 일반적인 해법은 연습문제 2.3.4.4-23에 나온다.

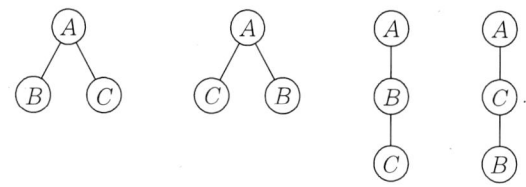

2. 연습문제 1의 답에 나온 처음 두 트리는 유향트리로 치면 같은 트리이다. 따라서 서로 다른 유향트리는 총 9개이다. 일반적인 해에 대해서는 2.3.4.4절에서 공식 n^{n-1}을 증명하는 부분을 볼 것.

3. 1부: 그런 순차열이 적어도 하나 존재함을 보인다. 트리에 노드가 n개 있다고 하자. $n = 1$일 때에는 X가 루트일 수밖에 없으므로 결과는 명백하다. $n > 1$이면, 주어진 정의는 하나의 루트 X_1과 하위트리 $T_1, T_2, \ldots, T_m$이 있음을 함의한다. 그러면 $X = X_1$이거나 또는 X가 어떤 고유한 T_j에 속한다. 후자의 경우, 귀납에 의해 경로 $X_2, \ldots, X$가 존재한다(여기서 X_2는 T_j의 루트). 그리고 X_1은 X_2의 부모이므로 결국 경로 $X_1, X_2, \ldots, X$가 존재한다.

2부: 그런 순차열이 많아야 하나임을 보인다. 만일 X가 트리의 루트가 아니면 X는 하나의 고유한 부모를 가짐을(즉, X_k는 X_{k-1}을 규정하며, 그것은 X_{k-2}를 규정하며, … 등등을) 귀납법으로 증명하겠다. 만일 트리에 노드가 하나라면 자명하다. 그렇지 않으면 X는 어떤 고유한 T_j 안에 있다. X가 T_j의 루트이든 아니든(루트라면 정의에 의해 X는 하나의 고유한 부모를 가지며, 루트가 아니라면 귀납에 의해 T_j 안에 X의 고유한 부모가 존재한다), T_j 바깥의 어떤 노드가 X의 부모일 수는 없다.

4. (안타깝게도) 참이다.

5. 4

6. 부모$^{[0]}(X)$가 X를 뜻하며, 부모$^{[k+1]}(X) =$ 부모(부모$^{[k]}(X)$)라고 하자. 즉, 부모$^{[1]}(X)$는 X의 부모이고 부모$^{[2]}(X)$는 X의 조부모이다. 일반화하자면, $k \geq 2$일 때 부모$^{[k]}(X)$는 X의 k대 선조이다. 문제가 요구하는 동치관계 조건은, 부모$^{[m+1]}(X) =$ 부모$^{[m+n+1]}(Y)$이지만 부모$^{[m]}(X)$ $\neq$ 부모$^{[m+n]}(Y)$라는 것이다. $n > 0$일 때 이 관계는 X와 Y에 대해 대칭이 아니나, 일상적인

대화에서 사람들은 일반적으로 이를 대칭으로 간주한다.

7. 연습문제 6에서 정의한 (비대칭적) 조건을 사용하되 만일 j나 k가(또는 둘 다) -1이면 부모$^{[j]}(X) \neq$ 부모$^{[k]}(Y)$라고 간주한다. 이 관계가 어떠한 고유한 m과 n에 대해 항상 유효함을 보이기 위해, X와 Y에 대한 듀이 십진 표기법, 즉 $1.a_1.\cdots.a_p.b_1.\cdots.b_q$와 $1.a_1.\cdots.a_p.c_1.\cdots.c_r$을 고려한다(여기서 $p \geq 0$, $q \geq 0$, $r \geq 0$이고 (만일 $gr \neq 0$이면) $b_1 \neq c_1$이다). 임의의 노드쌍에 대한 듀이 수들을 이러한 형태로 쓸 수 있는데, 당연히 $m = q - 1$, $m + n = r - 1$로 두어야 한다.

8. 어떠한 이진트리도 트리가 아니다. 비지 않은 이진트리의 도표가 트리처럼 보이긴 하지만, 트리와 이진트리는 상당히 별개의 개념들이다.

9. 루트를 최상위에 두는 관례에 따라, A가 루트이다.

10. 내포된 집합들의 임의의 무한한 모음은 본문에 정의된 바를 따르는 하나의 숲에 다음과 같이 대응된다: $A_1, ..., A_n$이 그러한 모음의 집합들이며 그 집합들 중 어떠한 집합도 다른 집합을 포함하지 않는다고 하자. 어떤 고정된 j에 대해, A_j에 담긴 모든 집합들의 하위모음은 내포된 모음(nested collection)이다. 따라서 그 하위모음은 A_j를 루트로 하는 하나의 (비순서) 트리에 대응된다.

11. 내포된 모음 $\mathcal{C}$에서, 만일 $X \cup Y \subseteq Z$인 어떠한 Z가 $\mathcal{C}$ 안에 존재한다면 $X \equiv Y$라고 하자. 이 관계는 반사적이며 대칭적임이 명백하며, 실제로 이 관계는 하나의 동치 관계이다($W \equiv X$이고 $X \equiv Y$라는 관계가 $W \subseteq Z_1$, $X \subseteq Z_1 \cap Z_2$, $Y \subseteq Z_2$인 Z_1과 Z_2가 $\mathcal{C}$ 안에 존재함을 함의한다는 점에서). $Z_1 \cap Z_2 \neq \varnothing$이므로 $Z_1 \subseteq Z_2$이거나 $Z_2 \subseteq Z_1$이다. 따라서 $W \cup Y \subseteq Z_1 \cup Z_2$가 $\mathcal{C}$에 속한다. 이제, 만일 $\mathcal{C}$가 내포된 모음이라고 할 때, $\mathcal{C}$에 대응되는 유향 숲을 규칙 "오직 $X \supset Y$일 때에만 X는 Y의 조상이고 Y는 X의 후손"이라는 규칙에 따라 정의한다. $\mathcal{C}$의 각 동치류는 각각 하나의 유향트리에 대응되는데, 그 유향트리는 모든 X, Y에 대해 $X \equiv Y$인 유향트리이다. (이는 결국 유한한 모음들에 대해 주어진 숲과 트리의 정의를 일반화한 것이라 할 수 있다.) 이러한 용어들 하에서, X의 수준을 조상들(X)의 기수(cardinal number)라고 정의할 수 있다. 비슷하게, X의 차수를 내포된 모음 후손들(X)의 동치류 개수라고 정의할 수 있다. 만일 X가 Y의 조상이나 $X \supset Z \supset Y$인 Z가 존재하지 않는다면 X를 Y의 부모, Y를 X의 자식이라고 칭한다. (X에 자식은 없지만 후손들은 있는, 또한 부모는 없지만 조상들은 있는 경우도 가능하다.) 순서트리와 숲을 얻기 위해서는, 위에서 언급한 동치류들을 어떤 임의적인 방식으로, 예를 들면 $\subseteq$ 관계를 연습문제 2.2.3-14에서처럼 선형 순서로 내장하는 식으로 순서 관계를 지정하면 된다.

예 (a): 십진수 표기 하에서 $S_{\alpha k} = \{x \mid x = .d_1 d_2 d_3 ...\}$이라고 하자. 여기서 $\alpha = .e_1 e_2 e_3 ...$이고(역시 십진수 표기), 만일 $j \bmod 2^k \neq 0$이면 $d_j = e_j$이다. 모음 $\mathcal{C} = \{S_{\alpha k} \mid k \geq 0, 0 < \alpha < 1\}$는 내포된 모음이며, 무한히 많은 수준들과 셀 수 없는 차수를 가진 노드들로 된 하나의 트리에 대응된다.

예 (b), (c): 이 집합은 통상적인 실수들을 이용해서 정의하는 대신 평면에서 정의하는 것이 편리하다. 그리고 평면과 실수 사이에는 일대일 대응관계가 존재하므로, 평면에 대해 답을 제시하는 것으로 충분하다. $S_{\alpha m n} = \{(\alpha, y) \mid m/2^n \leq y < (m+1)/2^n\}$이고 $T_\alpha = \{(x, y) \mid x \leq \alpha\}$라

고 하자. 모음 $\mathcal{C} = \{S_{\alpha mn} \mid 0 < \alpha < 1,\, n \geq 0,\, 0 \leq m < 2^n\} \cup \{T_\alpha \mid 0 < \alpha < 1\}$이 내포된 모음임을 보이는 것은 쉽다. $S_{\alpha mn}$의 자식들은 $S_{\alpha(2m)(n+1)}$과 $S_{\alpha(2m+1)(n+1)}$이며, T_α는 자식 $S_{\alpha 00}$ 더하기 하위트리 $\{S_{\beta mn} \mid \beta < \alpha\} \cup \{T_\beta \mid \beta < \alpha\}$를 가진다. 즉 각 노드는 차수가 2이며, 각 노드는 T_α 형태의 셀 수 없이 많은 조상들을 가진다. 이러한 구축법은 비글로우R. Bigelow에서 기인한 것이다.

참고: 실수들의 적당한 정렬순서를 택한다면, 그리고 만일 $T_\alpha = \{(x, y) \mid x > \alpha\}$이면, 각 노드가 셀 수 없는 수준과 차수 2, 그리고 두 자식들을 가지는 내포된 모음을 얻을 수 있도록 이 구축법을 약간 개선할 수 있다.

12. 부분순서 집합이 하나의 숲에 대응되게 하기 위해, 부분순서에 대해 ("내포된 집합"에서와 비슷한) 추가적인 조건 하나를 부여한다. 그 조건은, 만일 $x \leq y$이고 $x \leq z$면 $y \leq z$이거나 $z \leq y$라는 것이다. 다른 말로 하면, 임의의 주어진 요소보다 큰 요소들은 선형순서이다. 트리를 만들기 위해서는 또한 모든 x에 대해 $x \leq r$인 최대의 원소 r이 존재한다고 단언할 필요가 있다. 노드 개수가 유한할 때, 이러한 설정이 본문에 정의된 바의 비순서트리를 만들어낸다는 점은 연습문제 10의 내포된 집합의 증명과 비슷한 방식으로 증명할 수 있다.

13. $a_1,\ a_1.a_2,\ \ldots,\ a_1.a_2.\cdots.a_k.$

14. S는 공집합이 아니므로 S에는 원소 $1.a_1.\cdots.a_k$가 있다. 여기서 k는 가능한 한 작은 수이다. 만일 $k > 0$이면 a_k 역시 S 안에서 가능한 한 작은 원소이어야 하며, 따라서 k가 반드시 0이어야 함을 즉시 알 수 있다. 다른 말로 하면, S에는 반드시 1이라는 원소가 있어야 한다. 1을 루트라고 하자. 다른 모든 원소들은 $k > 0$이며, 따라서 S의 나머지 원소들은 어떠한 $m \geq 0$에 대해 $1 \leq j \leq m$인 집합 $S_j = \{1.j.a_2.\cdots.a_k\}$들로 분할할 수 있다. 만일 $m \neq 0$이고 S_m이 비지 않은 집합이라면, 위에서와 같은 논리로 각 S_j에 $1.j$가 속함을 이끌어낼 수 있다. 따라서 각 S_j는 공집합이 아니다. 그러면 집합 $S_j' = \{1.a_2.\cdots.a_k \mid 1.j.a_2.\cdots.a_k$가 S_j에 속함$\}$들이 S와 같은 조건을 만족함을 쉽게 보일 수 있다. 귀납법에 의해 각 S_j는 하나의 트리를 형성한다.

15. 루트가 1이라고 하자. 그리고 α의 왼쪽, 오른쪽 하위트리 루트들이 각각 $\alpha.0$, $\alpha.1$이라고 하자(그런 루트들이 존재한다면). 예를 들어 King Christian IX는 그림 18(a)에서 두 군데에 나타나는데, 각각 1.0.0.0.0과 1.1.0.0.1.0에 해당한다. 간결함을 위해 소수점은 생략하고 그냥 10000과 110010으로 표기하기로 하자. 참고: 이 표기법은 갤턴Francis Galton에서 기인한다. *Natural Inheritance* (Macmillan, 1889), 249 참고. 혈통도의 경우에는 0과 1대신 *F*와 *M*†을 사용하고 최초의 1은 생략하는 것이 더 직관적이다. 예를 들어 Christian IX는 Charles의 *MFFMF*, 즉 어머니의 아버지의 아버지의 어머니의 아버지이다. 그러나 0과 1을 사용하는 것은 다른 이유에서 흥미롭다. 이는 이진트리 노드들과 이진수 체계에서 표현된 양의 정수(이를테면 컴퓨터의 메모리 주소) 사이의 중요한 대응관계를 제시한다.

---

† 〔옮긴이 주〕 Father와 Mother, 즉 아버지와 어머니를 뜻한다.

16. (a)

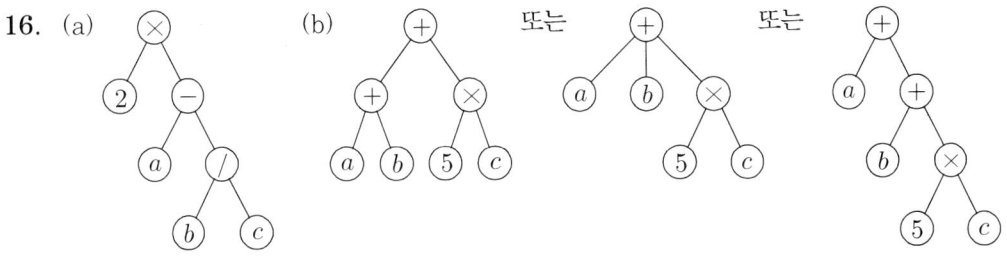

(b)   또는   또는

17. 부모$(Z[1]) = A$; 부모$(Z[1,2]) = C$; 부모$(Z[1,2,2]) = E$.

18. $L[5,1,1] = (2)$. $L[3,1]$은 말이 되지 않는데, 왜냐하면 $L[3]$은 빈 목록이기 때문이다.

19. $L[2] = (\text{L})$; $L[2,1,1] = a$.

20. (직관적으로, 0-2 트리들과 이진트리들 사이의 대응관계는 0-2 트리의 모든 말단 노드들을 제거해서 얻을 수 있다. 2.3.4.5절의 중요한 구축법을 볼 것.) 노드가 한 개인 0-2 트리를 하나의 빈 이진트리에 대응시킨다. 그리고 노드가 둘 이상인, 따라서 하나의 루트 r과 두 0-2 트리 T_1, T_2로 된 하나의 0-2 트리를 루트 r, 왼쪽 하위트리 T_1', 오른쪽 하위트리 T_2'로 된 이진트리에 대응시킨다 (T_1과 T_2는 각각 T_1'과 T_2'에 대응).

21. $1 + 0 \cdot n_1 + 1 \cdot n_2 + \cdots + (m-1) \cdot n_m$. 증명: 트리 노드 개수는 $n_0 + n_1 + n_2 + \cdots + n_m$이며, 이는 $1 + (트리의\ 자식\ 개수) = 1 + 0 \cdot n_0 + 1 \cdot n_1 + 2 \cdot n_2 + \cdots + m \cdot n_m$ 과도 같다.

22. 기본적인 착상은, 비지 않은 이진트리의 표현을 루트 더하기 절반 크기의 회전된 왼쪽, 오른쪽 하위 이진트리들의 형태로 정의해서 재귀적으로 진행하는 것이다. 그러면 임의의 크기의 이진트리를 한 장의 종이에 표현할 수 있다(물론 그런 이진트리 도표를 조사하려면 강력한 돋보기가 필요할 것이다).

이러한 주제에는 다양한 변종들이 가능하다. 예를 들어 루트를 가로 방향 용지의 윗변 가운데에서 용지 중앙으로의 선분으로 나타내고, 왼쪽 하위트리는 용지 왼쪽 반쪽에 같은 식으로 그리고(용지를 시계방향으로 90도 회전해서), 오른쪽 하위트리도 마찬가지 방식으로 오른쪽 반쪽에 그려 나갈 수 있다. (이 방법을 k 수준, $2^k - 1$개의 노드들로 된 완전 이진트리에 적용하면 소위 "H 트리(H-tree)"가 된다. H 트리는 VLSI 칩에서 그런 이진트리를 나타낼 때 가장 효율적인 배치 방식이다. R. P. Brent, H. T. Kung, *Inf. Proc. Letters* **11** (1980), 46-48를 볼 것.)

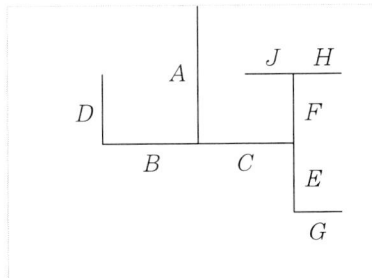

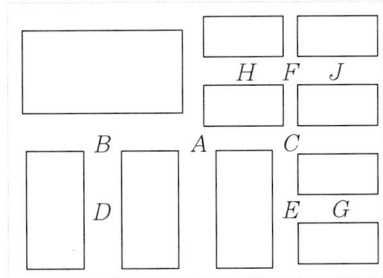

또 다른 착상으로, 빈 이진트리는 상자 형태로 나타내고, 비지 않은 이진트리의 표현을 왼쪽 하위트리가 해당 오른쪽 하위트리의 왼쪽 또는 아래(재귀 깊이가 짝수이냐 홀수이냐에 따라)에 놓이도록 회전시키는 방법도 있다. 그러면 상자들은 확장 이진트리(2.3.4.5절 참고)의 외부 노드들에 해당한다. 이러한 표현은 외부 노드들이 정보를 담고 있지만 내부 노드들은 그렇지 않을 경우에 특히나 적합하며, 6.5절에서 논의하는 2-d 트리와 4분트리와도 밀접한 관련이 있다.

2.3.1절

1. $\mathtt{INFO(T)} = A$, $\mathtt{INFO(RLINK(T))} = C$, 등등. 답은 H

2. 전위: 1245367; 대칭: 4251637; 후위: 4526731

3. 명제는 참이다. 예를 들어 연습문제 2에서 노드 4, 5, 6, 7이 항상 그 순서대로 나타남을 주목할 것. 이 결과는 이진트리 크기에 대한 귀납법으로 즉시 증명된다.

4. 후위 순서의 역이다. (귀납법으로 쉽게 증명할 수 있다.)

5. 예를 들어 연습문제 2의 트리에서 전위 순서는 이진 표기법(이 경우는 듀이 체계와 동등하다)으로 1, 10, 100, 101, 11, 110, 111이다. 숫자들의 열은 마치 사전의 단어들처럼 정렬된다.

일반적으로, "빈칸"< 0 < 1로 해서 노드들이 왼쪽에서 오른쪽으로 사전순으로 정렬되어 있다면 노드들은 전위 순서로 나열된다. 그리고 0 < 1 < "빈칸"로 해서 노드들이 왼쪽에서 오른쪽으로 사전순으로 정렬되어 있다면 후위 순서로 나열된다. 0 < "빈칸" < 1이면 중위 순서가 된다.

(더 나아가서, 만일 빈칸들이 왼쪽에 있으며 듀이 이름표들을 보통의 이진수처럼 취급한다면 수준 순서(level order)가 된다. 2.3.3-(8) 참고.)

6. 하나의 스택으로 $p_1 p_2 \dots p_n$을 얻을 수 있음은 n에 대한 귀납법으로 쉽게 증명할 수 있다. 또는, 사실 알고리즘 T가 하는 일이 그 스택 연산들에서 요구되는 것과 정확히 같다는 점에 주목할 수도 있다. (이에 대응하는, 연습문제 2.2.1-3에서와 같은 S들과 X들의 순차열은, 이중 순서의 첨자들에 나오는 1들과 2들의 순차열과 같다. 연습문제 18을 볼 것.)

반대로, 만일 하나의 스택으로 $p_1 p_2 \dots p_n$을 얻을 수 있다면, 그리고 $p_k = 1$이라면, $p_1 \dots p_{k-1}$은 $\{2, \dots, k\}$의 한 순열이고 $p_{k+1} \dots p_n$은 $\{k+1, \dots, n\}$의 한 순열이다. 이들은 왼쪽 하위트리와 오른쪽 하위트리에 대응되는 순열들이며 둘 다 하나의 스택으로 얻을 수 있다. 이제 귀납법으로 증명하면 된다.

7. 루트는 전위 순서 노드들에서 알아낼 수 있다. 왼쪽 하위트리와 오른쪽 하위트리는 중위 순서 노드들에서 알 수 있다. 그리고 사실 그 하위트리들의 전위 순서 노드들과 중위 순서 노드들을 알아낼 수 있다. 따라서 트리를 어려움 없이 구축할 수 있다(그리고 보통의 방식대로, 즉 LLINK들로는 노드들을 전위 순서로 연결하고 RLINK들로는 노드들을 중위 순서로 연결하는 식으로 트리를 구축하는 간단한 알고리즘을 만들어내는 것은 실제로 상당히 즐거운 일이다). 후위 노드들과 중위 노드들이 주어졌을 때에도 비슷한 방식으로 고유한 트리를 복원할 수 있다. 그러나 전위와 후위의 경우에는

그렇지 않다. 왜냐하면 노드들이 전위로 AB이고 후위로 BA인 이진트리는 두 개이기 때문이다. 다만, 만일 한 이진트리의 모든 비말단 노드들이 두 자식 모두 가지고 있다면, 그런 이진트리의 구조는 전위 노드들과 후위 노드들로 규정할 수 있다.

8. (a) 모든 LLINK가 공링크인 이진트리들. (b) 노드가 0 또는 1개인 이진트리들. (c) 모든 RLINK 들이 공링크인 이진트리들.

9. T1 한 번, T2 $2n+1$번, T3 n번, T4 $n+1$번, T5 n번. 이 횟수들은 귀납법이나 키르히호프 법칙으로, 또는 프로그램 T를 조사해서 유도할 수 있다.

10. 모든 RLINK들이 공링크인 이진트리가 주어진다면, n개의 노드 주소들 모두가 스택에 들어가며 그 전에는 그 어떤 노드 주소도 스택에서 제거되지 않는다.

11. 노드가 n개이며 알고리즘 T의 스택에 담기는 항목이 k개 이상이 되지 않게 하는 이진트리들의 개수를 a_{nk}라고 하자. $g_k(z) = \sum_n a_{nk}z^n$이고 $q_{-1}(z) = q_0(z) = 1$, $q_{k+1}(z) = q_k(z) - zq_{k-1}(z)$라고 하면, $g_1(z) = 1/(1-z)$, $g_2(z) = 1/(1-z/(1-z)) = (1-z)/(1-2z)$, ..., $g_k(z) = 1/(1-zg_{k-1}(z)) = q_{k-1}(z)/q_k(z)$임을 알 수 있다. 따라서 $g_k(z) = (f_1(z)^{k+1} - f_2(z)^{k+1})/(f_1(z)^{k+2} - f_2(z)^{k+2})$이다. 여기서 $f_j(z) = \frac{1}{2}(1 \pm \sqrt{1-4z})$이다. 이제 $a_{nk} = [u^n](1-u)(1+u)^{2n}(1-u^{k+1})/(1-u^{k+2})$임을 보일 수 있으며, 그러면 $s_n = \sum_{k \geq 1} k(a_{nk} - a_{n(k-1)})$은 $[u^{n+1}](1-u)^2(1+u)^{2n}\sum_{j \geq 1} u^j/(1-u^j)$ 빼기 a_{nn}이다. 연습문제 5.2.2-52의 기법을 이용하면 다음과 같은 점근급수를 얻을 수 있다.

$$s_n/a_{nn} = \sqrt{\pi n} - \frac{3}{2} - \frac{13}{24}\sqrt{\frac{\pi}{n}} + \frac{1}{2n} + O(n^{-3/2}).$$

〔N. G. de Bruijn, D. E. Knuth, S. O. Rice, in *Graph Theory and Computing*, R. C. Read 엮음 (New York: Academic Press, 1972), 15-22.〕

2.3.2절에서 설명하는 것처럼 이진트리가 하나의 숲을 나타낼 때, 여기서 분석한 수량은 그 숲의 높이(한 노드와 루트 사이의 가장 먼 거리 더하기 1)이다. 다른 여러 종류의 트리들에 대한 일반화를 밝힌 것은 플라졸레Flajolet와 오들리츠코Odlyzko이다 〔*J. Computer and System Sci.* **25** (1982), 171-213〕. 뒤이어 Flajolet, Gao, Odlyzko, Richmond는 평균 부근과 거기서 먼 곳 모두에서의 높이들의 점근적 분포를 분석했다 〔*Combinatorics, Probability, and Computing* **2** (1993), 145-156〕.

12. 단계 T5가 아니라 단계 T2와 T3 사이에서 NODE(P)를 방문하게 한다. 증명은, 본문에 나온 명제 "P가 n노드들의... 원래의 값 A[1] ... A[m]들로 돌아간 상태이다."의 유효성을 본문에서와 본질적으로 같은 방식으로 보이면 된다.

13. (아라우조S. Araújo의 답, 1976.) 단계 T1에서 새로운 변수 Q를 Λ로 초기화한다. 단계 T2, T3, T4는 마지막으로 방문한 노드(만일 있다면)를 Q가 가리키게 하도록 적절히 수정한다. 단계 T5는 다음 두 단계로 대체한다.

T5. 〔오른쪽 가지가 끝났는가?〕 만일 RLINK(P) = Λ이거나 RLINK(P) = Q이면 단계 T6으로 가고, 그렇지 않으면 A ⇐ P, P ← RLINK(P)로 설정하고 T2로 돌아간다.

T6. 〔P를 방문.〕 NODE(P)를 방문하고, Q ← P로 설정하고, T4로 돌아간다.

(스택에서 노드들을 뽑았다가 즉시 다시 삽입하는 일을 피할 수 있도록 단계 T4와 T5를 좀 더 최적화하는 것이 가능하다.) 새 알고리즘은 원래의 알고리즘을 증명했던 방법과 비슷한 방법으로 증명할 수 있다.

14. 귀납법에 의해, 정확히 $n+1$개(T가 공링크일 때도 포함)의 Λ 링크들이 존재함을 밝힐 수 있다. 공링크가 아닌 링크들의 개수는 T도 포함해서 n개이므로, 본문의 공링크들이 더 많다는 언급은 옳았다.

15. 노드에 비지 않은 오른쪽 또는 왼쪽 하위트리가 존재할 때에만 그 노드를 가리키는 각각 스레드 LLINK 또는 스레드 RLINK가 존재한다. (그림 24 참고.)

16. 만일 LTAG(Q) = 0이면 Q*는 LLINK(Q)이다. 따라서 Q*는 왼쪽으로 한 단계 내려간 것이다. 그렇지 않으면, Q*는 단계들을 되짚지 않고도 오른쪽으로 내려갈 수 있는 곳에 처음 도달할 때까지 필요한 만큼만 트리를 따라 올라감으로써 얻는다. 전형적인 예로는, 다음 트리에서 P에서 P*로 가는 것과 Q에서 Q*로 가는 것을 들 수 있겠다.

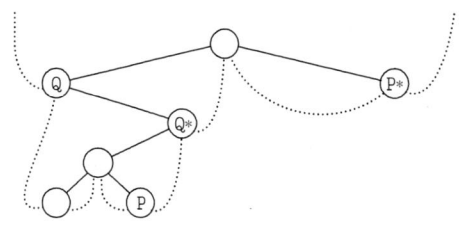

17. 만일 LTAG(P) = 0이면 Q ← LLINK(P)로 설정하고 끝낸다. 그렇지 않으면 Q ← P로 설정하고, 그런 다음 RTAG(Q) = 0이 나올 때까지 필요한 만큼만 Q ← RLINK(Q)를 반복한다. 최종적으로 한 번 더 Q ← RLINK(Q)로 설정한다.

18. 알고리즘 T에 단계 T2.5 "처음으로 NODE(P)를 방문한다"를 삽입한다. 단계 T5에서는 두 번째로 NODE(P)를 방문하게 된다.

스레드 트리가 주어졌을 때, 운행은 매우 간단하다.

만일 LTAG(P) = 0이면 $(P,1)^\Delta$는 (LLINK(P),1), 그렇지 않으면 (P,2);

만일 RTAG(P) = 0이면 $(P,2)^\Delta$는 (RLINK(P),1), 그렇지 않으면 (RLINK(P),2).

각 경우에서, 트리에서 많아야 한 계단 움직인다. 따라서 실제 응용에서는 이중 순서와 d와 e의 값들이 프로그램 안에 내장되며, 명시적으로 언급되지는 않는다.

모든 최초 방문들을 억제하면 알고리즘 T, S와 정확히 같아진다. 모든 두 번째 방문들을 억제하면 연습문제 12와 17의 답이 된다.

19. 기본적인 착상은 이런 것이다. P의 부모 Q를 찾는 것으로 시작한다. 만일 P ≠ LLINK(Q)이면 P# = Q이다. 그렇지 않으면 RTAG(Q) = 1이 될 때까지 설정 Q ← Q\$를 0회 이상 필요한 만큼만 반복해서 P#을 찾을 수 있다. (예를 들어 다음 트리에서 P와 P#을 살펴볼 것.)

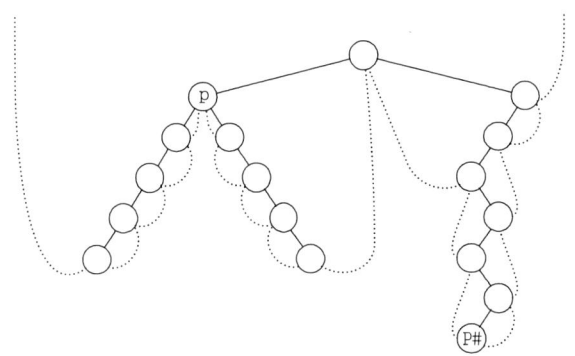

일반적인 오른쪽 스레드식 트리에서 P의 부모를 찾는 효율적인 알고리즘은 없는데, 왜냐하면 열화된(degenerate) 오른쪽 스레드식 트리, 즉 모든 왼쪽 링크들이 공링크인 오른쪽 스레드식 트리는 본질적으로 링크들이 잘못된 곳으로 가는 하나의 순환 목록이기 때문이다. 따라서 현재 노드 P에 도달한 내력을 보존해 두지 않는 한, 연습문제 13의 스택 방법만큼이나 효율적으로 오른쪽 스레드식 트리를 후위 순서로 운행할 수는 없다.

그러나 트리가 양방향 모두로 스레드화되었다면 P의 부모를 효율적으로 찾을 수 있다. 방법은 다음과 같다.

F1. Q ← P, R ← P로 설정한다.

F2. 만일 LTAG(Q) = RTAG(R) = 0이면 Q ← LLINK(Q), R ← RLINK(R)로 설정하고 이 단계를 반복한다. 그렇지 않으면, 만일 RTAG(R) = 1이면 F4로 간다.

F3. Q ← LLINK(Q)로 설정하고, 만일 P = RLINK(Q)이면 끝낸다. 그렇지 않으면 RTAG(R) = 1이 될 때까지 R ← RLINK(R)을 0회 이상 필요한 만큼만 반복하고, 그런 다음 Q ← RLINK(R)로 설정하고 끝낸다.

F4. R ← RLINK(R)로 설정하고, 만일 P = LLINK(R)이면 Q ← R로 설정하고 끝낸다. 그렇지 않으면 LTAG(Q) = 1이 될 때까지 Q ← LLINK(Q)를 0회 이상 필요한 만큼만 반복하고, 그런 다음 Q ← LLINK(Q)로 설정하고 끝낸다. ■

P가 트리의 한 무작위 노드라 할 때 이 알고리즘 F의 평균 실행 시간은 $O(1)$이다. P가 오른쪽 자식일 때 Q ← LLINK(Q)를 수행하는 단계들만 친다면, 또는 P가 왼쪽 자식일 때 R ← RLINK(R)을 수행하는 단계들만 친다면 각 링크는 정확히 한 노드 P에 대해서만 운행되기 때문이다.

20. 줄 06-09를 다음으로 대체: 줄 12-13을 다음으로 대체:

```
T3   ENT4  0,6              LD4   0,6(LINK)
     LD6   AVAIL            LD5   0,6(INFO)
```

```
J6Z   OVERFLOW              LDX   AVAIL
LDX   0,6(LINK)             STX   0,6(LINK)
STX   AVAIL                 ST6   AVAIL
ST5   0,6(INFO)             ENT6  0,4
ST4   0,6(LINK)
```

만일 줄 06에 다음 두 줄을 추가하고

```
T3    LD3   0,5(LLINK)
      J3Z   T5                      만일 LLINK(P) = Λ이면 T5로.
```

줄 10과 11도 이에 맞게 적절히 수정한다면, 실행 시간은 $(30n + a + 4)u$에서 $(27a + 6n - 22)u$로 내려간다. (프로그램 T도 이런 식으로 수정해서 실행 시간을 $(12a + 6n - 7)u$로 줄일 수 있다. $a = (n+1)/2$로 둔다면 이는 근소한 향상이다.)

21. 다음은 모리스Joseph M. Morris의 답으로 [*Inf. Proc. Letters* **9** (1979), 197-200], 전위 순서로 도 운행한다(연습문제 18 참고).

> **U1.** 〔초기화.〕 P ← T, R ← Λ로 설정한다.
>
> **U2.** 〔끝인가?〕 만일 P = Λ이면 알고리즘을 끝낸다.
>
> **U3.** 〔왼쪽을 본다.〕 Q ← LLINK(P)로 설정한다. 만일 Q = Λ이면 NODE(P)를 전위 순서로 방문하고 U6으로 간다.
>
> **U4.** 〔스레드를 찾는다.〕 Q = R 또는 RLINK(Q) = Λ가 될 때까지 Q ← RLINK(Q)를 0회 이상 필요한 만큼만 반복한다.
>
> **U5.** 〔스레드를 삽입 또는 삭제.〕 만일 Q ≠ R이면 RLINK(Q) ← P로 설정하고 U8로 간다. 그렇지 않으면 RLINK(Q) ← Λ로 설정한다(RLINK(Q)는 임시로 P로 변했었지만, 이제는 P의 왼쪽 하위트리 운행을 마쳤다).
>
> **U6.** 〔중위 방문.〕 NODE(P)를 중위 순서로 방문한다.
>
> **U7.** 〔오른쪽 또는 위로 간다.〕 R ← P, P ← RLINK(P)로 설정하고 U2로 돌아간다.
>
> **U8.** 〔전위 방문.〕 NODE(P)를 전위 순서로 방문한다.
>
> **U9.** 〔왼쪽으로 간다.〕 P ← LLINK(P)로 설정하고 단계 U3으로 돌아간다. ∎

모리스는 또한 약간 더 복잡한 후위 운행 방법도 제안했다.

롭슨J. M. Robson은 완전히 다른 해법을 찾았다 [*Inf. Proc. Letters* **2** (1973), 12-14]. 만일 노드의 LLINK와 RLINK 모두 공링크가 아니면 그 노드를 "꽉 찬(full)" 노드라고 부르고, LLINK와 RLINK 둘 다 비었다면 "빈(empty)" 노드라고 부르기로 하자. 롭슨은 오른쪽 하위트리가 방문되고 있는 꽉 찬 노드로의 포인터들의 스택을, 빈 노드들의 링크 필드들을 이용해서 유지하는 방법을 찾았다!

그와는 독립적으로, 보조적인 스택을 사용하지 않아도 되는 또 다른 방법을 린드스트롬G. Lindstrom과 드와이어B. Dwyer가 발견했다 〔*Inf. Proc. Letters* **2** (1973), 47–51, 143–145〕. 그들의 알고리즘은 삼중순서(triple order)로 운행한다. 좀 더 구체적으로 말하자면, 모든 노드를 전위, 중위, 후위 각각 한 번씩 정확히 세 번 방문한다. 그러나 알고리즘은 현재 수행되는 방문이 그 셋 중 어떤 것인지 알지 못한다.

W1. 〔초기화.〕 P ← T, Q ← S로 설정한다. 여기서 S는 하나의 경계값으로, 트리의 어떠한 링크와도 같지 않음이 확실한 값이면 어떤 것이라도 좋다(예를 들면 −1).

W2. 〔공링크는 지나친다.〕 만일 P = Λ이면 P ← Q, Q ← Λ로 설정한다.

W3. 〔끝인가?〕 만일 P = S이면 알고리즘을 끝낸다. (알고리즘이 끝났을 때 Q = T이다.)

W4. 〔방문.〕 NODE(P)를 방문한다.

W5. 〔회전.〕 R ← LLINK(P), LLINK(P) ← RLINK(P), RLINK(P) ← Q, Q ← P, P ← R로 설정하고 W2로 돌아간다. ∎

이 알고리즘이 정확함은, 만일 P가 이진트리 T의 루트를 가리키며 Q가 그 트리의 링크가 아닌 어떤 X를 가리키는 상태에서 W2에서 출발한다면, 알고리즘은 트리를 삼중순서로 운행하며 P = X, Q = T인 상태로 W3에 도달한다는 사실로부터 비롯된다.

삼중순서로 나열한 노드들의 순차열을 $\alpha(T) = x_1 x_2 \ldots x_{3n}$이라고 하자. 그러면 $\alpha(T) = T \alpha(\text{LLINK}(T)) T \alpha(\text{RLINK}(T)) T$이다. 따라서, 린드스트롬이 밝혔듯이, 세 부분순차열 $x_1 x_4 \ldots x_{3n-2}$, $x_2 x_5 \ldots x_{3n-1}$, $x_3 x_6 \ldots x_{3n}$ 각각은 모든 트리 노드를 단 한 번씩만 포함한다. (x_{j+1}은 x_j의 부모이거나 자식이므로, 이 부분순차열들은 각 노드가 그 선행자로부터 많아야 세 링크 떨어지도록 하는 방식으로 노드들을 방문한다. 7.2.1.6절에서는 이진트리뿐만 아니라 일반적인 트리들에서도 이러한 성질을 가지고 있는, 전후위순서(prepostorder)라고 하는 일반적인 운행 방식을 설명한다.)

22. 이 프로그램은 프로그램 T와 S와 같은 규약을 사용하되, Q가 rI6 그리고/또는 rI4에 들어 있다고 가정한다. 또한, 구식 MIX 컴퓨터는 색인 레지스터들의 상등 비교가 여의치 않기 때문에 변수 R을 생략하고 판정 "Q = R"을 "RLINK(Q) = P"로 바꾸었다.

01	U1	LD5	HEAD(LLINK)	1	*U1. 초기화.* P ← T.
02	U2A	J5Z	DONE	1	만일 P = Λ이면 중지.
03	U3	LD6	0,5(LLINK)	$n+a-1$	*U3. 왼쪽을 본다.* Q ← LLINK(P).
04		J6Z	U6	$n+a-1$	만일 Q = Λ이면 U6으로.
05	U4	CMP5	1,6(RLINK)	$2n-2b$	*U4. 스레드를 찾는다.*
06		JE	5F	$2n-2b$	만일 RLINK(Q) = P이면 점프.
07		ENT4	0,6	$2n-2b-a+1$	rI4 ← Q.
08		LD6	1,6(RLINK)	$2n-2b-a+1$	
09		J6NZ	U4	$2n-2b-a+1$	만일 Q ≠ 0이면 Q ← RLINK(Q)로 설정하고 U4로.
10	U5	ST5	1,4(RLINK)	$a-1$	*U5a. 스레드 삽입.* RLINK(Q) ← P.

11	U9	LD5	0,5(LLINK)	$a-1$	_U9. 왼쪽으로 간다._ P ← LLINK(P).
12		JMP	U3	$a-1$	U3으로.
13	5H	STZ	1,6(RLINK)	$a-1$	_U5b. 스레드 제거._ RLINK(Q) ← Λ.
14	U6	JMP	VISIT	n	_U6. 중위 방문._
15	U7	LD5	1,5(RLINK)	n	_U7. 오른쪽 또는 위로._ P ← RLINK(P).
16	U2	J5NZ	U3	n	_U2. 끝인가?_ 만일 P ≠ Λ이면 U3으로.
17	DONE	...			∎

총 실행 시간은 $21n + 6a - 3 - 14b$로, 여기서 n은 노드 개수, a는 공 RLINK 개수(따라서 $a-1$은 공링크가 아닌 LLINK 개수), b는 트리의 "오른쪽 척추(spine)" T, RLINK(T), RLINK(RLINK(T)) 등에 있는 노드들의 개수이다.

23. 오른쪽 삽입: RLINKT(Q) ← RLINKT(P), RLINK(P) ← Q, RTAG(P) ← 0, LLINK(Q) ← Λ로 설정. 왼쪽 삽입(단 LLINK(P) = Λ라고 가정): LLINK(P) ← Q, LLINK(Q) ← Λ, RLINK(Q) ← P, RTAG(Q) ← 1로 설정. P와 LLINK(P) ≠ Λ 사이에서 왼쪽 삽입: R ← LLINK(P), LLINK(Q) ← R로 설정하고, RTAG(R) = 1이 될 때까지 R ← RLINK(R)을 0회 이상 필요한 만큼만 반복하고, 마지막으로 RLINK(R) ← Q, LLINK(P) ← Q, RLINK(Q) ← P, RTAG(Q) ← 1로 설정한다.

   (만일 P = LLINK(F) 또는 P = RLINK(F)인 한 노드 F를 알고 있다면 마지막 경우에 대해 좀 더 효율적인 알고리즘을 사용할 수 있다. 예를 들어 P = RLINK(F)인 한 노드 F를 알고 있다면, INFO(P) ↔ INFO(Q), RLINK(F) ← Q, LLINK(Q) ← P, RLINKT(Q) ← RLINKT(P), RLINK(P) ← Q, RTAG(P) ← 1로 설정하면 된다. 이런 방식은 수행 시간이 상수라는 장점이 있긴 하지만 메모리 안에서 노드들을 교환하는 것이기 때문에 일반적으로는 권장되지 않는다.

24. 아니다:

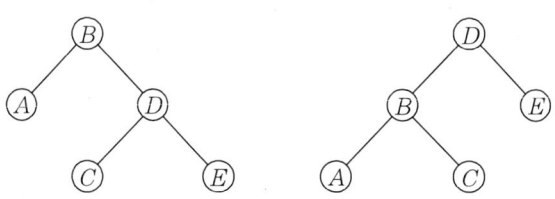

25. 우선 T의 노드 개수에 대한 귀납법으로 (b)를 먼저 증명하고, 비슷한 방식으로 (c)를 증명한다. 그렇다고 할 때, 이제 (a)는 몇 가지 경우들로 나뉜다: 만일 (i)이 성립한다면 $T \leq_1 T'$라고 쓰고, (ii)가 성립한다면 $T \leq_2 T'$로 쓰고, 등등이다. 그러면 $T \leq_1 T'$이고 $T' \leq T''$라는 것은 $T \leq_1 T''$를 함의하며, $T \leq_2 T'$이고 $T' \leq T''$라는 것은 $T \leq_2 T''$를 함의한다. 나머지 두 경우들은 (a)를 T의 노드 개수에 대한 귀납법으로 증명함으로써 해결할 수 있다.

26. T의 이중 순서가 (u_1, d_1), (u_2, d_2), ..., (u_{2n}, d_{2n})라고 하자. 여기서 u들은 노드들이고 d들은 1 또는 2이다. 이들로 트리의 "궤적(trace)" (v_1, s_1), (v_2, s_2), ..., (v_{2n}, s_{2n})을 형성한다. 여기서 $v_j = \text{info}(u_j)$이고 s_j는 d_j가 1이냐 2이냐에 따라 $l(u_j)$ 또는 $r(u_j)$이다. 그러면, 오직 T의 궤적 (앞에서 정의한 바대로의)이 사전순서로 T'의 궤적보다 앞서거나 같을 때에만 $T \leq T'$이다. 공식적

으로, 이는 $1 \le j \le 2n$에 대해 $n \le n'$이고 $(v_j, s_j) = (v'_j, s'_j)$이거나, 아니면 $1 \le j < k$에 대해 $(v_j, s_j) = (v'_j, s'_j)$이며 $v_k < v'_k$ 또는 $v_k = v'_k$ 그리고 $s_k < s'_k$인 k가 존재함을 의미한다.

27. **R1.** 〔초기화.〕 P ← HEAD, P′ ← HEAD′로 설정한다. 이들은 주어진 오른쪽 스레드식 이진트리들의 해당 목록 머리들이다. R3으로 간다.

   R2. 〔INFO 점검.〕 만일 INFO(P) < INFO(P′)이면 알고리즘을 끝낸다(결과는 $T < T'$). 만일 INFO(P) > INFO(P′)이면 알고리즘을 끝낸다(결과는 $T > T'$).

   R3. 〔오른쪽으로 간다.〕 만일 LLINK(P) = Λ = LLINK(P′)이면 R4로 간다. 만일 LLINK(P) = Λ ≠ LLINK(P′)이면 알고리즘을 끝낸다(결과는 $T < T'$). 만일 LLINK(P) ≠ Λ = LLINK(P′)이면 알고리즘을 끝낸다(결과는 $T > T'$). 그렇지 않으면 P ← LLINK(P), P′ ← LLINK(P′)로 설정하고 R2로 간다.

   R4. 〔트리의 끝?〕 만일 P = HEAD이면(또는, 만일 P′ = HEAD′라고 해도 동등하다) 알고리즘을 끝낸다(결과는 T와 T'가 동치)

   R5. 〔오른쪽으로 간다.〕 만일 RTAG(P) = 1 = RTAG(P′)이면 P ← RLINK(P), P′ ← RLINK(P′)로 설정하고 R4로 간다. 만일 RTAG(P) = 1 ≠ RTAG(P′)이면 알고리즘을 끝낸다(결과는 $T < T'$). 만일 RTAG(P) ≠ 1 = RTAG(P′)이면 알고리즘을 끝낸다(결과는 $T > T'$). 그렇지 않으면 P ← RLINK(P), P′ ← RLINK(P′)로 설정하고 R2로 간다. ∎

이 알고리즘의 유효성을 증명하는(또한 이 알고리즘의 작동방식을 이해하는) 한 가지 방법은 다음 명제가 유효함을 트리 T_0의 크기에 대한 귀납법으로 보이는 것이다: P와 P′가 두 비지 않은 오른쪽 스레드식 이진트리 T_0과 T'_0의 루트들을 가리키는 상황에서 단계 $R2$에서 시작한다고 할 때, 만일 T_0과 T'_0이 동치가 아니면 알고리즘은 $T_0 < T'_0$인지 아니면 $T_0 > T'_0$인지를 밝히면서 끝나게 된다. 만일 T_0과 T'_0이 동치이면 알고리즘은 단계 $R4$에 도달하며, 그때 P와 P′는 각각 T_0과 T'_0의 선행자 노드들을 대칭 순서로 가리킨다.

28. 동치이자 닮음이다.

29. 다음 명제가 유효함을 T의 크기에 대한 귀납법으로 증명하면 된다: P가 비지 않은 이진트리 T를 가리키며 Q가 빈 왼쪽, 오른쪽 하위트리들을 가진 한 노드를 가리키는 상황에서 단계 $C2$에서 시작한다고 할 때, 알고리즘은 궁극적으로는 INFO(Q) ← INFO(P)로 설정하고 NODE(P)의 왼쪽, 오른쪽 하위트리 복사본들을 NODE(Q)에 부착한 후에, 그리고 P와 Q가 각각 트리 T와 NODE(Q)의 전위 순서 선행자 노드들을 가리키는 상태에서 단계 $C6$에 도달한다.

30. (2)의 포인터 T가 (10)의 LLINK(HEAD)라고 가정한다.

   L1. 〔초기화.〕 Q ← HEAD, RLINK(Q) ← Q로 설정한다.

   L2. 〔전진.〕 P ← Q$로 설정한다. (아래 설명을 볼 것.)

   L3. 〔스레드 연결.〕 만일 RLINK(Q) = Λ이면 RLINK(Q) ← P, RTAG(Q) ← 1로 설정하고, 그렇

지 않으면 RTAG(Q) ← 0으로 설정한다. 만일 LLINK(P) = Λ이면 LLINK(P) ← Q, LTAG(P) ← 1로 설정하고, 그렇지 않으면 LTAG(P) ← 0으로 설정한다.

L4. 〔끝인가?〕 만일 P ≠ HEAD이면 Q ← P로 설정하고 L2로 돌아간다. ∎

이 알고리즘의 단계 L2는 아주 간단하게만 서술되어 있는데, 실제로는 알고리즘 T와 같은 어떤 중위 운행 코루틴을 발동한다는 점을 함의하고 있다. 또한 알고리즘 T가 트리를 완전히 운행한 후에 HEAD를 방문하게 하는 어떤 추가적인 조건도 적용되어야 한다. 이런 단순화된 표기법은 트리 알고리즘을 서술할 때 매번 알고리즘 T의 스택 메커니즘을 반복하지 않아도 된다는 점에서 편리하다. 단계 L2에서 알고리즘 S를 사용할 수는 없는데, 왜냐하면 트리가 아직 스레드화되지 않았기 때문이다. 그러나 연습문제 21의 알고리즘은 단계 L2에서 사용할 수 있다. 그렇게 하면 어떠한 보조적 스택도 사용하지 않고 트리를 스레드하는 상당히 멋진 방법이 된다.

31. X1. P ← HEAD로 설정한다.

X2. Q ← P\$로 설정한다(이를테면 오른쪽 스레드식 트리에 맞게 수정된 알고리즘 S를 이용해서).

X3. 만일 P ≠ HEAD이면 AVAIL ⇐ P로 설정한다.

X4. 만일 Q ≠ HEAD이면 P ← Q로 설정하고 X2로 돌아간다.

X5. LLINK(HEAD) ← Λ로 설정한다. ∎

내부 루프의 길이를 감소하는 다른 해법도 분명 가능하겠지만, 그래도 기본적인 단계들의 순서는 이 해답과 크게 다르기가 힘들 것이다. 이 알고리즘이 제대로 작동하는 것은, 알고리즘 S가 노드의 LLINK와 RLINK 모두를 살펴본 후에만 노드를 가용 저장소로 돌려주기 때문이다. 본문에서 살펴보았듯이 그런 링크들 각각은 트리를 완전히 운행하는 동안 정확히 한 번만 쓰인다.

32. RLINK(Q) ← RLINK(P), SUC(Q) ← SUC(P), SUC(P) ← RLINK(P) ← Q, PRED(Q) ← P, PRED(SUC(Q)) ← Q.

33. NODE(P)의 바로 왼쪽과 아래에 NODE(Q)를 삽입하는 것은 상당히 간단하다: LLINKT(Q) ← LLINKT(P), LLINK(P) ← Q, LTAG(P) ← 0, RLINK(Q) ← Λ로 설정한다. 오른쪽에 삽입하는 것은 훨씬 더 어려운데, 왜냐하면 본질적으로 *Q를 찾아야 하기 때문이다. 그리고 *Q를 찾는 것은 Q#을 찾는 것만큼이나 어렵다(연습문제 19 참고). 연습문제 23에서 말한 노드 옮기기 기법을 사용할 수도 있다. 정리하자면, 이런 스레드식 트리에서는 일반적인 삽입들이 더 어렵다. 그러나 알고리즘 C가 요구하는 삽입들은 일반적인 삽입들만큼 어렵지는 않으며, 사실 이런 종류의 스레드 방식에서는 복사 공정이 약간 더 빠르다. 복사 알고리즘은 다음과 같다.

C1. P ← HEAD, Q ← U로 설정하고 C4로 설정한다. (이 알고리즘 전반에서, 본문에 나온 알고리즘 C의 가정들과 원리들이 쓰인다.)

C2. 만일 RLINK(P) ≠ Λ이면 R ⇐ AVAIL, LLINK(R) ← LLINK(Q), LTAG(R) ← 1, RLINK(R) ← Λ, RLINK(Q) ← LLINK(Q) ← R로 설정한다.

C3. INFO(Q) ← INFO(P)로 설정한다.

C4. 만일 LTAG(P) = 0이면 R ⇐ AVAIL, LLINK(R) ← LLINK(Q), LTAG(R) ← 1, RLINK(R) ← Λ, LLINK(Q) ← R, LTAG(Q) ← 0으로 설정한다.

C5. P ← LLINK(P), Q ← LLINK(Q)로 설정한다.

C6. 만일 P ≠ HEAD이면 C2로 간다. ∎

그 정확성이 의심스러울 정도로 알고리즘이 간단해졌다!

스레드식 또는 오른쪽 스레드식 이진트리를 위한 알고리즘 C는 시간을 약간 더 잡아먹는데, 이는 단계 C5에서 P*와 Q*를 계산하는 데 추가적인 시간이 들기 때문이다.

이 복사 방법과 연계해서, 단계 C2와 C4에서 RLINK(R)과 RLINKT(Q)의 값들을 적절히 설정함으로써 RLINK들을 보통의 방식대로 스레드로 연결하거나 RLINK(P)에 #P를 넣는 것도 가능하다.

34. A1. Q ← P로 설정하고, RTAG(Q) = 1이 될 때까지 Q ← RLINK(Q)를 0회 이상 필요한 만큼만 반복해서 설정한다.

A2. R ← RLINK(Q). 만일 LLINK(R) = P이면 LLINK(R) ← Λ로 설정한다. 그렇지 않으면 R ← LLINK(R)로 설정하고, 그런 다음 RLINK(R) = P가 될 때까지 R ← RLINK(R)을 0회 이상 필요한 만큼만 반복 설정한다. (이 단계는 원래의 트리에서 NODE(P)와 그 하위트리를 제거한다.)

A3. RLINK(Q) ← HEAD, LLINK(HEAD) ← P로 설정한다. ∎

(이 알고리즘을 고안 또는 이해하는 데 있어 핵심은, "이전과 이후" 도표를 확실하게 만들어 보는 것이다.)

36. 아니다. 연습문제 1.2.1-15(e)의 답을 볼 것.

37. 표현 (2)에서 만일 LLINK(P) = RLINK(P) = Λ이면 LINK(P) = Λ로 한다. 그렇지 않으면 LINK(P) = Q로 하되, 여기서 NODE(Q)는 NODE(LLINK(P))에 해당하며 NODE(Q+1)은 NODE(RLINK(P))에 해당한다. LLINK(P) 또는 RLINK(P) = Λ라는 조건은 각각 NODE(Q) 또는 NODE(Q+1)의 경계값으로 표현한다. 이러한 표현 방식이 사용하는 메모리 위치 개수는 n과 $2n-1$ 사이이다. 주어진 가정들 하에서 (2)에는 18개의 메모리 워드들이 필요하지만, 이 답의 경우에는 11개이다. 삽입과 삭제 연산의 효율성은 두 표현에서 거의 같다. 그러나 다른 구조들과의 조합 측면에서 보면, 이 답의 표현 방식이 원래의 표현만큼 범용적이지는 않다.

2.3.2절

1. 만일 B가 비었으면 $F(B)$는 빈숲이다. 그렇지 않으면, $F(B)$는 하나의 트리 T 더하기 숲 $F(\text{right}(B))$로 구성되는데, 여기서 $\text{root}(T) = \text{root}(B)$이고 $\text{subtree}(T) = F(\text{left}(B))$이다.

2. 이진 표기의 0들의 개수는 십진 표기의 소수점들의 개수이다. 대응관계에 대한 구체적인 공식은

$$a_1.a_2.\cdots.a_k \leftrightarrow 1^{a_1}01^{a_2-1}0...01^{a_k-1}$$

이다. 여기서 1^a은 한 행의 a개의 1들을 뜻한다.

3. 노드들에 대한 듀이 십진 표기들을 사전순서로 정렬하되(사전에서처럼 왼쪽에서 오른쪽으로), 가장 짧은 순차열 $a_1.\cdots.a_k$를 전위 순서에서는 그것의 확장들 $a_1.\cdots.a_k.\cdots.a_r$ 앞에, 후위 순서에서는 그 확장들 뒤에 놓는다. 따라서 만일 수들의 순차열이 아니라 단어들을 정렬한다면, 전위 순서에서는 보통의 사전 순서대로 cat, cataract 등이 되고 후위 순서에서는 초기 부분단어의 역순인 cataract, cat 등이 된다. 이런 규칙들은 트리 크기에 대한 귀납법으로 쉽게 증명할 수 있다.

4. 참이다. 노드 개수에 대한 귀납법으로 증명할 수 있다.

5. (a) 중위. (b) 후위. 이 운행 알고리즘들의 동치 관계에 대한 엄격한 귀납적 증명을 공식화 해보는 것도 재미있을 것이다.

6. T에 자식이 단 하나인 노드들만 있다고 해도 $\text{preorder}(T) = \text{preorder}(T')$이고 $\text{postorder}(T) = \text{inorder}(T')$이다. 나머지 두 순서들에는 어떠한 단순한 관계도 없다. 예를 들어 T의 루트는 한 경우에는 끝에 오고 다른 경우에는 중간쯤에 온다.

7. (a) 그렇다. (b) 아니다. (c) 아니다. (d) 그렇다. 숲의 역 전위 순서는 왼쪽-오른쪽이 뒤집힌(거울 반사) 숲의 후위 순서와 같음을 주목할 것.

8. $T \preceq T'$는 $\text{info}(\text{root}(T)) < \text{info}(\text{root}(T'))$이거나, 아니면 그 정보(info)들이 서로 같으며 다음 조건을 만족한다는 뜻이다: $\text{root}(T)$의 하위트리들을 $T_1, ..., T_n$이라고 하고 $\text{root}(T')$의 하위 트리들을 $T_1', ..., T_n'$라고 하자. 그리고 $1 \le j \le k$에 대해 T_j가 T_j'와 동치가 되는 최대의 수 $k \ge 0$이 있다고 하자. 그러면 $k = n$이거나 $k < n$이며 $T_{k+1} \preceq T_{k+1}'$이다.

9. 비지 않은 숲에서, 비말단 노드 개수는 Λ인 오른쪽 링크 개수보다 하나 작다. 왜냐하면 공링크인 오른쪽 링크들은 각 비말단 노드의 제일 오른쪽 자식에 해당하며, 또한 숲의 제일 오른쪽 트리의 루트에도 해당하기 때문이다. (이 사실은 연습문제 2.3.1-14의 또 다른 증명으로 이어지는데, 왜냐하면 공링크인 왼쪽 링크들의 개수는 말단 노드들의 개수와 명백히 같기 때문이다.)

10. 숲들은 오직 $1 \le j \le n$에 대해 $n = n'$이고 $d(u_j) = d(u_j')$일 때에만 닮음 관계이다. 그리고 숲들이 동치일 필요충분조건은 방금 말한 닮음의 필요충분조건과 함께 $1 \le j \le n$에 대해 $\text{info}(u_j) = \text{info}(u_j')$라는 것이다. 이에 대한 증명은 보조정리 2.3.1P를 일반화하고 $f(u) = d(u) - 1$로 두어서 이전의 증명과 비슷하게 진행할 수 있다.

11.

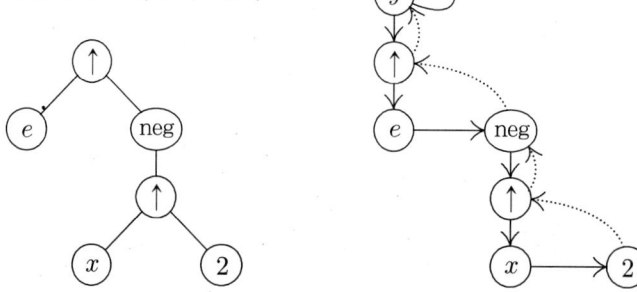

12. 만일 INFO(Q1) $\neq$ 0이면: R $\leftarrow$ COPY(P1)로 설정한다. 그런 다음 만일 TYPE(P2) $=$ 0이고 INFO(P2) $\neq$ 2이면 R $\leftarrow$ TREE("↑",TREE(INFO(P2) $-$ 1))로 설정한다. 만일 TYPE(P2) $\neq$ 0이면 R $\leftarrow$ TREE("↑",R,TREE("$-$",COPY(P2),TREE(1)))로 설정한다. 그런 다음 Q1 $\leftarrow$ MULT(Q1, MULT(COPY(P2),R))로 설정한다.

만일 INFO(Q) $\neq$ 0이면: Q $\leftarrow$ TREE("$\times$",MULT(TREE("ln",COPY(P1)),Q),TREE("↑", COPY(P1), COPY(P2)))로 설정한다.

마지막으로 DIFF[4]로 간다.

13. 다음 프로그램은 알고리즘 2.3.1C를 구현한 것이다. rI1 $\equiv$ P, rI2 $\equiv$ Q, rI3 $\equiv$ R로 가정하며, 초기화와 종료 조건들을 적절히 변경했다.

064		ST3	6F(0:2)	rI3과 rI2의 내용들을 보존해 둔다.
065		ST2	7F(0:2)	_C1. 초기화._
066		ENT2	8F	RLINK(U) $=$ Λ로 해서
067		JMP	1F	NODE(U)를 만들기 시작한다.
068	8H	CON	0	초기화를 위한 상수 0.
069	4H	LD1	0,1(LLINK)	P $\leftarrow$ LLINK(P) $=$ P*로 설정한다.
070	1H	LD3	AVAIL	R $\Leftarrow$ AVAIL.
071		J3Z	OVERFLOW	
072		LDA	0,3(LLINK)	
073		STA	AVAIL	
074		ST3	0,2(LLINK)	LLINK(Q) $\leftarrow$ R.
075		ENNA	0,2	
076		STA	0,3(RLINKT)	RLINK(R) $\leftarrow$ Q, RTAG(R) $\leftarrow$ 1.
077		INCA	8B	rA $\leftarrow$ LOC(초기 노드) $-$ Q.
078		ENT2	0,3	Q $\leftarrow$ R $=$ Q*로 설정한다.
079		JAZ	C3	C3으로 간다(최초).
080	C2	LDA	0,1	_C2. 오른쪽에 뭔가 있는가?_
081		JAN	C3	만일 RTAG(P) $=$ 1이면 점프.
082		LD3	AVAIL	R $\Leftarrow$ AVAIL.
083		J3Z	OVERFLOW	
084		LDA	0,3(LLINK)	
085		STA	AVAIL	
086		LDA	0,2(RLINKT)	
087		STA	0,3(RLINKT)	RLINKT(R) $\leftarrow$ RLINKT(Q)로 설정한다.
088		ST3	0,2(RLINKT)	RLINK(Q) $\leftarrow$ R, RTAG(Q) $\leftarrow$ 0.
089	C3	LDA	1,1	_C3. INFO를 복사._
090		STA	1,2	INFO 필드 복사.
091		LDA	0,1(TYPE)	
092		STA	0,2(TYPE)	TYPE 필드 복사.
093	C4	LDA	0,1(LLINK)	_C4. 왼쪽에 뭔가 있는가?_

094		JANZ	4B	만일 LLINK(P) ≠ Λ이면 점프.
095		STZ	0,2(LLINK)	LLINK(Q) ← Λ.
096	C5	LD2N	0,2(RLINKT)	*C5. 전진.* Q ← −RLINKT(Q).
097		LD1	0,1(RLINK)	P ← RLINK(P).
098		J2P	C5	만일 RTAG(Q)가 1이었으면 점프.
099		ENN2	0,2	Q ← −Q.
100	C6	J2NZ	C2	*C6. 완료 판정.*
101		LD1	8B(LLINK)	rI1 ← 생성된 첫 노드의 장소.
102	6H	ENT3	*	색인 레지스터들을 복원.
103	7H	ENT2	*	

14. 복사된 비말단 (연산자) 노드들의 개수를 a라고 하자. 이전 프로그램의 여러 줄들의 수행 횟수는 다음과 같다: 064-067, 1; 069, a; 070-079, $a+1$; 080-081, $n-1$; 082-088, $n-1-a$; 089-094, n; 095, $n-a$; 096-098, $n+1$; 099-100, $n-a$; 101-103, 1. 총 시간은 $(36n+22)u$ 이다. 시간의 20% 정도는 가용 노드들을 얻는 데, 40%는 운행에, 나머지 40%는 INFO와 LINK 정보를 복사하는 데 소비한다.

15. 주석은 독자의 숙제로 남긴다.

218	DIV	LDA	1,6
219		JAZ	1F
220		JMP	COPYP2
221		ENTA	SLASH
222		ENTX	0,6
223		JMP	TREE2
224		ENT6	0,1
225	1H	LDA	1,5
226		JAZ	SUB
227		JMP	COPYP2
228		ST1	1F(0:2)
229		ENTA	CON2
230		JMP	TREE0

231		ENTA	UPARROW
232	1H	ENTX	*
233		JMP	TREE2
234		ST1	1F(0:2)
235		JMP	COPYP1
236		ENTA	0,1
237		ENT1	0,5
238		JMP	MULT
239		ENTX	0,1
240	1H	ENT1	*
241		ENTA	SLASH
242		JMP	TREE2
243		ENT5	0,1
244		JMP	SUB

16. 주석은 독자의 숙제로 남긴다.

245	PWR	LDA	1,6	263		JMP	TREE0	281		ENTA	LOG
246		JAZ	4F	264	1H	ENTX	*	282		JMP	TREE1
247		JMP	COPYP1	265		ENTA	MINUS	283		ENTA	0,1
248		ST1	R(0:2)	266		JMP	TREE2	284		ENT1	0,5
249		LDA	0,3(TYPE)	267	5H	LDX	R(0:2)	285		JMP	MULT
250		JANZ	2F	268		ENTA	UPARROW	286		ST1	1F(0:2)
251		LDA	1,3	269		JMP	TREE2	287		JMP	COPYP1

252		DECA	2	270		ST1	R(0:2)	288		ST1	2F(0:2)
253		JAZ	3F	271	3H	JMP	COPYP2	289		JMP	COPYP2
254		INCA	1	272		ENTA	0,1	290	2H	ENTX	*
255		STA	CON0+1	273	R	ENT1	*	291		ENTA	UPARROW
256		ENTA	CON0	274		JMP	MULT	292		JMP	TREE2
257		JMP	TREE0	275		ENTA	0,6	293	1H	ENTX	*
258		STZ	CON0+1	276		JMP	MULT	294		ENTA	TIMES
259		JMP	5F	277		ENT6	0,1	295		JMP	TREE2
260	2H	JMP	COPYP2	278	4H	LDA	1,5	296		ENT5	0,1
261		ST1	1F(0:2)	279		JAZ	ADD	297		JMP	ADD ▮
262		ENTA	CON1	280		JMP	COPYP1				

17. 새밋J. Sammet의 개괄 논문 *CACM* **9** (1966), 555-569에 그런 문제들에 대한 초기 성과들의 참고문헌 정보가 나와 있다.

18. 우선 모든 j에 대해 LLINK$[j] \leftarrow$ RLINK$[j] \leftarrow j$로 설정한다. 이러면 순환목록의 각 노드는 길이가 1인 순환목록이 된다. 그런 다음 $j = n, n-1, ..., 1$에 대해(이 순서대로), 만일 PARENT$[j]$ = 0이면 $r \leftarrow j$로 설정하고 그렇지 않으면 j에서 시작하는 순환목록을 PARENT$[j]$로 시작하는 순환목록에 다음과 같이 삽입한다: $k \leftarrow$ PARENT$[j]$, $l \leftarrow$ RLINK$[k]$, $i \leftarrow$ LLINK$[j]$, LLINK$[j]$ $\leftarrow k$, RLINK$[k] \leftarrow j$, LLINK$[l] \leftarrow i$, RLINK$[i] \leftarrow l$. 이것이 작동하는 것은, (a) 루트가 아닌 각 노드는 항상 그 부모 또는 부모의 한 후손보다 위이며 (b) 각 가족의 노드들은 그 부모의 목록 안에 장소 순으로 나타나며, (c) 전위 순서는 (a)와 (b)를 만족하는 고유한 순서이기 때문이다.

20. 만일 u가 v의 조상이라면 u가 전위 순서에서는 v보다 앞이며 후위 순서에서는 v보다 뒤임이 귀납법에 의해 자명하다. 반대로, u가 전위 순서에서는 v보다 앞이며 후위 순서에서는 v보다 뒤라고 하자. 그러면 u가 v의 조상임을 보여야 한다. 만일 u가 첫 트리의 루트이면 이는 명백하다. 만일 u가 첫 트리의 루트가 아닌 노드이면 후위 순서에서 u가 v의 뒤이므로 v 역시 루트가 아닌 노드이다. 이제 귀납법을 적용하면 된다. 비슷하게, 만일 u가 첫 트리에 있지 않다면 전위 순서에서 u가 v보다 앞이므로 v도 첫 트리에 있지 않다. (이 연습문제는 연습문제 3의 결과로도 쉽게 풀 수 있다. 연습문제 3의 결과를 이용하면 전위 순서와 후위 순서에서의 각 노드의 위치를 알고 있을 때 조상 관계를 빠르게 판정할 수 있다.)

21. 만일 NODE(P)가 이항 연산자이면, 그 두 피연산자들로의 포인터들은 P1 = LLINK(P)와 P2 = RLINK(P1) = \$P이다. 알고리즘 D는, P2\$ = P이므로 RLINK(P1)을 Q1, 즉 NODE(P1)의 도함수를 가리키는 포인터로 바꾸고 나중에 단계 D3에서 RLINK(P1)을 복원해도 된다는 사실을 이용한다. 3항 연산자의 경우 이를테면 P1 = LLINK(P), P2 = RLINK(P1), P3 = RLINK(P2) = \$P가 될 것이므로 이항 연산자의 요령을 일반화하는 것이 어렵다. 도함수 Q1을 계산한 후 임시로 RLINK(P1) ← Q1로 설정해 두고, 다음 도함수 Q2를 계산한 후에 RLINK(Q2) ← Q1, RLINK(P2) ← Q2로 설정하고 다시 RLINK(P1) ← P2로 설정할 수도 있다. 그러나 이는 확실히 우아하지 못한 방법이며, 연산자의 차수가

높아짐에 따라 점점 더 지저분해진다. 따라서 알고리즘 D에서 RLINK(P1)을 일시적으로 변경하는 것은 기법(technique)이 아니라 요령(trick)이다. 알고리즘 2.3.3F를 기본으로 한다면, 고차 연산자들로 일반화되며 특정한 편법에 의존하지 않는, 좀 더 아름다운 미분 공정 제어 방법을 만들 수 있다. 연습문제 2.3.3-3을 볼 것.

22. 그 관계가 추이적임은, 다시 말해서 만일 $T \sqsubseteq T'$이고 $T' \sqsubseteq T''$이면 $T \sqsubseteq T''$임은 정의로부터 즉시 증명된다. (사실 그 관계가 부분순서임도 쉽게 증명할 수 있다.) f가 노드들을 그 자신들로 사상하는 함수라고 하면, $l(T) \sqsubseteq T$이고 $r(T) \sqsubseteq T$임은 명백하다. 따라서 만일 $T \sqsubseteq l(T')$이거나 $T \sqsubseteq r(T')$이면 반드시 $T \sqsubseteq T'$이다.

f_l과 f_r이 각각 $l(T) \sqsubseteq l(T')$임과 $r(T) \sqsubseteq r(T')$임을 보이는 함수들이라고 하자. 만일 u가 $l(T)$에 있으면 $f(u) = f_l(u)$이고, 만일 u가 root(T)이면 $f(u) = $ root(T'), 그렇지 않으면 $f(u) = f_r(u)$라고 하자. 이로부터 f가 $T \sqsubseteq T'$임을 보여준다는 점이 즉시 나온다. 예를 들어 $r(T)$ \root$(T)$를 $r'(T)$로 표기한다고 하면 preorder$(T) = $ root(T) preorder$(l(T))$ preorder$(r'(T))$이고 preorder$(T') = f($root$(T))$ preorder$(l(T'))$ preorder$(r'(T'))$이다.

그 역은 성립하지 않는다. 그림 25에서 루트가 b와 b'인 하위트리들을 생각해 볼 것.

2.3.3절

1. 그렇다. (4)에서 (3)을 이끌어낸 것과 같은 방식이되 LTAG와 RTAG, LLINK와 RLINK를 교환하고 스택 대신 대기열을 사용하면 LLINK들을 다시 구축할 수 있다.

2. 알고리즘 F를 이렇게 바꾼다: 단계 F1을 "(…) 숲의 전위 순서로 마지막 노드를 가리키게 한다"로 바꾼다. 단계 F2에서는 "$f(x_d), ..., f(x_1)$"을 "$f(x_1), ..., f(x_d)$"로 바꾼다(두 곳 모두). 단계 F4는 "만일 P가 전위 순서로 첫 노드이면 알고리즘을 끝낸다. (이 경우 스택에는 위에서 아래로 $f($root$(T_1)), ..., f($root$(T_m))$이 들어 있다. 여기서 $T_1, ..., T_m$은 주어진 숲의 트리들을 왼쪽에서 오른쪽으로 나열한 것이다.) 그렇지 않으면 P를 전위 순서에서의 선행자로 설정하고(주어진 표현의 경우 P ← P − c) F2로 돌아간다."로 바꾼다.

3. 단계 D1에서 S ← Λ로도 설정한다. (S는 스택 최상위로 링크하는 링크 변수이다.) 단계 D2는 이를테면 "만일 NODE(P)가 단항 연산자를 뜻한다면 Q ← S, S ← RLINK(Q), P1 ← LLINK(P)로 설정한다. 만일 이항 연산자라면 Q ← S, Q1 ← RLINK(Q), S ← RLINK(Q1), P1 ← LLINK(P), P2 ← RLINK(P1)로 설정한다. 그런 다음 DIFF[TYPE(P)]를 수행한다."로 바꾼다. 단계 D3을 "RLINK(Q) ← S, S ← Q로 설정한다."로, 단계 D4는 "P ← P\$로 설정한다"로 바꾼다. 만일 S ≡ LLINK(DY)라고 가정한다면 D5에서 연산 LLINK(DY) ← Q를 피할 수 있다. 이 기법은 3항 및 더 고차의 연산자들로 일반화됨이 확실하다.

4. (10)과 같은 표현에는 $n - m$개의 LLINK들과 $n + (n - m)$개의 RLINK들이 필요하다. 두 표현 형태들의 전체 링크 개수 차이는 $n - 2m$이다. 배치 (10)은 한 노드 안에서 LLINK와 INFO 필드들이

같은 양의 공간을 차지하며 m이 상당히 클 때, 다시 말해서 비말단 노드들의 차수가 클 때 우월하다.

5. 스레드식 RLINK들을 포함시키는 것은 확실히 좀 이상한데, 왜냐하면 하나의 RLINK 스레드는 그냥 PARENT를 가리킬 뿐이기 때문이다. 만일 트리 안에서 왼쪽으로 움직일 필요가 있다면 2.3.2-(4)와 같은 스레드식 LLINK들이 유용할 것이다. 예를 들어 트리를 역 후위 순서나 가족 순서로 운행해야 하는 경우가 그렇다. 그러나 노드들의 차수가 아주 높지 않은 한, 스레드식 LLINK들을 사용하지 않는다고 해도 그런 연산들이 아주 어렵지는 않다.

6. L1. P ← FIRST, FIRST ← Λ로 설정한다.

　L2. 만일 P = Λ이면 알고리즘을 끝낸다. 그렇지 않으면 Q ← RLINK(P)로 설정한다.

　L3. 만일 PARENT(P) = Λ이면 RLINK(P) ← FIRST, FIRST ← P로 설정하고 그렇지 않으면 R ← PARENT(P), RLINK(P) ← LCHILD(R), LCHILD(R) ← P로 설정한다.

　L4. P ← Q로 설정하고 L2로 돌아간다. ∎

7. $\{1,5\}\{2,3,4,7\}\{6,8,9\}$

8. 알고리즘 E의 단계 E3을 수행한 후 $j = k$인지 판정한다.

9. PARENT[k]: 5　0　2　2　0　8　2　2　8
　　　　k: 1　2　3　4　5　6　7　8　9

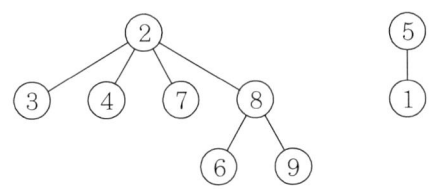

10. 한 가지 착상은: 각 루트 노드의 PARENT를 해당 트리의 노드 개수의 음수로 설정한다(이 값들은 갱신하기가 어렵지 않다). 그런 다음, 만일 단계 E4에서 |PARENT[j]| > |PARENT[k]|이면 j와 k의 역할들을 교환한다. 이 기법은 매킬로이M. D. McIlroy에서 기인한 것으로, 각 연산이 $O(\log n)$ 단계들로 끝남을 보장한다.

　좀 더 빠르게 하려면, 트리터Alan Tritter에서 기인한 다음과 같은 제안을 사용할 수 있다: 단계 E4에서, 단계 E3에서 발견된 모든 $x \neq k$값들에 대해 PARENT[x] ← k로 설정한다. 이렇게 하면 트리를 위로 훑는 추가적인 하나의 패스가 필요하지만, 그 패스에 의해 트리가 축소(collapse)되기 때문에 이후의 검색들이 더 빨라진다. (7.4.1절 참고.)

11. 각 입력 (P, j, Q, k)에 대해 수행되는 다음과 같은 변환을 정의하는 것으로 충분하다:

　T1. 만일 PARENT(P) ≠ Λ이면 j ← j + DELTA(P), P ← PARENT(P)로 설정하고 이 단계를 반복한다.

　T2. 만일 PARENT(Q) ≠ Λ이면 k ← k + DELTA(Q), Q ← PARENT(Q)로 설정하고 이 단계를 반복한다.

T3. 만일 P = Q이면 $j = k$인지 점검한다($j = k$가 아니라면 모순되는 동치 관계가 입력에 잘못 들어 있는 것이다). 만일 P ≠ Q이면 DELTA(Q) ← $j - k$, PARENT(Q) ← P, LBD(P) ← min(LBD(P), LBD(Q) + DELTA(Q)), UBD(P) ← max(UBD(P), UBD(Q) + DELTA(Q))로 설정 한다. ∎

참고: 이해하기 어렵지 않은 적절한 조건 하에서는 ARRAY X[$l : u$] 선언들이 동치 관계들과 섞여 있도록 하는 것도 가능하며, 또는 특정 변수 주소들의 배정을 그것들에 다른 것이 동치가 되기 전에 허용하는 것도 가능할 것이다. 이 알고리즘의 추가적인 개선에 대해서는 *CACM* **7** (1964), 301-303, 506을 볼 것.

12. (a) 그렇다. (만일 이 조건이 필요하지 않다면 단계 A2와 A9에 나오는 S에 대한 루프들을 피할 수 있었을 것이다.) (b) 그렇다.

13. 핵심은, P에서 위로 올라가는 UP 사슬이 언제나 Q에서 위로 올라가는 UP 사슬에서와 동일한 변수들 및 그 변수들의 동일한 지수들을 언급한다는 사실이다. 단, 후자의 사슬에 지수가 0인 변수들을 위한 추가적인 단계들이 포함될 수 있다는 점은 예외이다. (이 조건은 단계 A9와 A10을 수행하는 동안을 제외한 알고리즘의 모든 부분에서 성립된다.) 이제 단계 A8로는 A3 또는 A10에서 가게 되며, 두 경우 모두 EXP(Q) ≠ 0임은 확인이 된 상태이다. 즉 EXP(P) ≠ 0이며, 따라서 P ≠ Λ, Q ≠ Λ, UP(P) ≠ Λ, UP(Q) ≠ Λ이다. 이로부터 문제에 언급된 결과가 나온다. 그러므로, 알고리즘의 동작들이 위에서 말한 UP 사슬 조건을 깨지 않음을 보인다면 증명을 완성할 수 있다.

16. 만일 P가 T를 가리키는 포인터이고 스택이 초기에 비어 있다면, 단계 F2에서 F4까지 수행했을 때 스택에는 하나의 값 $f(\text{root}(T))$가 들어 있게 됨을 증명한다(단일 트리 T의 노드 개수에 대한 귀납법으로). $n = 1$일 때에는 이것이 참임이 명백하다. $n > 1$의 경우 $0 < d = \text{DEGREE}(\text{root}(T))$ 개의 하위트리 $T_1, ..., T_d$가 있다. 귀납법과 스택의 성질에 의해, 그리고 후위 순서는 $T_1, ..., T_d$ 다음에 $\text{root}(T)$가 오는 것이므로, 알고리즘은 원했던 대로 $f(T_1), ..., f(T_d)$를 계산하고 그 다음에 $f(\text{root}(T))$를 계산한다. 숲들에 대한 알고리즘 F의 유효성 역시 마찬가지이다.

17. G1. 스택을 비우고 P가 트리의 루트(후위 순서로 마지막 노드)를 가리키게 한다. $f(\text{NODE}(P))$를 평가한다.

G2. $f(\text{NODE}(P))$의 복사본 DEGREE(P)개를 스택에 넣는다.

G3. 만일 P가 후위 순서로 첫 노드이면 알고리즘을 끝낸다. 그렇지 않으면 P를 후위 순서에서의 그 후행자로 설정한다. ((9)의 경우에는 그냥 P ← P − c로 설정하면 된다).

G4. 스택 최상위의 값($f(\text{NODE}(\text{PARENT}(P)))$와 같다)을 이용해서 $f(\text{NODE}(P))$를 평가한다. 그 최상위 값을 스택에서 뽑고 G2로 돌아간다. ∎

참고: 이와 비슷하나 후위 순서 대신 연습문제 2에서처럼 전위 순서에 기반을 둔 알고리즘도 가능하다. 사실 가족 순서나 수준 순서를 사용할 수도 있다. 후자의 경우는 스택 대신 대기열을 사용하게 될 것이다.

18. INFO1 표와 RLINK 표, 그리고 본문에 나온 LTAG 계산에 대한 제안을 합치면 통상적인 방식으로 표현된 이진트리와 동등한 표현이 된다. 알고리즘의 핵심은 이러한 트리를 후위 순서로 운행하면서 차수를 센다는 것이다:

P1. R, D, I가 초기에 비어 있는 스택들이라고 하자. $R \Leftarrow n+1$, $D \Leftarrow 0$, $j \leftarrow 0$, $k \leftarrow 0$로 설정한다.

P2. 만일 $\text{top}(R) > j+1$이면 P5로 간다. (LTAG 필드가 존재한다면 $\text{top}(R) > j+1$ 대신 $\text{LTAG}[j] = 0$을 판정해도 된다.)

P3. 만일 I가 비었으면 알고리즘을 끝낸다. 그렇지 않으면 $i \Leftarrow I$, $k \leftarrow k+1$, $\text{INFO2}[k] \leftarrow \text{INFO1}[i]$, $\text{DEGREE}[k] \Leftarrow D$로 설정한다.

P4. 만일 $\text{RLINK}[i] = 0$이면 P3으로 간다. 그렇지 않으면 R의 최상위 요소를 제거한다(이제 최상위 요소는 $\text{RLINK}[i]$와 같아진다).

P5. $\text{top}(D) \leftarrow \text{top}(D) + 1$, $j \leftarrow j+1$, $I \Leftarrow j$, $D \Leftarrow 0$으로 설정하고, 만일 $\text{RLINK}[j] \neq 0$이면 $R \Leftarrow \text{RLINK}[j]$로 설정한다. P2로 간다. ∎

19. (a) 이 속성은 SCOPE 링크들이 서로 교차하지 않는다는 것과 동등하다. (b) 숲의 첫 트리는 $d_1 + 1$개의 요소들을 담으며, 귀납법으로 증명을 진행하면 된다. (c) 최소값들을 취할 때 (a)의 조건이 유지된다.

참고: 연습문제 2.3.2-20에 의해, $d_1 d_2 \ldots d_n$을 반전(inversion)들로 해석할 수도 있다. 만일 후위 순서로 k번째 노드가 전위 순서로 p_k번째 노드이면, d_k는 $p_1 p_2 \ldots p_n$의 k 왼쪽에 나타나는, k보다 큰 요소들의 개수이다.

이와 비슷한, 숲의 후위 순서에서의 각 노드의 후손들 개수를 나열하는 방식을 적용하면 (i) $0 \leq c_k < k$라는 성질과 (ii) $k \geq j \geq k - c_k$가 $j - c_j \geq k - c_k$를 함의한다는 성질을 가진 수들의 순차열 $c_1 c_2 \ldots c_n$이 나온다. 이러한 순차열에 기반을 둔 알고리즘들이 J. M. Pallo, *Comp. J.* **29** (1986), 171-175에 연구되어 있다. c_k가 숲에 대응되는 이진트리의 대칭 순서로 k번째 노드의 왼쪽 하위트리 크기임을 주목할 것. 또한 d_k를 적절한 이진트리의 대칭 순서에서의 k번째 노드의 오른쪽 하위트리의 크기로 해석할 수도 있다. 여기서 적절한 이진트리란, 연습문제 2.3.2-5의 이중적 방법에 의해 주어진 숲에 대응되는 이진트리이다.

$1 \leq k \leq n$에 대해 $d_k \leq d_k'$라는 관계는 숲들과 이진트리들의 흥미로운 격자 순서(lattice ordering)를 정의한다. 이 격자 순서는 타마리D. Tamari가 이와는 다른 방식으로 처음 소개했다 〔Thèse (Paris: 1951)〕. 연습문제 6.2.3-32를 볼 것.

2.3.4.1절

1. (B, A, C, D, B), (B, A, C, D, E, B), (B, D, C, A, B), (B, D, E, B), (B, E, D, B), (B, E, D, C, A, B).

2. V에서 V'로 가는, 길이가 최소인 경로를 $(V_0, V_1, \ldots, V_n)$이라고 하자. 만일 어떠한 $j < k$에 대해 $V_j = V_k$이면 $(V_0, \ldots, V_j, V_{k+1}, \ldots, V_n)$은 그보다 더 짧은 경로일 것이다.

3. (기본 경로는 e_3과 e_4를 한 번만 운행하나, 순환마디 C_2는 그것들을 -1번 운행하며, 결국 총 횟수는 0이 된다.) 다음 변들을 운행한다: $e_1, e_2, e_6, e_7, e_9, e_{10}, e_{11}, e_{12}, e_{14}$

4. 만일 그렇지 않다고 해보자. $E_j = 0$인 각 변 e_j를 삭제해서 얻은 G'의 하위그래프를 G''라고 하면, G''는 순환마디가 없으며 적어도 하나의 변을 가진 유한 그래프이다. 그러면 정리 A의 증명에 의해, 다른 한 정점 V'에 인접한 정점 V가 적어도 하나는 존재한다. V에서 V'로 잇는 변을 e_j라고 하면, 정점 V에서의 키르히호프 방정식 (1)은 $E_j = 0$이다. 그러나 이는 G''의 정의와 모순이다.

5. $A = 1 + E_8$, $B = 1 + E_8 - E_2$, $C = 1 + E_8$, $D = 1 + E_8 - E_5$, $E = 1 + E_{17} - E_{21}$, $F = 1 + E''_{13} + E_{17} - E_{21}$, $G = 1 + E''_{13}$, $H = E_{17} - E_{21}$, $J = E_{17}$, $K = E''_{19} + E_{20}$, $L = E_{17} + E''_{19} + E_{20} - E_{21}$, $P = E_{17} + E_{20} - E_{21}$, $Q = E_{20}$, $R = E_{17} - E_{21}$, $S = E_{25}$. 참고: 이 경우 $E_2, E_5, \ldots, E_{25}$를 $A, B, \ldots, S$로 표현하는 것도 가능하다. 따라서 총 9개의 독립적인 해들이 존재하며, 이는 식 1.3.3-(8)에서 여섯 개의 변수들을 제거한 이유를 설명해준다.

6. (다음 답은 이전의 변들과 순환마디를 만들지 않는 각 변을 출력할 수 있다는 착상에 기반을 둔 것이다.) 알고리즘 2.3.3E를 사용하되, 입력쌍 (a_i, b_i)가 그 알고리즘의 표기법에서 말하는 $a_i \equiv b_i$를 의미한다고 가정한다. 그리고 단계 E4에서 만일 $j \neq k$이면 (a_i, b_i)를 출력하도록 알고리즘을 변경한다.

이 알고리즘이 유효함을 보이기 위해서는, (a) 알고리즘이 순환마디를 형성하는 변들은 전혀 출력하지 않으며, (b) 만일 G에 적어도 하나의 자유 하위트리가 들어 있다면 알고리즘은 $n-1$개의 변들을 출력한다는 점을 반드시 증명해야 한다. 만일 V_j에서 V_k로 가는 경로가 존재하거나 $j = k$이면 $j \equiv k$라고 정의하자. 이는 명백히 하나의 동치 관계이며, 더 나아가서 오직 이 관계를 동치 $a_1 \equiv b_1, \ldots, a_m \equiv b_m$ 들로부터 이끌어낼 수 있을 때에만 $j \equiv k$이다. 이제 (a)는 알고리즘이 이전에 출력된 변들을 가진 순환마디를 형성하는 변들을 전혀 출력하지 않는다는 점에서 참이 되며, (b)는 만일 모든 정점들이 동치이면 정확히 하나의 k에 대해 PARENT$[k] = 0$이라는 점에서 참이 된다.

그런데 깊이 우선 탐색을 이용한 좀 더 효율적인 알고리즘도 가능하다. 알고리즘 2.3.5A와 7.4.1절 참고.

7. 기본 순환마디들은 $C_0 = e_0 + e_1 + e_4 + e_9$ (기본 경로는 $e_1 + e_4 + e_9$), $C_5 = e_5 + e_3 + e_2$, $C_6 = e_6 - e_2 + e_4$, $C_7 = e_7 - e_4 - e_3$, $C_8 = e_8 - e_9 - e_4 - e_3$이다. 따라서 $E_1 = 1$, $E_2 = E_5 - E_6$, $E_3 = E_5 - E_7 - E_8$, $E_4 = 1 + E_6 - E_7 - E_8$, $E_9 = 1 - E_8$이다.

8. 축약 과정의 각 단계에서, 같은 상자에서 시작된 두 화살표 e_i와 e_j를 결합한다. 그러면 그런 단계들을 뒤집을 수 있음을 보이는 것으로 충분하다. 결합 이후에는 값 $e_i + e_j$가 주어지며, 따라서 결합 이전에 e_i와 e_j에 일관적인 값들을 배정해야 한다. 나올 수 있는 서로 다른 상황은 총 세 가지이다.

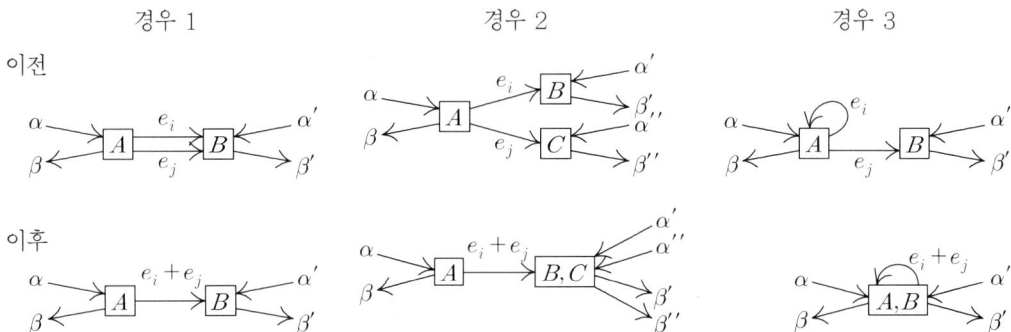

여기서 A, B, C는 정점 또는 초정점들이며 α들과 β들은 $e_i + e_j$ 외의 다른 주어진 흐름들을 나타낸다. 이 흐름들 각각은 여러 변들에 분산될 수 있으나, 여기에는 오직 하나만 표시되어 있다. 경우 1(e_i와 e_j가 같은 상자로 간다)에서는 e_i를 임의로 선택할 수 있으며, 그런 다음 $e_j \leftarrow (e_i + e_j) - e_i$로 설정한다. 경우 2($e_i$와 e_j가 서로 다른 상자들로 간다)에서는 반드시 $e_i \leftarrow \beta' - \alpha'$, $e_j \leftarrow \beta'' - \alpha''$로 설정해야 한다. 경우 3($e_i$는 루프이나 e_j는 아니다)에서는 $e_j \leftarrow \beta' - \alpha'$, $e_i \leftarrow (e_i + e_j) - e_j$로 설정해야 한다. 세 경우 모두, 요구된 바를 만족하는 뒤집힌 결합 단계들이다.

본질적으로 이 연습문제의 결과는, 축약된 흐름도의 기본 순환마디 개수가 다른 모든 정점 흐름들을 결정하기 위해서 반드시 측정해야 하는 최소한의 정점 흐름들의 개수임을 증명한다. 지금의 예에서 축약된 흐름도는 단 세 개의 정점 흐름들(즉 a, c, d)만 측정하면 됨을 알 수 있다. 반면 연습문제 7의 원래의 흐름도에는 네 개의 독립적인 변 흐름들이 존재한다. 축약 도중 경우 1이 발생할 때마다 한 번의 측정을 절약하게 된다.

상자에서 나가는 화살표들이 아니라 상자에 도달하는 화살표들을 결합하는 비슷한 축약 절차도 가능하다. 그런 축약을 수행했을 때 초정점들의 이름이 다를 수 있다는 점만 빼고는 앞에서와 같은 축약된 순서도가 나옴을 증명하는 것이 가능하다.

이 연습문제에 나온 구축법은 나하페티안Armen Nahapetian과 스티븐슨F. Stevenson에서 기인한다. A. Nahapetian, *Acta Informatica* **3** (1973), 37-41과 D. E. Knuth, F. Stevenson, *BIT* **13** (1973), 313-322를 보라.

9. 한 정점에서 그 정점으로 오는 각 변은 그 자체로 하나의 "기본 순환마디"가 된다. 정점 V와 V' 사이에 $k+1$개의 변 $e, e', \ldots, e^{(k)}$이 있다고 할 때, 그것들로 k개의 기본 순환마디 $e' \pm e, \ldots, e^{(k)} \pm e$들을 만들고(변이 같은 방향으로 가는지 반대 방향으로 가는지에 따라 $+$ 또는 $-$를 선택해서), 그런 다음 마치 변 e만 존재하는 것처럼 진행하면 된다.

만일 그래프에서 정점들 사이에 여러 개의 변들이 존재할 수 있게 하고 한 정점에서 그 정점 자신으로 오는 변들도 허용한다면, 개념적으로 훨씬 더 간단한 상황이 될 것이다. 그러면 경로와 순환마디를 정점들이 아니라 변들의 관점에서 정의할 수 있다. 실제로 2.3.4.2절에서는 유향 그래프에 대해 그런 정의를 내린다.

10. 만일 단자들이 모두 연결되어 있다면, 대응하는 그래프는 기술적인 의미에서 반드시 연결 그래프

이어야 한다. 최소한의 개수의 전선들은 어떠한 순환마디에도 관여하지 않으므로, 반드시 하나의 자유 트리가 나오게 된다. 정리 A에 의해 하나의 자유 트리는 $n-1$개의 전선들로 구성되며, 정점 n개와 변 $n-1$개로 된 그래프는 오직 그것이 연결된 그래프일 때에만 자유 트리이다.

11. $n > 1$이고 $c(n-1, n)$이 $c(i, n)$의 최소값이라 할 때 T_{n-1}이 T_n에 연결된 최소 비용 트리가 적어도 하나 존재한다는 것을 증명하는 것으로 충분하다. (왜냐하면 단자들이 $n > 1$개이고 T_{n-1}이 T_n에 연결된 임의의 최소 비용 트리는, 만일 알고리즘에 언급된 규약을 이용해서 T_{n-1}과 T_n을 "공통"의 단자라고 간주한다면, $n-1$개의 단자로 된 최소 비용 트리이기도 하기 때문이다.)

위에서 말한 명제를 증명하기 위해 T_{n-1}이 T_n에 연결되지 않은 최소 비용 트리가 있다고 하자. 만일 거기에 전선 T_{n-1}—T_n을 추가한다면 하나의 순환마디가 생기며, 그 순환마디의 다른 전선들은 임의로 제거할 수 있다. T_n에 닿은 전선을 제거하면 또 다른 트리가 생기는데, 그 트리의 총 비용은 원래 트리의 비용보다 크지 않으며, T_{n-1}—T_n은 그 트리 안에 나타난다.

12. $1 \le i < n$인 두 보조 표 $a(i)$와 $b(i)$를 유지한다. 그 표들은 T_i에서 선택된 단자로의 가장 싼 비용이 $T_{b(i)}$이며 그 비용의 값이 $a(i)$임을 나타낸다. 처음에는 $a(i) = c(i, n)$이고 $b(i) = n$이다. 이런 설정 하에서, 다음 연산을 $n-1$번 수행한다: $a(i) = \min_{1 \le j < n} a(j)$인 i를 찾고 T_i를 $T_{b(i)}$에 연결한다. $1 \le j < n$에 대해 만일 $c(i, j) < a(j)$이면 $a(j) \leftarrow c(i, j)$, $b(j) \leftarrow i$로 설정한다. 그리고 $a(i) \leftarrow \infty$로 설정한다. 여기서, $j < i$일 때 $c(i, j)$는 $c(j, i)$를 뜻한다.

(∞를 사용하지 않고 그 대신 아직 선택되지 않은 j들의 단방향 연결 목록을 유지한다면 좀 더 효율적이 된다. 이러한 간단한 개선을 적용하든 적용하지 않든 알고리즘의 연산 횟수는 $O(n^2)$이다.) E. W. Dijkstra, *Proc. Nederl. Akad. Wetensch.* **A63** (1960), 196–199, D. E. Knuth, *The Stanford GraphBase* (New York: ACM Press, 1994), 460–497도 볼 것. 최소 비용 신장 트리를 찾는 훨씬 더 나은 알고리즘들은 7.5.4절에서 논의한다.

13. 어떤 $i \ne j$에 대해 만일 V_i에서 V_j로의 경로가 존재하지 않는다면, i를 j로 옮기는 자리바꿈들의 곱은 없다. 따라서 모든 순열들을 생성했다면 그래프는 반드시 연결된다. 반대로, 만일 그래프가 연결되었다면, 트리가 될 때까지 변들을 필요한 만큼만 제거한다. 그런 다음 V_n이 오직 하나의 다른 정점(이를테면 V_{n-1})과 인접하도록 정점들의 번호를 다시 붙인다. (정리 A의 증명 참고.) 이제 $(n-1\ n)$ 이외의 자리바꿈들은 $n-1$ 정점들로 된 하나의 트리를 형성한다. 따라서 귀납법에 의해, 만일 π가 n을 그 자리에 고정시켜 두는 $\{1, 2, ..., n\}$의 임의의 순열이라면 π를 그런 자리바꿈들의 곱으로 나타낼 수 있다. 만일 π가 n을 j로 옮긴다면 $\pi(j\ n-1)(n-1\ n) = \rho$는 n을 고정한다. 따라서 $\pi = \rho(n-1\ n)(j\ n-1)$을 주어진 자리바꿈들의 한 곱으로 나타낼 수 있다.

2.3.4.2절

1. V에서 V'로의, 길이가 가장 짧은 유향 경로를 $(e_1, ..., e_n)$이라고 하자. 만일 $j < k$에 대해 $\text{init}(e_j) = \text{init}(e_k)$이면 $(e_1, ..., e_{j-1}, e_k, ..., e_n)$은 더 짧은 경로가 된다. $j < k$에 대해 $\text{fin}(e_j) = \text{fin}(e_k)$일 때에도 비슷한 논증이 적용된다. 따라서 $(e_1, ..., e_n)$은 단순 경로이다.

2. 부호가 모두 같은 순환마디들이다. 즉 C_0, C_8, C_{13}'', C_{17}, C_{19}'', C_{20}.

3. 예를 들면 정점 A, B, C와 A에서 B로의 호, A에서 C로의 호를 가진 그래프.

4. 만일 유향 순환마디가 없다면 알고리즘 2.2.3T는 G를 위상정렬한다. 만일 유향 순환마디가 존재한다면 위상정렬은 분명히 불가능하다. (이 연습문제를 어떻게 해석하느냐에 따라서, 길이가 1인 유향 순환마디들은 고려하지 않을 수도 있다.)

5. k가 어떤 $j \le k$에 대해 $\mathrm{fin}(e_k) = \mathrm{init}(e_j)$인 최소의 정수라고 하자. 그러면 $(e_j, ..., e_k)$는 하나의 유향 순환마디이다.

6. (엄밀하게 말해서)거짓이다. 왜냐하면 한 정점에서 다른 정점으로의 서로 다른 호들이 여러 개일 수 있기 때문이다.

7. 유한 유향 그래프의 경우에는 참이다. 만일 임의의 정점 V에서 시작해서 오직 가능한 유향 경로만을 따른다면 어떠한 정점도 두 번 만나는 일이 없으며, 따라서 결국에는 정점 R(후행자가 없는 유일한 정점)에 도달한다. 무한 유향 그래프의 경우에는 거짓이다. 정점 R, V_1, V_2, V_3과 $j \ge 1$에 대해 V_j에서 V_{j+1}로의 호들이 있는 그래프를 생각해 보면 명백하다.

9. 모든 호들이 위쪽을 가리키게 한다.

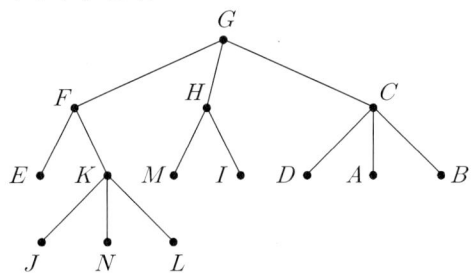

10. G1. $k \leftarrow P[j]$, $P[j] \leftarrow 0$으로 설정한다.

   G2. 만일 $k = 0$이면 끝낸다. 그렇지 않으면 $m \leftarrow P[k]$, $P[k] \leftarrow j$, $j \leftarrow k$, $k \leftarrow m$으로 설정하고 단계 G2를 반복한다. ∎

11. 이 알고리즘은 알고리즘 2.3.3E와 연습문제 10의 알고리즘을 결합한 것으로, 따라서 모든 유향 트리들은 유향 그래프의 실제 호들에 해당하는 호들을 가진다. $S[j]$는 주어진 호가 j에서 $P[j]$로 가는지(이 경우 $S[j] = +1$) 아니면 $P[j]$에서 j로 가는지($S[j] = -1$)를 알려주는 보조 표이다. 처음에는 $P[1] = \cdots = P[n] = 0$이다. 다음은 각 호 (a, b)를 처리하는 데 사용할 수 있는 절차이다.

   C1. $j \leftarrow a$, $k \leftarrow P[j]$, $P[j] \leftarrow 0$, $s \leftarrow S[j]$로 설정한다.

   C2. 만일 $k = 0$이면 C3으로 간다; 그렇지 않으면 $m \leftarrow P[k]$, $t \leftarrow S[k]$, $P[k] \leftarrow j$, $S[k] \leftarrow -s$, $s \leftarrow t$, $j \leftarrow k$, $k \leftarrow m$으로 설정하고 단계 C2를 반복한다.

   C3. (이제 a는 자신이 속한 트리의 루트인 셈이다.) $j \leftarrow b$로 설정하고, 만일 $P[j] \ne 0$이면 $p[j] = 0$이 될 때까지 $j \leftarrow P[j]$를 반복해서 설정한다.

C4. 만일 $j = a$이면 C5로 간다. 그렇지 않으면 $P[a] \leftarrow b$, $S[a] \leftarrow +1$로 설정하고, 자유 하위 트리에 속하는 한 호로서 (a, b)를 출력하고, 알고리즘을 끝낸다.

C5. "CYCLE" 다음에 "(a, b)"를 출력한다.

C6. 만일 $P[b] = 0$이면 알고리즘을 끝낸다. 그렇지 않고, 만일 $S[b] = +1$이면 "$+ (b, P[b])$" 를 출력하고 아니면 "$- (P[b], b)$"를 출력한다. $b \leftarrow P[b]$로 설정하고 단계 C6을 반복한다. ∎

참고: 만일 이 알고리즘에 연습문제 2.3.3-10의 답에 나온 매킬로이의 제안을 적용한다면 알고리즘 수행 단계 횟수는 많아야 $O(m \log n)$이 된다. 그러나 단 $O(m)$회만 필요한 훨씬 더 나은 해법이 있다. 바로, 깊이 우선 탐색을 이용해서 하나의 "야자수(palm tree)", 즉 각 "양치류 잎(frond)"마다 하나의 기본 순환마디가 존재하는 트리를 구축하는 것이다. [R. E. Tarjan, *SICOMP* 1 (1972), 146-150].

12. 내차수가 같다. 각 정점의 외차수는 0 또는 1만 가능하다.

13. G의 유향 하위트리들의 순차열을 다음과 같이 정의한다: G_0은 정점 R로만 된 하위트리이다. G_{k+1}은, G_k에는 없는 G의 모든 정점 중에서 G_k에 있는 정점 V'로의 호가 존재하는 모든 정점 V들을 G_k에 추가하고 그러한 정점 각각에 대해 호 $e[V]$를 추가해서 생긴 트리이다. 귀납법에 의해, G_k가 모든 $k \geq 0$에 대해 하나의 유향 트리이며, 만일 G에 V에서 R로의 길이가 k인 유향 경로가 존재한다면 V가 G_k에 속함을 즉시 이끌어낼 수 있다. 따라서 G_∞, 즉 모든 G_k에 있는 모든 V와 $e[V]$들의 집합은 연습문제에서 요구한 G의 유향 하위트리이다.

14. 사전 순서로

$$(e_{12}, e_{20}, e_{00}, e'_{01}, e_{10}, e_{01}, e'_{12}, e_{22}, e_{21}), \quad (e_{12}, e_{20}, e_{00}, e'_{01}, e'_{12}, e_{22}, e_{21}, e_{10}, e_{01}),$$

$$(e_{12}, e_{20}, e'_{01}, e_{10}, e_{00}, e_{01}, e'_{12}, e_{22}, e_{21}), \quad (e_{12}, e_{20}, e'_{01}, e'_{12}, e_{22}, e_{21}, e_{10}, e_{00}, e_{01}),$$

$$(e_{12}, e_{22}, e_{20}, e_{00}, e'_{01}, e_{10}, e_{01}, e'_{12}, e_{21}), \quad (e_{12}, e_{22}, e_{20}, e_{00}, e'_{01}, e'_{12}, e_{21}, e_{10}, e_{01}),$$

$$(e_{12}, e_{22}, e_{20}, e'_{01}, e_{10}, e_{00}, e_{01}, e'_{12}, e_{21}), \quad (e_{12}, e_{22}, e_{20}, e'_{01}, e'_{12}, e_{21}, e_{10}, e_{00}, e_{01})$$

이다. 이 여덟 가지 경로들은 각각 e_{00}과 e'_{01}, e_{10}과 e'_{12}, e_{20}과 e_{22} 중 어떤 것이 앞서야 하는가를 각각 독립적으로 선택해서 얻은 것이다.

15. 유한 그래프라면 참이다: 정점이 둘 이상인 연결, 균형 그래프에는 모든 정점들을 거치는 하나의 오일러 경로가 존재한다.

16. 정점들이 $V_1, \ldots, V_{13}$이고 더미 j에 있는 각 k마다 V_j에서 V_k로의 호들이 있는 유향 그래프 G를 고려하자. 이 그래프는 균형 그래프이다. 게임에서 이긴다는 것은 G에서 하나의 오일러 경로를 운행하는 것과 동등하다. 왜냐하면, 게임은 V_{13}으로의 네 번째 호를 만나면(즉, 네 번째 킹을 펼치면) 끝나기 때문이다. 이제, 만일 게임에서 이겼다면, 주어진 유향 그래프는 보조 정리 E에 의해 하나의 유향 하위트리이다. 반대로, 만일 주어진 유향 그래프가 하나의 유향 트리라면, 정리 D에 의해 게임은 플레이어의 승리로 끝난 것이다.

17. $\frac{1}{13}$. 이 답을 2.3.4.4절의 방법들에 기반해서 특별한 종류의 유향 트리들을 손으로 일일이 열거하고 생성함수들을 적용하는 등으로 구할 수도 있다. 필자도 처음에는 그렇게 해서 답을 얻었다. 더 쉬운 방식은, 다음과 같은 간단하고 직접적인 증명을 이용하는 것이다: 한 벌의 카드들을 모두 펼치는 하나의 순서를 정의한다. 그 순서란, 게임을 더 이상 진행할 수 없을 때까지 게임의 규칙들을 따르고, 더 이상 진행할 수 없게 되면, 첫 번째의 가능한 카드(더미 1에서 시계 방향으로 가면서 첫 번째의 비지 않은 더미를 찾는다)를 펼치는 일종의 "속임수"를 쓴 후에 게임의 규칙에 따라 진행하는 것이다. 그런 과정을 모든 카드가 펼쳐질 때까지 반복한다. 펼쳐진 카드들의 순서는 완전히 무작위적인 순서이다(카드의 값은 펼쳐지기 전까지는 지정될 필요가 없으므로). 따라서 무작위로 섞인 한 벌의 카드들에서 마지막 카드가 킹일 확률을 계산하면 그것이 바로 이 문제의 답이 된다. 좀 더 일반적으로는, 게임이 끝났을 때 k장의 카드들이 여전히 엎어져 있을 확률은 무작위로 섞인 한 벌에서 마지막 킹 다음에 k장의 카드들이 있을 확률이며, 이는 $4!\binom{51-k}{3}\frac{48!}{52!}$이다. 따라서 속임수를 쓰지 않고 이 게임을 하는 사람은 게임 당 정확히 평균 42.4장의 카드들을 펼치게 된다. 참고: 플레이어가 게임을 끝내기 위해 위에서 말한 "속임수"를 k번 써야 할 확률이 정확히 스털링 수 $\left[\begin{matrix}13\\k+1\end{matrix}\right]\Big/13!$임도 비슷한 방식으로 쉽게 증명할 수 있다. (식 1.2.10-(9)와 연습문제 1.2.10-7을 참고할 것. 연습문제 1.2.10-8에서는 좀 더 일반적인 카드 한 벌의 경우를 논의한다.)

18. (a) 만일 하나의 순환마디 $(V_0, V_1, ..., V_k)$가 있다고 할 때(이 때 반드시 $3 \le k \le n$이다), 이 순환마디의 k개의 변들에 대응되는 (적절한 부호들이 부여된) 행렬 A의 k개의 행들의 합은 0들로 된 하나의 행이다. 따라서 만일 G가 자유 트리가 아니면 A_0의 행렬식은 0이다.

그러나 만일 G가 자유 트리이면 그것을 루트가 V_0인 하나의 순서트리로 간주할 수 있으며, 열들이 전위 순서가 되고 k번째 행이 k번째 정점(열)에서 그 부모로의 변에 대응되도록 A_0의 행들과 열들을 재배치할 수 있다. 그러면 행렬은 ± 1들이 대각 성분인 삼각행렬이며, 따라서 행렬식은 ± 1이다.

(b) 비네-코시 공식(연습문제 1.2.3-46)에 의해

$$\det A_0{}^T A_0 = \sum_{1 \le i_1 < \cdots < i_n \le m} (\det A_{i_1 \cdots i_n})^2$$

이다. 여기서 $A_{i_1 \cdots i_n}$은 A_0의 $i_1, ..., i_n$ 행들로 된(따라서 G의 n변들의 한 선택에 해당하는) 행렬을 뜻한다. 이제 (a)로부터 증명을 이끌어낼 수 있다.

〔S. Okada, R. Onodera, *Bull. Yamagata Univ.* **2** (1952), 89-117 참고.〕

19. (a) 조건 $a_{00} = 0$과 $a_{jj} = 1$은 바로 유향 트리 정의의 조건 (a)와 (b)이다. 만일 G가 유향 트리가 아니면 하나의 유향 순환마디가 존재하며(연습문제 7에 의해), 그 유향 순환마디의 정점들에 대응되는 A_0의 행들을 합하면 0들로 된 하나의 행이 된다. 따라서 $\det A_0 = 0$이다. 만일 G가 유향 트리이면 각 가족의 자식들에 임의의 순서를 부여하고 G를 하나의 순서트리로 간주한다. 그리고 A_0의 행들과 열들을 그것들이 정점들의 전위 순서와 대응되도록 치환한다. 열들에 대한 치환들이 행들에 대한 치환들과 같으므로 행렬식은 변하지 않는다. 그 결과로 생긴 행렬은 모든 대각 성분들이

+1인 삼각행렬이다.

(b) V_0에서 시작하는 호는 유향 하위트리에 관여할 수 없으므로 모든 j에 대해 $a_{0j} = 0$이라고 가정할 수 있다. 또한 모든 $j \geq 1$에 대해 $a_{jj} > 0$라고 가정할 수 있는데, 만일 그렇지 않다면 j번째 행 전체가 0이고 유향 하위트리가 없음이 분명할 것이기 때문이다. 이제 호들의 개수에 대해 귀납법을 사용한다: $a_{jj} > 1$일 때, V_j에서 시작하는 어떤 호를 e라고 하자. 그리고 A_0과 비슷하되 e를 제거한 행렬을 B_0, V_j에서 시작하는 e 이외의 모든 호들을 제거한 행렬을 C_0이라고 하자. 예: 만일 $A_0 = \begin{pmatrix} 3 & -2 \\ -1 & 2 \end{pmatrix}$, $j = 1$이고 e가 V_1에서 V_0으로 가는 호이면, $B_0 = \begin{pmatrix} 2 & -2 \\ -1 & 2 \end{pmatrix}$이고 $C_0 = \begin{pmatrix} 1 & 0 \\ -1 & 2 \end{pmatrix}$이다. 일반적으로 $\det A_0 = \det B_0 + \det C_0$인데, 왜냐하면 행렬들은 행 j를 제외한 모든 행들에서 일치하며, 그 행에서 A_0은 B_0과 C_0의 합이기 때문이다. 더 나아가서, G의 유향 하위트리 개수는 e를 사용하지 않는 하위트리들의 개수(구체적으로 말하면, 귀납에 의해 $\det B_0$) 더하기 e를 사용하는 하위트리들의 개수(구체적으로 말하면 $\det C_0$)이다.

참고: 행렬 A를 종종 그래프의 라플라스 행렬(Laplacian matrix)이라고 부른다. 이는 편미분 방정식 이론의 비슷한 개념에 비유한 것이다. 행렬 A에서 임의의 행들의 집합 S와 동일한 열들의 집합을 제거한다면, 그 결과 행렬의 행렬식은 루트들이 정점 $\{ V_k \mid k \in S \}$들이고 호들이 주어진 유향 그래프에 속하는 유향 숲들의 개수이다. 유향 트리에 대한 행렬 트리 정리는 실베스터J. J. Sylvester가 1857년에 증명 없이 제시했고(연습문제 28 참고), 오랫동안 잊혀졌다가 튜트W. T. Tutte 가 독립적으로 재발견했다 [*Proc. Cambridge Phil. Soc.* **44** (1948), 463-482, §3]. 비유향 그래프 이고 행렬 A가 대칭 행렬인 특수한 경우에 대한 증명은 보르하르트C. W. Borchardt가 최초로 출판했다 [*Crelle* **57** (1860), 111-121]. 그 정리가 키르히호프에 기인한다고 쓴 저자들이 여럿 있는데, 사실 키르히호프는 그와 상당히 다른(관련이 있긴 하지만) 결과를 증명했다.

20. 연습문제 18을 이용하면 $B = A_0^T A_0$을 구할 수 있다. 또는, 연습문제 19를 이용하면 B가 G의 각 변마다 두 개의 호들(각 방향에 하나씩)을 둔 유향 그래프 G'에 대한 행렬 A_0임을 알 수 있다. 호들의 방향은 루트의 선택에 의해 결정되므로, G의 각 하위 트리는 루트가 V_0인 G'의 유향 하위트리에 고유하게 대응된다.

21. 연습문제 19에서처럼 행렬 A와 A^*를 구축한다. 예를 들어 그림 36과 37의 그래프 G와 G^*에 대한 A와 A^*는 다음과 같다.

$$A = \begin{pmatrix} 2 & -2 & 0 \\ -1 & 3 & -2 \\ -1 & -1 & 2 \end{pmatrix}, \quad A^* = \begin{array}{c} \\ [00] \\ [10] \\ [20] \\ [01] \\ [01] \\ [21] \\ [12] \\ [12] \\ [22] \end{array} \begin{pmatrix} \begin{array}{ccc|ccc|ccc} [00] & [10] & [20] & [01] & [01] & [21] & [12] & [12] & [22] \\ 2 & 0 & 0 & -1 & -1 & 0 & 0 & 0 & 0 \\ -1 & 3 & 0 & -1 & -1 & 0 & 0 & 0 & 0 \\ -1 & 0 & 3 & -1 & -1 & 0 & 0 & 0 & 0 \\ 0 & -1 & 0 & 3 & 0 & 0 & -1 & -1 & 0 \\ 0 & -1 & 0 & 0 & 3 & 0 & -1 & -1 & 0 \\ 0 & -1 & 0 & 0 & 0 & 3 & -1 & -1 & 0 \\ 0 & 0 & -1 & 0 & 0 & -1 & 3 & 0 & -1 \\ 0 & 0 & -1 & 0 & 0 & -1 & 0 & 3 & -1 \\ 0 & 0 & -1 & 0 & 0 & -1 & 0 & 0 & 2 \end{array} \end{pmatrix}$$

A와 A^*의 모든 대각 성분에 값이 정해지지 않은 λ를 더한다. G와 G^*의 유향 하위트리 개수를 각각 $t(G)$와 $t(G^*)$라고 하면, $\det A = \lambda t(G) + O(\lambda^2)$, $\det A^* = \lambda t(G^*) + O(\lambda^2)$이다. (연습문제 22에 의해, 균형 그래프의 유향 하위트리 개수는 루트가 어떤 것이든 달라지지 않지만, 여기서 그 사실이 필요하지는 않다.)

만일 k가 같은 정점 V_{jk}들을 함께 묶는다면 행렬 A^*를 위와 같이 분할할 수 있다. V_{jk}와 $V_{j'k'}$가 G^*에 있다는 조건을 만족하는 모든 j와 j'에 대해, V_{jk}에 대한 행들과 $V_{j'k'}$에 대한 열들로 된 A^*의 부분행렬을 $B_{kk'}$라고 하자. 행렬 A^*의 각 부분행렬의 둘째, ..., m번째 열들을 첫째 열에 더하고 각 부분행렬의 둘째, ..., m번째 행에서 첫째 행을 빼면, 다음과 같은 부분행렬들로 구성된 행렬로 변한다.

$$k \neq k' \text{일 때 } B_{kk'} = \begin{pmatrix} a_{kk'} & * & \dots & * \\ 0 & 0 & \dots & 0 \\ \vdots & \vdots & \ddots & \vdots \\ 0 & 0 & \dots & 0 \end{pmatrix}, \quad \text{그렇지 않을 때 } B_{kk} = \begin{pmatrix} \lambda + a_{kk} & * & \dots & * \\ 0 & \lambda + m & \dots & 0 \\ \vdots & \vdots & \ddots & \vdots \\ 0 & 0 & \dots & \lambda + m \end{pmatrix}.$$

변환된 행렬의 첫 행의 별표는 중요하지 않다. 왜냐하면, 이제 A^*의 행렬식을 $(\lambda + m)^{(m-1)n}$ 곱하기

$$\det \begin{pmatrix} \lambda + a_{00} & a_{01} & \dots & a_{0(n-1)} \\ a_{10} & \lambda + a_{11} & \dots & a_{1(n-1)} \\ \vdots & \vdots & \ddots & \vdots \\ a_{(n-1)0} & a_{(n-1)1} & \dots & \lambda + a_{(n-1)(n-1)} \end{pmatrix} = \lambda t(G) + O(\lambda^2)$$

로 볼 수 있기 때문이다.

특히, $n = 1$이고 V_0에서 그 자신으로 가는 호들이 m개 있을 때, m개의 이름표 붙은 노드들에 대해 정확히 m^{m-1}개의 유향 트리들이 가능함을 주목하자. 2.3.4.4절에서는 이러한 결과를 상당히 다른 방법으로 얻는다.

이상의 유도는 G가 임의의 유향 그래프일 때 G^*의 유향 하위트리 개수를 결정하는 것으로 일반화할 수 있다. R. Dawson, I. J. Good, *Ann. Math. Stat.* **28** (1957), 946-956; D. E. Knuth, *Journal of Combinatorial Theory* **3** (1967), 309-314를 볼 것. 또 다른 방법으로, J. B. Orlin, *Journal of Combinatorial Theory* **B25** (1978), 187-198에는 순전히 조합적인 증명이 나와 있다.

22. 전체 개수는 $(\sigma_1 + \dots + \sigma_n)$ 곱하기 주어진 변 e_1로 시작하며 $\text{init}(e_1) = V_1$인 오일러 경로 개수이다. 그런 오일러 경로 각각은 보조 정리 E에 의해 V_1이 루트인 하나의 유향 하위트리를 결정한다. 그리고 T개의 유향 하위트리 각각마다 정리 D의 세 조건들을 만족하는 $\prod_{j=1}^{n}(\sigma_j - 1)!$개의 경로들이 존재한다. 이들은 호 $\{e \mid \text{init}(e) = V_j, e \neq e[V_j], e \neq e_1\}$들이 P로 진입하는 서로 다른 순서들에 대응된다.

23. 힌트에 나온 대로 m^{k-1}개의 정점들로 유향 그래프 G_k를 구축하고, 언급된 호를 $[x_1, \dots, x_k]$로 표기한다고 하자. 주기 길이가 최대인 각 함수에 대해, 만일 호 $[x_1, \dots, x_k]$ 다음에 $[x_2, \dots, x_{k+1}]$이 온다면 $f(x_1, \dots, x_k) = x_{k+1}$이라고 두어서 함수에 대응되는 고유한 오일러 경로를 정의할 수 있다.

(두 오일러 경로가 있을 때, 만일 하나가 다른 하나의 순환 순열이면 둘이 같은 것이라고 간주한다.)
이제 연습문제 21의 의미에서 $G_k = G_{k-1}^*$ 이며, 따라서 G_k에는 $m^{m^{k-1} - m^{k-2}}$ 곱하기 G_{k-1}의 유향
하위트리 개수만큼의 유향 하위트리들이 있다. 귀납법에 의해 G_k의 유향 하위트리 개수는 $m^{m^{k-1}-1}$
이며, 만일 하나의 루트가 주어진다면 $m^{m^{k-1}-k}$이다. 그러므로 연습문제 22에 의해, 주기가 최대인
함수들의 개수, 다시 말해서 주어진 호로 시작하는 G_k의 오일러 경로들의 개수는 $m^{-k}(m!)^{m^{k-1}}$이다.
〔$m = 2$일 때의 이 결과는 C. Flye Sainte-Marie, L'*Intermédiaire des Mathématiciens* **1**
(1894), 107-110에서 밝혀졌다.〕

24. $0 \le j \le m$에 대한 e_j의 복사본 E_j개로 된 하나의 새 유향 그래프를 정의한다. 이 그래프는
균형 그래프이며, 따라서 정리 G에 의해 하나의 오일러 경로 $(e_0, \dots)$를 담는다. 이 오일러 경로에서
변 e_0을 제거하면 문제에 요구된 유향 경로가 된다.

25. 집합 $I_j = \{e \mid \text{init}(e) = V_j\}$와 $F_j = \{e \mid \text{fin}(e) = V_j\}$에 속한 모든 호들에 임의적인 순서
를 부여한다. I_j의 각 호 e에 대해, 만일 I_j의 순서 관계에서 e' 다음에 e가 온다면 $\text{ATAG}(e) =$
0, $\text{ALINK}(e) = e'$로 둔다. 또한 e가 I_j의 마지막이고 e'가 F_j의 첫 요소라면 $\text{ATAG}(e) = 1$, ALINK
$(e) = e'$로 둔다. BLINK와 BTAG도 동일한 방식으로 정의하되, init와 fin의 역할을 뒤집는다.
예(각 호 집합에서 호들의 순서는 알파벳순이다):

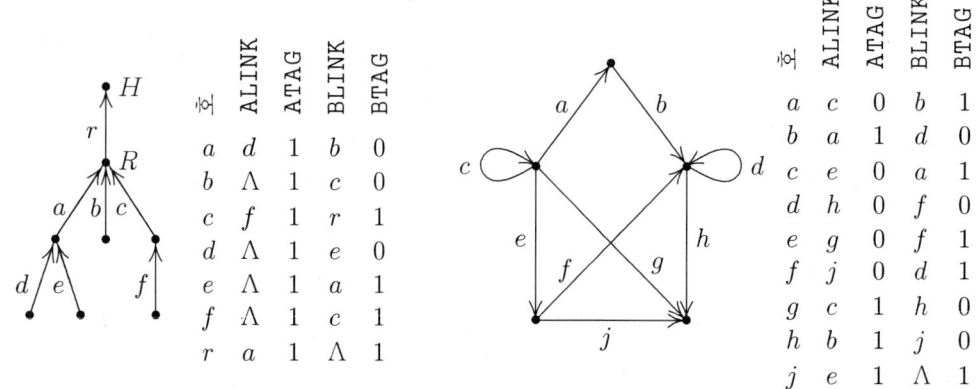

참고: 만일 유향 트리 표현에서 H에서 자신으로의 또 다른 호를 추가한다면 흥미로운 상황이
벌어진다: 그러면 표준 표현 방식 2.3.1-(8)에서와 같되 목록 머리에서 LLINK, LTAG, RLINK,
RTAG가 교환된 형태가 되거나, 또는(만일 새 호를 주어진 순서 관계에서 마지막 위치에 넣는다면)
표준 표현과 같되 트리의 루트와 연관된 노드에서 RTAG = 0인 다른 형태가 된다.

이 연습문제는 필자가 린치 W. C. Lynch와 나눈 의견에 기반을 둔 것이다. 이러한 표현을 이용하면
알고리즘 2.3.1S와 비슷한 트리 운행 알고리즘들을 유향 트리가 아닌 유향 그래프 부류들로 일반화할
수 있을까?

27. V_i에서 V_j로의 모든 호 e들에 대한 $p(e)$의 합을 a_{ij}라고 하자. 이 문제를 풀기 위해 모든
j에 대해 $t_j = \sum_i a_{ij} t_i$임을 증명한다. $\sum_i a_{ji} = 1$이므로 $\sum_i a_{ji} t_j = \sum_i a_{ij} t_i$를 증명해야 하는데,

이는 어렵지 않다. 등식의 양변이, $\text{init}(e_i) = V_i$를 만족하며 $\{e_1, ..., e_n\}$에 V_j를 포함하는 하나의 고유한 유향 순환마디가 존재한다는 조건들을 만족하는 G의 하위그래프 $\{e_1, ..., e_n\}$들을 합의 구간으로 하는, 모든 $p(e_1) ... p(e_n)$ 곱들의 합을 나타내기 때문이다. 그러한 고유한 유향 순환마디에서 임의의 호를 제거하면 하나의 유향 트리가 된다. 등식의 좌변은 V_j에서 떠나는 호들을 빼내서 얻으며, 우변은 V_j로 들어가는 호들에 해당한다.

이 연습문제는 어떤 의미로는 연습문제 19와 26을 결합한 것이라 할 수 있다.

28. 전개의 모든 항은 $a_{1p_1} ... a_{mp_m} b_{1q_1} ... b_{nq_n}$ 곱하기 어떤 정수 계수이며, $1 \le i \le m$에 대해 $0 \le p_i \le n$이고 $1 \le j \le n$에 대해 $0 \le q_j \le m$이다. 이 곱을 정점들이 $\{0, u_1, ..., u_m, v_1, ..., v_n\}$이고 호들이 u_i에서 v_{p_i}, v_j에서 u_{q_j}인(이 때 $u_0 = v_0 = 0$) 유향 그래프로 나타낸다.

만일 유향 그래프에 순환마디가 존재한다면 위에서 말한 정수 계수는 0이다. 왜냐하면 각 순환마디는 다음과 같은 형태의 한 인수에 대응되기 때문이다.

$$a_{i_0 j_0} b_{j_0 i_1} a_{i_1 j_1} ... a_{i_{k-1} j_{k-1}} b_{j_{k-1} i_0} \tag{*}$$

여기서 색인 $(i_0, i_1, ..., i_{k-1})$들은 서로 다르며, 색인 $(j_0, j_1, ..., j_{k-1})$들도 서로 다르다. (*)를 하나의 인수로 담은 모든 항들의 합은, $0 \le j \le n$에 대해 $a_{ij} \leftarrow [j = j_l]$로, $0 \le i \le m$, $0 \le l < k$에 대해 $b_{ji} \leftarrow [i = i_{(l+1) \bmod k}]$로 설정하되 나머지 $m + n - 2k$개의 행들이 있는 변수들은 그대로 두고 얻은 행렬식과 같다. 이 행렬식은 항상 0인데, 왜냐하면 상단부의 행 $i_0, i_1, ..., i_{k-1}$들의 합은 하단부에 있는 행 $j_0, j_1, ..., j_{k-1}$들의 합과 같기 때문이다.

반면, 유향 그래프에 순환마디가 없다면 정수 계수는 $+1$이다. 왜냐하면 각 인수 a_{ip_i}와 b_{jq_j}는 행렬식의 대각 성분에서 비롯된 것이기 때문이다. 만일 상단부의 행 i_0에서 대각 성분이 아닌 임의의 성분 $a_{i_0 j_0}$을 택했다면, 왼쪽의 열 j_0에서 대각이 아닌 어떤 성분 $b_{j_0 i_1}$을 택해야 하며, 그러면 상단부의 행 i_1에서 대각이 아닌 어떤 성분 $a_{i_1 j_1}$을 택해야 한다. 그런 식으로 이어지다보면 하나의 순환마디가 만들어질 수밖에 없다.

따라서 정수 계수는 오직 해당 이중 그래프가 루트가 0인 유향 트리일 때에만 $+1$이다. 그런 항들의 개수(따라서 그런 유향 트리들의 개수)는 각 a_{ij}와 b_{ji}를 1로 두면 구할 수 있다. 예를 들면:

$$\det \begin{pmatrix} 4 & 0 & 1 & 1 & 1 \\ 0 & 4 & 1 & 1 & 1 \\ 1 & 1 & 3 & 0 & 0 \\ 1 & 1 & 0 & 3 & 0 \\ 1 & 1 & 0 & 0 & 3 \end{pmatrix} = \det \begin{pmatrix} 4 & 0 & 1 & 1 & 1 \\ -4 & 4 & 0 & 0 & 0 \\ 1 & 1 & 3 & 0 & 0 \\ 0 & 0 & -3 & 3 & 0 \\ 0 & 0 & -3 & 0 & 3 \end{pmatrix} = \det \begin{pmatrix} 4 & 0 & 3 & 1 & 1 \\ 0 & 4 & 0 & 0 & 0 \\ 2 & 1 & 3 & 0 & 0 \\ 0 & 0 & 0 & 3 & 0 \\ 0 & 0 & 0 & 0 & 3 \end{pmatrix}$$

$$= \det \begin{pmatrix} 4 & 3 \\ 2 & 3 \end{pmatrix} \cdot 4 \cdot 3 \cdot 3.$$

일반화하자면, $\det \begin{pmatrix} n+1 & n \\ m & m+1 \end{pmatrix} \cdot (n+1)^{m-1} \cdot (m+1)^{n-1}$을 얻게 된다.

참고: 실베스터J. J. Sylvester는 *Quarterly J. of Pure and Applied Math.* **1** (1857), 42-56에서 $m = n$, $a_{10} = a_{20} = \cdots = a_{m0} = 0$인 특수한 경우를 고려했으며, 그런 경우 항들의 전체 개수는

$n^n(n+1)^{n-1}$이라고 (제대로) 짐작했다. 또한 그는 $a_{ij} = \delta_{ij}$가 $\{0, 1, ..., n\}$에 대한 연결된, 순환마디 없는 모든 그래프들에 대응됨을 증명 없이 진술하였다. 그런 특수 경우에서 그는 행렬식을 연습문제 19의 행렬 트리 정리에 나온 형태로, 즉 다음과 같이 줄일 수 있었다.

$$\det \begin{pmatrix} b_{10}+b_{12}+b_{13} & -b_{12} & -b_{13} \\ -b_{21} & b_{20}+b_{21}+b_{23} & -b_{23} \\ -b_{31} & -b_{32} & b_{30}+b_{31}+b_{32} \end{pmatrix}$$

케일리Cayley는 이 결과를 *Crelle* **52** (1856), 279에서 인용하면서 실베스터에서 기인한 것임을 밝혔다. 그런 만큼, 이런 그래프들의 개수에 대한 정리를 가끔 케일리의 공으로 돌린다는 것은 아이러니한 일이다.

주어진 행렬식의 처음 m개의 행들을 부정(부호를 반대로)하고 그런 다음 처음 m개의 열들을 부정하면, 이 연습문제는 행렬 트리 정리에 대한 문제로 단순화된다.

〔이 연습문제에서 고려한 일반적 형태를 가진 행렬들은 편미분방정식을 푸는 반복법에서 중요하며, 그런 행렬들을 가리켜 "*A* 성질"을 가졌다고 말한다. 예를 들면 Louis A. Hageman, David M. Young, *Applied Iterative Methods* (Academic Press, 1981), 9장을 볼 것.〕

2.3.4.3절

1. 루트는 빈 수열이다. 호들은 $(x_1, ..., x_n)$에서 $(x_1, ..., x_{n-1})$로 간다.

2. 한 4분형 종류를 취하고 그것을 180° 회전하면 또 다른 4분형 형태가 된다. 그 두 형태들로(더 이상의 회전 없이) 2×2 패턴을 반복한다면 분명히 평면을 채울 수 있다.

3. 모든 양의 정수 j에 대한 4분형 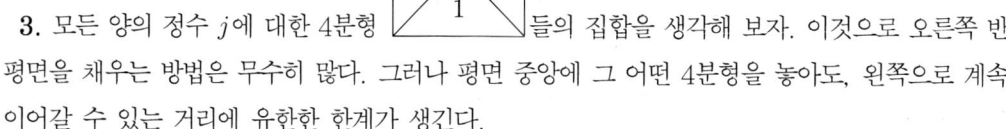들의 집합을 생각해 보자. 이것으로 오른쪽 반평면을 채우는 방법은 무수히 많다. 그러나 평면 중앙에 그 어떤 4분형을 놓아도, 왼쪽으로 계속 이어갈 수 있는 거리에 유한한 한계가 생긴다.

4. $n = 1, 2, ...$에 대해 하나의 $n \times n$ 블록으로 평면을 채우는 모든 가능한 방법들을 체계적으로 나열하면서 그 블록들 안에서 원환해들을 찾는다. 만일 평면을 채우는 방법이 없다면, 무한대 보조정리에 의해, $n \times n$ 해가 가능한 수 n은 없는 것이다. 평면을 채우는 방법이 있다면, 가정에 의해 원환해를 만드는 $n \times n$ 해가 가능한 n이 존재하는 것이다. 따라서 어떤 경우이든 알고리즘은 종료된다. 〔그러나 다음 해답에서 보겠지만 주어진 가정은 거짓이다. 그리고 사실, 주어진 4분형들의 집합으로 평면을 채우는 방법이 있는지를 유한한 개수의 단계들로 결정하는 알고리즘은 없다. 한편, 만일 그런 타일링 방법이 존재한다면, 준원환해(quasitoroidal, 準-)인 타일링 방법이 항상 존재한다. 여기서 준원환해 타일링이라는 것은 그 타일링의 $n \times n$ 블록들이 모든 $f(n) \times f(n)$ 블록에 적어도 한 번씩은 나타나는 어떠한 함수 f가 존재한다는 뜻이다. B. Durand, **221** (1999), 61-75 참고.〕

5. 어떤 해이든 $\begin{smallmatrix} \alpha & \beta \\ \gamma & \delta \end{smallmatrix}$가 2×2 그룹으로 반복되는 부류들이 필요함에 주목한다. 그렇다고 할 때, 단계 1: α 4분형만 고려해서, 패턴 $\begin{smallmatrix} a & b \\ c & d \end{smallmatrix}$가 반드시 α 정방형의 2×2 그룹들로 복제되어야 함을 보인다. 단계 $n > 1$: 높이와 너비가 2^{n-1}인 십자형 영역 안에 반드시 나타나는 하나의 패턴을 결정한다. 십자형들의 중앙은 평면 전체에 복제되는 $\begin{smallmatrix} Na & Nb \\ Nc & Nd \end{smallmatrix}$ 패턴을 가진다.

예를 들어 단계 3 이후에는 평면 전반에서 매 8 단위마다 단위 길이 띠들로 분리된 7×7 블록들의 내용들을 알게 된다. 중앙에 부류 Na가 있는 7×7 블록들은 다음과 같은 형태이다.

αa	βKQ	αb	βQP	αa	βBK	αb
γPJ	δNa	γRB	δQK	γLJ	δNb	γPB
αc	βDS	αd	βQTY	αc	βBS	αd
γPQ	δPJ	γPXB	δNa	γRQ	δRB	γRB
αa	βUK	αb	βDP	αa	βBK	αb
γTJ	δNc	γSB	δDS	γSJ	δNd	γTB
αc	βQS	αd	βDT	αc	βBS	αd

중앙 열과 중앙 행은 단계 3에서 방금 채워진 "십자형"이다. 나머지 네 3×3 정방형들은 단계 2 이후에 채워진 것들이다. 이 7×7 정방형 바로 오른쪽 정방형들과 바로 아래 정방형들은 단계 4에서 채워질 15×15 십자형의 일부이다.

비슷한 구축방법으로 비원환해들로만 된 단 35개의 4분형 형태들의 집합을 얻을 수 있다. 이에 대해서는 로빈슨R. M. Robinson, *Inventiones Math.* **12** (1971), 177-209를 볼 것. 로빈슨은 회전과 반사가 허용되는 경우에도 평면을 오직 비원환적으로만 채우는 여섯 가지 정방형 형태들의 집합도 제시했다. 1974년에는 펜로즈Roger Penrose가 정방형 격자 대신 황금비율에 기반해서, 평면을 오직 비주기적으로만 채우는 단 두 개의 다각형들로 된 집합을 발견했다. 이로부터 오직 비원환해들만 가진 단 16개의 4분형 형태들의 집합이 나왔다〔B. Grünbaum, G. C. Shephard, *Tilings and Patterns* (Freeman, 1987), 10-11장; Martin Gardner, *Penrose Tiles to Trapdoor Ciphers* (Freeman, 1989), 1-2장 참고〕.

6. k와 m은 고정시킨다. 어떠한 유향 트리가 있으며 그 유향 트리의 각 정점이 어떠한 n에 대해 $\{1, ..., n\}$을 k개의 부분집합들로 나누되 그 부분집합들이 길이 m의 등차수열을 담지 않도록 하는 분할들 중 하나를 나타낸다고 하자. 그 유향 트리에서 $\{1, ..., n+1\}$을 분할하는 노드가 $\{1, ..., n\}$을 분할하는 노드의 자식일 필요충분조건은 그 두 분할들이 $\{1, ..., n\}$에서 일치한다는 것이다. 만일 루트로의 한 무한 경로가 존재한다면, 모든 정수들을 길이 m의 등차수열이 없는 k개의 집합들로 나누는 방법이 존재한다. 따라서 무한대 보조 정리와 판데르바르덴 정리에 의해 이 트리는 유한하다. (만일 $k = 2$, $m = 3$이면 트리를 손으로 빠르게 계산할 수 있으며, N의 최소값은 9이다. 머스키L. Mirsky 편집, *Studies in Pure Mathematics* (Academic Press, 1971), 251-260을 보면 판데르바

르덴이 자신의 정리의 증명을 어떻게 발견했는지에 대한 흥미로운 설명이 나온다.)

7. 양의 정수들은 계산열, 즉 계산 가능한(computable) 수열을 전혀 담지 않는 두 집합 S_0과 S_1로 분할할 수 있다(연습문제 3.5-32 참고). 따라서 이 문제의 경우 무한 등차수열은 존재하지 않는다. 정리 K는 적용되지 않는데, 왜냐하면 각 정점에서 유한한 차수를 가진 트리에 부분적인 해들을 집어넣는 방법은 없기 때문이다.

8. 크러스컬Kruskal의 정리를 위반하는 무한한 트리 순차열을 "반례(counterexample) 순차열"이라고 부르기로 하자. 정리가 거짓이라고 가정하고, 한 반례 순차열에서 첫째 트리가 될 수 있는 트리들 중에서 노드 개수가 가장 작은 트리를 T_1로 선택한다. 그리고 트리 T_1, ..., T_j들이 선택되었을 때, 하나의 반례 순차열의 처음 트리들이 T_1, ..., T_j, T_{j+1}이 되게 하는 트리들 중 노드 개수가 가장 작은 트리를 T_{j+1}로 둔다. 이런 식으로 트리들을 택하면 하나의 반례 순차열 $\langle T_n \rangle$이 결정된다. 이 T들 중에서 단지 하나의 루트로만 된 트리는 없다. 이제, 이 순차열을 자세히 살펴보자.

　(a) $l(T_{n_1})$, $l(T_{n_2})$, ...가 하나의 반례 순차열이 되는 부분순차열 T_{n_1}, T_{n_2}, ...이 있다고 하자. 그러나 그런 부분순차열은 존재할 수 없는데, 왜냐하면 그런 부분순차열이 있다면 $T_1, ... T_{n_1-1}$, $l(T_{n_1})$, $l(T_{n_2})$, ...은 하나의 반례 순차열이 되며, 이는 T_{n_1}의 정의와 모순이기 때문이다.

　(b) (a)때문에 어떠한 $k > j$에 대해서도 $l(T_j)$를 $l(T_k)$에 내장할 수 없는 j의 개수는 유한하다. 따라서 그런 임의의 j보다 큰 n_1을 취한다면 $l(T_{n_1}) \subseteq l(T_{n_2}) \subseteq l(T_{n_3}) \subseteq \cdots$인 부분순차열을 찾을 수 있다.

　(c) 이제, 연습문제 2.3.2-22에 의해 $r(T_{n_j})$는 어떠한 $k > j$에 대해서도 $r(T_{n_k})$에 내장할 수 없다. 만일 내장할 수 있다면 $T_{n_j} \subseteq T_{n_k}$이기 때문이다. 따라서 T_1, ..., T_{n_1-1}, $r(T_{n_1})$, $r(T_{n_2})$, ...는 하나의 반례 순차열이다. 그러나 이는 T_{n_1}의 정의와 모순이다.

　참고: 크러스컬은 *Trans. Amer. Math. Soc.* **95** (1960), 210-225에서 좀 더 느슨한 내장 개념을 이용해서 좀 더 엄격한 결과를 실제로 증명했다. 그의 정리가 무한대 보조 정리를 즉시 따르는 것은 아니나, 그 결과들은 막연하게나마 비슷하다. 쾨니히 자신이 증명한 것은 크러스컬 정리의 한 특수 경우이다. 그는 음이 아닌 정수들의 짝별로 비교 불가능한 n짝들의 무한 수열은 존재하지 않음을 보였는데, 여기서 비교 가능하다는 것은 한 n짝의 모든 성분들이 다른 짝의 해당 성분들보다 작음을 뜻한다 〔*Matematikai és Fizikai Lapok* **39** (1932), 27-29〕. 좀 더 자세한 내용은 *J. Combinatorial Theory* **A13** (1972), 297-305를 볼 것. 또한 알고리즘 종료의 응용에 대해서는 N. Dershowitz, *Inf. Proc. Letters* 9 (1979), 212-215를 볼 것.

2.3.4.4절

1. $\ln A(z) = \ln z + \sum_{k \geq 1} a_k \ln\left(\frac{1}{1-z^k}\right) = \ln z + \sum_{k,t \geq 1} \frac{a_k z^{kt}}{t} = \ln z + \sum_{t \geq 1} \frac{A(z^t)}{t}.$

2. 미분하고 z^n의 계수들을 등식으로 두면 다음과 같은 항등식이 나온다.

$$na_{n+1} = \sum_{k \geq 1} \sum_{d \backslash k} d a_d a_{n+1-k}.$$

이제 합의 순서를 교환한다.

4. (a) $A(z)$가 적어도 $|z| < \frac{1}{4}$에 대해 수렴함은 분명하다. 왜냐하면 a_n은 순서트리 개수 b_{n-1}보다 작기 때문이다. $A(1)$이 무한하고 모든 계수들이 양이므로, $|z| < \alpha$에 대해 $A(z)$가 수렴하는 양의 수 $\alpha \leq 1$이 존재하며, $z = \alpha$에서 특이점이 존재한다. $\psi(z) = A(z)/z$라고 하자. $\psi(z) > e^{z\psi(z)}$이므로 $\psi(z) = m$은 $z < \ln m/m$임을 함의한다. 따라서 $\psi(z)$은 유계이며 극한 $\lim_{z \to \alpha-} \psi(z)$이 존재한다. 이에 의해 $\alpha < 1$이며, 아벨의 극한 정리에 의해 $a = \alpha \cdot \exp(a + \frac{1}{2}A(\alpha^2) + \frac{1}{3}A(\alpha^3) + \cdots)$이다.

(b) $A(z^2)$, $A(z^3)$, ...은 $|z| < \sqrt{\alpha}$에서 해석적이며 $\frac{1}{2}A(z^2) + \frac{1}{3}A(z^3) + \cdots$는 약간 더 작은 원 안에서 균일하게 수렴한다.

(c) 만일 $\partial F/\partial w = a - 1 \neq 0$이면 음함수 정리에 의해 $F(z, f(z)) = 0$을 만족하며 $(\alpha, a/\alpha)$ 근방에서 해석적인 함수 $f(z)$이 존재한다. 그러나 이는 $f(z) = A(z)/z$임을 함의하며, 따라서 $A(z)$이 α에서 특이점을 가진다는 사실과 모순이 된다.

(d) 자명하다.

(e) $A(z)$의 계수들은 모두 양이므로 $\partial F/\partial w = A(z) - 1$이고 $|A(z)| < A(\alpha) = 1$이다. 따라서 (c)에서처럼 $A(z)$은 그런 모든 점들에서 정칙(regular) 함수이다.

(f) $(\alpha, 1/\alpha)$ 근방에서 $0 = \beta(z - \alpha) + (\alpha/2)(w - 1/\alpha)^2 +$ 더 고차항들... 이라는 항등식이 성립한다. 여기서 $w = A(z)/z$이다. 따라서 음함수 정리에 의해 여기서 w는 $\sqrt{z - \alpha}$의 해석적 함수이다. 그러므로 그 안에서 $A(z)$가 언급된 형태를 가지게 되는 어떠한 $|z| < \alpha_1$ 빼기 절단(cut) $[\alpha, \alpha_1]$ 영역이 존재한다. (음의 부호를 선택한 것은, 양의 부호로 하면 계수들이 궁극적으로 음이 되어버리기 때문이다.)

(g) 언급된 형태의 임의의 함수는 그 계수들이 점근적으로 $\frac{\sqrt{2\beta}}{\alpha^n}\binom{1/2}{n}$이다. 다음을 주목할 것.

$$\binom{3/2}{n} = O\left(\frac{1}{n}\binom{1/2}{n}\right).$$

좀 더 자세한 사항과 자유 트리 개수의 점근값들에 대해서는 R. Otter, *Ann. Math.* (2) **49** (1948), 583-599를 참고하라.

5. $c_n = \displaystyle\sum_{j_1 + 2j_2 + \cdots = n} \binom{c_1 + j_1 - 1}{j_1} \cdots \binom{c_n + j_n - 1}{j_n} - c_n, \quad n > 1.$

따라서

$$2C(z) + 1 - z = (1 - z)^{-c_1}(1 - z^2)^{-c_2}(1 - z^3)^{-c_3}\cdots = \exp(C(z) + \frac{1}{2}C(z^2) + \cdots).$$

이다. 이로부터 $C(z) = z + z^2 + 2z^3 + 5z^4 + 12z^5 + 33z^6 + 90z^7 + 261z^8 + 766z^9 + \cdots$를 구한다. $n > 1$일 때 변이 n개인 직렬병렬 연결망(series-parallel network)들은 $2c_n$개이다 〔P. A. MacMahon, *Proc. London Math. Soc.* **22** (1891), 330-339〕.

6. $zG(z)^2 = 2G(z) - 2 - zG(z^2)$; $G(z) = 1 + z + z^2 + 2z^3 + 3z^4 + 6z^5 + 11z^6 + 23z^7 + 46z^8 + 98z^9 + \cdots$. 함수 $F(z) = 1 - zG(z)$는 좀 더 간단한 관계 $F(z^2) = 2z + F(z)^2$을 만족한다. 〔J. H. M. Wedderburn, *Annals of Math.* **24** (1922), 121-140.〕

7. $g_n = ca^n n^{-3/2}(1 + O(1/n))$. 여기서 $c \approx 0.7916031835775$이고 $a \approx 2.483253536173$이다.

8.

9. 무게중심이 둘이라고 하자. 한 무게중심에서 다른 무게중심으로의 경로를 생각해 보면 그 사이에 다른 점들이 있을 수 없음을 알 수 있다. 즉, 두 무게중심은 서로 인접해 있는 것이다. 하나의 트리에서 세 개 이상의 정점들이 서로 인접할 수는 없으므로, 인접한 무게중심들은 많아야 두 개이다.

10. X와 Y가 인접하다고 하고, X의 하위트리 Y의 정점 개수를 $s(X, Y)$라고 하자. 그러면 $s(X, Y) + s(Y, X) = n$이다. 본문의 논증에 따라, 만일 Y가 무게중심이면 $\text{weight}(X) = s(X, Y)$이다. 따라서 X와 Y 둘 다 무게중심이면 $\text{weight}(X) = \text{weight}(Y) = n/2$이다.

이 표기법 하에서, 본문의 논증은 만일 $s(X, Y) \geq s(Y, X)$이면 X의 하위트리 Y에 하나의 무게중심이 존재함을 보이는 것으로 이어진다. 따라서 만일 정점이 m개인 두 자유 트리들을 X와 Y 사이의 한 변으로 결합한다면 $s(X, Y) = m = s(Y, X)$인 하나의 자유 트리가 되며, 그 자유 트리에는 반드시 두 개의 무게중심들(즉 X와 Y)이 존재한다.

〔모든 인접한 X와 Y에 대해 $s(X, Y)$를 $O(n)$ 단계 안에 계산하는 프로그램을 작성해 보는 것도 좋은 프로그래밍 연습이 될 것이다. 그리고 그러한 계산 결과로부터 s의 무게중심을 빠르게 찾을 수 있다. 무게중심을 찾는 효율적인 알고리즘을 처음으로 발표한 것은 A. J. Goldman, *Transportation Sci.* **5** (1971), 212-221이다.〕

11. $zT(z)^t = T(z) - 1$이며 따라서 $z + T(z)^{-t} = T(z)^{1-t}$이다. 식 1.2.9-(21)에 의해 $T(z) = \sum_n A_n(1, -t)z^n$이며, 따라서 t진 트리 개수는

$$\binom{1 + tn}{n} \frac{1}{1 + tn} = \binom{tn}{n} \frac{1}{(t-1)n + 1}$$

이다.

12. 모든 $i \neq j$에 대해 V_i에서 V_j로 가는 호가 하나인 유향 그래프를 생각해보자. 연습문제 2.3.4.2-19의 행렬 A_0은 대각 성분들이 $n - 1$이고 비대각 성분들이 -1인 하나의 $(n-1) \times (n-1)$ 조합행렬이다. 따라서 그 행렬식은

$$(n + (n-1)(-1))n^{n-2} = n^{n-2}$$

이며, 이는 주어진 한 정점을 루트로 하는 유향 트리들의 개수이다. (연습문제 2.3.4.2-20을 이용해서 풀 수도 있다.)

13.

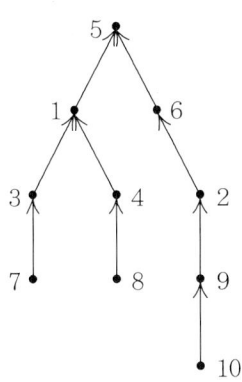

14. 참이다. 루트는 다른 모든 가지들이 제거되고 나서야 잎이 될 수 있기 때문이다.

15. 표준표현에서 $V_1, V_2, \ldots, V_{n-1}, f(V_{n-1})$은 하나의 유향 그래프로 간주되는 유향 트리의 위상 정렬 순서이다. 그러나 알고리즘 2.2.3T의 출력이 일반적으로 이런 순서인 것은 아니다. $V_1, V_2,$ $\ldots, V_{n-1}$의 값들을 구하도록 알고리즘 2.2.3T를 수정하는 것도 가능하다. 단계 T6에서 "대기열에 삽입"하는 연산들을 목록 항목들이 앞에서 뒤로 오름차순으로 나타나도록 링크들을 조정하는 절차로 바꾸면 된다. 그러면 대기열은 하나의 우선순위 대기열이 된다.

(그러나 일반적인 우선순위 대기열 없이도 표준표현을 구할 수 있다. 정점들을 1부터 n까지 훑으면서 잎들을 찾고, 그 훑는 포인터보다 작은 새 잎들에서 새로운 경로들을 파생시키면 된다. 다음 연습문제의 답을 볼 것.)

16. D1. $C[1] \leftarrow \cdots \leftarrow C[n] \leftarrow 0$으로 설정하고, $1 \le j \le n$에 대해 $C[f(V_j)] \leftarrow C[f(V_j)] + 1$로 설정한다. (따라서 정점 k는 오직 $C[k] = 0$일 때에만 잎이다.) $k \leftarrow 0$, $j \leftarrow 1$로 설정한다.

   D2. $C[k] = 0$이 될 때까지 k를 1회 이상 증가하고, $l \leftarrow k$로 설정한다.

   D3. $\mathrm{PARENT}[l] \leftarrow f(V_j)$, $l \leftarrow f(V_j)$, $C[l] \leftarrow C[l] - 1$, $j \leftarrow j+1$로 설정한다.

   D4. 만일 $j = n$이면 $\mathrm{PARENT}[l] \leftarrow 0$으로 설정하고 알고리즘을 끝낸다.

   D5. 만일 $C[l] = 0$이고 $l < k$이면 D3으로 간다. 그렇지 않으면 D2로 돌아간다. ▌

17. $f(x_j) = x_{j+1}$이고 $f(x_k) = x_1$인 순환마디 $x_1, x_2, \ldots, x_k$가 정확히 하나 존재해야 한다. 각 x의 반복들이 궁극적으로 이 순환마디에 들어오게 되는, 길이 k 순환마디를 가진 모든 f들을 나열하기로 하자. 본문에서처럼 표준표현 $f(V_1), f(V_2), \ldots, f(V_{m-k})$를 정의한다. 이제 그 순환마디에는 $f(V_{m-k})$가 있으며, 따라서 나머지 순환마디 $f(f(V_{m-k}))$, $f(f(f(V_{m-k})))$ 등을 적어 내려가면 된다. 예를 들어 $m = 13$이고 그 그래프가 다음 그림과 같은 함수로부터 표준표현 3, 1, 8, 8, 1, 12, 12, 2, 3, 4, 5, 1을 얻을 수 있다. 마지막 k개가 서로 다른 $m-1$개의 수들의 순차열을 얻게 되는 것이다. 또한, 이러한 구축과정을 반대로 적용하면 그런 임의의 순차열로부터 해당 함수를 얻을 수 있다(k를 알고 있다고 할 때). 따라서 k 순환마디를 가진 그러한 함수들의 개수는 정확히 $m^{\underline{k}} m^{m-k-1}$개이다. (연습문제 3.1-14에는 이와 관련된 결과들이 나온다. 공식 $m^{m-1} Q(m)$은

L. Katz, *Annals of Math. Statistics* **26** (1955), 512-517에서 처음 발표되었다.)

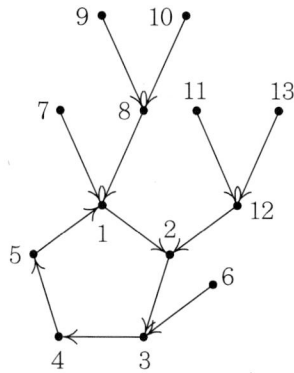

18. 순차열 $s_1, s_2, ..., s_{n-1}$로 트리를 구축하는 과정은, 우선 s_1을 루트로 두고 시작해서 $s_1, s_2, ...$를 가리키는 호들을 트리에 붙여나간다. 만일 정점 s_k가 이전에 이미 나온 것이라면 s_{k-1}로 가는 호의 시작 정점에 번호를 부여하지 않는다. 그렇지 않다면 그 시작 정점에 s_k라는 번호를 붙인다. 이런 식으로 $n-1$개의 호들을 모두 배치했다면, 번호가 붙지 않은 나머지 모든 정점들에 아직 나오지 않은 번호들을 붙이되, 번호 없는 정점들이 생성된 순서와 거기에 붙일 번호들이 증가되는 순서가 일치하게 한다.

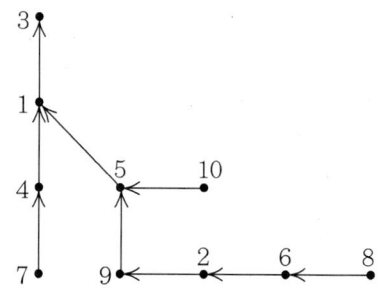

예를 들어 3, 1, 4, 1, 5, 9, 2, 6, 5로부터 오른쪽 그림에 나온 트리를 만들 수 있다. 이 방법과 본문에 나온 방법 사이에 간단한 연관 관계는 없다. 또 다른 표현 방식들도 여럿 가능한데, 네빌 E. H. Neville의 논문 *Proc. Cambridge Phil. Soc.* **49** (1953), 381-385를 볼 것.

19. 표준표현은 정확히 $n-k$개의 서로 다른 값들을 가지며, 따라서 이러한 성질들을 가진 $n-1$개의 수들의 순차열을 열거할 수 있다. 답은 $n^{n-k} \begin{Bmatrix} n-1 \\ n-k \end{Bmatrix}$이다.

20. 그러한 트리들의 표준표현을 생각해 보자. 문제에서 요구하는 것은 지수 k_0이 0개, 지수 k_1이 1개, 등인 $(x_1 + \cdots + x_n)^{n-1}$ 항들의 개수이다. 이는 그런 한 항의 계수 곱하기 그런 항들의 개수와 같다. 즉, 답은:

$$\frac{(n-1)!}{(0!)^{k_0} (1!)^{k_1} \ldots (n!)^{k_n}} \times \frac{n!}{k_0! \, k_1! \ldots k_n!}.$$

21. 정점이 $2m$개인 그런 유향 트리는 없다. 정점이 $n = 2m+1$개이면, 답은 연습문제 20에서 $k_0 = m+1$, $k_2 = m$으로 두고 구할 수 있다. 구체적으로 말하면 $\binom{2m+1}{m}(2m)!/2^m$이다.

22. 정확히 n^{n-2}개이다. X가 특정한 한 정점일 때, 자유 트리들은 루트가 X인 유향 트리들과 일대일로 대응되기 때문이다.

23. 번호가 붙지 않은 모든 순서트리들에 번호를 붙이는 방법은 총 $n!$가지이며, 각각의 번호 붙은 순서트리들은 서로 다르다. 따라서 전체 개수는 $n! b_{n-1} = (2n-2)!/(n-1)!$이다.

24. 주어진 한 루트를 가진 유향 트리들의 개수는 다른 어떤 루트를 가진 유향 트리들의 개수와 같으므로, 일반적으로 답은 연습문제 23의 답에 $1/n$을 곱한 것이다. 그리고 이 문제의 경우 답은 30이다.

25. $0 \le q < n$에 대해 $r(n, q) = (n - q)n^{q-1}$이다. (식 (24)의 $s = 1$인 특수한 경우.)

26. $(k = 7)$

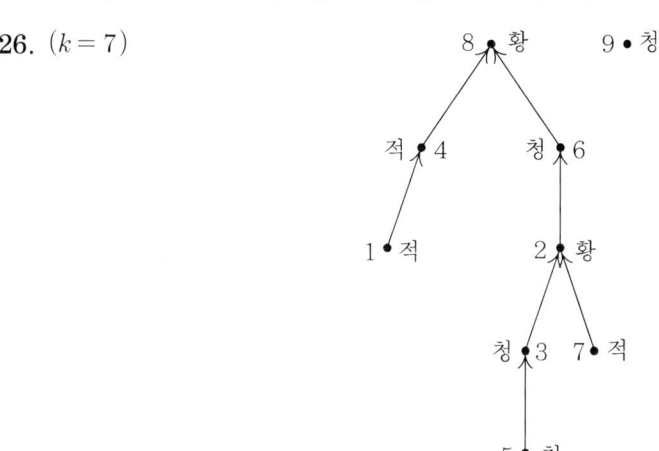

27. V_k에서 $U_{g(k)}$로의 호들을 추가하되 유향 순환마디가 새로 생기지는 않게 하는 $\{1, 2, ..., r\}$에서 $\{1, 2, ..., q\}$로의 함수 g가 주어졌다고 할 때, 수열 $a_1, ..., a_r$을 다음과 같이 구축한다: 만일 임의의 $j \ne k$에 대해 V_j에서 V_k로의 유향 경로가 존재하지 않는다면 그러한 정점 V_k를 "자유(free)" 정점이라고 부르자. 유향 순환마디들이 없기 때문에 적어도 하나의 자유 정점이 존재해야 한다. V_{b_1}이 자유 정점인 가장 작은 정수를 b_1로 둔다. 그리고 $b_1, ..., b_t$를 선택했을 때, $1 \le k \le t$에 대해 V_{b_k}에서 $U_{g(b_k)}$로의 호들을 삭제해서 얻은 그래프에서 $V_{b_{t+1}}$이 자유 정점이 되는 $b_1, ..., b_t$와는 다른 가장 작은 정수를 b_{t+1}로 둔다. 이러한 규칙에 의해 정수 $\{1, 2, ..., r\}$들의 한 순열 $b_1 b_2 ... b_r$이 정의된다. $1 \le k \le r$에 대해 $a_k = g(b_k)$라고 하자. 이것은 $1 \le k < r$에 대해 $1 \le a_k \le q$이며 $1 \le a_r \le p$인 하나의 수열을 정의한다.

반대로, 만일 그러한 수열 $a_1, ..., a_r$이 주어졌을 때, 만일 $a_j > p$이고 $f(a_j) = k$인 j가 존재하지 않는다면 정점 V_k를 "자유" 정점이라고 부른다. $a_r \le p$이므로 많아야 $r - 1$개의 비자유 정점들이 있다. 정점 V_{b_1}이 자유인 가장 작은 정수를 b_1로 둔다. 그리고 $b_1, ..., b_t$를 선택했다고 할 때, 수열 $a_{t+1}, ..., a_r$에 대해서 $V_{b_{t+1}}$이 자유 정점인, 그리고 $b_1, ..., b_t$와는 다른 가장 작은 정수를 b_{t+1}로 둔다. 이 규칙은 정수 $\{1, 2, ..., r\}$들의 한 순열 $b_1 b_2 ... b_r$을 정의한다. $1 \le k \le r$에 대해 $g(b_k) = a_k$라고 하자. 이 규칙은 V_k에서 $U_{g(k)}$로의 호들을 추가해도 어떠한 유향 순환마디들도 생기지 않는 하나의 함수를 정의한다.

28. f가 $\{2, ..., m\}$에서 $\{1, 2, ..., n\}$으로의 n^{m-1}개의 함수들 중 임의의 하나라고 하자. 그리고 정점들이 $U_1, ..., U_m, V_1, ..., V_n$이며 $1 < k \le m$에 대해 U_k에서 $V_{f(k)}$로의 호들로 된 유향 그래프를 생각해 보자. 연습문제 27을 $p = 1$, $q = m$, $r = n$으로 두어서 적용하면, V들에서 U들의 호들

을 추가해서 루트가 U_1인 하나의 유향 트리를 얻는 방법이 m^{n-1}가지임을 보일 수 있다. 요구된 자유 트리들의 집합과 루트가 U_1인 유향 집합들의 트리 사이에는 일대일 대응관계가 있으므로, 답은 $n^{m-1}m^{n-1}$이다. 〔이 구축법은 광범위하게 확장할 수 있다. D. E. Knuth, *Canadian J. Math.* **20** (1968), 1077-1086를 볼 것.〕

29. 만일 $y = x^t$이면 $(tz)y = \ln y$이며, 따라서 주어진 항등식을 $t = 1$일 때에 대해서만 증명하는 것으로 충분하다. 만일 $zx = \ln x$이면, 연습문제 25에 의해, 음이 아닌 정수 m들에 대해 $x^m = \sum_k E_k(m, 1)z^k$이다. 따라서

$$x^r = e^{zxr} = \sum_k \frac{(zxr)^k}{k!} = \sum_{j,k} \frac{r^k z^{k+j} E_j(k,1)}{k!} = \sum_k \frac{z^k}{k!} \sum_j \binom{k}{j} j! E_j(k-j, 1) r^{k-j}$$

$$= \sum_k \frac{z^k}{k!} \sum_j \binom{k-1}{j} k^j r^{k-j} = \sum_k z^k E_k(r, 1)$$

이다. 〔연습문제 4.7-22에서는 훨씬 더 일반적인 결과들을 유도한다.〕

30. 설명된 각 그래프는 하나의 집합 $C_x \subseteq \{1, ..., n\}$을 정의한다. 여기서 j는 만일 어떠한 $i \le x$에 대해 t_j에서 r_i로의 경로가 존재하면, 그리고 그럴 때에만 C_x의 원소이다. 주어진 한 C_x에 대해, 설명된 각 그래프는 독립적인 두 부분으로 구성된다. 한 부분은 $i \le x$일 때 정점 r_i, s_{jk}, t_j들에 대한 $x(x + \epsilon_1 z_1 + \cdots + \epsilon_n z_n)^{\epsilon_1 + \cdots + \epsilon_n - 1}$개의 그래프들 중 하나이고 또 한 부분은 그 외의 정점들에 대한 $y(y + (1-\epsilon_1)z_1 + \cdots + (1-\epsilon_n)z_n)^{(1-\epsilon_1) + \cdots + (1-\epsilon_n) - 1}$개의 그래프들 중 하나이다.

31. $G(z) = z + G(z)^2 + G(z)^3 + G(z)^4 + \cdots = z + G(z)^2/(1 - G(z))$. 따라서 $G(z) = \frac{1}{4}(1 + z - \sqrt{1 - 6z + z^2}) = z + z^2 + 3z^3 + 11z^4 + 45z^5 + \cdots$ 〔참고: 이것과 동치인 다른 어떤 문제를 슈뢰더E. Schröder가 *Zeitschrift für Mathematik und Physik* **15** (1870), 361-376에서 제시하고 풀었다. 그가 푼 문제는 하나의 볼록 $(n+1)$각형에 대각선들을 겹치지 않게 삽입하는 방법의 수를 결정하는 것이었다. $n > 1$일 때의 그 가짓수는 연습문제 2.2.1-11에서 얻은 값의 반인데, 왜냐하면 프라트의 문법에서는 연관된 파스 트리(parse tree)의 루트 노드의 차수가 1인 것이 허용되기 때문이다. 점근값은 연습문제 2.2.1-12에서 계산했다. 신기하게도, 그 값 $[z^{10}] G(z) = 103049$을 이미 기원전 2세기에 히파르쿠스Hipparchus가 계산한 것으로 보인다. 그는 "오직 열 개의 간단한 명제들로 구성할 수 있는 긍정 합성명제들"의 개수로서 그 값을 구했다. R. P. Stanley, *AMM* **104** (1997), 344-350; F. Acerbi, *Archive for History of Exact Sciences* **57** (2003), 465-502 참고.〕

32. 만일 $n_0 \ne 1 + n_2 + 2n_3 + 3n_4 + \cdots$이면 0(연습문제2.3-21 참고), 그렇지 않으면

$$(n_0 + n_1 + \cdots + n_m - 1)!/n_0! \, n_1! \ldots n_m!.$$

이 결과의 증명을 위해서는 2.3.3절에서 말했던, $n = n_0 + n_1 + \cdots + n_m$개의 노드들로 된 번호가 붙지 않은 트리를 후위 순서로 나열한 노드들의 차수들로 된 순차열 $d_1 d_2 \ldots d_n$으로 특성화할 수 있다는 점을 이용해야 한다. 또한 그러한 차수들의 순차열은 오직 $0 < k \le n$에 대해

$\sum_{j=1}^{k}(1-d_j) > 0$일 때에만 하나의 트리에 대응된다는 점도 주목한다. (폴란드식 접미 표기법의 이 중요한 성질은 귀납법으로 쉽게 증명할 수 있다. 2.3.2절의 TREE 함수 같은 트리를 만드는 함수 f를 가지고 알고리즘 2.3.3F를 살펴볼 것.) 특히 d_1은 반드시 0이다. 따라서 이 연습문제의 답은 $j > 0$일 때 j가 n_j번 나오는 순차열 $d_2 \cdots d_n$의 개수이며, 구체적으로 말하자면 다항계수

$$\binom{n-1}{n_0-1,\, n_1,\, ...,\, n_m}$$

에서 어떠한 $k \geq 2$에 대해 $\sum_{j=2}^{k}(1-d_j) < 0$인 그런 순차열 $d_2 \cdots d_n$의 개수를 뺀 것이다.

후자의 순차열들은 다음과 같이 열거할 수 있다: t가 $\sum_{j=2}^{t}(1-d_j) < 0$가 되는 최소의 수라고 하자. 그러면 $\sum_{j=2}^{t}(1-d_j) = -s$이고 $1 \leq s < d_t$이다. 그리고 $j \neq d_t$일 때 j가 n_j번 출현하며 $j = d_t$일 때 j가 $n_j - 1$번 출현하는 부분순차열 $d_2 ... d_n = d_{t-1} ... d_2 0 d_{t+1} ... d_n$을 만들 수 있다. 이제 $\sum_{j=2}^{k}(1-d_j)$은 $k = n$일 때 d_t와 같고 $k = t$일 때에는 $d_t - s$와 같다. $k < t$일 때에는 다음과 같다.

$$\sum_{2 \leq j < t}(1-d_j) - \sum_{2 \leq j \leq t-k}(1-d_j) \leq \sum_{2 \leq j < t}(1-d_j) = d_t - s - 1.$$

이로부터 s와 임의의 순차열 $d_2 ... d_n$이 주어졌을 때 그 구축 과정을 뒤집을 수 있음도 알 수 있다. 따라서 주어진 d_t값과 s를 가진 순차열 $d_2 ... d_n$들의 개수는 다음과 같은 다항계수이다.

$$\binom{n-1}{n_0,\, ...,\, n_{d_t}-1,\, ...,\, n_m}.$$

그러므로 트리들에 대응하는 순차열 $d_2 ... d_n$들의 개수는 d_t와 s로 가능한 값들에 대한 합으로 구하면 된다.

$$\sum_{j=0}^{m}(1-j)\binom{n-1}{n_0,\, ...,\, n_j-1,\, ...,\, n_m} = \frac{(n-1)!}{n_0!\ n_1! ... n_m!}\sum_{j=0}^{m}(1-j)n_j.$$

그리고 우변의 합은 1이다.

이 결과에 대한 더욱 간단한 증명을 레이니 G. N. Raney가 제시했다(*Transactions of the American Math. Society* **94** (1960), 441-451). $d_1 d_2 ... d_n$이 j가 n_j번 출현하는 임의의 순차열이라고 할 때, 트리에 대응되는 순환 재배치 $d_k ... d_n d_1 ... d_{k-1}$은 정확히 하나이며, 그 재배치에서 k는 $\sum_{j=1}^{k}(1-d_j)$가 최소가 되게 하는 최대의 수이다. [이진트리의 경우에 대한 이러한 논증은 퍼스 C. S. Peirce의 출판되지 않은 한 초고에서 처음으로 발견되었음이 확실하다. 그의 *New Elements of Mathematics* **4** (The Hague: Mouton, 1976), 303-304를 볼 것. t진 트리의 경우는 Dvoretzky, Motzkin, *Duke Math. J.* **14** (1947), 305-313에 나왔다.]

버그먼 G. Bergman은 $d_k > 0$일 때 $d_k d_{k+1}$을 $(d_k + d_{k+1} - 1)$로 귀납적으로 치환하는 또 다른 증명을 제시했다 [*Algebra Universalis* **8** (1978), 129-130].

위에서 말한 방법은 f개의 트리들로 된, 차수가 j인 n_j개의 노드들이 $(n-1)!\, f/n_0!\, n_1! ... n_m!$ 이며 $n_0 = f + n_2 + 2n_3 + \cdots$ 라는 조건을 만족하는 (순서, 번호 붙지 않은) 숲들의 개수를 구하는

것으로 일반화할 수 있다.

33. 번호가 1인 노드들이 n_1개, 번호가 2인 노드들이 n_2개, ... 등등이며 번호가 j인 노드의 차수가 e_j인 트리들의 개수를 생각해 보자. 그리고 구체적인 차수 $e_1, e_2, ...$ 들이 고정되었다고 할 때 그러한 트리들의 개수를 $c(n_1, n_2, ...)$이라고 하자. 생성함수 $G(z_1, z_2, ...) = \sum c(n_1, n_2, ...) z_1^{n_1} z_2^{n_2} ...$은 항등식 $G = z_1 G^{e_1} + \cdots + z_r G^{e_r}$을 만족하는데, 왜냐하면 $z_j G^{e_j}$는 루트의 번호가 j인 트리들을 나열하기 때문이다. 그리고 이전 연습문제의 결과에 의해

$$c(n_1, n_2, ...) = \begin{cases} \dfrac{(n_1 + n_2 + \cdots - 1)!}{n_1! \, n_2! \, ...}, & \text{만일 } (1 - e_1)n_1 + (1 - e_2)n_2 + \cdots = 1 \text{이면}; \\ 0, & \text{그렇지않으면} \end{cases}$$

이다. 좀 더 일반적으로는, G^f는 그런 번호들을 가진 순서 있는 숲들의 개수를 열거하므로, 정수 $f > 0$에 대해

$$w^f = \sum_{f = (1 - e_1)n_1 + (1 - e_2)n_2 + \cdots} \frac{(n_1 + n_2 + \cdots - 1)! \, f}{n_1! \, n_2! \, ...} z_1^{n_1} z_2^{n_2} ...$$

이 성립한다. 이 공식들은 $r = \infty$일 때에도 의미를 가지며, 본질적으로는 라그랑주 반전공식과 동등하다.

2.3.4.5절

1. 번호가 8, 9, 10, 11, 12인 노드들을 4, 5, 6, 7 아래의 여덟 위치들 어디에나 붙일 수 있으므로 전체적으로 $\binom{8}{5}$개가 있다.

2.

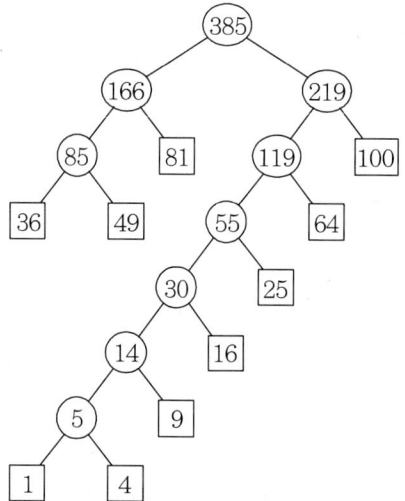

3. m에 대한 귀납법에 의해, 그 조건은 필요조건이다. 반대로, 만일 $\sum_{j=1}^{m} 2^{-l_j} = 1$이면 경로 길이들이 $l_1, ..., l_m$인 하나의 확장 이진트리를 구축해야 한다. $m = 1$일 때에는 $l_1 = 0$이며, 이 경우의 구축 방법은 자명하다. 그 외의 경우에는, $1 \le q \le m$인 어떠한 q에 대해 $l_1 = l_2 = \cdots = l_q >$

$l_{q+1} \geq l_{q+2} \geq \cdots \geq l_m > 0$이 되도록 l들이 정렬되어 있다고 가정할 수 있다. 그러면 $2^{l_1-1} = \sum_{j=1}^{m} 2^{l_1-l_j-1} = \frac{1}{2}q + $정수이며, 따라서 q는 짝수이다. m에 대한 귀납법에 의해, 경로 길이들이 $l_1-1, l_3, l_4, \ldots, l_m$인 하나의 트리가 존재한다. 그런 트리에서 수준이 l_1-1인 외부 트리들 중 하나를 자식들이 수준 $l_1 = l_2$에 있는 한 내부 노드로 치환한다.

4. 우선, 허프만 방법으로 트리를 하나 만든다. 그 트리는 최적이므로, 만일 $w_j < w_{j+1}$이면 $l_j \geq l_{j+1}$이다. 연습문제 3의 답에 있는 구축법을 적용하면 같은 경로 길이들을 가진, 그리고 적절한 순서의 가중치들을 가진 또 다른 트리가 나온다. 예를 들어 트리 (11)은 다음과 같은 형태가 된다.

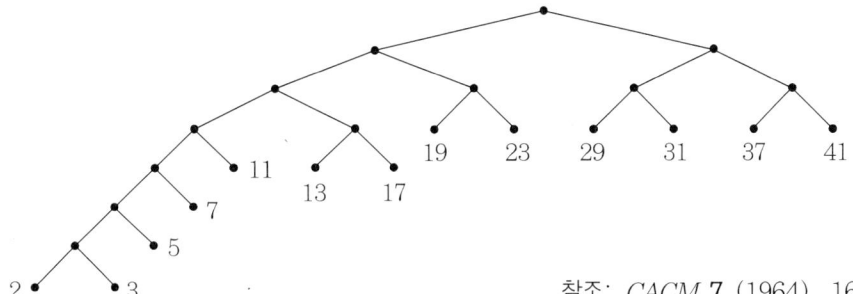

참조: *CACM* **7** (1964), 166-169.

5. (a) $b_{np} = \sum_{\substack{k+l=n-1 \\ r+s+n-1=p}} b_{kr} b_{ls}$. 따라서 $zB(w, wz)^2 = B(w, z) - 1$.

(b) w에 대한 편미분을 취하면:

$$2zB(w, wz)(B_w(w, wz) + zB_z(w, wz)) = B_w(w, z).$$

따라서 만일 $H(z) = B_w(1, z) = \sum_n h_n z^n$이면 $H(z) = 2zB(z)(H(z) + zB'(z))$가 나온다. 그리고 $B(z)$에 대한 알려진 공식은 다음을 함의한다.

$$H(z) = \frac{1}{1-4z} - \frac{1}{z}\left(\frac{1-z}{\sqrt{1-4z}} - 1\right), \qquad \text{따라서} \qquad h_n = 4^n - \frac{3n+1}{n+1}\binom{2n}{n}.$$

평균값은 h_n/b_n. (c) 점근적으로 $n\sqrt{\pi n} - 3n + O(\sqrt{n})$이 된다.

비슷한 문제들의 해법이 John Riordan, *IBM J. Res. and Devel.* **4** (1960), 473-478; A. Rényi, G. Szekeres, *J. Australian Math. Soc.* **7** (1967), 497-507; John Riordan, N. J. A. Sloane, *J. Australian Math. Soc.* **10** (1969), 278-282; 그리고 연습문제 2.3.1-11에 나온다.

6. $n + s - 1 = tn$.

7. $E = (t-1)I + tn$.

8. 부분별로 합하면 $\sum_{k=1}^{n} \log_t((t-1)k) = nq - \sum k$가 나온다. 우변의 합은 $0 \leq k \leq n$이고 어떠한 j에 대해 $(t-1)k+1 = t^j$인 k 값들에 대한 것이다. 그 합을 $\sum_{j=1}^{q} (t^j-1)/(t-1)$로

쓸 수도 있다.

9. 트리 크기에 대해 귀납법을 적용한다.

10. 필요에 따라 추가적인 가중치 0들을 더한다고 하면, $m \bmod (t-1) = 1$이라고 가정할 수 있다. 최소 가중 경로 길이를 가진 t진 트리를 얻기 위해서는 각 단계에서 최소의 t 값들을 합하고 그것들을 그 합으로 대체한다. 이에 대한 증명은 이진트리에 대한 것과 본질적으로 동일하다. 요구된 3진트리는 다음 그림과 같다.

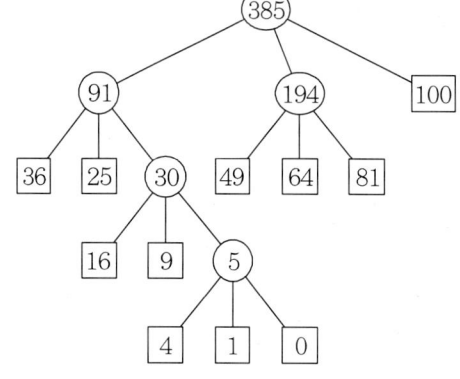

황F. K. Hwang은 미리 서술된 임의의 차수들의 다중집합을 가진 최소 가중 경로 트리에 대해서도 비슷한 절차가 유효함을 밝혔다 〔*SIAM J. Appl. Math.* **37** (1979), 124-127〕. 비슷한 절차란 간단히 말하면 각 단계에서 가장 작은 t개의 가중치들을 합하는 것이다. 여기서 t는 최소한의 값이어야 한다.

11. "듀이" 표기법은 노드 번호의 이진 표현이다.

12. 연습문제 9에 의해, 그 평균 크기는 내부 경로 길이를 n으로 나누고 1을 더한 것이다. (이 결과는 이진트리뿐만 아니라 일반적인 트리들에서도 성립한다.)

13. 〔J. van Leeuwen, *Proc. 3rd International Colloq. Automata, Languages and Programming* (Edinburgh University Press, 1976), 382-410 참고〕

H1. 〔초기화.〕 $1 \le i \le m$에 대해 $A[m-1+i] \leftarrow w_i$로 설정한다. 그런 다음 $A[2m] \leftarrow \infty$, $x \leftarrow m$, $i \leftarrow m+1$, $j \leftarrow m-1$, $k \leftarrow m$으로 설정한다. (이 알고리즘이 수행되는 동안, $A[i] \le \cdots \le A[2m-1]$은 쓰이지 않은 외부 가중치들의 대기열이다. $A[k] \ge \cdots \ge A[j]$는 쓰이지 않은 내부 가중치들의 대기열로, 만일 $j < k$이면 빈 대기열이다. 현재의 왼쪽, 오른쪽 포인터들은 x와 y이다.)

H2. 〔오른쪽 포인터를 찾는다.〕 만일 $j < k$ 또는 $A[i] \le A[j]$이면 $y \leftarrow i$, $i \leftarrow i+1$로 설정한다. 그렇지 않으면 $y \leftarrow j$, $j \leftarrow j-1$로 설정한다.

H3. 〔내부 노드 생성.〕 $k \leftarrow k-1$, $L[k] \leftarrow x$, $R[k] \leftarrow y$, $A[k] \leftarrow A[x] + A[y]$로 설정한다.

H4. 〔끝인가?〕 만일 $k = 1$이면 알고리즘을 끝낸다.

H5. 〔왼쪽 포인터를 찾는다.〕 (이 시점에서 $j \geq k$이며 대기열에는 총 k개의 쓰이지 않은 가중치들이 들어 있다. 만일 $A[y] < 0$이면 $j = k$, $i = y+1$, $A[i] > A[j]$인 것이다.) 만일 $A[i] \leq A[j]$이면 $x \leftarrow i$, $i \leftarrow i+1$로 설정한다. 그렇지 않으면 $x \leftarrow j$, $j \leftarrow j-1$로 설정한다. H2로 돌아간다. ▮

14. $k = m-1$에 대한 증명이 거의 수정 없이 적용된다. 〔*SIAM J. Appl. Math.* **21** (1971), 518 참고.〕

15. (9)의 $w_1 + w_2$ 대신, 결합된 가중 함수(combined-weight function) (a) $1 + \max(w_1, w_2)$와 (b) $x w_1 + x w_2$를 각각 사용한다. 〔부문제 (a)는 M. C. Golumbic, *IEEE Trans.* **C-25** (1976), 1164-1167에서, 부문제 (b)는 T. C. Hu, D. Kleitman, J. K. Tamaki, *SIAM J. Appl. Math.* **37** (1979), 246-256에서 기인한 것이다. $\sum (1+\epsilon)^{l_j} w_j = \sum w_j + \epsilon \sum w_j l_j + O(\epsilon^2)$이라는 점에서, 허프만의 문제는 (b)의 경우에 대해 $x \to 1$로의 극한을 취한 것이다.〕

파커D. Stott Parker, Jr.는 (b)에서 각 단계마다 두 개의 최대 가중치들을 결합한다면 허프만 비슷한 알고리즘으로 $0 < x < 1$일 때 $w_1 x^{l_1} + \cdots + w_m x^{l_m}$의 최소값을 찾을 수도 있음을 지적했다. 구체적으로는, $w_1 \leq \cdots \leq w_m$일 때 $w_1 2^{-l_1} + \cdots + w_m 2^{-l_m}$의 최소값은 $w_1/2 + \cdots + w_{m-1}/2^{m-1} + w_m/2^{m-1}$이다. 추가적인 일반화들에 대해서는 D. E. Knuth, *J. Comb. Theory* **A32** (1982), 216-224를 볼 것.

16. $l_{m+1} = l'_{m+1} = 0$이라고 하자. 그러면

$$\sum_{j=1}^{m} w_j l_j \leq \sum_{j=1}^{m} w_j l'_j = \sum_{k=1}^{m} (l'_k - l'_{k+1}) \sum_{j=1}^{k} w_j \leq \sum_{k=1}^{m} (l'_k - l'_{k+1}) \sum_{j=1}^{k} w'_j = \sum_{j=1}^{m} w'_j l'_j$$

이다. 연습문제 4에서처럼 $l'_j \geq l'_{j+1}$이기 때문이다. 연습문제 10에 나온 것들을 포함한 다른 여러 종류의 최적 트리들에도 이와 같은 증명이 유효하다.

17. (a) 이것은 연습문제 14이다. (b) $f(n)$을 하나의 오목 함수 $f(x)$로 확장할 수 있으며, 따라서 언급된 부등식이 성립한다. 이제 $F(m)$은 $\sum_{j=1}^{m-1} f(s_j)$의 최소값으로, 여기서 s_j들은 가중치들이 1, 1, ...,1인 확장 이진트리의 내부 노드 가중치들이다. 이 경우 $m-1$개의 내부 노드들로 된 완전 이진트리를 구축하는 허프만 알고리즘은 최적 트리를 만들어낸다. $k = 2^{\lceil \lg(n/3) \rceil}$으로 두면 동일한 내부 가중치들을 가진 하나의 이진트리가 정의되며, 따라서 각 n에 대한 점화식의 최소값을 구할 수 있다. 〔*SIAM J. Appl. Math.* **31** (1976), 368-378.〕 $F(n)$을 $O(\log n)$ 단계 안에서 평가할 수 있는데, 연습문제 5.2.3-20과 5.2.3-21을 볼 것. 만일 $f(n)$이 오목 함수가 아니라 볼록 함수이면, 즉 $\Delta^2 f(n) \geq 0$이면, $k = \lfloor n/2 \rfloor$일 때 점화식의 해가 나온다.

2.3.4.6절

1. 다각형의 한 변을 택하고 그것을 기준 변으로 정의한다. 주어진 삼각화(triangulation, 다각형을 삼각형들로 분할하는 것)에서, 그 기준 변 위의 삼각형을 이진트리의 루트에 대응시킨다. 그리고

그 삼각형의 나머지 두 변을 각각 왼쪽, 오른쪽 하위다각형의 기준 변들로 정의하고, 그 변들 위의 삼각형들을 마찬가지 방식으로 왼쪽, 오른쪽 하위트리들에 대응시킨다. 이러한 과정을 "2변" 다각형들만 남을 때까지 반복한다. 그런 2변 다각형은 빈 이진트리에 대응된다.

이러한 대응관계를 다른 식으로 말한다면: 삼각화된 다각형의 기준이 아닌 변들에 정수 $0, ..., n$들을 부여한다. 한 삼각형의 인접한 두 변에 시계방향으로 α와 β를 부여하고, 셋째 변에는 $(\alpha\beta)$를 부여한다. 그러면 기준의 번호는 이진트리와 삼각화를 특징짓는다. 예를 들어 다음은

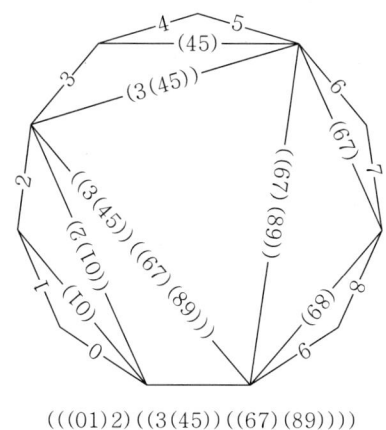

$$(((01)2)((3(45))((67)(89))))$$

그림 2.3.1-(1)에 나온 이진트리에 해당한다. 〔H. G. Forder, *Mathematical Gazette* **45** (1961), 199-201 참고.〕

2. (a) 연습문제 1에서처럼 하나의 기준 변을 택하고, 만일 그 변이 r각형을 분할해서 생긴 $(d+1)$각형들 중 하나의 일부이면 그 기준 변에 d개의 후손들을 부여한다. 그러면 다른 d개의 변들은 하위트리들의 기준들이 된다. 이러한 구축은 커크먼의 문제와 잎이 $r-1$개이고 비말단이 $k+1$개인 모든 순서트리들 사이의 한 대응관계를 정의한다. ($k = r-3$일 때에는 연습문제 1에 해당한다.)

(b) $r-1$개의 d들이 0이고 어떤 것도 1이 아니며 그 합이 $r+k-1$인 음이 아닌 정수들의 순차열 $d_1 d_2 ... d_{r+k}$는 총 $\binom{r+k}{k+1}\binom{r-3}{k}$개이다. $d_1 d_2 ... d_{r+k}$, $d_2 ... d_{r+k} d_1$, ..., $d_{r+k} d_1 ... d_{r+k-1}$의 순환순열들 중에서, $1 \le q \le r+k$에 대해 $\sum_{j=1}^{q}(1-d_j) > 0$이라는 추가적인 성질을 만족하는 것은 정확히 하나이다.

〔커크먼은 그의 추측에 대한 증거를 *Philos. Trans.* **147** (1857), 217-272, §22에서 제시했다. 케일리는 그것을 *Proc. London Math. Soc.* **22** (1891), 237-262에서 트리들과의 연관성을 인식하지 않고 증명했다.〕

3. (a) 정점들이 $\{1, 2, ..., n\}$이라고 하자. 만일 i와 j가 같은 부분의 연이은 요소들이고 $i < j$이면 i에서 j로의 RLINK를 그린다. 만일 $j + 1$이 자신이 속한 부분에서 가장 작은 수이면 j에서 $j + 1$로의 LLINK를 그린다. 그러면 총 $k-1$개의 공링크가 아닌 LLINK들과 $n-k$개의 공링크가 아닌 RLINK들이 생기며, 노드들이 전위 순서로 $1\,2...n$인 이진트리가 된다. 2.3.2의 자연 대응관계와 함께, 이

규칙은 "n각형의 정점들을 교차하지 않는 k개의 부분들로 분할한 것들"과 "n개의 정점들과 $n-k+1$개의 잎들로 된 숲들" 사이의 일대일 대응관계를 정의한다. 또한, LLINK와 RLINK를 서로 바꾸면 "n개의 정점들과 k개의 잎들로 된 숲들"이 나온다.

(b) n개의 정점들과 k개의 잎들로 된 숲들은 또한 n개의 왼쪽 괄호와 n개의 오른쪽 괄호로 된, 그리고 "( )"가 k번 나오는 내포된 괄호들의 한 순차열에 대응된다. 그러한 순차열들을 열거하는 방법은 다음과 같다.

0이 m개, 1이 n개, 그리고 "01"이 k번 나타나는 0들과 1들의 한 문자열을 (m, n, k) 문자열이라고 하자. 예를 들어 0010101001110은 $(7, 6, 4)$ 문자열이다. 01쌍들을 구성하는 0들과 1들을 자유로이 선택할 수 있으므로 (m, n, k) 문자열들의 개수는 $\binom{m}{k}\binom{n}{k}$이다.

$S(\alpha)$가 문자열 α에 있는 0들의 개수에서 1들의 개수를 뺀 것이라고 하자. α가 문자열 σ의 접두어일 때 만일 $S(\alpha) \geq 0$이면(다른 말로 하면, $\sigma = \alpha\beta$가 $S(\alpha) \geq 0$을 함의하면) 그 문자열 σ를 좋은 문자열, 그렇지 않으면 나쁜 문자열이라고 부르기로 한다. 다음은 나쁜 (n, n, k) 문자열들과 임의의 $(n-1, n+1, k)$ 문자열들 사이의 일대일 대응관계를 정의하는 규칙들로, 연습문제 2.2.1-4의 "반사 원리"를 대신할 수 있다.

임의의 나쁜 (n, n, k) 문자열 σ를 $\sigma = \alpha 0 \beta$형태로 고유하게 나타낼 수 있다. 여기서 $\overline{\alpha}^R$과 β는 좋은 문자열이다. ($\overline{\alpha}^R$은 α를 뒤집고 모든 비트들을 보수화(1은 0으로, 0은 1로)해서 얻는 문자열이다). 그러면 $\sigma' = \alpha 1 \beta$는 하나의 $(n-1, n+1, k)$ 문자열이다. 반대로, 모든 $(n-1, n+1, k)$ 문자열은 $\alpha 1 \beta$ 형태로 고유하게 나타날 수 있는데, 여기서 $\overline{\alpha}^R$과 β는 좋은 문자열이다. 그러면 $\alpha 0 \beta$는 나쁜 (n, n, k) 문자열이다.

따라서 n개의 정점들과 k개의 잎들로 된 숲들의 개수는 $\binom{n}{k}\binom{n}{k} - \binom{n-1}{k}\binom{n+1}{k} = \binom{n-1}{k-1}\binom{n}{k} - \binom{n-1}{k}\binom{n}{k-1} = n!\,(n-1)!\,/\,(n-k+1)!\,(n-k)!\,k!\,(k-1)!$이며, 이 수를 소위 나라야나 수(Narayana number)라고 부른다 [T. V. Narayana, *Comptes Rendus Acad. Sci.* **240** (Paris, 1955), 1188-1189].

참고: G. Kreweras, *Discrete Math.* **1** (1972), 333-350은 교차하지 않는 분할들을 다른 방식으로 열거했다. 그 분할들의 부분순서를 정렬함으로써, 연습문제 2.3.3-19에서 논의한 것과는 다른 흥미로운 숲들의 부분순서를 얻게 된다. Y. Poupard, *Cahiers du Bureau Univ. de Recherche Opérationnelle* **16** (1971), 8장; *Discrete Math.* **2** (1972), 279-288; P. Edelman, *Discrete Math.* **31** (1980), 171-180, **40** (1982), 171-179; N. Dershowitz, S. Zaks, *Discrete Math.* **64** (1986), 215-218을 볼 것. 스탠리 R. Stanley 는 *Fibonacci Quarterly* **13** (1975), 279-288에서 숲들의 자연 격자 순서를 정의하는 세 번째 방법을 소개했다: 위에서와 같이 왼쪽, 오른쪽 괄호들을 나타내는 0들과 1들의 문자열 σ로 숲을 표현한다고 하자. 그러면 오직 모든 k에 대해 $S(\sigma_k) \leq S(\sigma'_k)$일 때에만 $\sigma \leq \sigma'$이다. 여기서 σ_k는 σ의 처음 k개의 비트들을 뜻한다. 스탠리의 격자는 다른 두 방법들과는 달리 분배적(distributive) 격자이다.

4. $m = n+2$이다. 연습문제 1에서처럼 삼각화된 m각형들과 $(m-1)$행 격자들 사이의 대응관계를 구해야 할 것이다. 우선, 이전의 대응관계를 좀 더 자세히 살펴보자. 거기서는 한 삼각화의 변들에 "상향식"으로 번호를 부여했지만, 이번에는 "하향식"으로 번호를 부여한다. 즉, 기준에는 빈 번호 ϵ을 부여하고, 그런 다음 α가 부여된 변을 기준으로 하는 삼각형의 대변들에 αL과 αR을 재귀적으로 부여한다. 예를 들어 이전의 그림은 이러한 새 규약에서 다음과 같은 그림이 된다.

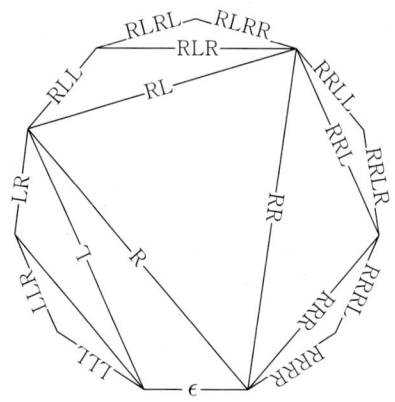

만일 이 예의 기준 변을 10이라고 한다면(그 외의 변들은 이전과 마찬가지로 0에서 9로 하고), $0 = 10LLL$, $1 = 10LLR$, $2 = 10LR$, $3 = 10RLL$ 등으로 나타낼 수 있다. 다른 변들 중 어떤 것도 기준으로 선택할 수 있다. 따라서 만일 0을 선택한다면 $1 = 0L$, $2 = 0RL$, $3 = 0RRLLL$ 등이 된다. 만일 $u = v\alpha$이면 $v = u\alpha^T$임을 증명하는 것은 어렵지 않다(여기서 α^T은 α를 오른쪽에서 왼쪽으로 읽으면서 L과 R을 바꾸어서 얻은 문자열). 이를테면 $10 = 0RRR = 1LRR = 2LR = 3RRL$ 등이다. 만일 u, v, w가 다각형의 변들이고 $w = u\alpha L\gamma$, $w = v\beta R\gamma$라고 하면, $u = v\beta L\alpha^T$이고 $v = u\alpha R\beta^T$이다.

변들에 번호 0, 1, .., $m-1$이 부여된 다각형의 한 삼각화가 주어졌을 때, 임의의 서로 다른 변 u와 v의 쌍 (u, v)를 다음과 같이 정의한다: $u = v\alpha$라 하고, $L = \begin{pmatrix} 1 & 1 \\ 0 & 1 \end{pmatrix}$, $R = \begin{pmatrix} 1 & 0 \\ 1 & 1 \end{pmatrix}$로 두어서 α를 하나의 2×2 행렬로 간주한다. 그러면 (u, v)는 α의 왼쪽 상단 모서리의 성분에 해당한다. $R = L^T$이므로 α^T은 행렬 α의 전치행렬임을 주목할 것. 그러므로 $(v, u) = (u, v)$이다. 또한, $(u, v) = 1$은 오직 u_-와 v_-가 삼각화의 한 변으로 결합될 때에만 참이라는 점도 주목한다. 여기서 u_-는 변 u와 $u-1$ 사이의 정점을 의미한다.

다각형의 모든 변 u들에 대해 $(u, u) = 0$이라고 하자. 이제 $v = u\alpha$가 다음을 함의함을 증명할 수 있다.

$$모든 \ u \neq v에 \ 대해 \ \alpha = \begin{pmatrix} (u, v) & (u, v+1) \\ (u+1, v) & (u+1, v+1) \end{pmatrix}. \tag{$*$}$$

(여기서 $u+1$과 $v+1$은 u와 v의 시계방향 후행자들이다). m에 대한 귀납법으로 증명한다: $m = 2$일 때에는 식 $(*)$가 자명하다. 왜냐하면 평행한 두 변 u와 v를 $u = v\epsilon$으로 관계 지을 수 있으며, $\alpha = \epsilon$은 하나의 단위행렬이기 때문이다. 만일 임의의 삼각화를 변 v를 삼각형 $v\,v'v''$로 확장하는

식으로 늘린다면, $v = u\alpha$는 $v' = u\alpha L$이고 $v'' = u\alpha R$임을 함의하게 된다. 따라서 확장된 다각형의 (u, v'), (u, v'')는 각각 원래의 다각형의 (u, v), $(u, v) + (u, v+1)$과 같다. 이로부터,

$$\alpha L = \begin{pmatrix} (u, v') & (u, v'') \\ (u+1, v') & (u+1, v'') \end{pmatrix} \text{이고 } \alpha R = \begin{pmatrix} (u, v'') & (u, v''+1) \\ (u+1, v'') & (u+1, v''+1) \end{pmatrix}$$

이며 확장된 다각형에서도 $(*)$가 여전히 참이다.

주어진 삼각화에 대응되는 소벽문양을 이제 다음과 같은 주기적인 순차열로 정의할 수 있다.

$$\begin{array}{cccccccc}
(0,1) & (1,2) & (2,3) & \ldots & (m-1,0) & (0,1) & (1,2) & \ldots \\
(0,2) & (1,3) & (2,4) & \ldots & (m-1,1) & (0,2) & (1,3) & \ldots \\
(m-1,2) & (0,3) & (1,4) & \ldots & (m-2,1) & (m-1,2) & (0,3) & \ldots \\
(m-1,3) & (0,4) & (1,5) & \ldots & (m-2,2) & (m-1,3) & (0,4) & \ldots
\end{array}$$

이 순차열은 $m-1$개의 행들이 정의될 때까지 계속되며, 마지막 행은 $m > 3$일 때 $(\lceil m/2 \rceil + 1, \lceil m/2 \rceil)$로 시작한다. 조건 $(*)$는 이러한 패턴이 하나의 소벽문양임을, 말하자면

$$(u, v)(u+1, v+1) - (u, v+1)(u+1, v) = 1 \tag{**}$$

임을 증명한다($\det L = \det R = 1$은 $\det \alpha = 1$을 함의하므로). 앞에서 예로 든 삼각화는 다음과 같은 문양을 만들어낸다.

```
1  1  1  1  1  1  1  1  1  1  1  1  1  1  1  1  1  1  1  1  1  1  ...
 1  2  4  2  1  5  1  3  1  4  3  1  2  4  2  1  5  1  3  1  4  ...
2  1  7  7  1  4  4  2  2  3 11  2  1  7  7  1  4  4  2  2  3  ...
 1  3 12  3  3  3  7  1  5  8  7  1  3 12  3  3  3  7  1  5  8  ...
3  2  5  5  8  2  5  3  2 13  5  3  2  5  5  8  2  5  3  2 13  ...
 5  3  2 13  5  3  2  5  5  8  2  5  3  2 13  5  3  2  5  5  8  ...
3  7  1  5  8  7  1  3 12  3  3  3  7  1  5  8  7  1  3 12  3  ...
 4  2  2  3 11  2  1  7  7  1  4  4  2  2  3 11  2  1  7  7  1  ...
5  1  3  1  4  3  1  2  4  2  1  5  1  3  1  4  3  1  2  4  2  ...
 1  1  1  1  1  1  1  1  1  1  1  1  1  1  1  1  1  1  1  1  1  ...
```

관계 $(u, v) = 1$은 삼각화의 변들을 정의하며, 따라서 서로 다른 삼각화들은 서로 다른 소벽문양들을 만들어낸다. 일대일 대응관계에 대한 증명을 완성하기 위해서는, 이런 방식으로 양의 정수들로 된 모든 $(m-1)$행짜리 소벽문양들을 얻을 수 있는 삼각화가 존재함을 보여야 한다.

주어진 임의의 $m-1$행 소벽문양을, 제일 위에 새 행 0을 추가하고 제일 아래에 새 행 m을 추가해서 확장한다(두 행 모두 0들로만 구성된다). 행 0의 요소들을 $(0,0)$, $(1,1)$, $(2,2)$, 등으로 나타내기로 하자. 그리고 음이 아닌 모든 정수 $u < v \le u + m$에 대해, (u, u)에서 대각선으로 남동쪽, 그리고 (v, v)에서 대각선으로 남서쪽에 있는 요소를 (u, v)라고 나타내기로 하자. 가정에 의해, 조건 $(**)$는 모든 $u < v < u + m$에 대해 성립한다. 사실 $(**)$를 다음과 같은 상당히 더 일반적인 관계로 확장할 수 있다.

$$t \le u \le v \le w \le t + m \text{에 대해 } (t, u)(v, w) + (t, w)(u, v) = (t, v)(u, w). \tag{***}$$

이것이 유효한 이유를 보자. (***)이 거짓이라고 가정하고, $(w-t)m+u-t+w-v$가 최소의 값이 되는 (t,u,v,w)를 하나의 반례라고 하자. 그러면 분명히 $t \neq u$이고 $v \neq w$이다. 경우 1: $t+1 < u$. 그러면 (***)는 $(t,t+1,v,w)$, $(t,t+1,u,v)$, $(t+1,u,v,w)$에 대해 성립하며, 따라서 $((t,u)(v,w)+(t,w)(u,v))(t+1,v) = (t,v)(u,w)(t+1,v)$임을 알 수 있다. 이는 $(t+1,v) = 0$을 함의하는데, 가정과 모순된다. 경우 2: $v+1 < w$. 그러면 (***)는 $(t,u,w-1,w)$, $(u,v,w-1,w)$, $(t,u,v,w-1)$에 대해 성립한다. 이로부터 $(u,w-1) = 0$이라는 비슷한 모순이 나온다. 경우 3: $u = t+1$이고 $w = v+1$. 이 경우 (***)는 이미 증명한 (**)로 줄어든다.

이제 (***)에 $u = t+1$, $w = t+m$을 대입해서 $t \leq v \leq t+m$에 대해 $(t,v) = (v,t+m)$을 얻는다(이 때 $(t+1,t+m) = 1$, $(t,t+m) = 0$임을 이용한다). 이로부터 임의의 $(m-1)$행 소벽 문양의 요소들은 주기적임을, 즉 $(u,v) = (v,u+m) = (u+m,v+m) = (v+m,u+2m) = \cdots$라는 결론을 내릴 수 있다.

양의 정수들의 소벽문양들은 모두 행 2에 1을 담고 있다. 이는 (***)에 $t = 0$, $v = u+1$, $w = u+2$를 대입하면 $(0,u+1)(u,u+2) = (0,u)+(0,u+2)$가 나오며, 그러면 오직 $(u,u+2) \geq 2$일 때에만 $(0,u+2)-(0,u+1) \geq (0,u+1)-(0,u)$이기 때문이다. 그런데 $(0,1)-(0,0) = 1$이고 $(0,m)-(0,m-1) = -1$이므로, 이것이 $0 \leq u \leq m-2$ 범위의 모든 u에 대해 성립하지는 않는다.

마지막으로, 만일 $m > 3$이면 행 2에 1이 두 번 연달아 나올 수는 없다. $(u,u+2) = (u+1,u+3) = 1$이 $(u,u+3) = 0$을 함의하기 때문이다. 따라서 m행 소벽문양을 $m-1$행의 또 다른 소벽문양으로 축소할 수 있다. 다음은 7행짜리를 6행짜리로 줄인 것이다.

```
1    1    1    1    1    1    1 ...           1    1    1    1    1    1    1 ...
 a    b    c   d+1 1 e+1  y    z ...            a    b    c    d    e    y    z ...
   p    q  c+r  d   e  u+y  v    w ...        p    q    r    s    u    v    w ...
     u  q+v  r    s    u  q+v  r    s ...        u    v    w    p    q    r    s ...
     u+y  v    w    p    q  c+r  d    e ...     y    z    a    b    c    d    e ...
         y    z    a    b    c   d+1 1 e+1 ...   1    1    1    1    1    1    1 ...
           1    1    1    1    1    1    1 ...
```

귀납법에 의해, 축소된 소벽은 하나의 삼각화에 대응되며, 줄어들지 않은 소벽은 거기에 삼각형 하나를 더 추가한 것에 대응된다. [*Math. Gazette* **57** (1974), 87-94, 175-183; Conway, Guy, *The Book of Numbers* (New York: Copernicus, 1996), 74-76, 96-97, 101-102.]

참고: 이 증명은, (t,u,v,w)들이 시계방향 순서의 다각형 변들이라고 할 때, 2×2 행렬들을 통한 임의의 삼각화에 대해 정의한 함수 (u,v)가 항상 (***)를 만족함을 보여준다. 각 (u,v)를 수 $a_j = (j-1,j+1)$들의 다항식으로 나타낼 수 있다. 그런 다항식들은 4.5.3절에서 말하는 "지속(continuant)"들과 개별 항의 부호만 다를 뿐 본질적으로 같다. 실제로, $(j,k) = i^{1-k+j}K_{k-j-1}(ia_{j+1}, ia_{j+2}, \ldots, ia_{k-1})$이다. 따라서 (***)는 연습문제 4.5.3-32의 답에 나온 지속에 대한 오일러의 항등식과 동등하다. 행렬 L과 R은 행렬식이 1이고 음이 아닌 정수들로 된 임의의 2×2 행렬을

L들과 R들의 곱으로 고유하게 나타낼 수 있다는 흥미로운 성질을 가지고 있다.

그 외에도 흥미로운 성질들이 많이 있다. 예를 들어 정수 소벽문양의 행 2의 수들은 그 소벽문양에 대응되는 삼각화된 다각형의 각 정점에 닿은 삼각형 개수들이다. 기본 영역 $0 \le u < v - 1 < m - 1$ 과 $(u, v) \ne (0, m-1)$에서 $(u, v) = 1$의 출현 횟수는 삼각화의 대각선(또는 현(絃)) 개수이며, 구체적으로 말하면 $m - 3 = n - 1$이다. 2들의 전체 개수는 또한 $n - 1$인데, 왜냐하면 오직 u_-와 v_-가 하나의 현에 인접한 두 삼각형들의 반대쪽 정점들일 때에만 $(u, v) = 2$이기 때문이다.

브롤린D. Broline, 크로우D. W. Crowe, 아이작스I. M. Isaacs는 (u, v)가 변 u와 $v - 1$ 사이의 $v - u - 1$개의 정점들을 그 정점들에 인접한 서로 다른 삼각형들과 짝짓는 방법의 수라는 또 다른 해석을 발견했다 [*Geometriæ Dedicata* **3** (1974), 171-176].

2.3.5절

1. 리스트 구조는 각 정점에서 나가는 호들에 순서가 있으며 외차수가 0인 일부 정점들을 "원자"들이라고 부르는 하나의 유향 그래프이다. 또한 리스트에는 모든 정점 $V \ne S$에 대해 S에서 V로의 하나의 유향 경로가 있다는 조건을 만족하는 정점 S가 존재한다. (호들의 방향을 거꾸로 하면 S는 "루트"가 된다.)

2. 같은 방식으로는 불가능하다. 왜냐하면 통상의 스레드식 표현에서 스레드 링크들은 "PARENT"로 되돌아가는데, 하위 리스트들에서는 그것이 고유하지 않기 때문이다. 연습문제 2.3.4.2-25에서 논의한 표현 방식이나 기타 비슷한 방식들을 사용할 수는 있을 것이다(그러나 이 글을 쓰는 현재, 아직 이 착상을 완전히 탐구하지 못했다).

3. 본문에서 말했던 것처럼, 종료 시점에서 P = P0인지도 증명해야 한다. 만일 오직 P0만 표시해야 한다면 알고리즘이 제대로 작동함은 분명하다. 만일 $n > 1$개의 노드들을 표시해야 한다면, 반드시 ATOM(P0) = 0이다. 그러면 단계 E4는 ALINK(P0) ← Λ로 설정하고 P0을 ALINK(P0)로, T를 P0으로 치환한 상태에서 알고리즘을 실행한다. 귀납법에 의해(이제는 MARK(P0)이 1이므로, 단계 E4와 E5에 의해 P0으로의 모든 링크들이 Λ와 같아짐을 주목할 것), 궁극적으로는 ALINK(P0)에서 시작하며 P0을 거치지 않는 경로들의 모든 노드들을 표시하게 됨을 알 수 있다. 이제 ATOM(T) = 1이므로 단계 E6은 ALINK(P0)과 ATOM(P0)을 복원하며, 알고리즘은 E5에 도달한다. 단계 E5에서는 BLINK(P0) ← Λ 등으로 설정한다. 그리고 비슷한 논증을 통해서, 결국은 BLINK(P0)에서 시작해서 P0 또는 ALINK(P0)에서 도달할 수 있는 노드들을 거치지 않는 경로들의 모든 노드들을 표시하게 됨을 밝힐 수 있다. 그러면 T = P0, P = BLINK(P0)인 상태에서 E6에 도달하게 되며, 최종적으로는 T = Λ, P = P0으로 E6에 도달한다.

4. 다음 프로그램은 본문의 알고리즘 E 서술 다음에 언급된 원자 처리 속도 개선 방안을 적용한 것이다.

알고리즘의 단계 E4와 E5에서는 MARK(Q) = 0인지를 판정한다. NODE(Q) = +0인 비정상적

상황은 그 노드를 −0으로 설정하고 마치 그것이 원래부터 −0이었던 것처럼 취급함으로써 적절히
처리할 수 있다. 왜냐하면 그 노드의 ALINK와 BLINK는 모두 Λ이기 때문이다. 단, 아래의 시간
분석에 이러한 단순화가 반영되어 있지는 않다.

　　rI1 ≡ P, rI2 ≡ T, rI3 ≡ Q, rX ≡ −1(MARK 설정을 위해).

01	MARK	EQU	0:0		
02	ATOM	EQU	1:1		
03	ALINK	EQU	2:3		
04	BLINK	EQU	4:5		
05	E1	LD1	P0	1	*E1. 초기화.* P ← P0.
06		ENT2	0	1	T ← Λ.
07		ENTX	−1	1	rX ← −1.
08	E2	STX	0,1(MARK)	1	*E2. 표시.* MARK(P) ← 1.
09	E3	LDA	0,1(ATOM)	1	*E3. 원자인가?*
10		JAZ	E4	1	만일 ATOM(P) = 0이면 점프.
11	E6	J2Z	DONE	n	*E6. 위로.*
12		ENT3	0,2	$n-1$	Q ← T.
13		LDA	0,3(ATOM)	$n-1$	
14		JANZ	1F	$n-1$	만일 ATOM(T) = 1이면 점프.
15		LD2	0,3(BLINK)	t_2	T ← BLINK(Q).
16		ST1	0,3(BLINK)	t_2	BLINK(Q) ← P.
17		ENT1	0,3	t_2	P ← Q.
18		JMP	E6	t_2	
19	1H	STZ	0,2(ATOM)	t_1	ATOM(T) ← 0.
20		LD2	0,3(ALINK)	t_1	T ← ALINK(Q).
21		ST1	0,3(ALINK)	t_1	ALINK(Q) ← P.
22		ENT1	0,3	t_1	P ← Q.
23	E5	LD3	0,1(BLINK)	n	*E5. BLINK를 따라 아래로.* Q ← BLINK(P).
24		J3Z	E6	n	만일 Q = Λ이면 점프.
25		LDA	0,3	$n-b_2$	
26		STX	0,3(MARK)	$n-b_2$	MARK(Q) ← 1.
27		JANP	E6	$n-b_2$	만일 NODE(Q)가 이미 표시되었으면 점프.
28		LDA	0,3(ATOM)	t_2+a_2	
29		JANZ	E6	t_2+a_2	만일 ATOM(Q) = 1이면 점프.
30		ST2	0,1(BLINK)	t_2	BLINK(P) ← T.
31	E4A	ENT2	0,1	$n-1$	T ← P.
32		ENT1	0,3	$n-1$	P ← Q.
33	E4	LD3	0,1(ALINK)	n	*E4. ALINK를 따라 아래로.* Q ← ALINK(P).
34		J3Z	E5	n	만일 Q = Λ이면 점프.
35		LDA	0,3	$n-b_1$	
36		STX	0,3(MARK)	$n-b_1$	MARK(Q) ← 1.

37	JANP	E5	$n - b_1$	만일 NODE(Q)가 이미 표시되었으면 점프.
38	LDA	0,3(ATOM)	$t_1 + a_1$	
39	JANZ	E5	$t_1 + a_1$	만일 ATOM(Q) = 1이면 점프.
40	STX	0,1(ATOM)	t_1	ATOM(P) ← 1.
41	ST2	0,1(ALINK)	t_1	ALINK(P) ← T.
42	JMP	E4A	t_1	T ← P, P ← Q. E4로 간다. ∎

키르히호프 법칙에 의해 $t_1 + t_2 + 1 = n$이다. 총 시간은 $(34n + 4t_1 + 3a - 5b - 8)u$로, 여기서 n은 표시되지 않은 비원자 노드들의 개수이고 a는 표시된 원자들의 개수, b는 표시된 비원자 노드들에서 발견된 Λ 링크들의 개수이다. 그리고 t_1은 ALINK를 따라 하나 아래로 간 횟수이다($0 \le t_1 < n$).

5. (다음은 1수준 메모리에 대해 가장 빠르다고 알려진 표시 알고리즘이다.)

S1. MARK(P0) ← 1로 설정한다. 만일 ATOM(P0) = 1이면 알고리즘을 끝낸다. 그렇지 않으면 S ← 0, R ← P0, T ← Λ로 설정한다.

S2. P ← BLINK(R)로 설정한다. 만일 P = Λ이거나 MARK(P) = 1이면 S3으로 간다. 그렇지 않으면 MARK(P) ← 1로 설정한다. 이제, 만일 ATOM(P) = 1이면 S3으로 간다. 아니면, 만일 S < N이면 S ← S + 1, STACK[S] ← P로 설정하고 S3으로 간다. 그렇지 않으면 S5로 간다.

S3. P ← ALINK(R). 만일 P = Λ이거나 MARK(P) = 1이면 S4로 가고, 그렇지 않으면 MARK(P) ← 1로 설정한다. 이제, 만일 ATOM(P) = 1이면 S4로 가고, 그렇지 않으면 R ← P로 설정하고 S2로 돌아간다.

S4. 만일 S = 0이면 이면 알고리즘을 끝낸다. 그렇지 않으면 R ← STACK[S], S ← S − 1로 설정하고 S2로 간다.

S5. Q ← ALINK(P)로 설정한다. 만일 Q = Λ이거나 MARK(Q) = 1이면 S6으로 가고, 그렇지 않으면 MARK(Q) ← 1로 설정한다. 이제, 만일 ATOM(Q) = 1이면 S6으로 가고, 그렇지 않으면 ATOM(P) ← 1, ALINK(P) ← T, T ← P, P ← Q로 설정하고 S5로 간다.

S6. Q ← BLINK(P)로 설정한다. 만일 Q = Λ이거나 MARK(Q) = 1이면 S7로 가고, 그렇지 않으면 MARK(Q) ← 1로 설정한다. 이제, 만일 ATOM(Q) = 1이면 S7로 가고, 그렇지 않으면 BLINK(P) ← T, T ← P, P ← Q로로 설정하고 S5로 간다.

S7. 만일 T = Λ이면 S3으로 가고, 그렇지 않으면 Q ← T로 설정한다. 만일 ATOM(Q) = 1이면 ATOM(Q) ← 0, T ← ALINK(Q), ALINK(Q) ← P, P ← Q로 설정하고 S6으로 돌아간다. 만일 ATOM(Q) = 0이면 T ← BLINK(Q), BLINK(Q) ← P, P ← Q로 설정하고 S7로 돌아간다. ∎

참조: *CACM* **10** (1967), 501-506.

6. 쓰레기 수거의 둘째 페이즈에서 비롯된 것이다. (또는, 만일 첫 번째 페이즈에서 모든 표시

비트들이 0으로 설정된다면 첫째 페이즈에서 비롯될 수도 있다.)

7. 단계 E2와 E3을 삭제하고, 단계 E4에서 "ATOM(P) ← 1"를 삭제한다. 단계 E5에서 MARK(P) ← 1로 설정하고, 단계 E6에서는 모든 "ATOM(Q) = 1"과 "ATOM(Q) = 0"을 각각 "MARK(Q) = 0"과 "MARK(Q) = 1"로 대체한다. 요지는, 왼쪽 하위트리가 표시된 후에만 MARK 비트를 설정한다는 것이다. 이 알고리즘은 하위트리들이 겹쳐 있는(공유되는) 트리들에 대해서도 작동하나, NODE(ALINK(Q))가 NODE(Q)의 조상이 되는 그런 재귀적인 리스트 구조들 모두에 대해서는 작동하지 않는다. (표시된 노드의 ALINK는 결코 변하지 않음을 주목할 것.)

8. 해답 1: 알고리즘 E와 비슷하나 더 간단하다.

F1. T ← Λ, P ← P0로 설정한다.

F2. MARK(P) ← 1로 설정하고 P ← P + SIZE(P)로 설정한다.

F3. 만일 MARK(P) = 1이면 F5로 간다.

F4. Q ← LINK(P)로 설정한다. 만일 Q ≠ Λ이고 MARK(Q) = 0이면 LINK(P) ← T, T ← P, P ← Q로 설정하고 F2로 간다. 그렇지 않으면 P ← P − 1로 설정하고 F3으로 돌아간다.

F5. 만일 T = Λ이면 멈춘다. 그렇지 않으면 Q ← T, T ← LINK(Q), LINK(Q) ← P, P ← Q − 1로 설정하고 F3으로 돌아간다. ▮

토렐리Lars-Erik Thorelli는 *BIT* **12** (1972), 555-568에서 이와 비슷한, 그러나 종종 저장 부담을 줄이며 노드들 중간으로의 모든 포인터들을 피할 수 있는 알고리즘을 제시했다.

해답 2: 알고리즘 D와 비슷하다. 이 해답의 경우에는 SIZE 필드가 하나의 링크 주소를 담을 수 있을 정도로 충분히 크다고 가정한다. 문제에 주어진 문장들만으로는 그러한 가정을 정당화할 수 없겠지만, 그래도 그런 가정이 가능한 경우라면 첫째 해답보다 약간 더 빠른 알고리즘을 얻을 수 있다는 점에서 고려할 만하다.

G1. T ← Λ, MARK(P0) ← 1, P ← P0 + SIZE(P0)으로 설정한다.

G2. 만일 MARK(P) = 1이면 G5로 간다.

G3. Q ← LINK(P), P ← P − 1로 설정한다.

G4. 만일 Q ≠ Λ이고 MARK(Q) = 0이면 MARK(Q) ← 1, S ← SIZE(Q), SIZE(Q) ← T, T ← Q + S로 설정한다. G2로 돌아간다.

G5. 만일 T = Λ이면 멈춘다. 그렇지 않으면 P ← T로 설정하고 Q = P, P − 1, P − 2, …들 중 MARK(Q) = 1이 되는 첫 번째 Q 값을 찾는다. T ← SIZE(Q), SIZE(Q) ← P − Q로 설정한다. G2로 돌아간다. ▮

9. H1. L ← 0, K ← M + 1, MARK(0) ← 1, MARK(M + 1) ← 0으로 설정한다.

H2. L을 1 증가하고, 만일 MARK(L) = 1이면 이 단계를 반복한다.

H3. K를 1 감소하고, 만일 MARK(K) = 0이면 이 단계를 반복한다.

H4. 만일 L > K이면 단계 H5로 간다. 그렇지 않으면 NODE(L) ← NODE(K), ALINK(K) ← L, MARK(K) ← 0으로 설정하고 H2로 돌아간다.

H5. L = 1, 2, ..., K에 대해 다음을 수행한다: MARK(L) ← 0으로 설정한다. 만일 ATOM(L) = 0이고 ALINK(L) > K이면 ALINK(L) ← ALINK(ALINK(L))로 설정한다. 만일 ATOM(L) = 0이고 BLINK(L) > K이면 BLINK(L) ← ALINK(BLINK(L))로 설정한다. ■

연습문제 2.5-33도 볼 것.

10. **Z1.** 〔초기화.〕 F ← P0, R ⇐ AVAIL, NODE(R) ← NODE(F), REF(F) ← R로 설정한다. (여기서 F와 R은 발견된 모든 머리 노드들의 REF 필드들에 설정된 한 대기열을 위한 포인터들이다.)

    Z2. 〔새 리스트를 시작.〕 P ← F, Q ← REF(P)로 설정한다.

    Z3. 〔오른쪽으로 전진.〕 P ← RLINK(P)로 설정한다. 만일 P = Λ이면 Z6으로 간다.

    Z4. 〔노드 하나 복사.〕 Q1 ⇐ AVAIL, RLINK(Q) ← Q1, Q ← Q1, NODE(Q) ← NODE(P)로 설정한다.

    Z5. 〔하위 리스트 링크를 변환.〕 만일 T(P) = 1이면 P1 ← REF(P)로 설정한다. 그리고 만일 REF(P1) = Λ이면 REF(R) ← P1, R ⇐ AVAIL, REF(P1) ← R, NODE(R) ← NODE(P1), REF(Q) ← R로 설정한다. 만일 T(P) = 1이고 REF(P1) ≠ Λ이면 REF(Q) ← REF(P1)로 설정한다. Z3으로 간다.

    Z6. 〔다음 리스트로 이동.〕 RLINK(Q) ← Λ로 설정한다. 만일 REF(F) ≠ R이면 F ← REF(REF(F))로 설정하고 Z2로 돌아간다. 그렇지 않으면 REF(R) ← Λ, P ← P0로 설정한다.

    Z7. 〔마지막 마무리.〕 Q ← REF(P)로 설정한다. 만일 Q ≠ Λ이면 REF(P) ← Λ, P ← Q로 설정하고 단계 Z7을 반복한다. ■

물론 REF 필드를 이런 식으로 사용하면 알고리즘 D로 쓰레기 수거를 할 수가 없게 된다. 더 나아가서, 리스트들이 복사 도중에 적격(wel-formed)이 아니라는 사실 역시 알고리즘 D를 고려 대상에서 제외하게 되는 요인이다.

    리스트 표현에 대해 훨씬 더 약한 가정들을 깔고 있는 우아한 리스트 이동 및 리스트 복사 몇 가지가 고안된 바 있다. D. W. Clark, *CACM* **19** (1976), 352-354와 J. M. Robson, *CACM* **20** (1977), 431-433 참고.

11. 다음은 종이와 연필을 이용해서 이 문제의 답을 좀 더 공식적으로 써내려 갈 수 있는 한 가지 방법이다: 우선 주어진 집합의 각 리스트에 고유한 이름(예를 들면 영문 대문자)을 부여한다. 이 예의 경우 이를테면 $A = (a : C, b, a : F)$, $F = (b : D)$, $B = (a : F, b, a : E)$, $C = (b : G)$, $G = (a : C)$, $D = (a : F)$, $E = (b : G)$라고 하면 될 것이다. 이제 상등을 증명해야 하는 리스트 이름들의 쌍들로 된 목록을 만든다. 이 목록에 쌍들을 계속 추가하되, 첫 수준에서 일치하지 않는 쌍이 발견되어

서 모순이 생기면(이 경우는 원래 주어진 리스트들이 부등인 것이다), 또는 쌍들의 목록이 더 이상의 어떠한 쌍들도 함의하지 않게 되면(이 경우는 원래 주어진 리스트들이 상등인 것이다) 멈춘다. 이 예의 경우 처음에는 쌍들의 목록에 주어진 쌍 AB 하나만 담겨 있는 것으로 시작한다. 이후 CF, $EF(A$와 B를 일치시킴으로써), $DG(CF$로부터)가 추가되며, 그러면 자기 완결적인(모순이 없고 더 이상의 쌍들도 필요 없는) 하나의 집합이 완성된다.

이 방법의 유효성을 증명하기 위해서는, (i) 만일 이 방법이 "부등"이라는 답을 낸다면 주어진 리스트들은 부등이며, (ii) 만일 주어진 리스트들이 부등이라면 이 방법이 "부등"이라는 답을 내며, (iii) 이 방법이 항상 끝남을 보여야 한다.

12. AVAIL 목록의 노드 개수가 N이라고 하자. 여기서 N은 특정한 상수로, 어떻게 선택하는지는 아래 논의에 나온다. 주 루틴과 컴퓨터 시간을 공유하는 어떤 코루틴을 시작하되, 그 코루틴은 다음과 같은 일을 한다: (a) AVAIL 목록의 N개의 노드들 모두에 표시를 한다. (b) 프로그램에서 접근할 수 있는 다른 모든 노드들에 표시한다. (c) 표시되지 않은 모든 노드들을 연결해서, 현재 AVAIL 목록이 비었을 때 사용할 새로운 AVAIL 목록을 준비한다. (d) 모든 노드들의 표시 비트를 해제한다. N과 시간 분할 비율의 선택에서 중요한 것은, AVAIL 목록에서 N개의 노드들이 꺼내지기 전에 연산 (a), (b), (c), (d)가 완료됨을 보장하는, 그러면서도 주 루틴이 충분히 빠르게 수행될 수 있도록 하는 값들을 선택해야 한다는 것이다. 프로그램이 계속 실행되고 있는 만큼, 단계 (b)에서 "프로그램이 접근할 수 있는" 노드들을 하나도 빼먹지 않도록 하는 데 신경을 써야 한다. 자세한 사항은 생략하겠다. 만일 (c)에서 형성한 목록의 노드 개수가 N보다 작다면 메모리가 고갈될 수 있으므로, 언젠가는 공정을 적절히 멈추게 할 필요가 있을 것이다. 〔좀 더 자세한 내용은 Guy L. Steele Jr., *CACM* **18** (1975), 495-508; P. Wadler, *CACM* **19** (1976), 491-500; E. W. Dijkstra, L. Lamport, A. J. Martin, C. S. Scholten, E. F. M. Steffens, *CACM* **21** (1978), 966-975; H. G. Baker, Jr., *CACM* **21** (1978), 280-294를 볼 것.〕

2.4절

1. 전위.

2. 본질적으로는 생성된 자료표 항목들의 개수에 비례한다.

3. 단계 A5를 다음과 같이 바꾼다:

A5′. 〔최상위 수준을 제거.〕스택 최상위 요소를 제거한다. 그리고 만일 스택 최상위의 새 수준 번호가 L보다 크면 새로 스택 최상위 요소가 된 쌍으로 (L1,P1)을 갱신하고 이 단계를 반복한다. 그렇지 않으면 SIB(P1) ← Q로 설정하고, 새로 스택 최상위 요소가 된 쌍으로 (L1,P1)을 갱신한다.

4. (와이즈David S. Wise의 답.) 만일 자신의 완전 한정(complete qualification) A_0 OF ... OF A_n이 다른 어떤 자료 항목으로의 한 COBOL 참조인 자료 항목이 존재한다면, 그리고 오직 그럴

때에만 규칙 (c)가 위반된다. 부모 A_1 OF … OF A_n도 반드시 규칙 (c)를 만족하므로, 앞에서 말한 다른 어떤 자료 항목은 그 항목과 같은 부모의 후손이라고 가정할 수 있다. 따라서 자료표에 새 자료 항목이 추가될 때마다 그 부모가 이름이 같은 다른 어떤 항목의 후손인지, 또는 만일 이름이 같은 다른 어떤 항목의 부모가 스택에 있는지를 점검하도록 알고리즘 A를 확장할 수도 있다. (부모가 Λ이면 그것은 모든 항목의 조상이며 항상 스택에 존재한다.)

한편, 만일 알고리즘 A를 변경하지 않고 그대로 둔다면, COBOL 프로그래머가 유효하지 않은 항목을 사용하려고 했을 때, 알고리즘 B는 오류 메시지를 낸다. 그런 항목들을 오류 없이 사용할 수 있는 것은 오직 MOVE CORRESPONDING 뿐이다.

5. 다음과 같이 변경한다:

단계	이것을	이것으로
B1.	P ← LINK(P_0)	P ← LINK(INFO(T))
B2.	$k \leftarrow 0$	K ← T
B3.	$k < n$	RLINK(K) ≠ Λ
B4.	$k \leftarrow k+1$	K ← RLINK(K)
B6.	NAME(S) = P_k	NAME(S) = INFO(K)

6. 알고리즘 B를 간단히 수정해서(단계 B3에서 만일 $k = n$이고 PARENT(S) ≠ Λ이면, 또는 단계 B6에서 NAME(S) ≠ P_k이면 P ← PREV(P)로 설정하고 B2로 간다) 오직 완전한 참조들만 검색하게 만들 수 있다. 요지는, 이 수정된 알고리즘 B를 먼저 실행하고, 그런 다음 Q가 여전히 Λ이면 수정되지 않은 알고리즘을 수행한다는 것이다.

7. MOVE MONTH OF DATE OF SALES TO MONTH OF DATE OF PURCHASES. MOVE DAY OF DATE OF SALES TO DAY OF DATE OF PURCHASES. MOVE YEAR OF DATE OF SALES TO YEAR OF DATE OF PURCHASES. MOVE ITEM OF TRANSACTION OF SALES TO ITEM OF TRANSACTION OF PURCHASES. MOVE QUANTITY OF TRANSACTION OF SALES TO QUANTITY OF TRANSACTION OF PURCHASES. MOVE PRICE OF TRANSACTION OF SALES TO PRICE OF TRANSACTION OF PURCHASES. MOVE TAX OF TRANSACTION OF SALES TO TAX OF TRANSACTION OF PURCHASES.

8. 오직 α 또는 β가 기본 항목일 때에만. (알고리즘 C를 처음 만들 때 필자는 이 상황을 제대로 처리하지 못했다. 그 때문에 알고리즘이 오히려 더 복잡해졌다.)

9. 만일 α도 β도 기본 항목이 아니면, "MOVE CORRESPONDING α TO β"는 α 그룹과 β 그룹에 공통인 모든 이름 A들에 대한 문장 "MOVE CORRESPONDING A OF α TO A OF β"들의 집합과 동치이다. (앞의 명제는 "MOVE CORRESPONDING"을 본문에 나온 좀 더 전통적이고 장황한 정의보다 더 우아하게 진술하는 것이라 할 수 있다.) 알고리즘 C가 이 정의를 만족한다는 점은, 단계 C2에서 C5까지가 궁극적으로는 P = P0, Q = Q0으로 종료된다는 사실에 대한 귀납 증명을 이용해서 확인할 수 있다. 증명의 세부사항은 지금까지 여러 번 나왔던 "트리 귀납" 방법으로 채우면 된다(예를 들면 알고리즘 2.3.1T의 증명을 참고).

10. (a) S1 ← LINK(P_k)로 설정한다. 그런 다음 S1 = Λ (NAME(S) ≠ P_k)이거나 S1 = S (NAME(S) = P_k)가 될 때까지 S1 ← PREV(S1) 설정을 0회 이상 반복한다. (b) P1 ← P로 설정하고, PREV(P1) = Λ가 될 때까지 P1 ← PREV(P1)을 0회 이상 반복한다. 변수 Q1과 Q에 대해서도 비슷한 연산을 수행한다. 그런 후 P1 = Q1인지 판정한다. 다른 방식으로는, 만일 자료표 항목들이 모든 P에 대해 PREV(P) < P이도록 정렬되어 있다면, P > Q를 판정하고 더 큰 것의 PREV 링크들을 따라가면서 더 작은 것이 나오는지를 보는 방식의 좀 더 빠른 판정도 가능하다.

11. 새 링크 필드 SIB1(P) ≡ CHILD(PARENT(P))를 추가한다면 단계 C4의 속도를 조금 올릴 수 있다. 좀 더 중요하게는, CHILD 링크와 SIB 링크를 NAME(SIB(P)) > NAME(P)가 되도록 수정할 수도 있다. 그러면 부합하는 항목들을 찾을 때 각 가족을 한 번만 훑으면 되므로 단계 C3의 검색이 상당히 빨라질 것이다. 따라서 이러한 변경은 오직 알고리즘 C에 나온 "검색"만 제거하는 것이 된다. 이런 식으로 알고리즘 A와 C를 수정하는 것은 어려운 일이 아니며, 독자에게도 좋은 연습이 될 것이다. (그러나 MOVE CORRESPONDING 문장들의 상대적인 빈도와 가족 군들의 일반적인 크기를 고려했을 때, 실제 COBOL 프로그램의 번역에서 속도가 아주 크게 빨라지는 것은 아닐 것이다.)

12. 단계 B1, B2, B3은 그대로 두고, 나머지 단계들을 다음과 같이 수정한다.

> **B4.** k ← k + 1, R ← LINK(P_k)로 설정한다.

> **B5.** 만일 R = Λ이면 P ← PREV(P)로 설정하고 B2로 간다(아직 부합하는 것을 찾지 못했다). 만일 R < S ≤ SCOPE(R)이면 S ← R로 설정하고 B3으로 간다. 그렇지 않으면 R ← PREV(R)로 설정하고 단계 B5를 반복한다. ▮

이 알고리즘이 연습문제 6의 PL/I 관례에 맞게 적용되지는 않는다.

13. 알고리즘 A에서 NAME, PARENT, CHILD, SIB를 설정하는 연산들을 제거한다. 단계 A5에서 스택 최상위 항목을 제거할 때마다 SCOPE(P1) ← Q − 1로 설정한다. 단계 A2에서 입력을 다 소비했다면 그냥 L ← 0으로 설정하고 계속 진행한다. 단계 A7에서 L = 0이면 알고리즘을 끝낸다.

14. 다음 알고리즘은 보조 스택을 하나 사용한다. 단계 번호는 본문에 나온 알고리즘의 단계들과 직접 대응된다.

> **C1.** P ← P0, Q ← Q0으로 설정하고 스택 내용을 비운다.

> **C2.** 만일 SCOPE(P) = P이거나 SCOPE(Q) = Q이면 (P,Q)를 요구된 쌍들 중 하나로 출력하고 C5로 간다. 그렇지 않으면 (P,Q)를 스택에 넣고 P ← P + 1, Q ← Q + 1로 설정한다.

> **C3.** P와 Q가 같은 이름의 항목들을 가리키는지 판정한다(연습문제 10(b) 참고). 만일 그렇다면 C2로 간다. 아니라면 스택 최상위 요소로 (P1,Q1)을 갱신한다. 만일 SCOPE(Q) < SCOPE(Q1)이면 Q ← SCOPE(Q) + 1로 설정하고 단계 C3을 반복한다.

> **C4.** 스택 최상위 요소로 (P1,Q1)을 갱신한다. 만일 SCOPE(P) < SCOPE(P1)이면 P ← SCOPE(P) + 1, Q ← Q1 + 1로 설정하고 C3으로 돌아간다. 만일 SCOPE(P) = SCOPE(P1)이면 P

← P1, Q ← Q1로 설정하고 스택 최상위 요소를 제거한다.

C5. 만일 스택이 비었으면 알고리즘을 끝낸다. 그렇지 않으면 C4로 간다. ∎

2.5절

1. 그런 예기치 않은 상황에서는 다음과 같은 스택 비슷한 연산을 수행해 볼 수 있다: 메모리 풀 영역이 장소 0에서 M − 1까지라고 하자. 그리고 AVAIL이 가장 낮은 자유 장소를 가리킨다고 하자. N개의 워드들을 예약할 때에는, 만일 AVAIL + N ≥ M이면 실패를 보고하고, 그렇지 않으면 AVAIL ← AVAIL + N으로 설정한다. N개의 워드를 해제할 때에는 그냥 AVAIL ← AVAIL − N으로 설정한다.

마찬가지로, 선입선출 방식에 대해서는 순환 대기열 비슷한 연산이 적합하다.

2. 길이 l의 한 항목을 위한 저장소 공간의 양은 $k\lceil l/(k-b)\rceil$이며, 이것의 평균은 $kL/(k-b) + (1-\alpha)k$이다 여기서 α는 k와 무관하게 1/2로 간주된다. 이 수식은 $k = b + \sqrt{2bL}$ 일 때 최소가 된다(실수 k 값들에 대해). 따라서 그 값 바로 위나 아래의 정수를 k로 두면 $kL/(k-b) + \frac{1}{2}k$의 가장 낮은 값을 얻을 수 있다. 예를 들어, 만일 $b = 1$이고 $L = 10$이면 $k \approx 1 + \sqrt{20} = 5$ 또는 6을 선택한다. 5나 6이나 똑같이 좋은 값이다. *JACM* **12** (1965), 53-70에 이 문제에 대한 훨씬 더 상세한 내용이 있다.

4. rI1 ≡ Q, rI2 ≡ P.

A1	LDA	N	rA ← N.
	ENT2	AVAIL	P ← LOC(AVAIL).
A2A	ENT1	0,2	Q ← P.
A2	LD2	0,1(LINK)	P ← LINK(Q).
	J2N	OVERFLOW	만일 P = Λ이면 여유 공간이 없는 것이다.
A3	CMPA	0,2(SIZE)	
	JG	A2A	만일 N > SIZE(P)이면 점프.
A4	SUB	0,2(SIZE)	rA ← N − SIZE(P) ≡ K.
	JANZ	*+3	만일 K ≠ 0이면 점프.
	LDX	0,2(LINK)	
	STX	0,1(LINK)	LINK(Q) ← LINK(P).
	STA	0,2(SIZE)	SIZE(P) ← K.
	LD1	0,2(SIZE)	rI1 ← P + K로 설정하는
	INC1	0,2	선택적인 종료. ∎

5. 아마 그렇지 않을 것이다. 장소 P 직전의 비가용 저장소 영역은 이후에 가용이 되며, 그 길이는 K만큼 늘어난다. 99나 늘어나는 것을 묵과할 수는 없는 일이다.

6. 핵심은, 매번 AVAIL 목록의 다른 부분을 검색해 보는 것이다. 이를 위해, "유랑(roving)" 포인터 (이하 설명의 ROVER)를 두고 다음과 같이 사용할 수 있을 것이다: 단계 A1에서 Q ← ROVER로

설정한다. 단계 A4 다음에서는 만일 LINK(Q) ≠ Λ이면 ROVER ← LINK(Q)로 설정하고 그렇지 않으면 ROVER ← LOC(AVAIL)로 설정한다. 단계 A2에서는, 알고리즘 A의 한 특정한 수행 도중에 처음으로 P = Λ가 되었을 때 Q ← LOC(AVAIL)로 설정하고 단계 A2를 반복한다. 두 번째로 P = Λ가 되었을 때에는 알고리즘을 끝낸다(실패한 것이다). 이러한 방법에서 ROVER는 AVAIL 목록의 무작위 지점들을 가리키는 경향이 생기며, 그 크기들이 좀 더 균등해진다. 프로그램 시작에서는 ROVER ← LOC(AVAIL)로 설정한다. 또한 프로그램의 다른 모든 곳에서는, 현재의 ROVER 설정과 같은 주소를 가진 블록을 AVAIL 목록에서 꺼낼 때마다 ROVER를 LOC(AVAIL)로 설정해야 한다. (그러나 엄격한 최초 적합 방법에서처럼 시작 부분에 작은 블록들을 두는 게 유용할 때가 있다. 예를 들어 메모리의 상단에 순차적인 스택을 두어야 할 때도 있는데, 그런 경우 연습문제 6.2.3-30에서 제안한 대로 트리들을 사용해서 검색 시간을 줄일 수 있다.)

7. 2000, 요청된 크기가 800인 1000, 1300. 〔웨일랜드R. J. Weiland는 최적 적합은 실패하지만 최악 적합은 성공하는 예를 만든 바 있다.〕

8. 단계 A1에서 M ← ∞, R ← Λ로도 설정한다. 단계 A2에서는, 만일 P = Λ이면 A6으로 간다. 단계 A3에서는 A4 대신 A5로 간다. 그리고 다음 새 단계들을 추가한다.

A5. 〔더 나은 적합?〕 만일 M > SIZE(P)이면 R ← Q, M ← SIZE(P)로 설정한다. 그런 다음 Q ← P로 설정하고 A2로 돌아간다.

A6. 〔찾은 게 있는가?〕 만일 R = Λ이면 알고리즘을 끝낸다(실패한 것이다). 그렇지 않으면 Q ← R, P ← LINK(Q)로 설정하고 A4로 간다. ∎

9. 만일 다행히도 SIZE(P) = N을 찾았다면 최적 적합을 발견한 것이며 더 이상 검색할 필요가 없음이 분명하다. (서로 다른 블록 크기들이 아주 적다면 이런 일이 꽤 자주 발생한다.) 만일 알고리즘 C에서처럼 "경계 꼬리표" 방법을 사용한다면 AVAIL 목록을 그 크기에 따라 정렬할 수도 있다. 그러면 평균적으로 검색의 길이를 그 목록 길이의 반 정도로 줄일 수 있다. 그러나 최적의 해법은, 만일 AVAIL 목록이 길어질 것이 예상되는 경우라면, AVAIL 목록을 6.2.3절에 나오는 균형 트리 구조로 만드는 것이다.

10. 다음과 같이 고친다:

단계 B2에서 "P > P0"을 "P ≥ P0"으로 바꾼다.

단계 B3의 시작에 "만일 P0 + N > P이고 P ≠ Λ이면 N ← max(N, P + SIZE(P) − P0), P ← LINK(P)로 설정하고 단계 B3을 반복한다."를 삽입한다.

단계 B4에서 "Q + SIZE(Q) = P0"을 "Q + SIZE(Q) ≥ P0"으로 바꾼다. 그리고 "SIZE(Q) ← SIZE(Q) + N"을 "SIZE(Q) ← max(SIZE(Q), P0 + N − Q)"로 바꾼다.

11. 단계 B1에서, 만일 P0이 ROVER보다 크면 Q ← ROVER로 설정한다(Q ← LOC(AVAIL) 대신). AVAIL 목록에 n개의 항목이 있다고 하면 단계 B2의 평균 수행 횟수는 $(2n+3)(n+2)/(6n+6) =$

$\frac{1}{3}n + \frac{5}{6} + O\left(\frac{1}{n}\right)$이다. 예를 들어 $n = 2$이면 다음과 같은 9가지 상황들이 생긴다. 이 상황들이 나올 확률은 모두 같으며, P1과 P2는 두 기존 가용 블록들을 가리킨다.

	P0 < P1	P1 < P0 < P2	P2 < P0
ROVER = P1	1	1	2
ROVER = P2	1	2	1
ROVER = LOC(AVAIL)	1	2	3

이 도표의 각 숫자는 해당 경우에 필요한 반복 수행 횟수이다. 수행 횟수 평균은 다음과 같다.

$$\frac{1}{9}\left(\binom{2}{2} + \binom{3}{2} + \binom{4}{2} + \binom{3}{2} + \binom{2}{2}\right) = \frac{1}{9}\left(\binom{5}{3} + \binom{4}{3}\right) = \frac{14}{9}.$$

12. A1. P ← ROVER, F ← 0으로 설정한다.

A2. 만일 P = LOC(AVAIL)이고 F = 0이면 P ← AVAIL, F ← 1로 설정하고 단계 A2를 반복한다. 만일 P = LOC(AVAIL)이고 F ≠ 0이면 알고리즘을 끝낸다(실패한 것이다).

A3. 만일 SIZE(P) ≥ N이면 A4로 간다. 그렇지 않으면 P ← LINK(P)로 설정하고 A2로 돌아간다.

A4. ROVER ← LINK(P), K ← SIZE(P) − N으로 설정한다. 만일 K < c이면(여기서 c는 ≥ 2인 상수) LINK(LINK(P + 1)) ← ROVER, LINK(ROVER + 1) ← LINK(P + 1), L ← P로 설정한다. 그렇지 않으면 L ← P + K, SIZE(P) ← SIZE(L − 1) ← K, TAG(L − 1) ← "−", SIZE(L) ← N으로 설정한다. 마지막으로 TAG(L) ← TAG(L + SIZE(L) − 1) ← "+"로 설정한다. ∎

13. rI1 ≡ P, rX ≡ F, rI2 ≡ L

```
LINK    EQU   4:5
SIZE    EQU   1:2
TSIZE   EQU   0:2
TAG     EQU   0:0
A1      LDA   N              rA ← N.
        SLA   3              SIZE 필드로 자리이동.
        ENTX  0              F ← 0.
        LD1   ROVER          P ← ROVER.
        JMP   A2
A3      CMPA  0,1(SIZE)
        JLE   A4             만일 N ≤ SIZE(P)이면 점프.
        LD1   0,1(LINK)      P ← LINK(P).
A2      ENT2  -AVAIL,1       rI2 ← P − LOC(AVAIL).
        J2NZ  A3
        JXNZ  OVERFLOW       F ≠ 0인가?
        ENTX  1              F ← 1로 설정.
```

```
        LD1    AVAIL(LINK)   P ← AVAIL.
        JMP    A2
A4      LD2    0,1(LINK)
        ST2    ROVER         ROVER ← LINK(P).
        LDA    0,1(SIZE)     rA ≡ K ← SIZE(P) − N.
        SUB    N
        CMPA   =c =
        JGE    1F            만일 K ≥ c이면 점프.
        LD3    1,1(LINK)     rI3 ← LINK(P + 1).
        ST2    0,3(LINK)     LINK(rI3) ← ROVER.
        ST3    1,2(LINK)     LINK(ROVER + 1) ← rI3.
        ENT2   0,1           L ← P.
        LD3    0,1(SIZE)     rI3 ← SIZE(P).
        JMP    2F
1H      STA    0,1(SIZE)     SIZE(P) ← K.
        LD2    0,1(SIZE)
        INC2   0,1           L ← P + K.
        LDAN   0,1(SIZE)     rA ← − K.
        STA    -1,2(TSIZE)   SIZE(L − 1) ← K, TAG(L − 1) ← "−".
        LD3    N             rI3 ← N.
2H      ST3    0,2(TSIZE)    TAG(L) ← "+", 또한 SIZE(L) ← rI3으로도 설정.
        INC3   0,2
        STZ    -1,3(TAG)     TAG(L + SIZE(L) − 1) ← "+". ▮
```

14. (a) 이 필드는 단계 C2에서 블록의 시작을 찾는 데 필요하다. 블록 첫 워드의 링크로 대체할 수도 있다(아마 그게 더 나을 것이다). 연습문제 19도 볼 것. (b) 이 필드는 N개보다 더 많은 워드들을 예약해야 하는 경우가 있으며(이를테면 K = 1인 경우), 그리고 나중에 블록을 해제하기 위해서는 블록을 위해 원래 예약했던 워드 개수를 알아야 하기 때문에 필요한 것이다.

15, 16. rI1 ≡ P0, rI2 ≡ P1, rI3 ≡ F, rI4 ≡ B, rI6 ≡ −N

```
    D1  LD1    P0            D1.
        LD2    0,1(SIZE)
        ENN6   0,2           N ← SIZE(P0).
        INC2   0,1           P1 ← P0 + N.
        LD5    0,2(TSIZE)
        J5N    D4            만일 TAG(P1) = "−"이면 D4로.
    D2  LD5    -1,1(TSIZE)   D2.
        J5N    D7            만일 TAG(P0 − 1) = "−"이면 D7로.
    D3  LD3    AVAIL(LINK)   D3. F ← AVAIL로 설정.
        ENT4   AVAIL         B ← LOC(AVAIL).
        JMP    D5            D5로.
```

```
D4  INC6  0,5           D4. N ← N + SIZE(P1).
    LD3   0,2(LINK)      F ← LINK(P1).
    LD4   1,2(LINK)      B ← LINK(P1 + 1).
    CMP2  ROVER          (연습문제 12의 ROVER 기능을 위해
    JNE   *+3              추가된 새 코드:
    ENTX  AVAIL            만일 P1 = ROVER이면
    STX   ROVER               ROVER ← LOC(AVAIL)로 설정.)
    DEC2  0,5           P1 ← P1 + SIZE(P1).
    LD5   -1,1(TSIZE)
    J5N   D6             만일 TAG(P0 − 1) = "−"이면 D6으로.
D5  ST3   0,1(LINK)      D5. LINK(P0) ← F.
    ST4   1,1(LINK)      LINK(P0 + 1) ← B.
    ST1   1,3(LINK)      LINK(F + 1) ← P0.
    ST1   0,4(LINK)      LINK(B) ← P0.
    JMP   D8             D8로.
D6  ST3   0,4(LINK)      D6. LINK(B) ← F.
    ST4   1,3(LINK)      LINK(F + 1) ← B.
D7  INC6  0,5           D7. N ← N + SIZE(P0 − 1).
    INC1  0,5            P0 ← P0 − SIZE(P0 − 1).
D8  ST6   0,1(TSIZE)    D8. SIZE(P0) ← N, TAG(P0) ← "−".
    ST6   -1,2(TSIZE)    SIZE(P1 − 1) ← N, TAG(P1 − 1) ← "−". ∎
```

17. 두 LINK 필드 모두 LOC(AVAIL)과 같다.

18. 알고리즘 A는 한 큰 블록의 상위 부분을 예약한다. 저장소 전체가 가용일 때 최적 적합법은 실제로 상위 주소의 장소들을 예약하는 것으로 시작하나, 일단 그 장소들이 다시 가용이 되고 나면 다시 예약되지는 않는다(주로 하위 주소들에서 적합한 블록이 먼저 발견될 것이므로). 따라서 최초 적합법에서는 초기의 메모리 하위 부분의 큰 블록이 금세 사라진다. 그런데 큰 블록이 최적 적합이 되는 경우는 별로 없으므로, 최적 적합은 메모리 시작 부분에 커다란 블록을 남겨두게 된다.

19. 연습문제 12의 알고리즘을 사용하되, 단계 A4에서 SIZE(L − 1), TAG(L − 1), TAG(L + SIZE(L) − 1)을 언급하는 부분을 모두 제거한다. 그리고 단계 A2와 A3 사이에 다음과 같은 새 단계를 추가한다.

A2$\frac{1}{2}$. P1 ← P + SIZE(P)로 설정한다. 만일 TAG(P1) = "+"이면 단계 A3으로 넘어간다. 그렇지 않으면 P2 ← LINK(P1), LINK(P2 + 1) ← LINK(P1 + 1), LINK(LINK(P1 + 1)) ← P2, SIZE(P) ← SIZE(P) + SIZE(P1)로 설정한다. 만일 ROVER = P1이면 ROVER ← P2로 설정한다. 단계 A2$\frac{1}{2}$을 반복한다.

이 경우에는 (2), (3), (4)의 상황이 발생하지 않음이 분명하다. 이러한 수정이 저장소 할당에 미치는 유일한 영향은, 검색이 연습문제 12에서보다 더 길어지는 경향이 생기며, 현재 블록 앞에 다른 어떤 가용 블록(그것이 어떤 것인지는 모른다)이 실제로 있다고 해도 종종 K가 c보다 작아진다

는 점이다.

(또 다른 대안은 내부 루프 A3의 축소 연산을 밖으로 빼내서 최종 할당 이전의 단계 A4에서만 수행하거나, 또는 알고리즘이 실패로 끝날만한 상황일 때에만 내부 루프에서 수행하게 하는 것이다. 이 방법이 실제로 개선 방안이 될 것인지를 밝히려면 시뮬레이션 실험이 필요하다.)

〔이 방법을 조금 다듬어서 T_EX와 METAFONT에 사용해서 상당히 만족스러운 결과를 얻었다. T_EX: *The Program* (Addison-Wesley, 1986), §125 참고.〕

20. 축소 루프에서 가용 단짝을 찾았다면 해당 AVAIL[k] 목록에서 그 블록을 제거해야 할 것이다. 그러나 갱신할 링크들을 알아내기 위해서는, (i) 잠재적으로 오래 걸릴 수 있는 검색을 수행하거나, (ii) 그 목록이 이중 연결 목록이어야 한다.

21. 만일 $n = 2^k \alpha$이면(단, $1 \le \alpha \le 2$) a_n은 $2^{2k+1}\left(\alpha - \frac{2}{3}\right) + \frac{1}{3}$이고 b_n은 $2^{2k-1}\alpha^2 + 2^{k-1}\alpha$이다. n이 큰 값일 때 비율 a_n/b_n은 본질적으로 $4\left(\alpha - \frac{2}{3}\right)/\alpha^2$이며, 그 최소값은 α가 1과 2일 때의 $\frac{4}{3}$, 최대값은 $\alpha = 1\frac{1}{3}$일 때의 $\frac{3}{2}$이다. 따라서 a_n/b_n은 어떠한 극한으로도 접근하지 않으며, 최대, 최소 사이에서 진동한다. 그러나 4.2.4절의 평균 계산법을 이용하면 평균 비율

$$4(\ln 2)^{-1} \int_1^2 \left(\alpha - \frac{2}{3}\right) d\alpha / \alpha^3 = (\ln 2)^{-1} \approx 1.44$$

가 나온다.

22. 이 착상을 위해서는 11워드 블록의 첫 워드뿐만 아니라 다른 여러 워드들에도 TAG 필드가 있어야 한다. 그런 추가적인 TAG 비트들을 둘 수 있다면 실현 가능한 착상이며, 컴퓨터 하드웨어에서 사용하기에 특히나 적합한 것으로 보인다.

23. 011011110100; 011011100000.

24. 그렇게 하면 프로그램에 버그가 생긴다. S2에서 S1로 돌아갈 수 있으므로, TAG(0) = 1일 때 단계 S1로 가게 될 수 있다. 제대로 하려면 단계 S2의 "L ← P" 다음에 "TAG(L) ← 0"을 추가해야 한다. (이 방식 대신 TAG(2^m) = 0이라고 가정하는 것이 더 쉽다.)

25. 그 착상은 완전히 옳다. (비평이 반드시 부정적일 필요는 없다.) $n < k \le m$에 대해서는 목록 머리 AVAIL[k]들을 제거할 수 있다. 본문의 알고리즘들을 사용할 수도 있는데, 단, 단계 R1, S1의 "m"을 "n"으로 바꾸고, 초기 조건 (13)과 (14)를 크기가 2^m인 블록 하나가 아니라 크기가 2^n인 2^{m-n}개의 블록들을 언급하도록 변경해야 한다.

26. M의 이진 표현을 이용하면, 모든 메모리 장소들이 크기가 2의 거듭제곱인, 그리고 그 크기가 감소하는 순서로 정렬된 블록들로 분할되도록 초기 조건 (13)과 (14)를 쉽게 수정할 수 있다. 알고리즘 S에서는, $P \ge M - 2^k$일 때에는 항상 TAG(P)를 0으로 간주해야 한다.

27. rI1 ≡ k, rI2 ≡ j, rI3 ≡ $j - k$, rI4 ≡ L, LOC(AVAIL[j]) = AVAIL + j. $0 \le j \le m$에 대한 장소 TWO + j들에 저장된 하나의 보조 표 TWO[j] = 2^j이 있다고 가정한다. 또한 "+"와 "−"는 각각 0과 1인 꼬리표를 나타내며, TAG(LOC(AVAIL[j])) = "−"라고 가정한다. 그러나 TAG(LOC(AVAIL[$m+1$])) = "+"는 하나의 경계값이다.

00	KVAL	EQU	5:5		
01	TAG	EQU	0:0		
02	LINKF	EQU	1:2		
03	LINKB	EQU	3:4		
04	TLNKF	EQU	0:2		
05	R1	LD1	K	1	_R1. 블록을 찾는다._
06		ENT2	0,1	1	$j \leftarrow k$.
07		ENT3	0	1	
08		LD4	AVAIL,2(LINKF)	1	
09	1H	ENT5	AVAIL,2	$1+R$	
10		DEC5	0,4	$1+R$	
11		J5NZ	R2	$1+R$	만일 $\text{AVAILF}[j] \neq \text{LOC}(\text{AVAIL}[j])$이면 점프.
12		INC2	1	R	j를 증가한다.
13		INC3	1	R	
14		LD4N	AVAIL,2(TLNKF)	R	
15		J4NN	1B	R	$j \leq m$인가?
16		JMP	OVERFLOW		
17	R2	LD5	0,4(LINKF)	1	_R2. 목록에서 제거._
18		ST5	AVAIL,2(LINKF)	1	$\text{AVAILF}[j] \leftarrow \text{LINKF}(L)$.
19		ENTA	AVAIL,2	1	
20		STA	0,5(LINKB)	1	$\text{LINKB}(L) \leftarrow \text{LOC}(\text{AVAIL}[j])$.
21		STZ	0,4(TAG)	1	$\text{TAG}(L) \leftarrow 0$.
22	R3	J3Z	DONE	1	_R3. 분할이 필요한가?_
23	R4	DEC3	1	R	_R4. 분할한다._
24		DEC2	1	R	j를 감소한다.
25		LD5	TWO,2	R	$rI5 \equiv P$.
26		INC5	0,4	R	$P \leftarrow L + 2^j$.
27		ENNA	AVAIL,2	R	
28		STA	0,5(TLNKF)	R	$\text{TAG}(P) \leftarrow 1$, $\text{LINKF}(P) \leftarrow \text{LOC}(\text{AVAIL}[j])$.
29		STA	0,5(LINKB)	R	$\text{LINKB}(P) \leftarrow \text{LOC}(\text{AVAIL}[j])$.
30		ST5	AVAIL,2(LINKF)	R	$\text{AVAILF}[j] \leftarrow P$.
31		ST5	AVAIL,2(LINKB)	R	$\text{AVAILB}[j] \leftarrow P$.
32		ST2	0,5(KVAL)	R	$\text{KVAL}(P) \leftarrow j$.
33		J3P	R4	R	R3로 간다.
34	DONE	...		▮	

28. $rI1 \equiv k$, $rI5 \equiv P$, $rI4 \equiv L$; $\text{TAG}(2^m) = $ "+"라고 가정한다.

01	S1	LD4	L	1	_S1. 단짝이 가용인가?_
02		LD1	K	1	
03	1H	ENTA	0,4	$1+S$	
04		XOR	TWO,1	$1+S$	$rA \leftarrow \text{buddy}_k(L)$.

05		STA	TEMP	$1+S$
06		LD5	TEMP	$1+S$	P ← rA.
07		LDA	0,5	$1+S$
08		JANN	S3	$1+S$	만일 TAG(P) = 0이면 점프.
09		CMP1	0,5(KVAL)	$B+S$
10		JNE	S3	$B+S$	만일 KVAL(P) ≠ k이면 점프.
11	S2	LD2	0,5(LINKB)	S	*S2. 단짝과 합친다.*
12		LD3	0,5(LINKF)	S
13		ST3	0,2(LINKF)	S	LINKF(LINKB(P)) ← LINKF(P).
14		ST2	0,3(LINKB)	S	LINKB(LINKF(P)) ← LINKB(P).
15		INC1	1	S	k를 증가한다.
16		CMP4	TEMP	S
17		JL	1B	S
18		ENT4	0,5	A	만일 L > P이면 L ← P로 설정.
19		JMP	1B	A
20	S3	LD2	AVAIL,1(LINKF)	1	*S3. 목록에 넣는다.*
21		ENNA	AVAIL,1	1
22		STA	0,4(0:4)	1	TAG(L) ← 1, LINKB(L) ← LOC(AVAIL[k]).
23		ST2	0,4(LINKF)	1	LINKF(L) ← AVAILF[k].
24		ST1	0,4(KVAL)	1	KVAL(L) ← k.
25		ST4	0,2(LINKB)	1	LINKB(AVAILF[k]) ← L.
26		ST4	AVAIL,1(LINKF)	1	AVAIL[k] ← L. ∎

29. 그렇다. 단, 추가적인 검색을 수행해야 하거나, 아니면 어떠한 방식으로 압축시킨 TAG 비트들을 담는 보조적인 표가 필요하다. 후자가 더 나은 방법이다. (알고리즘 S에서는 단짝들을 합치지 않고, 알고리즘 R에서 요청을 만족하기에 충분한 크기의 블록이 없을 때에만 단짝들을 합치게 하면 어떨까 하는 생각도 들 것이다. 그러나 그러면 메모리가 몹시 단편화되는 결과로 이어질 수 있다.)

31. David L. Russell, *SICOMP* **6** (1977), 607-621을 볼 것.

32. 크레인Steven Crain은 그 방법이 항상 16667 시간 단위들이 지나기 전에 모든 블록들을 해제하고 다시 새롭게 시작함을 지적했다. 따라서 문제에 언급된 극한은 실제로 존재한다. 증명: $g_n = \lfloor \frac{5}{4}$ $\min(10000, f(u_{n-1}-n), f(u_{n-2}-n), ..., f(u_0-n)) \rfloor$ 형태가 되도록 $u_n = n + t_n$으로 둔다. $k \geq 1$에 대해 $x_0 = 0$, $x_1 = u_0$, $x_{k+1} = \max(u_0, ..., u_{x_k-1})$이라고 하자. 만일 $x_k > x_{k-1}$이면 $x_{k-1} \leq n < x_k$에 대해

$$u_n \leq n + \frac{5}{4}f(x_k-n) = \frac{5}{4}x_k - \frac{1}{4}n \leq \frac{5}{4}x_k - \frac{1}{4}x_{k-1}$$

이다. 따라서 $x_{k+1} - x_k \leq \frac{1}{4}(x_k - x_{k-1})$이며, 시간 $12500 + \lfloor 12500/4 \rfloor + \lfloor 12500/4^2 \rfloor + \cdots$이 되기 전에 반드시 $x_k = x_{k-1}$이 된다.

33. G1. [LINK들을 비운다.] P ← 1로 설정하고, P = AVAIL이 될 때까지 LINK(P) ← Λ, P ←

P + SIZE(P)로 설정한다. (이것은 각 노드의 첫 워드에 있는 LINK 필드를 Λ로 설정하는 것일 뿐이다. 아래의 단계 G9에서 LINK(P)가 Λ로 설정되며 저장소 할당자에서 그것을 Λ로 설정할 수도 있으므로, 대부분의 경우에서는 이 단계가 필요하지 않다.)

G2. 〔표시 페이즈 초기화.〕 TOP ← USE, LINK(TOP) ← AVAIL, LINK(AVAIL) ← Λ로 설정한다. (알고리즘 2.3.5D에서처럼, TOP은 스택 최상위를 가리킨다.)

G3. 〔스택에서 뽑는다.〕 P ← TOP, TOP ← LINK(TOP)으로 설정한다. 만일 TOP = Λ이면 G5로 간다.

G4. 〔스택에 새 링크들을 넣는다.〕 $1 \le k \le$ T(P)에 대해 다음 연산들을 수행한다: Q ← LINK(P + k)로 설정하고, 만일 Q ≠ Λ이고 LINK(Q) = Λ이면 LINK(Q) ← TOP, TOP ← Q로 설정한다. 그런 다음에는 G3으로 돌아간다.

G5. 〔다음 페이즈 초기화.〕 (이제는 P = AVAIL이며, 표시 페이즈가 끝났으므로 접근 가능한 각 노드의 첫 워드는 공링크가 아닌 LINK를 가진다. 이제부터 할 일은, 이후 단계들의 속도를 위해서 인접한 접근 불가능 노드들을 합치고 접근 가능한 노드들에는 새로운 주소들을 배정하는 것이다.) Q ← 1, LINK(AVAIL) ← Q, SIZE(AVAIL) ← 0, P ← 1로 설정한다. (이후 페이즈들에서, 장소 AVAIL은 한 루프의 끝을 알리는 경계값으로 쓰인다.)

G6. 〔새 주소들을 배정.〕 만일 LINK(P) = Λ이면 G7로 간다. 그렇지 않으면, 만일 SIZE(P) = 0이면 G8로 가고 아니면 LINK(P) ← Q, Q ← Q + SIZE(P), P ← P + SIZE(P)로 설정하고 이 단계를 반복한다.

G7. 〔가용 영역들을 압축.〕 만일 LINK(P + SIZE(P)) = Λ이면 SIZE(P)를 SIZE(P + SIZE(P))만큼 증가하고 이 단계를 반복한다. 그렇지 않으면 P ← P + SIZE(P)로 설정하고 G6으로 돌아간다.

G8. 〔모든 링크들을 변환.〕 (이제 접근 가능한 각 노드의 첫 워드에 있는 LINK 필드는 그 노드가 이동될 주소를 담고 있다.) USE ← LINK(USE), AVAIL ← Q로 설정한다. 그런 다음 P ← 1로 설정하고 다음 연산을 SIZE(P) = 0이 될 때까지 반복한다: 만일 LINK(P) ≠ Λ이면 P < Q ≤ P + T(P)이고 LINK(Q) ≠ Λ인 모든 Q에 대해 LINK(Q) ← LINK(LINK(Q))로 설정하고, 그런 다음 LINK(P)의 값에 상관없이 P ← P + SIZE(P)로 설정한다.

G9. 〔이동.〕 P ← 1로 설정하고, 다음 연산을 SIZE(P) = 0이 될 때까지 반복한다: Q ← LINK(P)로 설정하고, 만일 Q ≠ Λ이면 LINK(P) ← Λ, NODE(Q) ← NODE(P)로 설정하고, 그런 다음에는 Q = Λ이든 아니든 상관없이 P ← P + SIZE(P)로 설정한다. (연산 NODE(Q) ← NODE(P)는 SIZE(P)개의 워드들을 이동함을 뜻한다. 항상 Q ≤ P이므로 가장 작은 장소에서 가장 큰 장소로의 순서로 워드들을 이동해도 안전하다.) ∎

〔이 방법을 "LISP 2 쓰레기 수거기"라고 부른다. 각 노드를 가리키는 모든 포인터들을 함께 연결한다는

착상에 기반한, 노드의 시작에 LINK 필드를 둘 필요가 없는 한 가지 흥미로운 대안이 있다. 이에 대해서는 Lars-Erik Thorelli, *BIT* **16** (1976), 426-441; R. B. K. Dewar, A. P. McCann, *Software Practice & Exp.* **7** (1977), 95-113; F. Lockwood Morris, *CACM* **21** (1978), 662-665, **22** (1979), 571; H. B. M. Jonkers, *Inf. Proc. Letters* **9** (1979), 26-30; J. J. Martin, *CACM* **25** (1982), 571-581; F. Lockwood Morris, *Inf. Proc. Letters* **15** (1982), 139-142, **16** (1983), 215를 볼 것. B. K. Haddon, W. M. Waite, *Comp. J.* **10** (1967), 162-165; B. Wegbreit, *Comp. J.* **15** (1972), 204-208; D. A. Zave, *Inf. Proc. Letters* **3** (1975), 167-169에도 또 다른 방법들이 나온다. 코엥Cohen과 니콜라우Nicolau는 이상의 네 가지 접근방식들을 *ACM Trans. Prog. Languages and Systems* **5** (1983), 532-553에서 분석했다.]

34. TOP ≡ rI1, Q ≡ rI2, P ≡ rI3, k ≡ rI4, SIZE(P) ≡ rI5로 둔다. 더 나아가서, 단계 G4를 간단하게 하기 위해 $\Lambda = 0$, LINK(0) $\neq$ 0이라고 가정한다. 단계 G1은 생략했다.

```
01   LINK  EQU   4:5
02   INFO  EQU   0:3
03   SIZE  EQU   1:2
04   T     EQU   3:3
05   G2    LD1   USE         1      G2. 표시 페이지 초기화. TOP ← USE.
06         LD2   AVAIL       1
07         ST2   0,1(LINK)   1      LINK(TOP) ← AVAIL.
08         STZ   0,2(LINK)   1      LINK(AVAIL) ← Λ.
09   G3    ENT3  0,1         a+1    G3. 스택에서 뽑는다. P ← TOP.
10         LD1   0,1(LINK)   a+1    TOP ← LINK(TOP).
11         J1Z   G5          a+1    만일 TOP = Λ이면 G5로.
12   G4    LD4   0,3(T)      a      G4. 스택에 새 링크들을 넣는다. k ← T(P).
13   1H    J4Z   G3          a+b    k = 0?
14         INC3  1           b      P ← P + 1.
15         DEC4  1           b      k ← k − 1.
16         LD2   0,3(LINK)   b      Q ← LINK(P).
17         LDA   0,2(LINK)   b
18         JANZ  1B          b      만일 LINK(Q) ≠ Λ이면 점프.
19         ST1   0,2(LINK)   a−1    그렇지 않으면 LINK(Q) ← TOP.
20         ENT1  0,2         a−1       TOP ← Q로 설정.
21         JMP   1B          a−1
22   G5    ENT2  1           1      G5. 다음 페이지 초기화. Q ← 1.
23         ST2   0,3         1      LINK(AVAIL) ← 1, SIZE(AVAIL) ← 0.
24         ENT3  1           1      P ← 1.
25         JMP   G6          1
26   1H    ST2   0,3(LINK)   a      LINK(P) ← Q.
27         INC2  0,5         a      Q ← Q + SIZE(P).
```

28		INC3	0,5	a	P ← P + SIZE(P).
29	G6	LDA	0,3(LINK)	$a+1$	_G6. 새 주소들을 배정._
30	G6A	LD5	0,3(SIZE)	$a+c+1$	
31		JAZ	G7	$a+c+1$	만일 LINK(P) = Λ이면 점프.
32		J5NZ	1B	$a+1$	만일 SIZE(P) ≠ 0이면 점프.
33	G8	LD1	USE	1	_G8. 모든 링크들을 변환._
34		LDA	0,1(LINK)	1	
35		STA	USE	1	USE ← LINK(USE).
36		ST2	AVAIL	1	AVAIL ← Q.
37		ENT3	1	1	P ← 1.
38		JMP	G8P	1	
39	1H	LD6	0,6(SIZE)	d	
40		INC5	0,6	d	rI5 ← rI5 + SIZE(P + SIZE(P)).
41	G7	ENT6	0,3	$c+d$	_G7. 가용 영역들을 압축._
42		INC6	0,5	$c+d$	rI6 ← P + SIZE(P).
43		LDA	0,6(LINK)	$c+d$	
44		JAZ	1B	$c+d$	만일 LINK(rI6) ≡ Λ이면 점프.
45		ST5	0,3(SIZE)	c	SIZE(P) ← rI5.
46		INC3	0,5	c	P ← P + SIZE(P).
47		JMP	G6A	c	
48	2H	DEC4	1	b	$k ← k − 1$.
49		INC2	1	b	Q ← Q + 1.
50		LD6	0,2(LINK)	b	
51		LDA	0,6(LINK)	b	
52		STA	0,2(LINK)	b	LINK(Q) ← LINK(LINK(Q)).
53	1H	J4NZ	2B	$a+b$	만일 $k ≠ 0$이면 점프.
54	3H	INC3	0,5	$a+c$	P ← P + SIZE(P).
55	G8P	LDA	0,3(LINK)	$1+a+c$	
56		LD5	0,3(SIZE)	$1+a+c$	
57		JAZ	3B	$1+a+c$	LINK(P) = Λ인가?
58		LD4	0,3(T)	$1+a$	$k ← T(P)$.
59		ENT2	0,3	$1+a$	Q ← P.
60		J5NZ	1B	$1+a$	SIZE(P) = 0이 아니면 점프.
61	G9	ENT3	1	1	_G9. 이동._ P ← 1.
62		ENT1	1	1	MOVE 명령들을 위해 rI1을 설정.
63		JMP	G9P	1	
64	1H	STZ	0,3(LINK)	a	LINK(P) ← Λ.
65		ST5	*+1(4:4)	a	
66		MOVE	0,3(*)	a	NODE(rI1) ← NODE(P), rI1 ← rI1 + SIZE(P).
67	3H	INC3	0,5	$a+c$	P ← P + SIZE(P).
68	G9P	LDA	0,3(LINK)	$1+a+c$	

69	LD5	0,3(SIZE)	$1+a+c$	
70	JAZ	3B	$1+a+c$	만일 LINK(P) = Λ이면 점프.
71	J5NZ	1B	$1+a$	SIZE(P) = 0이 아니면 점프. ∎

줄 66에서는 각 노드의 크기가 하나의 MOVE 명령으로 이동할 수 있을 정도로 작다고 가정한다. 이런 종류의 쓰레기 수거를 적용할 수 있는 상황이라면 대부분의 경우 이는 정당한 가정이다.

　　이 프로그램의 총 실행 시간은 $(44a+17b+2w+25c+8d+47)u$로, 여기서 a는 접근 가능 노드들의 개수이고 b는 그 노드들에 있는 링크 필드들의 개수, c는 그 앞에 접근 불가 노드가 없는 접근 불가 노드들의 개수, d는 그 앞에 접근 불가 노드가 있는 접근 불가 노드들의 개수이다. 그리고 w는 접근 가능 노드들에 담긴 모든 워드들의 개수이다. 만일 메모리에 n개의 노드들이 있으며 그 중 ρn개가 접근 가능 노드들이라면, $a=(1-\rho)n$, $c=(1-\rho)\rho n$, $d=\rho^2 n$이라고 추정할 수 있다. 예: 한 노드의 평균 워드 개수가 5라고 하고, 노드 당 링크 필드가 두 개이며(역시 평균적으로), 전체 노드 개수가 1000이라고 하자. 그러면 $\rho=\frac{1}{5}$일 때 이 알고리즘은 복구된 가용 노드 당 $374u$의 시간을 소비한다. $\rho=\frac{1}{2}$일 때에는 $104u$, $\rho=\frac{4}{5}$일 때에는 단 $33u$이다.

36. 혼자 온 손님은 1, 3, 4, 6, ..., 23의 열여섯 자리 중 하나에 앉을 수 있다. 만일 한 쌍이 들어왔는데 그들을 함께 앉힐 공간이 없다면, (1,2,3)에 적어도 두 명, (4,5,6)에 적어도 두 명, (19,20,21)에 적어도 두 명, 그리고 22나 23에 적어도 한 명이 앉아 있는 것이며, 따라서 적어도 열다섯 명이 이미 자리를 차지하고 있는 것이다.

37. 처음에 열여섯 명의 단독 손님들이 들어온다. 종업원이 그들을 열여섯 자리들에 앉힌다. 점유된 두 좌석 사이를 간격(gap)이라고 부른다고 할 때, 식탁 양 끝에도 간격이 하나씩 있다고 치면 지금 상황에서 총 17개의 간격이 있는 것이다. 간격의 크기는 그 간격의 빈자리 개수이다. 빈자리가 없는, 즉 인접한 두 점유된 자리 사이의 간격은 크기가 0이라고 가정한다. 길이가 홀수인 간격들의 개수를 x라고 하자. 그러면 한 쌍으로 온 손님들을 앉힐 수 있는 자리는 $6-x$이다. ($6-x$는 짝수이며 ≥ 0임을 주목할 것.) 이제 양쪽에 짝수 간격이 있는 손님 1, 3, 5, 7, 9, 11, 13, 15(왼쪽에서 오른쪽으로)가 식사를 마치고 나갔다고 하자. 각 홀수 간격은 그 여덟 손님들 중 많아야 하나를 떠나지 못하게 하며, 따라서 적어도 $8-x$ 손님들이 떠난다. 쌍을 앉힐 수 있는 공간은 여전히 $6-x$이다. 그러나 이제는 $(8-x)/2$ 쌍들이 들어온다.

38. 그 논증은 쉽게 일반화된다: $n \geq 1$에 대해 $N(n,2)=\lfloor(3n-1)/2\rfloor$이다. 〔롭슨은 종업원이 최적 적합 전략 대신 최초 적합 전략을 사용할 때에는 필요충분한 자리 개수가 $\lfloor(5n-2)/3\rfloor$임을 증명했다.〕

39. 메모리를 크기가 각각 $N(n_1,m)$, $N(n_2,m)$, $N(2m-2,m)$인 독립적인 세 영역들로 나눈다. 할당 요청이 들어오면, 요구된 용량을 초과하지 않는 최초의 영역에 각 블록을 그 영역에 적합한 최적의 전략을 이용해서 집어넣는다. 이는 실패할 수 없는데, 왜냐하면 만일 x개의 장소들에 대한 요청을 만족할 수 없다면 이미 할당된 장소들은 적어도 $(n_1-x+1)+(n_2-x+1)+(2m-x--1) > n_1+n_2-x$일 것이기 때문이다.

이제, 만일 $f(n) = N(n, m) + N(2m - 2, m)$이라고 하면 준가산 법칙(subadditive law) $f(n_1 + n_2) \leq f(n_1) + f(n_2)$이 성립한다. 따라서 $\lim f(n)/n$이 존재한다. (증명: $f(a + bc) \leq$ $\leq f(a) + bf(c)$이며 따라서 모든 c에 대해

$$\limsup_{n \to \infty} f(n)/n = \max_{0 \leq a < c} \limsup_{b \to \infty} f(a + bc)/(a + bc) \leq f(c)/c$$

이다. 따라서 $\limsup_{n \to \infty} f(n)/n \leq \liminf_{n \to \infty} f(n)/n$.) 그러므로 $\lim N(n, m)/n$이 존재한다.

〔연습문제 38로부터, $N(2) = \frac{3}{2}$임을 알 수 있다. $m > 2$에 대해서는 $N(m)$의 값이 알려져 있지 않다. 단 두 블록 크기들, 즉 1과 b에 대한 곱 계수(multiplicative factor)가 $2 - 1/b$임을 보이는 것은 어렵지 않다. 그러면 $N(3) \geq 1\frac{2}{3}$. 롭슨의 방법들은 $N(3) \leq 1\frac{11}{12}$이고 $2 \leq N(4) \leq 2\frac{1}{6}$임을 함의한다.〕

40. 롭슨은 크기가 k(여기서 $2^m \leq k < 2^{m+1}$)인 각 블록을 2^m의 배수에서 시작하는 k의 장소들로 된 첫째 가용 블록에 할당한다는 전략을 이용해서 $N(2^r) \leq 1 + r$임을 증명했다.

모든 블록 크기들이 집합 $\{b_1, b_2, ..., b_n\}$으로 제한되었을 때의 곱 계수를 $N(\{b_1, b_2, ..., b_n\})$으로 나타낸다고 하자. 즉 $N(n) = N(\{1, 2, ..., n\})$이다. 롭슨과 크로그달S. Krogdahl은 $1 < i \leq n$에 대해 b_i가 b_{i-1}의 배수일 때에는 항상 $N(\{b_1, b_2, ..., b_n\}) = n - (b_1/b_2 + \cdots + b_{n-1}/b_n)$임을 발견했다. 사실 롭슨은 $N(2^r m, \{1, 2, 4, ..., 2^r\}) = 2^r m(1 + \frac{1}{2}r) - 2^r + 1$이라는 완전(exact) 공식을 수립했다. 따라서, 특히 $N(n) \geq 1 + \frac{1}{2}\lfloor \lg n \rfloor$이다. 그는 또한 상계 $N(n) \leq 1.1825 \ln n + O(1)$을 유도했으며, 잠정적으로 $N(n) = H_n$이라고 추측했다. 이러한 추측은 일반적으로 $N(\{b_1, b_2, ..., b_n\})$이 $n - (b_1/b_2 + \cdots + b_{n-1}/b_n)$과 같다는 것으로 이어지겠지만, 안타깝게도 이것은 참이 아니다. 왜냐하면 롭슨이 $N(\{3, 4\}) \geq 1\frac{4}{15}$임을 증명했기 때문이다. (*Inf. Proc. Letters* **2** (1973), 96-97; *JACM* **21** (1974), 491-499 참고.)

41. 크기 2^k의 블록들을 관리한다고 하자: 크기 1, 2, 4, ..., 2^{k-1}에 대한 요청들이 들어온다면 주기적으로 크기 2^k의 새 블록을 분할하게 되거나 요청된 크기의 한 블록을 돌려주게 될 것이다. 그런 분할된 블록들에 의해 소비된 저장소 총량이 kn을 넘지 않음은 k에 대한 귀납법으로 증명할 수 있다. 요청에 의해 2^{k+1} 크기의 한 블록을 분할할 때마다 분할된 2^k 크기 블록들에서 많아야 kn개의 장소들을 사용하며 분할되지 않은 블록들에서 많아야 n개의 장소들을 사용할 것이기 때문이다.

이러한 논증은 $a_r n$개의 칸들로 충분함을 보이는 것으로까지 확장할 수 있다. 여기서 $a_0 = 1$이고 $a_k = 1 + a_{k-1}(1 - 2^{-k})$이다. 이제

$k =$	0	1	2	3	4	5
$a_k =$	1	$1\frac{1}{2}$	$2\frac{1}{8}$	$2\frac{55}{64}$	$3\frac{697}{1024}$	$4\frac{18535}{32768}$

이다.

반대로, 만일 단계 R1과 R2를 가용인 2^j 크기 블록들 중 첫째를 선택하는 것이 아니라 가장

나쁜 것을 선택하도록 수정한다면, 단짝 시스템이 종종 $a_r n$개(단 $r \leq 5$)의 칸들을 요구함을 보이는 것도 가능하다.

    $N(2^r) \leq 1 + r$에 대한 롭슨의 증명(연습문제 40 참고)을, 그런 "제일 왼쪽" 전략을 사용했을 때 1, 2, 4, ..., 2^r 크기의 블록들을 할당하는 데 필요한 칸들이 $(1 + \frac{1}{2}r)n$을 결코 넘지 않는다는 점을 보이도록 쉽사리 수정할 수 있다. 왜냐하면 2^k 크기의 블록들이 $\geq (1 + \frac{1}{2}k)n$인 장소들에 들어가는 일은 결코 없기 때문이다. 그의 알고리즘이 단짝 시스템과 상당히 비슷하긴 하지만, 사실 어떠한 단짝 시스템도 그의 알고리즘만큼 좋지는 않다. 단계 R1과 R2에서 분할할 가용 블록을 선택할 때 최적의 2^j 크기 가용 블록을 선택하도록 수정한다고 해도 마찬가지이다. 예를 들어 $n = 16$이고 $r = 3$일 때의 다음과 같은 메모리 "스냅샷"들의 순차열을 생각해 보자.

```
11111111   11111111   00000000   00000000
10101010   10101010   2-2-2-2-   00000000
11110000   11110000   2-110000   00000000
11111111   11110000   11110000   00000000
10101010   10102-2-   10102-2-   00000000
10001000   10002-00   10002-00   4---4---
10000000   10000000   10000000   4---0000
```

여기서 0은 가용 장소이며 수 k는 k 블록의 시작을 뜻한다. 비슷한 방식으로, n이 16의 배수일 때마다 크기 8의 블록들 $\frac{3}{16}n$이 $\frac{1}{8}$만큼 차고, 또 다른 $\frac{1}{16}n$개가 $\frac{1}{2}$만큼 차게 만드는 연산들의 순차열이 존재한다. 만일 n이 128의 배수이면, 이후의 크기 8 블록 $\frac{9}{128}n$개에 대한 요청은 $2.5n$개보다 많은 메모리 칸들을 요구하게 된다. (단짝 시스템에서는 중대한 순간에 분할할 2들이 더 이상 없기 때문에 원치 않은 1들이 크기 8 블록들의 $\frac{3}{16}n$으로 스며드는 일이 생길 수 있다. 반면 "제일 왼쪽" 알고리즘은 모든 1들이 제한된 영역을 벗어나지 못하게 한다.)

42. $m \geq 6$이라고 가정할 수 있다. 주된 착상은, 메모리 시작에서 $R_{m-2}(F_{m-3}R_1)^k$이라는 점유 패턴이 확립되게 하는 것이다. 여기서 $k = 0, 1, ...$이고 R_j와 F_j는 각각 크기가 j인 예약 블록과 자유 블록을 뜻한다. k에서 $k+1$로의 전이는 다음과 같이 시작한다.

$$R_{m-2}(F_{m-3}R_1)^k \to R_{m-2}(F_{m-3}R_1)^k R_{m-2}R_{m-2}$$
$$\to R_{m-2}(F_{m-3}R_1)^{k-1}F_{2m-4}R_{m-2}$$
$$\to R_{m-2}(F_{m-3}R_1)^{k-1}R_m R_{m-5}R_1 R_{m-2}$$
$$\to R_{m-2}(F_{m-3}R_1)^{k-1}F_m R_{m-5}R_1.$$

그런 후에는 $F_m R_{m-5}R_1(F_{m-3}R_1)^k \to F_{2m-5}R_1(F_{m-3}R_1)^k \to R_{m-2}(F_{m-3}R_1)^{k+1}$이 될 때까지 계산열 $F_{m-3}R_1 F_m R_{m-5}R_1 \to F_{m-3}R_1 R_{m-2}R_2 R_{m-5}R_1 \to F_{2m-4}R_2 R_{m-5}R_1 \to R_m R_{m-5}R_1 R_2 R_{m-5}R_1 \to F_m R_{m-5}R_1 F_{m-3}R_1$이 k번 수행된다. 최종적으로, k가 충분히 커졌을

때에는, 만일 메모리 크기가 적어도 $(n-4m+11)(m-2)$가 아니라면 위넘침이 발생하게 된다. 자세한 사항은 *Comp. J.* **20** (1977), 242–244에 나와 있다. 〔$F_{m-1}R_1F_{m-1}R_1F_{m-1}R_1\cdots$ 패턴으로 시작하는, 생각할 수 있는 최악의 상황이 이것보다 아주 약간만 더 나쁨을 주목할 것. 연습문제 6에 나온 "다음 적합" 전략이 그러한 최악의 패턴을 만들어낸다.〕

43. $D_1, D_2, \ldots$이 모든 $m \ge 1$에 대해 $D_1/m + D_2/(m+1) + \cdots + D_m/(2m-1) \ge 1$인 임의의 수열이며 $C_m = D_1/1 + D_2/2 + \cdots + D_m/m$이라고 할 때 $N_{\mathrm{FF}}(n, m) \le nC_m$임을 보이고자 한다. 구체적으로는,

$$\frac{1}{m} + \frac{1}{m+1} + \cdots + \frac{1}{2m+1} = 1 - \frac{1}{2} + \cdots + \frac{1}{2m-3} - \frac{1}{2m-2} + \frac{1}{2m-1} > \ln 2$$

이므로 상수 수열 $D_m = 1/\ln 2$는 필요조건들을 만족한다. 증명은 m에 대한 귀납법을 사용한다. $j \ge 1$에 대해 $N_j = nC_j$라고 하자. 그리고 크기 m 블록에 대한 어떠한 요청을 메모리의 제일 왼쪽 N_m개의 칸들에 할당할 수 없다고 가정하자. 그러면 $m > 1$이다. 크기가 j보다 작은(여기서 $0 \le j < m$) 블록들에 할당된 제일 오른쪽 위치를 N_j'라고 하자. 그리고 만일 모든 할당된 블록들이 j보다 크다면 N_j'는 0이라고 하자. 귀납법에 의해 $N_j' \le N_j$가 성립한다. 더 나아가서, N_m보다 작은, 제일 오른쪽의 점유된 위치를 N_m'이라고 하자. $N_m' \ge N_m - m + 1$이다. 그러면 구간 $(N_{j-1}' .. N_j']$에는 적어도 $\lceil j(N_j' - N_{j-1}')/(m+j-1) \rceil$개의 점유된 칸들이 있다. 왜냐하면 그 자유 블록들의 크기는 $< m$이며 예약된 블록들의 크기는 $\ge j$이기 때문이다. 이로부터 $n - m \ge$ 점유된 칸들의 개수 $\ge \sum_{j=1}^{m} j(N_j' - N_{j-1}')/(m+j-1) = mN_m'/(2m-1) - (m-1)\sum_{j=1}^{m-1} N_j'/(m+j)(m+j-1) > mN_m/(2m-1) - m - (m-1)\sum_{j=1}^{m-1} N_j(1/(m+j-1) - 1/(m+j)) = \sum_{j=1}^{m} nD_j/(m+j-1) - m \ge n - m$이 나오는데, 이는 모순이다.

　〔이 증명은 문제가 요구한 것 이상을 입증한다. 만일 D들을 $D_1/m + \cdots + D_m/(2m-1) = 1$로 정의하면, 수열 $C_1, C_2, \ldots$은 $1, \frac{7}{4}, \frac{161}{72}, \frac{7483}{2880}, \ldots$이다. 그리고 이 결과를 더욱 향상시킬 수 있다. 연습문제 38에서처럼 $m = 2$인 경우라도 향상이 가능하다.〕

44. $\lceil F^{-1}(1/N) \rceil, \lceil F^{-1}(2/N) \rceil, \ldots, \lceil F^{-1}(N/N) \rceil$.

수량표

표 1

표준 서브루틴들과 컴퓨터 프로그램 분석에 자주 쓰이는 수량들(십진 소수점 이하 40자리)

$$\sqrt{2} = 1.41421\ 35623\ 73095\ 04880\ 16887\ 24209\ 69807\ 85697-$$
$$\sqrt{3} = 1.73205\ 08075\ 68877\ 29352\ 74463\ 41505\ 87236\ 69428+$$
$$\sqrt{5} = 2.23606\ 79774\ 99789\ 69640\ 91736\ 68731\ 27623\ 54406+$$
$$\sqrt{10} = 3.16227\ 76601\ 68379\ 33199\ 88935\ 44432\ 71853\ 37196-$$
$$\sqrt[3]{2} = 1.25992\ 10498\ 94873\ 16476\ 72106\ 07278\ 22835\ 05703-$$
$$\sqrt[3]{3} = 1.44224\ 95703\ 07408\ 38232\ 16383\ 10780\ 10958\ 83919-$$
$$\sqrt[4]{2} = 1.18920\ 71150\ 02721\ 06671\ 74999\ 70560\ 47591\ 52930-$$
$$\ln 2 = 0.69314\ 71805\ 59945\ 30941\ 72321\ 21458\ 17656\ 80755+$$
$$\ln 3 = 1.09861\ 22886\ 68109\ 69139\ 52452\ 36922\ 52570\ 46475-$$
$$\ln 10 = 2.30258\ 50929\ 94045\ 68401\ 79914\ 54684\ 36420\ 76011+$$
$$1/\ln 2 = 1.44269\ 50408\ 88963\ 40735\ 99246\ 81001\ 89213\ 74266+$$
$$1/\ln 10 = 0.43429\ 44819\ 03251\ 82765\ 11289\ 18916\ 60508\ 22944-$$
$$\pi = 3.14159\ 26535\ 89793\ 23846\ 26433\ 83279\ 50288\ 41972-$$
$$1° = \pi/180 = 0.01745\ 32925\ 19943\ 29576\ 92369\ 07684\ 88612\ 71344+$$
$$1/\pi = 0.31830\ 98861\ 83790\ 67153\ 77675\ 26745\ 02872\ 40689+$$
$$\pi^2 = 9.86960\ 44010\ 89358\ 61883\ 44909\ 99876\ 15113\ 53137-$$
$$\sqrt{\pi} = \Gamma(1/2) = 1.77245\ 38509\ 05516\ 02729\ 81674\ 83341\ 14518\ 27975+$$
$$\Gamma(1/3) = 2.67893\ 85347\ 07747\ 63365\ 56929\ 40974\ 67764\ 41287-$$
$$\Gamma(2/3) = 1.35411\ 79394\ 26400\ 41694\ 52880\ 28154\ 51378\ 55193+$$
$$e = 2.71828\ 18284\ 59045\ 23536\ 02874\ 71352\ 66249\ 77572+$$
$$1/e = 0.36787\ 94411\ 71442\ 32159\ 55237\ 70161\ 46086\ 74458+$$
$$e^2 = 7.38905\ 60989\ 30650\ 22723\ 04274\ 60575\ 00781\ 31803+$$
$$\gamma = 0.57721\ 56649\ 01532\ 86060\ 65120\ 90082\ 40243\ 10422-$$
$$\ln \pi = 1.14472\ 98858\ 49400\ 17414\ 34273\ 51353\ 05871\ 16473-$$
$$\phi = 1.61803\ 39887\ 49894\ 84820\ 45868\ 34365\ 63811\ 77203+$$
$$e^\gamma = 1.78107\ 24179\ 90197\ 98523\ 65041\ 03107\ 17954\ 91696+$$
$$e^{\pi/4} = 2.19328\ 00507\ 38015\ 45655\ 97696\ 59278\ 73822\ 34616+$$
$$\sin 1 = 0.84147\ 09848\ 07896\ 50665\ 25023\ 21630\ 29899\ 96226-$$
$$\cos 1 = 0.54030\ 23058\ 68139\ 71740\ 09366\ 07442\ 97660\ 37323+$$
$$-\zeta'(2) = 0.93754\ 82543\ 15843\ 75370\ 25740\ 94567\ 86497\ 78979-$$
$$\zeta(3) = 1.20205\ 69031\ 59594\ 28539\ 97381\ 61511\ 44999\ 07650-$$
$$\ln \phi = 0.48121\ 18250\ 59603\ 44749\ 77589\ 13424\ 36842\ 31352-$$
$$1/\ln \phi = 2.07808\ 69212\ 35027\ 53760\ 13226\ 06117\ 79576\ 77422-$$
$$-\ln \ln 2 = 0.36651\ 29205\ 81664\ 32701\ 24391\ 58232\ 66946\ 94543-$$

표 2

표준 서브루틴들과 컴퓨터 프로그램 분석에 자주 쓰이는 수량들(8진 소수점 이하 45자리)

"=" 좌변에 있는 이름들은 십진 표기법으로 주어진 것이다.

$0.1 =$	0.06314	63146	31463	14631	46314	63146	31463	14631	46315	$-$
$0.01 =$	0.00507	53412	17270	24365	60507	53412	17270	24365	60510	$-$
$0.001 =$	0.00040	61115	64570	65176	76355	44264	16254	02030	44672	$+$
$0.0001 =$	0.00003	21556	13530	70414	54512	75170	33021	15002	35223	$-$
$0.00001 =$	0.00000	24761	32610	70664	36041	06077	17401	56063	34417	$-$
$0.000001 =$	0.00000	02061	57364	05536	66151	55323	07746	44470	26033	$+$
$0.0000001 =$	0.00000	00153	27745	15274	53644	12741	72312	20354	02151	$+$
$0.00000001 =$	0.00000	00012	57143	56106	04303	47374	77341	01512	63327	$+$
$0.000000001 =$	0.00000	00001	04560	27640	46655	12262	71426	40124	21742	$+$
$0.0000000001 =$	0.00000	00000	06676	33766	35367	55653	37265	34642	01627	$-$
$\sqrt{2} =$	1.32404	74631	77167	46220	42627	66115	46725	12575	17435	$+$
$\sqrt{3} =$	1.56663	65641	30231	25163	54453	50265	60361	34073	42223	$-$
$\sqrt{5} =$	2.17067	36334	57722	47602	57471	63003	00563	55620	32021	$-$
$\sqrt{10} =$	3.12305	40726	64555	22444	02242	57101	41466	33775	22532	$+$
$\sqrt[3]{2} =$	1.20505	05746	15345	05342	10756	65334	25574	22415	03024	$+$
$\sqrt[3]{3} =$	1.34233	50444	22175	73134	67363	76133	05334	31147	60121	$-$
$\sqrt[4]{2} =$	1.14067	74050	61556	12455	72152	64430	60271	02755	73136	$+$
$\ln 2 =$	0.54271	02775	75071	73632	57117	07316	30007	71366	53640	$+$
$\ln 3 =$	1.06237	24752	55006	05227	32440	63065	25012	35574	55337	$+$
$\ln 10 =$	2.23273	06735	52524	25405	56512	66542	56026	46050	50705	$+$
$1/\ln 2 =$	1.34252	16624	53405	77027	35750	37766	40644	35175	04353	$+$
$1/\ln 10 =$	0.33626	75425	11562	41614	52325	33525	27655	14756	06220	$-$
$\pi =$	3.11037	55242	10264	30215	14230	63050	56006	70163	21122	$+$
$1° = \pi/180 =$	0.01073	72152	11224	72344	25603	54276	63351	22056	11544	$+$
$1/\pi =$	0.24276	30155	62344	20251	23760	47257	50765	15156	70067	$-$
$\pi^2 =$	11.67517	14467	62135	71322	25561	15466	30021	40654	34103	$-$
$\sqrt{\pi} = \Gamma(1/2) =$	1.61337	61106	64736	65247	47035	40510	15273	34470	17762	$-$
$\Gamma(1/3) =$	2.53347	35234	51013	61316	73106	47644	54653	00106	66046	$-$
$\Gamma(2/3) =$	1.26523	57112	14154	74312	54572	37655	60126	23231	02452	$+$
$e =$	2.55760	52130	50535	51246	52773	42542	00471	72363	61661	$+$
$1/e =$	0.27426	53066	13167	46761	52726	75436	02440	52371	03355	$+$
$e^2 =$	7.30714	45615	23355	33460	63507	35040	32664	25356	50217	$+$
$\gamma =$	0.44742	14770	67666	06172	23215	74376	01002	51313	25521	$-$
$\ln \pi =$	1.11206	40443	47503	36413	65374	52661	52410	37511	46057	$+$
$\phi =$	1.47433	57156	27751	23701	27634	71401	40271	66710	15010	$+$
$e^\gamma =$	1.61772	13452	61152	65761	22477	36553	53327	17554	21260	$+$
$e^{\pi/4} =$	2.14275	31512	16162	52370	35530	11342	53525	44307	02171	$-$
$\sin 1 =$	0.65665	24436	04414	73402	03067	23644	11612	07474	14505	$-$
$\cos 1 =$	0.42450	50037	32406	42711	07022	14666	27320	70675	12321	$+$
$-\zeta'(2) =$	0.74001	45144	53253	42362	42107	23350	50074	46100	27706	$-$
$\zeta(3) =$	1.14735	00023	60014	20470	15613	42561	31715	10177	06614	$+$
$\ln \phi =$	0.36630	26256	61213	01145	13700	41004	52264	30700	40646	$+$
$1/\ln \phi =$	2.04776	60111	17144	41512	11436	16575	00355	43630	40651	$+$
$-\ln \ln 2 =$	0.27351	71233	67265	63650	17401	56637	26334	31455	57005	$-$

표 1의 소수점 이하 40자리 값들 중 일부는 이 책의 초판을 위해 렌치John W. Wrench, Jr.가 탁상용 계산기로 계산했다. 1970년대에 그런 계산을 위한 컴퓨터 소프트웨어가 나오면서, 그의 기여가 정확했음이 증명되었다. 다른 주요 상수들의 40자리 값들에 대해서는 연습문제 1.3.3-23의 답을 참고할 것.

표 3
작은 n값들에 대한 조화수, 베르누이수, 피보나치수 값들

n	H_n	B_n	F_n	n
0	0	1	0	0
1	1	$-1/2$	1	1
2	3/2	1/6	1	2
3	11/6	0	2	3
4	25/12	$-1/30$	3	4
5	137/60	0	5	5
6	49/20	1/42	8	6
7	363/140	0	13	7
8	761/280	$-1/30$	21	8
9	7129/2520	0	34	9
10	7381/2520	5/66	55	10
11	83711/27720	0	89	11
12	86021/27720	$-691/2730$	144	12
13	1145993/360360	0	233	13
14	1171733/360360	7/6	377	14
15	1195757/360360	0	610	15
16	2436559/720720	$-3617/510$	987	16
17	42142223/12252240	0	1597	17
18	14274301/4084080	43867/798	2584	18
19	275295799/77597520	0	4181	19
20	55835135/15519504	$-174611/330$	6765	20
21	18858053/5173168	0	10946	21
22	19093197/5173168	854513/138	17711	22
23	444316699/118982864	0	28657	23
24	1347822955/356948592	$-236364091/2730$	46368	24
25	34052522467/8923714800	0	75025	25
26	34395742267/8923714800	8553103/6	121393	26
27	312536252003/80313433200	0	196418	27
28	315404588903/80313433200	$-23749461029/870$	317811	28
29	9227046511387/2329089562800	0	514229	29
30	9304682830147/2329089562800	8615841276005/14322	832040	30

임의의 x에 대해 $H_x = \sum_{n \geq 1} \left(\dfrac{1}{n} - \dfrac{1}{n+x} \right)$라고 하자. 그러면

$$H_{1/2} = 2 - 2\ln 2,$$

$$H_{1/3} = 3 - \frac{1}{2}\pi/\sqrt{3} - \frac{3}{2}\ln 3,$$

$$H_{2/3} = \frac{3}{2} + \frac{1}{2}\pi/\sqrt{3} - \frac{3}{2}\ln 3,$$

$$H_{1/4} = 4 - \frac{1}{2}\pi - 3\ln 2,$$

$$H_{3/4} = \frac{4}{3} + \frac{1}{2}\pi - 3\ln 2,$$

$$H_{1/5} = 5 - \frac{1}{2}\pi\phi^{3/2}5^{-1/4} - \frac{5}{4}\ln 5 - \frac{1}{2}\sqrt{5}\ln\phi,$$

$$H_{2/5} = \frac{5}{2} - \frac{1}{2}\pi\phi^{-3/2}5^{-1/4} - \frac{5}{4}\ln 5 + \frac{1}{2}\sqrt{5}\ln\phi,$$

$$H_{3/5} = \frac{5}{3} + \frac{1}{2}\pi\phi^{-3/2}5^{-1/4} - \frac{5}{4}\ln 5 + \frac{1}{2}\sqrt{5}\ln\phi,$$

$$H_{4/5} = \frac{5}{4} + \frac{1}{2}\pi\phi^{3/2}5^{-1/4} - \frac{5}{4}\ln 5 - \frac{1}{2}\sqrt{5}\ln\phi,$$

$$H_{1/6} = 6 - \frac{1}{2}\pi\sqrt{3} - 2\ln 2 - \frac{3}{2}\ln 3,$$

$$H_{5/6} = \frac{6}{5} + \frac{1}{2}\pi\sqrt{3} - 2\ln 2 - \frac{3}{2}\ln 3$$

이며, 일반적으로는 $0 < p < q$일 때

$$H_{p/q} = \frac{q}{p} - \frac{\pi}{2}\cot\frac{p}{q}\pi - \ln 2q + 2\sum_{1 \leq n < q/2} \cos\frac{2pn}{q}\pi \cdot \ln\sin\frac{n}{q}\pi$$

이다(연습문제 1.2.9-19 참고).

표기법 일람

다음 공식들에서, 구체적으로 한정되지 않은 영문자들은 다음과 같은 의미이다.

j, k 정수 값으로 평가되는 산술 표현식

m, n 음이 아닌 정수 값으로 평가되는 산술 표현식

x, y 실수 값으로 평가되는 산술 표현식

f 실수 또는 복소수 값으로 평가되는 함수

P   포인터 값(Λ 또는 컴퓨터 주소)으로 평가되는 표현식

S, T 집합 또는 다중집합

α 기호열(또는 문자열)

공식 기호	의미	정의된 곳
$V \leftarrow E$	표현식 E의 값을 변수 V에 배정한다.	1.1
$U \leftrightarrow V$	변수 U와 V의 값들을 서로 교환한다.	1.1
A_n 또는 $A[n]$	선형 배열 A의 n번째 요소	1.1
A_{mn} 또는 $A[m, n]$	직사각 배열의 행 m과 열 n에 있는 요소	1.1
NODE(P)	주소가 P인 노드(그 필드 이름들로 개별적으로 식별할 수 있는 변수들의 묶음). P $\neq \Lambda$라고 가정한다.	2.1
F(P)	NODE(P)에 있는, 필드 이름이 F인 변수	2.1
CONTENTS(P)	주소가 P인 컴퓨터 워드의 내용	2.1
LOC(V)	컴퓨터 안의 변수 V의 주소	2.1
P $\Leftarrow$ AVAIL	포인터 변수 P의 값을 새 노드의 주소로 설정한다.	2.2.3
AVAIL $\Leftarrow$ P	NODE(P)를 자유 저장소로 반환한다. 노드의 모든 필드들은 자신의 신원을 잃는다.	2.2.3
top(S)	비지 않은 스택 S의 최상위에 있는 노드	2.2.1
$X \Leftarrow S$	스택 S에서 X 뽑기: $X \leftarrow$ top(S)로 설정한다. 그런 다음, S가 비지 않았다면 S에서 top(S)를 제거한다.	2.2.1
$S \Leftarrow X$	스택 S에 X 넣기: 값 X를 스택 S의 최상위에 새 요소로 삽입한다.	2.2.1

공식 기호	의미	정의된 곳
$(B \Rightarrow E;\ E')$	조건식: B가 참이면 E이고 B가 거짓이면 E'임을 뜻한다.	
$[B]$	조건 B의 특성 함수: $(B \Rightarrow 1;\ 0)$	1.2.3
δ_{kj}	크로네커 델타: $[j = k]$	1.2.3
$[z^n]\,g(z)$	멱급수 $g(z)$의 z^n의 계수	1.2.9
$\displaystyle\sum_{R(k)} f(k)$	변수 k가 정수이며 관계 $R(k)$가 참인 모든 $f(k)$의 합	1.2.3
$\displaystyle\prod_{R(k)} f(k)$	변수 k가 정수이며 관계 $R(k)$가 참인 모든 $f(k)$의 곱	1.2.3
$\displaystyle\min_{R(k)} f(k)$	변수 k가 정수이며 관계 $R(k)$가 참인 모든 $f(k)$의 최소값	1.2.3
$\displaystyle\max_{R(k)} f(k)$	변수 k가 정수이며 관계 $R(k)$가 참인 모든 $f(k)$의 최대값	1.2.3
$j \backslash k$	j가 k를 나눔: $k \bmod j = 0$이고 $j > 0$	1.2.4
$S \backslash T$	차집합: $\{\,a \mid a$는 S의 원소, a는 T의 원소가 아님$\,\}$	
$\gcd(j,\ k)$	j와 k의 최대공약수: $$\left(j = k = 0 \Rightarrow 0;\ \max_{d\backslash j,\ d\backslash k} d\right)$$	1.1
$j \perp k$	j와 k가 서로 소: $\gcd(j, k) = 1$	1.2.4
A^{T}	직사각 배열 A의 전치: $A^{T}[j, k] = A[k, j]$	
α^{R}	α의 좌우 반전	
x^{y}	x의 y제곱(x가 양수일 때)	1.2.2
x^{k}	x의 k제곱:† $$\left(k \geq 0 \Rightarrow \prod_{0 \leq j < k} x;\ \ 1/x^{-k}\right)$$	1.2.2
$x^{\overline{k}}$	x의 k올림제곱: $\Gamma(x+k)/\Gamma(x) =$ $$\left(k \geq 0 \Rightarrow \prod_{0 \leq j < k} (x+j);\ \ 1/(x+k)^{\overline{-k}}\right)$$	1.2.5
$x^{\underline{k}}$	x의 k내림제곱: $x!/(x-k)! =$ $$\left(k \geq 0 \Rightarrow \prod_{0 \leq j < k} (x-j);\ \ 1/(x-k)^{\underline{-k}}\right)$$	1.2.5
$n!$	n의 계승: $\Gamma(n+1) = n^{\underline{n}}$	1.2.5
$\dbinom{x}{k}$	이항계수: $(k < 0 \Rightarrow 0;\ x^{\underline{k}}/k!)$	1.2.6

---

† 〔옮긴이 주〕 x의 y 제곱의 원문은 "x to the y power"이며 x의 k 제곱의 원문은 "x to the kth power"이지만 번역하면 차이가 없다. 의미상의 차이에 주목할 것. 여기서 x^{k}는 일상적인 의미의 거듭제곱인 반면 x^{y}는 y가 정수라는 제약이 없다.

공식 기호	의미	정의된 곳
$\begin{pmatrix} n \\ n_1, n_2, ..., n_m \end{pmatrix}$	다항계수 ($n = n_1 + n_2 + \cdots + n_m$일 때에만 정의됨)	1.2.6
$\begin{bmatrix} n \\ m \end{bmatrix}$	제1종 스털링 수: $$\sum_{0 < k_1 < k_2 < \cdots < k_{n-m} < n} k_1 k_2 \ldots k_{n-m}$$	1.2.6
$\begin{Bmatrix} n \\ m \end{Bmatrix}$	제2종 스털링 수: $$\sum_{1 \le k_1 \le k_2 \le \cdots \le k_{n-m} \le m} k_1 k_2 \ldots k_{n-m}$$	1.2.6
$\{a \mid R(a)\}$	관계 $R(a)$가 참인 모든 a들의 집합.	
$\{a_1, ..., a_n\}$	집합 또는 다중집합 $\{a_k \mid 1 \le k \le n\}$	
$\{x\}$	소수부(집합이 아니라 실수 값을 의미하는 문맥에서 쓰일 때): $x - \lfloor x \rfloor$	1.2.11.2
$[a..b]$	닫힌 구간: $\{x \mid a \le x \le b\}$	1.2.2
$(a..b)$	열린 구간: $\{x \mid a < x < b\}$	1.2.2
$[a..b)$	반개(반만 열린) 구간: $\{x \mid a \le x < b\}$	1.2.2
$(a..b]$	반폐(반만 닫힌) 구간: $\{x \mid a < x \le b\}$	1.2.2
$\lvert S \rvert$	기수(cardinality): 집합 S의 크기, 즉 원소들의 개수	
$\lvert x \rvert$	x의 절대값: ($x \ge 0 \Rightarrow x; -x$)	
$\lvert \alpha \rvert$	α의 길이	
$\lfloor x \rfloor$	x의 바닥, 최대 정수 함수: $\max_{k \le x} k$	1.2.4
$\lceil x \rceil$	x의 천장, 최소 정수 함수: $\min_{k \ge x} k$	1.2.4
$x \bmod y$	나머지 함수 ($y = 0 \Rightarrow x;\ x - y\lfloor x/y \rfloor$)	1.2.4
$x \equiv x' \,(\text{modulo } y)$	합동 관계: $x \bmod y = x' \bmod y$	1.2.4
$O(f(n))$	변수 $n \to \infty$에 따른, $f(n)$의 대문자 O	1.2.11.1
$O(f(z))$	변수 $z \to 0$에 따른, $f(z)$의 대문자 O	1.2.11.1
$\Omega(f(n))$	변수 $n \to \infty$에 따른, $f(n)$의 대문자 오메가	1.2.11.1
$\Theta(f(n))$	변수 $n \to \infty$에 따른, $f(n)$의 대문자 세타	1.2.11.1
$\log_b x$	x의 기수 b 로그($x > 0,\ b > 0,\ b \ne 1$일 때): $x = b^y$인 y	1.2.2
$\ln x$	자연로그: $\log_e x$	1.2.2
$\lg x$	기수 2 로그: $\log_2 x$	1.2.2
$\exp x$	x의 지수함수: e^x	1.2.9
$\langle X_n \rangle$	무한 수열 $X_0, X_1, X_2, \ldots$ (여기서 n은 표기법의 일부임)	1.2.9

공식 기호	의미	정의된 곳
$f'(x)$	x에서의 f의 도함수(미분)	1.2.9
$f''(x)$	x에서의 f의 2차 도함수	1.2.10
$f^{(n)}(x)$	n차 도함수: $(n=0 \Rightarrow f(x);\ g'(x))$, 여기서 $g(x) = f^{(n-1)}(x)$	1.2.11.2
$H_n^{(x)}$	x차 조화수: $\sum_{1 \le k \le n} 1/k^x$	1.2.7
H_n	조화수: $H_n^{(1)}$	1.2.7
F_n	피보나치수: $(n \le 1 \Rightarrow n;\ F_{n-1} + F_{n-2})$	1.2.8
B_n	베르누이수: $n!\,[z^n]\,z/(e^z - 1)$	1.2.11.2
$\det(A)$	정방행렬 A의 행렬식	1.2.3
$\mathrm{sign}(x)$	x의 부호: $[x > 0] - [x < 0]$	
$\zeta(x)$	제타 함수: $\lim_{n \to \infty} H_n^{(x)}$ ($x > 1$일 때)	1.2.7
$\Gamma(x)$	감마 함수: $(x-1)! = \gamma(x, \infty)$	1.2.5
$\gamma(x, y)$	불완전 감마 함수: $\int_0^y e^{-t} t^{x-1} dt$	1.2.11.3
γ	오일러 상수: $\lim_{n \to \infty} (H_n - \ln n)$	1.2.7
e	자연로그의 기수(밑): $\sum_{n \ge 0} 1/n!$	1.2.2
π	원주율: $4\sum_{n \ge 0} (-1)^n/(2n+1)$	1.2.2
∞	무한대: 그 어떤 수보다도 큰 수	
Λ	공링크(어떤 주소도 가리키지 않는 포인터)	2.1
ϵ	빈 문자열(길이가 0인 문자열)	
$\varnothing$	공집합(원소가 없는 집합)	
ϕ	황금 비율: $\frac{1}{2}(1 + \sqrt{5})$	1.2.8
$\varphi(n)$	오일러의 토티언트(totient) 함수: $\sum_{0 \le k < n} [k \perp n]$	1.2.4
$x \approx y$	x가 근사적으로 y와 같음	1.2.5, 4.2.2
$\Pr(S(X))$	무작위 X 값에 대해 명제 $S(X)$들이 참일 확률	1.2.10
$\mathrm{E}\,X$	X의 기댓값: $\sum_x x \Pr(X = x)$	1.2.10
$\mathrm{mean}(g)$	생성함수 g가 나타내는 확률분포의 평균값: $g'(1)$	1.2.10
$\mathrm{var}(g)$	생성함수 g가 나타내는 확률분포의 분산: $g''(1) + g'(1) - g'(1)^2$	1.2.10

공식 기호	의미	정의된 곳
$(\min x_1,\ \mathrm{ave}\ x_2,$ $\max x_3,\ \mathrm{dev}\ x_4)$	최소값이 x_1, 평균값(기대값)이 x_2, 최대값이 x_3, 표준편차가 x_4인 확률 변수	1.2.10
P*	이진트리 또는 트리의 NODE(P)의 전위 순서 후행자의 주소	2.3.1, 2.3.2
P$	이진트리의 NODE(P)의 중위 순서 후행자의 주소, 트리에서 는 후위 순서 후행자의 주소	2.3.1, 2.3.2
P#	이진트리의 NODE(P)의 후위 순서 후행자의 주소	2.3.1
*P	이진트리 또는 트리의 NODE(P)의 전위 순서 선행자의 주소	2.3.1, 2.3.2
$P	이진트리의 NODE(P)의 중위 순서 선행자의 주소, 트리에서 는 후위 순서 선행자의 주소	2.3.1, 2.3.2
#P	이진트리의 NODE(P)의 후위 순서 선행자의 주소	2.3.1
▮	알고리즘, 프로그램, 증명의 끝	1.1
␣	빈칸 하나	1.3.1
rA	MIX의 레지스터 A (누산기, accumulator)	1.3.1
rX	MIX의 레지스터 X (확장, extension)	1.3.1
rI1, ..., rI6	MIX의 색인(index) 레지스터 I1, ..., I6	1.3.1
rJ	MIX의 점프(jump) 레지스터 J	1.3.1
(L:R)	한 MIX 워드의 부분 필드, $0 \leq L \leq R \leq 5$	1.3.1
OP ADDRESS,I(F)	MIX 명령 표기	1.3.1, 1.3.2
u	MIX의 시간 단위	1.3.1
*	MIXAL의 "자기 자신" 참조	1.3.2
0F, 1F, 2F, ..., 9F	MIXAL의 "전방(forward)" 지역 기호 참조	1.3.2
0B, 1B, 2B, ..., 9B	MIXAL의 "후방(backward)" 지역 기호 참조	1.3.2
0H, 1H, 2H, ..., 9H	MIXAL의 "여기(here)" 지역 기호 참조	1.3.2

찾아보기 및 용어집

어떤 사람들은 찾아보기만 훑어보고는
책을 다 이해한 체한다.
마치 추밀원만 보고
왕궁을 묘사하려는 여행자처럼.

—— 스위프트JONATHAN SWIFT, *Mechanical Operation of the Spirit* (1704)

찾아보기 항목이 해당 연습문제가 있는 쪽번호를 가리키는 경우에는 그 연습문제의 해답에서도 추가적인 정보를 찾아볼 것. 연습문제의 문장에 포함되지 않은 주제를 해답에서 언급하는 경우가 아닌 한, 해답의 쪽번호는 이 찾아보기에 포함시키지 않았다.

한국어판 찾아보기에 대해:

영문 항목에 나오는 【한】은 그 항목에 해당하는, 그리고 구체적인 정보가 있는 한글 항목을 가리키는 기호이다. 원서의 항목들을 최대한 보존하되 불필요한 정보의 중복을 피하기 위해, 또한 독자가 주로 한글 용어로 이 찾아보기를 사용하길 바라는 마음에서, 영문 항목에서는 구체적인 찾아보기 정보를 생략하고 해당 한글 항목만 표시했다.

이러한 지시 표기는 영-한 용어 대조의 역할도 한다. 한-영 용어 대조를 위해서 한글 항목에 괄호로 영문을 병기했다. 전체적으로 분량이 많아지고 좀 장황해지긴 했지만, 제목에도 있듯이 여기에 나온 것이 단순한 찾아보기가 아니라 용어집의 역할도 하는 것임을 고려한 조치였다.

영문 항목과 한글 항목이 항상 일대일로 대응되는 것은 아니다. 예를 들어 Oriented 항목이 가리키는 '유향'은 개별적인 항목이 아니고, 유향 트리, 유향 경로 등 '유향'으로 시작하는 여러 항목들을 대표하는 것이다.

그 외에도 한국어와 영어의 차이에 따른 사소한 사항들이 있지만 독자가 이 찾아보기를 자주 사용하다보면 충분히 짐작할 수 있을 것이므로 굳이 설명하지 않겠다.

그 외에 【참고】는 주로 같은 뜻의 또는 밀접한 관련이 있는 항목을 가리키며, 【또한】은 주로 대조해서 참고할만한 항목을 가리킨다. 원서에서는 각각 see, also로 나온 것들이다.

찾아보기 항목에 *가 붙은 것은 원서와는 무관한, 역주에 나오는 항목들이다.

—— 옮긴이

Gonnet Haas, Gaston Henry, 【한】 고네.

Good, Irving John, 【한】 굿.

Gopāla, 【한】 고팔라.

Gorn, Saul, 【한】 고른.

Gosper, Ralph William, Jr., 【한】 고스퍼.

Gould, Henry Wadsworth, 【한】 굴드.

Gourdon, Xavier Richard, 【한】 구르동.

Gower, John Clifford, 【한】 가워.

Grabner, Peter Johannes, 【한】 그래브너.

Graham, Ronald Lewis, 【한】 그레이엄.

Graphs, 【한】 그래프.

Greatest common divisor, 【한】 최대공약수.

Greatest integer function, 【한】 최대 정수 함수, 【참고】 내림 함수.

Griswold, Ralph Edward, 【한】 그리스볼트.

Grounded wire symbol, 【한】 접지선 기호.

Grünbaum, Branko, 【한】 그륀바움.

Gustavson, Fred Gehrung, 【한】 구스타프손.

Guy, Richard Kenneth, 【한】 가이.

H 트리, 661.

Haddon, Bruce Kenneth, 【한】 해던.

Hadeler, Karl-Peter Fritz, 【한】 하델러.

Hageman, Louis Alfred, 【한】 헤이지먼.

Hald, Anders, 【한】 할드.

Halāyudha, 【한】 할라유다.

Hamel, Georg, 【한】 하멜.

Hamilton, William Rowan, 【한】 해밀턴.

Hamlet, Prince of Denmark, 【한】 햄릿.

Hamming, Richard Wesley, 【한】 해밍.

Hankel, Hermann, 【한】 한켈.

Hansen, 【한】 핸슨.

Haralambous, Yannis, 【한】 하랄람보우스.

Harary, Frank, 【한】 해러리.

Hardware-oriented algorithms, 【한】 하드웨어 지향적 알고리즘.

Hardy, Godfrey Harold, 【한】 하디.

Hare, David Edwin George, 【한】 헤어.

Hare and hounds, 【한】 토끼와 사냥개, 【참고】 군대 게임.

Harmonic numbers H_n, 【한】 조화수.

Harmonic series, 【한】 조화수열.

Haros, Charles, 【한】 해로스.

Hartmanis, Juris, 【한】 하르트마니스.

Hautus, Matheus Lodewijk Johannes, 【한】 하우투스.

hcf, 【참고】 최대공약수.

Head of list, 【한】 목록 머리.

Heap, 【한】 힙, 【참고】 풀.

Height of tree or forest, 【한】 높이.

Heine, Heinrich Eduard, 【한】 하이네.

Hellerman, Herbert, 【한】 헬러만.

Hemacandra, Ācārya, 【한】 헤마찬드라.

Henkin, Léon Albert, 【한】 헨킨.

Henrici, Peter Karl Eugen, 【한】 헨리치.

Herbert, George, 【한】 허버트.

Hermite, Charles, 【한】 에르미트.

Hesse-Kassel, Louise Wilhelmine Friederike Karoline Auguste Julia von, 367, 368.

Heyting, Arend, 【한】 헤이팅.

Hilbert, David, 행렬, 【한】 힐베르트.

Hiles, John Owen, 【한】 하일즈.

Hill, Robert, 【한】 힐.

Hipparchus of Nicæa, (Ἵππαρχος ὁ ἐξ Νιχαιας), 698.

HLT (중단), 174, 181.

Hoare, Charles Antony Richard, 【한】 호어.

Hobbes, Thomas, 【한】 홉스.

Hobby, John Douglas, 【한】 하비.

Hofri, Micha, 【한】 호프리.

Holmes, Thomas Sherlock Scott, 【한】 홈즈.

Holt Hopfenberg, Anatol Wolf, 【한】 홀트.

Honeywell H800, 161.

Hopcroft, John Edward, 【한】 호프크로프트.

Hopper, Grace Brewster Murray, 【한】 호퍼.

Horning, James Jay, 【한】 호닝.

Hu, Te Chiang, 【한】 후더장.

Huang Bing-Chao, 【한】 황빙차오.

Huffman, David Albert, 【한】 허프만.

Hurwitz, Adolf, 【한】 후르비츠.

Hwang, Frank Kwangming, 【한】 황꽝밍.

Hwang, Hsien-Kuei, 【한】 황셴구이.

Hyperfactorial, 【한】 초계승.

Hypergeometric functions, 【한】 초기하함수.

I/O: 입력 또는 출력, 263.

문자 코드:

00	01	02	03	04	05	06	07	08	09	10	11	12	13	14	15	16	17	18	19	20	21	22	23	24
␣	A	B	C	D	E	F	G	H	I	$\triangle$	J	K	L	M	N	O	P	Q	R	Σ	Π	S	T	U

00	*1*	01	*2*	02	*2*	03	*10*
연산 없음		$rA \leftarrow rA + V$		$rA \leftarrow rA - V$		$rAX \leftarrow rA \times V$	
NOP(0)		ADD(0:5) FADD(6)		SUB(0:5) FSUB(6)		MUL(0:5) FMUL(6)	
08	*2*	**09**	*2*	**10**	*2*	**11**	*2*
$rA \leftarrow V$		$rI1 \leftarrow V$		$rI2 \leftarrow V$		$rI3 \leftarrow V$	
LDA(0:5)		LD1(0:5)		LD2(0:5)		LD3(0:5)	
16	*2*	**17**	*2*	**18**	*2*	**19**	*2*
$rA \leftarrow -V$		$rI1 \leftarrow -V$		$rI2 \leftarrow -V$		$rI3 \leftarrow -V$	
LDAN(0:5)		LD1N(0:5)		LD2N(0:5)		LD3N(0:5)	
24	*2*	**25**	*2*	**26**	*2*	**27**	*2*
$M(F) \leftarrow rA$		$M(F) \leftarrow rI1$		$M(F) \leftarrow rI2$		$M(F) \leftarrow rI3$	
STA(0:5)		ST1(0:5)		ST2(0:5)		ST3(0:5)	
32	*2*	**33**	*2*	**34**	*1*	**35**	*1 + T*
$M(F) \leftarrow rJ$		$M(F) \leftarrow 0$		유닛 F 사용중?		유닛 F 제어	
STJ(0:2)		STZ(0:5)		JBUS(0)		IOC(0)	
40	*1*	**41**	*1*	**42**	*1*	**43**	*1*
$rA : 0$, 점프		$rI1 : 0$, 점프		$rI2 : 0$, 점프		$rI3 : 0$, 점프	
JA[+]		J1[+]		J2[+]		J3[+]	
48	*1*	**49**	*1*	**50**	*1*	**51**	*1*
$rA \leftarrow [rA]? \pm M$		$rI1 \leftarrow [rI1]? \pm M$		$rI2 \leftarrow [rI2]? \pm M$		$rI3 \leftarrow [rI3]? \pm M$	
INCA(0) DECA(1) ENTA(2) ENNA(3)		INC1(0) DEC1(1) ENT1(2) ENN1(3)		INC2(0) DEC2(1) ENT2(2) ENN2(3)		INC3(0) DEC3(1) ENT3(2) ENN3(3)	
56	*2*	**57**	*2*	**58**	*2*	**59**	*2*
$CI \leftarrow rA(F) : V$		$CI \leftarrow rI1(F) : V$		$CI \leftarrow rI2(F) : V$		$CI \leftarrow rI3(F) : V$	
CMPA(0:5) FCMP(6)		CMP1(0:5)		CMP2(0:5)		CMP3(0:5)	

일반적 형태:

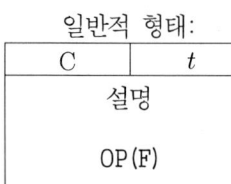

C		*t*
설명		
OP(F)		

C = 연산 코드, 명령의 (5:5) 필드
F = 연산 변종, 명령의 (4:4) 필드
M = 색인 적용 후의 명령 주소
V = M(F) = 장소 M의 필드 F의 내용
OP = 연산의 기호 이름
(F) = 정규 F 설정
t = 수행 시간, T = 대기 시간

25	26	27	28	29	30	31	32	33	34	35	36	37	38	39	40	41	42	43	44	45	46	47	48	49	50	51	52	53	54	55
V	W	X	Y	Z	0	1	2	3	4	5	6	7	8	9	.	,	(	)	+	−	*	/	=	$	<	>	@	;	:	'

04	12	05	10	06	2	07	1 + 2F
rA ← rAX/V rA ← 나머지 DIV(0:5) FDIV(6)		특수 NUM(0) CHAR(1) HLT(2)		M 바이트 자리이동 SLA(0) SRA(1) SLAX(2) SRAX(3) SLC(4) SRC(5)		M에서 F개 워드를 rI1로 이동 MOVE(1)	

12	2	13	2	14	2	15	2
rI4 ← V LD4(0:5)		rI5 ← V LD5(0:5)		rI6 ← V LD6(0:5)		rX ← V LDX(0:5)	

20	2	21	2	22	2	23	2
rI4 ← − V LD4N(0:5)		rI5 ← − V LD5N(0:5)		rI6 ← − V LD6N(0:5)		rX ← − V LDXN(0:5)	

28	2	29	2	30	2	31	2
M(F) ← rI4 ST4(0:5)		M(F) ← rI5 ST5(0:5)		M(F) ← rI6 ST6(0:5)		M(F) ← rX STX(0:5)	

36	1 + T	37	1 + T	38	1	39	1
유닛 F 입력 IN(0)		유닛 F 출력 OUT(0)		유닛 F 사용중? JRED(0)		점프 JMP(0) JSJ(1) JOV(2) JNOV(3) 아래 [*]도 해당	

44	1	45	1	46	1	47	1
rI4 : 0, 점프 J4[+]		rI5 : 0, 점프 J5[+]		rI6 : 0, 점프 J6[+]		rX : 0, 점프 JX[+]	

52	1	53	1	54	1	55	1
rI4 ← [rI4]? ± M INC4(0) DEC4(1) ENT4(2) ENN4(3)		rI5 ← [rI5]? ± M INC5(0) DEC5(1) ENT5(2) ENN5(3)		rI6 ← [rI6]? ± M INC6(0) DEC6(1) ENT6(2) ENN6(3)		rX ← [rX]? ± M INCX(0) DECX(1) ENTX(2) ENNX(3)	

60	2	61	2	62	2	63	2
CI ← rI4(F) : V CMP4(0:5)		CI ← rI5(F) · V CMP5(0:5)		CI ← rI6(F) : V CMP6(0:5)		CI ← rX(F) : V CMPX(0:5)	

rA = 레지스터 A
rX = 레지스터 X
rAX = 레지스터 A와 레지스터 X로 된 하나의 단위
rIi = 색인 레지스터 i, $1 \le i \le 6$
rJ = 레지스터 J
CI = 비교 지시자

[*]:		[+]:	
JL(4)	<	N(0)	
JE(5)	=	Z(1)	
JG(6)	>	P(2)	
JGE(7)	≥	NN(3)	
JNE(8)	≠	NZ(4)	
JLE(9)	≤	NP(5)	